5., vollständig überarbeitete Auflage

Hilary Heuler,
Barbara McCrea, Tony Pinchuck,
Jeroen van Marle, Lizzie Williams

SÜDAFRIKA

Lesotho und Swasiland

STEFAN LOOSE
TRAVEL HANDBÜCHER

SÜDAFRIKA Lesotho und Swasiland

1

1 **KAPSTADT** Südafrikas schönste Stadt – in traumhafter Lage, mit buntem Völkergemisch und bewegter Geschichte. S. 111

Die Highlights

© LAIF / CLEMENS EMMLER

2 **CAPE POINT** Die Landzunge südlich von Kapstadt gehört zu den malerischsten Küstenlandschaften des Kontinents. S. 151

3 **DAS WEINLAND** Die Weingüter des Westkaps locken mit umwerfender Landschaft, kapholländischer Architektur und ebenso ausgezeichneten wie erschwinglichen Tropfen. S. 200

4 **WALBEOBACHTUNG** An der Whale Coast wagen sich die Wale oft erstaunlich nah ans Land heran. S. 243

© STOCK PHOTO / CAROLECASTELLI

© LAIF / CLEMENS EMMLER

© ROUGH GUIDES

5 **DE HOOP NATURE RESERVE** Hier kann man Dünen hinabschlittern oder von ihren hohen Kuppen nach Walen Ausschau halten. S. 250

6 **STORMS RIVER MOUTH** Auf dem schönsten Küstenabschnitt der Garden Route führt eine Hängebrücke über die Mündung des Storms River. S. 280

7 **KGALAGADI TRANSFRONTIER PARK** Geparden und andere Steppentiere bevölkern die karge, aber imposante Landschaft der Kalahari. S. 322

8 **WILDBLUMEN** Nach dem Winterregen verwandelt sich die sonst so unwirtliche Landschaft des Namaqualands in ein Blumenmeer von unglaublicher Farbenpracht. S. 329

9 **RICHTERSVELD** Wüst, schroff, heiß: Der Richtersveld Transfrontier Park, eine der spektakulärsten Gebirgslandschaften Südafrikas, verblüfft mit spärlicher, surrealer Vegetation. S. 339

© MAURITIUS IMAGES / DIRK BLEYER

© MAURITIUS IMAGES / UPPERCUT INDEPENDENT

© STOCK PHOTO / PAUL GREGG

10 **ADDO ELEPHANT NATIONAL PARK** Elefanten und anderes Großwild gibt es am Ostende der Garden Route zu bewundern. S. 354

11 **WILD COAST** Dieser Teil des Ostkaps verspricht Ruhe und Abgeschiedenheit. S. 390

12 **DURBAN** Afrikas betriebsamste Hafenstadt hat besonders viele Einwohner indischer Herkunft. S. 410

13 **DIE DRAKENSBERGE** Ein hervorragendes Wanderrevier sind die mystischen „Drachenberge" mit Südafrikas höchsten Gipfeln sowie Wasserfällen, Schluchten, Felskunst der San und grandiosen Panoramen. S. 447

© DUMONT BILDARCHIV / ARTHUR F. SELBACH

© LAIF / LAMMERS / HOLLANDSE HOOGTE

14 HLUHLUWE-IMFOLOZI PARK Das schönste Wildreservat von KwaZulu-Natal bietet unübertroffene Möglichkeiten zur Tierbeobachtung. S. 461

15 JOHANNESBURG Viel Kultur, tolle Restaurants und ein super Nachtleben: Damit überrascht die chaotische Metropole all jene, die der schlechte Ruf nicht von einem Besuch abhält. S. 513

16 MADIKWE GAME RESERVE Das ausgedehnte Wildreservat mit erstaunlich geringer Besucherzahl bietet ausgezeichnete Lodges und hervorragende Gelegenheiten zum Tierebeobachten, von Giraffen bis zu Löwen und Elefanten. S. 584

© LAIF / THOMAS LINKEL

© DUMONT BILDARCHIV / ARTHUR F. SELBACH

17 **KRÜGER-NATIONALPARK** In Südafrikas beliebtestem Nationalpark kommt man Löwen und anderem Großwild ganz nah. S. 610

Inhalt

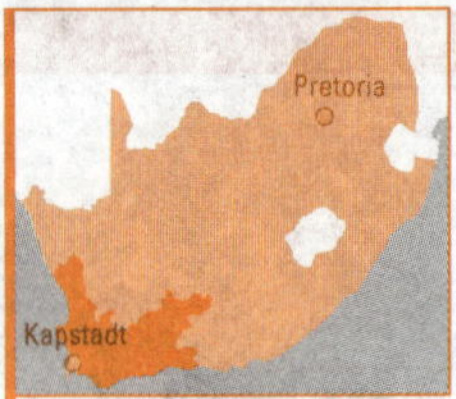

Westkap 197

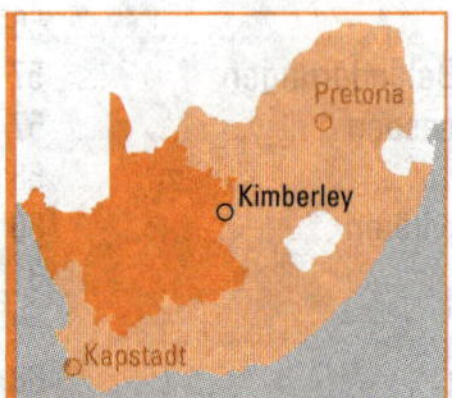

Nordkap 299

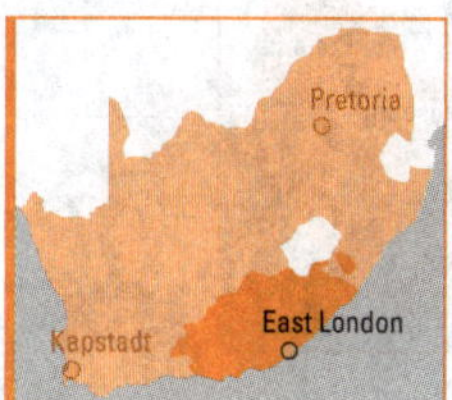
Pretoria
East London
Kapstadt

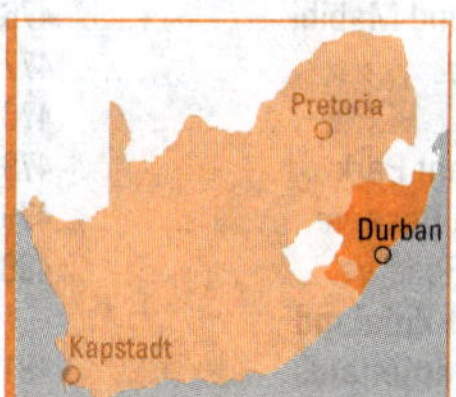
Pretoria
Durban
Kapstadt

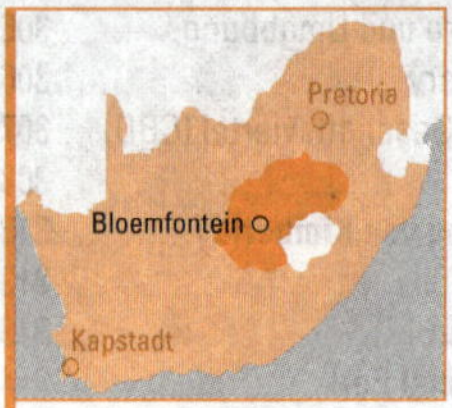
Pretoria
Bloemfontein
Kapstadt

Pretoria
Johannesburg
Kapstadt

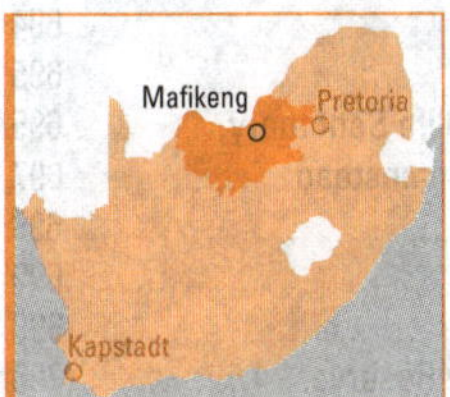
Mafikeng
Pretoria
Kapstadt

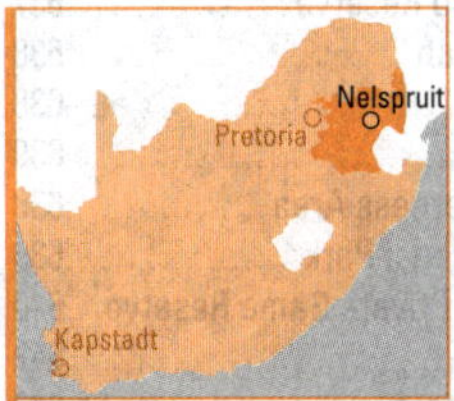
Nelspruit
Pretoria
Kapstadt

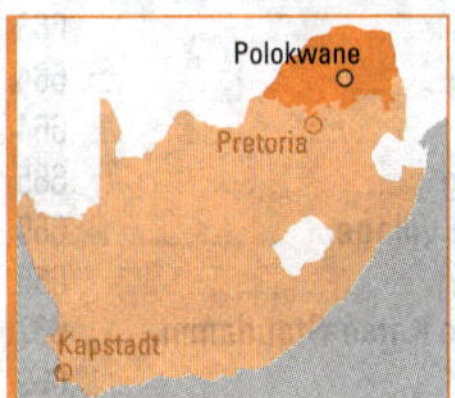
Polokwane
Pretoria
Kapstadt

Pretoria
Maseru
Kapstadt

Pretoria
Mbabane
Kapstadt

Ozean
748 / 749
750 / 75
Beaufort We
Vredenburg
Worcester
Kapstadt
Stellen-
bosch
Swellendam
Mossel Bay

Themen

Reiseziele und Routen

Südafrika, so groß wie Frankreich und Spanien zusammen, ist ein faszinierendes Reiseziel voller Kontraste und grandioser Landschaften. Seine Vielfalt reicht von den pittoresken Dörfern und Städtchen der Garden Route des Westkaps bis zur unberührten subtropischen Küste des nördlichen KwaZulu-Natal, von der riesigen Halbwüste der Karoo im Zentrum des Landes bis zum Krüger-Nationalpark im Nordosten, einem der beliebtesten Safariziele Afrikas. Darüber hinaus ziehen die großen Städte Immigranten aus ganz Afrika an und verwandeln sie in großartige, brodelnde Zentren afrikanischer Lebensart.

Eine angenehme Überraschung stellt für viele Besucher die hervorragende Infrastruktur Südafrikas dar, die den europäischen Vergleich nicht zu scheuen braucht. Gute Verkehrsverbindungen und Transportmittel sowie eine große Zahl erstklassiger B&Bs und anderer Übernachtungsmöglichkeiten machen Südafrika zu einem hervorragenden Reiseland. Low-Budget-Reisenden stehen zahlreiche preiswerte Hostels und **Backpacker**-Busse zur Verfügung.

Trotz all dieser Einrichtungen stellt Südafrika für Reisende noch immer eine Art Rätsel dar: Nach mehr als zwei Jahrzehnten Demokratie und Ende der Rassenpolitik tut sich die „Regenbogennation" weiterhin schwer damit, ihre Identität zu finden. Die Apartheid ist zwar vorbei, aber sie hat das Land nachhaltig geprägt. Nirgendwo wird dies deutlicher als in den Städten, unter anderem sichtbar an deren historisch gewachsener Aufteilung, wo die – überwiegend armen – afrikanischen Viertel in der Regel weit außerhalb versteckt liegen.

Die **Bevölkerung** Südafrikas lässt sich nicht einfach in Schwarze und Weiße unterteilen. Die zahlenstärkste Gruppe sind die **Schwarzafrikaner** (79,5 % der Gesamtbevölkerung), gefolgt von den **Weißen** (9 %) und den **Coloureds** (9 %) – die Nachkommen weißer Siedler, asiatischer Sklaven und Afrikaner, die Englisch und Afrikaans sprechen und im Westkap die Bevölkerungsmehrheit stellen. Die **Inder** (2,5 %), über-

Steckbrief

- Südafrika hat etwa 51 Millionen **Einwohner**.
- Es gibt elf **Amtssprachen**: Zulu, Xhosa, Afrikaans, Pedi, Englisch, Ndebele, Sotho, Setswana, siSwati, Venda und Tsonga.
- Südafrika ist eine **Mehrparteiendemokratie**. Staatsoberhaupt und Regierungschef ist Jacob Zuma. Parlamentssitz ist Kapstadt, die **Parlamentshauptstadt**; die **Regierungshauptstadt** dagegen ist Pretoria, von wo aus der Präsident und sein Kabinett das Land regieren. Jede der neun Provinzen hat eine eigene Provinzregierung.
- Die drei Ehefrauen des südafrikanischen Präsidenten **Jacob Zuma** nehmen sich im Vergleich zu den 14 Frauen von Mswati, König von Swasiland, recht bescheiden aus; nur einmal geheiratet hat dagegen König Letsie von Lesotho.
- Graca Machel, die Witwe **Nelson Mandelas**, früher verheiratet mit dem ebenfalls verstorbenen Präsidenten von Mosambik, Samora Machel, war als erste Frau First Lady zweier verschiedener Länder.
- Südafrika ist das einzige Land der Welt, das Atomwaffen hergestellt und diese freiwillig abgerüstet hat.

Autorentipps

© FRANS LEMMENS / ALAMY

Nachdem unser Autor Tony Pinchuck nach zwei Jahrzehnten im Ausland wieder in seine Heimat zurückgekehrt ist, überrascht ihn Südafrika immer wieder von Neuem: Hier sah er, als er morgens seinen Kaffee trank, einen Wal auftauchen, zusammen mit einem Richter des Obersten Gerichts hat er Trauben getreten, und beim morgendlichen Joggen hatte er eine Begegnung mit einem Pavian. Hier einige der Dinge, die sein Land außer diesen Zufallsbegegnungen so besonders erscheinen lassen:

Älteste künstlerische Tradition Die geheimnisvollen Felsgemälde in den Drakensbergen erinnern an die mythologische Zeit der Schamanen, Tiere und Gestaltwandler. S. 454

In der freien Natur Eine Freiluftdusche in einer der Privatlodges im Krüger-Nationalpark ist eine unvergessliche Art, die afrikanische Wildnis zu erleben. S. 614

Soweto per Drahtesel Radtouren durch die größte Township Südafrikas geben tolle Einblicke in den Alltag des Landes. S. 534

Wanderung mit den Giganten des Meeres Der fünftägige Whale Trail im De Hoop Nature Reserve ist das ganze Jahr über atemberaubend schön – und geradezu umwerfend, wenn hinter jeder Ecke Wale zu sehen sind. S. 250

Die heißeste Party Eine Woche lang bei Aufführungen, Musik, Wahnsinn und Feuer beim Afrika Burn Festival in der Tankwa-Karoo-Wüste des Nordkaps feiern bis zum Abwinken. S. 42

Die Mutter aller Asteroiden Der Vredefort Dome ist Teil des ältesten, größten und tiefsten Meteoritenkraters der Welt. S. 510

Exponierte Lage Der Rundum-Blick auf Kapstadt und den Tafelberg vom eleganten, aus Holz und Stahl konstruierten Boomslang (Baumschlange) Walkway, der sich durch die Baumwipfel der Kirstenbosch Botanical Gardens windet, ist schwindelerregend. S. 135

Serpentinenwahnsinn Nur wenige Autostraßen sind atemberaubender als diejenige über den Swartberg-Pass nach Prince Albert in der Karoo. S. 219

Das sind nicht etwa alle **unsere Empfehlungen**. Wir haben unsere Lieblingsorte – eine herrlich gelegene Unterkunft, ein stimmungsvolles Café, ein besonderes Restaurant – im gesamten Buch mit dem Loose-Koffer gekennzeichnet.

wiegend in KwaZulu-Natal anzutreffen, sind Nachkommen der Gastarbeiter, die Anfang des 20. Jhs. nach Südafrika kamen.

Einen viel besseren Aufschluss über die bunte **Vielfalt** Südafrikas geben allerdings die zahlreichen offiziellen Landessprachen, von denen die meisten eine bestimmte Kultur repräsentieren, deren Wurzeln in verschiedenen bäuerlichen Gegenden des Landes liegen. Jede Region zeichnet sich durch ihre typische Architektur, Kunsthandwerk und manchmal auch Trachten aus. Noch spannender sind vielleicht die Städte, in denen sich das ganze Land ein Stelldichein gibt und einen Schmelztiegel von Ländlichem und Urbanem, Tradition und Moderne bildet.

Kriminalität ist zwar nicht das alles beherrschende Thema des Landes, auch wenn sie in den Medien den ersten Platz einnimmt, aber sie darf nicht unterschätzt werden. Vorsicht ist angezeigt – Paranoia nicht. Die Innenstadt von Johannesburg, in der Gewalt eine tagtägliche Realität darstellt, ist am gefährlichsten, während das Risiko in den anderen Städten geringer ist.

Das Haus der Geister

Die Schamanen der San verzierten über Tausende von Jahren **Felswände mit präzisen Malereien**. Diese stellen unter anderem Tiere und Menschen dar sowie Menschen, die sich in Tiere verwandeln. Sie sind in allen Bergregionen Südafrikas anzutreffen. Archäologen gehen inzwischen davon aus, dass diese Zeichnungen Metaphern für spirituelle Erfahrungen sind. Zu den Wichtigsten gehört der Trance-Tanz zur Heilung Kranker, der auch heute noch in den wenigen letzten San-Gemeinschaften üblich ist. Felsen werden als Übergänge von der Welt der Menschen in die der Geistwesen betrachtet: Wenn wir San-Felskunst anschauen, blicken wir in das „Haus der Geister".

Reiseziele

Zwar könnte man innerhalb weniger Wochen eine Rundreise durch Südafrika unternehmen, sinnvoller ist es aber, sich auf einen Teil des Landes zu konzentrieren. Jede der neun Provinzen lockt mit ganz eigenen Attraktionen; es ist allerdings ratsam, sich je nach Jahreszeit und Interesse entweder auf den **Westen** oder den **Osten** des Landes zu beschränken.

Eine der Hauptsehenswürdigkeiten im **westlichen** Südafrika, das man vorzugsweise in den wärmeren Monaten November bis April besuchen sollte, ist zweifellos **Kapstadt** (S. 111). Die Stadt liegt unvergleichlich schön am Fuß des Tafelbergs. Nur eine halbe Tagesreise entfernt befindet sich das **Westkap** (S. 197), eine Provinz, die sich durch ihr jahrhundertealtes Kolonialerbe hervorhebt. Hier finden sich kapholländische Architektur, Kolonialstädtchen und Weinberge in den **Winelands** (S. 200), bewaldete Küste entlang der **Garden Route** (S. 251) und weiter landeinwärts Halbwüste mit verstreuten Afrikander-*Dorps* in der **Kleinen Karoo** (S. 218).

Reisende, denen der Westen Südafrikas zu „europäisch" vorkommt und die auf der Suche nach einem ursprünglicheren Afrika sind, sollten die **Ostteile** des Landes anstreben, am besten während der kühleren Monate Mai bis Oktober. Sie betreten südafrikanischen Boden höchstwahrscheinlich in **Johannesburg** (S. 513), dessen chaotisches Straßentreiben, Wolkenkratzer und Völkergemisch sich vom Rest des Landes abheben. Schon nach einer halbtägigen Autofahrt erreicht man die Provinzen **Limpopo** (S. 627) und **Mpumalanga** (S. 589), innerhalb dessen Grenzen der riesige **Krüger-Nationalpark** (S. 610) liegt. Keines der rund zwei Dutzend großen Tierreservate Südafrikas kann mit so vielen verschiedenen Säugetierarten aufwarten.

Vom Krüger-Park bietet sich die Weiterfahrt nach KwaZulu-Natal im Süden an; eine wundervolle Abkürzung zwischen den beiden führt durch das winzige **Swasiland** (S. 681) mit einer ganz eigenen Kultur und einigen gut geführten Wildreservaten. **KwaZulu-Natal** (S. 407) selbst ist ein Paradies für alle, die gern wilde Tiere und Vögel beobachten. Der **Hluhluwe-Imfolozi Park** (S. 461) ist der beste Ort der Welt, um die vom Aussterben bedrohten Nashörner zu sehen. In der Nähe befinden sich weite-

Könnte der Mars sein, ist aber das Richtersveld in der Provinz Nordkap.

re hervorragende, kleinere Parks wie der Itala, Mkuzi und Ndumo. Für Natur- und Wanderfreunde bieten sich Streifzüge durch das gewaltige Gebirgsmassiv der **Drakensberge** (S. 447) an, im wahrsten Sinn des Wortes Höhepunkt der Provinz und eine halbe Tagesfahrt von Durban entfernt. **Durban** (S. 410) gehört zu den Städten Südafrikas, die eine eigene Reise wert sind: ein quirliger, kultureller Schmelztiegel mit einem exotischen indischen Viertel und einer belebten Uferpromenade am Sandstrand direkt vor der Haustür. Die **Strände** nördlich und südlich von Durban zählen zu den am dichtesten bebauten und erschlossenen des Landes, doch weiter nördlich, zur mosambikanischen Grenze hin, liegt der unberührteste Küstenstreifen Südafrikas.

Lange, nur stellenweise erschlossene **Sandstrände** sind das Charakteristikum eines Großteils der 2798 km langen Küstenlinie, die sich vom kalten Atlantik um das Nordkap herum bis zum subtropischen Indischen Ozean erstreckt, dessen Wellen an die Ufer von KwaZulu-Natal schlagen. Der Großteil der Ostkap-Küste liegt vor einer wildromantischen Bergkulisse und ist auch für Spaziergänger und Sonnenanbeter sehr reizvoll.

Beim **Tauchen**, insbesondere vor der Küste von KwaZulu-Natal, erschließt sich inmitten der Korallenriffe und bunt schillernden Fische eine ganz neue Welt. Die südlich der **Weingüter** (S. 200) des Westkaps gelegene **Whale Coast** (S. 234) ist eines der absoluten Highlights von Südafrika, denn hier lassen sich während der Saison direkt vom Ufer aus, oft aus allernächster Nähe, **Wale** beobachten.

Wer über mehr Zeit verfügt, kann im Anschluss an die Großstädte, Strände und Tierreservate eine Fahrt ins karge, aber faszinierende **Landesinnere** mit seiner endlosen Weite, Bergpässen, bizarren Felsen, Buschlandschaften und abgeschiedenen *dorps* unternehmen.

Das Nordkap und die Nordwest-Provinz weisen echte Überraschungen auf, wie etwa die Marslandschaften des **Richtersveld** (S.339) und den abgeschiedenen, aber sehr spannenden **Kgalagadi Transfrontier Park** (S. 322) mit seinen Löwen.

Vom Kernland der Afrikander, dem **Freistaat** (S. 495), bietet sich ein Besuch des noch recht ursprünglichen Königreichs **Lesotho** (S. 647) in den Bergen zwischen dem Freistaat und Kwa-Zulu-Natal an.

Vom Königtum ist in Lesotho nicht mehr viel übrig geblieben, jedoch bietet das Land jede Menge spektakulärer Berglandschaften, die sich am besten auf dem Rücken eines stämmigen, trittsicheren Basotho-Ponys erkunden lassen.

Reiserouten

Die folgenden Reiserouten führen von der Südwestecke bis zur Nordostspitze des Landes und beinhalten sowohl die klassischen Sehenswürdigkeiten wie Kapstadt und den Krüger-Park als auch weniger bekannte Attraktionen. Zusammen ergeben die drei Routen eine zweimonatige Rundtour, auf der alle Aspekte Südafrikas ausgeleuchtet werden, von Safaris, Stränden und weiten Landschaften bis zu Ethno-Kunst und -Kultur, Kolonialarchitektur und städtischem Leben.

Westkap-Rundfahrt

■ 3–4 Wochen

Die ältesten Städte Südafrikas befinden sich in der sehr abwechslungsreichen Provinz Westkap.

Kapstadt Die älteste, schönste und sehenswerteste Stadt Südafrikas hat einfach alles: eine wunderbare Lage, schöne alte Architektur und ein buntes städtisches Treiben. S. 111

Das Weinland Hier findet man unterhalb von malvenfarbenen Bergen inmitten der Weinberge

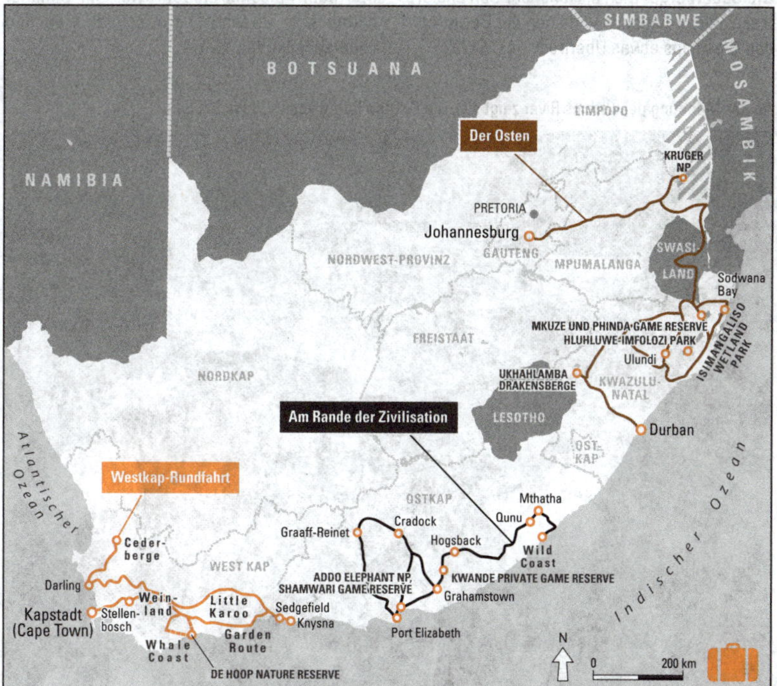

in den weißen kapholländischen Gutshäusern einige der besten Restaurants und Gästehäuser im ganzen Land. S. 200

Whale Coast Das De Hoop Nature Reserve lockt nicht nur mit gewaltigen Dünen und wilder Brandung, sondern bietet auch die seltene Möglichkeit, vom Land aus Wale zu beobachten. S. 250

Garden Route Die schönste Autostrecke Südafrikas führt durch hübsche Küstenorte wie Knysna sowie durch Nationalparks mit uralten Wäldern und atemberaubenden Küstenlandschaften. S. 251

Little Karoo Die R62 führt über die Bergpässe der semiariden Kleinen Karoo, vorbei an bizarren Felsformationen, warmen Quellen und einigen hübschen alten Dörfern. S. 218

Swartland Darling ist der Kapstadt am nächsten gelegene Ort, an dem man im Frühjahr das Erblühen der Wildblumen auf dem *veld* erleben kann. S. 283

Die Cederberge Die Felskunst der San und groteske Felsformationen verleihen der Bergwildnis des Westkaps etwas Überirdisches. S. 292

Der Osten

■ 3 Wochen

Der Ostteil des Landes wartet mit Tierreservaten, Stränden und unterschiedlichen Volkskulturen auf.

Johannesburg Das Wirtschaftszentrum Afrikas wartet mit einer blühenden Kunstszene, einer gut etablierten Caféskultur und der größten Township des Landes auf, Soweto. S. 513

Krüger-Nationalpark Der Krüger-Park, so groß wie ein kleines Land, gehört mit seinen vielen Tieren zu den besten Wildreservaten Afrikas. S. 610

Swasiland Eine der wenigen verbleibenden absoluten Monarchien der Erde hat sich mit einigen Zeremonien seine alten Stammestraditionen bewahrt. S. 681

iSimangaliso Wetland Die Unesco-Welterbestätte bietet mit der Sodwana Bay ein schönes subtropisches Tauchrevier; im Sommer nisten hier Unechte Karettschildkröten und Lederschildkröten. S. 474

An der Mündung des Storms River zeigt sich die Garden Route von ihrer wilden Seite.

Wildreservate in KwaZulu-Natal Das wichtigste Wildtierreservat der Provinz ist Hluhluwe-Imfolozi mit Raubkatzen, Nashörnern und Elefanten; auch einige kleinere Reservate wie Ithala, Mkhuze und Phinda haben einiges zu bieten. S. 459 und S. 470

Das Kernland der Zulu Korbflechtarbeiten mit geometrischen Mustern und eine Reihe von Festen wie der Shaka Day halten die stolzen Traditionen der größten ethnischen Gruppe von KwaZulu-Natal am Leben. S. 481

Ukhahlamba Drakensberge In den dramatischen Landschaften kann man atemberaubende Wanderungen unternehmen und die Felskunst der San bewundern. S. 447

Durban Die subtropische Vegetation, der beliebte Strand und die Mischung aus Zulu-, indischer und englischer Kolonialkultur machen Durban zu einer interessanten Metropole Afrikas. S. 410

Am Rande der Zivilisation

- 3 Wochen

Die trockene Große Karoo im Landesinneren bildet einen faszinierenden Kontrast zur üppiggrünen Wild Coast.

© VITTORIO RICCI / FLICKR RF / GETTY IMAGES

Oryxantilopen im Kgalagadi Transfrontier Park

Port Elizabeth 1820 landeten hier rund 4000 englische Siedler an; ihre heutigen Nachfahren lockt es vor allem an die sicheren Sandstrände. S. 345

Mekka der Wildtiere In der Nähe des Addo, des einzigen Big-Five-Nationalparks in der Südhälfte des Landes, liegen auch zwei der besten privaten Tierreservate, Shamwari und Kwandwe. S. 358 und S. 370

Graaff-Reinet Der gänzlich vom bergigen Camdeboo National Park umgebene, abgeschiedene kapholländische Außenposten in der Karoo aus dem 18. Jh. lässt sich bestens zu Fuß erkunden. S. 375

Cradock Der stimmungsvoll staubige Wildwestort liegt am Westufer des Great Fish River, der im 19. Jh. die erbittert umkämpfte Grenze zwischen der englisch regierten Kapkolonie und den traditionellen Xhosa-Stammesfürstentümern bildete. S. 372

Grahamstown Die sich als Settler City vermarktende Stadt ist eine interessante Mischung aus kultivierter Universitätsstadt und ländlichem Provinznest und beeindruckt mit zahlreichen georgianischen und viktorianischen Straßenzügen. S. 365

Hogsback In dem üppig-grünen Hochlandort oberhalb von heißen Tälern hüten die Hirten ihr Vieh. S. 385

Mandelas Heimat Um Qunu herum, wo Nelson Mandela aufwuchs, hüten Jungen genau wie früher Mandela selbst immer noch Rinder; in Mthatha erzählt ein Museum seine Lebensgeschichte. S. 400

Wild Coast In einer unberührten Region mit traditionellen Dörfern, sanften Hügeln, üppigen Wäldern und endlosen unerschlossenen Sandstränden kann man in der Bulungula Lodge in die Kultur und den Alltag der Xhosa eintauchen. S. 390

© PETER PINNOCK / GETTY IMAGES

Klima und Reisezeit

Südafrika ist ein überwiegend sonniges Land. Aber wenn es einmal kalt wird, macht sich das empfindlich bemerkbar, denn alles ist auf das normalerweise warme Wetter ausgerichtet. Die **Jahreszeiten** der südlichen Hemisphäre sind denen der nördlichen entgegengesetzt: im Juni und Juli herrscht in Südafrika also Winter, und im Dezember und Januar ist dort Hochsommer. Dann fährt das halbe Land in die Sommerferien.

Südafrika umfasst mehrere Klimazonen. In **Kapstadt** und am Küstenstrich der **Garden Route** ist das Wetter im Sommer meistens warm, aber etwas unbeständig. Mit Regen ist das ganze Jahr über zu rechnen, und im Winter kann es unangenehm kalt und nass werden. Viele Kapstädter sind der Meinung, dass die schönsten Monate im Jahr die von März bis Mai sind: Der starke Wind lässt nach, die Temperaturen sind mild – und die Touristen sind weg.

KwaZulu-Natal hat warme, sonnige Winter, Korallenriffe und sanft plätschernde Meereswellen. In den Drakensbergen schneit es im Winter und im Sommer kann es neblig sein, genauso wie im Hochland von **Lesotho**.

Johannesburg und Pretoria liegen auf dem Highveld-Plateau und weisen ein nahezu perfektes Klima auf. Im Sommer ist es tagsüber heiß, und dazu gibt es oft dramatische Gewitter; im Winter ist es trocken und die Nächte sind kalt.

Im **Lowveld**, dem östlich von Johannesburg befindlichen Tiefland entlang der Grenze zu Mosambik, in dem sich auch der **Krüger-Nationalpark** und ein Großteil von **Swasiland** befindet, fällt im Sommer und Winter ähnlich viel Regen wie im Highveld, doch da es längst nicht so hoch liegt, sind die Temperaturschwankungen weitaus geringer.

Temperaturen

Obwohl Südafrika überwiegend ein trockenes, sonniges Land ist, sollte man nicht vergessen, dass auf den Diagrammen Durchschnittstemperaturen angezeigt werden. An manchen Orten können die Temperaturen im **Juni und Juli** unter Null fallen; die durchschnittliche Tiefsttemperatur beträgt in Johannesburg 4 °C, in Kapstadt 7 °C und in Durban 11 °C.

Die Drakensberge sind besonders schön im Frühling und im Herbst.

© IAN TROWER / AWL IMAGES

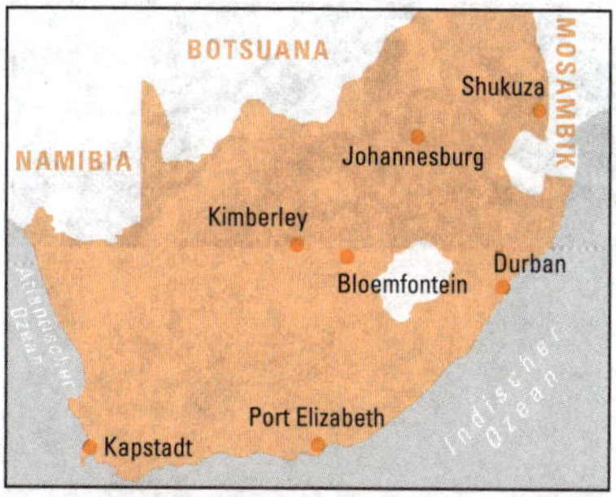

Bloemfontein

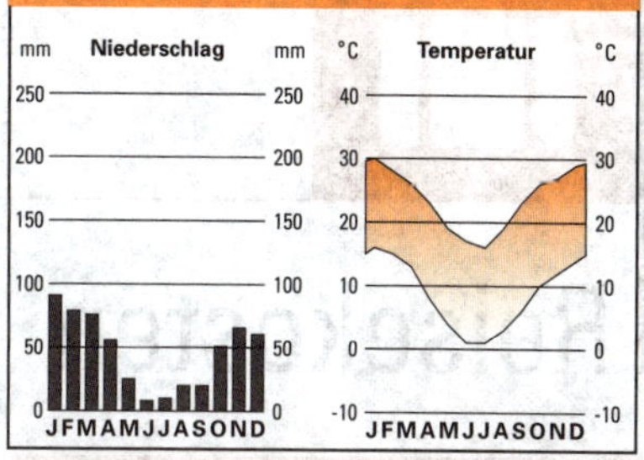

Durban

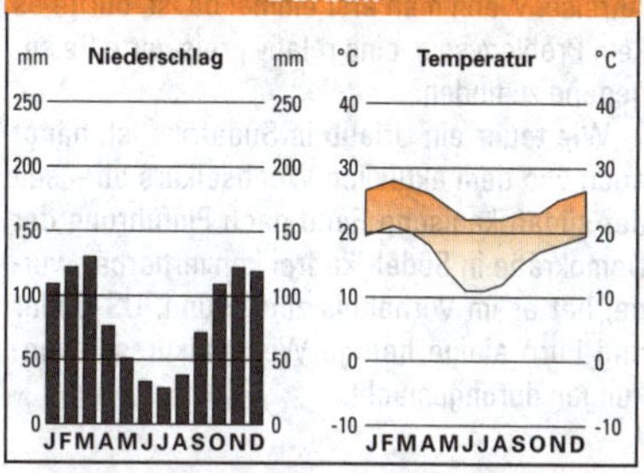

Johannesburg

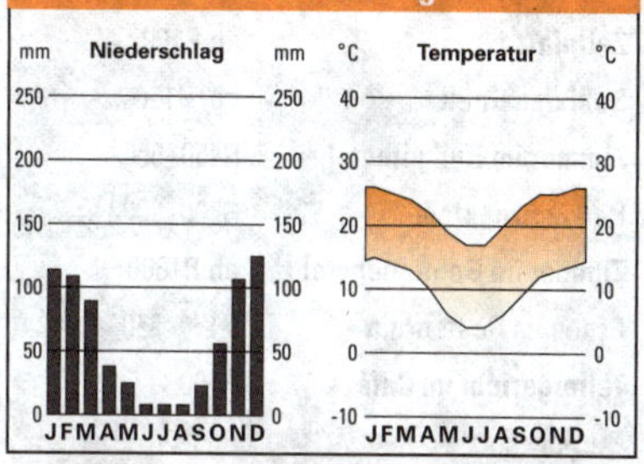

Kapstadt

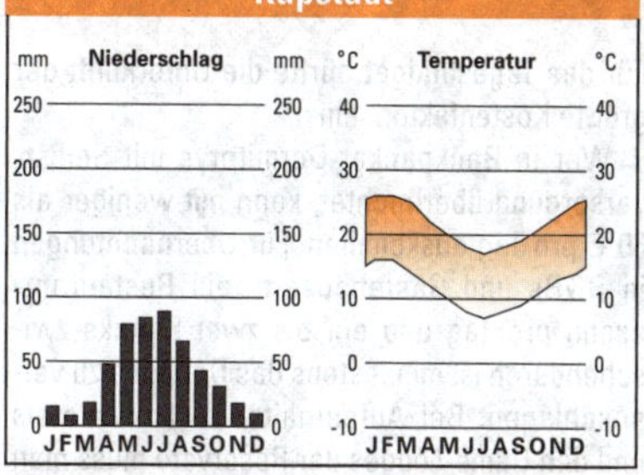

Kimberley

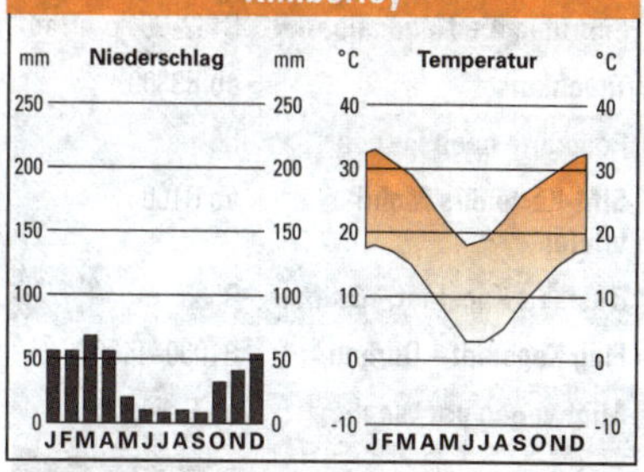

Port Elizabeth

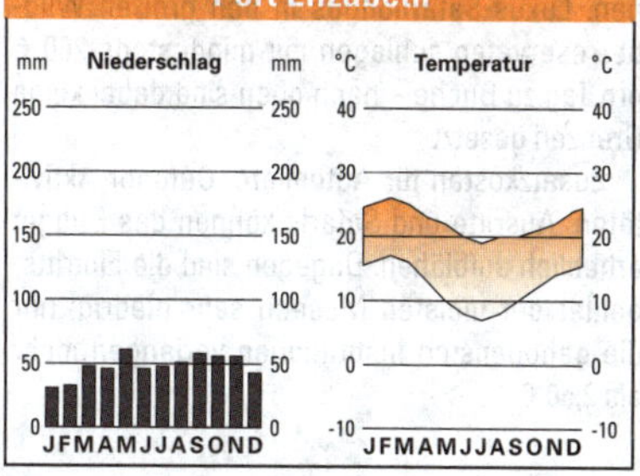

Skukuza (Krüger-Park)

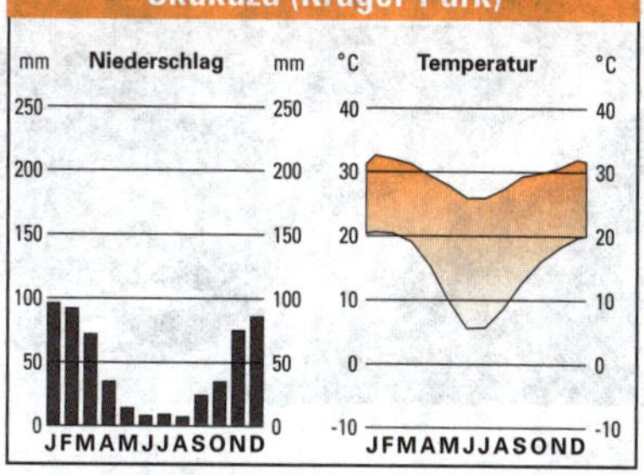

© DUMONT BILDARCHIV / TOM SCHULZE

Reisekosten

Was kostet wie viel?	
Zeltplatz	ab R100
Schlafsaalbett	ca. R150
Zimmer im Budgethotel	R450–550
Bed & Breakfast	R500–800
Zimmer im Boutiquehotel	ab R1600
Essen im Restaurant	R150–250
Tellergericht im Café	R100
Burger	R60
Eine Flasche Wein	R30–100
Eintritt in die Nationalparks	R152–264 pro Tag
Tauchkurs	ab R3300
Postkarte nach Europa	R6
SIM-Karte fürs Mobiltelefon	ab R100
Busfahrt Kapstadt – Durban	R535
Flug Kapstadt – Durban	R1000–1400
Mietwagen pro Woche	ab R1540

© DUMONT REISEVERLAG / ARTHUR F SELBACH

Das teuerste an einem Südafrika-Besuch ist die Anreise. Wenn man erst einmal da ist, dürfte es kein Problem sein, eine relativ preiswerte Reisegegend zu finden.

Wie teuer ein Urlaub in Südafrika ist, hängt auch von dem aktuellen Wechselkurs ab – seit der südafrikanische Rand nach Einführung der Demokratie in Südafrika frei konvertierbar wurde, hat er im Verhältnis zum Pfund, US-Dollar und Euro einige heftige Wechselkursschwankungen durchgemacht.

Tagesbudget

Für das Tagesbudget dürfte die Unterkunft der größte Kostenfaktor sein.

Wer in Backpacker-Dormitorys mit Selbstversorgung übernachtet, kann mit weniger als 30 € pro Tag auskommen. Für Übernachtungen in B&Bs und Gästehäusern, ein Restaurantessen pro Tag und ein bis zwei Snacks zwischendurch ist mindestens das Doppelte zu veranschlagen. Bei Aufenthalten in Luxushotels und den Game-Lodges der Reservate muss man mit Kosten von mindestens 190 € pro Tag rechnen. Luxus-Safarilodges in den großen Wildtierreservaten schlagen mit mindestens 260 € pro Tag zu Buche – nach oben sind dabei keine Grenzen gesetzt.

Zusatzkosten für Automiete, Outdoor-Aktivitäten, Ausritte und Safaris können das Budget erheblich aufblähen. Dagegen sind die Eintrittsgelder der meisten Museen sehr niedrig; nur die gehobensten Institutionen verlangen mehr als 2,50 €.

© ROUGH GUIDES / CORBIS / MARCO CALORE

Travelinfos von A bis Z

Anreise

Als wirtschaftliches und touristisches Zentrum des subsaharischen Afrikas besitzt Südafrika hervorragende Flugverbindungen mit Europa. Die meisten Flüge gehen nach **Johannesburg** (OR Tambo International), aber auch **Kapstadt** wird häufig angeflogen.

Die Ticketpreise richten sich nach der **Saison**: Am teuersten wird es im Juni, Juli und August sowie in der ersten Januarwoche. Die besten Chancen auf ein günstiges Angebot hat man im Oktober, November und ab der zweiten Januarwoche bis März.

Da sich beim Flug nach Südafrika höchstens eine einstündige Zeitverschiebung ergibt, bleibt man vom Jetlag verschont und kann sich recht schnell erholen. Ein Direktflug von Frankfurt nach Johannesburg dauert etwa zehn Stunden und kostet in der Hauptsaison 800–1200 €, in der Nebensaison ab 500 €inkl. Steuern. Bei einigen Fluggesellschaften sind Gabelflüge ohne Aufpreis möglich.

Fluggesellschaften und Websites

South African Airways (SAA) fliegt tgl. von Frankfurt und München nach Johannesburg und von dort weiter nach Kapstadt.

Büros von South African Airways

Deutschland
Darmstädter Landstr. 125, 60598 Frankfurt, ✆ 069-299 803-20, 📠 299 803-77, 💻 www.flysaa.com

Österreich
BFS Touristik, Heiligenstädterstr. 31/2/5, 1190 Wien, ✆ 01-587 1585, 📠 587 1489

Weitere Fluggesellschaften

Air Berlin, 💻 www.airberlin.com. Tgl. von verschiedenen Flughäfen in Deutschland via Abu Dhabi nach Johannesburg und Kapstadt.
Air France, 💻 www.airfrance.de. Tgl. von Paris nach Johannesburg, dort Anschluss nach Kapstadt.
British Airways, 💻 www.british-airways.com. Tgl. von London nach Johannesburg und Kapstadt.
KLM, 💻 www.klm.com. Tgl. von Amsterdam nach Johannesburg und Kapstadt.
Lufthansa, 💻 www.lufthansa.com. Tgl. von Frankfurt nach Johannesburg, dort Anschluss nach Kapstadt.
Swiss, 💻 www.swiss.com. Tgl. von Zürich nach Johannesburg und von dort weiter nach Kapstadt.
Wesentlich länger, aber dafür zum Teil günstiger sind die Flüge mit **Emirates**, 💻 www.emirates.com, über Dubai, und **Qatar Airways**, 💻 www.qatarairways.com, über Doha (mehrmals wöchentl.).

Botschaften und Konsulate

Südafrikanische Vertretungen im Ausland

In Deutschland

Botschaft
Tiergartenstr. 18, 10785 Berlin, ✆ 030-220730, 📠 22073-190, 💻 www.suedafrika.org. 🕒 Mo–Fr 8–16.30 Uhr

Generalkonsulat
Sendlinger-Tor-Platz 5, 80336 München, ✆ 089-231 1630

Honorarkonsulate
In Bremen, Dortmund, Dresden, Frankfurt, Hamburg, Hannover, Kiel und Stuttgart

In Österreich

Botschaft
Sandgasse 33, 1190 Wien, ✆ 01-320 6493, 📠 320 649351, 💻 www.suedafrika-botschaft.at. 🕒 Mo–Fr 8–16.30 Uhr

Weniger fliegen – länger bleiben! Reisen und Klimawandel

nachdenken • klimabewusst reisen

atmosfair

Der Klimawandel ist vielleicht das dringlichste Thema, mit dem wir uns in Zukunft befassen müssen. Wer reist, erzeugt auch CO_2: Der Flugverkehr trägt mit einem Anteil von bis zu 10 % zur globalen Erwärmung bei. Wir sehen das Reisen dennoch als Bereicherung: Es verbindet Menschen und Kulturen und kann einen wichtigen Beitrag für die wirtschaftliche Entwicklung eines Landes leisten. Reisen bringt aber auch eine Verantwortung mit sich. Dazu gehört darüber nachzudenken, wie oft wir fliegen und was wir tun können, um die Umweltschäden auszugleichen, die wir mit unseren Reisen verursachen. Wir können insgesamt weniger reisen – oder weniger fliegen, länger bleiben und Nachtflüge meiden (da sie mehr Schaden verursachen). Und wir können einen Beitrag an ein Ausgleichsprogramm wie **www.atmosfair.de** leisten.

Dabei ermittelt ein Emissionsrechner, wie viel CO_2 der Flug produziert und was es kostet, eine vergleichbare Menge Klimagase einzusparen. Mit dem Betrag werden Projekte in Entwicklungsländern unterstützt, die den Ausstoß von Klimagasen verringern helfen.

Honorarkonsulate
In Innsbruck, Linz und St. Pölten

In der Schweiz

Botschaft
Alpenstr. 29, 3006 Bern, ☏ 031-350 1313, 351 3944, www.southafrica.ch

Generalkonsulat
In Genf

Ausländische Vertretungen in Südafrika
stehen in den Regionalkapiteln unter Kapstadt (S. 192), Port Elizabeth (S. 352), Durban (S. 431) und Pretoria (S. 567).

Essen und Trinken

Eine typisch südafrikanische Küche existiert eigentlich nicht, obwohl Anstrengungen unternommen wurden, die Kap-Küche in diesen Status zu erheben. Vorherrschend ist die **Vorliebe für Fleisch**, aber die Speisekarte hat auch jede Menge **Seafood** zu bieten, darunter zahlreiche Fische, Hummer, Austern und Muscheln. Obst und Gemüse ist überwiegend von hochwertiger Qualität.

Straßenstände haben keine große Tradition. Wer unterwegs Hunger bekommt, holt sich eine Pastete oder Hähnchen mit Pommes in einem Fastfood-Laden.

Bei alkoholischen **Getränken** bieten sich eine Hand voll mittelmäßiger Lagerbiere sowie die überwiegend hervorragenden südafrikanischen Weine an. Seit einiger Zeit gibt es aber auch eine ständig wachsende Zahl an lokalen Mikrobrauereien, deren Bierqualität deutlich besser als die der Lagerbiere ist. In den größeren Städten bieten zahlreiche fantastische Restaurants internationale Küche.

Frühstück, Mittag- und Abendessen

Die meisten B&Bs, Hotels und Gästehäuser servieren zum **Frühstück** Eier mit Speck und Würstchen. Immer häufiger gibt es auch Müsli, Obst, Joghurt, Croissants und Gebäck.

Mittagessen gibt es gegen 13 Uhr, **Abendessen** um 19 oder 20 Uhr, wobei der Speiseplan mittags und abends recht ähnlich aussieht: In der Regel kommt irgendein Gericht aus Fleisch oder Fisch auf den Tisch. Als Beilage gibt es Gemüse.

Küchen

Die traditionelle schwarz-südafrikanische Küche basiert überwiegend auf Maisbrei (ähnlich der Polenta), **mielie pap** oder **pap** genannt, begleitet von Soßen auf Fleisch- oder Gemüsebasis. In weißen Afrikander-Haushalten wird oft handfeste **boerekos** (s. u.) gekocht, die etwas schwer im Magen liegen kann. Nachstehend einige Eigenarten der südafrikanischen Küche.

Braais

Braai ist die Abkürzung von *braaivleis*, dem afrikaansen Wort für „**Fleisch vom Grill**". Ein *braai* ist nicht einfach eine Angelegenheit, bei der im Freien Fleisch auf einem Rost gebraten wird, sondern eine Kulthandlung, die für die südafrikanische Identität prägend ist. Dieses gesellschaftliche Ereignis findet in der Regel im Kreis von Familienmitgliedern und Freunden statt und ist begleitet von Unmengen Bier. Und ein *braai* ist wahrscheinlich auch die einzige Möglichkeit für Besucher aus Übersee, um weiße südafrikanische Männer beim Kochen zu ertappen.

Es gibt so gut wie nichts, das nicht auf einem *braai*-Rost gebraten werden kann: Ein traditionelles Grillfest besteht aus riesigen Steaks, Lammkoteletts und **boerewors** (Bauernwurst), wobei sich vor allem die aus Straußen- und Hirschfleisch hergestellte Wurst wachsender Beliebtheit erfreut. Dazu werden in Alufolie gebackenes Gemüse, Kartoffeln und Kürbis serviert.

Potjiekos und Boerekos

Eine Variation von *braai* ist **potjiekos** (wörtlich: „Topfessen"), wo das Essen, am liebsten im Freien auf offenem Feuer, in dreibeinigen, gusseisernen Kesseln *(potjies)* gekocht wird. Ähnlich ist **boerekos** („Bauernkost"), die allerdings in der Küche und überwiegend in burischen Haushalten zubereitet wird. Sie zeichnet sich durch cholesterinreiche Deftigkeit aus, bei der sogar Gemüse mit Butter und Zucker „verfeinert" wird. Ganz groß ist *boerekos* in punkto köstliche Nachspeisen, etwa *koeksisters* (mit Sirup durchtränktes Gebäck) und *melktert* (leckerer Pudding).

Öffnungszeiten

Der Arbeitstag beginnt und endet in Südafrika früh: Normalerweise haben **Geschäfte** Mo–Fr 8.30–16.30 und Sa 8–12 Uhr geöffnet. In Kleinstädten schließen viele Einrichtungen um die Mittagszeit herum für eine Stunde. Am Sonntag haben in der Regel nur einige kleine Läden geöffnet, wo Lebensmittel und das Allernotwendigste verkauft werden.

Manche Einrichtungen haben unterschiedliche Winter- (April bis August) und Sommeröffnungszeiten (September bis März).

Kap-Küche

Aus dem Kochstil der aus Asien und Madagaskar nach Südafrika verschleppten Sklaven entwickelte sich die Cape Cuisine – manchmal Kap-Malaienküche genannt. Sie zeichnet sich durch mild-süße, aromatische Currys mit starkem indonesischem Einschlag aus, und vor allem wer Kapstadt besucht, innerhalb dessen muslimischer Gemeinde sie entstand, sollte sie mal probieren. Zu den typischen Gerichten zählen **bredie** (Eintopf) mit der Spezialität *waterblommetjiebredie,* bei der Wasserhyazinthen mitgekocht werden; **bobotie**, ein gut gewürztes Gericht mit Pfefferminze unter einer leckeren Karamellkruste, und **sosaties**, Fleisch am Spieß, das in Minze mariniert wurde. Zum Nachtisch bieten sich mit Mandeln gefüllte **Datteln** an; schwerer dagegen ist **malva pudding**, eine köstliche Kombination aus Milch, Zucker, Sahne und Aprikosenmarmelade.

Die Kap-Küche ist zwar lecker, aber nicht allzu abwechslungsreich und nur wenige Restaurants haben sich darauf spezialisiert. Dennoch haben sich viele Gerichte, die aus der Cape Cuisine stammen, auf den allgemeinen südafrikanischen Küchenzettel geschlichen.

Andere ethnische und regionale Einflüsse

Die kulinarischen Vorlieben unterscheiden sich von Region zu Region. In **KwaZulu-Natal**, vor allem um Durban und Pietermaritzburg herum, kann man beispielsweise besonders gut indisch essen. Südafrikas Beitrag zu dieser vielfältigen Küche ist **bunny chow**, ein einfaches und preiswertes Imbissgericht, das aus einem halben, ausgehöhlten Laib Weißbrot besteht und ursprünglich mit Bohnencurry gefüllt war. Inzwischen kann die Füllung aus allem Möglichen bestehen – von Curryhuhn bis Sardinen.

Wegen der Nähe zu Mosambik hat in Südafrika schon früh die **portugiesische Küche** Einzug gehalten – besonders in Form der scharfen Peri-Peri-Gewürzmischung, die sich hervorragend für *braais* eignet. Am weitesten verbreitet ist das köstliche **peri-peri-chicken**.

Essen gehen

In südafrikanischen Restaurants kann man sehr preiswert essen. In jeder Stadt finden sich Lokale, die eine anständige Hauptmahlzeit für weniger als R150 anbieten, und wer R250 hinblättert, darf mit erlesenen Gaumenfreuden rechnen. Jede Stadt, von den großen bis zu kleineren, verfügt über Restaurants mit exquisiter Küche. Normalerweise wird in allen Restaurants Alkohol ausgeschenkt, nur in den muslimischen Lokalen in Kapstadt ist Alkohol tabu.

Eine erfreuliche Erscheinung der letzten Jahre, insbesondere in Kapstadt, ist das Aufkommen von **Cafés** nach europäischem Vorbild. Man kann dort nicht nur ebenso gut essen wie in einem Restaurant, sondern auch genauso gemütlich bei einer Tasse Kaffee sitzen, ohne das Gefühl zu haben, etwas zu essen bestellen zu müssen. Ein ordentliches Essen in einem der Cafés, die bis spät abends geöffnet haben, bekommt man für rund R100. Allerdings dürfen sie nicht mit den traditionellen südafrikanischen Cafés verwechselt werden, die es selbst im kleinsten Marktflecken gibt. Dabei handelt es sich mehr um einen Tante-Emma-Laden, der Zeitschriften, Limonaden, Knabberzeug und Konservendosen verkauft.

Ganz oben auf der nationalen Beliebtheitsskala stehen die **Schnellrestaurants**, die in fast jeder Stadt zu finden sind. Internationale Ketten wie KFC, McDonald's und Wimpy gibt es hier an jeder Ecke. Ebenso südafrikanische Ketten, etwa die nach amerikanischem Vorbild entstandene Steakhauskette Spur und Nando's, in dessen Läden es hervorragende Grillhähnchen nach portugiesischem Rezept mit leckeren Soßen gibt. In all diesen Lokalen bekommt man für rund R60 einen Burger oder ein halbes Hähnchen, jeweils mit Pommes, oder ein beachtliches Steak für etwa das Doppelte.

Vegetarisches Essen

Ein Vegetarierparadies ist Südafrika nicht, doch es findet sich zumindest ein fleischloses Gericht auf jeder Speisekarte. Und selbst Steakhäuser sind empfehlenswert, denn sie haben meistens gute Salatbars. In größeren Städten finden Selbstversorger köstliche Snacks und andere leckere Sachen zum Mitnehmen bei Woolworths und im Supermarkt Pick 'n Pay, wo man auch eine gute Auswahl tiefgefrorener vegetarischer Würstchen und Burger von der Firma Fry's, 💻 www.frysvegetarian.co.za, bekommt.

Getränke

Mit Ausnahme der **shebeens** in den Townships trinkt man seltener als in Europa in geselliger Runde in Kneipen und Bars. Die Mehrzahl der Weißen geben sich dem Alkoholgenuss lieber in den eigenen vier Wänden hin. Die wachsende Zahl an **Sportsbars** mit ihren Riesenbildschirmen ist zwar während wichtiger Spiele rappelvoll, aber sonst kann man dort ganz gemütlich etwas trinken. In Innenstädten und Vororten finden sich auch **Cafébars**, in denen Alkoholisches, Kaffee und kleine Speisen zu haben sind. Was einem britischen Pub am nächsten kommt, sind **Themen-Restaurant-Bars** wie die der Kette Keg oder O'Hagans Irish Pub and Grill.

Bier, Wein und Hochprozentiges gibt es montags bis samstags von 9 bis 18 Uhr in *bottle stores* und in den meisten Supermärkten. In Restaurants oder Pubs sind auch außerhalb dieser Zeiten Drinks zu haben. Neben den gängigen **Softdrinks** bekommt man vielerorts auch **Rooibostee** (Kasten S. 296), der aus der einheimischen Rotbusch-Pflanze gewonnen wird und kein Koffein enthält.

Bier

Südafrika ist zwar ein renommiertes Weinland, doch das Nationalgetränk ist unbestritten Bier. Bier ist das Wahrzeichen südafrikanischer Männlichkeit, ebenso wie das *braai*, und kennt weder Rassen- noch Klassenschranken. Jeder Südafrikaner schwört gewöhnlich auf seine Lieblingsbiermarke, obwohl weniger geübte Gaumen fast keinen Unterschied schmecken; schließlich wird der Großteil aller heimischen Biersorten in den riesigen South African Breweries hergestellt.

2002 hat SAB sogar Miller Brewing aufgekauft, den zweitgrößten Bierhersteller der USA, und SABMiller ins Leben gerufen, eine der größten Brauereien weltweit. Für die Südafrikaner hatte dies den Vorteil, dass das geschmacklich ziemlich gleichförmige lokale Angebot, dominiert von Lion-, Castle-, Hansa- und Carling Black Label-Lagerbieren, um internationale **Marken** erweitert wurde. Südafrikanische Biere sind nicht besonders gehaltvoll, an einem heißen Tag eiskalt getrunken aber eine prima Erfrischung. Einheimischen Bierkennern zufolge schlägt jedoch das Windhoek Lager von Namibian Breweries sämtliche SAB-Erzeugnisse mit Bravour. Dank der internationalen SAB-Zulieferer weithin erhältlich sind aber auch Peroni, Miller Genuine Draft, Grolsch und das beste von allen: Pilsner Urquell.

In den letzten Jahren haben überall im Land **Mikrobrauereien** aufgemacht, in denen qualitätsvolle Biere und Ciders gebraut werden. Auf der Website von Brewmasters, 💻 www.brewmasters.co.za, werden alle großen und kleinen Brauereien in Südafrika aufgeführt und sind auf einer nützlichen Karte zu finden.

Trinkgeld

In Restaurants und für Taxis gelten normalerweise bis zu 15 %. Wer schlecht bedient wurde, gibt weniger. Allerdings sollten Touristen nicht vergessen, dass viele Menschen auf ein Trinkgeld angewiesen sind, denn die kärglichen Löhne reichen kaum aus, eine große Familie zu ernähren. Die übliche Entlohnung für Pagen in Hotels beträgt rund R10 pro Gepäckstück. Der Tankwart sollte für das Auftanken und Scheibenwischen ebenfalls R10 bekommen. In Hotels gehört es zum guten Ton, dem Zimmermädchen ein bisschen Geld zu hinterlassen.

Viele Einrichtungen, vor allem private Game Lodges, nehmen von Gästen beim Auschecken ein (freiwilliges) Sammeltrinkgeld entgegen – mit Abstand das fairste System, da es sicherstellt, dass auch die Angestellten, die nicht direkt mit den Besuchern zu tun haben, ihren Anteil erhalten.

Wein

Südafrika zählt zu den **größten Weinproduzenten der Welt**. Es blickt zwar auf die längste Weinanbautradition der Neuen Welt (mehr als 350 Jahre) zurück, doch seinen Platz in der Weltrangliste errang es erst innerhalb der letzten beiden Dekaden nach Ende der Apartheid. In der Zeit davor war der Weinbau in altmodischen Schuhen steckengeblieben und brachte überwiegend schwere Bordeaux-Weine hervor. Nach Einführung der Demokratie 1994 begannen Winzer frischere, fruchtigere Tropfen zu keltern, obwohl viele Genießer darüber ihre Weinkennernasen rümpften. Erst in den letzten rund 15 Jahren kam die Sache richtig in Schwung. So manche südafrikanischen Weingüter bringen seither erstklassige Weine hervor, die das Beste der Alten und Neuen Welt in sich vereinen.

Südafrika liefert Weine aus einer Vielzahl gängiger Rebsorten. Der Spitzenreiter unter den südafrikanischen Weißen sind die Sauvignon Blancs, die sich mit den besten Europas messen können. Unter den Roten bilden die Cuvées die Elite. Beachtung verdienen auch die Rotweine aus der Pinotage-Rebe, die nur in Südafrika angebaut wird, allerdings nicht jedermanns Geschmack trifft. Auch Portwein ist im Angebot; die besten Jahrgänge kommen aus dem Städtchen Calitzdorp an der R62 (S. 229) in der Kleinen Karoo. Es gibt auch einige exzellente Perlweine, darunter ein in der Flasche fermentierter, Champagner-ähnlicher Sekt, landläufig als *methode cap classique* (MCC) bezeichnet.

Die **Preise** für eine Flasche Wein beginnen bei unter R30, für das Doppelte erhält man

Gourmetküche und Weingenuss

Im Umfeld der Städte Stellenbosch, Franschhoek, Paarl und Somerset West hat sich das Weinland vom Westkap (S. 200) zum kulinarischen Zentrum Südafrikas gemausert. Hier versammeln sich zahlreiche Gourmetrestaurants auf einem überschaubaren Areal. Viele dieser Genusstempel befinden sich auf den Weingütern und bieten mehrgängige Menüs, wobei jeder Gang von einem passenden Wein begleitet wird. Ganz nebenbei kann man beim Schlemmen oft auch die großartige Aussicht genießen. Die Restaurants des Weinlands räumen regelmäßig die Preise des Magazins *Eat Out* für die besten Lokale Südafrikas ab (allein sieben von ihnen befanden sich 2013 unter den Top Ten des Landes). In dem Magazin, das man in Buchläden erwerben oder online unter 💻 www.eatout.co.za einsehen kann, finden sich außerdem verlässliche Restaurantkritiken für ganz Südafrika.

schon etwas recht Ansprechendes. Die meisten Weine kosten weniger als R100. Für einen edlen Tropfen muss man allerdings locker R250 und mehr hinlegen.

Einen guten Überblick über das Angebot verschafft eine Weinprobe in einem der **Weingüter**. Manche verlangen eine Teilnahmegebühr. Die ältesten und besuchenswertesten Weingüter sind die **Constantia Estates** in Kapstadt (S. 135) sowie die sogenannten **Winelands** in der Umgebung der Städte Stellenbosch (S. 206), Paarl (S. 212) und Franschhoek (S. 216), wo überall Weintouren angeboten werden. Weitere Weingebiete sind Robertson (S. 220), Oranje River (S. 317) und Walker Bay (S. 245).

Feste und Feiertage

Jährlich werden mehr als 80 Musikfestivals veranstaltet, allein neun am Osterwochenende. Daneben gibt es eine unüberschaubare Zahl an Festen in kleineren Städten. Johannesburg oder Kapstadt haben am meisten zu bieten, aber die beiden wichtigsten Kulturevents des Landes, das National Arts Festival und das Klein Karoo Nasionale Kunstefees, finden in kleinen Städtchen der Karoo statt: Grahamstown und Oudtshoorn. Wenn die Sache hier ins Rollen kommt, wachsen die Orte auf das Doppelte ihrer Größe an.

Festkalender

Januar

Cape Town Minstrel Carnival, Kapstadt. Südafrikas längste und lauteste alljährliche Party zieht über 10 000 Besucher an, die sich den Faschingsumzug im Stadtzentrum anschauen. Das Ganze beginnt am 2. Januar mit der Feier zum „Tweede Nuewe Jaar" (Zweiten Neujahr). Im Zentrum des Vergnügens stehen farbenfrohe Spielmannszüge, die in Sing- und Tanzwettbewerben gegeneinander antreten. Wer einigermaßen gute Plätze möchte, reserviert die Karten über Computicket, 💻 www.computicket.com.

Maynardville Shakespeare Festival, Kapstadt, 💻 www.maynardville.co.za. Erfrischende Inszenierungen von Shakespeare-Stücken in der herrlichen Kulisse des Maynardville Open Air Theatre in Wynberg.

Februar

Cape Town Pride Pageant, 💻 www.capetownpride.co.za. Zehntägiges schwul-lesbisches Festival mit jeder Menge Partys, Straßenumzügen und anderen Veranstaltungen.

März

Cape Argus Pick 'n Pay Cycle Tour, Kapstadt, 💻 www.cycletour.co.za. Das weltgrößte und spektakulärste Radrennen mit Einzelwertung. Große Teile der Strecke führen am Meer entlang.

Cape Town International Jazz Festival, Kapstadt, 💻 www.capetownjazzfest.com. Die Antwort auf das weltberühmte North Sea Jazz Festival der Niederlande bringt seit dem Jahr 2000 am letzten Märzwochenende führende ausländische und afrikanische Musiker in die Stadt.

April

Afrika Burn, Tankwa Karoo, Nordkap, 💻 www.afrikaburn.com. Der offizielle Ableger des Burning-Man-Festivals in Nevada ist eine spektakuläre einwöchige Abfolge an Vorführungen, kreativen Eruptionen, wüsten Gelagen und kontrollierter Brandstiftung in der Karoo-Wüste.

Klein Karoo Nasionale Kunstefees, Oudtshoorn, Westkap, 💻 www.kknk.co.za. Während des größten afrikaansen Kunst- und Kulturfestivals verwandelt sich das normalerweise verschlafene Karoo-*dorp* Oudtshoorn in eine riesige, pulsierende Partymeile mit beträchtlicher englischsprachiger Komponente.

Two Oceans Marathon, Kapstadt, 💻 www.twooceansmarathon.org.za. Zu den vielen Sportevents des Westkaps zählt dieser 56-Kilometer-Ultra-Marathon, dessen Läufer von begeisterten Massen angefeuert werden.

Splashy Fen Music Festival, Underberg, KwaZulu-Natal, 💻 www.splashyfen.co.za. Zum ältesten Musikfestival Südafrikas strömen Anfang April Tausende herbei. Ziel ist eine wunderschöne Farm am Fuß der Drakensberge, wo Mainstream- und Alternativ-Rock und Pop aus Lautsprechern tönt. Es wird auch ein Kinderprogramm veranstaltet.

Pink Loerie Mardi Gras, Knysna, Westkap, 💻 www.pinkloerie.co.za. Fünf Tage lang feiert die Gay-Community in Südafrikas Austern-Hauptstadt Partys mit Misswahlen, Cabaret, Drag Shows und mehr.

Mai

Franschhoek Literary Festival, Franschhoek, Westkap, 💻 www.flf.co.za. Dreitägiges Literaturfest mit Büchern, Schriftstellern und Wein unter Beteiligung führender einheimischer und internationaler Autoren, Verleger und Cartoonisten.

Good Food & Wine Show, Kapstadt, 💻 www.goodfoodandwineshow.co.za. Live kochende Sterneköche aus aller Welt sind nur ein Highlight dieses alljährlichen Feinschmecker-Events. Es werden auch Workshops veranstaltet und feine Häppchen, Weine sowie Küchengeräte und Bücher verkauft.

Comrades Marathon, Durban/Pietermaritzburg, KwaZulu-Natal, 💻 www.comrades.com. Dieser 80 km lange legendäre Lauf zwischen Durban und Pietermaritzburg zieht jährlich Ende Mai 13 000 Teilnehmer an.

Juni

National Arts Festival, Grahamstown, Ostkap (S. 366). Afrikas größtes Festival der darstellenden Künste: Zehn Tage lang Jazz, Klassik, Tanz, Cabaret und Theater mit jeder nur erdenklichen Art von Bühnenkunst.

Encounters South African International Documentary Film Festival, Johannesburg und Kapstadt, 💻 www.encounters.co.za. 14-tägiges Festival mit Dokumentarfilmbeiträgen aus Südafrika und dem Rest der Welt.

Out in Africa, South African Gay & Lesbian Film Festival, Kapstadt und Johannesburg, 💻 www.oia.co.za. Bei dem angeblich größten Filmfestival des Landes werden in den ersten zehn Tagen des Monats internationale und nationale Produktionen zu schwul-lesbischen Themen auf die Leinwand gebracht.

Gesetzliche Feiertage

Viele Geschäfte und touristische Einrichtungen sind auch an gesetzlichen Feiertagen geöffnet, mitunter etwas eingeschränkt. Nur an Karfreitag und am 25. Dezember hat alles zu.
Die wichtigsten Feiertage:

1. Januar	Neujahrstag
21. März	Tag der Menschenrechte
Karfreitag	
Ostersonntag	
Ostermontag	
27. April	Tag der Freiheit
1. Mai	Tag der Arbeit
16. Juni	Tag der Jugend
9. August	Nationaler Frauentag
24. September	Tag des Erbes
16. Dezember	Tag der Versöhnung
25. Dezember	Weihnachten
26. Dezember	Tag des Wohlwollens

Juli

Knysna Oyster Festival, Knysna, Westkap, 💻 www.oysterfestival.co.za. Gut eine Woche lang Bechern, Schlemmen und Austernschlürfen entlang der Garden Route und dazwischen jede Menge Sportevents.

Good Food & Wine Show, Gauteng, 💻 www.goodfoodandwineshow.co.za. Siehe Mai.

August

Arts Alive, Johannesburg, 💻 www.artsalive.co.za. Jo'burgs größtes Kulturevent bietet einen Monat lang Tanz, Kunst, Lesungen und Musik auf den Bühnen des Newtown Precinct, des Kulturzentrums in der Innenstadt.

Cape Town Fashion Week, Kapstadt, 💻 http://afi.za.com. Drei Tage lang zeigen führende Modedesigner aus Südafrika in zahlreichen Shows ihre neuen Frühjahr- und Sommerkollektionen auf dem Catwalk.

Oppikoppi Bushveld Festival, Northam, Nordwest-Provinz, 💻 http://oppikoppi.co.za. *Oppikoppi* ist Afrikaans und bedeutet „auf dem Berg". Vier Tage und Nächte lang spielen insgesamt 60 einheimische und internationale Bands in Südafrikas Klein-Woodstock.

Joy of Jazz, Johannesburg, 💻 www.joyofjazz.co.za. Jo'burgs wichtigstes Jazz-Festival versammelt drei Tage lang verschiedene Musikstile.

September

FNB Dance Umbrella, Johannesburg, 💻 www.danceforumsouthafrica.co.za. Das größte Festival für zeitgenössischen südafrikanischen Tanz findet Anfang September statt und zeigt die ganze Bandbreite an tänzerischen Ausdrucksformen, die der Subkontinent hervorgebracht hat.

Hermanus Whale Festival, Hermanus, Westkap, 💻 www.whalefestival.co.za. Jedes Jahr veranstaltet Hermanus nahe Kapstadt mitten in der Whalewatching-Saison ein mehrtägiges Festival. Auf dem Programm stehen Theater, Livemusik, ein Kunsthandwerksmarkt sowie ein Kinderfest.

Oktober

Good Food & Wine Show, Johannesburg, 💻 www.goodfoodandwineshow.co.za. Näheres siehe Mai.

Rocking the Daisies, Darling, Westkap, 💻 www.rockingthedaisies.com. Auf Südafrikas führendem und größtem Jugendmusikfestival rocken drei Tage lang nationale und internationale Größen. Das Festival findet auf dem Cloof Wine Estate statt, wo die meisten Besucher auch zelten.

November bis März

Kirstenbosch Summer Sunset Concerts, Kapstadt, ✆ 021-799 8783. Beliebtes Musikfestival mit verschiedenen Genres auf den wunderbaren Rasenflächen des Botanischen Gartens am Fuß des Tafelbergs. Um 17.30 Uhr geht es los: Früh herkommen (wegen der Parkplätze), Picknickkorb und etwas Gutes zu trinken mitbringen – und genießen. Karten gibt es vor Ort.

Dezember

Mother City Queer Projects, Kapstadt (S. 180). Sehr beliebtes schwul-lesbisches Event. Die Tanzflächen, die exaltierten Outfits und eine Atmosphäre von Dauerdelirium ziehen Tausende Feierfreudige an.

Carols by Candlelight at Kirstenbosch, Kapstadt, ✆ 021-799 8783. Eine Institution in Kapstadt: Von Donnerstag bis Sonntag vor Weihnachten gibt es im Botanischen Garten ein Weihnachtsprogramm. Der Jahreszeit angemessen kommen die Familien hier mit Picknickkorb zu Krippenspiel und Weihnachtsliedern. Einlass ist ab 19 Uhr, gesungen wird ab 20 Uhr.

Franschhoek Cap Classique and Champagne Festival, Franschhoek, 💻 www.franschhoekmcc.co.za. Guter Zulauf herrscht im Kap-Weinland beim dreitägigen Feinschmecker-Event und Blubberwasser-Bacchanal bei einer ansehnlichen Auswahl südafrikanischer und französischer Perlweine.

Ferientermine

Die südafrikanischen **Schulferien** können die eigenen Reisepläne ziemlich durcheinander bringen, vor allem wenn man zelten, in Nationalparks oder in billigeren Quartieren übernachten will. Die meisten jener Unterkünfte sind schon lange im Voraus ausgebucht. Wer also in diesem

Zeitraum eine Südafrikareise plant, sollte besonders in den Nationalparks so früh wie möglich eine Unterkunft reservieren.

Die längste und verkehrsreichste Ferienzeit liegt um **Weihnachten (Sommer)**. Die Schulen schließen etwa von Anfang Dezember bis Ende Januar. Flüge und Schlafwagenplätze sind zwischen dem 16. Dezember und 2. Januar, wenn viele Betriebe und Verwaltungsbüros dicht machen und ihre Angestellten in die Ferien entlassen, nur schwer zu bekommen. Wer Südafrika in der Weihnachtszeit besuchen möchte, sollte sowohl internationale als nationale Flüge bereits sechs Monate vorher buchen.

Die Schulferien der verschiedenen Provinzen (am Meer und im Landesinneren) liegen nicht alle im gleichen Zeitraum, doch als Faustregel gelten folgende Termine: **Osterferien**, Mitte März bis Mitte April; **Winterferien**, Mitte Juni bis Mitte Juli, und **Frühjahrsferien**, Ende September bis Anfang Oktober. Die genauen Termine stehen unter 💻 www.education.gov.za.

Geld

Währung und Banken

Die Landeswährung Südafrikas ist der **Rand** (R), oft „buck" genannt, aufgeteilt in 100 Cents. Es gibt Scheine im Wert von R10, 20, 50, 100 und 200 sowie Münzen zu 5, 10, 20 und 50 Cents sowie R1, 2 und 5.

In jeder größeren Ortschaft gibt es eine **Bank**, wo man Geld wechseln kann. Die Öffnungszeiten sind Mo–Fr 9–15.30, Sa 9–11 Uhr. Die Banken in Kleinstädten haben meist über Mittag geschlossen. Einige Banken in Großstädten haben ein **bureaux de change**, das bis 19 Uhr geöffnet ist.

Wechselkurse

1 €	= 13,50 Rand	10 Rand =	0,75 €
1 sFr	= 13,00 Rand	10 Rand =	0,80 sFr

Mehrwertsteuer

Auf fast alle Waren und Dienstleistungen wird eine Mehrwertsteuer von 14 % geschlagen, die *value-added tax* (**VAT**). Diese ist normalerweise bereits im geforderten Preis enthalten. Ausländische Besucher, die älter als sieben Jahre sind, können sich ab einem Betrag von mehr als R250 die VAT zurückerstatten lassen. Dafür müssen direkt vor dem Abflug am Flughafen die Quittung, versehen mit dem Namen des Käufers und Verkäufers sowie einem Stempel, der Reisepass und die erworbenen Sachen vorgelegt werden. Außerdem muss ein entsprechendes Formular, ein sogenanntes *VAT refund control sheet* (VAT 255), ausgefüllt werden, das auf internationalen Flughäfen erhältlich ist.
Nähere Informationen gibt es beim *VAT Refund Administrator*, ☎ 011-394 1117, 💻 www.taxrefunds.co.za.

Im Notfall kann man auch in manchen Hotels Geld tauschen, allerdings gegen eine saftige Bearbeitungsgebühr. Darüber hinaus wechseln auch die Filialen von American Express und Rennies Travel Bargeld und Reiseschecks.

Karten und Reiseschecks

Kreditkarten und Bankkarten sind der bequemste Weg, unterwegs an Geld zu kommen. **Geldautomaten** akzeptieren alle gängigen Karten und sind meist rund um die Uhr zugänglich. Plastik ist auch bei Zimmerreservierungen hilfreich oder bei Bezahlung von touristischen Dienstleistungen. Für Automiete ist eine Kreditkarte unerlässlich. In den großen Städten sind Visa und Mastercard die Karten mit der größten Akzeptanz.

Travellers Cheques bieten sich als Sicherheitsreserve an, weil sie bei Diebstahl oder Verlust ersetzt werden. Schecks von American Express in Dollar oder Euro werden akzeptiert.

In entlegeneren Gebieten kommt man mit Karten oder Reiseschecks nicht weit, hier ist **Bargeld** gefragt. Am sichersten transportiert man Geld eng am Körper, etwa in einem Geldgürtel.

Kartenverlust

Bei Verlust oder Diebstahl der Kredit- oder EC-Karte muss man diese sofort sperren lassen.

- Für **deutsche Karten** gilt einheitlich folgende Sperrnummer: ✆ 0049-116116.
- Für **Österreich** gelten folgende Nummern: Maestro-Karte, ✆ 0043-1-2048800, Visa und MasterCard ✆ 0043-1-71701 4500 und 0043-1-7111 1770.
- Für die **Schweiz** gelten folgende Nummern: Maestro-Karte ✆ 0041-44-2712230, Maestro-Karte/MasterCard/Visa UBS ✆ 0041-848-888601, Maestro-Karte/MasterCard/Visa Credit Suisse ✆ 0041-800-800488, MasterCard/Visa für alle anderen Banken ✆ 0041-58-9588383.

Gesundheit

Die meisten gesundheitlichen Bedenken, die in anderen Teilen Afrikas angemessen sind, kann man getrost über Bord werfen. Heruntergekommene Krankenhäuser und ausgefallene Tropenkrankheiten sind keine Merkmale Südafrikas. In allen Touristengebieten wird Hygiene groß geschrieben, und das **Trinkwasser** ist sauber. Das einzige wirkliche Risiko, das viele Besucher stark unterschätzen, ist die **Sonnenstrahlung**. In manchen Teilen des Landes besteht außerdem **Malaria-Gefahr**, der man durch die Einnahme bestimmter Medikamente begegnen kann (s. „Reisemedizin zum Nachschlagen", S. 714).

Die staatlichen **Krankenhäuser** sind ziemlich gut ausgestattet, doch aufgrund finanzieller Engpässe haben sie Schwierigkeiten, ihren Standard aufrechtzuerhalten. Daher ist mit langen Wartezeiten und manchmal etwas nachlässiger Behandlung zu rechnen. Reisende sind in Privatkliniken (in den Regionalkapiteln unter „Sonstiges" angegeben), die dem europäischen Standard entsprechen, wahrscheinlich besser versorgt. Allerdings haben diese Kliniken ihren Preis. Die Behandlung muss in jedem Fall bar bezahlt werden, daher ist der Abschluss einer Reisekrankenversicherung (S. 71) ratsam, die eventuell anfallende Kosten ersetzt.

Zahnärzte gibt es in jeder größeren und kleineren Stadt. Ihr Niveau entspricht dem europäischen, aber sie verlangen weniger Geld. Adressen stehen im Telefonbuch unter „dentists".

Impfungen

Obwohl für Südafrika offiziell keine Impfungen vorgeschrieben sind, empfehlen Tropeninstitute abgesehen von einer Auffrischungsimpfung **Polio/Tetanus/Diphtherie** eine Impfung gegen **Typhus** und gegen **Hepatitis A** – die Krankheit wird durch verseuchte Lebensmittel und

Reiseapotheke

Die meisten Medikamente sind in Apotheken im ganzen Land zu bekommen. Nur in sehr ländlichen Gegenden, in die sich selten Besucher verirren, könnte das eine oder andere schwer zu kriegen sein. Wer regelmäßig Medikamente einnehmen muss, sollte einen ausreichenden Vorrat mitbringen. Zur Grundausstattung sollten gehören:

- ☐ **Antibiotikum** Sinnvoll, wenn man sich von den Hauptrouten entfernt; am besten ein Breitbandantibiotikum
- ☐ **Antiseptikum** Zur Desinfektion von Wunden. Bei Insektenstichen, Ausschlag, kleineren Verletzungen, entzündeter oder rissiger Haut hilft die in Südafrika erhältliche Calendulasalbe *(ointment)* von Nelson
- ☐ **Pflaster und Verbandzeug** In verschiedenen Breiten
- ☐ **Augentropfen** Wohltuend bei Fahrten auf staubigen Straßen
- ☐ **Pinzette** Zum Entfernen von Dornen oder Splittern
- ☐ **Mückenschutz** Unerlässlich in Gebieten mit Malariarisiko (S. 714)
- ☐ **Paracetamol** Gegen Schmerzen und Fieber
- ☐ **Lippenbalsam**

Reisemedizin im Internet

Wer sich vor dem Besuch beim Reisemediziner schon mal über die Gesundheitsrisiken in Südafrika kundig machen möchte, findet auf den folgenden Websites Informationen:

Robert-Koch-Institut 💻 www.rki.de

Centrum für Reisemedizin 💻 www.crm.de

Deutsche Gesellschaft für Tropenmedizin 💻 www.dtg.org. Hat auch eine Liste mit den wichtigsten tropenmedizinischen Instituten.

Bernhard-Nocht-Institut Reise- und Tropenmedizin Hamburg 💻 www.gesundes-reisen.de

Fit for Travel 💻 www.fit-for-travel.de

schmutziges Trinkwasser übertragen, das Ansteckungsrisiko ist in Südafrika jedoch sehr gering.

Eine Impfung gegen Hepatitis B ist eigentlich nur für Menschen erforderlich, die im Gesundheitswesen arbeiten, denn sie wird durch Blutkontakt, etwa über gebrauchte Injektionsnadeln, übertragen.

Um die Impfungen sollte man sich sechs bis acht Wochen vor der Abreise kümmern.

Wer zuerst in ein anderes afrikanisches Land reist und dafür eine Gelbfieberimpfung benötigt, muss wissen, dass die Bescheinigung über eine Gelbfieberimpfung erst zehn Tage nach Verabreichung der Spritze gültig wird.

Informationen

Fremdenverkehrsämter

Der Tourismus boomt in Südafrika, sodass man sich schon vor der Abreise mit Landkarten, Büchern und Broschüren eindecken kann. **South African Tourism** (die staatliche Tourismusorganisation) ist sehr effizient: Falls sich eines ihrer Büros in der Nähe befindet, sollte man sich dort mit kostenlosen Karten und Infomaterial zu Hotels und organisierten Touren versorgen. Man kann aber auch über ihre Website 💻 http://country.southafrica.net/country/de/de/ Infoseiten aufrufen.

So gut wie jede Stadt in Südafrika, bis hin zum verschlafensten *dorp*, besitzt ein **Tourist Information Office**, wo kostenlose Stadtpläne und B&B-Listen ausliegen und Reisende Informationen einholen können. In Großstädten wie Kapstadt und Durban gibt es gleich mehrere dieser Büros, in denen sich fast alles organisieren lässt, von Hotelreservierungen bis Safari-Trips.

Wir haben die **Öffnungszeiten** bei den in diesem Buch gelisteten Büros angegeben. Sie sind üblicherweise Mo–Fr 8.30–17 Uhr, und viele Büros sind auch am Samstag und Sonntag für ein paar Stunden geöffnet. In kleineren Städten haben sie manchmal zwischen 13 und 14 Uhr geschlossen, in größeren dagegen mitunter auch länger als bis 17 Uhr geöffnet.

Da Südafrika im Umbruch ist, werden die aktuellsten Informationen oft durch Mundpropaganda weitergegeben, und in dieser Hinsicht sind die Backpacker-Hostels eine wahre Fundgrube. Wer Südafrika mit eher kleiner Reisekasse bereisen möchte, darf davon ausgehen, dass die Anzeigenbretter, die vielen Traveller, die sich hier treffen, und die überwiegend hilfsbereiten Angestellten in den Hostels erheblich zu einem geglückten Reiseverlauf beitragen.

Landkarten

Bartholomew gibt im Rahmen der Serie World Travel Map eine hervorragende Landkarte zu Südafrika im Maßstab 1:2 000 000 heraus. Ebenfalls nützlich sind die vom **MapStudio** produzierten „Miniplan"-Stadtpläne größerer Städte wie Kapstadt, Durban und Pretoria: Sie sind nicht nur von der Größe her benutzerfreundlich, sondern beinhalten auch Hotels, Kinos, Postämter, Krankenhäuser usw. MapStudio erstellt außerdem gute Regionalkarten landschaftlich reizvoller Strecken und eine ausgezeichnete Natal Drakensberg-Karte, auf der Wanderwege, Picknickstellen, Campingplätze und Sehenswürdigkeiten ausgewiesen sind.

Die südafrikanische Automobilorganisation **Automobile Association** (AA) gibt zahlreiche ex-

Namensänderungen

Nach 1994 wurden viele Orte in Südafrika umbenannt – dieser Prozess ist noch immer im Gange, daher empfiehlt es sich beim Kauf einer Landkarte vor der Abreise darauf zu achten, dass sie auch up to date ist.

zellente Regionalkarten heraus, die in den AA-Büros gekauft werden können.

Für Reisen im Westkap (inkl. der Kap-Halbinsel) und an der Wild Coast des Ostkaps produziert der südafrikanische Landkartenverlag **Slingsby Maps**, 💻 www.slingsbymaps.com, die genauesten, aktuellsten und auch schönsten Karten für Autofahrer und Wanderer. Sie sind in Buchhandlungen erhältlich.

Internet und E-Mail

Internetcafés gibt es auch in kleineren Orten und die meisten **Backpacker-Hostels** und Hotels bieten ihren Gästen Internetzugang (etwa R10–25 pro Std.). Immer mehr Flughäfen, Einkaufszentren, Cafés und Unterkünfte bieten außerdem **WLAN**.

Kinder

Südafrika ist ein ausgezeichnetes Reiseziel für Familien. Man kann Städte erkunden, am Strand faulenzen oder in der Abgeschiedenheit der Bergwelt zur Ruhe kommen. Die Menschen in Südafrika sind kinderfreundlich, hilfsbereit und verständnisvoll. Der nachstehende Text richtet sich vor allem an Familien mit Kindern unter fünf Jahren.

Die Anreise mit dem **Flugzeug** ist immer beschwerlich, muss aber nicht in Stress ausarten. Am lästigsten sind die Wartezeiten auf den Flughäfen. Man kann sie allerdings nutzen, um sich und die Kinder in den Wasch- bzw. Mutter-und-Kind-Räumen in Ruhe zu waschen, die Zähne zu putzen und die Kleidung zu wechseln, was in den beengten Flugzeugtoiletten nur mit Mühe zu bewerkstelligen ist.

Der Komfort im Flugzeug selbst variiert je nach Fluggesellschaft. Die renommierten bieten „schwebende" Kinderbettchen für Säuglinge und Kinder-Menüs, die vor denen für Erwachsene ausgegeben werden, damit man den Kindern beim Essen behilflich sein kann. Meist gibt es Spiele, Bastelmaterial oder Ähnliches. Es kann aber passieren, dass es weder Milch noch eine Möglichkeit gibt, Fläschchen zu erwärmen, von Babynahrung ganz zu schweigen. Besonders mit einem Kind unter zwei Jahren, das noch keinen Anspruch auf einen Sitzplatz hat, sollte nur eine der großen Fluggesellschaften in Betracht gezogen werden. Der Service ist ungleich besser, und man wird beim Aus- und Einsteigen bevorzugt behandelt, was bei Billiganbietern nicht der Fall ist.

Eine Rückentrage für die Kleinsten hat sich bestens bewährt, man kann sie notfalls auch im Flugzeug aufstellen und dem Kind somit ein Minimum an Bewegungsfreiheit geben. Ein Krabbelkind gute zwölf Stunden auf dem Schoß zu halten, geht über die Kräfte eines einzelnen Menschen. Gerade als allein reisendes Elternteil sollte man sich nicht scheuen, Mitreisende und Flugpersonal um Hilfe zu bitten. In jedem Fall empfiehlt sich eine Ausrüstung mit Windeln, Babynahrung und Wechselwäsche wie für eine Dreitagereise, denn für einen unvorhergesehenen Aufenthalt sollte man immer gewappnet sein. Für die weiten Wege auf den Flughäfen und auch nach der Ankunft ist ein leichter Klappbuggy sehr praktisch, der abgesehen vom üblichen Gepäck kostenlos befördert wird.

Für die ersten Nächte nach der Ankunft braucht man ein gutes, möglichst ruhiges **Hotel**, in dem sich niemand übermäßig durch ein weinendes oder aufgedrehtes Kind gestört fühlt. Ältere und ans Reisen gewohnte Kinder kommen mit der Umstellung eher zurecht, dennoch sollte man auf großartige Unternehmungen gleich nach der Ankunft tunlichst verzichten. Für die Nacht muss unbedingt etwas zu essen und zu trinken bereitgehalten werden.

Angesichts der Größe des Landes wird man wahrscheinlich viel Zeit im **Auto** verbringen. Um den Stress gelangweilter, nörgelnder Kinder auf dem Rücksitz zu vermeiden, sollte man kurze Fahrten und Zwischenstopps einplanen – oder sich für eine Bahnfahrt bzw. einen Flug zwischen zwei größeren Anlaufstellen entscheiden. Die Garden Route ist eine ideale Strecke, denn hier gibt es zahlreiche Picknickstellen, insbesondere auf dem Abschnitt zwischen Mossel Bay und Storms River. Die Fahrt von Johannesburg nach Kapstadt dagegen bedeutet schon für Erwachsene eine Nervenzerreißprobe.

Eine **Tiersafari** kann für kleinere Kinder mehr Frust als Lust bedeuten, denn auch damit sind längere Autofahrten verbunden. Und es besteht keine Garantie, dass die versprochenen „wilden" Tiere sich tatsächlich blicken lassen. Außerdem hat ein Krabbelkind natürlich wenig Spaß daran, Tiere aus beträchtlicher Entfernung und durch die Scheiben eines Fahrzeugs zu betrachten. Kinder, die alt genug sind, um damit umgehen zu können, stattet man am besten mit einem eigenen Fernglas aus.

Es gibt zahlreiche für Familien geeignete **Unterkünfte**. Hotels, Gästehäuser, B&Bs und auch immer mehr Backpacker-Lodges stellen gerne ein Extrabett oder zusammenhängende Zimmer zur Verfügung. Kinder zahlen meist den halben Preis. Eine gute Alternative sind Ferienapartments, zu denen oft auch ein Pool gehört. Viele Urlauberresorts richten sich speziell an Familien mit größeren Kindern und bieten ein Kinder-Freizeitprogramm. An oberster Stelle steht die Forever-Kette, 💻 www.foreversa.co.za, mit Anlagen in herrlicher Lage, etwa in Keurboomstrand nahe der Plettenberg Bay. Ausgezeichnet sind auch die Family Hotels mit Vollpension, von denen sich einige entlang der Wild Coast befinden. Sie verfügen nicht nur über Spielplätze und Paddelboote, sondern oft auch über Babysitter, die sich während der Mahlzeiten der Erwachsenen oder einen ganzen Tag lang um die Kleinen kümmern. Übrigens sind in vielen Safaricamps keine Kinder unter zwölf Jahren zugelassen.

Mit einem Baby oder Kleinkind außer Haus zu **essen**, ist kein Problem, vor allem nicht in den Freiluftrestaurants. Manche Lokale stellen auch Kinderstühle bereit und bieten Kinderportionen an. Und im Notfall gibt es immer noch die überall anzutreffenden, familienfreundlichen Ableger von Ketten wie Spur, Nado's oder Wimpy.

Die meisten afrikanischen Mütter stillen an jedem Ort, doch bei weißen Südafrikanern ist das unüblich, daher ist Diskretion angemessen, insbesondere in konservativeren Gegenden – damit ist der Großteil des Landes (abgesehen von den Mittelklassebezirken von Kapstadt, Johannesburg oder Durban) gemeint. **Wickelräume** gibt es nur wenige, aber in den großen Einkaufszentren sollte man keine Probleme haben.

Von Wegwerfwindeln bis zu Spielzeug ist in Südafrika alles leicht erhältlich. Die **Gesundheits- und Hygienestandards** sind hoch, und es gibt zahlreiche gute Ärzte und Kliniken. Malaria kommt nur in einem kleinen Teil des Landes vor (S. 714). Wer diese Gebiete besuchen möchte, sollte sich das gut überlegen, denn die erforderliche Malariaprophylaxe wird für Kinder unter zwei Jahren nicht empfohlen.

Es ist besser, die meisten großen Tierreservate, insbesondere den Krüger-Nationalpark und die in KwaZulu-Natal, den Nordwest-Provinzen sowie in der Provinz Limpopo zu meiden und stattdessen die malariafreien am West- und Ostkap aufzusuchen, beispielsweise den Addo Elephant National Park. Im süd-

Formalitäten für das Reisen mit Kindern

Seit Oktober 2014 müssen Eltern, die mit ihren Kindern nach Südafrika reisen, die Geburtsurkunden der mitreisenden Kinder vorweisen können. Reist nur ein Elternteil mit dem Kind, muss zusätzlich eine Einverständniserklärung des anderen Elternteils, dass man allein mit dem Kind reisen darf, vorgelegt werden. Alleinerziehende, die diese Erklärung nicht bekommen können, sollten sich eine notarielle Beglaubigung besorgen, aus der ersichtlich ist, dass man alleine mit dem Kind reisen darf. Für Kinder, die ohne Begleitung nach Südafrika einreisen und für Kinder, die in Begleitung anderer Personen als ihrer Eltern reisen, gelten gesonderte Bestimmungen. Für nähere Informationen sollte man das South African Department of Home Affairs, 💻 www.dha.gov.za, kontaktieren.

afrikanischen Winter (Juli, August) verringert sich das Malariarisiko erheblich. Wer mit der Familie dorthin möchte, sollte diese Zeit wählen. **Tuberkulose** (TB) ist in Südafrika weit verbreitet, vor allem (aber keineswegs ausschließlich) unter der armen Bevölkerung. Daher müssen Kinder unbedingt geimpft sein. Ganz wichtig ist **Sonnenschutz**, Näheres auf S. 715.

Nützliche Internetadressen

www.capetownkids.co.za
Infos für Eltern und Kinder in Kapstadt.

www.jozikids.co.za
Infos für Eltern und Kinder in Johannesburg.

www.kidscantravel.com
Nützliche Website für die Planung eines Urlaubs mit Kindern und mit einer Liste mit familienfreundlichen Unterkünften.

Maße und Elektrizität

In Südafrika gilt das **metrische System**. Das Stromnetz ist für 220/230 V Wechselstrom und die meisten Steckdosen sind für dreipolige Rundstecker ausgelegt. Besucher aus Deutschland, Österreich und der Schweiz benötigen für ihre Elektrogeräte also einen **Adapter**. In den meisten Badezimmern der Hotels ist allerdings ein 110 V-Stecker für elektrische Rasierapparate vorhanden.

Medien

Südafrika besitzt keine ausgeprägte Tradition überregionaler Tageszeitungen, stattdessen erscheinen zahlreiche Lokalblätter unterschiedlicher Qualität. Die Fernsehsender zeigen eine Mischung aus importierten Programmen, hausgemachten Seifenopern nach US-Vorbild und einigen Realityshows sowie hin und wieder einen sehenswerten Dokumentarfilm.

Im Bereich des Rundfunks wird Südafrika mit seinen vielen kleinen Radiostationen den breit gefächerten Interessen des Publikums am besten gerecht.

Zeitungen

Von den rund 20 meist auf Englisch oder Afrikaans erscheinenden Tageszeitungen sind nur zwei als überregional zu bezeichnen: **Business Day**, www.bdlive.co.za, eine gute Quelle für seriöse nationale und internationale Nachrichten, und **The New Age**, www.thenewage.co.za, ein ANC-nahes Blatt.

Jede größere Stadt besitzt eine englischsprachige Zeitung, die fast alle von Südafrikas größtem Zeitungsverlag, **Independent News & Media**, herausgegeben werden. Das Vorzeigeblatt der Gruppe ist **The Star**, www.thestar.co.za, in Johannesburg, der etwa so viele schwarze wie weiße Leser hat. Die mitunter etwas flache Lokalberichterstattung wird ergänzt durch wenige kurze Meldungen zum internationalen Geschehen.

In Kapstadt werden die Morgenzeitung **Cape Times**, www.capetimes.co.za, und das Boulevardblatt **Cape Argus**, www.capeargus.co.za, nach demselben bewährten Rezept produziert, ebenso die **Pretoria News**, www.iol.co.za/pretoria-news, der **Herald**, www.heraldlive.co.za, in Port Elizabeth und die **Daily News**, www.iol.co.za/dailynews, in Durban.

Südafrikas auflagenstärkste Zeitung ist die **Daily Sun**, ein Johannesburger Boulevardblatt. Die Zeitung trifft den Nerv der Township-Bewohner: ein bisschen Verbrechen, ein bisschen Übernatürliches und aus dem Alltag der Menschen gegriffene Themen. Eine weitere Johannesburger Boulevardzeitung ist der **Sowetan**, www.sowetanlive.co.za, der sich seit den 80er-Jahren halten kann und weitaus anspruchsvoller ist als die Sun. In Kapstadt setzt die **Voice** ganz auf das Rezept der Daily Sun und zeichnet sich durch betont lockeren Stil und eine wilde Mischung aus Sex, Crime und Hokuspokus aus.

Das intellektuelle Schwergewicht des Landes ist zweifellos der freitags erscheinende **Mail & Guardian**, www.mg.co.za. Er liefert neutralen und hervorragend recherchierten Qualitätsjournalismus, auch wenn er gelegentlich etwas schwerfällig daherkommt.

Zu den Sonntagszeitungen gehört die **Sunday Times**, die ihre Auflage – rund eine viertel

Million – mit einer wohldosierten Mischung aus solide recherchierten Reportagen und Klatschgeschichten erreicht. Die **City Press**, 🖳 www.citypress.co.za, verkauft über die Hälfte ihrer Auflage in Gauteng und besticht durch eine unabhängige, kluge politische Berichterstattung, die sich hauptsächlich an eine schwarze städtische Bevölkerung richtet. Das spritzigste Nachrichtenmagazin ist der bis über die Grenzen des Landes hinaus bekannte, kostenlos online einsehbare **Daily Maverick**, 🖳 www.dailymaverick.co.za. Das Magazin bietet eine Fülle an Nachrichten und Analysen und beschäftigt einige der anspruchsvollsten und provokantesten Kolumnisten des Landes.

Zeitungen bekommt man am einfachsten in Gemischtwarenläden und Papierhandlungen, vor allem in den CNA-Filialen. Dort sind auch **internationale Zeitungen und Magazine**, allerdings überwiegend britische, erhältlich.

Fernsehen

Die drei staatlichen Sender der South Africa Broadcasting Corporation zeigen einen Mix aus einheimischen Spielfilmen, Sport, Quizshows, Soaps und Dokumentarfilmen sowie importierten Produktionen. **SABC 1**, **2** und **3** teilen sich die wenig beneidenswerte Aufgabe, ein Programm zu bieten, bei dem für jeden Zuschauer etwas dabei ist, wobei sie ihre Sendezeit zwischen den elf offiziellen Landessprachen ausloten müssen.

Die meisten Sendungen sind in englischer Sprache: SABC 3, 🖳 www.sabc3.co.za, sendet fast ausschließlich auf Englisch, mit einem hohen Anteil an britischen und US-amerikanischen Filmen, während SABC 2, 🖳 www.sabc2.co.za, und SABC 1, 🖳 www.sabc1.co.za, sich Mühe geben, die übrigen zehn Sprachen abzudecken, obwohl sich auch bei ihnen viel Englischsprachiges einschleicht. SABC 1 hat mit seinem Sportschwerpunkt die meisten Zuschauer.

Südafrikas erster und einziger unabhängiger kommerzieller Kanal **e.tv**, 🖳 www.etv.co.za, ging 1998 auf Sendung. Er ist unter der Prämisse gestartet, südafrikanischen Produktionen einen breiten Raum zu gewähren – ein Auftrag, der allerdings in keiner Weise erfüllt wird.

Es gibt kein Kabelfernsehen, aber DSTV, 🖳 www.dstv.co.za, bietet seinen Abonnenten **Satellitenfernsehen** mit einer Mischung aus Sport, Spielfilmen, Nachrichten und Spartenkanälen, die zum Teil auch in Hotels zu empfangen sind.

Radio

Der Rundfunk ist ein überaus populäres Medium und jeder Südafrikaner verbringt durchschnittlich dreieinhalb Stunden täglich mit dem Hören von Radiosendungen. Die SABC betreibt eine Rundfunkstation für jede der elf offiziellen Sprachgruppen. Der englischsprachige Sender **SAfm**, 🖳 www.safm.co.za, entwickelt sich immer mehr zu einem Talkshowsender mit gelegentlichen „lästigen" Unterbrechungen für Nachrichten. Unter der Regie der SABC laufen auch **5FM Stereo**, ein nationaler Popsender, der die Top 40 bringt, sowie **Radio Metro**, der sich vor allem an jugendliche schwarze Stadtbewohner richtet.

Um ein Gefühl dafür zu bekommen, wie Südafrikaner ticken, kann man in Gauteng den privaten Talksender **702** einschalten (in Jo'burg 92,7 FM und in Pretoria 106 FM, 🖳 www.702.co.za) oder sein Pendant **CapeTalk** in Kapstadt (567 AM, 🖳 www.capetalk.co.za). Beide sind wesentlich flotter als die staatlichen Sender und bringen Nachrichten, Wetter, Verkehrs- und Sportmeldungen. Neben den hier genannten Sendern gibt es noch viele weitere regionale und kommerzielle, die ein breites Spektrum abdecken.

Nationalparks und Reservate

Kein anderes afrikanisches Land besitzt so viele Parks, Naturschutzgebiete und Tierreservate wie Südafrika – Hunderte von Reservaten und staatlich verwalteten Waldgebieten überziehen das Land, darunter auch einige Geheimtipps. Zu den begehrtesten Zielen zählen rund zwei

Parkgebühren, Reservierungen und Anfragen

Die **Eintrittsgebühren** dienen der Erhaltung der Parks und sind pro Tag zu bezahlen. Am höchsten sind sie im Krüger-Nationalpark und Kgalagadi Transfrontier Park, wo von ausländischen Besuchern R264 p. P. verlangt werden. Mit R216 an zweiter Stelle liegt der Addo Elephant National Park. In den meisten anderen beträgt die Gebühr R152, aber einige kleinere Parks berechnen noch sehr viel weniger. Besucher unter zwölf Jahren zahlen meist die Hälfte des Erwachsenenpreises.

Die **Unterkünfte** in den meisten größeren Nationalparks können im Voraus (in der Hochsaison sollten das mehrere Monate sein) über South African National Parks gebucht werden, mit Ausnahme des Pilanesberg Parks (S. 580) und den Reservaten in KwaZulu-Natal, für die Ezemvelo KZN Wildlife zuständig ist. Es kann sehr schwierig und zeitraubend sein, telefonisch bei South African National Parks zu buchen – besser geht's übers Internet (s. u.).

Dutzend Parks, in denen die Fauna und Flora unter Schutz steht.

Mit wenigen Ausnahmen werden sie von **Ezemvelo KZN Wildlife**, ✆ 033-845 1000, 💻 www.kznwildlife.com, verwaltet, die für die meisten staatlichen Reservate in KwaZulu-Natal zuständig ist, und **South African National Parks**, ✆ 012-428 9111, 💻 www.sanparks.org, die für das übrige Land verantwortlich ist. Zusätzlich zu den staatlichen Parks gibt es auch private Reservate, die sich zumeist unmittelbar am Rand dieser Parks befinden.

Nur manche Nationalparks sind auch gleichzeitig Tierreservate (S. 53). Zwar zieht es die meisten Touristen der aufregenden wilden Tiere wegen nach Südafrika, aber man sollte nicht die wunderbaren **Naturschutzgebiete** vergessen, die besondere Landschaften schützen und in denen Tiere leben, die vielleicht nicht ganz so werbewirksam, aber ebenso sehenswert sind wie die **Big Five** (Büffel, Elefant, Leopard, Löwe und Nashorn). Parks, in denen Meeres- und Feuchtgebiete, vom Aussterben bedrohte Pflanzenarten, Wälder, Wüsten und Bergregionen unter Schutz stehen, locken meist mit dem zusätzlichen Anreiz, dass sie von Tieren, Vögeln, Insekten, Reptilien oder Meeressäugetieren bewohnt werden – Südafrika ist eines der ganz wenigen Länder, in denen man von der Küste aus Wale beobachten kann.

Wer sich für einen der drei begehrtesten Parks Südafrikas entscheiden muss, wird wahrscheinlich den **Krüger-Park** am Ostrand der Provinzen Mpumalanga und Limpopo wählen, vor allem wegen seiner riesigen Ausdehnung, der vielen Tierarten, der vielfältigen Lowveld-Habitate und der hervorragenden Möglichkeiten zur Tierbeobachtung. An zweiter Stelle in der Besuchergunst rangiert der **Tsitsikamma**: Er hat Waldgebiete mit altehrwürdigen Bäumen, Meeresklippen, den Storms River Mouth und den Otter Trail zu bieten, den beliebtesten Wanderweg Südafrikas. Im ganzen Land gibt es keine dramatischere Gebirgslandschaft als die des **Ukhahlamba Drakensberg Parks**, der eine Reihe von Reservaten an der Grenze zwischen KwaZulu-Natal und Lesotho umfasst und gemächliche Wanderpfade entlang von Wasserläufen und anspruchsvollere Klettertouren für geübte Bergsteiger bereithält.

Der unangefochtene Status des Krüger-Nationalparks für die Beobachtung von Elefanten, Löwen und Tausenden anderer Tiere führt dazu, dass die **Parks in KwaZulu-Natal** ins Hintertreffen geraten – ganz zu Unrecht. Sie bieten nicht nur die weltweit besten Chancen, Nashörner zu sehen, sondern sind auch naturbelassener als der Krüger-Park und haben oft sogar bessere Unterkünfte zu vergleichbaren Preisen. Sowohl im Krüger-Park als auch in den Parks in KwaZulu-Natal kann man geführte Wanderungen und Nachtfahrten unternehmen – eine sehr beliebte Art, die scheuen Nachttiere zu sehen, die nach Einbruch der Dunkelheit durch den Busch schleichen.

Erwähnenswert ist auch der **Addo Elephant National Park** im Ostkap, der drittgrößte des Landes, der immer noch erweitert wird. Als einziger unter den „Big Five"-Parks in der Südhälfte des Landes ist er zudem das Reservat mit der abwechslungsreichsten Landschaft, von Kapstadt in einer Tagesfahrt zu erreichen und als einziger der großen Parks malariafrei

Unterkünfte in den Parks

Zu den Unterbringungsmöglichkeiten in den Nationalparks gehören **Campingplätze** (rund R150–280 pro Zelt); **Safarizelte** in einigen der Restcamps im Krüger-Park und in KwaZulu-Natal (die verschiedene Arten der Unterbringung anbieten, darunter Chalets, Safarizelte und Campingplätze; ab R470 pro Zelt); einfache Hütten mit Gemeinschaftswaschräumen und -küchen (R500 p. P.); **Bungalows** mit einem Raum und Bad, aber ohne Kochgelegenheit (ab R900) und Cottages mit Bad oder Dusche und Kochmöglichkeit (ab R1000).

Abgesehen von den Zeltplätzen sind überall Bettwäsche, Handtücher, Kühlschrank und die notwendigsten Kochutensilien vorhanden. In einigen Restcamps gibt es einen Laden, wo die Zutaten für ein Picknick oder *braai* erhältlich sind, und zudem noch ein **Restaurant**.

Am schönsten ist die Unterbringung in **Private Game Reserves**, die es vor allem in der Umgebung des Krüger-Parks gibt. Billig ist es nicht, aber meist recht luxuriös. Übernachtet wird entweder in Zelten mit Du/WC, in denen man bequem aufrecht stehen kann, oder in kleinen strohgedeckten Rondavels oder (in den elegantesten und teuersten) sogar in komfortablen Zimmern mit Klimaanlage.

Ein paar der Camps besitzen *bush showers* (eine aufgehängte, mit warmem Wasser gefüllte Gießkanne mit einer Düse), und es gibt kaum etwas Romantischeres als eine Dusche unter dem afrikanischen Sternenhimmel. Da manchmal Elektroanschlüsse fehlen, werden einige Chalets oder Zelte mit Petroleumlampen beleuchtet. Die **Verpflegung** ist in der Regel gut und reichlich, und auf Wunsch wird auch vegetarisch gekocht. Die Preise liegen bei mindestens R3000 p. P. und Nacht, in den luxuriösesten Game Lodges deutlich darüber. Doch sind darin sämtliche Mahlzeiten und Tierbeobachtungstouren enthalten – und da die Besucherzahlen eine bestimmte Größenordnung nicht überschreiten dürfen, wird die Ausgabe mit einem exklusiven Naturerlebnis belohnt.

Safaris

Tiere in freier Wildbahn **aufzuspüren**, erfordert einiges an Geschick und Erfahrung, und es passiert leichter als man denkt, dass man ein Nashorn für einen großen Felsbrocken hält oder den König der Tiere im hohen Gras einfach übersieht. Schließlich ist die afrikanische Tierwelt von der Natur so ausgestattet, dass sie möglichst mit ihrer Umgebung verschmilzt. Wer in der Erwartung herkommt, all die Tiere zu Gesicht zu bekommen, die man aus Dokumentarfilmen kennt, vergisst, dass dort monatelange Filmaufnahmen auf Halbstundenlänge zusammengeschnitten wurden, und wird zwangsläufig enttäuscht werden.

Neulinge im afrikanischen Busch sollten sich mindestens zwei Übernachtungen in einer luxuriösen Lodge in einem der privaten Reservate (etwa im Umkreis des Krüger-Parks) gönnen; die dort angestellten Wildhüter unternehmen mit den Gästen Pirschfahrten in offenen Jeeps. **Tipps** dazu, wie man bei der Tierbeobachtung am besten vorgeht und zum besseren Verständnis des gebotenen Naturschauspiels, finden sich im Kapitel Krüger-Nationalpark (S. 610).

Mit dem eigenen Auto

Eine Fahrt durch die Nationalparks im eigenen Wagen ist nicht nur am billigsten, sondern zudem ist es aufregender, die „wilden" Tiere in seinem eigenen Tempo zu erspähen und nicht von einem entsprechend informierten Guide zu den Stellen gebracht zu werden, wo gerade Tiere gesichtet wurden. Außerdem kann man dann den zeitlichen Ablauf und die Dauer der Beobachtung selbst bestimmen. Für Reisende mit **Kindern** ist dies praktisch der einzige Weg, ein Tierreservat zu besuchen, denn die meisten Luxus-Lodges lassen keine Kinder unter zwölf Jahren zu.

Einziger Nachteil einer solchen Safari ist, dass man sich unter Umständen plötzlich inmitten einer Ansammlung von Fahrzeugen wieder-

Die wichtigsten Nationalparks und Reservate

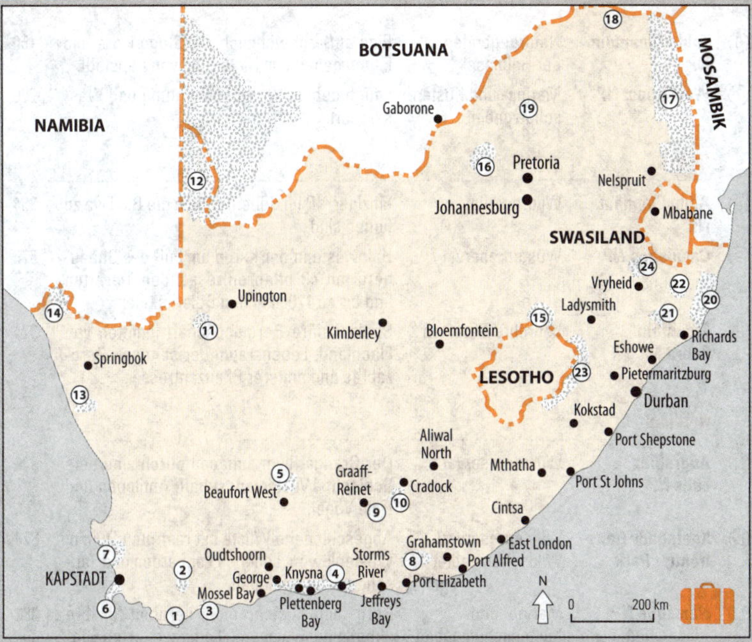

Nr.	Park	Schwerpunkt	Beschreibung und Highlights	Seite
	Westkap			
①	**Agulhas NP**	Marine- und Küstenschutzgebiet	Gebirgiger Südzipfel Afrikas mit einer artenreichen Fauna und bedeutenden archäologischen Stätten	248
②	**Bontebok NP**	Bedrohte Tierarten	Am Fuße schroffer Berge gelegenes Schutzgebiet für Antilopen und Kap-Bergzebras.	238
③	**De Hoop Nature Reserve**	Marine- und Küstenschutzgebiet, bedrohte Tierarten, Küstenvegetation	Einer der weltweit besten Orte für Walbeobachtung von der Küste aus, mit seltenen Bergzebras, die auf *fynbos*-Landschaften grasen.	250
④	**Garden Route NP**	Marine- und Küstenschutzgebiet, bedrohte Tierarten	Vorwiegend drei Sektionen: Küste und Marschland um Wilderness, Knysna's Wälder und Lagune sowie Tsitsikamma's Klippen, Schluchten und Urwälder.	261
⑤	**Karoo NP**	Wüstenreservat	Sehr karge und bergige Landschaft mit Fossilien, Herbivoren (Pflanzenfresser) und Frühlingsblumen.	233

Nr.	Park	Schwerpunkt	Beschreibung und Highlights	Seite
⑥	**Table Mountain NP**	Naturgegenden der Halbinsel	Eine außergewöhnlich vielfältige Flora und Fauna gedeiht im Hinterland von Kapstadt.	150
⑦	**West Coast NP**	Marine- und Küstenschutzgebiet	Feuchtgebiet. Vogelbeobachtung und Wassersport.	286
	Ostkap			
⑧	**Addo Elephant NP**	Wildreservat	Einziger NP im Süden, in dem die Big Five zu finden sind.	354
⑨	**Camdeboo NP**	Wüstenreservat	Halbwüste in der Karoo am Fuß des Sneeuberg mit 43 pflanzenfressenden Tierarten und bis zu 120 m hohen Doleritsäulen.	376
⑩	**Mountain Zebra NP**	bedrohte Tierarten	Spektakuläre Berglandschaft inmitten von Flachland, Lebensraum der seltenen Bergzebras und anderer Pflanzenfresser.	374
	Nordkap			
⑪	**Augrabies Falls NP**	Wüstenreservat	Der Orange River schäumt durch eine tiefe Schlucht. Wüstenlandschaft, Antilopen und viele Vögel.	326
⑫	**Kgalagadi Transfrontier Park**	Wüstenreservat/ Wildschutzgebiet	Abgeschiedene Wüste mit rostroten Dünen, Wüstenlöwen, scheuen Leoparden und Tausenden von Antilopen.	324
⑬	**Namaqua NP**	Marine- und Küstenschutzgebiet	Berg- und Küstenregion, berühmt für ihre schätzungsweise 3500 Pflanzenarten, darunter wilde Frühlingsblumen.	332
⑭	**Ai-Ais Richtersveld Transfrontier Park**	Gebirgs- und Wüstenreservat	Schluchten, hohe Berge und dramatische Landschaft, erstreckt sich vom Orange River, dem Lebensraum zahlreicher Reptilien, Vögel, Säugetiere und Pflanzen, Richtung Landesinneres.	339
	Freistaat			
⑮	**Golden Gate Highlands NP**	Gebirgsenklave	Resort am Fuße bizarrer Sandsteinformationen inmitten der Maluti Mountains.	504

findet, die den Blick verstellen, vor allem wenn sich irgendwo eine Löwenfamilie niedergelassen hat. Wer also nicht in einem Minibus oder Jeep unterwegs ist, hat oft keine Möglichkeit, das weite *veld* zu überschauen.

Die Tierreservate in KwaZulu-Natal, an erster Stelle Hluhluwe-Imfolozi, Mkhuze und Ithala, sind für Selbstfahrer äußerst lohnenswert, ebenso das Pilanesberg Game Reserve in der Nordwest-Provinz. Der abgelegene **Kgalagadi Transfrontier Park** an der Grenze zu Botsuana ermöglicht Selbstfahrern eine aufregende Fahrt durch unberührten afrikanischen Busch.

Wer eine Safari in Eigenregie plant, tut gut daran, etwas Geld in einen ausführlichen **Naturreiseführer** zu investieren. Dasselbe gilt für einen ordentlichen **Feldstecher** – alle Teilnehmer, auch Kinder, sollten idealerweise mit einem eige-

Nr.	Park	Schwerpunkt	Beschreibung und Highlights	Seite
	Nordwest-Provinz			
⑯	**Pilanesberg NP**	Wildreservat	Von Bergen eingerahmte Savanne, Heimat der Big Five, von Johannesburg aus bequem zu erreichen.	580
	Provinz Mpumalanga/Limpopo			
⑰	**Krüger-Nationalpark**	Wildreservat	Das größte und bekannteste Tierreservat des Subkontinents mit jeder Menge Löwen, Elefanten, Nashörner, Büffel, Flusspferde und Tausenden anderer wilder Tiere.	610
⑱	**Mapungubwe NP**	Ausgrabungsstätte/ Wildreservat	Welterbestätte, bedeutender Fundort von Goldartefakten einer mittelalterlichen Kultur. Verschiedene Ökosysteme sind Lebensraum einer Vielzahl von Säugetieren.	645
⑲	**Marakele NP**	Wildreservat	Herrliche Landschaft mit Gipfeln, Plateaus und schroffen Felsen, bewohnt von Löwen, Elefanten, Nashörnern und anderen Säugetieren.	639
	KwaZulu-Natal			
⑳	**iSimangaliso Wetland Park**	Küstenfeuchtgebiet	Ausgedehntes Gelände mit Feucht- und Wildnisgebieten, Küsten und Tierreservaten.	459
㉑	**Hluhluwe-Imfolozi GR**	Wildreservat	Gebirgiger und kleiner als der Krüger-Park, zählt zu den besten Parks Afrikas, um Nashörner zu sehen.	462
㉒	**Mkhuze GR**	Wild-/Vogelschutzgebiet	Hervorragend geeignet zum Beobachten von Vögeln, Nashörnern und anderen Pflanzenfressern. Waldwanderwege.	470
㉓	**Ukhahlamba Drakensberg Park**	Gebirgsreservat	Mehrere Parks überziehen die höchsten und eindrucksvollsten Berggipfel	447
㉔	**Ithala GR**	Wildreservat	Weniger bekanntes kleines Tierschutzgebiet, ein echtes Juwel in gebirgiger Umgebung	480

nen Fernglas ausgerüstet sein. Außerdem ist es ratsam, eine Thermosflasche mit Kaffee oder Tee und eine Kühltasche mit Proviant mitzunehmen.

Organisierte Touren

Oft bieten nahe der Reservate gelegene Backpacker-Lodges – manchmal auch Hotels und B&Bs – **Safari-Ausflüge** an. Dabei versäumt man allerdings das wunderbare Erlebnis, mitten in der Wildnis aufzuwachen, wie es die Unterbringung im Reservat bietet. Während der südafrikanischen Schulferien, wenn beispielsweise der Krüger-Park völlig ausgebucht ist, bleibt aber vielleicht gar nichts anderes übrig.

Was organisierte Safaris anbelangt, so steht meist das Erlebnis in direktem Verhältnis zu den Kosten. In der Umgebung des Krüger-Parks wird mit billigen Pauschalangeboten auf „Safari-

Farmen" geworben. Sie sind meist in Ordnung, sofern man bereit ist, Tiere in einer Art großem Zoo zu betrachten, und eignen sich durchaus für eine Übernachtung auf dem Weg in den Krüger-Park. Allerdings stellen sie keinen Ersatz für die authentische Wildniserfahrung dar – früher oder später stoßen die Besucher während des Game Drive auf Zäune und Schlagbäume. Einige der empfehlenswerteren Adressen in dieser Kategorie sind in den entsprechenden Kapiteln aufgeführt.

Safaris in privaten Reservaten

Bei einer glücklichen Wahl ermöglicht der Aufenthalt in einem Privatreservat das ultimative Safari-Erlebnis. Hier verbringt man die Zeit in einer kleinen Gruppe, kann sich entspannt dem Vergnügen hingeben und den organisatorischen Aufwand anderen überlassen. Da kein Massenbetrieb herrscht, ist die Naturerfahrung viel intensiver als in einem der Restcamps im Krüger-Park. Auch hat man einen sachkundigen Ranger zur Seite, der während der Ausflüge die Tier- und Pflanzenwelt erklärt und Fragen beantwortet.

Privat geführte Safari-Lodges, die auf Konzessionsbasis operieren, gibt es im Krüger und in einigen anderen Nationalparks, etwa im Addo. In den kleineren privaten Reservaten logieren immer nur zehn bis sechzehn Gäste gleichzeitig. Dadurch herrscht eine familiäre Atmosphäre. Größere Camps beherbergen hingegen zwei- bis dreimal so viele Menschen und gleichen einem Hotel mitten im Busch. Zahlreiche Safari-Lodges haben eigene Wasserstellen, an denen man bequem von der Bar aus Tiere beobachten kann.

Die allerbesten Privatreservate des Landes finden sich am Westrand des Krüger-Nationalparks; hier erwarten den Besucher neben kostspieligen Lodges auch einige Unterkünfte, die reelle Preise bieten.

Der typische Tagesablauf in einem Privatcamp sieht so aus, dass die Gäste im Morgengrauen zum Tee-/Kaffeetrinken geweckt werden und danach eine geführte Buschwanderung oder Jeep-Fahrt machen, um Tiere zu beobachten. Nach einem vormittäglichen Brunch oder Frühstück besteht die Möglichkeit, sich eine Weile auf einer Aussichtsplattform oder in einem Hochstand aufzuhalten und in aller Ruhe das Naturschauspiel zu beobachten.

Am Spätnachmittag findet ein weiterer Ausflug statt, ähnlich dem am frühen Morgen, allerdings gekrönt von einem Sundowner. Oftmals schließt sich daran noch eine Nachtfahrt an. Die Jeeps sind mit starken Handscheinwerfern ausgestattet, mit deren Hilfe sich nachtaktive Tiere ausfindig machen lassen.

Die **Preise** umfassen stets Unterkunft, Vollverpflegung und sämtliche Expeditionen in die Wildnis – dennoch ist die Bandbreite groß. Die Camps am obersten Ende der Preisskala bieten zwar den meisten Luxus und Stil, garantieren aber nicht unbedingt eine artenreichere Tierwelt. Manche Besucher ziehen billigere Camps den kostspieligeren in der gleichen Gegend vor, da ihre schlichtere Atmosphäre besser im Einklang mit der Natur ringsum steht.

Post

Die südafrikanische Post ist langsam und unzuverlässig, und Geld oder andere Wertsachen können auf dem Postweg leicht abhanden kommen. Ein Brief von einer Stadt zur anderen dauert ungefähr eine Woche, und wenn der Absender/Adressat sich in einem abgeschiedenen Landesteil aufhält, sogar noch länger.

Internationale Luftpost kommt oft schneller an. Das betrifft vor allem solche, die in Johannesburg oder Kapstadt aufgegeben wurde, denn von dort aus starten Direktflüge nach Europa. Wer Briefe oder Pakete auf dem Landweg nach Deutschland, Österreich oder in die Schweiz schickt, muss mit einer Transportdauer von bis zu sechs Wochen rechnen.

Die meisten größeren und kleineren Städte verfügen über ein **Postamt**, das zumeist Mo–Fr 8.30–16.30 und Sa 8–11.30 Uhr geöffnet hat (manche schließen auch schon früher). Die verbreiteten Filialen des privaten **PostNet**, 💻 www.postnet.co.za, bieten größtenteils die gleichen Dienste, darunter auch Kurierservice. **Kurierdienste** wie FedEx, ✆ 0800-033 339, 💻 www.fedex.com/za, und DHL, ✆ 086-034 5000, 💻 www.dhl.co.za, sind teurer und nur in größeren Städten angesiedelt, aber weitaus verlässlicher als die Post.

Briefmarken gibt es auf Postämtern und in Zeitungsläden, etwa in CNA-Filialen und Supermärkten. Das Porto ist preiswert: Eine Postkarte kostet per Luftpost (weltweit) R6, ein Standardbrief R7. Die meisten Hauptpostämter und zahlreiche Backpacker-Hostels bieten **Poste restante** an.

Reisende mit Behinderungen

In Südafrika ist man auf behinderte Menschen vielleicht nicht ganz so gut eingestellt wie in Europa, aber im Allgemeinen ist das Angebot an behindertengerechten Einrichtungen sehr zufriedenstellend. Es ist eher dem Zufall als gezielter Planung zuzuschreiben, dass viele Gebäude gut mit einem Rollstuhl erreichbar sind, denn in Südafrika wird überwiegend niedrig gebaut. Da das Auto hier König ist, kann man oft bis vor die Tür einer Unterkunft fahren und den Wagen dort abstellen.

Es gibt **organisierte Touren**, Spezialangebote und zunehmend auch **Aktivreisen** für Behinderte nach Südafrika. Im Rahmen dieser Pakete können Rollstuhlfahrer an Safaris, Sport- und allen möglichen Abenteueraktivitäten teilnehmen, darunter Kajaking, Ausritte, Fallschirmspringen und Seilbahnfahren. Die Touren werden für Reisende mit eigenem Wagen oder als Gruppenreise angeboten. Nähere Infos unter den Kontaktadressen unten; die genannten Agenturen vermitteln Kontakte zu südafrikanischen Reisebüros, die auf die Bedürfnisse behinderter Reisender eingestellt sind.

Die Website 💻 **www.disabledtravel.co.za** der Beschäftigungstherapeutin Karin Coetzee wendet sich an Reisende mit Behinderungen und führt Unterkünfte, Restaurants und Sehenswürdigkeiten auf, die sie persönlich hinsichtlich ihrer Zugänglichkeit eingestuft hat. Außerdem gibt's praktische Links zu allen möglichen Aspekten des Reisens, vom Anmieten eines Autos und organisierten Touren bis zu orthopädischer Ausrüstung. Die US-Seite 💻 **www.access-able.com** listet Informationen für Reisende mit Behinderungen, darunter auch nützliche Angaben über das Reisen in Südafrika. Unter 💻 **www.sanparks.org/groups/disabilities/general.ph** findet man Infos zu behindertengerechten Einrichtungen, Zugänglichkeit für Gehbehinderte und für Reisende im Rollstuhl in Südafrikas Nationalparks.

Schwule und Lesben

Das Grundgesetz Südafrikas ist das erste wirklich schwulen- und lesbenfreundliche der Welt. Außerdem weist die Republik die am breitesten gefächerte Homoszene Afrikas auf. Hier ist Homosexualität unter Menschen über 18 Jahren (bei gegenseitigem Einverständnis) nicht nur legal, sondern die Verfassung verbietet ausdrücklich eine Diskriminierung aufgrund sexueller Neigung. Soweit die Rechtslage. Außerhalb der großen Städte ist Südafrika aber meist stockkonservativ, und die öffentliche Zurschaustellung erotischer Zuneigung ist nicht gern gesehen, schon gar nicht von Mann zu Mann oder Frau zu Frau. Viele Weiße halten das für „unchristlich", und viele Schwarze für „unafrikanisch".

South African Tourism ist sich dagegen des Potenzials sehr wohl bewusst, das in den Geldbörsen homosexueller Reisender schlummert, und hat eine Menge Broschüren speziell für diese Zielgruppe erstellt. Und das zahlt sich aus – **Kapstadt** gilt als eine der lohnendsten Gay-Destinationen weltweit. Es ist die Schwulen-Hauptstadt Südafrikas, genauer gesagt, des gesamten afrikanischen Kontinents. Wie so vieles in der Stadt wird auch die Homoszene von Weißen dominiert, doch langsam etablieren sich auch gay-freundliche Clubs in den Townships.

In **Johannesburg** ist die Homoszene erheblich multiethnischer als in Kapstadt, vor allem in den Clubs. Die Schwulen- und Lesbenszene in **Pretoria** ist in den letzten Jahren ungeheuer angewachsen. Auch in **Port Elizabeth** und **Durban** sowie in kleineren Städten überall im Land nimmt die Zahl der von Schwulen/Lesben geführten oder homofreundlichen Einrichtungen zu.

Ein **Gay Pride Festival** findet in Kapstadt im Februar–März (💻 www.capetownpride.org) und in Jo'burg im September (💻 www.joburgpride.org) statt. Und Ende Mai feiern Kapstadt und Johannesburg das **South African Gay and Lesbian Film Festival**, 💻 www.oia.co.za. **Mamba**, 💻 www.mambaonline.com, ist ein Online-Lifestylemagazin für Schwule und eine gute Quelle für diese und weitere Schwulenevents und -organisationen im ganzen Land.

Sicherheit

Ungeachtet der erschreckenden Kriminalitätsstatistik bleiben die meisten Südafrikabesucher gänzlich unbeschadet. Es gilt zwar, vorsichtig zu sein, aber nicht paranoid, was wiederum nicht heißen soll, dass man die Augen vor der Realität verschließt: Kriminalität ist das wahrscheinlich größte Problem des Landes. Sobald man sich aber klar macht, dass überproportional viele Straftaten in den armen afrikanischen und farbigen Townships begangen werden, verliert die Statistik etwas von ihrem Schrecken. Schwere Verbrechen sind aber nicht nur in den Townships, sondern auch in Johannesburg, der gefährlichsten Ecke des Landes, ein Problem.

Die Sicherung des Besitzes und „Sicherheit" allgemein stellen eine Art landesweite Obsession dar, und es ist nur schwer vorstellbar, welches Thema die Dinnerpartys vieler Südafrikaner beherrschen wird, falls sich das Problem jemals erledigt. Fast alle mittelständischen Wohnhäuser werden – wie unschwer erkennbar – von privaten bewaffneten Sicherheitsorganisationen bewacht. Hinzu kommen Alarmanlagen, Gitter, hohe Zäune und elektronisch gesteuerte Eingangstore – selbst in manchen Townships. Und nicht nur Polizisten, sondern auch Privatleute tragen in aller Öffentlichkeit Feuerwaffen.

Wer Opfer eines Überfalls wird, sollte unbedingt den Ratschlag beherzigen, keine Gegenwehr zu leisten und den Forderungen nachzukommen. Das Risiko, in eine solche Situation zu geraten, lässt sich erheblich mindern, wenn man seinen gesunden Menschenverstand einsetzt und ein paar simple Vorsichtsmaßnahmen trifft (Kasten S. 59). Es lohnt auch ein Blick in die Sicherheitshinweise des Auswärtigen Amtes unter 💻 www.auswaertiges-amt.de.

Notfälle	
Polizei und Feuer	✆ 1011
Ambulanz	✆ 10177
Netcare	✆ 911
Privatkrankenhäuser (Zentrale)	✆ 082 911

Drogen, Alkohol und Auto fahren

Die in Südafrika am häufigsten hergestellte und genommene, jedoch illegale, Droge ist **Dagga** (Cannabis in Form getrockneter Blätter). **Ecstasy** ist in erster Linie die Droge der weißen Mittelschicht der sehr angesagten Rave-Kultur. Alkoholgenuss in der Öffentlichkeit verbietet übrigens das südafrikanische Gesetz – auch wenn sich niemand daran zu halten scheint. Gegen das Alkoholverbot am Steuer wird häufig und leichtfertig verstoßen, worin die einzige wirklich große Gefahr auf Südafrikas Straßen liegt. Zumindest erklärt sich daraus teilweise, warum während der Weihnachtsferien alljährlich mehr als tausend Menschen bei Massenkarambolagen ihr Leben lassen.

Sexuelle Belästigung

Die Vergewaltigungsrate in Südafrika ist erschreckend hoch, doch Touristinnen sind davon kaum betroffen. Dennoch sollten sie besser nicht allein reisen, auf gar keinen Fall trampen oder ohne Begleitung Wanderungen in einsamen Gegenden unternehmen. Dies gilt sowohl für Städte als auch ländliche Gegenden und für alle Orte nach Einbruch der Dunkelheit. Sobald es dunkel ist, sollten Frauen auch nicht mehr in einem Minibustaxi fahren. Die Grundhaltung der meisten südafrikanischen Männer, egal welcher

Sicherheitstipps

Allgemein

- Unauffällige Kleidung tragen und sich möglichst wenig touristisch gebärden
- In Städten keine Fotoapparate oder Videokameras offen herumtragen
- Keinen kostbaren Schmuck/Armbanduhren tragen
- Die teure Designer-Sonnenbrille zu Hause lassen – sie kann dem Träger vom Gesicht gerissen werden
- Wenn man überfallen wird, Ruhe bewahren und sich kooperativ zeigen

Zu Fuß unterwegs

- Taschen fest unter den Arm klemmen
- Keine großen Geldsummen mit sich führen
- Die Brieftasche nicht in der hinteren Hosentasche aufbewahren
- Immer wissen, wo man seine Wertsachen verstaut hat
- Wertsachen im Lokal nicht einfach auf den Tisch, Stuhl oder Fußboden legen/stellen
- Niemanden zu nahe an sich herankommen lassen – Gruppen aus dem Weg gehen
- Die öffentlichen Verkehrsmittel in großen Städten nur zu zweit oder in der Gruppe benutzen

Mit dem Auto unterwegs

- Auf der Fahrt alle Türen sichern, vor allem in den Städten
- Fensterscheiben so weit oben lassen, dass Diebe nicht ins Wageninnere langen können
- Nichts Wertvolles im Wagen lassen

An Geldautomaten

- Geldautomaten sind ein beliebtes Betätigungsfeld für Diebe. Egal, wie freundlich oder hilfesuchend sich ein Fremder an einem Geldautomaten gebärdet – man sollte sich niemals auf irgendeine Form der Interaktion einlassen
- Wird man um Hilfe gebeten, weil jemand (angeblich) Probleme mit dem Automaten hat, nicht eingreifen – den Rat geben, sich an die Bank zu wenden
- Hat man selbst Probleme mit dem Automaten, nie die Hilfe Fremder annehmen
- Beim Geldabheben darauf achten, dass die anderen Kunden den Sicherheitsabstand einhalten
- Im Zweifel einen anderen Automaten suchen
- Niemals Fremde beim Eingeben der PIN zusehen lassen
- Wird die Karte geschluckt, sofort reklamieren

Beim Bezahlen mit Karte

- Die Karte nie aus den Augen lassen
- Im Restaurant sich das tragbare Kartenlesegerät an den Tisch bringen lassen
- An der Kasse die Karte immer im Blick haben

Hautfarbe, ist nach wie vor ziemlich chauvinistisch. Der Versuch, freundlich und entgegenkommend zu sein, kann manchmal als sexuelle Einladung fehlinterpretiert werden, daher sollten Frauen darauf achten, keine missverständlichen Signale (auch nicht in punkto Kleidung) auszusenden.

Polizei

Die südafrikanischen Polizisten sind schlecht bezahlt und ausgerüstet, sie werden nicht selten beschossen (und oft tödlich verletzt) und genießen wenig Respekt – entsprechend demoralisiert sind sie. Wer im Auto angehalten wird, etwa von einer Straßenkontrolle, sollte ihnen höflich und freundlich begegnen und nicht vergessen, dass der Fahrer nach südafrikanischem Straßenverkehrsrecht verpflichtet ist, ständig den **Führerschein** bei sich zu haben. Reisende, die **bestohlen** wurden, dürfen nicht allzu viel kriminalistischen Eifer von Seiten der Ordnungshüter erwarten oder damit rechnen, ihre Habseligkeiten zurückzubekommen. Sie sollten aber eine Anzeige bei der Polizei machen, um zumindest einen Beleg für die Reiseversicherung zu bekommen.

Sport und Aktivitäten

Südafrikas vielseitige Landschaft mit Bergen, Wäldern, Felsküsten und Sandstränden sowie endlosen Meilen weites Bushveld und die Nationalparks bieten hervorragende Möglichkeiten für sportliche Aktivitäten im Freien. Entsprechend gibt es eine hoch entwickelte Infrastruktur für Sportmöglichkeiten im offenen Terrain. Dazu gehören vor allem ein beachtliches Netz an Wanderwegen und eine große Anzahl von Anbietern für Abenteuersport.

Wandern

Nirgendwo, selbst nicht im Zentrum von Johannesburg, ist man weit von einer Wandermöglichkeit entfernt. In Wildnis-Gebieten finden sich markierte Wege für halbstündige Spaziergänge oder für größere und längere Expeditionen zu Fuß, die zu den landschaftlich reizvollsten Stellen des Landes führen.

Pfade für Mehrtagestouren mit Übernachtungen sind im Allgemeinen gut mit farbigen Markierungen gekennzeichnet und mit Zeltplätzen oder Hütten am Weg ausgestattet. Die Anzahl der Wanderer, die eine Route begehen dürfen, ist meistens begrenzt, und viele Touren sind so beliebt, dass sie schon mehrere Monate im Voraus (in manchen Fällen bis zu elf Monaten) ausgebucht sind.

Es gibt auch **geführte Wandertouren durch die Wildnis**, bei denen man sich in Wildgebieten (wie dem Krüger-Nationalpark), begleitet von bewaffneten Wildhütern, bewegen kann. Allerdings vermitteln diese Wanderungen in erster Linie ein „Gefühl" für die Tierwelt – vom Auto aus lassen sich gewöhnlich viel mehr Tiere beobachten. Spezialtouren umfassen Unternehmungen mit Mountainbikes, in Kanus oder auch auf Pferden. Es gibt sogar ein paar Wanderwege für Behinderte, etwa für Blinde oder für Rollstuhlfahrer.

Wassersport

Südafrika ist einer der angesagtesten **Surfertreffs** in der ganzen Welt. Dem perfekten Surf von **Jeffrey's Bay** wurde in dem Streifen *Endless Summer*, einem der Kultfilme der 1960er-Jahre, Unsterblichkeit verliehen. Aber jeder Surfer wird beteuern, dass es entlang der ganzen Küste – von Namibia bis Mosambik – genauso gute oder gar bessere Surfstrände gibt. Die südafrikanische Surf-Gemeinde gilt als eine der freundlichsten, und Neuankömmlinge, die etwas können, werden schnell akzeptiert. Hervorragende Surfbretter gibt es hier für einen Bruchteil des europäischen Preises zu kaufen. **Windsurfen** ist ebenfalls populärer, und in zahlreichen Badeorten wird die entsprechende Ausrüstung verliehen.

Auf den Flüssen und Seen sind die südafrikanischen Touristen als äußerst kühne **Motorbootfahrer** bekannt, eine Aktivität, die eng mit dem **Wasserskilaufen** verbunden ist. **Kajaks** und **Kanus** sind ebenfalls sehr populär. Boote können in Ferienanlagen und in Nationalparks, die an Flüssen liegen, gemietet werden. Für Abenteuerlustige werden **Wildwasserfahrten** mit Kajaks oder **Rafting**, etwa auf dem Tugela in KwaZulu-Natal und auf dem Orange River, angeboten.

Tauchen und Schnorcheln

Tauchen ist ein beliebtes Freizeitvergnügen, und Südafrika eines der preiswertesten Länder der Welt, um einen international anerkannten Tauchschein zu machen. Tauchkurse werden in allen Küstenstädten und in zahlreichen

Schwimmen

Das Meer um Südafrika ist alles andere als ruhig: Von der 2500 km langen Küstenlinie sind nur die Strände von KwaZulu-Natal am Indischen Ozean und die nördlichen Küstengebiete der Provinz Westkap tropisch, und die gesamte Küste entlang schlagen beachtliche Wellen ans Ufer. Im Meer bei Kapstadt lässt es sich nur zwischen November und März angenehm baden. Allgemein gilt: Je weiter östlich man sich vom Kap der Guten Hoffnung befindet, desto wärmer ist das Wasser und desto länger die Badesaison. Wassertemperaturen, die kaum unter 18 °C fallen, erlauben an der Küste von KwaZulu-Natal ganzjähriges Schwimmvergnügen. Aber Vorsicht: Entlang der gesamten Küste gibt es gefährliche Unterwasserströmungen und Strudel, daher ist es ratsam, nur unter Aufsicht von Rettungsschwimmern zu baden. Wenn keine da sind, sollte man auf den Rat von Einheimischen hören, niemals alleine schwimmen und die Gefahren des Meeres nie unterschätzen.

Urlauberresorts angeboten. Die Preise beginnen bei R3300 (inklusive der Ausrüstung). Die besten Tauchmöglichkeiten bieten die Gewässer vor dem **St Lucia Marine Reserve** an der nördlichen Küste von KwaZulu-Natal, wo jährlich bis zu 100 000 Tauchgänge zu den Korallenriffen unternommen werden. Entlang der Küsten um das **Kap der Guten Hoffnung** gibt es zwar keine Korallenriffe, dafür kann man aber unzählige Schiffswracks und riesige Kelp-Wälder (Algen) erforschen. Am **Südkap** und entlang der **Garden Route** gibt es ein paar Stellen, wo man sich in Hochsicherheitskäfigen in Haifischgründe hinablassen kann. **KwaZulu-Natal** ist auch bestens zum Schnorcheln geeignet. Weitere interessante Gebiete für Schnorchler gibt es beispielsweise im **Tsitsikamma National Park**.

Weitere Aktivitäten

Angeln ist eine weitere Freizeitaktivität in Südafrika. Vor den Küsten tummeln sich etwa 250 verschiedene Fischarten, die vom Strand, von Felsen oder von Schiffen aus gefangen werden. Im Landesinnern gibt es viele Flüsse und Stauseen mit Süßwasserfischen. Das Forellenangeln ist besonders beliebt in Mpumalanga, dem nördlichen Teil der Ostkap-Provinz sowie in den mittleren Regionen von KwaZulu-Natal.

Südafrika bietet eine Reihe von Freizeitaktivitäten in der Luft: In den Winelands werden **Ballonfahrten** angeboten, und beim **Drachenfliegen** über Kapstadt (Start am Lion's Head) gewinnt man eine neue, spannende Sicht. Erdverbundenere Unternehmungen wie **Bergsteigen** und **Klettern** sind vielerorts möglich, denn sie haben sich in Südafrika mehr oder weniger zu Breitensportarten entwickelt. Immer beliebter wird **Kloofing** (oder Canyoning), wobei die Teilnehmer dem Lauf eines Baches folgen und dabei durch Schluchten klettern, waten, springen oder sich abseilen. Für Besucher, die sich nicht zwischen Himmel und Erde entscheiden können, bietet sich ein **Bungee-Sprung** von der Gouritz River Bridge bei Mossel Bay an – dem weltweit höchsten, kommerziell angebotenen Bungee-Jump.

In fast allen Ferienanlagen stehen **Reitpferde** zur Verfügung, sei es stunden- oder tageweise. Nicht alle Anbieter stellen einen Reithelm zur Verfügung, daher besser selbst einen mitbringen. Auch **Vogelbeobachtung** ist fast überall möglich, mit oder ohne Führung. Zu den sensationellsten Spots gehören die Wildtierreservate Mkhuze und Ndumo in KwaZulu-Natal.

Es gibt viele **Golfplätze**, oft in wunderbarer Landschaft. Und wer in einem der wenigen Skigebiete im Ost- oder Westkap **Ski laufen** will, wird eine ziemlich „exotische" Südafrika-Erfahrung erleben.

Telefon

Das südafrikanische **Telefonnetz** wird von Telkom dominiert und funktioniert zuverlässig. In jeder kleineren und größeren Stadt finden sich Telefonzellen, die mit Münzen oder Karte funktionieren. **Internationale Telefonate** können von fast allen aus geführt werden, wobei eine Telefonkarte sinnvoll ist, denn ein Gespräch von ein bis zwei Minuten kostet R20, sodass Bargeld schnell aufgebraucht ist. **Telefonkarten** zu R20, 50, 100 und 200 werden in Telkom-Büros, auf Postämtern und in Zeitungsläden verkauft.

Handys heißen in Südafrika *cell phones* oder einfach *cells* und sind weitverbreitet – es gibt mehr Mobil- als Festnetzanschlüsse. Die drei konkurrierenden Betreiber Vodacom, MTN und Cell C decken alle wichtigen Landesteile und die dort hinführenden Hauptstraßen ab. Wer ein GSM/Triband-Handy hat, kann damit auch in Südafrika telefonieren, sofern es eine Roamingvereinbarung mit dem heimischen Anbieter gibt. Das kann allerdings sehr ins Geld gehen.

Viel günstiger ist es, vor Ort eine **SIM-Karte** zu kaufen, die die eigene während des Aufenthaltes in Südafrika ersetzt. Man sollte sich vorab versichern, dass das Telefon dafür freigeschaltet ist. Diese SIM-Karte enthält die neue, südafrikanische Telefonnummer, und die Bezahlung erfolgt mit **Prepaid cards**. Sehr preiswerte Starter Packs (für R100 oder weniger), inklusive einer SIM-Karte und Freiminuten, können in den zahlreichen südafrikanischen Mobiltelefon-Shops und in anderen Geschäften, darunter die CNA-Filialen und Supermärkte, gekauft werden.

Ansonsten kann man bei der Ankunft eine südafrikanische SIM-Karte oder ein Handy mit SIM-Karte **leihen**. Die Preise für SIM-Karten beginnen bei R5 pro Tag, für Handys bei R7. Ein Miet-Handy (und -Navi) kann auch beim Leihen eines Autos vereinbart werden. Autoverleiher, die diesen Service anbieten, sind Avis, Budget und Hertz, genauso wie die Backpacker-Busgesellschaft Baz (S. 63).

Vorwahlen	
Südafrika	0027
Deutschland	0049
Österreich	0043
Schweiz	0041

Nicht vergessen, die Null in der nachfolgenden Ortsnetzkennzahl wegzulassen.

Transport

Ungeachtet der großen Entfernungen lässt sich der größte Teil Südafrikas gut erkunden – teilweise mit dem zuverlässigen Bus- oder Eisenbahnnetz, aber überwiegend am besten mit einem Mietwagen auf den guten Fernstraßen. Wer schnell größere Strecken zurücklegen möchte, kann das Flugzeug nehmen.

Einzige Schwachstelle bildet der öffentliche Nahverkehr: Die innerstädtischen Transportmittel verkehren relativ selten, und die Benutzung ist oft nicht ungefährlich. Diejenigen Südafrikaner, die es sich leisten können, fahren normalerweise mit dem Auto, und Besucher, die mehr als ein, zwei Tage in einer größeren Stadt verbringen möchten, sollten in Erwägung ziehen, es ihnen gleichzutun. In die Nationalparks und zu abgelegenen Orten ohne eigenes Fahrzeug zu gelangen, ist ziemlich schwierig. Und ist man dort angekommen, lässt sich ohne eigenen Wagen meistens wenig ausrichten.

Busse

Die drei zuverlässigsten Busgesellschaften für Langstreckenfahrten sind **Greyhound**, ✆ 083-915 9000, 💻 www.greyhound.co.za, **Intercape**, ✆ 021-380 4400, 💻 www.intercape.co.za, und **Translux**, ✆ 0861-589282, 💻 www.translux.co.za, und verkehren zwischen fast allen größeren Städten. Diese Busse sind in der Regel sicher, preiswert und bequem und verfügen ausnahmslos über Klimaanlage und Toilette. Die Fahrkosten richten sich nach der Jahreszeit und sind am höchsten während der Hauptreisezeit, also um die Schulferien herum. Außerhalb der Saison sind Tickets um bis zu 30 % billiger. Eine Fahrkarte von Kapstadt aus kostet ungefähr: nach Paarl R270, Mossel Bay R360, Port Elizabeth R450, East London R400, Mthatha R470, Durban R535 und Johannesburg R575.

Translux und Greyhound betreiben außerdem die billigeren Budgetlinien **City to City**, 💻 www.citytocity.co.za, und **Citiliner**, 💻 www.citiliner.co.za, die eine Reihe von Strecken im ganzen Land bedienen. Fahrpläne und Prei-

HAUPTBUSROUTEN

se findet man auf deren Webseiten. Zusätzlich operiert eine Reihe kleinerer privater Busgesellschaften auf bestimmten Strecken – am besten informiert man sich einen Tag vor Abreise am Busbahnhof.

Der **Baz Bus**, ✆ 0861-229 287, 💻 www.bazbus.com, ist vor allem für Backpacker und Budget-Traveller ungemein praktisch, denn die Intercitybusse halten unterwegs an Backpacker-Unterkünften. Die Baz-Route verläuft in beide Richtungen entlang der Küste zwischen Kapstadt und Port Elizabeth (5x wöchentl.) und zwischen Port Elizabeth und Durban (4x wöchentl.). Im Landesinneren fahren die Busse zwischen Durban und Johannesburg (4x wöchentl.). Einige unabhängige Shuttlebusbetreiber haben sich in das Baz-Busnetz eingeklinkt und verkehren im Westkap nach Stellenbosch, Hermanus und Oudtshoorn, im Ostkap nach Hogsback, Coffee Bay, Mpande und Port St Johns, in KwaZulu-Natal zu zusätzlichen Zielen in Durban und nach Southern Drakensberg und Southbroom, und in Gauteng nach Pretoria.

Außer auf der Website gibt es Tickets auch über Hostels oder in den Baz-Büros der innerstädtischen Touristenbüros von Kapstadt und Durban zu kaufen.

Minibustaxis

Diese Sammelbusse sind das bevorzugte Transportmittel von zwei Dritteln aller Südafrikaner. Sie verkehren überall im Land, auf relativ kurzen

Strecken zwischen einer Stadt und der anderen, sie transportieren Pendler von und zu Townships, legen aber auch weitere Entfernungen zurück. Allerdings ist die Benutzung nicht ohne Risiko: rücksichtslose Fahrer und gewalttätige Auseinandersetzungen zwischen konkurrierenden Betreibern. Es ist daher ratsam, bei Einheimischen nachzufragen, welche Taxirouten sicher sind und welche nicht und ob man sich einem Minibustaxi anvertrauen kann. Das gilt besonders in Großstädten, wo die Sammeltaxistände in der Regel ein beliebtes Betätigungsfeld für Taschendiebe darstellen. Außerdem ist der Stauraum für Gepäck in diesen Kleinbussen äußerst beschränkt.

Dennoch sollten Reisende diese Form des Transports nicht gänzlich ausschließen, denn ein Minibustaxi ist in entlegenen Gebieten oft das einzig mögliche und hier in der Regel auch ein gefahrloses Transportmittel. Allerdings muss mit langen Wartezeiten gerechnet werden, da die Minibustaxis nur unregelmäßig verkehren. Die **Fahrkosten** sind gering und entsprechen in etwa denen billiger Intercitybusse. Das Geld sollte möglichst passend bereit gehalten werden (vor allem auf kurzen Strecken) und wird von den hinteren Sitzen nach vorn an die Mitfahrgäste weitergegeben. Es landet schließlich beim Fahrer, der das Wechselgeld herausgibt.

Eisenbahn

Langsamer als mit der Bahn kann man das Land kaum bereisen: So dauert die Zugfahrt von Johannesburg nach Kapstadt 29 Stunden, die Busfahrt dagegen nur 19 Stunden. Wer eine gegenüber dem Bus komfortablere **Nacht im Zug** verbringt, spart immerhin die Übernachtungskosten im Hotel. Familien mit Kindern wird im Zug ein eigenes Abteil zugewiesen, und Kinder unter fünf Jahren reisen kostenlos.

Die meisten Intercity-Züge betreibt die **Passenger Rail Agency of South Africa (Prasa)**. Die Standardzüge, Shosholoza Meyl, ✆ 086-000 8888, 💻 www.shosholoza-meyl.co.za, genannt, bieten Tourist Class in Zwei- oder Vier-Personen-Abteilen, die mit Waschbecken ausgestattet sind. Die Sitze sind bequem und lassen sich in Betten verwandeln. Wer möchte, kann gegen Gebühr (pro Nacht R40 p. P.) vom Zugbegleiter frisch gewaschene Baumwolllaken und Decken ausleihen. Am besten kauft man den *bedding voucher* gleich bei der Fahrkartenreservierung. Die Züge verkehren zwischen Johannesburg und Kapstadt, Port Elizabeth, East London und Durban. Eine Fahrt in der Tourist Class kostet etwa R330 von Johannesburg nach Durban (die kürzeste Strecke) und R630 nach Kapstadt (die längste Strecke). Die Preise unterscheiden sich ein wenig je nach Jahreszeit. Bahnfahrkarten müssen im Voraus am Bahnhof oder online reserviert werden.

Auf der Strecke Johannesburg–Kapstadt bietet Prasa an zwei Wochentagen und von Johannesburg nach Port Elizabeth und Durban an drei Wochentagen auch die teure, mit Klimaanlage versehene **Premier Classe**, ✆ 086-000 8888, 💻 www.premierclasse.co.za, an. Die Züge bieten Einzel-, Doppel-, Dreier- und Viererabteile. Mittags und abends werden im luxuriösen Speisewagen mehrgängige Menüs serviert, alles inkl. Die **Ticketpreise** in der Premier Classe liegen für die Fahrt von Johannesburg nach Kapstadt bei R2650 p. P., nach Durban bei R1050 und nach Port Elizabeth bei R1950.

In Südafrika verkehren auch ein paar **Luxuszüge** mit plüschigen Abteilen und hohen Preisen, etwa der berühmte **Blue Train**, 💻 www.bluetrain.co.za, zwischen Kapstadt und Pretoria. Der Preis für die 29-stündige Reise beginnt bei R13 795 p. P. im Zweier-Abteil. Die Preise für die 19-stündige Fahrt von Durban nach Pretoria beginnen bei R7810. Die Kleiderordnung schreibt tagsüber *smart casual*-Bekleidung vor und während des Dinners Abendkleidung. Buchung über die Website oder die Büros von Blue Train in Pretoria, ✆ 012-334 8459, und Kapstadt, ✆ 021-449 2672.

Die Luxuszüge von **Rovos Rail** in Pretoria, ✆ 012-315 8242, oder Kapstadt, ✆ 021-421 4020, 💻 www.rovos.com, verkehren in drei luxuriösen Klassen zu entsprechenden Preisen zwischen Pretoria und Kapstadt (ab R15 200), Durban (R15 200) und den Victoria-Fällen in Simbabwe (R19 900).

Der **Sicherheit** zuliebe sollte man Wertsachen nie unbeaufsichtigt im Abteil liegen lassen. Die Fenster sollten geschlossen sein, bevor man das Abteil verlässt, selbst wenn dieses abgeschlossen ist.

Flüge

Die Kosten für Inlandflüge relativieren sich auf langen Strecken, verglichen mit den Ausgaben für Mietwagen plus die erforderlichen Übernachtungen, und die Angebote der Billigfluggesellschaften können sehr günstig sein.

Die größte Gesellschaft für Inlandflüge ist **South African Airways** (SAA) mit ihren beiden Töchtern SA Airlink und SA Express (Reservierung für alle drei über SAA). Schärfster Konkurrent von SAA ist British Airways Comair, aber es gibt auch noch die Budget-Airlines Kulula, und Mango. Deren Streckennetz ist zwar begrenzt, doch auf den begehrtesten Flugstrecken bieten sie in der Regel günstigere Preise. Außerdem gibt es noch Cemair mit Verbindungen zu den Küstenorten Margate und Plettenberg.

Ein einfacher Flug von Kapstadt nach Johannesburg oder nach Durban ist mit **SAA** und den ihr angeschlossenen Gesellschaften in der Touristenklasse für etwa R1400 zu haben. Bei den Billigfliegern bekommt man das Ticket für die Strecke Kapstadt–Johannesburg schon für R1000, wenn man frühzeitig bucht.

Airlines in Südafrika

British Airways Comair, ✆ 0860-435 922, 💻 www.ba.com. Inlandflüge nach Durban, Johannesburg, Kapstadt und Port Elizabeth, sowie ins übrige Afrika nach Harare, Livingstone, Mauritius und Windhoek.

Cemair, ✆ 011-395 4473, 💻 www.flycemair.co.za. Die einzige Fluggesellschaft, die Küstenresorts der Plettenberg Bay in Westkap und Margate in KwaZulu anfliegt. Flüge ab Kapstadt und Jo'burg.

Kulula, ✆ 0861-585 852, 💻 www.kulula.com. Budget-Flüge von und nach East London, George, Johannesburg, Kapstadt und Nairobi.

Mango, ✆ 0861-162 646, 💻 www.flymango.com. Die Billigfluglinie der SAA fliegt von Johannesburg nach Durban, George, Kapstadt, Port Elizabeth und Sansibar sowie von Kapstadt nach Bloemfontein, Durban, Jo'burg und Port Elizabeth.

South African Airways, ✆ 0861-359 722, 💻 www.flysaa.com. Deckt zusammen mit SA Airlink und SA Express die meisten Flugverbindungen nach Johannesburg, Kapstadt und Durban ab. Weitere Destinationen sind Bloemfontein, East London, George, Hoedspruit, Kimberley, Margate, Mmabatho, Mthatha, Nelspruit (Ausgangspunkt zum Krüger-Park), Phalaborwa, Pietermaritzburg, Plettenberg Bay, Polokwane, Skukuza, Sun City, Ulundi und Upington.

Auto und Wohnmobil

Abgesehen von der Teilnahme an einer organisierten Tour, bietet ein eigener Wagen die einzige Möglichkeit, in die Nationalparks und abgelegeneren Küstengebiete zu gelangen – das Sicherheitsrisiko ist gering. Und einige der sehenswertesten Flecken abseits der Trampelpfade kann man nur mit einem eigenen Fahrzeug besuchen, denn Busse verkehren in erster Linie auf den viel befahrenen Strecken.

Südafrika lässt sich mühelos mit dem Auto bereisen, denn es verfügt über ein gut ausgebautes **Schnellstraßennetz** sowie zahlreiche Bundes- und Nebenstraßen, die asphaltiert und in der Regel in sehr ordentlichem Zustand sind. Ein Mietwagen ist durchaus erschwinglich.

Entlang der Hauptstrecken finden sich zahlreiche **Tankstellen**, die normalerweise rund um die Uhr geöffnet haben. Auf Nebenstraßen sind die Abstände zwischen den Tankstellen allerdings um einiges größer, daher sollte man jede Gelegenheit zum Auftanken nutzen. Selbstbedienungstankstellen gibt es kaum – schlecht bezahlte Angestellte füllen den Tank, checken auf Wunsch Öl- und Kühlwasserstand sowie den Reifendruck und putzen oft auch die Scheiben, selbst wenn sie nicht darum gebeten werden. Über ein Trinkgeld in Höhe von R5–10 freuen sie sich auf jeden Fall.

Parken ist kein Problem, aber wegen der vielen Autoeinbrüche gibt es fast überall (z. B. bei Einkaufszentren) Parkwächter, sogenannte *car guards*. Ein Trinkgeld von je nach Park-

Entfernungen (in km)

	Bloemfontein	Cradock	Durban	East London	George	Graaff-Reinet	Grahamstown	Johannesburg	Kapstadt	Kimberley	Mossel Bay	Mthatha	Nelspruit	Oudtshoorn	Polokwane	Port Elizabeth	Pretoria	Skukuza
Bloemfontein																		
Cradock	384																	
Durban	628	806																
East London	546	289	667															
George	764	481	1240	630														
Graaff-Reinet	422	139	945	388	342													
Grahamstown	570	175	796	185	461	274												
Johannesburg	396	811	598	992	1168	826	987											
Kapstadt	998	811	1660	1042	436	672	873	1405										
Kimberley	175	493	842	722	734	501	654	467	960									
Mossel Bay	808	547	1306	696	66	408	497	1234	778	770								
Mthatha	527	370	436	231	851	509	360	866	1181	779	857							
Nelspruit	754	1124	689	1214	1509	1167	1242	358	1779	832	1575	983						
Oudtshoorn	714	451	1244	689	63	312	479	1130	422	676	94	839	1472					
Polokwane	952	733	77	594	1173	872	722	503	1544	748	1226	363	675	1299				
Port Elizabeth	676	251	927	300	330	251	131	1062	756	763	396	490	1373	358	854			
Pretoria	454	869	656	322	1226	895	1045	58	1324	525	1292	903	328	1188	561	1119		
Skukuza	880	1233	809	1334	1616	1274	1349	478	1888	952	1695	1099	120	1561	727	1459	436	
Upington	576	669	1243	958	857	667	844	875	821	401	792	1178	1144	698	1149	902	813	1252

dauer R2–5 tagsüber und R10 am Abend kommt immer gut an.

Verkehrsregeln und -tipps

Da weder ältere deutsche noch der neue EU-Führerschein in englischer Sprache ausgestellt sind, brauchen Besucher aus Deutschland, Österreich und der Schweiz einen **Internationalen Führerschein** (dieser gilt nur mit dem nationalen Führerschein zusammen, also beide mitnehmen). Fahrer sollten stets Führerschein und Reisepass griffbereit haben.

In Südafrika herrscht **Linksverkehr**. Das **Tempolimit** liegt in Ortschaften bei 60 km/h, außerhalb von Ortschaften bei 100 km/h und auf Autobahnen sowie Schnellstraßen bei 120 km/h. Verkehrsampeln heißen in Südafrika **robots**. Abgesehen vom Kreisverkehr, in dem jeweils das von rechts kommende Fahrzeug Vorfahrt hat, gibt es auch **four-way stops**, wo laut Verkehrsrecht das zuerst angekommene Fahrzeug auch als erstes die Kreuzung verlassen darf/muss.

Die südafrikanische **Verkehrsstatistik** weist erschreckende Unfallzahlen auf. Ursache dafür sind rücksichtslose, oft alkoholisierte Fahrer und überladene, defekte Fahrzeuge. Man sollte unbedingt einen großen Sicherheitsabstand wahren, denn Massenkarambolagen sind keine Seltenheit. Außerdem ist es ratsam, den Gegenverkehr gut im Auge zu behalten, da überholende Fahrzeuge aus der Gegenrichtung oft selbstverständlich davon ausgehen, dass das entgegenkommende Fahrzeug auf den Randstreifen ausweicht, um einen Frontalzusammenstoß zu vermeiden.

Auf dem Randstreifen zu fahren bedeutet zwar keinen Verstoß gegen die Straßenverkehrsordnung, ist jedoch nicht ungefährlich, da dieser oft auch von Fußgängern benutzt wird. Wer auf den Randstreifen ausweicht, um ein schnelleres Fahrzeug vorbeizulassen, bekommt als Dankeschön vielleicht ein kurzes Signal mit der Warnblinkleuchte. Das Warnblinksignal eines entgegenkommenden Fahrzeugs kann ein Hinweis auf eine bevorstehende Radarfalle sein.

Eine weitere mögliche **Gefahrenquelle**, vor allem in ländlichen Gebieten und nach Einbruch der Dunkelheit, stellen Tiere auf der Fahrbahn dar. Aufgrund der erheblichen **Entfernungen** zwischen größeren Städten besteht das Risiko, am Steuer einzuschlafen – besonders auf langen Fahrten durch eine sich kaum verändernde Landschaft wie es sie in der Karoo oder dem Freistaat gibt. Auf jeden Fall sollten Autofahrten mit ausreichender Zeit für Erholungspausen und Übernachtungen geplant werden.

In Großstädten müssen Autofahrer besonders vor Autodieben auf der Hut sein, die auch vor Gewalt nicht zurückschrecken – also auch während der Fahrt die Autotüren verriegeln (weitere Sicherheitshinweise auf S. 59).

Südafrikas Automobil-Club, die **Automobile Association** (AA), ✆ 083-84322, 💻 www.aa.co.za, vergibt Straßenkarten und informiert über den Straßenzustand.

Ein Auto mieten

Südafrika-Besucher, die innerhalb relativ kurzer Zeit viel vom Land sehen möchten, sollten einen Mietwagen nehmen. Am preiswertesten ist die Vorabreservierung über ein Reisebüro. Direkt nach der Ankunft am südafrikanischen Flughafen sind die meisten Wagen längst vergeben.

Die durchschnittlichen **Preise** bei einer Mietdauer von einer Woche liegen bei R220 pro Tag aufwärts (mit R7500 Selbstbeteiligung im Schadensfall) inklusive 200 Freikilometern pro Tag. Die meisten Mietwagenfirmen verlangen, dass der Fahrer mindestens 23 Jahre alt ist und eine mindestens zweijährige Fahrpraxis hat. Zudem muss eine Kreditkarte vorgelegt werden.

Bei Buchung über eine namhafte Agentur muss man den Wagen nicht dort zurückgeben, wo man ihn abgeholt hat, aber normalerweise wird dafür eine zusätzliche Gebühr erhoben. Wer nach Lesotho und/oder Swasiland fahren möchte, sollte sich danach erkundigen, ob die Geschäftsbedingungen der jeweiligen Mietwagengesellschaft dies zulässt (nicht immer der Fall). Oft haftet die Versicherung nicht für Schäden, die beim Fahren auf ungeteerten Straßen (etwa in Nationalparks) entstehen, – auch das unbedingt checken. Einheimische Firmen sind fast immer billiger als Ketten, doch normalerweise schreiben sie vor, dass man mit dem Fahrzeug nur eine bestimmte Entfernung vom Ausgangspunkt zurücklegen darf.

Ein **Wohnmobil** oder ein mit Dachzelt ausgestatteter **Geländewagen** ist praktisch für den Besuch abgelegener Ecken mit spärlichen Übernachtungsmöglichkeiten. Ein Fahrzeug mit Schlafgelegenheiten für drei Personen schlägt mit mindestens R1000 pro Tag zu Buche. Manche Anbieter haben Stand-by-Preise, die bei kurzfristiger Buchung (eine Woche oder weniger im Voraus) 15–20 % Ermäßigung bringen. Die sogenannten Vans sind mit Koch- und Essgeschirr, Bettwäsche und normalerweise einer Toilette und Dusche ausgestattet. Der Nachteil eines Campingwagens ist, dass er Berge nur im Schneckentempo bewältigt und viel Treibstoff schluckt (die kleineren brauchen 15 Liter auf 100 km).

Mietwagenfirmen

Cheap Motorhome Rental, 💻 http://cheapmotorhomes.co.za. Buchungsagentur mit Preisvergleich für Miet-Wohnmobile.
Drive Africa, Kapstadt, ✆ 021-447 1144, 💻 www.driveafrica.co.za. Wohnmobile und Autos zu guten Preisen. Wer drei Monate oder länger unterwegs ist, kann auch einen Wagen kaufen und das Unternehmen kauft ihn später zu einem vorher vereinbarten Preis zurück.
Kea Rentals, 💻 www.keacampers.co.za. Preisgünstiger Wohnmobilverleih.
Maui, 💻 www.maui.co.za. Einer der größten Anbieter von Campervans und 4WDs.
Tempest, ✆ 0861-836 737, 💻 www.tempestcarhire.co.za. Bietet konkurrenzfähige Mietpreise.

Fahrrad

Südafrika bietet sich zum Radfahren an, denn viele gute, verkehrsarme Straßen führen durch herrliche Landschaften und in den meisten Städten gibt es Fahrradgeschäfte mit Zubehör. Immer mehr Backpacker-Hostels verleihen Mountainbikes zu annehmbaren Preisen. Radler müssen ziemlich fit sein, da Südafrika ein gebirgiges Land ist und viele Steigungen nur mit Mühe zu bewältigen sind. Wenn es nicht gerade regnet, kann es ganz schön heiß sein, also viel Flüssigkeit mitnehmen. Viel befahrene Hauptstraßen sollten gemieden werden.

Trampen

Wir raten generell vom Trampen ab, besonders in größeren Städten, aber auch auf dem Land. Wer per Anhalter fahren muss, sollte Vorsichtsmaßnahmen einhalten: Nicht allein trampen und sich nicht in gottverlassenen Gebieten zwischen *dorps* absetzen lassen. Den Fahrer fragen, wohin er fährt, bevor man selbst sagt, wohin man möchte, und das Gepäck nicht im Kofferraum verstauen, denn das erschwert eine möglicherweise notwendige Flucht. Auf den Anschlagbrettern von Backpacker-Lodges finden sich manchmal Anzeigen von Leuten, die eine Mitfahrgelegenheit anbieten – auf diese Art kann man den Fahrer vorher kennenlernen.

Übernachtung

Verglichen mit anderen Entwicklungsländern mögen die Unterkünfte in Südafrika teuer erscheinen, doch ihr Standard ist meist hoch und das Geld wirklich wert. Selbst in der einfachsten Backpacker-Lodge gibt es normalerweise frische Laken und saubere Zimmer. Mit Ausnahme der allerbilligsten Zimmer haben fast alle Bad oder Du/WC, und oft können die Gäste den Garten oder Pool benutzen. Wer etwas Ausgefallenes sucht, findet geschmackvolle Boutiquehotels, luxuriöse Gästehäuser, Lodges und Landgasthöfe in traumhafter Umgebung – zu zivilen Preisen. In den südafrikanischen Nationalparks und -reservaten stehen verschiedene Unterkünfte bereit, von schlichten Restcamps bis hin zu superluxuriösen Game Lodges (S. 69).

In vielen Gegenden gibt es **Budget-Unterkünfte**, die teilweise hervorragend ausgestattet sind. **Campingplätze**, **Caravanparks** und **Ferienwohnungen** sind ebenfalls reichlich vorhanden.

Wer in einem Nationalpark oder in Touristenzentren wie Kapstadt oder der Garden Route absteigen möchte, sollte seine Unterkunft unbedingt im Voraus **buchen**, dasselbe gilt während der Hauptreisezeit. **Hauptsaison** ist im Hochsommer während der Weihnachtsferien. Die Osterferien sind kürzer und nicht ganz so hektisch. Viele südafrikanische Familien ziehen dann mit Kind und Kegel an die Küste.

Sowohl über Weihnachten als auch zu Ostern können die Preise in der unteren und mittleren Preisklasse doppelt so hoch sein (mit Ausnahme von Campingplätzen und Backpacker-Lodges), und die meisten Zimmer sind häufig schon viele Monate im Voraus ausgebucht (S. 43).

Hotels

Die meisten **Budgethotels** sind Überbleibsel aus den 1950er- und 60er-Jahren. Die Mehrzahl von ihnen sind wenig mehr als Kneipen und leben vorwiegend vom Alkoholausschank.

In den Feriengebieten an der Küste – wie die Garden Route, das südliche KwaZulu-Natal und alle größeren Badeorte dazwischen – finden sich zahlreiche **Mittelklassehotels**, oft direkt am Meer. Sie verlangen normalerweise mindestens R1000 pro Zimmer. Viele Hotels, besonders an wichtigen Verkehrsstrecken im Landesinnern, sind unter der Woche von Geschäftsreisenden belegt, am Wochenende dagegen werben sie nicht selten mit Sonderpreisen.

Zahlreiche Mittelklasse- und Komforthotels gehören **Hotelketten** an, die allesamt einen verlässlichen Standard bieten – inklusive Standard-Atmosphäre. Am größten ist Protea, 💻 www.proteahotels.com, dicht gefolgt von Konkurrenzunternehmen wie Tsogo Sun, 💻 www.tsogosunhotels.com, Holiday Inn, 💻 www.ihg.com, und Three Cities, 💻 www.threecities.co.za.

Country Lodges und Boutiquehotels

Wer das Besondere sucht und etwas mehr ausgeben möchte, kann in kleinen, stilvollen Unterkünften absteigen. Es gibt stylische **Boutiquehotels** in den Städten und *dorps* und luxuriöse **Country Lodges** in spektakulärer Lage: Eco-Lodges inmitten von Wäldern oder am Rand von Klippen und magische Rückzugsorte mitten im Nirgendwo.

In all diesen Unterkünften wird man rundum verwöhnt, und oft gibt es einen Wellnessbereich auf dem Gelände. Viele Luxus-Safaricamps und Game Lodges lassen *Jenseits von Afrika*-Fanta-

Unterkunftsuche im Internet

B&Bs, Gästehäuser und Unterkünfte für Selbstversorger

💻 **www.budgetgetaways.co.za**
Beste Seite für erschwingliche (unter R400 p. P.) Selbstversorger-Unterkünfte im Westkap.

💻 **www.greenwoodguides.com/south-africa**
Obwohl die Eigentümer für den Eintrag bezahlen müssen, handelt es sich um eine handverlesene Auswahl interessanter, origineller Unterkünfte.

💻 **www.portfoliocollection.co.za**
Die Anbieter zahlen hohe Gebühren, um hier gelistet zu werden, die Unterkünfte müssen jedoch rigorosen Standards entsprechen.

💻 **www.safarinow.com**
Eine der ältesten und besten Buchungswebsites in Südafrika, für alle Unterkunftsarten (nicht nur Safaris), mit Nutzerkritiken und Bewertungen.

Backpacker

💻 **www.bazbus.co.za**
Website des größten Backpacker-Busunternehmens in Südafrika, bietet auch Links zu Hostels mit Online-Buchungsmöglichkeit.

💻 **www.hihostels.com**
Hostelling International agiert als Buchungsagentur für mehr als ein Dutzend Backpacker-Hostels in Südafrika.

💻 **www.hostelbookers.com**
Internationale Website mit klarer Navigation und gutem Angebot an südafrikanischen Hostels mit Nutzermeinungen und Bewertungen.

Campingplätze und Caravan Parks

💻 **www.campsa.co.za**
Umfangreiche Website zu Campingplätzen und Wohnmobilparks in Südafrika.

sien wahr werden (S. 52). Zimmer bekommt man gelegentlich schon ab R1600, in der Regel aber eher ab R2000.

B&Bs und Gästehäuser

Am weitesten verbreitet sind **B&Bs** und **Gästehäuser**. Offiziell besteht der Unterschied darin, dass beim B&B die Vermieter auch auf dem Gelände wohnen. Die einfachsten B&Bs bestehen nur aus ein oder zwei Zimmern in einem Privathaus, wo man sich das Bad mit den Gastgebern teilt. Bei den verbreiteten etwas besseren Adressen werden Zimmer mit Bad angeboten. Zimmer mit eigenem Bad **kosten** in beiden Unterbringungsarten ab R500. Dafür kann man eine saubere und wohnliche Unterkunft erwarten, aber nicht unbedingt direkt am Strand oder in der Nähe anderer Attraktionen. Eine Klasse besser zahlt man ab R800 und alles, was über R1200 kostet, sollte das volle Programm bieten: tolle Lage, echten Komfort, ausgezeichneten Service.

Seit dem Aufkommen der Township-Touren Ende der 90er-Jahre bieten Township-Bewohner Gästezimmer an. Für dieses authentische Südafrika-Erlebnis zahlt man etwa R500 pro Zimmer und Nacht.

Entlang vieler Straßen auf dem Land stehen häufig Schilder mit der Aufschrift „Bed en Ontbyt" (Afrikaans für „Übernachtung und Frühstück"), was so viel heißt wie **Übernachtung auf dem Bauernhof**. Hier kann man ein Zimmer im Haupthaus oder in einem Gartenhaus mieten. Manche Farmstays bieten Reitpferde oder andere **Freizeitbetätigungen** an. Fast alle Touristeninformationen haben Listen mit Adressen von Bauernhöfen in der Umgebung, die Zimmer oder Cottages vermieten.

Preise für die Unterkünfte

Die in diesem Reiseführer angegebenen Preise für Hotels, Gästehäuser und B&Bs gelten stets für das preiswerteste Doppelzimmer inklusive Frühstück in der Hochsaison (es sei denn, es wird auf andere Zeiten hingewiesen). Die Preise für die Safari-Lodges, etwa jene um den Krüger-Nationalpark, verstehen sich immer pro Person im Doppelzimmer inklusive der Mahlzeiten und zwei Safaritouren (z. B. Pirschfahrten oder geführte Wanderungen). Die Preise für die Campingplätze gelten, wenn nicht anders aufgeführt, immer pro Zelt.

Caravan Parks, Ferienanlagen und Zeltplätze

Früher machten viele südafrikanische Familien preiswert Ferien im Wohnwagen, was sich in den zahlreichen Caravan Parks im ganzen Land ausdrückt. Allerdings hat ihre Beliebtheit nachgelassen und damit auch der Standard. Inzwischen sind viele **öffentliche Campingplätze** zu trostlosen Flecken verkommen, nur in den ländlicheren Gebieten oder in der Nähe kleiner *dorps* findet man noch den einen oder anderen, der einladend wirkt.

Es ist also nicht ratsam, auf einem öffentlichen Campingplatz in der Nähe größerer Städte zu übernachten, auch weil eine relativ große Gefahr besteht, bestohlen zu werden. Ein Stellplatz auf öffentlichen Campingplätzen kostet rund R100. Empfehlenswerter sind im Allgemeinen die gepflegteren **privaten Campingplätze**, die für etwa denselben Preis ordentliche Waschräume und Kochmöglichkeiten, Ferienhütten für Selbstversorger, einen Minisupermarkt, Grillstellen und Pool bieten.

Nahezu jeder **Nationalpark** und zahlreiche Reservate verfügen über Campingplätze, und in manchen abgeschiedenen Gegenden wie z. B. in Teilen von KwaZulu-Natal ist Zelten manchmal die einzige Möglichkeit, ein Dach über dem Kopf zu haben. Die Gebühr beträgt je nach Beliebtheit des Parks und Einrichtungen R150–280 pro Stellplatz. Die Anlagen bieten neben sauberen Gemeinschaftsduschen/-toiletten und Waschräumen *(ablutions)* häufig auch eine Koch- oder zumindest eine *braai*-Stelle. **Wildes Zelten** ist nirgendwo in Südafrika zu empfehlen.

Backpacker-Lodges

Die günstigsten Übernachtungsmöglichkeiten in Südafrika stellen die Betten in den Schlafsälen der Backpacker-Lodges dar, die um R150 p. P. kosten. Heute findet man in der Regel engagiert gemanagte Backpacker-Lodges mit sauberen Laken und freundlichen Mitarbeitern. In den Städten und Touristenzielen hat man die Wahl zwischen mehreren Adressen und praktisch jede nennenswerte Stadt hat mindestens eine. Die meisten vermieten auch Doppelzimmer (R450–550), manchmal sogar mit eigenem Bad, und immer mehr bieten Familienzimmer für rund R180 p. P. Normalerweise gibt es eine Gemeinschaftsküche, ein Restaurant, TV, Internetzugang und oft auch andere Angebote wie Radverleih. Es ist ratsam, sich vor dem Einchecken in einem Hostel erst einmal drin umzuschauen. Manche sind beliebte Partylocations, in anderen dagegen herrscht eine ruhigere Atmosphäre.

Diese Lodges stellen ausgezeichnete Travellertreffs und Infoquellen dar. Viele veranstalten auch günstige **Ausflüge** in die Umgebung und holen Gäste nach Anmeldung am Bahnhof oder Busbahnhof – insbesondere an den Haltestellen des Baz Bus – ab.

Selbstversorger

Ferienbungalows oder -**apartments** können eine preiswerte Alternative sein und finden sich auf Farmen, in Strandnähe, in Wäldern und abgeschiedenen Gegenden sowie in praktisch jeder Klein- oder Großstadt. Einer der großen Vorteile des *self-catering* ist die große Auswahl an entsprechenden Unterkünften, die je nach Ausstattung, Lage und Luxus schon ab R350 pro Nacht, mit bester Strandlage aber auch bis zu R1000 kosten können.

In Apartments ist oft Platz für bis zu sechs Personen, sodass Familien oder Gruppen sehr preiswert unterkommen können. Selbstversorger können Geld sparen, haben mehr Privatsphäre und brauchen sich an keine Frühstückszeiten zu halten, wie sie in Guesthouses oder B&Bs üblich sind.

Der Standard der Unterkünfte für Selbstversorger ist ziemlich hoch. In den Cottages oder Wohnungen ist gewöhnlich alles Notwendige wie Geschirr usw. vorhanden, die moderneren von ihnen sind sogar mit Mikrowelle und TV ausgestattet. Auch Bettwäsche und Handtücher werden in den meisten Fällen gestellt (vor dem Einchecken danach erkundigen).

Versicherungen

Auf den Seiten 💻 www.reiseversicherung.com und 💻 www.test.de kann man sich einen Überblick über Versicherungstypen und -pakete verschaffen und Anbieter miteinander vergleichen.

Auslandskrankenversicherung

Eine Auslandskrankenversicherung ist in jedem Fall zu empfehlen, zumal sie günstig zu haben ist. Bei schwerer Erkrankung wird der Betroffene in die Heimat geflogen, wenn er plausibel darlegen kann, dass am Urlaubsort keine ausreichende Versorgung gewährleistet ist. Dabei ist der Passus „wenn medizinisch notwendig" im Kleingedruckten zu beachten, denn gerade medizinische Notwendigkeit ist selten leicht zu beweisen. Einschränkungen gibt es zudem bei Zahnbehandlungen (nur Notfallbehandlung) und chronischen Krankheiten.

Im Krankheitsfall müssen die Rechnungen für die Behandlung vorher beglichen werden. Wenn nach der Rückkehr die Belege bei der Versicherung eingereicht worden sind, werden die Kosten erstattet. Manche internationale Krankenhäuser können bei ernsten Erkrankungen und teuren Behandlungen direkt mit der Versicherung abrechnen.

Reisegepäckversicherung

Wer nicht gerade eine wertvolle Fotoausrüstung zu teuren Sonderkonditionen versichern möchte, kann sich eine Reisegepäckversicherung eigentlich sparen, es sei denn, sie ist Teil eines Versicherungspakets. Denn die Bedingungen sind immer sehr eng gefasst und oft sind die Versicherer zahlungsunwillig und berufen sich auf die Unachtsamkeit des Reisenden.

Reiserücktrittsversicherung

Bei Pauschalreisen ist die Rücktrittskostenversicherung meist im Preis eingeschlossen (nachfragen). Sie muss in der Regel bis 14 Tage nach Reisebuchung abgeschlossen werden. Die Stornokosten werden beim Tod eines Familienmitglieds oder Reisepartners und im Krankheitsfall übernommen, wenn die Reiseunfähigkeit ärztlich nachgewiesen werden kann. Die Kosten der Versicherung liegen meist bei 20–30 € pro 1000 € Reisepreis.

Visa

Deutsche, Österreicher und Schweizer benötigen für die Einreise nach Südafrika **kein Visum**. Für eine Aufenthaltsgenehmigung von bis zu **90 Tagen** reicht die Vorlage eines Reisepasses, der noch mindestens sechs Monate gültig ist und noch wenigstens zwei leere Seiten enthält. Außerdem sollte man im Besitz eines gültigen Rückflugtickets sein. Wer das nicht vorlegen kann, muss eventuell bei der Einreise eine Kaution in Höhe des Einzelflugticketpreises hinterlegen (das Geld wird nach Verlassen des Landes zurückerstattet). Bei der Ankunft fordert die Einreisebehörde eventuell den Nachweis ausreichender finanzieller Mittel für die Dauer des Aufenthaltes.

Wer sich längere Zeit in Südafrika aufhalten möchte, muss beim Department of Home Affairs einen Antrag auf **Verlängerung** des vorübergehenden Aufenthaltsrechtes *(temporary residence permit)* beantragen und dort Auskunft über den Anlass sowie die Art der Finanzierung geben. In Kapstadt befindet sich das entsprechende Büro in der 56 Barrack Street, ✆ 021-468 4500; in Johannesburg an der Plein Street, Ecke Harrison Street, ✆ 011-639 4000. Das Department unterhält auch Büros in anderen Städten – im Telefonbuch oder auf der Website 💻 www.dha.gov.za das nächstgelegene Büro suchen und sich vergewissern, dass dort auch wirklich Verlängerungen ausgestellt werden.

Zeit

Besucher aus Deutschland, Österreich und der Schweiz müssen je nach Jahreszeit nur mit einer Zeitverschiebung von höchstens einer Stunde rechnen.

Zoll

Die Einfuhr- und Ausfuhrbestimmungen erfährt man von der Botschaft (S. 36) und unter 💻 www.zoll.de, 💻 www.bmf.gv.at und 💻 www.ezv.admin.ch.

© DUMONT BILDARCHIV / ARTHUR F. SELBACH

Land und Leute

Tierwelt

Abgesehen von Krüger-, Kgalagadi Transfrontier-, Hluhluwe-Imfolozi- und Pilanesberg-Park, wo man den **„Großen Fünf"** (Löwe, Leopard, Büffel, Elefant und Nashorn) begegnen kann, gibt es Hunderte weitere Wildschutzgebiete, die zahllose kleinere Raubtiere und Dutzende Pflanzenfresser in beeindruckender Landschaft beherbergen.

Hunderte farbenprächtige Vogelarten prägen das Bild und die Klangkulisse der südafrikanischen Landschaft entscheidend mit, doch sie alle aufzuführen, würde den Rahmen dieses Kapitels sprengen.

Primaten

Südafrika besitzt nur fünf verschiedene **Primatenarten**; das ist die geringste Zahl auf dem afrikanischen Kontinent. Es handelt sich um zwei Galagoarten, zwei Meerkatzenarten und eine Pavianart – die größten Primaten des Landes. Menschenaffen wie Gorillas und Schimpansen sind im südlichen Afrika nicht in freier Wildbahn anzutreffen.

Bärenpaviane

Die am weitesten verbreitete Primatenart Südafrikas sind die **Bärenpaviane**, (chacma baboons, *Papio ursinus*, auch *cynocephalus* genannt). Pavianmännchen können von Statur und Gehabe ziemlich respekteinflößend wirken und sind oft dreist genug, um Fahrzeuge oder Unterkünfte nach Nahrung zu durchwühlen, ohne sich von Menschen in unmittelbarer Nähe abschrecken zu lassen.

Paviane sind sehr gesellig und stets in Gruppen von 15–100 Tieren unterwegs. Ihre Sozialbeziehungen sind komplex und drehen sich vor allem darum, in der Hierarchie auf- oder zumindest nicht abzusteigen. Rang, Geschlecht, Alter, körperliche Stärke und Familienbande bestimmen die Stellung des Einzelnen in der Gruppe, die von einem dominanten Männchen angeführt wird. Jedes erwachsene Männchen steht in der Hierarchie über sämtlichen Weibchen.

Die Tage sind von Futtersuche und Jagd geprägt. Paviane sind ziemlich wahllose Allesfresser, die sich gern im *bushveld* über einen Skorpion oder eine neu geborene Antilope hermachen, aber auch schon mal einen kompletten Orangenbaum auf einer Zitrusplantage abernten. Die **Fellpflege** während der Ruhezeiten dient zugleich der Pflege der sozialen Beziehungen: Wie andere Affenarten auch lausen und „massieren" die Paviane sich ausgiebig gegenseitig. Bei den Fundstücken, die sie sich dabei ins Maul stecken, handelt es sich teils um Zecken und teils um lose Hautfetzen.

Grüne Meerkatzen

Eine ebenfalls häufige Primatenart, die man in der Osthälfte des Landes und am Küstenstreifen entlang westwärts bis nach Mossel Bay zu sehen bekommt, sind die **Grünen Meerkatzen** (vervet monkeys, *Cercopithecus aethiops*). Sie gehen gern im Grasland auf Futtersuche, entfernen sich aber selten weit vom Waldrand und halten sich bevorzugt an Flussläufen auf. Auch außerhalb der Naturschutzgebiete sind sie rund um Farmen und selbst am Stadtrand anzutreffen, wo sich gute Möglichkeiten für die Futtersuche bieten.

Im Ostkap, in KwaZulu-Natal und an der Garden Route treiben sie sich mitunter an den Küstenstraßen herum. Meerkatzen ernähren sich vorwiegend vegetarisch, verschmähen aber auch Wirbellose, kleine Eidechsen, Küken und Eier nicht und finden sogar Geschmack an Keksen und Süßigkeiten.

Die Meerkatzen leben in Familienverbänden aus Weibchen und Jungtieren, die von dazugehörigen Männchen verteidigt werden. Ihr Sozialgefüge ist eine Art starres Kastensystem. Die Rangstufe der Mutter bestimmt die der Tochter von frühester Kindheit an. Niederrangige erwachsene Weibchen müssen mit Züchtigung rechnen, wenn sie diesen höhergestellten Backfischen nicht den gebührenden Respekt erweisen.

Weißkehlmeerkatzen

Im Gegensatz zu den frechen Grünen Meerkatzen sind die selteneren **Weißkehlmeerkatzen** (samango monkeys, *Cercopithecus albogularis*) scheuere Tiere, die sich nur gelegentlich durch ihren lauten Ruf oder krachend brechende Äste verraten. Sie sind lediglich in vereinzelten Regionen von KwaZulu-Natal, Ostkap und Mpumalanga anzutreffen und halten sich vor allem in den oberen Etagen der Baumkronen auf. Gelegentlich wagen sie sich aber auch zur Futtersuche ins offene Gelände hinaus.

Die Weißkehlmeerkatzen ähneln den Grünen Meerkatzen, sind aber größer und tragen einen langen Backenbart, der vage an Darth Vader erinnert. Wie die Grünen Meerkatzen sind sie sehr gesellige Tiere und leben in Weibchengruppen unter der Oberherrschaft eines dominanten Männchens. Im Vergleich zu ihren Verwandten halten sie sich aber bei der Nahrungssuche nicht so dicht beisammen.

Galagos

Mit ihrem weichen Plüschfell, den großen, runden Augen und Ohren und ihrer entfernten Ähnlichkeit mit Hauskatzen gehören die Galagos zu den niedlichsten Primaten überhaupt (kein Wunder, dass man sie auch „Bushbabys" nennt). Insgesamt gibt es in Afrika ein halbes Dutzend Arten dieser Halbaffen, doch südlich des Limpopo kommen nur der **dickschwänzige Großohr-Riesengalago** (thick-tailed bushbaby, *Otolemur crassicaudatus*) und der etwa halb so große **Moholi-Galago** (lesser bushbaby, *Galago moholi)* vor.

Ersterer lebt nur in den östlichen Randgebieten des südlichen Afrika. Im Nordosten Südafrikas überschneidet sich sein Verbreitungsgebiet mit dem des Moholi-Galago, das sich von dort über den Norden des Landes bis in die Nordwest-Provinz erstreckt. Im Vergleich zu den anderen Galagos, die schnell und behände von Baum zu Baum springen, bewegt sich der Riesengalago langsamer hoppelnd oder schleichend die Äste entlang.

Wer in einem der Naturreservate in KwaZulu-Natal übernachtet, hat gute Chancen, einen Galago zu sehen. Nach Anbruch der Dunkelheit verlassen sie den Schutz des dichten Laubdachs, wo sie tagsüber in kleinen Gruppen schlafen, um einzeln auf Futtersuche nach Baumsäften und Früchten zu gehen. Und falls man sie nicht zu Gesicht bekommt, hört man zumindest ihre schrillen Schreie durch die Nacht gellen. Galagos sind sehr zutraulich und wagen sich auf der Suche nach Essensresten manchmal bis in die Speisesäle der Lodges.

Raubtiere

In Südafrika leben fast drei Dutzend Arten von **Raubtieren**, von Mangusten und Wieseln über Hundeartige und Hyänen bis zu den Raubkatzen.

Hundeartige

Fünf Hundeartige *(Canidae)* sind in Südafrika heimisch: zwei Füchse, zwei Schakale und der Afrikanische Wildhund. Am häufigsten lässt sich der **Schabrackenschakal** (black-backed jackal, *Canis mesomelas*) blicken, vor allem in den Wildreservaten des Landes. Er sieht ein bisschen wie ein kleiner, magerer Schäferhund aus, allerdings mit eher fuchsähnlicher Schnauze. Vom **Streifenschakal** (side-striped jackal, *Canis adustus*) unterscheidet er sich durch die weiß gesprenkelte, dunkle Rückenpartie, der er seinen Namen verdankt. Der Streifenschakal ist in Südafrika nur in der Region des Krüger-Nationalparks und ganz im Norden von Kwa Zulu-Natal zu finden.

Die Tatsache, dass der Schabrackenschakal einen trockeneren Lebensraum bevorzugt, während der Streifenschakal wasserreiches Waldland schätzt, kann bei der Unterscheidung helfen. Beide Arten sind Allesfresser; ihr Nahrungsspektrum reicht von Aas über kleine Säugetiere, Reptilien, Vögel und Insekten bis zu Früchten und Beeren. Beide sind meist allein oder paarweise unterwegs, gelegentlich sieht man allerdings auch Familiengruppen.

Der **Löffelhund** (bat-eared fox, *Otocyon megalotis*) ist in der westlichen Hälfte des Landes und entlang des Limpopo verbreitet. Er wird den Füchsen zugerechnet und ist von den Schakalen anhand seiner riesigen Ohren, der kürzeren, spitzeren Schnauze und der wesentlich geringeren Größe leicht zu unterscheiden. Seine schwarze Zorro-Maske hilft bei der Unterscheidung vom gleich großen **Kapfuchs** (Cape fox, *Vulpes chama*), dessen Verbreitungsgebiet sich mit seinem überschneidet. Wie andere Hundeartige auch ist der Löffelhund ein Allesfresser, doch seine bevorzugte Kost besteht aus Termiten und Larven, wobei ihm seine großen, radarähnlichen Ohren nützlich sind. Damit kann er die genaue Position von Mistkäferlarven in bis zu 30 cm Bodentiefe durch Triangulation ermitteln, um sie auszugraben. Löffelhunde leben in Paaren oder Familienverbänden.

Die **Afrikanischen Wildhunde** (wild dogs, *Lycaon pictus*), die einst als Jäger in der afrikanischen Savanne weit verbreitet waren, sind inzwischen vom Aussterben bedroht. Viele Jahre lang wurden sie bedenkenlos abgeknallt, weil man ihnen zu Unrecht unterstellte, Rinder und Schafe mutwillig aus reinem Blutdurst zu reißen. Neuere wissenschaftliche Erkenntnisse ergaben, dass sie ganz im Gegenteil äußerst systematisch und effizient jagen – und darin erfolgreicher sind als irgendeine andere afrikanische Raubtierart.

Sie überlebten nur im Krüger-Nationalpark und wurden inzwischen im Hluhluwe-Imfolozi wieder angesiedelt; man muss aber schon extremes Glück haben, um ein Rudel auf Jagd gehen zu sehen. Sie können hohe Geschwindigkeiten von bis zu 50 km/h über lange Strecken durchhalten und reißen ihre Beute im Rudel – ein schauriges Bild, aber auch nicht gruseliger als der Kehlbiss, mit dem der Löwe seine Beute erstickt. Das ganze Rudel von zehn bis 15 Individuen kümmert sich um die Aufzucht der Welpen und füttert sie mit hochgewürgtem Fleisch.

Hyänen

Die größten heimischen Raubtiere nach den Löwen sind die Hyänen, und die **Tüpfelhyäne** (spotted hyena, *Crocuta crocuta*) ist neben dem Löwen der Fleischfresser, den man im Krüger, Hluhluwe-Imfolozi und Kgalagadi am häufigsten zu sehen bekommt. Obwohl sie vor allem als Aasfresser bekannt sind, tun sich die Tüpfelhyänen auch als gefährliche Jäger hervor. Am häufigsten sind sie da anzutreffen, wo sich auch Antilopen und Zebras aufhalten. Die ausgezeichneten Futterverwerter verzehren ihre Beute mit ihren außerordentlich kräftigen Zähnen und Kiefern praktisch komplett, samt Haut und Knochen.

In Regionen, wo sie sich an menschliche Nähe gewöhnt haben, klauen sie oft sogar Schuhe, schmutzige Töpfe und Abfall aus Zelten. Sie zeigen sich auch am Tag, sind aber vor allem in der Nacht aktiv – dann lassen sie auch ihre unheimlichen heulenden Rufe ertönen. Die Rudel von etwa 20 Tieren werden von Weibchen angeführt, die größer als die Männchen sind und untereinander um ihre Rangstellung rivalisieren.

Die **Braune Hyäne** oder **Schabrackenhyäne** (brown hyena, *Hyaena brunnea*) kommt nur in Teilen von Namibia, Botsuana, Simbabwe und Südafrika vor. In Südafrika lässt sie sich normalerweise nur in den nördlichsten Regionen blicken. Auch dass sie meist einzeln unterwegs sind, unterscheidet diese zottigeren und etwas kleineren Hyänen von ihren getüpfelten Verwandten.

Der **Erdwolf** (aardwolf, *Proteles cristatus*), der ebenfalls den Hyänen zugerechnet wird, ist kleiner und wesentlich leichtgewichtiger als die Tüpfelhyäne. Außerdem ist er weniger zottig und trägt eine Zeichnung aus senkrechten dunklen Streifen auf gelblich braunem Grund. Darüber hinaus unterscheidet er sich von den Hyänen durch seine Ernährung, die aus Insekten besteht und zwar in erster Linie aus Erntetermiten, die er mit seiner breiten, klebrigen Zunge aufleckt (bis zu 200 000 Stück pro Nacht).

Die nachtaktiven Tiere sind in Südafrika viel weiter verbreitet als die anderen Hyänen und manchmal auch in den kühleren Stunden vor Sonnenuntergang oder nach Sonnenaufgang unterwegs. Sie sind zwar nicht oft zu beobachten, aber im Cape of Good Hope Nature Reserve und in den Nationalparks Karoo, Mountain Zebra, Pilanesberg, Krüger, Hluhluwe-Imfolozi und Kgalagadi lohnt es sich, nach ihnen Ausschau zu halten.

Raubkatzen

Mit Ausnahme der Löwen, die in Rudeln leben, sind die **Katzen** einzelgängerische Raubtiere. Der Gepard ist ein Sonderfall, der sich anatomisch von den anderen Katzen unterscheidet. Ansonsten sind sich die Mitglieder dieser Tierfamilie so ähnlich, dass, wie Richard Estes in seinem *Safari Companion* bemerkt, die Großkatzen bloß „Riesenversionen" der Hauskatze sind, von der „sie sich hauptsächlich durch eine Kehlkopfveränderung unterscheiden, die ihnen das Brüllen ermöglicht".

Für die meisten Safaritouristen sind die faszinierendsten *Felidae* die **Löwen** *(Panthera leo)*, Afrikas größte Katzen und auch die größten heimischen Raubtiere überhaupt. Da trifft sich es gut, dass man die Löwen am ehesten zu Gesicht bekommt, obwohl sie von allen Katzen in Südafrika die geringste Verbreitung haben. Die staatlichen Nationalparks Krüger und Kgalagadi weisen stabile Löwenpopulationen auf, und auch im Hluhluwe-Imfolozi und im Addo Elephant National Park wurden Rudel wieder angesiedelt; allerdings ist die Zahl der Löwen hier noch relativ gering.

Die trägen und geselligen Tiere versuchen in der Regel gar nicht, sich zu verstecken, und sind daher relativ leicht aufzuspüren, vor allem, wenn sie bereits von anderen Besuchern gesichtet wurden – eine Ansammlung parkender Fahrzeuge weist oft auf ein Löwenrudel hin. Ihr Ruf als kaltblütige, tüchtige Jäger ist eher unverdient: Nur 30 % ihrer Jagdversuche sind erfolgreich, und das auch nur, wenn sie im Rudel angreifen. Die Männchen sparen sich die Mühe des Jagens nach Möglichkeit ganz und lassen sich gern von den Löwinnen des Rudels mit einer Gratismahlzeit versorgen.

Der Löwe mag der König der Tiere sein, aber die erfolgreichste und vielleicht auch schönste der Großkatzen ist der **Leopard** (leopard, *Panthera pardus*), der heute noch von Afrikas Südküste bis nach China verbreitet ist. Die ausgesprochen anpassungsfähigen Katzen können selbst in extrem trockenen oder kalten Zonen überleben und scheuen auch die Nähe menschlicher Behausungen nicht, wo sie sich gern am Vieh vergreifen. Das erklärt ihr Fehlen in den Schafzuchtgebieten im zentralen Südafrika, wo sie von den Farmern ausgerottet wurden. In den schroffen Gebirgsregionen des südlichen Westkaps streifen sie noch umher, doch wird man die meist versteckt lebenden Einzelgänger hier selten zu Gesicht bekommen.

Die besten Chancen, einen Leoparden zu sichten, bestehen bei den privaten Lodges in **Sabi Sands**, direkt neben dem Krüger-Nationalpark, deren Leoparden an menschliche Besucher gewöhnt sind. Die muskulösen Katzen können Beutetiere reißen, die doppelt so schwer sind wie sie selbst, und eine Impala-Antilope, die ihrem eigenen Gewicht entspricht, auf einen Baum hinaufzerren. Längere Hetzjagden gehören nicht zum taktischen Repertoire der Leoparden; sie schleichen sich lieber bis auf zwei Meter an ihre Beute heran, bevor sie zuschlagen.

In natura betrachtet, unterscheidet sich der **Gepard** (cheetah, *Acionyx jubatus*) so stark vom Leoparden, dass kaum Verwechslungsgefahr bestehen dürfte. Geparden sind die Windhunde unter den Großkatzen. Sie haben kleine Köpfe, sehr lange Beine und ein feines Tupfenmuster. Im Gegensatz zu Leoparden klettern sie nie auf Bäume, da sie vorwiegend an das Leben in der offenen Savanne angepasst sind. Sie leben allein und nur in der Paarungszeit kurzfristig als Paargemeinschaft. Auch als Jäger gehen sie normalerweise allein vor und verlassen sich dabei auf ihre gute Sicht und ihre unglaubliche Sprintgeschwindigkeit, die sie für wenige Sekunden auf bis zu 100 km/h steigern können.

Da sie leichter als Löwen und nicht so kraftvoll wie Leoparden sind, können sie ihre Beutetiere nicht durch die reine Angriffswucht zu Fall bringen. Stattdessen treten sie ihrem Opfer die Hinterbeine weg, um es aus dem Gleichgewicht zu bringen, bevor sie es anfallen. Einst waren Geparden in Südafrika weit verbreitet, doch heute sind sie nur noch in einigen Reservaten zu sehen, etwa im Krüger, Kgalagadi, Hluhluwe-Imfolozi und in Reservaten im Ostkap wie Addo, Mountain Zebra und Kwandwe.

Die übrigen *Felidae* werden den Kleinkatzen zugerechnet, obwohl auch der **Karakal** *(Caracal caracal)* ein stattliches Tier ist. Der imposante Jäger mit hervorragenden Kletterfähigkeiten kann Beutetiere wie ausgewachsene Impalas oder Schafe zur Strecke bringen, die sein eigenes Gewicht von 8–18 kg weit übertreffen. Häufiger ernährt er sich aber von Vögeln, die er teils im Flug erlegt, und von kleineren Säugetieren wie Klippschliefern. Er ist in weiten Teilen Südafrikas verbreitet (allerdings nicht in KwaZulu-Natal), aber nur selten zu sehen. Zu den besten Gebieten, um Karakals zu sichten, gehört der Mountain Zebra National Park, aber sie sind auch im Krüger, Giant's Castle, Cape Peninsula, Karoo und Kgalagadi National Park heimisch.

Der langbeinige, gefleckte **Serval** *(Felis serval)* hat eine größere Schulterhöhe als der Karakal, ist aber graziler als dieser. Auch diese Wildkatzen lassen sich nur selten blicken, obwohl sie im Krüger, Hluhluwe-Imfolozi und Giant's Castle verbreitet sind. Die geschickten Jäger nutzen ihre großen, rundlichen Ohren, um die Beute (meist kleine Nagetiere, Vögel oder Reptilien) zu orten, die sie mit eindrucksvollen Sprüngen erjagen und mit beiden Vordertatzen packen.

Eine echte Kleinkatze ist die in ganz Südafrika vorkommende **Afrikanische Wildkatze** oder **Falbkatze** (African wild cat, *Felis silvestris lybica*). Sie ist leicht mit einer getigerten Hauskatze zu verwechseln, hat allerdings längere Beine und rötlich gefärbte Ohren. Diese Wildkatzen, die von den Ägyptern schon vor rund 6000 Jahren gezähmt wurden, sind mit unseren Hauskatzen so eng verwandt, dass die beiden sich auch in freier Natur häufig kreuzen.

Kleinere Raubtiere

Zu den kleineren Räubern gehört der ungewöhnliche **Honigdachs** (honey badger, *Mellivora capensis*), der mit dem Europäischen Dachs verwandt ist und im Ruf steht, sich bei Bedrohung erbittert zu verteidigen. Der Allesfresser bricht bevorzugt Bienennester auf (zu denen ihn ein kleiner Vogel, der sogenannte Honiganzeiger, führt); seiner dicken, lose sitzenden Haut können Bienenstiche nichts anhaben.

Die **Kleinfleck-Ginsterkatze** oder **Europäische Ginsterkatze** (small-spotted genet, *Genetta genetta*) erinnert an eine schlanke, lang gestreckte Katze. Die Tiere wurden einst im Mittelmeerraum auch gezähmt, doch domestizierte Wildkatzen erwiesen sich als bessere Mäusejäger. Die Ginsterkatzen gehören zu den Schleichkatzen und sind somit auch mit den Mangusten verwandt. Nachts treiben sie sich oft in der Umgebung der Lodges in Nationalparks herum, wo einige ein halbzahmes Dasein führen.

Sie sind überall im Land, mit Ausnahme von KwaZulu-Natal, verbreitet, allerdings oft nur schwer von den **Großfleck-Ginsterkatzen** (large-spotted genets, *Genetta tigrina*) zu unterscheiden, die größere Flecken und eine schwarze (statt einer weißen) Schwanzspitze haben. Diese kommen im Nordwesten des Landes, in KwaZulu-Natal und entlang der Küste westwärts bis zur Kap-Halbinsel vor.

Die meisten **Mangusten** (mongoose), von denen es in Südafrika fast ein Dutzend Arten gibt, sind nicht besonders menschenscheu und suchen selbst, wenn sie sich gestört fühlen, nicht sofort das Weite. Sie schwämen in geselliger Runde in den Busch aus, um abwechslungsreiche Nahrung wie Wirbellose, Eier, Eidechsen und Frösche aufzustöbern.

Die **Afrikanische Zibetkatze** (African civet, *Civettictis civetta*) ist ein relativ großes und kräftiges Tier, das ebenso wie die kleineren Ginsterkatzen zu den Schleichkatzen gehört. Sie wurde früher häufig in Gefangenschaft gehalten, um Zibet zu gewinnen: Das moschusartig riechende Sekret der Drüsen in Schwanznähe diente als Inhaltsstoff von Parfüms. Zibetkatzen lassen sich nicht allzu häufig blicken, sind aber insofern sehr berechenbar, als sie Nacht für Nacht dieselben Wege nehmen.

Der krallenlose **Kapotter** (Cape clawless otter, *Aonyx capensis*), eine große, kräftige Fingerotterart, ist am besten im Tsitsikamma National Park zu besichtigen, wo er sich von Krabben, Fischen und Tintenfischen ernährt und häufig auf Küstenfelsen und in Gezeitentümpeln nach Nahrung sucht. Er ist auch in den Reservaten von KwaZulu-Natal und im Krüger-Nationalpark zahlreich vertreten.

Antilopen

Rund ein Drittel aller afrikanischen Antilopenarten ist in Südafrika heimisch, und Antilopen sind die in den Wildreservaten des Landes am häufigsten zu beobachtenden Tiere. Auch auf den Wiesen und Feldern zwischen den Orten des Binnenlands lassen sie sich regelmäßig blicken. Die südafrikanischen Antilopen werden in mehrere **Unterfamilien** unterteilt und sind wie die Büffel, Giraffen und Hausrinder **Wiederkäuer** – das heißt, sie haben vier Mägen und würgen die vorverdaute Nahrung zwischendurch wieder hoch, um sie nochmals durchzukauen.

Waldböcke

Die Angehörigen der Unterfamilie Waldböcke sind die einzigen afrikanischen Antilopen ohne ausgeprägtes Revierverhalten. Man sieht sie meist im Schatten von Dickichten und Gebüsch, wo sie sich vor Raubtieren versteckt halten. Normalerweise haben nur die männlichen Tiere spiralförmig gewundene Hörner. Eine Ausnahme bilden die **Elenantilopen** (eland, *Taurotragus oryx*), die größten Antilopen der Welt, bei denen beide Geschlechter gerade Hörner haben (die aber ebenfalls in sich gedreht sind).

Die Elenantilope hat einen massigen Körperbau und bewegt sich behäbig wie ein Ochse, ist aber ein hervorragender Springer. Sie war einst weit verbreitet; heute finden sich noch Herden im Gebiet des Krüger und des Kgalagadi National Park und in einem kleinen Restgebiet in den nördlichen Drakensbergen in KwaZulu-Natal; außerdem wurden sie inzwischen in einer Anzahl von Reservaten überall im Land wieder angesiedelt.

Der prachtvolle **Große Kudu** *(Tragelaphus strepsiceros)* ist eleganter gebaut. Die Männchen haben phänomenale, spiralförmig geschwungene Hörner von bis zu 1,5 m Länge. Die Weibchen leben normalerweise in Herden von drei oder mehr Individuen, die sich manchmal vorübergehend zu größeren Verbänden zusammenschließen. Die Männchen bilden weniger stabile Gruppen von ähnlicher Größe, sind aber auch häufig als Einzelgänger unterwegs.

Trotz einer gewissen Familienähnlichkeit sind die Kudus kaum mit den **Buschböcken** (bushbuck, *Tragelaphus scriptus*) zu verwechseln, die einen erheblich kürzeren Rumpf und lediglich einfach gedrehte Hörner haben. Außerdem sind sie die einzigen Mitglieder der Unterfamilie, die grundsätzlich als Einzelgänger leben, weshalb sie für Beobachter schwerer zu entdecken sind. Außer in den großen Wildreservaten sind sie auch im Addo Elephant und im Greater St Lucia National Park zu Hause.

Die **Nyalas** *(Tragelaphus angasi)* liegen von der Größe zwischen Kudu und Buschbock, mit dem man sie auf den ersten Blick verwechseln könnte. Deutliche Erkennungsmerkmale sind ihre Größe, die klar abgegrenzten senkrechten weißen Streifen an den Flanken (bis zu 14 beim Männchen und 18 beim Weibchen) und bei den Männchen die kurze Stehmähne vom Nacken bis zur Schulter. Die Weibchen halten meist ihre beiden letzten Jungen bei sich und tun sich mit anderen Weibchen zu kleinen Herden von selten mehr als zehn Tieren zusammen. Die Männchen neigen mit zunehmendem Alter immer mehr zum Einzelgängerdasein.

Pferdeböcke

Die weitgehend auf den Krüger-Nationalpark beschränkte **Rappenantilope** (sable antelope, *Hippotragus niger)* ist nicht weniger eindrucksvoll als der Große Kudu. Mit ihrem eleganten schwarzen (bzw. bei den Weibchen rötlichbraunen) Rumpf, dem kontrastierenden weißen Bauch und der weißen Gesichtszeichnung und ihren mächtigen, nach hinten gebogenen Hörnern wirkt sie wie das Vollblut unter den Wiederkäuern, vor allem wenn sie majestätisch über die Savanne galoppiert (lieber halten sich die Tiere allerdings in Waldlandschaft auf). Die Weibchen bilden streng hierarchisch geordnete Herden von ein bis drei Dutzend Tieren. Die ausgewachsenen Bullen, die ein festes Revier verteidigen, bleiben oft in Deckung, wo sie leicht zu übersehen sind.

Die **Pferdeantilope** (roan antelope, *Hippotragus equinus*) sieht ähnlich aus wie die Rappenantilope, ist aber größer (Afrikas zweitgrößte Antilopenart nach der Elenantilope), hat kürzere Hörner und ein hellbraunes Fell. Sie ist in der offenen Savanne häufiger anzutreffen als die Rappenantilope.

Die **Oryxantilope**, auch **Spießbock** genannt (gemsbok, *Oryx gazella*), ist in Südafrika nur im Kgalagadi National Park anzutreffen, dem südlichsten Zipfel ihres Verbreitungsgebiets in den Wüsten Namibias und Botsuanas. Eine Herde dieser äußerst geselligen Grasfresser ist kaum mit anderen Antilopen zu verwechseln. Die Oryxantilopen sind hervorragend an ihren trockenen Lebensraum angepasst; sie können sehr lange ohne Wasser auskommen und ihre Flüssigkeit stattdessen aus Melonen und Vegetation beziehen. Je nach Umgebungstemperatur kann die normalerweise bei 38 °C liegende Körpertemperatur der Tiere auf weit über 40 °C ansteigen, ohne dass sie dadurch Schaden nehmen. Ihr Gehirn wird dabei durch den Blutstrom von der Nase auf eine niedrigere Temperatur heruntergekühlt.

Kuhantilopen

Mit ihren relativ kurzen, seitlich ausladenden Hörnern und ihrer plumpen Erscheinung sehen die **Kuhantilopen** tatsächlich ein bisschen wie magere Kühe aus – vor allem im Gesicht. Alle Kuhantilopenarten leben gesellig. Besonders auffällig ist das bei den **Streifengnus** (blue wildebeest, *Connochaetes taurinus*), die in Ostafrika zu ihren jährlichen Wanderungen Herden von Hunderttausenden bilden. Solche Riesenherden bekommt man in Südafrika nicht zu sehen, doch kleinere Herden tummeln sich in allen Wildreservaten im Norden des Landes und in Kwa Zulu-Natal sowie mehreren Reservaten der südlichen Landeshälfte, wo sie wieder angesiedelt wurden.

Ein wesentlich seltenerer Anblick ist das **Weißschwanzgnu** (black wildebeest, *Connochaetes gnou*), das im 19. Jh. fast ausgerottet wurde. Heute leben in Südafrika wieder rund 3000 Exemplare, die in den Nationalparks Karoo, Mountain Zebra und Giant's Castle anzutreffen sind. Sie unterscheiden sich von ihren Verwandten durch ihre dunklere Farbe und (wie der Name schon sagt) ihren langen weißen Schwanz.

Nicht viel eleganter als die Gnus wirken die **Rote Kuhantilope** (red hartebeest, *Alcelaphus buselaphus*), die extrem seltene **Lichtenstein-Antilope** (Liechtenstein's hartebeest, *Sigmocerus lichtensteinii*) und die **Leierantilope** (tsessebe, *Damaliscus lunatus*). Sie sehen sich alle sehr ähnlich, doch zu Verwechslungen dürfte es eigentlich nur im Krüger-Nationalpark kommen, dem einzigen Ort, an dem sich das Verbreitungsgebiet von Lichtenstein- und Leierantilopen überschneidet. Das Hauptunterscheidungsmerkmal sind die Hörner, die bei der Lichtenstein-Antilope stärker gewunden sind und sich fast berühren, bei der Leierantilope hingegen weiter nach außen gespreizt stehen. Die Rote Kuhantilope ist unter anderem im Mountain Zebra, Karoo, Addo und Kgalagadi National Park zu beobachten.

Blessbock (blesbok, *Damaliscus dorcas phillipsi*) und **Buntbock** (bontebok, *Damaliscus dorcas dorcas*) sind zwei nahezu identische Unterarten der gleichen Antilopenart und sehen wie dunklere, attraktivere Versionen der Leierantilope aus. Die größte Buntbock-Population beherbergt das De Hoop Nature Reserve. Weitere Exemplare sind im Cape of Good Hope Reserve des Table Mountain National Park zu besichtigen.

Ducker und Zwergantilopen

Die Ducker und die Böckchen oder Zwergantilopen bilden keine Herden, sondern leben als Einzelgänger oder in Paaren. Trotz oder vielleicht wegen ihrer geringen Größe verhalten sich die Männchen äußerst aggressiv und können ihre geraden, dolchspitzen Hörner mit tödlicher Wirkung einsetzen.

Die kleinste südafrikanische Antilope ist der **Blauducker** (blue duiker, *Philantomba monticola*). Er wiegt rund 4 kg, hat einen gewölbten Rücken und eine Schulterhöhe von etwa 35 cm (das entspricht etwa der Größe einer Katze). Das extrem scheue Tier lässt sich in seinem Lebensraum in den südlichen und östlichen Küstenwäldern nur selten entdecken. Der etwas größere **Rotducker** (red duiker, *Cephalophus natalensis*) ist dreimal so schwer und bewohnt ein ähnliches Habitat wie der Blauducker, allerdings ausschließlich in den Wäldern von KwaZulu-Natal.

Besser sind da schon die Chancen, den graubraunen **Kronenducker** (common duiker, *Sylvicapra grimmia*) zu Gesicht zu bekommen, der in ganz Südafrika verbreitet ist und zu den Antilopen gehört, die sich am ehesten an menschliche Behausungen heranwagen. Wenn er sich bedroht fühlt, erstarrt er im Unterholz; wird er gejagt, prescht er im wilden Zickzack davon, um die Verfolger zu verwirren.

Ähnliche Haken schlagen auch die Zwergantilopen, insbesondere der **Kap-Greisbock** (Cape grysbok, *Raphicerus melanotis*) und der **Sharpe-Greisbock** (Sharpe's grysbok, *Raphicerus sharpii*), die sich ausgesprochen ähnlich sehen, aber nicht zu verwechseln sind, weil ihre Verbreitungsgebiete sich nicht überschneiden. Der Kap-Greisbock lebt im Fynbos-Gürtel des Westkaps (unter anderem im Cape of Good Hope Reserve und im Addo Elephant National Park), der Sharpe-Greisbock dagegen in der Nordostecke des Landes in der Umgebung des Krüger-Nationalparks. Beide sind nachtaktiv und somit nur selten zu sichten.

Ein naher Verwandter des Greisbocks ist das **Steinböckchen** (steenbok, *Raphicerus campestris*), das sich von allen Zwergantilopen am weitaus häufigsten zeigt, ob tags oder nachts und überall im Lande (bis auf Teile von KwaZulu-Natal). Die großen, dunklen Augen, die riesigen Ohren und die zierliche Gestalt geben dieser nur etwa 50 cm hohen Antilope ihren niedlichen Bambi-Charme.

Auch recht häufig zu sehen ist der **Klippspringer** (klipspringer, *Oreotragus oreotragus*), der als einzige Antilopenart der *koppies* und Felsgebiete unverwechselbar ist. Er ist zugleich die einzige Antilopenart, die auf den Hufspitzen läuft. Wer im Krüger oder Mountain Zebra National Park (und anderen Wildnisgebieten mit schroffen Felsen) die Augen offen hält, sieht die Tiere vielleicht mit gewaltigen Sprüngen steile Hänge erklimmen oder von Fels zu Fels hüpfen.

Die größte Zwergantilope ist das **Bleichböckchen** (oribi, *Ourebia ourebi*), das man für ein zu groß geratenes Steinböckchen oder auch für eine kleine Gazelle halten könnte, da seine Bewegungen eher gazellentypisch sind – schneller und graziöser als die der übrigen Zwergantilopen. Bleichböckchen sind nur in kleinen Verbreitungsgebieten in KwaZulu-Natal anzutreffen und leben in Grüppchen aus einem Bock und mehreren Weibchen. Wer sich ihnen nähert, vernimmt mitunter ihre schrillen Warnpfiffe, noch bevor er sie sieht. Oft flüchten sie ein kurzes Stück und bleiben dann stehen, um sich nach dem Störer umzusehen.

Springbock

Der **Springbock** (springbok, *Antidorcas marsupalis*) fühlt sich in offenem Gelände unter verschiedensten Bedingungen wohl, von Wüstenregionen bis zur Feuchtsavanne. Die mittelgroße Antilope ist in Reservaten in der westlichen Trockenzone des Landes zu beobachten, wo sie auch auf Wildfarmen als Fleisch- und Lederlieferanten gezüchtet wird. Ihre charakteristisch gebogenen Hörner und der dunkle Horizontalstreifen an den Flanken, der die rotbraune Rückenpartie vom weißen Bauch trennt, sind markante Erkennungszeichen. Springböcke wurden schon mit Geschwindigkeiten von fast 90 km/h gemessen und sind dafür bekannt, dass sie „prunken", also mit durchgestreckten Beinen und Buckel senkrecht in die Höhe schnellen.

Impala

Die **Impala** *(Aepyceros melampus)* ist größer und schwerer als der Springbock, mit dem sie entfernte Ähnlichkeit hat. Diese eleganten und kraftvollen Antilopen sind hervorragende Springer mit dokumentierten Sprungweiten von bis zu 11 m und -höhen von bis zu 3 m. Nur die Männchen tragen das markante, leierförmige Hörnerpaar. Sie sind in den Reservaten im Nordosten und in KwaZulu-Natal so häufig, dass manche Ranger sie als eine Art Ziegen der Savanne betrachten – woran durchaus ein Körnchen Wahrheit ist, da die anspruchslosen Tiere sowohl grasen als auch Laub äsen.

Weibchen und Jungtiere bilden feste Herden von mitunter über 100 Tieren, deren Wandergebiet sich mit den Revieren mehrerer Männchen überschneiden kann. In der Brunstzeit, die in die ersten fünf Monate des Jahres fällt, lösen diese Männchen Harems von rund 20 Weibchen aus der Herde heraus und geben sich alle Mühe, diese zusammenzuhalten und gegen potenzielle Rivalen zu verteidigen.

Wasser- und Riedböcke

Alle Arten der Gattung *Kobus* leben bevorzugt in Wassernähe. Am größten ist der **Gemeine Wasserbock** (waterbuck, *Kobus ellipsiprymnus*), eine kräftige Antilopenart von 1,3 m Schulterhöhe mit zottigem, rotbraunem Fell und einem ellipsenförmigen weißen Ring am Hinterteil. Nur die Männchen haben Hörner. Die geselligen Tiere bilden kleine Herden von gewöhnlich bis zu zehn, manchmal auch bis zu 30 Individuen. Sie sind in den Reservaten des Nordostens stellenweise in der Nähe von Waldland und Dauergewässern zu finden.

Zwei eng verwandte Arten sind der **Gemeine Riedbock** (common reedbuck, *Redunca arundinum*) und der etwas kleinere **Bergriedbock** (mountain reedbuck, *Redunca fulvorufula*), zwei hellbraune Antilopen, die etwa um ein Drittel kleiner sind als der Wasserbock. Der Gemeine

Riedbock hält sich gern in hohem Gras oder Schilfgürteln auf, während der Bergriedbock in Hügel- oder Gebirgsregionen mit Bäumen oder Grashängen in Gewässernähe lebt.

Alle drei Arten sind in entsprechenden Zonen des Krüger-Nationalparks zu beobachten. Der Wasserbock und der Gemeine Riedbock kommen auch in geschützten Feuchtgebieten von KwaZulu-Natal vor, während der Bergriedbock im Mountain Zebra, Giant's Castle und Pilanesberg National Park verbreitet ist.

Weitere wiederkäuende Paarhufer

Neben Rindern, Schafen, Ziegen und Antilopen gehören auch Büffel und Giraffen zu den **wiederkäuenden Paarhufern**. Bakterien in ihrem Verdauungstrakt zerlegen die Kohlenhydrate der Pflanzennahrung; die abgestorbenen Bakterien werden als Protein absorbiert. Dieses höchst effiziente System macht die Wiederkäuer zu ausgezeichneten Futterverwertern – im Gegensatz zu Nichtwiederkäuern wie den Elefanten, die einen Großteil ihrer Nahrung als unverwertete Fasern wieder ausscheiden. Manche Arten grasen, d. h. sie ernähren sich vorwiegend von Gras, andere äsen, verzehren also vor allem Laub.

Büffel

Man muss sich nicht lange im Krüger-Nationalpark oder den meisten anderen südafrikanischen Wildreservaten aufhalten, um den **Kaffernbüffel** oder **Afrikanischen Büffel** (buffalo, *Syncerus caffer*) zu Gesicht zu bekommen, der als einer der „Big Five" auf dem Wunschzettel jedes Safarijägers steht. Besucher sollten sich von seiner Ähnlichkeit mit Hausrindern oder Wasserbüffeln (mit denen er nicht sehr nah verwandt ist) und seinem scheinbar friedlichen Wesen nicht in Sicherheit wiegen lassen: Vor allem einzelgängerische Bullen werden selbst von erfahrenen Jägern als gefährliche Killer gefürchtet. Fazit: Auch wenn es in manchen Wildreservaten keine Raubtiere gibt, heißt das nicht, dass man dort gefahrlos ohne Führer herumwandern kann.

Büffel legen kein Revierverhalten an den Tag und sind ausgesprochen gesellige Tiere, die sich zu Hunderten oder sogar Tausenden zusammentun. Die Herden mit einem oder mehreren Leitbullen untergliedern sich in Familiengruppen aus etwa einem Dutzend miteinander verwandter Kühe unter einer Leitkuh. Diese Untereinheiten sind gut zu erkennen, da sie sich während der Ruhezeiten dicht zusammenkuscheln. Für Kühe und Bullen gelten getrennte Hackordnungen. Letztere müssen die Herde mit etwa drei Jahren verlassen und bilden dann „Junggesellenherden", die man an ihrer geringen Individuenzahl erkennt.

Ausgestoßene alte Bullen (wegen ihrer Vorliebe für Schlammbäder auch *„daga boys"* genannt – *daga* heißt „Schlamm"), die ihre Stellung in der Rangordnung und die Chance auf Paarung verloren haben, werden verständlicherweise zu grimmigen und verbitterten Einzelgängern, denen man um jeden Preis aus dem Weg gehen sollte. Die Bullen unterscheiden sich von den Kühen durch ihre mächtigeren Hörner, die durch einen markanten, in der Mitte gefurchten Stirnwulst verbunden sind.

Giraffen

Giraffen *(Giraffa camelopardalis)* sind am einfachsten zu erspähen, weil ihr langer Hals unverkennbar über das Gestrüpp ragt. Diese höchsten Säugetiere der Welt verbringen den Tag damit, die Blätter von Bäumen abzuäsen, die für andere Arten zu hoch oben wachsen. Ihre Leibspeise sind die Blätter von Langfaden-Bäumen *(Combretum)* und Kameldornbäumen *(Acacia)*. Ihre außerordentlich beweglichen Lippen und zum Greiforgan ausgebildeten Zungen sind fast so geschickt wie unsere Hände und versetzen sie in die Lage, die nahrhaftesten Blätter herauszupflücken, ohne sich an den Dornen zu verletzen. Abends legen sie sich zum Wiederkäuen hin. Sie zeigen kein Revierverhalten und bilden lose Herdenverbände ohne Leittier.

Wer einer Junggesellenherde begegnet, kann mitunter erleben, wie die Jungmännchen ihre Kräfte durch „Halsdrücken" messen. Wenn der Östrus (die Zeit der Paarungsbereitschaft) eines Weibchens einsetzt, was zu jeder Jahreszeit geschehen kann, paart sich das dominante Männchen mit ihr. Das Junge kommt nach einer Trächtigkeitsdauer von ungefähr 14 Monaten zur Welt. Mehr als die Hälfte der Jungtiere fällt jedoch schon in den ersten Lebensjahren Löwen oder Hyänen zum Opfer. Der Krüger und der Pilanesberg National Park bieten ebenso wie die Nationalparks von KwaZulu-Natal gute Chancen, Giraffen zu sichten.

Nichtwiederkäuer

Nichtwiederkäuende Säugetiere haben primitivere Verdauungsapparate als die Wiederkäuer. Zwar beherbergen beide im Verdauungstrakt Bakterien, die die Kohlenhydrate der Pflanzennahrung zerlegen, doch da das Verdauungssystem der Nichtwiederkäuer keinen so hohen Wirkungsgrad hat, müssen sie mehr Nahrung aufnehmen und sie schneller durchsetzen. Ihr Vorteil ist, dass sie Nahrung mit wesentlich höherem Faseranteil vertragen.

Elefanten

Einst waren die **Elefanten** *(Loxodonta africana)* über ganz Südafrika verbreitet. Heute findet man sie nur noch in einer Handvoll Wildreservate, vor allem im Krüger, Pilanesberg, Hluhluwe-Imfolozi, Tembe und Addo. Letzterer beherbergt die einzige Population, die in den südlichen zwei Dritteln des Landes aus eigener Kraft überleben konnte. Ansonsten leben vielleicht noch ein, zwei Elefanten im Knysna Forest, doch ihre Tage sind gezählt und sie lassen sich kaum blicken. In natura wirken die Elefanten sogar noch größer, als man sie sich vorstellt.

Die meisten Besucher brauchen keine weitere Ermahnung, um eilig auf Abstand zu gehen, wenn ein Elefant drohend mit den Ohren flappt, weil sie ihm zu nah auf den Pelz gerückt sind. Andererseits wirken die Dickhäuter auch erstaunlich graziös. Innerhalb weniger Augenblicke kann eine große Herde auf ihren gepolsterten, sorgfältig gesetzten Füßen fast lautlos zwischen den Bäumen verschwinden. Ihre Nähe verrät nur das lautstarke Krachen, wenn sie Äste von den Bäumen reißen und junge Bäumchen entwurzeln.

Elefanten sind ungemein faszinierend zu beobachten, vielleicht weil ihr Umgang miteinander, ihre Verhaltensmuster und Charaktere so viele Parallelen zu unseren aufweisen. Wie Menschen führen sie ein komplexes, von gegenseitigen Abhängigkeiten bestimmtes Sozialleben, vom hilfsbedürftigen Elefantenbaby und unsicheren Jungelefanten bis zum Erwachsenenalter. Die Jungen werden nach 22-monatiger Trächtigkeit in Anwesenheit mehrerer anderer Elefantenkühe zur Welt gebracht. Elefantenkühe säugen ihre Kälber zwei bis drei Jahre lang. Die Familienverbände bestehen aus miteinander verwandten Elefantenkühen, die ihre Jungen aufmerksam beschützen, unter Führung einer altehrwürdigen Leitkuh. Diese startet am ehesten schon mal einen Scheinangriff, um Störenfriede abzuschrecken – lässt sich gelegentlich aber auch dazu hinreißen, ihre Stoßzähne gegen Fahrzeuge oder Menschen einzusetzen.

Buschlegenden zufolge schämen sich Elefanten, wenn sie einen Menschen getötet haben, und bedecken den Leichnam mit Ästen und Gras. Auf jeden Fall beschäftigen sie sich intensiv mit den Körpern ihrer eigenen toten Verwandten; oft verstreuen sie die Knochen und wachen längere Zeit in der Nähe der sterblichen Überreste. Alte Elefanten sterben mit etwa 70 bis 80 Jahren, wenn der letzte Satz Backenzähne abgewetzt ist, sodass sie ihre Nahrung nicht mehr zerkleinern können.

Schliefer

Sie sehen zwar am ehesten wie Nagetiere aus, sind aber trotz Flauschpelz und Karnickelgröße erstaunlicherweise die nächsten lebenden Verwandten der Elefanten. Ihre einheimische Bezeichnung *dassie* (mit „a" gesprochen) geht auf den Namen *dasje* (kleiner Dachs) zurück, den sie von den ersten niederländischen Siedlern erhielten.

Die **Baumschliefer** (tree dassies, *Dendrohyrax arboreus*) leben als selten zu sehende Einzelgänger am Ostkap und in den Küstenebenen des südlichen KwaZulu-Natal, wo sie Zuflucht in Wäldern und dichtem Buschland suchen. Dagegen sind die **Klippschliefer** (rock dassies, *Procavia capensis*) viel weiter verbreitet, da sie sich nach Ausrottung ihrer natürlichen Feinde relativ ungestört vermehren konnten. Sie bevölkern felsige Gebiete im ganzen Land; ausgenommen sind nur die Regionen nördlich des Oranje in der Westhälfte des Landes, das Westkap und die Nordküste von KwaZulu-Natal. Zu ihren spektakulärsten Lebensräumen gehören die Küstenfelsen des Tsitsikamma National Park, auf denen sie sich in aller Ruhe sonnen, während unter ihnen wilde Brecher schäumen.

Ähnlich wie Reptilien haben Klippschliefer keine gute Körpertemperaturregulierung und suchen daher Schutz vor zu großer Kälte oder zu heißer Sonnenstrahlung. Nach dem Aufwachen sind sie zunächst noch träge und suchen Felsen auf, um sich in der Morgensonne aufzuwärmen – um diese Zeit stehen die Chancen, sie zu sehen, am besten. Ein erwachsenes Tier steht Wache, um die anderen bei Bedrohungen mit einem tiefen Warnlaut zu alarmieren. Klippschliefer leben in Kolonien aus einem dominanten Männchen und acht oder mehr untereinander verwandten Weibchen mit ihren Jungen.

Nashörner

Es gibt zwei Nashornarten in Afrika: das **Spitzmaulnashorn** (black rhino, *Diceros bicornis*) und das viel massigere **Breitmaulnashorn** (white rhino, *Ceratotherium simum*). Beide wurden in ganz Afrika in freier Wildbahn so gut wie ausgerottet. Zum Glück hat Südafrika rechtzeitig Maßnahmen zum Schutz der Tiere ergriffen (besonders in KwaZulu-Natal) und ist daher heute der beste Ort der Welt, um beide Arten zu beobachten. Wer ein, zwei Tage in den Wildreservaten Ithala, Hluhluwe-Imfolozi oder Mkhuze verbringt, dürfte eine Nashornart zu Gesicht bekommen. Ansonsten gibt es Breitmaulnashörner auch im Addo Elephant National Park und beide Arten im Krüger und im Pilanesberg National Park zu sehen.

Die irreführenden Bezeichnungen „Schwarzes Nashorn“ für das Spitzmaulnashorn und „Weißes Nashorn“ für das Breitmaulnashorn beruhen auf einer Sprachverwirrung: Die burische Bezeichnung *wijde* für das breite Maul des Letzteren wurde von den Engländern als „white“ (weiß) missverstanden. Tatsächlich sind beide Nashörner grau.

Die unterschiedlichen Maulformen sind sehr aufschlussreich, da sie im Zusammenhang mit der bevorzugten Nahrung und folglich auch dem Lebensraum der beiden Nashornarten stehen. Das angriffslustige, kleinere Spitzmaulnashorn hat spitze, bewegliche Lippen, mit denen es Blätter von Bäumen und Büschen pflücken kann. Dagegen frisst sich das Breitmaulnashorn mit seinem breiten, stumpfen Maul durchs Grasland wie ein Rasenmäher. So erklärt sich auch die größere Geselligkeit der Breitmaulnashörner, die sich zu ihrem Schutz im offenen Grasland lieber zu mehreren zusammentun. Das eigenbrötlerische Spitzmaulnashorn sucht dagegen gern Deckung in Dickichten und ist deshalb viel schwieriger zu erspähen.

Nashörner bringen nach 15–18 Monaten Trächtigkeit ein einzelnes Junges zur Welt, das bis zum Alter von ein oder zwei Jahren gesäugt wird. So vermehren sie sich im Vergleich zu den meisten anderen Tieren nur langsam – auch dies ist ein Faktor, der ihre Populationen gefährdet.

Flusspferde

Die **Flusspferde** (hippopotamuses, *Hippopotamus amphibius*) sind äußerst anpassungsfähige Tiere, die ehemals die südafrikanischen Gewässer vom Limpopo im Norden bis zum Marschland der Kap-Halbinsel im Süden bewohnten. Seitdem wurden sie auf die Nordostecke des Landes zurückgedrängt. Die südlichste von Natur aus hier heimische Population lebt in KwaZulu-Natal. In anderen Gebieten wurden sie nachträglich wieder angesiedelt.

Flusspferde brauchen Süßwasser von ausreichender Tiefe, um darin unterzutauchen, und geeignete Grasweiden. Sie müssen den größten Teil des Tages im Wasser zubringen, um ihre dünne, unbehaarte Haut vor der Sonne zu schützen. Nach Einbruch der Dunkelheit verlassen sie das Wasser und verbringen die Nacht mit Grasen, wobei sie oft bis zu 10 km zurücklegen.

Obwohl sie den Eindruck liebenswerter Dickerchen vermitteln, wenn sie grunzend im Wasser planschen, sind sie in ganz Afrika zu Recht gefürchtet, da sie angeblich mehr Menschen auf dem Gewissen haben als irgendein anderes afrikanisches Tier. Wenn sie sich gestört fühlen, können männliche Einzelgänger und Weibchen mit Jungen extrem aggressiv werden. Ihre gefährlich langen Eckzähne können ein Kanu im Handumdrehen aufschlitzen; an Land greifen sie mit bis zu 30 km/h an und haben einen unerwartet kleinen Wendekreis.

Zebras

Die Zebras gehören zusammen mit den eng verwandten Pferden, Eseln und Halbeseln zur Familie der *Equidae.* Zwei der insgesamt noch drei Zebraarten kommen in Südafrika vor.

Das **Steppenzebra** oder Burchell-Zebra *(Equus burchelli)* hat kleine Ohren und breite schwarze Streifen mit helleren „Schatten" dazwischen. Restbestände der ursprünglichen Populationen gibt es noch in Mpumalanga, KwaZulu-Natal und am Limpopo. In vielen anderen Gebieten wurde es wieder angesiedelt, sodass man Steppenzebras heute in zahlreichen Wildreservaten überall im Land antrifft.

Das **Kap-Bergzebra** *(Equus zebra zebra)* entging nur knapp der Ausrottung. Heute gibt es aber wieder solide, wenn auch zahlenmäßig geringere Bestände im Mountain Zebra National Park des Ostkaps und in anderen Reservaten im Südwesten, die geeignetes Gebirgsterrain bieten. Erkennungsmerkmale des Bergzebras sind die Halswamme (eine herabhängende Hautfalte an der Halsunterseite), das Fehlen von „Schattenstreifen", die größeren Ohren und das bis zu den Hufen herabreichende Streifenmuster – wohingegen die Streifenzeichnung des Steppenzebras schon an den Beinen ausläuft.

Zebras bilden Familienherden aus einem Leithengst und zwei oder mehr Stuten mit ihren Fohlen. Unverpaarte Hengste tun sich oft zu Junggesellenherden zusammen. Bei den Steppenzebras verlässt der Nachwuchs den Familienverband nach ein oder zwei Jahren. Die Bergzebras sind da viel toleranter; hier dürfen die Jungtiere in der Familienherde bleiben.

Schweine

Es gibt zwei Arten von wilden Schweinen in Südafrika. Wer den Krüger oder Pilanesberg National Park oder die Nationalparks von KwaZulu-Natal besucht, gewöhnt sich rasch an den Anblick ganzer Familien von **Warzenschweinen** (warthogs, *Phacochoerus aethiopicus*), die mit steil in die Höhe gereckten Schwänzen durch die Savanne traben. Diese Familiengruppen bestehen meist aus einer Muttersau mit zwei bis vier Ferkeln, manchmal auch aus zwei bis drei weiblichen Tieren mit ihren Jungen. Die Eber schließen sich der Gruppe nur zur Paarung an. Sie unterscheiden sich von den Sauen durch ihre ausgeprägteren Gesichtswarzen; man glaubt, dass sie als Schutzpolster dienen, um den Kopf bei ihren oft heftigen Kämpfen zu schützen.

Die **Buschschweine** (bushpigs, *Potamochoerus larvatus*) sind in Südafrika zwar noch etwas weiter verbreitet als die Warzenschweine, aber als nachtaktive Waldbewohner nicht so häufig zu sehen.

Sonstige Säugetiere

Obwohl ihnen die Vorliebe für Ameisen und Termiten und die nachtaktive Lebensweise gemeinsam ist und beide von ziemlich bizarrer Erscheinung sind, verbindet die Erdferkel und die Schuppentiere keinerlei Verwandtschaftsbeziehung. Das **Erdferkel** (aardvark, *Orycteropus afer*) gehört zu den seltsamsten Tieren nicht nur in Afrika, sondern auf der ganzen Welt. Die einzelgängerischen Säugetiere von bis zu 70 kg Gewicht verkriechen sich tagsüber in großen Bauten, die sie mit bemerkenswerter Geschwindigkeit graben. In der Nacht kommen sie heraus, um in Termitenhügeln im Umkreis von bis zu 5 km nach ihrer Hauptnahrung zu wühlen. Am häufigsten sind sie in Buschlandschaften mit zahlreichen Termitenhügeln anzutreffen.

Das **Steppenschuppentier** (pangolin, *Manis temminckii*) sieht nicht weniger seltsam aus. Die schuppenbedeckten Säugetiere haben eine gewisse Ähnlichkeit mit Gürteltieren und ernähren sich von Ameisen und Termiten. Bei Bedrohung rollen sie sich kugelförmig zusammen. Schuppentiere sind in Südafrika nördlich des Oranje weit verbreitet.

Wer eine Nachttour unternimmt, muss schon Pech haben, um nicht die funkelnden Augen der **Springhasen** (springhare, *Pedetes capensis*) zu erblicken, die trotz ihrer Ähnlichkeit mit kaninchengroßen Kängurus echte Nagetiere sind.

Das größte und außergewöhnlichste aller afrikanischen Nagetiere ist das **Südafrikanische Stachelschwein** (porcupine, *Hystrix africae-australis*), das mit seinem langen Stachelkleid völlig unverwechselbar ist. Die Stachelschweine sind weit verbreitet und kommen auch in den meisten Reservaten vor, doch da sie nachtaktiv sind, sieht man möglicherweise nur ihre abgeworfenen Stacheln.

Geschichte

Neuere Fossilienfunde beweisen, dass der *Homo sapiens* schon vor mehr als 50 000 Jahren an der Südküste Afrikas lebte. Die Nachkommen dieser nomadischen Steinzeitmenschen – das Jäger- und Sammlervolk der San und das Hirtenvolk der Khoikhoi, deren beider Hautfarbe ins Rötliche ging – lebten am Westkap, als im 15. Jh. die ersten Europäer landeten. Etwa zur Entstehungszeit der ersten holländischen Siedlung am Kap in der Mitte des 17. Jhs. war ein Großteil der östlichen Landeshälfte von Menschen bewohnt, die seit der Zeit um Christi Geburt den Limpopo überquerten.

Damit war die Bühne für das vielschichtige Schauspiel der jüngeren südafrikanischen Geschichte bereitet, das in erster Linie im Kampf der verschiedenen einheimischen Völker und der europäischen Kolonialisten um die spärlichen Ressourcen bestand. Im 20. Jh. erlebte der Kolonialismus einen vorübergehenden Triumph, Südafrika vereinigte sich und die weiße Bevölkerung unterdrückte die Bürgerrechtsforderungen der Schwarzen, was zur unmenschlichsten Erfindung Südafrikas führte – der Apartheid. Aber am Ende stand der krönende Sieg der Rassengleichheit, und 2014 konnte Südafrika stolz seinen 20. Jahrestag als demokratisches Land feiern.

Die ersten Südafrikaner

Felszeichnungen belegen die fast 30 000 Jahre zurückgehende Existenz menschlicher Kultur auf dem Subkontinent. Sie sind gleichzeitig die älteste und dauerhafteste Kunstform Südafrikas. Angefertigt haben sie Jäger und Sammler vom Volk der **San**, die von den Europäern „Buschmänner" genannt wurden. Es gibt noch einige wenige Angehörige der San – die direktesten Nachfahren der Steinzeitmenschen – vor allem in Namibia und Botsuana. Damit ist ihre Kultur die am längsten andauernde auf dem gesamten Subkontinent. Wahrscheinlich bewohnten sie irgendwann einmal das gesamte Afrika südlich der Sahara.

Sie waren **Nomaden** und ernährten sich von dem, was die Männer von der Jagd und die Frauen vom Sammeln mitbrachten. Daneben blieb ihnen aber viel Zeit für die Kunst und die Religion. Die San lebten in kleinen, lose miteinander verbundenen Familiengruppen, und es stand jedem Mitglied frei, sich einer anderen Sippe anzuschließen. Privatbesitz spielte so gut wie keine Rolle, denn alles Lebensnotwendige lieferte die Natur.

Vor rund 2000 Jahren trat eine revolutionäre Veränderung ein, als einige Gruppen im nördlichen Botsuana Schafe und Rinder aus Nordafrika einfingen und fortan als **Hirten** lebten. Das Gesellschaftsgefüge hatte nun eine Vorstellung von Besitztum und dessen Vermehrung.

ZEITLEISTE

30 000 v. Chr.	500 v. Chr.
Jäger und Sammler besiedeln die Kap-Halbinsel.	Khoikhoi-Schafhirten ziehen hinunter nach Südafrika und erreichen schließlich die Südküste.

Das Vieh wurde zum Wohlstands- und Statussymbol und langsam entwickelten sich soziale Unterschiede. Die Kernverbände wurden größer und gruppierten sich um einen Häuptling, der Macht besaß, darunter die Zuteilung von Weideflächen. Sie waren auch die ersten Südafrikaner, die die portugiesischen Seeleute antrafen, als sie im 15. Jh. an der Kapküste landeten.

Die sogenannten **Khoikhoi** („Menschen von Menschen") unterschieden sich ethnisch nicht von den San – wie viele Anthropologen früher glaubten –, sondern hatten einfach nur eine andere Sozialstruktur. Heute geht man davon aus, dass es den Khoi, die ihr Vieh verloren hatten, offen stand, wieder San zu sein, und San, die in Besitz von Vieh gekommen waren, Khoi werden konnten, wodurch die Kollektivbezeichnung **Khoisan** entstand.

Bauern und Handwerker

Vor rund 2000 Jahren kamen große, dunkelhäutige Menschen über den Limpopo ins Gebiet des heutigen Südafrika. Sie waren sowohl Viehzüchter als auch Ackerbauern. Diese **bantusprachigen** Bauern (Vorfahren der meisten schwarzen Südafrikaner) zogen langsam nach Süden und besiedelten die gesamte Osthälfte des Subkontinents bis hinab zum Ostkap, wo sie im 16. Jh. zum ersten Mal mit Europäern zusammentrafen.

Abgesehen davon, dass diese Bauern ausgezeichnete landwirtschaftliche Kenntnisse besaßen und sesshafter waren als die Khoisan, waren die Bantus auch hervorragende Handwerker, die sich im Fördern und Schmelzen von Metallen auskannten, darunter Gold, Kupfer und Eisen. Dies stellte einen wichtigen Faktor in dem ausgedehnten **Handelsnetz** dar, das sich damals entwickelte.

Das Kap wird holländisch

Die ersten Europäer, die ihren Fuß auf südafrikanischen Boden setzten, waren portugiesische Seeleute unter dem Kommando von **Bartolomeu Diaz**. Es sollten aber noch 170 Jahre vergehen, bevor eine europäische Siedlung in Südafrika gegründet wurde. 1652 ging ein Schiff mit einer Gruppe weißer Angestellter der **Niederländisch-Ostindischen Kompanie**, die eine Handelsroute zwischen Holland und Südostasien eingerichtet hatte, in der Tafelbucht vor Anker, um eine Versorgungsstation für die Handelsschiffe einzurichten.

Obwohl der Stationskommandant **Jan van Riebeeck** die eingeborenen Khoi als „ein wildes Pack ohne Gewissen" betrachtete, waren die Holländer von Anfang an auf sie als Viehlieferanten angewiesen, die mit wertlosem Zeug „bezahlt" wurden. Allmählich dehnte sich die Siedlung aus, und van Riebeeck benötigte mehr **Arbeitskräfte**. Zu seiner großen Empörung hatten die hohen Herren in Holland die Versklavung der Einheimischen untersagt und lehnten van Riebeecks Forderung nach Sklaven aus anderen Teilen des Handelsreiches ab.

Also mussten die Ländereien rings um die Festung kolonialisiert werden, und 1657 wurde eine Reihe holländischer Männer aus ihren Verträgen entlassen, um als freie Bürger das Land zu bewirtschaften, das ihnen die Kompanie zur Verfügung stellte. Im Gegenzug versprach die Kompanie, ihnen ihre Produkte zu festgelegten

500 n. Chr.	1488	1652
Groß gewachsene Bantu sprechende Bauern überqueren den Limpopo und verteilen sich an der Ostküste Südafrikas.	Bartolomeu Diaz setzt in Mossel Bay als erster Europäer seinen Fuß auf afrikanischen Boden.	Die Niederländisch-Ostindische Kompanie richtet am Kap einen Versorgungsstützpunkt für Handelsschiffe ein.

Preisen abzunehmen. Dieser Schritt führte zur ersten von einer Reihe von **kriegerischen Auseinandersetzungen** zwischen den Khoikhoi und den Holländern. Zwar endete die erste unentschieden, doch auf Dauer waren die Khoikhoi den mit Pferden und Feuerwaffen ausgerüsteten Holländern unterlegen.

Unterdessen war es van Riebeeck 1658 gelungen, heimlich eine Schiffsladung **Sklaven** aus Westafrika zu bekommen – damit führte er am Kap die Sklaverei ein. Die Niederländisch-Ostindische Handelskompanie selbst wurde der größte Sklavenbesitzer am Kap und importierte nun mit solcher Geschwindigkeit Sklaven, vor allem aus Ostasien, dass es gegen 1711 in der Kolonie mehr Sklaven als freie Bürger gab. Mit der erzwungenen Hilfe dieser Menschen expandierte die winzige Kapkolonie und verdrängte die auf der Halbinsel lebenden Khoikhoi, die gegen 1713 alles verloren hatten.

Fast ihr gesamter Viehbestand (annähernd 50 000 Tiere) und ein Großteil ihres Landes westlich der Hottentots Holland Mountains (90 km südlich des heutigen Kapstadt) waren von der Kompanie geschluckt worden. Armut und Krankheiten wie Windpocken, die vorher in Südafrika unbekannt waren, dezimierten ihre Reihen und zerstörten ihr Gesellschaftssystem. In der Mitte des 18. Jhs. fristeten die noch verbliebenen Khoi ein erbärmliches Dasein als Dienstboten der Kolonisten.

Der Aufstieg der Zulu

Während im Westen des Landes die Trekburen in Scharen die Kap-Kolonie verließen, ereigneten sich im Osten gleichermaßen bedeutsame Dinge. Im Laufe des 17. und 18. Jhs. hatte die Anzahl der Nachkommen der nach Südafrika eingewanderten **bantu-sprachigen Menschen** erheblich zugenommen. Sie hatten sich über die gesamte Osthälfte des Landes ausgebreitet. Am ausgeprägtesten war das Problem in **KwaZulu-Natal**, wo unter dem Druck der gestiegenen Nachfrage nach Weideland Stämme nur überleben konnten, indem sie ihre Nachbarn unterwarfen und sich mit ihnen vermischten. Im frühen 19. Jh. beherrschten zwei dieser starken Gruppen, die **Ndwandwe** und die **Mthethwa**, den östlichen Teil Südafrikas in der Umgebung des Tugela River. Ihre blutigen Auseinandersetzungen endeten um 1817 mit der Niederlage der Mthethwa. Nun sollten die Zulu eine der mächtigsten Gruppierungen Südafrikas werden. Etwa 1816 nahm **Shaka** den Häuptlingssitz der Zulu ein und begann, ihre Kriegstechniken zu verändern.

Um 1820 waren die Zulu zur vorherrschenden Regionalmacht geworden, und um die Jahrhundertmitte bildeten sie einen **zentralisierten Militärstaat** mit einem 40 000 Mann starken Berufsheer. Eine der Stärken ihres Herrschaftssystems lag in der Bereitschaft, die Überlebenden aufzunehmen und als vollwertige Mitglieder in den expandierenden Zulu-Staat einzugliedern. Jahrelang sandte Shaka seine Truppen aus, um in benachbarte Territorien einzudringen, bis er 1828 von zwei seiner Halbbrüder erstochen wurde. **Dingane**, einer der beiden, trat Shakas Nachfolge an und setzte dessen rücksichtslose, aber sehr erfolgreiche Politik fort.

Der Aufstieg des Zulu-Reiches erschütterte das ganze südliche Afrika und führte nicht nur zur Bildung einer Reihe **zentralisierter Nguni-Staaten**, sondern bereitete auch den Weg für den Vormarsch der Buren im Landesinneren.

1657	1658	1679
Die Kompanie entlässt Arbeiter aus ihren Verträgen, sodass diese als freie Siedler das Land bewirtschaften können.	Am Kap werden die ersten Sklaven eingeführt; innerhalb von 50 Jahren gibt es mehr Sklaven als freie Siedler.	Das Castle of Good Hope wird fertiggestellt.

Neue Sprachordnung

Gegen Ende des 19. Jhs. versuchten die um Identität ringenden, Afrikaans sprechenden Weißen eine „reinrassige" Kultur zu schaffen und bemühten sich, eine Grenze zwischen sich und den farbigen Afrikaanssprachigen zu ziehen. Sie erfanden das **Afrikaans** als eine „Sprache des weißen Mannes" neu, indem sie Wörter mit asiatischen oder afrikanischen Wurzeln durch holländische ersetzten. Dadurch sollte die Sprache vom „Stigma" ihrer Verbindung mit den Farbigen befreit werden. 1925 wurde das von der weißen Oberschicht gesprochene Afrikaans neben dem Englischen zur offiziellen Landessprache erklärt. Die Dialekte der Farbigen dagegen behandelte man verächtlich als minderwertige Abweichungen von der korrekten Norm.

Streng nationalistisch gesinnten Afrikandern ging das aber noch nicht weit genug. Nach Einführung der Apartheid 1948 machten sie sich daran, Menschen aufgrund äußerlicher Merkmale in Rassen-Klassen einzuteilen. Unter dem **Population Registration Act** wurden alle Südafrikaner entweder als weiß, farbig oder afrikanisch klassifiziert. Von dieser Einteilung hing ab, welche Lebensperspektive jemand hatte. Es gibt zahlreiche Familien, in denen ein Kind als farbig eingestuft wurde, mit den damit einhergehenden schwer eingeschränkten Rechten. Ein anderes Kind derselben Familie aber wurde als weiß angesehen und bekam dadurch das Wohnrecht in einem noblen Weißenviertel, ungleich bessere Chancen auf dem Arbeitsmarkt und die Möglichkeit, seine Kinder auf bessere Schulen und Universitäten zu schicken.

Seit Abschaffung der Apartheid ändert sich (ganz) langsam die Bevölkerungsstruktur in den Wohngebieten und in den Köpfen der Menschen das Denken in ethnischen Begriffen. Inzwischen lehnen manche Leute den Begriff „coloured" aufgrund seiner Apartheid-Konnotation ab, und weisen jegliche Terminologie zurück, die auf rassische Unterschiede anspielt. Andere wiederum benutzen den Begriff voller Stolz als Ausdruck ihrer eigenständigen Kultur und deren Ursprung, zurückgehend auf afrikanische Sklaven, Südostasiaten und Khoikhoi.

Es kam zur sogenannten **Mfecane** (Zwangsumsiedlung), in deren Verlauf im ganzen Osten Südafrikas Menschen um ihr Hab und Gut gebracht und von ihrem Land vertrieben wurden. In ihrem Kampf ums Überleben schlossen sie sich entweder in kleinen Gruppen oder in größeren Verbänden zusammen. Jenseits der Nordgrenze des Zulu-Reiches lebte eine andere Nguni-Volksgruppe, die in kultureller und sprachlicher Hinsicht eng mit den Zulu verwandt war. Unter Sobhuza I. und dessen Sohn Mswati II., von dem der neu gegründete Staat **Swasiland** seinen Namen erhielt, wurden sie vereinigt.

In der Nordwest-Provinz siedelte Shaka einige hundert Zulu zusammen mit ihrem Anführer **Mzilikazi** nach Matabeleland um, heute das südwestliche Simbabwe, wo sie das Königreich der **Matabele** (oder **Ndebele**) gründeten. In den Drakensbergen, am Westrand von KwaZulu-Natal, festigte **Moshoeshoe I.** ein Territorium, aus dem sich der heutige Staat Lesotho entwickelte.

1713	1779	1795
Den Khoikhoi werden ihre Herden genommen, und sie werden in die Knechtschaft gezwungen.	Trekburen dringen in das Gebiet der Xhosa (heutiges Ostkap) ein und eignen sich in mehreren Kriegen bis Mitte des 19. Jhs. deren Weideland an.	Die Kompanie geht Pleite, und als die Briten die Macht übernehmen, wird Englisch zur offiziellen Landessprache.

Der Große Treck

Unterdessen waren am Kap viele Afrikander (Buren) der selbstherrlichen britischen Vorherrschaft überdrüssig geworden, die ihnen weder Schutz vor den immer brutaler werdenden Auseinandersetzungen mit den Bantu-Völkern noch Entschädigungen für die angerichteten Schäden bot. Was sie aber besonders erbitterte, war die Art und Weise, wie die Kolonialbehörden sich an der „Arbeitsteilung" zu schaffen machten und die – nach Ansicht der Buren von Gott gewollten – Rassenschranken aufhoben. 1828 trat ein Gerichtsurteil in Kraft, das den unter die britische Jurisdiktion fallenden Khoi sowie den freigelassenen schwarzen Sklaven die Gleichstellung mit den Weißen vor dem Gesetz garantierte. 1834 folgte die **Aufhebung der Sklaverei** durch die Briten.

Aus Protest verließen rund 15 000 Afrikander, also etwa jeder zehnte Einwohner der Kolonie, das Kap, um dem Einflussbereich der Engländer zu entkommen. In der Osthälfte des Landes angelangt, fanden sie zu ihrer großen Freude weite, offenbar unbewohnte fruchtbare Landstriche. Doch sie waren direkt im Auge des *mfecane*-Wirbelsturms gelandet – in Gegenden, die nur vorübergehend geräumt waren, entweder aufgrund kriegerischer Aktivitäten oder von verängstigten Flüchtlingen, die sich versteckt hielten.

Als die Buren sich in alle Richtungen ausbreiteten, stießen sie dabei auf die Nguni-Staaten und es kam zu mehreren bewaffneten Auseinandersetzungen. Etwa Mitte des 19. Jhs. hatten die Nachfahren der Holländer die beiden Boer-Republiken **Transvaal** (heute Mpumalanga, Nordwest-Provinz und Limpopo) und **Oranje-Freistaat** (der heutige Freistaat) gegründet und es auch geschafft, diese zu kontrollieren. Die Unabhängigkeit dieser beiden Staaten wurde in den 1850er-Jahren von den Briten anerkannt.

Gold und Diamanten

Im britischen Mutterland interessierte man sich in den 1850ern wenig für die Vorgänge im südafrikanischen Landesinneren. Abgesehen von seiner strategisch wichtigen Position war Südafrika ein chaotisches Anhängsel des Empire und für die Krone nicht weiter von Bedeutung. Der Tatsache, dass in den 1860er-Jahren in der Umgebung des heutigen Kimberley **Diamanten** (das größte Depot der Welt) und in den 80er-Jahren **Gold** in Witwatersrand (dem heutigen Gauteng) gefunden wurde, verdankte Südafrika seine Verwandlung von einer unbedeutenden Agrar- in eine urbanisierte Industriegesellschaft.

In jener Zeit machten Kapitalisten wie **Cecil Rhodes** ein Vermögen, wurde das traditionelle afrikanische Gesellschaftsgefüge zerstört und der Unabhängigkeit der Burenrepubliken ein Ende bereitet. Die **Goldfelder** von Gauteng waren zwar überreichlich bestückt, aber besonders schwierig abzubauen. Es mussten tiefe Schächte gegraben werden, und dafür benötigte man viel Kapital: teure Maschinen und billige Arbeitskräfte. Die Gelder profithungriger Investoren aus Übersee flossen schnell.

Der Burenkrieg

Die Entdeckung der Goldadern war jedoch auch einer der Hauptauslöser für den **Burenkrieg**. Durch die Ausbeutung der Goldminen (s. Kasten)

1816–1828	1820er-Jahre	1820er-Jahre
Shaka nimmt den Häuptlingssitz der Zulu ein und etabliert im Südosten eine regionale Militärmacht.	Zur Verteidigung gegen Shaka bilden sich in Swasiland, Lesotho und Matabeleland Nguni-Staaten.	Britische Siedler landen in Port Elizabeth und bilden an der Ostgrenze ein Bollwerk gegen die Xhosa.

verlagerte sich das wirtschaftliche Zentrum Südafrikas vom britisch regierten Kap in die Südafrikanische Republik, während gleichzeitig Großbritanniens europäischer Konkurrent Deutschland politische und wirtschaftliche Bande mit den Burenrepubliken zu knüpfen begonnen hatte. England fürchtete um den Verlust seiner wichtigen Marinebasis, aber noch drängender waren wahrscheinlich die Interessen der internationalen Hochfinanz und die erheblichen Summen, die England in die Minen gesteckt hatte. London stand im Mittelpunkt des Welthandels und war auf eine florierende Minenindustrie in Südafrika bedacht, doch die Buren schienen eher unwillig, ihre Infrastruktur zu modernisieren, um den Erzabbau zu erleichtern.

Was immer auch die Beweggründe waren – schon geraume Zeit hatten Stimmen in England die Vereinigung Südafrikas als einzige Möglichkeit zur Wahrung britischer Interessen auf dem Subkontinent gefordert. Daher erklärte das Empire unter einem hauchdünnen Vorwand dem letzten unabhängigen afrikanischen Königreich den Krieg und unterjochte es im **Zulu-Krieg** von 1879. Damit sicherte sich die Krone KwaZulu-Natal, was bedeutete, dass sämtliche südafrikanische Küstengebiete unter britischer Kontrolle standen. Zur Herrschaft über den gesamten Subkontinent südlich des Limpopo fehlten nur noch die beiden Burenrepubliken; über dem Rest wehte bereits der Union Jack.

In den letzten Jahren des 19. Jhs. verlangte Großbritannien von Transvaal, den dort lebenden englischen Minenarbeitern das Wahlrecht zuzugestehen. Dies hätte das Ende der politischen Kontrolle in ihrem eigenen Staat bedeutet, denn die Zahl der Ausländer übertraf die der Buren. Also wiesen die Buren die Forderung zurück, und im Oktober 1899 brach der Krieg aus. Die britische Heeresleitung rechnete mit einem leichten Sieg. Lord Kitchener sprach von einem „teatime war", den die Soldaten so schnell gewinnen würden, dass sie rechtzeitig zum Weihnachtsfest wieder zu Hause sein würden.

Die Sache geriet für England jedoch zur kostspieligsten Unternehmung seit den napoleonischen Kriegen. Gleich in der Anfangsphase des Krieges überraschten die Buren die Imperialmacht mit einem Sturmangriff auf das britisch kontrollierte KwaZulu-Natal sowie das Nordkap und brachten ihr eine Reihe schmählicher Niederlagen bei. Im Juni gelang es den verstärkten englischen Truppen, die Buren zurückzudrängen, die aber noch weitere zwei Jahre einen erbitterten Partisanenkampf ausfochten. **Lord Kitchener** antwortete mit einer Politik der verbrannten Erde, die aus Feldern und Weiden eine Wüste und Tausende Frauen und Kinder zu Heimatlosen machten.

Um diese Witwen und Waisen aufzufangen, erfanden die Briten das **Konzentrationslager**, in dem 26 370 Burenfrauen und -kinder ums Leben kamen. So mancher Afrikander kann das den Engländern bis heute nicht verzeihen. Weniger bekannt ist, dass es auch afrikanische Konzentrationslager gab, in denen 14 000 Afrikaner qualvoll starben. Anfang 1902 waren die Buren demoralisiert, und im Mai tauschten die Burenrepubliken ihre Unabhängigkeit gegen das Versprechen der Briten zum Wiederaufbau ein.

Am Ende des sogenannten „teatime war" hatte Großbritannien fast 500 000 Soldaten ins Feld geschickt und 22 000 von ihnen verloren. Von den 88 000 Burenkämpfern waren 7000 im Gefecht umgekommen. Nachdem nun die zwei Burenrepubliken und die beiden britischen Kolo-

1834	1843	1860er-Jahre
Nach der Abschaffung der Sklaverei verlassen viele Buren das Kap (Großer Treck) und gründen zwei Republiken.	Die Briten annektieren Natal; in das Gebiet kommen Siedler und für die Zuckerrohrfelder indische Landarbeiter.	Entdeckung des weltgrößten Diamantenvorkommens in Kimberley.

nien unter einer Herrschaft zusammengefasst waren, stand der Gründung der **südafrikanischen Union** nichts mehr im Wege. Sie erfolgte im Jahr 1910.

Wanderarbeiter und der Bambatha-Aufstand

In der Zeit zwischen Beendigung des Burenkrieges und der Gründung der Union machte sich in den Bergwerken ein empfindlicher Mangel an ungelernten Arbeitskräften breit. Die meisten Schwarzafrikaner lebten immer noch von der Landwirtschaft, bis die Regierung Maßnahmen ergriff, die sie dazu zwangen, sich in den Bergwerken zu verdingen. Eine davon war die Einführung von **Steuerabgaben**. Dadurch sahen sich die Afrikaner gezwungen, von der Subsistenzwirtschaft in die Geldgesellschaft überzuwechseln, um an Bargeld zu kommen. 1906 weigerte sich eine Gruppe von Zulu, den Obulus zu entrichten.

Daraufhin rief die Regierung das Kriegsrecht aus und ging brutal gegen die Unbotmäßigen vor: Sie verbrannte ihre Hütten und beschlagnahmte ihre gesamten Besitztümer. Dies rief einen gewaltigen Aufstand unter Anführung des Häuptlings Bambatha hervor, der von der Kolonialmacht gnadenlos niedergeschlagen wurde und 4000 Rebellen das Leben kostete. Danach war der bewaffnete Widerstand der Afrikaner für mehr als ein halbes Jahrhundert gebrochen.

Nach der Zerschlagung der **Bambatha-Rebellion** stieg die Zahl der aus Zululand stammenden schwarzen Arbeiter, die sich in den Minen von Gauteng verdingten, um 60 % an. Gegen 1909 lebten 80 % der erwachsenen männlichen Bevölkerung aus diesem Landstrich nicht mehr bei ihren Familien, sondern waren irgendwo im Land als Gastarbeiter tätig. In dieser Zeit entwickelte sich die Wanderarbeit, mit all ihren negativen Begleiterscheinungen für das Familiengefüge, zu einer der tragenden, ökonomischen und gesellschaftlichen Säulen Südafrikas. Damit war der Grundstein für die Apartheid gelegt.

Der rasante Aufstieg des Afrikanderdoms

Parallel dazu vollzog sich zu Beginn des 20. Jhs. eine weitere Migrationsbewegung, als zahlreiche Afrikander ihre Bauernhöfe aufgeben mussten. Dies ging teilweise auf die Auswirkungen des Burenkrieges zurück, war aber auch das Resultat von Übervölkerung, Dürre und Schädlingsbefall. Viele Buren reihten sich in die wachsende Schar der weißen Arbeiterklasse ein, die sich von den englischsprachigen Kapitalisten, in deren Händen die wirtschaftliche Macht lag, verachtet und von noch schlechter bezahlten Afrikanern, die mit ihnen um Jobs konkurrierten, bedrängt fühlte.

1918 gründete eine Gruppe von Afrikandern, den **Broederbond** („die Bruderschaft"), eine geheime Gesellschaft, die die Interessen der Afrikander vertreten wollte. Sie machte es sich zur Aufgabe, die Lebensbedingungen der verarmten Mitglieder des *volk* zu verbessern und ihren Stolz und ihr Selbstbewusstsein bezüglich ihrer Sprache, Religion und Kultur zu wecken (Kasten S. 89). Der Broederbond bestimmte fast ein

1879	1886	1899–1901
Die Briten erklären den Zulu den Krieg, erleiden bei Isandlwana eine verheerende Niederlage, behalten aber am Ende die Oberhand.	Entdeckung von Gold in der Umgebung von Johannesburg.	Im Burenkrieg besiegen die Briten die Buren und erringen die uneingeschränkte Herrschaft über Südafrika.

halbes Jahrhundert lang den südafrikanischen Alltag.

In den 30er-Jahren bereisten mehrere junge, intellektuelle Afrikander Europa und erlebten dort den **Faschismus**. Zu jener Zeit begannen intellektuelle Afrikander, den Begriff **Apartheid** zu verwenden. Unter denjenigen, die während der 30er-Jahre in Nazideutschland die Hacken zusammenschlugen, befanden sich **Nico Diederichs**, der spätere Finanzminister unter der Afrikander-Regierung der National Party, **Hendrik Frensch Verwoerd**, Chefideologe der Apartheid und Premierminister (1958–66), sowie **Piet Meyer**, Chef des staatlichen Rundfunks, der seinen Sohn Izan (rückwärts buchstabiert „Nazi") nannte. 1939 trat der Broederbond in Aktion – mit einem Programm, das innerhalb von zehn Jahren 10 000 Afrikander-Firmen ins Leben rief. Einige davon zählen heute noch zu den führenden Wirtschaftsunternehmen Südafrikas.

Afrikanischer Widerstand

Ungeachtet der Tatsache, dass sie ihren Sieg im Burenkrieg nicht zuletzt der Unterstützung der Afrikaner zu verdanken und vage Versprechungen gemacht hatten, den Schwarzen nach Kriegsende mehr Rechte zu geben, schlossen die Briten sie von dem Vertrag zwischen sich und den Afrikandern aus. Im Gegenteil – es dauerte nicht lange, bis die weiße Unionsregierung die Rechte der Afrikaner zu beschneiden begann. Daraufhin gründete im Jahr 1912 eine Gruppe mittelständischer, in Missionsschulen ausgebildeter Afrikaner den **South African Native National Congress** (den späteren ANC), um für ein allgemeines Wahlrecht zu kämpfen.

1914 reiste eine SANNC-Delegation nach London, um gegen den **Natives' Land Act** von 1913 zu protestieren. Sie kehrten unverrichteter Dinge zurück und der Land Act trat in Kraft. Damit war die gesetzliche Grundlage für die rund 35 Jahre später zementierte Apartheid geschaffen. Der Act schrieb fest, dass der schwarzen Bevölkerungsmehrheit weniger als 10 % der Landesfläche zugestanden wurde.

Während der gesamten ersten Hälfte des 20. Jhs. blieb der ANC eine konservative Organisation, die aktiven Protest ablehnte. Dafür traten eine Reihe alternativer Massenorganisationen auf den Plan, darunter die **Industrial and Commercial Union**, eine 1919 gegründete afrikanische Arbeitergewerkschaft, die auf ihrem Höhepunkt im Jahr 1928 beachtliche 150 000 Mitglieder zählte. Doch in den 30er-Jahren hatte sie ihr Pulver verschossen.

Die erste Ethnien übergreifende politische Bewegung im Lande war die 1921 gegründete **South African Communist Party**, in deren Zentralkomitee Vertreter aller Hautfarben zu finden waren. Sie gewann nie eine signifikante Anhängerschaft, bildete jedoch später eine wichtige Triebkraft innerhalb des ANC. Die gesamten 30er-Jahre hindurch verfasste der ANC zahlreiche Reden und Bittschriften, die allesamt ungehört verhallten.

Die Schwarzen organisieren sich

1944 gründete ein engagierter junger Student namens **Nelson Mandela** zusammen mit seinen Freunden **Oliver Tambo**, **Walter Sisulu** und **Anton Lembede** die **ANC Youth League**. In ihrer Gründungsschrift kritisierte die Liga die ANC-Führung als „Gentlemen mit sauberen Händen". Auf ihrer Jahresversammlung von 1945 ver-

1906	1910	1912
Besteuerung zwingt Zulu-Bauern von der Subsistenzwirtschaft zur Arbeit in den Minen Gautengs. Ein Wanderarbeitssystem entsteht.	Burenrepubliken und britische Kolonien verschmelzen zur Südafrikanischen Union.	Für den Kampf für ein allgemeines Wahlrecht wird der ANC gegründet.

abschiedete der ANC ein Papier mit dem Titel „Africans' Claims in South Africa", in dem sich eine zunehmende politische Bewusstwerdung widerspiegelt. In dem Dokument wurde das **allgemeine Wahlrecht** und ein Ende der **Rassenschranken** gefordert, die dafür sorgten, dass die meisten besser bezahlten Arbeitsposten Weißen vorbehalten waren.

1946 organisierte die African Mineworkers' Union aus Protest gegen den sinkenden Lebensstandard einen der größten Streiks in der Landesgeschichte. Praktisch in der gesamten Goldgrubenregion von Gauteng standen alle Räder still, als 100 000 Arbeiter ihre Geräte niederlegten. Premierminister Jan Smuts schickte ein Polizeiaufgebot, das die Arbeiter mit vorgehaltenem Karabiner in die Stollen zwang. 1947 machte Nelson Mandela seine ersten Schritte in die Öffentlichkeit, als er zum Generalsekretär des ANC gewählt wurde.

Veränderungen bahnen sich an

Seit Jahren waren innerhalb der weißen Regierung Stimmen laut geworden, die auf eine Lockerung der Rassentrennung zielten, und selbst Premier Smuts, der eher ein Hardliner war, hatte zugegeben, dass die Situation ein Ende finden müsse.

Immer mehr Afrikaner strömten in die Städte und durchbrachen das Rollenstereotyp, wonach sie als Stammesangehörige in Dörfern auf dem platten Land zu leben hatten. Die Regierung rief die **Fagan Commission** ins Leben, die sich mit den **Passgesetzen** befassen sollte, die die Bewegungsfreiheit der Afrikaner einschränkten und jedem Schwarzen, der keine Arbeitsstelle vorweisen konnte, das Betreten weißer Städte untersagten.

Die Fagan Commission, die 1948 die Ergebnisse ihrer Untersuchungen vorlegte, kam zu dem Schluss, dass „der Trend zur Urbanisierung irreversibel ist und die Passgesetze gelockert werden sollten". Während einige Schwarze dies mit aufkeimender Hoffnung zur Kenntnis nahmen, war es so ziemlich das Letzte, was viele Weiße hören wollten. Die Gefahr, den Job an einen schlechter bezahlten schwarzen Arbeiter zu verlieren, war für weiße Arbeiter durchaus real, und Burenfarmer mussten befürchten, bald ohne Arbeitskräfte dazusitzen, wenn die Schwarzen wegen besser bezahlter Stellen in die Städte abwandern würden.

Die National Party gelangt an die Macht

Vor diesem Hintergrund aus Hoffnung und Furcht rief die Smuts-Regierung allgemeine Wahlen aus. Die oppositionelle **National Party**, die nationalistische Afrikander-Interessen vertrat, setzte im Wahlkampf voll auf das Thema *swart gevaar* („schwarze Gefahr"). Mit Blick auf die Wählerstimmen der Afrikander – überwiegend Arbeiter und Bauern – gelobten sie, die Welle der in die Städte drängenden Afrikaner zurückzudrängen und sie zurück in ihre Reservate zu schicken. Weißen Geschäftsleuten dagegen boten sie gleichzeitig an, jede Menge billiger, schwarzer Arbeitskräfte in die Städte zu schaffen.

Am 28. Mai 1948 erwachten die Südafrikaner und stellten fest, dass die Mehrheit der Wähler der National Party den Vorzug gegeben hatte. Der Parteichef **D. F. Malan** erklärte vor einer Gruppe begeisterter Anhänger: „Zum ersten Mal gehört Südafrika uns. Möge Gott dafür sorgen, dass es für immer unser ist. Millionen barbari-

1913	1918	1920er-Jahre
Durch den Land Act erhalten die Weißen (20 % der Bevölkerung) 92 % des Landes.	Gründung des Broederbond, einer Geheimgesellschaft der Afrikander; Geburt Nelson Mandelas.	Agatha Christie surft in Muizenburg, Kapstadt.

sche Schwarze blicken auf uns, in der Hoffnung auf Führung, Gerechtigkeit und einen christlichen Lebenswandel."

Mittlerweile hatte sich innerhalb des ANC ein Machtwechsel ereignet. Angesichts der Tatenlosigkeit der alten Garde unternahm die Youth League einen Putsch, wählte ihre eigene Führung unter Vorsitz von Nelson Mandela und verabschiedete ein radikales **Aktionsprogramm** mit einem ganzen Arsenal an Taktiken, zu denen laut Mandela „die neuen Waffen Boykott, Streik, ziviler Ungehorsam und passiver Widerstand" zählten.

Die 50er-Jahre: friedlicher Protest

Im Verlauf der 50er-Jahre verabschiedete die National Party eine ganze Reihe von Gesetzen, die schließlich die Struktur der Apartheid bestimmen sollten. Einige der ersten Anschläge auf die Bürgerrechte der Andersfarbigen waren: der **Bantu Authorities Act**, der in den afrikanischen Reservaten Marionettenregierungen einsetzte; der **Population Registration Act**, der jeden Südafrikaner bei der Geburt als „weiß, eingeboren oder farbig" einstufte; der **Group Areas Act**, der Südafrika in verschiedene ethnische Gebiete einteilte, und der **Suppression of Communism Act**, der jegliche Opposition gegen die Apartheid (ob kommunistisch oder nicht) unter Strafe stellte.

Der ANC reagierte 1952 darauf mit der **Defiance Campaign**, bei der für Schwarze die gleichen Bürgerrechte wie für Weiße gefordert wurden. Im Laufe der Kampagne begingen rund 8000 Freiwillige absichtliche Verstöße gegen die obigen Apartheidgesetze und wurden daraufhin verhaftet. Die friedlichen Proteste dauerten bis in den Oktober 1952 fort, doch dann provozierte die Polizei Gewalt, indem sie in East London das Feuer auf eine Gebetsversammlung eröffnete. Bei den anschließenden Tumulten wurden zwei Weiße getötet, woraufhin die Häuser der ANC-Anführer durchsucht und mehr als 100 ANC-Mitglieder festgenommen und unter Bann gestellt wurden.

Ein Bann bedeutete eine Einschränkung der Bewegungsfreiheit und politischen Betätigung. Der betreffenden Person war es verboten, zwei oder mehr Menschen gleichzeitig zu sehen oder mit einer anderen unter Hausarrest stehenden Person zu sprechen. Außerdem war ihr das Betreten bestimmter Gebäude untersagt, sie wurde überwacht, musste sich regelmäßig bei der Polizei melden und durfte weder publizieren noch zitiert werden.

Das geschichtsträchtigste Ereignis der Dekade war der 1955 in der Nähe von Johannesburg abgehaltene **Congress of the People**. Bei einer Massenversammlung von 3000 Delegierten taten sich vier Organisationen, Vertreter der Afrikaner, Coloureds, Weißen und Inder, als Bündnispartner in der **Congress Alliance** zusammen. ANC-Führer **Albert Luthuli** erklärte: „Zum ersten Mal in der Geschichte unserer multirassischen Nation treffen sich ihre Angehörigen als Gleiche, ungeachtet von Rasse, Hautfarbe und Religionszugehörigkeit, um eine Freiheits-Charta für alle Menschen in unserem Lande zu formulieren". Die **Freedom Charter** (Kasten S. 96), die während des Congress of the People abgesegnet wurde, stellt die Grundlage des ANC-Parteiprogrammes dar.

1930er-Jahre	1939	1948
Orlando, die Keimzelle Sowetos, entsteht.	Der Weltkrieg spaltet die Afrikander; der spätere Premierminister John Vorster unterstützt Deutschland.	Die National Party gewinnt die Wahlen und beginnt mit der Umsetzung der Rassentrennung.

156 Oppositionsführer wurden von der Polizei verhaftet und des Hochverrats beschuldigt. Als Beweisstück im **Treason Trial** (Hochverratsprozess) diente die Freedom Charter, die als „Vorlage für eine gewaltsame kommunistische Revolution" bezeichnet wurde. Obwohl alle Beklagten schließlich freigesprochen wurden, hatte der vier Jahre dauernde Prozess negative Auswirkungen auf den ANC, und es begannen sich Meinungsverschiedenheiten aufzutun. Eine Gruppe Afrikanisten trat unter Leitung des charismatischen **Robert Mangaliso Sobukwe** 1958 aus dem ANC aus, gründete den **Pan Africanist Congress** (PAC) und erklärte, die Zusammenarbeit mit weißen Aktivisten diene nicht dem Ziel der Befreiung der Schwarzen.

Die Freiheitscharta

- Alle Regierung muss vom Volk ausgehen.
- Gleiche Rechte für alle Volksgruppen.
- Die finanziellen Einnahmen der Nation sollen allen Bewohnern zugute kommen.
- Der Grundbesitz soll unter all jenen aufgeteilt werden, die das Land bearbeiten.
- Gleichberechtigung vor dem Gesetz.
- Gleiche Menschenrechte für alle.
- Arbeit und Sicherheit für alle.
- Die Türen zu Bildungs- und Kulturstätten sollen geöffnet werden.
- Es soll Wohnraum, Sicherheit und ordentliche Lebensbedingungen geben.
- Frieden und Freundschaft sollen herrschen.

Sharpeville

Am 21. März 1960 erschienen Sobukwe und Tausende seiner Mitstreiter ohne Pässe bei Polizeidienststellen in Gauteng und im Westkap. Vor der Polizeistation in Sharpeville, südlich von Johannesburg, gerieten die Polizisten in Panik und eröffneten das Feuer. 69 Menschen wurden getötet und fast 200 verletzt, die meisten durch Schüsse in den Rücken.

Am 27. März kam es im ganzen Land zu Demonstrationen. Am nächsten Tag blieben Afrikaner in Massen ihren Arbeitsplätzen fern, und Tausende nahmen an einer öffentlichen Passverbrennungsaktion teil. Einen Tag darauf erklärte die Regierung den **Ausnahmezustand**, ließ 22 000 Menschen verhaften und verbot den ANC und den PAC.

Viele weiße Südafrikaner gerieten in Panik, als der Rand an Wert verlor und die Aktienkurse fielen. Einige glaubten sich am Vorabend einer blutigen Revolution.

Bald darauf schoss ein geistig verwirrter weißer Farmer Premierminister **Hendrik Verwoerd** in den Kopf, und viele Menschen hofften, sein Tod würde ein schnelles Ende der Apartheid bringen. Aber Dr. Verwoerd überlebte – und war fortan ein noch stärkerer Verfechter der Apartheid als zuvor. Kein anderer Politiker betrachtete die Apartheid so sehr als seine persönliche Errungenschaft wie Verwoerd, der daraus ein lückenloses System entwickelte, basierend auf der Einrichtung **unabhängiger Kleinstaaten**, in denen Afrikaner weit weg von den Gebieten der Weißen sich selbst verwalteten. Dahinter stand die Absicht, die Afrikaner in unterschiedliche ethnische Gruppen aufzusplitten, also die Schwarzen, die die größte Bevölkerungsgruppe stellten, in verschiedene kleine „Stämme" zu zergliedern und sie so zu schwächen.

1949	1952	1955
Die Regierung verbietet Ehen und Sex zwischen den Rassen, gefolgt von weiteren diskriminierenden Gesetzen.	Mandela führt die Defiance Campaign gegen die Apartheidsgesetze an.	Bei einer Massenversammlung entsteht die Freedom Charter, Grundlage der Politik des ANC.

1961 forderte Nelson Mandela die Einberufung einer Nationalversammlung „zum Entwurf einer nicht-rassistischen demokratischen Verfassung". Doch stattdessen ernannte Verwoerd den ehemaligen Neonazi **John Vorster** zum Justizminister. Der gelernte Jurist machte sich mit Feuereifer daran, außerhalb der Normalwege der Gerichtsbarkeit unerhört repressive Gesetze zu verabschieden.

Nelson Mandela erkannte, dass sich das Blatt der Geschichte unwiderruflich gewendet hatte. „Im Leben jeder Nation kommt ein Zeitpunkt, wo nur noch zwei Möglichkeiten bleiben: Unterwerfung oder Kampf. Südafrika steht jetzt an diesem Scheideweg. Wir werden uns nicht unterwerfen", erklärte Mandela dem BBC, bevor er als Oberkommandierender von **Umkhonto we Sizwe** („Speer der Nation", alias MK), eines neugegründeten, bewaffneten Flügels unter Leitung des ANC, in den Untergrund ging. Diese Organisation hatte sich, unter der strikten Maßgabe, keine Menschen zu töten oder zu verletzen, wirtschaftlichen und symbolhaften Sabotageakten verschrieben. Doch im August 1962 wurde er festgenommen, verurteilt und zusammen mit neun weiteren ANC-Führern zu lebenslänglicher Haft verurteilt.

Apartheid: Alles wird „weiß"

In den 1960ern begann eine Dekade, in der alles nach dem Willen der weißen Regierung zu verlaufen schien. Die Proteste waren verstummt, der Staat wurde immer mächtiger und für weiße Südafrikaner, Geschäftsleute und ausländische Investoren herrschten rosige Zeiten, jedenfalls vordergründig. Unter schwarzen Südafrikanern aber nahm die Armut zu – ein Resultat der Apartheidsgesetzgebung und damit verbundenen Repressalien wie Verbannung, Inhaftierung ohne Gerichtsverhandlung, Hausarrest und Ermordung politischer Gefangener.

Der ANC war machtlos, und ihr militanter Flügel MK leistete so gut wie keinen Widerstand mehr. Doch zu Beginn der 1970er geriet der wacklige Frieden ins Wanken, als angesichts des sinkenden Lebensstandards der Schwarzen die Arbeiterschaft wieder in Aktion trat. **Gewerkschaften** begannen, das vom ANC hinterlassene Vakuum auszufüllen.

Mit dem Aufstand von Soweto am 16. Juni 1976 zeichnete sich eine Verlegung der Protestaktionen weg von den Fabriken und hinein in die Townships ab. Schwarze Jugendliche gingen aus Protest gegen die Einführung des Afrikaans als Schulsprache auf die Straße. Bald breiteten sich die Proteste über das ganze Land aus. Ein Aufstand folgte dem anderen, und im Februar 1977 hatten sie 575 Todesopfer (beinahe ein Viertel davon Kinder) gefordert.

Die Regierung setzte immer mehr bewaffnete Polizei ein, um die Ordnung aufrechtzuerhalten. Aber den zahlreichen neuen Befreiungsbewegungen war kein Einhalt mehr zu gebieten. Viele von ihnen machten einen Teil der weithin operierenden **Black-Consciousness-Bewegung** aus. Als sich die Unruhen auch 1977 fortsetzten, ließ die Vorster-Regierung alle neuen Schwarzenorganisationen verbieten und ihre Anführer einsperren. Im September 1977 musste **Steve Biko** (einer der Verhafteten) als der 46. politische Häftling in Gewahrsam sein Leben lassen.

Schnell traten an die Stelle der verbotenen Organisationen zahlreiche neue. Von da an wurde die Regierung der wachsenden **Oppo-**

1958	1960	1961
Der neue Premierminister Verwoerd schafft als Eckpfeiler der Apartheid zehn ethnische „Homelands".	Bei einem Protest gegen die Passgesetze werden 69 Schwarze erschossen; die Regierung verbietet die Opposition gegen die Apartheid.	Südafrika verlässt den Commonwealth und wird zur Republik; der ANC beginnt den bewaffneten Widerstand.

sition nicht mehr Herr. Ende der 1970er machte der Wirtschaftssektor deutlich, dass das Konzept der Apartheid nicht mehr tragfähig war, und selbst innerhalb der Regierung machten sich Zweifel breit. Die Zahl der schwarzen Südafrikaner überstieg bei Weitem die der weißen. Auf ihrem Höhepunkt im Jahr 1910 stellten Weiße immerhin 21 % der Landesbevölkerung, nun war die Rate auf 16 % gesunken. Prognosen besagten, dass diese Zahl gegen Ende des 20. Jhs. auf 10 % fallen würde. Die Rechnung der Apartheidsverfechter ging einfach nicht mehr auf.

Die General-Strategie

Nichts schien mehr an der Erkenntnis vorbeizuführen, dass kein noch so großes Polizeiaufgebot Südafrika aus der Misere helfen konnte. 1978 gelangte Verteidigungsminister **Pieter Willem (P. W.) Botha** durch einen Putsch auf den Posten des Premierministers. Botha nahm ein zweigleisiges Programm in Angriff, bestehend aus Reformen auf der einen und noch nie dagewesenen Repressionen auf der anderen Seite. Er entwarf seine sogenannte **Total Strategy**. Deren Ziel war es, jede Facette der weißen Gesellschaftsschicht in den Kampf gegen die Apartheidsgegner einzubeziehen. Dazu gehörten auch militärische Trainingsprogramme in weißen Schulen, Propagandakampagnen, die Verlängerung der Wehrpflicht und politische Reformen zugunsten dem Regime freundlich gesinnter Inder und Farbiger.

Trotzdem kam es in den 80er-Jahren zunehmend zu **Sabotageakten** gegen Einrichtungen des Apartheidstaats. Botha begann, Reformen in Erwägung zu ziehen und ließ **Nelson Mandela** und andere inhaftierte ANC-Führer von Robben Island ins Pollsmoor Prison auf das Kapstädter Festland verlegen. Gleichzeitig schickte er immer stärkere Polizeitruppen in die afrikanischen Townships, um die Proteststimmen zu unterdrücken, und versuchte, die Nachbarstaaten wirtschaftlich und auch militärisch massiv einzuschüchtern.

Zwischen 1981 und 1983 unternahm die südafrikanische Armee Vorstöße in alle Nachbarstaaten mit schwarzafrikanischer Regierung: Angola, Mosambik, Botsuana, Simbabwe, Swasiland und Lesotho.

1983 entwarf Botha einen weiteren Plan zur Stärkung der Apartheid, die sogenannte **Neue Verfassung**. Diese sollte den Coloureds und Indern das Wahlrecht für ihre eigenen, nach Rassen getrennten – und machtlosen – Parlamentskammern zugestehen. Für die schwarzen Afrikaner änderte sich gar nichts.

Um diese Zeit herum versammelten sich 15 000 Delegierte von Anti-Apartheidsgruppen auf dem Mitchell's Plain in Kapstadt und gründeten die **United Democratic Front** (UDF). In der UDF vereinigten sich 575 Organisationen aller im Lande vertretenen Rassen. Die UDF wurde zu einem Sprachrohr des ANC. Es folgten zwei Jahre, in denen es immer wieder zu Streiks, Protestaktionen und Boykotten kam.

Gegen Ende der 80er gingen regelmäßig Fernsehbilder um die Welt, auf denen Apartheid-Soldaten und Polizisten gezeigt wurden, wie sie unbewaffnete Afrikaner verprügelten und erschossen. Das **Commonwealth** verfügte den Ausschluss des Apartheidregimes, die Vereinigten Staaten und Australien schränkten die Flugverbindungen ein und der US-Kongress verabschiedete ein Gesetz, das sich für **Disinvestment** (Zurückziehung von Vermögenswerten)

1962	1966–1970er-Jahre	1970
Die ANC-Führung wird wegen Verrats auf Robben Island eingesperrt.	Etwa 3,5 Mio. Schwarze und Farbige werden gewaltsam aus „weißen" Gegenden entfernt.	Schwarzen wird die südafrikanische Staatsbürgerschaft aberkannt, und sie werden zu Bürgern der verarmten „Homelands" gemacht.

aussprach. Der in die Klemme geratene Botha bot an, „Mandela freizulassen, wenn er der Gewalt abschwört".

Mandelas Antwort lautete: „Ich bin überrascht, welche Bedingungen mir die Regierung auferlegen will. Ich bin kein Mann der Gewalt. Erst als uns alle anderen Arten des Widerstandes verwehrt waren, griffen wir zu den Waffen. Soll Botha ... der Gewalt abschwören."

Langsam wurde offensichtlich, dass sich das Blatt gewendet hatte: Jetzt war Botha der Gefangene, dessen Freilassung von Mandela abhing. Der **schwarze Widerstand** ließ sich einfach nicht brechen und die **ultra-rechten Weißen** waren im Begriff, Botha rechts zu überholen. Die erzkonservative Conservative Party hatte bei Wahlen enorme Stimmenzuwächse zu verzeichnen, während gegen Ende der 80er-Jahre die neo-nazistische **Afrikaner Weerstand Beweging** (Afrikander-Widerstandsbewegung, kurz AWB) drohend von einem Bürgerkrieg schwadronierte.

Krisenzeit

1986 verkündete Botha eine Fortsetzung des **Ausnahmezustandes** begleitet von gezielten Tötungen, Massenverhaftungen, Folterungen und Hochverrats-Prozessen. 1987 flog eine beunruhigte Gruppe südafrikanischer Geschäftsleute, der überwiegende Teil Afrikander, in den Senegal, um sich mit ANC-Vertretern unter Leitung von **Thabo Mbeki** zu treffen. Sie unterzeichneten ein gemeinsames Papier mit der dringenden Forderung nach Verhandlungsgesprächen.

Im Juli 1988 wurde Mandela mit Tuberkulose ins Tygerberg Hospital in Kapstadt eingeliefert. Im Oktober hatte sich sein Zustand gebessert, doch er brauchte nicht mehr ins Pollsmoor Prison zurückzukehren, sondern wurde in ein Gefängniswächterhäuschen des Victor Verster (heute Groot Drakenstein) Prison am Rande von Paarl verlegt. Die obersten Militärchefs machten Botha unmissverständlich klar, dass ein endgültiger militärischer Sieg über die Apartheidsgegner unmöglich war und der nie offiziell erklärte Krieg gegen Angola Südafrika in den Ruin zu treiben drohte.

Anfang 1989 forderte Mandela Botha in einem Brief zu Verhandlungsgesprächen auf. Aber Botha blieb stur. Nachdem er einen Schlaganfall erlitten hatte, enthoben seine Parteigenossen ihn seines Amtes und ersetzten ihn durch **Frederik Willem (F. W.) De Klerk**. De Klerk machte keinen Hehl daraus, dass er die Macht im Lande nicht in den Händen der Bevölkerungsmehrheit sehen wollte. Sein Erbe war schwer: Mit der Wirtschaft ging es bergab. Die Aufrechterhaltung der Apartheid verschlang Unsummen. Der illegale Zustrom schwarzer Landflüchtlinge in die Städte floss unaufhaltsam. Die Schwarzen, die von Bothas Verfassungsreformen ausgeschlossen waren, begannen die Geduld zu verlieren.

Im September 1989 forderte US-Präsident **George Bush** (Senior) De Klerk auf, Mandela innerhalb von sechs Monaten auf freien Fuß zu setzen, ansonsten würden die Sanktionen gegen Südafrika erweitert. Im Vertrauen auf sein Geschick, die Opposition ins Leere laufen zu lassen, ließ De Klerk im Februar 1990 das Verbot des ANC, des PAC, der Kommunistischen Partei sowie von 33 anderen Organisationen aufheben und verkündete gleichzeitig die **Freilassung Mandelas**.

1976	1978	1980er-Jahre
Bei landesweiten Protesten, die in Schulen in Soweto beginnen, erschießt die Polizei mehr als 600 Personen.	Der ehemalige Verteidigungsminister P. W. Botha wird Präsident.	Botha schickt Truppen in die Townships und in Nachbarländer.

Am 11. Februar 1990 verließ Mandela gegen 16 Uhr das Victor-Verster-Gefängnis und wurde zum Kapstädter Rathaus gefahren, wo er nach knapp drei Jahrzehnten zum ersten Mal wieder eine öffentliche Ansprache hielt.

Im Mai 1990 unterzeichneten Mandela und De Klerk eine **Vereinbarung**, in der sich die Regierung zur Rücknahme repressiver Gesetze und der Entlassung politischer Häftlinge bereit erklärte, während der ANC zustimmte, den bewaffneten Widerstand aufzugeben. Doch als die Verträge abgeschlossen werden sollten, wurde deutlich, dass De Klerk nach wie vor an rassistischen Vorbehalten festhielt. „Eine Mehrheitsregierung ist Südafrika nicht dienlich", verkündete er, „denn sie führt zu einer Oberherrschaft von Minderheiten."

Verhandlungen

Der politische Verhandlungsprozess dauerte insgesamt von 1990 bis 1994. Eine der Widrigkeiten stellten die Gewaltakte aus den Reihen der Sicherheitskräfte des Apartheid-Regimes dar, die hinter den Kulissen damit beauftragt waren, den ANC zu unterminieren. Außerdem drohte die Gefahr eines **Bürgerkriegs**, ausgehend von schwer bewaffneten Rechtsradikalen und den gewaltsamen Auseinandersetzungen in KwaZulu-Natal zwischen Zulu-Nationalisten der **Inkatha Freedom Party** und ANC-Anhängern, die zwischen 1987 und 1990 annähernd 3000 Todesopfer gefordert hatten.

Die **Ermordung von Chris Hani**, dem zweitbeliebtesten ANC-Führer, im April 1993 durch einen Killer aus der rechten Szene ließ bei allen Südafrikanern alte Ängste wieder aufleben. Das Land stand unmittelbar am Rande eines Bürgerkriegs. Drei Abende hintereinander verfolgten die Menschen in ganz Südafrika Mandelas Fernsehansprachen, in denen er die Bürger eindringlich aufforderte, Ruhe zu bewahren. Damit war ein Wendepunkt in der Geschichte erreicht, denn es zeigte sich, dass nur der ANC-Präsident in der Lage war, das Chaos abzuwenden, während De Klerk den Kopf in den Sand steckte. Mandela forderte die sofortige Festsetzung eines **Wahldatums**: Kurz darauf stand der 27. April 1994 als Wahltag fest.

Die Wahlen von 1994

Der Wahltag verlief ohne Zwischenfälle. Im Alter von 76 Jahren ging Nelson Mandela neben Millionen anderer Südafrikaner zum ersten Mal in seinem Leben zur Wahlurne. Am 2. Mai bekannte De Klerk seine Wahlniederlage, nachdem der ANC mit 62,7 % der Stimmen einen Erdrutschsieg erzielt hatte. An zweiter Stelle in der Wählergunst rangierte die National Party mit 20,4 %, gefolgt von der Inkatha Freedom Party mit 10,5 %. Mit Ausnahme des Westkaps und von KwaZulu-Natal erzielte der ANC überall die Mehrheit. Allerdings musste der ANC enttäuscht feststellen, dass es ihm nicht gelungen war, eine breite Wählerschaft unter nicht schwarzen Gruppierungen für sich zu gewinnen.

Der eigentliche Kampf stand dem ANC jetzt aber erst bevor. Er hatte ein Land mit 38 Millionen Menschen übernommen. Schätzungsweise sechs Millionen von ihnen waren arbeitslos, neun Millionen notleidend, zehn Millionen lebten in Behausungen ohne Wasser- und 20 Millionen ohne Stromversorgung. Rund 60 %

1983

Nach Gründung des ANC-Ablegers United Democratic Front geht die Regierung noch schärfer gegen die Opposition vor.

1989

Botha lehnt Mandelas Appell aus dem Gefängnis nach Verhandlungen zur Vermeidung eines Bürgerkriegs ab.

1989

Botha erleidet einen Schlaganfall und wird durch F. W. De Klerk ersetzt, der das Verbot des ANC aufhebt.

der erwachsenen Schwarzen waren Analphabeten, und von den schwarzen Kindern unter 14 Jahren besuchten weniger als 50 % eine Schule. Die Kindersterblichkeit bei den Afrikanern lag bei 80 pro Tausend, verglichen mit sieben pro Tausend bei den Weißen.

Die Ära Mandela

An nur wenige Personen in der Geschichte waren so hohe Erwartungen geknüpft, noch weniger haben sie erfüllt, Mandela hat sie übertroffen. Wir wussten von seiner moralischen Stärke schon, bevor er das Gefängnis verließ. Seitdem erleben wir seine unerschöpfliche Güte, seinen Sinn für Humor und die Tiefe seiner menschlichen Reife. Als Gefangener bestimmte er praktisch das Datum seiner Freilassung. Als Präsident wählte er weise den Moment seines Abgangs. Jede andere Nation könnte sich glücklich schätzen, eine solche Persönlichkeit an der Spitze zu haben. Sein letztes volles Amtsjahr bietet uns noch einmal die Gelegenheit, die Tatsache zu würdigen, dass ihm die Zusammenführung und der Zusammenhalt unseres zersplitterten Landes zu verdanken ist.

Mail & Guardian, 24. Dezember 1998

Die ersten fünf Jahre südafrikanischer Demokratie sind unauslöschlich mit der Person Nelson Mandelas verbunden. Auf der einen Seite musste er die schwarze Mehrheit beschwichtigen, die jetzt, nachdem ihr endlich die Bürgerrechte zugestanden worden waren, voller Ungeduld eine sofortige Verbesserung ihrer Lebenssituation erwartete, und auf der anderen die Ängste vieler Weißer ausräumen.

Das Hauptthema während der Präsidentschaft Mandelas war die **Versöhnung**. Einer der Höhepunkte der Versöhnungspolitik ereignete sich im Mai und Juni 1995, als in Südafrika der **Rugby-World Cup** ausgetragen wurde. Die Springboks – viele Jahre lang aufgrund ihrer Weigerung, farbige Spieler aufzunehmen, international geächtet – gewannen vor einem begeisterten Publikum, darunter auch Mandela, der das Springbok-Trikot trug – filmisch verarbeitet in Clint Eastwoods *Invictus – unbezwungen* (2009; nach dem Roman *Der Sieg des Nelson Mandela: Wie aus Feinden Freunde wurden* von John Carlin). Der bedeutungsvollste Nebenschauplatz jener Periode war die **Truth and Reconciliation Commission**, die 1996 ihre Tätigkeit aufnahm, um die entsetzlichen Menschenrechtsverletzungen aufzuarbeiten, die sich in Südafrika zwischen 1960 und 1993 ereignet hatten (Kasten S. 103).

Die im Mai 1996 verabschiedete **Neue Verfassung** schrieb fest, dass Südafrika weiterhin eine parlamentarische Demokratie unter Vorsitz eines Präsidenten bleiben würde. Es handelt sich um eine der progressivsten Verfassungen weltweit. Trotz des Sieges liberal-demokratischer Prinzipien ließ sich Südafrika nicht über Nacht in einen friedlichen Rechtsstaat verwandeln. Die Kriminalitätsrate bewegte sich noch immer in dramatischen Höhen, wie täglich in den Medien zu lesen war. Gegen Ende der ersten fünf Jahre der ANC-Regierung meldete die Polizei durchschnittlich 52 Morde pro Tag, alle 30 Minuten eine Vergewaltigung (darunter ein erschreckender Anstieg an Kindesmissbrauch) und alle 90 Minuten einen Autodiebstahl.

1990	1994	1996
Mandela kommt frei.	Mandela gibt zum ersten Mal bei einer Wahl seine Stimme ab und wird nach dem Sieg des ANC Präsident.	Desmond Tutus Wahrheits- und Versöhnungskommission untersucht die Menschenrechtsverletzungen des Apartheid-Regimes.

Glasmosaik mit Mandelas Konterfei, Soweto

Mr. Delivery liefert nicht

1999 trat **Thabo Mbeki** Mandelas Nachfolge als Präsident von Südafrika an. Die Medien tauften Mbeki voller Hoffnung und im Glauben, dieser clevere und gebildete Technokrat würde die Armut bekämpfen, Schulen, Krankenhäuser und Häuser bauen lassen und auch noch Arbeitsplätze schaffen, „Mr. Delivery" – der, der die Erwartungen erfüllt und Pläne in die Tat umsetzt. Die wirtschaftsfreundliche Politik Mbekis bescherte dem Land ein gesundes **Wirtschaftswachstum**, eine wachsende schwarze Mittelschicht und eine kleine Riege ultrareicher schwarzer Unternehmer. Aber für die arme Hälfte der Bevölkerung tat er nichts, und die Ungleichheit im Land wuchs noch weiter.

Die Armen hatten außerdem die Auswirkungen von Mbekis fehlgeleiteter Aids-Politik zu tragen. Der Präsident leugnete jeglichen Zusammenhang zwischen HIV und **Aids** und lehnte die Ausgabe antiretroviraler Medikamente in staatlichen Kliniken ab. Das war mit ein Grund dafür, dass mehr als fünf Millionen

1999	2003	2007
Thabo Mbeki folgt als Präsident auf Mandela.	J. M. Coetzee wird mit dem Literatur-Nobelpreis ausgezeichnet.	Auf Mbeki folgt Jacob Zuma, gegen den damals wegen Korruption und Betrugs ermittelt wurde.

Die Wahrheits- und Versöhnungskommission

Als Südafrika 1994 zur Demokratie fand, herrschte weltweite Übereinstimmung darin, dass die Apartheid laut UN-Resolution „ein Verbrechen gegen die Menschlichkeit" gewesen war und in ihrem Namen Grausamkeiten begangen worden waren. Doch kein Außenstehender hatte eine Vorstellung davon, wie abscheulich diese Grausamkeiten waren und mit welcher Systematik sie begangen worden waren. Ans Tageslicht kam dies erst bei den Anhörungen der Truth and Reconciliation Commission (TRC), die die während der Apartheid begangenen Menschenrechtsverletzungen zu untersuchen hatte. Unter Vorsitz des Friedensnobelpreisträgers Erzbischof Desmond Tutu beleuchtete die Kommission die Vorgänge von März 1960, als sich das Massaker von Sharpeville ereignete, bis zum 10. Mai 1994, dem Tag der Amtseinführung Mandelas. Dies geschah hauptsächlich mithilfe von Zeugenaussagen der Opfer und Täter. Für ihre absolute Offenheit wurde den Tätern Amnestie zugesagt.

Die Sitzungen begannen im April 1996 und dauerten bis Juni 2000. Führende Mitglieder der ehemaligen Regierung und des ANC erschienen vor der TRC, unter ihnen auch Ex-Präsident F.W. De Klerk. Im Mai 1996 erklärte er der Kommission, er habe von den unter der Apartheid verübten Grausamkeiten nichts gewusst. Die Kommission kam zu dem Ergebnis, dass „die Regierung Südafrikas in der Zeit von 1960 bis 1994 in erschreckendem Ausmaß Menschenrechtsverletzungen in Südafrika begangen hat, und ab 1974 auch im südlichen Afrika". Unzählige Aussagen gegenüber der TRC bekräftigten, dass die Regierung seit den 70er- bis in die 90er-Jahre hinein an verbrecherischen Aktivitäten beteiligt war, darunter außergerichtliche Exekutionen politischer Gegner, Folter, Verschleppung, sexuelle Übergriffe und illegale Grenzüberschreitung zum Zweck der Ermordung von Südafrikanern im Exil. Die Kommission hatte aber gleichzeitig festgestellt, dass sich auch der ANC (sowie verschiedene andere Organisationen, darunter PAC und Inkatha) Menschenrechtsverletzungen schuldig gemacht hatte. Der Rechenschaftsbericht kam zu dem Schluss, dass der ANC einen gerechtfertigten Kampf gegen das Apartheid-Regime geführt, dabei aber eine Grenze zwischen „blindwütigem Krieg" und „angemessenen Mitteln" gezogen hatte.

Der TRC musste sich erhebliche Kritik aus allen Lagern gefallen lassen. Viele Südafrikaner waren der Ansicht, der Gerechtigkeit könne nur mittels Kriegsverbrechertribunalen nach dem Vorbild der Nürnberger Prozesse genüge getan werden. Doch Bischof Tutu hielt dagegen, dass dies für Südafrika nicht angemessen wäre, da keine Seite einen militärischen Sieg errungen hatte.

Südafrikaner an mit Aids verbundenen Krankheiten starben und über eine Million Kinder zu Waisen wurden.

Auch die **Korruption** nagte an den Grundmauern von Südafrikas Gesellschaft. Das krasseste Beispiel war ein **Rüstungsgeschäft**, bei dem die ANC-Regierung militärische Ausrüstung kaufte, die die Armee des Landes zuvor für ungeeignet und zu teuer erklärt hatte. Laut Zeitungsberichten wurde der damalige Verteidigungsminister bestochen und dem ANC eine beträchtliche Spende zugeschoben.

2009	2010	2011
Am Vorabend der Wahlen werden die Anschuldigungen gegen Zuma fallen gelassen; haushoher Sieg des ANC.	Südafrika richtet erfolgreich die Fußball-WM aus und schenkt der Welt die Vuvuzela.	Südafrika gesellt sich zu den BRIC-Ländern (Brasilien, Russland, Indien und China), den wichtigsten Schwellenländern.

Während also gutes Geld für Waffen verschwendet wurde, schwelten zahlreiche soziale Probleme. Anfang 2007, acht Jahre nach Mbekis Machtübernahme, lebten acht Millionen Menschen in Hütten, Millionen waren nicht ans Abwassersystem angeschlossen, und die Arbeitslosenquote betrug 40 %. Über die Langsamkeit des Veränderungsprozesses machte sich zunehmend Unmut breit, der sich auf den Straßen der Townships Luft verschaffte – mehr als 6000 Proteste fanden allein im Jahr 2005 statt. Ende 2007 wurde Mbeki schließlich von seiner eigenen Partei entmachtet.

Sein Amtsnachfolger war der umstrittene ehemalige Vizepräsident des ANC, **Jacob Zuma**, gegen den wegen Korruption, Betrugs, krimineller Geschäfte, Geldwäsche und Steuerhinterziehung ermittelt wurde. Zuma erwies sich als mit allen Wassern gewaschener Politiker, indem er die Vorwürfe noch zu seinen Gunsten ausschlachtete. Der gewiefte Populist stellte sich als Mann aus dem Volke hin, der sich gegen eine Verschwörung der von Mbeki angeführten Elite zur Wehr zu setzen habe.

Wundersamerweise tauchten zwei Wochen vor den **Parlamentswahlen** vom April 2009 geheime Tonbandmitschnitte auf, die eine politische Beeinflussung durch Expräsident Mbeki in Zumas Gerichtsverfahren beweisen sollten. Die Vorwürfe gegen Zuma wurden fallen gelassen, die „Beweise" von Zumas Anwälten aber nie herausgegeben.

Der von Zuma angeführte ANC trug (wie erwartet) einen klaren Sieg davon; die Democratic Alliance (DA), die stärkste Oppositionspartei, konnte ihren Stimmenanteil ausbauen. Die Unterstützung für die beiden wichtigsten politischen Gruppierungen richtete sich grob an ethnischen Grenzlinien aus: Der ANC wurde größtenteils von Schwarzen unterstützt, die DA von Weißen und „Farbigen".

Angesichts der beherrschenden Rolle des ANC in der südafrikanischen Politik überrascht es kaum, dass die wichtigsten Entscheidungen der Post-Mandela-Ära unter Umgehung des Parlaments getroffen wurden – innerhalb des ANC oder auf der Straße.

Seitdem die Vuvuzelas schweigen

Während der gelungen **Fußballweltmeisterschaft 2010** verbrüderten sich die Südafrikaner eine Weile euphorisch im Vuvuzela-Fieber. Aber nachdem die Gäste abgereist waren, ging es politisch weiter wie gehabt. Eigentlich sollte im Land auch wieder der Arbeitsalltag einkehren, aber im August streikten eine Million öffentliche Angestellte drei Wochen lang für Lohnerhöhungen und Mietzuschüsse. Gewerkschaftsführer Zwelinzima Vavi warf dem ANC vor, aus Südafrika langsam einen „Raubtierstaat" zu machen, in dem eine „Elite aus Politik-Hyänen zunehmend den Staat kontrolliert, um sich zu bereichern".

Damit sprach Vavi Millionen armer, besitzloser Südafrikaner aus dem Herzen. Rund zwei Jahrzehnte nach dem Sieg der Demokratie warteten sie immer noch darauf, die damit einhergegangenen wirtschaftlichen Früchte zu ernten. Während der ersten beiden Amtsjahre von Zuma nahm die Unzufriedenheit mit der regierenden Partei zu. 2009 und 2010 gab es doppelt so viele Proteste mit Rücktrittsforderungen wie in den vorhergegangenen fünf Jahren unter Mbeki.

2012	2013	2014
Bei Massaker von Marikana werden 44 streikende Bergarbeiter von der Polizei durch Schüsse in den Rücken getötet.	Südafrika und die ganze Welt trauern um Nelson Mandela – und das Ende einer Ära.	Public Protector Thuli Madonsela weist Präsident Zuma an, einen Teil der 200 Mio. Rand Steuergelder zurückzuzahlen, die er für den Ausbau seines Hauses ausgegeben hat.

2011 ereigneten sich in 40 % der südafrikanischen Wahlkreise Massendemonstrationen. Selbst aus den Reihen seiner eigenen Partei wurde Zuma angegriffen. Julius Malema, Führer der ANC Youth League, der mitgeholfen hatte, Mbeki durch Zuma zu ersetzen, beschuldigte den Präsidenten jetzt, „schlimmer als Mbeki" zu sein. Malema wurde schließlich aus dem ANC ausgeschlossen und gründete eine neue populistische Partei, die **Economic Freedom Fighters** (EFF).

Unterdessen wuchs die Unzufriedenheit in den Platinbergwerken, und 2012 riefen die Bergleute der Mine in Marikana einen **wilden Streik** aus. Ähnlich wie beim Sharpeville-Massaker von 1960 (S. 96), einem der dunkelsten Kapitel der Apartheid, eröffnete die Polizei das Feuer auf die Streikenden, wobei 44 Menschen getötet und zahlreiche andere verwundet wurden.

Die meisten Opfer des **Marikana-Massakers** waren in den Rücken geschossen worden – genau wie in Sharpeville. Julius Malema zog aus dem Ereignis einen enormen politischen Gewinn, indem er nach dem Blutbad höchstpersönlich in Marikana erschien und den Minenarbeitern seine Unterstützung zusagte. Bis zu den Wahlen 2014 profitierte Malema von seiner angeblichen Solidarität mit der Arbeiterklasse.

Während Minenarbeiter im Einsatz um menschenwürdige Lebensbedingungen ihr Leben ließen und Millionen Bürger verzweifelt versuchten, über die Runden zu kommen, verwendete Präsident Zuma das Geld der Steuerzahler (mehr als 200 Millionen Rand), um seine private Villa in Nkandla, im Hinterland von Kwa Zulu-Natal, luxuriös zu modernisieren, getarnt als „Sicherheitsmaßnahmen".

Der **Tod von Nelson Mandela** am 5. Dezember 2013 stürzte die Nation – und die ganze Welt – in Trauer. Nicht nur, weil sie einen der größten Staatsmänner des Landes verloren hatte, sondern auch, weil sein Tod das Ende einer hoffnungsvollen Ära symbolisierte, die Südafrika einen vielversprechenden Neubeginn hätte bescheren können. Als Präsident Zuma während der zehntägigen Staatstrauer ans Rednerpult trat, wurde er wegen der Korruptionsvorwürfe, die ihn wie düstere Wolken umgaben, von Teilen der Menge ausgebuht.

Doch dann erschien ein Silberstreif am Himmel: das politische System Südafrikas demonstrierte eine erstaunliche Festigkeit. Der **Nkandla-Skandal** wurde nicht totgeschwiegen, sondern in den unabhängigen Medien ausführlich behandelt. Und was vielleicht noch wichtiger war: vor den Public Protector gebracht, eine in der Verfassung festgeschriebene Einrichtung, die die Bürger gegen staatliche Willkür schützt. Die unerschrockene Public-Protector-Amtsinhaberin **Thuli Madonsela** lieferte ungeachtet aller Versuche offizieller Stellen, ihre Untersuchungen zu boykottieren, 2014 einen detaillierten Bericht ab. Darin wies sie unter anderem grobe Unregelmäßigkeiten bei den Umbaumaßnahmen an Zumas Privathaus und zahlreiche Verstöße gegen die Staatsmoral nach. Sie verdonnerte Zuma zur Rückzahlung von mehreren Millionen Rand.

Seltsamerweise hatte der Nkandla-Skandal aber kaum negative Auswirkungen auf das Abschneiden des ANC bei den **Wahlen von 2014**. Obwohl er einige Anhänger vorlor, darunter viele an Julius Malemas EFF, die 25 Sitze gewann, siegte der ANC mit einer beachtlichen Mehrheit von 62 %.

2014	2014	2014
Erdrutsch-Wahlsieg des ANC.	In Orkney, Nordwest-Provinz, bebt die Erde. Die Erschütterungen der Stärke 5,5 sind sogar an der Küste in Durban zu spüren.	Die Autorin und Nobelpreisträgerin Nadine Gordimer stirbt im Alter von 90 Jahren.

Um die Zukunft von Jacob Zuma scheint es jedoch weniger rosig bestellt zu sein. Viele Parteimitglieder sind der Ansicht, dass der ANC sich mehr um die Arbeiterschaft und die Unzufriedenheit innerhalb der Bevölkerung kümmern muss, und Beobachter signalisieren, dass Zuma so langsam das schwarze Schaf seiner Partei wird. Es deutet einiges darauf hin, dass er vor den nächsten Wahlen heimlich, still und leise – notfalls auch weniger leise – vor die Tür gesetzt werden könnte.

Musik

Südafrika verfügt über eine der größten Musikindustrien Afrikas und produziert Musik unterschiedlichster Stilrichtungen. Musikliebhaber finden hier mühelos alles Mögliche, darunter seit 200 Jahren fast unverändert gebliebene indigene afrikanische Rhythmen und eine große Auswahl an weißer Popmusik, wie man sie aus den Plattengeschäften der westlichen Welt kennt.

Gospel

Das vielleicht größte musikalische Geschenk des schwarzen Südafrika an die Welt sind Chorgesänge, und nirgendwo klingen sie besser als in den **Kirchen**. In den meisten katholischen, evangelischen und methodistischen Gemeinden entstand eine Kirchenchortradition, basierend auf den klassischen europäischen Kirchenliedern und aufgelockert durch afrikanischen Rhythmus und Tanz.

Die Musik in den **Pfingstlerkirchen** weist einen stärkeren US-Einfluss auf, doch die Rhythmen und Melodien sind unverkennbar südafrikanisch und sehr bewegend. Diese Art der Gospelmusik ist die am meisten verkaufte, und es lohnt sich, Ausschau nach CDs von Gruppen wie den **Lord Comforters, Joyous Celebration, Pure Magic, Lusanda Spiritual Group** oder der stimmgewaltigen **Rebecca Malope** zu halten (mehr zu Rebecca Malope im Kasten auf Seite 107)

Kwaito und Hip-Hop

Kwaito, der definitive Sound der schwarzen südafrikanischen Jugend, existiert seit gut 30 Jahren. Anscheinend begann alles damit, dass DJs, die in den frühen 90ern importierte Tanzmusik auflegten, feststellten, dass Chicago House in weißen Clubs nicht ankam. Und dann fanden sie heraus, dass bei schwarzen Clubbern die Platten am besten ankamen, wenn die Geschwindigkeit von 45 auf 33 gedrosselt wurde. In Kwaito spiegelt sich die depressive, nihilistische Stimmung vieler Township-Jugendlicher, und die Musik wird oft mit Bandenwesen und hemmungsloser Sexualität in Verbindung gebracht.

Zu den interessanten Stimmen zählen **Tokollo**, **Mzekezeke**, **Kabelo**, der „Hardrocker" **Mandoza** und der Zahnstocher kauende, auf Gangster machende **Zola**. Mehrere Kwaito-Bands verdanken ihren Erfolg **Kalawa Jazmee**, dem Plattenlabel von Oscar Mdlongwa, alias **DJ Oskido**, darunter **Trompies, Bongo Maffin** und **Mafikizolo**.

Südafrikanische **Hip-Hop**-Künstler drücken sich eher als ihre Kwaito-Kollegen auf Englisch aus und kommen eher aus mittelständischen Familien als aus den Townships – folglich können sie auch mehr Geld für Studioaufnahmen hinlegen. Renommierte Hip-Hopster sind **Skwatta Kamp, Optical Illusion, Cashless Society** und **Lions of Zion** (die, wie der Name vermuten lässt, Hip-Hop mit Reggae verschmelzen), Comedian und Rapper **Ifani**, und **Pro**, der für seine einfallsreichen Texte gelobt wird.

House, Rap und Reggae

Schöpfer und Fans südafrikanischer House-Musik kommen aus allen Ethnien und Kulturen des Landes, doch schwarze DJs wie **DJ Fresh, Glen Lewis, DJ Mbuso, Thibo Tazz, DJ Fosta** und **Oskido** erhalten seit Jahren die meiste Beachtung in den Medien. Für ihre Musik greifen sie fast ausschließlich auf Aufnahmen aus Großbritannien und Frankreich zurück. **Pex Africa** dagegen hat sich durch die Verwendung traditioneller afrikanischer Klänge einen Namen gemacht.

Rap ist in Südafrika seit den frühen 1990er-Jahren unverändert populär, blieb jedoch vor-

Rebecca Malope

Die zierliche Rebecca Malope ist seit vielen Jahren der Gospel-Star Südafrikas. Nur Stadien können bei ihren Auftritten ihre riesige, fast ausschließlich schwarze Fangemeinde fassen. Jedes ihrer Alben wurde zu Gold oder Platin, und jeder kennt ihre Liedtexte. Das heißt fast jeder – außerhalb Afrikas ist Rebecca Malope so gut wie unbekannt.

Sie wurde 1969 als Tochter eines Sotho-Vaters und einer Swazi-Mutter in Nelspruit, Mpumalanga, geboren und sang schon als Kind im Chor der dortigen Kirche, in der ihr Großvater Pastor war. Ihre ersten Plattenaufnahmen bestanden überwiegend aus albernen Popsongs, doch dann wurde sie in Johannesburg von Sizwe Zako entdeckt, ihrem späteren Keyboarder und Produzenten. Unter seiner Anleitung und (lt. Eigenaussage) auf Grund von Fanbriefen, in denen sie gebeten wurde, die Lieder Gottes zu singen, kehrte Rebecca 1990 zum Gospel zurück – ein Schritt, der sich mehr als auszahlte.

Rebeccas musikalisches Konzept stammt von Zako und variiert kaum. Die Lieder sind religiöse Lobgesänge, untermalt von Keyboardwirbeln und begleitet von ausgezeichneten Backgroundstimmen. Sie trägt sie mit dramatischen Gesten und einer klangvollen, hohen, manchmal verführerisch rauchigen Stimme vor.

wiegend eine Ghettoerscheinung innerhalb der farbigen Bevölkerung des Westkaps. Viele der Musiker, die sich vor allem afroamerikanische Rapper wie Public Enemy zum Vorbild nehmen, vermitteln den deutlichen Eindruck, eigentlich „in Afrika gestrandete Amerikaner" zu sein. Pioniere dieser Musikrichtung waren die sehr politischen **Prophets of Da City**. Mehrere von ihnen machten sich nach Auflösung der Gruppe auch als Solomusiker einen Namen, insbesondere **Rahim**, **Junior Solela** und **Ishmael**.

Seitdem sind weitere Rapper auf der Bildfläche erschienen, etwa **Brasse Van Die Kaap** (die auf Afrikaans rappen), **Reddy D** und **Godessa**. Die neu gegründete Produktionsfirma African Dope mit Sitz in Kapstadt verzeichnete in letzter Zeit Erfolge unter anderm mit **Teba**, **Funny Carp** und den Crossover-Jazz-Latin-Hip-Hop-Funkstern **Moodphase5ive**.

Für **Lucky Dube**, den Star der südafrikanischen Reggae-Szene, der 2007 tragischerweise einem Raubüberfall zum Opfer fiel, will sich einfach kein würdiger Nachfolger finden. Der energische, disziplinierte und talentierte Live-Musiker reicherte seinen klassischen Reggae-Sound gern mit Falsetttönen an, die an den amerikanischen Soulsänger Smokey Robinson erinnerten.

Neotraditionelle Musik

Wie beim Kwaito liefern die Instrumente in der neotraditionellen Musik eigentlich nur die Klangkulisse für Songtexte und Tanz. Zu den größten Stars dieses Genres gehört der aus der Provinz Limpopo stammende Shanga-Sänger **Thomas Chauke**, der seinen Gesang oft mit Drum Machine, elektronischem Keyboard und komplexem Gitarrensound untermalt. Neotraditionelle **Sotho**-Musik hat einen tollen Bassrhythmus, die anfeuernden Rufe sind hinreißend und die Akkordeonklänge verleihen dem Sound einen Touch von Cajun. Empfehlenswert sind hier die Aufnahmen von Gruppen wie **Tau Oa Matshela** und **Tau Oa Linare**.

Neotraditionelle **Zulu-Musik** ist ein Dauerbrenner, sowohl in ihrer A-cappella-Form, genannt **Iscathamiya**, als auch im auf Gesang/Gitarre basierenden Stil namens **Maskanda**. Besonders hörenswerte Interpreten sind beispielsweise **Phuzekhemisi**, **Shiyani Ncgobo** und der begnadete, verstorbene **Mfaz'Omnyama**. Ein weiterer Star der neotraditionellen Szene ist die „Queen of Ndebele music" **Nothembi Mkhwebane**. Die talentierte Sängerin spielt Elektrogitarre und ist für ihre sensationellen, mit wunderschönen Ndebele-Perlen und -Metallschmuck verzierten Outfits berühmt.

Jazz

Jazz ist in Südafrika seit Jahrzehnten populär, und in Johannesburg, Pretoria oder Kapstadt werden praktisch jedes Wochenende und manchmal auch während der Woche Jazzver-

Ladysmith Black Mambazo und der Iscathamiya-Sound

Die bekannteste südafrikanische neotraditionelle Musik ist Iscathamiya oder Mbubeaus der Zulu-Tradition. Iscathamiya, ein Chorgesang ohne Begleitung, wurde im Westen durch Ladysmith Black Mambazo bekannt und nahm seinen Anfang nach dem Ersten Weltkrieg in den Hostels der Wanderarbeiter. Den ersten großen Hit landeten Solomon Linda and the Original Evening Birds, deren Song „Mbube" über 100 000 Mal verkauft wurde. Später machte er in einer Neuversion als „The Lion Sleeps Tonight" Furore und wurde ein Welthit.

1973 nahmen Ladysmith Black Mambazo ihr erstes Album *Amabutho* auf, von dem 25 000 Stück (das bedeutet in Südafrika eine Goldene Schallplatte) verkauft wurden. Inzwischen hat die Gruppe mehr als 50 weitere goldene Alben produziert. Im Anschluss an ihre Zusammenarbeit mit Paul Simon auf dem Album Graceland produzierte er ihr Album *Shaka Zulu*, das 100 000 Mal rund um den Globus verkauft wurde und Iscathamiya international bekannt machte. 1997 brachte Ladysmith Black Mambazo *Heavenly* heraus, ein Album in Zusammenarbeit mit internationalen Künstlern, darunter Dolly Parton. Nachdem ihr Song „Inkanyezi Nezazi" in einer britischen Fernsehwerbung für gebackene Bohnen zu hören war, verkaufte die Gruppe in Großbritannien mehr als eine Million Tonträger, ein noch nie dagewesener Erfolg in der südafrikanischen Musikgeschichte.

2013 haben sie für ihr Live-Album *Singing for Peace Around the World* ihren vierten Grammy Award bekommen, diesmal in der Kategorie Beste Weltmusik.

anstaltungen geboten. Der südafrikanische Jazz war die Musik, die am stärksten mit dem Widerstand gegen die Apartheid in Verbindung gebracht wurde, vor allem nachdem seine Hauptvertreter in den 60er-Jahren ins Exil gingen.

Die Wurzeln des südafrikanischen Jazz reichen jedoch sehr viel weiter zurück. Sie liegen in der Marabi-Musik, die kurz nach dem Ersten Weltkrieg in den schwarzen Slums von Johannesburg entstand. Während des Zweiten Weltkriegs kam **amerikanischer Swing** in Mode, und aus der Verbindung von Swing und Marabi ging ein neuer Stil hervor, der **African Jazz**. Dieser dominierte während der 40er- und 50er-Jahre, und ihm entstammten die ersten südafrikanischen Gesangskünstler, die ins Exil gingen: **Miriam Makeba** und die **Manhattan Brothers**.

Die Weiterentwicklung ging nun in Richtung der amerikanischen Avantgarde. Zwei der ersten Vertreter dieses Stils in Südafrika sind die **Jazz Epistles** und die **Blue Notes**. Als gemischtrassige öffentliche Auftritte in Südafrika gesetzlich verboten wurden, verließen fast alle Mitglieder der Epistles Anfang der 60er-Jahre einzeln das Land; die Blue Notes kehrten Südafrika 1964 gemeinsam den Rücken.

Manche südafrikanischen Jazzer streiften im Exil ihre Wurzeln ab. Andere, wie **Hugh Masekela**, verliehen ihren Township-Erfahrungen neue Töne. In der Heimat aber blieben altmodischer afrikanischer Jazz wie der von den **Elite Swingsters** und **Ntemi Piliso's Alexandra All Stars** gespielte nach wie vor populär.

In den 1970er- und 1980er-Jahren mixten Bands wie **Sakile**, **The Drive** und die **Jazz Ministers** südafrikanische Klänge mit Funk-, Soul- und Rockeinflüssen. Ihre Absicht war, eine leichter verdauliche Art Jazz für ein breiteres Publikum hervorzubringen. Nach Abschaffung der Apartheid kehrten die noch lebenden Exilierten zögerlich wieder zurück. Nun vereinigten sich in einer neueren, jüngeren Generation von Jazzmusikern erneut alte südafrikanische Traditionen mit zeitgenössischen internationalen Trends.

Seit Abschaffung der Apartheid ist eine große neue Generation von Jazzern herangewachsen, beispielsweise Sänger/innen wie **Gloria Bosman**, **Judith Sephuma**, **Sibongile Kumalo**, Saxophonisten wie **McCoy Mrubata** und **Zim Ngqawana**, Keyboarder wie **Paul Hamner** und **Themba Mkhize**, Gitarristen wie **Jimmy Dludlu** und **Selaelo Selota** und Trompetenspieler wie **Prince Lengoasa** und **Marcus Wyatt**.

Drei Künstler, die in den letzten zehn, fünfzehn Jahren von sich reden gemacht haben, sind die talentierte Ostkap-Sängerin **Simphiwe**

Dana, die Jazz, Soul und traditionelle Musik miteinander verbindet, der Pianist **Bokani Dyer** und die Vokalistin **Tutu Puoane**.

Afropop

Unter „Afropop" lässt sich fast alles subsumieren, doch ist dies wahrscheinlich der Bereich, in den sich viele zeitgenössische südafrikanische Musikschaffende am besten einordnen lassen. Afropop ist die Kunst, afrikanische Musikstile mit eingängigen westlichen Sounds zu kombinieren, ein gemischtrassiges Publikum anzusprechen und Klänge statt mit echten Instrumenten von Computern gesteuert hervorzubringen.

Der Afropop geht bis auf Miriam Makebas erste in Amerika aufgenommene Platten in den frühen 60er-Jahren zurück. Jüngere Beispiele sind beispielsweise Paul Simons 1987 in Zusammenarbeit mit Ladysmith Black Mambazo erschienene *Graceland*. Auch die Musik der Bubblegumpop-Queen **Yvonne Chaka Chaka** aus den 80ern und 90ern könnte man als Afropop bezeichnen. Zu Interpreten, die in dieselben Fußstapfen traten, zählen **Jabu Khanyile**, **Vusi Mahlasela**, **Ringo** und **Busi Mhlongo**.

Erfolgreichster Vertreter dieser Musikrichtung ist die in Kapstadt beheimatete Gruppe **Freshlyground**. Aufgrund ihrer großen Fangemeinde und eingängigen Musik wurde sie als Begleitband für Shakira bei den Eröffnungs- und Abschlusszeremonien der Fußballweltmeisterschaft 2010 auserwählt und spielte vor einem Milliardenpublikum. Die Band ist immer noch erfolgreich, absolviert eine Menge Liveauftritte (ihr finanzielles Standbein) und hat 2013 das Album *The Legend* veröffentlicht.

Weißer Pop und Rock

Englischsprachige Südafrikaner haben jeden in der westlichen Welt erfolgreichen Musikstil kolportiert, und manche sind sogar in Übersee berühmt geworden. Zu den ersten und bekanntesten zählt die Alternative-Rockband **Springbok Nude Girls**, Vorgruppe von U2 auf deren Südafrikatour 2011. Andere Südafrikaner, die internationale Berühmtheit erlangten, waren **Manfred Mann** in den 1960er-Jahren und einige Zeit später **Dave Matthews**, **Seether**, **Just Jinger** und **Wonderboom**. Viele andere begabte Musiker sind jedoch in Südafrika geblieben. Zum Beispiel **Goldfish**, die **Parlotones**, der Akustikgitarrenvirtuose **Steve Newman** und **Tananas**, ein Gitarrentrio, mit dem Newman mehrmals im Jahr zusammenspielt. Kapstadt hat ein neues, unbedingt hörenswertes Talent hervorgebracht:

Brenda Fassie

Kwaito hat den Karrieren zahlreicher Popstars der 1980er-Jahre ein Ende bereitet, doch der inzwischen verstorbenen Brenda Fassie ist es nicht nur gelungen, diese neue Welle zu überstehen, sondern auf ihr mitzuschwimmen. Brenda war die Popkönigin Südafrikas und ist die einzige einheimische Künstlerin, deren Musik noch in den Clubs überall im Lande gespielt wird.

Brendas Karriere begann Anfang der 1980er-Jahre als Leadsängerin von Brenda and the Big Dudes mit einer Reihe Bubblegumhits, darunter der Evergreen „Weekend Special". Brenda mixte in ihrem Sound Kwaito, Mbaqanga und Gospel mit ihren ureigenen, außergewöhnlichen Schöpfungen und erzielte wohlverdiente Riesenerfolge.

In den 1990er-Jahren, als einige ihrer Zeitgenossen leichte Musik für ein Mittelschichtspublikum in den mittleren Jahren produzierten, mischte sich Brenda ostentativ unter Jugendliche in Soweto und Hillbrow, den heißesten Ecken Johannesburgs. Dort begann sie zum Entzücken der Schmuddelpresse eine lesbische Beziehung, wurde kokainabhängig, verlor auf der Bühne immer wieder komplett den Faden – und machte bessere Musik denn je zuvor.

Tragischerweise wurde sie schließlich das Opfer ihrer stürmischen Art zu leben. Sie starb im Jahr 2004, nachdem sie zwei Wochen lang im Koma gelegen hatte; einer ihrer Besucher am Krankenbett war Präsident Thabo Mbeki. Bei ihrem von einem riesigen Medienaufgebot begleiteten Begräbnis kam es zu herzzerreißenden Szenen.

Enter: Die Antwoord

Die Antwoord („die Antwort") sorgte für eine Sensation: Eine völlig unbekannte Band aus Kapstadt legt glatt das Internet lahm. Wie ein Lauffeuer hatte sich die Legende verbreitet, die im Unterschichts-Cape-Flats-Jargon *zef* rappende Band verkörpere die authentische Stimme der Kapstädter Gettos. Nicht in den Bereich der Legende gehört, dass sich die Band als durchschlagender Erfolg erwies. Im Februar 2010 war der Ansturm auf ihre Website (www.dieantwoord.com), wo der Videoclip ihres Debutalbums *o* lief, so heftig (15 Mio. Treffer), dass das Netz zusammenbrach. Abgesehen von ihrem Aushängeschild, den mit Schimpfwörtern gespickten Texten, ist an den Produktionen der Band aber rein gar nichts ungeschliffen. Man konzentriere sich nur mal auf den Stakkato-Gesang (den der *Rolling Stone* mit „Eminems 'Lose Yourself' on mescaline" verglich), die ausgefeilte Choreografie und die coolen Graffiti im Keith-Haring-Stil auf dem Video *Enter the Ninja*. Ihr zweites und drittes Album, *Ten$Ion* und *Donker Mag*, haben sie unter ihrem eigenen, 2011 gegründeten Label Zef Recordz herausgebracht. Weit entfernt davon, die Band zu sein, die aus den Flats in die Stadt herein kam, ist Die Antwoord (Frontman Ninja, Yo-landi Vi$$er mit der Heliumstimme und DJ Hi-Tek) die jüngste surreale Selbsterfindung von Waddy Tudor Jones (Ninja). Davor arbeitete er unter dem Pseudonym Max Normal mit der Hip-Hop-Band Max Normal und als Waddy Jones bei der Gruppe Constructus Corporation. Wegen Jones´ Gewohnheit, öfter mal in eine andere Persönlichkeit zu schlüpfen, bemängeln Kritiker, Die Antwoord sei „nicht echt", Ninjas Fans dagegen halten ihn für ein Genie. So oder so – Fakt ist, Die Antwoord produziert einen unverwechselbaren Cape-Town-Sound, der rockt.

den Folksänger **Jeremy Loops**, der 2014 mit seiner meisterhaften Beherrschung von Looper, Gitarre, Harmonika und Beatbox die südafrikanischen iTunes-Charts stürmte.

Ebenso wie der African Jazz ist **Afrikaanse Musik** eine Welt für sich, mit zahlreichen Unterkategorien und einer langen Liste heiß geliebter Interpreten. Von Ende der 20er- bis in die 60er-Jahre hinein gelangte als prägendster ausländischer Einfluss die amerikanische Country-Musik hinzu. Anfang der 70er-Jahre trat an seine Stelle der seichtere Pop, insbesondere Eurodisco, und auf dieser Welle schwammen eine ganze Reihe afrikaanssprachiger Popstars mit. Etwas höheren Ansprüchen wurde der leicht opernhafte Stil von **Gé Korsten** gerecht, dem vermutlich beliebtesten afrikaanssprachigen Interpreten jener Zeit.

Nachdem die Apartheid abgeschafft war, machte sich landesweit Sorge um die Zukunft des Afrikaans und der damit verbundenen Kultur breit, was zum Wiederaufleben des Interesses an Afrikaansmusiek führte. Heute ist die Bandbreite zweifellos größer als je zuvor. Als Beispiele seien genannt: die House/Disco von **Juanita**, der Heavy Rock von **Karen Zoid** und **Jackhammer**, die modernisierte Boeremusiek der **Klipwerf Orkes** und die an Neil Diamond erinnernden Songs von **Steve Hofmeyer** (dem Bestseller unter den afrikaanssprachigen Musikern). Recht neu sind die harten Punkrocker von **Fokofpolisiekar** („*fuck off*, Polizeiauto") und der Rapper **Jack Parow** mir seinen einstudiert banalen Texten.

New Wave Dance und Electronica

Wie beim Afropop sind die Begriffe *New wave dance* und *Electronica* sehr dehnbar. Alle möglichen Sounds fallen darunter, die in den letzten zwanzig Jahren die Tanzböden Südafrikas erschütterten und seit 2010 nach Europa und USA hinüber geschwappt sind. Musiker wie **Spoek Mathambo**, **DJ Mujava**, **Culoe De Song**, **Markus Wormstorm** und **Sibot** feiern weltweit Erfolge.

Auch wenn sie globale Geschmäcker treffen, sind die Sounds aber immer noch ausgesprochen südafrikanisch. Sie klingen ein wenig nach Afrobeat, Kwaito, Mbaqanga und was im Land sonst noch so in der Luft liegt. Am erfolgreichsten auf dieser nicht mehr ganz neuen Welle schwimmen bislang die auf Vulgärsprache spezialisierten Zef-Rapper **Die Antwoord** (s. Kasten).

Kapstadt und die Kap-Halbinsel

1 HIGHLIGHT

Stefan Loose Traveltipps

National Gallery Die Skulptur *Butcher Boys* von Jane Alexander betrachten – der Inbegriff von Bedrohung und Brutalität. S. 123

Bo-Kaap Eines der ältesten Viertel der Stadt mit bunten kapholländischen Gebäude. S. 126

Robben Island Auf der berüchtigten Gefängnisinsel wurde Nelson Mandela fast zwei Jahrzehnte lang festgehalten. S. 131

Kirstenbosch Gardens Einer der schönsten Landschaftsgärten der Welt. S. 134

Mit der Seilbahn auf den Tafelberg Von den rotierenden Gondeln aus lässt sich die einmalige Aussicht genießen. S. 137

Mit Pinguinen schwimmen In Boulders Beach gibt es nicht nur herrliche Badestrände, sondern auch eine Kolonie putziger afrikanischer Pinguine. S. 150

2 **Cape Point** Am felsigen Südzipfel der Kap-Halbinsel warten grandiose Ausblicke und herrliche Wanderwege. S. 151

Township-Tour Das pulsierende Langa Quarter besuchen und sich ein Bild von jenen Gegenden machen, in denen die meisten Kapstädter zu Hause sind. S. 154

Die Long Street bei Nacht In den Cafés, Kneipen und Clubs im Zentrum geht es bis in die frühen Morgenstunden hoch her. S. 176

Kapstadt, Cape Town oder Kaapstad – wie immer man sie auch nennen will – ist die schönste, romantischste und am meisten besuchte Stadt Südafrikas. Die außergewöhnliche Landschaft beeindruckte schon die Urbevölkerung der Khoikhoi, die das berühmteste Wahrzeichen der Stadt, den Tafelberg, als *Hoerikwaggo*, als „Gebirge im Meer" bezeichneten. Noch erstaunlicher ist, dass sich so dicht am Nationalpark, der einen Großteil der Halbinsel einnimmt, eine pulsierende Metropole befindet, deren vielfältiges Nachtleben der Artenvielfalt in der Natur in nichts nachsteht. Hier ist fast alles möglich: morgens am Boulders Beach zwischen Pinguinen schwimmen und am Cape Point den Südzipfel des Kontinents in Augenschein nehmen, am Cape Point, an der Atlantikküste in einem Bistro zu Mittag essen, am Nachmittag auf einem Weingut in Constantia einen edlen Tropfen genießen und abends in einem Club in der Long Street abfeiern – alles an einem Tag in Kapstadt.

Der **Tafelberg**, der die Stadt in unterschiedliche Bezirke teilt, bildet das solide Herz Kapstadts. Hier gibt es Parkanlagen, unberührte Wildnis, Wälder und Wanderwege, und seine Ausläufer säumen Weingärten und begehrte Wohnviertel. Blickt man von seinem Gipfel aus nach Norden, sieht man das **Stadtzentrum** und den von spielzeuggroßen Schiffen wimmelnden Hafen. Nach Westen hin, an den Spitzen der Twelve Apostles vorbei, fällt der Blick auf einen schroffen Steilhang und über das teuerste Wohngebiet von ganz Afrika, das sich in traumhafter Lage am **Atlantic Seaboard**, der Atlantikküste, erstreckt. Nach Süden hin sind die Berghänge bewaldet. In den tieferen Lagen befinden sich einige Weingüter sowie der herrliche Botanische Garten. Hinter den von Eichen beschatteten Vororten Newlands und Constantia liegt das wärmere **False Bay Seaboard**, das sich in vielen Windungen zum **Cape Point** hinzieht. Nach Osten hin, am Rand unansehnlicher Industriegebiete, dehnen sich beiderseits der Zufahrtsstraße die „farbigen" **Townships** und schwarzen **Gettos** aus. Für Besucher, die vom östlich gelegenen Flughafen aus auf den einladenden Tafelberg zu in die Stadt hineinfahren, bieten diese Viertel einen ziemlich heftigen ersten Eindruck von Kapstadt – sofort wird deutlich, dass man es mit einer geteilten Metropole zu tun hat, in der es krasse Unterschiede gibt.

Wer die Reize Kapstadts auskosten möchte, sollte es den Kapstädtern gleichtun und viel Zeit **im Freien** verbringen: Wandern, picknicken und sonnenbaden sind angesagt, und wer ein Mountainbike hat, lässt das Auto meist zu Hause. Sehr beliebt sind auch **Abenteuer- und Extremsportarten**. Windsurfer aus aller Welt steuern die Tafelbucht wegen ihrer ausgezeichneten Bedingungen an, und Unerschrockene springen am Seil gesichert vom Lion's Head oder gleiten durch die Lüfte zur Küste von Clifton hinab. Daneben hat die Stadt mit ihren zahllosen Wanderwegen und den Stränden, die sich über eine Länge von 150 km erstrecken, auch geruhsamere Aktivitäten zu bieten.

Das bunte Völkergemisch Kapstadts spiegelt sich in der **Architektur** wider. Vollendete Beispiele des frühen kapholländischen Baustils, der seine Wurzeln in Nordeuropa hat, zieren die Weingüter von Constantia, die im 17. Jh. unter dem Einfluss französischer Flüchtlinge zur Blüte gelangten. Muslimische Flüchtlinge und im 19. Jh. freigelassene Sklaven bereicherten das Stadtbild durch ihre Minarette, und die Engländer, die jene Sklaven befreit hatten, errichteten Gebäude im georgianischen und viktorianischen Stil. Zwischen den dicht gedrängten Häuserreihen des heutigen Bo-Kaap und den Mietskasernen des District Six entwickelten die Nachkommen „farbiger" Sklaven einen einzigartigen, bewegenden Jazzstil, den man sich unbedingt live anhören sollte.

Geschichte

Jahrtausendelang zogen die ersten Bewohner Südafrikas, die **San**, als Jäger und Sammler frei und ungehindert über die Kap-Halbinsel, bis sie vor ungefähr 2000 Jahren von den **Khoikhoi**, aus dem Norden einwandernden Schafzüchtern, ins Landesinnere verdrängt wurden. Die Khoikhoi beherrschten anschließend rund 1600 Jahre lang die Weidegebiete am Kap. In den 1480er-Jahren umrundeten **portugiesische** Seefahrer auf dem Weg nach Ostafrika und Ostindien zum ersten Mal das Kap, wo sie auf der Suche nach einem geeigneten Zwischenstopp anlegten, und

Kapstadt und die Kap-Halbinsel

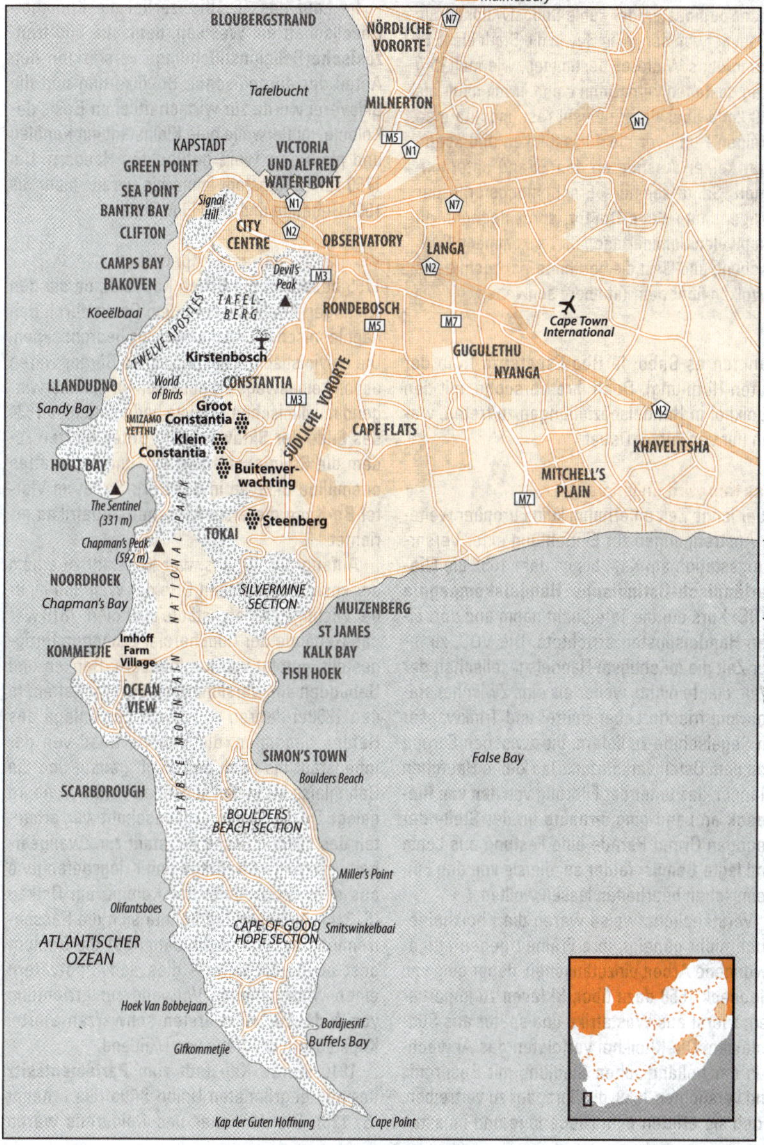

Stürmisches Kapstadt

Das **Wetter** spielt im Leben der Kapstädter eine ungemein wichtige Rolle, insbesondere der **Southeaster**, der kühle Südostwind, der im Sommer von der False Bay in die Stadt bläst. Er kann ohne Weiteres bestimmen, wie man den Tag gestalten wird. Denn wenn er mit mehr als 60 km/h über die Halbinsel rast, möchte man keinen Hund vor die Tür schicken und schon gar keinen Ausflug an den Strand unternehmen. Seine zahmere Erscheinungsform, der sogenannte **Cape Doctor**, sorgt dagegen an schwülen Sommertagen für willkommene Erfrischung und lässt die berühmte Tischdecke aus Wolken über dem Tafelberg schweben.

nannten es Cabo de Boa Esperanza (Kap der Guten Hoffnung). Doch ihre Versuche, mit den Khoikhoi in Handelsbeziehungen zu treten, waren nur von kurzer Dauer.

Das Kap wird holländisch

Über lange Zeit unternahm kein Europäer weitere Anstrengungen zur Einrichtung einer Versorgungsstation am Kap, bis im Jahr 1652 die **Niederländisch-Ostindische Handelskompagnie** (VOC) Kurs auf die Tafelbucht nahm und dort einen Handelsposten errichtete. Die VOC, zu jener Zeit die mächtigste Handelsgesellschaft der Welt, plante nichts weiter als eine Zwischenstation, um frische Lebensmittel und Trinkwasser an Segelschiffe zu liefern, die zwischen Europa und dem Osten verkehrten. Das kleine Häufchen Männer, das unter der Führung von **Jan van Riebeeck** an Land ging, erbaute an der Stelle der heutigen Grand Parade eine Festung aus Lehm und legte **Gemüsefelder** an, die sie von den Einheimischen bearbeiten lassen wollten.

Verständlicherweise waren die Khoikhoi jedoch nicht geneigt, ihre Freiheit gegen aufgezwungene Arbeit einzutauschen, daher ging van Riebeeck 1658 dazu über, **Sklaven** zu importieren, zuerst aus Westafrika und später aus Südostasien. Die Khoikhoi verfolgten das Anwachsen der holländischen Siedlung mit Besorgnis und versuchten 1659, die Europäer zu vertreiben. Doch sie erlitten eine Niederlage und mussten die Halbinsel den Kolonisten überlassen. Um 1700 war der Stützpunkt zu einer größeren Siedlung angewachsen, die allgemein als „Kaapstad" (Stadt am Kap) bezeichnet wurde.

Im Lauf des 18. Jhs. zerfiel die Khoikhoi-Gesellschaft am Westkap, **deutsche** und **französische** Religionsflüchtlinge verstärkten den Anteil der europäischen Bevölkerung und die Sklaverei wurde zur wirtschaftlichen Basis der Kolonie, mittlerweile eine Kleinstadt mit Kanälen und niedrigen, weiß getünchten Häusern. Um 1750 zählte Kapstadt immerhin bereits mehr als 1000 Gebäude und 2500 Einwohner.

Von der Sklaverei zur Apartheid

1795 besetzten die **Briten** Kapstadt, da sie den wichtigen Seehandel mit dem Osten durch den napoleonischen Expansionismus bedroht sahen. Die calvinistischen holländischen Bürger waren davon keineswegs erbaut, doch für die überwiegend muslimischen Sklaven bedeutete dies 1834 das **Ende der Sklaverei**. Die Briten führten zudem die **Religionsfreiheit** ein, und bald hatten ehemalige Sklaven in der Dorp Street im Viertel Bo-Kaap die erste Moschee Südafrikas errichtet.

Anfang des 19. Jhs. war Kapstadt zu einem der kosmopolitischsten Orte der Welt und einer der wichtigsten Hafenstädte avanciert. 1819 war das Gebäude der Commercial Exchange fertiggestellt, gefolgt von Kaufhäusern, Banken und Gebäuden von Versicherungsgesellschaften. In den 1860er-Jahren wurde mit der Anlage des Hafens begonnen, die Victoria Road von der Innenstadt bis nach Sea Point gebaut und die Bahngleise bis in den südlichen Vorort Wynberg gelegt. Da die Sklaverei abgeschafft war, erbauten das viktorianische Kapstadt zur Zwangsarbeit verurteilte **Sträflinge** und Kriegsgefangene aus dem Grenzgebiet der Kolonie am Ostkap (S. 344). In dieser Zeit bahnte sich die Rassentrennung an, und als im Jahr 1901 die Beulenpest ausbrach, lieferte dies den Stadtvätern einen willkommenen Vorwand zur Errichtung von **N'dabeni**, dem ersten schwarzen Viertel Kapstadts in der Nähe von Maitland.

1910 wurde Kapstadt zum **Parlamentssitz** der neu gegründeten Union Südafrika ernannt (S. 125). Die Afrikaner und Coloureds waren von dem Deal zwischen Buren und Briten ausgeschlossen und sahen sich gezwungen, ihrer politischen Überzeugung am Arbeitsplatz Ausdruck zu verleihen. 1919 organisierten sie sich in der einflussreichen **Industrial and Commercial Workers Union**, die zeitweilig 200 000 Mitglieder zählte.

Ethnische Konflikte

Mit fortschreitender Industrialisierung nahm in der Stadt die Nachfrage nach schwarzen Arbeitskräften zu, die in den 1945 erbauten Satellitenstädten **Guguletu** und **Nyanga** untergebracht wurden. Drei Jahre später gelangte die nur Weißen offenstehende National Party an die Macht, die einer verängstigten weißen Wählerschaft versprach, dem Zustrom der Afrikaner in die Städte einen Riegel vorzuschieben. In Kapstadt bewirkte diese Politik, dass auf dem Arbeitsmarkt Coloureds gegenüber Afrikanern bevorzugt wurden, aus den Reihen der afrikanischen Bevölkerung nur noch die Männer, die eine Arbeitsstelle vorweisen konnten, in Kapstadt zugelassen waren (afrikanische Frauen waren aus der Stadt verbannt) und der Bau von Familienunterkünften für Afrikaner verboten wurde.

Die Township Langa, einige Kilometer östlich von den südlichen Vororten der Stadt, entwickelte sich zu einer Bastion des rein schwarzafrikanischen **Pan Africanist Congress** (PAC), der am 8. April 1960 in Kapstadt eine friedliche Demonstration gegen die Passgesetze organisierte. Während des Aufmarschs feuerten Polizisten in die Menge, töteten drei Menschen und verwundeten zahlreiche weitere. Daraufhin rief die Regierung den Ausnahmezustand aus und erließ ein Verbot von Anti-Apartheid-Gruppierungen, darunter auch PAC und ANC.

1966 wurde der berüchtigte **Group Areas Act** angewandt, um den District Six dem Erdboden gleichzumachen und altansässige, gemischtrassige Coloured-Gemeinden auf die desolaten **Cape Flats** umzusiedeln. Dort bildeten sich die Gangsterbanden, die bis heute eines der größten Probleme Kapstadts darstellen. Um die Opposition mundtot zu machen, ließ die National Party im Jahr 1972 alle „farbigen" Volksvertreter aus dem Stadtrat verbannen.

Erneuter Widerstand

Elf Jahre später, während einer gewaltigen Versammlung auf den Cape Flats, vereinigte sich die außerparlamentarische Opposition ungeachtet staatlicher Repressionen in der **United Democratic Front** und läutete eine intensive Periode des Anti-Apartheid-Kampfes ein. 1986 geriet ein fundamentaler Stützpfeiler der Apartheid ins Wanken, als sich die Regierung gezwungen sah, die Zuzugskontrolle aufzuheben. Daraufhin strömten immer mehr Arbeit suchende Schwarze in die Stadt, errichteten Slums und machten Kapstadt zu einer der am schnellsten wachsenden Städte der Welt.

Am 11. Februar 1990, nur ein paar Stunden nach seiner Freilassung aus dem Gefängnis, hielt **Nelson Mandela** vom Balkon der City Hall aus seine erste öffentliche Rede vor einer begeisterten Menge, die sich in der Grand Parade drängte. Vier Jahre danach zog er als erster demokratisch gewählter Präsident Südafrikas in das 500 m entfernte Parlamentsgebäude ein, das bis dato Weißen vorbehalten war.

Demokratisierung

Eine der Überraschungen der Wahlen von 1994 war, dass sich der fast landesweit erdrutschartige **Sieg des ANC** nicht am Westkap widerspiegelte. Dort war mit der **National Party** jene Partei in die Provinzregierung gewählt worden, die die Apartheid zu verantworten gehabt hatte. Die südafrikanische Politik war also nicht, wie viele vermutet hatten, von einer klaren Frontstellung der Weißen gegen den Rest der Bevölkerung geprägt. Die meisten Couloreds nämlich misstrauten dem ANC so sehr, dass sie lieber für die Partei stimmten, die ihnen einst das Wahlrecht verwehrt hatte. Das Westkap und seine Hauptstadt haben den landesweiten Trend überwältigender ANC-Mehrheiten nie mitgemacht. Seit 2006 werden Stadt und Provinz von der liberalen Democratic Alliance (DA) regiert. Kapstadt ist nach wie vor die Stadt mit der geringsten Korruptionsrate, der besten Infrastruktur und dem effizientesten Versorgungswesen Südafrikas, auch wenn es in den Townships heftige Proteste wegen nicht eingelöster Versprechen hinsichtlich einer allgemeinen Strukturverbesserung gegeben hat. Die große Stadt leidet davon abgese-

Kapstadt Übersicht

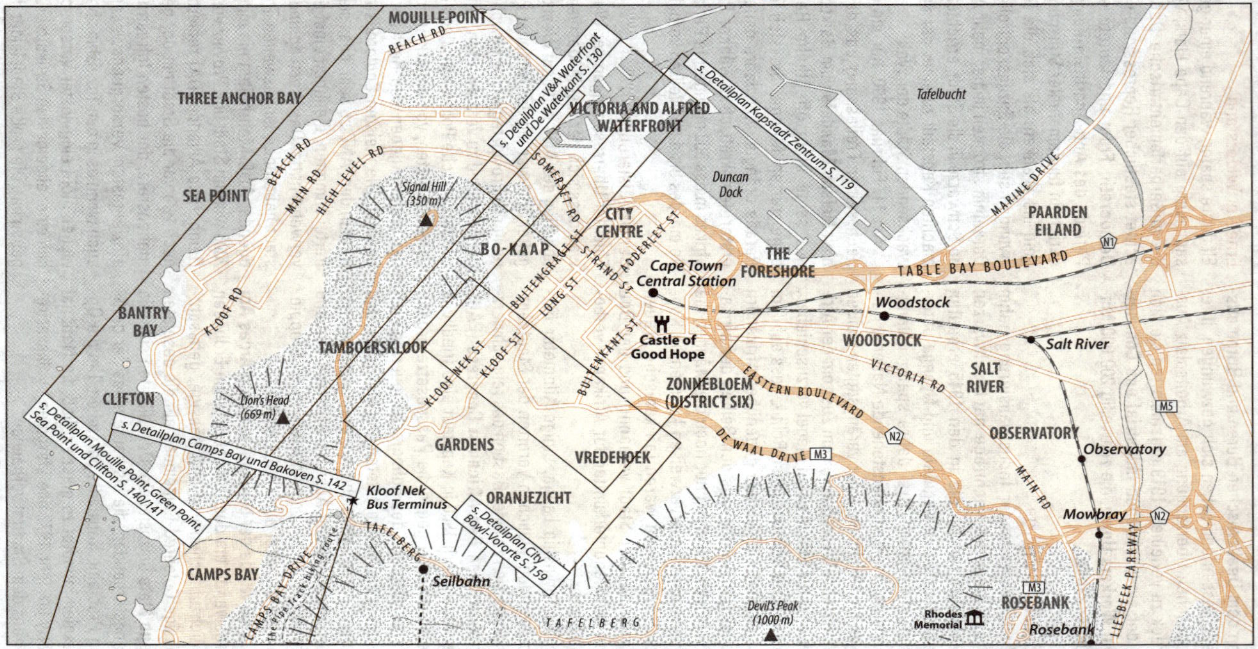

hen auch unter einer Menge anderer Probleme: Armut, Arbeitslosigkeit, grassierende Kriminalität sowie hohe HIV- und Tuberkulose-Infektionsraten. Eine der größten Herausforderungen für die Metropole (und im Grunde für ganz Südafrika) ist die Schaffung von ausreichend Wohnraum: Stadtplaner gehen davon aus, dass die **Bevölkerung** der Stadt in den nächsten 20 Jahren von 3,5 Millionen auf fünf bis sieben Millionen Menschen anwachsen wird. Kapstadt bleibt eine geteilte Stadt mit extremer Ungleichheit.

Zentrum und Kap-Halbinsel

Die **Strand Street** verlief früher direkt an der Küste entlang (auch wenn man sich das heute kaum noch vorstellen kann). Das gesamte bebaute Land nördlich dieser Straße wurde im Lauf der Zeit dem Meer abgerungen. Im südlich davon gelegenen **Upper City Centre** finden sich die Überreste des 350 Jahre alten Stadtkerns, die der Abrissbirne und den urbanen Säuberungen der Apartheid entgangen sind. Das Viertel gehört zu den bezauberndsten innerstädtischen Gegenden Südafrikas. Auf dem gesamten Areal zwischen der Strand Street und den Nordausläufern des Tafelbergs findet sich ein Sammelsurium georgianischer, kapholländischer, viktorianischer und neuzeitlicher Architektur; in seinen Märkten, Gassen und Moscheen begegnen sich Europa, Asien und Afrika. Zu weiteren Sehenswürdigkeiten zählen hier das **Parlamentsgebäude**, der **Company's Gardens** und viele der großen **Museen**. Nördlich der Strand Street, im **Lower City Centre**, liegt das betriebsame Hafengelände **Duncan Dock**.

Upper City Centre

Zur Orientierung eignet sich hervorragend die **Adderley Street**, die vom Bahnhof im Norden bis zu den Gardens im Süden mitten durch die Upper City führt. Östlich von ihr konzentrieren sich nahe der Strand Street das **Castle of Good Hope**, das Gelände des **District Six**, die **Grand Parade** und die **City Hall**. Das Viertel westlich der Adderley Street mutet mit seinen Cafés, Buchläden und Antiquitätengeschäften im Umkreis der Fußgängerzone **St George's Mall** und des **Greenmarket Square** sehr europäisch an. Das **Bo-Kaap** oder muslimische Viertel, drei Querstraßen weiter westlich jenseits der Buitengragt (wörtlich: äußerer Kanal, ist jedoch eine Straße), mit seinen Minaretten und Gewürzläden bildet dazu einen malerischen Kontrast.

Südwestlich der Stelle, an der Adderley Street und Wale Street aufeinandertreffen, schlägt das „politische" Herz Kapstadts: Dort liegen rings um den Botanischen Garten das **Parliament**, Museen, die Stadtarchive und De

Die Sprache der Farbe(n)

Besucher aus anderen Teilen der Welt werden mit Erstaunen feststellen, dass Kapstadt sich ganz und gar „unafrikanisch" anfühlt und anhört. Auf halbem Weg zwischen Osten und Westen gelegen, zog Kapstadt Menschen aus Afrika, Asien und Europa an, und Spuren von allen drei Kontinenten lassen sich noch heute im äußeren Erscheinungsbild sowie in der Sprache, der Kultur, Religion und Küche der farbigen Bevölkerung Südafrikas finden. **Afrikaans** (eng verwandt mit dem Niederländischen) ist die Muttersprache von mehr als der Hälfte der Stadtbevölkerung. Viele Kapstädter sind daneben englische Muttersprachler, und **Englisch**, das in dieser vielsprachigen Gesellschaft buchstäblich jeder beherrscht, ist als lokale Verkehrssprache unangefochten.

Afrikaans ist die Muttersprache eines Großteils der Kapstädter **Coloureds** sowie vieler Weißer. Die Bezeichnung „coloured" (farbig) ist nicht unumstritten. Im Unterschied zum britischen, amerikanischen und deutschen Sprachgebrauch, wo „farbig" einen herablassenden Unterton hat, ist es hier jedoch einfach eine Sammelbezeichnung für gemischtrassige Südafrikaner. Die meisten dunkelhäutigen Kapstädter (über 50 % der Einwohner) sind Coloureds. Unter ihren Ahnen befinden sich Asiaten, Schwarzafrikaner und Khoikhoi.

Der Mann hinter der Straße

Zwar nutzten die Holländer Robben Island als Gefängnisinsel für politische Häftlinge (S. 131), doch auch das südafrikanische Festland wäre um ein Haar eine **Sträflingskolonie** wie Australien geworden, wohin die Briten ihre Verbrecher und Staatsfeinde deportierten. Gegen 1840 forderten „rechtschaffene Australier" die Einstellung der Transporte von Kriminellen nach Down Under, woraufhin die britische Regierung versuchte, Gesetzesbrecher ans Kap abzuschieben. Im Jahr 1848 setzte das mit 282 Gefangenen beladene britische Schiff *Neptune* vor Bermuda die Segel mit Kurs auf Kapstadt. Dort löste die Nachricht helle Empörung aus.

1849 lauschten 5000 Bürger auf der Grand Parade den Protestreden prominenter Liberaler gegen die britische Regierung. Als das Schiff im September 1849 anlegte, ließ Gouverneur Sir Harry Smith keinen einzigen Sträfling an Land, zudem setzte sich der Politiker **Charles Adderley** in London vor dem House of Commons (Unterhaus) erfolgreich für das Anliegen der Kap-Kolonisten ein. Im Februar 1850 segelte die *Neptune* mitsamt ihrer Sträflingsladung weiter nach Tasmanien, und die dankbaren Kapbewohner gaben der größten Durchgangsstraße der Stadt den Namen **Adderley Street**.

Tuynhuys, die Residenz des amtierenden Präsidenten.

Adderley Street

Die von einigen schönen Bauten aus mehreren Jahrhunderten gesäumte **Adderley Street** war früher die renommierte Einkaufsmeile der Stadt. Zwar tanzen ein paar Einkaufszentren aus den 1960er- und 1970er-Jahren architektonisch etwas aus der Reihe, doch nur ein paar Minuten vom Gewimmel entfernt, in den Straßen und Gassen rings um den Greenmarket Square, hat sich noch etwas historisches Flair erhalten.

Eines der unansehnlichsten Gebäude ist der in den 1970er-Jahren erbaute Geschäftskomplex und Verkehrsknotenpunkt **Golden Acre** am Nordende (Hafenseite) der Adderley Street. Diese Ecke im Umkreis der Cape Town Station ist eine der Drehscheiben des öffentlichen Transports in Kapstadt.

Slave Lodge

Adderley St, Ecke Wale St ▪ 🕒 Mo–Sa 10–17 Uhr ▪ Eintritt R30 ▪ ✆ 021-467 7229, 💻 www.iziko.org.za/museums/slave-lodge

Die Slave Lodge wurde 1679 für die Niederländisch-Ostindische Kompagnie (VOC) zur Unterbringung ihrer menschlichen Ware erbaut. Die Kompagnie war der größte Sklavenhalter am Kap. Um 1770 wurden hier fast tausend Sklaven gehalten. Unter Aufsicht der VOC diente das Gebäude auch als größtes Bordell der Kapkolonie, dessen Türen sich allabendlich eine Stunde lang für jedermann öffneten.

1810 beschloss die britische Verwaltung, die Lodge als Sitz des Obersten Gerichtshof zu nutzen, eine Funktion, die das Gebäude über ein Jahrhundert lang erfüllte. Um die staatseigenen Sklaven loszuwerden, versteigerten die britischen Beamten den Großteil meistbietend an private Sklavenhalter. Die übrigen 200 wurden in kleineren Unterkünften in den Company's Gardens untergebracht und blieben dort bis zu ihrer Freilassung 1827, fast zehn Jahre früher als die anderen Sklaven am Kap. Ab 1914 beherbergte das Gebäude Verwaltungsbüros und bietet heute einer ständig erweiterten Ausstellung über Sklaverei eine Heimstatt.

Long Street

Die Long Street, eine Einbahnstraße, durchzieht parallel zur Adderley Street in ganzer Länge die Innenstadt und ist eine der abwechslungsreichsten Verkehrsadern Kapstadts und als Epizentrum des Kapstädter **Nachtlebens** bekannt. Als sich hier vor über 300 Jahren Muslime niederließen, bildete die Long Street die Stadtgrenze Kapstadts; um 1960 war sie zu einer schäbigen Kneipen- und Bordell-Meile verkommen. Erstaunlicherweise blieb von der wechselhaften Vergangenheit noch einiges erhalten, wenn auch mit einem Hauch der mittlerweile besseren Gesellschaft durchsetzt, neben einem recht langweiligen Abschnitt mit Billigmöbelgeschäften und Imbissen.

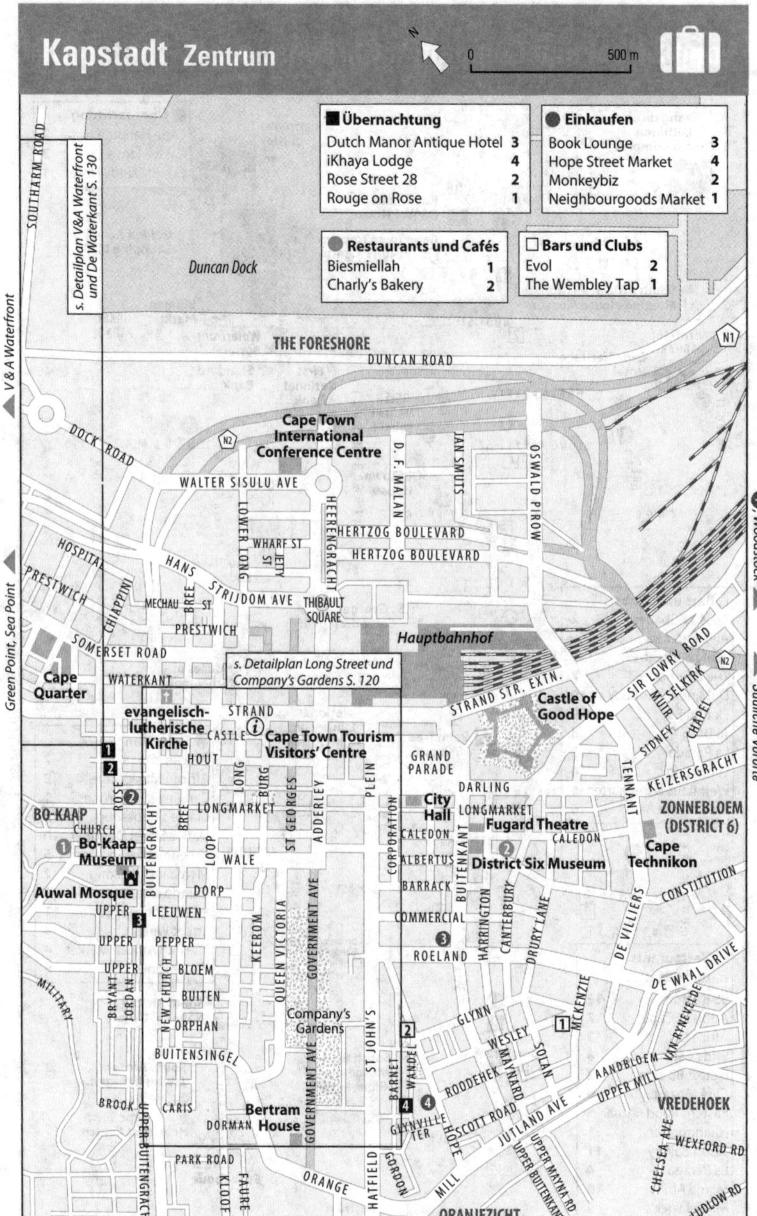
Kapstadt Zentrum
N
0
500 m
Übernachtung
Dutch Manor Antique Hotel 3
iKhaya Lodge 4
Rose Street 28 2
Rouge on Rose 1
Einkaufen
Book Lounge 3
Hope Street Market 4
Monkeybiz 2
Neighbourgoods Market 1
Restaurants und Cafés
Biesmiellah 1
Charly's Bakery 2
Bars und Clubs
Evol 2
The Wembley Tap 1
s. Detailplan V&A Waterfront und De Waterkant S. 130
V & A Waterfront
Green Point, Sea Point
Woodstock
Südliche Vororte
Seilbahn, Camps Bay, Atlantikküste
s. Detailplan Long Street und Company's Gardens S. 120
Duncan Dock
THE FORESHORE
DUNCAN ROAD
SOUTHARM ROAD
DOCK ROAD
N1
N2
Cape Town International Conference Centre
WALTER SISULU AVE
HEERENGRACHT
D. F. MALAN
JAN SMUTS
OSWALD PIROW
HERTZOG BOULEVARD
LOWER LONG
WHARF ST
JETTY ST
HANS STRIJDOM AVE
HOSPITAL
PRESTWICH
CHIAPPINI
MECHAU
BREE ST
THIBAULT SQUARE
Hauptbahnhof
SOMERSET ROAD
Cape Quarter
WATERKANT
STRAND
STRAND STR. EXTN.
Castle of Good Hope
SIR LOWRY ROAD
MUIR
SELKIRK
CHAPEL
SIDNEY
KEIZERSGRACHT
TENNANT
evangelisch-lutherische Kirche
CASTLE
Cape Town Tourism Visitors' Centre
HOUT
GRAND PARADE
DARLING
ROSE
LONG
BURG
ST GEORGES
ADDERLEY
PLEIN
BO-KAAP
CHURCH
Bo-Kaap Museum
Auwal Mosque
LONGMARKET
BREE
BUITENGRACHT
LOOP
WALE
CORPORATION
City Hall
LONGMARKET
Fugard Theatre
CALEDON
ALBERTUS
District Six Museum
ZONNEBLOEM (DISTRICT 6)
Cape Technikon
CONSTITUTION
BARRACK
BUITENKANT
DORP
UPPER
LEEUWEN
UPPER
PEPPER
UPPER
BLOEM
KEEROM
QUEEN VICTORIA
GOVERNMENT AVE
COMMERCIAL
HARRINGTON
CANTERBURY
DRURY LANE
DE VILLIERS
ROELAND
DE WAAL DRIVE
MILITARY
BRYANT
JORDAN
NEW CHURCH
BUITEN
ORPHAN
Company's Gardens
ST JOHN'S
GLYNN
WESLEY
MCKENZIE
SOLAN
MAYNARD
VAN RYNEVELD
BUITENSINGEL
WANDEL
BARNET
RODEHEK
AANDBLOEM
UPPER MILL
VREDEHOEK
BROOK
UPPER BUITENGRACHT
CARIS
Bertram House
DORMAN
GLYNVILLE TER
HOPE
SCOTT ROAD
JUTLAND AVE
UPPER MAYNARD
UPPER BUITENKANT
CHELSEA AVE
WEXFORD RD
PARK ROAD
KLOOF
FAURE
ORANGE
HATFIELD
GORDON
MILL
ORANJEZICHT
LUDLOW RD

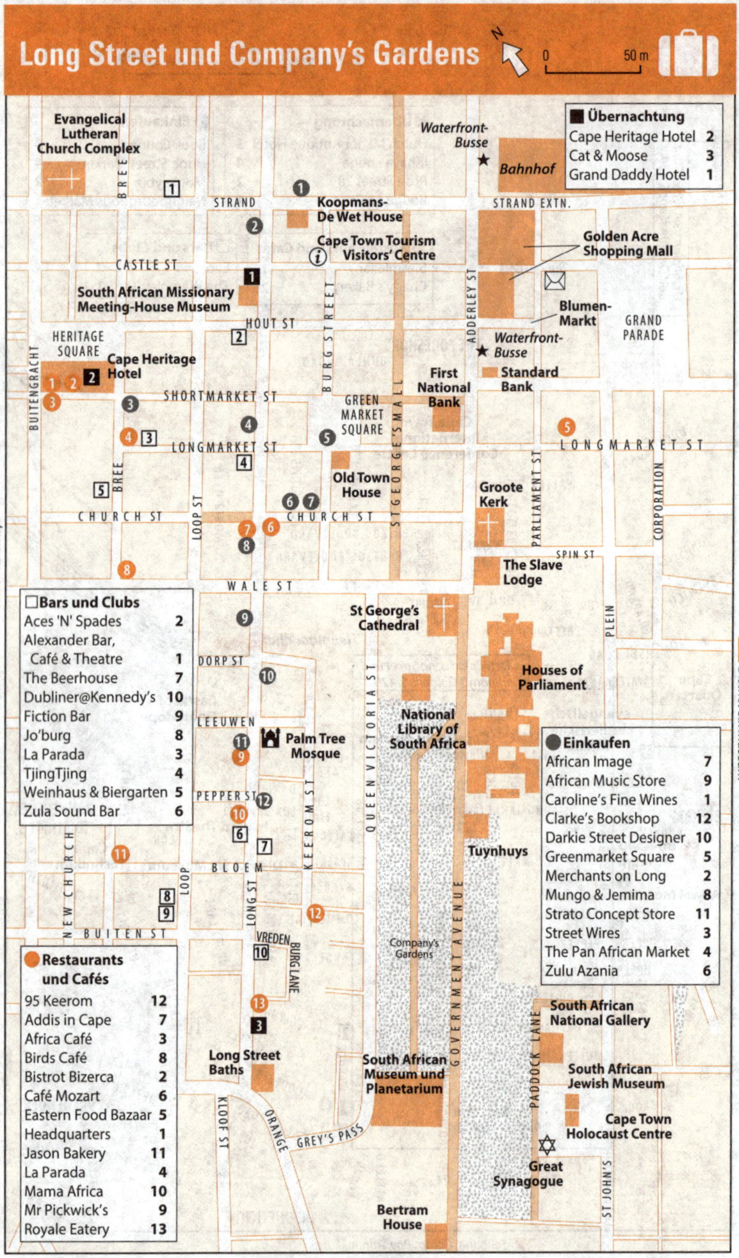
Long Street und Company's Gardens
N
0 50 m
Übernachtung
Cape Heritage Hotel 2
Cat & Moose 3
Grand Daddy Hotel 1
Bars und Clubs
Aces 'N' Spades 2
Alexander Bar, Café & Theatre 1
The Beerhouse 7
Dubliner@Kennedy's 10
Fiction Bar 9
Jo'burg 8
La Parada 3
TjingTjing 4
Weinhaus & Biergarten 5
Zula Sound Bar 6
Einkaufen
African Image 7
African Music Store 9
Caroline's Fine Wines 1
Clarke's Bookshop 12
Darkie Street Designer 10
Greenmarket Square 5
Merchants on Long 2
Mungo & Jemima 8
Strato Concept Store 11
Street Wires 3
The Pan African Market 4
Zulu Azania 6
Restaurants und Cafés
95 Keerom 12
Addis in Cape 7
Africa Café 3
Birds Café 8
Bistrot Bizerca 2
Café Mozart 6
Eastern Food Bazaar 5
Headquarters 1
Jason Bakery 11
La Parada 4
Mama Africa 10
Mr Pickwick's 9
Royale Eatery 13
Evangelical Lutheran Church Complex
Waterfront-Busse
Bahnhof
Koopmans-De Wet House
Cape Town Tourism Visitors' Centre
Golden Acre Shopping Mall
South African Missionary Meeting-House Museum
Blumen-Markt
GRAND PARADE
HERITAGE SQUARE
Cape Heritage Hotel
First National Bank
Standard Bank
GREEN MARKET SQUARE
Old Town House
Groote Kerk
The Slave Lodge
St George's Cathedral
Houses of Parliament
National Library of South Africa
Palm Tree Mosque
Tuynhuys
Company's Gardens
South African National Gallery
South African Jewish Museum
Cape Town Holocaust Centre
Great Synagogue
Long Street Baths
South African Museum und Planetarium
Bertram House
Bo-Kaap
District Six Museum
STRAND
STRAND EXTN.
CASTLE ST
HOUT ST
SHORTMARKET ST
LONGMARKET ST
CHURCH ST
WALE ST
SPIN ST
DORP ST
LEEUWEN
PEPPER ST
BLOEM
BUITEN ST
VREDEN
BURG LANE
ORANGE
GREY'S PASS
KLOOF ST
BREE
BUITENGRACHT
LOOP ST
LOOP
LONG ST
BURG STREET
ST GEORGE'S MALL
ADDERLEY ST
PARLIAMENT ST
CORPORATION
PLEIN
QUEEN VICTORIA ST
KEEROM ST
NEW CHURCH
GOVERNMENT AVENUE
PADDOCK LANE
ST JOHN'S

Sklaverei am Kap

Fast zwei Jahrhunderte lang – mehr als die Hälfte ihrer Siedlungsgeschichte – gründeten sich die wirtschaftlichen und sozialen Strukturen Kapstadts auf die Sklaverei. Offiziell wurde die Sklaverei am Kap im Jahr 1838 **abgeschafft**, doch ihr Erbe ist in Südafrika immer noch spürbar. Die meisten dunkelhäutigen Landesbewohner, die rund 50 % der Einwohner Kapstadts ausmachen, stammen von Sklaven und indigenen Khoisan ab, und manche Historiker sind der Ansicht, die Apartheid sei eine „natürliche" Fortsetzung der Sklaverei unter anderen Vorzeichen gewesen. Im ausgehenden 18. Jh. übertraf die Zahl der versklavten Bevölkerung mit fast 26 000 Mitgliedern die der freien *burghers* (der überwiegend aus Europa stammenden Staatsbürger) am Kap. Ungeachtet der damit einhergehenden tiefgreifenden Auswirkungen auf die Entwicklung des südafrikanischen Gesellschaftssystems blieb dieses Thema bis zur Veröffentlichung einiger Studien zur Sklaverei in den 1980er-Jahren einer der am wenigsten erforschten Aspekte der Geschichte des Landes. Bis heute fällt es vielen Coloureds schwer, ihre Abstammung von ehemaligen Sklaven zu akzeptieren.

Am Kap selbst wurden paradoxerweise so gut wie keine Bewohner versklavt. Während auf dem gesamten Kontinent Menschen für den Export nach Amerika gejagt wurden, musste die Kapverwaltung, der es nach Vorschrift der VOC verboten war, die Urbevölkerung der Region zu versklaven, ihren Bedarf andernorts decken. Von den 63 000 vor 1808 in die Kapregion importierten Sklaven stammten die meisten aus Ostafrika, Madagaskar, Indien und dem indonesischen Archipel, wodurch eine kulturelle Vielfalt entstand wie in kaum einer anderen Sklavengesellschaft. Anfänglich verhinderte dies die Entwicklung einer eigenen Identität, doch im Laufe der Zeit bildete sich eine **Mischkultur** heraus, die unter anderem eine maßgebliche Rolle in der Weiterentwicklung des Afrikaans spielte.

Eine Erkundung der Straße lohnt ab der Kreuzung mit der Wale Street in Richtung Tafelberg. Hier findet man in friedlicher Nachbarschaft Moscheen und Bars, und die Antiquitäten- und Kunstgewerbeläden, Buchhandlungen und Cafés erfreuen sich regen Zulaufs. Jede Menge Backpacker-Hostels und ein paar teurere Hotels säumen die Straße – wer hier übernachtet, muss allerdings auf nächtlichen Lärm von den Clubs gefasst sein. Die Gegend bietet abends genug Sicherheit für eine Kneipen- oder Clubtour, und Taxis sind ohne Probleme zu finden.

Long Street Baths

Long St, Ecke Orange St ▪ **Pool** ⌚ tgl. 7–19 Uhr ▪ **Türkisches Bad**, Männer: Di 13–19, Mi und Fr 8–19, So 8–12 Uhr ▪ Frauen: Mo, Do und Sa 9–18 Uhr ▪ Eintritt R40 pro Std. ▪ ☏ 021-400 3302

Die Long Street Baths sind seit 1908 eine feste Institution in der Stadt. Sie befinden sich in einem Gebäude im edwardianischen Stil am Ende der Straße. Das Hallenbad ist zwar ein bisschen abgewetzt, aber toll, um ein paar Runden zu schwimmen oder sich einer Tiefenreinigung im Hamam zu unterziehen (unterschiedliche Öffnungszeiten für Männer und Frauen).

Palm Tree Mosque

185 Long St ▪ Kein Zutritt

Gleich südlich der Kreuzung mit der Leeuwen Street ragt an der Long Street hinter einer einsamen Palme unübersehbar die Palm Tree Mosque auf. Es ist das einzige in dieser Straße noch erhaltene Gebäude aus dem 18. Jh. 1807 ging es in die Hände von Mitgliedern der muslimischen Gemeinde über, die das Obergeschoss in eine Moschee und das Untergeschoss in Wohnungen umwandelten.

Pan African Market

76 Long St ▪ ⌚ Okt–April Mo–Fr 8.30–17.30, Sa 9–15.30 Uhr, Mai–Sep Mo–Fr 9–17, Sa 9–15 Uhr ▪ 💻 www.panafrica.co.za

Einer der faszinierendsten (und am leichtesten zu übersehenden) Kunstgewerbemärkte von Kapstadt ist der Pan African Market. Hier, zum Nordende der Long Street hin, bieten Verkäufer auf drei Stockwerken vielerlei Kunst und

Kunstgewerbe vom gesamten Kontinent an. Wer möchte, kann sich im Marktgebäude auch afrikanisch einkleiden – Näherinnen stehen bereit.

South African Missionary Meeting-House Museum

40 Long St, Ecke Hout St ▪ ⌚ Mo–Fr 9–16 Uhr ▪ Eintritt frei

Das South African Missionary Meeting-House Museum ist ein ungewöhnliches Bauwerk. Die 1804 im Auftrag der South African Missionary Society fertig gestellte Kirche war die erste Missionskirche des Landes; hier erhielten Sklaven Unterricht im Lesen, Schreiben und Unterweisungen im christlichen Glauben. Drinnen ruht auf zwei Säulen, die das Bild eines fliegenden Engels umrahmen, eine eindrucksvolle neoklassizistische **Kanzel** aus Holz.

Greenmarket Square

Biegt man von der Long Street nach Osten in die Shortmarket Street ein, streift man den Rand des Greenmarket Square, der mit seinem Kopfsteinpflaster, dem Markt und den eleganten Gebäuden einen Abstecher lohnt. Der Platz nahm seinen Anfang als Gemüsemarkt, aber heute findet hier ein Flohmarkt statt, auf dem Kunsthandwerk, Schmuck und Hippie-Klamotten feilgeboten werden.

Michaelis Collection im Old Town House

Old Town House, Greenmarket Square ▪ ⌚ Mo–Fr 10–17, Sa 10–16 Uhr ▪ Eintritt R20 ▪ ✆ 021-481 3933, 💻 www.iziko.org.za

Auf der westlichen Seite des Greenmarket Square steht das **Old Town House** mit kalkweißer Fassade und Sprossenfenstern. Das Mitte des 18. Jhs. errichtete Gebäude ist ein typisches Beispiel für die niederländische Architektur am Kap. Es beherbergt die **Michaelis-Sammlung** mit bedeutenden, wenn auch nicht weltberühmten Porträts von niederländischen und flämischen Malern und Werken aus Genre- und Landschaftsmalerei. Der Eingang liegt in der Longmarket Street.

St George's Mall

Östlich des Greenmarket Square verläuft die St George's Mall, eine Fußgängerzone, die von der Wale Street nach Nordosten zum Thibault Square in der Nähe des Bahnhofs führt. Mit ihren Coffeeshops, Snackbars, den Straßenkünstlern und zahlreichen Ständen stellt sie zwischen dem Bahnhof und den Company's Gardens die angenehmere Alternative zur Adderley Street dar.

Church Street

In der Church Street (einer Querstraße nahe dem südlichen Ende der St George's Mall) und ihrer Umgebung wimmelt es von Antiquitätengeschäften, in denen typisch afrikanische Sachen und allerlei Krimskrams zu haben sind. Hübsch ist ihr verkehrsberuhigter Abschnitt zwischen Long Street und Loop Street, wo Kaffeeduft durch die Kunstgalerien schwebt und man sich an einem der Tische draußen vor dem Café Mozart (S. 166) eine Ruhepause gönnen kann.

Bree Street

Die Bree Street, in der es von Designerläden, Boutiquen, Restaurants und Bars nur so wimmelt, hat sich zur neuesten In-Meile der Hipster und gutbetuchten Kapstädter gemausert. Die Verwandlung der alten Gebäude in neue Läden, Restaurants und Cafés bringt die reizende Architektur zum Vorschein, die früher nicht so recht zur Geltung kam, und führte dazu, dass die Fußgänger das Trottoir jetzt wieder für sich beanspruchen. Die beste Ecke, um das Flair dieser belebten Straße zu schnuppern, ist an der Kreuzung mit der Longmarket Street.

St George's Cathedral

Wale St ▪ ⌚ Mo–Fr 8.30–16.30, Sa 8–12.30 Uhr ▪ Eintritt frei ▪ Gottesdienste Mo–Fr um 7.15, außerdem Di–Do um 8 und 16, Mi um 10 und Sa um 8 Uhr, Sonntagsmesse um 9.30 Uhr ▪ 💻 www.sgcathedral.co.za

Die von Herbert Baker im gotischen Stil errichtete St George's Cathedral ist sowohl architektonisch interessant als auch historisch bedeutsam: Am 7. September 1986 hämmerte **Desmond Tutu** in einer symbolischen Geste an ihre Pforte und verlangte, als erster schwarzer Erzbischof Südafrikas eingesetzt zu werden. Drei Jahre später läutete er die letzten Tage der Apartheid ein, als er an der Spitze von 30 000 Menschen von der Kathedrale zum Rathaus marschierte, wo er das weltberühmte Leitmotiv des neuen

Südafrika prägte: „We are the rainbow people!", rief er der Menge zu, „We are the new people of South Africa!" In der Krypta unter der Kathedrale gibt es ein nettes Café, außerdem finden dort Jazz- und andere Konzerte statt, 💻 www.thecryptjazz.com.

Government Avenue und Umgebung

Ein Spaziergang entlang der autofreien Government Avenue, der südwestlichen Verlängerung der Adderley Street, zählt zu den gemütlichsten, die das Zentrum Kapstadts bietet. Der von Eichen gesäumte Boulevard verläuft an der Rückseite des Parlaments vorbei durch die Company's Gardens, auf dessen Bänken Obdachlose gern ein Nickerchen machen.

National Library of South Africa

5 Queen Victoria St ▪ 🕒 Mo, Di, Do und Fr 9–18, Mi 10–17 Uhr ▪ Eintritt frei ▪ 💻 www.nlsa.ac.za

In der National Library of South Africa am nördlichen Ende der Government Avenue ist eine ausgezeichnete Sammlung von historischen und naturwissenschaftlichen Werken über das südliche Afrika untergebracht. Sie wurde mit den Geldern aus einer Weinsteuer erbaut und öffnete 1822 ihre Pforten.

Company's Gardens

Queen Victoria St

Die Company's Gardens, die sich von der South African Library bis zum South African Museum erstrecken, bildeten die eigentliche *raison d'être* der holländischen Niederlassung am Kap. Die Gärten wurden 1652 angelegt, um die zwischen den Niederlanden und dem Osten verkehrenden Segelschiffe der Niederländisch-Ostindischen Handelskompagnie mit frischem Gemüse zu versorgen. Anfänglich verrichteten importierte Sklaven die Arbeit. Ende des 17. Jhs. wurden die Gemüsefelder zur Erbauung der sich allmählich herausbildenden Kolonialelite in einen Botanischen Garten mit Teichen, Wiesen und schattigen Wegen verwandelt. Heute präsentieren sich die Gärten, nicht zuletzt dank des fortgesetzten Interesses der Europäer für die Kapflora, als üppig gedeihender Hort einheimischer Pflanzen, zwischen denen es sich herrlich spazieren lässt. Dazu gibt es noch ein nettes schattiges Gartencafé.

Tuynhuys

An der Government Avenue, etwa 50 m südlich der National Library, steht das noble Tuynhuys mit seinen gepflegten Blumenbeeten. Es ist das Kapstädter Büro (nicht die Residenz) des Präsidenten und für Publikumsverkehr geschlossen. Das ursprünglich holländische Gebäude wurde von **Lord Charles Somerset** während seiner Zeit als Gouverneur (1814–26) völlig umgebaut. Die Energie, mit der Somerset seine Politik einer Anglifizierung des Kaps verfolgte, wurde nur noch von seiner privaten Architektur-Besessenheit übertroffen. Eine von Somersets Neuerungen war die Veranda unter einem von zierlichen Eisensäulen geschützten Sonnendach.

South African National Gallery

Government Avenue, Company's Gardens ▪ 🕒 tgl. 10–17 Uhr ▪ Eintritt R30 ▪ 💻 www.iziko.org.za/museums/south-african-national-gallery

Die South African National Gallery ist ein Muss für jeden Besucher, der sich für die hiesige Kunstszene interessiert. Neben einer kleinen, hervorragenden Sammlung zeitgenössischer südafrikanischer Kunst – unbedingt sehenswert ist beispielsweise die Skulptur *Butcher Boys* von Jane Alexander, die Südafrikas ganze Brutalität und Gewalt der Vergangenheit und Gegenwart bildlich verkörpert – sind auch traditionelle Arbeiten aus dem Südosten des Kontinents zu sehen, in deren Mittelpunkt eine kleine Sammlung (ein Geschenk der deutschen Regierung) steht.

Die Ausstellungsstücke, darunter Perlenarbeiten und Schnitzereien, wurden nach ihrer ästhetischen Qualität und Seltenheit ausgesucht und stehen für das Credo der Galerie, vernachlässigte Aspekte des südafrikanischen Erbes ins Bewusstsein zu bringen. In einem Extrasaal sind außerdem weniger berühmte Arbeiten britischer Künstler – darunter Werke von George Romney, Thomas Gainsborough und Joshua Reynolds – sowie einige präraffaelitische Gemälde zu sehen.

South African Jewish Museum

88 Hatfield St ▪ 🕒 So–Do 10–17, Fr 10–14 Uhr ▪ Eintritt R50 ▪ 💻 www.sajewishmuseum.co.za

Das Museum ist teilweise in der ältesten Synagoge Südafrikas aus dem Jahre 1863 untergebracht. Es erzählt in einer der anspruchsvollsten und erfolgreichsten Dauerausstellungen Kapstadts die Geschichte der südafrikanischen Juden von den Anfängen vor mehr als 150 Jahren bis zur Gegenwart. Der Rundgang beginnt in der Old Synagogue, von wo aus die Besucher ins Obergeschoss eines neuen, zweistöckigen Gebäudes über eine Laufplanke gelangen – ein Symbol für die Ankunft der ersten jüdischen Immigranten auf Schiffen, die in den 1840er-Jahren in der Tafelbucht anlegten. Die Multimedia-Ausstellung verfolgt drei Erzählstränge: **„Memories"** befasst sich mit den Ursprüngen und Erlebnissen der Zuwanderer; **„Reality"** berichtet von ihrer Integration in Südafrika und **„Dreams"** beleuchtet die Rolle der Juden in Südafrika, ihre Beziehung zu Israel und ihre Position in der Welt.

Im Erdgeschoss befindet sich die wundervoll gestaltete begehbare Nachbildung eines litauischen *shtetls* (die Vorfahren der meisten südafrikanischen Juden stammen aus Litauen). Der Museumskomplex beherbergt auch ein gutes Restaurant, einen Laden und ein Auditorium.

Cape Town Holocaust Centre

88 Hatfield St ▪ ⌚ Mo–Do und So 10–17, Fr 10–13 Uhr ▪ Eintritt frei ▪ 💻 www.ctholocaust.co.za

Die 1999 eröffnete **Holocaust-Ausstellung** im Obergeschoss des Holocaust Centre (unter einem Dach mit dem Jüdischen Museum) zählt zu den gelungensten und bewegendsten Ausstellungen Kapstadts. In einem Land, in dem die Zeit rassistischer Unterdrückung noch nicht lange zurückliegt, stößt sie auf besonders viel Aufmerksamkeit. Die Ausstellung behandelt die Geschichte des Antisemitismus in Europa bis hin zur „Endlösung" der Nazis und befasst sich zudem mit den südafrikanischen *Greyshirts*, die sich in den 1930er-Jahren von der Nazi-Ideologie anstecken ließen und später in der National Party aufgingen. Mittels Texten, Fotografien, Gegenständen (z. B. eine KZ-Häftlingsuniform), Filmclips, Soundtracks und Multimediatechnik wird dem Besucher das komplexe Thema nahegebracht.

Great Synagogue

88 Hatfield St (gleicher Eingang wie zum Jewish Museum) ▪ ⌚ Mo 10–13, Di–Do und So 10–16 Uhr

Die Great Synagogue ist eines der eindrucksvollsten Gotteshäuser Kapstadts. Sie wurde von den schottischen Architekten Parker & Forsyth entworfen und 1905 fertiggestellt. An der Vorderfront ragen zwei Türme im Stil europäischer Barockkirchen empor. Innen wölbt sich eine mit Kupfer ausgekleidete Kuppel über einer kunstvoll mit goldenen Mosaiken verzierten Kammer mit liturgischen Gegenständen.

South African Museum

25 Queen Victoria St ▪ ⌚ tgl. 10–17 Uhr ▪ Eintritt R30 ▪ 💻 www.iziko.org.za/museums/south-african-museum

Das wichtigste Naturkundemuseum des Landes, das South African Museum, steht westlich der Government Avenue. In der **ethnografischen Abteilung** sind sehr sehenswerte traditionelle Kunstgegenstände und Handarbeiten verschiedener afrikanischer Völker sowie ungewöhnliche Felszeichnungen ausgestellt. Die **naturkundliche Abteilung**, eine Treppe höher, umfasst präparierte Tiere, Dioramen prähistorischer Karoo-Reptilien und Beispiele der Flora und Fauna des Tafelbergs. Das Highlight ist der vierstöckige „whale well": wie ein gewaltiges Mobile von der Decke baumelnde Wal-Skelette, untermalt von sphärisch klingenden Walgesängen.

Planetarium

25 Queen Victoria St ▪ Vorführungen tgl. 11–15, Di auch 20 Uhr, außerhalb der Schulferien jeden 1. Mo im Monat geschl. ▪ Eintritt R40 ▪ 💻 www.iziko.org.za/museums/planetarium

Wer sich von Fachleuten über den Sternenhimmel der südlichen Hemisphäre informieren lassen möchte, sollte das dem South African Museum angegliederte Planetarium besuchen. Es gibt auch ein wechselndes Programm zu Themen wie etwa die Himmelsmythen der San. Aktuelle Programmhefte liegen im Museum aus (Infos auch im Internet). Außerdem werden Pläne verkauft, auf denen die Planetenkonstellation innerhalb eines bestimmten Monats eingezeichnet ist.

Bertram House

Hiddingh Campus, Orange St ▪ ⌚ Mo und Fr 10–17 Uhr ▪ Spende ▪ 💻 www.iziko.org.za/museums/bertram-house

Am Südende der Government Avenue steht das Bertram House, dessen schöne, zweistöckige Backsteinfassade auf einen duftenden Kräutergarten hinausgeht. Das in den 1840er-Jahren erbaute Gebäude ist das einzige in Kapstadt noch erhaltene Backsteinhaus im georgianischen Stil. Es ist mit Möbeln und Haushaltsgegenständen ausgestattet, die bei wohlhabenden britischen Familien in der ersten Hälfte des 19. Jhs. üblich waren. Das 1962 zum National Monument ernannte Gebäude wurde in den 1980er-Jahren und noch einmal 2010 umfassend im ursprünglichen Stil restauriert. Dabei hat man die Fassade mit importierten Vorsatzziegeln und Dachschiefer nachgebaut und die Räume nach Farbrestfunden in ihren früheren Tönen Dunkelgrün und Ocker gestrichen. Die Empfangsräume sind im Regency-Stil gehalten und das Porzellan ist überwiegend englisch und stammt aus dem 19. Jh.

Houses of Parliament

Parliament St ▪ Führungen durch die National Assembly stdl. Mo–Fr 9–12 Uhr ▪ Eintritt frei ▪ Anmeldung eine Woche im Voraus, Ausweis oder Pass nicht vergessen ▪ ✆ 021-403 2266, ✉ tours@parliament.gov.za ▪ 💻 www.parliament.gov.za

Das **südafrikanische Parlament** besteht aus einer ganzen Reihe miteinander verbundener Gebäude mit einem Labyrinth aus Korridoren, Hunderten von Büros und Konferenzräumen. Viele stammen aus der Reformphase des Apartheidregimes in den 1980er-Jahren, als im Interesse der Rassentrennung drei verschiedene Verwaltungsabteilungen mit nach „Rassen" getrennter Zuständigkeit eingerichtet wurden.

In dem ursprünglichen, 1885 fertig gestellten imposanten viktorianisch-neoklassizistischen Flügel tagte anfänglich die gesetzgebende Versammlung der Kapkolonie. Nach dem 1910 erfolgten Zusammenschluss von Burenrepubliken und britischen Kolonien wurde er Sitz des Parlamentes der Union Südafrika, jenes alte Parlament, das mehr als 70 Jahre lang repressive Gesetze, darunter auch die Apartheidsgesetze, verabschiedete.

Die neue Kammer wurde 1983 als Teil des **Dreikammernparlaments** erbaut, P.W. Bothas Bestrebung, eine Mehrheitsregierung abzuwenden, indem er versuchte, Inder und Coloureds zu vereinigen – allerdings in getrennten Sitzungssälen. Die „tricameral" Kammer, in der gelegentlich die drei nichtafrikanischen „Rassen" zusammentraten, ist heute die **National Assembly**, wo Besucher Parlamentsdebatten beiwohnen dürfen. Kostenlose einstündige **Führungen** durch das Gebäude beginnen am Parlamentseingang an der Plein Street, Hier gibt's auch die Tickets für die Parlamentsdebatten – am interessantesten ist immer die Fragestunde (Mi 15 Uhr), wenn die Minister den Parlamentariern Rede und Antwort stehen.

Castle of Good Hope

Buitenkant, Ecke Darling St, gegenüber der Grand Parade ▪ Castle 🕒 tgl. 9–16 Uhr ▪ Eintritt R30 ▪ kostenlose Führungen um 11, 12 und 14 Uhr ▪ 💻 www.castleofgoodhope.co.za

Von außen wirkt das älteste Regierungsgebäude Südafrikas nicht besonders attraktiv und seine Lage an der Darling Street, hinter dem Bahnhof und Busbahnhof, macht es auch nicht gerade besser. Dennoch lohnt das Castle of Good Hope sein Eintrittsgeld, ist es doch sein graues Image inzwischen losgeworden. Nach umfangreichen zehnjährigen Restaurierungsarbeiten erstrahlt das Innere jetzt wieder im Glanz des 1798 eingeführten British Regency-Stils. Außerdem finden sich in dem Gebäude **sehenswerte zeitgenössische Ausstellungen** – aktuelle Infos auf der Website.

Die Anlage wurde in der europäischen Festungsbauweise des 17. Jhs. errichtet – mit wuchtigen Eckbastionen zum Schutz der Außenmauern. Das 1679 fertig gestellte Bauwerk ersetzte van Riebeecks früheres Fort aus Lehm und Holz, das an der Stelle stand, wo sich nun die Grand Parade befindet. 150 Jahre lang war das Castle das Zentrum der Kapverwaltung und stand mit seinem Gefängnis und dem Sklavenmarktplatz im Mittelpunkt des gesellschaftlichen und wirtschaftlichen Lebens.

Im Castle sind drei interessante Ausstellungen zu besichtigen: Das **Military Museum** behandelt die kriegerischen Konflikte aus den Anfangszeiten der Niederlassung; im **Secunde's House** sind Möbel, Gemälde und Kunstgegenstände aus den Wohnräumen des stellvertretenden Gouverneurs zu sehen, und die **William Fehr Collection**, eine der renommiertesten Kunstsammlungen des Landes, umfasst bild liche Darstellungen der Siedlung, holländisches und indonesisches Mobiliar aus dem 18. und 19. Jh. sowie chinesisches und japanisches Porzellan aus dem 17. und 18. Jh.

Bei den Führungen werden die Gefängiszellen und Folterkeller gezeigt, in denen noch die berührenden, jahrhundertealten Zeichnungen zu sehen sind, die die Gefangenen in die Wände ritzten. Außerdem besucht man den Innenhof, wo sich die Sklavenfamilien zusammendrängten, bevor sie auseinandergerissen und versteigert wurden.

Grand Parade und City Hall

Westlich des Castle of Good Hope erstreckt sich die Grand Parade; die weitläufige Freifläche diente ursprünglich zum Abhalten von Militärparaden und später als Markt- und Parkplatz sowie als Ort für politische Kundgebungen. Sie stand am 11. Februar 1990 weltweit im Zentrum des politischen Geschehens, als sich hier 100 000 Menschen versammelten, um die erste öffentliche Ansprache **Nelson Mandelas** zu hören, die er nach seiner Freilassung aus dem Gefängnis auf dem Balkon der benachbarten City Hall hielt. Dieses Gebäude im edwardianischen Baustil hebt sich wirkungsvoll vor der Kulisse des Tafelbergs ab.

District Six

Südlich des Castle, im Schatten des Devil's Peak, liegt ein unbebautes Gelände, das auf Stadtplänen mit **Zonnebloem** (Sonnenblume) bezeichnet wird. Bevor die Apartheid-Regierung daranging, es dem Erdboden gleichzumachen, war dies der District Six, ein ärmliches, aber lebendiges Viertel mit 55 000 Einwohnern, überwiegend Coloureds. Der ehemalige Bezirk mit seinen schmalen Gassen und seiner multikulturellen Vielfalt wurde später zur eigentlichen Wiege Kapstadts idealisiert.

Im Jahr 1966 erklärten die Apartheidsideologen den District Six zur **White Group Area** und ließen die Bulldozer anrollen, die immerhin 15 Jahre brauchten, um das Viertel aus dem Stadtbild zu entfernen. Nur die Moscheen und Kirchen blieben stehen. Allerdings rief diese Willkür sowohl im Ausland als auch im eigenen Land solche Empörung hervor, dass sich trotz der günstigen Grundstückspreise kaum jemand bereit fand, hier ein Haus zu bauen. So stehen am Rande des Viertels nur ein paar luxuriöse Mietshäuser und das Cape Technikon, eine Ausbildungsstätte, die fast ein Viertel des ehemaligen Districts einnimmt. Nach langjährigen Verhandlungen wurde inzwischen erreicht, dass auf Staatskosten preiswerte Wohnungen gebaut werden und einige der früheren Bewohner zurückkehren konnten.

District Six Museum

25a Buitenkant St ▪ Mo–Sa 9–16 Uhr ▪ Eintritt R30 ▪ www.districtsix.co.za

Es gibt nur wenige Orte in Kapstadt, die auf so bewegende Art und Weise die Auswirkungen der Apartheid auf das tägliche Leben der „kleinen Leute" verdeutlichen, wie dieses Museum am Nordende des District Six. Es ist in der ehemaligen **Central Methodist Mission Church** untergebracht, wo die Opfer der Zwangsräumung bis in die 1980er-Jahre hinein Unterstützung fanden und die ein Treffpunkt für Apartheidsgegner wurde. Im einstigen Kircheninneren sind unter anderem Haushaltsgegenstände, Handwerkszeug und Fotos zu sehen, die ein anschauliches Bild vom Alltag der früheren Bewohner vermitteln.

Einen Großteil des Bodens bedeckt ein Plan des alten District Six, auf dem die Vertriebenen schriftlich ihre Erinnerungen an vom Erdboden verschwundene Orte und Gebäude festgehalten haben. Beachtung verdient auch die fast komplette Sammlung von Original-Straßenschildern; die einem Mitarbeiter der Stadtreinigung zu verdanken ist, der eigentlich den Auftrag hatte, die Schilder in der Tiefe der Tafelbucht verschwinden zu lassen. Im **Museumscafé** gibt es Snacks, darunter die traditionellen süßen *koeksisters*.

Bo-Kaap

An den Ausläufern des Signal Hill liegt das Bo-Kaap, eines der ältesten und faszinierendsten Wohnviertel Kapstadts. Farbenfroh getünchte Häuser aus dem 19. Jh. im holländischen und georgianischen Stil säumen seine Straßen und

Bo-Kaap-Touren

Das Bo-Kaap lässt sich am besten auf einem **geführten Rundgang** inklusive eines Besuchs im Bo-Kaap Museum erkunden. Die zuverlässigste veranstaltet **Bo-Kaap Guided Tours**, ✆ 021-422 1554, 💻 www.bokaapcookingtour.co.za; R350 inkl. Eintritt zum Museum. Der zweistündige Stadtrundgang wird von Ortsansässigen durchgeführt, deren Kenntnisse weit über das Sightseeing-Standardprogramm hinausreichen. Er beginnt am Bo-Kaap Museum und beinhaltet einen kapmalaiischen Imbiss. Derselbe Veranstalter bietet auch eine ähnliche Tour an, bei der es zum Abschluss ein Mittagessen im Haus eines Bo-Kaap-Bewohners gibt. Dort kann man bei der Zubereitung einer muslimischen Kap-Mahlzeit zuschauen (R600, Buchungen mindestens zwei Tage im Voraus).

das Gewirr aus Gassen und Pfaden, das die Heimat der **muslimischen Gemeinde** bildet. Das Bo-Kaap besitzt seine ganz eigene, unverkennbare Identität, die nach der Zerstörung des District Six, mit dem es viel gemeinsam hatte, umso deutlicher hervortritt. Hier wird noch ein besonderer Dialekt des Afrikaans gesprochen, der allerdings zunehmend vom Englischen verdrängt wird.

Einige der langjährigen Anwohner haben ihre Häuser an geschäftstüchtige Zugezogene verkauft, die sie zu Guesthouses umgemodelt haben, um aus der tollen zentralen Lage des Viertels und der Aussicht auf den Tafelberg Kapital zu schlagen.

Die Einwohner des Bo-Kaap sind Abkömmlinge von ehemaligen Regierungsgegnern und Sklaven, die während des 16. und 17. Jhs. von den Holländern hierher verschleppt wurden. Man belegte sie mit dem irreführenden Sammelbegriff **„Kap-Malaien"**, obwohl weniger als 1 % von ihnen wirklich aus Malaysia kam; die meisten stammten aus Afrika, Indien, Madagaskar und Sri Lanka.

Das Bo-Kaap lässt sich am einfachsten zu Fuß über die Wale Street erreichen, die vom südlichen Ende der Adderley Street über die Buitengragt hinauf führt und die Hauptverkehrsader des Bo-Kaap bildet.

Bo-Kaap Museum

71 Wale St ▪ 🕒 Mo–Sa 10–17 Uhr ▪ Eintritt R20 ▪ 💻 www.iziko.org.za/museums/bo-kaap-museum

Eine ausgezeichnete Einführung in die Geschichte und die Traditionen des Bo-Kaap bietet das Bo-Kaap Museum, kurz vor dem Ende der Wale Street nahe Buitengragt. Es besteht in erster Linie aus dem Wohnhaus und den Besitztümern des religiösen Oberhaupts Abu Bakr Effendi, den die Briten 1862 als Vermittler zwischen verfeindeten muslimischen Fraktionen aus der Türkei kommen ließen. Er gründete eine arabische Schule und verfasste ein Buch in der Sprache der Region – einem Vorläufer des heutigen Afrikaans, und wahrscheinlich das erste gebundene Druckerzeugnis in dieser Sprache. Das Museum ist zudem eine Informationsquelle bezüglich der lokaltypischen Ausprägungen des Islam, die eigenständige Traditionen und annähernd zwei Dutzend über die Halbinsel verstreute *kramats* (Schreine muslimischer Heiliger) hervorbrachten.

Auwal Mosque

43 Dorp St

Eine Querstraße südlich des Museums erhebt sich die Auwal, die erste offizielle Moschee Südafrikas, die 1795 auf Betreiben von Tuan Guru, einem islamischen Gelehrten, gegründet wurde. Mittlerweile besitzt das 10 000 Einwohner starke Viertel zehn weitere Moscheen. Vom ursprünglichen Moscheegebäude ist nicht mehr allzu viel übrig geblieben. Das Gotteshaus verschmilzt fast mit den angrenzenden, einstöckigen georgianischen Reihenhäusern, von denen es nur durch das hohe Minarett zu unterscheiden ist.

De Waterkant

Südlich der Victoria and Alfred Waterfront, angrenzend an den westlichen Teil der Innenstadt und des Bo-Kaap, liegt De Waterkant mit hübschen georgianischen, an den Hang gebauten Häusern, ein paar ausgezeichneten Restaurants und Cafés und vor allem dem *pink square* – dem selbsterklärten Gayviertel der Stadt mit Clubs, Kneipen und Saunas. Mit der tollen Aussicht auf den Hafen und den Kopfsteinpflasterstraßen eignet sich De Waterkant auch wunderbar einfach zum entspannten Herumschlendern.

Strand Street

Die Strand Street, eine wichtige Verkehrsader, die den Freeway N2 mit dem innerstädtischen Geschäftsviertel verbindet, bildet die Trennlinie zwischen dem Upper und dem Lower City Centre. Aufgrund ihrer Nähe zum Hafen war sie von der Mitte des 18. bis zur Mitte des 19. Jhs. eine der renommiertesten Straßen Kapstadts, doch das Einzige, was heute noch darauf hindeutet, ist eine Handvoll eleganter, unter Denkmalschutz stehender Gebäude inmitten des Verkehrslärms.

Evangelical Lutheran Church

Buitengragt St, Ecke Strand St ▪ ◷ Mo, Mi und Fr 9–12 Uhr ▪ Eintritt frei

Die evangelisch-lutherische Kirche wurde 1785 von einem Schuppen zu einem Gotteshaus mit Uhrturm und gotischen Elementen wie Bogenfenstern umgebaut. Die auf den Schultern zweier lebensgroßer Atlanten ruhende **Kanzel** im Kirchenschiff stellt eines der Meisterwerke des kapholländischen Architekten Anton Anreith dar. Der Bau der lutherischen Kirche in Kapstadt Ende des 18. Jhs. stellte einen erheblichen Fortschritt dar, denn bis dahin herrschte in der Stadt extreme **religiöse Intoleranz**: Nicht nur war der Protestantismus die einzige erlaubte Form der Religionsausübung – die Holländisch Reformierte Kirche besaß auch das alleinige Monopol auf die Errettung der Seelen.

Koopmans-De Wet House

35 Strand St ▪ ◷ Mo–Fr 10–17 Uhr ▪ Eintritt R20 ▪ 💻 www.iziko.org.za/museums/koopmans-de-wet-house

Das zwischen zwei Büroblocks in der Nähe von Cape Town Tourism eingeklemmte Koopmans-De Wet House ist ein wunderbares Beispiel für ein neoklassizistisches Stadthaus des 18. Jhs. Es beherbergt eine erlesene Sammlung antiker Möbel und kostbaren Porzellans.

Die ältesten Teile des Gebäudes wurden 1701 von **Reyner Smedinga** errichtet, einem wohlhabenden Goldschmied, der das Baumaterial aus Holland importieren ließ. Das Haus wechselte in den folgenden zwei Jahrhunderten über ein Dutzend Mal den Besitzer. Nachdem in den 1760er-Jahren einige kleinere bauliche Erwei-

Die beliebteste Shoppingmeile der Stadt: die V&A Waterfront

© DUMONT BILDARCHIV / ARTHUR F. SELBACH

terungen vorgenommen worden waren, erhielt das Gebäude zwischen 1774 und 1790 ein zweites Stockwerk. 1806 gelangte das Haus in den Besitz der Familie De Wet und war schließlich das Zuhause von **Marie Koopmans-De Wet** (1834–1906), einer in den Politkreisen und der gehobenen Gesellschaft des Kaps äußerst einflussreichen Dame.

Die Architektur des Hauses bildet eine schöne Synthese von holländischen Stilelementen (Schiebefenster, große Haustüren) und einer von der südafrikanischen Witterung diktierten Bauweise. Hohe Zimmerdecken und Fensterläden boten Schutz vor der Sommerhitze, und rechts und links der *stoep* (Veranda) vor dem Haus befinden sich Mauersitze. Die **Laterne** in der Lünette über dem Eingang war im 18. und frühen 19. Jh. fester Bestandteil aller Stadthäuser der Kapregion. Sie diente dazu, die Straße zu beleuchten und somit Sklaven daran zu hindern, im Schutze der Nacht verschwörerische Versammlungen abzuhalten.

Ein sicherer Hafen

Aufgrund der tückischen Witterung galt das Kap als das **Kap der Stürme**, und die Tafelbucht war oft mit Schiffswracks übersät. Die Debatte darüber, ob eine Hafenanlage gebaut werden sollte, bestimmte die erste Hälfte des 19. Jhs. Um 1850, als immer mehr Schiffe das Kap anliefen, wurde der Ruf nach einem sicheren Hafen immer lauter und erreichte 1860 seinen Höhepunkt, als die Versicherungsgesellschaft Lloyds sich weigerte, Schiffe zu versichern, die in der Tafelbucht vor Anker gingen. Die britische Kolonialregierung verhielt sich angesichts der zu erwartenden Kosten zögerlich, gab dann aber nach. An einem stürmischen Septembertag 1860 schippte der damals noch minderjährige Prinz Alfred im Rahmen einer pompösen Zeremonie die erste Schaufel Steine in die Tafelbucht und gab damit den Startschuss für einen Hafendamm, den **Breakwater**, der den westlichen Hafenarm bildet. 1869 war das Dock mit zwei Hauptbecken fertig.

V&A Waterfront

💻 www.waterfront.co.za ▪ Zur V&A Waterfront fahren die MyCiTi-Busse Nr. A01 vom Flughafen, Nr. 104 vom Sea Point und Nr. 106 von Camps Bay sowie der Cape Town Sightseeing Bus, der auf zwei Routen an den Hauptsehenswürdigkeiten der Stadt vorbeifährt und vor dem Two Oceans Aquarium hält (ausführliche Streckenbeschreibung S. 194)

Die Victoria and Alfred Waterfront, kurz „The Waterfront" genannt, ist die ursprüngliche viktorianische Hafenanlage Kapstadts und die beliebteste Einkaufszone der Stadt – ein bunter Mix aus Geschäften, Restaurants, Kinos, Uferpromenaden und dem betriebsamen Hafen. Im Zentrum des Einkaufsgeschehens steht eine riesengroße, schicke **Mall**, die sich auf zwei Etagen an den Quays Five und Six erstreckt, 🕒 tgl. 9–21 Uhr. Von den Restaurants und Cafés an der Ostseite des Einkaufzentrums bietet sich eine fantastische Aussicht auf den jenseits des geschäftigen Hafens aufragenden Tafelberg. Im **Red Shed Craft Workshop**, an der Westseite der Hafenanlage, ✆ 021-408 7847, versammeln sich Handwerker wie Glasbläser, Kürschner, Künstler und Schmuckhersteller aus den Townships unter einem riesigen Dach, 🕒 Mo–Sa 9–21, So 10–21 Uhr. Auf dem **Market Square** und im **Agfa Amphitheatre** werden Musikveranstaltungen unter freiem Himmel veranstaltet. An der Waterfront legen auch die Boote nach Robben Island ab (S. 131) – die Touristen steigen an genau derselben Stelle in die Boote, wo früher viele südafrikanische Anti-Apartheid-Aktivisten ihren Weg in Gefangenschaft und Zwangsarbeit antreten mussten.

Two Oceans Aquarium

Dock Rd ▪ 🕒 tgl. 9.30–18 Uhr ▪ Eintritt R125 ▪ 💻 www.aquarium.co.za

Das Two Oceans Aquarium ist eine prima Option für einen verregneten Tag. Es veranschaulicht die einzigartige Unterwasserwelt am Kap, wo der warme Indische Ozean auf den kalten Atlantik trifft. Die beiden faszinierendsten Abteilungen, der Seetangwald und das Raubfischbecken, werden zurzeit modernisiert und sollen 2016 wieder eröffnet werden. Man kann aber bis dahin immerhin noch die unter Wasser schwim-

V&A Waterfront und De Waterkant

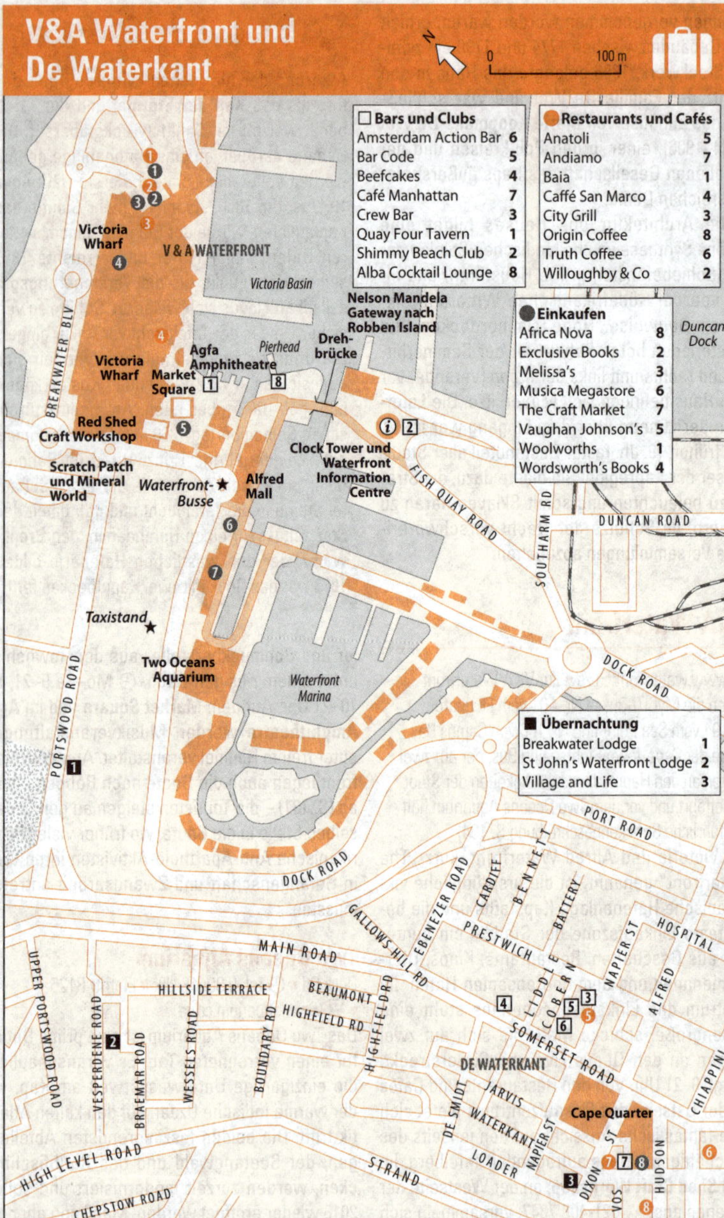

menden Felsen- und Brillenpinguine betrachten. Im **Untergeschoss** liegt das **AfriSam Children's Centre** für Kinder, wo sich die Kleinen Puppentheater ansehen und aus recyceltem Material Mobiles oder Magneten für den Kühlschrank zu Hause basteln können.

Clock Tower und Nelson Mandela Gateway

Clock Tower Precinct ▪ ⏲ tgl. 7.30–21 Uhr ▪ Eintritt frei ▪ ✆ 021-409 5100

Der imposante **Clock Tower** an der Drehbrücke der Waterfront wurde 1882 als Büro des Hafenmeisters erbaut. Jetzt sind hier verschiedene kostenlose Ausstellungen des Robben Island Museum untergebracht, darunter Zeugenberichte ehemaliger politischer Gefangener, Gefängniswärter und deren Familien. Auf Wandzeitungen sind die individuellen und kollektiven Werdegänge der Freiheitskämpfer nachgezeichnet, die von hier aus den Weg ins Gefängnis antraten. Gleich hinter dem Uhrturm befindet sich der **Nelson Mandela Gateway**, wo die Fähren zur Robben Island (s. u.) ablegen.

Robben Island

Ein paar Kilometer vom Trubel der Waterfront entfernt, herrscht auf dem flachen, windigen Robben Island eine fast unheimliche Stille. Eigentlich sollten hier die nationalen Kritiker des Apartheidregimes zum Schweigen gebracht werden, doch stattdessen geriet die Insel in den Mittelpunkt des internationalen Protestes gegen die südafrikanische Willkürherrschaft. Die nur 6 km² große, spärlich mit Gestrüpp bewachsene Insel war fast 20 Jahre lang die „Heimat" Nelson Mandelas.

Geschichte der Insel

Nelson Mandela ist zwar der berühmteste Strafgefangene von Robben Island, aber er war keineswegs der erste. Schon seit dem 17. Jh. diente die Insel als Straflager für politische Gegner. Der erste Sträfling, der auf die Insel verbannt wurde, war der Khoikhoi-Häuptling **Autshumato**, der zu Beginn des 17. Jhs. die englische Sprache erlernte und sich mit den Briten verbündete. Nachdem sich die holländische Niederlassung fest etabliert hatte, ließ ihn Jan van Riebeeck 1658 wegen Mordes an einem holländischen Viehhirten auf der Insel festsetzen. Das restliche 17. Jh. wurden eine Reihe politischer Gefangener aus Südostasien wegen ihres Widerstandes gegen die holländische Kolonialregierung hierher verbannt.

Im 19. Jh. nutzten die **Briten** Robben Island als Lager für Deserteure, Kriminelle und politische Gefangene. Gefangen genommene **Xhosa-Anführer**, die während der Grenzkriege von Anfang bis Mitte des 19. Jhs. das Britische Empire bekämpften, wurden auf dem Seeweg vom Ost- ans Westkap transportiert, für viele endete die Reise auf Robben Island. 1846 ging man dazu über, auch Angehörige **sozialer Randgruppen** auf die Insel zu verfrachten. Zu den Verbrechern und politischen Häftlingen gesellten sich nun kleine Gauner, Prostituierte, Geisteskranke und Behinderte. In den 1890er-Jahren etablierte sich zudem eine Leprakolonie. 1921 wurden die Geisteskranken von der Insel weggeholt, die Leprakranken erst 1930.

Robben Island wurde eigentlich erst bekannt, als 1961 das **Prisons Department** das Regime übernahm. Als Nelson Mandela hierherkam, war die Anlage zu einem Hochsicherheitsgefängnis umgebaut worden. Die Häftlinge durften nur alle sechs Monate einen einzigen Brief verschicken und erhalten. Die brutalen Haftbedingungen, zu denen routinemäßig Prügelstrafen und schwere Zwangsarbeit gehörten, wurden durch die geografische Lage noch verschlimmert: Eisige Winde vom Südpol fegen regelmäßig über die Insel. Die Gefangenen aber mussten kurze Hosen und dünne Pullover tragen. Wie alle anderen schlief auch Mandela auf einer dünnen Matte auf dem Fußboden und war 16 Stunden pro Tag in einer fünf Quadratmeter winzigen Einzelzelle eingesperrt.

Erstaunlicherweise fanden die Häftlinge Möglichkeiten des **Protestes** durch Hungerstreiks, öffentliche Anprangerung der Missstände (etwa bei Besuchen von Vertretern des Internationalen Roten Kreuzes) und forderten sogar auf juristischem Weg von der Gefängnisleitung die Abschaffung der Prügelstrafe. Im Laufe der Jahre erkämpften sie einige Verbesserungen,

Touren nach Robben Island

Verschiedene Anbieter an der Waterfront verkaufen Tickets für Bootsfahrten zur Insel, aber Vorsicht: Die Schiffe fahren zwar nah an die Insel heran, doch nur mit den offiziellen Tickets des **Nelson Mandela Gateway** darf sie auch betreten werden, ✆ 021-413 4219, 💻 www.robben-island.org.za. Im Ticketpreis von R250 sind die Hin- und Rückfahrt, der Eintritt zur Insel und die dreieinhalbstündige Führung enthalten. Die Karten müssen lange im Voraus per Kreditkarte reserviert werden, denn die Boote (Abfahrt tgl. um 9, 11, 13 und 15 Uhr) sind oft ausgebucht, besonders im Dezember und Januar. Allerdings können die Fahrten bei schlechtem Wetter ausfallen, und die Qualität der Führungen hängt stark vom jeweiligen Guide ab. Der Rundgang über die Insel und ein Besuch von Mandelas Zelle sind aber auf jeden Fall ein unvergessliches Erlebnis.

und die Insel wurde zu einer Universität hinter Gittern, wo sich Menschen unterschiedlicher politischer Ansichten und Generationen austauschten. Nicht selten gaben Gefangene ihren Wächtern Nachhilfeunterricht. 1991 wurden die letzten politischen Häftlinge von Robben Island freigelassen und 1996 die verbliebenen Gefangenen auf das Festland verbracht.

Ein Jahr später wurde aus der Insel ein Museum gemacht, und 1999 wurde sie von der Unesco zum **Weltkulturerbe** erklärt.

Die Insel

Die Fähre braucht rund eine halbe Stunde bis zur Insel. Nach der Ankunft erwartet die Besucher eine **Busfahrt** über die Insel und ein **Gefängnisrundgang**. Der Bus hält an mehreren historisch bedeutsamen Stätten, zuerst am *kramat*, der zum Gedenken an Tuan Guru erbaut wurde, einem muslimischen Gelehrten aus dem indonesischen Archipel, den die Holländer im 18. Jh. nach Robben Island verbannten. Nach seiner Freilassung engagierte er sich bei der Verbreitung des Islam unter den Sklaven in Kapstadt. Die Busfahrt führt auch am **Friedhof** und der **Kirche der Leprakranken** vorbei.

Das Haus von **Robert Sobukwe** (Kasten S. 376) ist vielleicht das traurigste und ergreifendste Relikt aus der Vergangenheit der Gefängnisinsel. Sobukwe, der Vorsitzende des Pan Africanist Congress (einer radikalen Abspaltung des ANC) wurde hier neun Jahre lang in Einzelhaft gehalten. Kein anderer politischer Häftling durfte mit ihm sprechen, doch manchmal brachte er seine Solidarität mit ihnen zum Ausdruck, indem er Sand durch seine Finger rieseln ließ, wenn sie vorbeimarschierten. Nach seiner Haftentlassung 1969 stand Sobukwe bis zu seinem Krebstod 1978 in Kimberley unter Hausarrest.

Der Bus hält unter anderem beim **Kalksteinbruch**, wo Nelson Mandela und seine Mithäftlinge unzählige Stunden harter Arbeit ableisteten.

Das Hochsicherheitsgefängnis

Die Besichtigung des **Maximum Security Prison**, ein finsterer Komplex am Rand der Insel, beginnt mit einer Tour unter der Führung eines ehemaligen Gefängnisinsassen durch den berühmten **B-Trakt**. Danach können sich die Besucher auf eigene Faust umsehen. **Mandelas Zelle** wurde genauso belassen, wie sie war, ohne irgendwelche Verschönerungsmaßnahmen, doch die anderen Zellen sind abgeschlossen und leer.

Im nahe gelegenen **A-Trakt** dokumentiert die Ausstellung „Cell Stories" die ganze Ärmlichkeit des Gefängnisdaseins. Die winzigen Isolationszellen enthalten persönliche Gegenstände ehemaliger Häftlinge, Dokumente und Fotos.

Gegen Ende der 1980er-Jahre wurden Kameras auf die Insel geschmuggelt, und die Häftlinge machten Schnappschüsse, die heute in der **Smuggled Camera Exhibition** in den Gemeinschaftszellen des D-Traktes hängen. Die **Living Legacy**-Tour durch den F-Trakt wird von Ex-Gefangenen geführt, die von ihrer Haft berichten.

Die südlichen Vororte

Vom Tafelberg und der Innenstadt erstrecken sich die Wohnviertel Kapstadts Richtung Osten bis weit ins Binnenland. Hier liegen die ehemals überwiegend Weißen vorbehaltenen südlichen

Vororte, die vom östlichen Ausläufer des Tafelbergs bis Muizenberg an der False Bay reichen, mit Claremont und Newlands als Zentrum.

Von der Stadt ist es gar nicht weit bis in die Wälder, Parks und Weingärten am Osthang des Tafelbergs und seinem Ausläufer, dem Constantiaberg. Von der Innenstadt, der Waterfront oder der City Bowl sind die südlichen Vororte mit dem Auto am schnellsten über den **M3 Highway** zu erreichen. Eine Alternative ist die **Bahn** von der Cape Town Station nach Woodstock, Salt River, Observatory, Mowbray, Rosebank und Rondebosch sowie zu den weiter südlich gelegenen Bahnhöfen Richtung Fish Hoek und Simon's Town. Und mit den Hop-on/Hop-off-Sightseeingbussen (S. 194) lassen sich Kirstenbosch, die Weingärten von Constantia und Hout Bay erreichen.

Woodstock und Salt River

Die staubigen, dem Wind ausgelieferten Vororte Woodstock und Salt River sind die ältesten Kapstadts und liegen dem Industriebezirk am nächsten. Der Anblick der alten Leute, die auf ihren *Stoeps* ein Schwätzchen halten und dabei ein Auge auf die in den kaputten Straßen herumrennenden Kinder werfen, verschafft eine Ahnung davon, wie Kapstadt früher ausgesehen haben muss, vor den gewaltsamen Evakuierungen auf die Cape Flats in den 1970- und 1980er-Jahren. Doch langsam aber sicher macht sich in diesen überwiegend farbigen Arbeiterbezirken die Gentrifizierung breit. Sie entwickeln sich zu Kapstadts Top-Designerecke, und zwischen Autohändlern und Gebrauchtmöbelläden erblühen Designshops, Kaffeehäuser und Kunstgalerien. Die beiden Vororte gehen nahtlos ineinander über, allerdings ist Salt River immer noch etwas ärmlicher und mehr von Fabriken geprägt. Die schönen alten viktorianischen Gebäude Woodstocks hingegen haben neue Besitzer bekommen und sind renoviert worden.

Die beste Anlaufstelle in Woodstock ist die **Albert Road**. Dort findet in der **Old Biscuit Mill** jeden Samstagvormittag ein fantastischer Markt mit Bio- und selbst gemachten Lebensmitteln statt (S. 186). In der Mill haben sich auch zwei der besten innovativen Restaurants von Kapstadt niedergelassen: Test Kitchen (S. 171) und Pot Luck Club (S. 170). Ein Besuch bei **Woodstock Exchange** (S. 185) lohnt sich wegen der bunten Mischung aus Geschäften und Kunst- und Kunstgewerbeateliers. Zu einer Auswahl weiterer spannender Adressen in der Gegend s. 💻 www.mondaydesign.co.za/Woodstock-design-district.

Observatory

Am Südende von Woodstock liegt **Observatory**, das allgemein als szeniges Studentenviertel gilt. Diesen Ruf verdankt es nicht zuletzt seiner Nähe zur Kapstädter Universität und der Groote Schuur Hospital Medical School sowie einigen nichtstaatlichen Organisationen. Unter den zur Abwechslung einmal nicht aufgemotzten Arkaden an der Hauptstraße Lower Main Road und in den Seitenstraßen gibt es eine Handvoll netter Lokale zum Chillen und Feiern. Im riesigen Groote Schuur Hospital, das sich über der Schnellstraße, die durch Observatory führt, erhebt, wurde 1967 die erste erfolgreiche Herztransplantation der Menschheitsgeschichte durchgeführt.

Irma Stern Museum

Cecil Rd, Rosebank ▪ 🕒 Di–Sa 10–17 Uhr ▪ Eintritt R10 ▪ 💻 www.irmastern.co.za

Irma Stern (Kasten S. 134) gilt als eine der Wegbereiterinnen der südafrikanischen Künstlerszene des 20. Jhs., weniger dank ihres eher bescheidenen Beitrags zur internationalen Kunstwelt, sondern aufgrund der Tatsache, dass sie moderne europäische Ideen in die Kolonien brachte.

Das **UCT Irma Stern Museum** war 38 Jahre lang, bis zu ihrem Tod im Jahr 1966, die Wohnstätte der Künstlerin. Es enthält eine erstaunliche, von Irma Stern zusammengetragene Sammlung iberischer, afrikanischer, orientalischer und antiker Gegenstände. Im Grunde spiegelt das ganze Haus die Begeisterung der Künstlerin für alles Exotische wider, angefangen von ihren eigenen, an Gauguin erinnernden Gemälden mit „Eingeborenen"-Darstellungen, über die mit wunderbaren Schnitzereien versehenen Holztüren, die sie von einer Reise nach Sansibar mitbrachte, bis zu dem für südafrikanische Verhältnisse völlig untypischen Garten mit seinem Bambusdickicht und den Palmen.

Rhodes Memorial

Rhodes Ave, Rondebosch ▪ ⌚ Restaurant und Tea Garden tgl. 9–17 Uhr ▪ 💻 www.rhodesmemorial.co.za ▪ Zufahrt über eine nordwestlich vom M3 abgehende, ausgeschilderte Straße

Im Stadtteil **Rondebosch** befindet sich die **University of Cape Town** (UCT), deren malerisch mit Kletterpflanzen überwucherte Gebäude aus dem 19. Jh. den Hang des Tafelbergs oberhalb der Main Road und der Autobahn M3 überziehen. In der Nähe des Campus steht das im Stil eines griechischen Tempels errichtete **Rhodes Memorial**. Die Statue eines sich aufbäumenden Pferdes steht als Symbol für Cecil Rhodes. Zur Büste des Empire-Gründers führt eine Reihe von Treppen hinauf. Gnu- und Zebraherden grasen gemächlich an den Hängen rund um das Denkmal, und von seinem **Restaurant** aus hat man einen herrlichen Blick auf Kapstadt.

Unterhalb des Memorial, an der M3, steht die heute etwas fehl am Platz wirkende **Mostert's Mill**: Die Windmühle wurde vor zwei Jahrhunderten erbaut, als sich hier noch Weizenfelder erstreckten.

Newlands und Claremont

Südlich von Rondebosch liegen einige alte, vornehme Stadtteile, darunter das fast mit Rondebosch verschmolzene **Newlands**, wo sich die bekanntesten Rugby- und Cricketstadien Kapstadts befinden. Das wohlhabende **Claremont**, südlich von Newlands, ist ein gefragtes Einkaufs- und Vergnügungsviertel mit einem Kino und zahlreichen Läden in der **Cavendish Square Mall**.

Bishopscourt und Wynberg

Etwas weiter südlich, hinter dem Wegweiser zu den Kirstenbosch Gardens, liegt **Bishopscourt**, wo sich die Residenz des anglikanischen Bischofs von Kapstadt befindet und inmitten großer Anwesen prächtige Villen verbergen.

Noch etwas weiter südlich wartet der Vorort **Wynberg** mit dem bekannten Maynardville Shakespearean-Freilufttheater (S. 182) und ein paar ausgefallenen Geschäften und Restaurants in der Wolfe Street, **Little Chelsea** genannt, auf. Die Main Road von Wynberg dagegen bietet ein etwas anderes Einkaufserlebnis – einen interessanten Bummel vorbei an Straßenständen, Billigläden und Textilgeschäften, die von den zwischen Wynberg und Khayelitsha pendelnden Arbeitern frequentiert werden.

Irma Stern

Irma Stern wurde 1894 in einer südafrikanischen Kleinstadt als Tochter deutsch-jüdischer Eltern geboren und absolvierte ein Studium an der Kunstakademie in Weimar. In Auflehnung gegen die konservative Prägung der Akademie ging sie dazu über, **expressionistische Stilmittel** in ihren Gemälden zu verwenden, von denen einige auf einer Ausstellung der Neuen Secession in Berlin 1918 präsentiert wurden. Stern nahm in den 1940er- und 1950er-Jahren an mehreren Expeditionen nach Sansibar und in den Kongo teil, auf denen sie Inspiration für ihre ausdrucksstarken Gemälde fand, die damals ganz Südafrika schockierten.

Sterns Arbeiten wurden in Europa geschätzt, doch als sie nach dem Zweiten Weltkrieg nach Südafrika zurückkehrte, behaupteten Kritiker, ihr Stil verberge einfach nur ihre technische Unfähigkeit. Heute hingegen betrachten südafrikanische Kunsthistoriker sie als eine Galionsfigur ihrer Generation. Zu ihren bekanntesten Werken zählen das oft kopierte **The Eternal Child** (1916), ein einfaches, aber kraftvolles Porträt eines jungen Mädchens, sowie **The Wood Carriers** (1951), ein in rauen Ocker-, Braun- und Orangetönen gehaltenes Porträt zweier afrikanischer Frauen.

Kirstenbosch National Botanical Gardens

Rhodes Drive ▪ ausgeschilderte Abfahrt vom M3 nahe Newlands ▪ ⌚ tgl. April–Aug 8–18, Sep–März 8–19 Uhr ▪ Eintritt R47 ▪ Kostenlose geführte Rundgänge (Mo–Sa um 10 Uhr) und Shuttle-Car-Touren (jeweils zur vollen Stunde, R50) beginnen am Visitors Centre, Gate 1 ▪ Anfahrt von der Waterkant per Blue Mini Peninsula Tourbus (S. 194) oder von der Innenstadt per Taxi für rund R175

Die Kirstenbosch National Botanical Gardens, 13 km südlich der Innenstadt, wurden 1913 eröffnet und sind einer der überwältigendsten Naturschätze des Planeten. 2004 wurden sie zur Unesco-Welterbestätte erklärt – eine Ehre, die keinem anderen botanischen Garten auf der Welt jemals zuteil wurde. Gewürdigt wurde die internationale Bedeutung der Fynbos-Vegetation (Kasten S. 136) und des hier vorherrschenden Kap-Florenreichs, das Botaniker aus aller Welt anzieht.

Für den Besuch des botanischen Gartens sollten mindestens zwei Stunden veranschlagt werden. Asphaltierte, mit Wegweisern versehene Pfade führen zu den Highlights, und die Bäume und Pflanzen sind mit Erklärungstäfelchen versehen.

Die faszinierendste Einrichtung ist der **Boomslang Tree Canopy Walkway**, eine Brücke aus Stahl und Holz, die sich mal höher, mal tiefer durch die Bäume des **Arboretum** schlängelt und weite Ausblicke auf den Park und die Berge erlaubt. Eine interessante sensorische Erfahrung bieten der **Fragrance Garden** und der gegenüber abzweigende, für blinde Besucher mit Schildern in Braille-Schrift gekennzeichnete **Braille Trail** mit unzähligen duftenden Pflanzen in erhöhten Beeten, die alle angefasst werden dürfen.

Die von Menschenhand angelegten Gärten am Fuß des Berges gehen nahtlos in die wilde Bergflora über, die einen Großteil des felsigen Osthangs und der bewaldeten Schluchten des Tafelbergs bedeckt: Die Lage ist atemberaubend. Zwei beliebte Wanderwege beginnen beim Contour Path oberhalb des Botanischen Gartens, einer zur **Nursery Ravine** und ein anderer zur **Skeleton Gorge** (S. 138). Im Garten selbst muss man keine Angst vor Kriminalität haben, aber wer die Hänge hoch oder auf dem Contour Path nach Constantia Neck oder Newlands Forest und zum Rhodes Memorial spaziert, sollte die üblichen Sicherheitsmaßnahmen einhalten.

Auf dem Gelände des Gartens gibt es einen Outdoor-**Coffeeshop** (🕒 tgl. zum Frühstück, Mittagessen und Nachmittagstee), einen **Tearoom** und ein **Restaurant**, wo im Winter ein Kaminfeuer prasselt. Im Sommer ist der schönste Platz wahrscheinlich die Wiese, auf der man sich an Sonntagnachmittagen mit einem Picknickkorb niederlassen, bei einem Kapwein dem **Freiluftkonzert** lauschen und die Bergluft und den Sonnenuntergang genießen kann.

Kapholländische Architektur

Der **kapholländische Baustil**, der sich zwischen dem 17. Jh. und frühen 19. Jh. am Westkap entwickelte, ist so untrennbar mit den Winelands verbunden, dass er praktisch einen Teil der Landschaft ausmacht. Die blendend weiß getünchten Mauern bilden einen wunderbaren Kontrast zu den grünen Weingärten, und die Reetdächer und geschwungenen Giebel scheinen die Linien der sie umgebenden Berge nachzuzeichnen. Markenzeichen des kapholländischen Stils ist der zentrale, in die Längsseite des Daches eingelassene Giebel. Die Giebelkonstruktionen wurden im Laufe der Zeit immer aufwendiger und gleichzeitig Symbol für Wohlstand und Status.

Aus dem Zentrum Kapstadts verschwand der Giebel in den 1830er-Jahren und wurde durch Gebäude mit glatten Fassaden und Flachdächern ersetzt – eine Reaktion auf eine Reihe von verheerenden Bränden in Kapstadt und Stellenbosch. Lediglich als vereinzelte minimale Dachdekoration von symbolischem Wert erhielt er danach noch eine Chance. Ein Beispiel hierfür ist die geschwungene Dachbrüstung des **Bo-Kaap Museum** (1763–68) in der Wale Street.

Constantia und seine Weingüter

Südlich von Kirstenbosch liegen die eleganten Vororte **Constantia** und die ältesten **Weingüter** des Kaps. Mit dem Auto lässt sich das bezaubernd schön an den Ausläufern des Tafelbergs und Constantiabergs gelegene Weingebiet mit umwerfender Aussicht auf die False Bay über den M3 von der Innenstadt in einer halbstündigen Fahrt leicht erreichen.

Der Weinanbau nahm 1685 auf dem Hof von **Simon van der Stel** seinen Anfang, dem Gouverneur, der den Auftrag hatte, die junge holländische Kolonie zu erweitern. Er machte sich mit Feuereifer ans Werk und sicherte sich einen riesigen Teil des fruchtbarsten Landes am Constantiaberg unmittelbar südlich des Tafelbergs. Das Anwesen benannte er nach seiner Tochter Constancia, und dies ist heute noch (mit einer kleinen Änderung der Schreibweise) der Name von Kapstadts begehrtestem Wohnviertel.

Fynbos

Die ersten holländischen Siedler suchten auf der Kap-Halbinsel vergeblich nach Bauholz. Alles was sie fanden, war ein unscheinbares Gestrüpp, das sie als *fijn bosch* („dünner Busch") bezeichneten. Noch heute ist es unter seinem afrikaansen Namen **Fynbos** bekannt. Um Abhilfe zu schaffen, pflanzten die Siedler Exoten wie Eichen an, die heute noch in der Kapstädter Innenstadt Schatten spenden, und im Laufe der Jahrhunderte legten ihre Nachfahren an den Flanken des Tafelbergs Kiefernwälder an, um eine malerische Landschaft gemäß ihrer europäischen Vorstellung zu schaffen. Erst vor relativ kurzer Zeit gingen die Kapbewohner dazu über, den Fynbos mit Stolz als Teil des kulturellen Erbes der Halbinsel zu betrachten. Übrigens sind viele in Europa verbreitete Zierpflanzen, wie Geranien, Fresien, Gladiolen, Gänseblümchen und Lilien veredelte Arten der am Kap beheimateten Flora. Der Fynbos zeichnet sich durch eine erstaunliche Pflanzenvielfalt aus, die 80 % der gesamten **Capensis** (Kapflora), des kleinsten Florenreichs der Welt, ausmacht. Mit rund 8500 Arten ist der Fynbos eine der vielfältigsten Vegetationszonen der Erde. Nur die südamerikanischen Regenwälder können sich annähernd mit diesem Artenreichtum messen. Allein auf der Kap-Halbinsel, deren Fläche weniger als 500 km^2 beträgt, finden sich 2256 Pflanzenarten (fast doppelt so viele wie in Großbritannien, das 5000-mal größer ist). Während die anderen fünf Florenreiche riesige Gebiete, wie Australien oder die Nordhalbkugel umfassen, erstreckt sich das Kap-Florenreich über einen relativ schmalen Bogen entlang der Küste von Niewoudville im Westen über Kapstadt bis nach Grahamstown im Osten. Die vier Pflanzengrundarten des Fynbos sind: **Protea** (die Landesblume Südafrikas); die rund 600 Heidekrautarten umfassende **Erika** (im Rest der Welt kommen nur 26 Arten vor); **Gräser** und **Geophyten** (im Boden überwinternde oder wachsende Pflanzen), darunter Lilien und die feuerroten Roten Disas, die im Spätsommer am Tafelberg blühen.

Aus den Constantia-Reben wird seit van der Stels erster Ernte im Jahr 1705 Wein gekeltert. Als van der Stel 1712 starb, wurde der Besitz aufgeteilt und verkauft, dadurch entstanden das heutige **Groot Constantia**, **Klein Constantia** und **Buitenverwachting**. Alle drei Winzereien stehen Besuchern offen und bieten Weinproben an. Wer nicht ins eigentliche Weingebiet weiterfahren kann oder will, sollte sich einen Abstecher nach Constantia keinesfalls entgehen lassen.

Groot Constantia

Groot Constantia Rd ▪ **Gelände** 🕒 tgl. 9–18 Uhr ▪ **Kellerführungen** tgl. zur vollen Std. 10–16 Uhr ▪ R40 inkl. 5 Verkostungen und 1 Souvenirglas; nur mit Reservierung ▪ **Weinverkostung** tgl. 9–17.30 Uhr ▪ R30 ▪ ✆ 021-794 5128, 💻 www.grootconstantia.co.za ▪ Anfahrt von der Waterkant per Blue Mini Peninsula Tourbus (S. 194)

Das größte und am stärksten auf Touristen ausgerichtete Weingut ist Groot Constantia. Sein besonderer Reiz besteht darin, dass hier noch van der Stels Originalgebäude stehen. Ein Besuch von Groot Constantia lohnt sich, auch wenn die Darstellung des Lebens in dem kolonialen Anwesen des 17. Jhs. weitgehend die Sklavenarbeit außer Acht lässt, auf der sein Reichtum basierte. Das typisch kapholländische **Herrenhaus**, ursprünglich van der Stels Wohnhaus, wurde Ende des 18. Jhs. von dem französischen Architekten Thibault umgebaut und nach einem Brand im Jahr 1925 restauriert. Eine Eichenallee verläuft vom Eingang zum Herrenhaus, hinter dem die oberirdischen Weinkeller liegen. Das weitläufige, vorbildlich gepflegte Weingut bietet sich auch bestens für Spaziergänge zwischen den Rebstöcken an.

Klein Constantia

Klein Constantia Rd ▪ 🕒 Mo–Fr 9–17, Sa 9–15 Uhr ▪ Eintritt frei ▪ 💻 www.kleinconstantia.com

Das Weingut ist, wie der Name bereits vermuten lässt, kleiner als Groot Constantia. Hier gibt es kostenlose Weinproben in weniger förmlicher Atmosphäre. Die Gebäude sind zwar längst nicht so prachtvoll, aber die Lage ist genauso schön. Das Gut produziert ein paar erlesene Weine, darunter den **Vin de Constance**, Nachfolger eines Constantia-Weins aus dem 18. Jh., eines Lieblingsweins Napoleons, Friedrichs des Großen und Bismarcks. Der köstliche Dessertwein, abgefüllt in Flaschen, die so aussehen wie die Originalflaschen, ist ein originelles Souvenir.

Buitenverwachting

Klein Constantia Rd ▪ ⌚ **Gebäude** Mo–Fr 9–17, Sa 10–15 Uhr ▪ Eintritt frei ▪ **Picknick Lunch** Ende Nov–März 12–16 Uhr ▪ R135 p. P. ▪ Reservierung erforderlich ▪ ☏ 021-794 5190, 💻 www.buitenverwachting.co.za

Buitenverwachting ist ein idylisches Fleckchen mitten in den Vororten, auf dessen Feldern Schafe und Rinder grasen und das ideal für ein Picknick oder einen Spaziergang ist. Auch die Architektur und die Lage am Fuß des Constantiabergs sind reizvoll. Größter Anziehungspunkt aber ist die eindrucksvolle Liste erstklassiger Weine, darunter der edle Christine, ein Klassiker im Bordeaux-Stil. Das 1794 erbaute Gutshaus mit Blick auf die Weinberge und hinten anschließendem Garten hat einen ungewöhnlichen Ziergiebel mit Urnenmotiv.

Der Tafelberg

Das 1087 m hohe, abgeflachte Massiv des Tafelbergs beherrscht mit seinen schroffen Felshängen und tiefen Schluchten die Nordspitze der Halbinsel. Die Nordwand, mit dem **Lion's Head** und **Signal Hill** im Westen und dem **Devil's Peak** im Osten, überragt die Innenstadt. Den westlichen Bereich des Berges prägen eine Reihe zackiger Formationen, die sogenannten **Twelve Apostles**; der südwestliche schaut auf die Hout Bay herab und der östliche über die südlichen Vororte. Der Berg, eine Wildnis inmitten der Stadt, ist Heimat von vielen Tieren und 1400 Pflanzenarten. Zu den einheimischen Säugetieren zählen Paviane, Klippschliefer (Kasten S. 139) und Stachelschweine.

Der Tafelberg gilt als das meistbestiegene Massiv der Welt und hat unter dem fortwährenden Ansturm von **Wanderern** sehr gelitten, auch wenn die Schäden nicht auf den ersten Blick erkennbar sind. Aber der Berg wehrt sich und fordert jedes Jahr seine Opfer. Die meisten Unglücksfälle ereignen sich, wenn Leute vom Weg abkommen (oft aufgrund plötzlich aufziehenden Nebels). Wer wandern oder klettern möchte, sollte sich gut vorbereiten und eventuell einen Guide anheuern. Es werden auch **geführte Tageswanderungen** angeboten, die auf die Kondition der Teilnehmer zugeschnitten sind (S. 190). Den Rückweg kann man entweder auf die bequeme Art per Seilbahn zurücklegen oder teilweise mit Abseilen.

Die Seilbahn

Abfahrt von der Lower Cable Station an der Tafelberg Rd tgl. alle 10–15 Min. Dez und Jan 8–21, Feb und März 8.30–19.30, April 8.30–17.30, Mai–Okt 8–18, Nov 8–19 Uhr ▪ Rückfahrkarte R215 ▪ Betrieb bei schlechtem Wetter oder zwecks Reparaturarbeiten evtl. unterbrochen; aktuelle Informationen ☏ 021-424 8181 oder 💻 www.tablemountain.net ▪ Von der V&A Waterfront fahren der Red City Centre Tours-Bus (S. 194) und die MyCiTi-Busse Nr. 106 und 107 zur Seilbahnstation; alternativ kann man ein Taxi mit Taxameter oder ein Minibustaxi von der Adderley St nehmen. Autofahrer können den Wagen am Rand der Tafelberg Rd parken.

Die einfachste, aber aufgrund der faszinierenden Aussicht keinesfalls langweiligste Art, auf den Tafelberg zu gelangen, ist die Fahrt mit der Seilbahn. Die Kabinen der Bahn sind so konstruiert, dass sie sich unterwegs einmal um ihre eigene Achse drehen und den Passagieren einen Rundblick ermöglichen. Ein schöner Ausflug lässt sich unternehmen, wenn man im runderneuerten Ökorestaurant oben auf dem Berg das Frühstück einnimmt oder einen Drink und das Abendessen bei Sonnenuntergang – die Bergstation ist ein wunderbarer Ort, um den Sonnenuntergang zu erleben.

Wanderungen und Aussichtspunkte

Eine **Bergbesteigung** ist sicherlich eine größere Herausforderung als die Fahrt mit der Seilbahn und sollte daher nicht leichtfertig angegangen werden: Selbst wenn es beim Abmarsch ein sonniger, klarer Tag zu werden scheint, kann es oben am Berg ganz anders aussehen. Wunderbare Wanderwege führen auf den Tafelberg oder an ihm entlang (S. 190); am besten sollten diese jedoch mit einem Guide unternommen werden,

Der heilige Kreis

Eine Reihe von **muslimischen Weisen und Fürsten** wurden im späten 17. und frühen 18. Jh. von den Niederländern aus Südostasien ans Kap verschleppt, wo einige von ihnen als **auliya**, muslimische Heilige, Verehrung erlangten. Die **kramats**, von denen sich fast zwei Dutzend in der Provinz finden, sind Grabmäler, Schreine und Pilgerstätten solcher *auliya*. Der *kramat* auf dem Signal Hill ist ein Schrein zu Ehren von **Mohamed Gasan Galbie Shah**, einem Schüler von Scheich Yusuf, einem Sufi-Gelehrten, der 1694 zusammen mit 49 seiner Anhänger ans Kap deportiert wurde. Der Überlieferung nach leitete er hier muslimische Gebetstreffen in Privathäusern und Sklavenquartieren und wurde so zum Begründer des Islam in Südafrika. Der *kramat* von **Scheich Yusuf** in den Cape Flats gilt, wie auch ein Schrein auf Robben Island, als Teil eines heiligen Kreises aus sechs *kramats*, der Kapstadt vor Naturkatastrophen schützen soll.

nicht nur wegen eventueller Schwierigkeiten bei der Bergbesteigung, sondern auch, weil es vereinzelt zu Überfällen auf Touristen gekommen ist.

Signal Hill und Lion's Head

Vom Kreisverkehr oben am Kloofnek führt eine Straße am **Signal Hill** hinauf zu einem Parkplatz und einem Aussichtspunkt mit herrlichem Blick auf die Tafelbucht, den Hafen und die Innenstadt. Die Kanone hier diente früher dazu, Schiffen, die in der Bucht vor Anker lagen, Signale zu geben. Noch heute wird täglich die Noon Gun abgefeuert, deren Donner das darunterliegende Bo-Kaap und die Innenstadt erschüttert. Auf halber Höhe der Straße befindet sich ein islamischer *kramat* (s. Kasten), einer von mehreren auf der Halbinsel, die die Stadt „beschützen".

Man kann von hier aus in einer Stunde auch gemächlich zum **Lion's Head** hinaufwandern, was bei Vollmond ungefähr die halbe Stadtbevölkerung zu tun scheint – man sollte aber immer in einer Gruppe gehen. Wer „Lion's Head full moon" googelt, erfährt die exakten Daten und weitere Details.

Platteklip Gorge

Den ersten überlieferten Versuch der Besteigung des Tafelbergs unternahm der portugiesische Kapitän Antonio de Saldanha im Jahr 1503. Er wählte dafür den Weg durch die Platteklip Gorge, die Schlucht, die vom Front Table (der Nordseite) aus zu sehen ist, und sich als die leichteste Strecke erwies. Nach einem kurzen, einfachen Anstieg erreicht man Maclear's Beacon, mit 1086 m die höchste Erhebung des Berges. Die Platteklip-Route beginnt an der Talstation und endet an der Upper Cable Station, sodass der „Abstieg" mit der Bahn erfolgen kann.

Von der Lower Cable Station aus geht es auf der Tafelberg Road nach Osten, bis man einen Wegweiser erreicht, der zur Platteklip Gorge zeigt. Nach einer steilen, 15-minütigen Klettertour ist der **Upper Contour Path** erreicht. Nach rund 25 m auf diesem Pfad Richtung Osten biegt man auf den als „Contour Path/Platteklip Gorge" ausgeschilderten Pfad ein. Dieser Weg geht im Zickzack weiter und ist deutlich zu erkennen.

Der Weg durch diese Schlucht, die größte Einkerbung des Berges, führt direkt und sicher bis zum Gipfel hinauf. Allerdings ist der Anstieg sehr steil und dauert bei durchschnittlicher Kondition zwei bis drei Stunden. Oben angekommen wendet man sich nach rechts und erklimmt die letzte kurze Anhöhe zum **Front Table**, wo sich ein atemberaubender Ausblick auf die Stadt eröffnet. Ein Schild weist den Weg zur oberen Bahnstation – eine Viertelstunde zu Fuß auf einem betonierten Weg, der von vielen Besuchern genutzt wird.

Maclear's Beacon

Maclear's Beacon liegt rund 35 Min. vom oberen Ende der Platteklip Gorge entfernt an einem Pfad Richtung Osten; weiße Quadrate auf gelben Fußabdrücken weisen den Weg. Der Wanderpfad mit ständigem Blick auf Maclear's Beacon überquert den Front Table. Vom Gipfel bieten sich Ausblicke auf die False Bay und die Hottentots Holland Mountains im Osten.

Skeleton Gorge und Nursery Ravine

Ein Besuch des Botanischen Gartens Kirstenbosch (S. 134) lässt sich mit der Besteigung des

Klippschliefer

Die knuddligen Pelztiere, die aussehen wie XXL-Meerschweinchen und den Gipfel des Tafelbergs bevölkern, sind **Dassies** oder Klippschliefer *(Procavia capensis)* und trotz ihrer äußeren Erscheinung keine Nagetiere, sondern die nächsten lebenden Verwandten der Elefanten. Ihr Name leitet sich vom afrikaansen *dasje*, „kleiner Dachs", her, dem Namen, den ihnen die ersten holländischen Siedler gaben. Dassies sind überall in Südafrika in felsigen Lagen anzutreffen und sehr weit verbreitet, da ihre natürlichen Feinde so gut wie ausgerottet wurden. Oft wärmen sie sich dichtgedrängt in der frühen Morgensonne, um die während der Nacht gedrosselte Körpertemperatur wieder auf Normalstand zu bringen.

Tafelbergs und dem Abstieg über einen anderen Weg mit anschließendem Nachmittagstee im Restaurant des Kirstenbosch verbinden. Man beginnt beim **Restaurant** und folgt den Wegweisern zur **Skeleton Gorge**, die zum **Contour Path** hinaufführen. Eine Gedenktafel am Contour Path weist darauf hin, dass dies der **Smuts' Track** ist, die von Jan Smuts, dem Burenführer und südafrikanischen Premierminister bevorzugte Wanderstrecke.

An der Tafel beginnt der Aufstieg durch die Skeleton Gorge über Treppenstufen, Holzleitern und lose Steinblöcke. Wanderer sollten sich auf steile Abschnitte und schwieriges Klettern durch Felsen gefasst machen und unter keinen Umständen vom Weg abweichen. Die Strecke erfordert einiges an Fitness und kann in etwa zwei Stunden zurückgelegt werden. Der Abstieg durch Skeleton Gorge ist nicht zu empfehlen, da es hier gefährlich rutschig sein kann.

Ratsamer ist es, den Weg durch die **Nursery Ravine** zu nehmen. Oben an der Skeleton Gorge angekommen, geht man ein paar Meter nach rechts bis zum Wegweiser mit der Aufschrift **Kasteelspoort**. Auf diesem Weg sind es nur 35 Min. vom Ende der Skeleton Gorge bis zum oberen Ende der Nursery Ravine. Durch die Nursery gelangt man wieder auf den 310 m hohen Contour Path und auf diesem zurück zum Kirstenbosch. Der gesamte Fußmarsch dauert ungefähr fünf Stunden.

Atlantic Seaboard

Da der Tafelberg fast auf ganzer Länge der westlichen Halbinsel steil ins Meer abfällt, klammert sich entlang des Atlantic Seaboard ein Gürtel aus Vororten mühsam an seine Hänge. Die Meeresbrandung an der Westseite der Halbinsel kann eisig sein, viel kälter als das Wasser der False Bay. Zum Baden ist der Atlantik nicht ideal, dafür bieten sich von den traumhaften Küstenstraßen sagenhafte Ausblicke, insbesondere hinter **Sea Point**, und die Gelegenheit Wale zu beobachten. Die Küste an sich besteht aus einer Reihe von Buchten und weißen Sandstränden vor der Kulisse der Zwölf Apostel. Die Strände eignen sich hervorragend zum Sonnenbaden und Betrachten des Sonnenuntergangs. Den fantastischen Ausblick machen sich auch viele der angesagtesten Freiluftcafés und -bars der Stadt zunutze.

Mouille Point und Green Point

Die Vororte Mouille Point, westlich der V&A Waterfront, und sein Nachbar Green Point, sind der Innenstadt am nächsten gelegen. Das bekannteste Bauwerk ist der in den 1820er-Jahren erbaute viktorianische **Leuchtturm**, der mit seinen roten und weißen Streifen aus einem Kinderbilderbuch entnommen sein könnte.

Per Bus am Atlantic Seaboard entlang

Der Blue Mini Peninsula Tour-Bus (S. 194) verkehrt entlang der **Atlantic Seaboard Coast** und hält an der Hout Bay World of Birds, der Mariner's Wharf, der Township Imizamo Yethu, in Camps Bay, in Bantry Bay, am Sea Point und am Green Point.

Der Bus von Red City Centre Tour (S. 194) bedient Camps Bay, Bantry Bay, Sea Point und Green Point.

Die MyCiTi-Busse Nr. 106 und 107 fahren von der Waterfront nach Camps Bay, die Linien Nr. 104 und 105 vom Civic Centre in der Nähe der Cape Town Station nach Sea Point.

Mouille Point, Green Point, Sea Point und Clifton

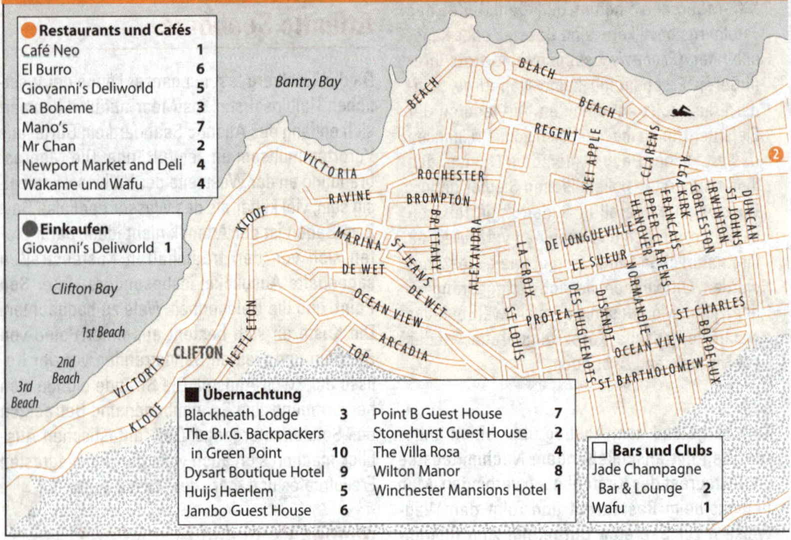

Mouille Point geht in das erheblich größere Green Point über, das sich sowohl landeinwärts als auch nach Westen hin entlang der zerklüfteten Atlantikküste erstreckt. Dank seiner Nähe zur Waterfront (zehn Minuten Fußweg) und der Nähe zum Meer hat sich Green Point im Laufe der letzten Jahre zu einem respektablen Stadtteil mit einigen guten Unterkünften und Cafés gemausert.

Sea Point

Entlang der Main Road nach Südwesten geht Green Point dann in Sea Point über, eine international geprägte Gegend voller Wohnblocks, Unterkünfte für Touristen, Restaurants sowie hier und da einem viktorianischen Gebäude. An der Uferpromenade kann man zusammen mit Kinderwagen schiebenden Müttern, älte-

Cape Town Stadium

„Eine atemberaubende weiße Erscheinung … in einer erhabenen Umgebung" – mit diesen Worten hat der britische Architekturkritiker Jonathan Glancey das Cape Town Stadium an der Fritz Zonneneberg Road in Green Point beschrieben. Es galt als das Prachtstück unter den südafrikanischen Stadien der Fußballweltmeisterschaft 2010. Das hochaufragende Stadion bietet 68 000 Zuschauern Platz, bezieht einen Teil seiner Energie aus dem Sonnenlicht, und nachts leuchtet die gitterartige Konstruktion mit dem offenen Dach wie ein frisch gelandetes UFO mitten im Green Park.

Die hohen Baukosten, für die der Steuerzahler zur Kasse gebeten wurde, lösten heftige Kontroversen aus, und als bekannt wurde, dass es während der Bauzeit **Korruption** gegeben hatte, geriet das Stadion noch weiter in Verruf. Inzwischen tragen hier lokale Teams **Fußballspiele** aus und internationale Musikgrößen benutzen das Stadion als Veranstaltungsort für **Konzerte**: Tickets für beides kann man unter www.computicket.com/web/sport/soccer kaufen.

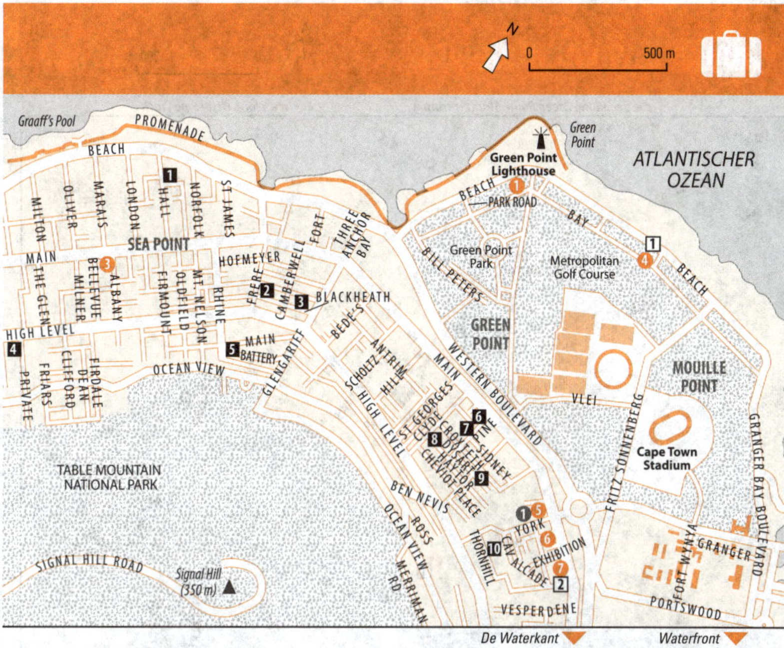

ren Leuten und Walkern und Joggern die felsige Küste und die salzige Luft genießen. Die Rasenflächen an der Promenade werden zum Picknicken und Ballspielen genutzt. Restaurants und Geschäfte säumen die Main Road, eine betriebsame Durchgangsstraße einen Block näher am Lion's Head als die Promenade.

Sea Point Pavilion Swimming Pool

Lower Beach Rd ▪ 🕒 Mai–Nov tgl. 9–17, Dez–April tgl. 7–19 Uhr ▪ Eintritt R20

Am Westende der Sea Point Promenade, in atemberaubender Lage direkt an der rauschenden Brandung, liegen vier unbeheizte, gechlorte **Salzwasserpools**. Das größte der vier, ein 50-m-Becken, ist ein beliebtes Trainingsbecken für Langstreckenschwimmer. Daneben gibt es ein Planschbecken für die Kleinen und ein Tauchbecken mit Sprungbrett.

Bantry Bay

In der westlichsten Ecke von Sea Point liegt Bantry Bay, das die Bevölkerungsdichte von Sea Point mit dem Wohlstand der am Atlantik gelegenen Vororte verbindet. Villen überziehen die steilen Hänge an der Atlantikküste im Schutz der Granitfelsen des Lion's Head. Die schicken Hotelresorts und Ferienapartmentblöcke für Selbstversorger liegen in angenehmer Entfernung vom Trubel in Sea Point, aber nahe genug, um die dortigen Restaurants zu Fuß zu erreichen.

Clifton

Das schicke Clifton liegt eine Bucht hinter der Bantry Bay an der Victoria Road (M6). Die hiesigen Grundstückspreise zählen nicht ohne Grund zu den höchsten von ganz Afrika, denn Clifton umfasst vier wunderbare, über steile Treppen erreichbare **Sandstrände**, die durch Granitfelsen voneinander getrennt sind. Hier kann man hervorragend surfen und schwimmen; das Wasser ist aber eiskalt. Im Sommer ist an der M6 oft kein Parkplatz zu finden, daher sucht man sich am besten einen in der Ortschaft. Es ist ratsam, Verpflegung mitzubringen, denn es gibt nur ein einziges, überteuertes Café. Die windgeschützten

Camps Bay und Bakoven

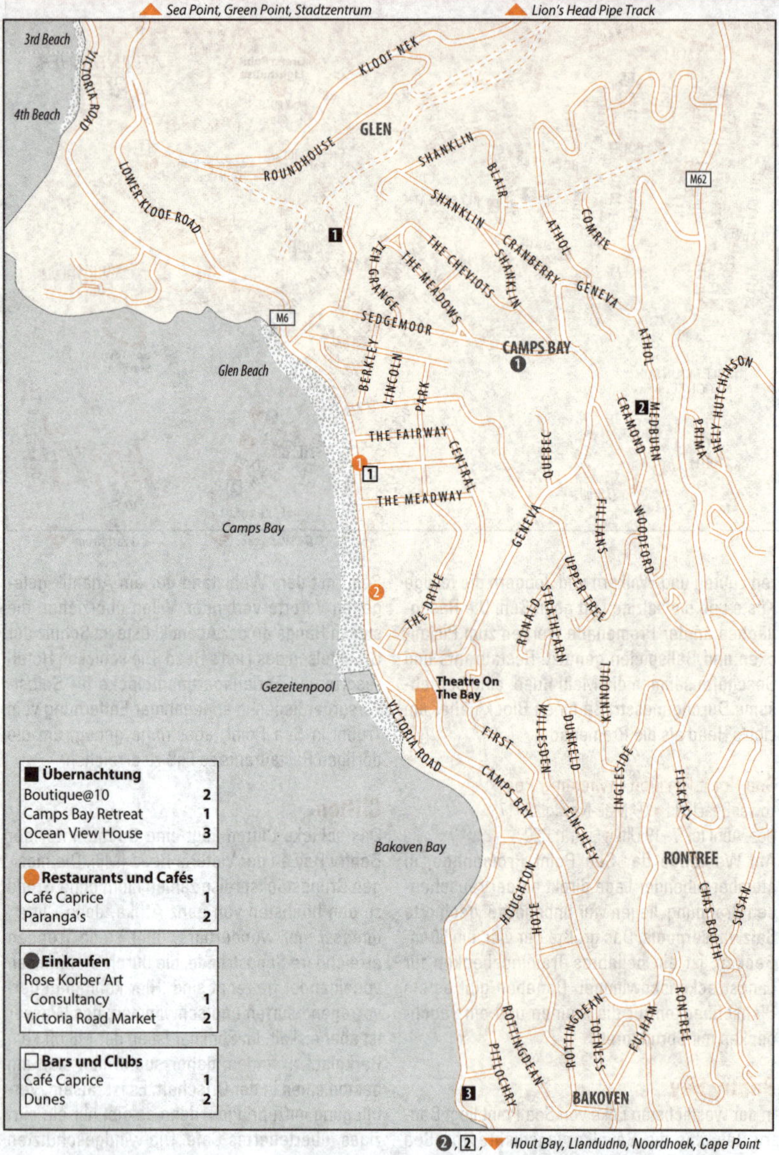

Strände sind bei muskelbepackten Ballspielern und Familien gleichermaßen beliebt. An Sommerabenden sind sie ideal, um die abendliche Kühle und den Sonnenuntergang zu genießen.

Camps Bay

Der Vorort Camps Bay erstreckt sich über die Ausläufer des Tafelbergs und schmiegt sich in einen kleinen Halbkessel, der vom Lion's Head und den Zwölf Aposteln des Tafelbergs begrenzt wird. Dank der herrlichen Lage und weiten Ausblicke auf den Atlantik ist dies eine der begehrtesten Wohngegenden in Kapstadt. Die Hauptstraße Victoria Road verläuft entlang der Küste, gesäumt von trendigen Restaurants, ein paar Lokalen und diversen noblen Unterkünften. Der lange Sandstrand ist das Ziel von größeren und kleineren Familien sämtlicher Hautfarben. Der Strand ist allerdings den eisigen Südostwinden und manchmal auch tückischen Strömungen ausgesetzt.

Llandudno

Das Gelände zwischen Camps Bay und der exklusiven Bucht von Llandudno, 20 km von der Innenstadt entfernt und über die Victoria Road (auf der keine öffentlichen Transportmittel verkehren) erreichbar, ist größtenteils unbebaut. Eine steile, schmale Straße windet sich an hübschen Villen vorbei hinab zum Ufer. Den Sandstrand dort säumen zu beiden Seiten mächtige Granitbrocken und Felsformationen. Er eignet sich prima zum Sonnenbaden und noch besser für einen mitgebrachten Sundowner. Der kleine Parkplatz ist während der Saison dem Ansturm nicht gewachsen, sodass dann auch die angrenzenden Straßen zugeparkt sind.

Sandy Bay

Die abgeschiedene Sandy Bay, der größte FKK-Strand von Kapstadt, ist nur nach einer 20-minütigen Wanderung von Llandudno zu erreichen: Vom Südende des Parkplatzes in Llandudno führt ein ausgeschilderter Weg hierher. Während der Apartheid war die Polizei angewiesen, alle erdenklichen Anstrengungen zu unternehmen, um Nacktbadende dingfest zu machen. Doch heutzutage kann man sich hier so an- oder ausgezogen wie gewünscht in die Sonne legen. Der Strand ist auch ein beliebter Schwulentreff.

Touren durch ImiZamo Yethu

Auf eigene Faust nach ImiZamo Yethu hineinzuspazieren ist riskant. Aber es gibt eine unterhaltsame, zweistündige **Walking Tour** (tgl. um 10.30, 13 und 16 Uhr, R75, ✆ 083-719 4870, 🖳 www.suedafrika.net/imizamoyethu) mit dem engagierten und kompetenten Guide Afrika Moni, der das Viertel und dessen Geschichte wie seine Westentasche kennt. Er führt Besucher durch die Township, in der er aufgewachsen ist. Unterwegs wird öfter mal Halt gemacht, um mit dem Besitzer eines improvisierten *spaza*-Ladens zu plaudern, ein traditionelles Bier in einer Shebeen zu trinken oder in einer Bretterhütte oder einem Ziegelsteinhaus vorbeizuschauen. Die Führungen beginnen an der Polizeiwache am Eingang der Township, wo es für Besucher reservierte Parkplätze gibt. Hier hält auch der Blue Mini Peninsula Tourbus (S. 194).

Hout Bay

Hout Bay ist zwar kein ruhiges Fischerdorf mehr, besitzt aber immer noch einen Fischereihafen und bildet das Zentrum der regionalen Krabbenindustrie. Das 20 km vom Zentrum entfernte Hout Bay ist ein gern gewähltes Ziel für Tagestouren, und trotz der Verschandelung der Landschaft durch hässliche Wohnbauten ist sie dank Sentinel und Chapman's Peak, die den Eingang zur Bucht säumen, nach wie vor spektakulär. Hout Bay ist für Kapstadt mit seinem Erbe einer von der Rassentrennung geprägten Stadtplanung sehr ungewöhnlich: Hier liegen die Wohnviertel der armen schwarzen und der wohlhabenden weißen Bevölkerung direkt nebeneinander.

Township ImiZamo Yethu

Wer von Hout Bay aus Richtung Constantia Nek fährt, kommt durch die am Abhang gelegene Township ImiZamo Yethu, eine dicht gedrängte Hüttensiedlung fast mitten in der Stadt. ImiZamo Yethu wurde erst in den späten 1980ern, also in den letzten Jahren der Apartheid, von Ar-

Bootsausflug zur Duiker Island

Am besten lässt sich die faszinierende Berg- und Meereslandschaft im Rahmen einer kurzen Dampferfahrt vom Hafen in Hout Bay zur Insel **Duiker Island** genießen. Die Insel wird aufgrund ihrer riesigen **Robbenkolonie** auch als „Seal Island" bezeichnet. Die Südafrikanischen Seebären, die hier leben, sind Vertreter der größten Robbenart.

Die besten unter den **Touranbietern** (Abfahrt ganzjährig 10x tgl., 3/4 Std., R65) sind Nauticat, ✆ 021-790 7278, 💻 www.nauticatcharters.co.za, und Circe Launches, ✆ 021-790 1040, 💻 www.circelaunches.co.za. Sie setzen Boote mit Glasboden ein, die es erlauben, die Seehunde und andere Meeresbewohner in Unterwasseraktion zu beobachten.

beit suchenden Xhosa aus Willowvale im Ostkap besiedelt. Heute leben hier etwa 12 000–13 000 Menschen. Obwohl die Lebensbedingungen unter aller Würde sind (im Disa River, der durch die Siedlung fließt, wurde die höchste Menge an E.-Coli-Bakterien in ganz Afrika gemessen), sind Besucher hier gern gesehen.

World of Birds

Valley Rd ▪ ⏲ tgl. 9–17 Uhr ▪ Eintritt R85 ▪ Affendschungel ⏲ tgl. 11.30–13, 14–15.30 Uhr ▪ Pinguinfütterung um 11.30 und 15.30 Uhr ▪ Pelikanfütterung um 12.30 Uhr ▪ Raubvogelfütterung um 16.30 Uhr ▪ 💻 www.worldofbirds.org.za

World of Birds bietet mehr als 3000 Vögeln eine Heimat, die in überraschend angenehm und friedlich wirkenden, begehbaren Volieren leben. Daneben gibt es 400 Tiere in Käfigen; für einen Besuch sollte man gute zwei Stunden einplanen. Unter den Vögeln finden sich einheimische Arten wie Kraniche, Geier, Strauße und Pelikane sowie eine Reihe gefiederter Exoten.

Zu den Bewohnern des dazugehörigen großen, begehbaren Affendschungels zählen unter anderem niedliche Totenkopfäffchen. Es ist erlaubt, sie zu streicheln und mit ihnen zu spielen. Im Café und Restaurant werden kleine Gerichte serviert; wer Proviant mitbringt, kann ihn auf der Flamingo Terrace verzehren. Kinder können sich auf den Spielplätzen austoben, und die Fütterung der Pinguine, Pelikane und Raubvögel wird sie bestimmt beeindrucken. Die üppigen Gärten mit der Gebirgskulisse im Hintergrund machen das Ganze zu einem sehr angenehmen Ausflug.

Chapman's Peak Drive

Mautgebühr R40 ▪ ✆ 021-791 8222, 💻 www.chapmanspeakdrive.co.za

Der atemberaubende Chapman's Peak Drive, eine 9 km lange Küstenstraße mit 114 Kurven, windet sich an den Klippen entlang nach Noordhoek und ist zählt zu den schönsten ihrer Art in der Welt. Über die ganze Strecke verteilt liegen geschützte Aussichtspunkte, von denen sich manche gut für ein Picknick bei sensationellem Ausblick eignen. Wegen herabfallender Felsbrocken ist die Straße manchmal gesperrt, es ist also ratsam, sich vor Fahrtantritt auf der Website zu informieren.

Noordhoek

Noordhoek, eine wunderschöne Siedlung am südlichen Ende des Chapman's Peak Drive, 25 km von der Innenstadt, besteht aus bescheidenen Gehöften und Reitställen (darunter Farm Village) in einem sanften, mit Eichen bestandenen Tal. Falls der Chapman's Peak gesperrt ist, lässt sich Noordhoek auf der M3 nach Süden über den Oukaapseweg erreichen.

Noordhoek Beach

Vom Chapman's Peak kommend, weist auf der rechten Straßenseite ein unscheinbares Schild den Weg zum **Noordhoek Beach**, dessen weitläufiger weißer, von Seetang übersäter Sandstrand sich nach Kommetjie hin erstreckt. Jeden Morgen um 7.15 Uhr preschen **Rennpferde** über den Sand, sonst teilen sich Amateurreiter (S. 189) den breiten Strand mit Anwohnern, die ihre Hunde ausführen. Das vom Chapman's Peak eingerahmte Meer ist kalt, wild und bietet ein herrliches Naturschauspiel. Wenn jedoch stürmische Winde über den Strand fegen, verwandelt sich der Noordhoek Beach in ein Sandstrahlgebläse. Im nahe gelegenen Monkey Valley Resort (S. 162) muss man nicht Hotelgast sein, um bei einer erschwinglichen Mahlzeit die sensationelle Aussicht genießen zu dürfen;

die Milkwood-Bäume ringsum bieten Schutz vor dem Wind.

Noordhoek Farm Village

Village Lane ▪ tgl. 9–17 Uhr ▪ Eintritt frei ▪ 021-789 2812, www.noordhoekvillage.co.za

Das **Noordhoek Farm Village** beim ausgeschilderten Abzweig zum Chapman's Peak ist ein ausgezeichnetes Fleckchen zum Pausemachen, auch für Reisende mit Kindern. Hier befinden sich The Foodbarn (S. 172), eins der besten Restaurants von Kapstadt, außerdem ein Sushi-Restaurant, ein Café, ein Deli und ein Pub. Obendrein gibt´s einen Kinderspielplatz und mehrere Kunsthandwerksläden.

Kommetjie

Obwohl Kommetjie zu Fuß nur ein paar Kilometer Küstenlinie südlich von Noordhoek liegt, ist der winzige Ort nur auf einem Umweg auf der durchs Landesinnere führenden Straße zu erreichen –man muss nämlich das Marschland umgehen. Im Ort selbst gibt es so gut wie nichts, aber ringsum erstklassige Wandermöglichkeiten, entweder um die felsige Küste beim Leuchtturm Slangkop herum oder über den langen Long Beach zurück Richtung Noordhoek.

Scarborough

Das idyllische, aufstrebende Dorf Scarborough ist die entlegenste Siedlung auf der Halbinsel und lockt mit türkisfarbenem, kaltem Wasser und weißen Sandstränden. Die Anfahrt von Simon's Town ist problemlos und landschaftlich reizvoll; sie führt über das Rückgrat der Halbinsel und weiter bis zum Cape Point.

False Bay Seaboard

Im Sommer ist das Wasser der **False Bay** um einige Grad wärmer als das des Atlantiks, daher zieht es die meisten Strandurlauber bereits seit Langem auf diese Seite der Halbinsel. Eine Reihe dörflicher Vororte am Fuß der Berge, jeder mit der Metrorail erreichbar, erstreckt sich Richtung Süden von **Muizenberg** über **St James, Kalk Bay, Fish Hoek** bis nach **Simon's Town**.

False Bay Wassertaxi

Im Sommer fahren **Wassertaxis** von Mellow Yellow Water Taxi, 073-473 7684, www.watertaxi.co.za, (R100 einfach, R150 hin und zurück p. P.) von Kalk Bay durch die False Bay nach Simon's Town. Die Fahrt ist absolut zu empfehlen und eine der wenigen Möglichkeiten, in False Bay in See zu stechen. Unbedingt vorbuchen, denn das Boot fährt nur, wenn sich genügend Passagiere angemeldet haben und das Wetter es erlaubt.

Jede Siedlung besitzt ihren eigenen Charakter, doch alle haben Restaurants, Geschäfte und Übernachtungsmöglichkeiten. Simon's Town, eine der ältesten Niederlassungen Südafrikas, eignet sich für einen Tagesausflug mit einem Abstecher zum **Table Mountain National Park** und **Cape Point** (S. 151).

Autofahrer, die von Kapstadt kommen, nehmen am besten die M3 Richtung Süden nach Muizenberg. Der Boyes Drive, eine Hochtrasse, bildet eine rund 5 km lange Alternative zur Main Road. Er verläuft zwischen den Vororten von Lakeside am Südende der M3 und Kalk Bay und erlaubt sensationelle Ausblicke.

Schon allein die Fahrt mit der **Eisenbahn** lohnt den Abstecher nach Simon's Town, denn ab Muizenberg liegen die meisten Bahnhöfe nahe dem Meer. Von Kapstadt aus fahren die Züge von Metrorail, 021-449 6478, www.metrorail.co.za, nach Simon's Town (Mo–Fr 5–19 Uhr 2x stdl., Sa und So 1x stdl., 1 1/4 Std., R15), öfter verkehren Züge nach Fish Hoek (3x stdl., 1 Std., R13). Beide nehmen den Schienenstrang via Muizenberg (48 Min., R13), St James (51 Min., R10) und Kalk Bay (53 Min., R10).

Muizenberg

Früher war Muizenberg der mondänste Badeort Südafrikas; von jener Glanzzeit zeugen noch die farbenfrohen Umkleidekabinen am Strand. Mittlerweile ist der Lack ein wenig ab, doch das ändert nichts daran, dass er einen langen, sicheren und sanft geschwungenen Strand besitzt, der immer noch der angesagteste Platz zum Schwimmen auf der Halbinsel ist.

Von Kalk Bay nach Muizenberg

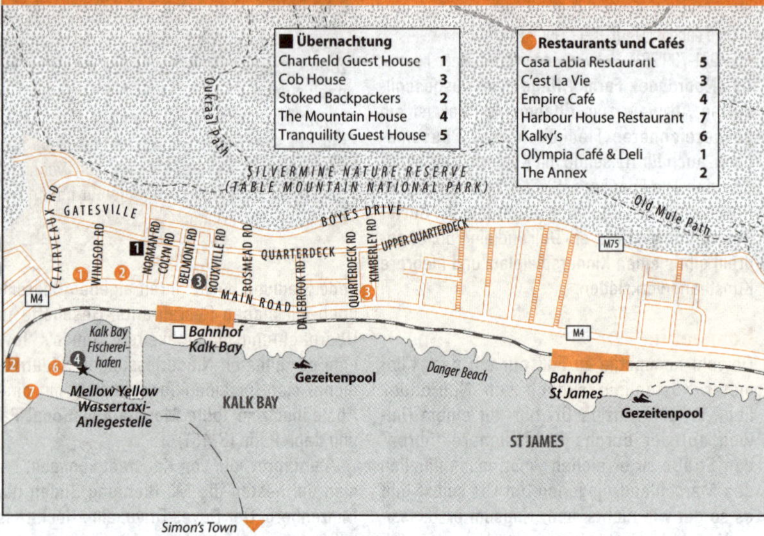

National Geographic hat Muizenberg in seine Liste der 20 weltbesten Surferdörfer aufgenommen, und an der Uferstraße bieten mehrere Surfshops Unterricht und Ausrüstungsverleih (siehe Kasten). Ein paar Cafés gibt es auch. Vorsicht: Man sollte absolut keine Wertsachen (auch keine Autoschlüssel!) mit an den Strand von Muizenberg nehmen, sondern einem der Surfshopmitarbeiter zur Aufbewahrung anvertrauen.

Wellenreiten

Folgende Surfschulen am Strand bieten Surf-Unterricht und verleihen Ausrüstung an alle, die sich an den Brechern von Muizenberg ausprobieren möchten:

Gary's Surf School, 34 Balmoral Building, Beach Rd, ☏ 021-788 9839, 💻 www.garysurf.com, verlangt R380 für zwei Unterrichtsstunden inkl. Leihgebühr für die Ausrüstung.

Surf Shack Muizenberg Corner, Beach Rd, ☏ 021-788 9286, 💻 www.surfshack.co.za, berechnet R330 für eine 90-minütige Unterrichtseinheit oder R1000 für vier Einheiten.

Die Historical Mile

Ein kurzer Küstenabschnitt, der am Bahnhof von Muizenberg beginnt, wird als Historical Mile bezeichnet. Die „historische Meile" mit ihren sehenswerten Gebäuden lässt sich leicht zu Fuß erkunden.

Das **Bahnhofsgebäude**, ein 1913 fertiggestelltes Bauwerk im edwardianischen Stil mit einem hübsch verzierten Uhrturm, steht unter Denkmalschutz, und das **Posthuys**, ein weiß getünchtes, strohgedecktes Gebäude aus dem Jahr 1673, ist ein wunderbares Beispiel kapholländischer Architektur.

Das **Rhodes' Cottage Museum** in der 246 Main Road ist in dem Haus untergebracht, das der Millionär und Politiker 1899 kaufte und in dem er 1902 verstarb. Zu sehen sind persönliche Memorabilien und alte Möbelstücke. 🕒 Di–So 10–13, 14–17 Uhr, Eintritt frei.

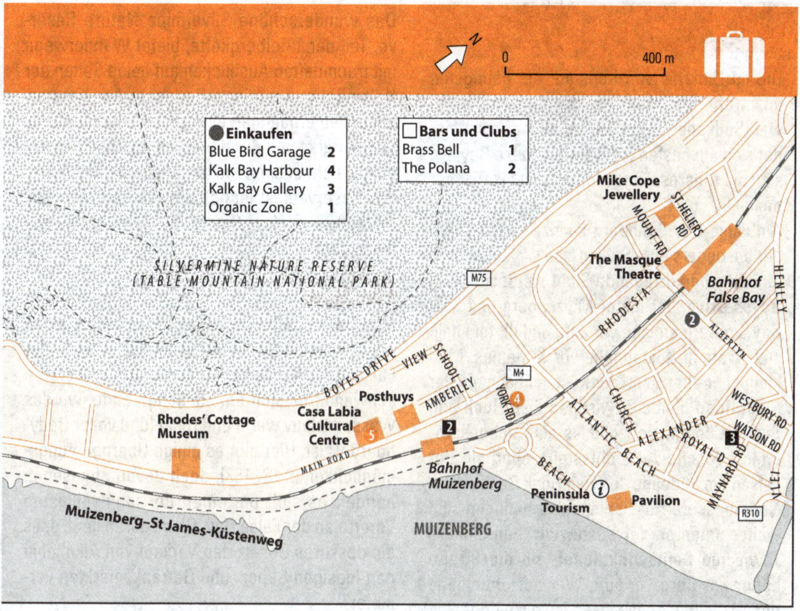

Casa Labia Cultural Centre

192 Main Rd ▪ Di–So 10–16 Uhr ▪ Eintritt frei ▪ 021-788 6068, www.casalabia.co.za

Das interessanteste Gebäude an der Historical Mile ist die Casa Labia, die 1930 als Wohnort für den italienischen Konsul Graf Natale Labia errichtet wurde. Das im venezianischen Stil des 18. Jhs. konzipierte Bauwerk ist ein architektonisches Prunkstück und die filmreife Inneneinrichtung des „Palazzo" lohnt einen Besuch. Außerdem befinden sich hier ein Kulturzentrum, wo Konzerte und Vorträge stattfinden, eine Galerie mit zeitgenössischer südafrikanischer Kunst und ein recht nobles Café.

St James

St James ist etwas nobler als das benachbarte Muizenberg. Die meisten Eigenheime dort liegen am Berghang und sind über Treppen zu erreichen, die zwischen der Main Road und dem Boyes Drive nach oben führen. Der beste Grund dafür, am hiesigen Bahnhof auszusteigen, sind der geschützte **Gezeitenpool** und der geteerte, 20-minütige **Küstenspazierweg**, der am felsigen Ufer entlang bis nach Muizenberg führt – einer der schönsten Spazierwege der Halbinsel, von dem sich Ausblicke auf die gesamte False Bay bieten. Aufmerksame Spaziergänger können hin und wieder eine Robbe sichten, oder (während der entsprechenden Saison) auch Wale.

Die in leuchtenden Grundfarben gestrichenen viktorianischen Badehäuschen am Strand von St James, die sowohl vom Zug als auch von der Straße aus zu sehen sind, stellen ein beliebtes Fotomotiv dar. Am Wochenende und während der Schulferien ist der Strand meistens überlaufen. Gelegentlich vollziehen christliche Gruppen am frühen Sonntagmorgen hier feierliche Taufzeremonien, bei denen sie in voller Montur ins Wasser waten.

Kalk Bay

Kalk Bay ist einer der südlichsten Vororte Kapstadts, ein betriebsamer **Hafen** mit Fischerbooten, Ausblicken auf den Berg und einer Ladenzeile mit Cafés und hervorragenden Restaurants.

Whalewatching am Kap

Die im Umkreis von Kapstadt am häufigsten anzutreffende Walart ist der Südliche Glattwal (Südkaper). Um Wale zu beobachten, eignet sich am besten die wärmere **False Bay**, wo sich die Meeressäuger von August bis Oktober tummeln.
Am False Bay Seaboard kennzeichnen Schilder besonders gute Stellen zum Walebeobachten. Eine hervorragende Sicht bietet sich vom **Boyes Drive**, der hinter Muizenberg und Kalk Bay am Berg entlang verläuft, und oft tummeln sich Wale in Küstennähe vor St James. Man kann aber ebenso an der Küste entlang auf der Main Road bleiben: zwischen **Fish Hoek** und **Simon's Town**. Dort gibt es eine ausgesprochen hübsche Aussichtsstelle oberhalb der Felsen am Südende des Fish Hoek Beach.
Noch bessere Aussichtspunkte befinden sich weiter unten an der Küste zwischen Simon's Town und **Smitswinkelbaai**, wo die Straße höher am Berg verläuft. Wer auf öffentliche Verkehrsmittel angewiesen ist, nimmt den Zug nach Fish Hoek oder Simon's Town und hält vom Uferweg Jager's Walk, der unterhalb der Bahnlinie am Ufer entlang von Fish Hoek zur Sunny Cove führt, Ausschau nach Walen.

Irgendwie gelang es Kalk Bay, durch die Maschen des *Group Areas Act* zu schlüpfen, denn es ist eine der wenigen Ansiedlungen auf der Halbinsel mit einer intakten „farbigen" Gemeinde, und – abgesehen vom größeren Hout Bay – die einzige Niederlassung „farbiger" Fischer.

Kalk Bay ist außerdem für seine Künstler- und alternative Szene bekannt, die sich an den Kopfsteinpflasterstraßen niedergelassen hat, und es gibt auch ein paar Unterkünfte. An den Wochenenden fallen die Kapstädter hier ein – zum Frühstücken oder Mittagessen in einem der exzellenten Cafés, zum Bummeln oder für einen Drink am Wasser, dann herrscht Hochbetrieb.

Silvermine Nature Reserve

Ou Kaapseweg (M64) nach Noordhoek, am Südende der M3 ausgeschildert ▪ ◷ tgl. Mai–Sep 8–17, Okt–April 7–18 Uhr ▪ Eintritt R40

Das wunderschöne Silvermine Nature Reserve, Teil der Tafelbergkette, bietet Wanderwege mit traumhaften Ausblicken auf beide Seiten der Halbinsel sowie einen Badesee. Am Kassierhäuschen erhält man eine grobe Übersichtskarte des Parks, auf der die Wege durchs Reservat eingezeichnet sind. Die mit Abstand beste Karte des Reservats ist jedoch die akkurate *Slingsby Silvermine & Hout Bay Map*, 💻 www.slingsbymaps.com.

Fish Hoek

Fish Hoek, südlich von Kalk Bay, besitzt einen der schönsten familienfreundlichen Strände der False Bay. Am angenehmsten und sichersten schwimmt es sich am südlichen Ende, wo das Wasser relativ warm und ruhig (und voller Bodyboarder) ist. Hier gibt es einige Übernachtungsmöglichkeiten (S. 163), doch davon abgesehen handelt es sich um einen der langweiligsten Vororte an der False Bay. Ob es daran liegt, dass ein obskures Gesetz den Verkauf von Alkohol in den hiesigen Super- und Getränkemärkten verbietet?

An der Westseite des Strands beginnt der **Jager's Walk**, der am Steilufer über dem Meer entlang nach Sunny Cove (1 km) führt und von dort aus, allerdings nicht mehr asphaltiert, weitere 6 km bis Simon's Town. Zur entsprechenden Jahreszeit kann man von diesem Weg aus draußen auf dem Ozean Wale beobachten.

Simon's Town

Simon's Town, die drittälteste europäische Niederlassung in Südafrika und der wichtigste Stützpunkt der südafrikanischen Marine, ist keineswegs ein raubeiniger Hafen. Der nur 40 km von Kapstadt entfernte Ort ist ausgesprochen hübsch mit einem nahezu perfekt erhaltenen historischen Stadtbild, das nur am Meer ein wenig durch den alles beherrschenden **Marinestützpunkt** verunziert wird. Der Anblick der Ozeanriesen und der Matrosen in tadellos weißen Uniformen verleiht Simon's Town allerdings zusätzlichen Charme.

Da es ungefähr auf halbem Weg entlang der Küste zum Cape Point liegt, eignet sich Simon's Town mit seinen weiten Ausblicken auf die False Bay und die Hottentots Holland Mountains wun-

Meeresfauna-Sightseeing in der False Bay

False Bay ist einer der besten Orte im Land, um **Weiße Haie** zu beobachten. Außerdem lassen sich hier **Wale** und **Robben** sichten.

Eine der besten Möglichkeiten, die gigantischen Haie zu Gesicht zu bekommen, bietet **Apex Shark Expeditions**, ✆ 021-786 5717, 🖳 www.apexpredators.com, Feb–März R1350, April–Mai R1700, Juni–Aug R2400. Seine Betreiber, die Naturforscher Chris und Monique Fallows, haben bereits mit National Geographic und der BBC zusammengearbeitet. Die beiden veranstalten eine Reihe von Bootsfahrten, manche auch mit der Möglichkeit, in einem Käfig zu den Haien hinabzutauchen. Der Schwerpunkt liegt allerdings nicht auf dem Adrenalinkick, sondern darauf, das Verhalten der Haie und anderer Meeresbewohner, die einem auf dem Weg nach Seal Island begegnen, zu studieren. Die Teilnehmerzahl ist auf zwölf begrenzt, was ein individuelles 20- bis 30-minütiges Erlebnis im Käfig garantiert.

Die etablierte **Simon's Town Boat Company**, ✆ 083-257 7760, 🖳 www.boatcompany.co.za, veranstaltet Whalewatching-Trips (R750) sowie Fahrten um Cape Point herum (R550) und nach Seal Island (R400). Außerdem gibt's Touren für Geschichtsinteressierte, die einen Besuch des Marinestützpunktes und die **Besichtigung eines U-Boots** beinhalten (R80).

derbar als Übernachtungsort und Ausgangspunkt für Tagesausflüge mit dem Zug nach Kapstadt. Nur ein paar Kilometer südlich befindet sich **Boulders Beach** mit seiner großen Kolonie putziger **afrikanischer Pinguine**, die schon alleine einen Abstecher nach Simon's Town wert sind.

Geschichte

Simon's Town wurde 1687 als Winterhafen der VOC gegründet und (wie mehrere andere Ortschaften in und um Kapstadt) von **Gouverneur Simon van der Stel** in aller Bescheidenheit nach ihm selbst benannt. Der berühmteste Besucher war Lord Nelson, der sich 1776 hier als Leutnant zur See auf dem Heimweg aus dem Osten erholte. 19 Jahre später besetzten britische Kriegsschiffe Simon's Town und nutzten es als Brückenkopf für die erste britische Invasion des Kaps. Nach nur sieben Jahren zogen die Briten ab, kehrten aber 1806 wieder zurück. Simon's Town blieb bis 1957 britischer Marinestützpunkt und wurde erst dann Südafrika übergeben.

Ein paar Zeichen, wie die eine oder andere Moschee, deuten darauf hin, dass es hinter dem rein „weißen" Erscheinungsbild eine weitere Welt gibt. Im frühen 18. Jh. kamen die ersten **Muslime**, Sklaven aus aus dem indonesischen Archipel, die den holländischen Kriegshafen bauen mussten. Nachdem die Briten 1807 den Sklavenhandel verboten hatten, wurden die Schiffe angehalten, ihre menschliche Fracht in Simon's Town zu löschen, wo bald ein ganzer Bezirk zur sogenannten Black Town wurde. 1967, als Simon's Town zur White Group Area erklärt wurde, gab es hier 1200 mittelständische Coloureds-Familien, Nachkommen jener Sklaven. In den frühen 1970er-Jahren waren die meisten von ihnen aufgrund des *Group Areas Act* in die desolate Township Ocean View (ironischerweise eine der wenigen Stellen der Halbinsel ohne Meeresblick) zwangsumgesiedelt worden.

Simon's Town Museum

Court Rd ▪ 🕒 Mo–Fr 10–16, Sa 10–13 Uhr ▪ Eintritt R20 ▪ 🖳 www.simonstown.com/museum

Das Simon's Town Museum ist in der Old Residency untergebracht, die 1772 für den Gouverneur der VOC erbaut wurde. Das Gebäude diente gleichzeitig als Sklavenquartier (die Zellen befinden sich im Keller) und städtisches Bordell. Die Ausstellung zum Thema Seefahrt umfasst eine Menge Informationen über Able Seaman Just Nuisance, einen dänischen Seefahrer, der im Zweiten Weltkrieg das Maskottchen der Royal Navy war.

Jubilee Square und St George's Street

Im Zentrum von Simon's Town, etwas mehr als 1 km südlich des Bahnhofs, erstreckt sich der

Jubilee Square, ein von Palmen beschatteter Parkplatz nahe der St George's Street. Er ist umgeben von ein paar Cafés und Geschäften. An der Hafenseite der Straße steht an der Promenade eine Statue des unvermeidlichen Able Seaman Just Nuisance. Treppen führen zur **Marina** hinab, wo sich direkt am Wasser bescheidene Läden und Restaurants befinden.

Boulders Beach und das Penguin Reserve

2 km vom Bahnhof Simon's Town ▪ 🕒 tgl. Feb–März 8–18.30, April–Sep 8–17, Okt–Nov 8–18.30, Dez–Jan 7–19.30 Uhr ▪ Eintritt R53 ▪ HGTS Tours, ✆ 021 786 5243, unterhält einen Taxidienst vom Simon's Town Station nach Boulders Beach (R40 einfache Fahrt).

Der Boulders Beach wurde nach den riesigen Felsbrocken benannt, die eine Reihe kleiner Buchten mit Sandstränden und herrlichen Badetümpeln mit kristallklarem Wasser bilden. Die meisten Besucher kommen jedoch in das umzäunte Reservat von Boulders, um die **afrikanischen Pinguine** (Brillenpinguine) zu beobachten. Die Tiere wurden früher *jackass penguins* (Eselpinguine) genannt, denn sie geben erstaunlich laute, schnarrende Geräusche von sich.

Das eigentliche Habitat der afrikanischen Pinguine sind die Inseln vor der südafrikanischen Westküste, und die Boulders-Kolonie ist eine der beiden einzigen Festlandskolonien von Pinguinen auf der ganzen Welt. Dieser einzige Ort, wo sich die Zahl dieser vom Aussterben bedrohten Tierart wieder vermehrt, bietet die äußerst seltene Gelegenheit, sie aus nächster Nähe zu betrachten.

Zu erreichen ist das Reservat durch zwei **Eingänge**. Einer befindet sich am Ostende des Boulders Beach bei der Bellevue Road, der andere an der Westseite des **Seaforth Beach** von der Bellevue Road her. Beide Zugänge sind an der Main Road zwischen Simon's Town und Cape Point ausgeschildert. In Seaforth gibt es ein kleines Informationszentrum und ein Aussichtsdeck, von dem aus zwei Stege zu beiden Enden des Foxy Beach führen, wo sich Hunderte Pinguine tummeln. Die meisten Leute gehen zu Fuß von Seaforth nach Boulders und halten Ausschau nach all den Pinguinen im Gebüsch am Wegesrand, wo sich jede Menge Nistplätze befinden. In Seaforth selbst bietet ein Strand, der auf der einen Seite vom gewaltigen Grau des Marinestützpunkts begrenzt wird, Möglichkeiten zum gefahrlosen Baden. Am Boulders Beach gibt es keinerlei Einrichtungen, aber an beiden Eingängen nach Boulders jeweils ein Restaurant mit Terrasse und frischem Fisch auf der Karte.

Pelzige Piraten

Paviane sehen vielleicht knuffig aus, aber Vorsicht: Sie können echte Plagegeister sein. Autofahrer sollten die Fenster geschlossen halten und beim Ein- und Aussteigen sehr vorsichtig sein, denn die Affen scheuen keineswegs davor zurück, in Fahrzeuge einzudringen und sind unheimlich gewiefte Lebensmitteldiebe. Selbst wenn man nur für ein paar Minuten aussteigt, sollte man sein Auto besser abschließen, denn in letzter Zeit häufen sich die Berichte über Paviane, die nicht abgeschlossene Autotüren öffnen, sobald man ihnen den Rücken zudreht. Wenn Paviane in der Nähe sind, darf man auf keinen Fall Lebensmittel auspacken oder etwas essen oder trinken. Wer sie trotz Verbots füttert, muss mit einer Geldstrafe rechnen. An verschiedenen Stellen sind offizielle Pavianvertreiber im Einsatz.

Cape of Good Hope

🕒 tgl. April–Sep 7–17, Okt–März 6–18 Uhr ▪ Eintritt R105 ▪ ✆ 021-780 9526, 💻 www.tmnp.co.za, 💻 www.capepoint.co.za

Die meisten Touristen besuchen das **Kap der guten Hoffnung** im Table Mountain National Park, um den südlichsten Zipfel Afrikas am **Cape Point** zu sehen. Die tatsächliche Südspitze des Kontinents bildet jedoch das Cape Agulhas (S. 248), rund 300 km weiter südöstlich, doch Cape Point ist wesentlich leichter zu erreichen als Agulhas und zudem ein faszinierender Ort. Das Reservat umfasst gewaltige Felsklippen mit sagenhafter Aussicht, umspült von tosenden Wellen und einem brüllenden Wind ausgesetzt, der den Besuchern auf dem Aussichtspunkt oben am alten Leuchtturm die Mützen vom Kopf und die Sonnenbrillen von der Nase fegt.

Vom Parkplatz führt eine kurze, steile Treppe zu dem beliebten Aussichtspunkt beim jahrhundertealten Leuchtturm hinauf. Weniger Energiegeladene nehmen die **Bergbahn** (hin und zurück R52) nach oben, wo sich ein Souvenirladen befindet.

Der Park ist nicht mit öffentlichen Verkehrsmitteln zu erreichen, aber als eine der Hauptattraktionen der Halbinsel Ziel zahlreicher **Touren** (S. 191). Day Trippers, ✆ 021-511 4766, 💻 www.daytrippers.co.za, veranstaltet unterhaltsame Ausflüge von der Kapstädter Innenstadt für R630 (inkl. Lunchpaket), teils auch mit der Möglichkeit, einen Teil des Weges auf dem Rad zurückzulegen. Für welches Transportmittel man sich auch entscheidet, es empfiehlt sich, so früh wie möglich aufzubrechen, denn im Lauf des Tages nehmen sowohl die Besuchermassen als auch die Windstärke immer mehr zu.

Das **Buffelsfontein Visitors' Centre**, 8 km vom Eingangstor entfernt, ✆ 021-780 9204, zeigt eine ansprechende Ausstellung inkl. interessanter Videos zur hiesigen Fauna und Flora. 🕒 tgl. 7.30–17 Uhr.

2 HIGHLIGHT

Cape Point und Umgebung

Cape Point ist der gefährliche, windgepeitschte Felsvorsprung mit tückischen Strömungen, der die Navigationskünste von Seeleuten auf eine harte Probe stellt, seit die Portugiesen im 15. Jh. zum ersten Mal das Kap umrundeten. Vor seiner Küste liegen zahlreiche Schiffswracks; zwei davon lassen sich zu Fuß besichtigen und liegen bei **Olifantsbos** an der Westseite: Das eine ist ein 1942 gesunkenes US-Schiff, das andere ein südafrikanisches Küstenschiff, das 1965 auf Grund lief.

Das 1860 erbaute **Old Lighthouse** lag zu häufig im Nebel, um Schiffe erfolgreich von den Felsen fernzuhalten. Daher wurde 1914 weiter unten ein neuer Leuchtturm errichtet, dem es zwar auch nicht immer gelang, Katastrophen zu verhindern, der aber immer noch die stärkste Lichtquelle an der Küste Südafrikas ist.

Wandern und schwimmen

Viele Besucher begnügen sich mit dem Blick vom Cape Point und sehen das übrige Reservat nur durch das Wagenfenster, doch die faszinierende Landschaft und **Kapflora** lässt sich erst während eines Spaziergangs wirklich wahrnehmen. Im Cape of Good Hope Nature Reserve gibt es mehrere markierte **Wege**. Wer eine lange Wanderung plant, sollte früh aufbrechen und viel Wasser mitnehmen, denn Schatten ist rar, und der Wind kann unangenehm werden.

Eine der einfachsten **Wanderwege** ist der ausgeschilderte, 40-minütige Spaziergang vom Parkplatz am Cape Point zum weiter westlich gelegenen **Cape of Good Hope**. Wer am Ufer entlangwandern möchte, kann den ausgetretenen Pfad entlang der Atlantikküste nehmen. Ein guter Zugang zu diesem Weg befindet sich bei **Gifkommetjie**; nach dem entsprechenden Wegweiser an der Cape Point Road Ausschau halten. Vom Parkplatz führen verschiedene sandige Pfade ziemlich steil über Felsen und durch Büsche und Wolfsmilchgewächse zur Küste hinab, an der man sowohl in der einen als auch in der anderen Richtung weiterwandern kann.

Die Strände

Von der Parkzufahrt führt nur eine Straße zum Cape Point und zum Parkplatz, wo sich auch das Restaurant und die Bergbahnstation befinden. Von dieser Straße zweigen mehrere Nebenstraßen zu **Stränden** beiderseits der Halbinsel ab. Das Schwimmen im Meer ist viel zu gefährlich, aber am Strand der **Buffels Bay** und des benachbarten **Bordjiesrif**, auf halber Höhe der Ostküste, gibt es sichere Gezeitenpools. Beide Buchten haben Grillstellen, doch die weiter südlich gelegene Buffels Bay ist der hübschere Ort, denn am Rand der großen Wiesen gibt es ein paar geschützte Plätzchen zum Picknicken.

Kapstadt für Kinder

Kapstadt ist ein hervorragendes Reiseziel für Eltern mit Kindern und wartet mit jeder Menge Aktivitäten an der frischen Luft auf.

Eine gute Informationsquelle ist die **Website** Cape Town Kids, 🖳 www.capetownkids.co.za. Wer einen **Babysitter** oder ein Kindermädchen als Begleitung während der Reise braucht, kann sich an Sitters4U, ✆ 083-691 2009, 🖳 www.sitters4u.co.za, oder Super Sitters, ✆ 021-552 1220, 🖳 www.supersitters.net, wenden. Autoverleiher stellen Kindersitze zur Verfügung; dies muss aber im Voraus arrangiert werden.

Strände und Swimmingpools

Im Sommer gehört ein Familienausflug an den **Strand** zum typischen Wochenendvergnügen der Kapstädter, obwohl das Wasser nicht warm ist. Die meisten Strände sind wenig erschlossen, daher ist es ratsam, genügend Proviant mitzunehmen. Möglichst früh aufbrechen, denn ab etwa 11 Uhr strahlt die Sonne zu intensiv, zudem kommt oft ein starker Wind auf.

Boulders Beach (S. 150) an der False Bay ist einer der wenigen Strände, die man auch aufsuchen kann, wenn der Südostwind bläst, denn das von Felsen umrahmte Wasser ist flach, kindersicher und der Strand ist zu jeder Jahreszeit ein nettes Plätzchen. Außerdem gibt es hier eine Pinguinkolonie. **Fish Hoek** (S. 148) ist einer der schönsten Strände der Halbinsel mit einem langen Sandstreifen und einem Spielplatz. Der asphaltierte Jager's Walk entlang der felsigen Küste ist auch mit Kinderwagen begehbar. **St James** (S. 147) hat einen zum Planschen geeigneten Gezeitenpool mit einem kleinen Sandstrand und bunten Badehäuschen, ist aber an Sommerwochenenden extrem überfüllt. Von hier kann man auf einem ebenfalls kinderwagentauglichen Küstenpfad bis nach Muizenberg weiterspazieren.

Zum Schwimmen ist das Wasser am **Atlantic Seaboard** (Atlantikküste) zu kalt, aber hier gibt es einladende Fleckchen mit Sand, Felsen und Pools im Felsen – sowie einer herrlichen Aussicht. An den Stränden kann man hervorragend picknicken und an windstillen Sommerabenden den Sonnenuntergang betrachten. Das der Innenstadt am nächsten gelegene Küstenstück ist die **Sea Point Promenade**. Die geteerte Uferpromenade erstreckt sich auf einer Länge von 3 km vom Leuchtturm bei Mouille Point bis zum Sea Point Pavilion. Der Weg ist für Kinderwagen und Rollerblades geeignet und bietet den zusätzlichen Anreiz von Spielplätzen. Dank des Gezeitenpools und kleiner Pools in den Felsen ist der beliebte Strand von **Camps Bay** (S. 143) sehr kinderfreundlich. Er ist vom Stadtzentrum aus gut per Bus oder Auto zu erreichen.

Der 6 km lange weiße Sandstrand zwischen **Noordhoek** und **Kommetjie** (S. 144) mit herrlicher Aussicht auf den Chapman's Peak lädt zum Spazierengehen und Reiten ein. Zwischen den Felsen auf der Seite Richtung Noordhoek gibt es einen windgeschützten Bereich. Wer nach Kommetjie unterwegs ist, kann einen Abstecher zum Imhoff Farm Village (S. 153) machen und dort auf Kamelen reiten.

Ein kinderfreundliches Schwimmbad ist der **Newlands Pool** (S. 189), der über ein Planschbecken und einen kleinen Spielplatz verfügt. Zum herrlichen **Sea Point Pool** beim Sea Point Pavilion (S. 189) gehören zwei Kinderbecken und Liegewiesen.

Museen und Freizeitparks

Cape Town Science Centre for Kids, 370B Main Rd, Observatory, ✆ 021-300 3200, 🖳 www.ctsc.org.za. Kinder werden die interaktiven Ausstellungen zu Wissenschaft, neuen Technologien und Erfindungen lieben, denn sie sprechen die natürliche kindliche Neugier an: es gibt jede Menge Bildschirme zum Berühren, Tasten zum Drücken und kreative Betätigungsmöglichkeiten. Zu den Highlights zählen eine Miniatureisenbahn, ein Lego-Zimmer und ein Spaceshuttle in Originalgröße. 🕒 Mo–Sa 9–16.30, So 10–16.30 Uhr, Eintritt R40.

South African Museum and Planetarium, S. 124. Das vierstöckige Walbecken, die Dioramen mit afrikanischen Tieren und die Dinosaurierabteilung kommen immer gut an. Im Discovery Room sind lebende Ameisen und Riesenspinnen sowie eine Ausstellung über Krokodile zu sehen. Im Planetarium werden am Wochenende sowie während der Schulferien Kindervorstellungen angeboten. ◷ tgl. 10–17 Uhr.

Planet Kids, 3 Wherry Rd, Muizenberg, ✆ 021-788 3070, 🖳 www.planetkids.co.za. Tolles, von einem Beschäftigungstherapeuten designtes Indoor-Spielzentrum für Kinder bis zwölf Jahre; jede Menge Spaß garantiert, dazu gesunde Snacks und ein ruhigeres Umfeld als in der normalen Plastik- und Zucker-Szene. Eltern können ihre Kinder eine Stunde lang in der Obhut guter Betreuer lassen. Wer warten möchte, kann dies bei Tee und selbst gebackenem Kuchen tun. ◷ Mi–So 10–18 Uhr, R30 pro Std., Eltern frei.

Ratanga Junction, Century City, dem Wegweiser von der N1 folgen, ✆ 021-550 8504, 🖳 www.ratanga.co.za. Beliebter, sicherer Themenpark mit verschiedenen spannenden Fahrgeschäften wie der Cobra, der Crocodile Gorge und den Monkey Falls. Ein toller Tagesausflug, nicht nur für die Kinder, sondern auch für die Eltern. Wichtig: Es darf nichts zum Verzehr mitgebracht werden – alles muss vor Ort gekauft werden. Nur in den Kap-Schulferien und an Sommerwochenenden geöffnet, also vorher anrufen und sich vergewissern, dass der Park auch wirklich offen hat. Die Eintrittskarte berechtigt zu unbegrenzter Nutzung der Attraktionen (R172, kleinere Kinder R85, ohne Benutzung der Fahrgeschäfte R60). ◷ Sa und So 10–17 Uhr.

Scratch Patch and Mineral World, Dido Valley, unweit der Main Rd, Simon's Town, ✆ 021-786 2020, und V&A Waterfront, ✆ 021-419 9429. Hier können Besucher von drei Jahren aufwärts jede Menge glitzernde Halbedelsteine sammeln und Behälter mit den aussortierten polierten Schmucksteinen, die regelrecht den Boden bedecken, füllen. In der Filiale in Simon's Town ist auch eine der größten Edelsteinpoliermaschinen der Welt in Aktion zu sehen, (◷ nur Mo–Fr). ◷ Simon's Town tgl. 8.30–16.45 Uhr, V&A tgl. 9–18 Uhr.

Two Oceans Aquarium, S. 129. Dies ist eines der lohnenswertesten Museen Kapstadts mit zahlreichen spannenden Sachen für Kinder jeder Altersstufe. Sie können nicht nur viele verschiedene, teils entzückende, teils gruselige Meeresbewohner beobachten, sondern einige davon auch im Touch Pool streicheln – vielleicht sogar einen kleinen Hai oder Seeigel. Für ältere Kinder stehen Computer bereit, an denen sie interessante Fakten aus der Meeresbiologie erfahren. ◷ tgl. 9.30–18 Uhr.

Im Grünen

Imhoff Farm Village, Kommetjie Rd, gegenüber der Abzweigung Ocean View, ✆ 021-783 4545, 🖳 www.imhofffarm.co.za. Verschiedene Angebote wie Kamelreiten, Ausritte auf Pferden am Strand, Paintball, Streichelzoo und Reptilienpark. Außerdem gibt´s ein gutes Café, ein Restaurant und einen Hofladen mit köstlichem Käse. ◷ tgl. 9–17 Uhr.

Kirstenbosch National Botanical Garden, S. 134. Steht ganz oben auf der Liste der beliebtesten Familienausflüge, denn die großen Rasenflächen bieten Platz zum Austoben, und es gibt Bäume und Felsen zum Klettern sowie Flüsschen, auf denen man Paddelboot fahren kann. Sehr sicher, kein Müll, keine Hunde, und alle Spazierwege sind für Kinderwagen geeignet; auch herrlich für ein Picknick oder zum Kaffeetrinken an Tischen im Freien. Mit größeren Kindern kann man kurze, ausgeschilderte Wanderwege begehen.

Silvermine Nature Reserve, S. 148. Hier kann man gut *Fynbos* aus der Nähe betrachten, mit Kleinkindern um den See spazieren und picknicken. Allerdings ist das Gelände ungeschützt und sollte bei starkem Wind und Nebel gemieden werden. Mit älteren Kindern kann man auch ein paar relativ leichte Bergwanderwege mit wundervollen Ausblicken begehen.

Östliche Vororte

Östlich der nördlichen und südlichen Vororte, zwischen dem Industriegelände mit seinen rauchenden Schloten und den windgepeitschten **Cape Flats**, erstreckt sich bis weit über den Flughafen hinaus das weitaus größte Wohngebiet Kapstadts. Es umfasst die **„farbigen" Bezirke**, die **„schwarzen" Townships** und die **Elendssiedlungen**. Die M5 bildet die Trennlinie zwischen den Flats und den überwiegend Weißen vorbehaltenen südlichen Vororten.

Besuch in einer Township

Es ist nicht ratsam, die Townships auf eigene Faust zu besuchen – abgesehen von der Gefahr, Opfer eines Eigentumsdeliktes zu werden, muss auch mit sehr schlechter Straßenbeschilderung und unzuverlässigen Öffnungszeiten gerechnet werden. Die aufgeführten Adressen lassen sich daher in Eigenregie nur sehr schwer ausfindig machen. Am besten besucht man die Township-Projekte im Rahmen einer **Tour**, entweder von Coffeebeans Routes, ✆ 021-424 3572, 💻 www.coffeebeansroutes.com, S. 191, deren Mitarbeiter Besucher sicher durch die verwinkelten und unübersichtlichen Townships manövrieren, oder von Real Cape Tours, ✆ 082-885 8945, 💻 www.facebook.com/realcape, S. 191.
Wer einen tieferen Einblick in den Alltag der Mehrheit der Südafrikaner bekommen möchte, kann auch in einem **B&B** in einer der Townships (Kasten S. 164) übernachten oder den ersten handwerklichen Coffeeshop (S. 173) besuchen.

Cape Flats und die Townships

Die „schwarzen" Townships wurden als „Schlafstädte" für die im „weißen" Kapstadt benötigten Arbeitskräfte eingerichtet. Es waren keine Orte, um sich eine Existenz aufzubauen, und ohne jegliche Infrastruktur geplant. In den ausschließlich **Männern vorbehaltenen Massenunterkünften**, eine „Erfindung" des Apartheidregimes, liegen die Wurzeln zahlreicher sozialer Spannungen. In den 1950er-Jahren verabschiedete die Regierung ein Gesetz, das den Zustrom von Menschen afrikanischer Herkunft nach Kapstadt eindämmte. Kein Afrikaner durfte sich am Kap westlich einer Linie, die unweit des Fish River verlief, der alten, über 1000 km langen Begrenzung Kapstadts, permanent niederlassen. Frauen durften sich in der Stadt keine Arbeit suchen, und Männern war es untersagt, ihre Ehefrauen mitzubringen. In Langa lag 1970 das Verhältnis von Frauen und Männern bei eins zu zehn.

Im Endeffekt gelang es der Apartheidregierung aber doch nicht, Kapstadt ganz und gar gegen die Massen verzweifelter Arbeitssuchender abzuriegeln. Dort, wo die Menschen keine legale Unterkunft finden konnten, errichteten sie **behelfsmäßige Unterkünfte** aus Wellblech, Pappkartons und Plastikfolie. In den 1970er- und 1980er-Jahren versuchte der Staat, des Problems Herr zu werden, indem die Behausungen dem Erdboden gleichgemacht wurden, doch kaum waren Polizei und Bulldozer abgezogen, erstanden die Lager aufs Neue. Sie bilden mittlerweile einen festen Bestandteil der Cape Flats.

Eine der bekanntesten illegalen Siedlungen Südafrikas ist **Crossroads**, deren Bewohner wiederholt Opfer brutaler, organisierter Übergriffe wurden, bei denen Handlanger des Apartheidregimes und Polizisten auch vor Mord nicht zurückschreckten, und immer wieder Abrisskommandos anrückten. Mit dem Mut der Verzweiflung hielten die Besetzer stand und bekamen schließlich das Bleiberecht zugesprochen. Die heutige Regierung unternimmt Anstrengungen zur Verbesserung der Lebensbedingungen in den Elendssiedlungen, indem eine Stromversorgung installiert wird und Wasserleitungen und sanitäre Anlagen sowie kleine Ziegelsteinhäuser gebaut werden.

Zudem wurden mehrere neue Projekte eingeleitet, die Touristen zum Besuch der Townships ermuntern sollen. Sie konzentrieren sich auf sozialverträgliche und umweltfreundliche wirtschaftliche Entwicklung sowie nachhaltigen Tourismus.

Langa

Langa, die älteste und zentralste Township, liegt unmittelbar östlich des vorwiegend „weißen" Vororts Pinelands und am Rand der N2. An diesem erbarmungslos grauen, vermüllten Ort ohne das winzigste Bisschen Grün sieht man pulsierendes Straßenleben mit zahllosen Friseurgeschäften und Leuten, die Schafs- und Ziegenköpfe und andere fleischlastige Köstlichkeiten verkaufen. In der Township befindet sich auch das **Langa Quarter**, Harlem St, 💻 www.facebook.com/ikhayalelanga, ein neues Projekt, das acht Straßen umfasst und als Touristenanziehungspunkt der Kapstädter Innenstadt Konkurrenz machen soll, 🕒 Mo–So 9–16 Uhr. In der Rhubusana Street wurden mehrere Wohnhäuser in Kunstgalerien verwandelt, in denen man Kunstwerke besichtigen und Anwohner kennenlernen kann. Am besten lässt sich das Viertel im Rahmen einer Tour von Coffeebeans Routes (S. 191) besuchen.

Langa Heritage Museum

Washington St ▪ 🕒 Mo–Sa 9–16 Uhr ▪ Eintritt frei ▪ 📞 021-694 8320

Das Langa Heritage Museum ist das einzige Museum, das sich in den Townships befindet. Es befasst sich mit dem *dompas* oder Pass-System, demzufolge während der Apartheid schwarze Bürger einen Pass vorzeigen mussten, wollten sie die „white-only"-Stadtviertel betreten, in denen sie arbeiteten. Das überschaubare und ziemlich schmucklose Museum ist im Old Pass Court untergebracht, wo früher Überschreitungen der Passgesetze geahndet wurden.

Mitchell's Plain

Südlich der afrikanischen Ghettos liegt Mitchell's Plain, eine von Cape Coloureds bewohnte Siedlung, die bis zur Küste der False Bay hinabreicht. Wer auf der M5 nach Muizenberg fährt, kommt daran vorbei. Mitchell's Plain ist längst nicht so armselig wie die afrikanischen Townships, was zeigt, dass hellere Haut während der Apartheid automatisch bessere Lebensbedingungen ermöglichte. Doch für die Coloureds war die Zwangsumsiedlung nicht weniger tragisch, denn viele wurden von ihrem eigenen Grund und Boden vertrieben, weil ihr Wohnviertel zur White Group Area erklärt wurde. Zahlreiche Familien mussten Mitchell's Plain als ihre neue Heimat akzeptieren, als der District Six (S. 126) dem Erdboden gleichgemacht wurde. Unter den zwangsumgesiedelten Bewohnern konnte sich nie mehr das frühere Gemeinschaftsgefühl entwickeln – die gewalttätigen Jugendbanden und die Drogenkultur, die zum Alltag von Mitchell's Plain gehören, sind ein Resultat dieser Entwurzelung und der Armut.

The Township Winery

Kapstadts erstes Township- und von Schwarzen geführtes Weingut, **The Township Winery**, liegt in Philippi, einer Gegend, in der zwischen den zahlreichen Behausungen noch einige Flecken Ackerland liegen. Das Weingut ist ein Pilotprojekt zur wirtschaftlichen Existenzsicherung der Gemeindemitglieder. Hunderte Familien haben Sauvignon-Blanc-Rebstöcke zum Eigenanbau erhalten, und aus den Trauben wird gemeinschaftlich ein Wein namens „Township Winery", 💻 www.townshipwinery.com, gekeltert. Sobald das Projekt sich etabliert hat, sollen Führungen und Weinproben veranstaltet werden.

Gugulethu

In der Township Gugulethu (kurz Gugs genannt) befinden sich zwei Denkmäler, die man beide am besten im Rahmen einer Tour von Coffeebeans Routes (S. 191) besuchen kann. Das aus sieben mächtigen Granitplatten, aus denen Figuren ausgefräst wurden, bestehende **Gugulethu Seven Memorial** ist dem Kampf und Tod von Mitgliedern einer Anti-Apartheidgruppe gewidmet, die 1986 von südafrikanischen Polizisten erschossen wurden. Das nahe gelegene **Amy Bielh Memorial**, 💻 www.amybiehl.co.za, kennzeichnet die Stelle, wo Amy, eine 26-jährige weiße, amerikanische Anti-Apartheidaktivistin, von Anwohnern ermordet wurde. Es ist eine bewegende Erinnerung an ihr allzu kurzes Leben.

ÜBERNACHTUNG

Kapstadt hat Unterkünfte in sämtlichen Preislagen, doch wer sich ein Bett in der gewünsch-

ten Kategorie sichern möchte, sollte rechtzeitig buchen, besonders um die Weihnachtsferien herum (Mitte Dez–Mitte Jan). Die effiziente **Unterkunftsvermittlung** von Cape Town Tourism, www.capetown.travel, kann dabei behilflich sein. Kapstadt erstreckt sich weit über die Halbinsel. Reisende müssen sich entscheiden, ob sie zentral in der Nähe der Sehenswürdigkeiten und des Nachtlebens nächtigen möchten oder lieber ruhiger und in Ozeannähe weiter draußen, was aber längere Anfahrten ins Zentrum zur Folge hat.
Die dichteste Konzentration von Unterkünften findet sich im Zentrum, in der City Bowl und am Atlantik bis nach Camps Bay. Hier bietet sich eine der wenigen Möglichkeiten, das schwarze Südafrika kennenzulernen – indem man in einer Township logiert.

Zentrum

Die quirligsten Straßen Kapstadts sind die **Long Street** und die **Bree Street**. An der Vergnügungsmeile selbst liegen einige **Hostels** und Hotels, dazu kommen östlich der Straße um den Museumskomplex und die Company Gardens herum weitere Unterkünfte. Von hier sind alle Museen zu Fuß zu erreichen, die besten Kneipen und Clubs der Stadt liegen vor der Haustür, und es ist kein Problem, Transportmittel zur Waterfront zu finden. Direkt an der Long Street liegende Zimmer sind allerdings recht laut.

Cape Heritage Hotel, 90 Bree St, am Cape Heritage Square, direkt unterhalb des Bo-Kaap, 021-424 4646, www.capeheritage.co.za, Karte S. 120. Elegantes, geschmackvoll restauriertes Boutiquehotel in einer Häuserzeile aus dem Jahr 1771. Die Zimmer sind geräumig und mit modernen Handarbeiten und Originalgemälden ausgeschmückt. Der Service ist ganz hervorragend. R2100

Cat & Moose, 305 Long St, 021-423 7638, www.catandmoose.co.za, Karte S. 120. Die stilvollste der Backpacker-Herbergen an der Long St, in einem Gebäude aus dem 18. Jh., nur zwei Häuser neben der Long St-Sauna am Südrand der Innenstadt. Holzdielen, Erdfarben und afrikanische Masken verleihen einen warmen Ethnotouch, ebenso die schlichten gemeinsamen Koch- und Essnischen. Die Zimmer liegen rund um einen kleinen, schattigen Hof mit Planschpool. Die DZ zählen zu den erschwinglichsten der Stadt. Dorm R140, DZ R410

Dutch Manor Antique Hotel, 158 Buitengracht, Bo-Kaap, 021-422 4767, www.dutchmanor.co.za, Karte S. 119. Dieses sorgfältig mit antiken Möbeln, teuren Teppichen und Himmelbetten ausgestattete Townhouse erlaubt eine Reise zurück in die Vergangenheit. Die makellosen Badezimmer und der Frühstücksraum sind jedoch modern ausgestattet. Zum Haus gehört auch ein kleiner Balkon mit Aussicht auf die Straße. Sehr zentrale Lage in der City Bowl; Parkplätze abseits der Straße vorhanden. R1600

Grand Daddy Hotel, 38 Long St, 021-424 7247, www.granddaddy.co.za, Karte S. 120. 7 retro-coole, von einheimischen Künstlern ausgestaltete American-Airstream-Wohnwagen zieren das Dach des Grand Daddy Hotel; sie sind durch Holzstege miteinander verbunden. Es gibt auch fantasievoll eingerichtete, farbenfrohe, ziemlich abgefahrene DZ mit großen Betten. R1910

iKhaya Lodge, Wandel St, Dunkley Square, 021-461 8880, www.ikhayalodge.co.za, Karte S. 119. Das Gästehaus steht auf einem hübschen Platz direkt bei den Company's Gardens und den Museen, in der Nähe der angesagten Restaurants. Die Zimmer mit Bad im Hauptgebäude haben Balkon mit Ausblick auf den Platz, die wenigen Luxuslofts dagegen bestechen durch afrikanisch inspirierte Deko und separate Schlafzimmer mit Doppelbett. Rund um die Uhr besetzte Rezeption, Sat-TV und WLAN in der gesamten Lodge. DZ R995, Loft R1900

Rose Street 28, 28 Rose St, Bo Kaap, 021-424 3813, www.rosestreet28.co.za, Karte S. 119. Das erschwinglichste B&B mit dem besten Preis-Leistungs-Verhältnis der Stadt. Es besteht aus 3 gemeinsam verwalteten Stadthäusern, zentral in der hippen Rose St gelegen. In jedem werden 3 DZ mit Bad und Gemeinschaftsküchenzeile sowie -hof vermietet. Die Häuser an sich unterscheiden sich ein bisschen, doch die 2-Pers.-Schlafzimmer sind in allen klein und schlicht. R690

Rouge on Rose, 25 Rose St, Ecke Hout St, 021-426 0298, www.rougeonrose.co.za, Karte S. 119. 9 moderne, behagliche Suiten in einem Guesthouse im Bo-Kaap. Es steht in einer in der Gentrifizierungsphase begriffenen Straße und bietet eine sensationelle Aussicht hinüber zum Signal Hill. Den Gästen stehen eine Mikrowelle und ein paar Selbstversorgergerätschaften zur Verfügung, falls sie mal nicht zum Essen ausgehen möchten, außerdem gibt´s kostenloses WLAN. R1500

V&A Waterfront und De Waterkant

Die Unterkünfte sind zumeist recht teuer, doch es gibt auch ein paar relativ preisgünstige. Genau richtig ist an der **Waterfront**, wer gerne in einem sicheren Gebiet mit guter Verkehrsverbindung einkaufen geht und Restaurants und Cafés zu Fuß erreichen möchte. An einem Hang, weniger als 1 km von der Waterfront, liegt die ans Boo-Kaap angrenzende **De Waterkant**. Von dort aus ist es ein Katzensprung nach Green Point oder in die Innenstadt. Es gibt kaum ein schöneres Fleckchen zum Übernachten als De Waterkant mit ihren restaurierten viktorianischen Häusern an schmalen, gepflegten Kopfsteinpflasterstraßen.

Breakwater Lodge, Portswood Rd, Waterfront, 021-406 1911 (nach „Lodge Reservations" fragen), www.breakwaterlodge.co.za, Karte S. 130. Das der Cape Town University's Graduate School of Business angeschlossene Hotel ist die erschwinglichste Unterkunft an der Waterfront. Es präsentiert sich ziemlich gesichtslos, und im Preis ist kein Frühstück enthalten; die Ausgabe lohnt sich nur für Leute, die die Location über alles andere stellen. R1350

St John's Waterfront Lodge, 6 Braemar Rd, 021-439 1404, www.stjohns.co.za, Karte S. 130. Das der Waterfront am nächsten (15 Min. zu Fuß) gelegene St John´s wird von freundlichen, hilfsbereiten Angestellten effizient geleitet. Es hat Schlafsäle und DZ, Pool, schönen Garten, Grillstelle im Freien, Gratis-WLAN, eine Münzwaschmaschine und ein Travel Centre. Dorm R150, DZ R550

Village and Life, Rezeption: 1 Loader St, De Waterkant, 021-409 2500, www.villageandlife.com, Karte S. 130. Diese liebevoll restaurierten historischen Cottages liegen direkt an der Grenze zum Bo-Kaap und weniger als 1 km von der Waterfront, Green Point und Innenstadt entfernt. Die luxuriösen Cottages in der Waterkant, an der Ecke Loader, Dixon und Napier St, haben bis zu 3 Schlafzimmer, manche eine Garage, Pool und Dachgarten mit Hafen- oder Bergblick. Das Unternehmen vermietet auch Apartments für Selbstversorger direkt an der Waterfront. 1-Schlafzimmer-Cottage R1950

City Bowl

Die Unterkünfte in der City Bowl sind sehr gefragt, denn trotz der zentralen Lage ist es hier ruhiger und grüner als im mitten im Stadtzentrum, vor allem weiter oben am Hang. Die etwas luxuriöseren Gästehäuser verfügen oft über Garten, Pool und eine schöne Aussicht. An der Kloof Street, der Verlängerung der Long Street, gibt es vereinzelte Backpacker-Lodges sowie einige nette Cafés und Restaurants.

Gardens

Ashanti Lodge, 11 Hof St, Gardens, 021-423 8721, www.ashanti.co.za, Karte S. 159. Eine riesige viktorianische Villa mit Marmor und afrikanischem Dekor, hohen Decken, gepflegtem Vorgarten und Pool mit Sonnenterrasse. Die DZ (mit 2 Betten oder Doppelbett und Gemeinschaftsbad) und Dorms (6–8 Betten) sind mit schmiedeeisernen (Etagen-)Betten möbliert. Sehr gesellige Bar – wer nicht so wild aufs Feiern ist, steigt besser um die Ecke im dazugehörigen Guesthouse in der Union St ab, wo es DZ mit Bad gibt (R1000). Eingecheckt wird aber in der Lodge. Dorm R190, DZ R650

Mount Nelson Hotel, 76 Orange St, 021-483 1000, www.mountnelson.co.za, Karte S. 159. Die *grande dame* von Kapstadt: ein feines und berühmtes koloniales viktorianisches Hotel, Baujahr 1899 (wurde Ende der 1990er-Jahre erweitert). Das Gebäude in perfekter Lage thront inmitten einer weitläufigen Grünanlage; betreten wird es durch einen majestätischen, von Palmen gesäumten Säulengang.

Das Mount Nelson nimmt sich superwichtig und lässt sich das entsprechend bezahlen. Die Zimmer sind nicht besonders groß, aber dank der Location ist die Herberge ungemein begehrt bei internationalen Größen aus der Filmindustrie, Parlamentariern oder anderen Leuten, die auf Spesen reisen. R7565

Once, 73 Kloof St, ✆ 021-424 6169, 💻 www.stayatonce.com, Karte S. 159. Dieses Hostel ist ideal für Langzeit-Freiwilligendienstaufenthalte oder ausländische, in Kapstadt studierende Studenten, die saftige Rabatte bekommen können (R3800 pro Monat, nur Übernachtung). Die Unterbringung erfolgt in modernen 4- oder 2-Bettzimmern, Doppel- oder Familienzimmern, jeweils mit Bad. Im Preis inbegriffen sind WLAN und Frühstück im angeschlossenen, trendigen Coffeeshop, dessen Bänke im Freien bei Passanten heiß begehrt sind, um die Kloof-Street-Atmosphäre zu schnuppern. Dorm R235, DZ R850

Tamboerskloof

Amber Tree Lodge, 10 Kloof Nek Rd, ✆ 021-422 4126, 💻 www.ambertreelodge.co.za, Karte S. 159. Die kleine, vom Besitzer geführte Backpacker-Lodge hat eine kuschlige Lounge mit Teppichen an den Wänden, von der es in einen ruhigen Innenhof hinausgeht. Die Schlafsäle mit 4 Betten sind hell und die Stockbetten aus Holz groß und stabil. Dorm R180, 2-Bettzimmer R750, Familienzimmer R1200

The Backpack, 74 New Church St, ✆ 021-423 4530, 💻 www.backpackers.co.za, Karte S. 159. Ausgezeichnetes Hostel in 4 miteinander verbundenen Häusern in Spaziernähe der City Bowl und Innenstadt. Es hat die besten Gemeinschafts- und Outdoorflächen der Gegend: eine Terrasse mit Pool, Aufenthaltsraum, Restaurant, Bar und Garten, alles in freundlichen Farben gehalten. Genächtigt wird in Dorms (mit 4–8 Betten) und Privatzimmern; einige Zimmer sind familientauglich. Dorm R240, DZ R1200

Blencathra, 4 Cambridge Ave, Ecke De Hoop, ✆ 021-424 9571, 💻 WWW.blencathra.co.za, Karte S. 159. Eine geräumige, einladende Privatunterkunft mit traumhafter Aussicht, an den Ausläufern des Lion's Head gelegen, 2 km von der Innenstadt und 4 km vom Atlantik. Die Selbstversorgerzimmer sind ruhig und groß. 4 haben ein eigenes Bad, außerdem gibt's einen 4-Betten-Schlafsaal nur für Frauen. Im Garten befinden sich Sitzgelegenheiten, ein Pool und ein niedliches 2-Bett-Chalet. Dorm R180, DZ R900

Zebra Crossing, 82 New Church St, ✆ 021-422 1265, 💻 www.zebra-crossing.co.za, Karte S. 159. Die Backpacker-Herberge ohne Schnickschnack ist kinderfreundlich und hat WLAN sowie Parkplätze abseits der Straße. Sie liegt am Nordrand der City-Bowl-Vororte, in Fußnähe der Restaurants und Kneipen der Kloof St sowie zu denen der Innenstadt. In der Café-Bar werden ganze Mahlzeiten und ordentlicher Kaffee serviert, und es gibt 2 hübsche Terrassen unter Weinlaub. Zur Unterbringung stehen großzügig geschnittene Dorms, 1 DZ und ein paar EZ zur Verfügung; die besten Zimmer haben Bergblick. Dorm R120, DZ R420

Oranjezicht

2Inn1 Kensington, 21 Kensington Crescent, ✆ 021-423 1707, 💻 www.2inn1.com, Karte S. 159. Die beiden benachbarten, renovierten Häuser in einer breiten, ruhigen Straße sind mit schicken, hellen Möbeln eingerichtet, und die sanfte Musik, die durch die Lounge und den Speiseraum schwebt, verleiht dem Ganzen das Ambiente eines heimeligen, intimen Cafés. Hinter dem Gebäude erstreckt sich ein 10 m langer Pool samt Sonnendeck mit Liegen, wo den Gästen bei Sonnenuntergang kostenloses Bier, Wein, Tee und Kaffee kredenzt wird. Die Zimmer haben eigene Terrassen und sind mit allen modernen Annehmlichkeiten ausgestattet. Wer möchte, kann sich im hauseigenen Wellnessbereich verwöhnen lassen. R1900

Acorn House, 1 Montrose Ave, ✆ 021-461 1782, 💻 www.acornhouse.co.za, Karte S. 159. Zwischen einer Reihe Guesthouses hoch oben auf dem Hang in Richtung Tafelberg steht diese 100 Jahre alte Villa. Mit dem weiten Rasen, Kolonialzeitmöbeln und einem sonnendurchfluteten Foyer hat sie sich ihren alten Glanz bewahrt, jedoch erweitert durch angenehme Neuerungen wie Pool, Frühstücksraum, Innenhof und Nespressomaschine. Die Zimmer nach vorn heraus bieten

City Bowl-Vororte

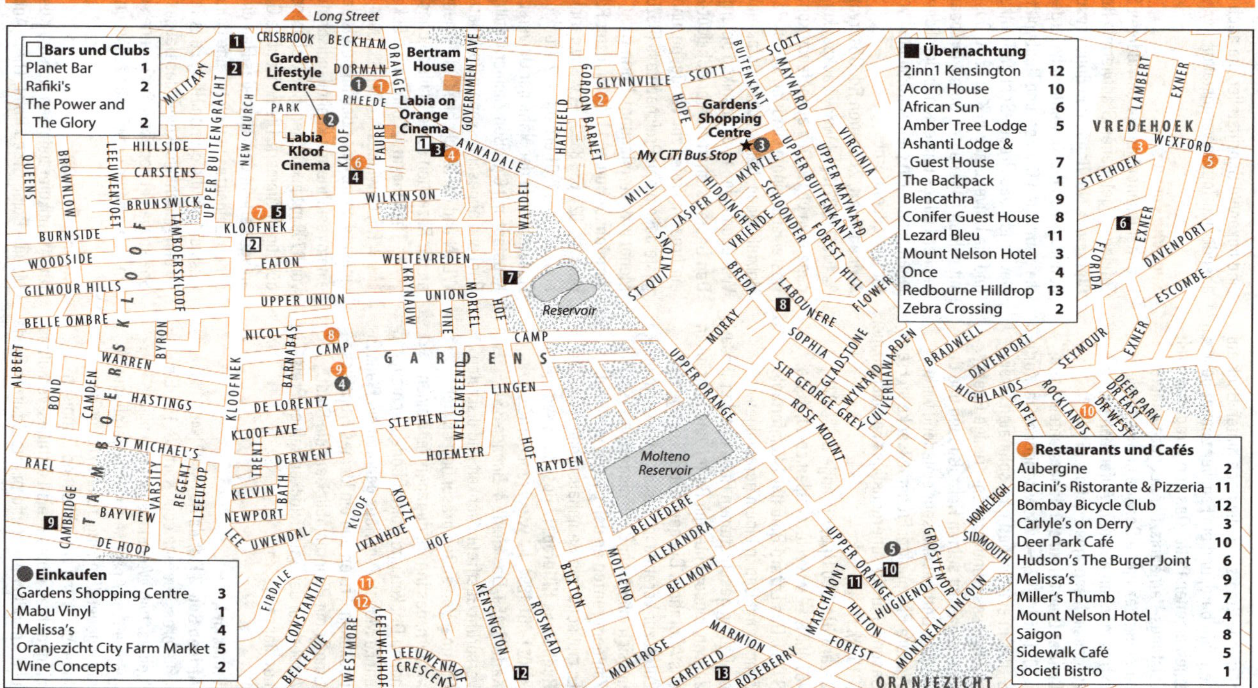

herrliche Stadtsicht, die nach hinten Blick auf den Tafelberg, und die Familienzimmer besitzen einen eigenen Patio. Das hervorragende Preis-Leistungs-Verhältnis, der ausgezeichnete, personenbezogene Service und nette kleine Extras machen aus dem Aufenthalt ein unvergesslich schönes Erlebnis. R1400

Conifer Guest House, 1 Jagersfontein Lane, ✆ 021-461 3762, 💻 www.conifer.co.za, Karte S. 159. In einer schattigen, schmalen Straße steht dieses wunderschöne, ruhige Guesthouse, das mit seinen Holzfußböden und der weißen Bettwäsche sehr einladend wirkt. Weitere Pluspunkte: Frühstücksecke im Freien, Gasgrill und ein supergünstiges Familienzimmer (R1550). R1150

Lezard Bleu, 30 Upper Orange St, ✆ 021-461 4601, 💻 www.lezardbleu.co.za, Karte S. 159. Das Lezard Bleu hat 7 komfortable Zimmer mit Bad in einem geräumigen, großzügig geschnittenen Haus aus den 1960er-Jahren, eingerichtet mit Betten und Schränken aus Ahornholz. Die gemütliche Lounge mit Zutritt zur Veranda ist die perfekte Location, um sich mit einem Buch niederzulassen. Alle Zimmer grenzen an den Garten und Pool. Es gibt sogar ein Baumhauszimmer. R1330

Redbourne Hilldrop, 12 Roseberry Ave, ✆ 021-461 1394, 💻 www.redbourne.co.za, Karte S. 159. Das kleine 4-Zimmer-B&B versprüht Gastfreundlichkeit und diskreten Charme. Von außen präsentiert es sich modern, das Innere dagegen, mit seinen hohen Decken und Holzfußböden, schmücken antike Möbel. Zum Haus gehören ein Planschbecken im Freien und ein kleines Frühstückszimmer mit Panoramablick auf die Stadt. Außerhalb der Saison locken saftige Preisnachlässe. R1375

Vredehoek

African Sun, 3 Florida Rd, ✆ 021-461 1601, ✉ afpress@iafrica.com, Karte S. 159. Ein kleines, zum Wohnhaus einer Familie gehörendes Apartment (Selbstverpflegung) mit eigenem Eingang, rund 1 km von der Innenstadt und zurückhaltend „ethnisch" eingerichtet. Gutes Preis-Leistungs-Verhältnis und freundliche, gut informierte Besitzer. Beide sind bekannte Schriftsteller, die auch Literaturabende und Touren veranstalten. R650

Südliche Vororte

In den hübschen, an der bewaldeten Seite des Tafelbergs gelegenen Stadtvierteln **Rosebank**, **Claremont**, **Newlands** und **Rondebosch** befinden sich die Kirstenbosch Gardens sowie die gepflegten Cricket- und Rugbyplätze von Newlands, das Groote-Schuur-Krankenhaus und die Universität von Kapstadt. Observatory, mit seinen angesagten Cafés, ein paar Backpacker-Lodges und einem ordentlichen Nachtleben, ist nur ein paar Autominuten von der Innenstadt entfernt.

African Heart, 27 Station Rd, Observatory, ✆ 076-118 3213, 💻 www.backpackersincapetown.co.za. Das ausgefallen konzipierte Hostel ist in einem viktorianischen Haus mit Holzfußböden, behaglichen Sofas, gewagten Wandgemälden und Mosaiken untergebracht. Den Gästen stehen mehrere Chillout-Ecken und ein *braai* im Freien zur Verfügung, und Langzeitgäste bekommen Preisnachlass (R5200 pro Monat inkl. Verpflegung). Dorm R130, DZ R440

Carmichael House, 11 Wolmunster Rd, Rosebank, ✆ 021-689 8350, 💻 www.carmichaelhouse.co.za. 1901 erbautes, 2-stöckiges Guesthouse in der Nähe der Universität von Kapstadt, mit 6 großen Zimmern, stillem Garten, Pool und abgeschlossenem Parkplatz. Es gibt WLAN und die Möglichkeit, auf einem Laptop an der Rezeption seine Mails zu checken. R1360

The Vineyard, Colinton Rd, Ecke Protea Rd, Newlands, ✆ 021-683 3044, 💻 www.vineyard.co.za. Eines der Tophotels der Stadt in einem restaurierten kapholländischen Landsitz von 1799 mit luxuriösen, fürs Gebotene aber günstigen Zimmern. Die weitläufige Gartenanlage verleiht dem Hotel das Flair eines idyllischen Landsitzes und bietet eine wunderbare Aussicht auf die grünen Hänge des Tafelbergs. Zu den Annehmlichkeiten des Hauses zählen ein Spa sowie ein beheizter Pool – eine super Wahl, um sich rundum verwöhnen zu lassen. R2550

Atlantic Seabord

Am Atlantikufer befinden sich die Küstenvororte Mouille Point, Green Point, Three Anchor Bay und Sea Point. Hier gibt es zahlreiche Unterkünfte – eine gute Alternative zur City Bowl, wenn man am Meer, aber in der Nähe der Innenstadt wohnen möchte. Südlich von Sea Point, am Victoria Drive, nicht weit von der Innenstadt entfernt, liegt am Berghang der wohlhabende Vorort **Camps Bay** mit herrlicher Aussicht auf den Atlantik und zahlreichen Restaurants und Geschäften. Das benachbarte **Llandudno** hat zwar ähnliche Ausblicke, jedoch weder Geschäfte noch Restaurants, dafür aber einen traumhaft schönen Strand. **Hout Bay** ist die größte Siedlung der unteren Halbinsel und der einzige Ort hinter Camps Bay, der mit öffentlichen Verkehrsmitteln zu erreichen ist. Südlich von Hout Bay liegt das noble, semiländliche **Noordhoek**, unweit des Table Mountain National Park, mit guten Möglichkeiten für Strandspaziergänge und zum Reiten und Surfen.

Green Point

The B.I.G. Backpackers in Green Point, 18 Thornhill Rd, 021-434 0688, www.bigbackpackers.co.za, Karte S. 140–141. Eine helle, saubere, modern-rustikale Backpacker-Lodge, gedacht für Leute, die nicht rund um die Uhr Party machen wollen und es auch in der Ferne gern heimelig haben. Zur Verfügung stehen eine voll ausgestattete Selbstversorgerküche, ein Grillplatz, 2 kuschlige Loungezimmer, ein Fernsehraum und ein sonniger Garten mit kleinem Pool. Die 4-Bett-Dorms sind hell und geräumig und mit eigenen Balkonen versehen. Kaffee gibt´s kostenlos. Dorm R200, DZ R800

Dysart Boutique Hotel, 17 Dysart Rd, 021-439 2832, www.dysart.de, Karte S. 140–141. Dieses luxuriöse Boutiquehotel im Afroschick zeigt sich von innen geschniegelt, aber trotzdem gemütlich. Jedes der 6 Zimmer besitzt einen Balkon, einen Flachbildfernseher und eine Minibar. Die Highlights jedoch befinden sich außerhalb des Hauses: 2 Infinitypools und eine Holzveranda mit Liegen, Sonnenschirmen und Tischen – der perfekte Ort für einen gechillten Cocktail. R2100

Jambo Guest House, 1 Grove Rd, 021-439 4219, www.jambo.co.za, Karte S. 140–141. Das kleine, charmante Haus in einer ruhigen Sackgasse unweit der Main Rd hat 4 Luxuszimmer mit Bad und 1 Gartensuite. Herrlicher, schattiger Garten mit Teich und hervorragender Service. R1500

Point B Guest House, 14 Pine Rd, 021-434 0902, www.pointb.co.za, Karte S. 140–141. In einem Haus aus den 1900er-Jahren untergebrachtes Gästehaus mit ein wenig altmodischem Dekor, Rattanmöbeln und einer behaglichen Lounge mit Blick auf den Garten. Im Obergeschoss befinden sich 2 moderne Zimmer mit kleinen Balkonen, die Zimmer im Untergeschoss verfügen jeweils über einen eigenen Patio. Im schattigen Gemeinschaftsgarten gibt´s Sitzgelegenheiten auf dem hölzernen Sonnendeck, Liegestühle und einen mit Mosaikfliesen ausgekleideten kleinen Pool. Der Service ist ausgesprochen aufmerksam und persönlich. R1300

Wilton Manor, 15 Croxteth Rd, 021-434 2572, www.wiltonmanor.co.za, Karte S. 140–141. Wunderschön renoviertes viktorianisches Guesthouse in einer ruhigen Straße unweit der Innenstadt. Es verfügt über eine einladende, geräumige und sonnige Veranda mit Frühstückstischen und ein kleines Badebecken zum Abkühlen. R1500

Sea Point

Blackheath Lodge, 6 Blackheath Rd, 021-439 2541, www.blackheathlodge.co.za, Karte S. 140–141. Vorzügliches, von den Eigentümern geführtes Guesthouse in einem stattlichen viktorianischen Haus in einer ruhigen Nebenstraße, aber gar nicht weit von der Sea-Point-Action, in dem einfach alles stimmt. Die 16 Zimmer sind groß und luftig (einige mit Blick auf den Lion's Head und das Meer) und die großen Betten sind wahrscheinlich die bequemsten von ganz Kapstadt. Frühstück gibt's auf einer Gartenveranda beim Pool samt Bar. R1850

Huijs Haerlem, 25 Main Drive, 021-434 6434, www.huijshaerlem.co.za, Karte S. 140–141. Elegantes und freundliches Guesthouse in 2 benachbarten, mit holländischen Antiquitäten ausgestatteten Gebäuden. Die 8 Zimmer bieten Blick aufs Meer, den Signal Hill oder den hübschen Garten. R1450

Stonehurst Guest House, 3 Frere Rd, ✆ 021-434 9670, 💻 www.stonehurst.co.za, Karte S. 140–141. Viktorianisches Wohnhaus mit hübschem Vorgarten, Selbstversorger-Küche und Gäste-Lounge, hübsch eingerichtet mit Antiquitäten und Sammlerstücken (Betreiber Jan ist Antiquitätenhändler). Die meisten Zimmer haben Bad, manche Balkon. Tolle Lage ein paar Straßen von der betriebsamen Main Rd entfernt und gutes Preis-Leistungs-Verhältnis. R850

The Villa Rosa, 277 High Level Rd, ✆ 021-434 2768, 💻 www.villa-rosa.com, Karte S. 140–141. Freundliches Guesthouse mit 8 Zimmern in einem ziegelroten, 2-stöckigen viktorianischen Haus am Ausläufer des Signal Hill, 2 Querstraßen von der Uferpromenade. Die schlichten geschmackvollen Zimmer verfügen über TV, Telefon und Safe, doch nur einige im Obergeschoss haben Meerblick. R975

Winchester Mansions Hotel, 221 Beach Rd, ✆ 021-434 2351, 💻 www.winchester.co.za, Karte S. 140–141. Hotel aus den 1920ern in bester Lage an der Uferstraße und mit einer Atmosphäre wie aus einem Krimi von Agatha Christie – die besten Zimmer sind allerdings freundlich und modern eingerichtet. Auf das angenehm kühle Restaurant im Innenhof schaut man von efeuüberwachsenen Balkonen herab. Zum Haus gehört auch ein gutes Restaurant. R2500

Camps Bay und Bakoven

Boutique@10, 10 Medburn Rd, Camps Bay, ✆ 021-438 1234, 💻 www.boutique@10.co.za, Karte S. 142. In diesem vom Eigentümer geführten Guesthouse fühlt man sich wie zu Besuch im verschwenderisch ausgestatteten Haus von Freunden. Es hat 4 komfortable, ganz individuell gestaltete Zimmer. Das Holz, mit dem die helle, großzügig geschnittene Lounge und die Küche ausgekleidet sind, wurde beim Abriss eines alten Hotels gerettet. Von beiden geht es hinaus auf die Veranda mit Sonnenliegen, Pool und atemberaubender Sicht auf den Atlantik und den Lion´s Head. R2200

Camps Bay Retreat, 7 Chilworth Rd, Camps Bay, ✆ 021-437 8300, 💻 www.campsbayretreat.co.za, Karte S. 142. Die abgeschiedene Earls Dyke Mansion auf einem knapp 2 ha großen Gelände mitten in Camps Bay ist Teil eines Naturparks und liegt nur 5 Min. zu Fuß vom Strand. Die mit noblen Kolonialmöbeln versehenen Zimmer sind großzügig geschnitten, ebenso die Haupt-Hotelhalle, die Lounge, das Lesezimmer, das elegante Restaurant und die Bar. Letztere befindet sich auf der Veranda über einem sanft abfallenden Rasen und erlaubt eine bezaubernde Aussicht aufs Meer. Außerdem gibt´s einen Wellnessbereich, 3 Pools (darunter einen, der wie ein natürlicher Gebirgsteich aussieht) und Tennisplätze. R4000

Ocean View House, 33 Victoria Rd, Bakoven, ✆ 021-438 1982, 💻 www.oceanview-house.com, Karte S. 142. Von einer Familie geführtes, ausgefallenes blau-gelbes Boutiquehotel auf einem großen, neben einem Fynbos-Reservat gelegenen Grundstück. 14 geräumige, komfortabel und stilvoll eingerichtete Zimmer mit Berg- oder Meerblick. R1950

Hout Bay, Llandudno und Noordhoek

Hout Bay Hideaway, 37 Skaife St, Hout Bay, ✆ 021-790 8040, 💻 www.houtbay-hideaway.com. Ein hervorragendes Guesthouse voller Verwöhn-Details wie Perserteppiche, Art-déco-Sessel und riesige Betten. Alle 4 Zimmer mit Berg- oder Meerblick und einer Terrasse, auf der das Frühstück serviert wird. Hinterm Haus lockt ein Infinity-Meerwasserpool vor einem Fynbos-Garten, der am Rand in die Tafelbergvegetation übergeht. R1650

Houtkapperspoort, 1 Hout Bay Main Rd, (5 km von Hout Bay, 15 km von der Innenstadt) ✉ ✆ 021-794 5216, 💻 www.houtkapperspoort.co.za. 26 rustikale, aus Ziegelsteinen und Holz erbaute Ferienbungalows für Selbstversorger mit 1 und 4 Schlafzimmern gleich beim Table Mountain Nature Reserve unweit von Constantia Nek. Wer sich sportlich betätigen möchte, kann direkt vom Hotelgelände aus einen der Bergpfade erklimmen, Tennis spielen oder im solarbeheizten Pool schwimmen. R1600

Monkey Valley Resort, Mountain Rd, Noordhoek, ✆ 021-789 8000, 💻 www.monkeyvalleyresort.com. Hübsche 2-stöckige Ferienbungalows, meist aus Holz und strohgedeckt, auf einem weitläufigen Gelände am Chapman's

Peak mit Blick auf den Noordhoek Beach, 40 km südlich der Innenstadt inmitten ursprünglicher Natur, allerdings ohne Affen. Verpflegung entweder im Restaurant, auf B&B-Basis oder in Eigenregie. Verschiedene Unterbringungsmöglichkeiten, je nach Belegungsgröße. DZ R1500, Selbstversorger-Cottage R2130

Sunbird Mountain Retreat & Lodge, Boskykloof Rd, Hout Bay, ✆ 021-790 7758, 💻 www.sunbirdlodge.co.za. 4 einladende, geräumige Apartments und ein Guesthouse für Familien, alles in einem Waldstück hoch oben am Berg. Alle Zimmer mit toller Aussicht; windgeschützter Pool. DZ R1200, Apartment R800

Sunset on the Rocks, 11 Sunset Ave, Llandudno, ✆ 021-790 2103, 💻 www.sunsetontherocks.co.za. Zauberhafte Unterkunft an einer der schönsten Buchten der Halbinsel. 3 kompakte Wohnungen für Selbstversorger in einem Fynbos-Garten, der den sympathischen Hausbesitzern Brian und Helen Alcock gehört. In Llandudno gibt es weder Geschäfte noch Restaurants, aber Hout Bay ist nur 10 Autominuten entfernt. R800

Tintswalo Atlantic, Chapmans Peak Drive, Hout Bay, ✆ 011-300 8888, 💻 www.www.tintswalo.com/atlantic. Luxuslodge in spektakulärer, abgeschiedener Lage auf den Felsen unterhalb vom Chapman's Peak, innerhalb des Table Mountain Reserve. Von den stilvollen, individuell konzipierten, großen Schlafzimmern schaut man direkt aufs Meer. Den Gästen stehen 2 geräumige Veranden, ein beheizter Jacuzzi und Meerwasserpool, Lounge, Bar, Restaurant und sogar ein Weinkeller zur Verfügung, und ein Hotelangestellter holt sie per Landrover vom Chapmans Peak Drive ab. R8520

False Bay Seaboard

Wer jeden Tag schwimmen, surfen und am Strand spazieren gehen und dazu noch tolle Restaurants genießen möchte, sollte in dieser Gegend absteigen – das Zentrum von Kapstadt ist nur 20 km mit dem Auto entfernt und tagsüber auch mit dem Zug zu erreichen. **Muizenberg**, der älteste Küstenvorort Kapstadts, war früher sehr beliebt, macht aber jetzt einen leicht heruntergekommenen Eindruck. Südlich davon liegt das hübsche **St James**, am nettesten ist jedoch **Kalk Bay** mit seinem Hafen, seinen Antiquitätenläden und seinen künstlerisch angehauchten Cafés. **Fish Hoek** weiter Richtung Süden zeichnet sich durch seinen Strand aus. **Simon's Town**, 45 Autominuten von der City entfernt, wird von den meisten Kapstädtern als eigenständige Ortschaft betrachtet, was sie ursprünglich auch war, doch heute gehört sie definitiv zum Großraum Kapstadt. Hier gibt's weitaus weniger Guesthouses als auf der Atlantikseite, allerdings zahlreiche Selbstversorger-Ferienapartments, besonders in Kalk Bay, Infos s. 💻 www.safarinow.com, oder Peninsula Tourism, 💻 www.capetown.travel.

Muizenberg

Cob House, 13 Watson Rd, ✆ 021-788 6613, 💻 www.cobhouse.co.za, Karte S. 146–147. Das umweltbewussteste B&B in Kapstadt wird von einer superfreundlichen Familie betrieben und liegt nur 200 m vom Strand entfernt. In dem gemütlichen Gästezimmer (es gibt nur eins) können bis zu 4 Personen übernachten. Der Preis beinhaltet ein Bio-Frühstück, das aufs Zimmer serviert wird. Simric Yarrow, der Betreiber, ist Lehrer, Geschichtenerzähler und Musiker und veranstaltet ausgezeichnete Touren durch die Stadt, 💻 www.offbeatcapetown.yolasite.com. 2 Pers. R750, 3 oder 4 Pers. R950

Stoked Backpackers, 175 Main Rd, ✆ 082-679 3651, 💻 www.stokedbackpackers.com, Karte S. 146–147. Stimmungsvolle, gut geführte Backpacker-Herberge neben dem Bahnhof, vom Surfers Corner aus jenseits der Bahnschienen. Auf Wunsch werden Surf- oder Kitesurf-Unterricht sowie Ausflüge zum Cape Point oder Weinproben in Stellenbosch organisiert. Die besten Zimmer mit Bad befinden sich in den oberen Etagen, sie bieten Ausblick auf den Sonnenuntergang über dem Meer. Wenn es windstill ist, kann man sich auch wunderbar auf der Terrasse oben aufhalten und die grandiose Sicht auf den Strand genießen. Dorm R135, DZ R550

Fish Hoek und Kalk Bay

Chartfield Guest House, 30 Gatesville Rd, Kalk Bay, ✆ 021-788 3793, 💻 www.chartfield.co.za, Karte S. 146–147. Das gepflegte,

Homestay in einer afrikanischen Township

Es gibt kaum eine bessere Möglichkeit, eine Vorstellung vom Alltag in den Townships zu bekommen, als eine oder mehrere Nächte dort zu verbringen. Zunehmend mehr Township-Bewohner bieten in ihren Privathäusern **B&B** an. Wer bei einer Familie wohnt, nimmt mit ihr das Frühstück und Abendessen ein und erlebt Ubuntu, die traditionelle afrikanische Gastfreundlichkeit. Oft werden die Gäste auch in Shebeens, zu Musikveranstaltungen, in Kirchen oder auf ein Schwätzchen zu den Nachbarn mitgenommen.

Manche Township-B&Bs schicken jemanden zum Flughafen, der die Gäste in Empfang nimmt. Autofahrer erhalten genaue Wegbeschreibungen oder werden an einem günstigen Treffpunkt abgeholt. Mit Doppelzimmerpreisen von R480–600 sind diese B&Bs weitaus günstiger als die Unterkünfte im Zentrum von Kapstadt, und die Erfahrung an sich ist schon etwas ganz Besonderes.

Interessenten können direkt bei den gelisteten Unterkünften **buchen** oder über das Cape Tourism Centre in Langa, ✆ 021-695 4981, 🖳 www.capetowntravel.co.za.

Khayelitsha

Kopanong B&B, C329 Velani Crescent, ✆ 021-517 4206 oder 082-476 1278, 🖳 www.kopanong-township.co.za. Betreiberin eines der dynamischsten B&Bs in Khayelitsha ist die unermüdliche Thope Lekau, die sich zum Ziel gesetzt hat, ihre Gäste in den Township-Alltag zu integrieren. Die ehemalige NGO-Mitarbeiterin erzählt den Besuchern die Geschichte der Township, macht sie mit lokaler Musik bekannt und verwöhnt sie mit einem traditionellen Familienfrühstück. Auf Anfrage gibt´s auch ein traditionelles Abendessen und/oder eine Führung.

Majoro's, 69 Helena Crescent, ✆ 082-537 6882, 🖳 www.mycapetownstay.com/MajorosBB. Die charmante Maria Maile beherbergt Gäste im Haus ihrer Familie. Es hat 3 Zimmer, die sich Bad und Toilette teilen. Zum Abendessen werden traditionelle Speisen wie *mielie pap* (Maismehlbrei) gereicht, aber wer möchte, kann auch in einem nahe gelegenen Restaurant essen und anschließend mit der Familie fernsehen oder die Eckkneipe besuchen. Am nächsten Tag bekommt man eine Art englisches Frühstück, vielleicht mit *bacon and egg* neben Fischküchlein und selbst gemachtem Brot.

Malebo's, 18 Mississippi Way, ✆ 021-361 2391. Das B&B im einladenden Wohnhaus von Lydea Masoleng und ihrem Mann besteht aus 5 Zimmern mit Gemeinschaftsbad/-toilette. Morgens erwartet die Gäste ein kleines Frühstück *(continental breakfast)*; wer möchte, kann auch ein Abendessen vorbestellen, das aus einer Verbindung von westlichen Gerichten und traditionellen afrikanischen besteht. Die Gastgeber lassen sich gern in eine *Shebeen* oder sonntags in die Kirche begleiten.

Langa

Ma Neo's, 30 Zone 7 St, ✆ 021-694 2504, ✉ maneo@absamail.co.za. Die freundliche Gastgeberin Thandiwe Peter vermietet 2 Zimmer außerhalb und eins innerhalb ihres eigenen Hauses in der ältesten Township von Kapstadt, die auch am nächsten beim Stadtzentrum liegt. Deshalb kommen die meisten Besucher mit dem eigenen Wagen. Thandiwe zeigt ihren Gästen einige der Highlights von Langa, wozu natürlich auch ein Abstecher in eine *Shebeen* gehört.

Nombulelo's Guesthouse, 9 Harlem St, ✆ 072-827 5228, ✉ sicamba.nombulelo@gmail.com. Eine super Unterkunft, nicht zuletzt dank der Gastfreundlichkeit der charmanten Hausherrin Nombulelo. Ihr Haus befindet sich ganz in der Nähe der Kneipe *Aces* und der Wohnhäuser, die zusammen die Kunstgalerien der Township Langa bilden (S. 155).

weitläufige Haus steht auf halber Höhe am Hang und erlaubt Aussicht über den Hafen, von manchen Zimmern auch sensationellen Meerblick. Einige der fabelhaftesten Restaurants von Kapstadt liegen nur wenige Schritte auf der gepflasterten Straße nach unten bzw. ein paar

Treppenstufen entfernt. DZ R900, 3-Bett-Selbstversorgercottage R2000

The Mountain House, 7 Mountain Rd, Clovelly, ✆ 083-455 5664, 💻 www.themountainhouse.co.za. Schöne Selbstversorger-Unterkunft auf halbem Weg zwischen Fish Hoek und Kalk Bay, Karte S. 146–147. Das 2-Zimmer-Cottage im Garten der einheimischen Architektin Carin Hartford hat ringsum Fenster, damit die Bewohner die grandiose Berglage voll auskosten können; an den Wohnbereich schließt sich eine Terrasse an. R1050

Tranquility Guest House, 25 Peak Rd, Fish Hoek, ✆ 021-782 2060, 💻 www.tranquil.co.za, Karte S. 146–147. Freundliches, einladendes Guesthouse am Berghang mit schönem Meerblick (der Strand liegt in Spaziernähe). Es hat 4 gemütliche B&B-Zimmer mit Bad und 1 Selbstversorger-Apartment mit separatem Eingang, das genauso viel kostet wie ein Zimmer. Vom Jacuzzi im Freien können die Gäste relaxt die Aussicht genießen. R1200

Simon's Town und Umgebung

Blue Bay, 48 Palace Hill Rd, ✆ 021-786 1700, 💻 www.bbay.co.za. Luxuriöse Unterkunft für Selbstversorger mit atemberaubenden Ausblicken auf das Meer und ruhiger Lage 1 km vom Zentrum von Simon's Town. Das Haus mit 1 DZ und zwei 2-Bettzimmern wird als Ganzes vermietet. 2–3 Pers. R900, 6 Pers. R1800

Simon's Town Backpackers, 66 St George's St, ✆ 021-786 1964, 💻 www.capepax.co.za. Günstige Lage mitten in Simon's Town in Spaziernähe zum Bahnhof. Die Boutique-Backpacker-Herberge bietet Dorms mit Stockbetten und ziemlich geräumige DZ. Außerdem gibt´s einen großen Balkon mit Hafenblick. Gäste können Fahrräder für einen Ausflug zum Cape Point ausleihen oder eine Kajakfahrt buchen, um an der Pinguinkolonie vorbeizupaddeln. Dorm R190, DZ R380

Topsail House, 176 St George's St, ✆ 021-786 5537, 💻 www.topsailhouse.co.za. Zu einer Backpacker-Lodge umgebaute ehemalige Klosterschule mit mehr Platz als in solchen Herbergen normalerweise üblich, allerdings ein bisschen mitgenommen. Unterschiedliche Unterbringungsmöglichkeiten, darunter 1 Zimmer in einer Kapelle; am hübschesten sind jedoch die DZ mit Bad im Obergeschoss. R750

ESSEN

In Kapstadt kann man hervorragend essen. Es gibt viele gemütliche, gut besuchte Restaurants, die fantasievolle und qualitativ hochwertige Gerichte servieren. Verglichen mit vielen europäischen Ländern sind die Preise sehr erschwinglich, und das bedeutet, dass hier in erstklassigen Restaurants innovative Gerichte ausgezeichneter Küchenchefs zu einem Preis zu haben sind, den so mancher zu Hause schon für eine bessere Pizza bezahlen muss. Fleisch und Fisch sind von bester Qualität, und auch Vegetarier müssen nicht darben.

Es gibt zwar ein paar Restaurants, die auf **Kap- oder afrikanische Küche** spezialisiert sind (Kasten S. 167), doch auf andere Küchen spezialisierte Lokale sind oft erheblich besser. Wer **Seafood** liebt, bekommt in jedem Restaurant, das etwas auf sich hält, frischen Fisch vom Kap sowie Meeresfrüchte aus wärmeren Gewässern. Empfehlenswert ist der leckere Kap-Fisch, etwa Yellowtail, der nicht von Überfischung bedroht ist. Außerdem lohnt sich ein Besuch der einladenden **Stadtteilmärkte**, an deren Ständen es leckere Sachen zu trinken und zu essen gibt (S. 186).

Zentrum

Long Street und Umgebung

95 Keerom, 95 Keerom St, ✆ 021-422 0765, 💻 www.95keerom.com, Karte S. 120. Angesagtes, teures Restaurant mit frischer und leichter Nouvelle Cuisine nach italienischer Art, etwa gegrilltes Rinderfilet, Butternusskürbis-Ravioli oder marinierter Thunfisch (Hauptgerichte durchschnittlich R220). Küchenchef Giorgio Nava hat 2013 bei der Pasta World Championship in Italien mit seiner *pasta primi* unter Verwendung von Broccoli und Anchovis (R70) eine Goldmedaille gewonnen. 🕒 Mo–Sa 18.30–21.30 Uhr.

Addis in Cape, 41 Church St, ✆ 021-424 5722, 💻 www.addisincape.co.za, Karte S. 120. In dem freundlichen Restaurant mit herrlich unaufgeregter Atmosphäre wird köstliche äthiopische Traditionsküche aufgetischt, zum Beispiel würzige rote Linsen (R109), immer begleitet von leckerem *injera*-Sauerteigfladenbrot, um die Speisen aufzustippen. Gegessen wird mit den Fingern (R110). ⌚ Mo–Sa 12–22.30 Uhr.

Africa Café, 108 Shortmarket St, Heritage Square, ✆ 021-422 0221, 💻 www.africacafe.co.za, Karte S. 120. Vielleicht das beste Touristenrestaurant in Kapstadt, was die afrikanische Küche betrifft, mit einer fantastischen Auswahl an Gerichten aus allen Teilen des gesamten Kontinents. Angesichts eines Festschmauses aus 16 Gerichten bei unbegrenztem Nachschlag ist der Preis von R250 p. P. durchaus angemessen. Reservierung erforderlich. Es gibt auch eine Frühstückskarte und afrikanische Tapas. ⌚ Mo–Sa 18–22.30 Uhr.

Biesmiellah, 2 Wale St, Höhe Pentz St, Bo-Kaap, ✆ 021-423 0850, 💻 www.biesmiellah.co.za, Karte S. 119. Eines der ältesten Restaurants, wo nach traditionellen Kaprezepten gekocht wird. Allerdings isst man nicht im Lokal, sondern reiht sich mit den Einheimischen in die Takeaway-Warteschlange für Samosas und unwiderstehliche Wraps namens *salomes* (R48) ein. Es gibt sie rein vegetarisch mit Gemüse oder Bohnen, den größten Absatz finden jedoch die mit Garnelen oder Lamm. ⌚ Mo–Sa 7.30–22 Uhr.

Bird's Café, 127 Bree St, ✆ 021-426 2534, 💻 www.facebook.com/BirdsCafe, Karte S. 120. An den langen Gemeinschaftstischen in dem luftigen, zentral gelegenen Café kann man prima bei einem Cappuccino seine Mails checken. Empfehlenswert sind die Kuchen – besonders der Karottenkuchen (R40), ebenso der warme Salat namens Birds' nest: pochiertes Ei in einem Nest aus Broccoli und Pilzen (R60). Alles wird in südafrikanischer Töpferware serviert. ⌚ Mo–Fr 7–17, Sa 8–14 Uhr.

Bistrot Bizerca, 98 Shortmarket St, Heritage Square, ✆ 021-423 8888, 💻 www.bizerca.com, Karte S. 120. Ein Gourmetbistro mit modernem, hippem Flair, das durchweg Bestnoten bekommt. Das vom französischen Küchenchef Laurent Deslandes zubereitete Essen kommt leicht, elegant und kreativ daher. Die Zutaten stammen aus der Region, darunter erstklassige Fleisch- und Fischspeisen (Hauptgerichte R150) und umwerfende Desserts. Nicht billig, aber jeden Penny wert, außerdem ist die Bedienung exzellent. Nur mit Reservierung. ⌚ Mo–Fr 12–14.30, 18–22, Sa 18–22 Uhr.

Café Mozart, 37 Church St, ✆ 021-424 3774, 💻 www.themozart.co.za.com, Karte S. 120. Unter Bäumen in einer hübschen Straße oder im farbenfrohen, attraktiven Lokal zwischen ausgefallenen Antiquitäten kann man sich herzhafte Frühstücksgerichte, Nachmittagstee oder ein gutes Glas Wein zu Gemüte führen. Hinter dem „table of love" (R45) verbirgt sich eine Mischung aus knackfrischen Salaten und Broten – ein leckeres, gesundes Mittagessen. ⌚ Mo–Fr 7–16, Sa 9–15.30 Uhr.

Charly's Bakery, 38 Canterbury St, District Six, ✆ 021-461 5181, 💻 www.charlysbakery.co.za, Karte S. 119. Von der schlichten Einrichtung und der keineswegs noblen Umgebung darf man sich nicht täuschen lassen: hier stehen die Leute Schlange bis auf die Straße, um an die köstlichsten und am schönsten dekorierten Kuchen von ganz Kapstadt zu kommen, etwa die Red-Velvet-Cupcakes oder glutenfreie Limonen-Merengue-Cupcakes (beide R20). Außerdem gibt´s Frühstück und kleine Mittagsgerichte (rund R50). ⌚ Di–Fr 8–17, Sa 8.30–14 Uhr.

Eastern Food Bazaar, The Wellington, Darling St, ✆ 021-461 2458, 💻 www.easternfoodbazaar.co.za, Karte S. 120. Günstiges, kantinenartiges Restaurant mit indischer und kapmalaiischer Küche (Hauptgerichte R30). Zum Bestellen muss man sich vor dem Tresen anstellen und zur Mittagszeit mit langen Warteschlangen rechnen. Hier herrscht immer Betrieb, und die Portionen (jeweils in Begleitung frisch zubereiteter Faloodas und Lassies) sind mächtig. Alkohol und Rauchen verboten. ⌚ tgl. 11–22 Uhr.

Headquarters, Heritage Square, 100 Shortmarket St, ✆ 021-424 6373, 💻 www.hqrestaurant.co.za, Karte S. 120. In diesem Lokal steht nur ein einziges Gericht auf der Karte: erstklassiges namibisches Freiland-Beefsteak mit Sauce Hollandaise, fein geschnittenen Pommes und Salat (R175). Freitagabends legt ein DJ erst entspannte Beats auf und fährt dann gegen 22.30 Uhr das Tempo hoch, sobald die Tische zur Seite geschoben werden. Abendessen wird nur zu zwei festen Zeiten serviert (um 18 und 20.30 Uhr), und montagabends gibt's zwei Gerichte zum Preis von einem. Ohne Reservierung geht gar nichts. ⌚ Mo–Sa 12.30–22.30 Uhr.

Jason Bakery, 185 Bree St, ✆ 021-424 5644, 💻 www.jasonbakery.com, Karte S. 120. Die Bäckerei Jason ist schon ewig berühmt für köstliches Gebäck, Pies und Sauerteig-Roggenbrot und erfreut sich einer treuen Anhängerschaft. Der Hit unter den in diesem Fashionspot angebotenen Leckerbissen ist die gebratener-Schweinebauch-Apfel-Pastete (R40), manchmal steht auch Hackfleisch-Kartoffelbrei-Pie auf der täglich wechselnden Karte. Zum Frühstück gibt´s u. a. Croissants mit Bacon und hervorragenden Kaffee. Samstags ist *bonanza baking day,* dann stellt Jason Fotos von den Spezialitäten des Tages auf Twitter ins Netz. Das begehrteste Sandwich zum Mittagessen ist Chicken Caesar auf Roggenbrot (R60). ⌚ Mo–Fr 7–15.30, Sa 8–14 Uhr.

La Parada, 107 Bree St, ✆ 021-426 0330, 💻 www.107bree.co.za, Karte S. 120. In diesem Restaurant werden an langen, gemeinschaftlichen Holztischen die authentischsten Tapas von ganz Südafrika aufgetragen, und das sogar zu moderaten Preisen (R18–48). Es gibt auch Mikrobrauereibiere und ordentliche Cocktails, die Atmosphäre ist trubelig und die Geräuschkulisse beachtlich. Ein identisches Lokal desselben Besitzers befindet sich in der Main Rd, Kalk Bay. ⌚ tgl. 12–2 Uhr.

Mama Africa, 178 Long St, ✆ 021-424 8634, 💻 www.mamaafricarestaurant.co.za, Karte S. 120. Spezialitäten aus ganz Afrika, darunter gegrilltes Springbok-, Impala-, Kudu-, Straußen- und sogar Krokodilfleisch (Hauptgerichte um R170). Abends können die Gäste auch an der 12 m langen Theke in Form einer grünen Mamba sitzen und Live-Marimbamusik hören. ⌚ Mo und Sa 18.30–23, Di–Fr 11–16, 18.30–23 Uhr.

Mr Pickwick's Café and Bar, 2 Greenmarket Place, 54 Shortmarket St, Karte S. 120. Die Nummer Eins für ein billiges, frühes Frühstück oder den plötzlichen Heißhungeranfall um Mitternacht. Herzhafte, preiswerte Snacks, darunter eine große Auswahl mit warmen oder kalten Sachen belegter halber Baguettes (R50) und sündhaft gute Milchshakes sind hier an 365 Tagen im Jahr auch noch nach Schließungszeit der Pubs erhältlich. ⌚ tgl. 7–2 Uhr.

Royale Eatery, 273 Long St, ✆ 021-422 4536, 💻 www.royaleeatery.com, Karte S. 120. Hipper Laden, dessen preiswerte Gourmet-Burger mit ungewöhnlichen Belägen wie Briekäse oder gebackenem Gemüse serviert werden. Zur Auswahl stehen Buletten aus Lamm-, Rind- und Hühnchenfleisch sowie 7 vegetarische Varianten inkl. Tofu. Ein Renner ist der Miss Piggy Burger mit Schinkenspeck und Guacamole (R75). Das Restaurant ist meistens geram-

Afrikanische Küche

Im Zentrum von Kapstadt finden sich einige Restaurants, die mit afrikanischer Küche werben und dabei vor allem auf Touristen abzielen – ein waschechter Xhosa-Arbeiter wird kaum je in der Long Street zu Abend essen. Wer die afrikanische Küche in den **Townships** kennenlernen möchte, quartiert sich am besten in einem der dortigen B&Bs ein (Kasten S. 164) oder nimmt an einer Tour teil, die eine Mahlzeit in der Township oder einen Drink in einem *shebeen* beinhaltet (Kasten S. 154).

Wer einfach so durch die Townships fährt, wird kein authentisches Lokal finden – ganz abgesehen davon, dass es gefährlich wäre und nicht ratsam ist. Allerdings gibt es eine rühmliche Ausnahme: das Mzoli's.

Mzoli's, NY 115, Gugulethu, ✆ 021-638 1355. In der dem Stadtzentrum am nächsten gelegenen Township und leicht mit dem Auto zu erreichen. Das Lokal ist oft voller Touristen, aber der Authentizität der Gerichte tut dies keinen Abbruch – Jamie Oliver lobte die leckere Grillplatte *(tshisanyama)* aus Koteletts, Boerewors, Rindfleisch und Lamm, serviert mit Knödeln, *pap* (Maisbrei), Bratensauce und *chakalaka*, einer traditionellen südafrikanischen Beilage aus Weißkohl und Paprikaschoten. Mzoli's ist definitiv nichts für Vegetarier. Ein Essen für eine Person kostet ungefähr R50. Wer hier essen möchte, muss vorher anrufen, um einen Tisch reservieren und sich den Weg beschreiben zu lassen. ⌚ tgl. 9–18 Uhr.

melt voll; besonders wer einen Balkontisch mit Blick auf die Straße haben möchte, sollte reservieren. ⌚ Mo–Sa 12–22.30 Uhr.

V&A Waterfront und De Waterkant

Waterfront

Baia, Upper Level, Quay, ☏ 021-421 0933, 🖳 www.baiarestaurant.co.za, Karte S. 130. Auf der Restaurant-Terrasse mit Blick auf den Tafelberg wird meisterhaft zubereiteter Fisch und Seafood aufgetischt, beispielsweise mit der Leine geangelter Fisch *en papillote* (in Pergamentpapier gekocht) mit Tomate, Zucchini, Fenchel und Thymian (R150); wenn es etwas Bodenständigeres sein soll, empfiehlt sich gegrillter *kingklip* (R170). Reservierung erforderlich, besonders abends. ⌚ tgl. 12–23 Uhr.

Caffé San Marco, Piazza Level, Victoria Wharf, ☏ 021-418 5434, 🖳 www.sanmarco.co.za, Karte S. 130. Coffeeshop und Bar mit Tischen im Freien, serviert ganztags Frühstück sowie gute Sandwiches aus italienischem Brot, Wraps und frische Salate. Superlecker ist der gegrillte Tintenfisch mit Knoblauch und Chili (R90). Außerdem 18 verschiedene Sorten Eis und Sorbet. ⌚ tgl. 8–23 Uhr.

City Grill, Shop 155, Victoria Wharf, ☏ 021-421 9820, 🖳 www.citygrill.co.za, Karte S. 130. Ein exzellentes, wenn auch etwas touristisches und kostspieliges Steakhouse, das sich voll und ganz dem fleischigen Herzen der südafrikanischen Küche verschrieben hat. Zu empfehlen ist das Straußen-Kebab (R195), und wer ein rotes Rumpsteak (R150) oder eine Vorspeise mit Biltong und luftgetrockneter Salami (R79) bestellt, kann auch nichts falsch machen. Beachtlich ist die Weinkarte, auf der 150 Vintage-Weine zur Auswahl stehen. Der herrliche Meerblick lässt sich an Tischen im Freien unter Sonnenschirmen genießen. ⌚ tgl. 9.30–23 Uhr.

Truth Coffee, 36 Buitenkant St, ☏ 021-200 0440, 🖳 www.truthcoffee.com, Karte S. 130. Diese Hausrösterei beliefert einige der vorzüglichsten Restaurants von Kapstadt. In dem im Industrieschick-Design gestalteten Lokal, in dessen Mittelpunkt eine altehrwürdige, schmiedeeiserne Röstmaschine steht, wird hervorragender Kaffee ausgeschenkt (Tasse R18). Der Besuch lohnt sich schon allein der „Steampunk"-Einrichtung wegen, aber zum Essen geht man besser anderswohin. ⌚ Mo–Fr 7–18, Sa 8–18, So 8–14 Uhr.

Willoughby & Co, Shop 6182, Lower Level, Victoria Wharf, ☏ 021-418 6115, 🖳 www.willoughbyandco.co.za, Karte S. 130. Das beste Fischrestaurant der Waterfront serviert großartiges Sushi und Seafood (Hauptgerichte um R160) in munterer Atmosphäre, die für die fehlende Aussicht entschädigt. ⌚ tgl. 12–23 Uhr.

De Waterkant

Anatoli, 24 Napier St, ☏ 021-419 2501, 🖳 www.anatoli.co.za, Karte S. 130. Dieses ein wenig kostspielige, aber extrem stimmungsvolle türkische Restaurant ist in einer umgebauten Lagerhalle aus dem frühen 20. Jh. untergebracht. Es ist ein Supertipp für Vegetarier, und die Meze sind ausgezeichnet, besonders die *dolmades* (R40). Auf der Vorspeisenkarte stehen aber noch mindestens 20 andere Leckerbissen zur Wahl. Wer Fleisch mag, sollte sich an die Kebabs mit Reis halten (R135). Im Anatoli gibt´s auch hervorragende Desserts, etwa Dattelmus mit Sahnehäubchen (R50). ⌚ Mo–Sa 18.30–22.30 Uhr.

Origin Coffee, 28 Hudson St, ☏ 021-421 1000, 🖳 www.originroasting.co.za, Karte S. 130. Hier brauen Baristas Kaffee mit selbst gerösteten Bohnen aus Afrika, Asien und Lateinamerika. Gleichermaßen ansprechend ist die Auswahl an Tees. Gäste können zum Getränk auch eine Kleinigkeit zu essen bestellen, doch das Essen verblasst neben der Qualität der Getränke (R70). ⌚ Mo und Mi–Fr 7–17, Di 7–15, Sa und So 9–14 Uhr.

City Bowl

Aubergine, 39 Barnet St, Gardens, ☏ 021-465 4909, 🖳 www.aubergine.co.za, Karte S. 159. Unschlagbar für ein nobles 5-Sterne-Abendessen, mit einem Garten, in dem sich wunderbar die erstklassige afro-asiatische Küche von Küchenchef Harald Bresselschmidt genießen lässt. Teuer, aber ein Erlebnis. Hier wird viel Wert auf Frische und Regionalität der Zutaten gelegt, und auch für Vegetarier ist bestens gesorgt. Ein 3-Gängemenü ohne/mit Wein schlägt mit R435/R600 zu Buche. ⌚ Mo, Di und Sa 19–22, Mi–Fr 12–14, 19–22 Uhr, Tapas Mo–Sa 17–19 Uhr.

Bacini's Ristorante & Pizzeria, 177 Kloof St, Gardens, ✆ 021-423 6668, 💻 www.bacini.co.za, Karte S. 159. Ein bewährter, gut besuchter Italiener, wo beispielsweise köstliche Holzofenpizza mit Ricotta, Spinat, Auberginen und sonnengetrockneten Tomaten auf den Tisch kommt (R85). 🕒 tgl. 12–22.30 Uhr.

Bombay Bicycle Club, 158 Kloof St, Gardens, ✆ 021-423 6805, 💻 www.thebombay.co.za, Karte S. 159. Indische Gaumenfreuden dürfen hier nicht erwartet werden, dafür ein witziges Ambiente, wie gemacht für einen lustigen Abend. In jeder Ecke gibt´s irgendwas zum Spielen, wie Tische mit Schaukeln oder Faschingshüte zum Aufsetzen. Auf der Speisekarte stehen Grillgerichte, Suppen, Pasta und Carpaccios (Hauptgerichte durchschnittlich R150). Da es oft voll ist, muss unbedingt reserviert werden. 🕒 Mo–Sa 18–23 Uhr (Bar ab 16 Uhr).

Carlyle's on Derry, 17 Derry St, Gardens, ✆ 021-461 8787, 💻 www.carlyles.co.za, Karte S. 159. Freundliches Restaurant, wo ein Tisch nur mit Reservierung zu haben ist. Ab 18 Uhr gibt´s eine respektable Auswahl an Gourmet-Pizzas mit dünner Kruste, belegt z. B. mit Feigen und Schimmelkäse, Thai-Huhn mit Koriander oder Zitronenschinken und Rucola (R80). Außerdem sind Fleischgerichte (R95–130), Pasta (R60–85) und Salate (R45–85) zu haben. 🕒 tgl. 17.30–22.30 Uhr.

Deer Park Café, 2 Deer Park Drive, Vredehoek, ✆ 021-462 6311, Karte S. 159. Das am Ausläufer des Tafelbergs gelegene Lokal mit Tischen im Freien und einem umzäunten Park ringsum, ist die beste Anlaufstelle im Stadtzentrum für Familien mit Kindern. Auch die Speisekarte ist kinderfreundlich, mit zahlreiche Gerichten, die den Kleinen schmecken, etwa Arme Ritter *(french toast)* aus Ciabattabrot (R56). Und die Erwachsenen kommen ebenfalls auf ihre Kosten, nicht nur der Location, sondern auch des frischen, günstigen Essens wegen. Das meistgefragte Mittagsgericht ist das getoastete Ciabatta mit Hummus, Feta, gegrillter Paprika, Oliventapenade und grünem Basilikum-Pesto (R70). 🕒 tgl. 8–20 Uhr.

Hudson's The Burger Joint, 69 Kloof St, Gardens, ✆ 021-426 5974, 💻 www.theburgerjoint.co.za, Karte S. 159. Eine prima Adresse für Feinschmeckerburger (R38–88). Trendiges junges Publikum, laute Rockmusik, gepflegte Biere, hausgemachte Limonade und Bar-One-Milchshakes (R40). Neben einer Riesenauswahl an Burgern sind auch gute Salate zu haben, etwa „The Good Girl" mit Kürbis und Feta (R60). 🕒 tgl. 12–23 Uhr.

Miller's Thumb, 10b Kloof Nek Rd, Tamboers kloof, ✆ 021-424 3838, 💻 www.millersthumb.co.za, Karte S. 159. Das einladende Restaurant liegt in einer Wohnstraße und bietet durchweg gute, auf verschiedenste Arten zubereitete Seafoodgerichte. Toll für Fischfreunde, aber es gibt auch saftige Steaks (R120). 🕒 Mo und Sa 18.30–22.30, Di–Fr 12.30–14, 18.30–22 Uhr.

Mount Nelson Hotel, 76 Orange St, Gardens, 💻 www.lsmountneon.co.za, Karte S. 159. Nachmittagstee wie zur Kolonialzeit, angeboten im ältesten und schönsten Hotel Kapstadts. Eines der absoluten kulinarischen Highlights der Stadt. Die großen Teetische biegen sich unter Platten mit warmen und kalten Speisen, darunter Brötchen mit Räucherlachs und köstliche Kuchen. Nach dem Festschmaus für R235 braucht man echt kein Abendessen mehr. Online-Reservierung erforderlich; der Dresscode ist *smart-casual.* 🕒 Teatime ist um 13.30 und 15.30 Uhr.

Saigon, 72 Kloof St, Höhe Camp St, Stadtrand, ✆ 021-424 7670, Karte S. 159. Authentisches vietnamesisches Essen und Sushi bei makellosem Service. Superlecker schmecken das Hühnchen mit Cashewnüssen und das Entencurry (Hauptgerichte rund R90). Die besten Sitzplätze sind die in der Nähe der großen Fenster mit Blick auf den Tafelberg. 🕒 tgl. 12–14.30, 18–22.30 Uhr. Sa um die Mittagszeit geschl.

Sidewalk Café, 33 Derry St, Vredehoek, ✆ 021-461 2839, 💻 www.sidewalk.co.za, Karte S. 159. Dieses moderne, hippe Café besticht durch breite Fenster und ein umwerfendes, kreatives Angebot an gesunden und frischen oder sehr ausgefallenen Gerichten (Hauptgerichte rund R110). Auch Vegetarier müssen nicht darben und können als leichtes

KAPSTADT UND DIE KAP-HALBINSEL

Mittagsgericht zum Beispiel das Sandwich mit gegrillten Wildpilzen, gebackener Aubergine, Oliven, Halloumi und Harissamayonnaise plus Salat bestellen. Gratis-WLAN. ⌚ Mo–Sa 8–22.30, So 9–14 Uhr.

Societi Bistro, 50 Orange St, ✆ 021-424 2100, 💻 www.societi.co.za, Karte S. 159. Freundliches, nicht ganz billiges Bistro mit gutem italienisch angehauchtem Essen aus frischen Zutaten. Befindet sich in einem hübsch restaurierten Gebäude und hat auch Tische im Garten; an Winterabenden sorgt ein Kamin für Gemütlichkeit. Das Risotto ist immer ein Volltreffer (R112) und unter den Vorspeisen findet sich Genussreiches wie Ochsenzunge (R55), Hühnerleberparfait (R58) und Rote-Bete-Carpaccio (R39). Auf der Karte steht auch immer etwas Veganes wie Quinoacurry mit Gemüse der Saison, Sambals und Roti (R83). ⌚ Mo–Sa 12–23 Uhr.

Südliche Vororte

Catharina's Steenberg Estate, Constantia, ✆ 021-713 2222, 💻 www.steenberghotel.com. Eine ideale Adresse für eine besondere (aber nicht superformelle) Gelegenheit ist dieses Restaurant auf einem reizenden Weingut, wo sorgfältig angerichtetes Essen aufgetischt wird. Abends herrscht eine ganz ungezwungene Atmosphäre, und die Gäste können es sich bei einem Glas Sekt vom Gut auf den Sofas an der Bar bequem machen. Tagsüber bieten die großen Glaswände Ausblick auf den Weingarten. Das Angebot umfasst jederzeit Meeresfrüchte und Wild, aber auch die gehaltvollen Gnocchi mit Spargel, Erbsen, Artischocken und einer cremigen Parmesansoße (R105) sind zu empfehlen. ⌚ tgl. 7–10, 11–23 Uhr.

Chandani, 85 Roodebloem Rd, Woodstock, ✆ 021-447 7887, 💻 www.chandani.co.za. Besseres indisches Essen lässt sich in Kapstadt kaum finden als im auf nordindische Küche spezialisierten Chandani. Vegetarier sind hier besonders gut aufgehoben, denn es gibt zahlreiche Paneer-Gerichte: Spezialität des Hauses ist eine sämige Version mit Zwiebeln, Erbsen und Gewürzen (R80). Das Lokal befindet sich in einem geschmackvoll restaurierten viktorianischen Haus, das allerdings in einer weniger vorzeigbaren Ecke des Viertels steht. ⌚ Mo–Sa 12–15.30, 19–22 Uhr.

Common Ground Café, 23 Milner Rd, Rondebosch, ✆ 021-686 0154. Das zu einer Kirche gehörende Café scheint nicht gerade ein Anwärter auf den Titel „bester Kaffee der Stadt" zu sein. Doch die Baristas sind echte Künstler, die ihren Job ernst nehmen. Obendrein servieren sie Frühstücksgerichte, die zu den preiswertesten von Kapstadt gehören (R43) und bieten eine kleine Sandwich-Speisekarte sowie ein Mittagsbuffet, das nach Gewicht bezahlt wird. Die Atmosphäre ist entspannt (es gibt Sofas zum Chillen) und die Aussicht über Rondebosch Common auf den Devil's Peak bezaubernd. ⌚ Mo–Fr 7–16, Sa 8–14, So 8.30–14, 17.30–20.30 Uhr.

Kirstenbosch Tea Room Restaurant, Rhodes Drive, Newlands, ✆ 021-797 4883, 💻 www.ktr.co.za. Die großen Pluspunkte sind die wunderbare Lage im Grünen und die schmackhafte, gutbürgerliche Kapküche, insbesondere der eingelegte Fisch (R106) oder die hausgemachten Burger (R95). Vegetarier können unter ein paar leckeren Speisen wählen, und wer möchte, kann ein Gourmetpicknick (R160 p. P.) bestellen und sogar eine Picknickdecke ausleihen (R30). ⌚ tgl. 8.30–17 Uhr.

The Kitchen, 111 Sir Lowry Rd, Woodstock, ✆ 021-462 2201. Karen Dudley ist die Chefin vom Kitchen, für dessen phänomenale Sandwiches nur knackfrische Zutaten verwendet werden. Besonders begehrt sind Karens „Love-Sandwiches" aus selbst gebackenem Brot (R45), außerdem gibt´s ein ständig wechselndes Angebot an Salaten. Es ist eins der besten Lokale in Kapstadt für ein schnelles, preiswertes Mittagessen, besonders für Vegetarier. Die Bedienung ist flott und effizient, und der Laden brummt – kein Ort zum endlos Herumsitzen. ⌚ Mo–Fr 8–16 Uhr.

Pot Luck Club, Biscuit Mill, Albert Rd, Woodstock, ✆ 021-447 0804, 💻 www.thepotluckclub.co.za. In diesem Restaurant in der fantastischen Biscuit Mill dreht sich alles um innovative, teure und *tasty* Tapas (Portion jeweils rund R80). Sie sind auf der Karte nach Geschmackskategorien eingeteilt: süß, salzig, bitter und *umami*; am besten geht man zu mehreren hin, bestellt von jeder Option etwas und teilt. Vorsicht: man darf die süßen Tapas, z. B. mit Bohnenpaste glasierte Rinderrippchen mit einem warmen Brötchen und Pickles (R95), nicht verwechseln mit einem „sweet ending" wie Pekannuss-Pie mit Sellerie-Eiscreme (R60). Wer hier essen will, muss mehrere Wochen im Voraus reservieren und bekommt einen befristeten Essenstermin zugeteilt. ⌚ Mo–Sa 12–14.30, 18.30–22, So 11.30–14.30 Uhr.

Test Kitchen, Old Biscuit Mill, 375 Albert Rd, Woodstock, ☎ 021-447 2337, 💻 www.thetestkitchen.co.za. Im preisgekrönten zeitgenössischen Top-Feinschmeckerrestaurant Südafrikas erwartet die Gäste ein überwältigendes kulinarisches Feuerwerk aus Geschmacksrichtungen, Gerüchen und Farben, gezaubert von Küchenchef Luke Dale Roberts, einem Meister der kreativen Küche. Die Gerichte auf der ständig wechselnden Karte sind innovativ und bestehen oft aus ungewöhnlichen Zutaten in unerwarteten Kombinationen: etwa Entenschlegelconfit mit einer Füllung aus Pilzen und Leber, verschiedenen Zwiebeln, einem Trüffel-Foie-Gras-Ei und Entenleberjus (R160). Das Lokal ist im Industrieschick gehalten und das Ambiente erstaunlich unprätentiös. Die Tische sind manchmal schon auf Monate hinaus ausgebucht. ⌚ Di–Sa 12.30–14, 19–21 Uhr.

Atlantic Seaboard

Green Point

El Burro, 81 Main Rd, ☎ 021-433 2364, 💻 www.elburro.co.za, Karte S. 140–141. Gutes mexikanisches Essen (weder zu fettig noch mit zu viel Käse) in lockerer, freundlicher Atmosphäre. Vom Balkon eröffnet sich freie Sicht auf das Green Point Stadium (Hauptgerichte R100). Es gibt jede Menge vegetarische Sachen, und die Kürbis-Enchilada ist ein Gedicht (R65). Mo–Sa 12–23.30 Uhr.

Giovanni's Deliworld, 103 Main Rd, ☎ 021-434 6893, Karte S. 140–141. Das bestens besuchte italienische Deli und Coffeeshop mit Tischen drinnen und draußen (prima zum Leutegucken) liegt direkt gegenüber vom Stadion und hat sogar einen Bildschirm, auf dem man die Sportveranstaltungen verfolgen kann. Das gastronomische Angebot umfasst aromatischen Kaffee, leckere Sandwiches mit Belag nach Wunsch, Salate und Dips sowie gute Gerichte zum Mitnehmen (R45–65). ⌚ tgl. 8–21 Uhr.

Mano's, 39 Main Rd, ☎ 021-434 1090, 💻 www.mano.co.za, Karte S. 140–141. Bei den Reichen und Schönen beliebtes Restaurant, das Seafood, Grillgerichte und Pasta auf einer bunt gemischten Speisekarte hat, auf der auch Fish'n'Chips, *Prego rolls* (Steak mit Knoblauch im Brötchen) und *penne arrabiata* (alles um R70) sowie hervorragende Salate und mit die beste *Crème brûlée* (R60) der Stadt stehen. Nach dem Abendessen geht die Party oben in der Champagner-Bar Jade weiter (S. 140–141). ⌚ Mo–Sa 12–22 Uhr.

Mouille Point

Café Neo, 129 Beach Rd, ☎ 021-433 0849, Karte S. 140–141. Deli-Essen mit griechischem Einschlag (Hauptgerichte um R50–70). Unter den unwiderstehlichen Frühstücksangeboten fungieren griechischer Joghurt mit Nüssen und Honig oder Porridge mit Beeren. Zu anderen Tageszeiten gibt es Mezeplatten, Salate und Sandwiches. Auch Vegetarier können getrost hier einkehren, und von den sonnenbeschirmten Tischen draußen bietet sich Aussicht aufs Green Point Stadium oder den Leuchtturm. ⌚ tgl. 7–19 Uhr.

Newport Market and Deli, 47 Beach Rd, ☎ 021-439 1538, 💻 www.newportdeli.co.za, Karte S. 140–141. Helles Deli mit Blick auf die Tafelbucht, serviert Kaffee, ausgezeichnete Sandwiches (um R60), leckere Salate, z. B. mit Wassermelone und Fetakäse (R60) und warme Gerichte wie Makkaroni und Käse (R56) oder Chicken Burger (R45–75). Die interessanten Smoothies, z. B. aus Papau, gemischten Beeren und Mango (R32), stellen eine willkommene Abwechslung zu dem sonst üblichen deftigen Frühstück und den getoasteten Sandwiches dar. ⌚ tgl. 7–22 Uhr.

Wakame und **Wafu**, 47 Beach Rd, ☎ 021-433 2377, 💻 www.wakame.co.za, Karte S. 140–141. Das Wakame ist auf zeitgenössische asiatische Küche spezialisiert und lockt mit formvollendeten Gerichten wie erstklassigem Thunfisch in Sesamkruste (R130) und himmlischen Desserts, etwa mit Schokolade und Banane gefüllte Frühlingsrollen. Jeder Tisch mit Meeresblick. Im Wafu, eine Treppe höher, gibt's Tapas und Dim Sum. Die Location ist besonders reizvoll bei Sonnenuntergang: dann kann man mit einem klassischen Martini (R45) in der Hand den vielleicht zauberhaftesten Meerblick Kapstadts genießen. Beide Lokale haben auch eine Sushi-Bar, wo 6 Lachsröllchen für R75 über den Tresen gehen. Reservierung erforderlich. ◷ tgl. 12–15, 18–22 Uhr.

Sea Point

La Boheme Wine Bar & Bistro, 341 Main Rd, ✆ 021-434 6539, 💻 www.labohemebistro.co.za, Karte S. 140–141. Einladend und günstig, mit einer Speisekarte voller interessanter, ansprechend präsentierter Gerichte (um R85) aus der französischen Landgastronomie und über 60 ausgezeichneten offenen Weinen. Unter den Speisen finden sich Geschmackserlebnisse wie Straußenfleischbällchen mit Tagliatelli und Gnocchi. Das Lokal hat auch Tische auf dem Bürgersteig, und die angeschlossene Espresso- und Tapas-Bar nebenan ist prima für einen kleinen Imbiss und extrem guten Kaffee (R80). ◷ tgl. 8.30–21.30 Uhr.

Mr Chan, 178a Main Rd, ✆ 021-439 2239, 💻 www.mrchan.co.za, Karte S. 140–141. Gutes Chinarestaurant, das seine Stammgäste seit mehr als 20 Jahren nicht enttäuscht. Es gibt ausgezeichnetes Rindfleisch nach Hongkong-Art, Garnelen, gebratene Ente und marinierten Tofu mit gemischtem Gemüse für Vegetarier. Lunchspecials kosten R65, ein festes Abendmenü R150. ◷ tgl. 12–14.30, 18–22.30 Uhr.

Camps Bay, Hout Bay und Noordhoek

Café Caprice, 37 Victoria Rd, Camps Bay, ✆ 021-438 8315, 💻 www.cafecaprice.co.za, Karte S. 142. Gegenüber dem Camps-Bay-Strand gelegenes, gut besuchtes, aber prätentiöses Mittelmeer-Restaurant (die Tische stehen auf dem Bürgersteig, nicht auf dem Strand). Eignet sich gut, um dem Treiben auf der Straße zuzuschauen und die Sonne und den Sonnenuntergang zu genießen. Zu essen gibt´s Kleinigkeiten wie Hummus und Pitabrot (R42) oder handfestere Fisch- oder Fleischgerichte; man kann aber auch einfach nur etwas zu trinken bestellen. ◷ tgl. 9–24 Uhr.

Café Roux, Noordhoek Farm Village, ✆ 021-789 2538, 💻 www.caferoux.co.za. Sättigendes und gesundes Essen in chilligem Ambiente. Am Sonntagnachmittag und an manchen Abenden unter der Woche wird Livemusik geboten. Frühstück (ab R45), Gourmet-Sandwiches (ab R70), Burger (ab R75) und andere einfache Mahlzeiten. Die Speisekarte (und der Garten) berücksichtigen die Wünsche von Kindern. Wer möchte, kann sich mit einem „verrückte Ente"-Salat (R92) oder nach der Chapman's-Peak-Wanderung zum Nachmittagstee unter einen Sonnenschirm setzen und die Berge ringsum betrachten. ◷ tgl. 8.30–11, 12–17 Uhr.

The Foodbarn, Noordhoek Farm Village, ✆ 021-789 1390, 💻 www.thefoodbarn.co.za. Ausgezeichnete französische und internationale Gerichte vom renommierten Küchenchef Franck Dangereux zu vernünftigen Preisen, allerdings bei langsamer Bedienung. Kinder sind gern gesehen, und es gibt Tische auf der sonnigen Veranda mitten im schönen Noordhoek. Als Vorspeise gibt´s z. B. pikante Fischsuppe (R72), als Hauptspeise u. a. interessante Fleischspeisen wie gegrilltes Springbok-Rumpsteak mit Rüben-Tatin (R165). Jedes Gericht kommt in Begleitung eines passenden Weines, daher wird nach einem ausführlichen Lunch für die Heimfahrt vielleicht ein Taxi fällig. Reservierung erforderlich. ◷ So–Di 12–15, Mi–Sa 12–15, 19–21.30 Uhr.

Kitima, 140 Main Rd, Hout Bay, ✆ 021-790 8004, 💻 www.kitima.co.za. Das beste asiatische Fusionsrestaurant Kapstadts mit Thai-Touch ist in einem entzückenden Cape Dutch Manor House untergebracht. Die Speisen werden vor den Augen der Gäste aus knackfrischen Zutaten zubereitet, darunter Sushi und Sashimi, Dim Sum und eine Riesenauswahl an Meeresfrüchte- und Fleischgerichten aus der Pfanne, Currys wie Lachs-*panang* (R125) oder Straußenfleisch mit Lemongrass (R125). Ein Burner ist das reichliche Sonntagsbuffet (R250), für das eine Reservierung erforderlich ist. ◷ Di–Sa 12–22.30, So 12–15 Uhr.

La Cuccina Food Store, Victoria Mall, Victoria Rd, Hout Bay, ✆ 021-790 8008. Die hochwertigen, köstlichen Deli- und Café-Gerichte in freundlichem Ambiente entschädigen für den fehlenden Meerblick. Um die Mittagszeit gibt es ein prima Buffet mit Quiches, Salaten und Lasagne, das nach Gewicht bezahlt wird (R16 pro 100 g), und auch das Frühstück ist ausgezeichnet. 🕒 tgl. 7–17 Uhr.

Paranga's, Shop 1, The Promenade, Victoria Rd, Camps Bay, ✆ 021-438 0404, 🖳 www.paranga.co.za, Karte S. 142. Populärer Strandtreff zum Sehen und Gesehenwerden, während man sich mit Salaten, Seafood, Pasta oder Sushi stärkt. Die Gäste haben die Wahl unter zahlreichen Perl- und Schaumweinen (darunter ein South African Pongracz, R60), allen erdenklichen Weinen, Whiskeys und Cocktails. 🕒 tgl. 9–24 Uhr.

Wharfette Bistro, The Harbour, Hout Bay, ✆ 021-790 1100, 🖳 www.marinerswharf.com. Ein unaufgeregtes, gut geführtes und viel besuchtes Meeresfrüchterestaurant, geschmückt mit alten Fotos und Erinnerungsstücken aus vergangenen Zeiten, als die Touristen noch per Passagierdampfer nach Kapstadt kamen. Der Hafenblick von der Terrasse aus übertrifft das Essen, aber unterm Strich ist es ein nettes Plätzchen für Fish'n'Chips (R55) und ein kaltes Bier. 🕒 tgl. 10–21 Uhr.

Townships

Department of Coffee, neben der Khayelitsha Station, Khayelitsha, ✆ 073-300 9519, 🖳 www.twitter.com/Dpmofcoffee. Mutigere Traveller können auf eigene Faust das erste echte Kaffeehaus in einer Township aufsuchen und sich im Freien unter orangefarbenen Sonnenschirmen echten Kaffee, heiße Schokolade, Orangensaft oder Muffins für weniger als R10 schmecken lassen. 🕒 Mo–Fr 6–18, Sa 8–15 Uhr.

False Bay Seaboard

Muizenberg

Casa Labia Café, 192 Main Rd, ✆ 021-788 6068, 🖳 www.casalabia.co.za, Karte S. 146–147. Moderne italienische Küche und englischer Nachmittagstee in Palazzo-Ambiente mit Ölgemälden, Antiquitäten und schneeweißen Tischtüchern. Eines der Frühstücksgerichte besteht aus Pancakes, Eiern, Pancetta, Würstchen, Pilzen, Tomaten, Süßkartoffeltoast mit Marmelade und Kaffee oder Tee, alles zusammen für R155. Im Obergeschoss ist normalerweise eine gute Kunstausstellung zu sehen, und in dem kleinen Kunstgewerbeladen werden handverlesene Stücke verkauft. Wer im Hof speist, bekommt den Blick auf die Berge gratis dazu. 🕒 Di–So 10–16 Uhr.

Empire Café, 11 York Rd, ✆ 021-788 1250, 🖳 www.empirecafe.co.za, Karte S. 146–147. Hier gibt´s guten Kaffee und frische Backwaren mit Blick auf die vorbeifahrenden Züge und den Ozean dahinter. Kostenloses WLAN und leckere Pasta (R50) – und der Kellner rutscht auf dem Weg in die Küche vielleicht schwungvoll das Treppengeländer hinab. Bis er schließlich mit der Bestellung wieder auftaucht, dauert es allerdings wesentlich länger. 🕒 tgl. 7–16, So ab 8 Uhr.

Kalk Bay

The Annex, 124 Main Rd, in der Etage über Kalk Bay Books, ✆ 021-788 2453, 🖳 www.theannex.co.za, Karte S. 146–147. Das beste Freiluftrestaurant in Kalk Bay hat Terrassentische mit unschlagbarer Aussicht über den Hafen und die Bucht dahinter. Das Essen ist himmlisch – ein ganz großer Favorit sind Eggs Benedict auf hausgebackenem Ciabatta (R45) – und im Untergeschoss befindet sich auch noch ein Deli. Da der Besitzer Winzer ist, darf mit einer interessanten, vom Fachmann getroffenen Auswahl an Kapweinen gerechnet werden. 🕒 tgl. 8–21, Sa und So ab 7 Uhr.

C'est La Vie, 20 Main Rd, gegenüber dem Dale Brook Pool, ✆ 083-676 7430, Karte S. 146–147. Schnörkellose, kleine französische Bäckerei mit Tischen draußen. Frühstück (R45), gepresster Orangensaft, echte Baguettes und Croissants und exzellenter Kaffee. 🕒 Mi–So 7–15 Uhr.

Harbour House Restaurant, am Hafen, ✆ 021-788 4133, 🖳 www.harbourhouse.co.za, Karte S. 146–147. Das Nobelrestaurant mit Seafood- und Mittelmeerküche erfreut sich einer märchenhaften Lage am Meer. Lecker sind beispielsweise die mozambikanischen Riesengarnelen (R195), aber die Speisekarte gibt auch Lamm- und Rinderbraten sowie ein paar vegetarische Gerichte her. Die Portionen fallen klein aus, sind aber geschmacklich top und dazu sehr schön angerichtet. Reservierung ist Pflicht, und man muss sich zwischen zwei festgelegten Essenszeiten entscheiden. ◷ tgl. 12–16, 18–22 Uhr.

Kalky's, am Hafen, ✆ 021-788 1726, Karte S. 146–147. Das einfache Lokal versorgt die Bewohner der Fischereigemeinde seit vielen Jahren mit den besten Fish'n'Chips (R56) der Halbinsel und sehr preiswerten Seafoodplatten; der Fisch kommt vom Boot direkt in die Pfanne. Wer nichts gegen eine etwas längere Wartezeit hat, kann sich selbst etwas vom frischen Fang aussuchen und braten lassen. ◷ tgl. 10–19 Uhr.

Olympia Café & Deli, Main Rd, ✆ 021-788 6396, 💻 www.facebook.com/OlympiaCafeKalkBay, Karte S. 146–147. Im schon etwas mitgenommenen Olympia mit Hafensicht herrscht immer Hochbetrieb. Hier werden ausgezeichneter Kaffee und frische, selbst gemachte Backwaren dazu serviert; mittags stehen oft Fisch der Region und Muscheln auf dem Speisezettel (Hauptgerichte rund R100). Da keine Reservierungen angenommen werden, muss man zum Abendessen entweder früh herkommen oder sich in die Warteschlange einreihen. In der Hausbäckerei um die Ecke kann man Brot, Gebäck, exzellenten Coffee to go und Sandwiches holen. ◷ tgl. 7–21 Uhr, Bäckerei bis 17 Uhr.

Simon's Town und weiter südlich

Black Marlin, Main Rd, südlich von Simon's Town, ✆ 021-786 1621, 💻 www.blackmarlin.co.za. Sehr beliebtes Restaurant an der Straße nach Cape Point, auf dessen Speisekarte zwar nicht der namensgebende Schwarze Marlin, aber alle möglichen anderen Meeresbewohner stehen. Größtes Plus ist die Aussicht von den Tischen draußen auf dem Felsvorsprung, vor allem zur Walsaison. Der *Catch of the day* kostet R119 und die Wochenend-Frühstücksgerichte sind echt billig: Rührei auf Toast ist für schlappe R25 zu haben. ◷ tgl. 12–22, Sa und So ab 9 Uhr.

Blue Water Café, Imhoff Farm, Kommetjie Rd, gegenüber der Ausfahrt Ocean View, ✆ 021-783 2007, 💻 www.imhofffarm.co.za. Dies ist das beste Restaurant zum Einkehren auf der Cape-Point-Rundstrecke – es bietet erstaunlich gute Meeresfrüchte (Muscheln R90), Pasta (R86), Holzofenpizzas (R70) und Weine, außerdem Frühstück und Nachmittagstee. Es ist in einem reizenden kapholländischen Haus untergebracht, wo im Winter ein Feuer im Kamin prasselt, und erlaubt einen hervorragenden Ausblick über die Feuchtgebiete und den Ozean. Die Bedienung ist zuvorkommend, und Familien können einen Tisch im Freien neben einer großen Wiese reservieren, auf der die Kinder spielen können. ◷ Di 9–17, Mi–So 9–21 Uhr.

Camel Rock, Main Rd, Scarborough, ✆ 021-780 1122. Eine gemütliche Nachbarschaftskneipe, die sich wenig um Touristen schert – und die einzige Möglichkeit, in Scarborough ein Bier und etwas zwischen die Zähne zu bekommen, Letzteres in Form von nicht besonders aufregenden Meeresfrüchten (R105). ◷ Mi–Mo 11–21 Uhr.

Salty Sea Dog, 2 Wharf St, Waterfront, Simon's Town, ✆ 021-7861918, 💻 www.saltyseadog.co.za. Das kleine Lokal am Hafen ist kein bisschen schnieke, aber unschlagbar, wenn´s um die guten alten Fish'n'Chips (R40) geht. Außerdem werden Bier und Wein ausgeschenkt. Mit Sitzgelegenheiten drinnen und draußen eignet es sich prima als Lunchstop während eines Abstechers zum Cape Point. ◷ Mo–Sa 8.30–21, So (nur Takeaways) 8.30–16.30 Uhr.

Tibetan Teahouse, 2 Harrington Rd, Seaforth Beach, ✆ 021-786 1544. In dem Lokal, zu erkennen an den Gebetsfahnen, wird nach traditionellen tibetischen Rezepten gekocht – ausschließlich vegetarisch, daher ist beispielsweise im Linseneintopf (R60) garantiert kein Fleisch. Das Teahouse befindet sich in der Nähe vom Boulders Beach an der Strecke zum Cape Point. ◷ Di–So 10–17 Uhr.

Two Oceans, Cape Point, ✆ 021-702 0703, 💻 www.two-oceans.co.za. Das Highlight dieses Restaurants mit Seafood-Schwerpunkt ist die atemberaubende Aussicht von der Terrasse über die gesamte False Bay (zur richtigen Jahreszeit wunderbar zum Walebeobachten). Auf der umfangreichen Karte stehen jede Menge Fisch und Meeresfrüchte, darunter die Vorspeisenplatte *smack of sea* mit Makrele, Shrimps, Räucherforelle, Cape

Yellowtail, knusprigen Tintenfischköpfen, marinierten Muscheln und *snoek*-Paté (R230), außerdem Sushi und ein paar fleischhaltige Optionen. ⌚ tgl. 9–16 Uhr.

UNTERHALTUNG UND KULTUR

Kapstadt ist kein Kind von Traurigkeit – schon gar nicht im Sommer – und hat jede Menge großartige Lokale und Clubs, besonders an der quirligen und sicheren **Long Street**, wo es außerdem kein Problem ist, ein Taxi zu ergattern. An lauen Sommerabende rockt das Atlantic Seaboard, allen voran **Camps Bay** – besonders toll für einen Sundowner oder zwei. Nach den vorhergehenden Anstrengungen des Wochenendes sind die Sonntagabende merklich ruhiger, aber auch dann gibt's noch ein paar spannende Möglichkeiten zum Ausgehen. Das Theater- und Konzertangebot ist ausreichend und selten sind Vorstellungen ausverkauft. Die Kartenpreise sind zudem im Vergleich zu Berlin oder Wien günstig. Trotz fehlender staatlicher Subventionen ist die Kunstszene aber kreativ und bewegt. Den besten Überblick über das Angebot Kapstadts bieten die großen Veranstaltungsorte **Baxter**, **Artscape und Fugard Theatre**. Dort müsste eigentlich für jeden Geschmack etwas auf dem Programm stehen: ein Theaterstück, ein klassisches Konzert, Oper, zeitgenössischer Tanz oder Comedy. Veranstaltungskalender und Besprechungen findet man in den Tageszeitungen *Cape Times* und *Argus*, Infos über andere Veranstaltungen, Weinfestivals, Sportevents, Kunstausstellungen und Lesungen außerdem im Stadtmagazin *021*, 💻 www.021cape.com, das in den Filialen von Vida e Caffe und Buchhandlungen verkauft wird.

Bars und Clubs

Die meisten **Alkohollizenzen** schreiben zwar vor, dass die letzte Runde morgens um 2 Uhr serviert wird, doch das wird nicht allzu ernst genommen. Bars machen oft erst zu, nachdem der letzte Gast gegangen ist. Der Verkauf von Alkohol in Geschäften ist samstags ab 18 Uhr und sonntags den ganzen Tag lang gesetzlich verboten. Die **Getränkepreise** richten sich natürlich nach der Art des Etablissements: Ein Bier in einer Sportsbar kostet etwa R18, ein südafrikanisches Craft von R45 aufwärts. In einer schicken Bar schlägt ein Cocktail mit bis zu R65 zu Buche, ein Glas edler Kapwein dagegen ist schon ab R40 zu haben. Die Party in den **Clubs** beginnt nach 22 Uhr. Das Ambiente fühlt sich genauso an wie überall in der westlichen Welt und die **DJs** mixen Househits, die einem wahrscheinlich bekannt vorkommen. In manchen wird **Eintritt** verlangt, aber normalerweise nur, wenn es **Livemusik** gibt und nie mehr als R100. Man sollte auf keinen Fall spät abends in der Stadt herumspazieren, sondern immer die Telefonnummer eines **Taxidienstes** (S. 194) parat haben. In vielen Bars und Clubs gibt's auch etwas zu essen. Was Livemusik angeht: Leider werden die bekanntesten südafrikanischen Musiker im Ausland mehr geschätzt und besser bezahlt als im eigenen Land. Welche Stars gerade in der Stadt gastieren, sieht man auf Plakaten oder in Stadtmagazinen. Kapstadt ist für seine besondere Art des Cape Jazz berühmt, aber es gibt keinen bestimmten Veranstaltungsort dafür. Das beste Jazzevent des Jahres ist das jährlich Ende März stattfindende **Cape Town International Jazz Festival**. Wer gute Musik hören möchte, hat im Baxter oder Artscape (S. 181) gute Chancen.

Doppelt hält besser

Eine lange Tradition in Kapstadt hat das **Tweede Nuwe Jaar** (zweites Neujahr) am 2. Januar – bis vor kurzem ein öffentlicher Feiertag. Früher war dies der einzige Tag im Jahr, an dem die Sklaven frei hatten, und bis heute ist es ein rauschendes Fest. Wer sich dann in Kapstadt aufhält, kann am Tweede Nuwe Jaar die Cape Minstrels der Coloureds-Gemeinde in den Straßen der Innenstadt tanzen sehen, begleitet von traditionellem Gesang und lautstarken Banjoklängen. Jede Tanzgruppe besitzt ihre eigenen Kostüme, oft in sehr schrillen Farbkombinationen. An diesem Tag werden einige Straßen im Zentrum abgesperrt, damit die fröhliche Prozession durch die Stadt bis zum Green Point Stadium ziehen kann.

Long Street und Bree Street

Aces 'N' Spades, 62 Hout St, 021-424 1620, www.acesnspades.com, Karte S. 120. Meistens rappelvoll, von der Bar (Flaschenbiere R20), wo Chic auf Grunge trifft, bis zur dröhnenden Tanzfläche, wo Rockmusik das Tempo der enthusiastischen Tänzer bestimmt. Wer Menschenmengen mit Körperkontakt und Heiserkeit am nächsten Morgen nicht scheut, verbringt hier garantiert eine fabelhafte Feier-Nacht. Mo–Sa 19–2 Uhr.

The Beerhouse, 223 Long St, 021-424 3370, www.beerhouse.co.za, Karte S. 120. Bei einem Angebot von 20 Fass- und 99 Flaschenbieren, 75 % davon lokale Craft-Biere, ist es kein Wunder, dass man einen ganzen Tag in dieser modernen „Bierhalle" verbringen kann, ohne den großen Balkon mit Blick auf die Long St zu verlassen. Die Preise sind recht hoch (Pint R40–70) und einer genüsslichen Bierverkostung nicht dienlich, aber die langen Tische sind perfekt für Treffen in größerer Runde. tgl. 12 Uhr bis spät.

Dubliner @ Kennedy's, 251 Long St, 021-424 1212, www.dubliner.co.za, Karte S. 120. Immer voller, extrem beliebter traditioneller irischer Pub mit Guinness und Pils vom Fass (R28), Pub-Meals täglich von der Mittagessenszeit bis Mitternacht und jeden Abend ab 22 Uhr Livemusik. Außerdem gibt´s Großbildschirme für Sportübertragungen und einen Billardtisch. tgl. 11–4 Uhr, Eintritt Fr und Sa R60–70.

Fiction Bar, 226 Long St, www.fictionbar.com, Karte S. 120. Die Fiction Bar steht für herausragende Electronicmusic-Abende und erstklassige südafrikanische und internationale DJs; hier haben schon Größen wie Skrillex, Diplo, Pendulum und Noisia einen Spontiauftritt hingelegt. Der tobende Tanzboden ist super zum Abtanzen, und zum Abkühlen geht´s raus auf den Balkon mit Sicht auf die Long Street. Flaschenbiere R18. Di–Sa 22–4 Uhr, Eintritt R30–60.

Jo'burg, 218 Long St, 021-422 0142, Karte S. 120. Gute, rappelvolle Kneipe zum Abhängen bei hippen Sounds oder zum Billardspielen mit einem der Stammgäste. Fast jeder Nachtschwärmer auf der Long Street landet früher oder später hier, und es ist eine der wenigen Bars, die auch sonntags geöffnet haben. Falls es drinnen zu heiß wird, flüchtet man einfach in den offenen Patio. Flaschenbier R18. Mo–Sa 12–4, So 18–4 Uhr.

© ROUGH GUIDES / MARK FRANSMAN

Ureigener Sound vom Kap: Cape Jazz

La Parada, 107 Bree St, 021-426 0330, Karte S. 120. Mit seinen großen Fenstern, der quirligen Atmosphäre und der kreativen Speisekarte mit spanischen Tapas ist La Parada ein Highlight unter den hippen Bars in der Bree, und an den langen, kontaktefördernden Tischen drängen sich gutbetuchte Kapstädter von mittags bis in die frühen Morgenstunden. Cocktails kosten R55–65, ein Glas Wein R35. Es werden keine Reservierungen angenommen. tgl. 12–2 Uhr.

TjingTjing, 165 Longmarket St, 021-422 4374, www.tjingtjing.co.za, Karte S. 120. In dieser *understated* Dachgarten-Cocktailbar treffen sich hippe junge Leute nach der Arbeit bei heißem Sound und hinreißenden Cocktails (R50–65) mit so ungewöhnlichen Zutaten wie Fynbos, Zuckerwattenwodka und Balsamicoessig. Di–Fr 16–2, Sa 18.30–2 Uhr.

Weinhaus & Biergarten, 110 Bree St, ✆ 021-422 2770, 💻 www.biergarten.co.za, Karte S. 120. Wer in der Innenstadt gute Stimmung und ein hübsches Fleckchen zum Draußensitzen sucht, ist hier genau richtig: Bei einem süffigen, in Europa gebrauten Bier (R45 das Pint) im Biergarten, oder einem Wein aus dem ansehnlichen Angebot des Weinhauses. Die Lokale mitten in der wiederbelebten Bree Street sind eine gefragte Adresse für einen After-Work-Drink, und in der Nachbarschaft warten noch jede Menge andere trendige Weinbars auf Kundschaft. 🕒 Di–Do und Sa 15–23, Fr 12–23 Uhr.

Zula Sound Bar, 194 Long St, ✆ 021-424 2442, 💻 www.zulabar.co.za, Karte S. 120. Jeden Abend finden hier Liveauftritte einheimischer Künstler verschiedener Sparten (Musik, Comedy, hin und wieder auch eine Dichterlesung) statt. Im Restaurant sind neben Kapweinen und Fassbieren (R30) auch Nachos, Salate, Chicken Wings und Hamburger zu haben. Außerdem gibt´s einen Balkon und ein Spielezimmer. 🕒 Di–So 11–4 Uhr, Eintritt R20–100.

Andere Ecken der Innenstadt

Alexander Bar, Café & Theatre, 76 Strand St, ✆ 021-300 1088, 💻 www.alexanderbar.co.za, Karte S. 120. Das hübsch im Old-World-Dekor gehaltene Lokal eignet sich gut für eine ruhige Unterhaltung oder einen Absacker und ist eine echte Bereicherung der Kapstädter Kneipenszene. Über die alten Telefone mit Wählscheibe auf den Tischen kann man sich bei Bedarf mit den Tischnachbarn unterhalten und dabei an einem Single Malt (R40) nippen. Einen Stock höher befindet sich ein gemütlicher Bühnenraum, in dem Musik, Comedy und Theaterstücke geboten werden. 🕒 Mo–Sa 11–1 Uhr.

Evol, 69 Hope St, ✆ 021-465 4918, Karte S. 119. Der beste Club der Stadt für DJ-gepowerten Alternative, Electro, Punk und Indie mit enthusiastischem Publikum. Das Lokal ist nach einem Sonic-Youth-Album benannt. Gut zum Abtanzen, bis in die Morgenstunden geöffnet, aber etwas grungy und schäbig. Flasche Bier R18. 🕒 Mo–Sa 12–4 Uhr, Eintritt R20.

Top 5: Bars mit Aussicht

In Kapstadt gibt es ein paar wunderbare Plätzchen, wo man sich mit einem Cocktail zurücklehnen und die Aussicht genießen kann. Hier unsere Favoriten unter den Bars mit Waterfront-Aussicht.

- **Alba Cocktail Lounge**, V&A Waterfront, s. u.
- **Brass Bell**, Kalk Bay, S. 179
- **Paranga**, Camps Bay, S. 173
- **Polana**, Kalk Bay, S. 179
- **Wafu**, Mouille Point, S. 171

The Power and The Glory, 13d Kloof Nek Rd, ✆ 021-422 2108, Karte S. 159. Unter der Woche ist „PnG's" allabendlich ein Magnet für Hipster, die Herren mit ordentlich gestutztem Bart und Karohemd, die Damen mit rotem Lippenstift und Vintagekleidern. Tagsüber wird in dem stilvoll mit Old-School-Metallstühlen und botanischen Zeichnungen an den Wänden eingerichteten Bistro Kaffee ausgeschenkt. Zum Abend hin erfolgt dann unmerklich der nahtlose Übergang in ein Raucherzimmer und eine schnucklige Bar mit Bierausschank (Pint R45). 🕒 Mo–Sa 8–2 Uhr.

Rafiki's, 13b Kloof Nek, Tamboerskloof, ✆ 021-426 4731, 💻 www.rafikis.co.za, Karte S. 159. Die unaufgeregte Bar hat eine umlaufende Veranda, auf der man sich den ganzen Tag über langsam besäuseln und auf dem großen Bildschirm Sportübertragungen anschauen oder das kostenlose WLAN nutzen kann. Im Winter prasselt ein Feuer im Kamin. Rafiki's ist sowohl bei Studenten und Rucksackreisenden als auch Einheimischen sehr beliebt. Unbedingt probieren: die *chilli-poppers*, die Pizza mit *everything-on-it* und einen House Cocktail (R45). 🕒 tgl. 11–2 Uhr.

V&A Waterfront

Alba Cocktail Lounge, Pierhead, über dem Hilderbrand Restaurant, ✆ 021-425 3385, 💻 www.albalounge.co.za, Karte S. 130. In der mit Sofas und einem Kamin für den Winter ausgestatteten Lounge/Bar in erstklassiger Lage mit Blick auf die Waterfront gibt's

Cocktails und Snacks. Im Sommer lädt die Terrasse zu einem Albatizer (aus JellyTots und Apple Sourz, R30) ein. 2-mal wöchentlich wird Livemusik geboten, und täglich ab 17 Uhr bis Schließungszeit legt ein DJ auf. ⌚ tgl. 11–1 Uhr.

Quay Four Tavern, Quay Four, ✆ 021-419 2008, 💻 www.quay4.co.za, Karte S. 130. Die schon vor mehr als 20 Jahren eröffnete Taverne ist sowohl bei Touristen als auch Einheimischen ein Dauerbrenner. Genial, um bei einem Getränk (Pint vom Fass R30) von der Terrasse das Treiben auf der V&A zu betrachten, mit Freunden ein herzhaftes Kneipenessen zu verzehren oder abends kostenlos Livemusik zu hören. ⌚ tgl. 11–2 Uhr.

Shimmy Beach Club, 12 South Arm Rd, 💻 www.shimmybeachclub.com, Karte S. 130. Schöne Menschen bevölkern bei Tag und Nacht den luxuriösen Shimmy Beach Club mit seinem Privatstrand, Outdoordeck und Infinity-Badepool. Vervollständigt wird das schicke Etablissement durch ein nobles Restaurant, eine Tanzfläche, ein kostspieliges Cocktailmenü (R40–60) und im Sommer jeden Sonntag durch südafrikanische und internationale Live-Electronicmusik-Darbietungen. ⌚ tgl. 11–2 Uhr, Eintritt R100–250.

Alles rund ums Bier

Die südafrikanische Bierproduktion steht fast gänzlich unter dem Monopol der riesigen South African Breweries (SAB), einem der größten Biererzeuger der Welt und die älteste Brauerei Afrikas. Sie kann im Rahmen hervorragender Führungen besichtigt werden, Adresse: 3 Main Rd, Newlands, ✆ 021 658 7440, 💻 www.newlandsbrewery.co.za, und zwar Mo–Do um 10, 12 und 14, Fr um 10, 12, 14 und 16, Sa um 10 und 12, Di und Mi auch um 18 Uhr. Im Preis von R50 sind eine Bierverkostung und zwei Gratisgetränke enthalten.

In jüngster Zeit erlebt Südafrika – wie viele andere Gegenden der Welt – eine Renaissance von Craftbeer-Brauereien wie Jack Black, Boston, Darling Brew, Mitchell's und Cape Brewing Company. Sie produzieren ausgezeichnete Sorten gefragter amerikanischer und europäischer Biersorten, darunter Weißbier, IPA, Amber Ale und Pale Ale. Ein interessanter Trend sind die durchaus probierenswerten Bier-Wein-Hybriden und die versuchsweise in Weinfässern gereiften Biere, die derzeit vom Craftbrauereien wie Devil's Peak und Triggerfish produziert werden.

Genaueres zum südafrikanischen **Brauereihandwerk** und aktuellen Bierfestivals findet sich auf 💻 www.thecraftbeerproject.co.za. Nachstehend unsere drei Kapstädter Craftbeer-Lieblingslokale.

Banana Jam Cafe, 157 2nd Avenue, Kenilworth, ✆ 021-674 0186, 💻 www.bananajamcafe.co.za, Karte S. 130. Dieses Restaurant mit Karibikthema ist zwar nicht zentral gelegen, aber exakt die richtige Location, um sich mit Hilfe der sachverständigen Bedienung entspannt in die Geheimnisse des südafrikanischen Bierspektrums einweihen zu lassen. Das Sortiment an lokalen und importierten Bieren wird ständig erweitert, die meisten Sorten sind einzigartig. Außerdem werden jede Woche besondere Gast-Biere vorgestellt (Pint R36–45). Empfehlenswert ist das Tablett mit sechs Kostproben. ⌚ tgl. 11 Uhr bis spät.

Devil's Peak Taproom, 95 Durham Ave, Salt River, ✆ 021-200 5818, 💻 www.devilspeakbrewing.co.za. Die ganze Bandbreite der Devil's Peak-Brauereierzeugnisse lässt sich in ihrem schicken, im Kolonialstil gehaltenen Bar-Restaurant verkosten, direkt neben dem Brauhaus (Pint R30–45), wo die Brauwunder vollbracht werden. Abgesehen von der hervorragenden Speisekarte gibt es auch ein spezielles Angebot an Gerichten mit jeweils darauf abgestimmten Bieren. ⌚ Di–Sa 12–22 Uhr.

The Wembley Tap, 80 McKenzie St, Gardens, ✆ 021-300 0946, 💻 www.wembleytap.co.za, Karte S. 116. Im dem günstig in der Innenstadt gelegenen, minimalistisch gehaltenen Lokal mit geräumigem Biergarten stehen 30 heimische und Importbiere vom Fass zur Auswahl (Pint R38–45), dazu noch ein paar besondere Schätzchen. Für eine feste Unterlage in Form verschiedener Pizzas ist gesorgt. ⌚ Mo 16–23, Di und Mi 12–24, Do–Sa 12–1 Uhr.

Südliche Vororte

Brass Bell, im Bahnhofsgebäude von Kalk Bay, Main Rd, ✆ 021-788 5455, 💻 www.brassbell.co.za, Karte S. 146–147. Das Brass Bell erfreut sich der wahrscheinlich besten Lage der ganzen Halbinsel, und die Wellen der False Bay schlagen direkt an die Mauern der Terrasse. Ein wunderbarer Kneipentreff, wo es außer Wein (R30 das Glas) und Fassbieren (Pint R28–35) auch ordentliche Fish'n'Chips gibt. ⌚ tgl. 11–22 Uhr.

Foresters' Arms, 52 Newlands Ave, Newlands, ✆ 021-689 5949, 💻 www.forries.co.za. Sowohl Studenten als auch Menschen, die ihr Studium längst hinter sich haben, kommen gern auf ein Bier (Flasche R18) in diesen großen, sehr beliebten, holzvertäfelten Pub mit einem angenehmen, von einer Hecke umgebenen Hof mit Bänken – ideal für ein entspanntes Nachmittagsbierchen. ⌚ Mo–Do und Sa 9–23, Fr 9–24, So 9–21 Uhr.

The Polana, Kalk Bay Harbour, abseits der Main Rd, Kalk Bay, ✆ 021-788 7162, 💻 www.harbourhouse.co.za/polana, Karte S. 146–147. Das Polana erfreut sich einer spektakulären Lage direkt auf den Felsen. Auf der Getränkekarte stehen jede Menge Kapweine (Glas ab R25), dazu gibt´s eine kleine Tapaskarte. Einziger Nachteil: Es ist ein Raucherlokal. Oft Livemusik, am Sonntagabend auch Tanz. ⌚ tgl. 18–22.30 Uhr.

Tiger Tiger, 103 Main Rd, Claremont, ✆ 021-863 2220, 💻 www.tigertiger.co.za. Eine prima Partylocation, besonders gut am Samstagabend, mit 6 luxuriösen Bars und großer Tanzfläche, beschallt von einem super Soundsystem. Flasche Bier R18. ⌚ Do–Sa 20–4 Uhr, Eintritt R50.

Atlantic Seaboard

Café Caprice, 37 Victoria Rd, Camps Bay, ✆ 021-438 8315, 💻 www.cafecaprice.co.za, Karte S. 142. Dieser Strandtreff, angesagt bei Schickimickis, echten und Möchtegern-Promis, ist toll zum Cocktailschlürfen. Zum Frühstück und Mittagessen dürfen auch Familien aufschlagen, aber gegen Sonnenuntergang geht´s zur Sache und dann sind die Tische draußen heiß umkämpfte Beute. ⌚ tgl. 9 Uhr bis spät.

Cape Town Jazz und Ghoema

Eine musikalische Errungenschaft der Stadt ist der **Cape Jazz**, eine heimische Variante der Jazzmusik mit stark afrikanischer Färbung. Sein berühmtester Vertreter ist der international gefeierte **Abdullah Ibrahim**, geboren und aufgewachsen im District Six. Ibrahim ist ein begnadeter Pianist und Komponist, der seit Jahrzehnten eine hypnotische Fusion aus afrikanischem, amerikanischem und kap-typischem Sound kreiert. Zu seinen bekanntesten Aufnahmen gehören *Mannenberg* und *African Marketplace*, die die schmeichelnden Rhythmen der *ghoema* – traditionelle Karnevalsklänge vom Kap – mit den an- und abschwellenden Wechselgesängen der afrikanischen Gospelmusik kombinieren. Zu den Cape-Jazz-Legenden gehört auch ein Triumvirat herausragender Saxofonisten: der verstorbene **Basil Coetzee**, ein phänomenaler Tenorsaxofonist, **Robbie Jansen**, ein Altsaxofonist mit ungestümer und eigenwilliger Spielweise, und **Winston Mankunku**, Schüler von Coltrane und Wayne Shorter, berühmt für seinen unnachahmlichen Umgang mit afrikanischen Inspirationen. Zum jährlichen **Cape Town International Jazz Festival** (April) reisen stets einige der renommiertesten Musiker der Welt an.

Ghoema ist der Rhythmus, der auf *ghoema*-Trommeln gespielt wird und viele Generationen lang die Grundlage für die beliebten *moppies* (komischen Lieder) und *ghoemaliedjies* (Picknicklieder) bildete. Der Name *ghoema* leitet sich von der Trommel her, die aus einem Blechfass ohne Boden besteht. Zum Jahreswechsel dominieren Kapstadts farbenfrohe Minstrel-Gruppen das Straßenbild. Ab Neujahr tummeln sich die überaus populären, an Rio erinnernden *nagtroepe* (wörtlich: Nachttruppen) und Scharen von Zuschauern auf den Straßen, und *ghoema*-Gruppen wetteifern bei Festveranstaltungen um Preisauszeichnungen. Zu dieser Jahreszeit sind auch die **Marschmusik** der Weihnachtskapellen und „Malaien-Chöre" in der „Mutterstadt" zu hören.

Schwul-lesbisches Kapstadt

Kapstadt ist nicht nur Südafrikas Gay-Hauptstadt, sondern die des gesamten afrikanischen Kontinents. Die Stadt hatte schon immer eine lebendige Gay-Szene und zieht inzwischen schwul-lesbische Besucher aus aller Welt an. Das Szeneviertel der Stadt mit B&Bs, Guesthouses, Bars, Clubs, Cruisebars, Videoshows und Saunen konzentriert sich entlang der Vergnügungsmeilen der Somerset Road und in den miteinander verbundenen Vierteln Green Point, Sea Point und besonders dem schicken De Waterkant. Obwohl die liberale südafrikanische Gesetzgebung gleichgeschlechtliche Ehen zulässt, ist die Akzeptanz in den Regionen außerhalb der Stadt gering und es herrscht viel Homophobie.

In Kapstadt findet jedes Jahr im Dezember in der Woche vor Weihnachten die **Gay Costume Party** statt, ein zehntägiges Festival, organisiert von Mother City Queer Projects, 💻 www.mcqp.co.za. Die Veranstaltung steht jeweils unter einem Motto (frühere hießen z. B. „Kitchen Kitsch" oder „Space Cowboy"), und die Teilnehmer ziehen sich dem Motto entsprechend so verrückt wie nur möglich an. Außerdem gibt es im Februar ein **Gay Pride Festival**, 💻 www.capetownpride.org.

Informationen und Anlaufstellen

Abgesehen von den südafrikanischen **Websites** für Schwule und Lesben sowie den Infoadressen, die im Kapitel „Reisevorbereitung" (S. 57) aufgeführt sind, lohnt auch ein Blick auf 💻 www.gaynet capetown.co.za, eine Seite speziell für schwul-lesbische Kapstadt-Besucher mit einer Liste von gay-freundlichen Restaurants und Unterkünften sowie Infos über HIV/Aids.

Health4Men, 24 Napier St, De Waterkant, ✆ 021-421 6127, 💻 www.health4men.co.za, bietet kostenlose medizinische Betreuung für Männer.

In Kapstadt leben zwar viele **Lesben**, aber es gibt keine ausgewiesenen Lesbenbars oder -clubs. **Make it Sexy Sisters**, ✆ 083-760 8499, 💻 www.facebook.com/MISSmakeitsexysisters.com, organisiert alle ein, zwei Monate an wechselnden Orten Themenpartys nur für Frauen mit lesbischen DJanes und Performerinnen.

Dunes, 1 Beach Rd, Hout Bay, ✆ 021-790 1876, 💻 www.dunesrestaurant.co.za, Karte S. 142. Besonders an sonnigen Wochenendnachmittagen bei Familien beliebtes Ausflugslokal am Hout Bay Beach. Auf der Getränkekarte stehen u. a. Bier vom Fass (R28) und Cocktails (ab R40). ⏲ tgl. 9–22 Uhr.

Jade Champagne Bar, 39 Main Rd, über dem Manos Restaurant, Green Point, ✆ 021-439 4108, 💻 www.jadelounge.co.za, Karte S. 140–141. In der klassischen Cocktailbar mit weichen Sofas, Kerzenleuchtern und Wintergarten zum Relaxen bei einem Drink (R55) legen jeden Abend DJs auf. Mindestalter 23 Jahre, Reservierung empfohlen. ⏲ Mi–Sa 20–2 Uhr.

Klassische Musik und afrikanische Oper

Klassik hat eine relativ kleine, aber treue Anhängerschaft. Sinfoniekonzerte finden in der City Hall und im Baxter Theatre statt. Kostenlose Mittagskonzerte, oft von Studenten des **South African College of Music** der Cape Town University, werden Do um 13 Uhr geboten; Veranstaltungsort ist das Baxter Theatre, 💻 www.baxter.co.za, oder das direkt dahinter befindliche College selbst, ✆ 021-650 2640, 💻 www.web.uct.ac.za/depts/sacm.

Cape Town Concert Series, 💻 www.ct concerts.co.za, ist eine Organisation, die viele Gastspiele von Solisten und Kammerensembles auf die Bühne bringt.

Camerata Tinta Barocca, 💻 www.ctbmusic.co.za. Das einzige Barockmusikensemble Südafrikas gibt regelmäßig ausgezeichnete Konzerte in verschiedenen Kirchen.

Cape Town Opera, 💻 www.capetownopera.co.za. Hier haben sich die schwarzen Südafrikaner durchgesetzt und den immer noch überwiegend europäischen Werken etwas afrikanische Würze verliehen.

Bars

Amsterdam Action Bar, 12 Cobern St, abseits der Somerset Rd, De Waterkant, Karte S. 130. Eine Old-school-Gaybar mit etwas älterem Publikum, ein paar Leather Men und Bears, keine Disco, aber ein Billardtisch. ⌚ tgl. 16 Uhr bis spät.

Bar Code, 18 Cobern St, De Waterkant, ✆ 021-421 5305, 💻 www.leatherbar.co.za, Karte S. 130. Eine Leder-, Uniform- und Jeansbar nur für Männer mit Darkrooms und Terrasse draußen. Manchmal Themenabende mit Dresscode (vorab informieren). ⌚ So--Do 22–2, Fr und Sa 22–4 Uhr, Eintritt R50.

Beefcakes, 40 Somerset Rd, Green Point, ✆ 021-425 9019, 💻 www.beefcakes.co.za, Karte S. 130. Geniale Burgerbar mit pinker Flamingotapete und Federn, in der die Gäste sich auf Wunsch eigene Burger kreieren können. An manchen Abenden Live-Entertainment, von Drag Divas bis „Bitchy Bingo". Auch toll zum Cocktailsschlürfen. ⌚ Mo–Sa 12 Uhr bis spät.

Café Manhattan, 74 Waterkant St, De Waterkant, und 247 Main Rd, Sea Point, 💻 www.manhattan.co.za, Karte S. 130. Eine beliebte Bar-Restaurantkette mit erschwinglichem, fleischlastigem Essen. Die Filiale in De Waterkant besitzt eine hübsche Terrasse unter Eichen und die am Sea Point in einer belebten Straße ist ideal zum Leutegucken. Hier ist immer viel los. Es ist zwar in erster Linie ein Schwulentreff, aber alle Gäste sind willkommen. ⌚ tgl. 10–2 Uhr.

Crew Bar, 30 Napier St, Green Point, ✆ 081-813 2243, 💻 www.facebook.com/CrewBarCapeTown, Karte S. 130. Stylische Bar mit barbrüstigen Barkeepern und sexy Go-go-Tänzern. Im Sommer sind Plätze draußen Mangelware. Ein genialer Ort zum Feiern. Geringer Eintritt. ⌚ tgl. 19–4 Uhr.

Sauna

The Hothouse, 18 Jarvis St, Green Point, 💻 www.hothouse.co.za. Luxuriöses, reines Männer-Wellnessetablissement zum Entspannen. Es ist das einzige seiner Art in Kapstadt und hat Whirlpools, Dampfbäder, ein Sonnendeck mit herrlicher Aussicht und verfügt auch über eine Bar (mit Kamin). ⌚ Mo–Mi 12–2, Do 12–4, Fr–So 12–6 Uhr, Eintritt R110–140 je nach Tag und Tageszeit.

Theater

Eintrittskarten für alle aufgelisteten Veranstaltungsorte und Vorstellungen bekommt man bei **Computicket**, ✆ 083-915 8000, 💻 www.computicket.com. Die meisten Ticketpreise sind mit R90–250 sehr publikumsfreundlich.

African Dance Theatre, Moyo, Clocktower V&A Waterfront, ✆ 021-424 9513, 💻 www.theafricandancetheatre.co.za. Das African Dance Theatre gibt seinem eher touristischen Publikum einen Überblick über afrikanische Tanzkultur, darunter verwegene Kriegertänze und mitreißende Townshiperfindungen wie Gumboot dance, Pantsula und Kwela.

Artscape, D.F. Malan St, Foreshore, ✆ 021-410 9838, 💻 www.artscape.co.za. Das am zentralsten gelegene und gleichzeitig größte Veranstaltungshaus Kapstadts. Hier finden hochrangige Aufführungen statt: zeitgenössischer Tanz, Ballett- und Opernaufführungen, hin und wieder auch innovative neue Bühnenstücke. Von der monumentalen 1970er-Jahre-Apartheidsarchitektur darf man sich nicht abschrecken lassen.

Baxter Theatre Centre, Main Rd, Rondebosch, ✆ 021-685 7880, 💻 www.baxter.co.za. Der Mammut-Komplex, dessen Design dem Moskauer Zentralbahnhof nachempfunden wurde, ist das kulturelle Herz von Kapstadt. Das erlesene Programm umfasst alle erdenklichen Bühnenshows, von modernen Stücken über Comedy-Festivals bis zu Jazz- und klassischen Konzerten sowie Kindertheater. Die erste Anlaufstelle für interessante Veranstaltungen in der Stadt.

Fugard Theatre, Caledon St, District Six, ✆ 021-461 4554, 💻 www.thefugard.com. Das Fugard am Ostrand der Stadt im alten District Six begeistert mit einer Vielzahl interessanter Produktionen. Das Theater,

Die Kapstädter Bühnenzene

Der international bekannteste südafrikanische Bühnenautor ist **Athol Fugard**. Zu seinen besten Stücken zählen *Boesman and Lena* und *Master Harold and the Boys*. Inzwischen wurde auch ein Theater in Kapstadt nach ihm benannt. Am umstrittensten unter den zeitgenössischen Bühnenautoren ist der brillante **Brett Bailey**, ein Weißer, der in stärkerem Maße für die Townships steht als viele Schwarze, und mit seiner Truppe **Third World Bunfight**, www.thirdworldbunfight.co.za, ein elektrisierendes, visuell und physisch chaotisches Theater schafft. Third World Bunfight veranstaltet Theaterstücke, Installationen, Housemusic-Shows und Opernstücke, die meistens etwas mit der postkolonialen Politlandschaft Afrikas zu tun haben. Baileys Stücke werden nicht nur in Kapstadt, sondern auch in Europa aufgeführt.

Der in Kapstadt gebürtige **Sir Anthony Sher** ist der berühmteste Schauspieler der Stadt und spielt zuweilen in hochkarätigen Inszenierungen in seiner Heimatstadt.

Was die **Musicalszene** angeht, so haben **David Kramer** und der verstorbene **Taliep Petersen** mehrere erfolgreiche Shows produziert. Am bekanntesten ist Kramer jedoch wegen seiner auf Afrikaans zu Township- und Kaprhythmen gesungenen Show *Kitaar Blues*. Er tritt nicht mehr oft auf, www.davidkramer.co.za, aber den Soundtrack von *Kitaar Blues* kann man im African Music Store, 134 Long St, oder auf www.kalahari.com kaufen.

untergebracht in einer stilvoll renovierten Kirche, ist auch ein sehr hübsches Plätzchen für einen Drink vor oder nach der Vorstellung.

Maynardville Open Air Theatre, Piers St, Ecke Wolfe St, Wynberg, www.maynardville.co.za. Jedes Jahr im Januar und Februar kommt unter dem Sternenhimmel im Maynardville Park ein Shakespearestück zur Aufführung, das von den renommiertesten Schauspielern und Bühnenbildnern Kapstadts gekonnt in Szene gesetzt wird.

Theatre On The Bay, Camps Bay, www.theatreonthebay.co.za. Das Theatre On The Bay ist bekannt dafür, dass es erfolgreiche Shows aus Übersee an südafrikanische Verhältnisse anpasst. Durchweg südafrikanische Künstler treten in den an Liberace erinnernden Theaterstücken, Musicals, Comedys, Kabarett-, Musik- und Tanzvorstellungen auf.

Comedy

Evita se Perron, Darling Station, Arcadia Rd, Darling, 022-492 2831, www.evita.co.za. Es lohnt sich, der Stadt Darling, eine Autostunde nördlich von Kapstadt an der R27, einen Besuch abzustatten, genauer gesagt: dem witzig umgebauten Bahnhof, in dem der Satiriker Pieter Dirk Uys auftritt. Der Abstecher mit Show ergibt zusammen einen wunderbaren Tagesausflug und ist ein Highlight einer Südafrikareise. Programm s. Website.

Jou Ma Se Comedy Club, The Pumphouse, V&A Waterfront, 021-418 8880, www.joumasecomedy.com. Auf dieser Comedy-Bühne unter Leitung von Comedian Kurt Skoonraad treten aufstrebende südafrikanische Comedians sowie etablierte Künstler wie Rob Van Vuuren auf. Tickets kosten R95. Auf der Website stehen auch Infos zu anderen Comedyevents und Clubs in der Stadt.

On Broadway, 44 Long St, 021-424 1194, www.onbroadway.co.za. Einer der wenigen Veranstaltungsorte für die kleine Revueszene der Stadt ist dieses Bar-Restaurant, wo allabendlich vor fast ausverkauftem Haus Shows, Comedy und Musikveranstaltungen stattfinden. Billiger als die Mainstream-Theater. tgl. 18.30 Uhr bis spät.

Kinos

Galileo Open Air Cinema, www.thegalileo.co.za. An 3 Locations in der Stadt kann man sich unterm Sternenhimmel einen Filmklassiker zu Gemüte führen. 2 besonders spektakuläre Kulissen dafür bieten die Kirstenbosch Gardens bei Sonnenuntergang sowie die Waterfront. Nov–April, Tickets R70–100.

Labia, 69 Orange St, 021-424 5927, www.labia.co.za. Das Retrokino Labia zeigt eine intelligente Mischung aus Arthouse,

Kapstädter Filmfestivals

Obwohl Kapstadt ein blühendes Zentrum der Filmproduktion ist, werden kaum einheimische Spielfilme hier gedreht – aber immerhin ausgezeichnete Dokumentarfilme. In der Stadt finden mehrere namhafte Filmfestivals statt. Beim **South African International Documentary Festival**, 💻 www.encounters.co.za, im Juni oder Juli kommen sowohl fesselnde südafrikanische Dokumentarfilme als auch preisgekrönte internationale Filme zur Aufführung; Schwerpunkt des **TRI Continental Film Festival**, 💻 www.3continentsfestival.co.za, im August oder September, sind die soziopolitischen Verhältnisse in Entwicklungs- und Schwellenländern; das **AFDA Experimental Film Festival**, 💻 www.afda.co.za/festivals.php, im November zeigt Kurzfilme von Absolventen der führenden Filmschule Südafrikas, und auf dem Programm des **Cape Town & Winelands Film Festival**, 💻 www.films-for-africa.co.za, Anfang November, stehen ungefähr 30 neue südafrikanische Kurz- und Dokumentarfilme.

klassischen Kultfilmen sowie Neuerscheinungen. Es ist das einzige Independent-Kino Kapstadts. Karten kosten R40.

Pink Flamingo, Grand Daddy Hotel, 38 Long St, 💻 www.granddaddy.co.za/pinkflamingo. Der Stadt-Dachgarten, auf dem alte Wohnwagen stehen, bildet eine super Kulisse für ein Freiluftkino. 🕒 Mo bei Sonnenuntergang, Tickets kosten R90.

Ster-Kinekor Cinema, Nouveau Waterfront, 📞 082-16789, 💻 www.sterkinekor.com. Das bewährte Arthouse-Kino bringt pro Tag 3 Filme auf die Leinwand. Eintrittskarten kosten R65–90.

EINKAUFEN

Die beliebteste Einkaufsgegend ist die **V&A Waterfront**. Hier befinden sich zahlreiche Geschäfte in wunderbarer Lage, außerdem gibt es eine große Auswahl an Restaurants. In der Nähe liegt das kleinere und exklusivere **Cape Quarter**, erreichbar über die Somerset Road in Green Point. Die meisten südafrikanischen Malls sind nach amerikanischem Muster gestrickt und bieten ein geschütztes, steriles Indoor-Umfeld zum Shoppen, Banksachen erledigen und um etwas zu essen. Die Innenstadt dagegen bietet Vielfalt: Die Long Street empfiehlt sich hinsichtlich Kunstgewerbe, Antiquitäten und Secondhand-Büchern, und die Bree Street und Kloof Steet sind perfekte Adressen, um Designerstücke zu erstehen. Etwas ausgefallener ist das Angebot in den zunehmend gentrifizierten Vororten Woodstock und Salt River. Hier finden sich neben trendigen Designshops und Märkten auch einige der besten Restaurants und Cafés der Stadt.

Eine super Infoquelle bezüglich nachhaltigem Einkaufen, Bio-Märkten, Delis und Health Shops ist die **Cape Town's Green Map**, 💻 www.greenmap.org.

Bücher

Book Lounge, 71 Roeland St, 💻 www.booklounge.co.za, Karte S. 119.
Mit Abstand der einladendste Buchladen im Zentrum. Hier gibt´s weich gepolsterte Sofas und im Untergeschoss ein Café, eine herausragende Auswahl einheimischer Literatur sowie ein beachtliches Sortiment importierter Bücher. Obendrein finden abends Veranstaltungen einheimischer Intellektueller und Schriftsteller statt. 🕒 Mo–Fr 8.30–19.30, Sa 9–17, So 10–16 Uhr.

Clarke's Bookshop, 199 Long St, 💻 www.clarkesbooks.co.za, Karte S. 120. Im besten Buchladen Kapstadts für südafrikanische Bücher wird man fachkundig beraten, bezüglich der Riesenauswahl lokaler Titel in den Bereichen Literatur, Geschichte, Politik, Wissenschaft und Kunst. Im Sortiment sind auch Sammlerausgaben südafrikanischer Bücher. 🕒 Mo–Fr 9–17, Sa 9.30–13 Uhr.

Exclusive Books, Victoria Wharf, V&A Waterfront, 💻 www.exclus1ves.co.za, Karte S. 130. Im Vergleich mit manchen europäischen Kulturkaufhäusern fallen die Läden von Exclusive Books klein aus, aber in den recht gut gefüllten Regalen finden sich Magazine und zahlreiche Bildbände zu Kapstadt und Südafrika. Es gibt Filialen an der V&A, am Cavendish Square und im Constantia Village Shopping Centre (Öffnungszeiten s. Website). 🕒 Mo–Sa 9–22.30, So 9–21 Uhr.

Kirstenbosch Shop, Kirstenbosch National Botanical Gardens (S. 134). Ordentliches Sortiment an Naturkunde-, Tier- und Pflanzenbestimmungsbüchern sowie Reiseführern zum südlichen Afrika und auch ein paar Kinderbücher. Zutritt ohne Eintrittskarte zu den Gardens. ⌚ tgl. 9–18, im Sommer bis 19 Uhr.

Wordsworth's Books, V&A Waterfront, 💻 www.wordsworth.co.za, Karte S. 130. Die gute Buchhandlung mit einer speziellen Reisebuchabteilung hat Filialen im Gardens Shopping Centre und in Sea Point. ⌚ tgl. 9–21 Uhr.

Einkaufszentren

Blue Route Mall, Tokai Rd, Tokai. Diese Mall liegt günstig für Leute, die in Constantia oder an der False Bay abgestiegen sind und beherbergt Filialen großer Ladenketten und Supermärkte. ⌚ Mo–Sa 9–19, So 9–17 Uhr.

Cavendish Square Mall, Claremont Station, Vineyard Rd, Claremont. Der schicke, mehrgeschossige Komplex ist *der* Shoppingmagnet in den südlichen Vororten. ⌚ Mo–Sa 9–19, So 10–17 Uhr.

Constantia Village Shopping Centre, Main Rd, Constantia. In dem kleinen, exklusiven Einkaufszentrum gibt es u. a. 2 große Supermärkte, ein Postamt und ein paar Mode- und andere Geschäfte. ⌚ Mo–Sa 9–17, So 9–14 Uhr.

Gardens Shopping Centre, Mill St, Gardens, Karte S. 159. Das beachtlich große Einkaufszentrum in der City Bowl, ganz in der Nähe der Company Gardens und der Innenstadt, hat Geschäfte für jeden Bedarf aufzuweisen, darunter 2 große Supermärkte, eine Buchhandlung, eine Apotheke, einen Optiker und überraschenderweise auch Läden mit afrikanischem Kunstgewerbe und Textilien. ⌚ Mo–Fr 9–19, Sa 9–17, So 10–14 Uhr.

V&A Waterfront, Karte S. 130. Der berühmte Einkaufskomplex an der Waterfront beherbergt eine Vielzahl gut sortierter Geschäfte, darunter Filialen aller namhaften südafrikanischen Ladenketten, in denen Bücher, Kleidung, Lebensmittel und Kunsthandwerk verkauft werden. Außerdem gibt´s hier 2 Kinos, die Art-house-Filme zeigen. ⌚ tgl. 9–21 Uhr.

Keramik

Art In The Forest, am Rand des Constantia Nek Circle, Rhodes Drive, Constantia Nek, ✆ 021-794 0291, 💻 www.artintheforest.com. Führende südafrikanische Keramiker sind in diesem renommierten, in einem Waldstück am Hang mit weitem Ausblick gelegenen Keramikzentrum plus Galerie vertreten. Die gesamten Erträge fließen in ein Hilfsprogramm für Kinder in Not. ⌚ Mo–Fr 9–16.30, Sa 10–15 Uhr.

Clementina Ceramics, The Old Biscuit Mill, 375 Albert Rd, Woodstock, 💻 www.clementina.co.za. Der auf die farbenfrohe Keramiken und das Geschirr aus der Herstellung von Clemintina van der Walt spezialisierte Laden verkauft auch ungewöhnliche Postkarten und andere Designerstücke. ⌚ Mo–Fr 9–17, Sa 9–15 Uhr.

Kunst- und Kunstgewerbeläden

Africa Nova, Cape Quarter, Waterkant St, De Waterkant, 💻 www.africanova.co.za, Karte S. 130. Überdurchschnittlich gute Auswahl an afrikanischem Kunsthandwerk sowie zeitgenössischen afrikanischen Textilien und Kunstgegenständen, mit Schwerpunkt auf handgefertigten Einzelstücken. ⌚ Mo–Sa 10–17, So (nur im Sommer) 10–14 Uhr.

African Image, Church St, Ecke Burg St, City Centre, Karte S. 120. Einer der besten Läden für authentische traditionelle und moderne afrikanische Kunst und Kunsthandwerk, von Textilien und antiken Skulpturen bis zu Kunstwerken aus recycelten Materialien und südafrikanischen Perlenarbeiten. ⌚ Mo–Fr 9–17, Sa 9–13 Uhr.

Ethno Bongo, Main Rd, Hout Bay, 💻 www.dolceandbanana.com. Ein reizendes Geschäft, das zu günstigen Preisen wunderbares Kunstgewerbe, Schmuck und Accessoires verkauft. Die Gegenstände werden aus Naturmaterialien, Halbedelsteinen, Muscheln und Fallholz hergestellt. Es gibt auch traditionelle afrikanische Bekleidung. Sehr empfehlenswerte Geschenke und Souvenirs. ⌚ Mo–Fr 9.30–17.30, Sa 9.30–16, So 10–14 Uhr.

Monkeybiz, 43 Rose St, Bo-Kaap, 💻 www.monkeybiz.co.za, Karte S. 119. In dem gemeinnützigen einkommensbildenden Projekt werden bunte Tierfiguren und Figuren aus Perlen hergestellt. Die Objekte sind von bester Qualität und der Einkauf fördert eine gute Sache. ◷ Mo–Fr 9–17, Sa 9–13 Uhr.

Rose Korber Art Consultancy, 48 Sedgemoor Rd, Camps Bay, ✆ 021-438 9152, 💻 www.rosekorberart.com, Karte S. 142. Die Adresse für ernsthafte Kunstsammler, denn hier findet man eine außergewöhnliche Auswahl zeitgenössischer Kunst und Kunstgewerbe, etwa Keramiken und Perlenstickereien aus allen Teilen Afrikas. ◷ Mo–Fr 9–17 Uhr, Sa und So nach Vereinbarung.

Street Wires, 77 Upper Shortmarket St, Bo-Kaap, 💻 www.streetwires.co.za, Karte S. 120. Große Auswahl an Objekten aus Draht und Perlen – kleine Perlentiere, wunderbare Lampen, Tafelschmuck usw. –, hergestellt in der Werkstatt in dem orangefarbenen Gebäude. ◷ Mo–Fr 9–17, Sa 9–13 Uhr.

Wola Nani, 9 Drake St, Observatory, 💻 www.wolanani.co.za. Die etablierte gemeinnützige Organisation unterstützt Kunsthandwerker, die u. a. Pappmachéschalen aus recyceltem Papier, Schmuck, Designerleuchten, Perlenarbeiten und Spiegel aus wiederverwerteten Zeitschriften herstellen. ◷ Mo–Fr 8.30–16.30 Uhr.

Woodstock Exchange, 66 Albert Rd, Woodstock, ✆ 021-486 5999, 💻 www.woodstockexchange.co.za. Ein interessantes Zentrum, in dem Künstlerkollektive, ausgefallene Lederwerkstätten und zum Arbeiten auf dem Laptop geeignete und daher gern von Kapstädter Freiberuflern frequentierte Cafés untergebracht sind. ◷ Mo–Fr 8–17, Sa 8–14 Uhr.

Kunst- und Kunstgewerbemärkte

Greenmarket Square, Burg St, Karte S. 120. Dieser innerstädtische Freiluftmarkt auf einem Kopfsteinpflasterplatz ist eine Schatztruhe für Mitbringsel vom ganzen Kontinent. Und außerdem der beste Ort in Kapstadt, um farbenfrohe, handgefertigte Kapstädter Hippieklamotten und -Zubehör sowie Strand-Pareos *(kikois)* aus Tansania einzukaufen. ◷ Mo–Sa 9–16 Uhr.

The Pan African Market, 76 Long St, Karte S. 120. Ein dreistöckiges Multikulti-Labyrinth voller Kunstgegenstände, Raritäten und Kunsthandwerk, manches davon aus den Townships. Außerdem gibt es ein auf afrikanische Küche spezialisiertes Café, einen Buchladen, eine Zöpfchenflechterin aus Kamerun und eine westafrikanische Schneiderei. ◷ Mo–Fr 9–17, Sa 9–15 Uhr.

Victoria Road Market, Camps Bay, Karte S. 142. Auf diesem Straßenmarkt in sensationeller Felslage mit Blick auf den Atlantik stehen Schnitzereien, Perlen, Textilien und Körbe zum Verkauf. ◷ tgl. 9–17 Uhr.

Musik

African Music Store, 134 Long St, 💻 www.africanmusicstore.co.za, Karte S. 120. Kleiner, trendiger und zentral gelegener, auf afrikanische Musik vom gesamten Kontinent spezialisierter Laden. Es werden auch kleine Instrumente wie Rasseln und Daumenklaviere verkauft. ◷ Mo–Fr 9–18, Sa 9–14 Uhr.

Mabu Vinyl, 2 Rheede St, Gardens, 💻 www.mabuvinyl.co.za, Karte S. 159. Hier finden Aficionados eine hervorragende Auswahl an gebrauchten CDs und Schallplatten und sogar Kassetten aller Musikrichtungen. Seitdem *Searching for Sugarman* einen Oscar bekam, pilgern massenhaft Touristen hierher, um live einen Ort zu sehen, der eine Rolle im Leben von Rodriguez spielte. ◷ Mo–Fr 9–19, Sa 9–18, So 11–15 Uhr.

Musica Megastore, V&A Waterfront, 💻 www.musica.co.za, Karte S. 130. Ein echter Megastore, auch nach internationalem Standard. Ein vielseitigeres Angebot an afrikanischer Musik findet sich in der Stadt nur schwer; daneben gibt es auch Klassik und Jazz, Pop und Rock, DVDs und Videospiele. ◷ tgl. 9–21 Uhr.

Lebensmittel

Pick 'n Pay, ◷ tgl. 8–22 Uhr, und **Woolworths**, ◷ tgl. 9–21 Uhr, beide V&A Waterfront, sind die am zentralsten gelegenen Supermärkte und haben weit längere Öffnungszeiten als die Supermärkte in anderen Stadtteilen.

Delis

Andiamo, Cape Quarter, Dixon St, De Waterkant, ✆ 021-421 3687, 💻 www.andiamo.co.za, Karte S. 130. Italienisches Deli mit einer tollen Auswahl an Fleisch, Käse, Salaten, Dips, Antipasti und Brot, perfekte Proviantzutaten für die

Tafelbergwanderung. Wer will, kann auch anrufen und sich ein Picknick zum Abholen zusammenstellen lassen. ⌚ Mo–Fr 7–23, Sa und So 9–23 Uhr.

Giovanni's Deliworld, 103 Main Rd, Green Point, Karte S. 140. Köstliches Brot und wunderbare italienische Gerichte zum Mitnehmen. Gäste können sich auch auf einen Kaffee draußen (mit Blick aufs Green Point Stadium) niederlassen. ⌚ tgl. 8.30–21 Uhr.

Melissa's, Waterfront, 💻 www.melissas.co.za, Karte S. 159. Bietet superleckere importierte und einheimische Delikatessen, entweder zum Verzehr vor Ort oder zum Mitnehmen. Nicht billig, aber die Ausgabe unbedingt wert. Hat Filialen in der Kloof St, Gardens und in Constantia Village. ⌚ tgl. 7.30–22, Sa und So 9–22 Uhr.

Organic Zone, Lakeside Shopping Centre, Main Rd, Lakeside, 💻 www.organiczone.co.za, Karte S. 146–147. Breites Angebot an knackfrischem Bio-Gemüse und -Obst, plus Körner, Honig, Brot und Molkereiprodukte. Die Preise sind der Qualität angemessen. ⌚ Mo–Fr 8.15–18, Sa und So 8.15–17 Uhr.

Frischer Fisch

Fish Market, Mariner's Wharf, Hout Bay Harbour. Frisches Seafood aus den südafrikanischen Original-Fischhallen, aber geschniegelter und mit weniger Lokalkolorit als der Kalk Bay Harbour. ⌚ Mo–Fr 9–17.30, Sa und So 9–18 Uhr.

Kalk Bay Harbour, Harbourside, Kalk Bay, Karte S. 146–147. Die Käufer suchen sich den Fisch direkt beim Fischer aus. Am besten ist das Angebot um die Mittagszeit, besonders am Wochenende. Allerdings hängt der Fang von Faktoren wie Wetter und Wellengang ab, und es kann Tage geben, an denen die Fischer mit leeren Händen vom Meer zurückkommen.

Stadtteil-Lebensmittelmärkte

Blue Bird Garage Market, 39 Albertyn Rd, Muizenberg, ✆ 082-331 2471, Karte S. 146–147. Eine gutbesuchte Freitagabendinstitution im Süden der Stadt, wo an Ständen zu annehmbaren Preisen Lebensmittel, Wein und Mikrobrauereibiere zu haben sind, oft bei Livemusik. Das Ganze findet in einem ehemaligen Flughafenhangar neben den Bahnschienen statt. ⌚ Fr 16–22 Uhr.

Hope Street (City Bowl) Market, 14 Hope St, 💻 www.citybowlmarket.co.za, Karte S. 119. Dieser Wochenmarkt entwickelt sich gerade zum In-Treff junger Anwohner. Beim Betreten der Markthalle entfaltet sich ein Fest für alle Sinne, denn die Stände sind brechend voll mit allem Möglichen, von handgefertigtem Schmuck über Vintageklamotten bis zu Currys und Burger, und dazu schmettert eine Liveband von der Tribüne. Wer Hunger hat, sucht sich etwas aus dem köstlichen Angebot aus und verspeist es an einem der Gemeinschaftstische. ⌚ Do 16.30–20.30, Sa 9–14 Uhr.

Hout Bay Market, Bay Harbour, 31 Harbour Rd, Hout Bay, ✆ 082-570 5997, 💻 www.bayharbour.co.za. Die Anfänge dieser gewölbeartigen Halle in einer alten Fischfabrik mögen bescheiden gewesen sein, doch inzwischen präsentiert sie sich in edlem Gewand. An den Ständen werden nicht nur afrikanisches Kunstgewerbe und südafrikanische Designertextilien verkauft, sondern auch alle möglichen Leckerbissen von privaten Erzeugern, darunter sogar Austern und Champagner. Dazu wird Livemusik geboten. ⌚ Fr 17–21, Sa und So 9.30–16 Uhr.

Neighbourgoods Market, Old Biscuit Mill, 373-375 Albert Rd (an der Lower Main Rd), Karte S. 119. Dieser viktorianische Lagerschuppen ist eine der gediegensten Adressen für ein unverfälschtes Foodie-Erlebnis – ein Schlaraffenland aus selbst gemachtem Käse, Holzofenbrot, Kaffee, Bieren, Schnittblumen, Obst und Gemüse. Die Produkte sind nicht billig, dafür aber auch die hochwertigsten ihrer Art, die am Kap zu haben sind. Außerdem gibt es ausgefallenes lokales Designer-Kunsthandwerk, Haushaltswaren und Bekleidung. ⌚ Sa 9–14 Uhr.

Oranjezicht City Farm Market, Upper Orange St, 💻 www.ozcf.co.za. Hier erstehen die Bewohner der City Bowl am Samstagmorgen fantastisch frische Bioprodukte, Brot und Kaffee und stöbern noch ein bisschen in der überschaubaren Auswahl an Kunstgewerbeartikeln. Der trubelige, gemeinnützige Stadtbauernhof wurde auf einem verlassenen

Gelände angelegt, das früher einmal zu einem Anwesen aus dem 18. Jh. gehörte. ⌚ Sa 9–14 Uhr; die Lebensmittel sind allerdings schnell ausverkauft.

Wein

Caroline's Fine Wines, 62 Strand St, und King's Warehouse, V&A Waterfront, 💻 www.carolineswine.com, Karte S. 120. Caroline Rillema ist seit 1979 erfolgreich im Weingeschäft und hat die edelsten Kapweine. ⌚ Mo–Fr 9–17.30 Uhr, Waterfront auch Sa 9–13 Uhr.
Vaughan Johnson's, Dock Rd, V&A Waterfront, 💻 www.vaughanjohnson.co.za, Karte S. 130. Eines der renommiertesten Weingeschäfte Kapstadts mit einer Riesenauswahl an erlesenen südafrikanischen Tropfen, die ihren Preis haben. ⌚ Mo–Fr 9–18, Sa 9–17, So 10–17 Uhr.
Wine Concepts, Gardens Lifestyle Centre, 50 Kloof St, 💻 www.wineconcepts.co.za, Karte S. 159. Ein ausgezeichnetes Angebot an südafrikanischen und ausländischen Weinen; freundliche, fachmännische Bedienung. ⌚ Mo–Fr 10–18, Sa 9–18 Uhr.

AKTIVITÄTEN

Eine der bemerkenswertesten Besonderheiten Kapstadts ist der nahtlose Übergang von der Stadt zum Nationalpark der Kap-Halbinsel; Berge, Wälder und Strände liegen praktisch vor der Haustür. Es gibt wenige Großstädte in der Welt, in denen das Angebot an Outdoor-Aktivitäten so nah und preiswert ist wie hier. Dies gilt z. B. fürs Bergsteigen und Tauchen oder für Paddeltouren entlang der Küste. Und wer sich nicht selbst anstrengen möchte, kann ein Bierchen trinken und dabei ein Cricket-, Fußball- oder Rugby-Spiel verfolgen. Die beste Informationsquelle für große Sportveranstaltungen ist 💻 www.computicket.com, wo man auch Karten bestellen kann.

Abseilen

Abseil Africa, ☎ 021-424 4760, 💻 www.abseilafrica.co.za. Halbtägige Abseiltouren am Tafelberg für ca. R700. Eine Wanderung mit Guide die Platteklip Gorge hinauf kostet R250.

Cricket

Cricket hat am Kap eine begeisterte Anhängerschaft. Der **Newlands Cricket Ground**,

Cricket zählt zu den beliebtesten Sportarten in Südafrika.

© DUMONT BILDARCHIV / ARTHUR F. SELBACH

61 Campground Rd, Newlands, ✆ 021-657 2003, 🖳 www.cricket.co.za, von ehrwürdigen Eichen umgeben, gilt als einer der schönsten Cricketplätze der Welt. Hier werden Lokalderbys und Länderspiele ausgetragen.

Fitness

Virgin Active Clubs, ✆ 0860-020 0911, 🖳 www.virginactive.co.za, sind gut organisierte Studios, die sich in fast allen Gegenden Kapstadts finden, mit großen Schwimmbecken und sauberen Umkleiden. Preise telefonisch erfragen.

Fußball

Fußballspiele werden inzwischen fast genauso gut besucht wie die Cricket- und Rugbywettkämpfe. In Kapstadt wimmelt es von Fußballtalenten, und die Sportart hat seit der WM 2010 noch weitere Anhänger gewonnen. Die staubigen Straßen und Plätze der Cape Flats haben hervorragende Fußballer hervorgebracht – z. B. Benni McCarthy (Ajax Amsterdam, Celta Vigo) und Quinton Fortune (Atletico Madrid, Manchester United). Der ambitionierteste Verein der Stadt ist Ajax Cape Town, 🖳 www.ajaxct.co.za, der übrigens zur Hälfte Ajax Amsterdam gehört. Die für Zuschauer aufregendsten Spiele sind die zwischen den lokalen Clubs und den Spitzenteams aus Soweto (Orlando Pirates oder Kaizer Chiefs). Spielstätten sind das WM-Stadion Green Point Stadium in der Beach Road, das Athlone Stadium in der Klipfontein Road und das Newlands Rugby Stadium.

Golf

Der **Milnerton Golfplatz**, Bridge Rd, Milnerton, ✆ 021-552 3108, 🖳 www.milnertongolf.co.za, liegt zwischen einer Lagune und der Tafelbucht vor der klassischen Postkartenaussicht auf den Tafelberg. Ein weiterer gefragter Golfplatz ist der **Westlake Golf Club**, Westlake Ave, Lakeside, ✆ 021-788 2020, 🖳 www.westlakegolf club.co.za, am Ende der M3 an der Südspitze des Constantia Valley.

Kiteboarding

Surf Store Muizenberg, ✆ 021-788 5055, 🖳 www.surfstore.co.za. Bietet einen Tageskurs im Surfen (R1290) sowie Stand Up Paddling. Der beste Kiteboardingspot befindet sich allerdings außerhalb der Stadt bei Langebaan (s. „Windsurfen“).

Klettern

High Adventure, ✆ 021-689 1234 oder 082-437 5145, 🖳 www.highadventure.co.za, bietet maßgeschneiderte Ausflüge je nach Können und ab 2 Teilnehmern zu ungewöhnlichen wie einzigartigen Kletterlocations. Ebenfalls ein empfehlenswerter Anbieter ist Mike Wakeford (s. „Wandern“). Das **City Rock Indoor Climbing Centre**, 21 Anson Rd, Observatory, ✆ 021-447 1326, 🖳 www.cityrock.co.za, hat eine Indoor-Kletterwand.

Laufen

Am angenehmsten joggt es sich auf den Bergpfaden von Newlands Forest und entlang der Sea Point Promenade. Jedes Jahr am Karsamstag wird der **Two Oceans Marathon**, 🖳 www.twooceansmarathon.org.za, abgehalten, ein Event internationalen Ranges, bei dem Sportler einen Marathon auf 56 anstrengenden Kilometern um die Halbinsel laufen.

Mountainbiken

Day Trippers, ✆ 021-511 4766, 🖳 www.daytrippers.co.za, organisiert Mountainbike-Touren für erfahrene Biker, darunter eine von Scarborough nach Cape Point.

Downhill Adventures, Kloof St, Ecke Orange St, ✆ 021-422 0388, 🖳 www.downhilladventures.co.za, veranstaltet ähnliche Touren, u. a. in den Tokai Forest.

Paragliding

Die Bedingungen für Paragliding sind in Kapstadt ideal. Am beliebtesten ist der Flug vom Lion’s Head hinunter zur Camps Bay.

Cape Town Tandem Paragliding, ✆ 076-892 2283, 🖳 www.paraglide.co.za, veranstaltet Tandemsprünge ab R950.

Wallend-Air School, ✆ 021-762 2441, 🖳 www.wallendair.com, bietet Tandemflüge für R950, für die keine Erfahrungen vonnöten sind. Inhaber Peter Wallend, ein südafrikanischer

Paragliding-Meister, veranstaltet Kurse für den Paragliding-Schein.

Radfahren

Dies ist eine fantastische Art, die Landschaft kennenzulernen. Allerdings ist Vorsicht vor rücksichtslosen Autofahrern geboten. Einmal im Monat beginnt um 21 Uhr am Green Point Circle die größte gemeinschaftliche Radtour Afrikas, die **Moonlight Mass**, 💻 www.moonlightmass.co.za. Diese ungezwungene Nachtfahrt wurde zuerst auf Twitter verbreitet, um die Leute zum Radeln zu bewegen, und erlebt seither ungebremsten Zulauf. Infos zur spektakulären, 109 km langen Argus Cycle Tour, die jedes Jahr im März mit 40 000 Teilnehmern rund um die Halbinsel stattfindet, erteilt **Pedal Power Associates**, 📞 021-689 8420, 💻 www.cycletour.co.za. Diese Radfahrorganisation führt von September bis Mai auch ganz normale Radtouren durch. Mountainbikes vermietet **Downhill Adventures**, Shop 10, Overbeek Building, an der Kreuzung von Kloof St und Orange St, 📞 021-422 0388, 💻 www.downhilladventures.co.za, für R200 pro Tag. Der Veranstalter bietet auch organisierte Radausflüge an, darunter Touren zum Cape Point und in die Winelands sowie eine Fahrt den Tafelberg runter.

Reiten

Horse Trail Safaris, Indicator Lodge, Skaapskraal Rd, Ottery, östlich von Wynberg über die M5, 📞 021-703 4396, 💻 www.horsetrailsafaris.co.za. Ausflüge hoch zu Ross durch die Dünen zur Küste, allerdings ist man nur 10 Min. am Strand. **Sleepy Hollow Horse Riding**, Sleepy Hollow Lane, Noordhoek, 📞 021-789 2341 oder 083-261 0104, 💻 www.sleepyhollowhorseriding.co.za, organisiert Ausritte am herrlichen Strand von Noordhoek, genauso wie **Imhoff Farm**, 📞 082-774 1191. Beide verlangen etwa R450 für 2 Std.

Rugby

Das Westkap ist eine der Rugby-Hochburgen in der Welt. Das Spiel wird vom Publikum mit fast religiösem Fanatismus verfolgt. Das Herz des Kapstädter Rugbysports schlägt auf dem heiligen Rasen des **Newlands Rugby Stadium**, Boundary Rd, Newlands, 📞 021-659 4600, 💻 www.wprugby.co.za.

Sandboarding

Downhill Adventures, 📞 021-422 0388, ist der Vorreiter dieses mit dem Skilaufen verwandten Abenteuersports. Bretter, Boots usw. werden gestellt, ebenso erfahrene Lehrkräfte, die Anfängern das Sandborden beibringen.
Sunscene Outdoor Adventures, 📞 021-783 0203, 💻 www.sunscene.co.za, bietet neben Sandboarding auch Surfen und genießt einen guten Ruf für seine Kinderkurse. Tagesausflüge ab etwa R650. Man kann auch eine Kombination aus Sandboarding und Surfen (R900) bzw. Paragliding (R2000) wählen.

Schwimmen

Zum Schwimmen im Meer eignen sich am besten die Strände an der wärmeren Seite der Halbinsel: Milnerton, St James und Fish Hoek. Brauchbare Pools bieten die **Long Street Baths**, Long St, 📞 021-400 3302, mit dem einzigen beheizten öffentlichen Hallenbecken von Kapstadt, 🕒 tgl. 7–19 Uhr, Eintritt R20, sowie der **Newlands Swimming Pool**, Main Rd, Ecke San Souci Rd, Newlands, 📞 021-674 2729, mit seinem 50-m-Becken im Freien, 🕒 im Sommer tgl. 10–18 Uhr, Eintritt R15. Der unbeheizte, direkt am Ozean gelegene **Sea Point Swimming Pool** in der Beach Rd, 📞 021-434 3341, ist ein gechlortes Meerwasserfreibad mit Olympiamaßen und Liegewiese. 🕒 Sommer tgl. 7–19, Winter tgl. 9–17 Uhr, Eintritt R20.

Seekajak

Real Cape Adventures, 📞 021-790 5611 oder 082-556 2520, 💻 www.seakayak.co.za, bietet eine ganze Reihe von Halbtages- oder Tages-Paddeltouren an, z. B. rund um das Kap der Guten Hoffnung, zur Pinguinkolonie am Strand von Boulders und in der Hout Bay. Das billigste Angebot ist eine 2- bis 3-stündige Kajaktour für R250 p. P.
Downhill Adventures, Kloof St, Ecke Orange St, 📞 021-422 0388, 💻 www.downhilladventures.co.za, bietet halbtägige Paddeltrips von Mouille Point oder Simon's Town ab R500.

Skydiving

Den ultimativen Blick auf den Tafelberg und Robben Island bietet ein Tandemsprung aus 3000 m Höhe (R1550), veranstaltet von **Skydive Cape Town**, 20 Min. von Kapstadt an der R27 West Coast Rd, ✆ 082-800 6290, 🖳 www.skydivecapetown.za.net.

Surfen

Die Topstrände zum Surfen sind die Big Bay in Bloubergstrand, wo jeden Sommer Wettkämpfe abgehalten werden, sowie Llandudno, Muizenberg und Long Beach bei Kommetjie and Noordhoek. Zum Lernen eignet sich am besten Muizenberg, z. B. bei Gary's oder Surf Shack (Kasten S. 146). Diverse Auskünfte zum Sport gibt´s auf 🖳 www.wavescape.co.za.

Tauchen

Die Gewässer am Kap sind zwar kalt, locken jedoch mit jeder Menge attraktiver Schiffswracks und Korallenbänke. **Down South Scuba Muizenberg**, ✆ 021-788 7616, 🖳 www.downsouthscuba.co.za, veranstaltet PADI-Kurse und für lizensierte Taucher Trips zum Beobachten von Kammzähnerhaien, Wrack- und Höhlentauchen.

Vogelbeobachtung

Die Halbinsel ist das Habitat von respektablen rund 400 verschiedenen Vogelarten. Bei einer Bootsfahrt draußen auf dem Meer ist der Anblick vier verschiedener Albatrosspezies praktisch garantiert. Gute Stellen zum Vogelbeobachten sind der Lion's Head, die Kirstenbosch Gardens und das Cape of Good Hope Nature Reserve sowie Kommetjie und Hout Bay. Auskünfte zu Vogelbeobachtungstouren in Kapstadt gibt's bei **Birding Africa**, ✆ 021-531 9148, 🖳 www.birdingafrica.com, Infos zu Bootstouren bei **Anne Grey**, ✆ 083-311 1140, 🖳 www.annealbatross.org.

Wandern

Die sichersten und am leichtesten erreichbaren Gegenden zum Spazierengehen sind die Kirstenbosch Gardens und die Sea-Point-Promenade sowie die Strände von Muizenberg, Fishhoek und Noordhoek. Zwecks Wanderungen auf den Tafelberg, in der Silvermine Reserve oder der Umgebung des Cape Point wendet man sich an den erfahrenen Bergführer/-steiger und Surfer **Mike Wakeford** (Halbtagswanderung R950, ganzer Tag R1600), ✆ 083-402 0288, 🖳 www.guidedbymike.co.za, oder an **Margie Curran**, einen amtlich anerkannten weiblichen Table Mountain Guide, ✆ 021-715 6136, 🖳 www.tablemountainwalks.co.za, die für den klassischen Tafelberganstieg R800 verlangt.

Windsurfen und Drachensurfen

Während sich die meisten Kapstädter im Sommer über den lästigen Südostwind beklagen, kommt dieser den Windsurfern sehr gelegen. Näheres beim **Cape Sport Centre**, Langebaan, ✆ 021-772 1114, 🖳 www.capesport.co.za, das auch andere Wassersportarten sowie Unterkünfte anbietet. Die riesige Lagune hat bessere Bedingungen als der aufgewühlte Ozean um Kapstadt herum, wo die See rauer ist. Preise für Windsurfen beginnen bei R600 für Unterweisung und 2 Std. auf dem Wasser. Ein 2-Tages-Drachensurfpaket kostet ab R2400, inkl. Ausrüstung und Anleitung.

TOUREN

Stadtspaziergänge

Eine der besten Orientierungsmöglichkeiten zu Beginn eines Kapstadt-Besuchs bietet ein **Stadtspaziergang** durchs Zentrum. Die beiden unten genannten Veranstalter starten tgl. außer sonntags am Vormittag von der Touristeninformation in der Burg Street zu einem etwa 3-stündigen Rundgang. Reservierung erforderlich. Alternativ kann man bei **Voice Maps**, 🖳 www.voicemap.me, eine App mit Audiospaziergängen durch verschiedene Ecken der Stadt herunterladen, gesprochen von gebürtigen Capetonians, die begeistert und sachkundig über ihre jeweiligen Bezirke berichten.

Kapstadt zu Fuß, ✆ 021-462 4252, 🖳 www.wanderlust.co.za, geleitet von einer Schriftstellerin und ehemaligen Lehrerin, führt durch die Innenstadt und durch das Bo-Kaap und wird auf Englisch und Deutsch angeboten (R200 p. P.).

Footsteps to Freedom, ✆ 083-452 1112, 🖳 www.footstepstofreedom.co.za, führt zu den historischen Sehenswürdigkeiten und Gebäuden und beleuchtet gesellschaftliche Themen (R220 p. P.).

Schwerpunkt Kultur

Andulela Tours, ✆ 021-790 2592, 💻 www.andulela.com. Tolles Angebot an faszinierenden Aktivtouren: Trommeln, Glasperlenkunst und Kochen in den afrikanischen Townships, ein Besuch im Wohnhaus bekannter Cape-Jazz-Musiker, kapmalayisch Kochen im Bo-Kaap, eine Fußballtour oder ein Besuch am Cape Point in Begleitung eines Naturschützers, der Interessantes über Paviane berichtet. Veranstaltet auch Fahrten zu den Felszeichnungen in den Cederbergen.

Bonani Our Pride, ✆ 021-531 4291, 💻 www.bonanitours.co.za. Veranstaltet empfehlenswerte Touren, bei denen Touristen mit Einheimischen ins Gespräch kommen und politisch bedeutsame Stätten in den Townships besuchen. Im Angebot sind abendliche Township-Touren, sonntagvormittags Gospeltouren zu Xhosa-Kirchen sowie Xhosa-Folkloretouren.

Coffeebeans Routes, ✆ 021-424 3572, 💻 www.coffeebeansroutes.com. Dies ist ein von Iain Harris ins Leben gerufener Pionierveranstalter für kreativen Tourismus in den Townships und die richtige Adresse für Musik- und Kultur-Touren, darunter die Cape Jazz Safari, die Township Futures Tour, plus Touren, die sich um Kochkunst oder Mode drehen.

The Real Cape, ✆ 082-885 8945, 💻 www.facebook.com/realcape. Ganz- und Halbtagstouren mit kulturellem/geschichtlichem Schwerpunkt, geleitet von Chris, seines Zeichens Entwicklungswirtschaftswissenschaftler, der kein Blatt vor den Mund nimmt, wenn es um die Kluft zwischen Arm und Reich in Südafrika geht.

Sonstige Touren

Cape Convoy, ✆ 021-531 1928, 💻 www.capeconvoy.com. Empfehlenswerte Touren in einem Landrover mit Dachplane mit dem enthusiastischen und witzigen Briten Rob Salmon. Die beiden beliebtesten Touren – die Tagestouren zum Cape Point und zum Tafelberg und zur Robben Island – gibt's zum günstigeren Pauschalpreis von zusammen R1000. Auch Ausflüge ins Weinland und zum nächstgelegenen Safaripark, etwa 2 Stunden von Kapstadt entfernt, sind im Programm.

Day Trippers, ✆ 021-511 4766, 💻 www.daytrippers.co.za. Der exzellente Veranstalter organisiert Tagestouren auf die Kap-Halbinsel und zum Cape Point inklusive Radfahren und Wandern. Beide Aktivitäten werden auch weiter entfernt in den Cederbergen, in der Little Karoo und im Weinland angeboten.

SONSTIGES

Apotheken

Apotheken mit verlängerten Öffnungszeiten sind z. B.: **Hypermed Pharmacy**, York Rd, Ecke Main Rd, Green Point, ✆ 021-434 1414, ⌚ Mo–Fr 8.30–19, Sa und So 9–19 Uhr, und **Sunset Pharmacy**, Sea Point Medical Centre, Kloof Rd, Sea Point, ✆ 021-434 3333, ⌚ tgl. 8.30–21 Uhr. **White's Chemist**, 61 Plein St, ✆ 021-465 3332, hat homöopathische Heilmittel. ⌚ Mo–Fr 8–17, Sa 8–12.30 Uhr.

Autovermietungen

Abgesehen von den bekannten internationalen Autoverleihfirmen wie **Avis**, 💻 www.avis.co.za, **Budget**, 💻 www.budget.com, **Europcar**, 💻 www.europcar.com, **Hertz**, 💻 www.hertz.com, und **Thrifty**, 💻 www.thrifty.com, die Schalter am Flughafen haben, gibt es auch zahlreiche nationale wie **Cheap Motorhome Rental**, 💻 www.cheapmotorhomes.co.za, **Drive Africa**, ✆ 061-066 8578, 💻 www.driveafrica.co.za, **Tempest**, ✆ 11-552 3900, 💻 www.tempestcarhire.co.za, und **Vineyard Car Hire**, 💻 www.vineyardcarhire.co.za, von denen manche bei Reservierung ihre Kunden am Flughafen abholen lassen.

Geld

Banken findet man überall in den Einkaufsgegenden der Innenstadt. Wer Geld wechseln möchte, kann dies bei:

American Express, Shop 11a, Alfred Mall, Waterfront, Kartenverlust ✆ 0800-110 0929, Reisescheckangelegenheiten ✆ 0800-990 123. ⌚ Mo–Fr 9–19, Sa und So 9–17 Uhr.

Rennies Foreign Exchange, Victoria Wharf, V&A Waterfront. ⌚ Mo–Sa 9–21, So 10–21 Uhr.
Master Currencies, Cape Town International Airport. ⌚ tgl. 6.30–22 Uhr.

Informationen

Das Hauptbüro von **Cape Town Tourism** befindet sich in der Innenstadt, an der Kreuzung von The Pinnacle St, Burg St und Castle St, ☎ 021-487 6800, 💻 www.capetown.travel. Hier lassen sich gut Unterkünfte, Aktivitäten und Ausflüge in Nationalparks buchen, und es gibt jede Menge Infomaterial und günstige Stadtpläne. Zum Büro gehören ein Coffeeshop, Buchverkauf und ein Cybercafé. ⌚ tgl. 8–18 Uhr.
Cape Town Tourism unterhält auch kleinere Büros am Flughafen, ☎ 021-934 1949, an der V&A Waterfront, ☎ 021-408 7600, und der Lower Cableway, ☎ 021-422 1075.
Aktuelle Veranstaltungshinweise finden sich auf Websites wie **Cape Town Magazine**, 💻 www.capetownmagazine.com, oder **What's On in Cape Town**, 💻 www.whatsonincapetown.com. Darüber hinaus empfiehlt sich ein Blick in den Unterhaltungsteil der Tageszeitungen oder auf die hervorragenden Tipps in der Freitagsbeilage des *Mail & Guardian*.

Karten und Stadtpläne

Wer mehr als nur die Innenstadt erkunden möchte, sollte sich einen detaillierten **Stadtplan** anschaffen, erhältlich in allen aufgeführten Buchläden (S. 183). Am billigsten ist die *A to Z Streetmap* von MapStudio; ausreichend für das Zentrum und die meisten Vororte, nicht jedoch für Simon's Town. Die detailliertesten Karten der Halbinsel sowie für weite Teile des Westkaps und darüber hinaus publiziert Slingsby Maps (S. 148).

Konsulate

Deutsches Generalkonsulat, Triangle House, 22 Riebeek St, ☎ 021-405 3000, 💻 www.kapstadt.diplo.de
Österreichisches Honorargeneralkonsulat, Protea Hotel Sea Point, Arthur's Rd, Sea Point, ☎ 021-430 5133, ✉ austrianconsulcpt@gmail.com
Schweizer Generalkonsulat, 1 Thibault Square, ☎ 021-400 7500, ✉ cap.vertretung@eda.admin.ch

Medizinische Hilfe

Die beiden größten privaten Krankenhausgruppen sind **Netcare**, Notruf ☎ 082-911, 💻 www.netcare.co.za, und **Medi-Clinic** (Notruf wird von ER24 entgegengenommen), ☎ 084-124, 💻 www.mediclinic.co.za, die überall auf der Halbinsel Kliniken unterhalten.
Die **Cape Town Medi-Clinic**, 21 Hof St, Oranjezicht, ☎ 021-464 5500, Notfall ☎ 021-464 5555, befindet sich nahe der Innenstadt mitten in der City Bowl. Das am zentralsten gelegene Privatkrankenhaus von Netcare ist das **Christian Barnard Memorial Hospital**, 181 Longmarket St, ☎ 021-480 6111.
Die **Constantiaberg Medi-Clinic**, Burnham Rd, Plumstead, in den südlichen Vororten, ☎ 021-799 2911, Notfall ☎ 021-799 2196, ist das am nächsten beim False Bay Seaboard gelegene Privatkrankenhaus.
Die staatliche **Krankenwagen-Notrufnummer** ist ☎ 10177. Wenn es um weniger dramatische medizinische Versorgung geht, stehen übers Westkap verteilt mehr als zwei Dutzend private medizinische Zentren von **Medicross**, 💻 www.medicross.co.za, zur Verfügung, die zwar nicht 24 Std. am Tag geöffnet sind, aber längere Öffnungszeiten haben als normale Arztpraxen.

Mobiltelefonverleih

Man kann gleich bei der Ankunft am Flughafen ein Handy mieten, entweder im **Vodashop Rentafone**, 💻 www.rentafone.net, bei **Cellucity**, 💻 www.cellucity.co.za, wo auch eine lokale SIM Card verkauft wird, oder bei **Cellucity**, Shop 6193, V&A Waterfront, ☎ 021-418 1300.

Motorradverleih

Einen Scooter kann man unter 💻 www.capetownscooter.co.za, für rund R220 pro Tag mieten. ⌚ tgl. 9–23 Uhr. Heißere Maschinen, etwa eine BMW oder Harley Davidson inkl. Schutzkleidung, gibt´s bei **Cape Bike Travel**, 125 Buitengracht, ☎ 084-606 4449, 💻 www.

capebiketravel.com, für R1200 pro Tag inkl. Vollkasko und Helm.

Polizei

Notruf ✆ 10 111.
Die zentralste **Hauptwache** befindet sich am Caledon Square, Ecke Buitenkant St.

Post

Das **Hauptpostamt** befindet sich in der Parliament St. ⌚ Mo, Di, Do und Fr 8–16.30, Mi 8.30–16.30, Sa 8–12 Uhr.

Telefon

Auch bei Ortsgesprächen die Ortsvorwahl vorwählen. Bei Anrufen **ins Ausland** 00. Die **Telefonauskunft** ist unter ✆ 1023 zu erreichen, die **Gelben Seiten** unter ✆ 10118. Wer kein Handy hat, kann bei fast allen Zeitungshändlern eine Telefonkarte kaufen und damit von einer Telefonzelle aus telefonieren. Münztelefone sind selten.

Wäsche waschen

Die meisten Backpacker-Hostels verfügen über Möglichkeiten zum Wäsche waschen. Guesthouses, Hotels und B&Bs haben normalerweise einen gebührenpflichtigen Wäscheservice.

NAHVERKEHR

Die Innenstadt ist zwar kompakt genug, um sie zu Fuß zu erkunden, doch viele Attraktionen befinden sich auf der ausgedehnten Halbinsel und erfordern ein Transportmittel. Zwischen den Sehenswürdigkeiten verkehren der Schnellbus **MyCiTi** und die **Metrorail**, zwei relativ flächendeckende Hauptverkehrslinien, mit denen man viel von Kapstadt sehen kann. Die beiden Cape Town Sightseeing Bus-Routen dagegen sind praktisch für die Hauptsehenswürdigkeiten der Stadt. Alle Schienenstränge, die meisten Buslinien (sowohl Intercity- als auch Lokalbusse) und die meisten Minibustaxirouten laufen in der Umgebung des Hauptbahnhofs und des Shoppingkomplexes **Golden Acre** an der Kreuzung von Strand Street und Adderley Street im Herzen von Kapstadt zusammen. Dort geht´s ganz schön chaotisch zu, aber im Umkreis von zwei, drei Häuserblocks liegt alles, was man für die nächste Etappe der Reise braucht, darunter die Touristeninformation (S. 192).

Auto

Straßenzustand und Verkehrsregeln
Auf den guten Straßen und mehreren Stadtautobahnen Kapstadts kommt man außer während der Rushhour (7–9 und 16–18 Uhr) zügig voran. Der Tafelberg und die beiden Küsten machen die Orientierung leicht. Allerdings gelten fürs Fahren in und um Kapstadt ein paar Besonderheiten. So besagt z. B. ein ungeschriebenes Verkehrsgesetz auf der Halbinsel, dass Minibustaxis immer Vorfahrt haben. Die nehmen sie sich auch, und wenn die Ampel von gelb auf rot schaltet, geben Minibustaxifahrer automatisch Gas, statt auf die Bremse zu steigen – und viele Kapstädter ebenfalls.

MyCiTi-Bus

Die sicheren Pendlerbusse von MyCiTi-Bus, ✆ 080-065 6463, 💻 www.myciti.org.za, verkehren tgl. von 5–22 Uhr ähnlich einem Schnellbahnnetz mit Expressbushaltestellen entlang bestimmter Hauptverkehrsstraßen. Die in kurzen Abständen fahrenden Busse bedienen

Nützliche MyCiti-Routen

Nr. A01	Airport–Civic Centre–Waterfront
Nr. 101	Vredehoek–Gardens–Civic Centre
Nr. 102	Salt River Rail–Walmer Estate–Civic Centre
Nr. 103	Oranjezicht–Gardens–Civic Centre
Nr. 104	Sea Point–Waterfront–Civic Centre
Nr. 105	Sea Point–Fresnaye–Civic Centre
Nr. 106	Waterfront Silo–Civic Centre–Camps Bay (im Uhrzeigersinn)
Nr. 107	Waterfront Silo–Civic Centre–Camps Bay (gegen den Uhrzeigersinn)
Nr. 108	Hout Bay–Hangberg–Sea Point–Civic Centre
Nr. 109	Hout Bay–Imizamo Yethu–Sea Point–Civic Centre

Busplan siehe hintere Umschlagklappe

zuverlässig die Innenstadt, die City Bowl-Vororte, das Atlantic Seaboard und die Northern Suburbs. Sie kommen in der Rushhour (6.30–8.30 und 16–18 Uhr) alle 10–20 Min., außerhalb dieser Zeit und am Wochenende alle 20–30 Min. Wichtig: MyCiTi ist abends das einzige sichere öffentliche Transportmittel. Da nicht mit Bargeld bezahlt werden kann, benötigt man eine aufladbare **myconnect card.** Diese gibt es für R30 an MyCiTi-Haltestellen, am Flughafen und bei den Tourismusinformationszentren in der Stadt. Falls bei der Abreise noch ein Guthaben drauf ist, gibt´s Geld zurück (aber nur gegen den Kaufbeleg). Beim Betreten des Busses hält man die Karte vor den Bildschirm des Automaten mit der Aufschrift „in", beim Aussteigen gegen „out". Die Fahrpreise betragen R5 für Strecken innerhalb des Zentrums, R10 von der Innenstadt nach Hout Bay oder Table View und R60 zum Flughafen. Aktuelle Informationen zu Preisen, Routen und Fahrplänen sind der benutzerfreundlichen MyCiTi-Website zu entnehmen.

Cape Town Sightseeing Bus

Der offene rote *hop-on, hop-off* **Cape Town Sightseeing Bus**, ✆ 021-511 6000, 💻 www.citysightseeing.co.za, fährt am Two Oceans Aquarium an der Waterfront ab (Tageskarte R150, Kinder R70) und bedient zwei interessante Strecken: Die Red Tour deckt die größten Hightlights der Innenstadt ab, und die Blue Tour geht zu Sehenswürdigkeiten auf der Halbinsel. Die Busse sind praktisch und bequem und verfügen über Kopfhörer mit Erklärungen auf zwei Kanälen – einem für Erwachsene und einem für Kinder, auf dem u. a. die Stimmen von Blatjan Baboon und Madisa Mongoose zu hören sind. Die Haltestellen der **Blue Mini Peninsula Tour** (tgl. 9–15.25 Uhr, Mai–Mitte Sep alle 35 Min., Mitte Sep–Anfang Mai alle 20–25 Min.) sind Cape Town Tourism in der Burg Street, The Mount Nelson Hotel, Kirstenbosch, World of Birds, Imizamo Yethu Township, Mariner's Wharf in Hout Bay, Camps Bay und Sea Point. Die Stopps von **Red City Centre Tour** (tgl. 9–17.15 Uhr, Mai–Mitte Sep alle 20 Min., Mitte Sep–April alle 15 Min.) sind Cape Town Tourism, St George's Cathedral, SA Museum, Jewish Museum, District Six Museum, Castle of Good Hope, Gold Museum, Cableway, Camps Bay und Sea Point.

Taxis und Minibustaxis

Taxis

Taxis mit Taxameter werden von der Stadtverwaltung kontrolliert und halten nicht überall. Fahrgäste müssen sich zu einer der offiziellen Halteplätze begeben, z. B. an der Waterfront, am Bahnhof und am Greenmarket Square. Man kann sie auch telefonisch bestellen (s. u.). Der Name und Ausweis des Fahrers sowie der Gebührenzähler müssen im Fahrzeuginneren deutlich erkennbar sein. Der Fahrpreis beträgt etwa R10–12 pro km. Die drei gelisteten Firmen bieten das ganze Jahr über rund um die Uhr einen zuverlässigen Taxiservice.

City Cabs, ✆ 021-202 2222, 💻 www.citycabsa.co.za. Eines der besten Funktaxiunternehmen. Bei Reservierung betragen die Kosten nach der Mindestgebühr R12 pro Kilometer. Wenn man eins dieser Taxis auf der Straße anhält, kann man meistens einen sehr günstigen Preis aushandeln.

Excite Taxis, ✆ 021-448 4444, 💻 www.excitetaxis.co.za. Der Fahrpreis beträgt zwischen der Innenstadt und den südlichen Vororten R9 pro km. Außerhalb dieses Bereichs muss wahrscheinlich ein Zuschlag bezahlt werden.

Rikkis, ✆ 0861-745 547, 💻 www.rikkis.co.za. Einer der günstigsten Anbieter in Hout Bay und den südlichen Vororten. Pro Zone werden R10 fällig, d. h. eine Fahrt von der Waterfront zur City Bowl würde rund R60 kosten. Nach 22 Uhr wird ein Nachtzuschlag von R80 erhoben.

Minibustaxis

Minibustaxis sind billig und befahren ständig in atemberaubendem Tempo die Hauptstraßen. Abgesehen von der Gefahr für Leib und Leben gibt es auch Taschendiebe. Minibustaxis kann man an ihrer zentralen Sammelstelle beim Bahnhof besteigen oder überall anhalten – sie machen sich durch Hupen, laute Musik und Ausrufer bemerkbar. Bezahlt wird beim Helfer, der neben dem Fahrer sitzt und dem man auch das Fahrziel mitteilt. Der Fahrpreis liegt für die meisten Strecken unter R15.

Stadtbahn

Betreiber der Stadtbahn ist **Metrorail**, ✆ 0800-65 64 63, 🖳 www.capemetrorail.co.za. Drei Linien führen vom Hauptbahnhof Kapstadt in Richtung Osten nach Strand (durch Bellville), zu den Cape Flats und den Satellitenstädten Stellenbosch und Paarl. Diese Fahrten sind jedoch nicht zu empfehlen, denn sie führen durch einige Teile der Flats, die als gefährlich gelten. Die Strecke vom Hauptbahnhof zur False Bay dagegen zählt zu den schönsten Vorortbahnfahrten der Welt und ist ein Erlebnis, das man sich nicht entgehen lassen sollte. Die Trasse erreicht bei Muizenberg die Küste und führt weiter nach Süden bis Simon's Town, manchmal so nah am Meer entlang, dass man die Gischt spürt. Die Züge verkehren regelmäßig, allerdings ohne Gewähr auf Einhaltung der angebenen Zeiten, und es ist nicht ratsam, in einen leeren Wagen einzusteigen. Bis Fish Hoek fahren mehrere Züge pro Stunde (Mo–Fr 5–20 Uhr ungefähr alle 15 Min., Sa 6.20–18.45 Uhr alle 20 Min., So 5.50–18.30 Uhr ungefähr stdl., im Sommer jedoch öfter). Züge nach Simon's Town verkehren alle 40–60 Min.
Die Züge verkehren oberirdisch, die Bahnhöfe sind an den Straßen nicht ausgeschildert!
Tickets müssen vor dem Einsteigen am Bahnhof gekauft werden. Am empfehlenswertesten ist die erschwingliche Fahrt in der **1. Klasse** (die einfache Fahrt von Kapstadt nach Muizenberg kostet z. B. ungefähr R12); eine 2. Klasse existiert seltsamerweise nicht. Die Wagen der 3. Klasse sind meistens ziemlich voll.

TRANSPORT

An Bord eines Luxusdampfers in die Tafelbucht einzulaufen, ist sicher ein unvergessliches Ereignis, das allerdings nur wenigen vergönnt ist. Die Ankunft per Flugzeug oder Mietwagen dagegen mag manchen Besucher schockieren, denn der Weg in die Stadt führt unweigerlich an den grauen Industrie- und Elendssiedlungen am Rand der N2 vorbei.

Busse

Es gibt drei südafrikanische Intercitybusgesellschaften, die fast alle Städte des Landes bedienen: **Greyhound**, ✆ 083-915 9000, 🖳 www.greyhound.co.za, **Intercape**, ✆ 021-380 4400, 🖳 www.intercape.co.za, und **Translux**, ✆ 086-158 9282, 🖳 www.translux.co.za. Die Halte- und Abfahrtsstellen der Busse von Intercape und Translux befinden sich an der Nordostseite des Hauptzugbahnhofs, von der Adderley Street zurückversetzt, die von Greyhound dagegen an der Nordwestseite direkt an der Adderley Street. Eine einfache Fahrkarte von Kapstadt dürfte ungefähr R270 nach Paarl, R360 nach Mossel Bay, und R450 nach Port Elizabeth kosten.

Baz Bus

Der Baz Bus, ✆ 0861-229 287, 🖳 www.bazbus.com, verkehrt tgl. in beide Richtungen zwischen Kapstadt und PORT ELIZABETH via MOSSEL BAY, GEORGE, KNYSNA, PLETTENBERG BAY, STORMS RIVER und JEFFREY'S BAY; nach Vereinbarung kann auch in anderen Orten entlang der N2 ein- bzw. ausgestiegen werden. Der Service ist für Backpacker gedacht, daher halten die Busse an Hostels. Die einfache Fahrt von Kapstadt bis Port Elizabeth kostet R1550, aber günstiger fährt es sich mit einem Pass, erhältlich für 7 Tage (R1700), 14 Tage (R2700) und 21 Tage (R3300). Reservieren kann man online, über Hostels, im zentralen Tourismusbüro von Kapstadt (S. 192), oder im Hauptbüro von Baz, 32 Burg St.

SA Connection

Schneller und weniger umständlich als mit den großen Intercitybussen ist das Reisen mit **SA Connection**, ✆ 086-110 2426, 🖳 www.saconnection.wozaonline.co.za. Dieser Minibus-Shuttleservice verkehrt tagsüber auf der Garden Route zwischen Kapstadt (Claremont), PORT ELIZABETH und EAST LONDON (3–4x wöchentl., R750).

Eisenbahn

Der Kapstädter **Hauptbahnhof** (Town Station) liegt zentral an der Strand St, Ecke Adderley St. Kapstadt ist der End- und Ausgangsbahnhof aller wichtigen Bahnlinien. Züge verkehren zwischen Kapstadt und JOHANNESBURG (3x wöchentl., 26 Std.) Haltestellen sind: MATJIESFONTEIN (5 Std.), KIMBERLEY (16 1/2 Std.) und BLOEMFONTEIN (23 Std.), Reservierung online bei **Shosholoza Meyl**, 💻 www.shosholozameyl.co.za. Auch die **Luxuszüge** Blue Train und Rovos Rail, 💻 www.rovos.com, halten am Bahnhof von Kapstadt (S. 195).

Flüge

Der **Cape Town International Airport** (CPT), der internationale und nationale Flughafen von Kapstadt, 💻 www.acsa.co.za, befindet sich 22 km östlich der Innenstadt. Alle südafrikanischen Fluggesellschaften sowie zahlreiche internationale (S. 36) fliegen Kapstadt an.

Zu den Einrichtungen zählen ein bei Ankunft internationaler Flüge geöffnetes Wechselbüro, Geldautomaten und ein Touristeninformationsschalter. Im internationalen Terminal sind alle großen Autovermieter vertreten. Ein Mietwagen muss aber unbedingt im Voraus gebucht werden, besonders unter der Woche und in der Hochsaison zwischen Mitte Dezember und Mitte Januar sowie über Ostern.

Vor beiden Terminals warten die Taxis mit Taxameter von **Touch Down Taxis**, ✆ 021-919 4659. Die Fahrt in die Innenstadt kostet ab R250.

Das billigste Transportmittel von Flughafen in die Innenstadt ist der städtische **MyCiTi Bus**, ✆ 0800-65 64 63, 💻 www.myciti.org. Er fährt für R60–70 von 4.20–21 Uhr alle 20 Min. zum Civic Centre am Hertzog Boulevard, gegenüber dem Bahnhof und zentralen Busbahnhof, sowie in andere, weniger zentrale Ecken der Stadt (S. 193). Teurer, aber erheblich komfortabler sind die **Tür-zu-Tür-Shuttles** wie Centurion, ✆ 086-111 5388, 💻 www.centuriontours.co.za.

Westkap

Stefan Loose Traveltipps

3 Das Weinland Lunch auf einem Weingut – mit den besten Jahrgängen und einem Traumblick auf Reben und Berge. S. 200

Route 62 Gebirgige Route durchs Landesinnere mit verschlafenen Dörfern, spektakulären Pässen und karger Halbwüste. S. 218

4 Walbeobachtung an der Whale Coast Am Kap genügt manchmal schon ein Blick aus dem Fenster, um einen vorbeiziehenden Wal zu sichten. S. 243

5 De Hoop Nature Reserve Gewaltige Dünen und Unmengen von Walen in der Walsaison machen dies zum schönsten Küstenreservat des Landes. S. 250

Meeressafari Auf einer Rundfahrt um Plettenberg Bay mehr über Wale und Delphine lernen. S. 275

6 Storms River Mouth Dramatischer Küstenabschnitt, wo die bewaldeten Hänge zur Felsküste abfallen und der Storms River aus einer Schlucht in den tosenden Ozean mündet. S. 280

Seafood Die Strandlokale an der Westküste bereiten aus Fisch und Meeresfrüchten kulinarische Hochgenüsse zu. S. 283

Oudrif Ein Aufenthalt in der außergewöhnlichen Ferienanlage im faszinierenden Hinterland der Cederberge. S. 298

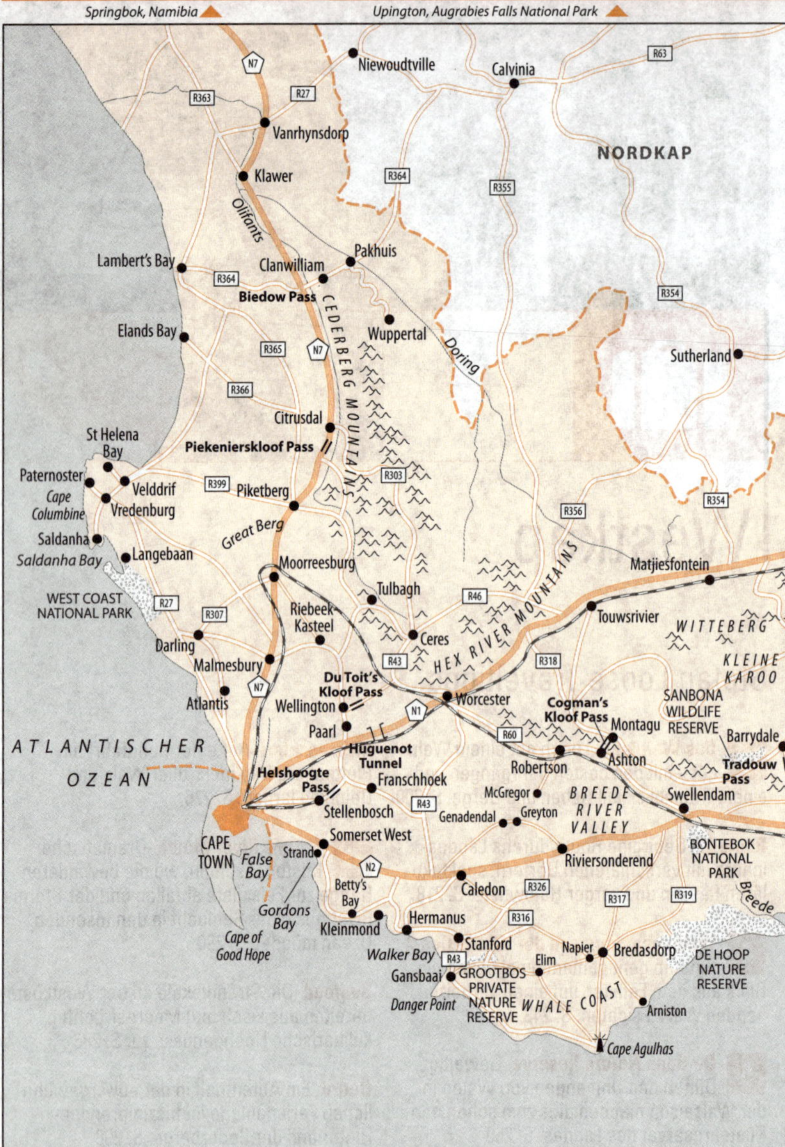
Springbok, Namibia
Upington, Augrabies Falls National Park
N7
R363
R27
Niewoudtville
Calvinia
R63
Vanrhynsdorp
Klawer
NORDKAP
R364
R355
Olifants
Pakhuis
Lambert's Bay
Clanwilliam
R364
Biedow Pass
CEDERBERG MOUNTAINS
Wuppertal
R354
Elands Bay
R365
N7
Doring
Sutherland
R366
Citrusdal
St Helena Bay
Piekenierskloof Pass
Paternoster
Velddrif
R399
Piketberg
R303
Cape Columbine
Vredenburg
R356
R354
Saldanha
Great Berg
Saldanha Bay
Langebaan
Moorreesburg
Matjiesfontein
WEST COAST NATIONAL PARK
R27
Tulbagh
R46
Touwsrivier
R307
Riebeek-Kasteel
HEX RIVER MOUNTAINS
WITTEBERG
Darling
Ceres
KLEINE KAROO
Malmesbury
R43
R318
Du Toit's Kloof Pass
SANBONA WILDLIFE RESERVE
N7
Atlantis
Wellington
Worcester
Cogman's Kloof Pass
N1
Montagu
ATLANTISCHER OZEAN
Paarl
R60
Barrydale
Huguenot Tunnel
Ashton
Robertson
Tradouw Pass
Helshoogte Pass
Franschhoek
McGregor
BREEDE RIVER VALLEY
Swellendam
Stellenbosch
R43
Genadendal
Greyton
CAPE TOWN
Somerset West
Strand
False Bay
N2
Riviersonderend
BONTEBOK NATIONAL PARK
Betty's Bay
Caledon
R326
Breede
Gordons Bay
R317
R319
Kleinmond
Hermanus
R316
Cape of Good Hope
Stanford
Walker Bay
R43
Napier
Bredasdorp
DE HOOP NATURE RESERVE
Elim
Gansbaai
GROOTBOS PRIVATE NATURE RESERVE
Danger Point
WHALE COAST
Arniston
Cape Agulhas

N
0
100 km
Kimberley, Johannesburg, Pretoria
Bloemfontein, Johannesburg, Pretoria
Victoria West
R308
R353
R63
N12
R356
R381
Three Sisters
GROSSE KAROO
R356
KAROO NATIONAL PARK
Beaufort West
Graaff-Reinet
N9
WITTEBERG
GROOTRIVI
R332
Leeu-Gamka
N12
BAVIAANSKLOOF MOUNTAINS
SWARTBERG
R327
Laingsburg
N1
OSTKAP
R329
Prince Albert
Swartberg Pass
Meringspoort Pass
WESTKAP
Cango Caves
R407
R332
GROENFONTEIN VALLEY
De Rust
R341
Calitzdorp
Uniondale
KOUGA MOUNTAINS
R62
Oudtshoorn
Warmwaterberg Spa
Lemoenshoek Farm and the Labyrinth
R62
TSITSIKAMMA MOUNTAINS
R328
N12
Keurbooms
N9
R327
OUTENIQUA MOUNTAINS
GARDEN ROUTE NATIONAL PARK
GARDEN ROUTE NATIONAL PARK (KNYSNA LAKES)
Storms
R323
LANGEBERG
George
Storms River Village
Bloukrans
Knysna
N2
Sedgefield
Port Elizabeth
Gourits
N2
Riversdale
Plettenberg Bay
GARDEN ROUTE NATIONAL PARK
Mossel Bay
OVERBERG
Storms River Mouth
INDISCHER OZEAN

Die gebirgigste und vielleicht schönste Provinz Südafrikas, das Westkap, gilt als beliebtestes Touristenziel des Landes. Selbst mehrwöchige Aufenthalte reichen kaum aus, um sämtliche Attraktionen der Gegend zu bewundern. Viele Besucher zeigen sich jedoch angesichts des fehlenden afrikanischen Flairs etwas enttäuscht: Von den neun südafrikanischen Provinzen sind das Westkap und das Nordkap die einzigen, die keine afrikanische Mehrheit aufweisen. Die mit 55 % größte Bevölkerungsgruppe besteht aus „Coloureds", Menschen gemischter Herkunft. Sie stammen von weißen Siedlern, den einheimischen Khoisan und Sklaven aus dem Osten ab.

Hinter der schönen Oberfläche des Weinlandes und der Garden Route verbirgt sich eine harte Realität: Die Armut offenbart sich in den primitiven Hütten am Rande der wohlhabenden Städte und auf einigen Farmen, wo auch nach dem Ende der Apartheid noch immer Arbeitspraktiken aus dem 19. Jh. vorherrschen.

In jedem Fall üben die schönen Berge, Täler und Strände der Provinz eine unglaubliche Faszination aus. Im **Weinland**, weniger als eine Stunde von Kapstadt entfernt, dreht sich alles ums Essen, Trinken und Genießen der Landschaft. Zahllose Giebel-Anwesen liegen inmitten der Weinberge vor einer Kulisse von schieferfarbenen Felsspitzen.

Bekanntester Anziehungspunkt des Westkaps ist die **Garden Route**, ein Abschnitt der N2 zwischen Kapstadt und Port Elizabeth. Sie bietet bessere **öffentliche Verkehrsverbindungen** als irgendein anderer Landesteil. Leicht erreichbar und landschaftlich überaus reizvoll, ist die Garden Route auch vom Pauschaltourismus entdeckt worden. Zielgruppe sind Aktivurlauber, und das Angebot im Bereich **Abenteuersport** ist groß.

Östlich der Winelands erstreckt sich das **Breede River Valley**, eine Region, die man auf der N1 Richtung Johannesburg passiert. Zwischen den Obstbausiedlungen verbergen sich beliebte Wochenendziele der Kapstädter. Das von Besuchern in der Vergangenheit ignorierte Gebiet hat durch kreatives Marketing inzwischen seinen Weg als **Route 62** auf die Landkarte gefunden und kann entlang dieser faszinierenden Hinterlandstrecke, die die Städte der **Kleinen Karoo** zwischen Kapstadt und Port Elizabeth verbindet, erkundet werden.

Südöstlich des Weinlands erstreckt sich zwischen Arniston und Mossel Bay die Region **Overberg**, die entlang der Küste und landeinwärts bis Swellendam verläuft. Auf einer eiligen Fahrt Richtung Osten bleibt diese Gegend hinter den Bergen allerdings unentdeckt. Die **Walküste** im Süden gilt als beste Stelle des Landes für **Walbeobachtungen**. Außerdem reihen sich hier abseits der Hauptstrecken einige schöne Küstenorte aneinander.

Die weniger populäre, abgelegene und windige **Westküste** nördlich von Kapstadt wird gerne während der Wildblumenzeit im August und September bereist. Besucher steuern meist den **West Coast National Park** an. Ein weiterer Hauptanziehungspunkt sind die **Cederberge**, 200 km nördlich von Kapstadt an der N7, eine felsige Wildnis mit Wanderwegen und verborgenen Felskunststätten – Werke des einheimischen Volkes der **San**, das im 19. Jh. so gut wie ausgerottet wurde.

3 HIGHLIGHT

Das Weinland

Eine Stunde von Kapstadt entfernt liegen die **Winelands**. Hier dreht sich alles um den Genuss: essen, trinken und relaxen. Die ältesten europäischen Siedlungsgebiete am Westkap – Stellenbosch, Paarl, Franschhoek und Somerset West – haben alle eine eigene Weinroute voller niederländischer Kolonialgeschichte in Form von bilderbuchwürdigen Bauernhöfen mit weißen Giebeldächern, umgeben von Weinbergen und hohen Schieferbergen. Zu allem Überfluss ist hier auch noch eine unverhältnismäßig große Anhäufung der besten Restaurants in ganz Südafrika.

Die kleinste Stadt heißt **Franschhoek** – ein Ort der kulinarischen Spitzenklasse, umwabert von einem liebevoll gepflegten provenzalischen Flair. Ihre attraktive Lage am Ende eines engen Tals übertrifft alles. Wer von Kapstadt aus nach einer schönen Fahrt ein tolles Mittagessen haben will, ist hier richtig. **Stellenbosch** hat hingegen hübsche historische Straßen sowie ein paar gute Museen, Cafés und Läden auf Lager. Das Bauernstädchen **Paarl** liegt eine schöne Autofahrt von Stellenbosch entfernt in einem fruchtbaren Tal mit imposanter Granitfelskulisse. Danach kommt das ausgedehnte Stadtgebiet von **Somerset West** mit nur einer nennenswerten Attraktion: **Vergelegen**, eines der eindrucksvollsten Weingüter.

Die Winelands besucht man am besten mit dem Auto, denn die Fahrt durch die schöne Landschaft ist mindestens die halbe Freude. Eines der absoluten Highlights in dieser Region ist die Fahrt auf der **R310** über den berauschenden **Helshoogte Pass** zwischen Stellenbosch und der R45 von Franschhoek nach Paarl. Alle Weingüter sind an den Hauptverkehrsadern klar beschildert. Wer über keinen fahrbaren Untersatz verfügt, kann problemlos einen der vielen Tagestrips von Kapstadt oder Stellenbosch aus buchen (S. 191 und 205).

Auf ins Weinland!

Bei mehreren Hundert Anwesen im Weinland fällt die Auswahl nicht leicht. Unsere Liste umfasst Weinkellereien von allgemeinem Interesse – mit einer schönen Architektur und Umgebung oder einem Unterhaltungsangebot – sowie einige mit Weinen der Spitzenklasse. Bei allen gibt es Weinproben (meist gegen eine kleine Gebühr von bis zu R40), bei manchen aber auch fantastische Restaurants oder Picknicks in den Weinbergen. Man sollte sich für eine Gegend entscheiden und nicht zu viele Weinkellereien an einem Tag besichtigen. Achtung: Einige Anwesen sind sonntags geschlossen oder haben im Winter kürzere Öffnungszeiten.

Als besonders hilfreich für eine Weintour erweist sich John Platters jährlich überarbeiteter *South African Wine Guide*, 💻 www.platteronline.com, mit aktuellen Bewertungen fast aller Weinerzeugnisse des Landes.

Stellenbosch

Alleen mit 300 Jahre alten Eichen bestimmen das Bild der 46 km östlich von Kapstadt gelegenen Ortschaft Stellenbosch – daher auch ihr Afrikaans-Spitzname „Die Eikestad" (die Eichenstadt). Mit ihren historischen Fassaden, Straßencafés, Wasserrinnen und einer europäischen Stadtplanung, die den Braak (eine Dorfwiese) zum Mittelpunkt hat, lädt sie zu einer Erkundungstour ein. Die Stadt ist das Herzstück des Weinlands. Sie bietet mehr Attraktionen als Paarl oder Franschhoek und ist Knotenpunkt der größten und ältesten **Weinrouten** des Kaps.

Außerdem befindet sich hier die Universität von Stellenbosch, das angesehenste afrikaanssprachige Bildungsinstitut. Die lebendige Atmosphäre der Stadt kann jedoch nicht darüber hinwegtäuschen, dass es sich im Grunde um einen konservativen Ort handelt, der einst als intellektuelles Zentrum der Apartheid galt: Gefördert wurde hier unter anderem Premierminister Dr. H. F. Verwoerd, der die *Grand Apartheid* ins Leben rief.

Geschichte

Als **Simon van der Stel** 1679 am Kap eintraf, um sein Gouverneursamt anzutreten, begann er, die Gegend entlang des Eerste River („erster Fluss") zu erforschen. Er entdeckte ein reizvolles kleines Tal. Schon einen Monat später war es als Stellenbosch („Stels Busch") auf der Landkarte verzeichnet – der erste von mehreren über das Kap verteilten Orten, darunter auch die Siedlung Simonsberg mit Blick über die Stadt, die er nach der eigenen Familie benannte.

Von der Niederländischen Ostindischen Kompanie wurde van der Stel mit der Erschließung des Hinterlandes des Kaps beauftragt, und schon bald siedelte er die ersten **Free Burghers** („freien Bürger") in Stellenbosch an. Binnen acht Jahren nahm er 60 Eigentumsübertragungen vor und innerhalb von zwei Jahrzehnten wuchs Stellenbosch zu einer wohlhabenden, teils feudalistischen, von Großgrundbesitzern dominierten Gemeinde. Zum Ausklang des Jahrhunderts gab es bereits über 1000 Häuser und einige beträchtliche *burgher*-Anwesen in und um Stellenbosch, von denen viele bis heute erhalten geblieben sind.

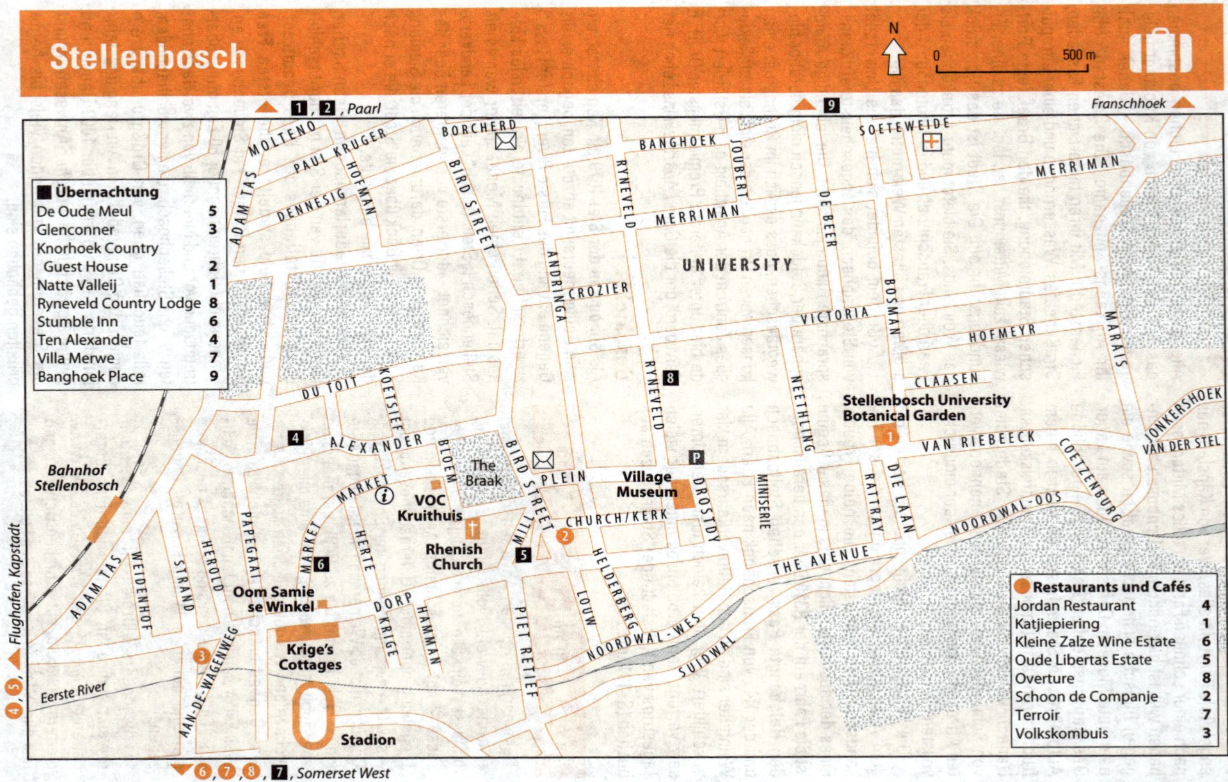
Stellenbosch
N
0 500 m
1, 2, Paarl
9
Franschhoek
3
4, 5, Flughafen, Kapstadt
6, 7, 8, 7, Somerset West
Übernachtung
De Oude Meul 5
Glenconner 3
Knorhoek Country Guest House 2
Natte Valleij 1
Ryneveld Country Lodge 8
Stumble Inn 6
Ten Alexander 4
Villa Merwe 7
Banghoek Place 9
Restaurants und Cafés
Jordan Restaurant 4
Katjiepiering 1
Kleine Zalze Wine Estate 6
Oude Libertas Estate 5
Overture 8
Schoon de Companje 2
Terroir 7
Volkskombuis 3
UNIVERSITY
Stellenbosch University Botanical Garden
Village Museum
VOC Kruithuis
Rhenish Church
The Braak
Oom Samie se Winkel
Krige's Cottages
Stadion
Bahnhof Stellenbosch
Eerste River
MOLTENO
PAUL KRUGER
HOFMAN
DENNESIG
ADAM TAS
BORCHERD
BIRD STREET
BANGHOEK
RYNEVELD
JOUBERT
MERRIMAN
DE BEER
SOETEWEIDE
ANDRINGA
CROZIER
VICTORIA
BOSMAN
HOFMEYR
MARAIS
CLAASEN
NEETHLING
DU TOIT
KOETSIEF
ALEXANDER
BLOEM
MARKET
PLEIN
DROSTDY
MINISERIE
RATTRAY
DIE LAAN
VAN RIEBEECK
COETZENBURG
JONKERSHOEK
VAN DER STEL
NOORDWAL-OOS
CHURCH/KERK
MILL
HELDERBERG
THE AVENUE
LOUW
NOORDWAL-WES
SUIDWAL
PIET RETIEF
HERTE
DORP
KRIGE
HAMMAN
PAPEGAAI
HEROLD
STRAND
WEIDENHOF
AAN-DE-WAGENWEG

Village Museum

18 Ryneveld St ▪ Mo–Sa 9–17, So Sep–Feb 10–16 und März–Aug 10–13 Uhr ▪ Eintritt R25

Stellenboschs museales Highlight ist das unterhaltsame Village Museum. Anhand einer Vierergruppe von Wohnhäusern aus unterschiedlichen Perioden, wie dem urtypisch kapholländischen **Blettermanhuis** aus dem 18. Jh., gibt es einen repräsentativen Überblick über das architektonische und gesellschaftliche Erbe der Stadt. Die Gebäude sind wunderschön erhalten und ausgestattet. Außerdem sieht man Arbeiter in historischer Kleidung.

Dorp Street

Lohnend ist ein Spaziergang entlang der Dorp Street, Stellenboschs schön erhaltener historischer Achse. Zu bestaunen sind hier die Gebäude, Giebel, Eichen und Wasserrinnen am Straßenrand. Die **Krige's Cottages**, ein ungewöhnliches Ensemble historischer Stadthäuser in den Gebäuden Nr. 37-51 zwischen Aan-de-Wagenweg und Krige Street, entstanden in der ersten Hälfte des 19. Jhs. im kapholländischen Stil. Später wurden viktorianische Elemente ergänzt, das Ergebnis sind interessante Mischungen aus Giebeln mit viktorianischen Dachfenstern und Veranden mit filigranem Eisendekor vor schlichten eleganten kapholländischen Fassaden.

ÜBERNACHTUNG

Banghoek Place, 193 Banghoek Rd, 021-887 0048, www.banghoek.co.za. Das etwas schickere Schwesterhaus des Stumble Inn (s. u.) vermietet extrem preisgünstige DZ und 3-Bett-Zimmer, größtenteils mit Bad, und hat auch 3 kleine Dorms. Günstige Pauschalangebote mit 2 Übernachtungen und Weintour. Dorm R150, DZ R500

De Oude Meul, 10a Mill St (abseits der Dorp St), 021-887 7085, www.deoudemeul.com. Mitten in der Stadt an einer recht belebten Straße. Preiswerte, angenehme Zimmer über einem Antiquitätengeschäft. Wer ruhig schlafen will, sollte eins nach hinten raus nehmen. R1000

Glenconner, Jonkershoek Rd, 4 km vom Zentrum, 021-886 5120 und 082-354 3510, glenconner@icon.co.za. Hübsche Farm-Cottages mit B&B oder für Selbstversorger. Spektakulär gelegen in einem Tal mit grasenden Pferden in der Nähe der Wanderwege des Jonkershoek Nature Reserve. Frühstück wird auf Wunsch unter einer alten Eiche serviert. R750

Knorhoek Country Guest House, Knorhoek Wine Estate, abseits der R44, 7 km nördlich der Stadt, 021-865 2114, www.knorhoek.co.za. Die alten Farmgebäude in idyllischer Lage sind zu modernen Gästezimmern und Cottages umgebaut. Jedes verfügt über eine sonnige Terrasse mit Rasen und strahlt einen stillen Luxus aus. Gäste können nach Lust und Laune durch Garten und Weinberg flanieren. DZ R900, Cottage R1250

Natte Valleij, an der R44, 12 km nördlich der Stadt, 021-875 5171, www.nattevalleij.co.za. 1 großes Cottage mit 6 Betten, 1 kleineres, an einen alten Weinkeller angrenzendes mit 1 Schlafzimmer und 1 Zimmer mit Bad und separatem Eingang. Pool. Frühstück auf der Veranda inkl. R720

Ryneveld Country Lodge, 67 Ryneveld St, 021-887 4469, www.ryneveldlodge.co.za. Elegantes Gebäude aus dem späten 19. Jh. unter Denkmalschutz, mit viktorianischen Antiquitäten möbliert. Makellose Zimmer; die beiden besten im Obergeschoss mit Zugang zu einer Terrasse. Auch 2 Familien-Cottages für bis zu 4 Pers. und Pool. R1400

Stumble Inn, 12 Market St, 021-887 4049, www.stumbleinnstellenbosch.hostel.com. Bestes und ältestes Hostel der Stadt, untergebracht in 2 altehrwürdigen Häusern unweit der Touristeninformation; freundliches, aufmerksames Personal. Auch bekannt für preiswerte Touren. Dorm R130, DZ R370

Ten Alexander, 10 Alexander St, 021-887 4414, www.10alexander.co.za. Funktionales, ruhiges, angenehmes Guesthouse unter der effizienten Leitung eines redseligen Inhabers. Die Zimmer sind klein und makellos sauber, mit Zugang zu einem hübschen Garten mit Pool. Selbstversorgereinrichtungen vorhanden. R1120

Villa Merwe, 6 Cynaroides Rd, Paradyskloof, 021-880 1185, www.villamerwe.co.za. 2 saubere, gemütliche Zimmer in einem modernen Wohnhaus, alle mit Bad und Eingang;

WESTKAP

Lounge, Pool und Garten. 5 Autominuten vom Zentrum. R900

ESSEN

Lunch oder Abendessen in den Weinbergen gehören zum kulinarisch Besten, was Südafrika zu bieten hat; fast jedes Weingut hat entweder ein Restaurant oder (vorausgebuchte) Picknicks im Angebot. Mehrere dieser **Weinbergrestaurants** gehören zu den Top Ten Südafrikas. Wer dort essen will, muss Wochen oder sogar Monate im Voraus reservieren – vor allem im Sommer. In Stellenbosch gibt es auch hübsche **Straßencafés**, vor allem in Church Street, wo abends Studenten für eine entspannte und bisweilen auch wilde Trinkkultur sorgen. Samstags morgens (9–14 Uhr) lohnt sich ein Besuch auf dem großartigen und sehr beliebten **Bauernmarkt**, 🖳 www.slowmarket.co.za, auf dem Weingut Oude Libertas, abseits der R310 und gleich südlich des Zentrums. Hier gibt es regionale Bioprodukte zum Essen und Mitnehmen, darunter Brot, Käse, Fleisch, Gemüse, Obst, Bier und Weine.

Jordan Restaurant, Jordan Wine Estate, 11,5 km westlich von Stellenbosch, abseits der R310, ✆ 021-881 3612, 🖳 www.jordanwines.com. Hier schwingt einer von Südafrikas Spitzenköchen den Löffel – und trifft immer ins Schwarze. Essen, Service und Wein sind genauso erstklassig wie der Ausblick auf See und Berge von der Terrasse. Das günstige Menü besteht aus saisonalen Zutaten (2 Gänge R275, 3 Gänge R320); zwischen den Gängen kann man auch einen Besuch im Weinverkostungsraum einlegen. Neben dem Restaurant ist die Bakery at Jordan, 🖳 www.thebakery.co.za, die spannendes Frühstück, leichte Mahlzeiten sowie Käse- und Wurstplatten im Angebot hat (R120). ⏲ Restaurant im Sommer So–Mi 12–15, Do–Sa 12–15 und ab 18.30 Uhr, im Winter Mi–So 12–15, Do und Fr auch ab 18.30 Uhr; Bäckerei tgl. 8.30–15.30 Uhr.

Katjiepiering, Botanical Gardens, Neetling, Ecke Van Riebeeck St, ✆ 021-808 3054. Das Café im friedlichen Garten ist eine schattige Zuflucht an heißen Tagen. Zu den preiswerten Gerichten gehört ein sehr gutes Hackfleisch-*bobotie* (R60). Großzügige Salatportionen. ⏲ tgl. 8–17 Uhr.

Overture, Hidden Valley Wine Estate, Annandale Rd, ✆ 021-880 2646, 🖳 www.dineatoverture.co.za. Rangiert in doppelter Hinsicht an der Spitze der hiesigen Restaurants: Nicht nur thront es auf einem Hügel mit herrlichem Blick in das Annandale Valley, es wird auch regelmäßig zum besten Restaurant des Landes gekürt. Klassisch-französisch ist die Basis, verfeinert mit einer interessanten modernen Note und aus frischen Zutaten hergestellt; 3-Gänge-Menü (R370), 6-gängiges Degustationsmenü (R600). Weit im Voraus reservieren. ⏲ Mi und So 12–15, Do–Sa auch 19–22.30 Uhr.

Schoon de Companje, Bird, Ecke Church St, ✆ 021-883 2187, 🖳 www.decompanje.co.za. Das Café mit Deli hat diverse gemütliche Ecken, die zu einem guten Kaffee mit Croissant einladen. Im Sommer ziehen nicht nur die Tische im Freien viele Gäste an, sondern auch die hausgemachte Eiscreme und das Stellenbrau-Bier aus einer regionalen Mikrobrauerei. ⏲ Di–Sa 7.30–19, So 8–15 Uhr.

Terroir, Kleine Zalze Wine Estate, Strand Rd (R44), ✆ 021-880 8167, 🖳 www.kleinezalze.com. Rund 8 km von Stellenbosch auf einem Weingut mit Golfplatz. In dem überraschend zwanglosen Speisesaal (für ein landesweit gefeiertes Restaurant) und an den Tischen im Freien unter schattigen Eichen werden französisch inspirierte Gerichte vorwiegend aus saisonalen Produkten der Region gereicht. Spezialitäten sind u. a. ein Garnelenrisotto als Vorspeise (R115) und Afrikanischer Aal mit Tintenfisch und Miesmuscheln (R195). ⏲ Mo–Sa 12–14.30, 18.30–21.30, So 12–14.30 Uhr.

Volkskombuis, Aan-de-Wagenweg, hinter Dorp St, ✆ 021-887 2121, 🖳 www.volkskombuis.co.za. Beliebtes Lokal am Ufer des Eerste River in einem schönen kapholländischen Haus aus dem 17. Jh und die empfohlene Adresse, um traditionelle Kap-Küche zu probieren – etwa *bobotie* oder geschmorter Ochsenschwanz (R140). ⏲ tgl. 12–15 sowie ab 18 Uhr.

TOUREN

Stadtrundgang

Morgens und nachmittags startet jeweils an der Touristeninformation ein Rundgang – eine tolle Art, die architektonischen Highlights zu sehen

© DUMONT BILDARCHIV / TOM SCHULZE

Spitzengastronomie und edle Tropfen: Im Weinland dreht sich alles um den Genuss.

und die Stadt kennenzulernen. Nach Vereinbarung mit Sandra, ✆ 021-887 9150; ab 6 Teilnehmern, R100 p. P.

Weintouren

Wer die Weingüter besuchen möchte, fragt am besten bei der Touristeninformation nach. Sie vertritt zahlreiche Tourenanbieter und kann je nach Zeit und Budget den passenden empfehlen. Die Preise liegen zwischen R350 für einen halben und R550 für einen ganzen Tag inkl. Verkostung. Empfehlenswert sind:

Bikes n Wines, ✆ 074-186 0418, 🖳 www.bikesnwines.com. Wer fit ist, kann die Weinberge per Drahtesel kennenlernen (Halbtagestour für R550 und Mountainbiketour mit Übernachtung für R1950).

Easy Rider Wine Tours, ✆ 021-886 4651, 🖳 www.winetour.co.za. Der Anbieter mit Büro in der Backpacker-Lodge Stumble Inn schnürt ein Tourenpaket mit 4 Weingütern (R500) inkl. Mittagessen in Franschhoek.

Equine Sport Centre, ✆ 071-597 2546, 🖳 www.equinesportcentre.co.za. Die Weintouren im Sattel führen in die Weingüter Morgenhof, Knorhoek und Remhoogte. Mit kompetenten Führern und gut geschulten Pferden sind sie für Anfänger wie Fortgeschrittene geeignet. Die kürzeren Ausritte führen zu einem einzigen Weingut (R220), Halbtagesausflüge umfassen zwei (R600) und Ganztagestrips alle drei (R900). Gelegentlich sind auch Weinproben und die großartige Aussicht auf Meer und Tafelberg inklusive.

The Vine Hopper, ✆ 084-492 4992, 🖳 www.vinehopper.co.za. Der praktische Bus mit freiem Zustieg hält an einem Dutzend Weingütern, darunter Van Ryn's Brandy Cellar. Tage und befahrene Routen variieren je nach Saison und Nachfrage – vorher anrufen! Ein Tagesticket kostet R240.

INFORMATIONEN

Touristeninformation, 36 Market St, ✆ 021-883 3584, 🖳 www.stellenbosch.travel. Reserviert Unterkünfte, die im Sommer knapp sind und daher weit im Voraus gebucht werden sollten. 🕒 Mo–Fr 8–17, Sa 9–14, So 9–15 Uhr.

Weingüter um Stellenbosch

1971 definierte Stellenbosch als erste Region in Südafrika eine **Weinroute**. Obwohl sie nur einen Bruchteil der südafrikanischen Weinanbaugebiete ausmacht, ist diese Route mit rund 300 Weinkellereien die umfangreichste des Landes.

Delaire Graff Estate, am Helshoogte Pass, 6 km östlich von Stellenbosch an der R310 nach Franschhoek, ✆ 021-885 8160, 🖳 www.delaire.co.za. Das renommierte Delaire Graff Restaurant bietet den vielleicht herrlichsten Panoramablick im ganzen Weinland – zwischen Sumpf-Eichen hindurch auf den Groot Drakenstein, die Simonsig-Berge und das Tal. Die hervorragenden Weine sind hauptsächlich weiß, obwohl es auch ein großartiges rotes Cuvée gibt. Die Verkostung von drei Weinen kostet R50, eine Essens- und Weinprobe mit Tutor R150 (im Voraus reservieren!). 🕒 Mo–Sa 10–17, So 10–16 Uhr, Restaurant Mo und Mi–Sa 12–14.15, 18.30–21, Di und So 12–14.15 Uhr.

Jordan Vineyards, 11,5 km westlich von Stellenbosch in der Nähe der R310, ✆ 021-881 3612, 🖳 www.jordanwines.com. Jordan ist ein Pionier unter den neumodisch gesinnten Weingütern des Kaps, mit Hightech-Keller, modernem Verkostungsraum und freundlichem Service. Schon die Fahrt hierher hat hohen Erlebniswert: Sie führt in eine von Weinbergen gesäumte *kloof* (Schlucht), durch die Meeresbrisen von der False Bay und der Tafelbucht streichen, was den Trauben offensichtlich gut tut, denn das Weingut erzeugt einige herausragende Weine und glänzt außerdem mit einem hoch angesehenen Restaurant (S. 204). Die Verkostung von sechs Weinen kostet R35 (wird beim Einkauf verrechnet). 🕒 tgl. 9.30–16.30 Uhr.

Morgenhof, 4 km nördlich von Stellenbosch an der R44, ✆ 021-889 551, 🖳 www.morgenhof.com. Der schlossähnliche Komplex am Hang des weinbewachsenen Simonsbergs wird von der Französin Anne Cointreau-Huchon geleitet (Enkelin des Gründers des Cognac-Handelshauses Rémy Martin). Der Morgenhof hat eine helle, geräumige Probierstube mit Bar. Draußen wird ein vorzügliches leichtes Mittagessen serviert. Unter ihrem Hauptlabel produzieren sie das hervorragende rote Morgenhof Estate Cuvée sowie einige herausragende Weißweine (darunter Chenin Blanc, Chardonnay und Sauvignon Blanc), während ihre erschwinglichere Produktlinie unter dem Namen Fantail läuft. Die Verkostung von fünf Weinen kostet R25. 🕒 tgl. 9–17.30, Restaurant tgl. 9–16 Uhr.

Neethlingshof, 6,5 km westlich von Stellenbosch an der Polkadraai Rd (an der R306), ✆ 021-883 8988, 🖳 www.neethlingshof.co.za. Im Zentrum des Guts steht das wunderschön restaurierte kapholländische Herrenhaus von 1814, das man über eine 1 km lange Schirmkiefernallee erreicht. Die ersten Reben des Neethlingshof wurden schon 1692 angepflanzt. Das Restaurant bietet mittags für R70 ein „Flash Food/Slow Wine"-Menü – fünf happengroße Delikatessen gepaart mit Weinen (muss reserviert werden). Die Verkostung von sechs Weinen kostet R30. 🕒 Mo–Fr 9–17, Sa und So 10–15.30, Restaurant Mo–Fr 9–20.30, So 9–15.30 Uhr.

Overgaauw, 6,5 km westlich von Stellenbosch, in der Nähe der M12, ✆ 021-881 3815, 🖳 www.overgaauw.co.za. Das Weingut mit dem eleganten Verkostungsraum im viktorianischen Stil baute als Erstes des Landes Merlot an und ist bis heute der einzige südafrikanische Produzent von Silvaner, einem ebenso preisgünstigen wie gefälligen trockenen Weißwein. Die Verkostung kostet R20 (wird beim Einkauf verrechnet). 🕒 Mo–Fr 9–12, 13–16, Sa 10–14 Uhr.

Rustenberg Wines, abseits der Lelie Rd, Ida's Valley, ✆ 021-809 1200, 🖳 www.rustenberg.co.za. Eines der Weingüter, die Stellenbosch am nächsten liegen, und zugleich eins der attraktivsten. Die Anfahrt führt durch lauschige Alleen zwischen Obstplantagen und Schafweiden. Die romantische Bauernhofatmosphäre des bescheidenen Guts, das seit 1672 Wein anbaut, steht im faszinierenden Kontrast zum architektonisch eindrucksvollen Hightech-Verkostungsraum in den ehemaligen Stallungen. Seine Renner sind der Peter Barlow Cabernet Sauvignon, das rote Cuvée John X Merriman und der Five Soldiers Chardonnay. Die Verkostung kostet R25 (wird beim Einkauf verrechnet). 🕒 Mo–Fr 9–16.30, Sa 10–15.30 Uhr.

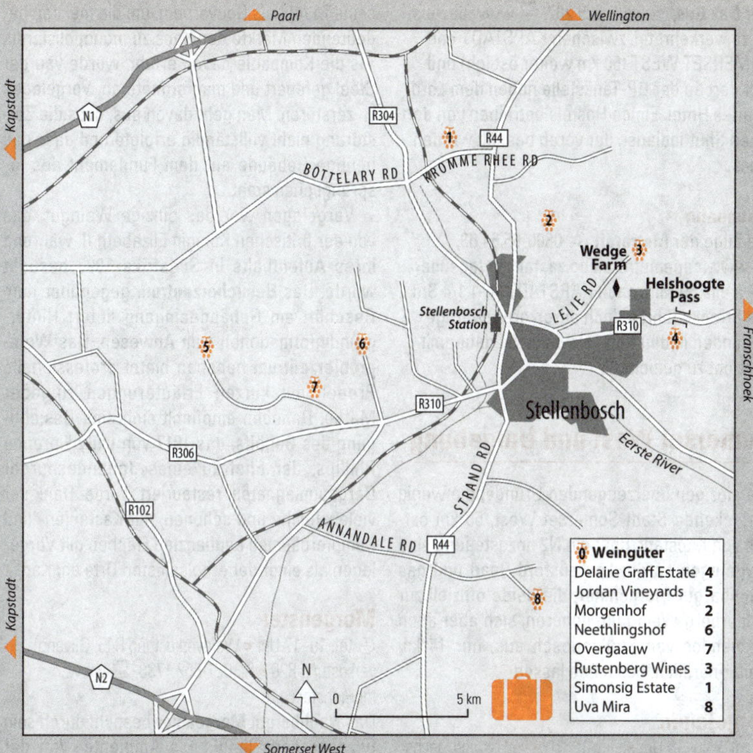

Simonsig Estate, 9,5 km nördlich von Stellenbosch, an der Kromme Rhee Rd, die von der R44 zur R304 verläuft, ✆ 021-888 4900, 🖳 www.simonsig.co.za. Der zwanglose Verkostungsbereich im Freien unter weinberankten Pergolen bietet prachtvollen Blick in Richtung Stellenbosch auf dunstig-blaue Berge und Weingärten. Die Weinkellerei produzierte vor rund 30 Jahren als Erste des Landes einen Sekt mit Flaschengärung, hat aber auch ein großes Sortiment an erstklassigen Weißweinen im Programm. Die Verkostung von fünf Weinen und einem Sekt kostet R30. 🕒 Mo–Fr 8.30–17, Sa 8.30–16, So 10–15 Uhr.

Uva Mira, ca. 8 km südlich von Stellenbosch, an der Annandale Rd, die von der R44 abzweigt, ✆ 021-880 1683, 🖳 www.uvamira.co.za. Die zauberhafte Boutique-Weinkellerei wäre schon für die kurvenreiche Anfahrt den halben Helderberg hinauf einen Besuch wert. Die originelle Probierstube vermittelt den Eindruck sanft gealterter historischer Bausubstanz, obwohl es sich in Wirklichkeit um einen relativ neuen Bau handelt. Von der Terrasse bietet sich ein einzigartiger Blick über die Weinberge zur rund 50 km entfernten False Bay – an klaren Tagen kann man sogar Robben Island sehen. Besonders gut sind der preisgekrönte 2005er Chardonnay und das Bordeaux-ähnliche rote Cuvée – ihr Flaggschiff. Die Verkostung von drei Weinen kostet R30. 🕒 Mo–Fr 10–16.30, Sa und So 10–16 Uhr.

TRANSPORT

Busse

Der **Baz Bus**, ✆ 0861-229 287, 💻 www.bazbus.co.za, verkehrt tgl. zwischen KAPSTADT und SOMERSET WEST (50 km weiter östlich) und hält dort an der BP-Tankstelle neben dem Lord Charles Hotel. Einige Hostels betreiben von dort einen Shuttledienst, der vorab bestellt werden muss.

Eisenbahn

Die Züge der **Metrorail**, ✆ 0800-65 64 63, 💻 www.capemetrorail.co.za, fahren tagsüber etwa alle 90 Min. nach KAPSTADT (1–1 1/4 Std.). Die Strecke führt jedoch durch grenzwertige Gegenden in den Cape Flats und ist daher mit Vorsicht zu genießen.

WESTKAP

Somerset West und Umgebung

Die einzigen überzeugenden Gründe, die wenig verlockende Stadt Somerset West, 50 km östlich von Kapstadt, über die N2 anzusteuern, sind **Vergelegen** an der Lourensford Road und das Nachbargut **Morgenster**, die beide offiziell zur Helderberg-Weinroute gehören, sich aber auch problemlos von Stellenbosch aus, nur 14 km weiter nördlich, besuchen lassen.

Vergelegen

🕒 tgl. 9.30–16 Uhr ▪ Eintritt R10 ▪ Verkostung: sechs Weine R30 ▪ ✆ 021-847 1346, 💻 www.vergelegen.co.za

Vergelegen produziert nicht nur ein eindrucksvolles Weinsortiment, sondern ist zugleich auch ein architektonisches Schmuckstück. Die Entstehungsgeschichte des Anwesens ist exemplarisch für die berüchtigten frühen Herrschaftsjahre der Niederländischen Ostindischen Kompanie am Kap, die von Korruption geprägt waren. Das Gut wurde von Willem Adriaan van der Stel, Gouverneur seit 1699, im Renaissance-Stil erbaut und vermittelte einen prächtigen Eindruck inmitten des wilden rückständigen Kaps um 1700.

Van der Steel erwarb das Land auf illegalem Weg, ließ Vergelegen von Sklaven der Kompanie errichten und bediente sich der Ressourcen der Kompanie, um ausgedehnte Landstriche in der Umgebung zu bebauen. Parallel missbrauchte er seine Macht als Gouverneur, um die meisten bedeutenden Märkte des Kaps zu monopolisieren. Als die Kompanie davon erfuhr, wurde van der Steel gefeuert und man ordnete an, Vergelegen zu zerstören. Man geht davon aus, dass die Zerstörung nicht vollständig erfolgte und dass das heutige Gebäude auf dem Fundament des ursprünglichen steht.

Vergelegen war das einzige Weingut, das von der britischen Königin Elizabeth II. während ihres Aufenthalts in Südafrika 1995 besucht wurde. Das **Besucherzentrum** gegenüber dem Geschäft am Gebäudeeingang liefert Hintergrundinformationen zum Anwesen. Das **Weinprobierzentrum** nebenan bietet professionelle Proben mit kurzen Erläuterungen zu jeder Marke. Daneben empfiehlt sich eine Besichtigung des Gehöfts, das 1917 von Lady Florence Phillips, der Ehefrau eines Johannesburger Bergbaumagnaten, restauriert wurde. Dank der vielen Teiche und schönen, mit Kastanien- und Kampferbäumen bepflanzten Flächen gilt Vergelegen als einer der erholsamsten Orte am Kap.

Morgenster

🕒 tgl. 10–17 Uhr ▪ Weinverkostung R45, Olivenölverkostung R20 ▪ ✆ 021-852 1738, 💻 www.morgenster.co.za

Das Nachbargut **Morgenster** besticht durch sein bezauberndes ländliches Ambiente. Von der Veranda des Verkostungsraums schaut man auf einen idyllischen See und die dunstigen Berge in der Ferne. Neben seinen zwei himmlischen roten Cuvées bietet das Weingut als ungewöhnliche Dreingabe auch Olivenverkostungen – drei Sorten Oliven, drei Sorten Olivenöl und köstliche Olivenpasten.

ESSEN

Vergelegen, ✆ 021-847 1346, 💻 www.vergelegen.co.za. Die Umgebung in Vergelegen kann man fast nicht schöner genießen als mit einem Gourmet-Picknick (R195 p. P., nur im Sommer), das mit Karotischdecke und Weidenkorb unter Kampherbäumen angerichtet wird. Die Stables bieten Frühstück, Mittagessen und Kaffee in Bistroatmosphäre, während

Camphors Restaurant mit die beste Küche der Winelands auf den Tisch zaubert. Auf der saisonalen Speisekarte stehen z. B. Leckerbissen wie Tatar vom eigenen Nguni-Rind (3 Gänge R375, 2 Gänge R275). ⌚ The Stables tgl. 9.30–16 Uhr, Camphors Restaurant Mi, Do und So 12–14.30, Fr und Sa 12–14.30, 18.30–21 Uhr.

Paarl und Umgebung

Obwohl Paarl attraktiv in ein fruchtbares Tal voller historischer Gebäude eingebettet ist, bleibt es im Grunde ein *dorp*, das die Kultiviertheit von Stellenbosch oder das Flair von Franschhoek vermissen lässt. Seinen Wohlstand verdankt dieses Farmzentrum den Agrarindustrien – Getreidesilos, Konservenfabriken und Mühlen – an der Nordseite der Stadt sowie einer reichen Auswahl an Trauben, Guaven, Oliven, Orangen und Mais auf den umliegenden Farmen.

Geschichte

Im Jahre 1657, fünf Jahre nach Einrichtung der Siedlung am Kap, fand sich **Abraham Gabbema** mit einer Gruppe von Männern im Berg River Valley ein, um die Handelsmöglichkeiten mit den Khoikhoi zu testen und nach dem legendären Gold von Monomotapa zu suchen. Offensichtlich träumten sie von einem Schatz, denn als sie nach einer regnerischen Nacht erwachten und die Silberkuppel aus Granit über dem Tal erblickten, tauften sie diese Peerlbergh (Perlberg). In abgewandelter Form – Paarl – wurde dies zum Namen der Stadt.

30 Jahre später vergab Simon van der Stel, der Kommandeur des Kaps, Landstriche der Khoikhoi an den Hängen des Paarl Mountain an französische Hugenotten und holländische Siedler. Als Paarl 1847 Stadtstatus erhielt, diente es weiter als Vorposten am Rand der Drakenstein Mountains, Wagenbauzentrum und letzter Versorgungsstopp.

Für die beiden gegnerischen politischen Kräfte, die das moderne Südafrika prägten, hat die Stadt historische Bedeutung: Das **Afrikanerdom** betrachtete Paarl als heilige Stätte, wo ihre Sprachbewegung 1875 ins Leben gerufen wurde (Kasten S. 89). Der **ANC** und alle anderen verbinden Paarl dagegen mit der Entlassung Nelson Mandelas aus dem **Drakenstein Prison** (damals Victor Verster Prison genannt) 1990.

Paarl Museum

303 Main St ▪ ⌚ Mo–Fr 9–16, Sa 9–13 Uhr ▪ Eintritt R5

In einem schmucken, reetgedeckten kapholländischen Gebäude mit einem der ältesten erhaltenen Giebel (1787) ist das Paarl Museum untergebracht. Die Räume können zwar mit dem äußeren Erscheinungsbild kaum konkurrieren, aber es gibt hier interessante Informationstafeln über die Architektur der Stadt sowie Glasschaukästen mit exzentrischem, viktorianischem Allerlei. Daneben sind einige Ausstellungsstücke zur indigenen Khoisan-Bevölkerung der Gegend zu sehen, und auch die Auswirkungen der Kolonisierung durch die Europäer, darunter die Einführung der Sklaverei, werden veranschaulicht.

Taal Monument

⌚ tgl. 9–17 Uhr ▪ Eintritt frei ▪ Anfahrt über die Main St nach Süden; den Schildern auf der rechten Seite den Hügel hinauf folgen

Die andere Sehenswürdigkeit in Paarl selbst ist das pompöse Taal Monument aus der Apartheid-Ära, das Afrikaans-Denkmal unmittelbar vor dem Stadtzentrum auf der Spitze des Paarl Mountain. Das Monument von 1973 galt früher als ebenso bedeutsame Pilgerstätte für Afrikander wie das Voortrekker Monument in Pretoria. Vom Coffeeshop und Kuriositätenladen genießt man einen wunderschönen Panoramablick über die Halbinsel und False Bay in der einen und über das Weinland in der anderen Richtung.

Groot Drakenstein (Victor Verster) Prison

Etwa 9 km südlich der N1 auf der Höhe von Paarl an der R301, der südlichen Verlängerung der Jan van Riebeeck St

Das Victor Verster Prison, 2000 in Groot Drakenstein umbenannt, war **Nelson Mandelas** letzter Inhaftierungsort. Durch die Tore von Victor Verster erblickte er am 11. Februar 1990 das Licht der Freiheit und von hier wurden auch die ersten Bilder von ihm nach 27 Jahren um die Welt ge-

WESTKAP

WESTKAP

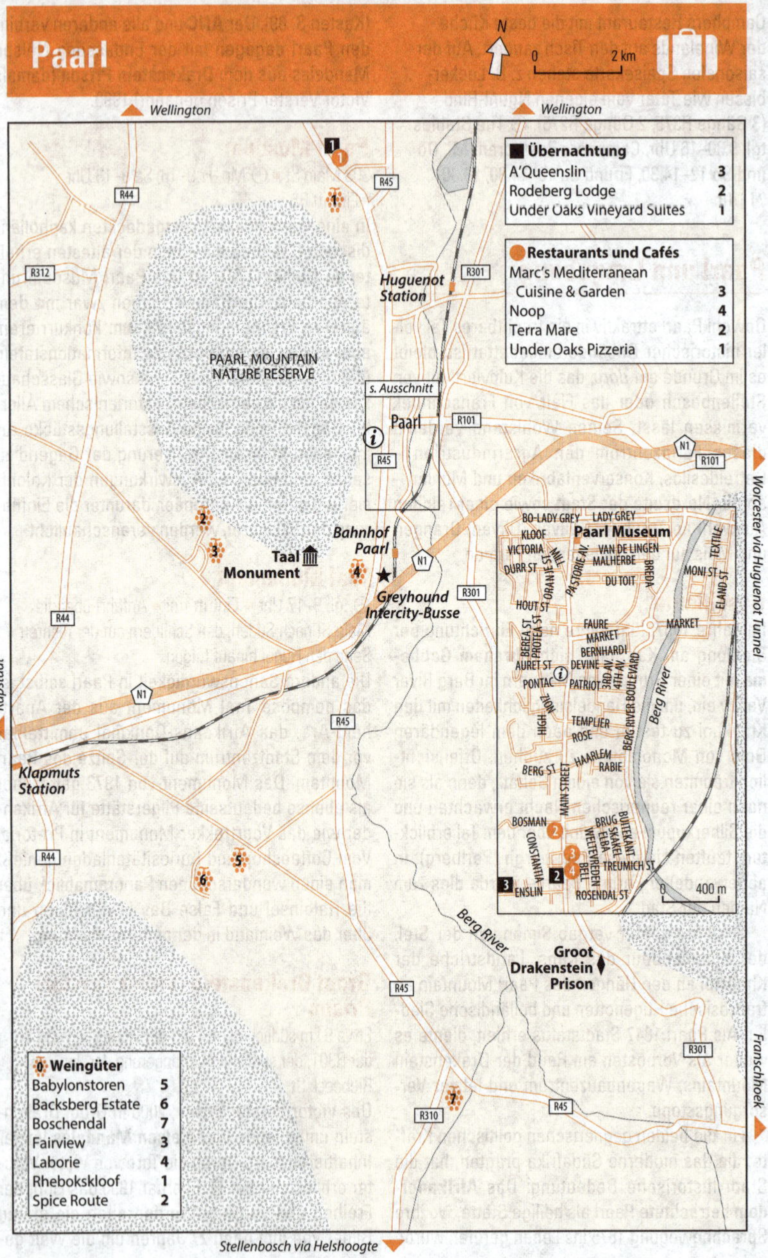

Paarl
N
0
2 km
Wellington
Wellington
Übernachtung
A'Queenslin 3
Rodeberg Lodge 2
Under Oaks Vineyard Suites 1
Restaurants und Cafés
Marc's Mediterranean Cuisine & Garden 3
Noop 4
Terra Mare 2
Under Oaks Pizzeria 1
R45
R44
R312
R301
Huguenot Station
PAARL MOUNTAIN NATURE RESERVE
s. Ausschnitt
Paarl
R101
R45
N1
R101
Worcester via Huguenot Tunnel
Bahnhof Paarl
Taal Monument
N1
Greyhound Intercity-Busse
R301
R44
BO-LADY GREY
LADY GREY
KLOOF
Paarl Museum
VICTORIA
MILL
VAN DE LINGEN
MALHERBE
DURR ST
ORANJE ST
PASTORIE AV.
DU TOIT
BREDA
TEXTILE
MONI ST
ELAND ST
HOUT ST
FAURE
MARKET
MARKET
BERNHARDI
BEREA ST
PROTEA ST
AURET ST
DEVINE
3RD AV.
4TH AV.
BERG RIVER BOULEVARD
PONTAC
PATRIOT
ZION
HIGH
TEMPLIER
ROSE
Berg River
HAARLEM
RABIE
BERG ST
MAIN STREET
BOSMAN
BRUG
SKAKEL
ELBA
BUITEKANT
WELTEVREDEN
BELL
TREUMICH ST
CONSTANTIA
ENSLIN
ROSENDAL ST
0 400 m
Kapstadt
N1
R45
Klapmuts Station
R44
Berg River
Groot Drakenstein Prison
R45
R301
Franschhoek
R310
R45
Weingüter
Babylonstoren 5
Backsberg Estate 6
Boschendal 7
Fairview 3
Laborie 4
Rhebokskloof 1
Spice Route 2
Stellenbosch via Helshoogte

Afrikaans

Die nach Zulu und Xhosa dritte Sprache des Landes – Afrikaans – sprechen 15 % der Bevölkerung in Südafrika. Dagegen sprechen nur 9 % der Südafrikaner Englisch.
Anzeichen für das Aufkommen eines neuen südafrikanischen Dialekts gab es bereits 1685, als ein Funktionär der Niederländischen Ostindischen Kompanie aus Europa, die „verzerrte und unverständliche" Version des in der Gegend des heutigen Paarl gesprochenen Holländisch bemängelte. Durch die Aufnahme englischer, französischer, deutscher, malaiischer und einheimischer Wörter und Ausdrücke entfernte sich die Sprache immer mehr vom Hochholländischen. Im 19. Jh. fand sie sowohl unter den Weißen als auch unter den Coloureds des Kaps breite Anwendung, erntete unter der Elite jedoch nur Geringschätzung.
1905 begann **Gustav Preller**, ein junger Journalist aus dem Arbeitermilieu der Buren, Afrikaans als „Sprache der Weißen" wieder zu entdecken. Die Assoziation mit den Coloureds wurde abgeschwächt, indem man die nicht-europäischen Wörter durch holländische ersetzte. Preller veranlasste die Herausgabe der ersten einer Reihe von populistischen afrikaanssprachigen Zeitschriften sowie eine Verherrlichung der Geschichte und Kultur der Buren. Der Druck hinsichtlich der Anerkennung als Amtssprache wuchs, welche dann 1925 erfolgte.
1948 kam die National Party an die Macht. Ihre Apartheidspolitik ging Hand in Hand mit einer Förderung der Interessen ihrer afrikaanssprachigen Anhänger. Bald bekleideten Afrikander die Großzahl der Stellen im öffentlichen Dienst und in den öffentlichen Versorgungsbetrieben. Obwohl es mehr farbige als weiße Afrikaanssprachige gab, entwickelte sich die Sprache schnell zum Fundament des entstehenden **Apartheidsystems**, und in den 1970er-Jahren unternahm die Regierung gar den Versuch, Afrikaans als einzige Sprache in Schulen vorzuschreiben. Diese Maßnahme führte unmittelbar zum **Aufstand von Soweto** (1976). Zur gleichen Zeit veranlassten die Repressionen der 1970er- und 1980er-Jahre und die Vertreibungen unter dem Group Areas Act viele afrikaanssprachige Coloureds, ihrer belasteten Muttersprache den Rücken zu kehren und Englisch vorzuziehen.
Unter der neuen Verfassung sind bestehende **Sprachrechte** nicht gefährdet, sodass Afrikaans genauso weit verbreitet bleiben wird wie bisher. Die Zukunft der *taal* (Sprache) liegt jedoch heute sowohl in den Händen der Coloureds als auch in denen der Weißen.

schickt – gemäß dem Prisons Act durften während seiner gesamten Inhaftierungszeit nicht einmal alte Aufnahmen von ihm veröffentlicht werden. Mit dem Rugby-Feld an seiner Vorderseite und der Kulisse aus dunstigen Bergen wirkt das Gefängnis eher wie eine Jungenschule.

ÜBERNACHTUNG

A'Queenslin, 2 Queen St, ✆ 021-863 1160, ✉ aqueenslin@telkomsa.net, in einem ruhigen Stadtteil, umgeben von Weinbergen und überragt vom Paarl Rock. 2 Zimmer mit Du/WC mit eigenem Eingang und Gartenbereich in einem Familienhaus auf 2 Ebenen. Außerdem 3 DZ mit Gemeinschaftsbad. Eingeschränkte Selbstverpflegung ermöglichen Kühlschrank und Mikrowelle. Auf Wunsch warmes Frühstück (zzgl. R65). R700

Rodeberg Lodge, 74 Main St, ✆ 021-863 3202, 💻 www.rodeberglodge.co.za. Großes, zentral gelegenes viktorianisches Stadthaus mit schlichter historischer Einrichtung in kühler, geräumiger Atmosphäre. Am besten nimmt man eins nach hinten raus ohne Verkehrslärm. R850

Under Oaks Vineyard Suites, abseits der R45, 8 km nördlich von Paarl, ✆ 021-869 8535, 💻 www.underoaks.co.za. Das funktionelle, moderne Gästehaus im Weinberg oberhalb des weiten, fruchtbaren Tals Richtung Wellington hat günstige Luxuszimmer mit bequemen Betten und schönem Bettzeug. Frühstück wird im historischen Esszimmer mit Blick auf Weideland serviert, abends kann man in die hauseigene Pizzeria gehen (S. 212). Nebenan im Boutique-Weinkeller

WESTKAP

Die Weingüter um Paarl

Es gibt ein paar angesehene Weinkellereien in Paarl selbst, aber die meisten befinden sich auf den Gütern der Umgebung. Eines der beliebtesten Weingüter hier ist Boschendal, das offiziell zur Franschhoek-Weinroute (Kasten S. 216) gehört, aber auch von Paarl leicht zu erreichen ist. Die meisten Weingüter haben ein (zumeist hervorragendes) Restaurant, manche verfügen auch über wunderschöne Gästezimmer – oft eine attraktive Alternative zu einer Unterkunft im Zentrum von Paarl.

Babylonstoren, Simondium Rd, 021-863 3852, www.babylonstoren.com. Die zu Recht bei Touristen beliebte Unterkunft liegt wunderschön vor der Kulisse der Drakenstein-Berge und hat neben ausgedehnten Weinbergen einen großen Garten mit Enten, Hühnern und Olivenbäumen. Außerdem gibt es noch einen Laden mit südafrikanischen Kochbüchern und hochwertigem Kunsthandwerk. Auf dem Gut sind zwei Restaurants: Das Green House ist weniger formell, während das Babel traditionell südafrikanisches Essen serviert. Der Eintritt zum Weingut kostet R10. Weingut tgl. 9–7 Uhr, Green House tgl. 10–16 Uhr, Babel Mi–So 12–16, Fr und Sa 18.30–20.30 Uhr.

Backsberg Estate, 22 km südlich von Paarl an der Simondium Rd (WR1), 021-875 5141, www.backsberg.co.za. Das Anwesen tut sich als erstes CO2-neutrales Weingut Südafrikas hervor und produziert unter den Markennamen Babylons Toren und Black Label einige rote Cuvées der Spitzenklasse und einen köstlichen Chardonnay. Das gut besuchte Anwesen ist mit seinen Sitzplätzen im Freien, die Blick auf den Rosengarten und den Weinberg an den Hängen des Simonsberg bieten, ein angenehmer Ort, um sich die Zeit zu vertreiben. Außerdem gibt es hier ein Restaurant und einen Irrgarten. Die Verkostung von fünf Weinen kostet R15. Verkostung und Restaurant Mo–Fr 9–15.30, Sa und So 9–15 Uhr.

The Fairview Estate, Suid Agter Paarl Rd, am südlichen Stadtrand, 021-863 2450, www.fairview.co.za. Eines der unterhaltsamsten Weingüter von Paarl (vor allem für Familien). Die hauseigene Ziegenherde turnt auf der Außenwendeltreppe des Turms am Eingang herum, der auch auf den Weinetiketten zu sehen ist. Ein Feinkostgeschäft verkauft Brot und Eingemachtes. Außerdem kann man hier den Ziegen-, Schafs- und Kuhmilchkäse des Hauses kosten und erwerben (R15), eine Verkostung mit sechs Weinen und Käseplatte kostet R25. Wenn die Tourbusse zur Weinverkostung anrollen, bricht in

kann man die Spitzenweine Sauvignon Blanc und Cabernet Sauvignon probieren. R1200

ESSEN

Marc's Mediterranean Cuisine & Garden, 129 Main St, 021-863 3980, www.marcsrestaurant.co.za. Eines der beliebtesten zwanglosen Restaurants in Paarl. Einfache, aber leckere Gerichte, darunter Paella, libanesische Meze (R120), Couscous, Seafood und Lamm, serviert in einem umgebauten historischen Gebäude auf einem ausgedehnten Gelände mit Sonnenschirmen und Zitronenbäumen. tgl. 10–14.30, 18.30–21.30 Uhr.

Noop, 127 Main St, 021-863 3925, www.noop.co.za. Supercoole Outdoor-Weinbar mit ellenlanger Speisekarte und eindrucksvoller Auswahl offener Weine. Tolle Variationen bewährter Klassiker wie Burger, Pasta, Pizza und Steaks (R95). Mo–Sa 11–21.30 Uhr.

Terra Mare, 90a Main St, 021-863 4805. Italienisch und mediterran beeinflusste Gerichte aus regionalen Zutaten ansprechend zubereitet in einem Restaurant aus Glas und Stahl mit weitem Blick auf das Paarl Valley. Besonders gut: Das Risotto mit 3 Pilzsorten (R85) und das Limoncello-Sorbet (R45). tgl. 11–14, 18–22 Uhr.

Under Oaks Pizzeria, Under Oaks Vineyard Suites, abseits der R45, 8 km nördlich von Paarl, 021-869 8962. Die Holzofenpizza ist genauso hervorragend wie der hauseigene Wein. Aber das Allerbeste ist die Lage unter den alten Eichen. Schön ist auch das relaxte Flair: Das Lokal ist sehr beliebt bei einheimischen Familien, deren Kinder fröhlich über

dem innovativen Familienbetrieb allerdings schon mal Hektik aus. Das Restaurant Goatshed hat eine Käseplatte (R65) und ist bekannt für sein Sonntags-Lunch. ⌚ Verkostung und Restaurant tgl. 9–17 Uhr.

Laborie, Taillefert St, 💻 www.laboriewines.co.za. Eine der eindrucksvollsten Weinkellereien von Paarl befindet sich praktischerweise direkt in der Stadt selbst. Vor dem schönen Herrenhaus liegen ein Rosengarten, weitläufige, penibel gepflegte Rasenflächen, historische Gebäude und Eichen zu Füßen des Taal Monument. Zum wunderbaren Verkostungsraum gehört ein Balkon gleich über den Weingärten, die sich den Paarl Mountain hinaufziehen, außerdem ein tolles Restaurant mit Terrasse und umwerfender Aussicht. Star der Weinpalette ist der Jean Taillefert Shiraz, aber auch der Dessertwein Pineau de Laborie aus Pinotage-Trauben, verfeinert durch einen Brandwein aus der gleichen Traube, ist ein Gläschen wert. Die Verkostung kostet R25. ⌚ Mo–Sa 9–17, Sa 11–17 Uhr.

Rhebokskloof, von der R45 ausgeschildert, 11,5 km nordwestlich von Paarl, ✆ 021-869 8386, 💻 www.rhebokskloof.co.za. Das äußerst fotogene und auch für Kinder einiges bietende Weingut erstreckt sich am Fuß faszinierend modellierter Granit-*koppies* mit Blick auf einen See, während die schattige Terrasse toll ist für ein Mittagessen oder ein Gourmetessen im Sommer. Spezialität des Hauses ist Fleisch in aufregenden Geschmackskombinationen. Auch das Mittagsbuffet am Sonntag (R185) ist sehr beliebt. Hier kann man nachmittags auch sehr schön Tee trinken oder sich auf dem Rasen ein Picknick anrichten lassen (2 Pers. R295). Bei den Weinen ist der Shiraz Spitzenreiter. Die Verkostung von fünf Weinen kostet R15. ⌚ Mo–Fr 9–17, Sa und So 9–15 Uhr; Restaurant tgl. 9–17 Uhr, Abendessen nur mit Reservierung Fr ab 18 Uhr.

Spice Route, Suid Agter, Paarl Rd, ✆ 021-863 5222, 💻 www.spiceroute.co.za. Die Farm bietet außergewöhnliche Verkostungen diverser Kleinproduzenten in den Gebäuden des Anwesens. Zur Auswahl stehen die Proben der Cape Brewing Company (Bier und *biltong*), der DV Artisan Chocolate, Roastery and Expresso Bar (handgeschöpfte Schokolade mit Wein, R100) und der La Grapperia Pizza and Tapas Bar (regionaler Grappa). Letzteres ist außerdem das einzige Lokal, das nach 17 Uhr noch geöffnet ist. Auf dem Anwesen sind noch eine Kunstgalerie, ein Glasbläser und ein Hofladen. Besuche sind vor allem bei Gruppen beliebt, weswegen es sich empfiehlt, vorher zu buchen. ⌚ tgl. 11–17 Uhr.

den Rasen tollen. ⌚ Di–Sa 11.30–20.30, So 12–15.30 Uhr.

SONSTIGES

Informationen

Touristeninformation, Main, Ecke Plantasie St, ✆ 021-872 4842, 💻 www.paarlonline.com. Hat eine gute Auswahl an Karten, u. a. auch für die Weinrouten, und kann bei der Unterkunftsbuchung helfen. ⌚ Mo–Fr 8–17, Sa 9–13, So 10–13 Uhr.

Touren

Wine Valley Horse Trails, auf dem Weingut Rhebokskloof, ✆ 021-869 8687 oder 083-226 8735, 💻 www.horsetrails-sa.co.za, bietet 1- bis 4-stündige Ausritte durch das Umland für Anfänger und Fortgeschrittene (ab R300 für eine 1-stündige Tour). Längere Touren sind auf erfahrene Reiter beschränkt, das Halbtagespaket (R650) mit Ausritt und Verkostung auf dem Weingut steht jedoch auch Anfängern offen. Sie vermieten auch Quadbikes (ab R250 für eine 1/2-stündige Tour).

TRANSPORT

Busse

Greyhound-Intercity-Busse aus KAPSTADT (tgl., 1 Std.) halten an der Monument Shell-Tankstelle an der Ecke Main Rd und South St, etwa 2 km von der Touristeninformation.

Eisenbahn

Metrorail- und **Spoornet**-Züge aus KAPSTADT (18x tgl., 1 1/4 Std.) fahren die Huguenot Station in der Lady Grey St am Nordende der Stadt in der Nähe der zentralen Geschäfte an. Zugreisen sind mit Vorsicht zu genießen.

Franschhoek

Wer ins Weinland kommt, will vor allem schön essen, trinken und schlafen. Und das geht nirgendwo schöner als in Franschhoek, 33 km von Stellenbosch und 29 km von Paarl. Seine spätviktorianische und neuere, französisch beeinflusste Architektur, die prächtige Lage in einem an drei Seiten von Bergen umschlossenen Tal und die zahlreichen Weingärten machen den Ort zu einem wirklich wunderschönen Anlaufziel.

Zwischen 1688 und 1700 akzeptierten rund 200 **französische Hugenotten** in dem Versuch, der Verfolgung in Frankreich zu entkommen, ein Angebot der Niederländischen Ostindischen Kompanie: Man gewährte ihnen Überfahrten zum Kap und Ländereien. Sie nahmen Kontakt mit frühen Siedlergruppen in der Gegend, den **Khoi-Hirten**, auf und verdrängten sie nach und nach.

Die weiße Hegemonie etablierte sich rasch und bereits 1713 hieß die Gegend **De France Hoek**. Die französische Sprache starb allerdings innerhalb einer einzigen Generation aus. Viele Anwesen sind trotzdem heute noch unter ihrem ursprünglichen französischen Namen bekannt. Franschhoek selbst entstand 1833 um eine Kirche herum und umfasst Teile der früheren Farmen La Cotte und Cabriere.

Huguenot Memorial Museum und Huguenot Monument

Lambrechts Rd ▪ ⌚ Mo–Do 9–17, So 14–17 Uhr ▪ Eintritt R10

Bei der Fahrt durch Franschhoek ist das **Huguenot Memorial Museum** kaum zu übersehen, denn es befindet sich in direkter Nachbarschaft zum **Huguenot Monument** an exponierter Stelle am einen Ende der Huguenot Road, der Hauptstraße durch die Stadt. Das Denkmal symbolisiert mit seinen drei dünnen, hoch aufragenden und miteinander verbundenen Bögen die Dreifaltigkeit, das Museum widmet sich ausführlich der Geschichte und Kultur der Hugenotten sowie deren Beitrag zum modernen Südafrika.

Museum van de Caab

Solms Delta Wine Estate, 12 km nördlich von Franschhoek auf der R45 ▪ ⌚ So–Do 9–17, Fr und Sa 9–18 Uhr ▪ Eintritt frei ▪ 💻 www.solms-delta.co.za

Die Ausstellung des sehr empfehlenswerten Museum van de Caab, die neben dem unaufdringlichen Verkostungsraum im ursprünglichen Weinkeller, einem kapholländischen Giebelbau aus den 1740er-Jahren, untergebracht ist, gibt einen kurzen, faszinierenden Querschnitt durch die Geschichte des Anwesens – von steinzeitlichen Fundstücken über die Ankunft der Khoisan, die Kolonisierung durch die Europäer und die Einführung der Sklaverei bis zur Entstehung und schließlich zum Ende des Apartheid-Systems.

ÜBERNACHTUNG

Generell muss in Franschhoek etwas tiefer in die Tasche gegriffen werden, aber dafür sind die Zimmer edel und oftmals wunderschön gelegen. Die Weingüter außerhalb der Stadt bieten auch teilweise Luxuszimmer an. Für Sparfüchse bleiben aber ein paar Selbstversorger-Cottages und ein Backpacker-Hostel. Im Sommer sind die Zimmer am teuersten; so früh wie möglich im Voraus buchen!

Akademie Street Boutique Hotel, 5 Akademie St, ✆ 082-517 0405, 💻 www.aka.co.za. Luxuriöses Gästehaus mit geräumigen, geschmackvoll eingerichteten Suiten umgeben von einem herrlichen Garten. Privatsphäre wird hier groß geschrieben. Kostenloses WLAN, DVDs, Kühlschrank mit Gratisgetränken und ein langer Salzwasser-Pool, wo das üppige Frühstück mit regionalen Spezialitäten serviert wird. R4100

Avondrood Guest House, 39 Huguenot St, ✆ 021-876 2881, 💻 www.avondrood.com. Das Gästehaus im wunderschön renovierten Wohnhaus hat 6 Zimmer und erntet pausenlos Lorbeeren für seinen Komfort und seine Schönheit. Draußen sind noch ein großer Rasen, ein gepflegter Garten und ein Pool. R2500

Bird Cottage und **Frog Lodge**, Verdun Rd, 4,5 km von Franschhoek, ✆ 021-876 2136, ✉ grahamh@radionet.co.za. 2 kunstsinnig eingerichtete Cottages für 4 Pers. in herrlichem Garten mit heimischen Pflanzen vor Bergkulisse. Abgeschiedener geht es so nahe bei Franschhoek kaum, das Ganze sehr entspannt und zu einem Superpreis. R700

La Bourgogne Riverside Cottages, Excelsior Rd, ✆ 021-876 3245, 💻 www.labourgogne.co.za.

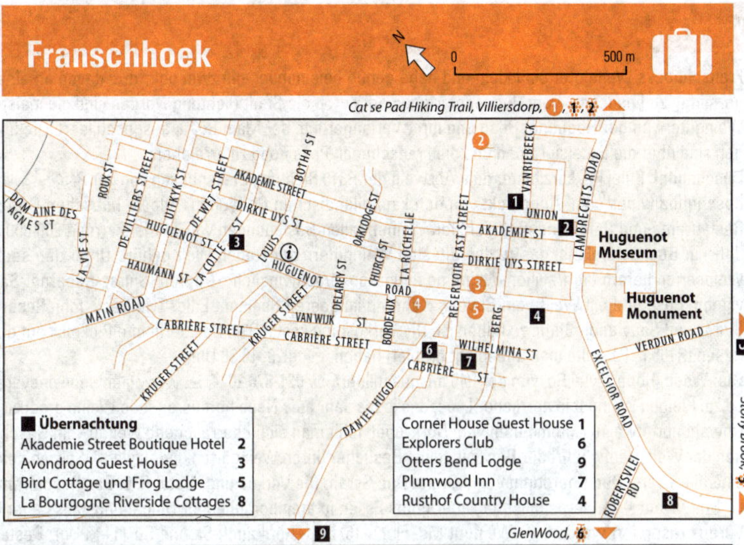

Restaurants und Cafés

Bread & Wine Vineyard Restaurant	6
Café Des Arts	2
La Petite Ferme	1
Reuben's	3
Sacred Ground Artisan Bakery, Deli and Coffee Shop	4
The Tasting Room at Le Quartier Français	5

Weingüter

Boschendal	3
GlenWood	6
Haute Cabrière	1
Mont Rochelle	2
Solms Delta	4
Stony Brook Vineyards	5

6 umgebaute Arbeiterhäuschen, die schlicht, aber geschmackvoll eingerichtet sind, umgeben von einem Garten am Flussufer; die Anlage gehört zu einer Farm mit eigener Olivenöl- und Weinproduktion, darunter der hoch bewertete Progeny aus Sémillon-Trauben. Kostenlose Weinproben für Gäste. R900

Corner House Guest House, 5 Union St, ✆ 021-876 4729, 💻 www.thecornerhouse.co.za. Das Guesthouse unter holländischer Leitung gehört zu den wenigen günstigeren Unterkünften in Franschhoek. 6 helle, makellos saubere Zimmer und ein hübscher Garten mit Pool. Haustierfreundlich. R800

Explorers Club, Cook's Cottage Corner, ✆ 021-876 4229, 💻 www.explorersclub.co.za. 4 zentral gelegene Häuser für Selbstversorger, jeweils für 2–10 Pers. in einem tollen Ortsteil mit unmittelbarer Nähe zu Weingütern und Restaurants. Alle sind luxuriös, modern und geschmackvoll, 2 haben einen eigenen Pool. R2500

Otters Bend Lodge, Dassenberg Rd, ✆ 021-876 3200, 💻 www.ottersbendlodge.co.za. Rustikale Lodge, 5 Autominuten vom Zentrum entfernt. Hütten mit 2 bzw. 3 Betten, Dorms und Zeltstellplätze auf dem Rasen. Die Anlage liegt zwischen Obstbäumen und Weinbergen, der gemütliche Gemeinschaftsbereich umfasst ein prasselndes Kaminfeuer, eine gut ausgestattete Küche und einen *braai*-Bereich im Freien. Camping R150, Dorm R150, DZ R450

Plumwood Inn, 11 Cabrière St, ✆ 021-876 3883, 💻 www.plumwoodinn.com. Hervorragendes Boutique-Guesthouse mit schicker, sauberer, moderner Ausstattung. Von den maßgeschneiderten Tischdecken über die Luxusbetten bis zum erstklassigen Service wird hier auf alle Details geachtet. R1450

Weingüter um Franschhoek

Franschhoeks Weingüter sind klein und nahe genug beieinander, um zwei oder drei davon an einem Vormittag zu besuchen. Vom Huguenot Monument durch die Stadt Richtung Norden sind die meisten Weingüter von der Huguenot Road und ihrer Verlängerung, der Main Road, ausgeschildert. Die übrigen sind über die Excelsior Road und die Franschhoek Pass Road zu erreichen.

Boschendal, Pniel Rd, kurz hinter dem Abzweig der R310 Richtung Stellenbosch von der R45, 💻 www.boschendalwines.com. Angelockt von den kapholländischen Gebäuden, Alleen, hübschen Gärten, Restaurants und Cafés und natürlich den Weinen fallen Busladungen von Touristen (rund 200 000 im Jahr) in Boschendal ein, das zu den ältesten Weingütern der Neuen Welt gehört. Unter den sechs Weinserien liefern die Pavilion-Weine hochwertige, erschwingliche Tropfen (Shiraz-Cabernet Sauvignon, Rosé und ein Weißwein-Cuvée), während im oberen Segment Edles wie Cecil John Reserve Shiraz und Sauvignon Blanc zu haben ist. Die Verkostung kostet R30. Das berühmte Picknick auf dem Rasen (R165 p. P.) sollte man unbedingt probiert haben. 🕒 tgl. 9–16.30 Uhr.

GlenWood, Robertsvlei Rd, von der R45 ausgeschildert, 📞 021-876 2044, 💻 www.glenwoodvineyards.co.za. Kleines Weingut in herrlicher Lage, das jedes Jahr aufs Neue herausragende Weine produziert. Obwohl nur etwa 10 Autominuten vom Dorftrubel, fühlt man sich überraschend weitab vom Geschehen der Welt. Häufig führt der Besitzer selbst Besucher durch Weingärten und -kellerei. Spitzenweine sind hier Grand Duc Chardonnay und Grand Duc Syrah. Die Verkostung kostet R30. Das Restaurant – Le Bon Vivant – serviert schlichtes, aber gutes Essen in atemberaubender Umgebung, muss aber im Voraus reserviert werden. 🕒 Weingut Mo–Fr 11–16, Sep–April auch Sa und So 11–15 Uhr; Restaurant Do–Di 12–15 Uhr.

Haute Cabrière, 2 km außerhalb der Stadt über die Franschhoek Pass Rd, 📞 021-876 8500, 💻 www.cabriere.co.za. Das stimmungsvolle Gut ist bekannt für seine Pinot Noirs und seinen eigenwilligen Winzer Achim von Arnim. Spannend wird es, wenn er oder, inzwischen häufiger, sein Sohn Takuan, die Kunst demonstriert, eine Schampusflasche mit einem Kavalleriesäbel fein säuberlich zu köpfen.

Rusthof Country House, 12 Huguenot St, 📞 021-876 3762, 💻 www.rusthof.com. Modernes Gästehaus mit 8 Zimmern an der Hauptstraße (wovon man aber kaum etwas merkt) und in unmittelbarer Nähe einiger Top-Restaurants von Franschhoek. Die Zimmer gehen auf einen Rosengarten; der Service ist erstklassig. Es gibt auch ein paar Familienzimmer. R2060

ESSEN

In Franschhoek werden vor allem Essen und Trinken groß geschrieben, und seine **Restaurants** machen diesem Motto alle Ehre. Die meist französisch inspirierte Küche aus regionalen Zutaten gehört zur besten des Landes. In der Stadt sind die meisten Restaurants an der Huguenot Road zu finden, aber die umliegenden Weingüter haben eine ganze Reihe rustikalerer Alternativen, die ebenfalls hervorragend sind. Mehrere bieten auch Picknicks auf dem Anwesen an. Ohne Reservierung geht gar nichts, vor allem in den schickeren Lokalen. Im Winter gelten teilweise kürzere Öffnungszeiten. Samstags (9–14 Uhr) findet am Friedhof an der Main Road ein Bauernmarkt statt.

Bread & Wine Vineyard Restaurant, Môreson Farm, Happy Valley Rd, von der R45 ausgeschildert, 📞 021-876 3692, 💻 www.moreson.co.za. Hervorragendes, kinderfreundliches Lokal, umgeben von Zitronenplantagen und Weinbergen und auf Wurst aus eigener Herstellung spezialisiert (R75), dazu wird selbstgekelterter Wein gereicht. Wird regelmäßig zu einem der besten Restaurants gekürt. 🕒 tgl. 12–15 Uhr.

Café Des Arts, 7 Reservoir St, neben der Bibliothek, 📞 021-876 2952, 💻 www.cafedesarts.co.za. Bedienung und Essen sind zuverlässig gut, und was auf den Tisch kommt, ist unkompliziert, aber lecker. Besonders gut: Teriyaki-Schweinebauch mit Wok-Nudeln (R110). Das relaxte Café ist auch schön für

Cabrière ist auch bekannt für seine hervorragenden Pierre-Jourdan-Sektsorten. ⌚ Verkostung Mo–Fr 9–17, Sa 10–16, So 11–16 Uhr, 5 Weine R30, 5 Sektsorten R60.

Mont Rochelle, Dassenberg Rd, ✆ 021-876 2770, 💻 www.montrochelle.co.za. Eines der am schönsten gelegenen Weingüter von Franschhoek erstreckt sich vor der Kulisse des Klein Dassenberg. Der ungewöhnliche Weinkeller ist in einer umgebauten Obstpackerei aus dem 19. Jh. mit filigranem Maßwerk, Buntglasfenstern und Kronleuchtern untergebracht. Spezialität des Weinguts ist der Chardonnay, sehr gut sind aber auch Sauvignon Blanc und Syrah. Auf dem Anwesen sind außerdem komfortable Unterkünfte und zwei Restaurants. Auch Picknicks werden angeboten (2 Pers. R290). ⌚ Verkostung tgl. 10–18 Uhr, R30.

Solms Delta, 13 km nördlich von Franschhoek über die R45, ✆ 021-874 3937, 💻 www.solms-delta.co.za. Das nette Weingut in ländlicher Idylle produziert ungewöhnliche und konstant herausragende Weine, die man an Sommertagen unter alten Eichen am Rand der Weingärten zusammen mit einem Picknick (2 Pers. R290) verkosten kann. Die Hälfte der Gewinne aus dem Weinverkauf fließt in eine Stiftung, die den Bewohnern des Guts und des Franschhoek Valley zugute kommt. Zu den Solms-Wijn de Caab-Weinen gehört der hervorragende Hiervandaan (ein ungewöhnliches Cuvée aus Shiraz, Carignan, Mourvèdre und Viognier) und der noch höher ausgezeichnete Amalie (an der Rebe getrockneter Grenache Blanc und Viognier). ⌚ Verkostung tgl. 9–17 Uhr, 6 Weine R20.

Stony Brook Vineyards, ca. 4 km von Franschhoek, ab Excelsior Rd, ✆ 021-876 2182, 💻 www.stonybrook.co.za. Das als Familienbetrieb geführte Boutique-Weingut mit nur 140 000 m² Rebenanbaufläche erzeugt zahlreiche erstklassige Weine wie ihr gefeiertes Spitzenprodukt, den Ghost Gum Cabernet Sauvignon, der seinen Namen einem imposanten alten Baum vor dem Haus verdankt. Hier ist auch der informelle Verkostungsraum. Die unterhaltsamen Verkostungen werden von den Inhabern selbst und ausschließlich nach Vereinbarung veranstaltet. Verkostung Mo–Fr 10–17, Sa 10–13 Uhr, R35.

Kaffee und Leckereien aus der kleinen Bäckerei. ⌚ Mo–Sa 8–15, 18.30–22 Uhr.

La Petite Ferme, Franschhoek Pass Rd, ✆ 021-876 3016, 💻 www.lapetiteferme.co.za. Das Restaurant mit wunderschönem Blick über Tal und Weinberge hat schon viele Preise abgeräumt; das langsam gegarte Lamm steht nicht ohne Grund schon seit 30 Jahren auf der Speisekarte (R162). Zum Mittagessen werden Weine aus dem Hauskeller kredenzt. Highlight sind an Freitagen im Sommer die Sundowner-Abende mit Livemusik auf dem Rasen. ⌚ tgl. 12–16 und im Sommer Fr ab 18.30 Uhr.

Reuben's, 19 Huguenot Rd, ✆ 021-876 3772, 💻 www.reubens.co.za. Das zentral gelegene Restaurant hat eine moderne Einrichtung, einen schattigen Innenhof und eine trendige Bar mit altem Kotflügel als Theke. Angenehm kühl für ein Mittagessen im Sommer. Die moderne französische Speisekarte zeigt kosmopolitischen Einfluss, mit viel Wild, aber auch anderes Fleisch, Geflügel, Seafood und Vegetarisches wie Gnocchi (R110). ⌚ tgl. 12–15, 19–21 Uhr.

Sacred Ground Artisan Bakery, Deli and Coffee Shop, 36 Huguenot St, ✆ 021-876 2759. Erschwingliches Lokal mit hervorragenden Sandwiches, etwa mit Pilzen, Oliven, Pesto und Käse (R50), sowie frisches Gebäck, Pasteten und Kaffee. ⌚ Mo–So 7–18 Uhr.

The Tasting Room at Le Quartier Français, 16 Huguenot Rd, ✆ 021-876 2151, 💻 www.lqf.co.za. Das Lokal, auf das Franschhoek einst seinen kulinarischen Ruf gründete, gehört noch heute zu Südafrikas besten Restaurants. Am Ruder steht Margot Janse, die einzige weibliche Spitzenköchin in ganz Afrika. Das formelle Abendessen hat ein modernes, globales Flair und muss bereits Monate im Voraus gebucht werden (8 Gänge R850). Es gibt auch eine einladende Lounge-Bar, die Frühstück, Bier aus Mikrobrauereien, regionalen Weine und außergewöhnlich gute

Tapas (etwa Garnelen-Popcorn, Gnu-Donuts und Plätzchen mit Greyerzer) serviert.
🕒 Restaurant Di–Sa 19–22, Bar tgl. 7–11 Uhr.

SONSTIGES

Aktivitäten und Touren

Die schönste **Wanderung** in der Umgebung ist der „Cat se Pad" (Katzenpfad), der einen Kilometer nach dem Museum stadtauswärts Richtung Franschhoek Pass links weggeht. Die Wanderung führt durch Fynbos-Sträucher in die Berge um das Tal und bietet unterwegs schöne Ausblicke. Der erste, 2 km lange Abschnitt endet auf der Passhöhe. Danach kann man noch 10 km Richtung Villiersdorp weitergehen (den Ort selbst erreicht man jedoch nicht direkt).

Paradise Stables, Roberstsvlei Rd, ✆ 021-876 2160 oder 084-586 2160, 💻 www.paradise stables.co.za, bietet Ausritte zu den Weinguten Rickety Bridge und Mont Rochelle (Mo–Sa 8.45 und 13.15 Uhr, 2 1/2 Std. im Sattel mit 1/2–3/4 Std. Aufenthalt pro Weingut für R700 inkl. Verkostung, aber ohne Mittagessen). Für einfache Ausritte gibt es gut erzogene Araber mit Halfter (Mo–Sa 7.30 und 17.45 Uhr, R200/Std.). Die Ausritte beginnen auf einer Farm, die auch ein paar günstige Cottages vermietet (R400).

Informationen

Touristeninformation, gleich nördlich der Kreuzung mit Kruger St, 62 Huguenot Rd, ✆ 021-876 2861, 💻 www.franschhoek.org.za. Hat hervorragende Karten des Ortes und der umgebenden Weingüter. 🕒 Mo–Fr 8–17, Sa 9–17, So 9–16 Uhr.

Route 62 und Kleine Karoo

Eine der lohnenswertesten Strecken des Westkaps ist die **Bergroute** von Kapstadt nach Port Elizabeth zumeist über die R62, und daher unter der Bezeichnung **Route 62** bekannt. Sie führt über dramatische Pässe sowie durch *dorps* und *dryland* (Trockengebiet). Diese „Hintergarten"-Route gibt in vieler Hinsicht sogar mehr her als die bekanntere Garden Route an der Küste (S. 251), da sie weniger touristisch ist und mit spektakulärer Landschaft, ruhigeren Straßen und ein paar ausgesprochen netten Kleinstädten lockt.

Zu den sympathischsten dieser Städte zählen der historische Kurort **Montagu**, das ländliche und bei Künstlern beliebte **Barrydale** und die südafrikanische Hauptstadt des Portweins, **Calitzdorp**. Bei **Oudtshoorn** und den **Cango Caves** treffen Berg- und Küstenstraße zusammen. Über den spektakulärsten Pass des Kaps, den **Swartberg Pass**, führt eine 27 km lange, ungeteerte Strecke in abenteuerlichem Zickzack über die Swartberge ins Karoo-Dorf **Prince Albert**, dessen karge Schönheit und außergewöhnliches Licht viele Künstler anlockt.

Jenseits von Prince Albert öffnet sich das Hinterland der **Großen Karoo**, eine Halbwüste, die ein Drittel der Fläche Südafrikas einnimmt. Die Obstfarmen der **Kleinen Karoo** laufen in baumlose Ebenen aus, in denen niedrige, spindelige Büsche dominieren und sich flache Hügel erheben. Den schönsten Teil der Karoo findet man im **Karoo National Park**, während die klare, saubere Luft in **Sutherland** für ausgezeichnete Bedingungen zum Sternegucken sorgt.

Worcester

Das interessanteste Erlebnis auf der Strecke von Kapstadt nach Worcester, 110 km nordöstlich der Kapmetropole, ist der **Huguenot Toll Tunnel** auf der N1, der durch hohe Berge in ein herrliches Tal führt. Die für diese Weltgegend relativ große Stadt Worcester ist ein landwirtschaftliches Zentrum mit einer Reihe von Fabriken und geruchsintensiven Hühnerfarmen. Sie liegt inmitten eines Weinanbaugebiets, dessen Winzergenossenschaften etwa ein Fünftel der landesweiten Weinmenge herstellen. J. M. Coetzee, der international bekannteste Schriftsteller Südafrikas, ist hier aufgewachsen, es gibt jedoch weder Museen noch irgendetwas, das auf sein Werk hinweist. Der Hauptgrund für einen Aufenthalt hier ist ein Besuch des friedlichen botanischen Gartens.

Pässe und Poorts der Kleinen Karoo

Die Kleine Karoo wird von einem Strang zerklüfteter Bergen und tief eingeschnittener Täler (genannt *poorts*) umschlossen, die diese Gegend für Radfahrzeuge jahrhundertelang unpassierbar machten. Im 19. Jh. nahmen sich die Briten des Problems an und errichteten Dutzende von Pässen über die Berge des Kaps. 34 davon sind dem herausragenden Straßenbauer Andrew Geddes Bain und seinem Sohn Thomas zu verdanken. In der Tat entschädigen diese thronenden viktorianischen Meisterwerke für den Mangel an Museen und Kunstgalerien der Kleinen Karoo. Nachfolgend einige der schönsten Pässe:

Cogman's Kloof Pass, 5 km lange Strecke zwischen Ashton und Montagu, der dramatischste Teil windet sich durch eine Felswand in das Montagu-Tal.

Gamkaskloof Pass, auch als „Die Hel" bekannt, zu erreichen vom Gipfel des Swartberg-Passes. Dieser wohl eindrucksvollste Pass in der Region führt durchweg auf Schotter in ein spektakuläres, einsames Tal (Kasten S. 231).

Meiringspoort, eine geteerte Straße durch eine der Swartberg-Schluchten, die für die Fahrt nach Prince Albert genommen werden kann und mehrfach einen hellbraunen Fluss überquert, während zu beiden Seiten riesige gefaltete und gezackte Felsplatten in die Höhe ragen.

Prince Alfred's Pass, auf der R339, zwischen der N2 unmittelbar östlich von Knysna und Avontuur an der R62. Eine abenteuerliche unbefestigte Straße, die sich durch die Berge an ein paar einsamen Farmen vorbeiwindet.

Swartberg Pass, zwischen Oudtshoorn und Prince Albert, Pendant zu Meiringspoort über die Swartberge mit einem Gefälle von 14 % über schmale, ungeteerte und kurvige Straßen.

Karoo Desert Botanic Gardens

Am Ortseingang von Worcester an der N1 ▪ 🕒 tgl. 7–19 Uhr ▪ Eintritt R20 ▪ Restaurant 🕒 tgl. 9–17 Uhr ▪ ✆ 023-347 0785, 💻 www.sanbi.org/gardens

Bereits am Ortseingang von Worcester sind die Karoo Botanic Gardens beschildert. Die Schwesteranlage des Kirstenbosch in Kapstadt ist vor allem für ihre heimischen Frühlingsblumen und Sukkulenten bekannt. Die beste Zeit für einen Besuch ist zwischen Juli und Anfang September, wenn sich der Garten in ein Meer aus violetten, orangen und gelben Blumen verwandelt. Drei Wanderwege schlängeln sich durch das wilde Gelände, wo man stachlige Wüstengewächse und Blüten und im Winter die verschneite Kulisse der Hex-River-Berge sieht. Das schöne Restaurant Kokerboom serviert leichte Mahlzeiten mit Blick auf den Garten oder die Berge.

Worcester Museum

Gleich außerhalb des Zentrums in Kleinplasie, Anfahrt über die High St nach Osten, dann rechts in die Straße nach Robertson abbiegen ▪ 🕒 Mo–Sa 8–16.30, So 10–15 Uhr ▪ Eintritt R20

Das fesselnde Worcester Museum dokumentiert das Leben an der Karoo-Grenze zwischen 1690 und 1900. Es setzt sich aus zwei Dutzend nachgebildeten Gebäuden und alten Werkstätten zusammen, in denen Kunsthandwerk hergestellt wird. Bemerkenswert ist vor allem eine Hirtenhütte aus Kragstein, die den einzigartigen volkstümlichen Stil der Karoo veranschaulicht: gewölbte Steindächer und keine Balken-und-Sturz-Konstruktionen, aus Mangel an Holz in der baumlosen Weite.

Robertson

Robertson ist die größte Stadt im schönen Abschnitt des Breede River Valley, hierzulande Robertson Valley genannt. Etwa 10 % der südafrikanischen Weinberge liegen im Robertson Valley. Der Boden weist einen für den Traubenanbau idealen Säurewert auf. Aufgrund der Hitze und Trockenheit ist jedoch eine intensive

Weingüter um Robertson

Die Weinroute des Robertson Valley reicht bis nach McGregor im Süden und Bonnievale im Osten. Nachfolgend die besten ihrer fast drei Dutzend Weingüter; in den meisten sind der Besuch und auch die Verkostung kostenlos. Wer keine Zeit hat, sie alle abzuklappern, findet die meisten Kellereien der Gegend auch in der **La Verne Wine Boutique**, 💻 www.lavernewines.co.za, vertreten. Sie befindet sich in einem umgebauten Eisenbahnerhaus neben der Robertson Art Gallery, am Ortseingang über die R60 von Westen. Besucher können hier Weine probieren und karton- oder flaschenweise erwerben. La Verne vertreibt seine Weine auch online und beliefert alle Regionen Südafrikas. 🕒 Mo–Do 9–17.30, Fr 9–18, Sa 9–17 Uhr.

Bon Courage, ca. 10 km südöstlich von Robertson an der R317, 💻 www.boncourage.co.za. Produziert einige hervorragende süße Weißweine, insbesondere Muskateller. Probierstube in einem wunderschönen alten Gehöft am Breede River. Das dazugehörige Café Maude serviert Frühstück und leichtes Mittagessen. 🕒 Mo–Fr 8–17, Sa 9–15 Uhr.

De Wetshof, etwa 12 km südöstlich der Stadt an der R317, 💻 www.dewetshof.com. Herrliches Anwesen mit Blick auf fotogene Berge und Weinfelder, produziert einige vorzügliche Weine, etwa den Bateleur Chardonnay. 🕒 Mo–Fr 8.30–16.30, Sa 9.30–13 Uhr.

Graham Beck, etwa 7 km nördlich von Robertson, 💻 www.grahambeckwines.co.za. Progressives, ambitioniertes Weingut, das international Furore macht. Große Auswahl an Rot- und Weißweinen, viele davon erstklassig. Hochmoderne Probierstube. 🕒 Mo–Fr 9–17, Sa 10–16 Uhr.

Robertson Winery, im Ort, in einer Seitenstraße der R60, 💻 www.robertsonwinery.co.za. Erzeuger einiger ausgesprochen trinkbarer Chardonnays und Colombards, die hier günstiger verkauft werden als in den Geschäften. 🕒 Mo–Fr 8–17, Sa und So 9–15 Uhr.

Springfield, einige Kilometer südöstlich von Robertson an der R317, 💻 www.springfieldestate.com. Das geniale Weingut erzeugt ein Sortiment wirklich herausragender Rot- und Weißweine, die teils zu Südafrikas absoluten Spitzenreitern zählen. 🕒 Mo–Fr 8.30–17, Sa 9.30–16 Uhr.

Van Loveren, 15 km nordwestlich von Bonnievale an der R317, 💻 www.vanloveren.co.za. Weinproben in einem hübschen Garten, berühmt für süffige Tropfen wie den River Red, einen Südafrika-Klassiker mit konstant gutem Preis-Leistungs-Verhältnis. 🕒 Mo–Fr 8.30–17, Sa 9.30–13, So 11–15 Uhr.

Bewässerung nötig. Zu den besten hiesigen Weinen zählen Chenin Blancs, Colombards und Muskateller.

Der einzige gute Grund für einen Besuch dieser Obstbauernstadt sind ihre ausgezeichneten Weine, die oft preiswerter sind als die der Weinland-Regionen näher an Kapstadt.

ÜBERNACHTUNG

The Lemontree House, 2 Church St, 📞 023-626 1384, 💻 www.lemontreehouse.co.za. Renoviertes viktorianisches Haus mit komfortablen Zimmern und geschmackvoll ländlicher Einrichtung. Der wunderschöne Garten hat Eichen- und Pecanbäume sowie einen Salzwasser-Pool. Im Winter verbreitet das Kaminfeuer noch zusätzlich eine friedliche Atmosphäre. R700

Robertson Backpackers, 4 Dordrecht Ave, 📞 023-626 1280, 💻 www.robertsonbackpackers.co.za. Eines der besten Backpacker-Hostels des Westkaps in einem geräumigen viktorianischen Haus mit Kamin und hübschem Garten. Das Hostel organisiert eine eigene Weintour zum annehmbaren Preis (R250 p. P.) und einen guten Rafting-Ausflug. Camping R60, Dorm R100, DZ R330

INFORMATIONEN

Touristeninformation, Voortrekker St, 📞 023-626 4437, 💻 www.robertsontourism.co.za. 🕒 Mo–Fr 8–17, Sa 9–14, So 10–14 Uhr.

TRANSPORT

Robertson liegt etwa 160 km von Kapstadt entfernt und ist mit dem **Auto** am besten über die N1 zu erreichen. Es gibt keine öffentlichen Transportmittel.

McGregor

McGregor ist ein attraktiver Ort mit strahlend weißen Cottages zwischen niedrigem Gestrüpp, Weinstöcken und Olivenbäumen und ruhiger, entspannter Atmosphäre.

Als Ziel für einen Wochenendausflug von Kapstadt hat McGregor einiges zu bieten: ein paar anständige Restaurants, eine Menge erschwingliche Unterkünfte und ein schönes Retreat-Zentrum mit preisgünstigen Massageangeboten. Auch eine Weintour ist sehr verlockend, allerdings nichts für sonntags, denn dann hat hier alles zu.

Im 19. Jh. gelangte McGregor als Zentrum der Peitschenstiel-Industrie zu bescheidenem Wohlstand. Fuhrmänner und Transportreiter kauften hier ihre langen Bambusstöcke zum Antreiben der Ochsen. Heute sind Ochsenwagen rar und neben der Landwirtschaft entwickelt sich der bisher noch begrenzte Tourismus in zunehmendem Maße.

Ein echter Besuchermagnet ist die Wanderstrecke über die **Boesmanskloof Traverse** (Kasten S. 236), die 14 km außerhalb von McGregor beginnt und nach Greyton auf der anderen Bergseite verläuft. Von McGregor kann man eine Etappe der Strecke begehen, die bis zum größten Wasserfall und dann zum Ausgangspunkt des Wegs zurückführt – eine wunderschöne drei- bis vierstündige Wanderung durch die Flussschlucht (auf Afrikaans *kloof* genannt).

ÜBERNACHTUNG

The Barn, Grewe St, ✆ 076-411 9477, 🖳 www.thebarnmcgregor.co.za. Wunderschön restaurierte Scheune für Selbstversorger mit Betten für 6 Pers. in 3 Zimmern, viktorianischer Badewanne, antikem Kap-Mobiliar, Kamin und Holzofen. Bei Belegung mit 2 Pers. fällt der Preis auf R950. R1350

Green Gables Country Inn, 7 Smith St, ✆ 023-625 1626, 🖳 www.greengablescountryinn.co.za. Günstige Landhausunterkunft am Stadtrand, mit Pool, englischem Pub und Restaurant (S. 222). Das Dekor ist gemütlich, wenn auch etwas überladen, und der Service freundlich und persönlich. R700

The Old Village Lodge, Voortrekker St, ✆ 023-625 1692, 🖳 www.oldvillagelodge.co.za. Gehobenes B&B in einem viktorianischen Cottage an der Hauptstraße. Die eleganten, komfortablen Zimmer werden durch einen hübschen Garten mit Pool ergänzt. R900

Onverwacht, am Beginn der Boesmanskloof Traverse, ✆ 023-625 1667. Unterbringung in schlichten Hütten, spektakulärer Ausblick und Flussbecken zum Baden. Kein Strom. Schlafsack, Handtücher und Vorräte müssen mitgebracht werden. R100

Rhebokskraal Farm Cottages, 2 km südlich der Stadt, ✆ 082-896 0429, 🖳 www.rheboks kraalolives.co.za. Abgeschiedene Cottages zwischen Obst- und Olivenbäumen sowie Weingärten. Die Restaurants in der Stadt sind von hier aus gut erreichbar. R500

Tanagra Guest Wine Farm, 45 km nordöstlich von McGregor Richtung Robertson, ✆ 023-625 1780, 🖳 www.tanagra-wines.co.za. Idyllisches Weingut mit stilvollen, hellen, luftigen Cottages, alle mit eigener Veranda und Bergblick. Eines davon ist komplett unabhängig vom Stromnetz und verfügt über ein eigenes Tauchbecken sowie Hängematten und Kamin. Wanderwege gibt es sowohl auf dem Farmgelände als auch im angrenzenden Naturschutzgebiet Vrolijkheid. Frühstück kostet R125 extra p. P. R700

Temenos Country Retreat, Ecke Bree und Voortrekker St, ✆ 023-625 1871, 🖳 www.temenos.org.za. Retreat-Zentrum mit Cottages in einer wunderschönen Gartenanlage, einem ausgewachsenen Schwimmbecken, einer Bibliothek und Meditationsbereichen. Die ausgesprochen sichere und friedliche Anlage ist ideal für allein reisende Frauen. R700

Whipstock Farm, 7 km südwestlich von McGregor Richtung Boesmanskloof, ✆ 073-042 3919, 🖳 www.whipstock.co.za. Farmunterkunft in einem viktorianischen Haus. 5 Cottages, alle mit weiß getünchter Wand, Holzbalken, Kühlschrank und Teeküche. Das Essen wird für alle in einem großen Esszimmer mit Kamin serviert. Ideal für Familien auf der Suche nach Natur. R440

ESSEN

DeliGirls, Voortrekker St. Ideal für Picknickzutaten wie Käse, geräucherten Fisch, Schokolade und andere Köstlichkeiten. Hinten auf der Veranda werden auch Hausmannskost wie Cottage Pie mit Salat, Tandoori-Schweinekotelett oder ein reichhaltiger vegetarischer Auflauf mit Nudeln und Käse serviert (R50). ⌚ tgl. 9–16.30 Uhr.

Green Gables Country Inn, 7 Smith St, ✆ 023-625 1626, 💻 www.greengablescountryinn.co.za. Abendessen auf der Terrasse mit Blick auf Weinberge und Dorf oder im gemütlichen Speisesaal mit Kamin. Zur Auswahl stehen meist drei schlichte, aber gute Gerichte, wie Curryhühnchen, Fish and Chips oder Lammkeule (R90). Unbedingt reservieren! ⌚ Mi, Fr und Sa 6–22 Uhr.

WESTKAP

Karoux Restaurant, Voortrekker St, ✆ 023-625 1421. In diesem verschlafenen Dörfchen ist das intime Gourmetrestaurant eine echte Überraschung. Auf der Karte stehen z. B. knusprige Ente mit exotischen Pilz-Wantans oder Leberparfait von freilaufenden Hühnern mit Trüffel-Blaubeer-Vinaigrette (R60). Unbedingt reservieren! ⌚ Mo und Fr–So 19–22 Uhr.

Tebaldi's at Temenos, Bree, Ecke Voortrekker St, ✆ 023-625 1871, 💻 www.temenos.org.za. Frühstück und Salate (mittags) werden im friedlichen Garten und auf dem *stoep* an der Straße serviert. Sehr zu empfehlen ist der *coq au vin* auf Sahnepüree (R90). ⌚ Di und So 9.30–15.30, Mi–Sa 9.30–15.30, 19–21.30 Uhr.

INFORMATIONEN

Touristeninformation, Voortrekker St, ✆ 023-625 1954, 💻 www.tourismmcgregor.co.za. Bucht Unterkünfte und stellt Permits für das Begehen der gesamten Boesmanskloof Traverse oder des Abschnitts bis zum Wasserfall aus (R30). Informiert auch über Kunstateliers sowie Massagen und Yogakurse in der Stadt. ⌚ Mo–Sa 9–13, 14–16.30, So 9–13 Uhr.

TRANSPORT

McGregor ist rund 180 km von Kapstadt entfernt und liegt 21 km südlich von Robertson. Mit dem **Auto** folgt man einer kleinen Straße, die von der R60 ausgeschildert ist, bis zum Ende. Die Straße von Süden, die sich als interessanter Umweg anzubieten scheint, sollte man tunlichst meiden – sie ist nur mit Vierradantrieb zu bewältigen. Für die Fahrt von Kapstadt auf der N1 muss man 2 1/2 Std. rechnen und in Worcester nach Robertson abbiegen.

Montagu

Die Anfahrt nach Montagu wird begleitet von hoch aufragenden Bergen, die sich in Form von riesigen Bögen mit Schichten in Rot- und Ockertönen erheben. Der für seinen Obstanbau bekannte Ort ist im Frühling voller Pfirsich- und Aprikosenblüten und mit seiner viktorianischen Architektur und seinem historischen Flair mindestens für eine Übernachtung gut.

Benannt wurde die Stadt 1851 nach dem vorausschauenden britischen Minister des Kaps, **John Montagu**. Dieser erkannte, dass sich die Kolonie ohne vernünftige Verkehrsanschlüsse nie entwickeln würde, und gab die ersten Bergpässe zur Verbindung der abgelegeneren Gegenden mit Kapstadt in Auftrag. Die dankbaren Farmer von Agter Cogman's Kloof (übersetzt: „hinter Cogman's Kloof") ergriffen die Chance, ihrem Dorf dem Minister zu Ehren einen neuen Namen zu geben.

Montagu ist vor allem für seine **Thermalquellen** berühmt, doch davon abgesehen kommen auch ernsthafte **Kletterer** an den Felswänden, die zu den anspruchsvollsten des Landes zählen, auf ihre Kosten. Außerdem kann man auf einer Reihe von Wegen die Berge erkunden – die bequemste Option ist eine Traktorfahrt zu einem Gipfel mit atemberaubendem Panoramablick. Montagu dient zudem als guter Ausgangspunkt für Ausflüge entlang der Robertson- und Little-Karoo-**Weinroute** (Kasten S. 220).

Samstagvormittags bietet ein besuchenswerter Bauernmarkt an der Kirche Oliven und Olivenöl, Brot, Käse, Mandeln und Dörrobst an – alles von den Farmen der Umgebung und zu außergewöhnlich günstigen Preisen. Im Sommer werden Pfirsiche und Aprikosen oft sehr günstig am Straßenrand oder in Hinterhöfen verkauft.

Montagu Springs Resort

Rund 3 km nordwestlich der Stadt an der R318 ▪ tgl. 8–23 Uhr ▪ Eintritt R100 ▪ 023-614 1050, www.montagusprings.co.za

Montagus Hauptattraktion ist das **Montagu Springs Resort**. Mehrere gechlorte, unterschiedlich temperierte Pools im Freien und Whirlpools liegen spektakulär am Fuße der Kliffs. Die Atmosphäre wird durch die Neonlichter eines Hotelkomplexes und Fastfood-Lokale etwas beeinträchtigt. Das Resort ist für Kinder geeignet, an Wochenenden und in den Schulferien allerdings überlaufen. Etwas ruhiger geht es ganz früh morgens bzw. spät am Abend zu.

Im Winter können die Wassertemperaturen ungemütlich kühl werden. Dann weicht man besser zu den Quellen von Caledon (Kasten S. 235) oder Warmwaterberg (Kasten S. 225) aus, die viel wärmer und ruhiger sind.

ÜBERNACHTUNG

Aasvoelkrans, 1 Van Riebeeck St, 023-614 1228, www.aasvoelkrans.co.za. 4 fantasievoll eingerichtete Gartenzimmer auf einer hübsch gelegenen Farm, wo Araberpferde auf den Feldern grasen. Für Familien und Gruppen gibt's noch ein Selbstversorger-Cottage mit 2 Zimmern. R900

De Bos Guest Farm, 8 Brown St, 023-614 2532, www.debos.co.za. Schöne, schattige Zeltstellplätze, Dorms, schlichte DZ mit Bad und Familien-Bungalows auf einer Farm am westlichen Stadtrand. Ganz in der Nähe führen Wanderwege in die spektakulär gewundenen Berge. Bei Kletterern ist die Unterkunft ebenfalls beliebt. Camping R60, Dorm R90, DZ R360

Montagu Rose Guest House, 19 Kohler St, 023-614 2681, www.montagurose.co.za. Gut geführtes Gästehaus in modernem Gebäude. Alle Zimmer mit Bad und Bergblick ausgestattet, eines ist rollstuhlgerecht. Es gibt auch ein Familienzimmer für 4 Pers. R700

Montagu Springs, von der R62 westlich der Stadt ausgeschildert, 023-614 1050, www.montagusprings.co.za. Großes, geschäftiges Resort mit voll ausgestatteten Chalets zur Selbstverpflegung für 4 Pers. Ein Aufenthalt ist eigentlich nur für Familien mit Kindern attraktiv, die unbegrenzten Zugang zu den Schwimm- und Spielbereichen haben möchten. Unter der Woche sind die Preise etwa um einen Drittel niedriger. Am Wochenende können sich Familien auch selbst versorgen. R940

Squirrel's Corner, Bloem, Ecke Jouberts St, 023-614 1081, www.squirrelscorner.co.za. Günstiges B&B, 2 Blocks von der Hauptstraße entfernt. 4 bequeme Zimmer mit Bad in einem freundlichen Familienhaus, sowie 1 Gartensuite mit Afrika-Dekor. Zur Begrüßung gibt's ein Glas Muskateller, zum Frühstück leckeres Omelette mit Obst und Marmeladen aus der Region. R600

ESSEN UND UNTERHALTUNG

Die Stal, 8 km außerhalb der Stadt an der R318, 082-324 4318. Nettes Café/Restaurant auf einer Farm mit Veranda und Blick auf Obstplantagen und Felder. Serviert Frühstück, Mittagessen und Nachmittagstee. Besonders gut sind das Lammhüftsteak (R105), für Vegetarier die Imbissplatte mit Käse (Ploughman's Lunch, R85). Di–So 9–17 Uhr.

Mystique Tin, 38 Bath St, 082-572 0738, www.themystictin.co.za. Tischdecken, Kerzenlicht und ein offener Kamin schaffen den gemütlichen, informellen Rahmen für die südafrikanischen Spezialitäten, die hier mit internationalem Touch abgewandelt werden. Die gekräuterten Straußenfleischbällchen mit gerösteten Mandeln und Kartoffelbrot (R92) sind gut, aber es gibt auch ein paar leckere vegetarische Alternativen. Dazu schmeckt ein Bier aus der hauseigenen Mikrobrauerei Karoo. Mi–Mo 17–21.30 Uhr.

Simply Delicious Restaurant, Four Oaks Guesthouse, 46 Long St, 023-614 3483, www.four-oaks.co.za. Das Restaurant im schattigen Innenhof eines strohgedeckten Hauses aus dem Jahr 1860 ist ein guter Boxenstopp für ein leichtes Mittag- oder Abendessen. Das Steak mit Saisongemüse (R100) ist gut, für Vegetarier gibt es ein Gemüse-Wrap (R55). im Sommer tgl. 12.30–14.30, 19–21 Uhr, im Winter Mo–Sa 12.30–14.30, 18.30–21 Uhr.

Ye Olde Tavern, 22 Church St, 023-614 2398. Hier kommen neben südafrikanischen Spezialitäten wie *bobotie* (R80) Salate, Burger, Pizza

Aktivitäten in Montagu

Die Touristeninformation in Montagu (s. u.) hat Karten für drei **Wanderwege**, die an der Old Mill am Nordende der Tanner Street beginnen. Zwei sind Ganztageswanderungen, während der **Lover's Walk**, die mit 2 km kürzeste Strecke, durch Bath Kloof (oder Badkloof) am Keisie River entlang bis zu den Thermalquellen führt.

Wer nicht so fit ist, kann die **Langeberg Mountains** per **Traktor** erklimmen (Mi und Sa 10 und 14 Uhr, 3 Std., R110). Abfahrt an der Protea Farm, 29 km hinter Montagu an der R318 nach Koo/Touws River. Im Winter warme Kleidung nicht vergessen. Reservierung unter ✆ 023-614 3012.

und Pasta auf den Tisch. Sitzen kann man drinnen oder draußen. Reservieren empfiehlt sich. ◷ Mo–Sa 18–22 Uhr.

INFORMATIONEN

Touristeninformation, 24 Bath St, ✆ 023-614 2471, 💻 www.montagu-ashton.info. ◷ Mo–Fr 8–18, Sa 9–17, So 9.30–17 Uhr.

TRANSPORT

Auto

Montagu liegt 190 km von Kapstadt entfernt und ist über die N1 zu erreichen. Die Anreise aus südlicher Richtung durch die Cogman's Kloof Gorge zählt zum Spektakulärsten, was das Land Autofahrern bieten kann.

Shuttlebusse

Danie, ✆ 072-750 3125, betreibt einen sehr günstigen Shuttle-Dienst zwischen MONTAGUE und KAPSTADT. Allerdings muss man sich nach seinem Fahrplan richten (R160).

Barrydale und Umgebung

Barrydale, 240 km von Kapstadt, ist ideal, um ein paar Tage in das Kleinstadtleben der Kleinen Karoo einzutauchen. Die Atmosphäre des Orts ist sehr ländlich: Weingärten säumen die Hauptstraße, Vieh grast hinter Trockenmauern, Feigen-, Pfirsich- und Quittenbäume gedeihen in der ausgedörrten Landschaft. Es überrascht nicht, dass die friedliche Idylle den Ort auch zu einem Mekka für Künstler gemacht hat. Die Hauptstraße – Van Riebeeck Street – wird von einer elfenbeinfarbenen Kirche überwacht und eher von Fußgängern als Autos dominiert.

Westlich von Barrydale findet man Großwild – und entsprechend höhere Preise – im wunderbaren **Sanbona Wildlife Reserve**, das allerdings keine Tagesbesucher zulässt. Im Osten ist totale Entspannung in den Thermalquellen des **Warmwaterberg Spa** angesagt.

Sanbona Wildlife Reserve

20 km westlich von Barrydale abseits der R62 ▪ R7800 in der Lodge inkl. Mahlzeiten und 2 Safaris ▪ ✆ 028-572 1365, 💻 www.sanbona.com

Das Sanbona Wildlife Reserve umfasst das Land von 21 Farmen, die zusammen eine riesige Wildnisregion bilden. In der äußerst eindrucksvollen Landschaft aus schroffen Felsen, Bergen und Halbwüstenvegetation verteilen sich ein paar extrem luxuriöse All-inclusive-Lodges: Die spektakulär gelegene **Dwyka Tented Lodge** liegt näher an den tierreicheren Gegenden während die **Gondwana Family Lodge** ideal für Familien mit Kindern ist. Hier gibt es zwar nicht so viele Wildtiere wie im Krüger-Park, dafür ist es das einzige Areal am Westkap mit freilaufenden Löwen und Geparden. Eine Elefantenherde gibt es hier auch.

Am besten bleibt man zwei Nächte. Tagesbesucher haben keinen Zutritt. Die Website informiert über Sonderangebote und günstigere Winterpreise.

ÜBERNACHTUNG

InKaroo Cottage, 2 Bain St, nahe dem Friedhof, ✆ 028-572 1344. Das wunderschön renovierte und modern eingerichtete Karoo-Cottage für Selbstversorger bietet Platz für 4 bis 6 Gäste. Zwischen Trockensteinmauern und Weinreben sitzt man hinter dem Haus mit Blick auf den Sonnenuntergang in den Bergen. R600

Tradouw Guest House, 46 van Riebeeck St, ✆ 028-572 1434, 💻 www.tradouwguesthouse.co.za. Das freundliche Gästehaus von den Inhabern Leon und Denis ist an der R62

Warmwaterberg Spa

30 km östlich von Barrydale (gleich nach Ronnie's Sex Shop) liegt das **Warmwaterberg Spa**, ☎ 028-572 1609, 💻 www.warmwaterbergspa.co.za, ⏲ tgl. 8–18 Uhr, eine Karoo-Farm mit heißen Quellen, die zwei ungechlorte Thermalbecken speisen und von üppig grünen Rasenflächen und Palmen umgeben sind. Die Anlage lockt vor allem südafrikanische Besucher und ist während der Schulferien und am Wochenende mitunter ziemlich überfüllt und laut. Am schönsten ist der Besuch nach Einbruch der Dunkelheit, wenn der Dampf in den kalten, sternenübersäten Karoo-Himmel aufsteigt. Die Farm ist hübsch gelegen, mit Bergkulissen und einem fantastischen Reichtum an Vögeln, die diese Oase in der Wüste anzieht. Es gibt schlichte, günstige Unterkünfte für Selbstversorger in Holzhütten oder Zimmern im Farmgebäude, alle mit (Thermal-)Bad (R640), außerdem einige Campingstellplätze (R325), eine Bar und ein Restaurant, das Frühstück und Abendessen serviert.

die beste Unterkunft. 4 einfache, aber gemütliche Zimmer mit Schiebefenstern, dicken Baumwollbetttüchern und Wolldecken. Die Zimmer blicken auf einen schattigen, weinberankten Hof, in dem man frühstücken kann, und 2 weitere haben Zugang zum großen hübschen Garten. In der Lounge prasselt im Winter ein Kaminfeuer. R700

ESSEN

Blue Cow, auf der Ostseite der R62 ausgeschildert. In idyllischer Lage mit Blick auf Felder und einen See werden hier leckere Kuchen, Milchshakes und kleine Gerichte (R60) serviert. Der perfekte Ort, wenn man mit Kindern unterwegs ist, die sich mal austoben wollen. ⏲ Mo–Sa 8–17 Uhr.

Clarke of the Karoo, Mud Gallery, an der R62, ☎ 028 572 1017, 💻 www.clarkeofthekaroo.co.za. Tolles Lokal für leckere Steaks, *bobotie* und andere herzhafte Landgerichte; die Vorspeise geht aufs Haus. Besonders empfehlenswert sind das Karoo-Lammcurry und der Wildburger auf Ciabatta (R90). ⏲ Do–Di 8–17, Mi 18–21 Uhr.

Jam Tarts, an der R62, ☎ 028-572 1017. Der beste Ort an der R62 für einen Kaffee oder eine kleine Mahlzeit (z. B. gute Suppen und Pizza). Hier gibt's auch Oliven aus der Region und leckere Konfitüre mit witzigen Etiketten zu kaufen. ⏲ Mo 18–21, Di–So 8–16.30 Uhr.

Mez Karoo Kitchen, Van Riebeeck St, ☎ 082-077 5980. Ausgezeichnete, günstige mediterrane Speisen wie leichte Tapas-Gerichte und griechisches Lamm (R110). Köstlich ist das quietschpinke Rosenwassereis mit Pistazien und frischer Minze. Die Tische stehen in Michelles gemütlicher Küche, einige auch draußen. Vorab reservieren. ⏲ Do–Sa 18–22, So 13–15 Uhr.

EINKAUFEN

Kunsthandwerk

Als Künstlerdorf bietet Barrydale einige nette Souvenirläden:

Mud Gallery, an der R62, ☎ 028-572 1950, 💻 www.mud.co.za. ⏲ Mo–Fr 9–17, Sa und So 9–13 Uhr.

Magpie Studio, 27 Van Riebeeck St, ☎ 028-572 1997, 💻 www.magpieartcollective.com. Farbenfrohe recycelte Einrichtungsgegenstände und Kronleuchter – sogar Michelle Obama bestellte einen fürs Weiße Haus. ⏲ Di–Fr 10–17, So 9–13 Uhr.

Wein

Southern Cape Winery, Van Riebeeck St, ☎ 028-572 1012. Bester Weinladen. ⏲ Mo–Fr 9–17, Sa 9–13 Uhr.

INFORMATIONEN

Touristeninformation, an der R62, ☎ 028-572 1572. Die winzige Touristeninfo ist am Ortseingang. ⏲ Mo–Fr 9–17, Sa und So 9–14 Uhr.

TRANSPORT

Mit dem **Auto** sollte mit 3 1/2 Std. Fahrzeit von Kapstadt gerechnet werden, entweder über die N1 und R62 oder über die N2 und R324, die etwas östlich von Swellendam auf einer herrlichen Strecke durch Suurbrak und über den Tradouw Pass führt. Beide Routen haben ihre landschaftlichen Reize und sind bequem zu fahren.

Oudtshoorn

Oudtshoorn, 420 km von Kapstadt und 180 ausgedörrte, gebirgige Straßenkilometer von Barrydale, vermarktet sich als „Straußenhauptstadt der Welt". Kein Wunder – in der Umgebung finden sich unzählige Straußenfarmen, von denen man einige besichtigen kann. In den örtlichen Souvenirläden gibt es die Tiere in allen nur erdenklichen Formen. Glanzpunkte des Ortes sind die viktorianischen und edwardianischen Sandsteinhäuser, einige davon sind für ein Karoo-*dorp* überraschend elegant und erhaben. Oudtshoorn eignet sich auch gut als Ausgangsbasis für Ausflüge zu den **Cango Caves** (S. 228).

Geschichte

Seinen Anfang nahm Oudtshoorn als kleines Dorf, das nach Geesje Ernestina Johanna van Oudtshoorn, der Frau des ersten Bürgerbeauftragten im nahe gelegenen George, benannt wurde. In den 60er-Jahren des 19. Jhs. wurden wilde **Strauße** erstmals unter den idealen Bedingungen des Oudtshoorn Valley aufgezogen. Die bizarre viktorianische Vorliebe für lange Federn machte die Strauße zu einer Quelle beachtlichen Wohlstands, und schon um 1880 begann man, Tausende von Kilogramm Federn zu exportieren.

Die Arbeiter rekrutierten sich größtenteils aus farbigen Nachkommen der Outeniqua- und Attaqua-Khoikhoi sowie Trekburen, die trotz des Feder-Booms nur lächerliche, durch Essens-, Wein-, Schnaps- und Tabakrationen aufgebesserte Löhne erhielten. Anfang des 20. Jhs. bauten sich erfolgreiche Farmer und Händler „Federpaläste", prunkhafte edwardianische Gebäude aus Sandstein, die sich zum charakteristischen Merkmal von Oudtshoorn entwickelten.

C.P. Nel Museum

Ecke Baron van Reede St und Voortrekker Rd ▪ ⌚ Mo–Fr 8–17, Sa 9–13 Uhr ▪ Eintritt R15

Das C.P. Nel Museum ist ein guter Ausgangspunkt für eine Erkundungstour. Das hübsche Sandsteingebäude wurde 1906 als Jungenschule erbaut und beherbergt heute eine außergewöhnliche Sammlung zum Thema Strauße.

Le Roux Town House

Ecke Loop und High St ▪ ⌚ Mo–Fr 9–17 Uhr ▪ Eintritt R15

Das tadellos erhaltene Stadthaus einer Familie bietet die einmalige Gelegenheit, einen Blick ins Innere der viel gepriesenen Federpaläste zu werfen. Die wunderschönen Einrichtungsgegenstände wurden allesamt zwischen 1900 und 1920 aus Europa importiert und garantieren einen interessanten Rundgang.

Buffelsdrift Game Lodge

7 km außerhalb von Oudtshoorn an der Cango Caves Rd ▪ Eintritt frei ▪ Elefanten-Interaktion R210 pro Erw., Futtereimer R30 ▪ ✆ 044-272 0106, 💻 www.buffelsdrift.com

Die Buffelsdrift Game Lodge bietet die Chance, nach Voranmeldung **Elefanten** unter Aufsicht der Elefantenführer zu tätscheln und zu füttern und ihnen bei der Dressur und beim Spiel Gesellschaft zu leisten (tgl. 10, 11, 13 und 14 Uhr). Vom Restaurant der Lodge (S. 227) am großen Stausee sind oft Flusspferde zu sehen und mit Glück auch andere Tiere (z. B. Antilopen), die hier zur Tränke kommen. Es gibt auch Unterkünfte im Safari-Stil (S. 227).

ÜBERNACHTUNG

In Oudtshoorn gibt es eine Reihe großer Hotels, die vor allem von Tourenbussen angefahren werden, viele gute B&Bs und Gästehäuser, einen zentralen Campingplatz mit Chalets und eine der besten Backpacker-Lodges des Landes. Einige der hübschesten Unterkünfte finden sich inmitten der herrlichen Landschaft an der Strecke zu den Cango Caves. Wer während der Osterferien herkommen will, sollte schon Monate im Voraus buchen, da dann das einwöchige **Klein Karoo Nasionale Kunstefees** (KKNK, 💻 www.absakknk.co.za), ein großes Kunstfest, stattfindet (hauptsächlich auf Afrikaans).

Backpacker's Paradise, 148 Baron Van Reede St, ✆ 044-272 3436, 💻 www.backpackersparadise.net. Gut geführtes 2-stöckiges Hostel an der Hauptstraße; EZ mit großem Bett, DZ und Familienzimmer mit Du/WC sowie Dorms. Zum Angebot gehören allabendliche *braais* mit Straußenfleisch und Vegetarier-optionen und ein täglicher Shuttleservice von

Straußentouren

Viele Leute kommen nach Oudtshoorn, um die **Strauße** zu sehen, die hier für ihr cholesterinarmes Fleisch gezüchtet werden oder gar um auf ihnen zu reiten. Afrikas größter Vogel ist aber nicht nur auf den Straußenfarmen zu bewundern. Auch auf der Durchreise sieht man ganze Scharen in der Nähe der Farmen. Eine Reihe von Farmen bieten **Touren** an (3/4–1 1/2 Std.), inkl. der Chance, auf einem Strauß zu sitzen und spektakuläre Straußenrennen mitzuerleben. Am beliebtesten ist die **Cango Ostrich and Butterfly Farm** an der Hauptstraße zwischen Oudtshoorn und den Cango Caves, ✆ 044-272 4623, die nur eine Besuchergruppe (oder Einzelpersonen) pro Tour zulässt; Touren alle 30 Min., R70.

der Baz-Bushaltestelle in George. Das zum Haus gehörige Adventure Centre organisiert Radtouren auf den Swartberg Pass und einen täglichen Shuttlebus zu den Cango Caves, einer Straußenfarm und der Wildlife-Ranch. Reiten wird auch angeboten. Camping R70, Dorm R130, DZ R400

Berluda, 15 km von Oudtshoorn an der R328, an der Strecke zu den Cango Caves, ✆ 044-272 8518, 🖳 www.berluda.co.za. Eine Allee führt zu dem relativ modern anmutenden Farmhaus mit 5 Gästezimmern und 2 Selbstversorger-Cottages in einem schön angelegtem Garten. Die freundlichen Besitzer organisieren auf Wunsch gern eine Tour zu ihrer 8 km entfernten Straußenfarm; außerdem gibt es einen erfrischenden Pool. R1260

Buffelsdrift Game Lodge, 7 km von der Stadt an der Straße zu den Höhlen, ✆ 044-272 0106, 🖳 www.buffelsdrift.com. Die exklusivste Unterkunft der Stadt: luxuriöse Safarizelte samt eigenem Bad an einem großen Stausee mit Flusspferden. Das Frühstück ist im Preis enthalten und wird im schicken offenen Restaurant mit Strohdach serviert. Safaris oder Ausritte mit der Chance, Nashörner, Büffel, Elefanten, Giraffen und verschiedene Antilopen zu sehen, können ebenfalls als Paket mitgebucht oder separat gezahlt werden. R2500

De Oue Werf, an der R328 Richtung Cango Caves ausgeschildert, ✆ 044-272 8712, 🖳 www.ouewerf.co.za. Luxuriöse Gartenzimmer zum günstigen Preis auf einer Farm, die bereits von der 6. Generation einer sehr gastfreundlichen Familie betrieben wird. Rasenflächen erstrecken sich bis zu einem großen Teich mit Seilrutsche, Floß und zahlreichen Vögeln. Tolle Basis auf dem Land für einen Ausflug zu den Höhlen. R1120

Gum Tree Lodge, 139 Church St, ✆ 044-279 2528, 🖳 www.gumtreelodge.co.za. Das idyllische B&B mit Pool, Terrasse und gut bestücktem Pub liegt nur ein paar Gehminuten vom Zentrum entfernt an einem Fluss mit vielen Vögeln. Die 5 Zimmer haben moderne Bäder, Klimaanlage und TV. Es gibt auch ein Selbstversorger-Cottage mit 2 Zimmern für 4 Pers. DZ R830, Cottage R1250

Kleinplaas Holiday Resort, 171 Baron van Reede St, ✆ 044-272 5811, 🖳 www.kleinplaas.co.za. Gut geführter, schattiger Campingplatz und voll ausgestattete Backstein-Chalets für Selbstversorger in Stadtnähe mit Pool und Waschküche. Die gut informierten Inhaber zeigen ihren Gästen gerne alles und machen auf Wunsch auch Frühstück. Camping R275, Chalet R785

ESSEN

Bello Cibo, 145 Baron van Reede St, ✆ 044-272 3245. Günstiges und entspanntes italienisches Restaurant mit Plätzen drinnen und draußen; eine gute Wahl für Reisende mit Kindern. Neben Pizza und Pasta gibt es ein paar interessante Straußengerichte (R65). Reservierung empfohlen. ⌚ Mo–Sa 17–23 Uhr.

Buffelsdrift Game Lodge, 7 km außerhalb der Stadt Richtung Cango Caves, ✆ 044-272 0106, 🖳 www.buffelsdrift.com. Gutes Frühstücksbuffet oder Mittagessen auf einer Holzterrasse am Stausee, wo es mit Glück einige Vertreter der heimischen Tierwelt zu sehen gibt. Zu den Lokalspezialitäten gehört *roesterkoek*, ein leckeres Sandwich vom Holzkohlegrill (R90). Das Restaurant der Lodge bewirtet auch Tagesbesucher, und die Mahlzeit lässt sich auf Wunsch mit Elefantentätscheln oder anderen Aktivitäten mit Tieren kombinieren. ⌚ tgl. 7–15 Uhr.

Café Brulé, Queen's Hotel, 5 Baron van Reede St, ✆ 044-279 2414, 💻 www.queenshotel.co.za. Im herrschaftlichen Kolonialambiente des renovierten Queen's Hotel ist das netteste Café der Stadt. Mit Blick auf die Hauptstraße werden ein großzügiges warmes Frühstück, leichte Mittagsgerichte wie Straußenburger (R60) oder einfach nur ein Cappuccino serviert. Neben Gebäck und Brot aus der hauseigenen Bäckerei gibt es auch noch eine Deli-Theke für alle, die ein Picknick planen. ⌚ Mo–Fr 7–17, Sa und So 7–16 Uhr.

WESTKAP

SONSTIGES

Einkaufen

In der Queens Mall, gleich an der Voortrekker St befinden sich ein Pick 'n Pay-**Supermarkt** und eine **Apotheke**.

Informationen

Touristeninformation, 80 Voortrekker St, vor der Bibliothek, ✆ 044-279 2532, 💻 www.oudtshoorn.com. Gute Infos zu Höhlen, Straußenfarmen und örtlichen Unterkünften mit kostenlosem Reservierungsservice. ⌚ Mo–Fr 8.30–17, Sa 9.30–12.30 Uhr.

Touren

Backpacker's Paradise (S. 226) vermietet Räder und veranstaltet Spaßfahrten den Swartberg Pass hinunter (rauf wird man gebracht).

TRANSPORT

Intercity-Busse halten an der Queens Mall, in unmittelbarer Nähe der Voortrekker St. Verbindungen bestehen unter anderem nach GEORGE (1 1/2 Std.), KAPSTADT (6 Std.) und GAUTENG (14 Std.) Ein tgl. **Shuttledienst** von George transportiert Gäste ins Backpacker's Paradise (S. 226).

Cango Caves

30 km von Oudtshoorn ▪ ⌚ tgl. 9–16 Uhr ▪ Touren R80–100 ▪ ✆ 044-272 7410, 💻 www.cangocaves.co.za ▪ Der Beschilderung auf der hübschen R328 folgen, die anschließend über den eindrucksvollen Swartberg-Pass nach Prince Albert weiterführt

> **Höhlentouren**
>
> Ein Besuch der Höhlen ist nur im Rahmen einer Führung möglich, die am **Besucherkomplex** beginnt. Dort gibt es auch interessante Schautafeln zu Geologie, Tieren und Menschen in den Höhlen sowie ein anständiges Restaurant und einen Souvenirladen.
> Stündlich stehen zwei Tourvarianten zur Auswahl: Die **Standard Tour** (zur vollen Stunde, 1 Std., R80) besucht die ersten sechs Kammern. Viel interessanter ist jedoch die **Adventure Tour** (zur halben Stunde, 1 1/2 Std., R100), die anschließend noch in tiefere Höhlenabschnitte mit immer kleineren Öffnungen führt. Wer sich durch enge Gänge mit Namen wie **Lumbago Walk**, **Devil's Chimney** oder **Letterbox** quetscht, bekommt ein viel authentischeres Gefühl für die Höhlen, sollte aber ältere Kleidung und Schuhe mit gutem Profil tragen. Nicht empfehlenswert für Klaustrophobiker oder Übergewichtige.

Die Cango Caves zählen zu den beliebtesten Attraktionen von Südafrika. Jährlich kommen rund 250 000 Besucher, um die fantastischen Höhlenkammern, tropfenden Felsen und Kalzitsäulen zu bestaunen. In den letzten zwei Jahrhunderten wurden die Höhlen allerdings durch menschliche Eingriffe stark in Mitleidenschaft gezogen. Dennoch bieten sie nach wie vor den Anblick einer atemberaubenden Landschaft im Innern der Swartberg-Ausläufer. Wer ein ruhiges, besinnliches Erlebnis erwartet, wird allerdings enttäuscht: Die Höhlen erreicht man nur im Rahmen einer Tour, die von lautstarken Erläuterungen begleitet wird.

Geschichte

Schon Jahrtausende vor Ankunft der weißen Siedler suchten San-Jäger und -Sammler Schutz in den Eingangshöhlen, allerdings sind sie wohl kaum bis zu den lichtlosen unterirdischen Kammern vorgedrungen. **Jacobus van Zyl**, ein Karoo-Farmer, war vermutlich der erste, der dorthin gelangte, als er sich im Juli 1780 mit einer Lampe bewaffnet in die Dunkelheit hinabgleiten ließ.

Während der nächsten paar Jahrhunderte fand sich eine wachsende Anzahl von Höhlenforschern und Plünderern hier ein, die eine Menge der Kalkstein-Säulen wegschleppten. In den 1970er-Jahren wurden die Höhlen den Massen schmackhaft gemacht – ein **Besucherkomplex** entstand, der steinige Boden wurde betoniert, Leitern und Fußwege wurden errichtet und die Höhlen verwandelten sich in eine kitschige Attraktion mit farbigen Lichtern, Flötenmusik und Erläuterungen.

Unter Premierminister Dr. Hendrik Verwoerd, dem Erzideologen der Rassentrennung, hackte man einen separaten „Non-Whites"-Eingang in die Wand, was zu einem verheerenden Durchzug führte, der die Höhlen auszutrocknen begann. Glücklicherweise haben die schlimmsten Exzesse inzwischen ein Ende gefunden: Konzerte in den Höhlen sind nicht mehr erlaubt und die farbigen Lichter wurden auch entfernt.

Calitzdorp

Als wäre es in einer Art Mittagsruhe dauererstarrt, präsentiert sich das kleine Karoo-Dorf Calitzdorp mit seinen viktorianischen Straßen und einigen Weingütern. Unternehmen kann man hier nicht viel – außer Kaffeetrinken oder in einem der bescheidenen **Weinkeller** (s. Kasten) einen Port probieren, Oliven kaufen und durch die Straßen flanieren.

ÜBERNACHTUNG

Die Dorpshuis, 4 Van Riebeek St, gegenüber der Kirche, ✆ 044-213 3453, 🖳 www.diedorpshuis.co.za. Ausgesprochen preiswerte, luftige B&B-Zimmer in einem Haus aus dem 19. Jh., in dem es auch ein Restaurant gibt, das preiswerte Sandwiches, Tee und kleine Gerichte serviert, aber auch schwerere traditionelle Karoo-Spezialitäten, etwa *stews* und Lamm. R600

Port-Wine Guest House, Queen St, Ecke Station St, ✆ 044-213 3131, 🖳 www.portwine.net, ist die schickste und komfortabelste Unterbringung der Stadt in einem renovierten Gehöft aus dem frühen 19. Jh. mit den Werken lokaler Künstlern an den Wänden sowie einer hübschen Veranda und Blick auf das Boplaas Estate. Hinter dem Haus sind noch ein Pool und ein Rosengarten. R850

Welgevonden Guesthouse, St Helena Rd, ✆ 044-213 3642, 🖳 www.welgevonden guesthouse.co.za. Gemütliches Gästehaus im Country-Stil auf einem landwirtschaftlichen Kleinbetrieb neben dem Boplaas-Anwesen, 300 m abseits der Hauptstraße. 4 Zimmer mit Bad in einem Nebengebäude aus dem späten 19. Jh. mit Messing- oder Holzbetten, Patchworkdecken und Erbstücken der Familie. R640

INFORMATIONEN

Touristeninformation, in der Shell-Tankstelle, Voortrekker St, ✆ 044-213 3775, 🖳 www.calitzdorp.co.za. 🕒 Mo–Fr 9–17, Sa 8–13 Uhr.

TRANSPORT

Mit dem **Auto** liegt Calitzdorp 370 km von Kapstadt (etwa 5 Std. inkl. Mittagspause) und 50 km östlich von Oudtshoorn entfernt an der R62. Wer auf der R62 von Kapstadt nach Port Elizabeth unterwegs ist, kann gut in Clitzdorp übernachten.

Südafrikanischer Port

Im Zentrum von Calitzdorp sind die nur wenige Hundert Meter entfernte Weingüter beschildert. Hier wird zum Teil Südafrikas bester **Portwein** produziert. Wärmstens empfohlen wird das **Krans Estate,** ✆ 044-213 3314, 🖳 www.dekrans.co.za, wo man Portweine und andere Weine probieren und sich die Beine bei einem 30-minütigen Spaziergang durch die reizvolle Landschaft vertreten kann. Ihr hervorragender Vintage Reserve Port zählt zu den drei besten des Landes. 🕒 Mo–Fr 9–17, Sa 9–15 Uhr, Eintritt frei.

Ebenfalls gute Portweine bringt das **Boplaas Estate,** ✆ 044-213 3326, 🖳 www.boplaas.co.za, hervor. Außerdem lohnt sich hier ein Besuch schon wegen der riesigen strohgedeckten Probierstube, welche an eine Cantina aus einem Spaghetti-Western erinnert, 🕒 Mo–Fr 9–17, Sa 9–15 Uhr, kostenlose Weinproben.

WESTKAP

WESTKAP

Groenfontein Valley

Eine kleine Rundstrecke geht direkt hinter Calitzdorp von der R62 ab und führt in das wunderschöne Groenfontein Valley. Die schmale unbefestigte Straße schlängelt sich durch die Swartberg-Ausläufer, über Bäche und an weißen Karoo Cottages und Farmen vorbei, und trifft schließlich mit der R328 Richtung Oudtshoorn zusammen.

Auf Nebenstraßen lassen sich auch die Cango Caves (S. 228) und Prince Albert (S. 230) erreichen, und die Fahrt durchs Hinterland zählt zu den schönsten, die man in Südafrika unternehmen kann. Viele der Sträßchen sind ungeteert, doch mit einem normalen Pkw gut zu bewältigen, sofern man die Geschwindigkeit drosselt.

ÜBERNACHTUNG

Kruis Rivier Guest Farm, 17 km abseits der R62 (Abzweigung 14 km östlich von Calitzdorp ausgeschildert), ✆ 044-213 3788, 💻 www.kruisrivier.co.za. Heimelige, schlicht eingerichtete Cottages am Fuß der Berge, mit idyllischen Bächen und Wasserfällen, ausgezeichnet als Stützpunkt für Wanderungen. Die Inhaber bieten auf Wunsch auch Frühstück und *braai*-Pakete, hausgemachtes Brot und Feuerholz. R400

Red Stone Hills, 6 km abseits der R62 (Abzweigung 14 km östlich von Calitzdorp ausgeschildert), ✆ 044-213 3783, 💻 www.redstone.co.za. 4 liebevoll eingerichtete viktorianische Cottages auf einer Farm in einer Landschaft voller roter Felsformationen. Auf Wunsch Frühstück und Abendessen. Spazier- und Radwege, außerdem 4 Pferde für Ausritte. R580

The Retreat at Groenfontein, 20 km nordöstlich von Calitzdorp und 59 km nordwestlich von Oudtshoorn, ✆ 044-213 3880, 💻 www.groenfontein.com. Das abgelegene viktorianisch-koloniale Gehöft grenzt an das 2300 km² große Swartberg Nature Reserve, ein wunderschönes Wildnisgebiet mit Schluchten, Flüssen und unbefestigten Straßen. Die komfortablen Zimmer verfügen über Bad und Kamin. Vollpension ist im Preis enthalten, auf Wunsch auch vegetarisch. Die überaus gastfreundlichen und hilfsbereiten Besitzer lassen jedes Essen zu einer Dinnerparty werden. R1420

Prince Albert und Umgebung

Aufgrund seiner Abgeschiedenheit hat sich Prince Albert, das auf der Spitze zwischen Kleiner und Großer Karoo liegt, eine traditionelle, ländliche Architektur bewahrt. Die attraktive Kleinstadt 70 km nördlich von Oudtshoorn ist über die Schleifen und Grate des Swartberg-Passes zu erreichen – eine der denkbar dramatischsten Autofahrten – und fest im *thirstland* (Durstland) des südafrikanischen Hinterlandes verankert. Umso erwähnenswerter ist die kleine beständige Quelle des Ortes, deren Wasser durch die Straßen rinnt und zahlreiche Obstbäume und Gärten nährt.

Die Besonderheit des Orts liegt in dem typischen Flair eines Karoo-*dorp:* Der silberne Kirchturm der holländischen Reformierten Kirche ragt in den tiefblauen Himmel empor, und die Einwohner schlendern durch die Straßen oder bewegen sich gemächlich auf quietschenden Rädern fort.

Die Stadt ist außerdem bekannt für seine lokale Kunst sowie **Mohairwaren** wie Decken, Socken, Schals und andere Kleidungsstücke.

ÜBERNACHTUNG

Dennehof Guest House, abseits der Christina de Wit St, ✆ 023-541 1227, 💻 www.dennehof.co.za. Eine der besten Adressen der Stadt. 5 Zimmer – die besten 2 mit Spa-Badezimmer – in einem zum Nationaldenkmal ernannten Gehöft, das auch Wander- und Mountainbiketouren organisiert. Gäste können wählen, ob sie sich den Swartberg hochfahren lassen, um die haarsträubenden 18 km auf zwei Rädern herunterzubrettern (R250), oder einfach nur ein Fahrrad mieten, um gemütlich durch die Stadt zu fahren (R100). R1060

Karoo Lodge, 66 Church St, ✆ 023-541 1467 oder 082-692 7736, 💻 www.karoolodge.com. Geräumige Zimmer zu angemessenen Preisen in einem B&B mit netten Gastgebern. Jede Suite ist mit Baumwollbettzeug und Federbetten ausgestattet und geht auf einen Garten mit Bougainvillea und Pool hinaus. R980

Karoo Views, Margrieta Prinsloo Rd, ✆ 023-541 1929, 💻 www.karooview.co.za. 4 komfortable, gehobene und moderne Cottages für

Selbstversorger im Karoo-Stil am Ortstrand mit Blick auf die Swartberge und die umgebende Landschaft. In den Ort kann man zu Fuß laufen. R850

Mai's Guest House, 81 Church St, ✆ 023-541 1188, 💻 www.maisbandb.co.za. Gemütliche Unterkunft in einem restaurierten Gebäude aus dem 19. Jh. mit toller Bettwäsche, Klimaanlage, Pool und vielen Katzen. Das leckere Frühstück serviert die quirlige irische Besitzerin unter Weinreben. R900

Onse Rus, 47 Church St, ✆ 023-541 1380, 💻 www.onserus.co.za. Kühle, strohgedeckte B&B-Zimmer, angeschlossen an ein restauriertes kapholländisches Haus. Die freundlichen und ortskundigen Inhaber begrüßen ihre Gäste mit Tee und Schokoladenkuchen und servieren großartiges Frühstück mit Eiern, hausgemachtem Müsli und regionalem Joghurt. Auf Wunsch bekommt man tagsüber auch eine Führung zu ihrer nahe gelegenen Farm mit Labyrinth, Picknick inkl. R950

ESSEN

Café Photo Albert, 44 Church St, ✆ 023-541 1030. Die regionalen Gerichte mit Schweizer Flair (z. B. Schweizer Pastete mit *biltong*, R70) schmecken besonders gut auf der Veranda des Cafés. Auch kein schlechter Ort für einen italienischen Kaffee mit frischen Waffeln. Wer zum Abendessen einen Wein möchte, muss ihn allerdings selbst mitbringen. 🕒 Di–So 9–22 Uhr.

Gallery Café, 57 Church St, ✆ 023-541 1197. Entspannte Atmosphäre über der Galerie mit Balkonplätzen – erste Wahl für einen Abend in Prince Albert. Der passionierte Küchenchef Brent zaubert fantasievolle Gerichte auf den Tisch, auch Vegetarier und Veganer kommen nicht zu kurz. Köstliche Vorspeisen, Fleischgerichte wie Kudu, Springbock und Huhn und hausgemachte Eiscreme. Im Voraus reservieren! 🕒 tgl. 18–22 Uhr.

Ladida Coffee Shop, am südlichen Ende der Church St. Auf der Veranda lässt es sich bei hausgemachtem Ginger Beer oder Kaffee und Burger mit Feige und Schimmelkäse bestens im kostenlosen WLAN surfen. Zu kaufen gibt's Snacks, getrocknete Früchte und Zwieback sowie einheimische Oliven, die zu den leckersten in Südafrika zählen. 🕒 Mo, Mi–Fr 8–16, Sa und So 8–15 Uhr.

Fahr zur Hölle!

Prince Albert ist einer der besten Ausgangspunkte für einen Trip zu „Die Hel" (auch „Hell", „The Hell" oder „Gamkaskloof"), die zum Swartberg Nature Reserve gehört. Das tiefe, fruchtbare Tal zwischen den hohen Gipfeln des Swartberg-Gebirges ist 20 km lang und bezaubert durch seine Stille, seine Abgeschiedenheit und seinen Vogelreichtum. Straßen gibt es erst seit 1962 und Elektrizität, Benzin, Bankomaten, Handy-Empfang und Läden sind bis heute Fremdwörter.

Obwohl es auf der Landkarte gar nicht so weit aussieht, sind per Auto für die spektakuläre, anstrengende Expedition entlang einer holprigen, unbefestigten Straße in das Tal zweieinhalb Stunden (einfache Strecke) einzuplanen. Ein Allrad ist nicht notwendig, im Dezember und Januar ist eine Klimaanlage allerdings dringend angeraten. Wer nicht selbst fahren will, kann sich an Lisa vom Onse Rus B&B (s. Übernachtung) wenden, die **Tagestouren** ab zwei Personen organisiert. Sie kümmert sich auch um die Abholung am gewünschten Ort, wenn man ein Teilstück der Straße (4–12 km) per pedes zurücklegen will.

Unterkünfte gibt es in der blitzsauberen Anlage Nature Conservation Camping and Cottages, ✆ 021-483 0190, 💻 www.capenature.co.za/reserves/swartberg-nature-reserve; Camping R220, Cottage R520. Ein **Restaurant**, ✆ 023-541 1107, 💻 www.gamkaskloof.co.za, serviert gute Hausmannskost und stellt Picknickkörbe zusammen. 🕒 tgl. 7–20 Uhr. Die Inhaberin, **Annetje Joubert**, bietet außerdem Zeltstellplätze und Unterkünfte für Selbstversorger (Camping R200, Cottage R250 p. P.) sowie informelle historische Führungen (R50) der Umgebung an.

EINKAUFEN

Gay´s Guernsey Dairy, Christina de Wit St, am südl. Stadtrand, ✆ 023-541 1274, 💻 www.gaysguernseydairy.yolasite.com. Die Farm, auf der man auch Tiere ansehen kann, verkauft preisgekrönte selbstgemachte Käse und andere Milchprodukte. Bei Sonnenaufgang kann man beim Melken zusehen – toll für Kinder. ⌚ Mo–Fr 7–9, 10–12, 16–18, Sa und So 7–10, 16.30–18 Uhr.

Karoo Looms, 55 Church St, ✆ 023-541 1363, 💻 www.karooweavery.co.za. Mohair-Teppiche mit orginellen Mustern sowie Badezimmermatten aus Baumwolle. ⌚ Mo–Fr 9–17, Sa 9–13 Uhr.

Prince Albert Gallery, 57 Church St, 💻 www.princealbertgallery.co.za. Der beste der Kunsthandwerksläden auf der Church St verkauft u. a. Skulpturen, Schmuck und Keramik. ⌚ Mo–Fr 9–16, Sa 9–14, So 10–13 Uhr.

SONSTIGES

Aktivitäten

Der Karoo-Himmel ist wahrhaft himmlisch für Sternenkundler, da nur ganz wenige elektrische Lichtquellen mit dem Sternenlicht konkurrieren. Eine der lohnendsten Unternehmungen in Prince Albert ist eine Betrachtung des nächtlichen Sternenhimmels in Begleitung des Astronomen **Hans Daehne**, ✆ 072-732 2950, 💻 www.astrotours.co.za. Weit im Voraus buchen! ⌚ Nur bei Neumond, Vortrag und Vorführung R300.

Informationen

Touristeninformation, Church St, ✆ 023-541 1366, 💻 www.princealbert.org.za, hat Stadtpläne, auf denen Unterkünfte, Restaurants und Kunstgewerbeläden eingezeichnet sind, und informiert über Freizeitangebote in der Gegend, etwa Olivenölverkostung oder Südafrikas größte Feigenfarm. ⌚ Mo–Fr 9–17, Sa 9–12 Uhr.

TRANSPORT

Auto

Von Kapstadt aus muss man für die 420 km 5–6 Std. rechnen. Die schnellste und am wenigsten attraktive Route verläuft entlang der N1 über Laingsburg und führt über keine Bergpässe (auf die Prince Albert Rd abbiegen). Die landschaftlich schönste ist hingegen die R62 nach Calitzdorp oder Oudsthoorn und dann auf der R328 über den Swartberg, einen hohen, geschotterten Bergpass mit dem schönsten Ausblick des Westkaps.

Busse

Greyhound-Busse, ✆ 083-915 9000, 💻 www.greyhound.co.za, halten auf der Strecke KAPSTADT–JOHANNESBURG tgl. an der Prince Albert Rd Station (an der N1). Dort muss man sich abholen lassen, um die letzten 45 km bis Prince Albert zurückzulegen (s. „Eisenbahn").

Eisenbahn

Der Zug von KAPSTADT nach JOHANNESBURG, **Shosholoza Meyl**, ✆ 086-000 8888, hält Mi, Fr und So an der Prince Albert Rd Station, 45 km vom Ort entfernt, von wo nach Anfrage evtl. die Abholung durch die Unterkunft, aber auf jeden Fall ein Transfer per Taxi bei Billy van Rooyen, ✆ 072-337 3149, möglich ist. Die Züge haben oft Verspätung, und der Bahnhof ist bar jeglicher Einrichtung.

Matjiesfontein

Das kleine, kuriose und viktorianische Dorf Matjiesfontein (Aussprache „maikies-fontein") ist ein Überbleibsel aus der Kolonialzeit und liegt 250 km nordöstlich von Kapstadt. Die Ortschaft bietet kaum mehr als zwei staubige Straßen hinter einem Bahngleis und erinnert eher an eine Filmkulisse als an ein Karoo-*dorp*: Sämtliche Gebäude, auch der großartige Bahnhof, stammen aus alten Zeiten und sind mit Weißblechdächern, pastellfarbenen Wänden, gepflegten Gärten und viktorianischem Beiwerk versehen. Der Glanzpunkt befindet sich am östlichen Ende der Hauptstraße: das Hotel Lord Milner mit Türmchen, Balkonen und Springbrunnen am Eingang.

Die Ursprünge des Ortes liegen in der Tatkraft des jungen schottischen Unternehmers **Jimmy Logan** begründet. Dieser kam nach Kapstadt, um bei der Bahn zu arbeiten. Er errichtete den Kurort Matjiesfontein wegen der besonders sauberen Karoo-Luft, und das Dorf entwickelte sich um die Wende des 19. zum 20. Jh. zu einem Treffpunkt für Wohlhabende und Einflussreiche. Heute treibt Matjiesfontein als ehrwürdiges Relikt regen Handel.

ÜBERNACHTUNG

Lord Milner, ✆ 023-551 3011, 💻 www.matjiesfontein.com. Riesige Porträts an den Wänden, prachtvolle Treppen, polierte Messingarmaturen und etwas mürrische Servicekräfte, in Schwarz und Weiß gekleidet und mit Spitzenhäubchen auf dem Kopf. Es gibt auch noch einen schummrig beleuchteten Speisesaal und eine alte, knarrende Bar. R1300

Sutherland

Der abgeschiedene Ort genießt den grimmigen Ruf, der kälteste Punkt des Landes zu sein und hat darunter in jedem Wetterbericht zu leiden. Am berühmtesten ist er aber für seinen klaren, unverschmutzten Himmel. Er gehört zu einer Handvoll Orte auf der Welt, von denen die Wissenschaftler in die Tiefen des Weltraums starren. Schauplatz des Ganzen ist das Observatorium (s. u.) – tatsächlich eine ganze Hügelkuppe voller riesiger silberner Kuppeln mit riesigen Teleskopen darunter, vor denen Experten aus aller Welt eiskalte Nächte damit zubringen, die Grenzen des menschlichen Wissens weiter auszudehnen. Das größte von diesen ist das SALT (das South African Large Telescope), das zweitgrößte Teleskop in der südlichen Hemisphäre.

Observatorium

18 km östlich von Sutherland ▪ Touren (vorausbuchen und unbedingt pünktlich sein!) Mo–Sa 10.30 und 14.30 Uhr (R60) ▪ Nachttouren Mo, Mi, Fr und Sa, Uhrzeit jahreszeitenabhängig (R80) ▪ Kurztouren (stdl., kein Vorausbuchen erforderlich) 9–15 Uhr (R60) ▪ ✆ 023-571 2436, 💻 www.saao.ac.za

Am informativen Besucherzentrum beginnen tagsüber Touren, die unter anderem zum riesigen SALT führen, einem extrem kostbaren, hinter dickem Glas geschützten Teleskop, das mit seinen 91 sechseckigen Spiegelsegmenten so leistungsstark ist, dass es eine auf dem Mond brennende Kerze orten könnte. Das Privileg, einen Blick durch das Teleskop zu werfen, ist allerdings den Wissenschaftlern des Observatoriums vorbehalten. Nur bei den Abendtouren erhalten die Teilnehmer Teleskope zum Durchschauen sowie einen interessanten Vortrag über die Sterne.

ÜBERNACHTUNG UND ESSEN

Halley se Kom Eet, Sterland Boerdery, 1 km vor dem Ortseingang von Sutherland an der R345, ✆ 023-571 1405. Bescheidener Coffeeshop, der Muffins und getoastete Sandwiches (R50) serviert. Abends gibt es ein Menü (R140, nur Reservierungen), das um 20 Uhr endet, sodass die Gäste noch am Astronomievortrag teilnehmen können. Vegetarisches Essen auf Vorbestellung. 🕒 Mo, Mi–Fr 9–16, Sa 9–12, plus Mo–Sa 18–20 Uhr.

Kambrokind B&B, 19 Piet Retief St, ✆ 023-571 1405, 💻 www.sutherlandinfo.co.za. Gemütliche und warme Zimmer im Haus des Hobby-Astronomen Jurg Wagener, der für seine Gäste Teleskope aufstellt und jeden Abend im nahe gelegenen Sterland Boerdery einen Vortrag dazu hält. Zum gleichen Preis bucht er auch Unterkünfte für Selbstversorger auf der Middelfontein Farm, die 1,3 km weiter auf der R354 liegt. R800

Karoo National Park

Zufahrtstor 2 km südlich von Beaufort West, Rezeption am Restcamp, 10 km hinter der Parkgrenze ▪ Eintritt R144 ▪ Tor 🕒 tgl. 5–22 Uhr ▪ Rezeption 🕒 tgl. 7–19 Uhr ▪ ✆ 023-415 2828, 💻 www.sanparks.org/parks/karoo

Die Schönheit des Karoo National Park liegt in seiner bergigen, kargen Landschaft und friedlichen Atmosphäre – zudem ist er ein idealer Zwischenstopp an der langen Strecke zwischen Johannesburg und Kapstadt.

In der Nähe des Hauptcamps gibt es ein **Besucherzentrum** und drei Wege: eine 11 km lange Tagesroute, einen kurzen, aber informativen Baumweg und einen fantasievollen Fossilienweg (auch für Rollstuhlfahrer geeignet, mit Tafeln in Blindenschrift), der die faszinierende 250 Millionen Jahre alte Geologie der Gegend dokumentiert und Fossilien ungewöhnlicher Tiere zeigt, die hier lebten, als die Karoo ein riesiger Binnensee war. Abgesehen von ein paar vereinzelten **Spitzmaulnashörnern** bleibt der Großwildbestand beschränkt. Allerdings leben hier einige eindrucksvolle Greifvögel wie der **Schwarzadler**.

ÜBERNACHTUNG

Main Rest Camp, 10 km hinter der Parkgrenze, ✆ 023-415 2828, www.sanparks.org/parks/karoo. 30 komplett ausgestattete Chalets und Cottages, alle mit schöner Aussicht auf die Karoo. In der Nähe gibt es auch einen Pool sowie einen Laden mit den wichtigsten Nahrungsmitteln und ein Restaurant. Übernachtungspreise sind inkl. Frühstück und Abendessen im Restaurant, das auch Tagesbesuchern offen steht. Der Campingplatz liegt versteckt hinter einer Anhöhe. Camping R215, DZ R1010

Matoppo Inn, Ecke Bird und Meintjies St, Beaufort West, ✆ 023-415 1055, www.matoppoinn.co.za. Elegante Zimmer mit Messingbetten und antiken Möbeln sowie moderner gehaltene Standardzimmer im ehemaligen *drostdy*, dem Magistratsgebäude des Orts. Der herrliche Garten ist eine grüne Oase in der kargen Karoo. Friedvolle Atmosphäre, Pool und den ganzen Tag über gutes Essen. R780

Das Overberg-Hinterland und die Whale Coast

Östlich des Weinlands erstreckt sich die vage eingegrenzte Region Overberg (in Afrikaans „über dem Berg"). Im 17. Jh., als Stellenbosch, Franschhoek und Paarl noch abgelegene Außenposten waren, betrachteten die holländischen Siedler alles dahinter als Niemandsland, das sich bis in die trockene Halbwüste der Karoo hineinzog.

Von den beiden Hauptrouten durch den Overberg führt die **N2** durch das Hinterland – vier bis fünf Fahrtstunden durch Schafweiden, Weizenfelder und Berge. Nördlich der N2 liegt **Greyton**, ein charmantes Dorf mit vielen Eichen, das von Kapstädtern als Wochenendziel genutzt wird und gleichzeitig Anfangspunkt der **Boesmanskloof Traverse** ist: ein sagenhafter zweitägiger Wanderweg über die Berge bis in die Karoo. Die historische Moravian (Herrnhuter) Missionsstation **Genadental**, zehn Minuten von Greyton die Straße hinunter, ist von einem seltsam afro-germanischen Ambiente geprägt. Hier kann man schön ein paar Stunden spazieren gehen.

Swellendam, das mit schmucken kapholländischen Gebäuden und einem hervorragenden Regionalmuseum glänzt, bietet sich als erster Übernachtungsstopp auf dem Weg zur Garden Route an.

Der Anziehungspunkt der Gegend ist die **Whale Coast**, die nahe genug für einen Ausflug von Kapstadt und doch überraschend unberührt ist. Eine Ausnahme bildet die gut besuchte Ortschaft **Hermanus**, die „Walbeobachtungs-Hauptstadt" von Südafrika. In der Tat eignet sich die gesamte Südküste des Kaps hervorragend zur Walbeobachtung vom Land aus.

An diesem Küstenabschnitt befindet sich auch **Cape Agulhas**, der südlichste Punkt des Kontinents, dessen zerrissene Felsspitze sich unspektakulär im Meer verliert. In der Nähe liegt das lohnenswertere **Arniston**, eines der am besten erhaltenen Fischerdörfer des Landes, und etwas weiter östlich das **De Hoop Nature Reserve**, eine aufregende Wildnis mit gebleichten Dünen, Felsküsten und noch mehr Walen.

Greyton

Der kleine Ort Greyton liegt am Rand der Riviersonderend (wörtl. „Fluss ohne Ende") Mountains und ist ein beliebtes Wochenendziel der Kapstädter. Den Ortskern bilden ein paar georgianische und viktorianische Gebäude, über die sich große alte Eichen erheben. Greyton lockt mit guten Gästehäusern, Cafés, Restaurants und Wanderwegen, ganz besonders mit der wunderbaren **Boesmanskloof Traverse**, die über die Berge zu einem 14 km von McGregor entfernten End- bzw. Anfangspunkt führt.

ÜBERNACHTUNG

Anna's Cottages, 1 Market St, ✆ 084-764 6012, www.greyton-accommodation.com. Gäste haben die Wahl zwischen einem Baumhaus mit Bad und lebendigem Baum mitten im Zimmer und 3 schönen Garten-Cottages für Selbst-

Caledon Spa

Als netter Ausflug von Kapstadt oder erholsamer Abstecher von der N2 locken die **Thermalquellen** des Caledon Spa and Casino, von der N2 ausgeschildert, ✆ 028-214 5100. Dort, wo die Khoi einst Schlammkuhlen hatten, bauten die Briten in viktorianischer Zeit ein Becken, das sie mit dampfendem, braunem Wasser füllten. Inzwischen ist daraus eine ganze Reihe von verschieden temperierten Becken geworden, in denen man es sich gutgehen lassen kann. Es gibt auch eine Dampf- und Trockensauna, Handtuch und Bademantel sind aber selbst mitzubringen. ◷ Di–So 10–19 Uhr, Eintritt R150.

versorger, alle mit schöner, eklektischer Einrichtung. Das große Mark Cottage hat 2 in Nischen eingebaute Doppelbetten, Kochstellen im Haus wie im Freien sowie Kamine und Lichterketten. Cottage R600, Baumhaus R800

High Hopes, 89 Main Rd, ✆ 028-254 9898, 💻 www.highhopes.co.za. Eines der besten B&Bs in einem schönen Landhaus. Es gibt 4 Zimmer sowie eine separate Einheit mit Küche (wahlweise Selbstverpflegung oder auf B&B-Basis). Großer Garten mit Pool. Im Angebot sind auch verschiedene Wellness-Behandlungen wie Massage sowie Fahrradverleih. R1100

ESSEN

Samstags bietet an der Main Rd, Ecke Market St (gegenüber der Kirche), ein kurzer (10–12 Uhr) **Markt** Biogemüse, fabelhaften und sehr preiswerten Käse, geradezu dekadenten Kuchen, Brote, Kekse und Konfitüren an.

Abbey Rose, Main Rd, ✆ 028-254 9470. Hübsch gelegen mit Tischen im Garten und an der Straße, entzückendem Rosengarten und herzhaftem, aber unkompliziertem Essen. Gut sind das Ochsenschwanzragout (R120) und der *malva*-Pudding (R36). ◷ Di 16–22, Do 11.30–15, Fr und Sa 11.30–15, 18–22, So 21–15 Uhr.

Oak and Vigne Café, DS Botha St, ✆ 028-254 9037. Äußerst beliebtes Restaurant in einem alten Cottage mit Terrasse unter Eichen. Brot und Croissants kommen täglich frisch aus dem Ofen, daneben gibt es noch warmes Frühstück (R50) und gute Cocktails, etwa den Greyton Mule (Vodka, Ginger Beer und Limette, R35). Der Service ist jedoch teilweise recht langsam. ◷ Mo–So 8–17 Uhr.

Peccadillo's, 23 Main Rd, ✆ 028-254 9066. Peccadillo's kocht mit stark mediterranem Einschlag und hat den Ruf des besten Restaurants der Stadt. Gut sind die regionalen Forellengerichte, der Schweinebauch und die Holzofenpizza (R82). Boutique-Weine sind hier der heiße Tipp: Der britische Inhaber ist Weinkenner. ◷ Do–Mo 12–15, 18.30–22 Uhr.

Searle's Trading Post, 36 Main Rd, ✆ 028-254 9550, 💻 www.searles.co.za. Kein anderes Lokal der Stadt hat so eine schöne Atmosphäre wie dieses riesige Etablissement. Drinnen wie draußen gibt es jede Menge Sitzgelegenheiten, einen Pub, verschiedenste Antiquitäten und Küchenutensilien (beides käuflich) sowie die eine oder andere Katze, die sich auf den Sofas aalt. Neben dem Feeling und der Optik stimmen auch das Essen und der Preis: Zur Auswahl stehen dünnkrustige Pizzas (R70) und Landessen wie gegrillter Schweinebauch mit Zwiebeln, grünen Bohnen und Süßkartoffel-Wedges (R95). ◷ im Sommer Di–Sa 9–22, So 9–17 Uhr.

INFORMATIONEN

Touristeninformation, 29 Main St, nach dem Ortseingang an der Hauptstraße, ✆ 028-254 9414, 💻 www.greyton.net. Hat Listen und Fotos vieler Selbstversorger-Cottages in der Region. ◷ Mo–Fr 8–17, Sa 9–14 Uhr.

TRANSPORT

Greyton liegt mit dem **Auto** 145 km von Kapstadt entfernt (2–2 1/2 Std.). Am besten fährt man gleich westlich von Caledon von der N2 ab und folgt der beschilderten und befestigten R406 etwa 30 km. Alle anderen Schilder nach Greyton ignorieren – sie führen über unbefestigte, schwierige Straßen.

Genadendal

Die Ortschaft Genadendal („Tal der Gnade") liegt 6 km von Greyton entfernt und existiert seit 1737. Gegründet wurde sie von Herrnhutern, und Teile der ocker- und erdrosafarbenen Architektur zeugen von mitteleuropäischem Einfluss. Den Mittelpunkt von Genadendal bildet der **Church Square**, der von einem germanischen Kirchenbau von 1891 beherrscht wird. Die alte Glocke stammt aus dem 18. Jh. und stand damals im Zentrum einer heftigen Auseinandersetzung. Damals gründete der Missionar Georg Schmidt mit den verarmten Khoi, die unmittelbar vom Niedergang bedroht waren, eine kleine christliche Gemeinde und bot den schlecht behandelten Arbeitern der hiesigen Farmen Zuflucht. Die Farmer waren erbost, zumal Schmidt den Afrikanern, die sie als unzivilisiert betrachteten, das Lesen und Schreiben beibrachte, während sie selbst als weiße Christen Analphabeten blieben. Die Niederländische Reformierte Kirche unter der Kontrolle der Niederländischen Ostindischen Kompanie griff ein, als Schmidt sich anschickte, die neuen Anhänger der Religion zu taufen: Sie untersagte der Mission das Läuten der Glocke, das die Gläubigen zum Gebet rief.

1838 errichtete die Mission hier das erste Ausbildungsinstitut des Landes für Lehrer, welches 1926 von der Regierung wieder geschlossen wurde – mit der Begründung, dass Coloureds keinen tertiären Bildungsbereich bräuchten und stattdessen als Arbeiter auf den örtlichen Farmen beschäftigt werden sollten. Diese Politik führte die Gemeinde geradewegs in die Armut. Im Jahre 1995 taufte Nelson Mandela seinen offiziellen Sitz in Kapstadt als Anerkennung für die bildungsrelevante Bedeutung der Mission in „Genadendal" um.

Die Boesmanskloof Traverse

Die 14 km lange Wanderung über die Boesmanskloof Traverse führt von den Straßen von Greyton über die Riviersonderend-Berge bis zum Karoo-Buschland um das Dorf McGregor (S. 221). Die beiden Städte sind nicht direkt durch Straßen miteinander verbunden. Die klassische Route über die Traverse beschreibt eine Wanderung von Greyton zu **Die Galg** (14 km von McGregor entfernt), wo die meisten die Nacht verbringen, um dann am folgenden Tag nach Greyton zurückzukehren. Auf der Strecke sind viele anstrengende Anstiege zu bewältigen; wer die gesamte Länge des Weges scheut, kann ab Greyton 9 km zu den **Oak Falls** marschieren, dem Glanzpunkt des Weges. Vor einem Ensemble mit mehreren Wasserfällen breitet sich ein eindrucksvoller, großer dunkler Pool aus. Hier kann man sich ausruhen oder schwimmen.

Praktische Informationen

Für die ersten 5 km des Wegs und zurück gibt es keinerlei Auflagen. Wer allerdings zu den Oak Falls gehen oder die gesamte Strecke von Greyton zu Die Galg zurücklegen möchte, braucht eine **Erlaubnis** (R40 p. P. und Tag): vorab bei der Touristeninformation in Greyton (S. 235) besorgen.

Swellendam

Swellendam präsentiert sich als attraktive historische Stadt am Fuß des Langeberg, 220 km von Kapstadt entfernt. Mit einem der besten Regionalmuseen von Südafrika eignet sich der Ort gut für einen Zwischenstopp entlang der N2 auf halber Strecke zwischen Kapstadt und der Garden Route. Angesichts der reichen Auswahl an Unterkünften und der schönen Lage – zwischen dem De Hoop Nature Reserve und dem Langeberg – stellt er einen guten Ausgangspunkt für ein oder zwei Erkundungstage in dieser Ecke der Overberg-Region dar, z. B. mit Abstecher in den nicht weit südlich hiervon gelegenen Bontebok National Park.

Die Stadt erstreckt sich zu beiden Seiten einer sehr langen Hauptstraße ohne jede Verkehrsampel. Am attraktivsten sind ihre beiden Enden, während in der Mitte eine nichtssagende Shoppingmeile liegt.

Am Ostende der Straße dominiert der Museumskomplex, der als eine Art Touristenzentrum dient.

Geschichte

Swellendam, Südafrikas **drittälteste weiße Siedlung**, wurde 1745 von Baron Gustav van Imhoff gegründet. Als hoher Vertreter der Niederländischen Ostindischen Kompanie zeigte er sich nach seinem Besuch zutiefst besorgt über die „moralische Degeneration" der *burgher*, die immer weiter von Kapstadt weg und somit aus dem Kontrollbereich der Kompanie zogen. Des Weiteren beunruhigte ihn der Verlust der Einkünfte durch diese „Vagabunden", die keine Steuerabgaben an die Kompanie für ihren Landbesitz zahlten.

Die Stadt wuchs zu einem blühenden ländlichen Zentrum heran und war bekannt als Wagenbaustandort sowie als letzter „zivilisierter Hafen" für die Trekburen auf ihrem Weg ins Landesinnere. Mit den erzielten Gewinnen errichteten die Bewohner zahlreiche erhabene Häuser, die jedoch im Jahr 1865 größtenteils einem Feuer zum Opfer fielen.

Oefeningshuis

36 Voortrek St

Das einzige Gebäude im Zentrum, das die Feuersbrunst von 1865 überdauert hat, ist das kapholländische Oefeningshuis. 1838 erbaut, fungierte es zunächst als religiöse Wirkungsstätte, später als Schule für befreite Sklaven. Bemerkenswert sind seine surreal wirkenden Uhren an den Giebelseiten mit ihren herausgemeißelten eingefrorenen Zeigern; auf der einen Seite befindet sich darunter eine echte Uhr.

Niederländische Reformierte Kirche

Voortrek St

Die imposante Niederländische Reformierte Kirche aus dem Jahre 1910 vereint gotische Fenster, eine barocke Turmspitze und kapholländische Giebel zu einem angenehm bunten Stilmix und zieht sonntags eine große Gemeinde an.

Drostdy Museum

18 Swellengrebel St ▪ ⌚ Mo–Fr 9–16.45, Sa und So 10–15.45 Uhr ▪ Eintritt R20

Im Osten der Stadt, unweit des Zentrums, liegt das ausgezeichnete Drostdy Museum. Es besteht aus einer Ansammlung historischer Gebäude, die um ein ausgedehntes Gelände angeordnet sind, und einem Kap-Garten aus dem 19. Jh. Kernstück ist die Drostdy selbst, die 1747 als Sitz des Landdrost (eine Art Landvogt) erbaut wurde. Dieser war von der Niederländischen Ostindischen Kompanie entsandt worden, um das Gebiet zu kontrollieren. Das Gebäude entspricht dem getünchten, strohgedeckten und mit Läden versehenen kapholländischen Stil des 18. Jhs., die Einrichtung dagegen stammt aus dem 19. Jh.

Ausreiten in Swellendam

Am Ostrand der Stadt bietet **Two Feathers Horse Trails**, ✆ 082-494 8279, 💻 www.swellendambackpackers.co.za, im sicheren und komfortablen Westernsattel gute Reitausflüge in die Wälder und Berge des Marloth-Reservats (1 1/2 Std., R350, Tagesausflüge für erfahrene Reiter R1500).

ÜBERNACHTUNG

Augusta de Mist, 3 Human St, ✆ 028-514 2425, 💻 www.augustademist.co.za. Ein 200 Jahre altes Anwesen mit 3 liebevoll renovierten Cottages, 2 Gartensuiten und einer Wohneinheit für Familien, alle luxuriös und schick, mit feinem Baumwollbettzeug. Weitläufiger Terrassengarten und Pool. Angeschlossen ist ein gutes Restaurant, für das reserviert werden muss. R1200

Cypress Cottage, 3 Voortrek St, ✆ 028-514 3296, 💻 www.cypress-cottage.co.za. 7 günstige, reizende Zimmer mit antiken Möbeln. Das großartige Haus ist eines der ältesten der Stadt und gehört einem hervorragenden Gärtner. R700

Eenuurkop Huisie, 8 km außerhalb an der Ashton Rd, ✆ 028-514 1447, 💻 www.eenuurkop.co.za. 2 Cottages zur Selbstverpflegung mit 1 bzw. 3 Schlafzimmern in atemberaubender Umgebung mit Zugang zu Bergwanderwegen. R800

Hermitage Huisies, 3 km außerhalb an der R60 nach Ashton, ✆ 028-514 2308 oder 082-380 2080, 💻 www.wildebraam.co.za. 2 restaurierte Arbeiter-Cottages zur Selbstverpflegung für 4 bzw. 5 Pers. sowie ein Apartment für 2 Pers.

auf einer Beerenfarm mit Ententeich, Schafweiden und Pferden. Ideal für Familien. Auf der Nachbarfarm **Wildebraam** (gleicher Kontakt) gibt es 2 weitere, schickere Cottages. Reitausflüge in die Berge sind möglich, im Nov und Dez kann man Beeren pflücken. Wildebraam bietet außerdem Likörverkostungen. R530

Lulu's B&B, 10 Voortrek St, ✆ 028-514 2202 oder 082-343 4648. Gut geführtes B&B in zentraler Lage. 3 Zimmer mit Bad sowie 1 Apartment für Selbstversorger mit 8 Betten. Die günstigste Unterkunft der Stadt und daher eher schlicht. R400

Swellendam Backpackers, 5 Lichtenstein St, ✆ 028-514 2648 oder 082-494 8279, 💻 www.swellendambackpackers.co.za. Swellendams einziges Hostel ist eine freundliche Herberge in günstiger Lage zum Marloth Nature Reserve und zum Drostdy Museum. Großer Campingplatz, Dorm-Betten und anständige DZ. Das Personal organisiert Aktivitäten wie Ausritte und Permits für Wanderungen im Marloth-Reservat. Kinder sind willkommen; es gibt reichlich Platz zum Austoben. Für die Erwachsenen gibt's eine Bar. Dorm R130, DZ R410

Swellendam Country Lodge, 237 Voortrek St, ✆ 028-514 3629, 💻 www.swellendamlodge.com. 6 Gartenzimmer mit separatem Eingang, Schilfrohrdecke und elegantem Dekor in gedeckten Tönen. Für Sommertage gibt's eine Veranda, einen Pool und einen gepflegten Garten. R960

ESSEN

De Companjie, 5 Voortrek St, ✆ 083-399 0299, 💻 www.decompanjie.co.za. Das Lokal im schönen historischen Bau ist gleichzeitig ein Gästehaus. Serviert werden Frühstück, mittags Salate, gute Nachmittagsimbisse und herzhaftes Abendessen wie Steak (R130) und Wild. ◷ Mi–Sa 9–21, So 12–21 Uhr.

The Old Gaol Coffee Shop, Church Square, 8a Voortrek St, ✆ 028-514 3847. Tolles Lokal mit Sitzplätzen drinnen und draußen, Milchtorte aus der Kupferform (R40) und *roosterkoek* – traditionell auf offenem Feuer zubereitetem Brot mit leckeren Füllungen. ◷ Mo, Di, Sa und So 8.30–17, Mi–Fr 8.30–22 Uhr.

Woodpecker Deli, 270 Voortrek St, ✆ 028-514 2924. Entspanntes, günstiges Restaurant, das anstelle der traditionell südafrikanischen Küche leckere Pizza (R80), Pasta, Suppen und Burger auf der Karte hat. ◷ Mo–Sa 11.30–21, So 11.30–17 Uhr.

INFORMATIONEN

Touristeninformation, 22 Swellengrebel St, in einem der Museumsgebäude, ✆ 028-514 2770, 💻 www.swellendamtourism.co.za. ◷ Mo–Fr 9–17, Sa und So 9–14 Uhr.

TRANSPORT

Auto

Swellendam liegt 220 km von Kapstadt (ca. 3 Std. Fahrt auf der N2) und 533 km von Port Elizabeth (7 Std. auf der Garden Route) entfernt.

Busse

Fernbusse, darunter auch die von Baz Bus, verkehren zwischen KAPSTADT und PORT ELIZABETH über Swellendam. Die Haltestelle ist im Zentrum am Swellengrebel Hotel.

Bontebok National Park

6 km südlich von Swellendam am Breede River ▪ ◷ tgl. Mai–Sep 7–18, Okt–April 7–19 Uhr ▪ Eintritt R80, Übernachtungsgäste frei ▪ ✆ 028-514 2735, 💻 www.sanparks.org/parks/bontebok

Der Bontebok National Park, ein kompaktes 28 km² großes Naturschutzgebiet am Fuße der Langebergkette, ist ein erholsamer Übernachtungsstopp zwischen Kapstadt und der Garden Route. Den Park errichtete man 1931, um den schwindenden Bestand der Buntböcke (eine Antilopenart mit braun-weißen Markierungen auf der Stirn und dem Hinterteil) zu schützen. Im Jahre 1930 hatte sich die Zahl der Tiere durch die Jagd in dem Gebiet auf 30 verringert. Ihr Fortbestand wurde inzwischen gesichert und heute leben 300 Buntböcke im Park und noch mehr in weiteren Wild- und Naturparks der Provinz.

Große Katzen kommen hier nicht vor, dafür trifft man unter Umständen auf andere **Säuger**, wie das seltene Kap-Bergzebra, die rote Kuhantilope und die Rehantilope, sowie auf mehr als 120 **Vogelarten**. Auch die **Fynbos-Vegetation** zeigt sich mit nahezu 500 Arten vielfältig, darunter Erika, Gladiolen und Proteen. Neben der **Wildbeobachtung** kann man im Park noch anderen Aktivitäten nachgehen: **Schwimmen** im Breede River, **Wandern** auf einigen kurzen Naturwegen und **Fischen**.

ÜBERNACHTUNG

Bontebok National Park, ✆ 028-514 2735, 💻 www.sanparks.org/parks/bontebok. Selbstversorgerunterkunft mit 10 voll ausgestatteten Chalets, die besten mit Flussblick. Es gibt auch einen Campingplatz mit sehr gepflegten Sanitäranlagen; Stellplätze ohne Elektrizität sind billiger. Camping R220, Chalet R910

Pringle Bay und Betty's Bay

Die Fahrt entlang der Küste auf der R44 von Kapstadt nach Hermanus ist wahrlich spektakulär und zählt zu den schönsten Strecken im Land, auch wenn eine Reihe ziemlich unattraktiver, immer weiter wuchernder Bungalowsiedlungen auch in **Pringle Bay** und **Betty's Bay** die Landschaft verschandeln. Hauptgrund für einen Stopp in Betty's Bay sind der botanische Garten (s. u.) und seine Kolonie von Brillenpinguinen (engl. *African* oder *Jackass Penguins*) in der **Stony Point Penguin Colony**, die man vom gut ausgeschilderten Holzsteg beobachten kann. ⏲ Sonnenauf- bis Sonnenuntergang, Eintritt R20.

Harold Porter National Botanical Garden

Abseits der R44 in Betty's Bay ▪ ⏲ Mo–Fr 8–16.30, Sa und So 8–17 Uhr ▪ Eintritt R20 ▪ ✆ 028-272 9311

Der Harold Porter National Botanical Garden ist ein Wildschutzgebiet mit Küsten- und Bergfynbos, das sich gut als Zwischenstopp entlang der R44 eignet – und sei es nur, um zu picknicken oder das Café zu besuchen.

Verlockend sind die landschaftlichen Reize und Blicke aufs Meer auf dem Weg die *kloof* hinauf. Der relativ kompakte botanische Garten dehnt sich von den Bergen durch Sumpfland hinunter zu den Dünen an der Küste über 2 km^2 aus. Je höher man kommt, desto häufiger sieht man das Meer sowie landeinwärts die zerklüftete Bergwelt.

Zwar leben **Antilopen**, **Paviane** und **Leoparden** im Park, zu Gesicht bekommt man sie jedoch nur selten. Lohnenswerter ist es, nach Vögeln und Blumen Ausschau zu halten. Vier Wege zwischen einer und drei Stunden führen durch den Garten. Ebenso empfehlenswert ist ein improvisierter Spaziergang an den rotgefärbten Gewässern (verursacht durch Phenol und Tannin aus dem Fynbos) entlang der Disa Kloof.

ÜBERNACHTUNG UND ESSEN

Hook, Line and Sinker, ab Pass Rd, Pringle Bay, ✆ 028-273 8688. Ein Ehepaar kocht hier im eigenen Wohnhaus das beste Essen weit und breit. Auf der Speisekarte stehen nur Fisch der Saison und Steak, zubereitet über offenem Feuer von Stephan, der auf viele Jahre als Tiefseetaucher an der Westküste zurückblickt. Die Preise sind moderat, und besseren Fisch bekommt man nirgends im Land zu essen. Wer will, kann auch fangfrischen Fisch kaufen, um ihn daheim zuzubereiten (R70). Reservierung unerlässlich. ⏲ Mo 19 Uhr bis spät, Di–So 12–17 und 19 Uhr bis spät.

Moonstruck on Pringle Bay, 264 Hangklip Rd, Pringle Bay, ✆ 028-273 8162, 💻 www.moonstruck.co.za. Das romantische und modern-feudale Gästehaus bietet 4 große Zimmer mit Balkon und Meerblick. Vom Haus ist es nur ein kurzer Spaziergang zu einer Bucht mit guten Bademöglichkeiten. R1700

Hermanus

Am Nordzipfel der sich nach Süden hin zur Landspitze Danger Point erstreckenden Walker Bay, 112 km östlich von Kapstadt, liegt **Hermanus**. Hinter dem Städtchen ragt eine eindrucksvolle Bergkulisse empor, und in den wärmeren Gewässern vor der schroffen Felsenküste der geschützten Bucht tummeln sich in den Wintermonaten (ungefähr ab Juli) **Südkaper**, auch Südliche Glattwale genannt (Kasten S. 240) die dort ihre Jungen zur Welt bringen. Daher bezeichnet sich Hermanus stolz

Southern Right Whales: die Südkaper

© DUMONT BILDARCHIV / TOM SCHULZE

An den Küsten Südafrikas ziehen alle neun Walarten der südlichen Hemisphäre vorbei. Am häufigsten rings um Kapstadt trifft man auf die Southern Right Whales. Die **Südkaper** aus der Antarktis sind schwarz und an ihren hellen, bräunlichen Verhornungen gut zu erkennen. Das Muster dieser Flecken an Kopf und Maul ist bei jedem Tier anders, dies hilft Walforschern, den Werdegang einzelner Wale zu verfolgen.

Die Weibchen suchen geschützte Meeresbuchten auf, wo sie ihre Jungen zur Welt bringen, die sie dort bis zu drei Monate lang säugen und alleine aufziehen. Die beste Zeit zum Walebeobachten ist von **August bis Oktober**, doch die ersten kommen schon im Juni und manche bleiben bis Anfang Dezember. Wenn die Kälber groß genug sind, ziehen die Wale wieder nach Süden, in die kälteren, stürmischeren Gewässer, wo sie Unmengen an Plankton vertilgen, denn während der Säugezeit nehmen die Weibchen keinerlei Nahrung zu sich. Seltener bekommt man hingegen die Männchen zu Gesicht, doch zu Beginn der Saison sieht man manchmal einen, der mit viel Getöse um die Weibchen herum planscht. Männliche Wale gehen keine längerfristige Bindung zu einem Weibchen ein. Wale „verraten" ihre Anwesenheit durch die hohe **Wasserfontäne**, die sie beim Ausatmen kurz vor dem Auftauchen ausstoßen. Wer Glück hat, kann sogar Wale **springen** sehen.

als die **Wal-Metropole** Südafrikas und hat zum Beweis dafür den wohl einzigen offiziellen Wal-Ausrufer angestellt, der mit einem Handy und einem Muschelhorn durch den Ort zieht und die Stellen ausruft, an denen gerade Wale gesichtet worden sind. In der letzten Septemberwoche gibt es sogar ein **Walfestival**, wo die Stadt vom Umweltvortrag bis zur klassischen Musik alles auf die Bühne bringt, was auch nur irgendwie mit Walen zusammenhängt. Infos findet man unter 💻 www.whalefestival.co.za.

In der Umgebung der alten Hafenmole ist noch ein Hauch des ehemaligen friedlichen Fischerdorfes zu verspüren, ansonsten hat sich Hermanus fast ganz dem Geschäft mit dem Waltourismus verschrieben. Vom alten Hafen führt ein Klippenpfad fast 5 km von Küsten-Fynbos begleitet zum Grotto Beach in den östlichen Vororten, und von diesem Pfad kann man Wale beobachten.

Die **Main Road**, die Verlängerung der R43, windet sich durch Hermanus, heißt dort ein Weilchen Seventh Street und geht anschließend wieder in die R43 über. Als Ortszentrum gilt der **Market Square**, der oberhalb des alten Hafens südlich der Main Street liegt und die dichteste Konzentration von Restaurants, Souvenirgeschäften und Flohmärkten aufzuweisen hat.

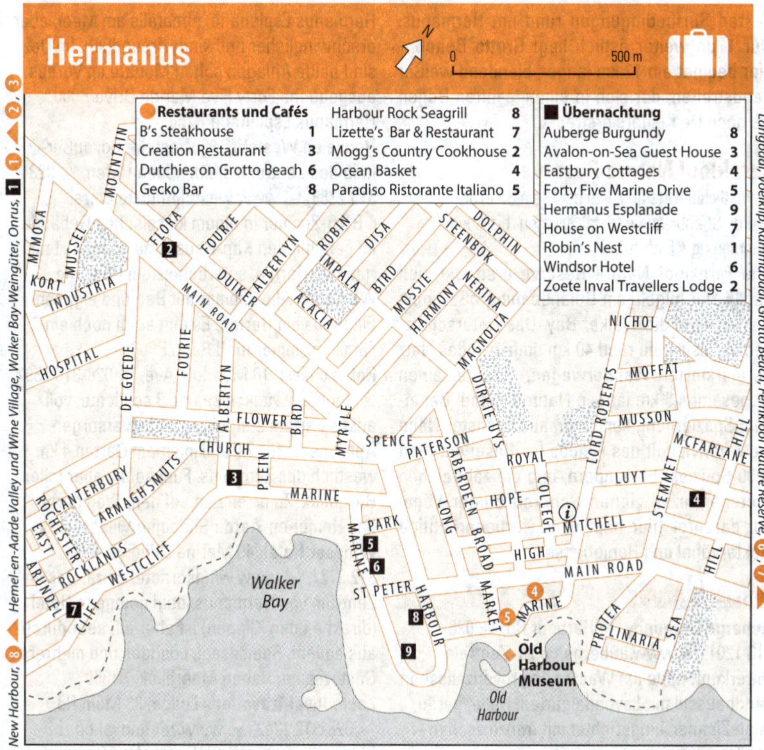

Old Harbour Museum

Am alten Hafen ▪ ⌚ Mo–Sa 9–16.30, So 12–16 Uhr ▪ Eintritt R20

Die ausgestellten Gerätschaften und Haikiefer machen den Besuch des Museums nicht gerade zu einem Erlebnis der Extraklasse, ganz hübsch ist es aber draußen, wo im winzigen Hafen ein paar farbenfrohe Boote zu sehen sind, mit denen hiesige Fischer ab Mitte des 18. Jhs. bis zur Mitte des 19. Jhs. aufs Meer fuhren.

New Harbour

Ein paar Kilometer westlich der Stadt an der Westcliff Rd

Der von steilen Felshängen eingerahmte New Harbour ist ein betriebsamer Fischereihafen. Manchmal schwimmen die Wale ins Hafenbecken hinein, und dann gibt es keine angenehmere Aussichtsstelle als das Harbour Rock (S. 243).

Strände

Gleich unterhalb des Marine Hotels am Marine Drive bietet ein herrliches **Meeresschwimmbecken** die einzige Gelegenheit zu einem Bad an der schroffen Küste des Stadtzentrums. Wer einen **Badestrand** sucht, muss sich in die östlichen Vororte begeben. Am nächsten zur Stadt liegt die geschützte **Langbaai**, eine kleine Bucht unter Felsüberhängen am unteren Ende der Sixth Avenue. Dort gibt es einen schmalen Strandstreifen und ausgezeichnete Möglichkeiten zum Schwimmen. **Voelklip**, am Fuß der Eighth Avenue, verfügt über Grasflächen (toll für ein Picknick), Toiletten und ein Café. Die angrenzende **Kammabaai** bietet die besten Surfbedingungen rund um Hermanus. Nur 1 km weiter östlich liegt **Grotto Beach** – hier beginnt ein 12 km langer, blendend weißer Sandstreifen, der sich in einem sanften Bogen bis nach De Kelders erstreckt.

Fernkloof Nature Reserve

Am östlichen Ortsrand, von der Main Rd in die Theron St abbiegen ▪ ⌚ tgl. Morgen- bis Abenddämmerung ▪ Eintritt frei

Das Fernkloof Nature Reserve erstreckt sich auf 15 km² hügeligem Gelände mit großartigem Ausblick auf die Walker Bay. Das Naturschutzgebiet besitzt ein rund 40 km umfassendes Netz an markierten **Wanderwegen**, darunter einen insgesamt 4,5 km langen Naturlehrpfad. Bei einem Spaziergang kann man aus nächster Nähe die Artenvielfalt des Fynbos (im Reservat: rund 1000 Spezies) bewundern, und die zahlreichen Blütenpflanzen ziehen Scharen bunter Vögel an, darunter hier heimische, farbenprächtige Nektarvögel und Honigfresser.

ÜBERNACHTUNG

Auberge Burgundy, 16 Harbour Rd, ✆ 028-313 1201, 🖳 www.auberge.co.za. Zentrale Unterkunft nahe am Wasser im provenzalischen Landhausstil mit Lavendelgarten. Helle, geräumige Zimmer, eingerichtet mit französischen Stoffen. R1400

Avalon-on-Sea Guest House, 1 Marine Drive, ✆ 028-312 1258, 🖳 www.avalononsea.co.za. Das Haus am Meer liegt in Laufnähe zum Zentrum und direkt am Küstenpfad. Von den 5 Zimmern haben 3 Meerblick. Komfortabel, aber nicht unbedingt stilvoll. R900

Eastbury Cottages, 36 Luyt St, ✆ 028-312 1258, 🖳 www.eastburycottage.co.za. 4 sehr preiswerte, voll ausgestattete Cottages in Zentrumsnähe. Preise je nach Gruppengröße. Frühstück R70 extra. R580

Forty Five Marine Drive, 45 Marine Drive, ✆ 028-312 3610, 🖳 www.45marinehermanus.com und www.hermanusesplanade.com. Unterschiedliche Selbstversorger-Apartments in Klippenlage mit traumhafter Aussicht über die Bucht. Es gibt auch ein paar Backpacker-Apartments, Maisonette-Einheiten und Cottages ein Stück weiter die Marine Drive entlang an der Hermanus Esplanade, ebenfalls am Meer, aber erschwinglicher und kinderfreundlich. Im Dez sind beide Anlagen schon Monate im Voraus ausgebucht. Forty Five Marine Drive R900, Hermanus Esplanade R250

House on Westcliff, 96 Westcliff Rd, außerhalb des Zentrums beim neuen Hafen, ✆ 028-313 2388, 🖳 www.westcliffhouse.co.za. 6 B&B-Zimmer in einem klassischen Gebäude im gemütlichen Kap-Baustil mit geschütztem, ruhigem Garten, solarbeheiztem Pool und Whirlpool. Alle Zimmer mit Bad und eigenem Eingang vom Garten. Es gibt auch noch ein Familienzimmer für 3 Pers. R900

Robin's Nest, 10 Meadow Ave, ✆ 028-316 1597, ✉ leonie.b@telkomsa.net. 3 schlichte, voll ausgestattete 2-stöckige Selbstversorger-Apartments für 2 Pers. in einem Garten 4 km westlich des Zentrums. Funktional, aber toller Bergblick. Zu erreichen auf dem Weg durch das Hemel-en-Aarde Shopping Village. R680

Windsor Hotel, 49 Marine Drive, ✆ 028-312 3727, 🖳 www.windsorhotel.co.za. Das im Zentrum von Hermanus ideal gelegene Hotel (direkt an den Klippen) ist eher alt, aber durchaus beliebt. Speisesaal, Lounges und mehrere Gästezimmer haben Meerblick. R1360

Zoete Inval Traveller's Lodge, 23 Main Rd, ✆ 028-312 1242, 🖳 www.zoeteinval.co.za. Ruhiges, entspanntes Hostel ohne Partyrummel mit Dorms, DZ und Familienzimmern. Dazu Extras wie guter Kaffee, Jacuzzi (selbst im Regen wunderbar!) und ein Kamin. Die Betreiber organisieren Beistellbetten für Babys, Touren und Ausflüge sowie den Transport von und zur Baz-Bus-Haltestelle in Bot River. Dorm R120, DZ R400, Familienzimmer R750

ESSEN

Am Meer ist natürlich Seafood die erste Wahl, und viele Restaurants bieten es an, wenngleich das Essen hinter der Aussicht meist zurücksteht. An Sommerwochenenden weit im Voraus buchen. Als Alternative hat das nahe gelegene Weintal Hemel-en-Aarde westlich der Stadt ein paar gute Restaurants. Der Hafen von Hermanus ist die richtige Adresse für Fish and Chips, während es an den Hermanus Cricket Grounds, 🖳 www.hermanus.co.za/hermanus-

4 HIGHLIGHT

Walbeobachtung: vom Land, auf dem Meer, aus der Luft

In kaum einer anderen Gegend der Welt lassen sich Wale so gut beobachten wie am Südkap. In der richtigen Saison sind die Wale problemlos schon vom Land aus zu sehen.

Aussichtspunkte an Land

Den besten Blick bieten die Klippen von **Hermanus**, die die Küste von New Harbour bis Grotto Beach säumen. An den drei begehrtesten Beobachtungsstellen (Gearing's Point, Die Gang und Bientang's Cave) sind Informationstafeln aufgestellt. Wenn es ganz hoch her geht, stehen die Betrachter in Zweier- oder Dreierreihen.

Manche Kenner der Szene schwören auf **De Kelders** (S. 247), 39 km östlich von Hermanus, für andere ist das **De Hoop Nature Reserve** (S. 250) östlich von Arniston der ultimative Beobachtungsplatz an der gesamten südafrikanischen Küste.

Bootsausflüge

Wer die Tiere lieber vom Meer aus sehen will, hat in Hermanus mehrere Anbieter zur Auswahl. Die Boote müssen 50 m Abstand zu den Walen halten, schwimmt jedoch ein Wal von sich aus auf das Boot zu, darf es bis zu 20 Minuten stehen bleiben und zusehen.

Hermanus Whale Cruises, ✆ 028-313 2722, 💻 www.hermanus-whale-cruises.co.za, nimmt von Juni bis Dezember 87 Passagiere vom New Harbour mit (4x tgl., 2 Std., R650).

Etwas weiter die Walker Bay entlang in Kleinbaai bieten **Marine Dynamics and Dyer Island Cruises**, ✆ 028-384 0406, 💻 www.whalewatchsa.com, Fahrten mit einem Meeresbiologen an (tgl. 9.15, 11.45 und 14.15 Uhr, 2 1/2 Std., R900).

Aus der Luft

Dies ist möglicherweise die ultimative Variante der Walbeobachtung.

Evan Austin in Hermanus, **African Wings**, ✆ 028-312 2701, 💻 www.africanwings.co.za, fliegt im Kleinflugzeug über die Bucht, um Wale, Delphine, Haie und andere Meerestiere zu sehen (max. 3 Pers., 1/2 Std. für R3200, 1 Std. für R6000) und geben in der Saison eine Sichtungsgarantie mit der Chance, auch Mütter mit Kälbern zu beobachten.

market, tollen Käse vom Bot River sowie frische Pasta, Pesto, Muffins, Hummus und Backwaren gibt. 🕒 Sa 8–12 Uhr.

Hermanus

Dutchies on Grotto Beach, 10th Ave, Grotto Beach, Voelklip, ✆ 028-314 1392, 💻 www.dutchies.co.za. Das einzige Restaurant am Strand ist ziemlich gut. Die Speisekarte ist nicht besonders holländisch, dafür sind Management und Bedienung tipptopp. Die Preise sind fair: Ein gesundes Frühstück (heißes Getränk, frisch gepresster O-Saft, Fruchtsalat, griechisches Joghurt und Müsli) kostet nur R50, ein holländisches Käsesandwich R52. Reservieren ist eine gute Idee, vor allem, wenn man draußen sitzen will. 🕒 tgl. 8–21 Uhr.

Gecko Bar, New Harbour, ✆ 028-312 2920. Die große, laute Bar hat einen großartigen Meerblick und serviert tolle Cocktails (R30–50), Pizzas und Burger. Sie ist immer voll und hat manchmal Livemusik (Rauchen erlaubt). 🕒 tgl. 12.30 Uhr bis spät.

Harbour Rock Seagrill, New Harbour, ✆ 028-312 2920. Das belebte und relativ gehobene Restaurant serviert Seafood mit unglaublichem Ausblick. Zwei Favoriten sind das Risotto mit Meeresfrüchten und der regional gefangene Kabeljau (beide R135). ⌚ tgl. 12.30–15, 18.30–22 Uhr.

Lizette's Bar & Restaurant, 20 8th St, Voelklip, ✆ 028-314 0308, 💻 www.lizetteskitchen.com. Großes, renoviertes Haus mit vielen Tischen im Freien, einem Spielplatz für Kinder, Wasserschüsseln für Hunde und gemütlichem Interieur. Hier sorgt die renommierte Küchenchefin Lizette Crabtree für Furore: Aus Asien hat sie ein Repertoire an leckeren Nudelgerichten und Suppen wie der vietnamesischen Pho Bo (R60) mitgebracht. Es gibt aber auch Marokkanisches und südafrikanische Favoriten. Auch zum Mitnehmen. ⌚ Mo–Do 9–22, Fr und Sa 9–23, So 9–16 Uhr.

Ocean Basket, Fashion Square, 137 Main Rd, ✆ 028-312 1313. Das beliebte Restaurant ist Teil einer günstigen und zuverlässig guten Seafood-Kette. Neben einer fantastischen Lage hat es Fish and Chips sowie eine Meeresfrüchteplatte für 2 Pers. (R220) zu bieten. ⌚ tgl. 11.30–14.30, 18–21 Uhr.

Paradiso Ristorante Italiano, 83 Marine Drive, ✆ 028-313 1153. Der zuverlässige Italiener zwischen diversen Touristenlokalen in Wassernähe bietet neben leckerer Pizza (R80) und Pasta auch Meeresfrüchte und Huhn. Mittags hat die Pizza nur 2 Zutaten und ist billiger (R60). ⌚ tgl. 11–21 Uhr.

Hemel-en-Aarde

B's Steakhouse, Hemel-en-Aarde Village, 5 km von Hermanus an der R43, ✆ 028-316 3625. Freundliches, echtes Steakhouse mit hervorragendem Rindfleisch (R130) und einer tollen Weinkarte. Kinderfreundlich, viele Stammgäste. ⌚ Di–So 18.30–22 Uhr.

Creation Restaurant, Hemel-en-Aarde Valley, 23 km von Hermanus entfernt an der R320 nach Caledon, ✆ 028-212 1107, 💻 www.creationwines.com. Fabelhaftes Restaurant – modern, elegant und trotzdem informell – bei denen die Tische drinnen wie draußen auf Fynbos-bewachsene Berge blicken. Antipasti und Kanapees sind himmlisch und das Essen ist perfekt auf die Weine abgestimmt (Verkostung mit Wein und Essen R125). Auch Kinder kommen auf ihre Kosten, mit einem eigenen Verkostungsmenü, das 5 Gänge mit passenden Überraschungsgetränken kombiniert (R75). ⌚ tgl. 11–16 Uhr.

Mogg's Country Cookhouse, Hemel-en-Aarde Valley, 12 km von Hermanus an der R320 Richtung Caledon, ✆ 076-314 0671, 💻 www.moggscookhouse.com. In einem Farm-Cottage im Hinterland mit wunderbarem Blick übers Tal. Gemütlich und immer voll. Das köstliche Angebot richtet sich danach, was den Köchinnen Jenny Mogg und Tochter Julia gerade in den Sinn kommt, etwa gebratener Fisch auf rotem Paprikarisotto oder Hühnerbrust mit mariniertem Mozzarella, Kirschtomaten und Pesto (R90–125). Reservierung erforderlich. Kinder willkommen. ⌚ Mi–So 12–14.30 Uhr.

INFORMATIONEN

Touristeninformation, im alten Bahnhofsgebäude an der Mitchell St, ✆ 028-312 2629. Das hilfsbereite Büro verteilt Landkarten und nützliche Broschüren und bucht Zimmer, Walbeobachtungstouren und Haifischkäfig-Tauchtrips. ⌚ Sep–Apr Mo–Sa 8–18, Mai–Aug 9–17 Uhr.

TRANSPORT

Auto

Von Kapstadt aus führt die direkteste Route nach Hermanus (125 km) über die N2, dann in Bot River auf der R43 Richtung Süden (1 1/2 Std.). Die kurvige Straße verlässt die N2 unmittelbar vor dem Sir Lowry's Pass, folgt ab Strand der Küste und ist eine der schönsten Küstenfahrten in Südafrika (2 Std.).

Busse

Der **Baz Bus**, ✆ 021-422 5202, 💻 www.bazbus.com, von CAPE TOWN und PORT ELIZABETH hält am Bot River, 34 km nordöstlich von Hermanus an der R43, wo man sich von seinem Hostel abholen lassen kann. Zwei Shuttles – **Bernadus**, ✆ 028-316 1093 oder 083-658 7848, und **Splash**, ✆ 028-316 4004 – befahren ebenfalls die Route zwischen HERMANUS und CAPE TOWN (1 1/2 Std.), allerdings nur auf Anfrage, sodass im Voraus gebucht werden muss (einfache Fahrt von Kapstadt Zentrum R400 p. P.).

Stanford

Östlich von Hermanus führt die R43 um die schöne Klein River Lagoon herum landeinwärts, vorbei an dem malerischen, am Flussufer gelegenen Stanford. Das alte Dorf aus dem Jahre 1857 ist zur beliebten Zufluchtsstätte Ruhe suchender Künstler geworden.

Den eigentlichen Reiz von Stanford macht jedoch die schlichte **viktorianische Architektur** des Ortes aus: Entlang der Dorfstraßen reihen sich strohgedeckte, weiß getünchte Häuser und aus Sandstein erbaute Cottages sowie die anglikanische Kirche.

Die nördliche Begrenzung der Stadt bildet der hübsche **Klein River**, wo sich im raschelnden Schilf am Flussufer zahlreiche Vögel tummeln, darunter der farbenfrohe Malachitfischer.

Birkenhead Brewery

Gegenüber von Stanford an der R43 auf die R326 abbiegen ▪ Bier- und Weinverkostung tgl. 11–17 Uhr ▪ Mittagessen Mi–So 11–16 Uhr ▪ ✆ 028-341 0013, 💻 www.walkerbayestate.co.za

Die Brauerei bezeichnet sich zwar als „craft brewery estate", ist jedoch ein blitzsauberer, moderner Betrieb. Hier kann man ein zünftiges Kneipenessen verspeisen oder die leckeren Manufaktur-Biere und -Weine probieren.

ÜBERNACHTUNG

B's Cottage, 17 Morton St, ✆ 028-341 0430, 💻 www.stanford-accommodation.co.za. Häuschen mit Strohdach für Selbstversorger. 2 Betten im Obergeschoss und Schlafsofa im Wohnzimmer in einer gepflegten Gartenanlage. Zentral und beliebt, weit im Voraus buchen! R600

Klein River Cottage, 7 km von Stanford, an der R326, ✆ 028-341 0693, 💻 www.kleinrivercheese.co.za/cottage.php. Charmantes viktorianisches Cottage auf der Klein River Cheese Farm, direkt am Fluss mit 3 Zimmern, 2 Bädern und

WESTKAP

Weinroute 320

Auf ihrem Weg durch das Hemel-en-Aarde-Tal führt die **Wine Route 320** vorbei an mehreren kleinen Weingütern entlang der R320 nach Caledon, die 2 km westlich von Hermanus von der Küstenstraße abzweigt. Diese Winzer produzieren einige von Südafrikas **Spitzenweinen** und ein Besuch lohnt sich allein schon wegen der erstklassigen Tröpfchen und intimen Verkostungsräume mit Blick auf die buschbewachsenen Berge weiter im Landesinneren. Das Anbaugebiet bezeichnet man auch oft als „Walker Bay", nach der nahe gelegenen Küste, deren Meeresbrise die Rebsorten und Weine beeinflusst.

Hamilton Russell Winery, 8 km entlang der R320, ✆ 028-312 3595, 💻 www.hamiltonrussellvineyards.com. Vom ältesten Weingut der Walker Bay kommen einige der kostspieligsten Weine Südafrikas. Am bekanntesten sind der Pinot Noir und der Chardonnay. 🕒 Mo–Fr 9–17, Sa 9–13 Uhr.

Bouchard Finlayson, 10 km entlang der R320, ✆ 028-312 3515, 💻 www.bouchardfinlayson.co.za. Dieses Gut genießt ebenfalls einen ausgezeichneten Ruf und hat ein größeres Weinsortiment, darunter der Blanc de Mer, ein trockenes Weißwein-Cuvée und der preisgekrönte Galpin Peak Pinot Noir, der an den Hängen des Galpin Peak wächst. 🕒 Mo–Fr 9.30–17, Sa 9.30–12.30 Uhr.

Ataraxia Wines, 19 km die R320 entlang, ✆ 028-212 2007, 💻 www.ataraxiawines.co.za. Das moderne Weingut ist noch relativ jung und hat seinen Verkostungsraum wie eine Kapelle eingerichtet – ein würdiger Tempel für seine himmlischen Weine. 🕒 Mo–Fr 9–16, Sa 10–17 Uhr.

Creation, 23 km von Hermanus entfernt an der R320, ✆ 028-212 1107, 💻 www.creationwines.com. Das beste unter den hiesigen Weingütern hat fantastische Weine und ist bekannt für seine kombinierten Verkostungen mit Wein und Essen (tgl. 11–16 Uhr) oder Schokolade und Tee. Seine Spitzenreiter sind die dunklen, fruchtigen, aromatischen Weine Syrah und Syrah Grenache. Ein Weintutor erklärt Gästen die komplexen, feinen Geschmacksnuancen der in eleganten Importgläsern servierten Tröpfchen. An Wochenenden weit im Voraus buchen. 🕒 tgl. 10–17 Uhr.

Kaminfeuer im Winter. Mindestaufenthalt 2 Nächte. R600

Mosaic Farm, 10 km vom Zentrum, Abzweig von Queen Victoria St, ✆ 028-313 2814, 💻 www.mosaicfarm.net. Die naturnahe Farm hat 4 km Uferland mit Zugang zu einem unberührten Teil der Lagune. Zur Auswahl stehen strohgedeckte Stein Cottages für Selbstversorger sowie die **Lagoon Lodge**, eine Luxus-Safarilodge an der Lagune mit Vollpension (R4800). Im Angebot sind auch Bootsfahrten, Naturlehrwanderungen und Geländewagen-Trips zum Strand. Chalets R800

Stanford River Lodge, 4 km vom Zentrum, Abzweig von Queen Victoria St, ✆ 028-341 0444 oder 082-378 1935, 💻 www.stanfordriverlodge.co.za. Sonnige und geräumige moderne Cottages für Selbstversorger mit Fluss- und Bergblick. Sehr angenehm und gepflegt, der Fluss ist im Sommer ideal zum Baden und Kanufahren. Gegen einen geringen Aufpreis bereiten die Besitzer John und Valda Finch auch einen Frühstückskorb zu. R750

ESSEN

Madre's Kitchen, Robert Stanford Estate, 1 km westlich von Stanford, ✆ 028-341 0647. Unschlagbares Frühstück! Mittags werden selbstgebackenes Brot, Pasteten und Käse aus eigener Herstellung mit Kräutern und Gemüse aus dem Garten serviert, dazu ein Wein vom eigenen Gut (R105). Viel Spaß haben hier auch Kinder – es gibt jede Menge Rasen, ein Klettergerüst und Enten, die man füttern kann. 🕒 Do–Di 8–16 Uhr.

Mariana's Bistro and Home Deli, Du Toit St, ✆ 028-341 0272. Die fantasievolle Landküche zu vernünftigen Preisen in dem viktorianischen Gebäude zieht sogar Feinschmecker aus Kapstadt zu einem gemütlichen Mittagessen an. Die Zutaten und Weine kommen aus der Umgebung, das Gemüse stammt zum großen Teil aus dem eigenen Garten der freundlichen, engagierten Inhaber (Hauptgerichte um R110). Der Ansturm ist so groß, dass man ein paar Monate im Voraus buchen muss; die Tische auf dem *stoep* sind am schönsten. Keine Kinder unter 10 Jahren. 🕒 Do–So 12–16 Uhr.

EINKAUFEN

Klein River Cheese Farm, 2 km hinter Birkenhead Brewery und 7 km von Stanford entfernt auf der R326, ✆ 028-41 0693, 💻 www.kleinrivercheese.co.za. Hier kann man die renommierten Greyerzer-, Leiden-, Colby- und Dando-Sorten probieren oder es sich unter den Bäumen am Fluss mit einem Picknickkorb gemütlich machen (Picknicks 15. Sep–15. Mai tgl. 11–15 Uhr, reservieren!). 🕒 Mo–Fr 9–17, Sa 9–13 Uhr.

Raka, 17 km außerhalb der Stadt an der R326, ✆ 028-341 0676, 💻 www.rakawine.co.za. Verkauft Stanfords besten Wein und hat auch Verkostungen im Programm. 🕒 Mo–Fr 9–16.30, Sa 10–14.30 Uhr.

SONSTIGES

Aktivitäten

Den Klein River kann man im Rahmen einer Bootsfahrt (R100) erkunden oder selbst ein Kajak mieten (R100). Beides gibt's bei **Ernie**, ✆ 083-310 0952.

Informationen

Touristeninformation, an der Hauptstraße, ✆ 028-341 0340, 💻 www.stanfordtourism.co.za. Hilft bei der Zimmerbuchung und hat eine Broschüre für einen Rundgang durch den Ort, der an verschiedenen historischen Häusern vorbeiführt. 🕒 Mo–Fr 8.30–17, Sa 9–16, So 9–13 Uhr.

TRANSPORT

Mit dem **Auto** fährt man 173 km von Kapstadt nach Stanford. Von der N2 am Abzweig Hermanus abbiegen (etwa 90 km von Kapstadt) und der R43 weitere 33 km durch Hermanus nach Stanford folgen.

Gansbaai und De Kelders

Gansbaai, 39 km von Hermanus entfernt, lebt überwiegend von seiner Fischereiwirtschaft und der Seafood-Konservenfabrik am Hafen, was dem Ort eine etwas robustere Atmosphäre verleiht als der heilen Ferienwelt der Umgebung. Viel Grund, hier zu verweilen, gibt es nicht, es sei denn, man möchte eine Tour zu Weißen Haien unternehmen (s. Kasten).

Etwas weiter östlich liegt **De Kelders**, ein Vorort von Gansbaai. An Ferienunterkünften gibt es hier kaum Interessantes, jedoch ist die Felsküste ein fantastischer Ort für Walbeobachtungen, und man hat Zugang zu einem langen Sandstrand („Die Plat") in der Walker Bay Nature Reserve, wo man über die Felsen kraxeln und kilometerweit laufen kann. Baden ist allerdings gefährlich, also nie mehr als knietief ins Wasser gehen!

ÜBERNACHTUNG

Ama-Krokka, 28 Vyfer St, De Kelders, ✆ 028-384 2776, 💻 www.ama-krokka.co.za. Heimeliges B&B mit Pool in hübscher Lage nur 500 m vom Strand – wenn auch ohne Meerblick. 2 Suiten, jeweils mit eigener Terrasse und Mikrowelle. R1100

Cliff Lodge, 6 Cliff St, De Kelders, ✆ 028-384 0983, 💻 www.clifflodge.co.za. Stilvolles Gästehaus auf der Steilküste von De Kelders mit atemberaubender Aussicht von allen 4 Luxuszimmern und der weitläufigen Penthouse-Suite. Von der Terrasse mit Pool lassen sich auch Wale beobachten. R2200

Crayfish Lodge, Killarney St, De Kelders, ✆ 028-384 1898, 💻 www.crayfishlodge.com. Das prachtvolle Guesthouse ist die beste Unterkunft am Platze. 5 Zimmer mit Meerblick und separater Terrasse oder Veranda. Besonders toll sind die Suiten oben mit Jacuzzi (R3000). Ein Pfad führt runter zu einem felsigen Strand mit einem Kanal zum Baden. Außerdem gibt's einen beheizten Pool. R2200

ESSEN

Benguela, Ecke Church und Harbour St, Gansbaai, ✆ 028-384 2120. Etwas gehobeneres Restaurant am Hafen mit wunderschön präsentierten Seafood-, Fleisch- und vegetarischen Gerichten (R90). Erstaunlicherweise sind die Fleischkreationen besser als der Fisch. Besonders lecker sind die Desserts, die Preise dabei angemessen, und die Atmosphäre freundlich. 🕒 tgl. 11–14, 19–22 Uhr.

Coffee on the Rocks, Cliff St, De Kelders, ✆ 028-384 2017. Kleines Bistro mit ausgezeichnetem Kaffee, Kuchen, leichten Gerichten und Terrasse in idealer Lage zum Walegucken. Sonntags traditioneller Braten (R85). Unbedingt reservieren. 🕒 Mi–So 10–17 Uhr.

Gansbaai Fisheries, Gansbaai Harbour. Hier gibt's traditionelle Fish and Chips (R50) von der Theke mit Blick auf die Fischerboote, die in den erdigen Hafen einlaufen. Es gibt keinen besseren Ort, um fangfrischen Fisch direkt vom Boot zu essen. 🕒 tgl. 9–17 Uhr.

Grootbos Nature Reserve, 10 km außerhalb von Gansbaai, ✆ 028-384 8008, 💻 www.grootbos.com. Die hübsche Öko-Lodge gehört zu den kulinarischen Highlights der Gegend: exquisite traditionelle Küche mit einer modernen Note. Nur Menüs – allerdings sehr günstig für die Qualität: mittags 3 Gänge R235, abends 5 Gänge R395. 🕒 tgl. 13–15, 18.30–21 Uhr.

Dyer Island und Shark Alley

Was genau einen Afroamerikaner zu Beginn des 19. Jhs. auf eine Insel vor Südafrika verschlug, bleibt ein Geheimnis. Jedenfalls wohnte Samson Dyer ab 1806 als Guanosammler auf der Insel, die inzwischen seinen Namen trägt. Heute leben auf **Dyer Island** große Kolonien von Brillenpinguinen und Robben – beide begehrte Leckerbissen für Weiße Haie. Die Wasserstraße zwischen der Insel und dem Festland wimmelt dermaßen von Haien, dass sie **Shark Alley** genannt wird, und ist daher ein ideales Revier für Veranstalter von Tauchtouren mit **Weißen Haien**. Teilnehmer brauchen keinen Tauchschein, sondern sehen die Tiere von der Sicherheit eines Haikäfigs oder eines soliden Bootes aus.

Marine Dynamics and Dyer Island Cruises, Gansbaai, ✆ 028-384 0406, 💻 www.whalewatchsa.com. Walbeobachtung mit Meeresbiologe an Bord (tgl. um 9.15, 11.45 und 14.15 Uhr, 2 1/2 Std., R900), um Dyer Island sowie Käfigtauchen mit Haien (R1500). Auch im Angebot: Tagesausflüge von Kapstadt (R1850) oder Hermanus (R1600) aus. Buchung und Zahlung im Voraus.

INFORMATIONEN

Touristeninformation, Great White Junction, Kapokblom St, ✆ 028-384 1439, 🖳 www.gansbaaiinfo.com. 🕒 Mo–Fr 8.30–17, Sa 9–16, So 10–14 Uhr.

TRANSPORT

Autofahrer nehmen von der N2 die Abfahrt Hermanus (ca. 90 km von Kapstadt entfernt) und folgen der R43 weitere 85 km durch Hermanus und Stanford.
Viele Besucher kommen im Rahmen einer **Tagestour** zum Käfigtauchen zu den Haien, organisiert von Backpacker-Hostels in Kapstadt.

WESTKAP

Cape Agulhas

Die felsigen Untiefen entlang der Ostflanke des Danger Point mit ihrer schweren Brandung und den tückischen Unterströmungen zählen zu den gefährlichsten Küsten Südafrikas – hier versanken mehr als 250 Schiffe und rund 2500 Menschen wurden vom Meer verschlungen. Das felsenreiche Gelände ist auch der Grund dafür, dass es von Gansbaai keine Küstenstraße nach **Cape Agulhas**, der Südspitze Afrikas, gibt. Die eigentliche Südspitze des Kontinents ist durch einen Fels mit Hinweistafel etwa 1 km vom Leuchtturm Richtung **Suiderstrand** markiert. Die unbefestigte Straße nach Suiderstrand führt zu mehreren naturbelassenen Stränden mit Felstümpeln – entschieden das Beste, was Agulhas zu bieten hat.

Der Ort **L'Agulhas** besteht aus einer ruhigen, windzerzausten Ansammlung von Ferienhäusern und Läden in der Nähe des Kaps. Das Zentrum, wenn man es überhaupt so bezeichnen kann, liegt entlang der Main Road, wo es ein paar Restaurants, einen kleinen Supermarkt und einen Kunsthandwerksladen gibt. **Struisbaai**, abseits der R319 etwa 6 km östlich von Agulhas, hat einen hübschen Hafen und fabelhafte, lange Sandstrände (ideal zum Schwimmen), umfasst aber nur einige wenige Ferienhäuser.

Agulhas Lighthouse

🕒 tgl. 9–16.30 Uhr ▪ Eintritt R25

Vom rot-weißen Leuchtturm von Agulhas, der 1849 in Betrieb ging, eröffnen sich nach steilem Aufstieg über Leitern fantastische Ausblicke. Eine interessante Ausstellung erkundet anhand südafrikanischer Beispiele die Faszination, die von Leuchttürmen ausgeht, die einsam in felsiger Klippenlage nachts Lichtsignale an Schiffe aussenden.

ÜBERNACHTUNG

Agulhas Ocean Art House, Main Rd, ✆ 028-435 7503, 🖳 www.capeagulhas-arthouse.com. Der auffällige moderne Bau hat 6 Zimmer mit zeitgenössischer Einrichtung und Balkon mit Meer- oder Bergblick. Im Haus sind außerdem ein Café und eine Galerie mit lokaler Kunst, Fotografie und Skulpturen. R2000

Cape Agulhas Backpackers, Ecke Duiker und Main Rd, ✆ 082-372 3354, 🖳 www.capeagulhas backpackers.com. Die einzige Budget-Unterkunft der Gegend mit Campingplatz, Dorm-Betten und DZ sowie anständigem Bettzeug, Pool und Garten. Das Inhaberpaar organisiert Surf-Kurse, Boots-, Kiteboarding- oder Reittouren sowie andere Unternehmungen in der Umgebung von Struisbaai. Auf Wunsch sorgen sie auch für Abholung von Botrivier oder Swellendam. Camping R70, Dorm R120, DZ R350

Elim Mission Station

Die 1824 gegründete Herrnhuter Missionsstation **Elim** liegt 40 km nordwestlich von Agulhas und besteht komplett aus strohgedeckten, weiß getünchten Häusern und Feigenbäumen. Der Ortskern ist am hübschesten, während der Rest eher müde und verlassen wirkt.
Von der Touristeninformation Elim, Church St, ✆ 028-482 1806, 🕒 Mo–Sa 9–12.30, 13.30–17 Uhr, angebotene Besichtigungstouren führen zu den ältesten Gebäuden der Siedlung, der Kirche, der restaurierten Wassermühle, wo immer noch Weizen gemahlen wird, und der Töpferei. Im Ort steht sogar ein Denkmal zur Erinnerung an die Abschaffung der Sklaverei im Jahre 1834, das Einzige seiner Art in ganz Südafrika; ein greifbares Andenken daran, dass zahlreiche befreite Sklaven Zuflucht in Missionsstationen wie Elim fanden.

Pebble Beach, Suiderstrand, den Wegweisern zur Southern Tip of Africa und dann nach Suiderstrand folgen, ✆ 028-435 7270 oder 082-774 5008, 🖳 www.pebble-beach.co.za. Guesthouse mit Meerblick in einzigartiger Lage am Rand des Agulhas National Park mit kilometerlangen, unverbauten Stränden Richtung Westen. Von den Dünen weht der Duft der Fynbos herein. 3 Zimmer mit Bad, weißen Betten und Holzböden. Das Zimmer im oberen Geschoss hat eine Badewanne sowie einen großen Balkon mit Meerblick. R1050

Southermost B&B, Van Breda, Ecke Lighthouse St, ✆ 028-435 6565, 🖳 www.southermost.co.za. Beliebtes, wenn auch etwas abgetakeltes historisches Strand-Cottage, geleitet von der gastfreundlichen Meg, deren herrlicher Garten bis ans Wasser reicht. Zu Fuß ist es nicht weit ins Ortszentrum und zu einer Mahlzeit am Abend. Im Winter geschlossen. R700

ESSEN

Agulhas Seafoods, Main Rd, ✆ 028-435 7207. Die besten Fish 'n' Chips (R55) der Gegend – Gäste kommen teilweise sogar aus Kapstadt. Serviert neben regionalem Fisch auch Calamari. ◷ Mo–Sa 10–19, So 10–15 Uhr.

Twisted Fork Restaurant and Bar, 184 Main Rd, ✆ 028-435 6291. Der richtige Ort für einen Pub-Abend. Das Essen ist auch nicht schlecht – besonders gut ist das Thaicurry mit Hühnchen und Garnelen (R95) – und der fangfrische Fisch wird mit hervorragenden Chips serviert. ◷ tgl. 11–2 Uhr.

Zuidste Kaap, 99 Main Rd, ✆ 028-435 7838. Bodenständige, schlichte Küche in einem eleganten, strohgedeckten Restaurant mit luftigem, offenem Ambiente, allerdings ohne Meerblick. Empfehlenswert sind u. a. die gefüllte Hühnchenbrust und der regionale Fisch des Tages (R135). ◷ Mo–Fr 12–22, Sa und So 11–21 Uhr.

SONSTIGES

Informationen

Touristeninformation, im Agulhas Lighthouse, ✆ 028-435 7185, 🖳 www.discovercapeagulhas.co.za. Hier bekommt man den exzellenten Führer *Discover Cape Agulhas* (kostenlos) mit einer praktischen Karte für Ausflüge zu den Weingütern der Gegend. ◷ tgl. 9–17 Uhr.

Touren

Derek Burger von **Tip of Africa Safaris**, ✆ 028-774 4448, 🖳 www.tipofafricasafaris.com, bietet zuverlässige Touren im komfortablen Land Cruiser von Cape Agulhas nach De Hoop (R1000) und zu weiter entfernten Zielen an der Küste.

TRANSPORT

Agulhas liegt 230 km von Kapstadt entfernt. Anfahrt mit dem **Auto** über die N2 nach Caledon (115 km), weiter auf der R316 nach Bredasdorp, wo sich die Straße teilt und die R319 (die westliche Gabelung) nach 43 km Agulhas erreicht. Die Straße führt durch offenes Ackerland, wo sich ziemlich sicher das südafrikanische Wappentier, der elegante, vom Aussterben bedrohte Paradieskranich blicken lässt.

Arniston

Nach dem kalten Blau des Atlantiks im Westen stellt das türkisgrüne Wasser des Indischen Ozeans bei Arniston eine echte Überraschung dar – zusammen mit den weißen Sanddünen ein spektakulärer Anblick. Für Besucher, die in erster Linie auf Strandleben aus sind, ist die Kleinstadt im Umkreis des Overberg eine der angenehmsten. Doch trotz der tropischen Farben ist hier, wie überall entlang der Kapküste, häufig mit heulenden Winden zu rechnen. Bei solcher Wetterlage hat der Ort nicht viel zu bieten.

Die Einheimischen kennen das Städtchen eher unter seiner afrikaansen Bezeichnung „Waenhuiskrans“ (Planwagen-Klippe), die auf eine große Höhle 1,5 km südlich des Ortes zurückgeht, die nach Ansicht der Voortrekker geräumig genug war, um einen Ochsenwagen samt Gespann aufzunehmen. Der englische Name stammt von dem britischen Schiff Arniston, das 1815 hier auf den Felsen strandete.

Die seichten Gewässer um Arniston, die sich für Schiffe als so tückisch erweisen, bieten gleichzeitig ungefährliche Schwimmgelegenheiten. **Baden** kann man etwa am Bootsslip oder am Roman Beach, dem wichtigsten Badestrand der Küste, vom Hafen Richtung Süden.

Die größte Sehenswürdigkeit von Arniston ist **Kassiesbaai**, eine Reihe wunderschöner, inzwischen unter Denkmalschutz stehender weiß gekalkter Dorfhäuser. In ihnen leben hier seit Generationen „farbige" Fischerfamilien, die viel zu häufig als unfreiwillige Fotomotive herhalten müssen.

Bei Ebbe kann man durch Kassiesbaai nach Norden 5 km weit an einem unbebauten Strand entlang laufen. Wer vom Hafen aus nach Süden wandert, gelangt nach 1,5 km zu der **Höhle**, nach der die Stadt benannt ist. Vom Parkplatz nahe der Höhle führt ein kurzer, markierter Weg zu den mit Fynbos bewachsenen Dünen und der Höhle, die nur bei Ebbe zugänglich ist. Wegen der manchmal schlüpfrigen und stellenweise scharfkantigen Felsen ist es wichtig, feste Schuhe zu tragen.

WESTKAP

ÜBERNACHTUNG

Arniston Lodge, 23 Main Rd, ✆ 028-445 9175, 🖳 www.arnistonlodge.co.za. Das B&B hat 4 Zimmer in einem 2-stöckigem Haus mit Strohdach und Pool im Wohngebiet. Die Zimmer im oberen Geschoss haben Meerblick und die besseren Bäder. R1190

Arniston Resort, 300 m vom Zentrum an der Hauptstraße nach Arniston beschildert, ✆ 028-445 9620. Gäste können zelten oder in einem der schlichten, funktionalen 4- oder 6-Bett-Bungalows mit Bad übernachten. Die älteren, günstigeren haben kein Bettzeug, dafür gibt's gegen Aufpreis alle modernen Extras inkl. TV. An Wochenenden in der Hochsaison kann es hier sehr voll und laut werden. R480

Arniston Seaside Cottages, Huxham St, am Ortseingang von Bredasdorp beschildert, ✆ 028-445 9772, 🖳 www.arnistonseasidecottages.co.za. Attraktive, moderne Unterkünfte für Selbstversorger im Stil der traditionellen Fischerhütten mit weiß getünchten Wänden und Strohdach. Sie sind sauber und hell, voll ausgestattet und liegen nur wenige Laufminuten vom Strand entfernt. R640

Arniston Spa Hotel, Beach Rd, ✆ 028-445 9000, 🖳 www.arnistonhotel.com. Das große Wellness-Hotel dominiert in grandioser Lage das Meeresufer und verwöhnt mit allem Komfort und einem Wellness-Programm, das von Massagen bis zu Schönheitsanwendungen reicht. Die besten Zimmer haben Meerblick oder einen offenen Kamin. R2150

ESSEN

Arniston Hotel, Beach Rd, ✆ 028-445 9000. Serviert abends leckeren frischen Fisch (R120) an Tischen im Freien mit Meerblick. Außerdem die einzige Bistro-Bar im Ort, die Burger und Ähnliches serviert und mit Sport-TV lockt. ⏲ tgl. 11–21.30 Uhr.

Willeen's Meals, Arts and Crafts House, C26, Kassiesbaai, ✆ 028-445 9995. Der Familienbetrieb in einer authentischen Fischerkate serviert traditionelle kapmalaiische Gerichte wie *bobotie*, Seafood-Platten (R150) und gebratenen Fisch. Getränke müssen selbst mitgebracht werden, Softdrinks sind aber erhältlich. Wer möchte, kann auch nur im Garten bei Tee und Scones den Meerblick genießen. ⏲ tgl. 8–22 Uhr.

TRANSPORT

Es verkehren keine öffentlichen Transportmittel. Mit dem **Auto** erreicht man Arniston, 24 km südöstlich von Bredasdorp und 220 km von Kapstadt entfernt, über die R316.

5 HIGHLIGHT

De Hoop Nature Reserve

⏲ tgl. 7–18 Uhr ▪ Eintritt R40

De Hoop ist das **Natur-Highlight** des Westkaps und einer der besten Orte weltweit, um Wale von Land aus zu beobachten. Die Meeressäuger ziehen zwischen Juli und Oktober an der Küste vorbei, die meisten im August und September. Auf eine Bootstour oder ein Fernglas kann man verzichten: Während der Saison braucht man nur die Augen offen zu halten, um Wale prusten und auftauchen, vielleicht auch springen oder mit der Schwanzflosse schlagen zu sehen. Ein Besuch lässt sich von Agulhas, Arniston oder

Swellendam aus theoretisch als Tagesausflug absolvieren, doch wer wirklich etwas davon haben möchte, sollte mindestens eine Übernachtung einplanen. Der **Whale Trail** (6 Tage, 54 km) gehört zu Südafrikas schönsten Wandertouren und den eindrucksvollsten Naturerfahrungen der Welt.

Die atemberaubende Küstenlinie säumen bis zu 90 m hohe Sanddünen und Felsformationen, die an einer Stelle ein mächtiges Tor zum Ozean hinaus bilden. Auch die Flora und Fauna dieses herrlichen Landstriches ist beeindruckend. Es werden 86 Säugetierarten gezählt, 260 verschiedene Vögel, 1500 Pflanzenarten. Auf der Ebene in der Nähe der reservatseigenen Unterkünfte grasen die nur noch selten vorkommenden **Bergzebras**, **Bontebok** und andere **Antilopen**.

ÜBERNACHTUNG UND ESSEN

De Hoop Cottages, ✆ 021-422 4522, 🖳 www.dehoopcollection.co.za. Alle Unterkünfte im Nationalpark müssen über die De Hoop Collection gebucht werden. Die Auswahl reicht von Camping über Luxus-Cottages für 2 Pers. bis zu größeren Ferienhäusern für Gruppen. Zelten ist die günstigste Option; die Cottages sind alle nicht gerade günstig, wenn auch hübsch und komfortabel. Camping R295, Cottage R800

Fig Tree, im Reservat, in der Nähe des Informationsbüros, ✆ 028-542 1254. De Hoops einziges Restaurant verwendet regionale Zutaten und hat Elim-Weine und günstige Menüs (oft mit Fisch) auf der Karte (R200). Man kann sich auch ein Picknick bestellen oder nach einem Tag am Strand einen wunderschönen Sundowner im Freien genießen. Reservierung erforderlich, vor allem im Winter. ⏲ tgl. 8–11, 12–15, 19–21 Uhr.

Verfheuwel Farm, Potberg Rd, Richtung Malgas, 14 km vom Eingang zum Reservat, ✆ 028-542 1038 oder 082-767 0148, 🖳 www.verfheuwel guestfarm.co.za. Die Cottage-Unterkunft neben dem Haupthaus einer Farm wird von einer gastfreundlichen Afrikander-Bauernfamilie vermietet, Schlafzimmer für 2 Pers., mit Betten für Kinder im Wohnbereich. Schöner Garten mit Pool. Auf Vorbestellung bringen die Inhaber auch ein Abendessen zur Unterkunft. R700

SONSTIGES

Informationen

Das **Informationsbüro** ist in De Opstel, 20 Autominuten von der Küste entfernt, ✆ 028-542 1114. Nebenan liegen das einzige Restaurant des Reservats sowie ein kleiner Laden, der aber nur das Nötigste auf Lager hat. Man sollte also vorher in Swellendam oder Bredasdorp einkaufen. ⏲ tgl. 7–18 Uhr.

Touren

Derek Burger bei **Tip of Africa Safaris**, ✆ 028-774 4448, 🖳 ✆✆✆☐tipofafricasafaris.com, veranstaltet von Agulhas oder Arniston aus Tagestouren nach De Hoop (R1000), bei denen er die unbefestigten Straßen in seinem komfortablen Land Cruiser fährt.

TRANSPORT

Von Kapstadt aus ist De Hoop am schnellsten mit dem **Auto** über die N2 zu erreichen und 13 km westlich von Swellendam ausgeschildert. Von Overberg aus folgt man der ausgeschilderten, unbefestigten Straße, die 50 km östlich von Bredasdorp von der R319 abzweigt.

Die Garden Route

Die Garden Route, ein schmaler, flacher Küstenstreifen zwischen Mossel Bay und Storms River Mouth, gilt als das Paradies von Südafrika – davon zeugen klangvolle Ortsnamen wie **Garden of Eden** und **Wilderness**. Mehrere Flüsse, deren Ursprung in den nördlich gelegenen Bergen liegt, durchschneiden diesen grünen, bewaldeten und rund 200 km langen Landstrich, der nach Süden hin zur Felsküste und zu Sandstränden abfällt.

Das Meer hat sich an drei Stellen der Garden Route einen Weg ins Landesinnere gebahnt. Kapstadt am nächsten liegt **Mossel Bay**, ein nicht uncharmantes Wirtschaftszentrum, das als offizieller Startpunkt der Garden Route gilt. Dahinter folgt **Knysna** mit einer gewachsenen Urbanität, aber ohne Strand. Mehr als eine Entschädigung dafür sind die **Wälder von Knysna**, die einen Teil der Hügellandschaft in

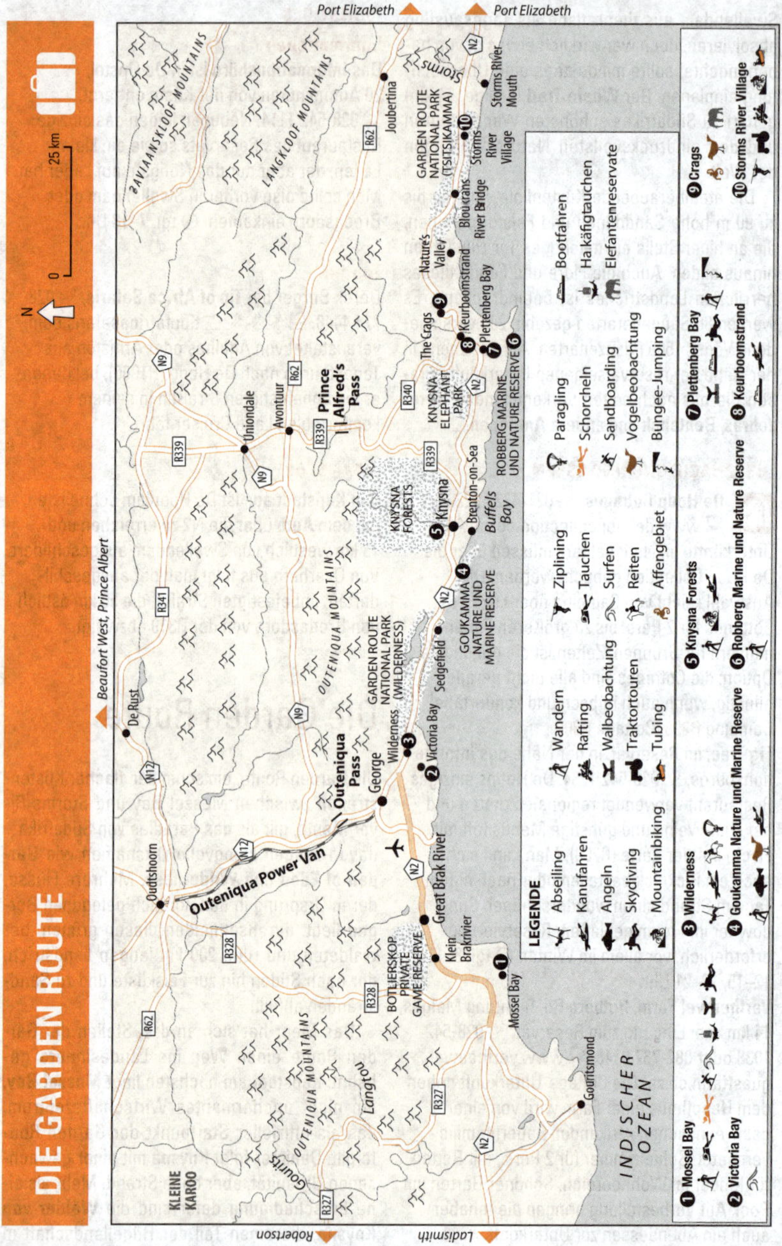
DIE GARDEN ROUTE
N
0
25 km
Port Elizabeth
Port Elizabeth
Beaufort West, Prince Albert
Robertson
Ladismith
KLEINE KAROO
De Rust
Oudtshoorn
Outeniqua Power Van
Outeniqua Pass
George
Uniondale
Avontuur
Prince Alfred's Pass
Joubertina
BAVIAANSKLOOF MOUNTAINS
LANGKLOOF MOUNTAINS
OUTENIQUA MOUNTAINS
OUTENIQUA MOUNTAINS
Langtou
Gourits
Gouritsmond
KNYSNA FORESTS
GARDEN ROUTE NATIONAL PARK (WILDERNESS)
GARDEN ROUTE NATIONAL PARK (TSITSIKAMMA)
KNYSNA ELEPHANT PARK
ROBBERG MARINE UND NATURE RESERVE
GOUKAMMA NATURE UND MARINE RESERVE
BOTLIERSKOP PRIVATE GAME RESERVE
Mossel Bay
Klein Brakrivier
Great Brak River
Wilderness
Victoria Bay
Sedgefield
Knysna
Brenton-on-Sea
Buffels Bay
Plettenberg Bay
Keurboomstrand
The Crags
Nature's Valley
Bloukrans River Bridge
Storms River Village
Storms River Mouth
Storms
INDISCHER OZEAN
N2
N9
N12
R62
R327
R328
R339
R340
R341
LEGENDE
Abseiling
Kanufahren
Angeln
Skydiving
Mountainbiking
Wandern
Rafting
Walbeobachtung
Traktortouren
Tubing
Ziplining
Tauchen
Surfen
Reiten
Affengebiet
Paragliding
Schorcheln
Sandboarding
Vogelbeobachtung
Bungee-Jumping
Bootfahren
Haikäfigtauchen
Elefantenreservate
1 Mossel Bay
2 Victoria Bay
3 Wilderness
4 Goukamma Nature and Marine Reserve
5 Knysna Forests
6 Robberg Marine and Nature Reserve
7 Plettenberg Bay
8 Keurboomstrand
9 Crags
10 Storms River Village

der Umgebung überziehen und die Reste eines einst riesigen alten Waldgebiets sind. Knysnas östlicher Nachbar, **Plettenberg Bay**, hat gute Strände zum Schwimmen.

Alle Städte bieten jedoch eine ganze Palette von Outdoor-Aktivitäten von der Waldwanderung über die Meeressafari bis zum Tubing in Schluchten.

Zwischen den Küstenstädten liegen ein paar nicht sehr einladende moderne Feriensiedlungen, aber auch der eine oder andere unerschlossene weiße Sandstrand sowie kleine Höhlenbuchten wie **Victoria Bay**, **Buffels Bay** und **Nature's Valley**. Das Schönste aber ist der **Tsitsikamma-Abschnitt** des **Garden Route National Park**, der alles hat – urafrikanischen Küstenwald, traumhafte Meereskulissen, die aufregende **Mündung des Storms River** und den begehrtesten Wanderweg Südafrikas, den **Otter Trail**.

Geschichte

Das Hirtenvolk der **Khoi**, dessen Nahrungsgrundlage die reiche Natur entlang der Garden Route war, nannte die Gegend *Outeniqua* („mit Honig beladener Mensch"). Doch ihr Paradies, wo Milch und Honig flossen, wurde rasch verwüstet, als im 18. Jh. die holländischen **Holzfäller** Einzug hielten, um nach der Abholzung der Wälder um Kapstadt Outeniqua seines Baumbestandes zu berauben und gleichzeitig die Khoi und San, die ihnen dabei im Wege waren, zu töten oder zu vertreiben.

Auch die Vögel und Tiere litten unter den europäischen Eindringlingen. Mitte des 19. Jhs. schoss und verspeiste der schwedische Naturforscher Johan Victorin diverse Exemplare jener Spezies, zu deren Erforschung er hierher gekommen war, darunter der bedrohte Narinatrogon, und bemerkte, sie seien sowohl „schön als auch schmackhaft".

Die scheinbar dichte Vegetation der Region ist trügerisch, tatsächlich sieht man heute nur noch die Reste eines der großen **Wälder** Afrikas. Ein Großteil der einheimischen Laubbäume wurde durch exotische Kiefernanpflanzungen ersetzt, und Milch und Honig findet man heute nur noch in den unzähligen Läden in den Küstenorten an der Garden Route.

TRANSPORT

Busse

Der **Baz Bus**, ✆ 0861-229 287, 🖳 www.bazbus.co.za, verkehrt zwischen KAPSTADT und PORT ELIZABETH und holt Passagiere tgl. 7.15–8.30 Uhr in Kapstadt bzw. 6.45–7.30 Uhr in Port Elizabeth sowie unterwegs im Zentrum der Städte entlang der gesamten Strecke bei ihren Unterkünften samt Sportgepäck wie Surfbrettern oder Mountainbikes ab. Sofern genügend Platz ist, können auch unangemeldete Fahrgäste mitfahren, doch eine Reservierung ist ratsam.

Die Intercity-Busse von **Intercape**, **Greyhound** und **Translux** von KAPSTADT und PORT ELIZABETH halten nur in MOSSEL BAY, GEORGE, WILDERNESS, SEDGEFIELD, KNYSNA und der Ortschaft STORMS RIVER (nicht an der Flussmündung Storms River Mouth, die um Einiges weiter entfernt ist). Für direktere Fahrten sind sie besser und billiger als der Baz Bus, fahren allerdings nicht immer bis ins Stadtzentrum, sondern laden die Passagiere unterwegs an Tankstellen ab.

Flüge

Der Flughafen von **George**, der größten Stadt der Garden Route, hat tgl. Flugverbindungen von/nach JOHANNESBURG und KAPSTADT.

Mossel Bay

Die mittelgroße Stadt Mossel Bay, 397 km östlich von Kapstadt, genießt keinen sehr guten Ruf, was vor allem an der Industriefassade liegt, die sich am Rande der N2 präsentiert. Besucher sollten sich davon jedoch nicht abschrecken lassen – die Stadt besitzt einen noch gut erhaltenen historischen Kern, ein interessantes Museum und ungefährliche Strände zum **Schwimmen**.

Geschichte

In Mossel Bay ereignete sich der erste blutige Zusammenstoß zwischen den einheimischen Khoi-Viehhirten und den Europäern. Portugiesische Seeleute waren im August 1487 unter Kapitän **Bartolomeu Dias** auf der Suche nach einem Wasserweg nach Indien von Portugal aus in See gestochen und umrundeten Monate später das Kap der Guten Hoffnung. Im Februar 1488 setzten sie als die ersten Europäer den Fuß auf südafrikanischen Boden, um ihre Trinkwasservorräte aufzufüllen. Die kleine Bucht, in der sie ankerten, nannten sie Aguado de São Bras (Wasserstelle des Hl. Blasius), das spätere Mossel Bay.

Die **Khoikhoi** waren in verschiedenen Gruppen organisiert, jede mit ihrem Oberhaupt und klar abgegrenzten Weide- und Wasserrechten. Die Portugiesen, die gegen geltendes Gesetz verstießen, waren empört über die „schlechten Manieren" der Khoikhoi, die sie vom Brunnen vertreiben wollten. Die Portugiesen setzten sich mit Armbrüsten zur Wehr und töteten einen Hirten.

Bartholomeu Dias Museum Complex

1 Market St ▪ Maritime Museum ⌚ Mo–Fr 9–16.45, Sa und So 9–15.45 Uhr ▪ Eintritt R20 ▪ Dias' Karavelle R20 extra

Mossel Bays größte innerstädtische Attraktion bildet der in historischen Gebäuden untergebrachte **Bartholomeu Dias Museum Complex**. Alle sind gut in das historische Stadtbild integriert und liegen nur wenige Minuten auseinander.

Das Highlight ist das **Maritime Museum**, eine spiralförmig angelegte Ausstellung zu europäischer, vorwiegend portugiesischer Seefahrtsgeschichte, rings um eine lebensgroße Replik der Karavelle, mit der Dias nach Südafrika kam. Das Schiff wurde in Portugal gebaut und segelte anlässlich des 500. Jahrestages der historischen Seereise im Jahr 1987 von Lissabon nach Mossel Bay.

Beim **Post Office Tree** vor dem Maritime Museum soll es sich um den Milkwood-Baum handeln, unter dem im 16. Jh. Matrosen in einem alten Stiefel Nachrichten für andere vorbeikommende Schiffe zu hinterlassen pflegten. Besucher können ihre Post in einen großen, schiffsförmigen Briefkasten werfen und mit einem Sonderstempel versehen lassen. Ansonsten lohnt noch das **Shell Museum and Aquarium** neben dem Post Office Tree einen Besuch. Dort gibt es faszinierende Muscheln aus aller Welt zu sehen.

The Point und St Blaize Lighthouse

Östlich des Hafens beschreibt die Küste eine sanfte Kurve nach Süden zum **Point**, wo sich mehrere Restaurants und ein populäres Bar/Restaurant (s. u.) mit zum Meer hin gelegener Veranda befinden, von der aus man vielleicht Delphine sehen kann.

Ein paar hundert Meter weiter südlich steht auf einem Felsvorsprung das 1864 erbaute und noch betriebene **St Blaize Lighthouse**. Zu Füßen des Leuchtturms liegt **Cape St Blaize Cave**, ein toller Aussichtspunkt und gleichzeitig eine wichtige archäologische Ausgrabungsstätte. Vorbei an drei Informationstafeln zur Geschichte der Höhle führt ein Plankenweg durch die Höhle hindurch. 1888 wurden bei Ausgrabungen Werkzeuge gefunden, die belegten, dass die Höhle vor rund 100 000 Jahren bewohnt war. Der Pfad hinauf zur Höhle mündet in den Cape St Blaize Trail (Kasten S. 255).

ÜBERNACHTUNG

In Mossel Bay selbst mangelt es nicht an Unterkünften, aber es gibt auch ein paar ländlichere Alternativen außerhalb der Stadt. Mehrere liegen gleich abseits der R328 Richtung Oudtshoorn, wo man am Robinson Pass das bewaldete Küstengebirge und das trockene Hochplateau des Little Karoo überquert und durch großartige Landschaft kommt.

Im Zentrum

Edward Charles Manor Hotel, 1 Sixth Ave, ☎ 044-691 2152, 💻 www.edwardcharles.co.za. 2-stöckiges, gehobenes Gästehaus mit Pool in zentraler Lage mit Blick auf Santos Beach. 15 Zimmer mit Bad und Shuttleservice in die Stadt für Gäste. R1150

Mossel Bay Backpackers, 1 Marsh St, ☎ 044-691 3182, 💻 www.mosselbayhostel.co.za. Gut geführte Lodge mit blitzsauberen Zimmern 300 m vom Meer entfernt. Mit Pool, Garten und Tischfußball. Dorm R170, DZ R440

Park House Lodge, 121 High St, ☎ 044-691 1937, 💻 www.parkhouse.co.za. Erstklassige Budget-Unterkunft. 20 Zimmer aufgeteilt auf 3 Gebäude, eins davon ein stattliches Sandstein-Herrenhaus. Einige Zimmer mit separatem Eingang vom üppigen Garten. Dorm R170, DZ R780

Aktivitäten rund um Mossel Bay

Mossel Bay ist ein Sprungbrett für beliebte **Aktivitäten** wie Fallschirmspringen, Surfkurse, Sandboarding und Hochseeangeln; alles buchbar über das **Garden Route Adventure Centre** im Mossel Bay Backpackers, ✆ 044-691 3182, 🖳 www.gardenrouteadventures.com.

Hai-Touren

Shark Africa, Church St, Ecke Market St, ✆ 044-691 3796, 🖳 www.whitesharkafrica.com. Einer der bewährtesten Veranstalter bietet Beobachtung entweder vom Boot oder Käfig aus (R1300). Die besten Monate dafür sind von März–Nov. Eine Garantie, einen Hai zu Gesicht zu bekommen, gibt es natürlich nicht.

Sandboarding und Surfen

Mossel Bay ist einer der besten Orte im Land für Sandboarding: Die Dünen sind groß, der Sand ist feucht und fein, und man zahlt nur etwa die Hälfte dessen, was in Kapstadt dafür verlangt wird. Die sogenannte „Dragon Dune" ist mit 320 m die längste Sandboarder-Piste des Landes; in den Wintermonaten ist der Sand meist schneller.

Billeon Surf and Sandboarding, Surf Factory, Fields St, ✆ 082-971 1405, 🖳 www.billeon.com. Veranstaltet für Anfänger wie Könner Trips zur „Dragon Dune". Im Angebot sind außerdem Surfkurse; die Wellen vor Mossel Bay sind insbesondere für Neulinge in diesem Sport geeignet (2 Std., R350 p. P.). Die Ausrüstung ist im Preis für beide Aktivitäten enthalten (3 Std., R380 p. P., Gruppenermäßigung möglich).

Tauchen und Schnorcheln

Mossel Bay hat gute Tauch- und Schnorchelreviere. Warm ist das Wasser nicht, doch aufgrund einer Sichtweite von ungefähr vier bis zehn Metern bestehen gute Chancen, Tintenfische, Seesterne, Korallen und Korallenfische zu sehen.

Electro Dive, ✆ 082-561 1259, 🖳 www.electrodive.co.za. Verleiht Ausrüstungen und führt Tauchgänge an der Küste sowie vom Boot aus durch (R240–400 inkl. Ausrüstung). Zum Angebot gehören auch geführte Schnorcheltrips (R220) sowie Tauchkurse mit Open-Water-Zertifikat (um R3800), Crashkurse (R800) und einmalige Tauchgänge (R400).

Wandern

Der landschaftlich sehr reizvolle **St. Blaize Hiking Trail** auf dem Festland ist ein leicht zu begehender, 15 km langer Wanderweg (einfach ca. 4 Std.) entlang der Südküste der Mossel Bay. Er beginnt am Cape St. Blaize Cave, direkt unterhalb des Leuchtturms am Point, und führt begleitet von fantastischen Küstenausblicken nach Westen bis zur Dana Bay. Eine Wanderkarte ist bei der Touristeninformation erhältlich.

Walbeobachtung und Bootstouren

Romonza, ✆ 044-690 3101, 🖳 www.mosselbay.co.za. Die mittelgroße Jacht Romonza unternimmt vom Jachthafen aus Bootsfahrten rund um Seal Island, etwa 10 km nordwestlich des Santos Beach, zum Betrachten der Brillenpinguine und Robben. Die Jacht ist außerdem das einzige für Walbeobachtungstouren zugelassene Schiff in Mossel Bay (2–3 Std., Erw. R660, Kinder R400). Wie überall entlang dieser Küste ist die Walsaison schwankend; Südkaper tauchen von Juni bis Ende Oktober auf, mit sehr viel Glück sieht man vielleicht auch einen Buckelwal. 🕒 stdl. 10–15 Uhr, Erw. R145, Kinder R70.

Protea Hotel Mossel Bay, Bartholomeu Dias Museum Complex, Market St, ☏ 044-691 3738, 💻 www.proteahotels.com/mosselbay. Gediegene Herberge in einem alten kapholländischen Herrenhaus gegenüber dem Tourismusbüro, mit Blick auf Santos Bay und die Bucht. Das Frühstück wird im nahe gelegenen Café Gannet serviert, Mossel Bays nettestem Restaurant (s. Essen). R1535

WESTKAP

Entlang der R328

Eight Bells Mountain Inn, 35 km von Mossel Bay entfernt an der R328, ☏ 044-631 0000, 💻 www.eightbells.co.za. Ein fester Favorit bei gut betuchten Familien auf der Suche nach Urlaub mit Vollpension und Aktivitätspaket für die Kinder – etwa Reiten, Schwimmen, Tennis und Wandern. Die ausgezeichnet geführte Anlage hat eine freundliche Atmosphäre und ist außerhalb der Schulferien ein entspannender Ort mit schönem Garten und großem Gelände auf der Robinson-Passhöhe. R1200

Outeniqua Moon Percheron Stud and Guest Farm, 23 km von Mossel Bay an der R328, gleich unterhalb des Robinson-Passes, ☏ 044-631 0093 oder 082-564 9782, 💻 www.outeniquamoon.co.za. Komfortable, feine Unterkünfte für Selbstversorger, mit B&B oder Vollpension in 4 Kolonial-Cottages oder Zimmern auf einer aktiven Farm mit wunderschöner Aussicht auf die Outeniqua-Berge. Gästen stehen ein Ozon-Pool mit 25 m sowie 100 ha Wald zur Verfügung, und sie können die riesigen, sanften Zugpferde und ihre Fohlen streicheln oder eine Kutschfahrt machen (R80 p. P. inkl. Tee und Kuchen, 3/4 Std.). Zum Essen gehören selbstgebackenes Brot und andere ländliche Leckereien. DZ R1300, 2-Zimmer-Cottage für Selbstversorger R1000

ESSEN

Café Gannet, Market St, nahe dem Bartholomeu Dias Museum Complex, ☏ 044-691 1885, 💻 www.oldposttree.co.za. Mossel Bays schickstes Restaurant serviert zu moderaten Preisen unkomplizierte Seafood-Gerichte wie Seezunge vom Grill (R165) in einem stilvollen Garten mit Blick über den Hafen. Ein gutes Plätzchen zum Sundowner. ⌚ tgl. 7.30–22 Uhr.

Delfino's Espresso Bar and Pizzeria, Point Village, ☏ 044-690 5247. Serviert Pasta (R65), Pizza und Steaks sowie anständigen Kaffee zu fairen Preisen und mit tollem Blick aufs Meer. ⌚ tgl. 7–23 Uhr.

Kai, 4 Mossel Bay Harbour, ☏ 079-980 3981, 💻 www.kaai4.co.za. Das Strandlokal mit entspannt-rustikalem Flair hat riesige Picknicktische und eine atemberaubende Lage direkt am Strand. Der günstige Fisch auf der kleinen Speisekarte (R85) wird über einem offenen Feuer gegrillt und kommt in großen Portionen. ⌚ tgl. 10–22 Uhr (bei Regen geschlossen).

King Fisher, Point Village, ☏ 044-690 6390, 💻 www.thekingfisher.co.za. Gemütliches, auf Seafood spezialisiertes Lokal, dessen Palette von einfachen Fish 'n' Chips bis zu Hummer Thermidor reicht (Hauptgerichte um R120). Es gibt auch eine Speisekarte für Kinder. Die Lage hoch über dem Delfino's garantiert herrliche Ausblicke. ⌚ tgl. 11–23 Uhr.

INFORMATIONEN

Touristeninformation, Church St, Ecke Market St, ☏ 044-691 2202, 💻 www.visitmosselbay.co.za. Hier gibt es stapelweise Broschüren über Mossel Bay und die restliche Garden Route sowie einen Stadtplan. ⌚ Mo–Fr 8–18, Sa und So 9–16 Uhr.

TRANSPORT

Nur der tgl. **Baz Bus** fährt bis in den Ort und setzt seine Passagiere am Mossel Bay Backpackers und an der Park House Lodge ab. **Intercity-Busse** halten an der Shell Voorbaai Service Station, 7 km vom Stadtzentrum, an der Kreuzung der Nationalstraße und der Zufahrtsstraße in die Stadt. Von dort bekommt man 24 Std. am Tag ein Taxi, ☏ 082-932 5809, in die Stadt.

Intercity-Busse nach:
DURBAN (1x tgl., 18 1/2 Std.);
GEORGE (6–7x tgl., 3/4 Std.);
JOHANNESBURG (1–2x tgl., 14 Std.);
KAPSTADT (6–7x tgl., 5 1/2 Std.);
KNYSNA (6–7x tgl., 1 1/4 Std.);
OUDTSHOORN (1–2x tgl., 1 1/4 Std.);

PLETTENBERG BAY (6–7x tgl., 2 1/4 Std.);
PORT ELIZABETH (6–7x tgl., 4 1/2 Std.);
PRETORIA (1–2x tgl., 15 Std.).

Botlierskop Private Game Reserve

22 km von Mossel Bay, abseits der R328 ▪ ✆ 044-696 6055, 💻 www.botlierskop.co.za

Obwohl man hier nicht gerade von „Wildnis" sprechen kann, bemüht sich die Botlierskop Private Game Reserve sehr um Safari-Atmosphäre. Meistens (nicht immer) sind im großen Gehege auch Löwen zu sehen, oft auch Nashörner, Elefanten, Giraffen und Antilopen. Auch Tagesbesucher können eines ihrer professionell zusammengestellten Pakete in Anspruch nehmen. Dazu gehören Aktivitäten wie Safari-Fahrten (3 Std., R420), Elefantenritte (1/2 Std., R520) und Reiten (1 Std., R270), die alle im Voraus gebucht werden müssen.

ÜBERNACHTUNG

Botlierskop Private Game Reserve, 22 km von Mossel Bay entfernt, ✆ 044-696 6055, 💻 www.botlierskop.co.za. Die Luxuszelte in dieser Unterkunft verbreiten echtes Safari-Feeling. Zur Anlage gehören Terrassen, ein schöner Pool, ein Spa und 2 Restaurants, eines mit großartigem Flussblick. Halbpension inkl. Safari R2400 p. P.

George

Die einzigen guten Gründe für einen Besuch von George sind seine städtische Infrastruktur – mit Flughafen, Krankenhaus und Geschäften – und seine praktische Lage auf halbem Wege zwischen Kapstadt und Port Elizabeth.

Präsident Botha, letzter Statthalter der Apartheid

Pieter Willem Botha war der letzte und fanatischste Vollstrecker der Apartheid in Südafrika. 20-jährig in die National Party eingetreten, arbeitete sich Botha mit der Zeit nach oben, wurde 1948 Parlamentsabgeordneter und nutzte sein späteres Amt als Verteidigungsminister, um 1978 den Rücktritt des damaligen Premiers John Vorster zu forcieren. Nun selbst im Amt des Premierministers machte sich Botha an die Reformierung der Apartheid nach seinen Vorstellungen. Anders als ein Premierminister nach britischem Vorbild, der sich vor einem Parlament zu verantworten hat, sah er sich als exekutiver Präsident, der weitreichende Entscheidungen in einem abgeschottet von der Öffentlichkeit tagenden und mit reichlich Armeefunktionären besetzten Präsidentschaftsrat traf.

Als die Generäle ihm darlegten, dass die Apartheid nicht durch eine bloße Politik der Gewalt aufrechtzuerhalten sei, begann Botha mit der Umsetzung seiner „Totalen Strategie", in deren Rahmen er Randaspekte der Apartheid reformierte, während er gleichzeitig eine schwarze Mittelschicht als Puffer gegen den ANC förderte. Er pumpte außerdem Unsummen in den Aufbau einer gewaltigen Militärmaschinerie, die jenseits der Grenzen Südafrikas Nachbarländer unter Druck setzte, die Anti-Apartheid-Aktivisten Unterschlupf gewährten. Im eigenen Land ließ er den Sicherheitskräften freie Hand, Apartheidgegner zu foltern, zu verstümmeln und zu ermorden.

Botha polterte bis in die späten 1980er-Jahre weiter, während sein aufgeblähtes Militär die Staatskasse leerte. Selbst stramme Parteigenossen erkannten, dass seine Politik in den Ruin führte, und als Botha 1989 einen Schlaganfall erlitt, setzte die Partei eilig **F.W. De Klerk** an seine Stelle, der sofort Reformen auf den Weg brachte.

Botha verbrachte seinen Ruhestand in der Nähe von George. Er blieb unbelehrbar und verweigerte jede Entschuldigung für die brutalen Maßnahmen seiner Regierung zur Aufrechterhaltung der Apartheid. Seltsamerweise wurde er nach seinem Tod 2006 völlig kritiklos in einem hochoffiziellen Staatsbegräbnis samt Übertragung im staatlichen Fernsehen beigesetzt, an dem auch Mitglieder der amtierenden Regierung teilnahmen, darunter Präsident Thabo Mbeki.

Die große, von Bergen eingerahmte Industriestadt liegt 5 km abseits der N2 und ist 9 km von der Küste entfernt. Leider sind von den Wäldern und dem idyllischen Charakter des Orts, den der britische Schriftsteller Anthony Trollope während eines Besuchs 1877 als das „schönste Dorf auf dem Angesicht der Erde" beschrieb, nur noch ein paar historische Gebäude übrig, von denen die **Dutch Reformed Church** in der Davidson Street das bemerkenswerteste ist.

George war der Parlamentssitz des ehemaligen Staatspräsidenten **P.W. Botha** (Kasten S. 257), des letzten überzeugten Vertreters der Apartheidpolitik und Vorgängers von F.W. De Klerk, der den Übergang von der Minderheitszur Mehrheitsregierung aushandelte.

WESTKAP

ÜBERNACHTUNG

10 Caledon St, ✆ 044-873 4983, 💻 www.10caledon.co.za. Das bestes der Mittelklasse-B&Bs liegt in einer ruhigen Straße nur wenige Schritte vom Zentrum. Makellose Zimmer mit Balkon, mit Bergblick und Garten. Hervorragendes Frühstück. R850

Die Waenhuis, 11 Caledon St, ✆ 044-874 0034, 💻 www.diewaenhuis.co.za. Haus von der Mitte des 19. Jhs., das sich sein altmodisches Flair bewahrt hat. 11 großzügige Zimmer mit Bad, hübscher Garten und freundliche Besitzer. Im sonnendurchfluteten Speisesaal wird warmes englisches Frühstück (im Preis enthalten) serviert. R850

Mount View Resort & Lifestyle Village, York St, ✆ 044-874 5205, 💻 www.mountviewsa.co.za. Moderner Komplex, dem ein wenig an Charakter fehlt, der aber Chalets und Rondavels mit Bad und 1, 2 und 3 Schlafzimmern zum Top-Preis bietet. Der hübsche Garten ist gut gepflegt, zum Komplex gehören außerdem ein Wellness- und Schönheitssalon, eine Bowlingbahn und ein Billardsaal. Rondavel R390, Chalet R1180

Oakhurst Hotel, Meade, Ecke Cathedral St, ✆ 044-874 7130. Hübsche, zentrale Villa mit Landhausfeeling, grünem Rasen und ruhigem Garten mit Pool. Auch der Essbereich und der Ausblick auf die Outeniqua-Berge sind wunderschön. R1000

Outeniqua Backpackers, 115 Merriman St, ✆ 082-316 7720, 💻 www.outeniqua-backpackers.com. Freundliches Hostel in einem netten, geräumigen Vororthaus mit komfortablen Dorms und Zimmern, z. T. mit Bergblick. Es gibt einen Pool, außerdem kostenlose Abholung vom Flughafen. Dorm R140, DZ R500

ESSEN UND UNTERHALTUNG

Kafe Serefe, 60 Courtenay St, ✆ 044-884 1012. Sehr beliebtes Lokal mit südafrikanischer Küche und türkischem Einschlag. Spezialität des Hauses ist Fleisch, etwa Lendensteak mit einer Soße aus Schimmelkäse, Walnüssen und Feigen oder Schweinefleisch mit Ziegenkäse-Feigen-Soße (R90). Auch die Auswahl an Mezze ist gut. Mi und Fr abends Bauchtanz. 🕒 Mo–Fr 9–16.30, 18.30–23, Sa 18–23 Uhr.

La Capannina, 122 York St, ✆ 044-874 5313. Italienisches Restaurant, das neben hervorragender Pizza und Pasta auch Rinderfilet auf Polenta und höchst Unitalienisches wie Straußen-Jambalaya mit einem Hauch Curry serviert (R85). 🕒 Mo–Fr 12–22, Sa und So 18–22 Uhr.

The Old Town House, York, Ecke Market St, ✆ 044-874 3663. In diesem historischen Stadthaus kommt gutes Essen in gemütlicher Atmosphäre mit viel Liebe zum Detail auf den Tisch. Rind und Wild stehen im Mittelpunkt, es gibt aber auch vegetarische Gerichte und die überbackene Pasta ist ebenfalls hervorragend (R65). 🕒 Mo–Fr 12–15, 18–22, Sa 18–22 Uhr.

TRANSPORT

Auto

George liegt 531 km von Kapstadt (etwa 6 Std.) und 66 km südöstlich von Mossel Bay entfernt.

Busse

Intercape, **Translux** und **Greyhound** halten auf der Route KAPSTADT–PORT ELIZABETH am Bahnhof von George, neben dem Railway Museum. Der **Baz Bus** hält auf seiner tgl. Fahrt zwischen KAPSTADT und PORT ELIZABETH am Outeniqua Backpackers in der Merriman St.

Busse nach:
DURBAN (1x tgl., 18 Std.);
JOHANNESBURG (1–2x tgl., 15 Std.);
KAPSTADT (6–7x tgl., 6 Std.);

KNYSNA (6–7x tgl., 1 Std.);
MOSSEL BAY (6–7x tgl., 3/4 Std.);
OUDTSHOORN (3–4x tgl., 1 1/2 Std.);
PLETTENBERG BAY (6–7x tgl., 1 1/2 Std.);
PORT ELIZABETH (6–7x tgl., 4 1/2 Std.);
PRETORIA (1–2x tgl., 16 Std.).

Flüge

Kulula und **SAA** verkehren tgl. (1 3/4 Std.) zwischen JOHANNESBURG und dem kleinen **George Airport**, 10 km westlich an der N2. SAA fliegt George auch tgl. von KAPSTADT (3/4–1 Std.) aus an.

Victoria Bay

Rund 9 km südlich von George und 3 km abseits der N2 liegt Victoria Bay, einer der schönsten Orte der Garden Route. In der Bucht gibt es einen kleinen, unter einem Felsvorsprung und von Felsblöcken eingerahmten Sandstrand mit einem grasbewachsenen Abschnitt, der sich hervorragend zum Sonnenbaden eignet, und darüber hinaus eine ungefährliche Schwimmgelegenheit in einem abgegrenzten Meerwasserpool bietet. In den Weihnachtsferien und am Wochenende wimmelt es hier von Tagesausflüglern, und außerdem ist dies eine der begehrtesten Anlaufstellen von **Surfern** in ganz Südafrika.

Aufgrund der bis dicht ans Wasser reichenden Felshänge steht am Strand nur eine einzige Reihe von Gebäuden; darunter befinden sich einige Guesthouses in Spitzenlage (und mit Spitzenpreisen).

ÜBERNACHTUNG

Lands End Guest House, Beach Rd, ✆ 044-889 0123, 💻 www.vicbay.com/lands-end. Zimmer mit Bad im „am dichtesten am Meer gelegenen B&B Afrikas" sowie Unterkünfte für Selbstversorger im Bay House (bis 4 Pers.) und im Sea Cottage (bis 5 Pers.) ein paar Häuser weiter. R1300

Sea Breeze Holiday Resort, an der Hauptstraße zur Siedlung, ✆ 044-889 0098, 💻 www.seabreezecabanas.co.za. Verschiedene preiswerte Ferienwohnungen, darunter auch moderne 2-stöckige Ferien- und Holzhäuser mit Platz für 2, 4 oder 8 Pers., nicht alle mit Aussicht aufs Meer, aber in Spaziernähe zum Strand. R660

VicBay Safari Backpackers, Victoria Bay Rd, ✆ 044-889 0113, 💻 www.vicbaysurfari.co.za. Die hauptsächlich von Surfern frequentierte Lodge hat alle Annehmlichkeiten: WLAN, DSTV, Küche für Selbstversorger und Grillbereiche. Trampolin, Billardtisch, Tischtennisplatte, Volleyballplatz und Shuttles zum Strand und nach George gehören ebenfalls zur Anlage. Die Lodge bietet ganz in der Nähe am einfachen, rechtsbrechenden Point Break Surfcamps sowie Halb- und Ganztageskurse für alle Könnensstufen an. Dorm R180, DZ R750, Familienzimmer R1100

ESSEN

Victoria Bay hat weder Lebensmittelläden noch Restaurants, man muss also alles selbst mitbringen. Vorbestelltes Essen aus George sowie Online-Einkäufe von Pick 'n' Pay und sogar DVDs kann man sich jedoch durch den fabelhaften Lieferservice **Mr Delivery** in George, ✆ 044-873 6677, bringen lassen.

TRANSPORT

Auto

Wer mit dem eigenen Pkw kommt, stößt unten an der Straße auf eine Metallschranke und muss den Wagen auf dem Parkplatz abstellen, der vor allem im Sommer oft voll ist. Wer in einem der B&Bs nächtigt, erhält dort einen Schlüssel zu der Schranke, mit der die private Strandstraße abgesperrt ist.

Busse

Der tgl. **Baz Bus** verkehrt als einziges öffentliches Transportmittel nach Victoria Bay und setzt seine Passagiere an der Victoria Bay Surf Lodge ab.

Wilderness

Der Strand von Wilderness, östlich von Victoria Bay jenseits des Kaaimans River, liegt so nah bei der N2, dass man fast im Vorbeifahren ein schnelles Bad nehmen könnte. Afrikanische

WESTKAP

Aktivitäten rund um Wilderness

Abseiling, Kloofing und Kanus

Eden Adventures, ✆ 044-877 0179 oder 083-628 8547, 🖳 www.eden.co.za, veranstaltet tgl. von 8–13 Uhr Touren zum Kloofing (R500) und tgl. von 13.30–16.30 Uhr zum Abseiling (R500), eine Kombination aus beidem kostet als Tagestour R850. Wer den Touw River auf eigene Faust erkunden will, bekommt für R50/Std. ein Zweisitzer-Kanu.

Reiten

Black Horse Trails, 19 km Richtung Berge an der Hoekwil Rd, ✆ 082-494 5642, 🖳 www.blackhorsetrails.co.za, bietet Ausritte in die Berge und Wälder mit Zaumzeug ohne Mundstück (1 1/2 Std. für R275 oder 3 Std. für R425).

Gleitschirmfliegen

Wer das Ganze aus der Luft sehen möchte, kann beim empfehlenswerten Veranstalter **Cloudbase Paragliding Adventures**, ✆ 044-877 1414, 🖳 www.cloudbase-paragliding.co.za, einen Tandemflug für R450 buchen. Der Flug dauert mindestens 15 Minuten, findet allerdings nur bei absolut sicheren Wetterbedingungen statt. Im Angebot ist auch ein eintägiger Schnupperkurs für R950.

Wildnis sucht man hier zwischen den zahllosen Rentnerwohnsitzen, Ferienhäusern und Tausenden von Gästezimmern aber vergebens. Der lange Sandstrand wird von hohen, durch zahlreiche Ferienhäuser verschandelten Dünen gesäumt. Badende sollten in Ufernähe bleiben, denn dieser Küstenabschnitt ist für seine tückischen Strömungen bekannt.

Die größte Attraktion ist der Wilderness-Abschnitt im Garden Route National Park (S. 261), der zu Paddeltouren auf dem Fluss und zur Beobachtung seiner Vogelwelt einlädt.

ÜBERNACHTUNG

Beach House Backpackers, Western Rd, ✆ 044-877 0549, 🖳 www.wildernessbeachhouse.com. Sehr schlichte Dorm-Zimmer und DZ mit Gemeinschaftsküche und Terrasse mit Hängematten und Meerblick. Die Internetverbindung ist unzuverlässig und es darf kein Alkohol mitgebracht werden. Zum Angebot gehören Kochkurse, Surfstunden und Surfbrettverleih. Dorm R150, DZ R450

Fairy Knowe Backpackers, 6 km vom Dorf entfernt, den Wegweisern an der N2 östlich von Wilderness folgen, ✆ 044-877 1285, 🖳 www.wildernessbackpackers.com. Das älteste Wohnhaus der Gegend (Baujahr 1897) mit einem umlaufenden Balkon liegt im ruhigen Waldgebiet nahe dem Touw River, allerdings fernab vom Meer. In der Hochsaison sehr voll und an der Bar auch laut. Der Baz Bus hält hier. Dorm R130, DZ R480

Island Lake Holiday Resort, Lakes Rd, 2 km von der Abzweigung Hoekwil/Island Lake an der N2, ✆ 044-877 1194, 🖳 www.islandlake.co.za. Campingplatz und Rondavels für 4 Pers. in einer der schönsten Ecken an den Seen. Die Rondavels sind schlichte 1-Zimmer-Einheiten mit Küchenzeile, Kochplatten, Mikrowelle und Besteck; Waschräume und Toiletten im Gemeinschaftsbereich. Camping R220, Rondavel R430

Mes-Amis Homestead, Buxton Close, entsprechender Wegweiser an der Küstenseite der N2, direkt gegenüber der Nationalparkabfahrt, ✆ 044-877 1928, 🖳 www.mesamis.co.za. 9 DZ mit eigener Terrasse und wunderbarer Aussicht. Die Ausstattung ist elegant, mit weißem Bettzeug und Vorhängen sowie Luxusdetails wie Bademänteln und Espressomaschine im Zimmer. R1400

Wilderness Bush Camp, Heights Rd (auf der Waterside Rd nach Westen 1600 m den Berg hoch), ✆ 044-877 1168, 🖳 www.boskamp.co.za. 6 Selbstversorger-Ferienhütten aus Holz mit Schlafzimmern im Obergeschoss, Strohdach und Meerblick. Das Camp liegt am Berg zwischen Fynbos-Sträuchern und ist Teil eines Naturschutzgeländes. R650

ESSEN

The Girls, George Rd, ✆ 044-877 1648, 🖳 www.thegirlsrestaurant.co.za. Das zu Recht beliebteste Restaurant im Ort kombiniert klassisch Französisches wie Tatar mit nordafrikanischen Aromen und nahöstlichen Gerichten. Die Garnelen schmecken fantastisch, auch das Steak ist klasse (R150), und selbst Vegetarier müssen nicht leer ausgehen. ⌚ Di–So 18 Uhr bis spät.

Salinas Beach Restaurant, N2, Ecke Zundorf Lane, ✆ 044-877 001. Leicht erreichbarer Boxenstopp an der N2 mit großartigem Blick von der Terrasse auf den Strand. Bekannt ist das Lokal vor allem für frischen Fisch von Mossel Bay oder Knysna, gute Cocktails (R40) und herausragenden Käsekuchen. ⌚ tgl. 11–22 Uhr.

Serendipity, Freesia Ave, ✆ 044-877 0433, 💻 www.serendipitywilderness.com. Feines Restaurant am Ufer der Lagune des Touw River, in dem ein Ehepaar fabelhaftes Essen mit asiatischem, mediterranem und südafrikanischem Einschlag auf den Tisch zaubert. Das saisonale 5-Gänge-Menü kostet R380, während Vegetarier mit dem doppelt gebackenen Ziegenkäse-Soufflé oder der Auberginen-Kürbis-Roulade glücklich werden können. Weit im Voraus buchen. ⌚ Mo–Sa 19 Uhr bis spät.

Zucchini, Timberlake Organic Village, ✆ 044-882 1240, 💻 www.zucchini.co.za. Das Restaurant verwendet Gemüse aus eigenem biologischem Anbau sowie Freiland- und Biofleisch. Die schlichten, leckeren Speisen sind großzügig portioniert, etwa Gourmet-Burger wie der „Dronk Bok" mit Brandtweinbirnen, Crème Fraîche und selbstgemachtem Nusskrokant (R80). Auf der Getränkekarte stehen 13 Mikrobrauerei-Biersorten und schwefelfreier Wein. Saisonal wechselnde Öffnungszeiten – vorher anrufen! ⌚ Mo–Mi 9–17, Do–So 9–21 Uhr.

INFORMATIONEN

Touristeninformation, in der Milkwood Village Mall, Beacon Rd, Abzweigung von der N2 gegenüber der Caltex-Tankstelle, ✆ 044-877 0045, 💻 www.george.org. ⌚ Mo–Fr 7.45–16.30, Sa 9–13 Uhr.

TRANSPORT

Die **Busse** von Greyhound, Intercape und Translux halten auf der Strecke KAPSTADT–PORT ELIZABETH an der Caltex-Tankstelle, Ecke South St und N2. Der tgl. Baz Bus hält am Fairy Knowe Backpackers.

Busse nach:
KAPSTADT (6–7x tgl., 7 3/4 Std.);
KNYSNA (6–7x tgl., 3/4 Std.);
MOSSEL BAY (6–7x tgl., 1 Std.);
PLETTENBERG BAY (6–7x tgl., 1 1/4 Std.);
PORT ELIZABETH (6–7x tgl., 4 1/2 Std.);
SEDGEFIELD (6–7x tgl., 20 Min.);
STORMS RIVER BRIDGE (6–7x tgl., 2 Std.).

Garden Route National Park: Wilderness Section

Rezeption ⌚ tgl. 7–17.30 Uhr ▪ Eintritt R100 ▪ ✆ 044-877 0046, 💻 www.sanparks.org ▪ Von der N2 aus der Beschilderung zum Wilderness National Park folgen, um zur Rezeption sowie den Ebb-and-Flow-Restcamps zu gelangen. Westlicher Zugangspunkt: Durch Wilderness und über die Brücke fahren, dann rechts abbiegen zur Rezeption.

Östlich von Wilderness erstreckt sich der **Wilderness National Park**, dessen Name denkbar unpassend scheint angesichts der stets nahen, rumpelnden N2. Zum Park gehört zwar auch ein Stück Strand, doch lohnend sind in erster Linie die **Wälder** sowie die insgesamt 16 km langen Wasserwege. Die vielfältigen Habitate umfassen Küsten- und Bergfynbos sowie Feuchtgebiete, die 250 **Vogelarten** – und jede Menge Urlauber – anziehen.

Durch den Wilderness-Abschnitt führen fünf markierte, 2–5 km lange Wanderwege. Eine Wanderkarte, auf der auch die Stellen für die Vogelbeobachtung eingezeichnet sind, ist an der Rezeption erhältlich, zum Herunterladen auch im Internet auf der Webseite von SANParks (s. o.). Wer will, kann sich auch bei Eden Adventures (Kasten S. 260) ein **Kanu** mieten und den **Touw River** vom Restcamp zum Strand herunterpaddeln.

ÜBERNACHTUNG

Die beiden Restcamps im westlichen Parkteil können unter 💻 www.sanparks.org/parks/garden_route/camps/wilderness gebucht werden.

Ebb and Flow North, direkt am Fluss, billig, altmodisch und etwas abseits vom Getümmel.

Zeltplätze, voll ausgestattete 2-Personen-Rondavels mit eigener Dusche sowie billigere Hütten mit gemeinschaftlichen Sanitäranlagen. Camping R270, Rondavel R270

Ebb and Flow South, mit Camping und modernen Unterkünften in geräumigen Blockhäusern auf Pfählen oder Ziegelbungalows für bis zu 4 Pers. (mit eigener Küche und Bad). Zudem gibt es im Wald Hütten für 2 Pers. mit Bad und Gemeinschaftsküche. Camping R240, Hütte R625, Bungalow R1235

Goukamma Nature Reserve

tgl. 7.30–16 Uhr ▪ Eintritt R40 ▪ Übernachtungsgäste frei ▪ 044-383 0042

Das bescheidene, rund 220 km² große Reservat beginnt kurz hinter Sedgefield und erstreckt sich bis Buffalo Bay (auch Buffels Bay genannt) im Osten. Neben dem Süßwassersee Groenvlei Lake und 18 km an Stränden am Meer umfasst es die **höchsten bewachsenen Dünen** des Landes. Die Landschaft bietet schöne **Wanderstrecken** voller Küsten-Fynbos und dichter Vegetation aus Milkwood-, Yellowwood- und Candlewood-Bäumen.

Die vielfältigen Küsten- und Feuchtgebiete sind der Lebensraum von mehr als 220 **Vogelarten**, darunter Fischadler, Federhelmtourakos, Eisvögel und die äußerst seltenen Afrikanischen Schwarzen Austernfischer. Abseits des Wassers lässt sich mit viel Glück eins der **Säugetiere** erspähen, die in diesem Gebiet leben, darunter Buschbock, Greisbock, Manguste, Grüne Meerkatze, Karakal und Otter.

ÜBERNACHTUNG

Es gibt 2 voll ausgestattete Buschcamps auf der Groenvlei-Seite des Reservats und 3 strohgedeckte Rondavels im Osten, alle über **CapeNature**, 021-483 0190, www.capenature.co.za, zu buchen. Eine Alternative ist das private Camp *Teniqua Treetops* gleich außerhalb des Parks, das noch nahe genug liegt, um die Gegend zu erkunden.

Teniqua Treetops, 23 km nordöstlich von Sedgefield, 044-356 2868, www.teniquatreetops.co.za, Karte S. 270. Einmaliges, romantisches Retreat unter Urwaldbäumen zwischen Sedgefield und Knysna mit 4 km Waldwanderwegen und Badestellen am Fluss. Die Luxuszelte stehen erhöht auf Holzpodesten, eines ist rollstuhlgerecht. Die Unterkunft ist nicht nur sehr gechillt, sondern auch ein faszinierendes Beispiel für nachhaltiges Leben: Für den Bau wurde kein einziger Baum gefällt, weitestgehend wurden Recyclingmaterialien verwendet, die Wasserversorgung funktioniert per Schwerkraft, die Duschen haben Solarheizung und die Toiletten funktionieren nach einem wassersparenden Trockenkompostierungsprinzip. R1660

TRANSPORT

Mit dem **Auto** gibt es zwei Zufahrtsrouten von der N2; innerhalb des Reservats fehlen jedoch öffentlichen Straßen. Der Eingang des Reservats auf der Buffalo-Bay-Seite ist über die Buffalo Bay Road zu erreichen, wo auf halbem Weg das Büro liegt. Auf der Westseite kommt man auf einer unbefestigten Straße, die zum

Aktivitäten im Goukamma Nature Reserve

Neben Angeln, Vogelbeobachtung und Schwimmen im Groenvlei Lake bietet sich Goukamma vor allem zum **Wandern** an. Es gibt mehrere Strecken, die in Tagestouren die unterschiedlichen Naturräume des Reservats erkunden. Vom Parkplatz am Platbank Beach ganz im Westen führt eine 14 km lange Strandroute (einfache Strecke ca. 4 Std.) an Klippen vorbei zum Rowwehoek-Parkplatz im Osten. Oder aber man wählt die ein Stück landeinwärts verlaufende, etwas längere Route über die Dünen, um das Reservat vom einen zum anderen Ende zu durchqueren. Ein kürzerer Rundwanderweg beginnt am Büro des Reservats und durchstreift einen Milkwood-Wald.

Als Alternative kann man mit dem **Kanu** auf dem Goukamma River im Osten des Reservats paddeln; eine begrenzte Anzahl an Einer-/Zweierkanus (R60/100 pro Tag) gibt es unter der Woche vom Büro des Reservats zu mieten, an Wochenenden am Eingang.

Platbank Beach führt, durch die winzige, hübsche Siedlung Lake Pleasant am Südufer des Groenvlei Lake, die ein Hotel und eine Ferienanlage umfasst.

Knysna

Knysna („Naissna" ausgesprochen), 102 km östlich von Mossel Bay, wird von vielen Besuchern, die die Garden Route befahren, frequentiert. Den Mangel an Ozeanstränden kompensiert die Stadt durch ihre attraktive Hügellage rund um die **Knysna Lagoon**, ihre schönen Wälder, gute Bedingungen für Abenteuersportarten und die ansprechende Uferpromenade. Wer Ruhe und Abgeschiedenheit sucht, ist hier falsch: Knysna ist lebhaft, aber kultiviert, mit guten Restaurants und ständig wachsenden Bauprojekten.

Der Ort schmiegt sich um die Lagune, das kleine historische Zentrum liegt am Nordufer. Die georgianischen und viktorianischen Gebäude verleihen der Stadt einen besonderen Charakter, der zusätzlich durch Coffeeshops, Kunstgalerien, bunte Straßenstände und ein bescheidenes Nachtleben aufgepeppt wird. Die Lagune öffnet sich an einer schmalen Mündung, flankiert von zwei steilen, „The Heads" genannten Felsen zum Meer. Westlich von diesen erstreckt sich ein privates Naturreservat, östlich dehnt sich in spektakulärer Klippenlage über dem Indischen Ozean eine noble Wohngegend aus, die verwirrenderweise ebenfalls „The Heads" heißt.

In Knysna kann man zwar in der Lagune schwimmen, aber nicht im Meer; der nächste Strand liegt 20 km entfernt bei Brenton-on-Sea.

Geschichte

Zu Beginn des 19. Jhs. bestanden die einzigen „weißen" Siedlungen außerhalb von Kapstadt in einer Handvoll ärmlicher Dörfer. Knysna, eine wahrhaft hinterwäldlerische Siedlung, bildete da keine Ausnahme. Der Name stammt aus der Sprache der Khoi und bedeutet „schwer zu erreichen", und genau das blieb Knysna noch bis weit ins 20. Jh. hinein.

Eine Person ließ sich davon jedoch nicht abschrecken – **George Rex**, ein in Großbritannien geborener Kolonialbeamter, der sich über die moralischen Regeln der Kolonialgesellschaft hinwegsetzte und sich zu seiner farbigen Geliebten bekannte. Das brachte ihn ins gesellschaftliche Abseits, und im frühen 19. Jh. brach er nach Knysna auf, um sein Glück mit der Verschiffung von Bauhölzern aus der Knysna Lagoon zu versuchen. Als Rex 1839 starb, hatte sich Knysna zu einem wichtigen **Holzfällerzentrum** entwickelt, das viele weiße Arbeiter anzog, die sich mit primitiven Geräten für einen Hungerlohn daran machten, den Wald abzuholzen. Nur knapp entging er dank weitsichtiger und effektiver Schutzmaßnahmen, die in den 1880er-Jahren initiiert wurden, der völligen Zerstörung.

Zu Beginn des 20. Jhs. lag Knysna immer noch weitab vom Schuss, und tief in den Wäldern lebten die verarmten Nachkommen der Holzfäller in weltabgeschiedenen, von Inzucht geprägten kleinen Gemeinschaften. Noch bis 1914 musste jeder, der von Knysna nach George reiste, auf der 75 km langen Piste 58 Gatter öffnen und wieder schließen.

Knysna Quays und Thesen's Island

Etwa 500 m südlich von Knysna Tourism, am Ende der Grey St

Die Knysna Quays, die „Waterfront" von Knysna mit dem Jachthafen, entstanden Ende der 1990er-Jahre als elegante, zweistöckige Stahlkonstruktion mit Holzstegen und wirken wie eine Miniversion der Kapstädter V&A Waterfront. Hier findet sich eine gute Mischung aus Hotels, Läden und ein paar guten Esslokalen, teilweise mit Terrasse, von der man die Jachten vorbeiziehen sieht. Weitere schicke Läden und Restaurants sind am Rand der Lagune auf **Thesen's Island**, erreichbar über die Dammstraße am südlichen Ende der Long Street.

Leisure Isle und Eastern Head

Der Hauptgrund für einen Abstecher nach **Leisure Isle** sind die hervorragenden Schwimmgelegenheiten in der Lagune und die Aussicht aufs Meer, die sich zwischen The Heads eröffnet. Die besten Badestellen finden sich am Südufer der Insel, insbesondere im westlichen Abschnitt entlang des Bayswater Drive. Richtig gut

WESTKAP

Bootstouren in Knysna

Bootstouren Eine Bootsfahrt durch die Lagune zu The Heads gehört zu den schönsten Ausflügen, die man in Knysna machen kann. Die Knysna Featherbed Company, ✆ 044-382 1693, 💻 www.knysnafeatherbed.com, bietet mehrmals tgl. unterschiedliche Rundfahrten von den Knysna Quays zu The Heads; die kürzeste dauert 1 1/4 Std. und kostet R110. An Ausflügen über The Heads hinaus werden ein Segeltörn (1 1/2 Std., R340) und eine Sunset Cruise (2 1/2 Std., R655) mit köstlicher Bewirtung und Wein angeboten.

Die einzige Möglichkeit eines Besuchs in dem privaten **Featherbed Nature Reserve** am Westufer der Lagune stellt die vierstündige Featherbed Nature Tour dar (R530). Sie umfasst die Bootsfahrt, den Transport per Jeep auf den Gipfel des Western Head und ein Buffet. Es gibt auch eine etwas kürzere und preiswertere Version ohne Mahlzeit (3 3/4 Std., R400). Eine Reservierung ist erforderlich und kann beim Kiosk an der Nordseite der Knysna Quays erledigt werden. Abfahrtstellen sind die Waterfront Jetty und städtische Schiffsanlegestelle an der Remembrance Avenue, 400 m westlich der Kais und des Bahnhofs.

schwimmen kann man aber nur bei Flut und das auch nur im Sommer. Auf dem George Rex Drive Richtung Süden liegt ein Straßengewirr, das zu den kleinen Vororten um The Heads führt.

ÜBERNACHTUNG

Die besten Übernachtungsmöglichkeiten sind die weit abseits der Hauptstraße N2, mit Blick auf die Lagune oder The Heads. Außerhalb der Stadt gibt es ein paar ausgezeichnete Unterkünfte, auch recht preiswerte Selbstverpfleger-Cottages im Wald. Wer ein etwas ruhigeres Plätzchen an der Lagune sucht, begibt sich ans Westufer bei Brenton-on-Sea, wo es auch einen fantastischen Strand gibt.

Zentrum und Knysna Quays

Island Vibe Backpackers, 67 Main Rd, ✆ 044-382 1728, 💻 www.islandvibe.co.za, Karte S. 265. Eine Filiale der beliebten Hostelgruppe, die entlang der ganzen Garden Route zu finden ist. Diese schön gelegene Anlage hat einen Pool und eine Terrasse. Die Ausstattung ist nicht luxuriös, aber eine gute, günstige Option und eine hervorragende Basis für Abenteueraktivitäten. Dorm R140, DZ R480

Knysna Backpackers, 42 Queen St, ✆ 044-382 2554, 💻 www.knysnabackpackers.co.za, Karte S. 265. Blitzblankes, gut organisiertes Hostel in einem denkmalgeschützten viktorianischen Haus in zentraler Lage. Die ruhige Unterkunft hat 5 DZ (in denen aber auch bis zu 4 Pers. unterkommen können) und einen Schlafsaal mit 8 Betten. Dorm R140, DZ R380

Knysna Manor House, 19 Fichat St, ✆ 044-382 5440, 💻 www.knysnamanor.co.za, Karte S. 265. Zentral gelegenes, 100 Jahre altes Haus mit gelbem Holzboden und Kolonialausstattung. Nicht ganz modern, dafür aber preiswert. Es gibt DZ mit Doppelbett oder 2 Betten, Familienzimmer und einen Garten mit Pool. R870

Leisure Isle und The Heads

Cunningham's Island Guest House, 3 Kingsway, Leisure Isle, ✆ 044-384 1319, 💻 www.islandhouse.co.za, Karte S. 265. Funktionelles, 2-stöckiges Gästehaus aus Holz und Glas mit 8 Suiten in blendendem Weiß, aufgelockert durch einen Hauch Blau und etwas Ethno-Flair (gestreifte Kissen und afrikanische Korbmöbel). Jedes der eleganten, komfortablen Zimmer hat eine eigene Tür zum Garten mit Pool unter riesigen Strelitzien; bloß an der Aussicht mangelt es. R895

Under Milkwood, George Rex Drive, The Heads, ✆ 044-384 0745, 💻 www.milkwood.co.za, Karte S. 265. Luxuriöse Unterbringung für Selbstversorger an der Lagune unterhalb The Heads, mit Privatstrand (gefahrloses Schwimmen) und sagenhaftem Blick. 3 Ferienwohnungen mit 2 Zimmern und eigener Sonnenterrasse zwischen Milchholzbäumen. Der Preis richtet sich nach Lage der Unterkunft; große Preisnachlässe in der Nebensaison. R1459

Westlich der Stadt

Blue Oyster, Ecke Rio und Stent St, ✆ 044-382 2265, 💻 www.blueoyster.co.za, Karte

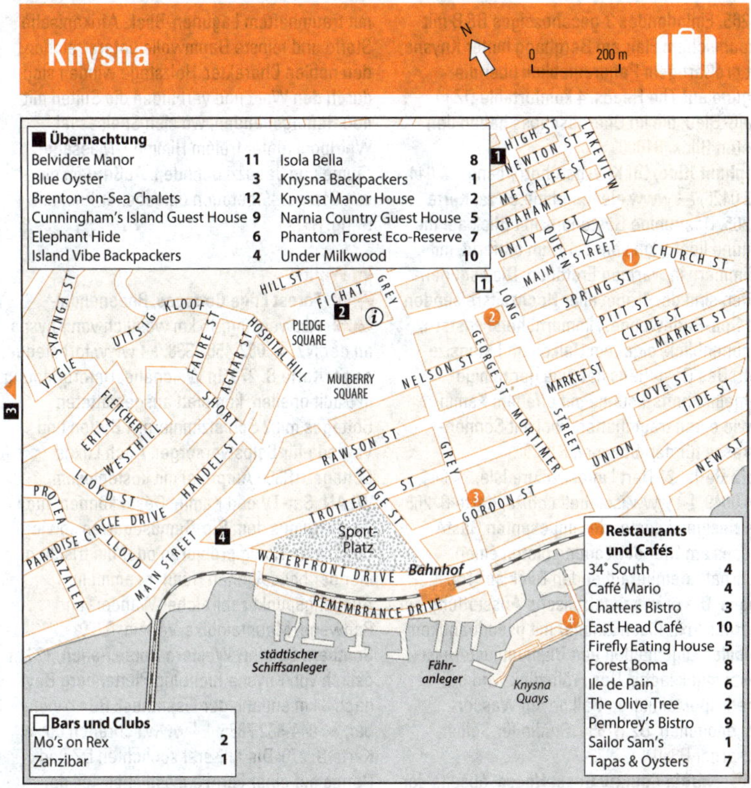
Knysna
0 200 m
N
Übernachtung
Belvidere Manor 11
Blue Oyster 3
Brenton-on-Sea Chalets 12
Cunningham's Island Guest House 9
Elephant Hide 6
Island Vibe Backpackers 4
Isola Bella 8
Knysna Backpackers 1
Knysna Manor House 2
Narnia Country Guest House 5
Phantom Forest Eco-Reserve 7
Under Milkwood 10
Restaurants und Cafés
34° South 4
Caffé Mario 4
Chatters Bistro 3
East Head Café 10
Firefly Eating House 5
Forest Boma 8
Ile de Pain 6
The Olive Tree 2
Pembrey's Bistro 9
Sailor Sam's 1
Tapas & Oysters 7
Bars und Clubs
Mo's on Rex 2
Zanzibar 1
HIGH ST
NEWTON ST
LAKEVIEW
METCALFE ST
GRAHAM ST
UNITY ST
QUEEN STREET
MAIN STREET
CHURCH ST
SPRING ST
PITT ST
CLYDE ST
MARKET ST
LONG
GEORGE ST
NELSON ST
MARKET ST
COVE ST
TIDE ST
MORTIMER
STREET
UNION
NEW ST
GREY
GORDON ST
HILL ST
FICHAT
GREY
PLEDGE SQUARE
MULBERRY SQUARE
HOSPITAL HILL
AGNAR ST
SHORT
FAURE ST
KLOOF
UITSIG
SYRINGA ST
VYGIE
FLETCHER
ERICA
WESTHILL
HANDEL ST
LLOYD ST
PROTEA
CIRCLE DRIVE
PARADISE
LLOYD
AZALEA
MAIN STREET
RAWSON ST
HEDGE ST
TROTTER ST
Sport-Platz
WATERFRONT DRIVE
Bahnhof
REMEMBRANCE DRIVE
städtischer Schiffsanleger
Fähr-anleger
Knysna Quays

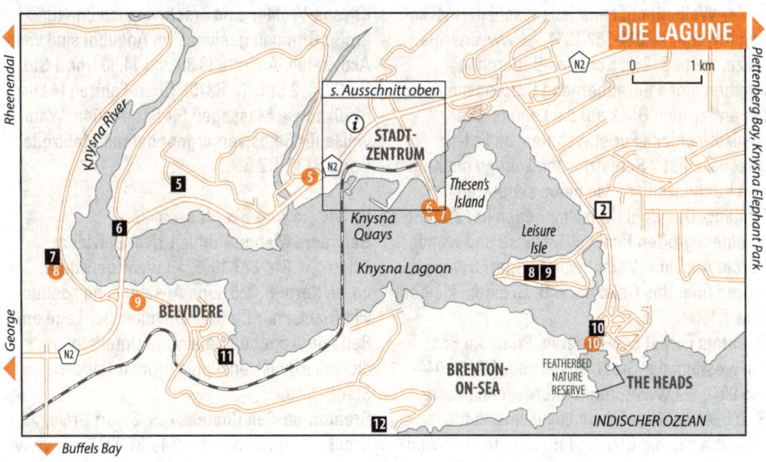
DIE LAGUNE
0 1 km
Rheenendal
George
Buffels Bay
Plettenberg Bay, Knysna Elephant Park
N2
s. Ausschnitt oben
STADT-ZENTRUM
Knysna River
Thesen's Island
Knysna Quays
Leisure Isle
Knysna Lagoon
BELVIDERE
BRENTON-ON-SEA
FEATHERBED NATURE RESERVE
THE HEADS
INDISCHER OZEAN

WESTKAP

S. 265. Einladendes 3-geschossiges B&B mit griechischem Flair am Berghang hinter Knysna, mit großartigem Panoramablick über die Lagune auf The Heads. 4 komfortable DZ in Weiß-Blau; die im Obergeschoss haben den besten Blick. R1000

Elephant Hide, Off Knysna Cherry Lane, ✆ 044-382 0426, 🖳 www.elephanthide.co.za, Karte S. 265. Das ruhige Gästehaus mit Blick auf die Lagune liegt 3 km vom Zentrum entfernt, mit 7 Zimmern in warmen Erdtönen. Die Lagunensuiten sind der Traum aller Hochzeitsreisenden, mit Spa-Badewanne, zimmerhohen Fenstern, Lagunenblick, eigenem Balkon und Kingsize-Bett. Das Gästehaus hat eine geräumige Gemeinschafts-Lounge mit offenem Kamin sowie einen traumhaften Pool mit Sonnenterrasse für den Sommer. R1960

Isola Bella, 21 Hart Lane, Leisure Isle, ✆ 044-384 0049, 🖳 www.isolabella.co.za, Karte S. 265. Die riesigen Fenster des imposanten Gästehauses am Ufer der Lagune bieten einen wahrhaft atemberaubenden Blick auf The Heads. Die etwas theatralische Ausstattung der überaus luxuriösen Zimmer mit pseudoantikem Mobiliar, Ölgemälden und Blumenmustern ist Geschmacksache. Das Frühstück wird auf einem spektakulären Balkon am Wasser eingenommen. DZ R1850, Studio für Selbstversorger R950

Narnia Country Guest House, abseits der Welbedacht Lane (ausgeschildert), 3 km von Knysna, ✆ 044-382 1334, 🖳 www.narnia.co.za, Karte S. 265. Schönes Bauernhaus inmitten eines bezaubernden Gartens am Hang mit entferntem Blick auf die Lagune. Die rustikal-schicke Ferienwohnung im Erdgeschoss hat 2 Schlafzimmer, Lounge mit Kamin und Küchenzeile sowie einen separaten Eingang. Das Pool House hingegen hat Zugang zu einem großen Pool mit Terrasse und wunderbarem Ausblick. Verschiedene Spazierwege führen über das Gelände, z. B. zu einem kleinen See. R1500

Phantom Forest Eco-Reserve, Phantom Pass Rd, westlich der Stadt, abseits der N2, ✆ 044-386 0046, 🖳 www.phantomforest.com, Karte S. 265. Atemberaubende Luxusunterkunft, errichtet mit viel Glas und Holz, mitten im Wald mit traumhaftem Lagunen-Blick. Afrikanische Stoffe und feinste Baumwolle unterstreichen den noblen Charakter. Holzstege winden sich durch den Wald und verbinden die Suiten mit den Hauptgebäuden, wo sich Speisesaal, Whirlpool (unter freiem Himmel), Massageräume und Jacuzzi befinden. Außerdem ein von üppiger Vegetation umgebener Pool am Hang. R4274

Im Wald

Forest Edge Cottages, Rheenendal-Abzweigung, 16 km westlich von Knysna an der N2, ✆ 082-456 1338, 🖳 www.forestedge.co.za, Karte S. 270. In Waldnähe, Unterbringung in traditionellen, komplett ausgestatteten Cottages mit 2 Schlafzimmern, 4 Betten und Veranda für Selbstversorger. Auch Luxus-Cottages (R300 Aufpreis) mit kostenlosem WLAN, Sat-TV und Kamin. Gäste können auch Produkte aus dem Bio-Gemüsegarten sowie regionalen Honig probieren oder die frischen Eier der hauseigenen Hühner sammeln. Ausgangspunkt zahlreicher Wander- und Radwege, Mountainbike-Verleih. R750

Southern Comfort Western Horse Ranch, 17 km östlich von Knysna Richtung Plettenberg Bay, nach 3 km entlang der Fisanthoek Rd erreichbar, ✆ 044-532 7885, 🖳 www.schranch.co.za, Karte S. 270. Die äußerst schlichten DZ und Dorms auf einer Farm am östlichen Teil der Knysna-Wälder sind erschwinglich und für große Gruppen geeignet. Im Angebot sind viele Aktivitäten: Ausritte (8.30 und 14.30 Uhr, 1 Std. für R270, 2 Std. für R370), Quad-Fahrten (4 km, R270) sowie Massagen für Sattelmüde. Wahlweise für Selbstversorger oder mit Mahlzeiten. Dorm R130, DZ R300

Belvidere und Brenton-on-Sea

Belvidere Manor, Duthie Drive, Belvidere Estate, ✆ 044-387 1055, 🖳 www.belvidere.co.za, Karte S. 265. Eine Ansammlung pseudoviktorianischer Cottages in hübscher Lage am Rand der Lagune. Die einzige Unterkunft in diesem exklusiven, üppig grünen Teil der Stadt. R2400

Brenton-on-Sea Chalets, C.R. Swart Drive, Brenton Beachfront, ✆ 044-381 0081, 🖳 www.

Townshiptouren und Homestays

Einen authentischen Einblick in die Townships Knysnas bietet die ungeschönte Tour von **Eco Afrika**, ✆ 082-558 9104, die in fünf Gegenden führt. Teilnehmer erfahren etwas über den historischen Hintergrund und können bei einem Spaziergang mit den Bewohnern plaudern. Wer möchte, kann auch für R50 bei einer Familie zu Mittag essen. ◷ Touren tgl. 10 und 14 Uhr, R350, nur mit Reservierung.

Eco Afrika arrangiert auch Homestays in einer der Townships mit Unterkunft bei einer Familie in einer Wellblechhütte (R150); Hintransport und Abholung am nächsten Morgen durch den Veranstalter.

brentononsea.co.za, Karte S. 265. 15 Autominuten von Knysna und mit Blick auf den langen, geschwungenen Strand von Brenton, der sich bis zur Buffels Bay erstreckt. Die Selbstversorger-Chalets mit 3 Schlafzimmern sind gut und gemütlich ausgestattet. R980

ESSEN

Knysna hat viele gute Restaurants für alle Geschmäcker, wobei man im Sommer und während der Ferien reservieren muss. Es gibt ein oder zwei tolle Coffeeshops und endlos viele verführerische Delis, wo man sich ein Picknick für die umliegenden Wälder, Gewässer und Strände zusammenstellen kann.

34° South, Knysna Quays, ✆ 044-382 7331, 💻 www.34-south.com, Karte S. 265. Deli, Café, Restaurant, Bar und Sushi-Bar unter einem Dach. Verkauft werden Waren aus eigener Herstellung sowie importierte Lebensmittel, während die umfangreiche Speisekarte des Lokals Seafood in allen Varianten feilhält – von den Peri-Peri-Calamariköpfen über das rote Thai-Curry mit Muschel (R95) bis hin zum Calamari-Tempura (R32). Beim Essen kann man zugucken, wie die Jachten die hochgezogene Zugbrücke passieren. ◷ tgl. 8.30–22 Uhr.

Caffè Mario, Knysna Quays, ✆ 044-382 7250, Karte S. 265. Gemütlicher Italiener am Wasser mit Tischen im Freien. Auf der Karte stehen außer Snacks wie Paninoteca und Tramezzini auch hervorragende Pizza (R70). Zuverlässig gut und günstig. ◷ tgl. 7.30–22 Uhr.

Chatters Bistro, Gray, Ecke Gordon St, ✆ 044-382 0203, 💻 www.chattersbistro.co.za, Karte S. 265. Das Bistro mit Garten, offenem Kamin und 80 Weinsorten ist die richtige Adresse für hervorragende, knusprige Pizza (auch weizen- und glutenfrei) und Pasta (R70). ◷ Di–So 12–21.30 Uhr.

East Head Café, 25 George Rex Drive, ✆ 044-384 0933, 💻 www.eastheadcafe.co.za, Karte S. 265. Sehr beliebtes Café mit Außenbereich, Panoramablick auf Knysna und Spielplatz. Die schlichten Seafood-Gerichte (R80) sind ebenso hervorragend wie die klassischen Wraps und Salate – oder der tolle Mojito. Reservieren ist nicht möglich und Parken teilweise auch schwierig. ◷ tgl. 8–15.30 Uhr.

Firefly Eating House, 152a Old Cape Rd, ✆ 044-382 1490, 💻 www.fireflyeatinghouse.com, Karte S. 265. Legeres kleines Bistro, dessen feuerrotes Dekor mit Glitzerlämpchen gut zu den scharf gewürzten, mittelgünstigen Speisen im Tapas-Stil mit malaysischen, thailändischen, ost- und südafrikanischen Anklängen passt. ◷ Di–So 18–22 Uhr.

Forest Boma, Phantom Forest Eco-Reserve, Phantom Pass Rd, ✆ 044-386 0046, Karte S. 265. Das Essen ist zweitrangig angesichts der Lage – mitten im Wald und mit Ausblick über die gesamte Lagune –, die diesen Ort zu einem der bezauberndsten Flecken Südafrikas macht. Beim 6-gängigen panafrikanischen Fix-Menü (R400) werden u. a. Kudu-Pflaumen-*sosatie* (scharfe Hackfleischspieße) mit Kräuterpolenta, gebratenes Straußenfleisch in Schwarzkirschsauce mit einheimischem Käse und verführerische Desserts aufgetischt. Unbedingt reservieren! ◷ tgl. 18.30–20.30 Uhr.

Ile de Pain, Thesen Island, ✆ 044-302 5707, 💻 www.iledepain.co.za, Karte S. 265. Trendiges Restaurant in einer Handwerksbäckerei, das Salate, Baguettes, Austern und Nudelgerichte serviert. Zum Frühstück gibt's krustiges Holzofenbrot mit Marmelade, zum Kaffee tolles Gebäck (R60). ◷ Di–Sa 8–15, So 9–13.30 Uhr.

The Olive Tree, 12 Wood Mill Lane, Main Rd, Karte S. 265. Das Lieblingslokal der Ein-

WESTKAP

heimischen bietet schön präsentiertes Bistro-Essen aus frischen Zutaten und mediterran beeinflusste Küche (Hauptgerichte um R130). Auch toll für Vegetarier. ⌚ Mo–Sa 18–22 Uhr.

Pembrey's Bistro, Brenton Rd, Belvidere, ✆ 044-386 0005, 💻 www.pembreys.co.za, Karte S. 265. Kleines und bescheidenes, aber sehr gutes Restaurant mit einer Kombination aus ländlicher Küche und Haute Cuisine. Auf der täglich wechselnden Speisekarte stehen meist Strauß, Springbock und Entenconfit mit in Balsamico karamellisierten Pfirsichen (R160) oder Ähnliches. Das mediterran inspirierte Selbstbedienungs-Salatbuffet mit Gartenkräutern ist unschlagbar: Die verführerischen Vorspeisen reichen von frischen Ravioli mit Taschenkrebs und Dill (R85) bis zu vegetarischen Alternativen. ⌚ Mi–So 18.30 Uhr bis spät.

Sailor Sam's, Main Rd, gegenüber vom Postamt, ✆ 044-382 6774, Karte S. 265. Sympathische, altmodische Frittenbude mit prima Fish 'n' Chips zum Spottpreis (R30), den billigsten Austern der Stadt (R10 pro Auster) sowie leckeren Meeresfrüchten, die allerdings nicht aus der Gegend, sondern von der Westküste stammen. ⌚ Mo–Sa 11–20.30, So 11–15 Uhr.

Tapas & Oysters, Thesen Island, ✆ 044-382 7196, 💻 www.tapasknysna.co.za, Karte S. 265. Das hippe Lokal direkt am Hafen hat mittwochs und freitags Livemusik und Drinks zum halben Preis. Innen ist es offen und luftig mit raumhohen Fenstern, außen auf allen 4 Seiten von einer Terrasse umgeben. Auf der Speisekarte stehen Sushi sowie spanische und südafrikanische Tapas, darunter ein traditionelles Gericht aus eingemachtem Fisch sowie Frikadellen und geräucherter *snoek* (R40). ⌚ tgl. 11–23 Uhr.

UNTERHALTUNG

Mo's on Rex, George Rex Drive, ✆ 044-384 0493, Karte S. 265. Lebhaftes Nachbarschaftslokal mit viel Atmosphäre und großem Biergarten. Das Restaurant serviert günstiges Essen wie Pizza (R50) und Spareribs. ⌚ Mo–Sa 12 bis spät.

Zanzibar, Ecke St George's und Main Rd, ✆ 044-382 0386, Karte S. 265. Knysnas ältester Club ist im Old Barnyard Theatre beheimatet. Hier vereinen sich alle Musikrichtungen von Pop bis Mainstream House, gelegentlich gibt's Live-Acts mit Bands, Kleinkunstprogramm oder Comedy („Spirit + Mixer" R35). ⌚ tgl. 12–2 Uhr.

SONSTIGES

Aktivitäten

Knysna Cycle Works, 20 Waterfront Drive, ✆ 044-382 5151, 💻 www.knysnacycles.com, verleiht Bikes (R170 pro Tag) und hat Karten und Informationen zu Trails im Harkerville Forest.

Informationen

Knysna Tourism, 40 Main St, ✆ 044-382 5510, 💻 www.visitknysna.co.za. Hat Landkarten und bucht Aktivitäten und Unterkünfte in der Umgebung von Knysna. ⌚ Mo–Fr 8–17, Sa 8.30–13 Uhr.

Medizinische Hilfe

Life Knysna Private Hospital, Hunters Drive, ✆ 044-384 1083. Zuverlässige ärztliche Versorgung, mit Notaufnahme.

Notfall

Notruf, vom Festnetz ✆ 107, mobil ✆ 112;
Polizei, ✆ 044-302 6600;
Seerettungsdienst, ✆ 082-990 5956.

TRANSPORT

Auto

Man erreicht Knysna nach 491 km und 6 Std. Fahrt von Kapstadt auf der N2, die in Knysnas Haupstraße übergeht.

Busse

Der **Baz Bus** setzt seine Passagiere am Knysna Backpackers ab (S. 264), während **Intercape** und **Translux** am alten Bahnhof, Remembrance Ave, gegenüber Knysna Quays, halten. **Greyhound** hält an der Toyota-Werkstatt, 9 Main Rd.

Busse nach:
DURBAN (1x tgl., 17 Std.);
GEORGE (6–7x tgl., 1 Std.);
JOHANNESBURG (1–2x tgl., 16 Std.);
KAPSTADT (6–7x tgl., 7 Std.);
MOSSEL BAY (6–7x tgl., 1 1/4 Std.);
OUDTSHOORN (1–2x tgl., 2 Std.);

PLETTENBERG BAY (6–7x tgl., 1 1/2 Std.);
PORT ELIZABETH (6–7x tgl., 4 1/2 Std.);
PRETORIA (1–2x tgl., 17 Std.);
sowie in alle anderen Städte der Garden Route entlang der N2.

Die Wälder von Knysna

Der eigentliche Grund für einen Besuch von Knysna sind seine **Waldgebiete**, auch wenn von den rauschenden Wäldern – einst Heimat der **Khoi** und einer Vielzahl „wilder" Tiere – nur noch kärgliche Überreste blieben. Jene Wälder waren Ziel früher europäischer Entdecker und Naturforscher, und ihnen folgten Holzfäller, Goldgräber und Geschäftsmänner wie Goerge Rex, alle auf der Suche nach dem großen Geld.

Der französische Forschungsreisende **Francois Le Vaillant** war einer der ersten Europäer, der im Wald einen Elefanten erschossen hat. Insbesondere vom Geschmack der Elefantenfüße war er vollkommen hingerissen. 200 Jahre später sind vom Stamm der Khoi nur einige Ortsnamen geblieben, während die legendären **Knysna-Elefanten** ebenfalls kurz vor der Ausrottung stehen.

Goudveld State Forest

Rund 30 km nordwestlich von Knysna ▪ ⏲ tgl. Sonnenauf- bis Sonnenuntergang ▪ Eintritt R100 ▪ Von Knysna über die N2 nach Westen Richtung George fahren, kurz hinter dem Knysna River rechts in die Rheenendal Rd abbiegen; dieser rund 25 km und den Wegweisern Richtung Bibby's Koep bis zum Goudveld-Schild folgen.

Der herrliche Goudveld State Forest besteht aus einem Mischwald mit importierten und heimischen Bäumen. Sein Name stammt aus der Zeit des Goldrausches (*goudveld* ist Afrikaans für Goldfeld), der in den 80er-Jahren des 19. Jhs. Hunderte von Goldsuchern in das Minenstädtchen **Millwood** zog. Der Boom war kurzlebig und der endgültige Niedergang folgte 1890, als die meisten Minengesellschaften finanziell am Boden waren. Heute ist die Stadt völlig überwuchert, nur ein paar alte Straßenschilder stehen noch.

Der Wald mit seinen hohen Bäumen und dem hübschen Tal ist nach wie vor ein reizvolles Ausflugsziel, das über zahlreiche Bade- und Picknickstellen verfügt.

Wandern im Goudveld

Zahlreiche gut gekennzeichnete Wanderwege führen durch das Goudveld. Am schönsten (und einfachsten) ist eine Wanderung entlang des **Jubilee Creek**, die 3,5 km weit am Bachufer durch den Wald zu einem tiefen Felsenteich führt, wo man sich mit einem erfrischenden Bad belohnen kann. Einige der Minenanlagen einschließlich der alten **Förderanlagen** um die Lorenbahn wurden restauriert und können besichtigt werden. Am Jubilee Creek bestehen auch gute Chancen, einen Knysna Lourie zu Gesicht zu bekommen: Ausschau nach ihren karmesinroten Schwingen halten, die im Baumgeäst aufblitzen, wenn die Vögel dort nach Beeren picken!

Eine **Karte** mit einer Wegbeschreibung zum Creek ist am Eingangstor zum Reservat erhältlich. Da der markierte Pfad an der Badestelle endet, muss man auf dem gleichen Weg wieder zurück. Am Flussufer, kurz nach Beginn des Wanderweges, befindet sich eine einladende **Picknickstelle**.

Der Rundwanderweg **Woodcutter Walk** ist anstrengend, es stehen auch eine 3 km oder 9 km lange Version zur Wahl. Ausgangspunkt ist **Krisjan se Nek**, eine Picknickstelle unweit des Goudveld-Einganges. Dann windet sich der Pfad durch dichten Wald hinunter und wieder hoch zum Anfangspunkt.

Entdeckungstour in die Wälder

Knysna Forest Tours and Mountain Biking Africa (Tony Cook), ✆ 082-783 8392, 💻 www.mountainbikingafrica.co.za, 💻 www.knysnaforesttours.co.za, bietet neben geführten Wanderungen, Wanderjogging, Moutainbike- und Kanutouren durch die Wälder und an der Küste auch Ausflüge zur Vogelbeobachtung und zum Fliegenfischen. Es lassen sich auch zwei Aktivitäten zu einer Tagestour kombinieren. Halbtägige Wanderungen gibt es ab R495 p. P., Radausflüge für R580 inkl. Verpflegung.

WESTKAP

DIE WÄLDER VON KNYSNA

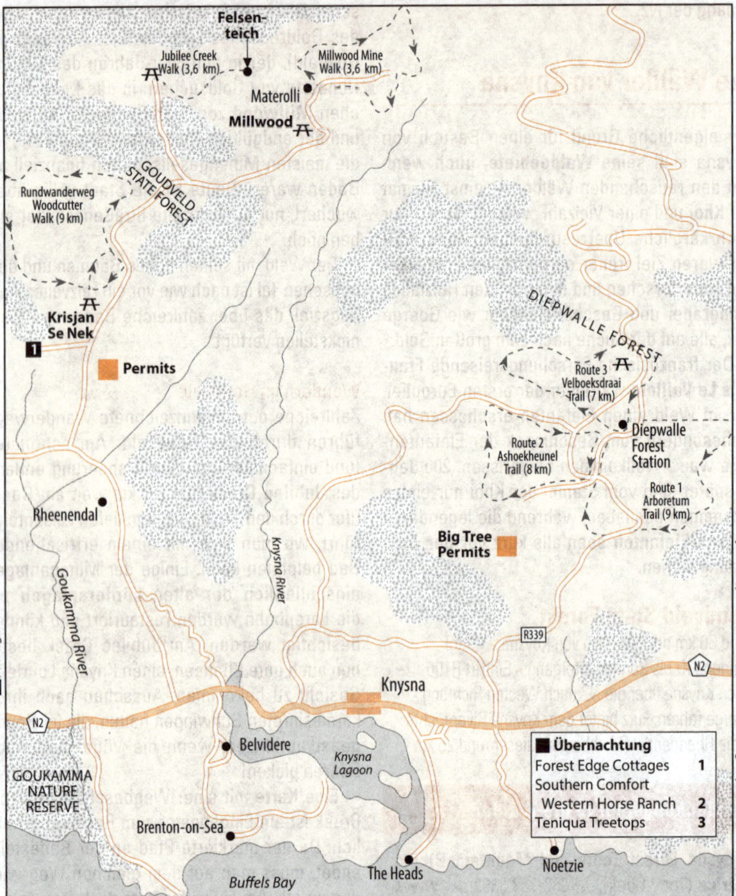

WESTKAP

Diepwalle Forest

Rund 20 km nordöstlich von Knysna ▪ 🕒 tgl. 6–18 Uhr ▪ Eintritt R100 ▪ Von Knysna auf der N2 nach Osten Richtung Plettenberg Bay fahren, nach 7 km links auf die R339 abbiegen und auf ihr 17 km weiter in Richtung Avontuur und Uniondale bis zum deutlich ausgeschilderten Abzweig auf der rechten Seite zur Forest Station.

Der Diepwalle Forest ist das letzte Rückzugsgebiet der fast ausgerotteten Elefantenpopulation Knysnas. Garantiert zu Gesicht bekommt man allerdings nur die Elefanten, die auf die Wegweiser gemalt sind und die drei wichtigsten Wanderwege durch das Waldgebiet markieren. Sich still verhaltende, aufmerksame Wanderer können jedoch vielleicht Meerkatzen, Buschböcke und Kronenducker sehen. Diepwalle ist einer der schönsten Flecken in der gesamten Knysna-Gegend, bekannt für seine zahlreichen Baumriesen und insbesondere für seine **Yellowwood-Bäume**.

Wandern im Diepwalle

Der **Elephant Walk** umfasst drei Wanderschleifen, die 7, 8 und 9 km lang sind und durch flaches, teilweise leicht hügeliges sowie mit Urwald und Fynbos bewachsenes Terrain führen. Wer einigermaßen fit ist, darf pro Pfad drei bis dreieinhalb Stunden veranschlagen. Ausgangspunkt ist jeweils die Forest Station (S. 270).

Die 9 km lange **Route 1**, mit schwarzen Elefanten gekennzeichnet, führt durch einen Baumgarten hinunter zu einem von Riesenfarnen bestandenen Wasserlauf. Am jenseitigen Ufer steht der **Big Tree**, ein 600 Jahre alter Baumriese. Die leichte, 8 km lange **Route 2**, markiert mit weißen Elefanten, überquert den Gouna River, wo sich ein großer Teich befindet, der angeblich als Elefantenbadestelle dient.

Der anstrengendste der drei Wege ist die lohnenswerte, 7 km lange **Route 3**, zu erkennen an den roten Elefanten. Er verläuft entlang der hügeligen Ausläufer der Outeniquas. Es ist ratsam, sich an die Wegweiser zu halten, denn streckenweise überschneidet sich der Weg mit dem Outeniqua Trail, der an aufgemalten Fußstapfen zu erkennen ist und für dessen Begehung man eine Genehmigung braucht. Kurz vor der Picknickstelle Velboeksdraai steht ein weiterer mächtiger Yellowwood-Baum – angeblich der schönste Baum im ganzen Wald.

Plettenberg Bay

In den Weihnachtsferien erstürmen Zehntausende wohlhabendere Johannesburger Plettenberg Bay (meistens „Plett" genannt), den angesagtesten Badeort der Garden Route. Pletts Zentrum liegt auf einem Hügel und besteht vor allem aus Supermärkten, Badebekleidungsgeschäften und Touristenrestaurants. Während der Saison kann man ruhigen Gewissens einen Bogen um die Stadt machen, denn dann sind die Unterkünfte knapp und die Preise verdoppeln sich.

Die Elefanten von Knysna

Warnschilder entlang der N2 zwischen Knysna und Plettenberg Bay kündigen Elefanten an, die die Straße überqueren, doch das entspringt wohl mehr einem Wunschdenken als der Realität. Es sind hier nur noch ganz wenige frei lebende Dickhäuter zu verzeichnen, und aufgrund der Größe des Waldes ist es eher unwahrscheinlich, einen zu Gesicht zu bekommen. Doch um die Knysna-Elefanten ranken sich viele Mythen und die Einheimischen äußern sich nicht klar dazu. Um 1860 betrug ihre Anzahl noch 500, und um 1920 (zwölf Jahre, nachdem sie von Staats wegen unter Schutz gestellt worden waren) war sie auf 20 geschrumpft. Heute leben hier schätzungsweise nur noch drei Elefanten. Die einzigen Elefanten, die man garantiert zu sehen bekommt, sind die im Elephant Sanctuary (S. 277) in der Nähe von Plettenberg Bay.

Doch außerhalb der Saison tröstet das überwältigende Panorama der Bucht über die wuchernde Bebauung der umliegenden Berghänge hinweg. Von allen Teilen der Stadt aus sichtbar fallen die dunkelblauen **Tsitsikamma Mountains** schroff zur sanft gebogenen, von einem mehrere Kilometer langen, weißen Sandstrand gesäumten Bucht hinab. Zwischen dem Meeresufer und den Bergen erstreckt sich ein dichter Waldstreifen. Dank der günstigen Lage ist das Klima gemäßigt, und regelmäßige Regenfälle sorgen dafür, dass die Landschaft das ganze Jahr über grün bleibt.

Jeden Winter tummeln sich **Südkaper** vor der Küste, und zu jeder Zeit des Jahres sind spielende oder nach Nahrung schnappende **Delphine** zu sehen, oft in beträchtlicher Anzahl. Das Meer eignet sich zum gefahrlosen **Schwimmen**. Die Wassertemperaturen erreichen natürlich nie tropische Temperaturen, aber zwischen November und April sind sie durchaus angenehm.

An der Ostseite der Bucht liegt der Küstenort **Keurboomstrand** und noch weiter östlich **The Crags** (beide quasi Vororte von Plett) mit seinen drei Tierparks **Monkeyland**, **Birds of Eden** und dem **Elephant Sanctuary**, die alle einen Besuch

Pletts Strände

Die meisten Besucher kommen wegen der Strände nach Plett – und die Auswahl ist gut. Beacon Island Beach, oder **Main Beach**, liegt genau in der Mitte der Bucht. Hier liegen Fischerboote und Katamarane vor Anker. Die niedrigen Wellen am zentralen Abschnitt der Bucht sorgen für ruhiges Schwimmvergnügen – der ideale Platz für Familien. **Lookout Beach** ist einer der schönsten Strandabschnitte zum Schwimmen und Sonnenbaden. Vom fantastisch gelegenen Restaurant (S. 275) lassen sich häufig **Delphine** in der Bucht beobachten. Von hier aus kann man mehrere Kilometer nach Keurbooms und **Keurbooms Beach** laufen.

wert sind, besonders wenn man mit Kindern unterwegs ist.

ÜBERNACHTUNG

In Plettenberg

Albergo for Backpackers, 8 Church St, ✆ 044-533 4434, 🖳 www.albergo.co.za. Selbstversorgende Backpacker, freundliches Personal, schöner Garten, kostenloses WLAN, TV-Zimmer und Billardtisch. Gäste können auch Abenteueraktivitäten buchen und kostenlos Bodyboards ausleihen sowie Kanus mieten. Sehr beliebt und in der Hochsaison teilweise sehr laut. Camping R100, Dorm R175, DZ R550

Amakaya Backpackers, 15 Park Lane, ✆ 044-533 4010, 🖳 www.amakaya.co.za. Die Unterkunft in Zentrums- und Strandnähe ist ideal für Backpacker. Zur Anlage gehören Lounge-Bereiche, Feuerstellen und Hängematten. Im Obergeschoss ist noch eine Veranda mit Bar, und es gibt auch einen Pool mit Blick auf Lagune und Berge. 2 Nächte Mindestaufenthalt am Wochenende. Dorm R175, DZ R480

Nothando Backpackers, 5 Wilder St, ✆ 044-533 0220, 🖳 www.nothando.com. Hervorragendes, kinderfreundliches Hostel, das von einem ehemaligen Lehrer geführt wird. Das Wohnhaus im Vorort liegt 5 Gehminuten von Plettenbergs Hauptstraße entfernt und hat 7 DZ und 3 Dorm-Zimmer. Frühstück kostet R50 extra. Dorm R160, DZ R500, Familienzimmer R820

Nach Westen Richtung Robberg

Anlin Beach House, 33 Roche Bonne Ave, ✆ 044-533 3694, 🖳 www.anlinbeachhouse.co.za. 2 stilvoll und komfortabel ausgestattete Gartenstudios, Luxussuiten mit Küchenzeile sowie ein Familienapartment mit 3 Schlafzimmern und Küche in einer gepflegten Grünanlage nahe Robberg Beach. Tgl. Raumpflege. R1910

Fountain Shack, Robberg Nature Reserve, ✆ 021-483 0190, 🖳 www.capenature.co.za/reserves/robberg-nature-reserve. Einsam und wunderschön über dem Meer gelegenes, renoviertes Holz-Cottage für 8 Pers. ohne Elektrizität. Es ist nicht mit dem Auto, sondern nur nach 2 Stunden Fußmarsch erreichbar. Bettzeug, Kochgeschirr und Besteck ist vorhanden, Essen muss man mitbringen. R1300

Plettenberg Park, kurz vor dem Ende der Robberg Rd, in der Nähe des Flughafens, ✆ 044-533 9067, 🖳 www.plettenbergpark.co.za. Das teure Luxus-Boutiquehotel am Rand der Steilküste von Robbenberg hat 7 Suiten mit Meerblick und 3 mit Blick auf einen schönen kleinen See, umgeben von Fynbos. Eine gewundene Holztreppe führt von der tollen Poolterrasse hinunter zu einem einsamen kleinen Privatstrand mit hübschem Felstümpel. R7834

Keurboomstrand und östlich von Plettenberg

Arch Rock Chalets and Caravan Park, Arch Rock, ✆ 044-535 9409, 🖳 www.archrock.co.za. 17 komplett ausgestattete Ferienhäuschen mit 1 oder 2 Schlafzimmern im Wald oder in Strandnähe. Chalets und Blockhütten stehen im Wald (R600), alle anderen haben Meerblick. Camping R150, Chalet R1100

Bitou River Lodge, Bitou Valley Rd (R340), ca. 4 km von der N2, ✆ 044-535 9577, 🖳 www.bitou.co.za. Tolles Preis-Leistungs-Verhältnis mit idyllischer Lage am Bitou River. Die 5 komfortablen, aber schlichten Zimmer der gemütlichen Lodge blicken auf einen hübschen Garten mit Seerosenteich. Kanubenutzung inkl. R1450

Dune Park, Keurboomstrand Rd (zweigt von der N2 ab und verläuft an der Küste entlang nach Keurbooms), ✆ 044-535 9606, 🖳 www.

Plettenberg Bay

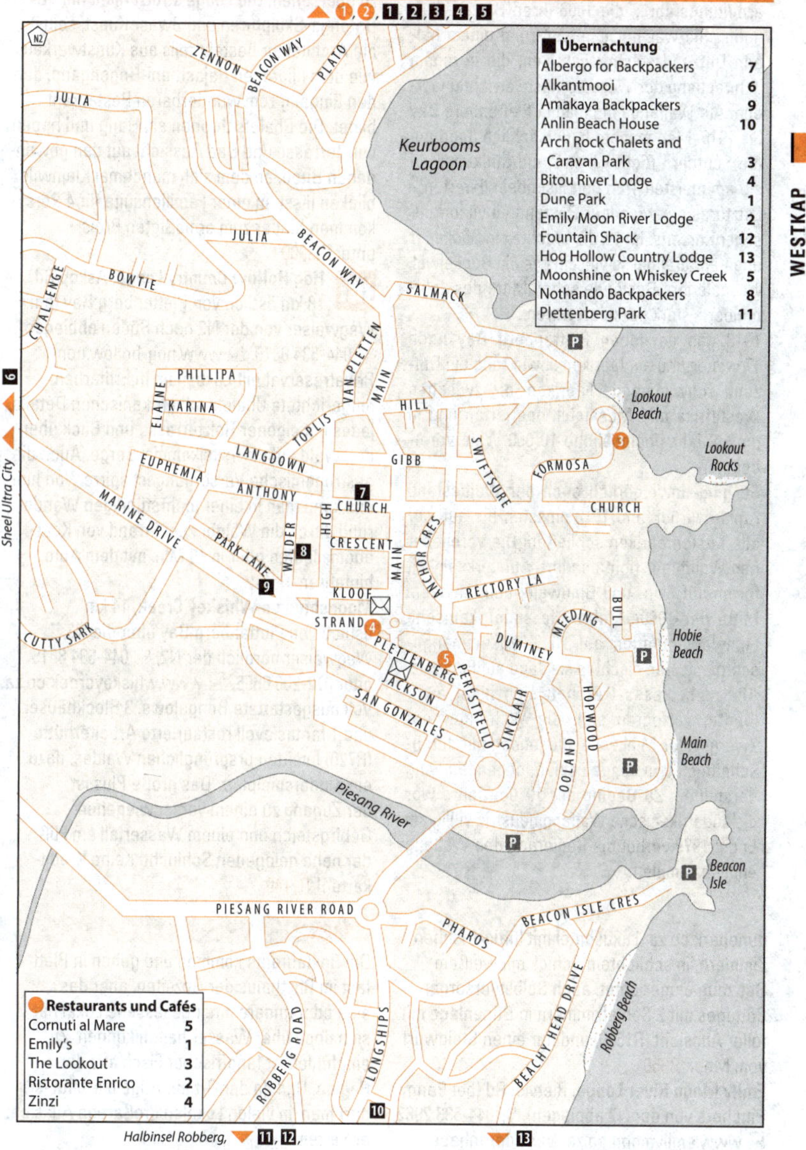

Walfang in Südafrika

Auf Beacon Island gab es früher eine Walverarbeitungsfabrik, die 1806 ihren Betrieb aufnahm. Sie war nur eine von rund einem halben Dutzend solcher Fabriken, die in jenem Jahr entlang der Westkap-Küste errichtet wurden. Auf Walfang ging man in Plettenberg Bay bis 1916. Man machte hauptsächlich Jagd auf die Southern Right Whales, die Südkaper, da sie am meisten Tran und Fischbein lieferten – Letzteres ein wichtiger Bestandteil viktorianischer Korsetts. Im 19. Jh. brachte ein Südkaper ungefähr dreimal so viel ein wie ein Buckelwal, weshalb ihre Bestände schon Mitte des Jahrhunderts stark dezimiert waren.

1913 gab es neben Plettenberg Bay noch 17 weitere Küstenfabriken sowie rund ein Dutzend schwimmende Fabriken, die zwischen Westafrika und Mosambik operierten und in jenem Jahr unglaubliche 10 000 Wale verarbeiteten.

So ging unweigerlich auch der Walbestand rapide zurück und 1918 mussten bis auf vier alle Küstenfabriken schließen. Die verbliebenen Walfänger richteten ihre Aufmerksamkeit fortan auf Finn- und Blauwale, und nachdem Mitte der 1960er-Jahre die südafrikanische Finnwalpopulation auf 20 % zusammengeschrumpft war, machten sie Jagd auf Pottwale. Als auch dieses Geschäft sich nicht mehr lohnte, verlegten sich die Walfänger auf Zwerg- oder Minkwale, die jedoch mit durchschnittlich 9 m Länge keinen lohnenden Fang darstellten. Zu Beginn der 1970er-Jahre war die südafrikanische Walfangindustrie völlig am Ende; 1979 verbot die Regierung den Walfang endlich komplett.

dunepark.co.za. Luxushotel mit luftig-frischen Zimmern, in schlichtem Schick mit weißem Bettzeug eingerichtet, auch Selbstversorger-Cottages mit 2 Schlafzimmern in Dünenlage mit toller Aussicht (R1500) und nur einen Steinwurf vom Meer. R850

Emily Moon River Lodge, Rietvlei Rd (bei Penny Pinchers von der N2 abbiegen), ✆ 044-533 2982, 💻 www.emilymoon.co.za. Dass der Inhaber dieser fantasievoll und luxuriös ausgestatteten Lodge auf einer Anhöhe über den Bitou Wetlands mit exotischer Kunst handelt, ist nicht zu übersehen. Die Lodge strotzt nicht nur vor Batonga-Skulpturen und Swasi-Kunst, selbst die Architektur besteht teils aus Kunstwerken, wie dem filigranen Rajasthani-Bogengang, der den Eingang zum wunderbaren Restaurant bildet. Die Chalets thronen am Hang und haben von Terrasse und Bad Aussicht auf den gewundenen Bitou, an dem sich manchmal Kleinwild blicken lässt. In einer Familiensuite für 4 Pers. kommen Kinder zum ermäßigten Preis unter. R2980

Hog Hollow Country Lodge, Askop Rd, 18 km östlich von Plettenberg Bay (am Wegweiser von der N2 nach Süden abbiegen), ✆ 044-534 8879, 💻 www.hog-hollow.com. Privatreservat mit Luxusflair. In Erdfarben eingerichtete Chalets mit afrikanischen Details, jedes mit eigener Holzterrasse und Blick über den Wald auf die Tsitsikamma-Berge. Auch die gastronomische Versorgung ist spitze. Von hier aus kann man in einer mehrstündigen Wanderung durch die Wälder zum Strand von Keurbooms laufen oder in 15 Min. mit dem Auto hinfahren. R3112

Moonshine on Whiskey Creek, 14 km östlich von Plettenberg Bay über die N2, Wegweiser nördlich der N2, ✆ 044-534 8515 oder 072-200 6656, 💻 www.whiskeycreek.co.za. Voll ausgestattete Bungalows, 3 Blockhäuser und 1 fantasievoll restaurierte Arbeiterhütte (R720) inmitten ursprünglichen Waldes, dazu ein Kinderspielplatz. Das große Plus ist der Zugang zu einem verschwiegenen Gebirgsteich und einem Wasserfall am Fuß der nahe gelegenen Schlucht. Keine Kreditkarten! R1140

ESSEN

Die Restaurants kommen und gehen in Plett fast im Rhythmus der Gezeiten, aber das eine oder andere alteingesessene Lokal hat sich doch über Wasser halten können. Zu empfehlen ist fangfrischer Fisch aus der Region. Und da der Ort auf Hügeln erbaut ist, darf man in vielen Lokalen großartige Aussicht erwarten.

Wal- und Delphinbeobachtung

Plettenberg Bay ist ein ausgezeichneter Ort, um in der Zeit zwischen Juni und Oktober die **Südkaper** zu beobachten. Eine besonders empfehlenswerte Aussichtsstelle ist das Gelände zwischen dem Wrack der *Athene* am Südende des Lookout Beach und dem Keurbooms River. Auch die **Robberg Peninsula** mit ihrem weiten Blick über die Bucht bietet hervorragende Beobachtungsmöglichkeiten. Weitere gute **Aussichtspunkte** innerhalb der Stadtgrenzen sind die Beachy Head Road bei Robberg Beach; Signal Hill in der San Gonzales Street, hinter der Post und der Polizeiwache; das Beacon Island Hotel auf Beacon Island sowie die Terrasse des Restaurants The Lookout (S. 275) am Lookout Beach. Ebenso gut ist der Kranshoek Viewpoint außerhalb von Plett, und auch vom Kranshoek-Wanderweg aus bestehen hervorragende Beobachtungsgelegenheiten.
Autofahrer gelangen dorthin, indem sie auf der Straße nach Knysna die Abfahrt Harkerville nehmen, Kranshoek ist nach 7 km erreicht.

Emily's, Emily Moon River Lodge, Rietvlei Rd (bei Penny Pinchers von der N2 abbiegen), ✆ 044-533 2982. Das Boutique-Restaurant gilt weithin als das beste der Gegend und serviert klassisch französische Küche mit Pep bei toller Aussicht auf das Bitou Wetland. Täglich wechselnde Karte, je nachdem welche regionalen Zutaten frisch verfügbar sind, aber es gibt immer eine Auswahl von 5–6 Vorspeisen und Hauptgerichten und ein paar Desserts. Auf der Fischkarte ist das Seezungenfilet eine gute Wahl (R150). Reservierung muss sein, vor allem, wenn man auf der Terrasse sitzen will. ◷ Mo 18.30–22, Di–So 12–15, 18.30–22 Uhr.

The Lookout, Lookout Beach, ✆ 044-533 1379, 💻 www.lookout.co.za. Das Bar-Restaurant hat einen fantastischen Blick auf die Bucht und Tische im Freien mit Sonnenschirm. Auf der Speisekarte steht hauptsächlich Seafood (z. B. Languste), aber es gibt auch gute Steaks vom Holzkohlegrill (R130) sowie Huhn, Pasta und Frühstück. ◷ tgl. 9–21 Uhr.

Ristorante Enrico, Main Beach, Keurboomstrand, ✆ 044-535 9818. Informelles Restaurant direkt am Strand mit Urlaubs-Feeling, Essen im Freien und frischer Meeresbrise. Serviert werden mittelteure italienische Standards wie knusprige Pizza, Pasta und Kalbfleisch (R90). ◷ im Sommer tgl. 12–22 Uhr, im Winter Di–So 12–22 Uhr.

Zinzi, Hunter's Country House, abseits der N2, 10 km westlich von Plett, ✆ 044-501 1111, 💻 www.zinzi.hunterhotels.com. Das Essen ist international mit afrikanischem Einschlag, etwa asiatischer Schweinebauch, Wildpilzrisotto mit Trüffelöl (R90) und Rooibos-Pannacotta mit Stachelbeerkompott. Der Laden ist flott, die Preise fair und die Atmosphäre kinderfreundlich. ◷ tgl. 12–14.30, 18–21.30 Uhr.

INFORMATIONEN

Touristeninformation, Shop 35, Mellville, Ecke Main St, ✆ 044-533 4065, 💻 www.plettenbergbay.co.za. Hat Stadtpläne und kann eventuell beim Buchen einer Unterkunft helfen. ◷ Mo–Fr 9–17, Sa 9–13 Uhr.

TRANSPORT

Auto

Plettenberg Bay liegt 33 km östlich von Knysna, 520 km von Kapstadt und 1140 km von Johannesburg entfernt.

Busse

Der **Baz Bus** bringt Passagiere direkt zur Unterkunft. Die Intercity-Busse von **Intercape**, **Greyhound** und **Translux** halten an der Shell Ultra City-Tankstelle, unweit der N2 in Marine Way, 2 km außerhalb der Innenstadt.

Busse nach:
DURBAN (1x tgl., 16 Std.);
GEORGE (6–7x tgl., 1 1/2 Std.);
KAPSTADT (6–7x tgl., 7 1/2 Std.);
KNYSNA (6–7x tgl., 1 1/2 Std.);
MOSSEL BAY (6–7x tgl., 2 1/4 Std.);
PORT ELIZABETH (6–7x tgl., 2 1/2 Std.).

Aktivitäten und Touren rund um Plettenberg Bay

Bootstouren

Keurbooms River Ferries, östlich der Keurbooms River Bridge ausgeschildert, ✆ 083-254 3551 www.ferry.co.za. Veranstaltet tägliche Bootsfahrten flussaufwärts (um 11 und 14 Uhr sowie zum Sonnenuntergang, R150, Eintritt in den Park R40) mit fachkundigen Führern, die auf seltene Vögel hinweisen. Der Urwald reicht bis ans Flussufer.

Bungee-Jumping

Bloukrans Bungy, ✆ 042-281 1458, www.faceadrenalin.com. Der höchste kommerziell angebotene Bungee-Sprung der Welt von der 216 m hohen Bloukrans River Bridge dauert ganze sieben Sekunden und kostet R790 (ohne Fotos und Video). Nicht ganz so Mutige können die Absprungstelle auch auf einem Fußsteg aus Maschendraht (R100) überqueren.

Kanu fahren

CapeNature, an der N2 östlich der Keurbooms River Bridge, ✆ 044-533 2125. Wer den Fluss selbst erkunden möchte, bekommt hier schlichte Kanus (Zweisitzer R120/Tag).

Wandern

Für Outdoor-Fans hat die Umgebung von Plett ein paar wunderbare Wanderungen parat, die nicht so überlaufen sind wie die beliebteren Wanderwege um den Tsitsikamma National Park (S. 280). Die unten aufgeführten Wege sind markiert und dauern zwei bis fünf Tage lang. Permits und Buchung unter ✆ 044-302 56-00, -06 oder reservations@samparks.org.

Der **Harkerville Coastal Trail** beginnt und endet an der Forststation in Harkerville, 12 km westlich von Plettenberg Bay, an der N2 beschildert (R212 p. P. zzgl. R25 tgl. Umweltschutzgebühr). Die zweitägige Rundwanderung (26,5 km) bleibt immer in Straßennähe und ist damit nicht so einsam wie der Otter Trail (Kasten S. 280), doch führt er durch herrliche Küstengebiete, unberührten Wald und Fynbos und ist ein guter Ersatz. Allerdings muss viel über Felsen geklettert und teilweise an ungesicherten Felsvorsprüngen entlang gelaufen werden – nichts für Menschen mit Höhenangst oder mangelnder Kondition. Affen, Paviane und Fischadler lassen sich oft blicken, manchmal auch Delphine oder Wale.

Der **Outeniqua Trail** beginnt in Beervlei an der alten Forststation (die auch 8 Hütten zur Übernachtung hat, Anfahrtsbeschreibung bei der Buchung) und endet an der Forststation von Harkerville, 12 km westlich von Plettenberg Bay (R73 p. P. und Tag. Die 108 km lange Wanderung nimmt sieben Tage in

Robberg Marine and Nature Reserve

Robberg Rd ▪ tgl. Feb–Nov 7–17, Dez und Jan 7–20 Uhr ▪ Eintritt R40 ▪ ✆ 021-483 0190, www.capenature.co.za/reserves/robberg-nature-reserve

Eine der schönsten Wanderungen, die man an der Garden Route unternehmen kann, ist die vierstündige, 9 km lange Rundwanderung um die felsige **Halbinsel Robberg**, die 8 km südöstlich des Zentrums von Plett beginnt. Der unberührte Küstenstreifen bietet ein herrliches Rückzugsgebiet vom Trubel. Ein Großteil des Weges führt an Felsen vorbei, von denen aus man oft Robben und Delphine, im Winter auch Wale sichten kann.

Wer nicht genügend Zeit für den ganzen **Rundwanderweg** hat, kann auch nur einen zwei- oder halbstündigen Spaziergang unternehmen. Eine Wanderkarte ist am Eingangstor zum Reservat erhältlich. Übernachtungsgästen steht die rustikale Hütte **Fountain Shack** (S. 272) zur Verfügung.

Keurboomstrand

Rund 14 km östlich von Plettenberg Bay, jenseits des Keurbooms River, liegt an derselben Bucht der Badeort **Keurboomstrand** (kurz Keurbooms). Er hat ebenfalls gute Strände, die allerdings für Schwimmer gefährlich sind. Die sicherste Stelle zum Schwimmen ist bei **Arch Rock**, vor dem

Anspruch (kürzere Varianten möglich) und führt durch unberührte Wälder mit riesigen Steineiben, Pinienplantagen und die Reste einer Goldmine in Millwood im Goudveld State Forest.

Klettern und Kloofing (Canyoning)

GoVertical Mountaineering Adventures, ✆ 082-731 4696, 💻 www.govertical.co.za. Kloofing (auch: Canyoning) ist die abenteuerlichste Art, die tiefen Schluchten zwischen Knysna und Plett zu erkunden. GoVertical vermittelt die Grundlagen des Kletterns und führt erfahrene Kletterer. Die Preise hängen von der Größe der Gruppe ab und werden bei Anfrage mitgeteilt.

Fallschirmspringen

Skydive Plettenberg Bay, ✆ 082-905 7440, 💻 www.skydiveplett.com. Einen Adrenalinkick verspricht ein Tandem-Fallschirmsprung aus 3000 m Höhe (auch für völlige Anfänger, R1850, DVD oder Video kosten extra).

Township-Touren

Ocean Blue, Central Beach, ✆ 044-533 5083 oder 083-701 3583, 💻 www.oceanadventures.co.za. Organisiert entspannte Touren in Plettenbergs Township mit einem Führer, der von dort stammt. Die R200 Teilnahmegebühr und alle Gewinne fließen in einen Entwicklungsfonds, aus dem unter anderem Lehrergehälter und eine Kinderkrippe finanziert werden.

Wal- und Delphinbeobachtung

Dolphin Adventures, Central Beach, ✆ 083-590 3405, 💻 www.dolphinadventures.co.za. Eine Seekajakfahrt gehört zu den besten Möglichkeiten, Wale zu beobachten. Der Veranstalter bietet unvergessliche Touren mit erfahrenen und kundigen Führern in Zweierkajaks (2–2 1/2 Std., R250, Kinder R150, inkl. aller Ausrüstung). Wer will, kann auch einfach ein Kanu mieten und selbst lospaddeln (1 Std. R100, 2 Std. 150).

Ocean Blue, Central Beach, ✆ 044-533 4897 oder 083-701 3583, 💻 www.oceanadventures.co.za. Der lizenzierte Veranstalter bietet Seekajaktouren (R250) und Schiffstouren zur Walbeobachtung (R700).

Ocean Safaris, Shop 3, Hopwood St, ✆ 044-533 4963, 💻 www.oceansafaris.co.za. Lizenzierter Whale-watching-Veranstalter mit maßgeschneiderten Bootstouren. Bei der Walbeobachtung vom Boot (R680) gibt es zwischen Juli und September praktisch Sichtungsgarantie. Außerhalb der Saison lohnt es sich trotzdem wegen der Delphine und Robben (R420).

Caravanpark, aber auch der **Picnic Rock Beach** ist ganz gut. Keurbooms, ein nettes, stilles Plätzchen, hat nur wenige Einrichtungen, und wer hier übernachten möchte, sollte sich vorher in Plettenberg Bay mit Proviant eindecken. Zu Keurbooms' besonderen Attraktionen gehören Kanufahrten auf dem Keurbooms River (s. Kasten).

The Crags

The Crags, 2 km östlich von Keurboomstrand, besteht nur aus einer Reihe von Kleinbauernhöfen an der N2, einem Spirituosenladen und ein paar weiteren Geschäften am Waldrand. Die eigentlichen Besucherattraktionen hier sind das **Elephant Sanctuary, Monkeyland** und **Birds of Eden**. Um von Keurbooms aus zu allen drei Attraktionen zu gelangen, muss man an der BP-Tankstelle Richtung Monkeyland/Kurland abbiegen und dann 2 km weit den Wegweisern zum Elephant Sanctuary/Monkeyland folgen.

Elephant Sanctuary

Monkeyland Rd, 19 km östlich der Plettenberg Bay, abseits der N2 ▪ 🕒 tgl. 8–17 Uhr, Trunk-in-Hand tgl. 7.30 Uhr ▪ Trunk-in-Hand R475 ▪ Elefantenreiten R475 ▪ Elefant striegeln R575 ▪ ✆ 044-534 8145, 💻 www.elephantsanctuary.co.za

Das Elephant Sanctuary bietet hautnahe Begegnungen mit einem halben Dutzend Dickhäutern, die in Botsuana und im Krüger-Nationalpark vor

WESTKAP

dem Abschuss gerettet wurden. Beim beliebten einstündigen **Trunk-in-Hand**-Programm erhalten Besucher einen informativen Vortrag über Elefantenverhalten und können mit einem Elefanten „Rüsselspitze in Hand" spazieren gehen und ihn darüber hinaus auch tätscheln und füttern. Zum sonstigen Angebot gehören auch 15-minütige Elefantenritte und Elefantenstriegeln.

Monkeyland

400 m hinter der Elephant Sanctuary ▪ ⏲ tgl. 8–17 Uhr ▪ Eintritt zur Aussichtsterrasse kostenlos ▪ Tour R160, Kombiticket mit Birds of Eden R260 ▪ 💻 www.monkeyland.co.za

Monkeyland beherbergt Primaten von mehreren Kontinenten, die allesamt entweder als Waisen aufgelesen oder vor einem jämmerlichen Leben als Haustiere bewahrt wurden. Besucher haben die Möglichkeit, zu Fuß an **„Safaris"** durch den heimischen Urwald in Begleitung gut informierter Führer teilzunehmen und dabei Geschöpfen wie etwa den madagassischen Kattas zu begegnen. Sämtliche Affen können sich auf dem Gelände ungehindert bewegen, nach Futter suchen und relativ artgemäß leben.

Ein Highlight ist die Hängebrücke, die in Baumkronenhöhe über eine Schlucht führt und mit 128 m die angeblich längste auf der Südhalbkugel ist. Es gibt auch ein Restaurant mit Holzveranda.

Birds of Eden

⏲ tgl. 8–5 Uhr ▪ Eintritt R160 ▪ Kombiticket mit Monkeyland R260 ▪ 💻 www.birdsofeden.co.za

Gleich neben dem Monkeyland liegt das dazugehörige Birds of Eden, ein weitläufiges Vogelgehege. Mit großer Sorgfalt wurden hier Netze möglichst schonend über eine große Waldfläche gelegt. Wie bei Monkeyland gilt auch für Birds of Eden, dass die meisten Schützlinge schon in Käfigen lebten, bevor sie hierherkamen. Hier können sie nun im riesigen Gehege frei herumfliegen (es ist so groß, dass man in gemächlichem Tempo leicht eine Stunde über seine gewundenen, rollstuhltauglichen Holzstege wandern kann).

Zwar ist das Gehege dafür in Kritik geraten, dass es einheimische Vögel von ihrem Lebensraum aussperrt und ihre Zugrouten unterbricht. Das Ergebnis ist dennoch bemerkenswert und umfasst kleine Seen, Wasserfälle und eine **Hängebrücke**. Die meisten Vögel sind Exoten, darunter farbenprächtige Exemplare – etwa der Scharlachsichler aus Südamerika oder der chinesische Goldfasan. Dazwischen finden sich aber auch heimische Spezies wie der Federhelmturako (alias *Knysna lourie*) und Südafrikas Nationalvogel, der Paradieskranich. Vorsicht vor den frechen Kakadus, die sich Besuchern gerne auf die Schulter setzen oder auch Knöpfe von ihren Hemden stibitzen. Ein Restaurant an einem der Seen serviert kleine Gerichte und Getränke.

Tsitsikamma

Der Tsitsikamma-Abschnitt des Garden Route National Park, etwa auf halbem Weg zwischen Plettenberg Bay und Port Elizabeth, ist das absolute Highlight der Garden Route. Er erstreckt sich über einen schmalen Küstenstreifen mit einer atemberaubenden Felsküste, tiefen Schluchten und Urwaldbäumen, die sich an grüne Felswände klammern. Keinesfalls verpassen darf man seine Hauptattraktion, den Storms River Mouth, die spektakulärste Flussmündung an diesem wildromantischen Küstenabschnitt. Der 1964 eingerichtete Tsitsikamma ist auch das älteste Marinereservat Südafrikas. Das 5,5 km lange Meeresschutzgebiet umfasst einen **Unterwasserpfad**, den ausgebildete Taucher benutzen dürfen.

Tsitsikamma selbst besteht aus zwei Abschnitten: **Nature's Valley** im Westen und **Storms River Mouth** im Osten. Die beiden Teile sind jeweils nur auf einer kurvenreichen Teerstraße, abgehend von der N2, zu erreichen (dazwischen muss man wandern, es gibt keine Verbindungsstraße innerhalb des Parks). Im Nature's Valley liegt der einzige Ort im Park; hier gibt es einen tollen, 3 km langen Sandstrand. Der ultimative Wanderweg Südafrikas, der fünftägige **Otter Trail** (Kasten S. 280), verbindet die beiden Abschnitte des Parks.

Die dem Storms River Mouth nächstgelegene Siedlung, rund 14 km nördlich am oberen Ende einer steilen, kurvigen Straße, ist das irreführend benannte **Storms River Village**, das außerhalb der Parkgrenzen und in einiger Entfernung vom Fluss liegt, aber eine praktische Ausgangsbasis für Abenteueraktivitäten in der Umgebung und Tagesausflüge nach Storms River Mouth ist.

Nature's Valley

Nature's Valley, am Westende des Tsitsikamma-Abschnitts des Garden Route National Park, erstreckt sich über ein zerklüftetes, hügeliges Binnenland, durchzogen von schmalen Tälern und einer Reihe von Wanderwegen. Hier liegt auch die gleichnamige freundliche, alte Siedlung an der atemberaubend schönen Groot River Lagoon. Die Lagune wird von insgesamt 20 km Strand gesäumt. Da die N2 einen Bogen um diese Gegend macht und daher auch die Intercity- und Tourbusse hier nicht einlaufen, ist Nature's Valley das ideale Ziel für ein paar ruhige Tage.

Wanderungen

Viele der guten **Wanderwege** in Nature's Valley beginnen am 1 km nördlich des Dorfes gelegenen Campingplatz des Nationalparks, wo Wanderkarten und Informationsbroschüren zu Flora und Fauna erhältlich sind. Eines der schönsten Wanderziele ist **Salt River Mouth**, 3 km westlich vom Dorf Nature's Valley. Dort gibt es Bade- und Picknickstellen – allerdings lässt sich der Fluss nur bei Ebbe durchwaten. Die Wanderung beginnt und endet beim Café in Nature's Valley.

Ebenfalls zu empfehlen ist der 6 km lange Rundwanderweg **Kalanderkloof Trail**, der am Campingplatz seinen Anfang nimmt, zu einem Ausguck hochführt und dann einen Bogen zurück schlägt durch eine schmale Schlucht an einem Wasserlauf, vorbei an riesigen Outeniqua Yellowwood-Bäumen und wilden Bananen.

ÜBERNACHTUNG

Das Übernachtungsangebot in Nature's Valley selbst ist ziemlich begrenzt, was zum Charme des verschlafenen Dorfs beiträgt. Dafür liegen an der Straße, die von der N2 zum Dorf abzweigt, unmittelbar vor Beginn der Serpentinen ein paar gute Quartiere. Unterkünfte für Selbstversorger in und um Nature's Valley können über **Meyer van Rooyen**, ✆ 082-772 2972, gebucht werden; unbedingt vorher mit Proviant eindecken, die Einkaufsmöglichkeiten vor Ort sind sehr beschränkt.

Four Fields Farm, Nature's Valley Rd, 3 km von der N2 an der R102 und 8 km von Nature's Valley, ✆ 044-534 8708, 💻 www.fourfields.net. Eine einladende und bescheidene ehemalige Milchfarm, keine 10 Autominuten vom Meer. Im Farmgebäude sind 4 schlichte Zimmer für Selbstversorger mit Bad, schönen alten Möbeln und Fenstertüren zu eigenen Terrassen, die an den Garten inmitten von Feldern grenzen. Zusätzliche Ferienwohnungen für 2 Pers. (R660) und 4 Pers. (R1100). R1760

Lily Pond Lodge, 102 Nature's Valley Rd, 3 km von der N2 an der R102 und 6 km von Nature's Valley, ✆ 044-534 8767, 💻 www.lilypond.co.za. Die Luxus-Lodge ist wohl die schönste Unterkunft in Nature's Valley. Die 4 Zimmer mit Bad haben Fenstertüren zur eigenen Terrasse, Soundsystem, TV und WLAN, die beiden geräumigen Luxussuiten außerdem noch Wohnzimmer, Fußbodenheizung und überbreite Betten. 3 noch luxuriösere Gartensuiten und eine Honeymoon-Suite mit privatem Garten runden das Angebot ab. R1500

Nature's Valley Restcamp, 1 km nördlich des Dorfes. Reservierung über South African National Parks, ✆ 044-531 6700, 💻 www.sanparks.org, oder beim Camp Supervisor im Nature's Valley, ✆ 044-531 6700. Zeltstellplätze zwischen alten afrikanischen Bäumen und einfache Waldhütten mit Gemeinschaftstoilette für 2 Pers. Camping R190, Hütte R450

Rocky Road Backpackers, 1,5 km von der N2 entfernt auf der R102, 12 km von Nature's Valley entfernt, ✆ 072-270 2114, 💻 www.rockyroad backpackers.com. Ruhige Backpacker-Unterkunft mit Landschaftsgarten in großem Waldanwesen. Für alle Bedürfnisse ist gesorgt: kostenloses WLAN, Pizzaofen im Freien, Badezimmer im Wald und ein sehr kontaktfreudiges *braai* am Freitagabend. Die schönste der angebotenen Unterkunftsvarianten sind die Luxuszelte mit weichen Betten und Heizdecken. Camping R80, Luxuszelt R140, Dorm R120, DZ R600

Tranquility Lodge, 130 St Michael Ave, ✆ 044-531 6663, 💻 www.tranquilitylodge.co.za. Sofern

Nature's Valley überhaupt ein Zentrum hat, liegt diese komfortable Lodge neben dem einzigen Geschäft des Orts mittendrin. Der 2-geschossige Holz-und-Ziegel-Bau in einem Garten, der praktisch nahtlos in den Wald übergeht, steht nur 50 m vom Strand entfernt. Frühstück wird auf einer Veranda im Obergeschoss zwischen den Baumwipfeln serviert. Alle Zimmer mit Bad, außerdem eine große Honeymoon-Suite (R2400) mit Luxusbad, offenem Kamin und eigener Terrasse. R1300

Wild Spirit Lodge and Backpackers, Nature's Valley Rd, 8 km von Nature's Valley entfernt, ✆ 044-534 8888, 🖳 www.wildspiritlodge.co.za. Diese Lodge hat ein alternatives Flair mit Dorms in 3 zweistöckigen Garten-Cottages. Zur Ausstattung gehören kostenloses WLAN, eine Küche für Selbstversorger, ein Yoga- und Meditationsraum, eine Büchertauschbörse, Livemusik und Trommelabende sowie ein großer *braai*-Bereich. Camping R80, Dorm R120, DZ R400

ESSEN

Nature's Valley Trading Store, Forest St, Ecke St Michael St, ✆ 044-531 6835, 🖳 www.cyberperk.co.za/naturesvalley. Einziges Lokal im Ort, gesellig und locker. Seafood, Steaks, Burger und getoastete Sandwiches. Abends auch Kneipe mit großem TV. 🕒 tgl. 9.30–20.45 Uhr.

INFORMATIONEN

Nature's Valley Trading Store (s. „Essen") fungiert als inoffizielle, aber ausgezeichnete Touristeninformation.

TRANSPORT

Nature's Valley, 29 km östlich von Plettenberg Bay, ist über den gewundenen, herrlichen Groot River Pass zu erreichen (oft tummeln sich Pavianrudel an der Strecke).

6 HIGHLIGHT

Storms River Mouth

55 km östlich von Plettenberg Bay ▪ 🕒 tgl. 7–19.30 Uhr ▪ Eintritt R108 ▪ ✆ 042-281 1607

Im Gegensatz zum sanften Nature's Valley zeigt sich die Garden Route bei **Storms River Mouth** von ihrer wilden Seite. Es ist nicht mit Storms

Wanderungen in Nature's Valley und Storms River

Dolphin Trail Der Luxuswanderweg der Garden Route – mit Trägern! Der atemberaubende Weg durch den Tsitsikamma National Park führt an der rauen Küste entlang und durch den Wald. Er beginnt am Storms River Mouth und endet nach 20 km und dreieinhalb Tagen am Sandrif River Mouth. Im Preis (R4990 p. P.) sind Essen, Unterkunft und Permits sowie ein Guide, eine Bootsfahrt in der Storms River Gorge und eine Geländewagenfahrt über den Storms River Pass enthalten. Buchung über die Fernery, ✆ 042-280 3588, 🖳 www.dolphintrail.co.za.

Otter Trail Südafrikas Vorzeigewanderweg durch unberührtes Küsten- und Waldgebiet ohne Häuser oder Straßen ist einfach unglaublich schön, allerdings nur trainierten, erfahrenen Wanderern zu empfehlen: von Hütte zu Hütte muss man alles selbst tragen und auch tiefere Flüsse durchqueren können. Die Wanderung beginnt am Storms River Mouth und endet nach 42 km und fünf Tagen in Nature's Valley. Auf dem Weg dürfen maximal zwölf Menschen gleichzeitig unterwegs sein. Buchung mindestens zwölf Monate im Voraus bei South African National Parks, ✆ 042-428911, 🖳 www.sanparks.org, R925 zzgl. R600 Umweltschutzgebühr p. P.

Tsitsikamma Trail Hinterlandwanderung durch unberührte Wälder mit langen, offenen Fynbos-Abschnitten sowie durch die Tsitsikamma-Berge. Der Weg hat fünf Übernachtungshütten für 24 Personen und ist recht anstrengend (rund 60 km); mehr als 17 km sind an einem Tag kaum zu schaffen. Er beginnt in Nature's Valley und endet an der Storms River Bridge (R135 p. P. und Nacht, Träger zzgl. R800 pro Tag). Buchung über MTO Ecotourism, ✆ 042-281 1712, 🖳 www.mtoecotourism.co.za/tsitsikama.htm.

River Village an der N2 zu verwechseln, das ziemlich weit vom Meer entfernt liegt, während Storms River Mouth mitten im Wald ist. Storms River Mouth liegt 18 km südlich der Storms River Bridge an der N2. Die meisten Besucher halten an der Brücke, um in die tiefe Schlucht herabzuschauen und an der Tankstelle mit der landesweit schönsten Lage zu tanken. Auch bei knapper Zeit lohnen sich die 18 km Umweg, und sei es nur für einen Blick auf die Küste.

Beim Besucherzentrum im Restcamp sind **Wanderkarten** erhältlich, auf denen die hier beginnenden kurzen, markierten Küstenpfade eingezeichnet sind. Am schönsten ist der 3 km lange Weg westlich vom Restcamp, der auf dem ersten Abschnitt des Otter Trail zu einem herrlichen **Wasserbecken** führt, das von einem 50 m hohen Wasserfall gespeist wird und zum Schwimmen einlädt.

Weniger anstrengend ist der Spaziergang auf dem 1 km langen **Plankenweg** vom Restaurant zur Flussmündung. Der Weg führt an der **Strandloper-Höhle** vorbei, einer der Höhlen, in der vor 5000–2000 Jahren Jäger und Sammler lebten, die sich unter anderem von Meerestieren ernährten.

Einzige **Bademöglichkeit** an der Mündung bietet eine sichere kleine Sandbucht unterhalb des Restaurants mit Umkleidekabine, wo das Wasser aber selbst im Sommer eisig kalt sein kann, wenn Ostwind weht und kaltes Wasser aus den Tiefen vor dem Kontinentalsockel aufwallt.

ÜBERNACHTUNG UND ESSEN

Storms River Mouth Restcamp, ✆ 042-281 1607, 💻 www.sanparks.org/parks/garden_route/camps/storms_river. Das Restcamp liegt auf gepflegten Rasenflächen zwischen von Gischt gepeitschten, schwarzen Felsen und bewaldeter Steilküste. Die verschiedenen Unterkünfte sind alle nicht besonders toll und eher bescheiden und abgenutzt, dafür alle mit Meerblick und dem ständigen Rauschen der Brandung. Vorab reservieren ist absolut notwendig (S. 52), und auch dann muss man nehmen, was man bekommt – das Camp ist wegen seiner Lage beliebt. 2 Einheiten sind rollstuhlgerecht. Camping R345, Waldhütte R565, Chalet R1100

Tsitsikamma Restaurant, ist das einzige Lokal der Gegend und versöhnt mit sensationeller Aussicht für lieblose Bedienung und mittelmäßige Kost in Form von getoasteten Sandwiches, Burger, Pasta und Steak. Es gibt jedoch ein paar anständige Seafoodgerichte (R100), und man kann seinen Drink draußen auf der Terrasse nehmen. 🕒 tgl. 8.30–22 Uhr.

Storms River Village

Storms River Village liegt rund 1 km südlich der N2. Eine Handvoll Sandpisten durchzieht den stillen Ort mit rund 40 Häusern vor bergiger Kulisse. Interessant ist der Ort primär als Zentrum für Abenteueraktivitäten, wobei die Canopy Tour die große Zugnummer ist. Es ist auch ein wunderbarer – und leicht erreichbarer – Ort für eine Übernachtung auf dem Weg von Kapstadt (579 km westlich) nach Port Elizabeth (179 km östlich).

ÜBERNACHTUNG

The Armagh, Fynbos Ave, ✆ 042-281 1512, 💻 www.thearmagh.com. Sehr freundliches und komfortables Guesthouse mit schönen Bädern und Bettzeug in einem schönen Garten, der in den Fynbos übergeht. 2 Budget-, 3 Standardzimmer, 1 Gartencottage und 1 superluxuriöse und abgeschiedene Honeymoon-Suite, die alle auf den Garten hinausgehen. Dazu gehört ein hübscher Pool und ein anständiges Restaurant. R1300

At the Woods Guest House, 49 Formosa St, an der Hauptstraße in den Ort, ✆ 042-281 1446, 💻 www.atthewoods.co.za. Das freundliche, moderne Gästehaus ist die netteste Unterkunft des Orts. Große Komfortzimmer mit überbreiten Betten und Fenstertüren zu Gartenveranden oder, im Obergeschoss, Balkons mit Blick auf die Berge. Auf Wunsch wird ein 3-gängiges Abendessen zubereitet und in der hübschen Gemeinschafts-Lounge gibt es für Gäste Internetzugang. R990

Tsitsikamma Backpackers, 54 Formosa St, ✆ 042-281 1868, 💻 www.tsitsikammabackpackers.co.za. Gut geführtes Hostel, das sich als umweltfreundlich versteht und nach

WESTKAP

Aktivitäten in Storms River

Bootstouren

SANParks, ✆ 042-281 1607, bietet Touren etwa 1 km den Storms River hinauf an (max. 12 Teilnehmer, 1/2 Std. R115 zzgl. R84 Umweltschutzgebühr). Buchung und Start der Tour in der Nähe des Tauchladens.

Mountainbiking

Durch den Wald am Ortsrand windet sich ein 22 km langer Bergpfad mit grandioser Aussicht auf die Schlucht und die Küste. **Tsitsikamma Backpackers** vermietet Mountainbikes (R220 pro Tag).

Touren

Woodcutters' Journey, ✆ 042-281 1836, 💻 www.stormsriver.com. Ein entspannter Ausflug in einem Spezialanhänger, der von einem Traktor gezogen wird. Er führt durch den Wald über den alten Storms River Pass zum Fluss (Ausflug mit Teepicknick R200, Ausflug mit Mittagspicknick R250). Storms River Adventures (neben dem Postamt in Storms River Village) organisiert den Trip.

Tubing

Tube 'n Axe Backpackers, ✆ 042-281 1757, 💻 www.tubenaxe.co.za. Die Backpacker-Unterkunft veranstaltet während der Hochwassersaison (in der Regel Winter) Trips in die Schlucht des Storms River zum Tubing auf dem Fluss und über seine Stromschnellen auf einem kleinen aufblasbaren Etwas (halber Tag R490, ganzer Tag R800).

Ziplining

Storms River Adventures, (s. o., Woodcutters' Journey). Bei der Canopy Tour (R495) genießt man die Vogelperspektive mithilfe eines Drahtseilsystems, das in 30 m Höhe durch den Wald gleitet. Die Seile wurden ohne einen einzigen Nagel an den höchsten Bäumen befestigt.

Tsitsikamma Falls Adventures, ✆ 072-030 4367, 💻 www.tsitsikammaadventure.co.za. Eine rasantere und höhere Alternative für Adrenalinsüchtige überquert mit der Seilrutsche den Kruis River (R380) sowie eine imposante Schlucht und drei Wasserfälle. Streckenweise verläuft das Seil 50 m über dem Boden, wobei die längste Seilstrecke 211 m misst.

Fair-Trade-Prinzipien betrieben wird. Zu den Unterkünften gehören Luxuszelte in einem herrlichen Garten. Auf Wunsch Frühstück und Abendessen; es gibt auch eine Bar. Shuttledienst nach Storm's River Mouth (R100 p. P. ab 3 Passagieren), Abholung von Gästen von der Storms River Bridge. Zelt R340, Dorm R160, DZ R470

Tsitsikamma Village Inn, Darnell St, von der Straße ins Dorf bei der T-förmigen Kreuzung nach links abbiegen, ✆ 042-281 1711, 💻 www.tsitsikammahotel.co.za. Das reizend altmodische Hotel steht zwischen Bäumen in einer gepflegten Grünanlage. Zur Anlage gehören 49 Zimmer in 11 Cottages sowie ein Pub und ein Restaurant. R990

Tube 'n Axe Backpackers, Darnell, Ecke Saffron St, ✆ 042-281 1757, 💻 www.tubenaxe.co.za. Ziemlich verrückte Backpackerherberge, die sich große Mühe gibt, mit dem breiten Unterhaltungsangebot von Knysna und Plett zu konkurrieren, u. a. mit Trommelabenden, Billardtisch und jeder Menge Gaudi. Neben Dorms und DZ auch auf Plattformen hochgesetzte Zelte für 2 Pers. Camping R85, Zelt R300, Dorm R150, DZ R480

ESSEN

De Oude Martha, Tsitsikamma Village Inn, Darnell St, ✆ 042-281 1711, 💻 www.tsitsikammahotel.co.za. Annehmbares, aber recht alltägliches Hotelrestaurant, das ganz normales Frühstück, Mittag- und Abendessen serviert (Hauptgerichte um R160). Hauptsächlich interessant wegen des gemütlichen Pubs mit einladendem Kaminfeuer für feuchte Winterabende. ⌚ tgl. 7–21 Uhr.

Rafters, The Armagh, Fynbos Ave, ✆ 042-281 1512, 💻 www.thearmagh.com. Auf der Karte steht größtenteils kapmalaiische Küche mit süßem und mildem Curry (R115) aus regionalen Zutaten, darunter Gartensalate, Fisch aus Plettenberg Bay und Fleisch aus der Gegend. ⌚ tgl. 8–21 Uhr.

Die Westküste

Die weltabgeschiedene, stürmische Westküste Südafrikas am kalten Atlantik verdient besondere Zuwendung. Viele Jahre lang war sie das Stiefkind des Westkap-Tourismus. Diese Region mit sandiger Erde und Dünen, auf denen die einzigartige **Küstenfynbosvegetation** gedeiht und an deren schroffer Küste es so gut wie keine sicheren Schiffshäfen gibt, hat in erster Linie die Natur geformt.

Im Sommer fegen stärkste Südostwinde über das Gelände hinweg, im Winter ist es von Nebelwolken eingehüllt, aber im Frühling schießen überall im *veld* die märchenhaften **wilden Blumen** in all ihrer Farbenpracht empor. Die südlichen 200 Kilometer der Westküstenregion haben viel mit dem weiter nördlich gelegenen Namaqualand gemeinsam.

Auch außerhalb der Blumenmonate August und September hat die Westküste einiges zu bieten, vor allem im Sommer, wenn eine frische Meeresbrise weht. Eine ganze Reihe von **Aktivitäten** bieten sich an, die mit Abstand beliebtesten sind Wandertouren und Vogelbeobachtungen (Kasten S. 284).

Ein absolutes Highlight der Westküste oder überhaupt jeder Reise nach Südafrika ist das knackfrische **Seafood**, das ganz zwanglos im Stil eines Strand-*braai* unter freiem Himmel serviert wird: Man isst mit den Fingern, hört die Wellen an den Strand schlagen und spürt die salzige Meeresbrise.

Swartland

Die N7 von Kapstadt nach Norden führt schnell in die fruchtbare Swartland-Landschaft. Swartland bedeutet „schwarzes Land", was wahrscheinlich darauf zurückzuführen ist, dass das Gelände früher dicht mit einem anthrazitfarbenen Busch namens *renosterbos* (Rhinozerosbusch) bewachsen war.

Swartland, im Westen durch das weniger fruchtbare *strandveld* und im Osten von dem hohen Gebirgszug begrenzt, der sich von Wellington zum Cederberg erstreckt, dient in erster Linie als Weizenanbaugebiet. Doch es gibt auch Milchbauernhöfe, Pferdefarmen, Tabakplantagen und Weingärten.

Auf ihrem Weg nach Norden passiert die N7 verschiedene Kleinstädte, darunter auch die größte Stadt der Region, **Malmesbury**. Wer aus der entgegengesetzten Richtung kommt, kann den Tafelberg aus einer ungewohnten Perspektive erblicken. Bisweilen überqueren auch Schildkröten die Straße – also Vorsicht.

Darling und Umgebung

Die Kleinstadt Darling ist von Kapstadt in einem Tagesauflug über die R27 leicht zu erreichen. Sie ist bekannt für ihre Molkereiprodukte, Weingüter und Frühlingsblumen.

Neben einigen schönen, alten Bauten ist sie auch in ihrer Eigenschaft als **Künstlerkolonie** interessant, aber vor allem ist sie die Heimat eines der beliebtesten Comedians Südafrikas, Pieter Dirk-Uys, der regelmäßig an den Wochenenden auftritt.

Evita se Perron

Im alten Bahnhof im Zentrum ▪ ⌚ Di–So 10–16 Uhr ▪ ✆ 022-492 3930, 💻 www.evita.co.za

Pieter Dirk-Uys, Südafrikas wohl berühmtester Comedian lässt hier am Wochenende seine bekannteste und beliebteste Figur, Evita Bezuidenhout (Südafrikas Antwort auf Dame Edna Everidge) als Gastgeberin durch ein Showprogramm führen. Unterhaltsamer kann ein Tagesausflug von Kapstadt kaum sein – unbedingt reservieren.

!Khwa Ttu San Culture and Education Centre

Rund 20 km westlich von Darling, an der R27, 70 km von Kapstadt ▪ ⌚ tgl. 9–17 Uhr ▪ Eintritt frei ▪ Touren tgl. 10 und 14 Uhr, R240 ▪ ☎ 022-492 2998, 💻 www.khwattu.org

Wer sich für die Kultur der „Buschmänner" oder San interessiert, kann hier seinen Wissensdurst stillen. Das Center wird zusammen mit einer Schweizer nichtstaatlichen Organisation von Nachfahren von Nordkap-San geleitetet; die Einnahmen kommen den San zugute. Es gibt eine hervorragende Fotoausstellung, authentisches Kunsthandwerk und ein Restaurant, alles schön auf einem Hügel gelegen. Wer etwas mehr Zeit mitbringt, kann sich einer der Touren zum Nachbau eines San-Dorfes anschließen, bei denen auch Techniken im Jagen und Spurenlesen demonstriert werden. Es gibt auch Unterkünfte (s. u.).

Vogelbeobachtungen an der Westküste

Die Westküste ist ein Traum für Vogelbeobachter, die hier zahlreiche Feuchtgebietsspezies von ihrer Liste abhaken können. Die lohnendste Zeit für einen Besuch ist gleich nach der **Blütensaison** im Frühsommer. Dann treffen rund 750 000 Zugvögel auf ihrer jährlichen Wanderung von der Nordhalbkugel ein; viele kommen sogar aus der Polarkreisregion. Sie mästen sich hier etwa acht Monate an den Leckerbissen der Wattlandschaft, bevor sie sich auf den strapaziösen Rückflug zu ihren Brutgebieten machen.

Langebaan im West Coast National Park ist das beste Ziel des Landes für solche Beobachtungen und gilt als fünftwichtigstes Feuchtgebiet der Welt. Hier tummeln sich über 250 Vogelarten, mehr als ein Viertel der Spezies, die Südafrika insgesamt zu bieten hat. Auch das Mündungsgebiet des Berg River und die Salinen von **Velddrif** sind wichtige Futterplätze für Wattvögel.

Der Küstensee **Verlorenvlei** (der „verlorene Sumpf") gehört ebenfalls zu den bedeutendsten Feuchtgebieten Südafrikas; er erstreckt sich 13,5 km weit von seiner Mündung bei Elands Bay (25 km südlich von Lambert's Bay) bis zu seinem Quellfluss in der Nähe von Redelinghuys. Hier gibt es unter anderem das farbenprächtige, scheue Purpurhuhn und die Froschweihe, einen möglicherweise bestandsgefährdeten Greifvogel, zu sehen. In diesem Gebiet mischen sich auch einige trockenheitsliebendere Arten unter die Watvögel; zu den überraschenderen Sichtungen gehörten beispielsweise ein Glockenreiher und ein Palmgeier. Auf **Bird Island**, Lambert's Bay, können Besucher von einem versenkten Beobachtungsposten dem Treiben der Kaptölpel-Brutkolonie zuschauen.

WESTKAP

ÜBERNACHTUNG

Darling Lodge, ☎ 022-492 3062, 💻 www.darlinglodge.co.za. Renoviertes viktorianisches Wohnhaus. 6 DZ mit Bad, 3 davon am Pool. Großer Garten zum Entspannen. R980

!Khwa Ttu San Culture and Education Centre, an der R27, rund 20 km westlich von Darling, ☎ 022-492 2998, 💻 www.khwattu.org. Zeltcamp mit Gemeinschaftseinrichtung und 1 Haus für Selbstversorger mit 2 Schlafzimmern und Kamin. Das Centre liegt auf hübschem Farmgelände und ist eine ideale Basis für Ausflüge nach Darling und in den West Coast National Park. Zeltcamp R250, Haus R960

Trinity Guest Lodge, 19 Long St, ☎ 022-492 3430, 💻 www.trinitylodge.co.za. Reizendes viktorianisches Gästehaus mit Fensterläden aus Holz und einer Veranda auf einem schönen, ausgedehnten Gelände. Im Angebot ist ein Pauschalpaket (R1500 p. P.) für 2 Übernachtungen inkl. Tickets für eine Show mit Pieter Dirk-Uys (s. „Evita se Perron") sowie Weinverkostung und Mittagessen auf dem historischen Groote Post Wine Estate gleich außerhalb. R800

ESSEN

Bistro Seven Restaurant and Coffee Bar, 7 Main Rd, ☎ 022-492 3626, 💻 www.bistrosevendarling.com. Bäckerei und Café mit Kuchen, Torten, Pasteten und Sandwiches. Zum Abendessen werden u. a. Steaks, Fisch, Salate und malaiisches Rindercurry (R90) serviert. Es gibt auch eine lebhafte Sport-Bar. ⌚ Bistro Mi–Mo

11 Uhr bis spät, Bar Mo und Mi–Fr ab 17, Sa und So ab 12 Uhr.

Cloof Winery, 20 Autominuten auf der R315 Richtung Malmesbury, ✆ 022-492 2839, 🖳 www.cloof.co.za. Zu vernünftigen Preisen gibt's hier kleine Mittagsgerichte wie Caesar Salad, Hühnchenwraps und Butternuss-Ravioli (R85), extra Speisekarte für Kinder, im Sommer auch Sonntags-Lunch. Reservieren! 🕒 Di–Sa 11–15 Uhr.

Hilda's Kitchen, Groote Post Wine Estate, Darling Hills Rd, abseits der R27, ✆ 022-492 2825, 🖳 www.grootepost.com. Moderne Landküche in einem schönen Haus aus dem 18. Jh. mit passenden Weinen vom eigenen Gut. Zur Auswahl stehen herzhafte Suppen, asiatisch gewürzte Fischkuchen und deftige Lammpastete (R90). Kinder können sich derweil auf dem weitläufigen Gelände austoben. Buchung erforderlich. 🕒 Mi–So 12–14.30 Uhr.

INFORMATIONEN

Touristeninformation, Pastorie St, ✆ 022-492 3361, 🖳 www.darlingtourism.co.za. 🕒 Mo–Fr 9–13, 14–16, Sa und So 10–15 Uhr. Bucht auch Unterkünfte in Darling.

TRANSPORT

Darling ist von Kapstadt aus mit dem Auto leicht im Rahmen eines Tagestrips zu erreichen (75 km über die R27).

Langebaan

Langebaan war früher einmal die größte Walfangstation der südlichen Hemisphäre und eine Weile der entlegene Passagierflughafen Kapstadts – im Zweiten Weltkrieg landeten auf der Lagune die Wasserflugzeuge aus Europa. Heute ist es in gewisser Hinsicht das Tor zum nahe gelegenen **West Coast National Park**. Allerdings ist der Ort inzwischen touristisch völlig überentwickelt. Wer eher eine Kleinstadt sucht, ist in Paternoster (S. 288) besser aufgehoben. Langebaan ist jedoch genau die richtige Basis für alle, die den kleinen, aber zauberhaften West Coast National Park besuchen wollen, der selbst so gut wie keine Übernachtungsmöglichkeiten besitzt. Es bietet auch hervorragende Bedingungen für verschiedene, vom Wind abhängige sportliche Betätigungen, wie Windsurfing, Kitesurfing oder Segeln. Das Wasser direkt vor dem Strand ist seicht, die Brise frisch bis stürmisch und der Wasserspaß normalerweise ziemlich gefahrlos, sofern man nicht gerade einen starken Tidenstrom in den Atlantik hinaus erwischt.

Westküstenblumen

Im August und September blühen überall in der Westküstenregion Wildblumen – ein Schauspiel, das schon weit im Süden bei der Stadt Darling beginnt. Ein Blumenteppich bedeckt oft auch den West Coast National Park und die Küstenlandschaften rings um **Cape Columbine** und **Lambert's Bay**. Blühende Landschaften finden sich auch im Binnenland im Umkreis von **Clanwilliam**. Sage und schreibe 4000 verschiedene Blumenarten bringt die Region hervor, die meisten davon aus der Familie der Margeriten und Mittags- oder Faserblumen. Aktuelle Informationen und praktische Ratschläge bieten die Touristeninformationsbüros in Darling, Saldanha und Clanwilliam. Weitere Tipps zur Blumenschau im Kasten auf S. 329.

ÜBERNACHTUNG

Friday Island, am Strand neben Cape Sport, ✆ 022-772 2506, 🖳 www.fridayisland.co.za. Etwas gehobenere Bleibe für Wassersportfreunde. Helle, frische Ferienwohnungen mit Küchenzeile, Holzveranda und kleinem Hof (wo man Sachen trocknen kann) mit Tür zum Bad. Die Zimmer mit Meerblick kosten etwa R300 Aufpreis. Restaurant und Pub. R720

Puza Moya, North, Ecke Suffern St, ✆ 022-772 1114, 🖳 www.capesport.co.za. Freundliche Zimmer mit Bad, Gemeinschaftsküche und Grill im Hof. Eine gute Wahl für Besucher, die nach einem mit Aktivitäten angefüllten Tag ausspannen und Gleichgesinnte treffen möchten. R600

ESSEN

Die Strandloper Restaurant and Beach Bar, ✆ 022-772 2490 oder 083-227 7195. Das Strandlokal gleich hinter dem Cape Sport

Centre an der Straße nach Saldanha ist ein gutes Beispiel für die gemütlich-lockere Openair-Seafood-Gastronomie der Westküste und ideal, um die regionalen Fischspezialitäten zu probieren. Das 10-gängige Menü kostet R250, Reservierung erforderlich. ⌚ Mitte Jan–Mitte Nov Sa und So 12.30–15.30, Mitte Nov–Mitte Jan tgl. 12.30–15.30, 18.30–21.30 Uhr.

Kalmer Karma Sports Bar, 98 Main Rd, ✆ 022-772 707 9116, 💻 www.facebook.com/kalmerkarma. Das schön gelegene Strandlokal ist der schönste Ort für einen Sundowner. Neben einer guten Auswahl an Mikrobrauerei-Bieren (R45) gibt es Pub-Essen. ⌚ Mi–So 11–23 Uhr.

Pearly's, am Hauptstrand. Immer gut besucht und prima zum Leutegucken, mit Tischen im Freien und in toller Lage, um den Sonnenuntergang und ein unkompliziertes Essen mit Pizza, Pasta (R90), Seafood oder gegrilltem Steak zu genießen. ⌚ tgl. 9.30–24 Uhr.

SONSTIGES

Aktivitäten

Cape Sport Centre, 98 Main St, am Strand am nördlichen Stadtrand, ✆ 022-772 1114, 💻 www.capesport.co.za, bietet Wind- und Kitesurf- sowie Hobiecatsegel-Unterricht. ⌚ tgl. 9–17 Uhr.

Ocean Sailing Academy, ✆ 082-891 4477, 💻 www.oceansailingacademy.co.za. Der Kapstädter Anbieter gibt Segelkurse auf der Lagune von Langebaan.

Informationen

Touristeninformation, im Rathaus, Bree St, ✆ 022-772 1515, 💻 www.langebaaninfo.com. ⌚ Mo–Fr 9–17, Sa 9–14 Uhr.

TRANSPORT

Ein **Elwierda-Bus**, ✆ 0861-001 094, 💻 www.elwierda.com verkehrt von KAPSTADT (tgl. um 17 Uhr, 2 Std., vorab buchen).

West Coast National Park

⌚ tgl. April–Aug 7–18, Sep–März 7–19 Uhr ▪ Eintritt R120 ▪ ✆ 022-772 2144

Der West Coast National Park ist einer der besten Orte, um den schlichten, unverfälschten Charme der Westküste auf sich wirken zu lassen, der anderswo zunehmend durch Bauorgien bedroht wird. Der Park schützt über 40 % des noch verbliebenen südafrikanischen *strandveld* und 35 % der Salzsümpfe des Landes. Innerhalb seiner Grenzen liegen ein Großteil der Langebaan Lagoon sowie das Gelände beiderseits und unterhalb der Lagune.

Den Reiz des Parks machen vor allem die herrlichen Ausblicke über die stille Lagune, die erfrischende, salzige Luft, die kreischenden Möwen und die sich im grellen Sonnenlicht auflösenden Nebelschwaden aus. „Wilde" Tiere gibt es hier nicht – nur im Postberg-Abschnitt des Parks, der ausschließlich zur Blumenblüte geöffnet ist, kommen einige größere Antilopenarten vor –, dafür aber unzählige **Watvögel**, außerdem Strauße und Schildkröten. Eine Reihe von Naturlehrpfaden führt durch die Dünen zur Küste und bietet Besuchern die Gelegenheit, sich ausführlich über den Fynbos zu informieren.

An der Südspitze der Lagune befindet sich das Parkzentrum, ein großes altes Bauernhaus auf dem Anwesen **Geelbek**. Von dort aus erreicht man auf der westlichen Seite der Lagune den Ortseingang von **Churchhaven**, einem wunderschönen und exklusiven Dörfchen (eingezäunt und für Tagesbesucher nicht zugänglich), und zu zwei ausgeschilderten Stränden mit den Picknickplätzen Priekstool und Kraalbaai.

Etwas weiter liegt die **Postberg Area**, die nur während der Frühjahrsblüte (Kasten S. 285) zugänglich ist. Ein Abstecher ist unbedingt empfehlenswert, und man kann in den Blumenfeldern **Zebras, Spießböcke** und **Gnus** sehen.

Die beste **Besuchszeit** ist im Frühling, wenn die Sonne scheint und die Blumen blühen. Dann ist natürlich der Andrang am größten. Im Winter ist es im Park – wie fast überall an der Westküste – kühl und feucht, im Sommer dagegen heiß und windig.

ÜBERNACHTUNG UND ESSEN

Churchhaven Beach Houses, Churchhaven, ✆ 021-790 0972, 💻 www.perfecthideaways.co.za. Ein paar atemberaubend schöne (wenn auch nicht ganz billige) Strandhäuschen für 2–10 Selbstversorger bieten modernes Design mit hochwertigen Betten, versteckten Freiluftduschen und Terrassen mit unschlagbarem Ausblick. R4500 pro Nacht und Haus.

Duinepos, 1 km von Geelbek (ausgeschildert), ✆ 022-707 9900, 💻 www.duinepos.co.za, hat 11 Chalets im Fynbos für Selbstversorger, doch der Zugang zum Wasser ist zum Schutz der Vogelbrutplätze gesperrt. Dafür gibt's auf dem Gelände einen Pool, die nächsten Möglichkeiten zum Schwimmen in der Lagune bestehen in Priekstool und Kraalbaai, 12 bzw. 15 km entfernt. R800

Geelbek Restaurant, Geelbek, ✆ 022-772 2134. Zauberhaftes kapholländisches Gebäude in nicht minder reizvoller Lage an der Lagune. Von den Plätzen im Freien kann man mit etwas Glück Flamingos beobachten. Spezialität sind südafrikanische Gerichte wie *bobotie* (R90), Straußenburger, *snoek*-Salat und kapmalaiische Currys – allerdings ist die Umgebung attraktiver als das Essen. Während der Blumensaison ist eine Reservierung erforderlich. ⌚ tgl. 9–17 Uhr.

INFORMATIONEN

Geelbek Information Centre, im kapholländischen Gebäude. Mitarbeiter weisen den Weg zu nahen Vogelbebachtungsstellen und geben Wandertipps. ⌚ Mo–Fr 8.30–16, Sa und So 9–13 Uhr.

TRANSPORT

Mit dem **Auto** erreicht man den Park nach 90 km von Kapstadt aus. Er besitzt zwei Eingänge: einen an der R27, rund 10 km nördlich der Abzweigung nach Yzerfontein, und einen südlich von Langebaan. Der Park ist nicht groß – Motorisierte können sämtliche Straßen innerhalb von 2 Std. abfahren.

Vredenburg

Nördlich und landeinwärts von Saldanha liegt Vredenburg, ein charakterloses Agrarzentrum. In den hiesigen Supermärkten können sich Selbstversorger jedoch mit Proviant eindecken und sollten bei der Gelegenheit auch gleich das Auto volltanken, denn viele der nahe gelegenen Ortschaften besitzen keine Tankstelle.

West Coast Fossil Park

10 km südöstlich von Vredenburg, an der R45 ▪ ⌚ Mo–Fr 8–16 Uhr, Sa und So unterschiedlich, vorab anrufen ▪ Eintritt R20 ▪ Führungen tgl., Uhrzeiten telefonisch erfragen und buchen ▪ R60 ▪ ✆ 022-766 1606, 💻 www.fossilpark.org.za

Etwa 10 km südöstlich von Vredenburg befindet sich an der R45 der interessante West Coast Fossil Park, der 1998 am Standort einer stillgelegten Phosphatmine eingerichtet wurde. Die Arbeiten sind noch nicht ganz abgeschlossen, aber ein Besuch lohnt sich trotzdem. Unter den Ausstellungsstücken sind Tausende von Fossilien und Tierknochen aus der Neuzeit sowie Informationstafeln zu Tieren, die schon seit rund fünf Millionen Jahren ausgestorben sind und deren versteinerte Knochen hier gefunden wurden. Darunter befinden sich Fossilien von Säbelzahnkatzen, zwei Arten von ausgestorbenen Elefanten und Sivatherien (urzeitliche, wiederkäuende Kurzhalsgiraffen mit langen Hörnern).

Der spektakulärste Fund ist wahrscheinlich der eines ausgestorbenen Riesenbären, des sogenannten *Agriotherium africanum*, der rund 750 kg wog (ein Löwe bringt es auf etwa 150 kg). Er war somit das gewaltigste Raubtier und die einzige bekannte Bärenart, die in den letzten 65 Millionen Jahren den afrikanischen Kontinent südlich der Sahara durchstreifte. Die Führungen sind sehr zu empfehlen, das Gelände kann aber auch in Eigenregie erkundet werden.

ÜBERNACHTUNG

Windstone Backpackers, gleich hinter der großen Kreuzung der R45 von Vredenburg mit der R27 von Kapstadt, ✆ 022-766 1645 oder 083-477 1756, 💻 www.windstone.co.za. Das Windstone besteht aus Schlafsälen mit 4 bzw. 6 Betten, einigen DZ und einem Familienzimmer und ist ein angenehmes Basislager für Ausflüge in die Umgebung. Die Besitzer betreiben auch ein Reitzentrum und bieten Ausritte in den benachbarten Fossilienpark mit Naturreservat, ✆ 073-210 6050, R250. Dorm R130, DZ R330

INFORMATIONEN

West Coast Peninsula Tourism Bureau, Atrium Building, Main Rd, ✆ 022-715 1142, 💻 www.capewestcoastpeninsula.co.za. ⌚ Mo–Fr 9–17 Uhr.

TRANSPORT

Tgl. fährt ein **Elwierda-Bus**, ✆ 086-100 1094, 💻 www.elwierda.com, um 17 Uhr von KAPSTADT nach Vredenburg und in die andere Richtung um 5.50 Uhr (3 Std.).

Paternoster

Der schönste Abschnitt der West Coast erstreckt sich rund um das Dorf Paternoster, das beliebteste Wochenendziel der Kapstädter. Das Dorf lebt in erster Linie vom Fischfang, und die meisten Fischer wohnen in den Katen des Farbigenviertels westlich vom Hotel. Wenn sie nicht gerade draußen auf dem Meer sind, liegen ihre kleinen, in leuchtenden Farben gestrichenen Boote am Strand.

Leider hat die allgemeine Bauwut neuerdings auch auf das idyllische Paternoster übergegriffen, wo immer mehr neue Häuser aus dem Boden schießen. Im Gefolge nehmen auch die Diebstähle an ahnungslosen Touristen zu. Die schöne Küste selbst bleibt aber durch das **Columbine Nature Reserve** 3 km weiter westlich (s. u.) vor Zersiedelung geschützt; hier branden wilde Brecher an gewaltige Granitfelsen, die so blank gescheuert sind wie Walbuckel.

Columbine Nature Reserve

3 km westl. von Paternoster auf einer unbefestigten Straße ▪ ⏲ tgl. Sonnenauf- bis Sonnenuntergang ▪ Eintritt R20 ▪ Leuchtturmführungen auf Anfragen ▪ R15 ▪ ✆ 022-752 2705

Das kleine Schutzgebiet für *sandveld*-Fynbos stellt einen erstaunlichen Kontrast zu den ansonsten entlang der Westküste typischen Ödflächen dar. Hohe, von Vegetation bedeckte Dünen ziehen sich zum Meer hinab, wo sich zwischen rosa Felsen kleine Buchten erstrecken. Die Sandstrände hier sind blau getönt – die Farbe stammt von zermahlenen, angeschwemmten Muschelschalen.

Besucher parken am besten an der Tieties Bay (Camping ist hier direkt am Ozean gestattet) und folgen dann den markierten Wegen über die Felsen und entlang den Dünen, um die Gegend zu erkunden. Ansonsten führen ein paar ausgezeichnete **Küstenwanderwege** durch das Naturschutzgebiet, darunter zwei für lange Tagestouren. Näheres bei der Touristeninformation in Vredenburg (S. 287).

An der Straße zwischen Paternoster und dem Reservat steht das 1936 auf dem Castle Rock erbaute **Cape Columbine Lighthouse**. Der Leuchtturm, der alle 15 Sekunden einen weißen Lichtstrahl aussendet, ist normalerweise der erste, der die Schiffe begrüßt, die aus Europa kommend das Kap umschifft haben.

> **Kajaktour in Paternoster**
>
> Ein Abenteuer-Highlight von Paternoster ist eine Seekajakfahrt. **Kayak Paternoster**, ✆ 082-824 8917, 💻 www.ratrace.co.za, bietet einstündige Kajaktouren (ab 16 Jahren, nicht im Winter oder bei zu hoher Dünung, R200), bei denen man neben dem Paddeln viel Wissenswertes über die Vögel, Wale, Delphine und Robben erfährt.

ÜBERNACHTUNG

Baywatch Villa Collection, 8 Ambyl Rd, ✆ 022-752 2039, 💻 www.baywatchvilla.co.za. 5 strohgedeckte Luxus-Cottages im Fischerhüttenstil, nur 2 Fußminuten vom Long Beach, im ruhigen nördlichen Ortsteil. R990

Beach Camp, im Cape Columbine Reserve, von Paternoster ausgeschildert, ✆ 082-926 2267, 💻 www.beachcamp.co.za. Das Strandcamp in einer eigenen Bucht hat Zelte mit Stehhöhe und kleine A-frame-Hütten, in denen zum Teil auch Kinder unterkommen können. Es gibt eine Bar mit Frühstücksterrasse und Fisch-*braais* auf Vorbestellung. Ansonsten müssen Gäste ihre Verpflegung selbst mitbringen. Abholung vom Elwierda-Bus in Vredenburg ist auch möglich. R600

Die Opstal, Sonkwasweg, ✆ 083-988 4645, 💻 www.paternoster-villas.co.za. 3 Apartments für Selbstversorger und 1 Studio, alle mit eigenem Eingang. Das Gebäude steht eine Häuserreihe hinter dem Strand, bietet keinen Meerblick und ist deshalb preiswerter. R800

Light House Keeper Cottages, Cape Columbine Reserve, ✆ 021-449 2400. 3 ehemalige Leuchtturmwärterhäuschen auf einer Landspitze bieten Unterkunft für Selbstversorger, alle mit modernem Komfort ausgestattet und mit 2 oder 3 Schlafzimmern. R700

Mosselbank, Trappiesklip, Ecke Mosselbank St, ✆ 022-752 2027, 🖳 www.weskus.com. Freundliches B&B in einem Wohngebiet nördlich vom Zentrum, in der Nähe des Long Beach. 5 Zimmer mit Bad, teilweise auch mit Meerblick. R900

Oystercatchers' Haven, 48 Sonkwasweg, ✆ 022-752 2193, 🖳 www.oystercatchershaven.com. Wunderschönes Guesthouse mit 3 romantischen Zimmern und Pool samt Liegestühlen am Strand, am Rande des Columbine Reserve. Traumhafte Aussicht. R1900

The Paternoster Dunes, 18 Sonkwas St, ✆ 083-560 5600, 🖳 www.paternosterdunes.co.za. Ein rundum bezauberndes Gästehaus. Die Zimmer im modernen Strandhausstil haben direkten Strandzugang. Der Pool liegt windgeschützt im Innenhof. Unbedingt nach einem Zimmer mit Meerblick fragen; einige Zimmer gehen nämlich auf den Hof. R1900

ESSEN UND UNTERHALTUNG

Gaaitjie, abseits der Sampson St, ✆ 022-752 2242, 🖳 www.saltcoast.co.za. In toller Lage am Strand zaubert der erstklassige Koch kreative Seafoodgerichte und bereitet auf Anfrage auch etwas Leckeres für Vegetarier zu. Besonders gut: der Flusskrebscocktail als Vorspeise (R80). Wer einen Tisch mit Meerblick haben will, sollte reservieren, bekommt dafür aber auch eine warme Decke gegen die kühle Brise. ◷ Do–Mo 12–15, 18–21 Uhr, im Winter geschlossen.

Noisy Oyster, St Augustine Rd, nahe der Hauptstraße, ✆ 022-752 2196. Das zwanglose Lokal hat neben samtigen Austern, Langusten (R130) und Fleischgerichten auch immer etwas für Vegetarier im Angebot und macht den Mangel an toller Aussicht durch nettes Ambiente und gutes Essen wett. ◷ Mi–Sa 12–15, 18–21, So 12–15 Uhr, Juni und Juli geschlossen.

Oep Ve Koep, St Augustine Rd, ✆ 022-752 2105. Im windgeschützten Garten serviert der talentierte Küchenchef gute, fantasievolle, von der Region inspirierte Mittagsgerichte wie *bobotie* aus Miesmuscheln und Linsen (R100). Auch im Angebot: Biere aus Mikrobrauereien und Wein. ◷ Im Sommer tgl. 9.30–14.30, im Winter Mi–So 9–15 Uhr.

Paternoster Hotel, St Augustine Rd, ✆ 022-752 2703. Bekannt für seine Seafood-Platten (R460 für 2 Pers.), auf Vorbestellung auch Seafood-*braai*. Zum Hotel gehört auch die Panties Bar, von dessen Decke eine stattliche Schlüpper-Kollektion hängt. ◷ tgl. 8–21.30 Uhr.

INFORMATIONEN

Touristeninformation, neben dem Fischmarkt am Strand, an der Hauptstraße ausgeschildert, ✆ 022-752 2323, 🖳 www.capewestcoastpeninsula.co.za. ◷ Mo–Fr 9–17, Sa 10–15 Uhr.

TRANSPORT

Auto

Paternoster liegt an der R27, 15 km nordwestlich von Vredenburg und 160 km von Kapstadt.

Busse

Der tgl. **Elwierda-Bus**, ✆ 086-100 1094, 🖳 www.elwierda.com, von KAPSTADT nach SALDANHA hält im nahe gelegenen Vredenburg (S. 287).

Velddrif

Am Nordende der R27 von Kapstadt, dort wo der Great Berg River ans Meer stößt, liegt der Fischerort Velddrif. An der hiesigen Hafensiedlung Port Owen endet alljährlich der Berg River **Kanumarathon**, der in der Nähe von Ceres, 49 km nördlich von Worcester seinen Anfang nimmt. Seit ein paar Jahrzehnten werden in der Ortschaft zunehmend Pendler-Eigenheime hochgezogen. Der Lage am mäandernden Berg River mit seinen umliegenden Auen sowie der Hartnäckigkeit einiger Einheimischer ist es zu verdanken, dass zumindest ein Teil des historischen Charakters von Velddrif erhalten blieb. Auch der Vogelreichtum entlang der Ufer zu beiden Seiten des Flusses ist aus diesem Grund erhalten geblieben (Kasten S. 284).

In der Nähe der Velddrif-Brücke sind noch immer Fischer zu sehen, die von kleinen Booten aus Meeräschen oder Stachelmakrelen fangen. Aus den getrockneten, gesalzenen Fischen wird **bokkoms** hergestellt, das als Gaumenschmaus gilt, im Grunde jedoch ein billiges, proteinreiches Grundnahrungsmittel armer Fischer und Fabrikarbeiter an der Westküste ist. Wer hinter der Brücke rechts abbiegt, gelangt zum **Pelican Harbour**, wo in einer renovierten Fischfabrik eine Reihe von Cafés und Kunsthandwerksläden untergebracht sind.

ÜBERNACHTUNG

Kersefontein Guest Farm, 25 km südlich von Velddrif am Berg River, ✆ 022-783 0850; 💻 www.kersefontein.co.za, ist die beste Unterkunft der Gegend. Die noch in Betrieb befindliche Farm, deren Ursprung ins 18. Jh. zurückgeht, ist mit ihren Wildpferden ein echtes Highlight der Westküste. Auf dem Anwesen stehen mehrere hübsche kapholländische Gebäude voller Originalmöbel, von denen einige in komfortable Unterkünfte umgewandelt wurden. Der Besitzer Julian Melck unterhält Gäste mit Geschichten über die Abenteuer auf einem südafrikanischen Bauernhof. R1280

Kuifkopvisvanger, 5 km außerhalb des Orts am gegenüberliegenden Flussufer, ✆ 022-783 0818, 💻 www.kuifkop.co.za. 7 reizende, rustikale Fischerhütten mit Ausblick auf den Fluss und die Marschen. Auch Camping ist möglich. Im Sommer stehen Kanus für Erkundungstouren auf dem Fluss zur Verfügung, in dem man dann auch baden kann. Camping p. P. R90, Hütte R550

Riviera, 136 Voortrekker Rd, ✆ 022-783 1137, 💻 www.eigevis.com. DZ und gut ausgestattete Selbstversorger-Chalets am Wasser mit Platz für 4 Pers., jedes mit Terrasse (R780). Es gibt auch ein gutes Restaurant und eine Bar. Flamingos und viele andere Wasservögel in Sichtweite. R800

ESSEN

Eigevis Fish Shop, Jameson St, nahe dem Laaiplek Hotel. Ideal für Selbstversorger, die hier tiefgefrorenes Seafood und auch frisch zubereitete Fish 'n' Chips bekommen. 🕒 Mo–Sa 9–17 Uhr.

The Laaiplek Hotel, Jameson St, ✆ 022-783 1116. Das alte, etablierte Hafenhotel mit Blick auf Boote, Fischfabriken, Kräne und Vögel serviert Seafood, Steaks und sonntags ein ausuferndes Mittagsbuffet (R95). 🕒 Mo–Sa 7.30–21.30, So 7.30–14.30 Uhr.

Vishuis, rund 3 km westlich an der landschaftlich reizvollen, ungeteerten Straße von der Velddrif-Brücke, ✆ 022-783 1183. Das in einer restaurierten ehemaligen Fischfabrik untergebrachte Lokal hat Tische im Freien mit Blick über die Marschen und serviert preiswertes englisches Frühstück und mittags ausgezeichnete Fish 'n' Chips (R90). Abends ist eine Reservierung zu empfehlen. 🕒 Im Sommer Di–Sa 9–21, So 9–15, im Winter Di–Sa 10.30–18, So 10–15 Uhr.

SONSTIGES

Informationen

Touristeninformation, Voortrekker Rd, ✆ 022-783 1821, 💻 www.tourismvelddrif.co.za. 🕒 Mo–Fr 8.30–13, 14–17, Sa 9–13 Uhr.

Touren

Der kenntnisreiche Vogelkundler **Dan Ahlers**, ✆ 082-951 0447, bietet schöne Bootsexkursionen auf dem Berg River an (1 Std., R150), außerdem Ausflüge in die Bucht, bei denen man manchmal Meeressäuger sieht.

Elands Bay

Elands Bay (meist zu Elands abgekürzt) ist ein beliebtes Wochenendziel und bietet einige Gästehäuser und Restaurants, ein paar interessante San-Felsbilder an den Küstenfelsen im Süden und außerordentlich gute Bedingungen für Vogelbeobachter in der Umgebung.

Wahrscheinlich sollte man den Ort rechtzeitig besuchen, bevor er touristisch ausgebaut wird. Allerdings ist das Meeresufer hier, wie auf weiten Strecken der Westküste, karg, windgepeitscht und unwirtlich. Die Flut spuckt Berge von Tang, Muscheln und gebleichten Robbenknochen auf menschenleere Strände und das Wasser ist, wie überall an der Westküste, schauderhaft kalt. Aber die Frühlingsblüte in der Gegend ist phänomenal.

Die **Verlorenvlei** („verlorener Sumpf") teilt Elands Bay in eine Nord- und eine Südhälfte.

Das Feuchtgebiet beherbergt über 200 Vogelarten. Die hübschere Seite ist die im Süden, wo sich auch die Wellenreiter herumtreiben. Dahinter ragt der Bobbejaanberg ins Meer. Dort, wo die Straße unterhalb der Küstenfelsen endet, liegt der Hafen. Von hier führt ein Weg hinauf zu einer großen Höhle mit Felskunst, darunter einige große Elenantilopen und Hunderte von Handabdrücken, die mit Initiationsriten in Verbindung gebracht werden – möglicherweise hinterließen Jugendliche diese Handabdrücke, wenn sie durch die Höhle gingen.

ÜBERNACHTUNG

Elands Bay Guest House, 184 Kreef Rd, auf der Südseite von Elands Bay, ✆ 022-972 1755, 💻 www.elandsbayguesthouse.co.za. Selbstversorger-Unterkünfte ohne Schnickschnack für 4 Pers., primär für Surfergruppen interessant, Gemeinschaftsküche. R800

Elands Bay Hotel, North Side Beachfront, ✆ 022-972 1640, 💻 www.elandsbayhotel.co.za. Vernünftig bepreiste Strandunterkunft mit DZ (unbedingt die mit Meerblick nehmen), Backpackerzimmern und Campingplätzen. Camping p. P. R30, Dorm R200, DZ R890

Vensterklip, 5 km von Elands Bay, ✆ 022-972 1340, 💻 www.vensterklip.co.za. Die Farm in der *vlei* hat restaurierte historische Selbstversorger-Cottages und Zelte zum Campen auf dem Gelände. Gutes Restaurant. Tagesbesucher können zur Erkundung der Vlei Kajaks leihen (für Gäste kostenlos). Camping R120, Cottage R700

ESSEN

Elands Bay Hotel, North Side Beachfront. Einzige zentrale Option für Seafood, Grillgerichte und Steaks zu vernünftigen Preisen (R75), aber auch gut für einen Drink bei grandioser Aussicht und für ein stärkendes Frühstück nach einer längeren Surfrunde. 🕒 tgl. 8–22 Uhr.

Tin Kitchen Country Restaurant, 5 km von Elands Bay, ✆ 022-972 1340. Die beste Küche hat leider nur am Wochenende geöffnet. Für die Mahlzeiten werden so weit wie möglich Bio-Zutaten verwendet, ob Fleisch, regionaler Fisch oder Gemüse. Serviert wird in einer alten Scheune oder im Garten. Freitags finden beliebte und ausgelassene Pizza-Abende statt (R80). 🕒 Fr und Sa 9–22, So 9–15 Uhr.

TRANSPORT

Mit dem **Auto** sind es einsame 70 km von Velddrif nach Elands Bay, aber die Strecke ist durchgehend geteert. Von Kapstadt sind es rund 200 km (2 1/2 Std.).

Lambert's Bay

Die einzige erwähnenswerte Ansiedlung zwischen Velddrif und Port Nolloth, schon fast an der Grenze zu Namibia, ist das ziemlich einsame Lambert's Bay. Der Ort ist ein bedeutender **Fischereihafen**, doch das geschäftige Treiben der Fischer wird von der **Tölpelkolonie** auf Bird Island, mitten in der Bucht, weit in den Schatten gestellt.

Bird Island

🕒 tgl. tagsüber ▪ Eintritt R30

Wer möchte, kann auf dem Deichweg zur Insel hinaus spazieren und von einem Vogelbeobachtungsposten die dicht aneinander gedrängten Tölpel aus der Nähe beobachten, die unter den missbilligenden Blicken einiger Pinguine und Kormorane ein ohrenbetäubendes Spektakel vollführen. Außerhalb der Brutsaison sind aber nicht immer Tölpel zu sehen.

Zwischen Juli und November halten sich in der Bucht einige **Buckelwale** auf, angeblich sind es immer dieselben Walmütter. Die Gewässer sind auch das südlichste Verbreitungsgebiet der **Heaviside-Delphine** – freundliche kleine Meeressäuger mit keilförmigen Schnäbeln und schwarz-weißer Zeichnung, die derjenigen von Schwertwalen ähnelt. Mit Glück können Besucher die Tiere bei einer Bootsfahrt vom Fischerhafen aus genauer in Augenschein nehmen.

ÜBERNACHTUNG

Donkieskraal Guest Lodge and Private Game Reserve, zwischen Lambert's Bay und Clanwilliam, ✆ 083-235 4717, 💻 www.donkieskraal.co.za. Auf der Kartoffel- und Wildfarm gibt es mitten in die Felsen gebaute Chalets, 4 Safarizelte am Hang und einen

Campingplatz. Die Unterkünfte werden an Selbstversorger vermietet, aber die Inhaberin bereitet auf Wunsch auch Mahlzeiten zu. Camping R90, Safarizelt R500, Chalet R800

Lamberts Bay Hotel, Voortrekker St, ✆ 027-432 1126, 💻 www.lambertsbayhotel.co.za. Das etwas altmodische, konventionelle Hotel im Zentrum hat nette Zimmer zu angemessenen Preisen, einen Pool und hilft bei der Organisation von Bootstouren, Ausritten am Strand oder Ausflügen zur Vogelbeobachtung und Blütenschau im Frühjahr. R800

WESTKAP

ESSEN

Isabella's Restaurant and Coffee Shop, am Hafen, ✆ 027-432 1177. Vor allem die Lage am Wasser mit Tischen im Freien und die Hafenatmosphäre machen hier den Reiz aus. Das Angebot reicht von Kaffee und Kuchen bis hin zu Fish 'n' Chips, Garnelen und Muscheln, der Renner aber ist das umwerfende Westküstenfrühstück (R80). ⌚ tgl. 8–21 Uhr.

Muisbosskerm, Elands Bay Rd, 5 km von Lamberts Bay, ✆ 027-432 1017. Das urtypische Openair-Seafood-Restaurant punktet mit seiner Location – direkt am Ozean, an einem einsamen Strand – und zählt für viele zu den Top-Ten-Erlebnissen einer Südafrikareise. Am riesigen Buffet (R195) gibt es Fisch (gebacken, geräuchert oder gegrillt), Kartoffelbrot aus einem Tonofen und traditionelles *waterblommetjie bredie*, dazu im Hintergrund afrikaanse *boeremusiek*. ⌚ an unterschiedlichen Tagen (vorher telefonisch erfragen), Reservierung erforderlich. Mittagessen ab 12.30, Abendessen ab 18.30 Uhr.

INFORMATIONEN

Touristeninformation, Main Rd, ✆ 027-432 1000, 💻 www.lambertsbay.co.za. ⌚ Mo–Fr 9–17, Sa 9–12.30 Uhr.

TRANSPORT

Mit dem **Auto** ist Lambert's Bay auf geteerter Straße zu erreichen. Es liegt 27 km nördlich von Elands und 70 km westlich von Clanwilliam.

Die Cederberge

Die Gebirgskette der Cederberge zählt zu den atemberaubendsten Landschaften des Westkaps. Sie beginnt am Ostrand des Olifants River Valley, rund 250 km nördlich von Kapstadt, und die hohen Sandsteinberge und langgestreckten, trockenen Täler bieten Betätigungsfelder für Wanderer, Campingfreunde, Naturliebhaber und Bergsteiger.

Die **Cederberg Wilderness Area**, am Rande der N7 zwischen Citrusdal und Clanwilliam, wurde zum Schutz des sauberen Wassers der Cederberge eingerichtet, ist aber gleichzeitig auch ein Erholungsgebiet mit Wanderwegen, deren Länge insgesamt über 250 km beträgt.

An zahlreichen Stellen hat Erosion den roten Sandstein zu grotesken Formen geschliffen. Im gesamten Berggelände finden sich auch **Felsmalereien der San**, zahlreiche Vertreter der Kap-Gebirgsfauna, wie Paviane, kleine Antilopen, Karakal und Erdwolf, sowie Fynbos-Flora, etwa die knorrige, widerstandsfähige Clanwilliam-Zeder und die seltene Schnee-Protea.

Die Cederberge erreicht man von Kapstadt aus auf der N7. Unweit der Schnellstraße, am Süd- bzw. Nordrand des Gebirgszuges, liegen die beiden wichtigsten, wenngleich sehr kleinen Städte **Citrusdal** und **Clanwilliam**, beides gute Ausgangspunkte für Wanderungen in die Berge. Die Hauptroute in die Cederberge führt entlang einer unbefestigten Straße mit der Beschilderung **„Algeria"**, die zwischen den beiden Orten von der N7 abzweigt und 18 km von der Ausfahrt zum Campingplatz Algeria liegt. Die Ostseite der Berge – **Koue Bokkeveld** – ist nicht von der N7, sondern von der N1 und Ceres aus zugänglich.

Citrusdal

An der N7 nördlich von Piketberg erstreckt sich eine weite Ebene zu den Ausläufern des Gebirgszuges der Olifantsrivierberge hin. Autofahrer überqueren die Berge auf dem 1857 in die Felsen gesprengten **Piekenierskloof Pass**.

Citrusdal liegt etwas abseits der N7 in der hügeligen Landschaft des Olifants River Valley, da-

Ausflug in die Berge

Wer die gebirgige Landschaft der Cederberge erkunden will, muss wandern. Es gibt zwar ein paar kürzere Routen, aber für jede echte Wandertour sollte man entsprechend ausgerüstet und erfahren sein, denn das Gelände ist rau und das Wetter kann das ganze Jahr über höchst launisch sein.
Eine der besten Möglichkeiten, die Berge kennenzulernen, bietet der ausgebildete Bergsteiger **Mike Wakeford**, ✆ 079-722 9808, 💻 www.guidedbymike.co.za, mit individuell zugeschnittenen, mehrtägigen Trekkingtouren ab Kapstadt. Der Preis richtet sich nach der Anzahl der Teilnehmer und der Dauer.

hinter erhebt sich die dramatische Kulisse der Cederberge. Heutzutage ist es kaum noch vorstellbar, doch die ersten holländischen Siedler begegneten hier tatsächlich riesigen Elefantenherden, als sie nach Norden in Richtung Namaqualand vorstießen. Aus dieser Zeit stammt auch der Name des Flusses – *olifant* ist das niederländische Wort für „Elefant".

Zu den Hauptattraktionen der Gegend zählen die 16 km entfernten **Thermalquellen**, wo es ein Hotel gibt (s. u.), man kann sie aber auch in einem Tagesausflug besuchen.

ÜBERNACHTUNG

The Baths, von der Straße, die von der N7 nach Citrusdal führt, 16 km auf einer guten geteerten Straße nach Süden, ✆ 022-921 8026, 💻 www.thebaths.co.za. Herrlich altmodische, aber auch recht reglementierte Anlage mit einem großen heißen Thermalbecken (43 °C), einem Kaltwasserbecken und mehreren großen Becken drinnen. Tagesbesucher zahlen R80, für Übernachtungsgäste ist die Nutzung kostenlos. In idyllischer Lage in einem bewaldeten Tal gibt es Campingplätze, Selbstversorger-Zimmer und Chalets in großen alten Steingebäuden. Das dazugehörige Restaurant serviert passables Essen, die meisten Gäste verpflegen sich aber selbst. Camping R100, DZ R650

Petersfield Mountain Cottages, auf einer Rooibos- und Zitrusplantage 4 km von Citrusdal, ✆ 022-921 3316, 💻 www.petersfieldfarm.co.za. Schönere Cottages für Selbstversorger wird man kaum irgendwo finden. Jedes der völlig abgeschiedenen Häuschen für 2–4 Pers. hat seinen eigenen Pool, und die Gäste können nach Lust und Laune herumwandern. Die Wochenenden sind schon ein Jahr im Voraus ausgebucht, unter der Woche kosten die Unterkünfte etwa R300 weniger. Mindestaufenthalt 2 Nächte. R1200

INFORMATIONEN

Touristeninformation, 39 Voortrekker St, ✆ 022-921 3210, 💻 www.citrusdal.info. Verfügt über eine umfassende Liste der Selbstversorgerunterkünfte und B&Bs in der Gegend. 🕒 Mo–Fr 8.30–17, Sa 9–12 Uhr.

TRANSPORT

Citrusdal liegt rund 2 km abseits der N7 und 170 km von Kapstadt entfernt.

Cederberg Wilderness Area

Die Hauptroute in die Cederberg-Region und zur Algeria Forest Station, die als ihr Zentrum fungiert, zweigt 28 km nördlich von Citrusdal von der N7 nach Osten ab und führt weiter bis nach Ceres im Südosten. Die 710 km² große Cederberg Wilderness Area hat viele markierte **Wanderwege**, unter anderem zu den beiden höchsten Gipfeln, dem **Sneeuberg** (2027 m) und dem **Tafelberg** (1969 m), und zu imposanten Felsformationen wie dem gewaltigen **Wolfberg Arch** und **Cracks** im Südosten des Reservats, und einem 30 m hohen, frei stehenden Felspfeiler namens **Maltese Cross**, weiter südlich.

ÜBERNACHTUNG

Algeria Campsite, 18 km nach Osten auf der Algeria Rd, von der N7 ausgeschildert, ✆ 0861-227 362 8873, 💻 www.capenature.org.za. Hübsche Flusslage mit tollem Pool und Wandermöglichkeiten in die umgebenden Berge. Während der Schulferien kann es voll und laut werden, aber für Kids ist es toll. Es gibt auch ein paar Selbstversorger-Chalets und einsame Cottages mit Paraffinlampen ein paar Kilometer entfernt. Camping R200, Chalet R580

© DUMONT BILDARCHIV / TOM SCHULZE

Imposantes Felsentor in den Cederbergen: der Wolfberg Arch

Jamaka Organic Farm Cottages and Campsite, die Abzweigung ist kurz vor Algeria an der Algeria Rd ausgeschildert, ✆ 027-482 2801, 💻 www.jamaka.co.za. Der Campingplatz auf einer Zitrus- und Mangoplantage ist bezaubernd gelegen, zum Wandern aber weniger günstig: Die guten Wanderwege beginnen aber alle am Algeria Campsite. Wer lieber ein Dach überm Kopf hat, wählt von den preisgünstigen Cottages am besten das Steinhäuschen direkt am Fluss. Camping R160, Cottage R360

Kromrivier, 50 km südlich von Algeria, ✆ 027-482 2807, 💻 www.cederbergtourist.co.za. 14 komplett ausgestattete Chalets für 4 Pers., die teureren mit Bad. Campingplätze nahe der Badestellen am Fluss. Für Kochfaule gibt es auch ein Café, wobei das Abendessen bis spätestens 16 Uhr bestellt sein muss. Camping R150, Chalet R500

Sanddrif, ca. 26 km südlich von Algeria auf derselben Schotterstraße, ✆ 027-482 2825, 💻 www.cederbergwine.com. Komplett ausgestattete Chalets mit 1–3 Zimmern (Bettzeug mitbringen) auf einer Farm mit Badestellen am Fluss und guten Wandermöglichkeiten sowie Möglichkeiten zum Zelten. Sanddrif verkauft auch Permits für die Wanderrouten auf seinem Gelände: die Wege zum Maltese Cross und Wolfberg Arch und Cracks. Im Angebot sind außerdem Proben des eigenen Weins sowie ein Laden mit dem Nötigsten. Camping R150, Chalet R650

INFORMATIONEN

Die für Wanderungen erforderlichen, preiswerten **Permits** können bei CapeNature, ✆ 0861-227 362 8873, 💻 www.capenature.org.za, in Algeria erworben werden. 🕒 tgl. 7.30–14 Uhr.

Die unverzichtbare Wanderkarte *Exploring the Cederberg*, 💻 www.slingsbymaps.com, verzeichnet alle Resorts, Straßen und Strecken und ist in allen Wanderläden erhältlich.

TRANSPORT

Die Hauptroute in die Cederberge ist die Algeria Rd (Algeria ist deutlich ausgeschildert), eine raue Schotterpiste, die mit einem normalen Pkw bei langsamer Fahrt problemlos zu befahren ist. Von Kapstadt aus sind es etwa 250 km (3 1/2 Std.).

Koue Bokkeveld (Südöstliche Cederberge)

Der Südosten der Cederberge – genannt: **Koue Bokkeveld** – ist einsam und wild und hat ein paar wunderbare Unterkünfte zu bieten. Selbstversorger müssen jedoch vollkommen autark sein: Es gibt hier weder Läden noch Cafés, doch zumindest ein paar Restaurants (s. u.). Die beste Anfahrtsroute führt von Worcester aus über die N1. Von dort aus folgt man der R303 nach Ceres und biegt bei Op de Berg nach rechts ab auf die unbefestigte Straße Richtung Norden nach Algeria, die schließlich auf die N7 trifft.

ÜBERNACHTUNG

Cederberg Oasis, an der R303, 70 km von Op de Berg entfernt und 62 km östlich von Algeria, ✆ 027-482 2819, 💻 www.cederbergoasis.co.za. Backpacker-Unterkunft mit schlichten Zimmern, DZ und Dorms sowie Zeltstellplätzen auf dem Rasen. Ebenfalls auf dem Gelände: Ein Restaurant mit riesigen Portionen – man muss allerdings reservieren. Der Inhaber zeichnet seinen Gästen gerne selbst eine Umgebungskarte und verkauft Permits für die nahe gelegenen Sandsteinformationen und Felsmalereien in den Höhlen von Tanjieskraal und Stadsaal. Camping für 4 Pers. R135, DZ R300

Kamma, 52 km von Op de Berg entfernt, abseits der R303, ✆ 021-872 4343, 💻 www.kaggakamma.co.za. Luxus-Lodge, deren Unterkünfte teilweise höhlenartig in den Fels hineingebaut sind. Schöner sind die strohgedeckten Chalets mit Veranda und Blick in die Steppe. Zum Angebot gehören Wanderungen, Safarifahrten, ein gutes Restaurant mit Bar und sogar eine Astronomietour: Die Lodge hat ein Hochleistungsteleskop, durch das man Dank der Abwesenheit von künstlichem Licht und Smog die Jupitermonde sehen kann. Auf dem Anwesen befinden sich eindrucksvolle Felsmalereien und -formationen – die besten davon teilweise in einem Unterstand in der Nähe des großen Pools. Eines der Highlights ist die Sonnenuntergangs-Safari mit Abendessen unter Sternen am Lagerfeuer. Gäste können wählen zwischen einem All-Inclusive-Paket mit allen Mahlzeiten und Aktivitäten (R2483 p. P.) oder B&B. Camping p. P. R60, DZ R2800

Mount Ceder, an der R303, 42 km von Op de Berg, ✆ 023-317 0113, 💻 www.mountceder.co.za. Sehr komfortables Berg-Retreat mit Cottages für Selbstversorger, teilweise mit Jacuzzi. Die Cottages für 4 Pers. haben normale Elektrizität, die für 2 Solarzellen. Es gibt auch 3 sehr begehrte Luxusstellplätze für Zelte, jeweils mit eigenen Sanitäranlagen und Solarbeleuchtung. Die Anlage mit Olivenhain und Schwimmstellen am Fluss liegt spektakulär in einem weiten Tal zwischen schroffen Bergen. Auf dem Gelände befindet sich noch ein Restaurant, außerdem werden Ausritte angeboten (R250) – eine Seltenheit in den Cederbergen. Camping R300, Cottage R800

Felskunst in den Cederbergen

In den Cederbergen gibt es rund 2500 bekannte Felskunststätten, die nach Schätzungen zwischen 1000 und 8000 Jahre alt sind. Es sind Zeugnisse der ersten Südafrikaner, jener Jäger und Sammler, die als San oder Buschmänner bekannt sind und als direkte Nachfahren der frühen Homo sapiens gelten, die vor 150 000 Jahren am Westkap lebten.

Eine lohnende Erkundung auf eigene Faust kann man auf einem 4 km langen Pfad unternehmen, der von der Traveller's Rest Farm (S. 298) dem **Sevilla Trail** folgt und zu zehn Stätten führt.

Eine Alternative bietet eine halbtägige Tour nach Warmhoek nahe Clanwilliam mit einem kenntnisreichen Guide des ausgezeichneten **Living Landscape Project**, 18 Park St in Clanwilliam, ✆ 027-482 1911, 💻 www.cllp.uct.ac.za. Geistiger Vater des Projektes ist der Archäologe John Parkington von der Universität Kapstadt. Seine Bücher über Felskunst in den Cederbergen *(The Mantis, the Eland and the Hunter* und *Cederberg Rock Paintings)* liefern die besten Interpretationen der rätselhaften und faszinierenden Bilder, die an Felsen und Überhängen zu sehen sind.

Clanwilliam

Am Nordrand der Cederberge liegt die hübsche und selbstbewusste Stadt Clanwilliam. Sie wird mühelos ihren verschiedenen Rollen gerecht: als Ausgangsbasis für die Cederberg Wilderness Area, Zentrum der Blumenblüte im Frühling, Versorgungszentrum für die Farmen der Umgebung und Anlaufstelle für Besucher, die interessante **Felskunst** in nicht zu großer Entfernung von Kapstadt suchen.

Clanwilliam wurde Ende des 18. Jhs. gegründet und ist eine der älteren Siedlungen nördlich von Kapstadt. Einige historische Gebäude schmücken bis heute den Ort.

ÜBERNACHTUNG

Blommenberg Guest House, 1 Graafwater Rd, ✆ 027-482 1851, 💻 www.blommenberg.co.za. Das Guesthouse liegt gegenüber der Autowerkstatt am Ortseingang von Clanwilliam und hat günstige Zimmer mit Fichtenmöbeln um einen angenehm schattigen Innenhof mit Garten und Pool. 4 Familienzimmer an der Veranda können auch von Selbstversorgern genutzt werden. R1020

Living Landscape, 18 Park St, ✆ 027-482 1911. Annehmbare Bleibe und die einzige Backpacker-Unterkunft im Zentrum von Clanwilliam, bietet Dorm-Betten in dem Haus neben einem gemeinnützigen Projekt. Primär gedacht für Schul- und Universitätsgruppen auf Felskunstexkursionen. R100

Ndedema Lodge, 48 Park St, ✆ 027-482 1314, 💻 www.ndedemalodge.co.za. Romantisches viktorianisches B&B mit edlem Flair, hübschem Garten und Pool. Von den 4 Zimmern mit altem Mobiliar haben 2 Himmelbetten und alle haben Baumwollbettwäsche, dicke Handtücher und Bademäntel. R1200

ESSEN

Nancy's Tea Room, 33 Main Rd, ✆ 027-482 2661. Idyllischer Garten zum Frühstücken oder Mittagessen. Serviert getoastete Sandwiches, überbackenen Hackfleischauflauf (R50) und guten Kaffee, aber auch Deftigeres wie *bobotie*, eines der wenigen Gerichte ohne Pommes. ⌚ Mo–Sa 8–16.30 Uhr.

Rooibostee

Für die einen ein regelrechter Kult, für die anderen eher ein Witz – Rooibos- oder Rotbuschtee ist in Südafrika ein wichtiges Thema. Der Rooibos, der auf vielen Plantagen immer noch von Hand gesät und geerntet wird, ist eine Fynbos-Pflanze, die nur in der Gebirgsregion um Clanwilliam und Nieuwoudtville gedeiht. Der koffeinfreie Gesundheitsaufguss aus seinen Blättern ist in südafrikanischen Haushalten neben Tee und Kaffee längst fest etabliert und kann jetzt sogar als Espresso genossen werden; der Red Espresso ist in Supermärkten in Pulverform erhältlich und wird auch in immer mehr Cafés angeboten.
Wer sehen möchte, wie Roiboos angebaut und verarbeitet wird, kann für R100 eine Besichtigungstour mit **Elandsberg Eco Tours**, ✆ 027-482 2022, unternehmen (Reservierung erforderlich). Die Touren starten von der Niederlassung 20 km westlich von Clanwilliam an der Straße nach Lambert's Bay. Ansonsten kann man in Clanwilliam der größten **Rooibos-Fabrik** des Landes im Ou Kaapse Weg, ✆ 027-482 2155, einen Besuch abstatten, wo Videos über die Rooibos-Verarbeitung gezeigt und Rooibos-Produkte verkauft werden. ⌚ Videos Mo–Fr 10, 11.30, 14 und 15.30 Uhr.

Olifants Huis, 1 Main Rd, ✆ 027-482 2301. Beste Wahl am Abend, gemütliche Landhausatmosphäre. Pizza aus dem Holzofen, gute Steaks (R90). Die Zutaten sind regional und saisonal, etwa über Rooibos-Teeblättern geräuchertes Straußenfilet. ⌚ Mo–Sa 17–21.30 Uhr.

Yellow Aloes, 1 Park Rd, ✆ 027-482 2018. Die Veranda im Garten ist wunderschön für ein warmes Frühstück (R70) oder leichtes Mittagessen. Auf Vorbestellung auch ein romantisches Dinner unter den Bäumen (3 Gänge R120). ⌚ tgl. 8–17 Uhr.

INFORMATIONEN

Touristeninformation, Main Rd, ✆ 027-482 2024, 💻 www.clanwilliam.info. Verkauft Permits fürs Bouldern (S. 297). ⌚ Mo–Fr 8.30–17, Sa 8.30–12.30 Uhr.

TRANSPORT

Der tgl. Intercape-**Bus** von KAPSTADT nach WINDHOEK hält 7 km außerhalb an der Tankstelle an der N7, von dort allerdings keine Verbindung mit öffentlichen Verkehrsmitteln in den Ort.

Boskloof

Rund 1 km östlich von Clanwilliam auf der Pakhuis Pass Road führt eine gute Schotterstraße nach Süden in die Boskloof hinab, eine Schlucht, die der Jan Dissels River gegraben hat. Das Tal liegt zwar weniger als 10 km von der Stadt (und 290 km von Kapstadt) entfernt, doch hat man das Gefühl, weitab von aller Welt zu sein. Das stille Gelände eignet sich zu geruhsamer Naturbetrachtung am Flussufer, einem Bad in einem der Teiche oder einem Fußmarsch entlang der ungeteerten Straße, die sich durch die Berge windet.

Vom Tal kann man auf dem **Krakadouw Hiking Trail** in die Cederberge hinaufwandern. Er beginnt bei den Krakadouw Cottages, wo auch die Permits verkauft werden.

Hier bieten sich Möglichkeiten für bis zu einwöchige Wanderungen, aber auch für Tages- oder Halbtageswanderungen auf kürzeren Wegabschnitten.

ÜBERNACHTUNG

Boskloof Swemgat, Boskloof Rd, 13 km von Clanwilliam, ✆ 027-482 2522, 💻 www.boskloofswemgat.co.za. 8 schlichte Selbstversorger-Cottages in offener Graslandschaft direkt am Fluss. Ausgezeichnete Bademöglichkeiten im Fluss, gute Preise. R600

Klein Boschkloof Chalets, Boskloof Rd, 9 km von Clanwilliam, ✆ 027-482 2441, 💻 www.kleinboschkloof.co.za. Besteht aus einer Reihe preiswerter, 250 Jahre alter kapholländischer Bauernhäuser, die in Ferienwohnungen verwandelt wurden. Die einladenden, strohgedeckten Chalets inmitten von Zitrushainen verfügen über Kochgeschirr, Bettzeug und Handtücher. Auf Wunsch Frühstück und Abendessen. R700

Die nördlichen Cederberge und der Pakhuis Pass

Nordöstlich von Clanwilliam schlängelt sich die **R364** über den **Pakhuis Pass**, eine Fahrt durch wildromantische Gebirgslandschaft mit spektakulären Ausblicken. Diese Gegend – bekannt als die **Rocklands** – gilt als eins der weltweit besten Reviere fürs **Bouldern** (Felsklettern ohne Hilfsmittel), weshalb hier vor allem in den milderen Wintermonaten jede Menge Kletterer auf dem Weg zu und von den Routen unterschiedlicher Schwierigkeitsgrade unterwegs sind. Neben der reizvollen Landschaft locken hier die schönsten Felsmalereien im Westkap (S. 295).

ÜBERNACHTUNG

Sämtliche Unterkünfte der Gegend befinden sich entlang der inzwischen geteerten Pakhuis Pass Rd, von der hinter Bushman's Kloof Schotterpisten zu Farmen abzweigen.

Alpha Excelsior Guest Farm and Winery, ✆ 027-482 2700, 💻 www.alphaexcelsior.co.za. 3 Cottages, am hübschesten ist das Weavers Cottage in direkter Flussnähe. Außerdem gibt es in einem Haus einen Dachboden mit zusätzlichen Dorm-Betten. Die freundlichen Inhaber der Farm verkaufen auch die Erzeugnisse ihrer kleinen Weinkellerei. Dorm R90, Cottage R600

Bushman's Kloof, ✆ 027-482 2627, Reservierung ✆ 021-437 9278, 💻 www.bushmanskloof.co.za. Luxuslodge inmitten einer Wildnisregion mit Tierbeobachtungsfahrten und mehr als 125 bekannten Stellen mit Felsmalereien. Preis inkl. Vollpension, Beobachtungssafaris und Führungen zu Felsmalereien. R8000

De Pakhuys Rocklands, 26 km von Clanwilliam entfernt, ✆ 027-482 1879, 💻 www.depakhuys.co.za. 3 unterschiedlich große Garten-Cottages auf einer Rooibosfarm mit Bademöglichkeiten und markierten Wanderwegen, die in der Nähe des abgeschiedenen Campingplatzes starten. Die Inhaber sind sehr entgegenkommend, und die Gäste können ihren Pool und *braai*-Bereich nutzen. Die auch bei Kletterern beliebte Unterkunft verkauft auch

Permits fürs Bouldern. Camping R60, Cottage R800

Traveller's Rest Farm, www. travellersrest.co.za. 12 Selbstversorger-Cottages verteilt über eine Maracuja-, Rooibos- und Schaffarm mit reichlich Gelegenheit für Spaziergänge. Die Unterkünfte sind einfach, dafür ist die Landschaft eindrucksvoll. Für Gruppen können Mahlzeiten arrangiert werden, an einem Stand mit großer Auswahl gibt es tagsüber Mahlzeiten. Die Hauptattraktion ist der 4 km lange Bushman Painting Trail, der direkt neben der Farm beginnt. Der Pfad führt an neun verschiedenen Felsmalereien vorbei – eine ausgezeichnete Möglichkeit, die Malereien zu studieren. Wer wenig Zeit hat, kann die Besichtigung auf die interessantesten ersten sechs beschränken. Auch Erkundungen zu Pferd sind möglich, und im Sommer laden Badestellen im Fluss zum Schwimmen ein. R450

Ein kleines Paradies am Ende der Welt

Oudrif, 48 km von Clanwilliam entfernt auf unbefestigter Straße, Reservierung erforderlich unter 027-482 2397, www. oudrif.co.za, ist eine außergewöhnliche Ferienanlage im Hinterland der Cederberge in der Übergangszone zwischen den Gebirgsausläufern und der trockenen Karoo, einer Gegend mit roten Sandsteinschluchten und dem breiten Tal des Doring River. Begleitete Spaziergänge durch Fynbos führen zu San-Felsmalereien, aber es lässt sich auch einfach nur herrlich entspannen. Mitinhaber und Multitalent Mitchell ist unter anderem ein ausgezeichneter Koch und bereitet sämtliche Mahlzeiten zu. Zur **Unterbringung** dienen fünf aus Stroh und Zement erbaute, stilvoll eingerichtete Häuser am Rand der Schlucht des Doring River. Die cremefarbenen Chalets passen prima in die mit Felsblöcken übersäte Landschaft, jedes verfügt über ein Doppelbett und eine Schlafliege. Die Stromversorgung erfolgt mittels Solarenergie und das Duschwasser ist warm. R1700

Wuppertal und das Biedouw Valley

Eine der landschaftlich schönsten Strecken des ganzen Westkaps führt auf der beeindruckenden, teils steilen R364 durch entlegene Täler bis ins historische **Wuppertal**. Die tief im Tra-tra Valley gelegene mährische Missionsstation mit ihren strohgedeckten Katen im kleinen Zentrum und am Fluss zählt zu den ältesten des Westkaps und ist eine der am besten erhaltenen in Südafrika.

Die von den Kirchenältesten verwaltete Mission mit ausschließlich farbigen Mitgliedern ist vor allem als Herstellungsort von *velskoene* bekannt. Diese kurz *vellies* genannten Wildlederschuhe sind Teil der Afrikander-Nationaltracht. Besucher können bei der Fertigung zusehen und die Schuhe beim kleinen Laden im Zentrum an der Kirche erwerben.

Auf dem Weg nach Wuppertal kann man einen Abstecher ins **Biedouw Valley** unternehmen, das normalerweise nur im Frühjahr Besucher zu sehen bekommt, wenn ein prächtiger Blumenteppich den Talboden überzieht.

ÜBERNACHTUNG

Enjolife, Biedouw Valley Rd, 027-482 2869, www.soulcountry.info. Der beste Grund, ins Biedouw Valley zu fahren, ist dieses 200 Jahre alte Farmhaus. Hier bietet ein junges Paar aus Deutschland reizende Cottages für Selbstversorger zum Sparpreis. Es gibt auch Zeltstellplätze, die jedoch nicht besonders schön gelegen sind. Hauptattraktion ist die schöne Natur rundum; im Sommer können sich die Gäste im Teich der Farm abkühlen. Da sie so weitab von allem liegt, lohnt sich die Fahrt eher für einen mehrtägigen Aufenthalt als für eine bloße Übernachtung. Zufahrt nur über Schotterstraßen. Abendessen ist auf Vorbestellung erhältlich. Außerdem können über den Inhaber (ein ehemaliger Lufthansa-Pilot) Rundflüge arrangiert werden. Camping R60, Cottage R400

Nordkap

Stefan Loose Traveltipps

The Big Hole Der riesige Krater in Kimberley ist ein eindrucksvolles Vermächtnis der ersten Diamantenschürfer in Südafrika. S. 305

7 Kgalagadi Transfrontier Park Inmitten der versengten, rötlich gefärbten Sanddünen der Kalahari leben Löwen, Spießböcke und Erdmännchen. S. 322

Augrabies Falls Afrikas zweitgrößter Wasserfall, wo der Oranje-Fluss mit lautem Echo in eine aus der Wüste gegrabene Schlucht donnert. S. 326

N7 Die landschaftlich schönste Route der Provinz führt von Springbok südwärts durch schroffe Berge und verschlafene *dorps*. S. 328

8 Blumenschau in Namaqualand Mit einem fantastischen Blumenmeer schmückt sich das *veld* im August und September, die faszinierende Vielfalt ungewöhnlicher Sukkulenten ist aber das ganze Jahr hindurch zu bewundern. S. 329

9 |Ai-|Ais/Richtersveld National Park Die einzige Bergwüste Südafrikas: eine heiße, ausgedörrte und abweisende Gegend, die nur im Geländewagen oder auf einer Paddeltour auf dem Oranje-Fluss erkundet werden kann. S. 339

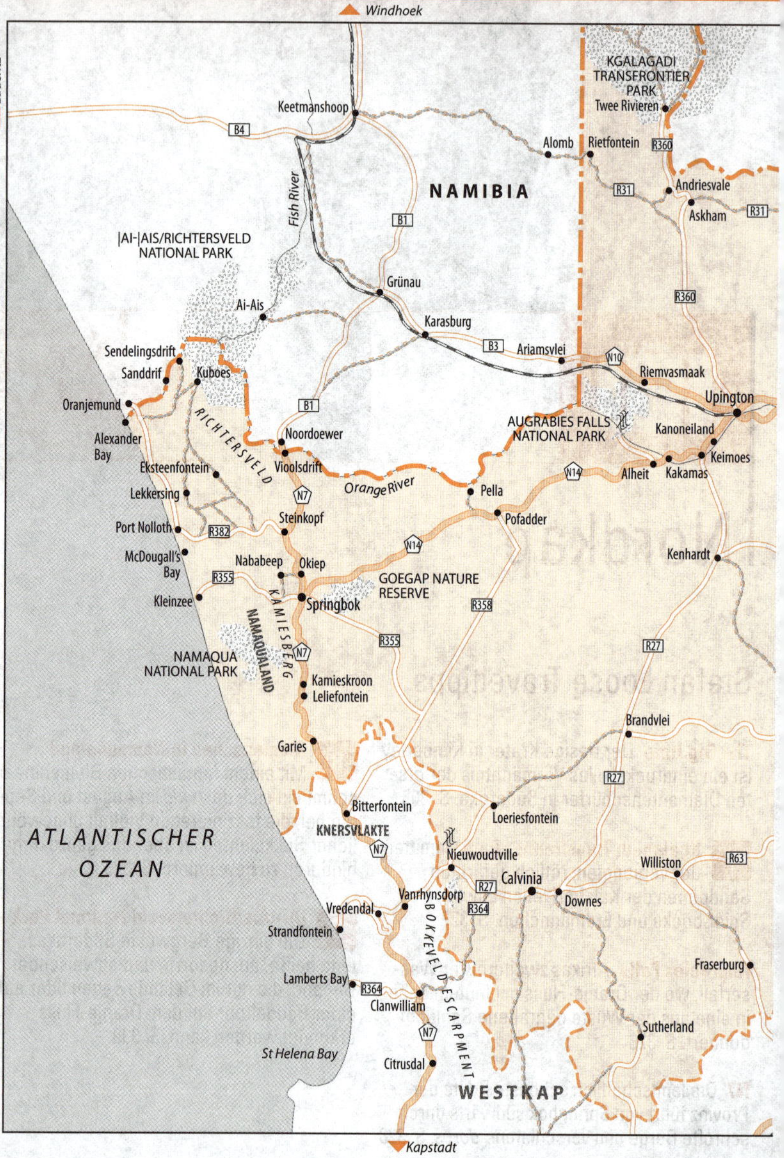
Windhoek
Lüderitz
KGALAGADI TRANSFRONTIER PARK
Twee Rivieren
Keetmanshoop
B4
Alomb
Rietfontein
R360
NAMIBIA
R31
Andriesvale
Askham
R31
Fish River
B1
|AI-|AIS/RICHTERSVELD NATIONAL PARK
Grünau
R360
Ai-Ais
Karasburg
B3
Ariamsvlei
N10
Sendelingsdrift
Sanddrif
Kuboes
Riemvasmaak
Upington
Oranjemund
B1
AUGRABIES FALLS NATIONAL PARK
Kanoneiland
Alexander Bay
RICHTERSVELD
Noordoewer
Keimoes
Vioolsdrift
N14
Alheit
Kakamas
Eksteenfontein
N7
Orange River
Pella
Lekkersing
Steinkopf
Pofadder
Port Nolloth
R382
N14
McDougall's Bay
Nababeep
Okiep
Kenhardt
R355
GOEGAP NATURE RESERVE
Kleinzee
Springbok
R358
KAMIESBERG
NAMAQUALAND
R355
R27
NAMAQUA NATIONAL PARK
N7
Kamieskroon
Leliefontein
Brandvlei
Garies
R27
Bitterfontein
Loeriesfontein
KNERSVLAKTE
ATLANTISCHER OZEAN
N7
Nieuwoudtville
Williston
R63
Calvinia
R27
Vanrhynsdorp
Downes
R364
Vredendal
Strandfontein
BOKKEVELD-ESCARPMENT
Fraserburg
Lamberts Bay
R364
Clanwilliam
Sutherland
N7
St Helena Bay
Citrusdal
WESTKAP
Kapstadt

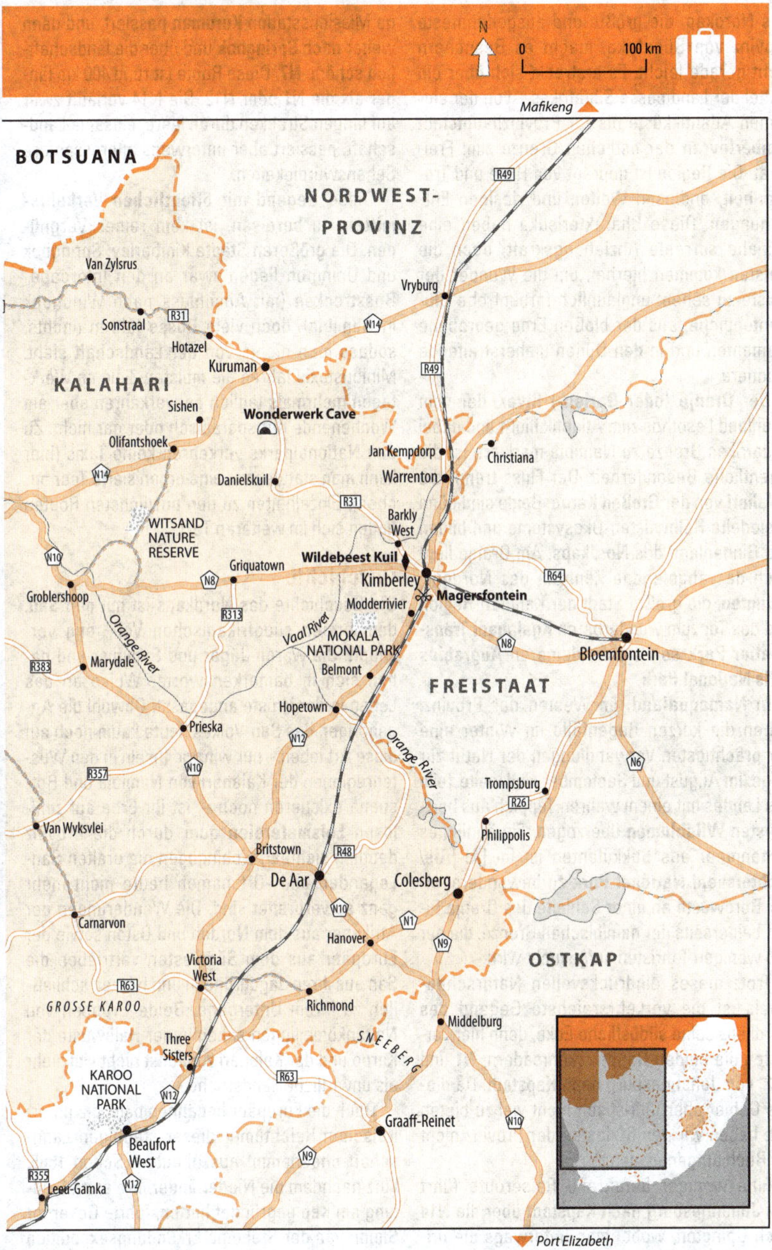
N
0
100 km
Mafikeng
Jo'burg, Pretoria
Johannesburg
Johannesburg
East London
Port Elizabeth
BOTSUANA
NORDWEST-
PROVINZ
KALAHARI
FREISTAAT
OSTKAP
GROSSE KAROO
SNEEBERG
Van Zylsrus
Sonstraal
Hotazel
Kuruman
Sishen
Wonderwerk Cave
Olifantshoek
Danielskuil
WITSAND
NATURE
RESERVE
Groblershoop
Griquatown
Wildebeest Kuil
Kimberley
Magersfontein
Modderrivier
Barkly
West
Warrenton
Jan Kempdorp
Christiana
Vryburg
Bloemfontein
MOKALA
NATIONAL PARK
Belmont
Vaal River
Orange River
Orange River
Marydale
Hopetown
Prieska
Van Wyksvlei
Britstown
De Aar
Colesberg
Trompsburg
Philippolis
Carnarvon
Hanover
Victoria
West
Richmond
Middelburg
Three
Sisters
KAROO
NATIONAL
PARK
Beaufort
West
Leeu-Gamka
Graaff-Reinet
R49
R49
R31
R31
N14
N14
N10
N8
N8
R313
R383
R357
N12
N10
R64
N6
R26
R48
N10
N1
N9
R63
R63
N12
N10
N9
R355
N12

Das Nordkap, die größte und ausgedehnteste Provinz von Südafrika, macht es Besuchern nicht gerade leicht. Es erstreckt sich über ein Drittel der Landmasse Südafrikas – von der einsamen Atlantikküste bis zur Provinzhauptstadt **Kimberley** an der östlichen Grenze zum Freistaat. Die Region ist geprägt von Hitze und Trockenheit, endlosen Weiten und riesigen Entfernungen. Diese Charakteristika haben eine beinahe surreale Anziehungskraft, doch die meisten kommen hierher, um die Wunder der Wüste zu sehen: unglaublich farbenfrohe Blumenteppiche, aus der bloßen Erde gegrabene Diamanten und in den Dünen umherstreifende Wildtiere.

Der **Oranje (oder Gariep-) River**, der vom Hochland Lesothos zum Atlantik fließt und dabei Südafrikas Grenze zu Namibia markiert, ist die eigentliche Besonderheit. Der Fluss trennt die **Kalahari** von der **Großen Karoo**. Beide sind dünn besiedelte Halbwüsten-Ökosysteme und bilden das Binnenland des Nordkaps. Am Oranje liegt auch das abgelegene Zentrum des Nordens, **Upington**, die größte Stadt der Kalahari-Region und das Tor zum wunderbaren **Kgalagadi Transfrontier Park** sowie zum kleineren **Augrabies Falls National Park**.

In **Namaqualand**, im Westen der Provinz, haben die kurzen Regenfälle im Winter eine der prächtigsten Verwandlungen der Natur zur Folge: Im August und September sind weite Teile des Landes mit einem wahren Teppich aus herrlichsten **Wildblumen** überzogen. Ein ähnliches Blütenmeer aus Sukkulenten ist im **|Ai-|Ais/Richtersveld National Park** zu bewundern, einer Bergwüste an einer Schleife des Oranje River, beiderseits der namibischen Grenze, die nur von wenigen Touristen aufgesucht wird.

Trotz dieses eindrucksvollen Naturschauspiels ist die verkehrsreichste Gegend des Nordkaps seine südöstliche Ecke, denn hier verlaufen die beiden Hauptverkehrsadern, **N1** und **N12**, von Johannesburg nach Kapstadt. Da dieses Gebiet aber touristisch nicht viel zu bieten hat, haben wir den Südosten der Provinz nicht ins Buch aufgenommen.

Eine weniger befahrene Reiseroute führt von Johannesburg nach Kapstadt über die **N14** nach Upington, wobei man unterwegs die urige Missionsstation **Kuruman** passiert, und dann weiter nach **Springbok** und über die landschaftlich schöne **N7**. Diese Route ist rund 400 km länger als die N1 oder N12. Die N14 verläuft zwar auf langen Strecken durch leere, einsame Landschaft, passiert aber unterwegs interessantere Sehenswürdigkeiten.

Diese Gegend mit **öffentlichen Verkehrsmitteln** zu bereisen, ist kein reines Vergnügen. Die größeren Städte Kimberley, Springbok und Upington liegen zwar an den Intercape-Busstrecken (mit Anschluss nach Windhoek in Namibia), doch viele Busse fahren nachts, sodass man nichts von der Landschaft sieht. Minibustaxis fahren die meisten Ziele an Werktagen mehrmals täglich an, verkehren aber am Wochenende nur sporadisch oder gar nicht. Zu den Nationalparks verkehren keine Taxis (hier kann man stattdessen eine organisierte Tour buchen). Einzelheiten zu den nützlichsten Routen finden sich im weiteren Text.

Geschichte

Die Geschichte des Nordkaps ist mit den **San**, dem ersten südafrikanischen Volk, eng verknüpft. Sie waren Jäger und Sammler und haben sich in bemerkenswerter Weise an das Leben in der Wüste angepasst. Obwohl die Angehörigen des San-Volkes heute kaum noch auf diese Art leben – nur winzige Inseln in den Wüstenregionen der Kalahari von Namibia und Botsuana existieren noch –, ist ihr Erbe auf zahllosen **Felsmalereien** quer durch die Provinz deutlich sichtbar, wohingegen die uralten San-Legenden und -Ortsnamen heute nicht mehr ganz so verbreitet sind. Die Wanderungen der Afrikaner aus dem Norden und Osten sowie der Europäer aus dem Südwesten vertrieben die San aus ihren Jagdgründen und führten schließlich zu ihrem Untergang. Beide Gruppen von Neuankömmlingen sahen in der Halbwüste der Karoo und der Kalahari zunächst nicht viel mehr als unwirtliche Landstriche.

Doch die Europäer begannen bald, die unterirdischen Reichtümer dieser staubigen Landschaft ungehemmt auszubeuten. Schon 1685, kurz nachdem die Niederländer ihre erste Siedlung am Kap gegründet hatten, führte Governor Simon van der Stel eine Erkundungsexpedition

Diamantenfieber

Diamanten haben ihren Ursprung in Kohlenstoffpartikeln im Erdmantel, die dort solch gigantischem Druck und so extremen Temperaturen ausgesetzt sind, dass sie zu Diamanten kristallisieren. Vor Millionen Jahren brach das geschmolzene Gestein oder Magma im Erdmantel in Form von Vulkanen durch schwache Stellen in der Erdkruste, und hier, in den Schloten der erkalteten Magma – genannt Kimberlit, nach Kimberley – findet man Diamanten. Kimberlit-Gestein in Händen zu halten, ist aber nicht automatisch eine Lizenz zum Gelddrucken – in 100 Tonnen finden sich gerade einmal 20 Karat (4 g) an Diamanten.

Der Begriff „Karat" ist dem Wort für den Samen des Johannisbrotbaums entlehnt (griech. *kerátion*) – die getrockneten Samenkörner wurden früher als Gewichtsmaß verwendet (nicht zu verwechseln mit Karat im Zusammenhang mit Gold, wo es die Reinheit des Edelmetalls angibt). Nach Schätzungen von De Beers werden pro Jahr 50 Millionen diamantene Schmuckstücke gekauft – die Welt hat sich also ziemlich lieb.

nach Namaqualand, um dort nach Kupfer zu schürfen. Andere Europäer, die ihre Spuren früh in der Provinz hinterließen, waren zum einen die **Trekburen** – niederländische Bürger, die ihre Beschäftigung in der Niederländisch-Ostindischen Kompagnie am Kap aufgaben und weit weg von den autoritären Zwängen der Company nach neuem Farmland suchten –, und zum anderen die **Missionare**, die ein Siedlungs- und Kommunikationssystem schufen, das von all den später Kommenden genutzt werden konnte.

Innerhalb nur weniger Jahre nach den ersten **Diamantfunden** in dieser Gegend nahm die Besiedlung des Umlands von Kimberley bis dahin ungekannte Ausmaße an. Und so war die Stadt in puncto Fortschritt in der südlichen Hemisphäre ganz schnell vorn mit dabei: Es gab hier bereits Büchereien, Elektrizitätsversorgung und Straßenbahnen sowie Südafrikas erste städtische „Siedlung" für Afrikaner und Farbige.

Die britischen Behörden am Kap trachteten schnell nach der Annexion der neuen Diamantfelder – sie machten sich damit weder beim Oranje-Freistaat noch beim vorwiegend farbigen Volk der **Griqua** beliebt, die beide dieses ungenau definierte Land für sich beanspruchten. Es war also nicht verwunderlich, dass bei Ausbruch des **Burenkriegs** im Jahre 1899 das reiche und strategisch günstig gelegene Kimberley zu den ersten Städten gehörte, die von den Burenarmeen belagert wurden. Noch heute sind in dem Gebiet viele Mahnmale an den Krieg zu sehen.

Kimberley

Obwohl **Kimberley** Provinzhauptstadt und historisches Zentrum der Gewinnung eines der wertvollsten Rohstoffe der Welt ist, kann man die Stadt weder groß noch glanzvoll nennen. Zur Zeit des „Diamantenrauschs" wuchs sie rasanter als jede andere Stadt auf der Südhalbkugel, und Cecil Rhodes gebot von hier nicht nur über die märchenhaft reiche Diamantindustrie, sondern auch über die britische Kolonialpolitik im südlichen Afrika.

Doch seither hat Kimberley stetig an Status und Glanz verloren. Selbst die allmächtige **De Beers Group** (die den Spitznamen „Großvater" von Kimberley erhielt, weil sie so vielen Menschen direkt und indirekt Arbeit gab) machte ihre Kimberley-Minen 2005 im Rahmen einer Neustrukturierung des Konzerns dicht. Heute lebt die Stadt in banger Erwartung des Tags, an dem der Diamantensegen endgültig versiegt.

Trotzdem besitzt Kimberley dank dieser Vergangenheit eine historische Ausstrahlung wie nur wenige andere Städte in Südafrika. Man kann durchaus ein paar interessante Stunden mit der Besichtigung seiner vielen alten Gebäude zubringen, und natürlich sollte man einen Blick in die Tiefen des **Big Hole** westlich des Zentrums werfen, dieses erstaunlichen, in Handarbeit gegrabenen Abgrunds, der es an Größe fast mit dem zentralen Geschäftsviertel aufnehmen kann.

Dass das Big Hole unter Bodenniveau liegt, erschwert die Orientierung etwas. Eine nützli-

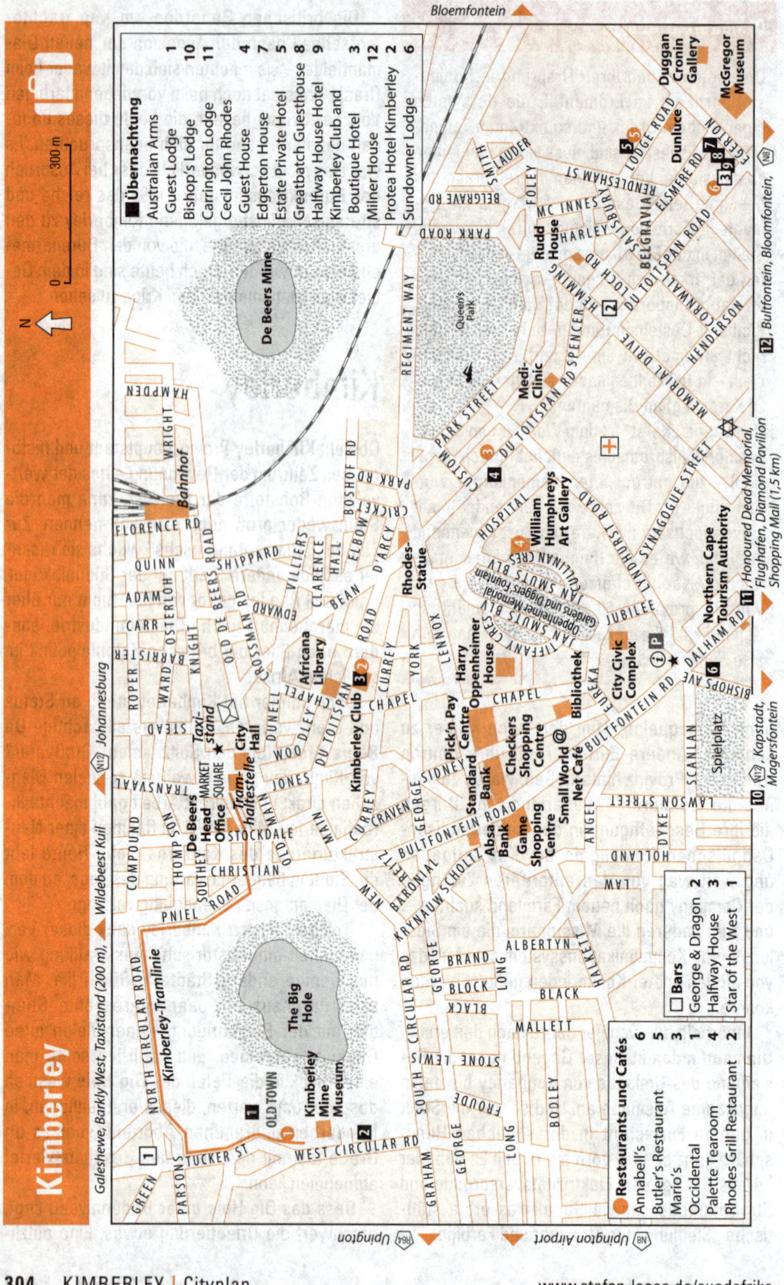
Kimberley
N
0
300 m
Galeshewe, Barkly West, Taxistand (200 m),
Wildebeest Kuil
N12 Johannesburg
Übernachtung
Australian Arms Guest Lodge 1
Bishop's Lodge 10
Carrington Lodge 11
Cecil John Rhodes Guest House 4
Edgerton House 7
Estate Private Hotel 5
Greatbatch Guesthouse 8
Halfway House Hotel 9
Kimberley Club and Boutique Hotel 3
Milner House 12
Protea Hotel Kimberley 2
Sundowner Lodge 6
Restaurants und Cafés
Annabell's 6
Butler's Restaurant 5
Mario's 3
Occidental 1
Palette Tearoom 4
Rhodes Grill Restaurant 2
Bars
George & Dragon 2
Halfway House 3
Star of the West 1
Kimberley-Tramlinie
OLD TOWN
The Big Hole
Kimberley Mine Museum
De Beers Head Office
MARKET SQUARE
Taxi-stand
Tram-haltestelle
City Hall
Africana Library
Kimberley Club
Bahnhof
De Beers Mine
Rhodes-Statue
Queen's Park
Pick'n Pay Centre
Standard Bank
Absa Bank
Game Shopping Centre
Checkers Shopping Centre
Harry Oppenheimer House
Small World Net Café
Bibliothek
City Civic Complex
Oppenheimer Memorial Gardens und Diggers' Fountain
William Humphreys Art Gallery
Medi-Clinic
Rudd House
BELGRAVIA
Dunluce
Duggan Cronin Gallery
McGregor Museum
Northern Cape Tourism Authority
Spielplatz
GREEN
PARSONS
TUCKER ST
NORTH CIRCULAR ROAD
WEST CIRCULAR RD
SOUTH CIRCULAR RD
GRAHAM
GEORGE
FROUDE
STONE
LEWIS
BLACK
BLOCK
BRAND
LONG
BODLEY
MALLETT
ALBERTYN
HALKETT
LAW
HOLLAND
DYKE
LAWSON STREET
SCANLAN
ANGEL
COMPOUND
THOMPSON
SOUTHEY
CHRISTIAN
STOCKDALE
PNIEL ROAD
TRANSVAAL
STEAD
ROPER
WARD
BARRISTER
KNIGHT
CARR
OSTERLOH
ADAM
QUINN
FLORENCE RD
WRIGHT
HAMPDEN
OLD DE BEERS ROAD
CROSSMAN RD
SHIPPARD
EDWARD
VILLIERS
CLARENCE
HALL
BEAN
ELBOW
BOSHOF RD
CRICKET
PARK RD
D'ARCY
ROAD
DUNELL
WOODLEY
CHAPEL
DU TOITSPAN
JONES
MAIN
OLD MAIN
CURREY
CRAVEN
NEW
BARONIAL
REITZ
KRYNAUW SCHOLTZ
BULTFONTEIN ROAD
SIDNEY
YORK
LENNOX
REGIMENT WAY
PARK ROAD
BELGRAVE RD
SMITH
LAUDER
FOLEY
CUSTOM
PARK STREET
HOSPITAL
DU TOITSPAN RD
SPENCER
HEMMING
LOCH RD
HARLEY
MC INNES
SALISBURY
RENDLESHAM ST
LODGE ROAD
ELSMERE RD
EGERTON
DU TOITSPAN ROAD
CORNWALL
HENDERSON
MEMORIAL DRIVE
SYNAGOGUE STREET
LYNDHURST ROAD
JUBILEE
CULLINAN CRES
JAN SMUTS BLV
TIFFANY CRES
EUREKA
BULTFONTEIN RD
DALHAM RD
BISHOPS AVE
R64 Upington
N8 Upington Airport
10, N12, Kapstadt, Magersfontein
11, Honoured Dead Memorial, Flughafen, Diamond Pavilion Shopping Mall (1,5 km)
12, Bultfontein, Bloomfontein, N8
Bloemfontein

che Orientierungshilfe ist der nüchterne Wolkenkratzer **Harry Oppenheimer House** (oft zu HOH abgekürzt) in der Nähe des Visitor Centre. Viele von Kimberleys anderen größeren Sehenswürdigkeiten liegen an oder nahe der **Du Toitspan Road,** die diagonal durchs Zentrum verläuft und im Südosten als eine der Hauptverkehrsadern aus der Stadt herausführt. Das zentrale Geschäftsviertel (CBD) erstreckt sich am nördlichen Ende der Du Toitspan Road, südlich der Lennox Road.

The Big Hole: Das Kimberley Mine Museum

An der Westseite des Kraters an der West Circular Rd ▪ Museum ⌚ tgl. 8–17 Uhr, letzter Einlass 16 Uhr ▪ Eintritt R90 ▪ Tram stdl. 9.15–16.15 Uhr ab City Hall und stdl. 9–16 Uhr ab Big Hole ▪ R10 ▪ ✆ 053-839 4600, 💻 www.thebighole.co.za

Obwohl das **Big Hole** gleich westlich des Stadtzentrums mit seinen 463 m Durchmesser weder

NORDKAP

Eine kurze Geschichte der Diamond Fields

Die Gegend, die heute unter dem Namen **Diamond Fields** bekannt ist, war ursprünglich nur ein karges, von einzelnen *koppies* durchsetztes Farmland, das von frühen Pionieren und den Griquas, einem unabhängigen, gemischtrassigen Volk, bewohnt wurde. Doch 1866 sollte sich die Situation grundlegend und für immer ändern. Ein fünfzehnjähriger Junge fand nämlich am Ufer des Oranje nahe Hopetown etwa 120 km südwestlich von Kimberley einen glänzenden, weißen Kieselstein, der sich als Diamant entpuppte. Die Kunde über diesen Fund fing gerade an, die Runde zu machen, als Schalk van Niekerk, ebenfalls ein Einwohner von Hopetown, einen massiven 83,5-karätigen Diamanten von einem Griqua-Hirten erwarb. Diese ersten beiden Steine wurden unter dem Namen **Eureka** und **The Star of South Africa** berühmt. Letzteren nannte der damalige britische Kolonialminister, nicht ganz zu Unrecht, den „Stein, auf dem der zukünftige Erfolg Südafrikas aufgebaut werden wird". Anfangs zogen die Funde einen hemmungslosen Diamantrausch nach sich. Tausende von Diamantschürfern machten sich auf den mörderischen Weg durch die Karoo, um die Alluvialböden an den Ufern des Oranje und Vaal zu durchsieben, und schon 1873 lebten bereits rund 50 000 Menschen in der Region.

Obwohl im Einzugsbereich beider Flüsse zahlreiche Diamanten gefunden wurden, begannen die **Schürfer** auch das trockene Land zwischen den Flüssen zu durchkämmen. Angefeuert wurden sie von Geschichten, nach denen sogar in den Ziegeln örtlicher Farmhäuser Diamanten zu finden waren. Zwei besonders vielversprechende Fundstätten befanden sich auf einer Farm der beiden Brüder Johannes Nicolas und Diederick Arnoldus de Beer. 1871 verkauften die Brüder ihre Farm, die sie einst für £50 erworben hatten, für stolze £6300. Aus den beiden Fundstätten entwickelten sich rund um das heutige Kimberley nach und nach das **Big Hole** und die **De Beers Mine**. Am fieberhaftesten wurde zunächst im Big Hole gebuddelt und die Barackenstadt **New Rush**, die um das Big Hole entstand, bildete den Ursprung der heutigen Stadt.

Kimberley war zu jener Zeit ein aufregender, rauer Ort ohne Autoritäten und Strukturen, aber mit großartigen Perspektiven für Männer, die Visionen hatten. Zwei sehr unterschiedliche, aber gleichermaßen ehrgeizige Männer kamen schließlich zu besonderer Berühmtheit. **Barney Barnato**, ein großspuriger Cockney, begründete seine Machtbasis in der Kimberley Mine, während **Cecil Rhodes** (S. 307), der Sohn eines Pfarrers und ursprünglich aus gesundheitlichen Gründen zu seinem Bruder nach Südafrika gereist, sukzessive die Kontrolle über die De Beers Mine übernahm. Der Machtkampf zwischen den beiden Männern kulminierte 1888 schließlich in der Gründung der **De Beers Consolidated Mines Limited**. Vorausgegangen war eine Einigung, nach der Rhodes Mine für fünf Millionen Pfund an Barnato verkauft wurde, eine astronomische Summe für diese Zeit. Diese Fusion legte den Grundstein für De Beers Monopol in der Diamantenindustrie Südafrikas.

das einzige noch das größte Loch in Kimberley ist, bleibt es die berühmteste Sehenswürdigkeit der Stadt. 1871, als bereits bekannt war, dass es in der Gegend Diamanten gab, buddelte eine Gruppe von Diamantensuchern, die sogenannte Red Cap Party, am Fuß von **Colesberg Koppie**, einem kleinen Hügel auf der Farm der Gebrüder De Beers. Es heißt, sie hätten einen betrunkenen Koch zur Strafe auf die Hügelkuppe geschickt und ihm aufgetragen, erst wieder herunterzukommen, wenn er einen Diamanten gefunden hätte. Er brachte das Gewünschte tatsächlich vom Hügel herunter, und innerhalb von zwei Jahren wurde die Gegend von mehr als 50 000 Menschen überschwemmt, die den Colesberg Koppie durchwühlten.

In der Boom-Phase wuselten hier Zehntausende von Diamantensuchern gleichzeitig auf ihren je zehn Quadratmeter großen Claims herum. Ein Netz von Seilen und Rohren zog sich kreuz und quer über die Oberfläche, und Tag für Tag gewannen oder verschleuderten Menschen hier ein Vermögen oder verloren gar ihr Leben. Als ein weiterer Abbau im Tagebau unmöglich wurde, trieb man einen Schacht in den Boden, um die Ausbeutung bis in über 800 m Tiefe zu ermöglichen. Doch bis zur unglaublichen Tiefe von 240 m wurde das Loch ausschließlich mit Spitzhacken und Schaufeln ausgeschachtet. Es ist bis heute eine der größten in Handarbeit ausgehobenen Gruben der Welt. Bis De Beers die Mine 1914 stilllegte, wurden hier rund 22,6 Mio. Tonnen Erde an die Oberfläche befördert, die über 13,6 Mio. Karat (2722 kg) an Diamanten enthielten.

Offiziell kann man das Big Hole nur vom Gelände des **Kimberley Mine Museum** aus betrachten. Dorthin kann man entweder laufen oder eine historische, an den Seiten offene Tram von der City Hall nehmen.

Das Museum informiert umfassend über die Quelle von Kimberleys Ruhm. Über dem Big Hole schwebt eine Aussichtsplattform, von der man in die gähnende Tiefe starrt.

Ein Film liefert interessante Hintergrundinformationen, ebenso wie andere Ausstellungsstücke – vom Nachbau eines Minenschachts aus dem 19. Jh. bis zu einem Tresor voll echter Diamanten.

Old Town

West Circular Rd ▪ 🕒 tgl. 8–17 Uhr ▪ Eintritt frei

Außerhalb des Museums befindet sich die Old Town (die auch ohne Eintritt zugänglich ist), eine Ansammlung **historischer Gebäude**, die zum großen Teil noch aus der Zeit von Rhodes und Barnato stammen. Sie wurden aus dem Zentrum hierher versetzt, um sie vor dem Abriss zu retten. Hier gibt es alte Läden, Kirchen, eine Kneipe, Banken und diverse andere Institutionen jener Zeit – eine ziemlich vollständige Ortschaft also. Ausstattungs-, Einrichtungs- und Dekorationsgegenstände sind größtenteils echt antik.

Auf Diamantensuche

🕒 tgl. 8–17 Uhr ▪ R30

Zu den beliebtesten Angeboten in Old Town gehört der Bereich, wo man einen Eimer **Flusssediment** kaufen und auf alten Sortiertischen durchsieben kann, um im Kies versteckte Diamantenimitate zu finden. Die Funde können gegen diverse Preise eingetauscht werden, und im Preis für den Eimer ist auch ein Schuss auf einer nostalgischen Kegelbahn enthalten.

Market Square und Umgebung

Im Herzen des Zentrums liegt der Market Square, der von der weißen **City Hall** (1899) dominiert wird. In der Frühzeit der Diamantenförderung war der Marktplatz das Zentrum des Diamantenhandels. Die geschäftige Atmosphäre setzt sich auch heute noch rund um einen großen Taxistand und eine Ansammlung verlotterter, aber bunter Verkaufsstände fort. Folgt man den Straßenbahnschienen vom Marktplatz einen Block nach Westen, kommt man zur Zentrale von **De Beers** in der 36 Stockdale Street, einem würdevollen, aber nicht weiter auffälligen Altbau, der nicht öffentlich zugänglich ist.

Africana Library

63-65 Du Toitspan Rd ▪ 🕒 Mo–Fr 8–12.45, 13.30–16.30 Uhr ▪ ✆ 053-830 6247, 💻 www.africanlibrary.co.za

Cecil John Rhodes

Cecil Rhodes kam als kränklicher 18-Jähriger auf die Diamantfelder von Kimberley, nachdem seine Familie ihn aus Gesundheitsgründen aus England zu seinem Bruder nach Südafrika geschickt hatte. Schon bald machte er Geld, indem er Claims aufkaufte. Dann ging er nach England zurück, um an der Universität Oxford zu studieren, doch dort verschlechterte sich sein Gesundheitszustand so, dass man ihm nur noch sechs Monate zu leben gab. Er kehrte nach Südafrika zurück, wo es ihm gelang, sowohl seine Gesundheit als auch seine geschäftliche Position zu stabilisieren. Schließlich erwarb er 1881 doch noch seinen Abschluss in Oxford. Zu dieser Zeit hatte er bereits die **De Beers Mining Company** gegründet und war Abgeordneter des Parlaments der Kapkolonie geworden. Innerhalb eines Jahrzehnts brachte Rhodes 90 % der weltweiten Diamantenförderung unter seine Kontrolle und brannte darauf, seine Bergbauaktivitäten und in ihrem Gefolge auch das Britische Reich nordwärts ins übrige Afrika auszudehnen. Im Umgang mit der britischen Obrigkeit und afrikanischen Stammeshäuptlingen setzte er auf Überredungskünste, Einschüchterung, Politpoker und Verschleierungstaktiken, um die Regionen nördlich des Limpopo in den Besitz seiner British South African Company (BSAC) zu bringen. 1895 wurde dieses Gebiet – heute Simbabwe und Sambia – auf den Namen Rhodesien getauft. Im selben Jahr scheiterte eine von Rhodes unterstützte Invasion der Republik Transvaal kläglich. Nach diesem sogenannten Jameson Raid musste Rhodes als Premierminister der Kapkolonie zurücktreten. Das Amt hatte er 1890 im Alter von 37 Jahren angetreten, während die Buren und die Briten allmählich auf den Krieg zuschlitterten. Den ersten Teil des Burenkriegs verbrachte er im belagerten Kimberley, wo er versuchte, die Verteidigung zu organisieren, und sich öffentlich mit dem britischen Kommandanten herumzankte. Ein Jahr nach Kriegsende starb Rhodes, nach wie vor unverheiratet, im Alter von nur 49 Jahren in Muizenberg bei Kapstadt. Er wurde in den Matopo-Bergen in der Nähe von Bulawayo (Simbabwe) beigesetzt.

Die kleine, aber fesselnde Africana Library gegenüber dem Kimberley Club widmet sich historischem Material über Kimberley und das Nordkap. Unter den Exponaten finden sich Berichte früher europäischer Reisender sowie eine Dokumentation mit Fotos zum Zweiten Burenkrieg (1899–1902). Vieles in dem Gebäude von 1887 ist noch im Originalzustand erhalten, und wer freundlich fragt, wird von einem der Bibliothekare herumgeführt.

Das zentrale Geschäftsviertel (CBD)

An der Kreuzung der Du Toitspan Road mit der Lennox Street steht eine Statue von **Cecil Rhodes** hoch zu Ross und eine Afrikakarte studierend. Das zentrale Geschäftsviertel beginnt südlich der Lennox Street, wo die **Oppenheimer Memorial Gardens** mit einer Büste des Bergbaumagnaten Sir Ernest Oppenheimer und der **Diggers' Fountain** aufwarten. Der Brunnen zeigt fünf Bergleute, die ein riesiges Sieb in die Höhe halten, und wird nach Einbruch der Dunkelheit eindrucksvoll illuminiert. Über die Gärten wacht das hoch aufragende **Harry Oppenheimer House** (HOH), das Bürogebäude der De Beers' DTC (Diamond Trading Company; für Besucher nicht zugänglich).

In seinen oberen Stockwerken werden alle in Südafrika geschürften Diamanten des Unternehmens auf Karatgewicht, Farbe, Klarheit und Form begutachtet. Um dafür genügend Tageslicht einfallen zu lassen, wurde das Gebäude nach Süden gebaut, mit speziellen Blendschutz-Fenstern. Die übrigen Fassaden haben keine Fenster, mit Ausnahme kleiner Fensteröffnungen im Treppenhaus.

William Humphreys Art Gallery

Auf der gegenüberliegenden Seite der Memorial Gardens vom HOH, im Civic Centre ▪ ⌚ Mo–Fr 8–16.45, Sa 10–16.45, So und feiertags 14–16.45 Uhr ▪ Eintritt R5 ▪ ✆ 053-831 1724, 💻 www.whag.co.za

Die William Humphreys Art Gallery ist ein Juwel, das man hier nicht erwarten würde, und zählt zu den wenigen erstklassigen Kunstgalerien in Südafrika. Bei ihrer Eröffnung 1952 dominierten noch Europas Alte Meister, doch die Sammlung ist stets mit der Zeit gegangen und umfasst heute einen beeindruckenden wie ausgewogenen Querschnitt südafrikanischer Kunst. Traditionelle und zeitgenössische Werke gehören ebenso dazu wie moderne Skulpturen. Die Galerie war einer der ersten Orte in der Welt, an dem Felsmalereien der San als Kunstwerke und nicht als anthropologische Museumsstücke ausgestellt wurden. Im hinteren Bereich gibt es einen netten Teesalon (S. 311).

Kimberley Club

70-72 Du Toitspan Rd ▪ ✆ 053-832 4224, 💻 www.kimberleyclub.co.za

Der zweigeschossige Kimberley Club etwas südwestlich des Market Square wurde 1881 von den treibenden Kräften der jungen Siedlung nach dem Vorbild der Londoner Gentlemen's Clubs gegründet. Nur sorgte hier die bunte Mischung der tatendurstigen Mitglieder für eine wesentlich schwungvollere und entstaubtere Atmosphäre. Heute befindet sich in dem Gebäude ein schickes Hotel mit vielen originalen Einrichtungsgegenständen wie den Ledersesseln in der Raucherlounge, Marmor im Vorzimmer und reichlich kostbaren Antiquitäten. Besucher können sich umsehen oder im Restaurant speisen (S. 311), um einiges freundlicher fällt der Empfang jedoch aus, wenn man sich an der Rezeption anmeldet und der Kleiderordnung des Clubs Folge leistet, also keine T-Shirts oder Shorts im Restaurant und in der Bar trägt.

Belgravia

Du Toitspan Rd

Im vornehmen **Wohngebiet** Belgravia rund 1 km südöstlich vom CBD residierte während der Boomjahre die Mehrzahl der wohlhabenderen Familien von Kimberley. Das Zentrum des Viertels liegt um die Kreuzung von Du Toitspan und Egerton Road, wo sich auch das historische **Halfway House Pub** (S. 311) befindet. Ihren Namen verdankt die Kneipe der Tatsache, dass sie auf halbem Weg zwischen den Minen von De Beers und Bultfontein lag. Zu Berühmtheit gelangte sie als Drive-in-Kneipe. Diese Tradition, die als „Ride-in-Pub" begann, geht angeblich auf Cecil Rhodes zurück, der sich gern ein Gläschen im Sattel genehmigte. Und bis heute kann man vorfahren und die Hupe betätigen, um den Barkeeper auf sich aufmerksam zu machen.

McGregor Museum

Atlas Rd ▪ 🕒 Mo–Sa 9–17, So 14–17 Uhr ▪ Eintritt R20 ▪ ✆ 053-839 2717, 💻 www.museumsnc.co.za

Das famose McGregor Museum ist nach einem frühen Bürgermeister von Kimberley getauft und in einem prachtvollen viktorianischen Herrenhaus untergebracht. Sein Highlight ist die weitgespannte und kreativ gestaltete Ausstellung „Ancestors Display". Sie zeichnet anhand archäologischer Funde ein faszinierendes und – in Südafrika immer noch ungewöhnlich – ausgewogenes Bild von den vielfältigen Wurzeln der heutigen Bewohner des Nordkaps, bis hin zu den Spuren der frühesten Hominiden vor Millionen von Jahren. Es gibt auch eine eindrucksvolle Abteilung über die Belagerung von Kimberley. Cecil Rhodes hielt sich während der Belagerung in den beiden, im Stil jener Zeit möblierten Räumen im Erdgeschoss auf.

Duggan-Cronin Gallery

Egerton Rd ▪ 🕒 Mo–Fr 9–17 Uhr ▪ Spende ▪ ✆ 053-839 2700

Die Duggan-Cronin Gallery, ein Fotomuseum in Nachbarschaft zum McGregor Museum, zeigt über 8000 wunderbar natürliche Aufnahmen, die das Leben der indigenen Bevölkerung Südafrikas zwischen den beiden Weltkriegen porträtieren. Die meisten Fotos entstanden zwischen 1904–53 und wurden von Alfred Duggan-Cronin aufgenommen, der als Nachtwächter bei De Beers angestellt war.

Häuser an der Lodge Road

Lodge Rd ▪ Führungen zum Rudd House und Dunluce über das McGregor Museum organisieren ▪ R25 für jedes Haus

Ein Trio elegant restaurierter Wohnhäuser an der Lodge Road in Belgravia lässt die Atmo-

Touren in und um Kimberley

Mit den spannenden Touren in aktive unterirdische Diamantenminen ist es seit Stilllegung der De-Beers-Minen leider vorbei, aber Kimberley hat immer noch verschiedene informative und unterhaltsame Touren zu bieten. Das Diamantveld Visitor Centre (S. 312) hält eine Liste offiziell zugelassener Führer bereit. Ein empfehlenswerter Tourveranstalter ist beispielsweise **Diamond Tours Unlimited**, ✆ 084-645 7754, 💻 www.diamondtours.co.za.

Gespenstertouren

Wer mutig genug ist, sich die Schauergeschichten von ruhelosen Geistern anzuhören, oder sich bloß gern mal nach Feierabend in einigen von Kimberleys interessanteren Bauten umsehen möchte, kann an einer **Ghost Tour** (R80) durch die Stadt teilnehmen, die zu Schauplätzen unheimlicher Begegnungen führt, etwa zur Africana Library, den Regimental Headquarters und der Spukvilla Rudd House in Belgravia. Die Touren starten um 18 Uhr am Honoured Dead Memorial und dauern drei bis vier Stunden; zu buchen über Diamond Tours Unlimited (s. o.).

Township-Touren

Kimberley richtete als erste Ansiedlung in Südafrika spezielle Quartiere am Stadtrand ein, um die schwarzen und farbigen Minenarbeiter unterzubringen. Eine Führung durch **Galeshewe** (nach einem aufständischen Stammeshäuptling des 19. Jhs. benannt) gibt Einblick in das Leben einer typischen modernen südafrikanischen Township mit ihrem Mix aus Wellblechhütten, einfachen Sozialwohnungshäusern und den schickeren Behausungen einiger zu Wohlstand gelangter Anwohner. Dabei werden auch ein paar alternative historische Sehenswürdigkeiten angesteuert – darunter das Grab von Sol Plaatje (S. 586) und das Haus, in dem Robert Sobukwe (S. 376), der Gründer des Pan Africanist Congress, nach seiner Entlassung von Robben Island 1969 unter Hausarrest lebte. Die meisten Touren besuchen zum Abschluss das Gebäude der **Northern Cape Provincial Legislature** aus der Post-Apartheids-Ära – ein außergewöhnliches Bauwerk, das Elemente der traditionellen afrikanischen Baukunst mit geometrischen, silbrigen Baukörpern kombiniert. Die Führungen können im Diamantveld Visitor Centre (s. o.) gebucht werden.

sphäre des alten Kimberley aufleben und gibt einen Eindruck vom Reichtum, den die Stadt einst anzog: **Rudd House**, Hausnummer 5, war die Villa des Bergbaumagnaten und Rhodes-Geschäftspartners Charles Dunnell Rudd. Hausnummer 7, ein **Anwesen** aus der edwardianischen Ära, war das Geburtshaus von Harry Oppenheimer und die letzte Residenz der Familie in Kimberley, bevor sie 1915 nach Johannesburg umzog; inzwischen ist hier das Estate Private Hotel (S. 310) eingezogen. **Dunluce**, Hausnummer 10, ist ein eleganter spätviktorianischer Bau und diente früher einem der Bürgermeister Kimberleys als Residenz.

ÜBERNACHTUNG

Die Mehrzahl der Hotels, Gästehäuser und B&Bs befindet sich in den südlichen Vororten, meist 1 oder 2 km von der Innenstadt entfernt. Die reizendsten – in historischen Häusern – liegen im und um den teuren Vorort Belgravia.

Hotels und Gästehäuser

Australian Arms Guest Lodge, beim Kimberley Mine Museum und Big Hole, Eingang an der Tucker St, ✆ 053-832 1526, 💻 www.australianarms.co.za. Perfekte Lage für einen Besuch des Museums und des Big Hole. Es gibt 13 im Stil einer alten Bergbaupension und mit Antiquitäten eingerichtete Zimmer. Im stilvollen Speisesaal werden Mahlzeiten serviert, während der Pub mit einem langen hölzernen Tresen und originaler Einrichtung aufwartet. R880

Bishop's Lodge, 9 Bishops Ave, ✆ 053-831 7876, 💻 www.bishopslodge.co.za. Ruhiges, modernes Haus mit makellosen DZ, preiswerten

Apartments und einer rollstuhlgerechten Suite unweit der Touristeninformation. Pool, aber keine Mahlzeiten außer Frühstück. DZ R725, Apartments R895

Carrington Lodge, 60 Carrington Rd, Ecke Oliver Rd, ✆ 053-831 6448, 🖳 www.carringtonlodge.co.za. Freundliches und beliebtes Gästehaus am Rand von Belgravia mit 16 Zimmern, umlaufender Veranda im Kolonialstil, Pool und einem gepflegtem Garten samt Grillplatz. Stilvolle Einrichtung mit AC und rollstuhlgerechter Zugang über Rampen. R1040

Cecil John Rhodes Guest House, 138 Du Toitspan Rd, ✆ 053-830 2500, 🖳 www.ceciljohnrhodes.co.za. Das zentralste der historischen Gästehäuser, Baujahr 1895, mit 7 luftigen, stilvoll eingerichteten Zimmern und allen Annehmlichkeiten sowie einem schattigen Gartenlokal zur Straße. Abendessen auf Wunsch. R760

Edgerton House, 5 Egerton Rd, ✆ 053-831 1150, 🖳 www.kimberley.co.za/city/edgerton-house/. Prunkvolles Gästehaus mit Kristalllüstern und vergoldeten Badezimmerarmaturen in Belgravia. 13 elegante Gästezimmer, Pool, Teegarten. R950

Estate Private Hotel, 7 Lodge Rd, ✆ 053-832 2668, 🖳 www.theestate.co.za. 5 hübsche, rollstuhlgerechte Zimmer mit allem modernen Komfort in der prachtvollen einstigen Behausung der Familie Oppenheimer in Belgravia, die tagsüber zur Besichtigung geöffnet ist (S. 308). Zum Anwesen gehören ein Pool, ein schattiger Teegarten und ein Restaurant. In der dazugehörigen Hotelschule werden Kochkurse angeboten. Gemessen am Standard und der Qualität wird viel fürs Geld geboten. R850

Greatbatch Guesthouse, 3 Egerton Rd, ✆ 053-832 1113, 🖳 www.greatbatchguesthouse.co.za. Elegantes Guesthouse und Backpacker-Unterkunft in Laufentfernung zum Zentrum. Es befindet sich im ehemaligen Wohnhaus des Architekten, der Dunluce (S. 309) und die anderen bedeutenden Bauten Kimberleys erschuf. Im Haupthaus gibt es hübsche, antik möblierte Zimmer. Der Gemeinschaftsschlafraum ist etwas beengt, dafür sorgen die alten Stockbetten der Minenarbeiter für ein Mehr an Atmosphäre. Dorm R180, DZ R600

Halfway House Hotel, Du Toitspan Rd, Ecke Egerton Rd, ✆ 053-831 6324, halfwayhousehotel.co.za. 7 große, luftige Zimmer mit Bad um den gepflasterten Biergarten hinter der historischen Kneipe – praktisch, wenn man es nach einem abendlichen Umtrunk nicht mehr weit ins Bett haben möchte, allerdings geht es an manchen Abenden recht laut zu. R595

Kimberley Club and Boutique Hotel, 70-72 Du Toitspan Rd, ✆ 053-832 4224, 🖳 www.kimberleyclub.co.za. Dieses restaurierte Wahrzeichen der Stadt bietet 21 geräumige Gästezimmer, teilweise mit Balkon und Bäder mit freistehenden Badewannen. Das Beste daran: Übernachtungsgäste haben Zugang zur Mitgliederbar. Für Wochentage reservieren. R1170

Milner House, 31 Milner St, ✆ 053-831 6405, 🖳 www.milnerhouse.co.za. Ebenfalls ein Guest House in Belgravia, etwas bescheidener und nüchterner als die anderen, mit 6 komfortablen, in Weiß gehaltenen Zimmern und Pool in einem schattigen Garten. R740

Protea Hotel Kimberley, West Circular Rd, ✆ 053-802 8200, 🖳 www.proteahotels.com. Am Rand des Big Hole gelegen, bietet das Protea einen ausgezeichnetern Standard und ist hinter nostalgisch gestaltetem Ambiente – unter anderem Ziegelmauern und ein Pool in Form eines Viehtrogs – mit allen modernen Annehmlichkeiten ausgestattet. R935

Sundowner Lodge, 1 Bishops Ave, ✆ 053-831 1145, 🖳 www.sundownerlodgekby.co.za. Der freundliche Familienbetrieb in Rufweite der Touristeninformation verströmt dezentes Kolonialflair und vermietet 14 große Zimmer in Reihenchalets in einer friedvollen, schattigen Gartenanlage. R550

ESSEN UND UNTERHALTUNG

Kimberley bietet kaum Nachtleben, sieht man einmal von ein paar historischen Pubs ab (nachts sollte man ein Taxi nehmen), die zu einem atmosphärischen Drink am Abend einladen. Der Flamingo Casino-Komplex gleich außerhalb der Stadt an der Phakamile Mabije Rd (die N12 Richtung Johannesburg), ✆ 053-830 2600, 🖳 www.suninternational.com, hat bis in die frühen Morgenstunden geöffnet.

Restaurants und Cafés

Annabell's, Du Toitspan Rd, neben dem Halfway House, ✆ 053-831 6324. Ähnliches Angebot an Kneipenkost wie das benachbarte Halfway House, die Pizzas und Pastagerichte (ca. R59) werden aber in eleganterer Atmosphäre in Separees mit gepolsterten Ledersofas serviert. Die angenehme Skybar auf dem Dach ist ein super Platz zum Sundowner. ⌚ Restaurant Mo–Sa 18–22 Uhr, Skybar Di–Sa 18–22 Uhr.

Butler's Restaurant, Estate Private Hotel, 7 Lodge Rd, ✆ 053-832 2668, 💻 www.theestate.co.za. Das beste und eleganteste Restaurant der Stadt mit einem stilvollen Speisesaal, Tischdecken aus gestärkten Leinen, Silberbesteck und China-Porzellan. Die Speisekarte listet modern interpretierte südafrikanische Gerichte wie Springbock-Medaillons oder Afrikanischen Aal. Teuer (Hauptgerichte ab R110), aber empfehlenswert. ⌚ tgl. 18.30–22 Uhr.

Mario's, 159 Du Toitspan Rd, ✆ 053-831 1738, 💻 www.facebook.com/marioskimberley. Dieses helle und lockere italienische Restaurant ist zu Recht eins der beliebtesten Lokale der Stadt, mit freundlichem Personal, umfangreicher Speisekarte von leichten Mittagsgerichten und Pizza bis zu opulenteren Kreationen (Hauptgerichte R55–135) und gut sortierter, jedoch nicht ganz billiger Weinkarte. ⌚ Mo–Fr 12–15 und 18 Uhr bis spät, Sa 18 Uhr bis spät.

Occidental, am Kimberley Mine Museum und Big Hole, Eingang an der Tucker St, ✆ 053-830 4418. Im Unterschied zu den anderen Museumsgebäuden der Old Town ist dies ein „echtes" Bar-Restaurant mit guter, wenn auch kurzer Speisekarte (ausgezeichnete Karoo-Lammkoteletts; Hauptgerichte um R70). ⌚ Mo–Fr 9–19, Sa 9–18, So 9–17 Uhr.

Palette Tearoom, William Humphreys Art Gallery, Civic Centre. Kleiner, bescheidener Teesalon, in dem es Fruchtshakes, Tees und frische Salate gibt – eine erfrischende Abwechslung zur fleischlastigen Kost andernorts. ⌚ tgl. 10–16 Uhr.

Rhodes Grill Restaurant, Kimberley Club, 70-72 Du Toitspan Rd, ✆ 053-832 4224. Eines der besten Restaurants der Stadt mit einer Mischung aus lokaler und internationaler Küche – von Springbock-Steak bis zu Thai-Curry, und das zu erstaunlich gemäßigten Preisen (R70–140). Dazu gibt's eine umfangreiche Weinkarte. Das Vitello Café in der Vorhalle des Clubs ist ein etwas zwangloserer Ort für kleine Mahlzeiten. ⌚ Restaurant tgl. 7–10, 12–14.30, 18–21.30 Uhr, Café tgl. 11–18 Uhr.

Bars

George & Dragon, 187 Du Toitspan Rd, ✆ 053-833 2075. Beliebter Pub und Sportsbar. Die Qualität des Essens – von Steak bis *bobotie* – ist schwankend, aber die Portionen sind großzügig und die Preise zivil (Hauptgerichte um R70). Große Auswahl an Fassbieren. ⌚ tgl. 11 Uhr bis spät.

Halfway House, Ecke Du Toitspan und Egerton Rd, ✆ 053-831 6324, 💻 www.halfwayhousehotel.co.za. Cecil Rhodes' ehemaliger Stärkungsstopp, liebevoll „the Half" genannt, ist mit seiner zwanglosen Atmosphäre immer noch sehr beliebt. Mit gepflastertem Biergarten, 2 Billardtischen, Sofas, kostenlosem WLAN und guter traditioneller englischer Kneipenkost zu fairen Preisen (Hauptgerichte ab R48). ⌚ Mo–Sa 11–2 Uhr.

Star of the West, West Circular Rd, Ecke North Circular Rd, ✆ 053-832 6463. Der älteste Pub von Kimberley (1873) hält sich hartnäckig als Stammlokal der Einheimischen; ein paar lokale Originale klammern sich hier immer an die Theke. Daneben macht der Laden aber auch ein gutes Geschäft mit Touristen, die auf ein Bier oder ein anständiges, billiges Kneipenessen im Biergarten vorbeischauen. Am Fr und Sa Abend meistens Livemusik. ⌚ tgl. 10 Uhr bis spät.

SONSTIGES

Apotheken

Piet Muller Pharmacy, 52 Market Square, ✆ 053-831 1787. ⌚ Mo–Fr 8–20.30, Sa 8–13, 17.30–20.30, So 10–12.30, 17.30–20.30 Uhr.

Medpark, 143 Du Toitspan Rd, ✆ 053-831 1737. ⌚ Mo–Fr 8–18, Sa 8–13 Uhr.

Autovermietungen

Alle großen Autovermietungen sind am Flughafen vertreten:

Avis, ✆ 053-851 1082;
Budget, ✆ 053-851 1182;
Hertz, ✆ 053-830 2200;
Tempest, ✆ 053-851 1516.

Geld

Absa, Bultfontein Rd, Ecke Long St.
Standard, gegenüber von Absa in der Bultfontein Rd.

Informationen

NORDKAP

Im **Diamantveld Visitor Centre**, 121 Bultfontein Rd, ✆ 053-832 7298, 🖳 www.solplaatje.org.za, bekommt man Stadtpläne, Listen mit Unterkünften, Informationen über Touren in Kimberley und Umgebung (S. 313) und Karten für Stadtrundgänge in Eigenregie wie den Belgravia Historical Walk und den Great Kimberley North Walk. ⌚ Mo–Fr 8–17, Sa 8–12 Uhr.

Northern Cape Tourism Authority, 15 Dalham Rd, einige Hundert Meter südöstlich, ✆ 053-833 1434, 🖳 http://experiencenortherncape.org.za, hat weitergehende Informationen über die Provinz, vor allem über ihre Wildparks und -reservate. ⌚ Mo–Fr 7.30–16 Uhr.

Internet

Small World Net Café, 42 Sidney St, ✆ 053-831 3484. ⌚ Mo–Fr 8–18, Sa 9–14 Uhr.

Medizinische Hilfe

Das beste Krankenhaus für Besucher ist die rund um die Uhr geöffnete **Medi-Clinic**, 177 Du Toitspan Rd, ✆ 053-838 1111, Notfälle ✆ 0800 053 053, 🖳 www.mediclinic.co.za.

Post

Das **Postamt** befindet sich auf der Ostseite des Market Square. ⌚ Mo–Fr 8.30–16.30, Sa 9–12 Uhr.

NAHVERKEHR

Im Zentrum kommt man zu Fuß gut zurecht, nachts sollte man jedoch ein Taxi nehmen. Der zentrale Taxistand befindet sich am Market Square hinter der City Hall. Alternativ kann man bei **AA Taxis**, ✆ 053-861 4015, ein Taxi bestellen.

Zur besseren Orientierung in der Stadt: Häufig stehen die Straßennamen nicht auf Schildern, sondern auf den Bordsteinen.

TRANSPORT

Busse

Die Intercity-Busse halten vor dem **Diamantveld Visitor Centre**. Das ist praktisch, wenn man morgens mit Greyhound- oder Translux-Nachtbussen aus Kapstadt ankommt, aber nicht so sehr, wenn man tagsüber von Kapstadt oder Johannesburg losfährt und nachts hier eintrifft, wenn die Gegend menschenleer ist. Am besten vereinbart man vorher mit dem Hotel einen Abholservice oder lässt sich vom Bus an einem der Hotels an der N12 (Bishops Avenue) gleich südlich des Stadtzentrums absetzen. Alternativ kann man an der Shell Ultra City-Tankstelle 6 km nördlich der Stadt aussteigen – das ist ein viel sichererer Platz, um sich ein Taxi zu bestellen.
Informationen und **Tickets** für die vier wichtigsten Intercity-Busunternehmen (Intercape, Greyhound, SA Roadlink und Translux) gibt es im Tickets 4 Africa-Büro im Diamantveld Visitor Centre, ✆ 053-832 6040, ⌚ Mo–Fr 8–19.30, Sa 8–12.30 Uhr. Die meisten Busse fahren vor dem Visitor Centre ab.
Intercape, Greyhound, Translux und SA Roadlink bieten Verbindungen nach Johannesburg und Kapstadt via Bloemfontein. Intercape und Translux fahren außerdem nach Upington.

Busse nach:
BLOEMFONTEIN (tgl., 2 1/4 Std.);
JOHANNESBURG (tgl., 5 3/4–7 Std.);
KAPSTADT (tgl., 11 1/2 Std.);
UPINGTON (tgl., 5 1/2 Std.).

Minibustaxis

Die Minibustaxis starten von der **Pniel Road** (der nördlichen Verlängerung der Bultfontein Rd), 1,5 km von der Touristeninformation. Wer seine Reise bei Tageslicht absolvieren will, sollte um 6.30 Uhr (im Winter um 7 Uhr) dort sein. Zu den meisten Zielen gibt es auch Abfahrten am frühen Nachmittag, doch dann muss man damit rechnen, erst nachts anzukommen. Samstags verkehren auf allen Strecken weit weniger Fahrzeuge, sonntags mitunter gar keine. Die unten angegebene Häufigkeit gilt für Wochentage. Außer bei Fahrten nach Barkly West (hier wird im Fahrzeug bezahlt) ist der Fahrpreis beim Büro in der Pniel Road neben dem Taxistand für Fernfahrten zu bezahlen.

Minibustaxis nach:
BARKLY WEST (stdl., 1/2 Std.);
KURUMAN (1–2x tgl., 2 1/2 Std.);
UPINGTON (3–4x tgl., 5 Std.).

Eisenbahn

Der **Bahnhof**, ✆ 053-838 2709, 💻 www.shosholozameyl.co.za, liegt unweit der Quinn St am nordöstlichen Stadtrand. Da die Züge stets nach Einbruch der Dunkelheit abfahren oder ankommen, sollte man grundsätzlich ein Taxi vom oder zum Hotel nehmen. Ein Taxistand befindet sich gleich außerhalb vom Bahnhofsgebäude.

Züge nach:
BEAUFORT WEST (4x wöchentl., 7 1/4 Std.);
JOHANNESBURG (4x wöchentl., 8 1/2 Std.);
KAPSTADT (4x wöchentl., 17 1/4 Std.);
KLERKSDORP (4x wöchentl., 4 3/4 Std.);
WORCESTER (4x wöchentl., 14 3/4 Std.).

Flüge

Der **Flughafen** von Kimberley liegt 7 km südlich des Zentrums an der N8 nach Upington, ✆ 053-838 3337, 💻 www.acsa.co.za. Da es keine öffentliche Verkehrsverbindung in die Stadt gibt, muss ein Taxi gerufen werden.
South African Airways, ✆ 053-838 3337, 💻 www.flysaa.com, hat ein Büro im Flughafen und bietet Flüge nach JOHANNESBURG (4–5x tgl., 1 1/4 Std.) und KAPSTADT (2–3x tgl., 1 1/2 Std.).

Die Umgebung von Kimberley

Entlang der R31, die von Kimberley Richtung Nordwesten nach Kuruman führt, gibt es einige interessante Orte, die einen Abstecher lohnen. **Wildebeest Kuil** bietet faszinierende Felsenkunst der San, während in der Gegend um Barkly West in den 1860er-Jahren einige der ersten **Diamantminen** öffneten. Südlich von Kimberley bildete entlang der N12 die belanglose Landschaft von Magersfontein die Kulisse für einen der dramatischsten Vorfälle im **Zweiten Burenkrieg**, während der **Mokala National Park**, eines der neuesten Wildreservate Südafrikas, die Möglichkeit bietet, in der Nähe von Kimberley wilde Tiere in ihrer natürlichen Buschumgebung zu beobachten.

Wildebeest Kuil

Etwa 15 km von Kimberley an der R31 nach Barkly West ▪ 🕒 Di–Fr 8.30–17.30, Sa und So 11–16 Uhr ▪ Eintritt R25 ▪ ✆ 053-833 7069, 💻 www.wildebeestkuil.itgo.com ▪ In Kimberley kann man eines der häufig verkehrenden Minibustaxis nach Barkly West nehmen und den Fahrer bitten, an der ausgeschilderten Abzweigung zu halten. Die Stätte ist gleich in der Nähe.

Wildebeest Kuil ist ein kleiner *koppie* aus Andesitbasalt. Diese wichtige Felskunststätte besticht durch ihre unüblichen Felsbilder, die nicht gemalt, sondern in den Fels graviert sind. Anders als sonst befinden sich die Zeichnungen auch nicht an Felswänden oder Überhängen, sondern auf den überall herumliegenden losen Fels- und Geröllstücken. Eine Reihe von Plankenwegen führt über die Steinbrocken, sodass man die Zeichnungen bewundern kann, ohne etwas zu zerstören. Im Rahmen des südafrikanischen Restitutionsprogramms ist die Stätte an die örtlichen !Xun- und Khwe San-Kommunen zurückgegeben worden, und ausgebildete Fremdenführer (im Eintritt enthalten) führen die Besucher herum. Das Besucherzentrum am Fuß des *koppie* zeigt eine einführende Ausstellung und Videofilme. Außerdem kann man hier Kunsthandwerk der San erwerben.

Magersfontein

32 km südlich von Kimberley an der N80 und weiter über die Schotterstraße nach Modder River ▪ 🕒 tgl. 8–17 Uhr ▪ R30 ▪ Kontakt: McGregor Museum, ✆ 053-839 2722, 💻 www.museumsnc.co.za

Das Schlachtfeld des Zweiten Burenkriegs in Magersfontein ist eine schmerzliche Reminiszenz an die blutgetränkte Vergangenheit der Region. An diesem Ort verschanzten sich die Buren in einem verheerenden Grabenkrieg (Kasten S. 315) gegen die Briten. Wegweiser auf dem Schlachtfeld weisen zum Besucherzentrum und einem kleinen angeschlossenen Museum, das eine bewegende Ausstellung zu den Auseinandersetzungen sowie eine audiovisuelle Rekonstruktion der Schlacht zeigt. Man kann zu verschiedenen Monumenten, die sich am westlichen Ende der Hügellinie befinden, wandern. Auf dem Schlachtfeld selbst – heute eine offene Steppe mit grasenden Springböcken – sieht man Reihen von Schützengräben und andere Stätten, darunter ein Paar Granitkreuze, die die Grabstätte der Skandinavier, die auf Seiten der Buren gekämpft hatten, markieren.

Eine der interessantesten Möglichkeiten, mehr über die Geschichte der Region zu erfahren, sind die Tagestouren von Steve Lunderstedt, ✆ 083-732 3189, oder Frank Higgo, ✆ 082-963 6657, zwei enthusiastischen Militärhistorikern. Ihre Touren (etwa R1300 je Gruppe) vermitteln ein lebendiges Bild der Schlacht und führen zu den Schlachtfeldern, Befestigungsanlagen und Stellungen der Heckenschützen. Bei ihren Führungen bekommt man ein Gefühl für das Terrain und schaut nach alten Patronenhülsen und anderen Beweisen für die Schlacht. Alternativ kann man sich die Broschüre *Kimberley Meander* im Visitor Centre von Kimberley holen. Sie enthält ausführliche Infos für Selbstfahrer.

Mokala National Park

◷ Sep–April tgl. 6–19, Mai–Aug tgl. 7–23 Uhr ▪ Eintritt R138 ▪ ✆ 053-204 0164, 💻 www.sanparks.org

Der 2007 eröffnete Mokala National Park ist die neue Heimat für den Wildbestand des aufgelösten Vaalbos National Park. Dieser hatte an die lokale Bevölkerung zurückgegeben werden müssen, nachdem diese erfolgreich geklagt hatten. „Mokala" ist das Setswana-Wort für den Kameldorn *(Acacia erioloba)*, der hier die hügelige, sandige Landschaft dominiert. Der Park erstreckt sich über eine Fläche 196 km2 in der Übergangszone zwischen dem Biom der Karoo und Kalahari. Entsprechend gibt es eine große Vielfalt an Prärietieren wie Breitmaul- und Spitzmaulnashörner, Kaffernbüffel, Leier-, Elan-, Rappen- und Pferdeantilopen, Giraffen, Zebras sowie Gnus. Es gibt zwar keine Großkatzen oder andere Räuber, aber die Basalt- und Ufervegetation ist der Lebensraum zahlreicher Greifvögel wie Habicht, Kampfadler, Ohren-, Weißrücken und Kapgeier. Nachts, wenn der Himmel über der Kalahari voller Sterne ist, sollte man im Kameldorn nach dem Kap-Uhu Ausschau halten.

Anfahrt zum Park

Der Park liegt etwa 70 km südwestlich von Kimberley und ist mit dem Auto erreichbar. Über die N12 Richtung Kapstadt kommend, gibt es zwei Zugänge. Den ersten erreicht man von Kimberley kommend nach 37 km, wo eine Abzweigung nach weiteren 16 km zum Lilydale Rest Camp führt. Die zweite Abzweigung befindet sich 57 km von Kimberley an der Heuningneskloof-Kreuzung und führt nach 21 km zur zentralen Rezeption und Mosu Lodge. Sowohl Lilydale als auch Mosu sind jeweils 6 km von den Parktoren entfernt. Geführte Safaris am Morgen, Abend und in der Nacht können ab R220 in Mosu arrangiert werden. Im Park verbindet eine 26 km lange Schotterpiste Lilydale und Mosu, und es gibt zahlreiche Strecken zur Wildbeobachtung. Ein normales Auto reicht aus, aber nach heftigen Regengüssen benötigt man ein Allradfahrzeug. Die nächste Tankstelle befindet sich 36 km südlich von Kimberley an der N12.

ÜBERNACHTUNG UND ESSEN

Reservierungen für alle Unterkünfte sollten über South African National Parks in Pretoria, ✆ 012-428 9111, 💻 www.sanparks.org, getätigt werden. Für kurzfristige Buchungen (unter 48 Std.) und für Zeltaufenthalte kann man direkt mit der Parkverwaltung Kontakt aufnehmen, ✆ 053-204 0164. Alle Camps sind auch rollstuhlgerecht. Es gibt keine Geschäfte, aber die Mosu Lodge verfügt über ein Restaurant, ◷ tgl. 8–10, 12–14, 18–21 Uhr.

Lilydale Rest Camp, die rustikalere Option im Park mit 9 Chalets für Selbstversorger in einer malerischen Umgebung am Riet River im Norden des Parks. Die Anlage ist besonders für Vogelliebhaber interessant. Es gibt einen Pool und auf Vorbestellung auch Frühstück. R600

Mosu Lodge, komfortabel, schick und gut durchdacht, besteht das Hauptcamp von Mokala aus 16 strohgedeckten Bungalows, einige davon mit eigener Küche. Zu der Ausstattung gehören ein Pool, Fernsehraum, Restaurant und eine Bar. R855

Motswedi Camp Site, rund 10 km von Mosu im Süden des Parks gelegen, bietet Motswedi 6 attraktive Campingplätze, die in einem Halbkreis um eine Wasserstelle angeordnet sind. Jeder von ihnen verfügt über eigene Waschräume und Kochmöglichkeiten. Essen kann man auch im Restaurant von Mosu, aber das Abendessen muss vorbestellt werden. R310

Die Kalahari

Das Nordkap kann sich über einen Mangel an trockenen, endlosen Weiten wahrlich nicht beklagen, doch die größten Emotionen löst mit Abstand die Kalahari aus. Schon der Name beschwört unwirtliche, sonnengebleichte Landschaft und das riesige, unbekannte Innere Afrikas herauf, abweisend und doch magisch anziehend.

Der Name stammt von dem Wort *kgalagadi* (durstiges Land) ab und bezeichnet die Halbwüste, die sich vom Oranje-Fluss nördlich bis zum Okavango Delta im Norden Botsuanas, in westlicher Richtung bis nach Namibia und ostwärts bis zum Beginn des *bushvelds* erstreckt, das in den Einzugsgebieten der Flüsse Vaal und Limpopo dominiert.

Die Schlacht um Kimberley

Nach Ausbruch des **Zweiten Burenkrieges** identifizierten die Streitkräfte der Buren das an Diamanten reiche Kimberley als strategisch besonders wichtigen Stützpunkt und belagerten die Stadt, deren Einwohner, darunter Cecil Rhodes, eingeschlossen wurden. Im Gegenzug stellten die Briten unter **Lord Methuen** eine Armee auf, die Kimberley befreien sollte. Die Größe ihres Heeres und mangelnde Kenntnis über die Beschaffenheit des Territoriums zwang die Briten, über die Küste entlang der Eisenbahnlinie vorzurücken. Auf diese Weise konnten auch der Nachschub und die Versorgung mit Nahrungsmitteln, Wasser und Ausrüstung sichergestellt werden.

In Belmont traf Methuen erstmals auf die Buren; weitere Gefechte gab es bei Graspan und am Modder River, von wo aus die Buren einen taktischen Rückzug nach Magersfontein, einer Hügelkette 30 km südlich von Kimberley, einleiteten. Unter dem Kommando von General Cronjé und der taktischen Führung von **Koos de la Rey** beschlossen die Buren, am Fuß des *koppie* Schützengräben auszuheben, anstatt sich von den Hügeln aus zu verteidigen, wie es sonst ihre Taktik war.

In den frühen Morgenstunden des 11. Dezember 1899 rückten die Briten auf Magersfontein vor, in Erwartung, dass die Buren sich von den Hügelkämmen aus verteidigen würden. Die britischen Truppen wurden vom **Highland Regiment**, einer Eliteeinheit, die gerade von Kämpfen in Nordafrika und Indien zurückgekehrt war, angeführt. Kurz vor Morgengrauen, als sich das britische Heer gerade in Angriffsformation aufgestellt hatte, eröffneten 4000 burische Soldaten aus wenigen hundert Metern Entfernung das Feuer. Schützengräbern waren zu jener Zeit eher unbekannt, und so führte dieses Moment der Überraschung zu verheerenden Verlusten unter den Briten. Wer nicht getötet oder verwundet wurde, starb im Laufe des Tages im Kugelhagel der Heckenschützen. Eine Flucht war in dem weiten Buschland unter der sengenden Sonne unmöglich. Am nächsten Tag konnten sich die Überlebenden zum Modder River zurückziehen. Die Befreiung von Kimberley verzögerte sich dadurch um zwei Monate. Dieses Debakel war eine von drei großen Niederlagen der Briten, die unter dem Namen „Black Week" bekannt wurden. Die Nachrichten über die Niederlagen gingen wie eine Schockwelle durch die britische Öffentlichkeit, die eigentlich erwartet hatte, dass ihre Truppen die „verrückten Farmer" noch vor Weihnachten überrennen würden.

NORDKAP

Touren in die Kalahari

Um die riesigen Entfernungen der Kalahari-Region nicht selbst zurücklegen zu müssen – und um vom Spezialwissen über die heimische Flora, Fauna, die Landschaften und das Klima zu profitieren –, ist die Teilnahme an einer geführten Tour eine Überlegung wert. Die meisten Touren besuchen unter anderem die Augrabies Falls und den Kgalagadi Transfrontier Park; bei manchen lässt sich die Route auch individuell vereinbaren.

Die Preise beginnen bei R4000–5000 p. P. für eine dreitägige Campingtour und hängen von der Anzahl der Teilnehmer und den gebuchten Leistungen ab. Es folgt eine Liste zuverlässiger, kundiger und gut organisierter Tourveranstalter, die eine Auswahl verschiedener Kalahari-Touren anbieten und auch Ausflüge zum |Ai-|Ais/Richtersveld National Park organisieren (S. 339):

Diamond Tours Unlimited, Kimberley, 084-645 7754, www.diamondtours.co.za.
Kalahari Outventures, Augrabies Village, 054-453 0001, www.kalahari-adventures.co.za.
Kalahari Safaris, Upington, 054-332 5653, www.kalaharisafaris.co.za.
Kalahari Tours and Travel, Upington, 054-338 0375, www.kalahari-tours.co.za.

Im Nordkap ist die Kalahari von erstaunlich hohen, spärlich bewachsenen roten oder orangefarbenen Sanddünen geprägt, durchzogen von ausgetrockneten Flussbetten und riesigen, schimmernden Salzpfannen. Obwohl es sich genau genommen nur um eine Halbwüste handelt, sind die Sommertage glühend heiß und die Winternächte eisig kalt. Nördlich des Oranje, Südafrikas längstem Fluss, wird das Land sowohl von zähen, hart arbeitenden Farmern als auch von Gemeinschaften, die größtenteils von den einheimischen Jägern und Sammlern der San und den nomadischen Khoi-Schafhirten abstammen, bewohnt. Vielen Landnutzern hier wird mehr und mehr klar, dass **Öko-Tourismus** wahrscheinlich die einzige Alternative in weiten Gebieten ist, wo Viehzucht und Jagd kaum noch das Überleben sichern.

Upington, die größte Stadt der Gegend, liegt am Nordufer des Oranje im Herzen eines bewässerten Landstreifens, in dem intensiver Weizen-, Baumwoll- und vor allem Weintraubenanbau betrieben wird. Am äußersten Rand des Farmgürtels, etwa eine Stunde weiter östlich, nimmt der Oranje an Geschwindigkeit zu und stürzt bei den **Augrabies Falls** schäumend in eine riesige Granitschlucht – ein kraftvolles Spektakel, das der Mittelpunkt eines größer werdenden Nationalparks ist.

Der **Kgalagadi-Gemsbok Transfrontier Park** ist das absolute Highlight in dieser Region. Er ist ein ausgedehntes Wüsten-Schutzgebiet, das mit seinem Reichtum an Wild und einer fantastischen Landschaft mit roten Dünen und robuster Vegetation die weite Anfahrt auf jeden Fall lohnt.

Upington

Als unvermeidbare Durchgangsstation auf Fahrten in den Kgalagadi und Augrabies sowie von und nach Namaqualand und Namibia stellt Upington, gut 400 km westlich von Kimberley, einen günstigen Zwischenstopp dar, um die Vorräte aufzufüllen, eine Tour durch die Parks zu organisieren und die nächste Unterkunft zu buchen.

Am Ufer des Oranje, auch Gariep River genannt, gelegen, ist Upington ein freundlicher Ort mit viel Grün als Kontrast zur ausgedörrten Landschaft ringsum – ein Resultat der Bewässerung der umliegenden Weingärten –, obwohl die hohen Sommertemperaturen nicht gerade zum längeren Verweilen einladen. Das Zentrum von Upington ist kompakt und man findet sich leicht zurecht – das meiste spielt sich auf den drei parallel zum Fluss verlaufenden Hauptstraßen ab.

Kalahari Oranje Museum

4 Schröder St ▪ Mo–Fr 9–12.30, 14–17, Sa 9–12 Uhr ▪ Eintritt frei ▪ 054-332 6064

Das **Kalahari Oranje Museum** befindet sich in einer 1875 von Reverend Schröder erbauten Kirche und Missionstation. Upington selbst wurde neun Jahre nach Beginn von Schröders Missionsarbeit im Jahr 1884 gegründet. Die Exponate und

Fotos geben einen guten Einblick in das entbehrungsreiche Leben der ersten Siedler, die sich in der überwiegend unwirtlichen Region dieser Halbwüste, die den Großteil von Nordkap ausmacht, niedergelassen haben. Draußen steht die lebensgroße Statue eines Esels, die eine Mühle antreibt. Sie ist ein Symbol für den Beitrag von Eseln für die Bewässerung des unteren Orange River Valley in den 1920–30er-Jahren.

Am Oranje River

Bootsfahrt mit Sakkie se Arkie Sep–April tgl. 18 Uhr, im Winter nach Vereinbarung, sofern der Flusspegel ausreichend hoch ist ▪ R80 ▪ ✆ 082-564 5447 oder 575 7285, 💻 www.arkie.co.za

Das größte Highlight von Upington ist der **Oranje River**, doch nur wer in einem der Gästehäuser am Fluss (s. u.) absteigt, kann ihn von der Unterkunft aus sehen. Einen hübschen Blick auf den Oranje mit seinen Schwänen hat man von der Terrasse hinter dem O'Hagan's Irish Pub an der Schröder Street (S. 319). Noch empfehlenswerter ist es, eine zweistündige **Flussfahrt** bei Sonnenuntergang mit Sakkie se Arkie auf seiner ausgefallenen Barkasse mit zwei Decks zu unternehmen: Abfahrt vom Ufer am Ostende der Park Street.

Die Weingüter

Upingtons Weingüter produzieren hauptsächlich Tafeltrauben, Rosinen und Sultaninen (ein wichtiges Exportgut), aber auch Wein. Weinverkostungen bieten die **Oranje River Cellars**, 3 km westlich des Zentrums, ab Industria Street, ✆ 054-337 8800, 💻 www.orangeriverwines.com, 🕒 Mo–Fr 8–17, Sa 9–12 Uhr. Ihre Weine werden aber auch im Restaurant Le Must (S. 319) und im Kalahari Dried Fruit & Coffee Shop neben dem Kalahari Oranje Museum auf der Schröder Street, ✆ 054-331 2430, ausgeschenkt und verkauft, 🕒 Mo–Fr 8–17, Sa 8–13 Uhr. Letzterer vertreibt auch andere Produkte aus der Region, darunter getrocknetes Obst und eingelegtes Gemüse.

ÜBERNACHTUNG

Die meisten Unterkünfte konzentrieren sich entlang des Flusses, wo zahlreiche Guesthouses zur Auswahl stehen – besonders zu empfehlen sind die in der Budler St und Murray Ave. Reservierungen sind das ganze Jahr über sinnvoll, um sicherzugehen, dass jemand da ist, wenn man ankommt.

Affinity Lodge, 4 Budler St, ✆ 054-331 2101, 💻 www.affinityguesthouse.co.za. Das größte Gästehaus am Fluss bietet ordentliche Zimmer mit Bad in einem nüchternen 2-stöckigen Gebäude. Alle Zimmer mit DSTV und AC, viele mit Zugang auf einen Gemeinschaftsbalkon mit Blick auf den Fluss, außerdem kleiner Pool und Grillstelle. R750

Bains House, 80 Schröder St, ✆ 054-332 1333, 💻 www.bainshouse.com. Benannt nach der Bains-Familie, die im 19. Jh. viele der wichtigen Passstraßen in Südafrika gebaut hat, bietet das schicke Gästehaus 6 stilvolle Zimmer, eine gemütliche Lounge und Bar mit Feuerstelle, eine Veranda und einen hübschen Garten mit Pool. R680

Classic Court, 26 Josling St, ✆ 054-332 6142, 💻 www.classiccourt.co.za. Das bewährte B&B bietet hübsch eingerichtete, preiswerte Zimmer mit Bad, separate Eingänge und WLAN. Kein Flussblick, dafür aber ein kleiner Pool und günstig gelegen in der Nähe der Geschäfte und Restaurants in der neuen Kalahari Mall. R600

Le Must River Manor, 12 Murray Ave, und **Le Must River Residence**, 14 Budler St, ✆ 054-332 3971, 💻 www.lemustupington.com. 2 kapholländische Häuser am Flussufer mit 18 eleganten, komfortablen Zimmern und großen Gärten (nobler ist das opulent eingerichtete Residence). Luxus und Kultiviertheit, wie man sie im Nordkap selten findet. R1180

Kalahari Kuierfees

Vom letzten Donnerstag im September bis zum darauffolgenden Samstag wird das Ferienresort **Die Eiland** am gegenüberliegenden Flussufer zum Schauplatz des Kalahari Kuierfees, 💻 www.kalahari-kuierfees.co.za. Dann kommt die hiesige Afrikander-Gemeinde zusammen, um in einer Kombination aus Floh- und Kunsthandwerksmarkt mit vielen Ständen und Sportveranstaltungen, Livemusik und Tanz ihre Kultur, Sprache und Küche zu feiern.

Upington

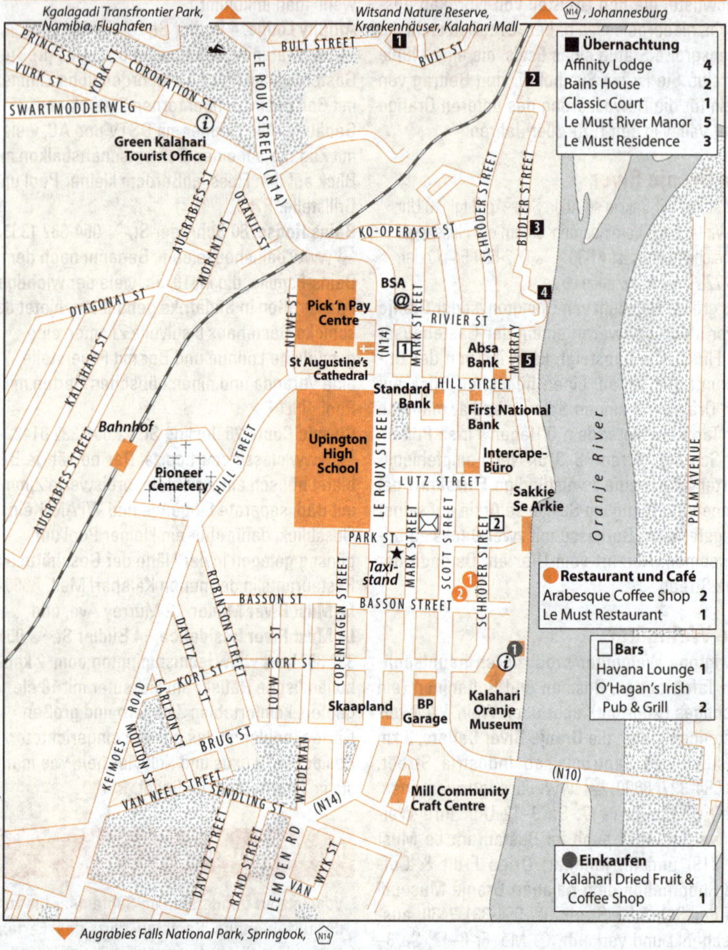

ESSEN UND UNTERHALTUNG

Da Upington die einzige größere Stadt auf Hunderten von Kilometern ist, erscheint es im Vergleich zu den *dorps* am Weg dorthin wie ein kulinarisches Paradies.

Arabesque Coffee Shop, 24 Scott St, ✆ 054-331 3412. Angenehmes Café, das eine gute Auswahl an Kaffee, Tee, Smoothies und Fruchtshakes hat. Außerdem im Angebot: englisches Frühstück, Sandwiches, Pfannkuchen, Kuchen und Torten (R35–70). An manchen Abenden ist länger geöffnet, dann gibt es hausgemachte *bobotie* oder Lasagne, und wenn es warm ist, wird im Garten auch gegrillt. ⌚ Mo und Di 8–17, Mi–Sa 8–21 Uhr.

Havana Lounge, 35 Mark St, ✆ 054-331 1398. Blitzblankes Restaurant und Bar mit südamerikanisch angehauchten Tapas (R40–115), dazu eine Zigarrenlounge mit viel Leder und anständige Cocktails. Morgens wird Frühstück und guter Kaffee serviert. ⌚ tgl. 8–23 Uhr.

Le Must Restaurant, 11a Schröder St, ✆ 054-332 6700. Le Must zählt zu den herausragenden Restaurants in Nordkap und serviert Gerichte wie langsam gegarten Ochsenschwanz, gegrillte Schweinekoteletts oder lokale Spezialitäten wie *bobotie*-Frühlingsrollen mit Sultaninengelee (Hauptgerichte R95–115). Zum vollkommenen Restauranterlebnis wird das Ganze durch die exquisite Auswahl an regionalen Weinen und den Top-Service. ⌚ Mo–Fr 12–14, 19–22, Sa und So 19–22 Uhr.

O'Hagan's Irish Pub & Grill, 20 Schröder St, ✆ 054-331 2005. Das beste Lokal der Stadt für ein Bier. Hier gibt's echtes Guinness und eine tolle Terrasse nach hinten raus mit Blick auf den Fluss. Auf der fleischlastigen Speisekarte finden sich Gerichte wie Strauß und Springbock, aber auch leichte Pastavariationen und vegetarische Mahlzeiten (Hauptgerichte R70–150). ⌚ Mo–Sa 8–24, So 9–23 Uhr.

SONSTIGES

Autovermietungen

Am Flughafen befinden sich Büros der wichtigsten Autovermietungen:
Avis, ✆ 054-332 4746;
Budget, ✆ 054-337 5200;
Hertz, ✆ 054-337 3613.

Informationen

Die **Touristeninformation** im Kalahari Oranje Museum (S. 316), ✆ 054-337 2952, informiert über die Stadt und deren nähere Umgebung und hat außer Broschüren und Karten auch ein Bettenverzeichnis sowie Details zu Touren. ⌚ Mo–Fr 9–12.30, 14–17, Sa 9–12 Uhr.

Ausführlichere Infos über die Region, u. a. über Augrabies und Kgalagadi, gibt es beim **Green Kalahari Tourist Office** am Anfang der Swartmodder Rd, ✆ 054-337 2952, 💻 www.upington.com. ⌚ Mo–Fr 7.30–16.30 Uhr.

Internet

BSA, 58 Le Roux St, ✆ 054-331 2689. ⌚ Mo–Fr 8–17, Sa 8–12 Uhr.

TRANSPORT

Busse

Die einzige größere Busgesellschaft mit Verbindungen von/nach Upington ist **Intercape** in der Lutz St, ✆ 054-332 6091, 💻 www.intercape.co.za. Wer nachts ankommt, sollte bei der Unterkunft eine Abholung am Bus mit dem Taxi vereinbaren. Eine verlässliche Option ist Oranje Taxis, ✆ 054-339 0576.

Busse nach:
BLOEMFONTEIN (tgl., 7 1/2 Std.);
JOHANNESBURG (tgl., 10 3/4 Std.);
KAPSTADT (12 Std.);
KIMBERLEY (5 1/2 Std.);
PRETORIA (11 1/4 Std.);
WINDHOEK in Namibia (tgl., 11 Std.).

Minibustaxis

Minibustaxis verkehren von einem Platz an der Park St, zwischen Le Roux und Mark St, regelmäßig (sonntags seltener) nach KIMBERLEY, KURUMAN und SPRINGBOK.

Flüge

Der **Upington Airport** liegt 7 km nördlich an der N10 Richtung Kgalagadi Transfrontier Park, ✆ 054-337 7900, 💻 www.acsa.co.za. Es gibt keine öffentlichen Verkehrsmittel zum Flughafen, aber Taxis (R80–100) warten auf ankommende Flugzeuge. Wer von der Stadt zum Flughafen möchte, kann ein Taxi bei Oranje Taxis, ✆ 054-339 0576, vorbestellen.

South African Airways, Büro am Flughafen, ✆ 054-332 2161, 💻 www.flysaa.com, fliegt nach KAPSTADT (tgl., 1 3/4 Std.) und JOHANNESBURG (2–3x tgl., 1 1/2 Std.).

Kuruman

The Eye ▪ ⌚ tgl. Sonnenauf- bis -untergang ▪ Eintritt R10

Das historische Städtchen Kuruman liegt rund 265 km östlich von Upington, in der Nähe der

Grenze zwischen Nordkap und Nordwest-Provinz, und ist eine wichtige Station an der N14, der Hauptverbindungsstraße nach Gauteng. Die Ansiedlung entstand rund um **The Eye** („Die Oog" auf Afrikaans), eine Quelle, die seit Menschengedenken konstant 20 Mio. Liter kristallklares Wasser pro Tag liefert – gleich ob bei Dürre oder Überschwemmung. Sie war der zentrale Bezugspunkt für die ziemlich unstete Tswana-Sippe der **Batlhaping**, deren Häuptling Mothibi im frühen 19. Jh. als Erster Missionare einlud, unter seinem Volk zu leben. Diese Entscheidung führte zum Bau der berühmten **Missionsstation** durch Robert Moffat und zur Begründung von Kuruman als „Tor ins Innere" des dunkelsten Afrikas.

In Kurumans ziemlich heruntergekommenem Zentrum dominieren heute Filialen von Billigketten, anonyme Supermärkte und die müllübersäten Stände der Minibustaxis. Die einzige Sehenswürdigkeit im Ort ist The Eye neben der Touristeninformation. Allerdings gibt die Quelle fürs Auge nicht viel her: eine bemooste Felsplatte, über die das Wasser sickert, und ein Seerosenteich mit einem hohen grünen Zaun rundherum. Interessanter ist da die Moffat Mission Station rund 5 km außerhalb (s. u.).

NORDKAP

Moffat Mission Station

Rund 5 km nördlich der Stadt an der Moffat Lane ▪ tgl. 8–17 Uhr ▪ Eintritt R10 ▪ 053-712 1352

Kurumans Hauptattraktion ist die **Moffat Mission Station**. Hier errichteten der ruppige, aber höchst tatkräftige Schotte Robert Moffat und seine stille, aber ebenso entschlossene Frau **Mary** eine Missionsstation, die sie 50 Jahre lang bewohnten. In dieser Zeit brachten sie die erste Bibel auf Tswana heraus und verheirateten ihre älteste Tochter, die ebenfalls Mary hieß, mit dem Missionar und Forschungsreisenden **David Livingstone**.

Zum malerischen alten Dorf, das größtenteils noch so aussieht wie im 19. Jh. und von schattigen Akazien und Kameldornbäumen überwuchert ist, gehört das Wohnhaus der Moffats mit der original erhaltenen Druckpresse und einer Sammlung von Möbeln, Porträts und einem Wagen, den die Missionare benutzten. Vor dem Wohnhaus ist die Rinne zu besichtigen, die Robert grub, um Wasser von The Eye hierher zu leiten.

Witsand Nature Reserve

Auf halber Strecke zwischen Kuruman und Upington, von der N14 bei Olifantshoek nach Süden abfahren ▪ tgl. 8–18 Uhr ▪ Eintritt R50 ▪ 083-234 7573, www.witsandkalahari.co.za ▪ Touren buchbar über Kalahari Safaris in Upington (Kasten S. 316)

Das Witsand Nature Reserve ist berühmt für seine weißen **„brüllenden" Dünen** (auch „Brulsand" genannt): Im Sommer entsteht ein seltsames Grollgeräusch, wenn man auf den Sand der 9 km breiten Dünen tritt. Das Reservat wimmelt nicht gerade von Tieren, beherbergt aber viele Wüstenvogelarten. Mit Geduld bekommt man auch den einen oder anderen Springbock, Ducker oder ein paar Borstenhörnchen zu Gesicht. Im Reservat gibt es auch Unterkünfte (s. u.).

ÜBERNACHTUNG UND ESSEN

Die Mynhuis, 10 Botha St, 053-712 2546, www.diemynhuis.co.za. 6 um einen Garten arrangierte Zimmer mit eigenem Eingang, jedes nach einer Mine benannt und auch vage danach eingerichtet. Außerdem 2 größere Familien-Suiten und einen *braai*-Platz; Mahlzeiten auf Anfrage. R700

Oude Werf Lodge, 12 Winkel St, 053-712 0117, www.oudewerf-lodge.co.za. Moderne Lodge etwa 1,5 km nördlich vom Zentrum. Die EZ und DZ sind rustikal eingerichtet und bieten AC, Kühlschrank und DSTV. Es gibt Parkmöglichkeiten im Stil eines Motels sowie ein ordentliches Restaurant, und der freundliche Pub ist auch bei Einheimischen beliebt. R600

Red Sands Country Lodge, in den Kuruman Hills, 15 km von Kuruman an der N14 Richtung Upington, 053-712 0033, www.redsands.co.za. Außer an Wochenenden und in den Schulferien (dann wird es hier sehr voll) eine nette Unterkunft. Neben Camping-Stellplätzen auch niedliche steinerne Rondavels mit Strohdach und gemütliche Selbstversorger-Chalets für 4 Pers. Zur Anlage gehören ein Pool mit eigener Bar und ein gutes deutsch-südafrikanisches Restaurant, das zum Frühstück und Abendessen geöffnet hat und Sonntags ein reichhaltiges Mittagsbüfett auffährt. Camping R95, Rondavels und Chalets R980

Witsand Nature Reserve, abseits der N14 zwischen Kuruman und Upington, ✆ 083-234 7573, 💻 www.witsandkalahari.co.za. Wundervolle, klimatisierte Selbstversorger-Chalets mit Platz für bis zu 6 Pers., außerdem ein Campingplatz. Es gibt einen kleinen Kiosk, der Konserven und einige nicht alkoholische Getränke verkauft, ansonsten muss die Verpflegung mitgebracht werden. Camping R110, Chalet R960

Die kulinarischen Möglichkeiten sind in Kuruman begrenzt, aber es gibt Filialen der Steakhousekette Spur, Wimpy und KFC auf der Main St, wo man auch Supermärkte von Spar und Pick'n Pay findet, die Snacks zum Mitnehmen verkaufen.

Capello, *22* Main St, ✆ 053-712 3956. Eines der besseren südafrikanischen Kettenrestaurants mit einer umfangreichen Speisekarte sowie ordentlichen Auswahl an Weinen und Zapfbieren. Zu den leichten Gerichten gehören Chicken Wings und Burger, und wer größeren Hunger hat, kann auf T-Bone-Steak oder Lammkeule ausweichen. 🕒 Mo–Sa 7–23, So 10–23 Uhr.

SONSTIGES

Geld

Geld wechselt die **Absa-Bank** an der Ecke Main und Livingstone St; andere Banken haben ebenfalls Filialen im Zentrum.

Informationen

Touristeninformation, im alten *drostdy* (Landratsamt) an der Main St, gleich westlich von The Eye, ✆ 053-712 1001, 💻 www.visitkuruman.co.za. 🕒 Mo–Fr 9.30–13, 14–16 Uhr.

Medizinische Hilfe

Das **Krankenhaus**, ✆ 053-712 8100, befindet sich an der Main St, 1 km östlich des Touristeninformation.

Post

Das **Postamt** ist in der Church St, zwei Straßenecken nördlich und eine Ecke westlich des Touristeninformation.

TRANSPORT

Busse

Der tgl. verkehrende **Intercape-Bus** nach UPINGTON passiert Kuruman um 18.30 Uhr und der tgl. Bus nach JOHANNESBURG (7 1/4 Std.) und PRETORIA (8 1/4 Std.), über VRYBURG, KLERKSDORP und POTCHEFSTROOM um 11.25 Uhr. Die Busse halten bei der Leach Caltex-Tankstelle an der Main St, 1,5 km westlich des The Eye und der Touristeninformation und lassen sich unter ✆ 021-380 4400, 💻 www.intercape.co.za, reservieren. Die Abholung sollte man schon im Voraus bei seiner Unterkunft vereinbaren.

Minibustaxis

Nach KIMBERLEY kommt man nur mit dem Minibustaxi (2–3x tgl., 2 Std.); sie halten in Kuruman am Taxistand auf der Voortrekker St, gleich südlich der Main St. Minibustaxis nach UPINGTON (1–2x tgl., 2 3/4 Std.) fahren von dem ausgedehnten Taxistand an der Tsening Rd, nördlich der Main St. Samstags sind die Verbindungen auf allen Strecken ausgedünnt, sonntags verkehren oft gar keine Fahrzeuge.

Tswalu Kalahari Reserve

An der R31, 100 km nordwestlich von Kuruman ▪ ✆ 053-781 9311, Reservierungen ✆ 011-274 2299, 💻 www.tswalu.com

Das Zentrum des exklusiven **Tswalu Kalahari Reserve** bildet eine überaus stilvolle Lodge in der Nähe der winzigen Ortschaft **Sonstraal** nordwestlich von Kuruman. Das Gelände unterhalb der 1500 m hohen Korannaberge ist das größte private Wildreservat in Südafrika. Rund 50 Millionen Rand wurden investiert, um über 9000 Tiere in dieser Wüstenlandschaft anzusiedeln, darunter einige der stark gefährdeten **Wüsten-Spitzmaulnashörner**, Rappen- und Pferdeantilopen sowie Geparden. Das Reservat ist nur für Übernachtungsgäste zugänglich. Im Übernachtungspreis (R20 000 für zwei Personen) enthalten sind Tierbeobachtungstouren, Ausritte und Vollpension.

Wonderwerk (Miracle) Cave

An der R31 Richtung Danielskuil, 45 km südlich von Kuruman ▪ ⌚ tgl. 8–17 Uhr ▪ Eintritt R20 ▪ ✆ 082-222 4777

Die faszinierende Kalksteinhöhle, die 139 m weit in den Hügel hineinreicht, könnte eine der ältesten bewohnten Höhlen der Erde sein. Es wurden hier bedeutende Spuren menschlicher Bewohner aus mehreren Epochen gefunden, die bis 800 000 Jahre in die Vergangenheit zurückreichen, unter anderem Fossilien, Tierzähne, San-Felsbilder und Steine mit Ritzmustern. Zur Höhle gehören ein kleines Besucherzentrum sowie drei einfache Chalets für Selbstversorger, die bis zu vier Personen fassen (ab R375).

7 HIGHLIGHT

Kgalagadi Transfrontier Park

⌚ von Monat zu Monat unterschiedlich von Sonnenauf- bis -untergang ▪ Eintritt R248 ▪ ✆ 054-561 2000, 💻 www.sanparks.org

Afrikas erster offizieller grenzübergreifender Park, der nach dem alten San-Wort für Kalahari (ausgesprochen „cha-la-chadi", mit ch wie in „Loch") benannte Kgalagadi Transfrontier Park, ist die formale Festschreibung der langjährigen gemeinsamen Verwaltung zweier zusammenhängender Parks: des Kalahari-Gemsbok National Park durch Südafrika einerseits und des benachbarten Gemsbok National Park durch Botsuana andererseits. Die hier ansässigen **Mier** und **San** haben zugestimmt, ihr Land in Zusammenarbeit mit South African National Parks zu verwalten, sodass es Teil des Wildreservats bleibt. Der Park wird als ein zusammenhängendes Ökosystem verwaltet; die Eintrittsgelder werden aufgeteilt. Die touristischen Einrichtungen in Südafrika und Botsuana werden allerdings immer noch unabhängig voneinander betrieben. Die meisten Besucher machen aber nur mit dem südafrikanischen Abschnitt Bekanntschaft, in dem die meisten etablierten Touristeneinrichtungen liegen.

Kgalagadi ist mit über 37 000 km² fast doppelt so groß wie der Krüger-Nationalpark. Obwohl der zu Südafrika gehörige Teil der wesentlich kleinere ist, umfasst er immerhin stolze 9500 km². Auf entsprechend weite Fahrtwege sollte man gefasst sein; für die Rundtour zur Wildbeobachtung zwischen dem Parkeingang bei **Twee Rivieren** und dem **Restcamp Mata-Mata** ganz im Westen benötigt man gut zweieinhalb Stunden. Der Park reicht im Westen bis an die namibische Grenze, im Süden bildet der trockene Auob River mit einem parallel zu ihm verlaufenden Streifen Land die Parkgrenze. Die Landesgrenze zu **Botsuana** folgt dem ausgetrockneten Flussbett des Nossob, an dem eine der wenigen Straßen des Parks entlangführt. Da es keinen Grenzzaun gibt, können die Tiere ungehindert auf ihren uralten **Wanderrouten** umherstreifen, was für ihr Überleben in der Wüste von entscheidender Bedeutung ist.

Die Hauptstraßen folgen den **Flussläufen**, und dort ist das Wild samt seiner natürlichen Feinde am ehesten anzutreffen. Die beiden Flussbetten führen nur selten Wasser, doch sind zahlreiche **Löcher** gebohrt worden, um die Tiere mit dem kühlen Nass zu versorgen. Die größeren **Bäume** wie Kameldorn- und Witgatbäume (Schäferbäume) spenden etwas Schatten und Nahrung, und die der Wüste angepassten Pflanzen wie verschiedene Melonen- und Gurkenarten dienen den Tieren als Flüssigkeitsquellen.

Der Park wird von **roten Sanddünen** beherrscht, die – aus der Luft betrachtet – lang, wellenförmig, aneinander gereiht daliegen. Aus dem Auto ist die Perspektive natürlich anders, da man sich in der Vertiefung des Flussbettes befindet, aber dennoch bietet dieser Weg mit die schönsten **Eindrücke** von ganz Südafrika – nicht nur der Tiere, sondern auch der weiten Landschaft wegen, die sich im klaren Morgenlicht unter einem schier endlosen blauen Himmel erstreckt. Die klare Sicht und das wunderbare Licht sind ideal zum **Fotografieren**, wie es beispielsweise die Fotoausstellung im Visitor Centre des Twee Rivieren Camp belegt.

Reisezeit

An einem Ort, wo die Bodentemperatur im Sommer glühende 70 °C erreichen kann, ist das Timing für einen Besuch das Allerwichtigste. Am besten besucht man den Park zwischen **März** und **Mai**, wenn vom Sommerregen noch etwas Grün geblieben ist und die Sonne nicht mehr so intensiv wie im Sommer ist. Im Winter kann es nachts sehr kalt werden, während das Frühjahr, wenngleich trocken, eine angenehme Zeit vor der brüllenden Hitze im Sommer ist.

Anfahrt zum Park

Die längere Anfahrt von Gauteng führt mit dem **Auto** über die R31, die nur zwischen Kuruman und Hotazel asphaltiert ist – dann folgt eine lange, öde Schotterstrecke, die man nur mit einem robusten Fahrzeug angehen sollte. Alternativ kann man auf der N14 weiter nach Upington fahren und dort auf die R360 abbiegen, die bis zum Parkeingang bei Twee Rivieren (265 km) geteert ist. Der Park ist auch von Namibia aus über das Mata-Mata-Tor und von Botsuana aus über die Zugänge Two Rivers, Mabuasehube und Kaa zugänglich. Besucher, die über den Park in eines der beiden Nachbarländer ausreisen wollen, müssen bedenken, dass die Ausreiseformalitäten in Twee Rivieren abgewickelt werden müssen, und dass mindestens zwei Übernachtungen im Park verbindlich sind. Egal auf welcher Strecke – die Fahrt ist auf jeden Fall lang, heiß und beschwerlich. Dafür bekommt man jede Menge der typischen **roten Dünen** der Kalahari zu sehen. Tanken kann man in Andriesvale und Askham an der R360 vor Twee Rivieren und in den Camps von Twee Rivieren, Nossob und Mata-Mata. In den Camps ist das Benzin allerdings deutlich teurer als an den Tankstellen außerhalb.

Die Alternativen zur langen Anfahrt sind eine **Pauschaltour** (Kasten S. 316) oder ein **Flug** nach Upington, wo man einen Mietwagen nehmen kann. Neben den auf S. 319 gelisteten Autovermietungen gibt es in Upington auch Firmen, die Allradwagen und Campingausrüstung verleihen und so den Ausflug erschwinglicher machen können. Probieren kann man Desert 4x4, ✆ 054-332 1560, 💻 www.desert4x4.co.za, oder Kalahari 4x4, ✆ 054-332 3098, 💻 www.kalahari4x4hire.co.za.

Unterwegs im Park

Bei den **Parkstraßen** handelt es sich um Schotterpisten. Sie lassen sich zwar mit einem nor-

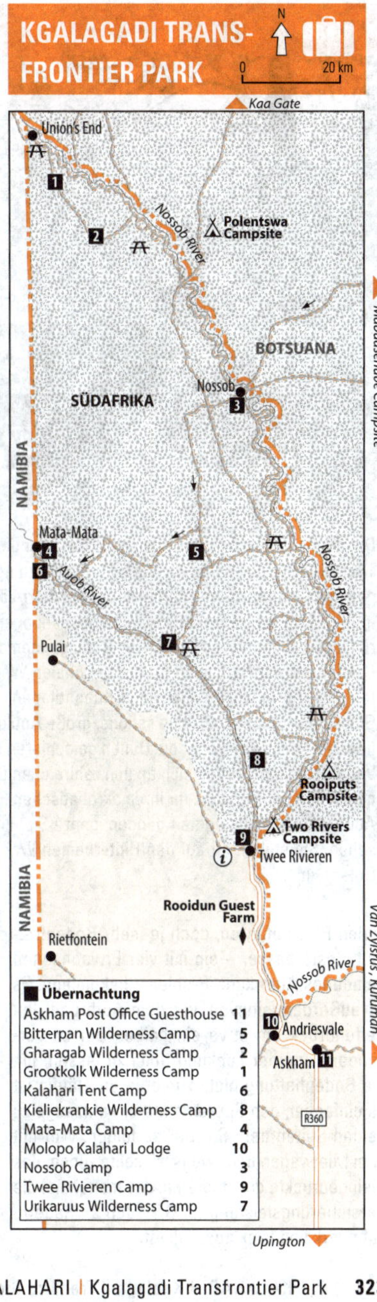

Kgalagadis Tiere

© DUMONT BILDARCHIV / ARTHUR F. SELBACH

Die offene Landschaft des Kgalagadi Transfrontier Park bietet fast ungehinderte Möglichkeiten der Tierbeobachtung und ist vor allem für die Sichtung von Raubkatzen wie Geparden, Leoparden, Hyänen und Kalahari-Löwen berühmt. Die **Kalahari-Löwen** haben im Allgemeinen viel dunklere Mähnen als ihre Artgenossen im *bushveld*. Untersuchungen haben ergeben, dass ihr Verhalten und ihre Nahrungsgewohnheiten perfekt an die Bedingungen der Halbwüste angepasst sind.

Bekannt ist der Park auch für die saisonalen Wanderungen der großen Herbivoren wie der Streifengnus, Springböcke, Elen- und Kuhantilopen. Unbestrittener Star des Kgagaladis aber ist der Gemsbock (Spießbock), eine schöne, große Antilope mit geraden, V-förmigen Hörnern, den man oft über die Ebenen und über die Dünen galoppieren sieht.

Vogelliebhaber werden sich an den zahlreichen Geiern, Adlern, Bussarden, Straußen und den dramatischen Gauklern, die für ihren akrobatischen Flug berühmt sind, erfreuen.

Außerdem bestehen gute Chancen, ganze Sippen von **Erdmännchen**, Verwandten der Mungos, zu sehen. Sie stehen oft auf den Hinterbeinen Wache und blicken sich nervös nach Anzeichen von Gefahr um.

malen Pkw befahren, doch je mehr Bodenfreiheit, desto besser – ein mit vier Erwachsenen beladenes Auto kann Probleme bekommen. Es ist außerdem sinnvoll, vor dem Aufbruch den Reifendruck um etwa ein halbes Bar zu vermindern und der Lenkung Spiel zu lassen, um die Bodenhaftung nicht zu verlieren. Häufig ist es einfacher, den Spuren anderer Fahrzeuge zu beiden Seiten der „Straße" zu folgen. Wer mit dem Mietwagen unterwegs ist, sollte zudem das Kleingedruckte gut studieren, das manchmal die Versicherungsleistung für Schäden an Rädern, Fahrwerk und Lack ausschließt.

Im Falle einer **Panne** bleibt einem nichts anderes übrig, als zu warten, bis jemand vorbeikommt; auf den meisten Straßen fährt ein Parkfahrzeug täglich Patrouille. Die **botsuanische** Seite des Kgalagadi darf nur mit Allradantrieb befahren werden.

Die meisten Besucher des Kgalagadi Transfrontier Park unternehmen **Tierbeobachtungs-Rundfahrten** ohne Führer. Es gibt allerdings nächtliche und tagsüber angebotene Tierbeobachtungstouren und Tageswanderungen, die nach Ankunft in Nossob, Twee Rivieren oder Mata-Mata gebucht werden können. Die entsprechenden Veranstaltungskalender hängen in den Büros der Restcamps aus. Die Kosten belaufen sich auf R180–310 je nach Anzahl der Personen und Dauer der Tour.

Das **Besucherzentrum** in Twee Rivieren, ✆ 054-561 2000, zeigt interessante Ausstellungen und Dia-Shows.

ÜBERNACHTUNG

Im Park

Die Buchung einer Unterkunft sollte so früh wie möglich über South Africa National Parks in Pretoria, ✆ 012-428 9111, 💻 www.sanparks.org, erfolgen. Im Park besteht die Auswahl zwischen Cottages und Camping in zwei unterschiedlichen Arten von Camps: **eingezäunte Restcamps** in Twee Rivieren, Mata-Mata und Nossob, die über Elektrizität (auch an den Stellplätzen), Küchen, Ventilator oder AC, Grillstellen, Geschäfte und teilweise über rollstuhlgerechte Zugänge verfügen, sowie 6 wesentlich einfachere, abgeschiedene und **nicht umzäunte Wildernesscamps**, in die man alles Notwendige selbst mitbringen muss. Es lohnt sich, mindestens eine Nacht in einem Park-Restcamp außerhalb von Twee Rivieren zu verbringen, um authentische Wüstenatmosphäre zu erleben. Bei Zeitknappheit ist das nähere Mata-Mata Camp empfehlenswert, doch das abgelegenere Nossob bietet mehr Atmosphäre und bessere Möglichkeiten zur Tierbeobachtung; hier hört man nachts die Löwen brüllen und dürfte die besten Chancen haben, sie auch zu Gesicht zu bekommen. Die Straßen nach Nossob und Mata-Mata verlaufen an den Flussbetten entlang, wo sich besonders viele Tiere herumtreiben.

Die Übernachtungsmöglichkeiten auf der **botsuanischen Seite** beschränken sich auf die Campingplätze Mabuasehube, Two Rivers, Rooiputs und Polentswa. Hier müssen Besucher alles Benötigte selber mitbringen. Für Reservierungen ist die **Botswana Parks Authority** in Gaborone zuständig (✆ 09-267-318 0774, 🖂 dwnp@gov.bw).

Bitterpan Wilderness Camp, ein idyllischer Flecken nahe dem Zentrum des Parks an einem Geländewagenpfad zwischen Nossob und Mata-Mata (nur mit Allradantrieb zu erreichen) mit 4 nicht eingezäunten Strohhütten am Rand einer Salzpfanne. R1140

Gharagab Wilderness Camp, 4 Holzhütten in nicht umzäuntem Gelände im Nordzipfel des südafrikanischen Parkabschnitts (nur mit Allradantrieb), 4 Std. Fahrt von Nossob entfernt, mit erhöhtem Blick auf Dünen und *thornveld*-Savanne. R1140

Grootkolk Wilderness Camp, nahe Union's End am äußersten Nordzipfel des südafrikanischen Teils. Das nicht eingezäunte Camp liegt mitten im Raubtiergelände und bietet 4 Chalets, komplett ausgestattet mit Küche, Wäsche sowie Ventilator und normalerweise auf Monate ausgebucht. R1270

Kalahari Tent Camp, das von einem bewaffneten Wächter geschützte, nicht umzäunte Camp hat komfortable, voll ausgestattete Selbstverpfleger-Zelte (darunter ein luxuriöses „Honeymoon Tent"), errichtet aus Planen und Sandsäcken, alle in Wüstenfarben eingerichtet und mit Aussicht auf den Auob River. Es gibt auch einen Pool. R1275

Kieliekrankie Wilderness Camp, liegt Twee Rivieren am nächsten (41 km) und ist mit einem normalen Fahrzeug erreichbar. 4 nicht umzäunte Hütten, eingebettet in eine rote Sanddüne mit herrlichem Panoramablick auf die Wüste. R1270

Mata-Mata Camp, umzäuntes Restcamp 120 km nordwestlich von Twee Rivieren an der Grenze zu Namibia, am Ende der Straße, die dem Lauf des Auob River folgt. Unterbringung in voll ausgestatteten Familien-Cottages (6. Pers.), einladenden Bungalows (2 Pers.) und auf einem Zeltplatz. Weitere Einrichtungen sind eine nachts angestrahlte Wasserstelle, ein Laden und eine Tankstelle. Camping R225, Bungalow R730

Nossob Camp, an der Grenze zu Botsuana, 160 km auf der Straße entlang der Nossob River Rd. Dies ist das abgeschiedenste der 3 umzäunten Restcamps. Es besitzt 15 einfache Ferienhütten und größere, die für eine 4-köpfige Familie geeignet sind; außerdem ein Cottage und einen Zeltplatz. Gemischtwarenladen, Zapfsäule und Raubtier-Infocenter (das Camp ist für nächtliche Löwenbesuche bekannt). Camping R225, Hütte R765

Twee Rivieren Camp, das älteste und am besten ausgestattete der 3 eingezäunten Restcamps, liegt gleich am Eingang und bietet mehr als 30 angenehme Chalets für Selbstversorger mit strohgedeckten Dächern und schönen Terrassen. Auch ein ziemlich großer Campingplatz (mit/ohne Strom) steht zur Verfügung. Außerdem gibt es Treibstoff, einen Pool, ein mittelmäßiges Restaurant und ein einfaches Souvenir- und Lebensmittelgeschäft. Camping R225, Chalet R980

Urikaruus Wilderness Camp, etwa auf halbem Weg zwischen Twee Rivieren und Mata-Mata in schöner Lage zwischen Kameldornbäumen am Auob River. 4 auf Pfählen errichtete und über Stege miteinander verbundene Hütten für 2 Pers. mit Küche und Solarenergie. R1270

NORDKAP

Außerhalb des Parks

An der Zufahrtsstraße zum Kgalagadi gibt es mehrere Unterkünfte. Da der Morgen die beste Zeit für Tierbeobachtungen ist, sind diese für Besucher mit wenig Zeit aber eher ungeeignet.

Askham Post Office Guesthouse, 72 km von Twee Rivieren in Askham, ✆ 082-494 4520, ✉ askhamk@mweb.co.za. B&B in 3 sauberen, geräumigen Zimmern mit Bad und einem Vier-Personen-Apartment für Selbstversorger am Standort des alten Postamts. Es gibt einen kleinen Coffee Shop und einen Laden für Kunsthandwerk. Wer hier übernachtet, kann gegen Vorbestellung auch zu Abend essen. R580

Molopo Kalahari Lodge, 55 km von Twee Rivieren, Andriesvale, ✆ 054-511 0008, 💻 www.molopolodge.co.za. Die schmucke, gut geführte Anlage umfasst über 50 komfortable Chalets mit Bad rund um einen Pool sowie luxuriöse Safarizelte, Campingplätze, eine Bar und ein anständiges Restaurant. Hier gibt es auch eine Tankstelle und einen kleinen Laden, in dem man Getränke, Eis und Grillfleisch bekommt. Guter Pausenstopp für einen Kaffee auf dem Weg zum Park. Camping R150, Chalet R510

Augrabies Falls National Park

🕘 tgl. 7–19 Uhr ▪ Eintritt R144 ▪ ✆ 054-452 9200, 💻 www.sanparks.org

Eines der unbestrittenen Highlights jedes Abstechers zum Nordkap ist der Augrabies Falls National Park, 120 km westlich von Upington. Die Wasserfälle, die inmitten der öden Halbwüste mächtige Gischtwolken vor dem dunklen Horizont aufsteigen lassen und bis heute unter ihrem Khoikhoi-Namen *Aukoerabis*, „Ort des großen Lärms", bekannt sind, stellen den dramatischsten Abschnitt im Verlauf des 2000 km langen Oranje River dar. Bei maximalem Wasserstand können die Wassermengen, die hier durch einen schmalen Einschnitt am oberen Ende einer tiefen Granitschlucht stürzen, durchaus mit den zahmeren Perioden der Viktoria- oder Niagarafälle konkurrieren, auch wenn die Augrabies an Höhe und Großartigkeit nicht mit ihren größeren Rivalen mithalten können. Inmitten der unheimlichen Wüste und unter dem tiefblauen Abendhimmel bereiten sie jedoch ein bewegendes und unvergessliches

Aktivitäten im Augrabies Falls Park

Die einfache Rundwanderung auf dem **Dassie Nature Trail** ist 5 km lang und beginnt am Hauptcamp. Kartenbekommt man an der Rezeption. Eine größere Herausforderung ist der dreitägige **Klipspringer Trail** (nur April–Sep, R220), der zwei Übernachtungen in einfachen Hütten umfasst und auf jeden Fall reserviert werden muss. Außerdem gibt es **nächtliche Tierbeobachtungstouren** (R220), die an der Rezeption gebucht werden können sowie eine 94 km lange, auf eigene Faust zu bewältigende **Route** (nur mit Allradantrieb, 6 Std.) in die Nordwestecke des Parks, um Savannenfauna zu sehen. Spannender ist vielleicht der „**Augrabies Rush**", eine halbtägige Tour mit kleinen Schlauchbooten über einen 8 km langen, zunehmend wilder schäumenden Flussabschnitt unmittelbar oberhalb der Fälle, die das Kalahari Outventures veranstaltet (S. 316, R350 p. P. für Gruppen ab 4 Pers.). Das Adventure Centre organisiert auch viertägige Schlauchboottouren tief in die leere, einsame Landschaft stromaufwärts der Wasserfälle und mit einfachen Camps am Ufer (R1495).

Erlebnis. Die schüsselförmig gewölbten Seiten der Schlucht sind glatt gewaschen, und es kursieren viele Geschichten von Besuchern, die in ihrem Eifer, die Fälle aus nächster Nähe zu sehen, in die brodelnden Wassermassen abgerutscht sind. Es gab ein paar wundersame Rettungen, doch seit Einrichtung des Nationalparks 1966 kamen hier schon mehrere Dutzend Menschen ums Leben.

Unterwegs im Park

Am Aussichtspunkt steht ein hoher Zaun zwischen Besuchern und den **Wasserfällen**. Ein Holzsteg mit Geländer erlaubt auch Rollstuhlfahrern den Zugang. Ein besserer Blick über die **Schlucht** eröffnet sich, wenn man den kurzen Weg vom Rest Camp zum **Arrow Point** läuft oder die Verbindungsstraßen nach Ararat oder Echo Corner fährt. Am schönsten ist die Atmosphäre bei **Sonnenuntergang**, wenn die Westseite der Schlucht in ein weiches Licht getaucht wird.

Der recht unwirtliche **nördliche Abschnitt** des Parks erstreckt sich über eine Fläche von 184 km^2 zu beiden Seiten des Flusses. Das Land ist öde und trocken mit nur spärlichem Pflanzenbewuchs, wie *kokerboom* (Köcherbaum), Kameldorn und Namaqua-Feige. Verschiedene bemerkenswerte Felsformationen durchsetzen die Landschaft, allen voran der **Moon Rock**, eine riesige Kuppe aus glattem, bröckelndem Granit, die sich mitten aus in der Ebene erhebt.

Wer auf den (ungeteerten) Parkstraßen unterwegs ist, dürfte einige Vertreter der heimischen Tierwelt wie Elenantilopen, Klippspringer und Springbock zu Gesicht bekommen. Beim Spaziergang um die Fälle und durchs Camp sieht man häufig kleinere Tiere wie Klippschliefer, Mangusten und Eidechsen.

Die **beste Zeit** für einen Besuch des Augrabies ist von März bis Mai, wenn die Temperaturen etwas niedriger sind und der Fluss nach den sommerlichen Regenfällen in seinem Einzugsgebiet in Lesotho am meisten Wasser führt. Mit einem eigenen Fahrzeug sind die Wasserfälle von Upington aus problemlos an einem Tag zu besuchen. Es sind aber auch im Park und in seiner Nähe zahlreiche ordentliche Übernachtungsmöglichkeiten vorhanden.

Kakamas

Die Route nach Augrabies von Upington führt westwärts über die **N14** am Oranje entlang, der hier von üppigen Weingärten, Obstplantagen und Luzernefeldern gesäumt wird. 80 km südwestlich von Upington liegt **Kakamas**, der letzte Ort vor dem Park und ein guter Stützpunkt für einen Besuch, sofern man einen fahrbaren Untersatz hat. Die Ansiedlung wurde 1897 von der niederländisch-reformierten Kirche als Kolonie für die Viehfarmer gegründet, die durch eine anhaltende Dürre vor dem Ruin standen. Jeder Farmer steuerte Arbeitskraft zum Bau eines Netzes von Bewässerungskanälen und -tunneln bei und erhielt zum Lohn ein Stück bewässertes Land. Ihr Werk mag primitiv erscheinen, versorgt das Land aber heute noch mit Wasser. Einige der noch immer arbeitenden Wasserräder verteilen sich rund um den Ort.

ÜBERNACHTUNG

Augrabies Backpackers, im Dorf Augrabies, 11 km vor dem Parkeingang, ✆ 072-515 6079, 💻 www.augrabiesbackpackers.co.za. Rustikales, entspanntes Haus auf dem Land, von der Hauptstraße 2 km auf einer Sandpiste entfernt (den Schildern folgen). Die Zimmer sind schlicht, dafür kann man hier jede Menge Infos und Tipps bekommen und zwischen März und Dezember an einer Ballonfahrt teilnehmen. Dorm R180, DZ R340

Augrabies Falls Lodge & Camp, 3 km vor dem Parkeingang, ✆ 054-451 7203, 💻 www.augfallslodge.co.za. Etwas künstlich wirkendes Backpacker-Hotel auf einem palmenbewachsenen Grundstück mit einem Dorm und DZ nahe der Wasserfälle. Zusätzlich gibt es einen Campingplatz mit Waschräumen sowie ein Restaurant und eine nette Bar. Camping R95, Dorm R110, DZ R530

The Falls Guest House, 2 km vor dem Parkeingang an der R359, ✆ 082-928 7938, 💻 www.thefallsaugrabies.com. Eine der luxuriöseren Unterkünfte der Gegend in Gestalt eines renovierten Farmhauses mit 4 großen, kühlen Zimmern und einem Familien-Cottage, netter Einrichtung und einer großzügigen Veranda mit Blick auf Rebgärten. Abendessen und *braais* können arrangiert werden. R895

NORDKAP

Kalahari Gateway Hotel, 19 Voortrekker St, Kakamas, ✆ 054-431 0838, 🖳 www.kalaharigateway.co.za. Groß, etwas betagt und mit der muffigen Atmosphäre eines Konferenzhotels, die Zimmer sind jedoch völlig ausreichend. Es gibt auch ein paar Selbstversorger-Apartments. Außerdem ein Pool, 2 Bars und ein Restaurant. R950

National Park Chalets, an der Parkrezeption, Reservierung über den National Park Service in Pretoria, ✆ 012-428 9111, 🖳 www.sanparks.org. Wer zelten oder kurzfristig buchen möchte, kann sich direkt an die Rezeption, ✆ 054-452 9200, wenden. Großes Camp mit komfortablen Ziegel-Chalets und Ferienhäuschen für Familien (3 davon rollstuhlgerecht) in Laufnähe zu den Wasserfällen und mit Zugang zu 3 Pools. Auch Campingplätze. Man kann sich entweder selbst versorgen (der nächste Supermarkt befindet sich in Kakamas) oder im Restaurant essen. Camping R195, Chalet R815

Vergelegen Guesthouse & Restaurant, rund 3 km östlich von Kakamas, ✆ 054-431 0976, 🖳 www.augrabiesfalls.co.za. Eine der attraktivsten Unterkünfte in der Region mit 16 gepflegten Zimmern (2 davon für Selbstversorger) auf einer Farm an der Hauptstraße. Es gibt auch einen Pool und ein hervorragendes Restaurant, dessen Speisekarte interessante lokale Spezialitäten wie Lammkeule, *biltong*-Suppe oder Springbock-Carpaccio umfasst. R940

INFORMATIONEN UND ESSEN

Die **Parkzentrale**, ✆ 054-452 9200, liegt ein Stückchen hinter dem Eingang, ⌚ tgl. 7–19 Uhr. Hier gibt es einen Laden, eine Snackbar und ein **Restaurant** mit Blick zur Schlucht.

TRANSPORT

Die gut ausgeschilderte Abzweigung zum Park befindet sich 10 km westlich von Kakamas in **Alheit** an der N14. Von Alheit sind es noch 39 km entlang der R359 zum Parkeingang. Öffentliche Verkehrsmittel fahren nicht zum Park, aber die meisten Kalahari-**Touren** (S. 316) von Upington oder anderen Orten des Nordkap aus schließen den Besuch des Wasserfalls ein.

Namaqualand

Eine weitere Region des Nordkaps, deren Name Bilder von absoluter Einsamkeit und magischem Zauber heraufbeschwört, ist das Namaqualand. Ein häufig zitiertes Sprichwort besagt, in Namaqualand müsse man zweimal weinen: einmal, wenn man ankommt, und einmal, wenn man es wieder verlassen muss. Dies ist das Land eines Khoikhoi-Hirtenvolks namens **Nama**: Die Kleinen Nama lebten südlich des Oranje, die Großen Nama nördlich des Flusses im heutigen Namibia. Das Gebiet ist dünn besiedelt und erstreckt sich südlich des Oranje bis zu den leeren **Knersvlakte**-Ebenen um Vanrhynsdorp, sowie von der **Atlantikküste** nach Osten bis zum Rande der Großen Karoo.

Namaqualand – das ist aber vor allem das Synonym für das sagenhaft schöne, farbenprächtige **Wildblumenmeer**, das jedes Jahr im August und September das Land überzieht und zu Südafrikas verlockendsten Naturwundern gehört. Auch außerhalb der Hauptblumensaison erblühen stellenweise Teppiche aus orangefarbenen, lila und weißen Korbblütenpflanzen, und die trockene, leere Landschaft aus Bergwüste, mineralhaltigen Granitfelsen und der Dürre trotzenden Sukkulenten besitzt eine ganz eigene karge Schönheit.

Die N7 von Namibia nach Kapstadt, die quer durchs Namaqualand führt, ist eine der landschaftlich eindrucksvollsten Strecken des Landes. An ihrem Nordende liegt an der Abzweigung der staubigen N14 Richtung Upington und Kalahari die Regionalhauptstadt Springbok. Sie ist der beste Ausgangspunkt zur Blumenschau – im Gegensatz zu anderen Gebieten garantiert der nahe gelegene Namaqua National Park selbst in regenarmen Jahren ein prachtvolles Blütenschauspiel – und zum Besuch des entlegenen Nordwestzipfels der Provinz: Hier erstreckt sich die Diamond Coast von Port Nolloth bis zur namibischen Grenze. Im Hinterland lockt der schroffe, aber spektakuläre |Ai-|Ais/Richtersveld National Park, durch dessen Mitte der Oranje fließt. Raftingtouren auf dem Grenzfluss gehören zu den Hauptattraktionen der Region.

8 HIGHLIGHT

Blumenschau in Namaqualand

Die Samen der bunten Margeriten, Aloen, Gladiolen und Lilien – der wunderschönen Blumen des Namaqualands – ruhen während der Dürreperioden des Sommers in der Erde und warten auf den Regen, der unter Umständen jahrelang ausbleiben kann. Rund 4000 Blütenpflanzen gedeihen in dem Gebiet, ein Viertel davon nirgendwo sonst auf der Erde. Vorhersagen zu den jeweils schönsten Gegenden sind zwar schwierig, mehr oder weniger garantiert ist die Blütenpracht aber im Skilpad-Teil des **Namaqua National Park** (S. 332) und im **|Ai-|Ais/Richtersveld National Park** (S. 339) mit seinen vom Meeresdunst profitierenden Sukkulenten.

Ein Faktor für eine lohnende Blütenschau sind die winterlichen **Regenfälle**: Die Blumen richten sich nach dem Regen, blühen also zuerst in Küstennähe und dann immer weiter landeinwärts. Der andere Faktor ist die **Temperatur**: An kühlen oder bewölkten Tagen öffnen sich viele Blüten erst gar nicht.

Praktische Tipps

Ein Ausflug zur Blumenschau in Namaqualand bedeutet, dass man viel Zeit in einem **Fahrzeug** verbringt, da die Entfernungen in dieser Region riesig sind. **Radtouren** sind eine denkbare Alternative, können aber zur frustrierenden Erfahrung werden, wenn die schönsten Blütenteppiche just in 20 km Entfernung vom eigenen Stützpunkt auftauchen.

Unterkünfte sollten weit im Voraus reserviert werden, sei es auf einer Farm (ideal, wenn man kein eigenes Fahrzeug hat, da man hier über die farmeigenen Blumenfelder spazieren kann) oder in einer Stadt wie Springbok. Die Übernachtungspreise können während der Blumensaison allerdings deutlich anziehen. Hier ein paar **taktische Ratschläge**:

- Die Fahrtroute vor Aufbruch planen. Oft haben die Gastgeber die besten Informationen über die aussichtsreichsten Ziele an einem bestimmten Tag.
- Die Blüten öffnen sich erst gegen 10 Uhr, es bleibt also reichlich Zeit für ein gutes Frühstück. Da sich die Blütenköpfe zur Sonne ausrichten, fährt man morgens am besten Richtung Westen und nachmittags Richtung Osten.
- Fotos schießen, und zwar jede Menge, aber keine Blumen pflücken!

Tourveranstalter

Diamond Tours Unlimited
71 Jacobson Avenue, Kimberley, ✆ 084-645 7754, 🖳 www.diamondtours.co.za.

Kalahari Tours and Travel
12 Mazurka Curve, Upington, ✆ 054-338 0375, 🖳 www.kalahari-tours.co.za.

NORDKAP

Springbok

Im Halbwüstenausläufer des nördlichen Namaqualand geht die Karoo in die Kalahari über, und beide grenzen an den Ozean. Ohne die Entdeckung von **Kupfervorkommen** im 17. Jh. und in jüngerer Zeit von **Diamanten**, die der Oranje River aus der Gegend um Kimberley anschwemmt, wäre in dieser Region wahrscheinlich überhaupt keine Stadt entstanden. Süßwasser ist hier eine Rarität, und nur sein Vorhandensein hat Springbok, der Hauptstadt der Gegend, das Überleben gesichert, nachdem die Kupferminen erschöpft waren.

Das attraktiv von Bergen umrahmte Springbok ist das größte Handels- und Verwaltungszentrum in Namaqualand und gleichzeitig eine wichtige Durchgangsstation am Kreuzungspunkt von N7 und N14. Es liegt 381 km südwestlich von Upington und 119 km südlich der Grenze zu Namibia in Vioolsdrift. Die Stadt bildet im August und September eine angenehme Ausgangsbasis zu den Blumenfeldern des nördlichen Namaqualands (Kasten S. 329), für Touren in den |Ai-|Ais/Richtersveld National Park (S. 339) und für Abstecher zur Küste.

Springboks Sehenswürdigkeiten konzentrieren sich auf dem Hügel mit Granitblöcken neben dem Taxistand im Stadtzentrum. **Klipkoppie** („Felsenhügel") genannt, war dies der Standort eines britischen Forts gewesen, das unter General Jan Smuts Kommando während des Zweiten Burenkrieges zerstört wurde. Jenseits der Stadt, einige hundert Meter hinter Klipkoppie, markiert ein Einschnitt in den Hügeln die **Blue Mine**, die erste kommerzielle Kupfermine in Südafrika, die 1852 unterging. Zuletzt wurden hier Zink und Edelsteine, die man auf der wilden Suche nach Kupfer glatt übersehen hatte, gesucht. Eine kurzer Weg windet sich hinauf zu einem guten **Aussichtspunkt** über die Stadt, wo es in der Springbok Lodge eine gute Auswahl an Edelsteinen und eine ausgezeichnete Ausstellung von Mineralien aus aller Welt gibt.

ÜBERNACHTUNG

An Gästezimmern mangelt es in Springbok nicht, aber während der Blumenblüte (Aug–Sep), wenn die Übernachtungspreise etwas höher sind, ist eine Reservierung durchaus ratsam.

In der Stadt

Annie's Cottage, 4 King St, ausgeschildert von Klipkoppie, ✆ 027-712 1451, www.springbokinfo.com. Extrem geschmackvolle, angenehme Zimmer in einem restaurierten, mit einheimischer Kunst ausstaffierten Kolonialgebäude. Dazu gibt es einen lauschigen Pool unter Jacarandabäumen sowie Wander- und Radwege in der Umgebung. Die zuvorkommende Inhaberin hat gute Tipps für die besten Orte zur Blumenschau. R1050

Elkoweru Guest House, 1 Bree St, ✆ 027-718 1202, www.elkoweru.co.za. Modernes, 2-stöckiges Gästehaus mit mediterranem Flair und einer Auswahl von EZ bis hin zu Selbstversorger-Apartments. Die Zimmer sind einfach und schlicht, aber alle haben DSTV, Tee- und Kaffeekochmöglichkeiten sowie AC. Abendesssen auf Anfrage. R550

Mountain View Guest House, 2 Overberg Ave, von der Abzweigung 100 m südlich der Touristeninformation geht es noch 1 km die Overberg Ave hinunter, ✆ 027-712 1438, www.mountview.co.za. 10 geschmackvoll eingerichtete Zimmer mit afrikanischem Flair (2 davon für Selbstversorger) in einem überdurchschnittlichen Guesthouse in hübscher Stadtrandlage gleich bei einem kurzen Wanderweg mit Aussicht auf Springbok. R940

Naries Namaqua Retreat, 27 km westlich der Stadt an der Kleinzee Rd (R355), ✆ 027-712 2462, www.naries.co.za. Komfortable, anheimelnde Unterkunft mit stilvoll eingerichteten Zimmern in einem kapholländischen Farmhaus, außerdem 1 Cottage für Selbstversorger und 3 luxuriöse Suiten in kuppelförmigen Bauten, eingebettet zwischen den nahen Felsen. Im Farmhaus und den Suiten werden keine Kinder unter 12 Jahren beherbergt. Ein besonderes Bonbon sind die Candle-Light-Dinners. Auf Wunsch können Wandertouren und Ausritte organisiert werden. Halbpension R1860

Springbok Caravan Park, 2 km südöstlich der Stadt an der R355 Richtung Goegap, ✆ 027-718 1584, www.springbokcaravanpark.co.za. Der einfache Campingplatz liegt der Stadt am nächsten, bietet aber kaum Schatten. Dafür ist er sehr gepflegt und von Felsanhäufungen und Köcherbäumen umgeben. Neben den Stellplätzen für Zelte gibt es 4-Bett-Chalets und einen Pool. Camping R70, Chalet R400

Springbok Lodge, 37 Voortrekker St, Eingang an der Kerk St, ✆ 027-712 1321, www.springboklodge.com. Die 48 Zimmer, mit oder ohne Küche, in gelb und weiß gestrichenen Cottages sind einfach, aber charaktervoll und auf alle Fälle ihr Geld wert. Alle Gebäude befinden sich in Laufweite zur Rezeption, dem Curio Shop und Restaurant. R460

ESSEN

El Dago, 39 Voortrekker St, gleich südlich vom Taxistand, ✆ 027-718 1475. Familienfreundliches Restaurant mit einem guten Angebot an Steaks, Seafood und Pizza (R80–100) und ein sonniger Balkon zur Straße. ⌚ Mo–Sa 11–22 Uhr.

Springbok Lodge Restaurant, 37 Voortrekker St, Eingang an der Kerk St, ✆ 027-712 1321. Erinnert vage an ein amerikanisches Diner aus den 50ern und serviert eine mittelmäßige Auswahl an Burgern, Steak und Fischgerichten sowie einheimischen Weinen (Hauptgerichte R50–90). ⌚ Mo–Sa 7–22, So 8–22 Uhr.

Tauren Steakranch, Hospital St, gleich nördlich vom Taxistand, ✆ 027-712 2717. Das ansprechend afrikanisch eingerichtete Restaurant serviert Steak in abenteuerlichen Varianten – mit draufgepackten Schnecken etwa, oder in Brandy flambiert. Hauptgerichte um R100. ⌚ Mo–Sa 12–22 Uhr.

Titbits, Voortrekker St, auf der Straßenseite gegenüber von der Springbok Lodge, ✆ 027-718 1455. Die beste Adresse für einen Drink, besonders gut sind die Cocktails, darunter Schokoladen-Martinis und eine Hauskreation mit Eiscreme. Essen kann man hier auch, überwiegend Pasta und Pizza (Hauptgerichte R50–80). ⌚ Mo–Sa 8–22, So 12–22 Uhr.

SONSTIGES

Autovermietungen

Richtersveld Challenge, 96 Voortrekker St., gegenüber der Touristeninformation, ✆ 027-718 1905, ✉ richtersveld.challen@kingsley.co.za, vermietet komplett ausgestattete Geländewagen und Campingausrüstungen. Alternativ kann man auch bei einer der Autovermietungen in Upington (S. 319) ein Fahrzeug mieten.

Geld

Geldwechsel ist bei allen Banken im Zentrum möglich, so auch bei der **Absa Bank** in der Namakwa St, gegenüber der Haltestelle der Taxis.

Informationen

Die hilfreiche **Touristeninformation** befindet sich auf der Voortrekker St, 700 m südlich vom Taxistand, ✆ 027-712 80-35, -36, 💻 www.namakwa-dm.gov.za. ⌚ Mo–Fr 8–16.45 Uhr, in der Blumensaison auch Sa und So 8.30–16 Uhr. Weitere ortskundige Ratschläge (gewürzt mit trockenem Humor) gibt es in der **Springbok Lodge** an der Voortrekker, Ecke Kerk St. Dieser beliebte Treffpunkt für Besucher und Einheimische führt auch ein ausgezeichnetes Büchersortiment, darunter viele Titel über das Namaqualand und seine Blumen, die Geschichte des Kupferbergbaus, die Nama, das Richtersveld und die Felsbilder.

Internet

WS Computers, Lodge St, östlich vom Taxistand, ✆ 027-712 2127, bietet Internetzugang. ⌚ Mo–Fr 8–16 Uhr.

TRANSPORT

Busse

Intercape-Busse haben ihren Abfahrts- und Ankunftspunkt neben der Engen-Tankstelle an der Voortrekker St. Reservierungen unter ✆ 021-380 4400, 💻 www.intercape.co.za. Tickets gibt es auch bei Shoprite, 200 m zurück Richtung Stadt. Tgl. Verbindungen bestehen nach KAPSTADT (8 1/2 Std.), UPINGTON (4 3/4 Std.) und WINDHOEK (12 1/2 Std.).

Minibustaxis

Die meisten Minibusse starten vom Taxistand Klipkoppie und fahren tgl. außer So gegen 11 Uhr nach KAPSTADT (6 Std.). Dabei halten sie auch an weiteren Städten entlang der N7.

Goegap Nature Reserve

Eingang an der R355, 15 km östlich von Springbok ▪ ⌚ während der Blumensaison tgl. 8–18, sonst 8–16 Uhr ▪ Eintritt R15 ▪ ✆ 027-718 9906

Das **Goegap Nature Reserve** betitelt sich gerne selbst als „Namaqualand en miniature" und ist mit seinen fast 600 heimischen Blütenpflanzenarten in der Blumensaison ein beliebtes Touristenziel. Es gibt zudem einige der teilweise recht bizarren Sukkulenten zu bestaunen, die nur in dieser Gegend wachsen, was einen Besuch des Parks ganzjährig zu einem lohnenden Erlebnis macht. Auch Tiere sind hier heimisch, darunter Nama-Flughuhn, Löffelhund und Erdwolf. Eine 17 km lange Schotterpiste führt in einer Schleife vom und zum Parkeingang; alternativ lässt sich das Areal zu Fuß auf kurzen Wanderwegen erkunden.

Kamieskroon

Etwa 70 km südlich von Springbok liegt das Dorf Kamieskroon inmitten der Kamiesberge unter dem felsigen Gipfel *(kroon)*, von dem es seinen Namen hat. Mit dem Dorf hat es nicht viel auf sich, außer dass es wirklich sehr schön gelegen ist, von frischer, kühler Bergluft umweht wird und während der Blumensaison das Gefühl vermittelt, dass man sich mitten im Garten der Götter befindet.

Östlich von Kamieskroon liegen tiefer in den Bergen Orte wie **Nourivier** und die alte mährische Missionsstation **Leliefontein**. Das Land hier wird von den einheimischen Nama als Gemeinschaftsbesitz bewirtschaftet. Stellenweise sieht man Familien in traditionellen *matjieshuise* (Strohmatten-Häusern) wohnen. Diese Siedlungen, von denen sich viele heute noch um eine Mission als Mittelpunkt scharen, sind durch unbefestigte Straßen verbunden, die gute Routen zur Blumenschau abgeben.

Namaqua National Park

22 km nordwestlich von Kamieskroon an einer ausgeschilderten Schotterstraße ab der N7 ▪ tgl. 8–17 Uhr ▪ Eintritt R60 ▪ 027-672 1948, www.sanparks.com

Während der Blumensaison lohnt sich selbst auf der Durchfahrt ein Abstecher zur **Skilpad-Sektion** in der südlichen Hälfte des Namaqua National Park. Die Wahrscheinlichkeit der Blumenblüte, mit weiten, in Orangetönen leuchtenden Flächen, ist hier größer als anderswo, selbst in Jahren mit spärlichem Niederschlag. Auch für Schmetterlingfans und Vogelbeobachter kann es sich lohnen. Durch das Reservat führt ein 5 km langer Rundfahrweg, außerdem gibt es zwei kurze Spazierwege und eine hübsche Picknickstelle.

ÜBERNACHTUNG

Kamieskroon

Kamieskroon Hotel, von der N7 kommend rechter Hand, 027-672 1614, www.kamieskroonhotel.com. Ein lebendiger und kreativer Ort, der während der Blumensaison Foto-Workshops anbietet und inzwischen ein Zentrum für Aktivitäten in der umgebenden Kamiesberg-Region ist. Es gibt 24 Zimmer, einen Caravanpark und Zeltplatz sowie 5 Apartments für Selbstversorger. Im Restaurant wird deftige Bauernkost serviert (Abendessen vorbestellen). Camping R90, DZ R530, Apartment R550

Garies

Falls das Hotel in Kamieskroon während der Blumensaison ausgebucht sein sollte, kann man eventuell nach Garies, 45 km weiter südlich an der N7, ausweichen.

Sophia Guesthouse, 33 Main St, 027-652 1069, www.sophiaguesthouse.co.za. Das ehemalige Hotel aus den 1930er-Jahren ist einen Umweg wert und gehört seit seiner bunt verspielten Renovierung zu den besten Unterkünften der Gegend. Die gemütlichen DZ, die Küche sowie der Salon leuchten in liebevoll ausgewählten, farbenfrohen Blumenmustern, hinter dem Haus gibt es noch ein bezauberndes Selbstversorger-Cottage. Die freundlichen Besitzer kennen sich in der Gegend gut aus und können nach Voranmeldung auch Abendessen organisieren. DZ R600, Cottage R850

Namaqua National Park

Skilpad Rest Camp, im Parkabschnitt Skilpad, Reservierung über South African National Parks in Pretoria, 012-428 9111, www.sanparks.org. Für Campingaufenthalte und kurzfristige Buchungen wendet man sich direkt an die Rezeption, 027-672 1948. Vier 3-Bett-Chalets mit geschützter Veranda in den felsigen Hügeln des Parks, alle sind komfortabel mit Kamin und Kochutensilien ausgestattet. Man kann hier auch zelten, aber es gibt weder Strom noch Duschen. Einfache Toiletten sind vorhanden. Verpflegung und Feuerholz müssen selbst mitgebracht werden. Camping R95, Chalet R525

Vanrhynsdorp

Auf dem Weg von Kamieskroon nach Süden weichen die Berge allmählich der eintönigeren Landschaft der kiesigen Halbwüste **Knersvlakte** – der „knirschenden Ebene", nach dem Geräusch, das die metallbeschlagenen Wagenräder auf der Fahrt über dieses schroffe Terrain verursachten. 196 km von Kamieskroon liegt die ländliche Kleinstadt **Vanrhynsdorp**, die südlichste Ortschaft von Namaqualand. Obwohl sie offiziell zur Provinz Westkap gehört, fungiert sie für Besucher, die aus dem 307 km südlich gelegenen Kapstadt kommen, als Tor zur Region. Sie liegt an der Kreuzung von N7 (der Hauptstraße zwischen Kapstadt und Namibia) und R27, der Verkehrsverbindung durch das herrliche Bokkeveld Escarpment nach Calvinia und schließlich Upington am Nordrand der Großen Karoo. Die am Fuß des tafelförmigen Maskam Mountain gelegene Stadt ist außerhalb der Blumensaison ziemlich ausgestorben.

Museen und historische Stätten

Der vom hohen Kirchturm dominierte Ort besitzt für seine Größe überraschend viele historische Stätten und Museen mit lokalem Bezug. Das kurzweilige **Van Rhijn Museum** in der Van Riebeeck Street etwa zeigt alte Gegenstände und Haushaltsutensilien der frühen burischen Einwohnerschaft. ⌚ Mo–Fr 9–18, Sa und So 9–13 Uhr, Eintritt frei.

Das verschrobene **Latsky Radio Museum** hinter der Kirche in der 4 Church Street, ✆ 027-219 1032, wiederum pflegt eine Sammlung von rund 200 Röhrenradios, die bis in die 1920er-Jahre zurückreichen. ⌚ während der Blumensaison Mo–Sa 9–12, 14–17 Uhr, sonst auf Anfrage, Eintritt frei.

Auf der Troe Troe Street stadtauswärts erreicht man nach rund 500 m den kleinen **Friedhof** von Vanrhynsdorp mit einer Reihe dem Verfall preisgegebener Gräber von Opfern aus dem Zweiten Burenkrieg, manche mit nicht mehr als einem Haufen aufgetürmter Steine markiert.

Kokerboom Kwekery

74 Voortrekker St, fünf Straßen östlich der Kirche ▪ ⌚ Mo–Fr 8–17 Uhr ▪ Eintritt während der Blumensaison R10, sonst frei ▪ ✆ 027-219 1119, 💻 www.kokerboom.co.za

Diese ungewöhnliche **Gärtnerei** ist sowohl während als auch außerhalb der Blumensasion einen Besuch wert. Sie ist auf Sukkulenten spezialisiert und zeigt Besuchern eine faszinierende Auswahl von Dutzenden ausgefallenerer Arten. Etwa ein Drittel aller Sukkulentenarten der Welt kommt in dieser Region vor, viele von ihnen sogar ausschließlich in diesem Gebiet. Zur Gärtnerei gehören auch ein kleines Café und ein Laden.

ÜBERNACHTUNG

Wer länger als nur eine Nacht in der Gegend bleiben will, sucht sich am besten eine **Farmunterkunft** in den nahen Bergen, wofür allerdings ein eigenes Fahrzeug benötigt wird.

Gifberg Holiday Farm, 29 km nördlich von Vanrhynsdorp, ✆ 027-219 1555, 💻 www.gifberg.co.za. Ein ländliches Idyll mit Selbstversorger-Chalets für 1–13 Pers., Pool und Café. Das große Plus sind aber die Wandermöglichkeiten in die Umgebung, die von Anfängerpfaden bis zu einer 21 km langen Route zu Felsmalereien der San reichen. R420

Namaqualand Country Lodge, 22 Voortrekker St, neben der Kirche, ✆ 027-219 1633 oder 082-896 6444, 💻 www.namaqualodge.co.za. Die familiengeführte Lodge ist seit über einem Jahrhundert im Geschäft und pflegt etwas altmodischen Charme (Stichwort präparierte Tiere und die größte Krawattensammlung des Landes). Es gibt einen Pool und nebenan das Restaurant Mikie's (s. u.). R560

Van Rhyn Guest House, Van Riebeeck St, ✆ 027-219 1429, 💻 www.vanrhyngh.co.za. Ruhige, gastfreundliche und kunstbeflissene Unterkunft. Die 10 Zimmer mit hohen Decken, einige davon in Nebengebäuden, bleiben selbst in der Sommerhitze schön kühl. Auf Anfrage gibt es auch hervorragende Mahlzeiten. R600

Vanrhynsdorp Caravan Park, 800 m entlang der Troe Troe St (die zur Gifberg Rd wird), ✆ 027-219 1287, 💻 www.vanrhynsdorpcaravanpark.co.za. Außerhalb der Saison ist es hier einigermaßen ruhig. Die Anlage besteht aus einem preiswerten **Campingplatz** und schlichten Chalets mit Bad, 8 davon mit Kochnische, sowie einer Handvoll einfacher DZ und EZ. Kleiner

Aufpreis für DSTV und AC. Camping R170, DZ R360, Chalet R400

Vanrhynsdorp Self-Catering Resort, am Ende der Lazarus St, ✆ 027-219 1810, ✉ vrdpselfsorg @nashuaisp.co.za. Diese komfortablen Selbstversorger-Chalets wirken unpersönlich, sind aber eine gute Wahl. Manche haben Mehrbettzimmer für Familien oder Gruppen. R460

ESSEN

Abgesehen von den unten genannten haben die Shell- und Caltex-Tankstellen brauchbare Restaurants, die hauptsächlich durchreisende Autofahrer an der N7 bewirten.

Mikie's, in der Namaqualand Country Lodge, 22 Voortrekker St, ✆ 027-219 1633. Kein aufregender Ort, aber eins der wenigen richtigen Restaurants im Ortszentrum. Recht durchschnittliches Angebot an Steaks, Burgern und anderen Fleischgerichten ab R70. ⏲ Mo–Sa 8–22 Uhr.

ZAR (Zuid Afrikaanse Restaurant), im Vanrhynsdorp Caravan Park, 800 m entlang der Troe Troe St (die zur Gifberg Rd wird), ✆ 027-219 1287. Das beste Restaurant der Stadt serviert ordentlich zubereitete Steaks mit Schnecken, Muscheln und andere interessante Kombinationen in überraschend kultiviertem Ambiente (Hauptgerichte R60–110). ⏲ Mo–Sa 7–10, 18–23 Uhr.

INFORMATIONEN

Im Museum in der Van Riebeek St gibt es eine einfache, aber extrem freundliche **Touristeninformation**, ✆ 027-219 2935, 💻 www.namaquawestcoast.com. ⏲ Aug–Sep Mo–Fr 8–17, Sa 9–13, in der übrigen Zeit Mo–Fr 8–17 Uhr.

TRANSPORT

Die meisten Busse und Taxis von und nach KAPSTADT, SPRINGBOK oder UPINGTON halten entweder an der Shell-Tankstelle oder an der Caltex-Tankstelle am Anfang der Van Riebeck St gleich nach der Abzweigung von der Schnellstraße N7.

Busse

Intercape-Busse, (Reservierung ✆ 021-380 4400, 💻 www.intercape.co.za), verkehren tgl. nach KAPSTADT (9.20 Uhr, 6 1/4 Std.), UPINGTON (7 Uhr, 8 Std.) via SPRINGBOK (3 Std.) und nach WINDHOEK (15.35 Uhr, 14 Std.).

Minibustaxis

Minibustaxis nach KAPSTADT und SPRINGBOK fahren in der Regel am frühen Nachmittag in Vanrhynsdorp ab, wenn sie auf ihrem Weg entlang der N7 durch die Stadt kommen. An Wochenenden verkehren nur wenige Taxis.

Nieuwoudtville

Wer die R27 von Vanrhynsdorp in östlicher Richtung nach Calvinia befährt, erkennt sehr gut, wie sich das Land plötzlich von den Ebenen zum Steilabbruch des Bokkeveld erhebt, den die Straße am **Van Rhyn's Pass** mit ein paar haarsträubend engen Haarnadelkurven in der Nähe des Gipfels überquert. Kurz nach Erreichen des Plateaus weist ein Schild zu einem fantastischen Aussichtspunkt mit Blick über die Ebene.

8 km nach dem höchstgelegenen Abschnitt des Van Rhyn's Pass, knapp über 50 km von Vanrhynsdorp, verläuft die R27 nur wenig nördlich des malerischen *dorps* Nieuwoudtville mit seinen reizvollen honigfarbenen, blechgedeckten Sandsteinhäusern und den traurigen **Ruinen** der ersten Siedlerhäuser am Stadtrand. Der vor über einem Jahrhundert gegründete Ort ist mit Abstand der hübscheste der Region und lädt zum Bleiben ein.

Auf den hiesigen Böden gedeiht die größte Dichte von Zwiebelpflanzen weltweit, und in der Umgebung locken mehrere attraktive Naturschutzgebiete. Die meisten Pflanzen blühen im August und September, einer Zeit umwerfender Farbenpracht, doch auch sonst blüht hier zwischen März und Oktober eigentlich immer irgendetwas.

Etwa 7 km nördlich von Nieuwoudtville an der R357 Richtung Loeriesfontein vereinen sich die beiden Flüsse Willems und Grass Rivers zum Doring (Dornen) River, um dann als Wasserfall 100 m tief in die Maaierskloof zu stürzen. Vor allem im Frühjahr, wenn die Wassermassen dank der Regenfälle in den Bokkeveld-Ausläu-

Naturreservate rund um Nieuwoudtville

Dank ihrer Lage an der Großen Randstufe bekommt die Gegend um Nieuwoudtville ungewöhnlich viel Niederschlag ab und kann daher mit über 300 verschiedenen Arten von Blütenpflanzen aufwarten. Die Blütezeit beginnt nach den ersten Regenfällen im April oder Mai und erreicht ihren Höhepunkt im August und September. Aber auch zu übrigen Zeiten kann die Landschaft faszinieren und mit ihrem Reichtum an seltenen Pflanzen und Tieren begeistern. Die nachfolgend vorgestellten Gebiete bieten Einblicke in das, was die Region zu bieten hat:

Nieuwoudtville Wildflower Reserve, 3 km östlich von Nieuwoudtville an der R27. Hier gedeiht eine unvergleichliche Vielfalt von Zwiebelpflanzen; besonders augenfällig sind die orange blühenden Bulbinellas. Zwischen den felsigen *koppies* gibt es außerdem einen kurzen Wanderweg.

Bokkeveld Nature Reserve, 7 km nördlich von Nieuwoudtville. Hauptattraktion ist hier der 30 m hohe Wasserfall, der zwischen April und Oktober, wenn der Doring River Wasser führt, eine beeindruckende Schlucht hinunterstürzt, um deren steile Felswände manchmal große Raubvögel kreisen.

Quiver Tree Forest, 25 km nördlich von Nieuwoudtville an der R357 nach Loriesfontein. Eine ungeteerte Straße nach Gannabos führt zu einem weiteren botanischen Unikum der Region: einem ausgedehnten **Köcherbaumwald** mit einigen der höchsten Exemplare von *Aloe dichotoma* (dem *kokerboom*), die in ganz Südafrika zu finden sind. Sie blühen im Juni und Juli.

Matjiesfontein Flower Route, auf der Farm gleichen Namens 14 km südlich von Nieuwoudtville. Diese schöne und einfach zu fahrende Strecke beginnt beim Bauernhof von Matjiesfontein, ✆ 027-218 1217, wo man eine Gebühr von R10 zahlt. Die Fahrt geht über 7 km kreuz und quer durch die umliegenden Felder und es gibt eine Fülle an blühenden Pflanzen zu sehen. In der Blütezeit bietet die Farm Rundfahrten mit Traktoren und Fuhrwerken an.

Rondekop/Naressie Route, die 42 km lange Rundfahrt beginnt und endet in Nieuwoudtville und führt dabei durch eine Region, die an die Karoo erinnert. Entsprechend sieht man eine riesige Zahl an Kapmargeriten und *vygies* (Mittagsblumengewächse). Kartenmaterial bekommt man in der Touristeninformation.

NORDKAP

fern anschwellen, ist das ein beeindruckendes Spektakel. Der Wasserfall liegt nur etwa 100 m Fußweg vom Parkplatz an der R357 entfernt.

Hantam National Botanic Garden

Oorlogskloof Rd ▪ ◷ In der Blütezeit, gewöhnlich Aug–Okt, tgl. 8–17 Uhr ▪ Eintritt R18 ▪ Übriges Jahr Mo–Fr 7.30–16.30 Uhr ▪ Eintritt frei ▪ ✆ 027-218 1200, 💻 www.sanbi.org/gardens/hantam

Besonders schön sind die Wildblumen im Hantam National Botanic Garden. Auf dieser ehemaligen Farm war schon zweimal Sir David Attenborough mit einem Filmteam zu Gast, um für seine Dokumentarfilmreihe *Das geheime Leben der Pflanzen* Aufnahmen von der außergewöhnlichen Flora des Gartens zu machen. Das Frühjahr ist natürlich die ideale Zeit für den Besuch, eine Reihe von Frühblühern macht aber auch den Winter interessant, und im Herbst sorgen pinkfarbene Brunsvigien und gelbe Crossyne-Blüten (beides Amaryllisgewächse) für leuchtende Farbtupfer.

ÜBERNACHTUNG UND ESSEN

Olive Caravan Park, gut 1 km westlich des Zentrums entlang der Kerk St, zu buchen über das Van Zijl Guesthouses (s. u.). Angenehmer Caravan-Park und Zeltplatz mit großem, überdachten *braai*-Platz und 6 Stellplätzen mit Strom und Warmwasserduschen. R150

Papkuilsfontein Guest Farm, 23 km südlich von Nieuwoudtville, abseits der Schotterpiste nach Clanwilliam, ✆ 027-218 1246, 💻 www.papkuilsfontein.com. 6 liebevoll restaurierte, weißgekalkte Cottages für Selbstversorger rund um die Farm, die die Familie Van Wyk vermietet. Einige stammen noch aus den 1800er-Jahren und bieten eine unvergleichliche Atmosphäre. Es gibt schmackhafte hausgemachte leichte

Mahlzeiten, Kuchen und Kaffee im Restaurant Die Waenhuis, ◷ tgl. 10–16 Uhr, auf der Farm und gegen Vorbestellung auch Abendessen. An Aktivitäten stehen Wandern, Vogelbeobachtung und Schwimmen in den Stauanlagen der Farm zur Wahl. R790

Van Zijl Guesthouses, 1 Neethling St, ☏ 027-218 1535, 💻 www.nieuwoudtville.co.za. Ansammlung von attraktiven Gästehäusern, die sich um das Smidswinkel Restaurant gruppieren. Die restaurierten traditionellen Sandsteinhäuser mit gemütlichem altem Mobiliar und Kamin bieten Selbstversorgern Unterkunft. Es gibt auch 2 DZ, das eine über dem Restaurant, das andere in einem umgebauten Wagenschuppen. R740

Smidswinkel Restaurant, 1 Neethling St, ☏ 027-218 1535. Eine bessere Wahl kann man nicht treffen. Besonders gut schmeckt hier die weithin berühmte Lammkeule mit einem Wein aus der Region. Weniger oft nachgefragte Afrikander-Spezialitäten wie gebackene Schafsköpfe oder gefülltes Herz sollte man einen Tag im Voraus bestellen. Die Hauptgerichte kosten um R100 und leichte Gerichte und Tee werden im Garten serviert. ◷ tgl. 7–22 Uhr.

INFORMATIONEN

Das **Informationszentrum**, ☏ 027-218 1336, 💻 www.nieuwoudtville.com, befindet sich im Kirchengebäude an der Kerk Rd. ◷ Mitte Juli–Sep Mo–Sa 9–17, So 9–14 Uhr, sonst Mo, Mi und Fr 9–14 Uhr.

Smidswinkel Restaurant & Information Centre, Neethling St, in einem großen Sandsteingebäude, ☏ 027-218 1535. Zuverlässige Informationen über die Gegend und Tipps zu den verschiedenen Wanderwegen und Felskunststätten in der Region.

TRANSPORT

Öffentliche Transportmittel nach Nieuwoudtville beschränken sich auf die unregelmäßigen Minibustaxis, die tgl. von und nach VANRHYNSDORP (3/4 Std.) verkehren. Die Haltestelle befindet sich 700 m östlich der Touristeninformation.

Calvinia

Ungeachtet seines strengen Namens, den der Ort von einem frühen Pastor erhielt, liegt Calvinia, 70 km östlich von Nieuwoudtville, recht idyllisch zu Füßen der Hantam Mountains. Das Städtchen dient als Versorgungszentrum für den Westteil der Großen Karoo, doch man möchte hier nicht unbedingt mehr Zeit als nötig verbringen, es sei denn, man kommt wegen der Blumen in der Umgebung (*hantam* bedeutet auf Khoi: „wo die roten Zwiebelblumen wachsen").

ÜBERNACHTUNG

Die Blou Nartjie, 35 Water St, ☏ 027-341 1263, 💻 www.nartjie.co.za. Fraglos eine der stilvollsten Unterkünfte in der Region mit 8 luxuriösen Zimmern mit AC und DSTV, die in einer Mischung aus antikem – silberne Lüster und samtene Tagesdecken – und modernem Touch eingerichtet sind. Es gibt einen kleinen Pool, und das exzellente Restaurant und die Bar sind beliebte Treffpunkte der Stadt. R540

Hantam Huis, 42-44 Hoop St, ☏ 027-341 1606, 💻 www.calvinia.co.za. Malerische Ansammlung restaurierter alter Wohnhäuser, die zu Gästehäusern umfunktioniert und mit antikem Mobiliar eingerichtet wurden. Selbstversorgung ist möglich, es gibt aber auch ein Restaurant, das Afrikander-Kost serviert und frisch gebackenes Brot, Kuchen und Kaffee anbietet. Einen Besuch wert ist übrigens die Rezeption mit ihrem Kunsthandwerksgeschäft und einer interessanten, bunten Ausstellung an Sammlerstücken. R520

INFORMATIONEN

Touristeninformation, 44 Church St, ☏ 027-341 8100. Untergebracht in einer alten Synagoge aus dem Jahr 1920, die zudem eine Ausstellung von Farmgeräten und alten Fotografien beherbergt, gibt es hier Auskunft über die Blumenrouten im Hantam-Distrikt sowie verschiedene Geländewagen- und Wanderpfade in derselben Gegend. ◷ Mo–Fr 8–13, 14–17, Sa 8–12 Uhr.

Die Westküste und das Richtersveld

Nördlich von St Helena Bay, der gekrümmten Landspitze 100 km nördlich von Kapstadt, erstreckt sich die lange einsame Westküste von Südafrika – kalter, grauer Atlantischer Ozean und die vorherrschende robuste Sandveld-Vegetation auf dem unfruchtbaren Boden. Viel mehr gibt es zu der Region nicht zu sagen.

Zwischen der Mündung des Olifants River nahe Vanrhynsdorp und des Oranje, gut 400 km nördlich, befindet sich mit **Port Nolloth** die einzig nennenswerte Siedlung. Aber es gibt Teerstraßen, die von der N7 zur Küste führen.

1925 wurden die ersten **Diamanten** in Namaqualand entdeckt. Die Funde belegten, dass Diamanten den ganzen Oranje hinuntergetragen und dann in den Ozean hinausgespült wurden, wo sie sich durch Strömungen und Sedimenttransport entlang der Küste verteilten. Anfänglich konzentrierte sich die Diamantensuche auf den Lauf des Oranje und die Küstendünen, doch seitdem hat sich das Interesse auf die Diamanten verlagert, die vor der Küste auf dem Meeresboden liegen. Sie werden vorwiegend von Schiffen gefördert, die gewaltige Unterwasser-„Staubsauger" einsetzen, und von Tauchern, die häufig unter gefährlichen Bedingungen arbeiten. Während ein Großteil der Küstenregion von Namaqualand aufgrund der Diamantvorkommen *off-limits* ist, darf die **„Diamond Coast"** von Port Nolloth bis Alexander Bay, der Mündung des Oranje River, besucht werden. Springbok ist ein geeigneter Ausgangspunkt für einen Ausflug hierher.

Die ersten Niederschläge der Blütezeit fallen im Küstengebiet. Die Blütenpracht beginnt oft ab etwa 20 km landeinwärts, weshalb die wenigen Straßen von der N7 zur Küste den einen oder anderen Abstecher wert sind. Die geteerte R355 über den **Spektakel Pass** zwischen Springbok und Kleinzee gehört zu den beeindruckendsten Straßen von Namaqualand, und auch der **Anenous Pass** auf der geteerten R382 zwischen Steinkopf an der N7 und Port Nolloth ist unvergesslich.

An dieser Straße sieht man die Ziegenherden des hier heimischen Hirtenvolks der Nama und die Berge und Täler des **|Ai-|Ais/Richtersveld National Park**, der die unmittelbar südlich des Oranje liegende Bergwüste einnimmt.

Port Nolloth

Port Nolloth, 136 km nordwestlich von Springbok, ist ein seltsamer und doch reizvoller Ort. Hier herrscht häufig diesiges Wetter, sodass die Horizonte nie wirklich deutlich zu erkennen sind. Die Morgennebel hüllen die Stadt in eine fast unheimliche Ruhe. Die Einwohner der Stadt sind eine bunte Mischung aus Fischern und Diamantbootbesitzern.

Port Nolloth ist geheimnisvoll und aufregend, und viele Geschichten ranken sich um den illegalen Diamanthandel – IDB („Illegal Diamond Buying"). Sehenswertes ist rar und der Atlantik für ein Bad zu kalt, doch ein Spaziergang zum **Hafen** lohnt sich immer. Touren auf Diamantbooten werden nicht angeboten, aber die Gästehäuser von **McDougall's Bay**, etwa 5 km weiter südlich, halten Kanus und kleine Boote bereit.

ÜBERNACHTUNG

Bedrock Lodge, 2 Beach Rd, Port Nolloth, ✆ 027-851 8865, 💻 www.bedrocklodge.co.za. Schicke, entspannte Unterkunft in einem alten Strandhaus mit Stilmöbeln und eine gute Informationsquelle obendrein. Außerdem unterschiedlich große Strandhäuschen für Selbstversorger, alle mit Meerblick. R750

McDougall's Bay Beach House Accommodation, Voetbay St, McDougall's Bay, ✆ 027-851 8064, 💻 www.beachhouseportnolloth.co.za. 11 moderne Strandhäuser für Selbstversorger in McDougall's Bay. Die Zimmer sind schlicht, aber die meisten haben Meerblick und sind eine gute Wahl für Gruppen und Familien. Man checkt an der Rezeption ein, wo man auch Feuerholz für ein *braai* erhält, und wird dann in hauseigenen Fahrzeugen zur Unterkunft gefahren. R600

Port Indigo, Kamp St, McDougall's Bay, ✆ 027-851 8012, 💻 www.portindigo.co.za. 1 DZ mit Bad in einem B&B, außerdem diverse Selbst-

© DUMONT BILDARCHIV / TOM SCHULZE

Ständig unter Strom: Erdmännchen

versorger-Strandhäuser mit 1–4 Schlafzimmern. Auf Wunsch Hilfe bei der Organisation von Touren in die Umgebung. DZ R450, Selbstversorger R960

ESSEN

Anita's Tavern, neben der First National Bank, Coastal Rd, ✆ 084-726 7090. Die rustikale, gemütlich maritim eingerichtete Fischerhütte am Strand ist die beste Adresse im Ort für eine Mahlzeit. Aufgetischt werden guter Fisch, Muscheln, Calamares sowie Fleisch und Pasta (Hauptgerichte ab R70). 🕒 tgl. 12–23 Uhr.

Vespetti, 2099 Coastal Rd, ✆ 027-851 7843. Freundlicher Ort direkt am Strand, der rund um das Thema Vespa (die Inhaber sind Vespa-Fans) eingerichtet ist. Das Menü ist italienisch angehaucht, entsprechend gibt es Pasta und Pizza (R45–90), aber auch teurere Seafood-Gerichte. Auch Gerichte zum Mitnehmen. 🕒 Di–So 12–21.30 Uhr.

TRANSPORT

Das einzige öffentliche Verkehrsmittel nach Port Nolloth ist das sporadisch verkehrende **Minibustaxi**, das Mo–Sa zwischen SANDDRIF an der namibischen Grenze und SPRINGBOK (Abfahrtszeiten am Vortag beim Taxistand in Springbok erfragen) verkehrt. Die Haltestelle in Port Nolloth befindet sich neben der Port Nolloth Pharmacy auf der Main Road, die parallel zur Beach Street verläuft. Infos zur Rückfahrt erhält man bei den Fahrern.

Alexander Bay

Der westlichste Punkt von Südafrika ist Alexander Bay 84 km nördlich von Port Nolloth an der Mündung des Oranje, nur einen Steinwurf von Namibia entfernt. Benannt ist sie nach Sir James Edward Alexander, der hier in den 1860er-Jahren begann, Kupfer zu exportieren. Aber erst 1926, als die ersten Diamanten gefunden wurden, erwachte der kleine Ort zum Leben. Hier dreht sich bis heute alles um **Diamanten**: Der größte gefundene Stein war der 1944 entdeckte Merensky-Diamant, der stolze 211,5 Karat auf die Waage brachte. Die staatliche Bergbaugesellschaft **Alexkor** hat die meisten geschäftlichen Aktivitäten in der Stadt und ihrer Umgebung unter ihrer Kontrolle. Man kann sie kontaktieren, wenn man die Diamantenfelder, eine Austernfarm oder eine Seehundkolonie im Rahmen einer Tour besuchen möchte (✆ 027-877 0028, www.coastofdiamonds.co.za). Die Touren finden jeden Freitag um 8 Uhr statt und müssen mindestens eine Woche im Voraus unter Vorlage einer Passkopie gebucht werden. Die Preise liegen bei R175, hängen aber letztendlich von der Gruppengröße ab.

TRANSPORT

Es ist nicht möglich, die Grenze nach Oranjemund an der Küste Namibias zu überqueren. Die Grenzübergänge nach Namibia befinden sich in Vioolsdrift an der N7 oder der Pontonbrücke über den Oranje in Sendelingsdrift im |Ai-|Ais/Richtersveld National Park (s. u.). Einziges öffentliches Verkehrsmittel nach Alexander Bay ist das unregelmäßig verkehrende **Minibustaxi**, das von Mo–Sa zwischen SANDDRIF an der namibischen Grenze und SPRINGBOK verkehrt (Abfahrtszeiten am Vortag beim Taxistand in Springbok erfragen). In Alexander Bay halten sie bei Pep Stores auf der Oranje Street – die Fahrer fragen, um welche Zeit die Rückfahrt erfolgt.

9 HIGHLIGHT

|Ai-|Ais/Richtersveld National Park

tgl. 7–18 Uhr, Rezeption 8–16 Uhr ▪ Eintritt R170 ▪ 027-831 1506, www.sanparks.org

Der **|Ai-|Ais/Richtersveld National Park** im nordwestlichen Namaqualand – allgemein als **Richtersveld** bekannt – dehnt sich im Norden ungefähr bis zum Oranje aus, im Osten bis zur N7, im Süden bis zur R382 nach Port Nolloth und im Westen bis zum Atlantischen Ozean. Der traumhaft schöne Park entstand 2003 durch die Zusammenlegung des südafrikanischen Richtersveld National Park (in Südafrika ist dieser Name für den neuen Park noch gängig) mit dem namibischen /Ai-/Ais and Fish River Canyon Park.

Der Park liegt an einer Schleife des Oranje River, und die Landschaft ist wild und zerklüftet. Namen wie Hellskloof, Skeleton Gorge, Devil's Tooth und Gorgon's Head zeugen von der Rauheit der unwirtlichen Berglandschaft, die nur durch die Vielfalt an robusten Sukkulenten, die mächtigen Felsformationen, das wunderschöne Abend- und Morgenlicht und den glitzernden Sternenhimmel bei Nacht aufgeheitert wird. In

Aktivitäten im Richtersveld

Zwischen April und September kann man an **geführten Wanderungen** auf drei ausgewiesenen Pfaden im Park teilnehmen: dem Vensterval Trail (vier Tage, drei Nächte), Lelieshoek-Oemsberg Trail (drei Tage, zwei Nächte) und dem Kodaspiek Trail (zwei Tage, eine Nacht). Die Touren haben einen hohen Schwierigkeitsgrad und sollten nur von erfahrenen Wildniswanderern angegangen werden. Die Übernachtungen erfolgen überwiegend im Hiking Trails Base Camp im Ganakouriep Valley innerhalb des Parks. Ausgestattet ist es mit Etagenbetten, Gasöfen und heißen Duschen. Für weitergehende Informationen und Buchungen wendet man sich an South African National Parks in Pretoria, 012-428 9111, www.sanparks.org.

Zahlreiche Veranstalter bieten mehrtägige **Kanutrips** auf dem Oranje an. Sie werden in aufblasbaren Kanus oder Kanus aus Fiberglas durchgeführt, und übernachtet wird in Zelten unter funkelndem Sternenhimmel am Ufer. Diese Touren sind ziemlich entspannt und erfordern keine besonderen körperlichen Voraussetzungen. Mitfahren kann jeder ab 6 Jahren. Ein viertägiger Trip kostet um R3000 p. P. Ein empfehlenswerter Veranstalter ist Bushwhacked Outdoor Adventure, 027-761 8953, www.bushwhacked.co.za, auf dem Fiddler's Creek-Campingplatz (R75) am Flussufer an der Grenze zu Namibia, 12 km entlang des südlichen Flussufers von Vioolsdrif. In Kapstadt kann man Amanzi Trails, 021-559 1573, www.amanzitrails.co.za, und Umkulu 021-853 7952, www.orangeriverrafting.com, probieren. Beide haben Standorte am Fluss, wo man sein Fahrzeug parken und Gepäck zurücklassen kann.

NORDKAP

manchen Teilen des Parks liegt die jährliche Regenmenge nur bei 50 mm, womit dies die einzige wirkliche Wüste in Südafrika ist – und dazu noch eine Bergwüste. Im Sommer kann die Hitze unerträglich werden, es wurden schon über 50 °C gemessen. Dagegen können die Wintertemperaturen bei Nacht unter den Gefrierpunkt fallen.

Die **beste Zeit** für einen Besuch sind die Monate August und September, wenn die Sukkulenten, die fast ein Drittel aller südafrikanischen Spezies umfassen, blühen. Außer Eidechsen und Klippspringern gibt es im Park kaum Tiere, abgesehen von äußerst scheuen Leoparden.

ÜBERNACHTUNG

Es ist ratsam, die Unterkünfte im Voraus bei South African National Parks in Pretoria, ✆ 012-428 9111, 🖳 www.sanparks.org, zu reservieren. Wer zelten oder kurzfristig buchen möchte, wendet sich direkt an die Rezeption, ✆ 027-831 1506. Im Park gibt es kein Restaurant, aber im Hauptquartier in Sendelingsdrift, 93 km von Alexander Bay, bekommt man Benzin und eine limitierte Auswahl an Lebensmitteln wie Getränke und Konserven, ⌚ tgl. 8–16 Uhr. Die nächsten Geschäfte befinden sich in Alexander Bay, aber die Auswahl in den Supermärkten von Springbok ist deutlich besser.

Campingplätze, 4 sehr einfache Campingplätze in Kokerboomkloof, Potjiespram, Richtersberg und De Hoop. Außer in Kokerboomkloof gibt es überall kalte Duschen. Trinkwasser muss mitgebracht werden, Benzinkanister kann man in Sendelingsdrift auffüllen. R195

Sendelingsdrift Rest Camp, beim Parkeingang in Sendelingsdrift, 🖳 www.sanparks.org. 10 klimatisierte, ordentliche Chalets mit Platz für 2–4 Pers., alle mit Kühlschrank und Herd, von der Veranda vorne Blick auf den Oranje. Es gibt auch einen Pool und einen Campingplatz. Camping R195, Chalet R730

Tatasberg Wilderness Camp, im Park bei Tatasberg an der namibischen Grenze. Malerische Reethütten mit Kochgelegenheit in grandioser Lage zwischen Felsen und mit herrlicher Aussicht auf die umgebenden Berge. Es gibt Duschen, Trinkwasser muss jedoch mitgebracht werden. R730

TRANSPORT

Wegen seiner Abgeschiedenheit ist Richtersveld nicht im Rahmen eines Tagesausfluges zu erreichen und es fahren auch **keine öffentlichen Verkehrsmittel** hierher.

Auto

Der direkteste Weg in den Nationalpark führt von Springbok auf der N7 nach Steinkopf (49 km). Ab hier folgt man der R382 über den Annenous-Pass nach Port Nolloth und weiter nach Alexander Bay. Von nun an ist der Park ausgeschildert. Von Alexander Bay fährt man 93 km auf einer Schotterpiste bis zum Parkbüro in Sendelingsdrift, das man vor 16 Uhr erreichen muss. Wer aus Namibia kommt, fährt an der Grenze bei Vioolsdrift über die N7 via Kotzehoop, Eksteenfontein und passiert dann die Pontonbrücke bei Sendelingsdrift, ⌚ tgl. 8–16.15 Uhr, über den Oranje, der hier die Grenze zwischen Südafrika und seinem Nachbarn markiert.

Normale Pkw sind im Park nicht erlaubt. Für eine Erkundungstour braucht man einen Pick-up oder ein Fahrzeug mit Allradantrieb mit genügend Bodenfreiheit, um die sandigen Flussbetten und holprigen Bergpässen zwischen den ausgewiesenen Campingplätzen bewältigen zu können. Besondere Vorsicht ist auf der Piste zwischen den Campingplätzen Richtersberg und De Hoop geboten, unter deren dicker Sanddecke sich gefährlich scharfe Steinzacken verbergen. Besucher mit eigenem Fahrzeug sollten im Konvoi mit mind. einem anderen Wagen fahren. Nachts herrscht Fahrverbot.

Touren

Wer kein geländeerprobter Autofahrer ist, sollte den |Ai-|Ais/Richtersveld National Park besser im Rahmen einer **Tour** besuchen. Der erfahrenste Veranstalter ist Richtersveld Challenge (S. 331); er bietet Expeditionen von unterschiedlicher Dauer in den Park sowie nach Kgalagadi und Namibia an. Die im Kasten „Touren in die Kalahari" (S. 316) gelisteten Veranstalter bieten ebenfalls Touren an.

Ostkap

Stefan Loose Traveltipps

Township-Tour in Port Elizabeth Eine gute Möglichkeit, die Schauplätze des Anti-Apartheidskampfs zu besichtigen. S. 352

10 Addo Elephant National Park Elefanten, aber auch die übrigen vier der Big Five, bevölkern das überwältigende Tierschutzgebiet. S. 354

Grahamstown Festival Afrikas größtes Kunstfestival belebt für zwei Wochen im Jahr die reizende Universitätsstadt. S. 366

The Tuishuise Eine Übernachtung in der geschichtsträchtigen Grenzstadt Cradock in einem wunderschön restaurierten viktorianischen Haus. S. 372

Farmstay in der Karoo Die Halbwüste im Landesinneren besticht durch klare Luft und weite Panoramablicke. S. 379

11 Die Wild Coast Ruhe und Abgeschiedenheit an einer einsamen und spektakulären subtropischen Küste. S. 390

Bulungula Backpacker Lodge Die Herberge in einem Dorf an der Wild Coast ist eine erstklassige Ausgangsbasis, um Xhosa-Kultur kennenzulernen. S. 396

Nelson Mandelas Geburtsort Qunu Auf den Spuren des größten Helden Südafrikas: In diesem Dorf bei Mthatha wurde Nelson Mandela geboren und 2013 beigesetzt. S. 401

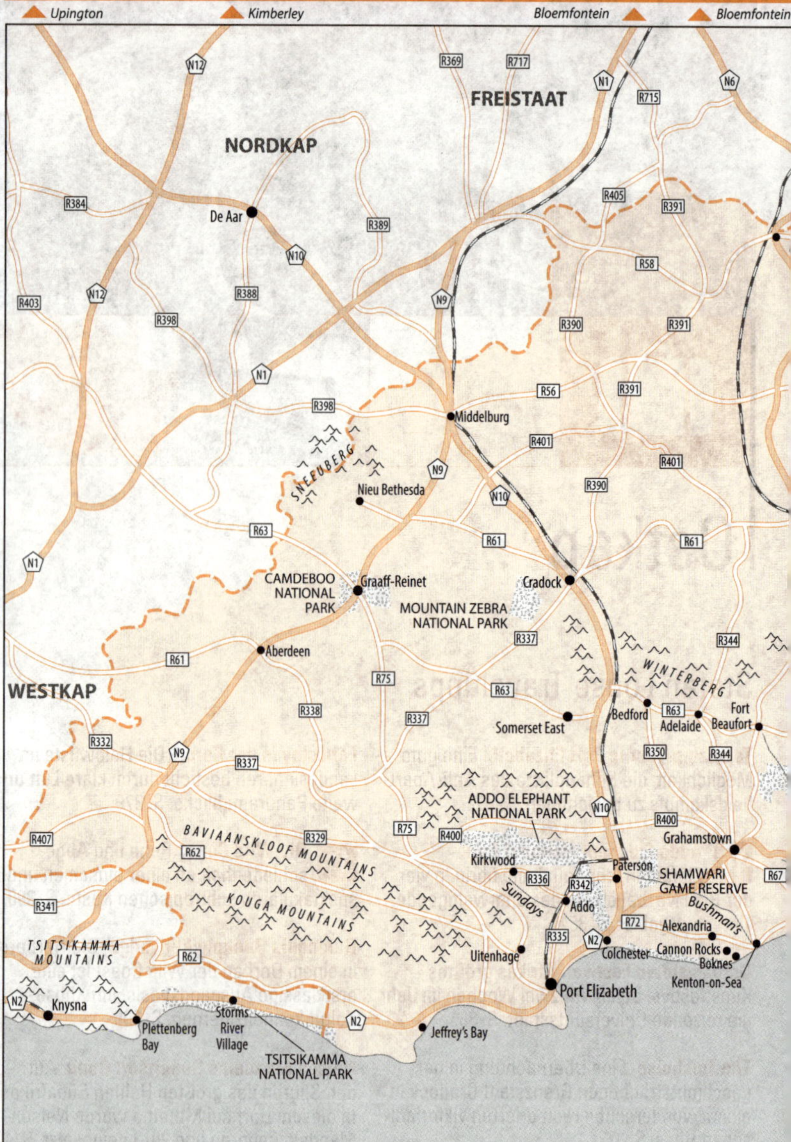
Upington
Kimberley
Bloemfontein
Bloemfontein
FREISTAAT
NORDKAP
WESTKAP
De Aar
Middelburg
Nieu Bethesda
SNEEUBERG
Graaff-Reinet
CAMDEBOO NATIONAL PARK
Cradock
MOUNTAIN ZEBRA NATIONAL PARK
Aberdeen
Somerset East
Bedford
Adelaide
Fort Beaufort
WINTERBERG
ADDO ELEPHANT NATIONAL PARK
Grahamstown
Kirkwood
Paterson
SHAMWARI GAME RESERVE
Addo
Sundays
Bushman's
Alexandria
Cannon Rocks
Boknes
Kenton-on-Sea
Colchester
Uitenhage
Port Elizabeth
Jeffrey's Bay
BAVIAANSKLOOF MOUNTAINS
KOUGA MOUNTAINS
TSITSIKAMMA MOUNTAINS
Knysna
Plettenberg Bay
Storms River Village
TSITSIKAMMA NATIONAL PARK
Kapstadt
Kapstadt
N1
N2
N6
N9
N10
N12
R61
R63
R67
R72
R75
R56
R58
R62
R329
R332
R335
R336
R337
R338
R341
R342
R344
R350
R369
R384
R388
R389
R390
R391
R398
R400
R401
R403
R405
R407
R715
R717

N
0
50 km
N3, Pietermaritzburg, Durban
LESOTHO
KWAZULU-NATAL
OSTKAP
R26
R56
R33
R61
Ixopo
uMzimkhulu
Durban
N2
R61
Port Shepstone
Margate
Port Edward
Lady Grey
Aliwal North
Naudesnek Pass
Rhodes
R58
R396
N6
Barkly East
R393
Maclear
R58
R396
Dordrecht
R56
Mzimvubu
Lusikisiki
MKAMBATI NATURE RESERVE
Mthatha
R61
R393
Port St Johns
SILAKA NATURE RESERVE
Umtata
R61
Queenstown
HLULEKA NATURE RESERVE
Maqanduli
Bashee
Coffee Bay
THE WILD COAST
R67
N6
R351
Kei
N2
CWEBE NATURE RESERVE
Cathcart
DWESA NATURE RESERVE
R352
Katberg
R345
Qora Mouth
Mazeppa Bay
Hogsback
R63
Kei Road
Kei Mouth
Alice
Morgan Bay
Bisho
N6
Haga-Haga
King William's Town
Gonubie
GREAT FISH RIVER RESERVE COMPLEX
East London
Great Fish
N2
Kidd's Beach
Hamburg
R72
Kowie
R67
Bathurst
Port Alfred
INDISCHER OZEAN

Zwischen dem Westkap und KwaZulu-Natal, den beiden beliebtesten Küstenprovinzen Südafrikas, liegt das Ostkap. Hier findet man noch traditionelle afrikanische Dörfer, und allein schon die 1000 km unerschlossene **Küstenlinie**, die sich in enormen Wogen bewachsener Dünenfelder landeinwärts bewegt, rechtfertigt einen Besuch. Für all jene, die lieber abseits der Touristenpfade unterwegs sind, gehört die Provinz zu den reizvollsten Gegenden Südafrikas.

Port Elizabeth ist das Handels- und Verkehrszentrum, das in erster Linie als Start oder Ziel für die Reisen entlang der Garden Route genutzt wird. **Jeffrey's Bay**, 75 km westlich, hat wegen seiner Wellen unter Surfern einen legendären Ruf. Nach etwa einer Stunde Fahrt ins Landesinnere gelangt man in einige der namhaftesten Tierschutzgebiete der Provinz. Zu ihnen gehört beispielsweise der **Addo Elephant National Park**, ein Big-Five-Reservat, wo der Anblick von Elefanten praktisch garantiert ist.

Der Addo und die Privatreservate in der Nähe sind die einzigen Tierreservate Südafrikas, in denen das ganze Jahr über keine Malariagefahr besteht. Zum Hinterland in nördlicher Richtung gehören Gebiete, die sich englische Immigranten aneigneten, die in den 1820er-Jahren per Schiff für die neue britische Kolonie hergebracht wurden. **Grahamstown** sonnt sich in seiner Doppelrolle als spirituelle Heimat des englischsprachigen Südafrika und als Gastgeber für Afrikas größtes Kunstfestival.

Den Nordwesten prägt die karge Schönheit der **Karoo**, die dornige Halbwüste, die große Teile des zentralen Südafrika bedeckt. Der wilde **Mountain Zebra National Park**, 200 km nördlich von Port Elizabeth, beeindruckt mit einer Landschaft aus Tafelbergen und ariden Ebenen, die sich über Hunderte von Kilometern erstrecken. Ein kurzer Abstecher in Richtung Westen bringt den Besucher nach **Graaff-Reinet**, den Inbegriff der kapholländischen Karoo-Stadt des 18. Jhs.

Der östliche Teil der Provinz, der weitgehend das Gebiet der ehemaligen Transkei mit ihren ländlichen Xhosa-Siedlungen umfasst, ist von allen am wenigsten entwickelt. **East London**, das zweite nennenswerte Zentrum der Provinz, gilt als günstiger Ausgangspunkt für Reisen in die Transkei, die vor allem politisch und kulturell Interessierte anlockt. **Steve Biko** wurde hier geboren, sein Grab kann in **King William's Town** besucht werden. Westlich davon befindet sich die **Universität Fort Hare**, in der viele führende Persönlichkeiten des heutigen Afrika studierten. Die einzigen etablierten Ferienorte dieser Gegend – an erster Stelle Hogsback – liegen in den **Amatola Mountains**, deren Wälder und moosbedeckte Kühle eine erfreuliche Abwechslung zum trockenen Buschland in den Ebenen darstellen.

In der nordöstlichsten Ecke der Provinz erheben sich am Rand der Karoo die steilen Hänge der **Eastern Cape Highlands**. Dort kann man Forellen angeln und uralte San-Felskunst entdecken. Im Mittelpunkt dieser Gegend steht das abgeschiedene, reizende Dörfchen **Rhodes**.

Die weiter östlich gelegene **Wild Coast-Region** gehört nach wie vor zu den zurückgebliebensten und gleichzeitig aufregendsten Gegenden des Landes. Zudem ist dies der ärmste Teil der ärmsten Provinz. Dessen ungeachtet ist die Region mit einer unsagbar schönen subtropischen Küste gesegnet. Grüne Hügel ziehen sich bis zu den besten Stränden des Landes hinab. Diese sind, abgesehen von langhörnigen Nguni-Rindern, die es sich auf dem Sand bequem machen, zumeist völlig verlassen. Von hier bis zur Grenze von KwaZulu-Natal führen unbefestigte Straßen von der N2 hinunter zur Küste mit ihren abgelegenen, an einen Hang geschmiegten und jeweils von einem Familienhotel beherrschten Ferienanlagen. Das größte und bekannteste der Resorts ist **Port St Johns**, gefolgt von Coffee Bay. In beiden Orten sind die Straßen durchgehend asphaltiert.

Im rauen Binnenland mit seinen grasenden Ziegen leben die Angehörigen der Xhosa in ihren Hütten, sie hüten Vieh und bauen Getreide an. Die meisten Besucher fahren so schnell es geht durch **Mthatha** (früher: Umtata), die ehemalige Hauptstadt der Transkei – folgt man allerdings den Spuren von Nelson Mandela, so gehören das **Nelson Mandela Museum** im Zentrum von Mthatha und **Qunu**, sein Geburts- und Begräbnisort westlich des Städtchens, ganz klar zum Programm.

Geschichte

Im Ostkap war die Trennung von schwarzen und weißen Territorien unter dem Apartheidsregime strenger als irgendwo sonst im Land. Den Grundstein für die krassen Gegensätze zwischen Reich und Arm legten die **Briten** im 19. Jh., als sie die Grenze der Kapkolonie entlang des Great Fish River zogen, 1000 km östlich von Kapstadt. Sie hatten mehr als ein halbes Dutzend Schlachten zu schlagen (die sogenannten Grenzkriege), um die **Xhosa** auf Dauer auf dem Ostufer des Flusses zu halten. In den 1820er-Jahren dann schifften die Briten Tausende von Siedlern ein, um den Bevölkerungsanteil der Weißen in die Höhe zu treiben und die Grenze zu verstärken. Selbst in einem Land, das ohnehin von politischer Brisanz erfüllt ist, sticht das Ostkap durch seine extrem von der Politik geprägte Identität hervor. Hier sind die schwarzen Gewerkschaften Südafrikas tief verwurzelt, und von hier stammen viele Anführer der Anti-Apartheid-Bewegung, darunter auch der frühere Präsident **Nelson Mandela**, sein Nachfolger **Thabo Mbeki** und der Anführer der Black-Consciousness-Bewegung, **Steve Biko**.

Die Transkei bzw. Wild Coast, die zwischen dem Kei River und KwaZulu-Natal eingezwängt liegt, war eine Art „Versuchsgelände" für die groß angelegte Apartheidpolitik, als sie 1963 Prototyp des Bantustan-Systems der Rassentrennung wurde. Im Jahre 1976 wurde ihr von der südafrikanischen Regierung die symbolische „Unabhängigkeit" zugesprochen. Somit hoffte man, dass die mehreren Millionen xhosasprachigen Südafrikaner, die in der Industrie nicht gebraucht wurden, in dieses Gebiet verbannt werden könnten. Bei ihrer Wiedereingliederung in Südafrika im Jahre 1994 wurde die Transkei zu einem Teil der neuen Provinz Ostkap, die noch heute unter der Last des Erbes der Apartheid-Ära und unter der zusätzlichen Belastung durch die weitverbreitete Korruption um ihr wirtschaftliches Überleben kämpft.

Port Elizabeth und die westliche Region

1820 kamen hier 4000 britische Siedler an, die die englischsprachige Bevölkerung von Südafrika schlagartig verdoppelten und die Architektur der Innenstadt unübersehbar prägten. Die Fabrikschornsteine entlang der N2 erinnern daran, dass sich hier das industrielle Zentrum des Ostkaps befand. Zu verdanken war dies den billigen afrikanischen Arbeitskräften, und das erklärt auch die tief verwurzelte Gewerkschaftsbewegung und den hier traditionell vorherrschenden afrikanischen Nationalismus. Als Ausgleich für den Industriehafen bietet die Stadt ein paar hervorragende Strände. Am Rand von Port Elizabeth lassen sich wunderbare, kilometerlange **Küstenspaziergänge** unternehmen, und die kleine **Altstadt** eignet sich prima für einen gemütlichen Bummel.

Doch der Hauptgrund, aus dem die meisten Besucher sich hier einfinden, ist die günstige Lage der Stadt als Ausgangs- oder Endpunkt für eine Reise entlang der **Garden Route** oder auf dem Wege in den **Addo Elephant National Park** (S. 354), dem aufregendsten Tierschutzgebiet in der Südhälfte des Landes. Außerdem liegen in erreichbarer Nähe auch mehrere kleinere und äußerst luxuriöse private Reservate.

Östlich von Port Elizabeth gibt es ein paar Erholungsorte an der **Küstenstraße R72** Richtung East London, wo die tosenden Wellen auf enorm breite Sandstrände treffen. Die durch das Landesinnere führende Straße nach East London entfernt sich von der Küste und passiert **Grahamstown**, eine attraktive Universitätsstadt, wo jedes Jahr im Juli das National Arts Festival abgehalten wird. Hier gibt es private Farmen und Reservate, in denen man ausgezeichnet wilde Tiere beobachten kann.

Ein paar Hundert Kilometer nördlich von Port Elizabeth eröffnet sich ein Gebiet mit Tafelbergen und baumlosen Ebenen: die halbtrockene **Karoo**. Der älteste und bekannteste Ort der Gegend ist die Postkartenstadt **Graaff-Reinet**, ein fester Bestandteil aller Bustouren. Nur wenige Kilometer weiter liegen das atemberaubende **Valley of Desolation** und das Dorf **Nieu Betheseda**, das sich durch sein ausgefallenes Owl House Museum einen Namen gemacht hat.

Fast so bezaubernd wie Graaff-Reinet ist die östlich davon gelegene Stadt **Cradock**; zudem lockt sie mit Attraktionen wie dem wilden **Mountain Zebra National Park**.

Port Elizabeth Beachfront und Vororte

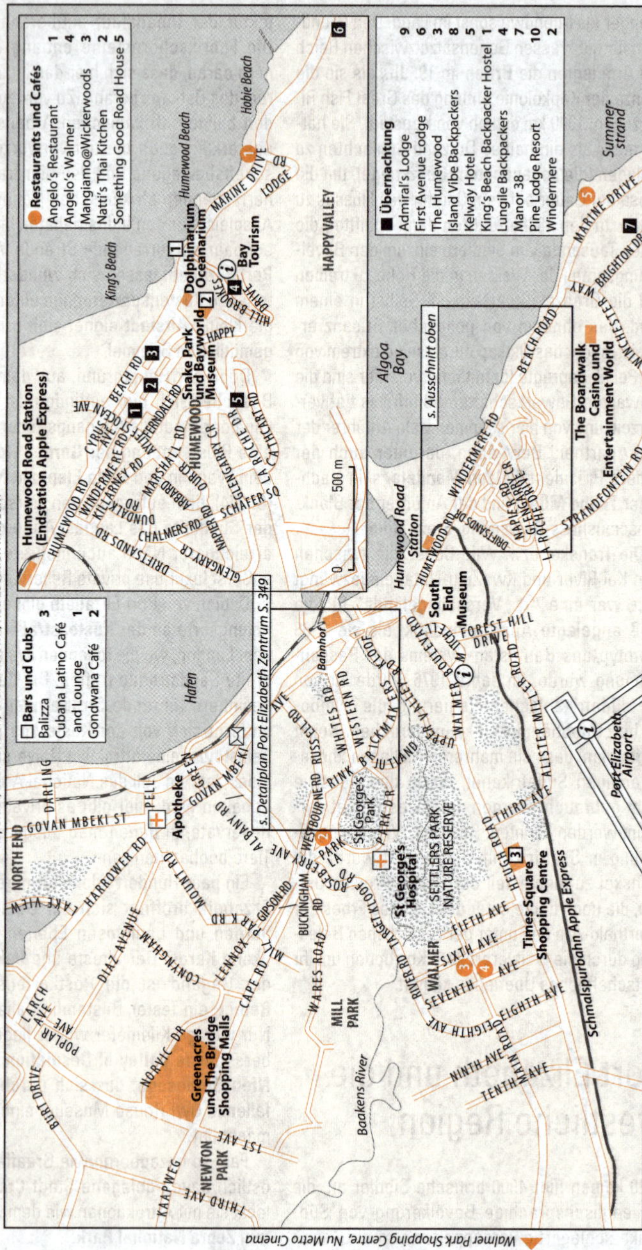

Port Elizabeth

Am westlichen Ende der Algoa (alias Nelson Mandela) Bay liegt Port Elizabeth, weithin nur PE genannt. Der Ort war lange Zeit ein beliebtes Ferienziel für weiße Familien. Port Elizabeth ist zwar keine Schönheit, doch die Beachfront der Stadt, die sich kilometerweit entlang der Humewood Road hinzieht, lockt mit einigen der landesweit sichersten und gepflegtesten **Stadtstrände**. Und an den Stränden südlich von PE lassen sich ausgezeichnete Spaziergänge und -fahrten unternehmen (Kasten S. 348). Vom Beinamen der Stadt „Windy City" darf man sich nicht abschrecken lassen, denn hier ist es auch nicht windiger als in Kapstadt, wo im Sommer ebenfalls ab und zu eine steife Brise weht.

Als Stadt ist PE recht unscheinbar, besitzt aber einige tolle Unterkünfte und ganz gute Restaurants. Obwohl die Stadt durch Industrialisierung und gedankenlose Modernisierung ziemlich verunstaltet worden ist, heben sich doch ein oder zwei Gebäude aus dem sonst eher unspektakulären **Stadtzentrum** ab. Auch im Bezirk **Central** haben ein paar schöne traditionelle viktorianische Reihenhäuser überlebt. In die sind inzwischen trendige Cafés und Restaurants eingezogen.

Urlauber zieht es zu den Strandorten **Humewood** und **Summerstrand**, wo es jede Menge Unterkünfte sowie Bars und Restaurants gibt. Hier verlockt nur wenig dazu, dem Meer den Rücken zu kehren. Aber ein Stück weiter, in **New Brighton**, steht das herausragendste Museum von Port Elizabeth: Das in einem preisgekrönten Gebäude untergebrachte **Red Location Museum of the People's Struggle**. Darüber hinaus werden ausgezeichnete Touren in die Umgebung von PE und seine Townships angeboten.

Central

Das symbolische Herz der Stadt ist die City Hall, die neben Bahnhof und Busbahnhof mitten auf dem **Market Square** steht und weiträumig von viktorianischen Bauten umgeben ist. Folgt man der hügeligen **Donkin Street** in Richtung Westen, so erreicht man schließlich eine Steinpyramide zur Erinnerung an **Elizabeth Donkin**, nach der die Stadt benannt wurde. Sie war die junge Ehefrau des 1820 amtierenden Kapgouverneurs Sir Rufane Donkin gewesen und 1818 in Indien an Malaria gestorben.

Wer die Donkin Street entlangspaziert, hat das Gefühl, sich in einem ganz anderen Land und sicher nicht in Afrika zu befinden – die 19 zweistöckigen **Donkin Houses**, Reihenhäuser, die heute National Monuments sind, spiegeln das Verlangen der englischen Siedler wider, sich in diesem wildfremden Land etwas Heimeliges, Vertrautes zu schaffen.

Nelson Mandela Metropolitan Art Museum

1 Park Drive ▪ ⌚ Mo–Fr 8.30–17, Sa und So 13–17 Uhr ▪ Eintritt frei ▪ 💻 www.artmuseum.co.za

Art Route 67

Die **Art Route 67** zum Gedenken an Madibas 67 Jahre langen Kampf um Demokratie ist ein Rundgang durch die Innenstadt von Port Elizabeth, dessen Meilensteine diverse Exemplare von Kunst im öffentlichen Raum bilden. Es handelt sich um Werke ganz unterschiedlicher Größe, von kleinen Keramikmosaiken über Straßenaufkleber aus Vinyl, Perlenarbeiten, 30 m langen Wandgemälden und Metallinstallationen bis zu 2 t schweren und bis zu 6 m hohen Skulpturen.

Ein guter Ausgangspunkt ist der 52 m hohe **Campanile Bell Tower** in der Strand Street, Central. Man kann zum Aussichtsraum hochsteigen und den grandiosen Blick auf den Hafen und Umgebung genießen. Vom Fuß des Campanile geht es immer den Wegweisern nach die Stufen hoch zum Vuyisile Square, dann über die Freitreppe der St Mary's Terrace und schließlich im Zickzackkurs durch die Donkin Reserve bis zu einer riesigen Flagge oben auf dem Hügel. ⌚ Di–So 9–12.30, 13–14 Uhr, Eintritt frei.

Weitere Kunstwerke sind in den Kunstgalerien von PE zu sehen, etwa im **Athenaeum**, 7 Belmont Terrace, Central, das Community Art zeigt, ⌚ Mo–Fr 8.30–17 Uhr, und in der **GFI Art Gallery**, 30 Park Drive, Central, 💻 www.gfi-artgallery.com, die herkömmliche Kunstwerke ausstellt, ⌚ Mo–Fr 10–16, Sa 10–13 Uhr.

Das Museum ist in zwei Gebäuden rechts und links vom Eingang zum St George's Park untergebracht. Es beherbergt eine Sammlung zeitgenössischer südafrikanischer Arbeiten, Wanderausstellungen und einen kleinen Laden, wo Postkarten und lokales Kunsthandwerk verkauft werden. Von besonderem Interesse ist die Abteilung für Ostkap-Kunst, daneben sind auch verschiedene weniger bedeutende, aber durchaus betrachtenswerte europäische und asiatische Kunstwerke vertreten.

South End Museum

Humewood Rd, Ecke Walmer Boulevard
▪ Mo–Fr 9–16, Sa und So 10–15 Uhr ▪ Eintritt frei
▪ www.southendmuseum.co.za

Das im alten Seamen's Institute residierende Museum hält die Vergangenheit des South End lebendig, eines pulsierenden, multikulturellen Viertels, das seine Entstehung dem früher immens wichtigen Hafen von PE verdankte. Nach Verabschiedung des Group Areas Act wurde es in den 1960er-Jahren Straßenzeile für Straßenzeile dem Erdboden gleichgemacht; nur eine Handvoll Kirchen und Moscheen blieben verschont. Heute stehen hier überall kostspielige Miethäuser.

The Beachfront

Die sandigen Strände sind die Hauptattraktion von PE. Dank der Bewachung kann man hier sicher baden, und die Sauberkeit lässt Strandgutsammeln zum Vergnügen werden. Der Strandabschnitt ist durch eine große Mauer vom Hafen getrennt und beginnt etwa 2 km südlich des Stadtzentrums. Der erste der Strände ist der schöne, breite **King's Beach**, allerdings etwas beeinträchtigt durch die dahinter befindlichen Kohlehaufen und Öltanks. Südöstlich davon erstreckt sich der **Humewood Beach**, an der Straße gegenüber liegt die Bayworld. Wer das dort untergebrachte Bayworld Museum and Snake Park, www.bayworld.co.za, tgl. 9–16.30 Uhr, Eintritt R35, nicht besucht, verpasst nicht viel.

Daneben befindet sich ein Komplex voller Restaurants, Kneipen und Clubs, alle mit tollem Ausblick. Dahinter, in südlicher Richtung, erstrecken sich **Hobie Beach** und **Summerstrand**, wo man wunderbar spazieren gehen und sonnenbaden kann.

Boardwalk Casino Complex

Beach Rd, Summerstrand ▪ Musical Fountain Show So–Do 19, Fr, Sa und feiertags 20, 21 und 22 Uhr
▪ www.suninternational.com/boardwalk

Der gewaltige Boardwalk Casino Complex in Summerstrand eignet sich prima für einen Abendbummel inmitten zahlreicher anderer Spaziergänger. Musikalisch unterlegte Wasserfontänen schießen durch bunte Lichtsäulen

Wanderungen und Ausritte an der Sardinia Bay

Der schönste Küstenabschnitt von Port Elizabeth liegt südlich der Stadt. Ab Summerstrand führt der Marine Drive 15 km an der idyllischen Küste (eine Mischung aus Felsen und Sandstränden) entlang bis zum friedlichen Küstenvorort Schoenmakerskop (bei den Einheimischen kurz und knackig: „Schoenies“ genannt). In Schoenies befindet sich ein bezauberndes Strandrestaurant, das übrigens auch das einzige Lokal der Gegend ist. Von hier aus kann man den 8 km langen **Sacramento Trail** begehen, einen Küstenpfad, der an den hohen Dünen von Sardinia Bay endet, dem wildesten und faszinierendsten Küstenabschnitt in dieser Ecke des Landes. Wer mit dem Auto nach Sardinia Bay fahren möchte, biegt an der Schoenmakerskop-Kreuzung rechts ab und folgt der Straße solange, bis auf der linken Seite das Hinweisschild „Sardinia Bay“ auftaucht. Man darf aber auf keinen Fall allein auf dem Sacramento Trail herumspazieren, sondern sollte immer nur in einer Gruppe losgehen.
Der riesige Strand von Sardinia Bay ist auch ein prima **Reitgelände**. Auf sandigen Pfaden geht es im Trab durch den Küstenbusch des Sardinia Bay Nature Reserve, gesäumt von Dünen und Strand. Heavenly Stables, 431 Sardinia Bay Rd, 082-420 8855, hat gutmütige, hervorragend erzogene Pferde für Leute, die zum ersten Mal im Sattel sitzen, und natürlich auch für solche mit Reiterfahrung (R250 pro Std.).

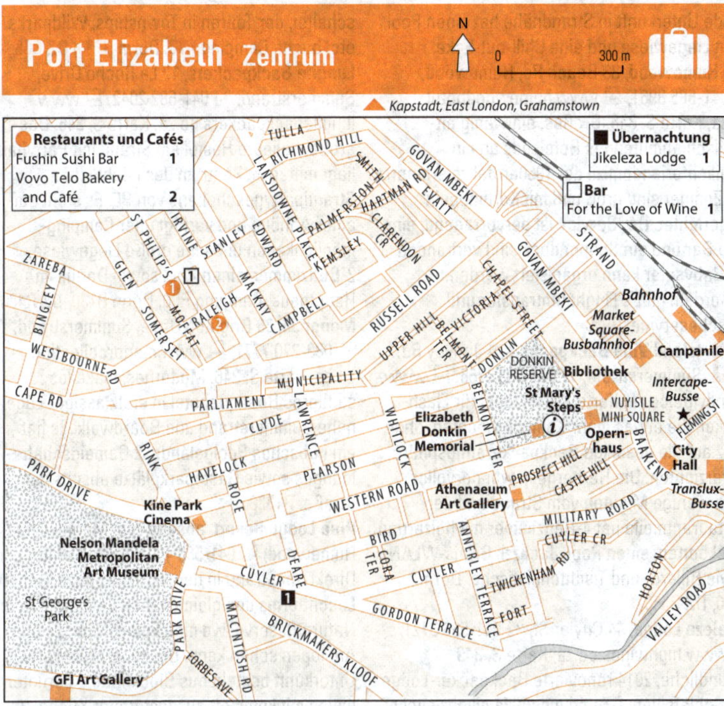

und erzeugen eine Art Bildschirm, auf dem zur Erbauung der Besucher eine Multimediashow abläuft. Zum Komplex gehören auch ein großes Hotel, ein Kongresszentrum, ein Kasino, mehrere ganz annehmbare Restaurants, ein paar nette Geschäfte, darunter ein Markt für südafrikanisches Kunstgewerbe, ein Wellnesscenter, Kinos und eine Spiel- und Bowlinghalle, und ganz in der Nähe befindet sich der Golfplatz des Humelinks Golf Club, ✆ 041-583 2137.

ÜBERNACHTUNG

Als Übernachtungsgegend bietet sich zunächst die Beachfront bei Summerstrand oder Humewood an, wo es zahlreiche Hotels, Ferienapartments und B&Bs gibt. Während der Hochsaison im Dezember und Januar sind die Preise am höchsten. Wer nicht unbedingt am Strand absteigen möchte, findet im netten Stadtbezirk Walmer sowie in der Nähe des Flughafens und der Einkaufsmeilen ein paar ordentliche B&Bs. Das Viertel Central dagegen, der älteste Teil von PE mit viktorianischen Häusern, bietet diverse gute Restaurants und liegt nur eine kurze Autofahrt vom Strand entfernt.

Admiral's Lodge, 47 Admiralty Way, Summerstrand, ✆ 041-583 1894 oder 083-455 2072, 💻 www.admiralslodge.co.za, Karte S. 346. Geräumige und elegante Zimmer in einem guten B&B am äußersten Ende von Summerstrand, rund 7 km von der Innenstadt. Es werden Transfers zum Flughafen angeboten. Zur Anlage gehören eine Grillstelle, eine Gemeinschaftslounge, ein Pool und – für die Kids – ein Trampolin. R880

First Avenue Lodge, 3 First Ave, Summerstrand, ✆ 041-583 5173, 💻 www.firstavenuelodge.co.za, Karte S. 346. Vermietet 16 Zimmer mit Bad und eigenem Eingang auf B&B- oder Selbstversorger-Basis (R900). Die gefragte, einladende Unterkunft in Strandnähe hat einen Pool samt Liegewiese und eine Chill-out-Ecke. R1000

The Humewood, 33 Beach Rd, Humewood, ✆ 041-585 8961, www.humewoodhotel.co.za, Karte S. 346. Großes, ein wenig altmodisch anmutendes Hotel, das an ein Familienferiendomizil der 1950er-Jahre erinnert. Die Zimmer sind groß und mit Korbmöbeln eingerichtet. Der Service ist hervorragend, eine gute Bar und ein Sonnendeck sind vorhanden, ein Babysitter kann organisiert werden. Außerdem gibt´s Flughafentransfer und Wäscheservice. R980

OSTKAP

Island Vibe Backpackers, 4 Jenvey Rd, Summerstrand, W 041-583 1256, www.islandvibe.co.za, Karte S. 346. Ideal für Flashpacker, die etwas mehr Komfort möchten, ohne ganz auf die gesellige Backpackeratmosphäre zu verzichten. Die Herberge in wundervoller Lage wenige Minuten vom Strand und der Restaurantmeile hat 4-Bettzimmer mit hölzernen Stockbetten, einen Pool, Jacuzzi, Gratis-WLAN sowie Billard- und Tischtennistische. Dorm R160, DZ R550

Jikeleza Lodge, 44 Cuyler St, ✆ 041-586 3721, www.highwinds.co.za, Karte S. 349. Freundliche, 2014 renovierte Backpacker-Lodge mit Schlafsälen, DZ und einem Familienzimmer. Das hauseigene Adventure Centre High Winds organisiert Touren durch den Addo-Park sowie empfehlenswerte Kombo-Ausflüge zum Addo und Schotia. Dorms R120, DZ R300

Kelway Hotel, Brookes Hill Drive, Humewood, ✆ 041-584 0638, www.thekelway.co.za, Karte S. 346. Stilvolles Hotel mit Holzvertäfelung und handgeschnitzten Holztischen. Vom entzückenden Pool mit Natursteinwand, Holzdeck und Sonnenliegen schaut man direkt aufs Meer. Zur Auswahl stehen Standard-, Luxus- und Familienzimmer. R1380

King's Beach Backpacker Hostel, 41 Windermere Rd, Humewood, ✆ 041-585 8113, www.kingsbeachbackpackers.wozaonline.co.za, Karte S. 346. Makelloses, etabliertes Hostel, einen Block entfernt vom Strand, mit Bar im Freien und Grillstelle. Obwohl das Hostel eigentlich für Selbstversorger gedacht ist, werden morgens Tee, Kaffee, Brot und Marmelade aufgetischt. Es gibt auch einen Reiseschalter, der Touren in Townships, Wildparks etc. bucht. Camping R70, Dorm R130, DZ R380

Lungile Backpackers, 12 La Roche Drive, Summerstrand, ✆ 041-582 2042, www.lungilebackpackers.co.za, Karte S. 346. Das große, beliebte Hostel am Strand mit Partyflair liegt mitten im Zentrum des nächtlichen Strandpartygeschehens von PE. Es steht auf einer Anhöhe und verfügt über Campingmöglichkeiten und eine große Liegewiese, 2-Bettzimmer, einen Pool sowie Dorms im Haupthaus. Camping R90, Dorm R130, DZ R480

Manor 38, 38 Brighton Drive, Summerstrand, ✆ 083-270 7771, www.manorcollection.co.za, Karte S. 346. Modernes, makellos sauberes Boutiquehotel in erstklassiger Lage nahe Summerstrand und Boardwalk. Es hat ein hübsches Poolgelände, 2 Gemeinschaftslounges sowie Gästeparkplätze abseits der Straße. R1320

Pine Lodge Resort, abseits vom Marine Drive, Humewood, ✆ 041-583 4004, Karte S. 346. Direkt am Strand in der Nähe des historischen Leuchtturms und gleich neben dem Cape Recife Nature Reserve, wo man Eulen, Mungos und Antilopen sehen kann. Die superpreiswerte Unterkunft besteht aus Blockhütten, darunter einige mit komplett ausgestatteter Küche, für 4–8 Pers. Abgesehen von einer gut besuchten Bar plus Restaurant punktet das Resort mit Pool, Fitnessraum und Spielezimmer. 4-Pers.-Cabin R875

Windermere, 35 Humewood Rd, Humewood, ✆ 041-582 2245, www.thewindermere.co.za, Karte S. 346. Elegantes Hotel mit nur 9 geschmackvoll mit Holz und Granit gestalteten Suiten. Es bietet einen kleinen Pool, Bar, Wäscheservice, sichere Parkplätze und Preisermäßigung für die Benutzung des Humewood Golf Course. Da die Zimmer mit Meerblick genauso viel kosten wie die ohne, sollte man sich eins *with a view* geben lassen. R1900

ESSEN UND UNTERHALTUNG

Das Viertel Richmond Hill ist sowohl tagsüber als auch abends eine prima Adresse für trendige Cafés und Restaurants. Für eine Mahlzeit oder einen Drink bietet sich natürlich

Das Rathaus am Market Square, 1977 nach einem Brand wieder aufgebaut

auch die Strandpromenade an – beim Herumspazieren findet sich bestimmt etwas Geeignetes. Details zu den gelegentlichen **Konzerten** im Opernhaus neben dem Donkin Memorial sind dem *Daily Herald* zu entnehmen.

Restaurants

Angelo's Restaurant, 45 Sixth Ave, Walmer, ✆ 041-501 2899, und Shark Rock Pier, Marine Drive, Summerstrand, ✆ 041-583 5862, Karte S. 346. Eine feste Institution in PE mit 2 Filialen: eine am Strand, die andere in Walmer. Heiß begehrt zur Mittagszeit sind die Pastagerichte, denn sie fallen nicht nur großzügig, sondern auch billig (unter R70) aus. Allerdings ist mit Wartezeit zu rechnen, denn obwohl bei Angelo's Hochbetrieb herrscht, ist die Bedienung dafür bekannt, sich nicht hetzen zu lassen. ⌚ tgl. 8–22 Uhr.

Fushin Sushi Bar, Stanley St, Richmond Hill, ✆ 082-865 2707, Karte S. 349. An der langen Theke können die Gäste das köstlichste Sushi der Stadt, Salate und asiatisch angehauchte Tapas schlemmen. Hauptgerichte kosten durchschnittlich R120. ⌚ tgl. 12–22 Uhr.

Mangiamo@Wickerwoods, 50 Sixth Ave, Walmer, ✆ 041-581 1107 oder 082-900 0777, Karte S. 346. Bei vielen Einheimischen gilt diese unscheinbare, aber freundliche italienische Pizzeria als das beste Restaurant von PE. Es ist wirklich was dran: Pasta (R70), Pizzas und Antipasti schmecken vorzüglich. ⌚ Di–Sa 18–23 Uhr.

Natti's Thai Kitchen, 5 Park Lane, Central, ✆ 041-373 2763, Karte S. 346. Ein altbewährtes, ausgezeichnetes Restaurant mit authentischer Thai-Küche. Entspannte Atmosphäre und BYO. Hauptgerichte kosten durchschnittlich R75. ⌚ Mo–Sa 18.30 Uhr bis spät.

Something Good Road House, Marine Drive, Summerstrand, ✆ 041-583 6986, Karte S. 346. In der schlichten Surferstrandbar am Meer bekommt man Pizzas, Burger, ellenlange Sandwiches (R60) und andere klassische Roadhouse-Kost. Gegessen wird draußen auf der von Kundschaft wimmelnden

Veranda mit herrlichem Meerblick. ⌚ Mo–So 7–23 Uhr.

Vovo Telo Bakery and Café, 16 Raleigh St, Richmond Hill, ✆ 041-585 5606, Karte S. 349. Eine erstklassige Adresse für Frühstück und Mittagessen, italienisches und französisches Brot und Gebäck. Weitere Pluspunkte: Bohnenkaffee und Tische auf der rund ums Haus verlaufenden Veranda. ⌚ Mo–Sa 7.30–15 Uhr.

Bars und Clubs

Balizza, Times Square Shopping Centre, Heugh Rd, Ecke Fifth Ave, Walmer, Karte S. 346. Bei 2 Bars, 3 Lounges und 2 Dancefloors, Cocktails und Shooters sowie DJs, die eine Mischung aus aktuellem House und Oldies auflegen, steht einer feuchtfröhlichen Nacht hier draußen nichts im Wege (Bier R18). ⌚ tgl. 11–2 Uhr.

Cubana Latino Café and Lounge, 49 Beach Rd, Humewood, W 041-582 5282, Karte S. 346. Tagsüber Café, abends/nachts Lounge, dazu eine Veranda mit Meerblick. Die Gäste erwartet eine umfangreiche Cocktailkarte (R50) und am Wochenende kubanische Musik und DJs. Abends unbedingt den *smart casual*-Dresscode beachten (Sneakers und Shorts sind tabu). ⌚ So–Mi 8–12, Do 8–2, Fr und Sa 8–4 Uhr.

For the Love Of Wine, 1st Floor, 20 Stanley St, Richmond Hill, W 072-566 2692, Karte S. 349. Die einzige Weinbar von PE besitzt einen Balkon mit Blick auf die pulsierende Stanley St und eine respektable Weinkarte (ab R35 pro Glas). ⌚ Di–Sa 13–22 Uhr.

Gondwana Café, 2 Dolphin's Leap, Main Rd, Humewood, Karte S. 346. Das unaufgeregte Restaurant mit bunt gemischtem Publikum verwandelt sich abends in einen Club. Am Sonntagnachmittag steht Livejazz auf dem Programm (alkoholische Getränke ab R38). ⌚ Di–So 9 Uhr bis spät.

Kino

Eine passable Auswahl an Leinwandhits zeigen das **Kine Park Cinema**, 3 Rink St, das **Nu Metro**, Walmer Park Shopping Centre, Walmer, das **Ster Kinekor** im Shoppingkomplex The Bridge, und das **Cinema Starz** im Boardwalk Casino Complex.

AKTIVITÄTEN

Bootsfahrten

PE zählt zwar nicht zu den berühmten Walbeobachtungs-Destinationen, doch **Raggy Charters**, ✆ 073-152 2277, 💻 www.raggycharters.co.za, führt vom Algoa Yacht Club im Hafen von PE aus empfehlenswerte Bootsfahrten (R900) durch, bei denen Buckelwale, Südkaper (Juli–Nov) und Delphine (ganzjährig) beobachtet werden können. Außerdem geht´s zu der riesigen Pinguinkolonie von St Croix Island.

Wassersport

Obwohl der Ozean bei PE nicht tropisch klar und warm ist, eignet er sich gut zum Tauchen, besonders nach Weichkorallen, und zudem besteht die Möglichkeit, mit Sandhaien zu tauchen. Zwecks Tauchkursen sowie Schnorcheln, Kiteboarding, Stand-up-Paddeln und Kajak fahren wendet man sich an **Pro Dive**, 189 Main Rd, Walmer, ✆ 041-581 1144, 💻 www.prodive.co.za.

TOUREN

Am besten schaut man sich Port Elizabeth bei einer der ausgezeichneten Bustouren an, die in die wechselvolle Geschichte der Stadt einführen. **Calabash Tours**, ✆ 041-585 6162, 💻 www.calabashtours.co.za, veranstaltet tagsüber „Real City Tours", abends Shebeen-Touren und außerdem Tagesausflüge in den Addo Elephant National Park. Auch die meisten Backpacker-Hostels bieten Touren an, allen voran das Jikeleza.

Mithilfe des **Heritage Walk** (auf einer bei der Touristeninformation erhältlichen Karte eingezeichnet) lassen sich die Innenstadt-Sehenswürdigkeiten gut auf eigene Faust erkunden. Außerdem kann man ihn mit der Art Route 67 (Kasten S. 347) kombinieren.

SONSTIGES

Apotheke

Mount Road Pharmacy, 559 Govan Mbeki Ave, ✆ 041-484 3838. ⌚ tgl. bis 23 Uhr.

Diplomatische Vertretungen

Deutsches Honorarkonsulat, Ecke William Moffat Express Way und Circular Drive, Walmer, ✆ 041-397 4700, 📠 397 4730.

Österreichisches Honorarkonsulat, 26 Newton St, Newton Park, ✆ 021-421 1440, 📠 364 1564.

Informationen

Nelson Mandela Bay Tourism unterhält mehrere Büros in PE. Alle erledigen Hotelbuchungen und haben Broschüren mit Beschreibungen lokaler Attraktionen zum Mitnehmen. Das Hauptbüro befindet sich in der Mitchell St, Ecke Walmer Blvd, South End, ✆ 041-582 2575, 💻 www.nmbt.co.za, 🕒 Mo–Fr 8–16.30 Uhr. Filialen gibt es am **Flughafen**, ✆ 041-581 0456, 🕒 tgl. 7–19 Uhr, im Shop 48 am **Boardwalk**, Marine Drive, Summerstrand, ✆ 041-583 2030, 🕒 tgl. 8–19 Uhr, und im **Donkin Reserve Lighthouse Building**, Belmont Terrace, Central, ✆ 041-585 8884, 🕒 Mo–Fr 8–16.30, Sa 8–15 Uhr.

Medizinische Hilfe

St George's (Privatklinik), 40 Park Drive, Settlers Park, ✆ 041-392 6111.

Post

259 Govan Mbeki Ave, ✆ 041-508 4039. 🕒 Mo–Fr 8–17, Sa 8.30–13 Uhr.

NAHVERKEHR

Auto

Zur Fortbewegung in PE und für einen Besuch des Addo-Parks (begehrtestes Ausflugsziel von PE aus) ist ein Mietwagen (s. u.) die beste Option. Wer allerdings in Central absteigt, kann zumindest die Innenstadt gut zu Fuß erkunden.

Minibustaxis

Minibustaxis verkehren regelmäßig zwischen Stadt und Strand. Vorsicht: In den Fahrzeugen kann es zu Diebstählen kommen.

Taxis

Taxis mit Taxameter muss man telefonisch bestellen, und besonders bei Ankunft per Bus oder Bahn ist eine Buchung ratsam, z. B. bei **Hurter Cabs**, ✆ 041-585 5500, oder **King Cab**, ✆ 041-368 5559.

TRANSPORT

Busse

Der **Baz Bus** verkehrt in beiden Richtungen entlang der Küste und lässt seine Fahrgäste an jeder zentralen Location oder Unterkunft aussteigen. Die Fernbusse von **Greyhound**, **Intercape** und **Translux** halten in jeder größeren Ortschaft entlang der Garden Route, ehe sie schließlich am Einkaufszentrum **Greenacres** im Vorort Newton Park einlaufen, 3 km vom Zentrum. Dort stehen Taxis für die Weiterfahrt in die Stadt bereit. Ebenso die der Regionalbusgesellschaft **Minilux**, ✆ 043-741 3107, die 4x wöchentl. via GRAHAMSTOWN zwischen EAST LONDON und PE verkehrt.

Busse nach:
DURBAN, 1x tgl., 12 1/2 Std.;
JO'BURG, 1x tgl., 14 1/2 Std.
KAPSTADT, 6–7x tgl.,12 Std.;
KNYSNA, 1x tgl., 5 Std.;
MTHATHA, 1x tgl., 8 3/4 Std.

Eisenbahn

Vom zentral am The Strand gelegenen **Bahnhof**, ✆ 041-507 2662, fährt der Shosholoza Meyl, 💻 www.shosholozameyl.co.za, 3x wöchentl. (Mo, Mi und So, 20 1/2 Std.). nach JOHANNESBURG.

Flüge

Der **Flughafen**, ✆ 041-581 2984, liegt günstig am Rand des Vororts Walmer, nur 4 km südlich des Zentrums. Angeflogen wird er von **Kulula**, ✆ 0861-585 852, 💻 www.kulula.com, **SAA**, ✆ 041-507 1111, 💻 www.flysaa.com, und **Mango**, ✆ 086-100 1234, 💻 www.flymango.com. Vor dem Flughafen befindet sich ein Taxistand, und auch sämtliche großen Autoverleiher sind hier vertreten. Unbedingt vorbuchen, um den günstigsten Preis zu bekommen und damit sichergestellt ist, dass bei der Ankunft auch wirklich ein Wagen zur Verfügung steht.

Flüge nach:
DURBAN, 3x tgl., 1 1/4 Std.;
KAPSTADT, 1x tgl.,1 1/4 Std.;
JOHANNESBURG, 6–7x tgl., 1 1/2 Std.

10 HIGHLIGHT

Addo Elephant National Park

73 km nordöstlich von Port Elizabeth ▪ tgl. 7–19 Uhr ▪ Eintritt R216 ▪ www.addoelephantpark.com

Der Addo Elephant National Park ist ein Big-Five-Reservat und sollte die erste Wahl für einen Abstecher von Port Elizabeth sein – für einen Tagesausflug oder auch für mehrere Tage. Man kann auch in einem der nahe gelegenen **privaten Reservate** absteigen – vor allem wenn man sich verwöhnen lassen möchte. Allein an der N2 zwischen PE und Grahamstown gibt es drei davon: **Shamwari, Amakhala** und **Lalibela**. Das **Schotia**, 1 km abseits der Kreuzung N10/N2, dagegen bietet aufregende nächtliche Tierbeobachtungsfahrten und ist nicht ganz so nobel wie die anderen. Ein ganz großes Plus des Addo und der Privatreservate ist, dass sie **malariafrei** sind. Auch außerhalb des Addo, in der Gegend von Grahamstown, lassen sich viele wilde Tiere beobachten (Kasten S. 370), doch soviele Elefanten wie im Addo gibt es sonst nirgendwo.

Der **Addo Elephant National Park** wird derzeit zu einem der drei größten Wildreservate Südafrikas erweitert und ist das einzige direkt am Meer gelegene Reservat. **Elefanten** bilden immer noch die größte Attraktion des Parks, doch nachdem erneut einige **Löwen** im Park angesiedelt wurden und auch die übrigen Big Five – **Büffel, Spitzmaulnashorn** und **Leopard** – hier anzutreffen sind, entwickelte er sich zu einem echten Safaripark. Im Zuge des Wiederbelebungsprogramms wurden auch **Tüpfelhyänen** ausgesetzt, damit das Ökosystem in seiner Ursprünglichkeit, einschließlich Raubtieren, wiederhergestellt werden konnte. Zu den anderen Tieren, nach denen man Ausschau halten kann, gehören **Elenantilopen, Kudus, Büffel, Rote Kuhantilopen, Schimpansen, Flusspferde, Warzenschweine** und **Strauße**.

Safaris

Tagesfahrt: bei Sonnenaufgang, 9, 12 und 15 Uhr, R280 ▪ Sonnenuntergangsfahrt (inkl. Getränke und Snacks) R380 ▪ Nachtfahrt R310 ▪ Nur mit Reservierung unter 042 233 8657 ▪ www.sanparks.co.za/parks/addo/tourism/activities

Der Addo-Busch ist dicht, trocken und dornig und macht es zuweilen nicht leicht, die ungefähr

Ausritte auf Pferden und Elefanten

Zweistündige Ausritte zu **Pferd** ins Nyathi-Gelände, Heimat der Big Five, beginnen um 8.30 und 14 Uhr (R265) an den Reitställen in der Nähe des Main Camp. Sie sind aber nur etwas für erfahrene Reiter: wenn´s gefährlich wird, muss man nämlich galoppieren können. Das Verhalten mancher wilder Tiere kann es eventuell erforderlich machen, dass andere Pfade eingeschlagen werden. In dem Fall reduziert sich der Preis um R100. Für Anfänger und Fortgeschritte gleichermaßen eignet sich der wunderschöne Zuurberg-Abschnitt, 21 km vom Main Camp entfernt. Dort wimmelt es zwar nicht gerade von Tieren, aber dafür entschädigt die fantastische Berg- und Flusstal-Landschaft reichlich. Die längeren Ausritte empfehlen sich nur für Schwindelfreie, denn dabei trippeln die ruhigen und trittsicheren Pferde eine steile Schlucht hinab zum Fluss, der überquert werden muss. Ausritte für Anfänger beginnen um 9, 11 und 14 Uhr (1 Std., R180), dreistündige Ritte für Fortgeschrittene um 9 und 11 Uhr (R255) und der wärmstens zu empfehlende Ganztagsausritt um 9 Uhr (ausgezeichnetes Preis-Leistungs-Verhältnis bei R275). Es steht auch noch ein zweitägiger Ritt mit Übernachtung im Bushcamp Narina am Fluss (R450 pro Tag) auf dem Programm. Für alle Ausritte ist eine Reservierung unter 042-233 8657 erforderlich.

Elefantenausritte veranstaltet eine Farm an der Nordgrenze des Addo, 041-585 1150, www.addoelephantbacksafaris.co.za, 90 km von Port Elizabeth, abseits der R335. Die Safaris kosten R975 p. P., dauern rund zweieinhalb Stunden und beginnen um 8 Uhr (mit einem leichten Frühstück), 11 Uhr (mit einem Imbiss) und 15 Uhr. Der Transfer vom Addo kostet zusätzliche R600 p. P.

ADDO ELEPHANT NP UND DIE PRIVATEN RESERVATE

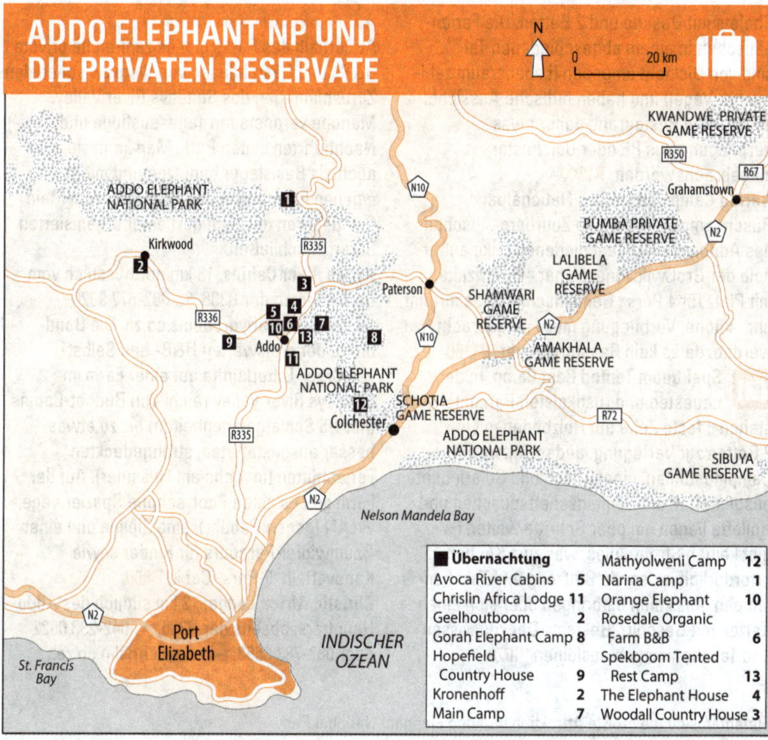

450 Elefanten und andere Tiere zu erspähen; sieht man aber doch welche, dann häufig in greifbarer Nähe. Am besten fragt man an der Rezeption des Parks, wo zuletzt Tiere gesichtet wurden, und steuert die **Wasserstelle** vor dem Restaurant an, von wo man in aller Ruhe den Busch nach den gemächlich dahinziehenden grauen Riesen absuchen kann. Empfehlenswert sind auch **Beobachtungsfahrten** mit einem kompetenten Nationalpark-Ranger. Solche Fahrten werden in offenen Jeeps angeboten, die aufgrund ihrer Höhe eine bessere Sicht erlauben als normale Pkw.

ÜBERNACHTUNG

Innerhalb des Parks

Reservierungen für sämtliche Unterkünfte im Park über SANParks, 💻 www.sanparks.org/tourism/reservations, oder, weniger als 72 Std. im Voraus, direkt beim Addo, ✆ 042-233 8600. Unbedingt so früh wie möglich buchen.

Main Camp. Das älteste und größte der Nationalparkcamps verfügt über Campingmöglichkeiten, Waldhütten mit 2 Betten und Gemeinschaftsküche sowie luxuriösere 2-Personen-Chalets mit Küchenzeile. Einige bieten Platz für bis zu 4 Pers. (aber selbst bei Belegung mit nur 1 Pers. muss für 2 Pers. bezahlt werden). Am billigsten ist die Unterbringung in den geräumigen Safarizelten mit Veranden direkt neben dem Absperrzaun – in den Sommermonaten die perfekte Wahl. Camping R260, Safarizelt R700, Waldhütte R800, Chalet R925

Mathyolweni Camp. Nationalpark-Unterkunft mit 12 voll ausgestatteten Selbstversorger-

Chalets mit Dusche und 2 Betten. Die Ferienhäuschen in einem abgeschiedenen Tal sind von Dickicht umgeben (Lebensraum zahlreicher Vögel) und haben hübsche Aussichtsdecks. Kein Restaurant, daher muss Verpflegung aus PE oder Colchester mitgebracht werden. R1300

Narina Camp. Ein kleines Nationalpark-Buschcamp im hügeligen Zuurberg-Abschnitt des Addo, einer abgeschiedenen Ecke außerhalb der Großwildzone. Es hat 4 Safarizelte mit Platz für 4 Pers., Gemeinschaftswaschraum und -küche; Verpflegung muss mitgebracht werden, da es kein Restaurant gibt. R1150

OSTKAP

Spekboom Tented Rest Camp. In der neuesten und rustikalsten Parkunterkunft stehen 5 feste Zelte auf Holzböden mit je 2 Betten zur Verfügung. Jedes Zelt ist mit Campingstühlen, einem Tisch und Solarleuchten ausgestattet; die Gemeinschaftsduschen und -toilette liegen ein paar Schritte weiter. Es gibt keinen Strom. Alles, was zum Kochen erforderlich ist, sowie Bettzeug und Taschenlampen muss man mitbringen oder sich einen Karton mit Geschirr, Besteck, Decken/Kissen und Taschenlampen ausleihen. R670

Außerhalb des Parks

Außerhalb des Parks gibt es zahlreiche private B&Bs und Gästehäuser, vor allem zwischen den Zitrusplantagen des Sundays River Valley. Manche veranstalten Tagesausflüge und Nachtfahrten in den Park. Man kann sie aber auch als Basislager benutzen und mit dem eigenen Fahrzeug in den Park oder zum Main Camp fahren und sich dort einer organisierten Safari anschließen.

Avoca River Cabins, 13 km nordwestlich vom Dorf Addo an der R336, ✆ 082-677 9920, www.avocarivercabins.co.za. Die Bandbreite der preiswerten B&B- und Selbstversorger-Unterkünfte auf einer Farm im Sundays River Valley reicht von Budget-Cabins (mit 4/5 Schlafgelegenheiten) bis zu etwas besser ausgestatteten, strohgedeckten Ferienhütten (manche am Flussufer). Auf der Farm gibt es einen Pool, schöne Spazierwege, WLAN (gegen Gebühr), eine Zipline und einen Baumwipfel-Parcours für Kinder sowie Kanuverleih. 5-Pers.-Cabin R600

Chrislin Africa Lodge, 12 km südlich des Addo-Haupttors, abseits der R336, ✆ 042-233 0022 oder 082-783 3553, www.chrislin.co.za.

Elefanten sind die größte Attraktion im Addo Elephant National Park.

Quirliges B&B mit strohgedeckten, im traditionellen Xhosa-Stil erbauten Hütten mit einem entzückenden *lapa* (Innenhof) und Pool. Deftiges Landfrühstück und Abendessen auf Wunsch. R1100

The Elephant House, 5 km nördlich des Dorfes Addo an der R335, ☏ 042-233 2462 oder 083-799 5671, www.elephanthouse.co.za. Die strohgedeckte Lodge, nur ein paar Minuten vom Addo entfernt, ist eine der Top-Unterkünfte des Ostkaps. Perserteppiche und antike Möbel schaffen eine perfekte Kombination aus Luxus und entspannter Atmosphäre. Die 8 Gästezimmer und 6 Gartenhäuschen gehen alle auf einen Rasen hinaus. Dinner bei Kerzenlicht wird ebenso angeboten wie Touren in den Addo und in die Tierschutzgebiete der Umgebung (R800 p. P.). R2800

Geelhoutboom, 26 Market St, Kirkwood, ☏ 042-230 1837, www.geelhoutboom.co.za. Das gemütliche B&B unter schattigen Bäumen hat Zimmer mit AC und liegt nur 20 Autominuten vom Haupttor des Addo. Ausgezeichnetes Preis-Leistungs-Verhältnis. R800

Gorah Elephant Camp, auf der Addo Heights Rd, die von der N10 zum Dorf Addo führt, 9 km Richtung Westen, ☏ 044-501 1111, www.gorah.hunterhotels.com. Ultraluxuriöse Unterkünfte rund um ein viktorianisches Gästehaus mit Antilopengeweihen über dem Kamin und auf Hochglanz polierten Möbeln. Die Suiten sind prächtig, der Pool eine Augenweide, und die Gäste können unterm Sternenhimmel dinieren – die Verpflegung ist genauso im Preis enthalten wie die Tierbeobachtungsfahrten. Außerhalb der Saison gibt´s beachtliche Preisnachlässe. R13 430

Hopefield Country House, 20 km südwestlich vom Haupttor des Addo, ☏ 042-234 0333, www.hopefield.co.za. Farmhaus aus den 1930ern mit dem gewissen Etwas, auf einer Zitrusplantage inmitten von gepflegten Rasenflächen und Blumenrabatten. Die 5 Gästezimmer sind fantasievoll mit antiken Möbeln eingerichtet. Den Stil bezeichnen die Besitzer (Klassikmusiker, die ihren Gästen manchmal ein Überraschungskonzert geben) als „farmhouse eclectic". R1200

Kronenhoff, an der R336 am Ortseingang von Kirkwood, ☏ 042-230 1448, www.kronenhoff.co.za. In einem kleinen Bauerndorf gelegenes, freundliches kapholländisches Gästehaus mit geräumigen Suiten und einer netten Bar. Im Sommer weht süßer Orangenblütenduft von den umliegenden Zitrushainen herein. R1140

Orange Elephant, an der R335, 8 km vom Nationalpark-Tor, ☏ 042-233 0023, www.addobackpackers.com. Budgetunterbringung in einem gut ausgestatteten Hostel mit einer gefragten Bar, die für ihre großzügigen Kneipenessensportionen berühmt ist. Die Mitarbeiter organisieren Ausflüge in die umliegenden Tierreservate. Beispielsweise eine Halbtagstour in den Addo ab R650 inkl. Imbiss, oder einen Tagesausflug samt *braai* im Park für R1000. Dorm R120, DZ R300

Rosedale Organic Farm B&B, an der R335, 1 km nördlich vom Dorf Addo, ☏ 042-233 0404 oder 083-329 8775, www.rosedalebnb.co.za. Sehr preiswerte Unterbringung in 8 Cottages auf einer Biofarm, von der Zitrusfrüchte in die EU exportiert werden. Die Gastgeber Keith und Nondumiso Finnemore nehmen es ernst mit nachhaltiger Landwirtschaft und Tourismus – das Wasser für die Cottages wird sonnengewärmt und das Frühstück besteht so weit wie möglich aus Biozutaten. Keith nimmt Gäste auf eine kostenlose, einstündige Wanderung über das Farmgelände mit. Gästen, die sich lieber selbst verpflegen, steht eine Küche zur Verfügung. R800

Woodall Country House, rund 1 km westlich vom Addo-Haupttor, ☏ 042-233 0128, www.woodall-addo.co.za. Hervorragendes, luxuriöses Gästehaus auf einer Zitrusplantage mit 11 Apartments für Selbstversorger sowie Zimmern. Pool, Fitnessraum, Spa und Sauna (Massagen, Kosmetikerin). Hübsche Terrasse (v. a. bei Sonnenuntergang) mit Blick auf einen kleinen See mit Schwänen und anderen Wasservögeln. In dem Restaurant, das für seine hervorragende rustikale Küche bekannt ist, sind 3- bis 6-Gängemenüs zu haben. R2750

ESSEN UND INFORMATIONEN

Landkarten, auf denen Grill- und Picknickstellen eingezeichnet sind, gibt es an der Rezeption des **Main Camp**. Im Restaurant im Main Camp bekommt man Frühstück, Mittag- und Abendessen, ⌚ tgl. 7.30–22 Uhr. Außerdem gibt es einen Laden mit einem ordentlichen Sortiment an Lebensmitteln und Getränken. Zum Main Camp gehören auch ein Vogelbeobachtungsversteck und ein Museum, in dem fast durchgehend Tierfilme gezeigt werden.

TRANSPORT

Das Südtor des Addo liegt rund 5 km vom Matyholweni Camp entfernt, per **Auto** zu erreichen über eine Abzweigung von der N2 im Dorf Colchester, 43 km nordöstlich von Port Elizabeth. Vom Tor aus kann man entweder mindestens eine Stunde lang auf ungeteerten, aber gut in Schuss gehaltenen Straßen gemächlich durch den Park zum Main Camp (der älteren und bekannteren Niederlassung im Addo) fahren und unterwegs die Landschaft betrachten. Um die meisten der Unterkünfte außerhalb des Parks zu erreichen, folgt man dagegen der R335, die am Westrand des Parks entlangführt – auf der N2 von Port Elizabeth nach Osten 5 km weit Richtung Grahamstown fahren und am Wegweiser Addo/Motherwell/Markman auf die durchs Dorf Addo führende R335 abbiegen. Um zur Zuurberg-Sektion mit dem Narina Bush Camp und den Zuurberg-Reitpfaden zu gelangen, biegt man 1 km vor dem Main Camp ab und folgt 21 km lang einer guten Schotterstraße. Ehe der Park nicht völlig erschlossen ist (derzeit noch nicht absehbar), ist der Küstenabschnitt, zu dem auch der Alexandria State Forest gehört, vom Parkinneren her nicht zugänglich.

OSTKAP

Private Tierreservate

Mit etwas Glück kann man bei einer in Eigenregie unternommenen Fahrt durch den Addo eine ganze Menge Tiere sehen, aber nichts geht über die Erkundung der Wildnis mit einem ausgebildeten Guide in einem offenen Fahrzeug – und das ist die Spezialität der privaten Reservate. Eine gute Option für Besucher mit wenig Geld oder Zeit ist eine Ganz- oder Halbtagssafari im **Schotia** oder **Amakhala**, die ab R980 p. P. angeboten werden. Wer das Komplettpaket will – Tierbeobachtungstouren, köstliches Essen, absoluter Luxus und erstklassige Unterbringung – bekommt es im **Shamwari**, muss dafür aber mehr als R5000 p. P. und Tag hinblättern.

ÜBERNACHTUNG

Amakhala Game Reserve, 67 km nördlich von Port Elizabeth an der N2, ✆ 041-581 0993, 💻 www.amakhala.co.za. Ein fantastisches, familienfreundliches Schutzgebiet, wo sowohl die Big Five als auch Giraffen, Zebras, Gnus und Antilopen leben. Der Bushman's River schlängelt sich durch das Reservat, und Besucher können Kanusafaris und Bootsfahrten bei Sonnenuntergang unternehmen. Eine **Safari für Tagesbesucher** (R980), bestehend aus zwei Game Drives, einer Bootsfahrt und Mittagessen, muss vorab gebucht werden. Die Unterbringung erfolgt in bezaubernden Farmhäusern oder in einem Camp, wo umgebaute Ochsenwagen mit Betten stehen. Die Aussicht ist überall traumhaft. R5000

Lalibela Game Reserve, 90 km nordöstlich von Port Elizabeth an der N2 Richtung Grahamstown, ✆ 041-581 8170, 💻 www.lalibela.co.za. Eine ausgezeichnete Wahl in der mittleren Preislage. Es beherbergt die Big Five und eine Riesenvielfalt anderer Tiere sowie Pflanzen. Safaris sind im Preis enthalten, ebenso alle Mahlzeiten – köstliche zeitgenössische Ostkapküche – und Getränke. Außerdem wird eine afrikanische Trommel- und Tanzdarbietung gezeigt. Es gibt 3 überwältigende Lodges mit privaten Aussichtsveranden, Pools und *bomas*. R9000

Schotia Game Reserve, am Ostrand des Addo, ✆ 042-235 1436, 💻 www.schotiasafaris.co.za. Das Schotia ist das kleinste und wegen seines ausgezeichneten Preis-Leistungs-Verhältnisses meistbesuchte der privaten Reservate. Zu einem 100%-igen Big-Five-Reservat fehlen ihm nur die Elefanten, und um diesen Mangel wettzumachen, nehmen die Mitarbeiter die Gäste auf Rundfahrten durch den Addo Elephant National Park mit. Tagesbesucher werden in Port Elizabeth oder an jedem beliebigen Ort in der Nähe des Addo abgeholt. Eine ganztägige Safari (R2000 p. P.) umfasst eine Tierbeobachtungsfahrt durch den Addo und einen abendlichen Game Drive, Mittag- und Abendessen. Wer möchte, kann auch nur eine nachmittägliche Tierbeobachtungsfahrt (R1000 p. P.) durch Schotia unternehmen. Die Übernachtung in einer der 3 Busch-Lodges oder einem der 8 DZ fällt billiger aus als in allen anderen Privatreservaten; im Preis enthalten ist eine Beobachtungstour in den Addo. R4000

Shamwari Game Reserve, 65 km nördlich von Port Elizabeth an der N2, ✆ 041-509 3000, 💻 www.shamwari.com. Das größte und bekannteste private Big-Five-Reservat pflegt sein Jetset-Image. 2013 wurde es bei den World Travel Awards als The World's Leading Eco Lodge ausgezeichnet. Die Auszeichnung trägt der faszinierenden unterschiedlichen Landschaft ebenso Rechnung wie der Anzahl wilder Tiere und dem hohen Standard der Safaris. Übernachten kann man in der familienfreundlichen Kolonialvilla Long Lee Manor oder in attraktiven und mit jedem erdenklichen Luxus eingerichteten Lodges. R9720

Jeffrey's Bay

Etwa 75 km westlich von Port Elizabeth, abseits der N2, liegt Jeffrey´s Bay, oder J Bay, wie man es hier nennt. In der Hochsaison stapeln sich die Urlauber am Strand und bevölkern in Massen die Surfläden und Fastfood-Restaurants. Die Vororte und Ferienhaussiedlungen sind zwar keine Augenweide, aber dafür gilt J Bay bei manchen als eines der drei besten **Surfreviere** der Welt. Wer zum Surfen hergekommen ist, begibt sich am besten zum Strandabschnitt **Super Tubes**, östlich vom Hauptbadestrand. Dort gibt es eine tolle, konstante rechtsdrehende Welle, die das ganze Jahr über Surfer aus aller Welt anlockt. Ein Ritt auf dieser Welle ist aber nur etwas für Surfexperten. Weitere begehrte Surfspots sind Kitchen Windows, Magna Tubes, Point und Albatross. Surfausrüstung kann in den zahlreichen Surfgeschäften an der Da Gama Road ausgeliehen werden. Und in der Stadt selbst sind alle internationalen Surfbekleidungslabels mit Fabrik-Outlets vertreten, in denen fette Rabatte gewährt werden.

Nicht nur **Delphine** ziehen hier regelmäßig ihre Runden, sondern zwischen Juni und Oktober gibt es manchmal auch **Wale** zu bestaunen. Die großen **Badegebiete** sind Main Beach (in der Stadt) und Kabeljous-on-Sea (einige Kilometer nördlich), Muscheln findet man zwischen Main und Surfer's Point.

ÜBERNACHTUNG

Mit jeder Menge Hostels zählt J Bay eindeutig zum Backpacker-Gebiet – doch es stehen auch viele gute B&Bs und ein paar Selbstversorger-Unterkünfte bereit. Wer im Dezember, Januar oder über Ostern hier unterkommen möchte, muss unbedingt vorbuchen. Außerhalb der Saison ist es wesentlich ruhiger, abgesehen von der Billabong-Weltmeisterschaft im Surfen, die normalerweise im Juli ausgetragen wird.

A1 Knyaston, 23 & 27 Chestnut Ave, ✆ 084-900 30-06, 08, 💻 www.a1kynaston.co.za. Die freundliche Unterkunft hat sowohl B&B-Zimmer als auch ein gemütliches, gut ausgestattetes Selbstversorger-Apartment. Sie liegt in einer ruhigen Wohngegend, nicht allzu weit vom Strand und von der Innenstadt entfernt. R850

African Perfection B&B, 20 Pepper St, W 042-293 1401, 💻 www.africanperfection.co.za. Das licht- und luftdurchflutete B&B hat luxuriöse Zimmer mit Bad, eigenem Balkon (samt Blick auf den Supertubes Beach) und ausgezeichnetem Preis-Leistungs-Verhältnis. Darüber hinaus gibt es eine geräumige Gemeinschaftslounge und eine komplett ausgestattete Küche für Selbstversorger. R1200

African Ubuntu Backpackers, 8 Cherry St, Wavecrest, ✆ 042-296 0376 oder 081-046 1285, 💻 www.jaybay.co.za. Das Hostel liegt nur 100 m vom Strand und bietet eine tolle Aussicht, einen üppig grünen Garten mit vielen Hängematten, Filmabende und Freitagabendpartys, bei denen köstliches afrikanisches Essen aufgetischt wird. Camping R85, Dorm R110, DZ R285

Cristal Cove, 49 Flame Crescent, gegenüber dem Spar Shopping Centre in der Da Gama Rd, ✆ 042-293 2101, 💻 www.cristalcove.co.za. Ein Backpackertreff, bloß ein paar Schritte vom Strand entfernt, mit Dorms und DZ, großen, supergünstigen Selbstverpfleger-Apartments,

Ausritte am Strand: Von J Bay nach Port Alfred

Die langen, verlassenen Sandstrandabschnitte an dieser Küste sind ein traumhaftes Revier für Ausritte. Erfahrene Reiter können bis fast zum Horizont durch die Brandung galoppieren, Anfänger dagegen gemächlich am Rand der Wellen durch den Sand traben. Die Ostkapstrände sind die besten Reitstrände des Landes. Die Strände der Wild Coast sind noch einsamer, da nicht per Auto zugänglich, und lassen sich daher am besten auf dem Pferderücken (oder zu Fuß) erkunden.

Mkulu Kei Horse Trails, W 083-632 7298, www.mkulukeihorsetrails.co.za. Der bewährte Veranstalter bietet lange und kurze Ausritte auf austrainierten Reitpferden entlang der Strände, die sich westlich von Port Alfred bis Kenton-on-Sea erstrecken, einer herrlich einsamen Gegend.

Papiesfontein Farm, 65 km westlich von Port Elizabeth, nahe Jeffey's Bay, 079-299 8080, www.horsetrails.co.za. Ein 13 km langer Ritt auf guten Pferden durch Busch, über einen Fluss und am Strand lang, geeignet für mittelmäßige bis erfahrene Reiter (R300 für 2 Std.). Im Angebot ist auch ein 15–20 km langer Ganztagesritt zum Paradise Beach und zurück (R1300, Mittagessen inkl.). Papiesfontein ist deutlich an der von der N2 abgehenden R102 ausgeschildert.

Three Sisters Horse Trails, 14 km östlich von Port Alfred, an der R72, 082-645 6345, www.threesistershorsetrails.co.za. Bei den zweistündigen Strandritten für Anfänger und Fortgeschrittene geht es von einer Farm aus durch Küstendünengestrüpp, im Galopp an einem traumhaft einsamen Strand entlang und zurück am Riet River vorbei, wo es von Vögeln wimmelt (R350). Man kann sich aber auch für einen Ausritt mit einer oder zwei Übernachtungen entschließen. Die erste Nacht verbringt man in einem reizenden Baumhaus über einem Fluss auf dem Farmgelände, die zweite in einer urigen Strandhütte in einem Milkwoodhain am Riet River. Dort gibt es nur einen großen Schlaf-/Wohnraum und keinen Strom (R1250 pro Tag für Ritt und Unterbringung). In beiden Unterkünften können auch Familienmitglieder oder Freunde, die nicht hoch zu Ross anreisen möchten, zu sehr fairen Preisen übernachten.

OSTKAP

einem gemütlichen Pub und WLAN. Dorm R100, DZ R350, Apartment R400

Island Vibe, 10 Dageraad St, 042-293 1625, www.islandvibe.co.za. Backpacker-Lodge auf einer Düne mit Holzsteg zum Strand. Camping, Schlafsäle, DZ, alle mit toller Aussicht, Lounge, Bar, Billardtisch und Selbstversorger-Einrichtungen. Frühstück erhältlich. Camping R100, Dorm R130, DZ R500

Super Tubes Guest House, 12 Pepper St, 042-293 2957, www.supertubesguesthouse.co.za. In dem Strandhaus stehen schlichte Zimmer mit Bad, schönen alten Holzbetten und Zugang zu einer Terrasse oder Garten sowie luxuriöse Zimmer mit Bad (R1780), Meerblick, Balkon und DSTV zur Verfügung. Der Super Tubes Beach liegt praktisch vor der Tür. R980

ESSEN

The Greek Restaurant & Wine Bar, Da Gama St, Ecke Beverland St, W 083-287 6406. Ein mediterranes Restaurant in Strandnähe mit wundervollem Meerblick und griechischer Musik. Hier gibt´s traditionelle griechische Speisen aus dem Lehmofen oder vom offenen Kohlengrill – Tipp: das Kilo Riesengarnelen (*tiger prawns*, R350 für 2 Pers.) So–Do 11–22, Fr und Sa 11–23 Uhr.

In Food Restaurant, Bakery & Deli, Schelde St, Ecke Jefferies St, W 042-293 1880. Das helle, luftige Café hat ein umfangreiches Angebot an Gerichten, darunter Hühnercurry (R69), sowie köstlichen Kaffee und selbstgemachtes Brot, das aus im Steinmörser gemahlenem Mehl gebacken wird. Mo–Sa 7–17 Uhr.

Potters Place Coffee Shop & Restaurant, 18 Oosterland St, W 042-293 2500. In dem begehrten, ausgefallenen Lokal bekommt man riesige Frühstücksportionen, hausgebackenes Brot und Speisen wie Cape Beef Curry (R70). Alkoholausschank. tgl. 8–22 Uhr.

Walskipper, Marina Martinique Seafront, Claptons Beach, ✆ 042-292 0005. Das Spitzenrestaurant von Jeffrey's Bay ist urigerweise in einem verwitterten Holzschuppen am Strand im Marina Martinique Harbour untergebracht. Während die Hauptspeisen – darunter Seafood (R125) – auf dem offenen Feuer brutzeln, gibt es vorweg selbst gebackenes Brot, Pâtés und Marmelade. ⌚ Di–So 12–20, So 12–15 Uhr.

INFORMATIONEN

Touristeninformation, im Shell Museum Complex, Da Gama Rd, Ecke Dromedaris Rd, ✆ 042-293 2923, 💻 www.jeffreysbaytourism.org. ⌚ Mo–Fr 9–17, Sa 9–14 Uhr.

TRANSPORT

Der **Baz Bus** hält in J Bay auf seiner tgl. Fahrt zwischen KAPSTADT und PORT ELIZABETH, ebenso die Busse von **Greyhound** und **Intercape**.

Alexandria State Forest

Reservierung für den Alexandria Hiking Trail unter ✆ 041-468 0916 ▪ Eintritt R135

Ein 50 km langer Teil des Ostkaps und der einsamste Teil dieses Küstenabschnitts steht im Schutze des Alexandria State Forest. Er ist Teil des **Woody Cape**-Abschnitts des Addo Elephant National Park und kann auf der zweitägigen Rundwanderung **Alexandria Hiking Trail** durchstreift werden. Dieser gehört landesweit zu den schönsten **Küstenwanderwegen** und windet sich durch ursprüngliche Waldgebiete und eine Wüstenlandschaft gewaltiger Sanddünen bis hin zum Ozean.

Die 35 km lange Wanderroute, die reserviert werden muss, beginnt am Woody Cape Office, 8 km von der R72 entfernt (und nicht mit öffentlichen Verkehrsmitteln erreichbar), wo das Permit abgeholt werden muss. Wenn man nach Osten fährt, geht der ausgeschilderte Abzweig kurz vor Alexandria rechts ab, 86 km von Port Elizabeth entfernt. Wer lieber einen Picknickausflug als eine Wanderung machen möchte, kann auf dem 7 km langen Tree Dassie Trail vom Woody Cape Office in den Wald und zurück spazieren.

Kenton-on-Sea

Rund 115 km von Port Elizabeth und 56 km von Grahamstown liegt an zwei Flusstälern der **Urlaubsort** Kenton-on-Sea, der sich für einen kurzen Strandurlaub perfekt eignet. Mit seiner Ansammlung von Ferienhäusern, wenigen Geschäften und Lokalen ist Kenton eine gute Wahl, wenn man etwas nicht allzu Anspruchsvolles und doch sehr Schönes sucht. Viel mehr als sich der Brandung, der Sandstrände, Felshöhlen und Dünen zu erfreuen, in seichten Gezeitenpools zu liegen oder in den Flüssen zu baden, gibt es hier nicht zu tun, doch sollte man sich wegen der oft starken **Rückströmung** nicht zu nah an die Mündung begeben. Es sind schon mehrere Menschen dort ertrunken.

ÜBERNACHTUNG

Dunwerkin, 5 Park Rd, ✆ 046-648 1173, 💻 www.dunwerkin.co.za. In sensationeller Lage, nur 2 Min. zu Fuß vom Strand. Die erschwingliche Selbstversorger-Unterkunft von Kenton hat Platz für 1–2 Familien in

Paddelvergnügen an der Sonnenküste

Der **Bushman's River Trail** ist eine zwei- bis fünfstündige Paddeltour, die an Zykaden und Euphorbien vorbei 15 km flussaufwärts führt. Kanus (R160 für 8 Std.) verleiht die Kenton Marina, von der R72 (gut ausgeschildert) 300 m auf der R343 Richtung Grahamstown, ✆ 046-648 1223. ⌚ tgl. 8–16 Uhr.

Der **Kowie Canoe Trail**, eine 21 km lange Paddeltour von Port Alfred den Kowie River hoch, gehört zu den wenigen Paddel- und Wanderwegen Südafrikas, die in Eigenregie zurückgelegt werden können. Einen großen Teil des Reizes machen die trällernde und zwitschernde Vogelwelt sowie die Landschaft aus: dicht mit Busch überzogene Hügel, die bis zum Ufer hinabreichen. Übernachtet wird in einer Hütte im Horseshoe Bend Nature Reserve. Von dort aus kann man den Wald zu Fuß erkunden und den Steilhang hochklettern, um die spektakuläre Aussicht zu genießen. Reservierung bei Gary McKay in Port Alfred, ✆ 082-491 0590, R150 p. P.

einem gut in Schuss gehaltenen Haus mit 4 Schlafzimmern. R650

Oribi Haven, Kasouga Farm, 9 km von Kenton, an einer Schotterstraße, die von der R72 abgeht (am ersten Viehgitter nach rechts abbiegen), 084-477 1166, www.oribihaven.co.za. Die Kasouga Farm liegt an einem Berghang mit Blick auf die besten und unberührtesten Strände des Landes. Die Farm, die aufgrund der zahlreichen, auf dem Gelände heimischen Oribi-Antilopen unter Naturschutz steht, bietet 2 gut ausgestattete Ferienhäuser mit jeweils 2 Schlafzimmern; wahlweise B&B oder Selbstverpflegung. Zu den Angeboten für Gäste gehören Tierbeobachtungstouren auf dem Farmgelände, Sundowners am Strand und Sandboards für die Dünen. R550

OSTKAP

The Oysterbox Beach House, 046-648 3466, www.theoysterboxbeachhouse.co.za. Besteht aus 3 luxuriösen Strandhäusern unterschiedlicher Größe in Spaziernähe zum Strand und der Lagune. Alle sind im attraktiven, zeitgenössischen Strandhausstil gehalten und besitzen eine Terrasse und traumhafte Aussicht. Das kleinste Haus kann auf Selbstversorger-Basis (ab R1400) gemietet werden. DZ R1880

River Roost, Grahamstown Rd, 1 km landeinwärts von Kenton an der R343, 046-648 2850, www.riverroost.co.za. Das River Roost steht auf einer Anhöhe über dem Bushmans River. Abgesehen vom Panoramablick, einem Pool und der Flussanlegestelle bietet es luxuriöse Selbstversorger-Cottages (R2750) oder B&B in dem im französisch-provenzalischen Stil gehaltenen Haupthaus mit Bauernküche und Lesezimmer. Zum Strand sind es nur ein paar Autominuten. R1100

Woodlands Country House and Tea Garden, 2 km vom Zentrum an der R343 nach Grahamstown, 046-648 2867, woodlands@accommodation-kenton.co.za. Ausgedehnter Garten und Busch bis hinunter zum Bushman's River, kleine Cottages an den Wegen durch die Vegetation. R450

ESSEN

Homewoods, 1 Eastbourne Rd, 046-648 2700. Das am schönsten gelegene Lokal von Kenton ist ein Restaurant und Pub an der Mündung des Kariega River mit herrlicher Aussicht, aber eher durchschnittlichem Speisenangebot: Burger, Fish 'n' Chips, Sandwiches und Steaks (R95). Di–Fr 11–15, 18–21, Sa 10–16, 18 Uhr bis spät, So 9–16 Uhr.

Sandbar Floating Restaurant, River Bend, Bushmans River, W 046-648 2450. In dem in der Lagune festgemachten Bootsrestaurant/Pub sind Snacks, Meeresfrüchte und Grillspeisen erhältlich, Hauptgerichte kosten rund R90. Reservierung unumgänglich. Di–So 11 Uhr bis spät, in der Ferienzeit auch Mo.

The Secret Garden, Main Rd, 046-648 2239. Das nur bis nachmittags geöffnete Lokal hat warmes Frühstück, Tee und kleine Speisen, etwa getoastete Sandwiches und Salate (R35). Allerdings liegt es in der Stadt, nicht am Strand. Mo–Fr 7.30–16, Sa 8–14 Uhr.

Stanleys Restaurant, gleich hinter Kenton an der R343, Grahamstown Rd, 082-774 9326. Das beste Essen von ganz Kenton wird in diesem ungezwungenen Restaurant produziert: saftige Steaks (R95) und frische Meeresfrüchte, die im Freien mit Blick auf subtropische Grünanlagen und den Fluss Kariega verzehrt werden können. Reservierung erforderlich. Mo–Sa 11 Uhr bis spät, So 11.30–15.30 Uhr.

INFORMATIONEN

Touristeninformation, an der Hauptstraße ausgeschildert, 046-648 2411, www.kenton.co.za. Das Tourismusbüro wird von Erica McNulty geführt, die verschiedene interessante nachhaltige Gemeindeprojekte von Xhosa-Frauen koordiniert. Mo–Fr 9.30–17, Sa 9.30–13 Uhr.

Port Alfred

Port Alfred ist der einzige Ort zwischen Port Elizabeth und East London, einem ziemlich unerschlossenen Küstenlandstrich mit hohen Dünen und toller Brandung, der auch außerhalb der Urlaubssaison ein gewisses Stadtleben aufzuweisen hat. Ein paar Wochen im Jahr jedoch platzt das kleine Stadtzentrum aus allen Nähten. Genau wie viele andere Orte entlang der

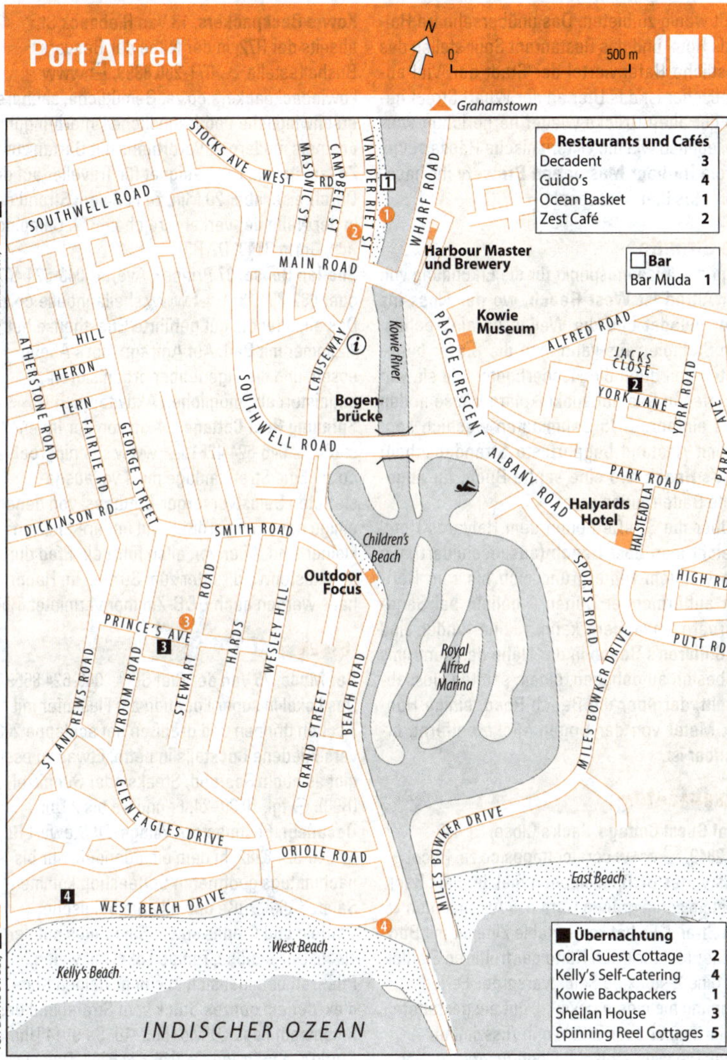

Küste wird auch Port Alfred allmählich weiter ausgebaut. An den ehemals einsamen Stränden sprießen neue Wohn- und Mietshäuser aus dem Boden. Außer zu Strandspaziergängen und Badespaß lädt die Gegend auch zu **Kanutouren**, zum **Tauchen**, Wasserskifahren, Abseiling, Hochseefischen und Reiten ein. Port Alfred (Spitzname „Kowie" wegen des Flusses) bekam seinen Namen zu Ehren des zweiten Sohnes von Königin Victoria, der allerdings nie hier war.

Nach Port Alfred fährt man wegen der Strände und des Kowie River. Ansonsten hat die

Stadt wenig zu bieten. Das unübersehbare Halyards Hotel und das Restaurant Spur stellen das künstliche Hafenviertel der Stadt dar. Viel authentischer ist das Ufer an der Wharf Street neben der alten Brücke wieder hergerichtet worden, ebenso wie die viktorianische Häuserreihe, wo die **Harbour Master and Brewery** ihr hausgebrautes Bier ausschenkt.

Die Strände

Ein prima Ausgangspunkt für die Erkundung von Port Alfred ist **West Beach**, wo der Fluss ins Meer mündet und die Wellen hereinbrechen. Vom Steinpier aus kann man die Surfer beobachten und auch die Fischerboote, wie sie von der offenen See auf spektakuläre Weise in den Fluss einfahren. 15 Gehminuten westlich liegt der mit Abstand begehrteste Strandabschnitt **Kelly's Beach**, wo eine sanfte Bucht für ungetrübte Badefreuden sorgt.

Über die Straße neben dem Halyards Hotel erreicht man **East Beach** (ausgeschildert), wo man vor dem Hintergrund sich bis zum Horizont auftürmender Dünen – beliebt bei Sandboardern – wandern kann. Kleine Kinder sind am **Children's Beach** in der Nähe des Zentrums am besten aufgehoben, einem sanften Flussabschnitt, der über die Beach Road, einige Hundert Meter von der Bogenbrücke entfernt, erreichbar ist.

ÜBERNACHTUNG

Coral Guest Cottage, Jack's Close, ✆ 046-624 2849, 🖳 www.coralcottages.co.za. Recht preiswertes B&B an einem Hügel der East Bank in einem saftig grünen Garten, 5 Autominuten vom Strand. Es hat komfortable Zimmer mit Bad in einer restaurierten Hütte der früheren Siedler und eine 2-stöckige Selbstversorger-Ferienwohnung mit einem riesigen, gut ausgestatteten Schlafzimmer oben und Wohn-/Esszimmer unten. Die sympathische Eigentümerin verwöhnt ihre Gäste nach allen Regeln der Kunst. R650

Kelly's, West Beach Drive, gegenüber von Kelly's Beach, ✆ 082-657 0345, 🖳 www.kellys.co.za. Nahe des Hauptbadestrands. Die ordentlichen und sauberen Selbstversorger-Apartments in einem großen Haus mit Backsteinfassade sind äußerst preiswert. R600

Kowie Backpackers, 13 Van Riebeeck St, abseits der R72, in der Nähe der Beavers-Bushaltestelle, ✆ 071-266 8899, 🖳 www.kowiebackpackers.co.za. Gemütliche, saubere, erschwingliche und freundliche Unterbringung in einem modernen Vororthaus mit Garten zum Zeltaufstellen. Gut geeignet für Traveller auf der Durchreise, aber 20 Min. zu Fuß vom Strand und in der Nähe der verkehrsreichen R72. Camping R80, Dorm R140, DZ R310

Sheilan House, 27 Prince's Ave, ✆ 046-624 4076 oder 082-894 1851, 🖳 www.sheilanhouse.co.za. Das einladende, gut geführte Guesthouse hat 4 Zimmer mit Bad. Auf Anfrage gibt's Abendessen, und die Eigentümer organisieren begeistert alle möglichen Aktivitäten. R990

Spinning Reel Cottages, 4 km von der Innenstadt, ✆ 046-624 4281, 🖳 www.spinningreel.co.za. Eine Strandanlage mit 4 vollausgestatteten Selbstversorger-Cottages, von denen einige neuer und größer und andere älter und kleiner sind. Aber von allen führt ein Pfad durch den Küstenwald runter zum Strand. Im Haupthaus werden auch B&B-Zimmer vermietet. R500

ESSEN

Bar Muda, 25 Van der Riet St, ✆ 046-624 8659. Das Lokal in super Location am Flussufer mit Tischen drinnen und draußen hat schlappe 200 verschiedene Cocktails in petto. Etwas zu essen gibt es auch: Seafood, Steaks oder Schnitzel (R90). ◷ tgl. 10.30–24, Fr und Sa bis 2 Uhr.

Decadent, Postmasters Village, 20 Stewart Rd, ✆ 046-624 8282. In dem einladenden, nur bis nachmittags geöffneten Coffeeshop kommen Salate (R60), süße und pikante belgische Waffeln und Crepes sowie Smoothies auf den Tisch. Das schöne, ruhige Lokal mit vielen Pflanzen befindet sich in einem kleinen Komplex, der ein ganzes Stück vom Strand und der Innenstadt liegt. ◷ Mo–Fr 9–16, Sa 9–14 Uhr.

Guido's, am Strand, ✆ 046-624 5264. Das einzige direkt am Strand gelegene Restaurant von Port Alfred bietet Pizza und Pasta (R90). Seine Anziehungskraft geht aber eher von den Sundownern aus, die auf der Terrasse serviert werden. ◷ tgl. 11–21 Uhr.

Ocean Basket, im Port Frances House an der Van der Riet St, ✆ 046-624 1727. Im Angebot sind Fish'n'Chips (R46), Sushi – und Flussblick. Das Essen ist perfekt und die Bedienung schnell. ⌚ tgl. 11.30–21 Uhr.

Zest Cafe, The Courtyard, 48 Van der Riet St, ✆ 046-624 5783. Im besten zentral gelegenen Coffeeshop vom Port Alfred gibt´s Kaffee und verführerische, fantasievoll-moderne Mittagsgerichte (R70). Produziert werden sie in einer Küche in einem Holzkiosk, der früher einmal am Bahnhof von Grahamstown stand, und gegessen wird im Freien. ⌚ Mo–Fr 8–17, Sa 8–15 Uhr.

SONSTIGES

Aktivitäten

Outdoor Focus, neben dem Children's Beach, Beach Rd, an der West Bank, ✆ 046-624 4432, 💻 www.outdoorfocus.co.za. Hier kann man Kurse in allen möglichen Wassersportarten machen, darunter Tauchen und Segeln. Wer die gewaltigen Sanddünen am East Beach runterbrettern möchte, kann bei Outdoor Focus Sandboards mieten sowie Reitausflüge und andere Outdooraktivitäten buchen.

Informationen

Touristeninformation, am Fluss bei der Brücke an der Main-St, ✆ 046-624 1235, 💻 www.sunshinecoasttourism.co.za. ⌚ Mo–Fr 8.30–16.30, Sa 8.30–12 Uhr.

TRANSPORT

Der preisgünstige Minibus von **SA Connection**, ✆ 043-722 0284, oder 086-110 2426, 💻 www.saconnection.co.za, hält vor dem Beavers-Laden bei der Tankstelle an der R72 am Westrand der Stadt auf der Strecke zwischen PORT ELIZABETH und EAST LONDON (Mo, Mi, Fr und So) sowie zwischen KAPSTADT und East London (Di, Mi und Sa).

Der **Minilux-Busservice**, ✆ 043-741 3107, der PORT ELIZABETH mit EAST LONDON über GRAHAMSTOWN verbindet, hält Di und Do am Halyards Hotel, abseits der großen Küstenstraße östlich des Kowie River.

Wayne's Transport, ✆ 046-624 2358 oder 084-644 6060, bietet einen nach individuellen Kundenwünschen buchbaren Shuttleservice vom und zum Flughafen Port Elizabeth.

Grahamstown

Gut 50 km landeinwärts von Port Alfred liegt Grahamstown. Es präsentiert sich als kultur- und geschichtsträchtige Stadt, durch und durch englisch, protestantisch und kultiviert mit bestens erhaltenen architektonischen Zeugnissen der kolonialen Vergangenheit. Grahamstown wird von der Kathedrale, prestigeträchtigen Privatschulen und einer der renommiertesten Universitäten Südafrikas dominiert und lädt vor der Kulisse gut gepflegter georgianischer und viktorianischer **Kolonialbauten** und hübscher Vorortgärten zu angenehmen Erkundungsspaziergängen ein. Alljährlich im Juli richtet die Stadt ein **Kunstfestival** aus, das größte dieser Art in Afrika und angeblich das zweitgrößte der Welt, nach Edinburgh (Kasten S. 366).

Wie überall im Land sind auch hier die Spuren von Eroberung und Enteignung nicht zu übersehen. Vom Gipfel des Gunfire Hill, wo das festungsähnliche **Settlers Monument** die Siedler von 1820 und die Errungenschaften der englischsprachigen Einwanderer Südafrikas feiert, sieht man Makanaskop, den Hügel, auf dem die **Xhosa** ihre letzte Stellung gegen die britischen Eindringlinge bezogen hatten. Ihre Nachkommen leben in den Ghettos in bitterster Armut, in einer Stadt fast ohne Industrie.

Dennoch bietet sich Grahamstown als Zwischenstopp und Ausgangspunkt für Exkursionen an: **Historische Dörfer** liegen in greifbarer Nähe, **Wildparks** laden zum Tages- oder Wochenendausflug ein und kilometerlange **Küstenstreifen** sind nur 45 Autominuten entfernt.

Geschichte

Die beschauliche Schönheit täuscht über den Ursprung von Grahamstown als **militärischer Außenposten** (1811) hinweg. **Colonel Graham** machte sich hier einen Namen (den er auch dem Ort gab), indem er die Xhosa aus dem Zuurveld – einem Gebiet zwischen Bushman's und Fish River – vertrieb. Letzterer (60 km östlich der Stadt) fungierte dann als Grenzlinie in dem Grenzland, dessen Hauptstadt Grahamstown war. Die gnadenlose Vertreibung der Xhosa löste im 19. Jh. eine Reihe von **Grenzkriegen** aus.

Das Grahamstown Festival

Jedes Jahr im Juli platzt Grahamstown zehn Tag lang aus allen Nähten, denn anlässlich des jährlichen National Arts Festival (meist **Grahamstown Festival** genannt) verdoppelt sich die Einwohnerschaft. Jedes Wohnhaus scheint sich dann in ein B&B zu verwandeln und farbenfrohe Stände füllen die Straßen. Gemeindesäle, Parks und Sportplätze werden zu Flohmärkten und Hunderte Aufführungen der unterschiedlichsten Richtungen kommen auf die Bühne.

Das Grahamstown Festival ist das größte Kunstevent Afrikas und hat sogar sein eigenes Nebenfestival. Außerdem öffnen dann die Museen und kleinere Ausstellungsräume für kostenlose Kunstausstellungen. Zentraler Veranstaltungsort ist das Settlers Monument von 1820, in dessen Sälen nicht nur die großen Theater-, Tanz- und Musikproduktionen präsentiert werden, sondern auch Kunstausstellungen und kostenlose Abendkonzerte. Afrikanische Künstler sind gut vertreten und ihre Arbeiten und Auftritte stellen für Touristen möglicherweise die interessanteste Seite des Festivals dar. Aber die Mehrheit der Festivalbesucher und Künstler sind immer noch Weiße.

Das immense **Festivalprogramm** reicht von Jazz und klassischer Musik über Theater, Tanz, Kabarett, Oper und Film bis hin zu bildender Kunst und Kunstgewerbe und bietet sogar eine Buchmesse. Unverzichtbar ist hier das dicke Programmheft, um nicht ziellos durch die im Juli oft kalten Straßen zu irren, ohne viel vom eigentlichen Festival mitzukriegen. Allerdings pendelt während des Festivals ein Shuttlebus zwischen den verschiedenen Veranstaltungsorten. Wer keine Lust auf eine Bühnenschau hat, findet bestimmt etwas Spannendes unter den kostenlosen Ausstellungen in den Museen, im Monument und anderen, kleineren Veranstaltungsorten. Nähere **Informationen und Reservierungsmöglichkeiten** bietet die Grahamstown Foundation, ✆ 046-603 1103, 💻 www.nafest.co.za.

Die Briten entschlossen sich, zur Sicherung der Grenze eine „menschliche" Pufferzone einzurichten. Mit Versprechungen von kostenlosem Land lockten sie die Besitzlosen aus dem Not leidenden Großbritannien in die Gebiete westlich des Fish River. In der Migrationsmythologie der englischsprachigen Weißen sind diese viel gerühmten **Siedler von 1820** zu einem übermenschlichen Ansehen gekommen – als jene Vorfahren, von denen viele der heutigen Bewohner abstammen.

Die schlecht ausgerüsteten Siedler fanden sich jedoch anstatt im erhofften Paradies in einem absoluten Albtraum wieder. Denn die Grundstücke im rauen Ostkap wurden von Dürre, Überschwemmungen und Krankheiten heimgesucht, und ständig bestand die Gefahr von Xhosa-Angriffen.

Da überrascht es kaum, dass viele Siedler zu Beginn der 1820er-Jahre ihr Land wieder verließen und nach Grahamstown gingen. So kamen Wohlstand und Wachstum in die Stadt, die 20 Jahre später einen Boom erlebte und zum Handelszentrum des Grenzlands wurde.

High Street

Reihen eleganter Gebäude aus dem 19. Jh. säumen die High Street, die größte Geschäftsstraße von Grahamstown. Vom Bahnhof an ihrem etwas heruntergekommenen östlichen Ende verläuft sie vorbei an der Kathedrale an der Kreuzung mit der Hill Street bis zum 150 Jahre alten Drostdy Arch, dem weiß getünchten Eingangstor zur prestigeträchtigen Rhodes University, die nach Cecil John Rhodes benannt wurde (Kasten S. 307). In der Mitte der Straße steht die **Cathedral of St Michael and St George**, die 1830 eingeweiht wurde.

Abgesehen von den Geschäften in der High Street kann man auch gut in der **Pepper Grove Mall** einkaufen, die von einem riesigen Pick 'n Pay-Supermarkt dominiert wird. Das Einkaufszentrum liegt fünf Gehminuten nördlich der High Street und hat Eingänge in der African und Allen Street.

Natural Science Museum

Somerset St ▪ 🕒 Di–Fr 9.30–13, 14–17, Sa 9.30–13 Uhr ▪ Eintritt R10

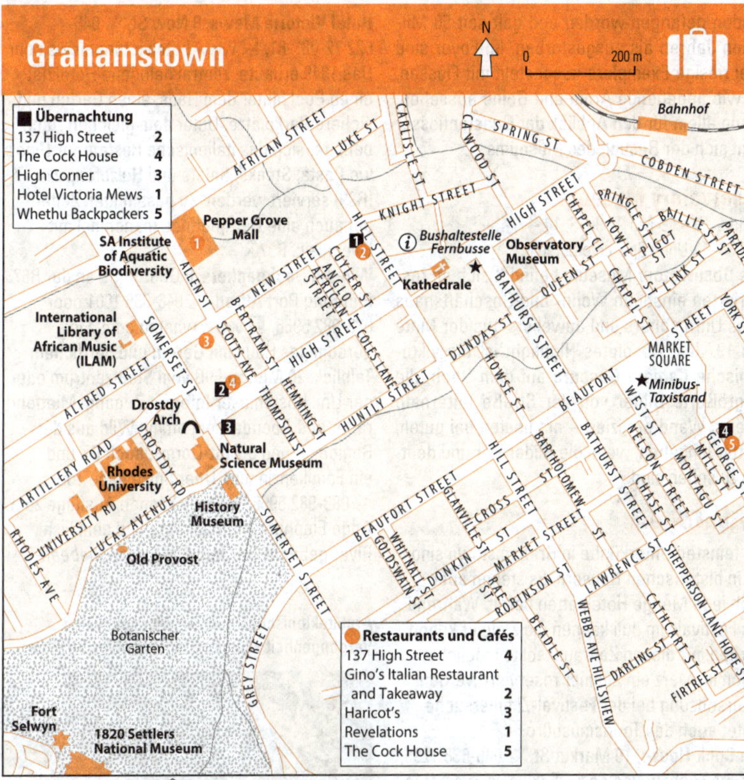

N2 Port Elizabeth, 1820 Settlers Monument

Grahamstown East, African Musical Instruments

Reicht die Zeit nur für ein einziges Museum, wählt man am besten das Natural Science Museum in der Somerset Street unmittelbar südlich der Universität. Hier ist eine Ausstellung der Flora und Fauna des Ostkaps von vor 250 Millionen Jahren zu sehen, mit Pflanzenfossilien und Knochen von Dinosauriern, die einst hier lebten.

Das **History Museum** nebenan zeigt verstaubte Memorabilien der Siedler von 1820, Gemälde aus dem 19. Jh., alte Feuerwaffen, Xhosa-Perlenarbeiten und traditionelle Kleidungsstücke.

ILAM

Somerset St, Ecke Prince Alfred St ▪ Mo–Fr 8.30–12.45, 14.15–16.45 Uhr ▪ Eintritt frei ▪ 046-603 8557, www.ilam.ru.ac.za

Hinter dem Drostdy Arch liegt zwischen Gebäuden versteckt die International Library of African Music (ILAM), eine wahre Fundgrube für traditionelle Musik aus dem südlichen Afrika sowie aus Zaire, Ruanda, Uganda und Tansania.

SA Institute of Aquatic Biodiversity

Somerset St ▪ Mo–Fr 8.30–13, 14–17 Uhr ▪ Eintritt frei ▪ www.saiab.ru.ac.za

Das SA Institute of Aquatic Biodiversity war früher nach dem Wissenschaftler J. L. B. Smith von der Rhodes University benannt, der 1939 schlagartig Ruhm erlangte, nachdem er den **Quastenflosser** *(Coelacanth)* entdeckt hatte, den Urfisch, der das „fehlende Glied" in der Evolutionskette darstellte. Der Fisch war vor der Küste von East

London gefangen worden und galt seit 50 Millionen Jahren als ausgestorben. Im Foyer sind zwei riesige Exemplare ausgestellt mit Flossen, die wie angehende Arme und Beine aussehen. Schon allein für den Anblick der Quastenflosser lohnt sich der Besuch des Museums.

Observatory Museum

Bathurst St ▪ Mo–Fr 9–13, 14–17, Sa 9.30–13 Uhr ▪ Spende erbeten

Das Observatory Museum befindet sich im restaurierten einstigen Wohn- und Geschäftshaus eines Uhrmachers und Juweliers aus der Mitte des 19. Jhs. Absolutes Highlight ist die viktorianische **Camera Obscura** auf dem Dach, die vergrößerte Bilder von der Straße unterhalb an eine Wand projiziert – am besten bei gutem Wetter hingehen, wenn die Bilder klar und deutlich zu sehen sind.

OSTKAP

ÜBERNACHTUNG

Die feinsten Unterkünfte in Grahamstown sind die in historischen Häusern. Es stehen aber auch jede Menge Hotelbetten bereit. Während des Festivals im Juli können die Zimmer knapp werden; für diesen Zeitraum sollte möglichst schon im März ein Zimmer reserviert werden. Unterstützung bei der Festival-Zimmersuche leistet auch das Tourismusbüro.

The Cock House, 10 Market St, 046-636 1295, www.cockhouse.co.za. Exklusive Zimmer in einem schönen viktorianischen Haus, das auch ein ausgezeichnetes Restaurant beherbergt. Allerdings nicht in bester Lage, da weit entfernt von der Universität und der Innenstadt. Das Gebäude gehörte früher einmal dem südafrikanischen Schriftsteller Andre Brink, der ein gutes Auge für erlesene Architektur hatte. R990

High Corner, 122 High St, 046-622 8284, www.highcorner.co.za. Entzückendes altehrwürdiges Wohnhaus in schöner Lage gegenüber der Universität. Die 6 Gästezimmer sind mit Kap-Antiquitäten und echten Kunstwerken eingerichtet. Es handelt sich um das ehemalige Wohnhaus des berühmten südafrikanischen Autors und Intellektuellen Guy Butler, der auch ein begabter Tischler war, wie diverse Einrichtungsgegenstände aus Steineibenholz beweisen. R1040

Hotel Victoria Mews, 8 New St, 046-622 72-08, -61, www.hotelvictoriamews.com. Das 1849 erbaute, zentral gelegene Hotel hat einen Pool hinter dem Haus, einen Garten und sichere Parkplätze. Unter dem gleichen Dach befindet sich das italienische Restaurant *Gino's*, wo Pasta, Steaks, Salate und Holzofenpizza (R89) serviert werden. Zu bestimmten Zeiten hat auch eine Bar geöffnet, manchmal mit Livemusik. R970

Whethu Backpackers, 6 George St, an der R67 Richtung Port Alfred, 046-636 1001 oder 083-982 5966, www.whethu.com. Ein geräumiges Haus mit Garten und herrlichem Talblick, 20 Min. zu Fuß vom Stadtzentrum oder der Uni. Kostenloser Internet-Zugang, Mietfahrräder und Abendessen, oft mit Wild aus der Region. 6- und 8-Bett-Dorms, auch DZ und ein Familienzimmer. Über Smileyface Tours, 083-982 5966, im Haus können Ausflüge zum Addo Elephant National Park und dem Fish River gebucht werden, außerdem *shebeen-*

Architektonische Zeugnisse der kolonialen Vergangenheit säumen Grahamstowns Straßen.

Township-Touren und Homestays

Wer eine **Township-Tour** unternehmen möchte und ein eigenes Fahrzeug hat, sollte sich an den Guide Otto Ntsheve, ☎ 082-214 4242, wenden. Eine Tour dauert zweieinhalb bis drei Stunden und kostet R350. Sie beinhaltet einen Besuch beim Selbsthilfeprojekt Umthathi, wo praktische Fertigkeiten wie Gemüseanbau vermittelt werden, sowie im Kunst-/Kunstgewerbeprojekt Egazini Outreach Project in der Township Joza. Wer möchte, kann zusätzlich ein traditionelles Xhosa-Mittagessen buchen (R100).

Besucher, die in den Townships übernachten möchten, vor allem während des Arts Festival, können bei Thabisa Xonxa, ☎ 083-245 0496, oder Kwam e-Makana, ☎ 046-622 3241, **B&B Homestays** bei einer von 52 ansässigen Hausbesitzerinnen buchen. Die meisten der zur Wahl stehenden Zimmer verfügen über fließend Wasser, Bad, TV und abschließbare Schränke und kosten R600 pro Zimmer mit Frühstück. Auch für eine Pkw-Abstellmöglichkeit abseits der Straße wird gesorgt.

Besuche und Township-Touren. Camping R65, Dorm R150, DZ R400

ESSEN

137 High Street, 137 High St, ☎ 046-622 3242. Das Lieblingslokal vieler Studenten und Dozenten hat guten Kaffee, Sandwiches und extrem leckeren Käsekuchen (R32). ⌚ Mo–Fr 7.30–21.30, Sa 8–12, 17–21.30, So 8–14 Uhr.

The Cock House, Market St, Ecke George St, ☎ 046-636 1295. Im Top-Restaurant Grahamstowns werden die Gäste mit vorzüglicher ländlicher Kost verwöhnt. Spezialität: Lammkeule (R110). ⌚ So und Mo 18.30–21, Di–Sa 7.30–9.30, 12.30–14.30, 18.30–21 Uhr.

Haricot's, 32 New St, ☎ 046-622 2150. Französische und Mittelmeerküche ist Trumpf in diesem unaufgeregten, etwas versteckt, aber zentral gelegenen Lokal mit zeitgenössischem Dekor. Prima Frühstück aus Müsli und Croissant (R60). ⌚ Mo–Sa 9–21.30 Uhr.

Revelations Coffee Shop, Pepper Grove Mall, African St, ☎ 046-636 2433. Ein helles Café mit Tischen im Freien und einem umfangreichen Essensangebot, darunter warme Frühstücksspeisen und Tagesspezialitäten wie Kürbis-Orangensuppe (R30). ⌚ Mo, Di und Do 7–17, Mi, Fr und Sa 7.30–21 Uhr.

UNTERHALTUNG UND KULTUR

Zwar richtet Grahamstown das wichtigste Kunstfestival des Landes aus (Kasten S. 366), und wird von der Rhodes University beherrscht, doch sind Nachtleben, Kultur und Unterhaltung fader, als man annehmen könnte. Die einzige regelmäßige Abendunterhaltung außerhalb der zwei Festivalwochen im Juli bietet das **Kino** in der Pepper Grove Mall. Die beiden Orte für **Liveveranstaltungen** sind das Monument Theatre und das Rhodes University Theatre, wo das Schauspiel-Institut von Zeit zu Zeit eigene Produktionen aufführt. Unbedingt sehenswert sind die Vorstellungen der Ubom First Physical Theatre Company, gegründet von einem international anerkannten südafrikanischen Physical-Theatre-Schauspieler.

Was gerade los ist, erfährt der Besucher auf den Plakaten an der High Street und im Lokalblättchen *Grocott's Mail*, das Di und Fr nachmittags erscheint.

SONSTIGES

Einkaufen

African Musical, Cloncourt St, Ecke Jarvis St, ☎ 046-622 6252, 💻 www.kalimba.co.za. Der beste Laden von ganz Südafrika, wenn es um den Kauf authentischer Musikinstrumente geht. Hier gibt es aus hochwertigem Holz handgefertigte Kalimbas und viele andere echt afrikanische Instrumente. ⌚ Mo–Fr 8–17 Uhr.

Informationen

Touristeninformation, 63 High St, neben der City Hall, ☎ 046-622 3241, 💻 www.grahamstown.co.za, ⌚ Mo–Fr 8.30–17, Sa 9–12 Uhr.

NAHVERKEHR

In Grahamstown lässt sich eigentlich alles zu Fuß erreichen. Aber zuverlässige Taxi-

Tierreservate am Ostkap

Das Ostkap wird immer mehr als Safariregion erschlossen. In der Nähe von Grahamstown gibt es diverse ausgezeichnete Reservate, und viele haben sowohl Tagesexkursionen als auch Übernachtungspakete im Angebot.

Great Fish River Reserve Complex. An der R67, 34 km nördlich von Grahamstown, ✆ 043-701 9600, www.visiteasterncape.co.za, Büro tgl. 8–16.30 Uhr, Eintritt für Tagesbesucher R20. Dies ist ein Zusammenschluss von drei Reservaten an den Ufern von Fish und Kat River auf 430 km^2, erreichbar über holprige Pisten. Hier leben zwar viele wilde Tiere, aber sie sind nur schwer ausfindig zu machen. Wer also unbedingt jede Spezies der Big Five gesehen haben muss, ist hier am falschen Ort. In dem Grahamstown am nächsten gelegenen Südwestabschnitt, Mvubu, stehen Chalets mit Platz für bis zu vier Personen bereit. R400

Kwandwe Private Game Reserve. An der R67, 41 km nördlich von Grahamstown und 160 km von Port Elizabeth, ✆ 046-603 3400, www.kwandwe.com. Kwandwe ist die Top-Destination des Ostkaps für Tierbeobachtung. Hier sind die Big Five anzutreffen, und durch das Reservat führt auf einer Länge von 30 km der Great Fish River. Die Safariangebote umfassen abgesehen von zweimal täglich stattfindenden Beobachtungsfahrten begleitete Wanderungen am Flussufer, Paddeltouren auf dem Great Fish River und *rhino tracking*. Außerdem werden kulturelle Führungen unter Leitung eines Historikers veranstaltet, die die faszinierende gesellschaftliche und archäologische Vergangenheit der Gegend zum Thema haben. Es gibt spezielle Freizeitangebote für Kinder, darunter Game Drives nur für Familien, kurze Buschwanderungen und Froschsafaris. Zur Unterbringung stehen vier Lodges zur Verfügung, von einer Luxuslodge mit neun Suiten und Strohdächern, Plankenwegen und Fenstern mit Panoramablick bis zu einem schicken Boutiquehotel im Busch mit Glaswänden, die das Gefühl vermitteln, sich mutterseelenallein mitten in der Wildnis aufzuhalten. R10 9000

Pumba Private Game Reserve. 22 km westlich von Grahamstown abseits der N2, ✆ 041-502 3050, www.pumbagamereserve.co.za. Eine gute Wahl, wenn man Löwen und andere Tiere aus nächster Nähe sehen möchte – sie werden einem bei den täglichen Game Drives praktisch vor die Kamera geschubst. Zur Tierbeobachtungstour um 7 Uhr gehört das Frühstück im Camp, zur Fahrt um 16 Uhr ein Abendessen. Beide Touren kosten R900 p. P., Abholung in Grahamstown ist möglich. Die Safarifahrzeuge sind zehnsitzige Land Rover, Kinder unter acht Jahren dürfen nicht mitfahren. Das komplette Safarierlebnis inkl. luxuriöser Unterbringung, Mahlzeiten, Getränke und Tierbeobachtungstouren ist für R10 830 zu haben.

Sibuya Game Reserve. Nur per Boot zu erreichen, ✆ 046-648 1040, www.sibuya.co.za. Gehört zu den billigeren Reservaten, weil es hier keine Löwen gibt. Aber bei den empfehlenswerten Tagestouren sind Zebras, Giraffen, Büffel und Nashörner zu sehen. Die Safariteilnehmer werden per Boot von Kenton-on-Sea abgeholt. Zur Fahrt auf dem Kariega River gehören ein Ausflug zur Tierbeobachtung und ein Picknick oder *braai* (R985 oder R600 ohne Tierbeobachtungsfahrt). Wer über Nacht in einem der luxuriösen Zeltcamps bleibt, zahlt sehr angemessene R6450 für Vollpension, Aktivitäten, Kanufahrten und Wanderungen.

unternehmen für den Fall der Fälle sind **London Tours**, ✆ 082-925 5971, und **JC Shuttles**, ✆ 083-590 2169.

TRANSPORT

Grahamstown liegt an der N2, 127 km landeinwärts von Port Elizabeth, etwa 12 Std. Busfahrt von KAPSTADT, JO'BURG oder DURBAN entfernt. Die Busse von **Translux**, **Intercape** und **Greyhound** halten vor dem **Frontier Country Hotel** an der Bathurst St, Ecke High St. Reservierung direkt bei der jeweiligen Gesellschaft oder übers Tourismusbüro (s. „Touristeninformation"). Der **Minilux Minibus**

✆ 043-741 3107, hält am Wimpy in der Pepper Grove Mall, dort besteht Anschluss nach PORT ELIZABETH, zum PORT ELIZABETH AIRPORT, nach PORT ALFRED (Di, Do, Fr und So) und EAST LONDON (Mo, Di und Do).

Bathurst

Im 19. Jh. war Bathurst, 45 km südlich von Grahamstown, ein bedeutendes Zentrum. Heute ist es kaum mehr als eine kleine malerische Siedlung mit Gärten und Kunstgewerbeläden. Den zentralen Ankerpunkt bildet der viktorianische Gasthof Pig and Whistle.

In einigen der Kunstgewerbegeschäfte kann man gut Keramiken, Gemälde, Wollsachen und Cremes aus Bienenwachs und Kräutern der Umgebung einkaufen. An der Main Road wird sonntags im Freien ein kleiner Bauernmarkt abgehalten (◷ 9–12 Uhr). An den Ständen gibt´s fantastische regionaltypische Backwaren und Lebensmittel sowie Kräuterlotionen aus regionalen Ingredienzen. Wer möchte, kann an Ort und Stelle unter Korallenbäumen Eierpfannkuchen oder etwas Kurzgebratenes verspeisen.

ÜBERNACHTUNG UND ESSEN

Kingston Farm, an der R67 zwischen Port Alfred und Grahamstown, ✆ 046-625 0129, 💻 www.kingstonfarm.co.za. Auf dieser Appaloosa-Pferdezuchtfarm werden 3 gemütliche Selbstversorger-Apartments in einem großen edwardianischen Haupthaus vermietet. Es gibt einen Teegarten (◷ tgl. 10–17 Uhr) und bei Vorbuchung Abendessen (3 Gänge, R285). R1000

Lara's Eatery & Deli, On the Green, York Rd, ✆ 071-370 1019. In dem rustikalen Café in einem wunderschönen Garten erwartet die Gäste eine gute Auswahl an Fusions- und südafrikanischer Küche. Besonders gefragt sind die Salate aus knackigen Zutaten der Region (R68). ◷ Mo und Mi–Sa 8–23, So 8–15 Uhr.

Pickwick's Pizza, York St, Ecke Trappes St, ✆ 046-625 0350. In dem gemütlichen Café-Restaurant gibt es Pasta, Salate und Holzofenpizza (R60), außerdem Kaffee und Kuchen. Im Sommer kann man im Garten sitzen, im Winter nett am Kamin. ◷ Di–Sa 10–21, So 10–16 Uhr.

Pig and Whistle, an der R67 am Ortseingang, ✆ 046-625 0673, 💻 www.pigandwhistle.co.za. Ein kolonial-viktorianischer Dorfgasthof; am besten sind die alten, mit Stilmöbeln eingerichteten Zimmer im Obergeschoss. Auf der Veranda kann man nett bei einem Bier sitzen; im Restaurant wird traditionelles Kneipenessen aufgetischt (auch Frühstück) und sonntags Braten (R70). R624

INFORMATIONEN

Im **Pig and Whistle** (s. „Übernachtung und Essen") bekommt man Karten, Pläne und Infos zu historischen Stätten.

TRANSPORT

Der Di, Do und Fr zwischen GRAHAMSTOWN und PORT ALFRED verkehrende **Minilux-Bus** hält am Pig and Whistle (s. „Übernachtung und Essen").

Die Ostkap-Karoo

Zwischen Grahamstown und den meistbesuchten Karoo-Städten Cradock und Graaff-Reinet liegt das Land der **Schafzucht**, in dem hin und wieder ein Dorp am Horizont erscheint. Hier kommt noch heute das Gefühl auf, in einen der ersten Außenposten des Ostkaps geraten zu sein. Die Straßen durch diese unendliche Leere sind verlassen. Graubraune Schafe, Angoraziegen und hier und da ein Springbock grasen auf den braunen Stoppelfeldern, und nicht selten tauchen Gruppen schwarzgrauer Strauße im Veld auf.

240 km nördlich von Port Elizabeth liegt mitten in der Karoo **Cradock**, das sich als Zwischenstopp auf dem Weg von Port Elizabeth nach Johannesburg anbietet, nicht zuletzt wegen der erstklassigen Unterkünfte und dem schönen **Mountain Zebra National Park**. Das 100 km westlich von Cradock gelegene, vom **Camdeboo National Park** eingerahmte **Graaff-Reinet** ist eine der ältesten Städte Südafrikas und besitzt eine noch fast intakte Altstadt. Wer die trocke-

ne Karoo in ihrer ganzen zeitlosen Schönheit erleben möchte, fährt nach **Nieu Bethesda**, 50 km nördlich von Graaff-Reinet.

ÜBERNACHTUNG

Cavers Country Guest House, am Ortsrand von Bedford, rund eine Autostunde nördlich von Grahamstown, ✆ 046-685 0619, 💻 www.cavers.co.za. Eine der besten Farmunterkünfte in der Region ist dieses stattliche, 1850 umgebaute, 2-stöckige Gutshaus mit gepflegten, von Gebirgsquellen bewässerten Gärten auf einer betriebsamen Farm vor Bergkulisse. Die freundlichen Gastgeber kochen tolles Abendessen. R1200

OSTKAP

Cradock

Die silbrig schimmernden **Windmühlen** auf den Schaffarmen der Umgebung sind zum inoffiziellen Wahrzeichen von Cradock geworden. Am Rand der Einfallstraßen verkaufen Xhosa-Händler aufwendig gearbeitete Modellwindmühlen aus Draht. Die Stadt hat das eine oder andere sehenswerte Kolonialgebäude zu bieten, dominantes Bauwerk an der Hauptstraße ist die 1868 nach dem Vorbild der Londoner St Martin-in-the-Fields-Kirche erbaute **Niederländisch-Reformierte Kirche**.

Jedes Jahr im März wird hier das **Karoo Food Festival** abgehalten: eine super Gelegenheit, um sich Spezialitäten aus der Region schmecken zu lassen.

Seit den Grenzkriegen des 19. Jhs. und der Unterjochung der Xhosa ist Armut das bestimmende Thema von Cradock. Aber sie war ein fruchtbarer Boden für den Widerstand: In der Stadt und im Umland wirkten einige **ANC-Mitglieder**, die es in den 1930er-Jahren fast ganz allein schafften, die Organisation am Leben zu halten. 1985 machte Cradock grausige Schlagzeilen, als der Anti-Apartheid-Aktivist **Matthew Goniwe** und drei seiner Mitstreiter ermordet wurden. Erst 1997, bei den Anhörungen der **Truth und Reconciliation Commission**, kamen die Namen von fünf dafür verantwortlichen Wachpolizisten aus Port Elizabeth ans Licht. Im Stadtpark am Ufer des Fish River, unweit der Middelburg Road, steht ein unauffälliges **Denkmal** für die *Cradock Four*.

Schreiner House

9 Cross St ▪ 🕒 Mo–Fr 8–12.45, 14–16.30 Uhr, am Wochenende nach Vereinbarung ▪ Spende erbeten ▪ ✆ 048-881 5251

Das Schreiner House ist dem Leben der Schriftstellerin und Autorin des wegweisenden Romans *The Story of an African Farm* (1883, wurde 2004 verfilmt), **Olive Schreiner**, gewidmet. Nicht genug, dass im konservativen Ostkap des 19. Jhs. eine Frau ein Buch schrieb – sie setzte sich zudem für radikale Ideen ein: Ihr Leben lang kämpfte sie für Gleichberechtigung, insbesondere für gleiches Wahlrecht für alle, ungeachtet des Geschlechts und der Rasse. Nach ihrem Tod 1921 wurde sie auf dem Buffelskop Peak in der Nähe von Cradock beigesetzt, ihr **Grab** ist eine Art Wallfahrtsort geworden. Wegbeschreibung (ein langer Anstieg erforderlich) und Informationen gibt es im Schreiner House, das auch eine interessante Ausstellung zum berühmten Sohn der Stadt, dem Schriftsteller, Intellektuellen und Dichter Guy Butler, zeigt.

ÜBERNACHTUNG

Heritage House, 45 Bree St, ✆ 048-881 3210, 💻 www.wheretostay.co.za/heritagehouse. Das im Karoostil eingerichtete viktorianische Wohnhaus mit einem weitläufigen Garten ist ein willkommener Ruhepol für müde Reisende. Jedes der 7 DZ mit Bad besitzt einen eigenen Zugang zum Garten. R900

Tuishuise, Market St, ✆ 048-881 1322, 💻 www.tuishuise.co.za. Besonders zu empfehlen, wenn man etwas ländliches Karoo-Flair schnuppern möchte. Komfortable und elegante viktorianische Häuser mit 1–4 Schlafzimmern. Angesichts der Tatsache, dass man praktisch in einem privaten Minimuseum mit antiken Einrichtungsgegenständen wohnt, sind die Preise äußerst moderat. R960

Victoria Manor, 36 Market St, ✆ 048-881 1650, 💻 www.tuishuise.co.za. Charmantes, altmodisches Hotel mit hervorragendem Service, jeder Menge Charakter und antiken Möbeln. Alle Zimmer mit Bad. Zum Dinner wird mit

Tafelsilber gedeckt, und das Frühstück zählt zum besten im ganzen Land. R795

Waterlea Farm, 60 km nördlich von Cradock, abseits der R61, W 073-068 8792. Das Selbstversorger-Cottage auf dem Gelände der Waterlea Farm lässt sich nur über eine Schotterpiste erreichen. Auf dieser abgelegenen Karoo-Farm werden prächtige Araber-Rennpferde gezüchtet. Geübte Reiter können die weiten Ebenen und die Tafelberglandschaft wunderbar im Sattel erkunden. Man kann sich aber auch einfach an der Stille, dem Bauernhofalltag und der Gastfreundlichkeit von Robert und Jean Lord erfreuen. Gegen Aufpreis gibt´s auch herzhafte Verpflegung. R600

ESSEN

Mila's, 27 Durban St, ✆ 048-881 0036. In dem heimeligen Restaurant mit offener Küche kommen Pizza, Pasta, Steaks und Grillgerichte (R60) auf den Tisch. Wer sich für Fleisch aus der Region entscheidet, kann nichts falsch machen – das Karoo-

Lamm stammt aus Bio-Freilandhaltung. Schanklizenz vorhanden. ⌚ Mo–Sa 16–21 Uhr.

Schreiner Tea Room, Market St, ✆ 072-381 3422. Das netteste Lokal für Tee, Sandwiches oder ein warmes Mittagessen mit traditionellem *roostekoek* (auf offenem Feuer gegrilltes Brot) mit verschiedenen Belägen. Außerdem Suppen, Pasteten und Salate (R65). ⌚ Sommer Mo–Fr 9–16.30, Winter Mo–Fr 9–16, So 9–13 Uhr.

INFORMATIONEN

Die **Touristeninformation** befindet sich in der JA Calata St, ✆ 048-881 1137, 💻 www.cradockmiddelburg.co.za.

TRANSPORT

Busse

Busse von **Translux** und **Intercape** aus PORT ELIZABETH und JOHANNESBURG halten tgl. am **Shoprite Checkers** in der Voortrekker St, wo man Fahrkarten und Informationen zur Weiterreise bekommt.

Eisenbahn

Tgl. halten Züge der Strecke PORT ELIZABETH–JOHANNESBURG am **Bahnhof** am Westufer des Great Fish River.

Mountain Zebra National Park

26 km westlich von Cradock ▪ ⌚ tgl. April–Sep 7–18, Okt–März 7–19 Uhr ▪ Eintritt R144, Kinder R72 ▪ ✆ 048-881 2427, 💻 www.sanparks.org/parks/mountain_zebra

Der Mountain Zebra National Park ist einer der faszinierendsten und gleichzeitig unbekanntesten Parks von Südafrika. Als er 1937 eingerichtet wurde, gab es auf dem 65 km² großen Gelände nur noch fünf **Kap-Bergzebras** – und vier davon waren auch noch männliche Tiere! Heute leben in der spektakulären trockenen, gebirgigen und von Umweltverschmutzung verschonten Karoo-Landschaft des Parks mehrere Hundert dieser Tiere.

Für die **Tierbeobachtung** sind zwei große Schleifen (teils Teer-, teils Kiespisten) angelegt worden, die in etwa die Form einer Acht bilden. Die meisten Tiere bekommt man auf dem

Skeptisch beäugen Strauße alles, was sich in der Karoo blicken lässt.

Rooiplaat Loop zu Gesicht, weil sie dort auf der offenen Savanne grasen. Neben Zebras weiden hier auch Büffel, Spring- und Blessböcke sowie große Weißschwanzgnu-Herden. Die wenigen Großkatzen, die angesiedelt wurden, lassen sich nur mit viel Glück erspähen.

Am Parkeingang kann man Morgen- und Abendsafaris (R160), Morgenspaziergänge (R230) und Geparden-Spähausflüge (R290) buchen sowie außerdem die Saltpeterkop-Wanderung, um den atemberaubenden Blick über den Park zu genießen (3 Std., R285) und die 25 km lange Impofu-Wanderung (3 Tage, R390) zu Park-Highlights wie dem Bakenkop, dem höchsten Punkt, mit Übernachtung in Berghütten. Für Leute, die lieber auf eigene Faust losziehen, wurden zwei Bushwalk-Pfade angelegt. Sie beginnen am Swimmingpool und liegen innerhalb eines umzäunten Geländes.

ÜBERNACHTUNG UND ESSEN

Parkunterkünfte, ✆ 048-881 2427, 💻 www.sanparks.org/parks/mountain_zebra. Zur Wahl stehen entweder gemütliche Cottages mit 2 Schlafzimmern, phänomenaler Aussicht auf die Berge, eigener Küche und Bad, oder idyllische Campingplätze. Auf jeden Fall muss die gewählte Unterkunft einen Tag vor der Ankunft bis spätestens 18 Uhr gebucht sein. Camping R250, Cottages R990

In dem kleinen **Laden** an der Rezeption werden Waren des täglichen Bedarfs, Souvenirs, Erfrischungsgetränke und Alkohol verkauft. Wer mehrere Tage bleibt, sollte sich besser in Cradock mit Verpflegung eindecken. Es gibt auch ein passables **Restaurant**, 🕒 tgl. 7.30–21 Uhr, eine Post, eine Tankstelle und einen einladenden Pool.

TRANSPORT

Um zum 26 km außerhalb der Stadt gelegenen Park zu gelangen, verlassen **Selbstfahrer** Cradock in nördlicher Richtung auf der N10, der Middelburg Rd, und folgen den Wegweisern zum Haupteingang (Main Gate). Von dort sind es rund 12 km bis zu den Unterkünften; die Fahrt dorthin ist an sich schon eine kleine Safari. Von Port Elizabeth sind es 256 km auf der N10.

Graaff-Reinet

Graaff-Reinet ist nicht nur ein wunderschönes Städtchen, sondern auch einer der wenigen Orte des Ostkaps, in denen man Tag und Nacht umherschlendern möchte, um historische Gebäude und ein paar Museen zu besichtigen und irgendwo etwas zu essen und zu trinken. Den Mittelpunkt der Stadt bildet die imposante, 1886 erbaute **Niederländisch-Reformierte Kirche** in der Church Street, der Hauptstraße. Von hier gehen sternförmig kleine Nebenstraßen ab, gesäumt von weißgetünchten kapholländischen, georgianischen und viktorianischen Gebäuden.

Die kargen Berge in der Umgebung der Stadt gehören zum **Camdeboo National Park**, dessen Hauptattraktion das **Valley of Desolation** ist. Den Abstecher zu der felsigen Schlucht, in der das Echo der Vogelschreie widerhallt, und von der sich ein weiter Blick ins Tal eröffnet, sollte man sich nicht entgehen lassen.

Geschichte

Gegen Ende des 18. Jhs. hatten die holländischen Bürger das Grenzland des Kaps bis hoch in die Sneeuberge ausgedehnt, die ursprünglich zum Land der Khoi-Hirten und der Jäger und Sammler der San gehörten. Die Siedler stahlen den Khoi das Vieh, überfielen San-Gruppen, töteten Männer und entführten Frauen und Kinder, die dann auf den Farmen und in den Häusern zur Arbeit gezwungen wurden. Die Lage eskalierte, als die Khoi und San 1786 zurückschlugen, sodass die Kapbehörden einen *landdrost* (eine Art Richter) schickten, um Graaff-Reinet zu gründen, das Gebiet zu verwalten und für Ruhe und Frieden im Grenzland zu sorgen.

Die koloniale Kontrolle über den Distrikt konnte langsam gefestigt werden. Weite Teile des Landes wurden Schafweidegebiet und der **Woll-Boom** der 1850er-Jahre brachte der Stadt Wohlstand und schuf ein System aus Landwirtschaft und Grundbesitz, das bis heute Gültigkeit besitzt. Heute leben in Graaff-Reinet zahlreiche Afrikaans-sprachige Coloureds. Die meisten wohnen im Süden der Stadt. Einige sind Nachfahren von Sklaven, die übrigen stammen von den indigenen Khoi und San ab.

Robert Sobukwe

Einer der brillantesten und doch immer wieder in Vergessenheit geratenen Söhne von Graaff-Reinet ist **Robert Managaliso Sobukwe** (1923–78), der charismatische Gründer des Pan Africanist Congress (PAC). Am bekanntesten wurde er als Initiator der landesweiten **Anti-Pass-Proteste**, die mit dem Blutbad von Sharpeville und seiner Isolierungshaft auf Robben Island für neun Jahre endeten. 1969 wurde er mit der Auflage entlassen, sich nicht aus Kimberley zu entfernen, wo er 1978 starb. 5000 Menschen kamen zu seiner Beisetzung nach Graaff-Reinet. Sobukwes Haus und sein Grab können auf einer **Township-Tour** besichtigt werden, darüber hinaus werden der Besuch traditioneller Events und Musikveranstaltungen oder ein Treffen mit Mitgliedern der schwarzafrikanischen Gemeinde von Graaff-Reinet angeboten. Zuverlässige Guides vermittelt sowohl Karoo Connections, ✆ 049-892 3978, als auch Camdeboo Adventures, ✆ 049-892 2557.

OSTKAP

Old Library Museum

Church St ▪ ⌚ Mo–Do 8–13, 13.45–16.30, Fr 8–13, 13.30–16, Sa und So 9–13 Uhr ▪ Eintritt R20

Die einzige, aber wirklich faszinierende Sehenswürdigkeit im Old Library Museum, einen Block südlich der holländisch-reformierten Kirche ist die erstklassige Sammlung **fossiler Schädel** und Skelette von Reptilien, die die prähistorische Karoo vor etwa 230 Millionen Jahren bevölkerten.

Hester Rupert Art Museum

Church St ▪ ⌚ Mo–Fr 9–12.30, 14–17, Sa und So 9–12 Uhr ▪ Eintritt R20

Das Hester Rupert Art Museum ist in einer restaurierten Missionskirche von 1821 untergebracht. Es zeigt eine repräsentative Auswahl von Werken (vorwiegend weißer) südafrikanischer Künstler aus den 1960er-Jahren.

Reinet House und Old Residency

Reinet House ▪ ⌚ Mo–Do 8–16.30, Fr 8–13, 13.30–16, Sa und So 9–13 Uhr ▪ Eintritt R20

Das schmucke, weiße **Drostdy Hotel** in der 30 Church Street ist ein historisches Gebäude, denn früher war es der Wohnsitz des *landdrost*. Derzeit ist es allerdings geschlossen und ein Zeitpunkt für seine Neueröffnung nicht in Sicht. Von der Eingangstreppe der Drostei eröffnet sich der Blick in die Parsonage Street mit ihren kapholländischen Häusern bis zum **Reinet House**, dem lohnendsten Museum der Stadt. Das ehemalige Pfarrhaus wurde 1812 erbaut und ist mit seinem wertvollen Mobiliar und den interessanten Haushaltsgegenständen im Grunde ein Heimatmuseum.

Gegenüber dem Reinet House steht die **Old Residency**, ein gut erhaltenes Beispiel eines H-förmigen kapholländischen Hauses aus dem frühen 19. Jh.

Camdeboo National Park

5 km nördlich von Graaff-Reinet, an der Straße nach Murraysburg ▪ W 049 892 3453, 💻 www.sanparks.org/parks ▪ Eintritt R80 ▪ ⌚ tgl. 6/7–18/20.30 Uhr ▪ Eintritt R60

Der Camdeboo National Park umgibt die Stadt auf allen Seiten. Sein Eingang befindet sich 5 km nördlich des Zentrums von Graaff-Reinet. Das Highlight ist das tief eingeschnittene **Valley of Desolation** („Tal der Trostlosigkeit"). Mit dem Auto folgt man der schmalen Teerstraße vom Eingang aus, die an den mit Buschwerk bewachsenen Hängen aufsteigt und, vorbei an mehreren Aussichtspunkten, zu den Klippen führt, die das Tal überblicken.

Der Blick vom Rand des Canyons in die Ebenen von Camdeboo ist schlicht überwältigend und bekommt noch mehr Zauber, wenn schwarze Adler kreischend über den Dolerittürmen kreisen. Es gibt zwei gute Wanderwege: den mit einem Eidechsensymbol gekennzeichneten Rundwanderweg **Crag Lizard Walk** (3/4 Std.) am Rand der Klippen entlang, und den **Eerstefontein Day Walk**, der am Spandaukop-Gate beginnt und endet; man kann ihn in Abschnitten von 5 km, 11 km und 14 km zurücklegen.

ÜBERNACHTUNG

B&Bs und Selbstversorger

Andries Stockenstrom Guest House, 100 Cradock St, ✆ 049-892 4575, 💻 www.asghouse.

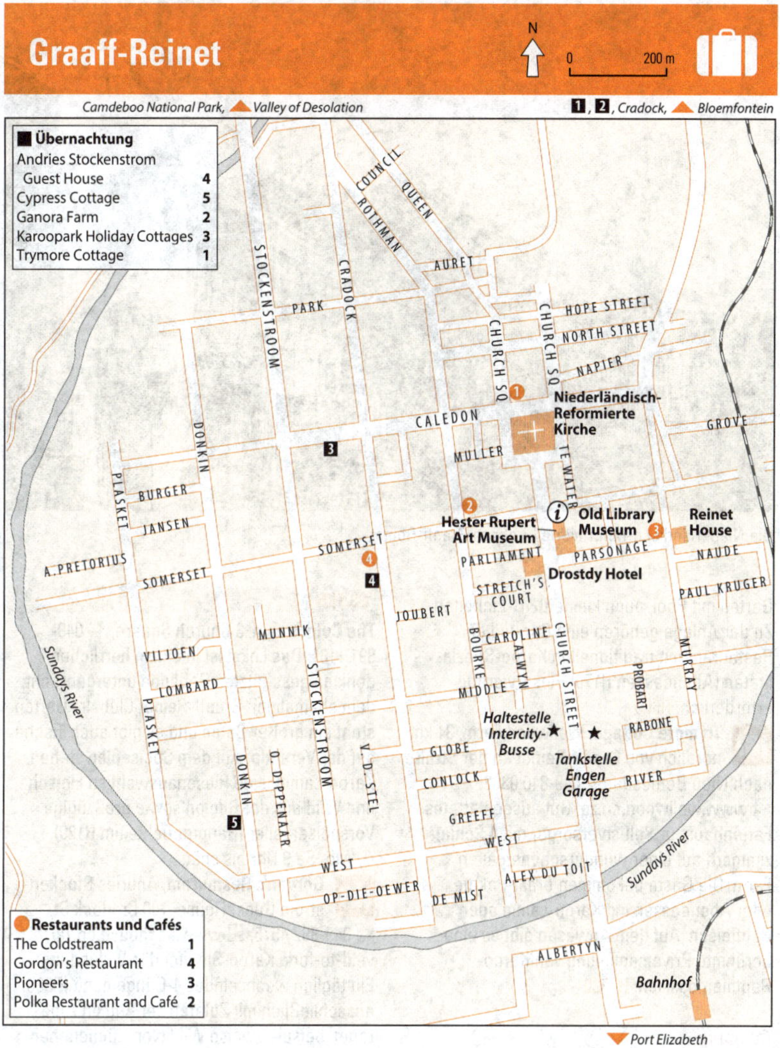

co.za. Das bezaubernde denkmalgeschützte Gebäude zählt zu den besten Nobelherbergen der Stadt. Es hat 7 komfortable Zimmer mit leinenbezogenen Kingsize-Betten und ein erstklassiges Restaurant (siehe „Essen"). R1600

Cypress Cottage, 76 Donkin St, ✆ 049-892 3965 oder 083-456 1795, 💻 www.cypresscottage.co.za. Restauriertes Karoo-Cottage mit 3 DZ mit Bad, Lounge und Speisezimmer. Familien sind willkommen, und der Garten mit Pool, Trampolin und Puppenhaus ist ein Renner bei Kids. R1300

Karoopark Holiday Cottages, 81 Caledon St, ✆ 049-892 2557, 💻 www.karoopark.co.za. Komplex von Selbstversorger-Cottages in einem

Die Niederländisch-Reformierte Kirche in Graaff-Reinet

Garten mit Pool, auch kleine B&B-Einheiten. Zu der Anlage gehören eine Bar und ein Restaurant mit traditionellen Karoo-Spezialitäten (Abendessen R170). Reservierung erforderlich. R650

Trymore Cottage, Wellwood Farm, 31 km nördlich von Graaff-Reinet an der Straße nach Nieu Bethesda, 049-840 0302, www.wellwood.co.za. Gut ausgestattetes Ferienhaus für Selbstversorger mit 4 Schlafzimmern auf einer wunderschönen alten Farm. Die Gäste bekommen *braai*-Pakete oder Abendessen mit Karoo-Lamm oder Rehfleisch. Auf dem Anwesen gibt es eine berühmte Privatsammlung von Karoo-Reptilienfossilien. R1300

Camping

Camdeboo National Park, nur mit Reservierung über Graaff Reinet Tourism, 049-892 4248. Im Park befinden sich 2 Übernachtungscamps mit Gemeinschaftsküchen und Du/WC: der Campingplatz Nqweba (15 Stellplätze) und das Lakeside Tented Camp mit 4 rustikalen, möblierten Zelten. Nqweba R205, Lakeside R570

ESSEN

The Coldstream, 3 Church Square, 049-891 1181. Das Lokal ist in einem herrlichen denkmalgeschützten Gebäude untergebracht, dem ehemaligen Graaff-Reinet Club. Im Garten steht ein großer Baum und es gibt auch Tische auf der Veranda. Auf dem Speiseplan stehen Karoo-Lamm, eine Riesenauswahl an Fleisch und Wild aus der Region sowie großzügige Vorspeisenteller (Hauptgerichte um R120). Mo–Sa 9 Uhr bis spät.

Gordon's Restaurant, Andries Stockenstrom Guest House, 100 Cradock St, 049-892 4575, www.asghouse.co.za/veld-to-fork. Karoo-Slowfood in Vollendung: Ein täglich wechselndes 4-Gängemenü (R300) ausschließlich mit Zutaten der Region zubereitet, beispielsweise Wild (von Küchenchef Gordon selbst geschossen), Bio-Karoolamm und Gemüse aus eigenem Anbau. Gordon veranstaltet auch 3-tägige Kochkurse, aber nur mit Voranmeldung. tgl. 7.30–9 und 19 Uhr bis spät.

Pioneers, 3 Parsonage St, 049-892 6059. Hier wird traditionelle Karoo-Küche für Abenteuerlustige gekocht: etwa Kudu-Schnitzel (R145) oder Straußen-Carpaccio. Die Gäste haben die Wahl unter 4 Speisezimmern, können sich aber auch auf die Veranda oder in den Garten setzen. ⌚ Mo 9–21, Di–Sa 9–22, So 9–14, 17–21 Uhr.

Polka Restaurant, Café, Bakery & Deli, 52 Somerset St, ☎ 087-550 1363. In dem Cottagerestaurant in einer stillen, schattigen Seitenstraße erwartet die Gäste ansprechend präsentierte und schmackhafte Karoo-Küche, darunter innovative zubereitete Lammkeule (R130) und *bobotie*. ⌚ Mo–Sa 7.30–21 Uhr.

SONSTIGES

Informationen

Touristeninformation, 13 Church St, ☎ 049-892 4248, 💻 www.graaffreinet.co.za. Bietet Karten und ein Unterkunftsverzeichnis. ⌚ Mo–Fr 8–17, Sa 9–12 Uhr.

Touren

Ngomso Township-Touren sind eine empfehlenswerte Art, die andere Seite von Graaff-Reinet kennenzulernen und etwas über seine jüngere Geschichte zu erfahren. Interessierte wenden sich an Karoo Connections, ☎ 049-892 3978, 💻 www.karoo connections.co.za.

TRANSPORT

Translux-Busse zwischen JOHANNESBURG und PORT ELIZABETH sowie **Intercape**-Busse zwischen Johannesburg und den Städten der GARDEN ROUTE halten tgl. bei der Tankstelle **Engen** in der Church St. Tickets und Fahrpläne gibt es im Büro der **Touristeninformation**.

Nieu Bethesda

Der vor allem in der gnadenlosen Hitze der grellen Hochsommersonne trockene und staubige Ort (s. auch 💻 www.nieubethesda.info) liegt weitab der üblichen Touristenroute, in den Bergen nördlich von Graaff-Reinet. Es gibt keine Straßenlaternen, und in Winternächten können die Temperaturen bis auf den Gefrierpunkt fallen. Dennoch besitzt das weißgetünchte **Dorf** mit seinem Krämer- und Fleischerladen an der Hauptstraße eine Menge Charme. Das ehemalige typisch erzkonservative Karoo-*dorp* hat sich eine neue Identität als Künstlerkolonie geschaffen, die eine wachsende Zahl von Besuchern anlockt. Ganz in der Nähe schaffen es einige Hundert farbige Südafrikaner irgendwie, dem kargen Umfeld eine Existenz abzuringen. Immerhin hat die gemeinnützige Organisation Bethesda Arts Centre einige Ausbildungsplätze und Verkaufsmöglichkeiten für Kunsthandwerker und Künstler geschaffen.

Bethesda Arts Centre

Muller St, gegenüber der Polizeiwache ▪ ☎ 073-028 8887, 💻 www.bethesdafoundation.org ▪ **Tower Restaurant** ⌚ tgl. 8.30–20 Uhr

Im gemeinnützigen Bethesda Arts Centre wurden früher Kunsthandwerker, Künstler und Schauspieler ausgebildet. Heute sind hier eine Kunstgalerie, Ateliers und ein Freilufttheater untergebracht. Ein Besuch lohnt sich, um nachzuschauen, was gerade auf dem Programm steht, oder um im urigen Tower Restaurant ein Curry mit Reis (R80) zu verspeisen.

Owl House

River St ▪ ⌚ tgl. April–Sep 9–17, Okt–März 8–17 Uhr ▪ Eintritt R50 ▪ ☎ 049-841 1733

Die meisten Besucher von Nieu Bethesda besichtigen das **Owl House**. Es war einst der Wohnsitz von Helen Martins, einer einsiedlerisch lebenden Künstlerin, deren eigenwillige und faszinierende innere Welt in ihren Werken Ausdruck fand. Haus und Garten sind durchweg nach ihren Visionen eingerichtet, die Innenwände glitzern von Glassplittern. Hinter dem Haus stehen hunderte Skulpturen aus Glas und Zement: Kamele, Lämmer, Sphingen und Menschengestalten. Von der Veranda mit dem Blechdach glotzen Eulen mit großen Augen herab.

ÜBERNACHTUNG

Doornberg Farm, 9 km nördlich von Nieu Bethesda, ☎ 049-841 1401, 💻 www.nieubethesda.co.za. Auf dem freundlichen Ferienbauernhof steht es den Gästen frei, ob sie Abendessen serviert bekommen oder sich selbst verpflegen möchten. Es gibt ein Trampolin und einen Pool sowie Möglichkeiten zum Wandern und Reiten. Das hübscheste

Plätzchen zum Übernachten auf der Farm ist Die Vleihuisie, ein kleines Cottage in 4 km Entfernung vom Haupthaus. B&B R600

Ganora Farm, abseits der N9, 7 km östlich von Nieu Bethesda, ✆ 049-841 1302 oder 082-698 0029, 💻 www.ganora.co.za. Die Besitzer dieser Schaffarm organisieren Touren auf den Compassberg und zu San-Felsbehausungen. Auf dem Gehöft gibt es auch eine kleine Fossiliensammlung. Abendessen auf Wunsch (R140 für ein 3-Gängemenü). R960

Huis Nommer Een, Murray St, Buchung bei Suzette Pienaar, ✆ 049-841 1700. 3 geräumige Zimmer mit südafrikanischem Flair, Küche im Farm-Stil und eine schmucke Veranda. R500

Owl House Backpackers Lodge, Martin St, ✆ 049-841 1642, 💻 www.owlhouse.info. Das „Eulenhaus", die einzige Backpacker-Lodge am Ort, ist freundlich, ruhig und gut organisiert. Sie hat Dormbetten, Zimmer mit Bad (B&B oder Selbstverpflegung), 2 Selbstversorger-Cottages, ein Restaurant und ein Pub. Gäste werden für R100 in Graaff-Reinet abgeholt. Camping R75, Dorm R125, DZ R460

ESSEN

Auntie Evelin se Plek, 4 Kloof St (genau auf der Anhöhe am Ortseingang von Pienaarsig), ✆ 083-873 5526. Auntie Evelin wohnt in der Township Pienaarsig und bekocht ihre Gäste auf traditionelle Township-Art. Im Sommer wird das Essen auf der Stoep mit Blick auf den Gemeindesportplatz aufgetragen, im Winter sitzt man in einer bemalten Blechhütte, die mit einem Heizlüfter sowie einem Ofen vor der Tür beheizt wird. Der Speisezettel ändert sich ständig und könnte ausgefallene traditionelle Gerichte enthalten. (3-Gängemenü R120). Nur mit Voranmeldung, Öffnungszeiten telefonisch erfragen.

Ibis Lounge, Martin St, ✆ 082-442 3174, 💻 www.theibislounge.co.za. Ein nettes, behagliches Plätzchen zum Relaxen mit einem Riesenangebot an Kaffeespezialitäten. Serviert werden Frühstück, Mittag- und Abendessen, und die Gäste können sich draußen im Schatten der großen Stoep niederlassen, oder drinnen auf Ledersofas, im Winter bei Kaminfeuer. Kulinarisch gibt es z. B. hausgemachte Pasteten und Brot, und am Sonntagmittag Karoo-Lammbraten (R80). 🕒 tgl. 8–20 Uhr.

Two Goats Deli at The Brewery, gegenüber dem ausgetrockneten Gats River abseits der New St, ✆ 049-841 1602, Eine gute Anlaufstelle für ein gemütliches Mittagessen. Hier gibt es kühles Bier und dazu Käse, Brot, Oliven und Salami (R65) aus eigener Herstellung – mehr hat die Speisekarte nicht aufzuweisen. 🕒 tgl. 8–17 Uhr.

TRANSPORT

Nieu Bethesda liegt 23 km abseits der N9 zwischen Graaff-Reinet und Middelburg an einer Schotterstraße und ist mit öffentlichen Verkehrsmitteln nicht erreichbar. Von Graaff-Reinet sind es rund 60 km, von Port Elizabeth rund 308 km. In Nieu Bethesda gibt es weder einen Geldautomaten noch eine Tankstelle, deshalb muss man in Graaff-Reinet tanken.

East London und die Zentralregion

Zwischen Port Alfred und East London liegt einer der unerschlossensten Küstenabschnitte des Ostkaps. Doch seitdem immer mehr Leute den Reiz der Region entdecken, wird hier zunehmend gebaut. **East London**, die größte Stadt der Zentralregion der Provinz, ist an sich keine Reise wert, hat aber ein paar fantastische Strände zum Surfen und Baden und gute Verkehrsverbindungen nach Johannesburg und zu den Küstenorten. Im Hinterland, in der Nähe der Stadt Alice, liegt die **Fort Hare University**, in der führende Persönlichkeiten des ganzen Subkontinents, darunter Nelson Mandela, ihre Ausbildung genossen haben und die die landesweit beste Sammlung zeitgenössischer, schwarzsüdafrikanischer Kunst ihr Eigen nennt. Aus dem Tal von Fort Hare gehen die nebligen, bewaldeten **Amatola Mountains** in die weltabgeschiedene Landschaft der **Ostkap-Drakensberge** über, in denen man wandern und Forellen angeln kann. Bevor die weißen Siedler (und auch die Xhosa) hier einwanderten, waren die Berge von Jägern und Sammlern der San bewohnt, die die Felswände mit Tausenden ritueller Bilder bemalten, von denen einige noch erstaunlich lebendig wirken.

East London

Als zweitgrößte Stadt des Ostkaps ist East London der ideale Ausgangspunkt für Erkundungen der Transkei. **Surfer** sind am **Nahoon Beach** am besten aufgehoben. Langsam entwickelt sich der Ort auch zum Ferienziel für schwarze Urlauber – ein Phänomen der Post-Apartheid-Ära. Die östlich der Stadt gelegenen Strände sind gut zum Schwimmen geeignet und traumhaft schön: lange Streifen Sand, hohe Dünen und üppige Vegetation.

Das etwas triste Stadtzentrum von East London erstreckt sich rund um die **Oxford Street**, die einstige Einkaufsmeile, die parallel zur Station Street und zum Bahnhof verläuft. Tagsüber ist sie eine der großen Durchfahrtsstraßen, abends sollte man hier nicht allein herumspazieren, denn dann ist sie wie ausgestorben. Das **Vincent Park Centre** an der Devreux Avenue ist ein beliebtes Einkaufszentrum mit Kinos und Restaurants. Es liegt 5 km nördlich des Zentrums zwischen den vornehmen Vororten Vincent und Stirling (die Oxford Street stadtauswärts fahren und gleich hinter dem Museum rechts abbiegen). Dies ist die beste Ecke zum **Einkaufen** und für praktische Dinge wie Banken und Post. Vom viktorianischen Herzen der Stadt sind nur ganze zwei ansehnliche Gebäude übrig geblieben. Doch immerhin wurde das größte Wahrzeichen der Innenstadt, die wunderbare cremeweiße und terrakottafarbene **City Hall** von 1899 vom Abriss verschont. Auf der anderen Straßenseite befindet sich eine Statue des Anführers der Black-Consciousness-Bewegung, **Steve Biko** (Kasten S. 387).

Abseits des Urlauberviertels wird East London von seiner Industrie geprägt, in der viele Bewohner von **Mdantsane** beschäftigt sind, einer riesigen afrikanischen Township, die 20 km von der Stadt entfernt in Richtung King William's Town liegt.

Geschichte

Vor den Briten und den Xhosa lebte hier das Volk der **Khoikhoi**, die das Gebiet „Land der Büffel" nannten. Einst wimmelte es am Buffalo River nur so von Wild, das jedoch nach der Ankunft der britischen Jäger nach und nach abgeschlachtet wurde. Während der **Grenzkriege** des 19. Jhs. war East London eine dauerhafte britische Siedlung, in deren Hafen der militärische Nachschub ankam. Wegen dieses strategischen Potenzials nannte der britische Gouverneur Sir Harry Smith den Ort 1848 optimistischerweise London. Später hieß es East London, weil sich der Hafen am Ostufer des Buffalo River befand.

OSTKAP

East London Museum

Upper Oxford St ▪ ⌚ Mo–Do 9.30–16.30, Fr 9–16 Uhr ▪ Eintritt R15 ▪ ✆ 043-743 0686

Ein paar Kilometer nördlich des Zentrums zeigt das East London Museum eine fantastische Sammlung von Perlenarbeiten der South Nguni und zeitgenössische Drahtskulpturen. Der ganze Stolz des Museums ist sein ausgestopfter Coelacanth (S. 367), der in den 1950er-Jahren vor der Küste gefangen wurde.

The Esplanade

Die Esplanade schlägt einen landschaftlich reizvollen, weiten Bogen aus Felsen, Strand und Sanddünen bis zum Eastern Beach. Einen kleinen Wermutstropfen stellen nur die Ferienapartments, Hotels und Restaurants dar, die das Ufer säumen. Die Promenade liegt rund 30 Minuten Fußweg vom Zentrum entfernt (Busse verkehren nur sporadisch), lässt sich aber von einem Ende zum anderen gut zu Fuß ablaufen.

Orient Beach

Neben dem Orient Pier mit seinen Kränen in den Docks, liegt der Orient Beach. Er sieht zwar nicht ganz so einladend aus und ist oft rappelvoll, eignet sich aber gut zum Baden, und es gibt Umkleidekabinen und zwei Kinderbecken.

Eastern Beach

Vom Orient Beach verläuft die Uferpromenade Esplanade an Sand und schwarzen Felsen entlang nach Nordosten zum Eastern Beach mit seinen hohen, mit Busch bewachsenen Sanddünen. Er ist sehr viel attraktiver, aber es ist dort schon zu Überfällen gekommen, sogar tagsüber. Bei Surfern ist er jedoch nach wie vor beliebt.

Nahoon Point Nature Reserve und Nahoon Beach

Visitor Centre, ausgeschildert an der Epson Rd, Nahoon ▪ tgl. 8.30–16 Uhr ▪ Eintritt frei ▪ Café Di–So 9–16 Uhr ▪ 083-232 5055

Wenn die Zeit nur für eine Sehenswürdigkeit reicht, sollte die Wahl auf das **Nahoon Point Nature Reserve** fallen, 5 km vom Zentrum East Londons entfernt. Dort kann man von einer Aussichtsstelle den Blick auf das Meer genießen, das Museum besuchen und einen Kaffee trinken. In einem Gebäude in Form eines Fußabdrucks (zu Ehren eines 120 000 Jahre alten, versteinerten Kinderfußabdrucks, der auf einer Düne in der Nähe gefunden wurde) ist das Coastal Education and Visitor Centre untergebracht. Es besitzt ein spannendes Museum mit Ausstellungen zur Surfgeschichte der Stadt sowie eine hervorragende Abteilung mit archäologischen Fundstücken der Gegend, darunter der berühmte Fußabdruck. Im Centre gibt's auch ein Café, wo kleine Gerichte serviert werden. Vom Museumsparkplatz kann man auf Holzplankenwegen am Meeresufer entlang spazieren oder längere Küstenwanderungen unternehmen.

Nahoon Beach, östlich von Nahoon Point, ist ein langer, von Dünen gesäumter Sandstreifen. Er ist toll zum Schwimmen und Surfen und gehört zu den Top-Surfdestinationen Südafrikas.

Bonza Bay und Gonubie Beach

Östlich des Nahoon River und 10 km vom Stadtzentrum liegt **Bonza Bay** mit kilometerlangen Strandwandermöglichkeiten und einer lauen Lagune an der Mündung des Quinera River. Noch etwas weiter entfernt befindet sich, 18 km nordöstlich des Zentrums am Gonubie River Mouth, der **Gonubie Beach**. Er kann gerade noch zu East London gezählt werden, bietet gute Unterkünfte, einen schönen Strand und Wanderwege.

ÜBERNACHTUNG

Die Beachfront von East London verunzieren Ferienapartmenthäuser und funktionale Hotels. In den billigen Hotels logieren viele Langzeitbesucher, und oft sind es finstere Kaschemmen – lieber meiden. Wem das Ambiente der großen Strandpromenade nicht gefällt, kann auf die Vororte Nahoon Mouth am Ende der Beach Rd, Beacon Bay, Bonza Bay oder Gonubie ausweichen, die nah am Fluss und am Meer liegen und über die N2 östlich der Stadt erreichbar sind. Wer kein eigenes Fahrzeug hat, muss ein Taxi nehmen oder bei der Hotelreservierung auch gleich die Abholung arrangieren.

Beachfront und nördliche Vororte

Blue Lagoon, Blue Bend Place, Beacon Bay, 043-748 4821, www.bluelagoonhotel.co.za. Angenehme Unterkunft inmitten von Palmen in Strandnähe. Ruhige und geräumige Zimmer mit Balkon und Blick auf den Fluss. R1610

The Loerie Hide B&B, 2B Sheerness Rd, abseits der Beach Rd, Nahoon, 043-735 3206, www.loeriehide.co.za. 5 recht preiswerte Zimmer mit Bad in der Nähe des Nahoon Beach am Saum eines Gartens, der in Buschland übergeht. R1300

Meander Inn, 8 Claredon Rd, Selborne, 043-726 2310, www.wildcoastholidays.co.za. 10 geräumige, geschmackvoll eingerichtete Zimmer mit Deckenventilator, 5 davon im luxuriösen Hauptgebäude, die anderen im Garten und Anbau. Pool, Terrasse und Bar, kostenloser Flughafentransfer. R1000

Quarry Lake Inn, Quartzite Drive, abseits Pearce St, The Quarry, 043-707 5400, www.quarrylakeinn.co.za. Große, hübsch geschnittene Zimmer in toller Umgebung am Rande eines gefluteten Steinbruchs mit bunter Pflanzen- und Vogelwelt. R1460

Sugar Shack, Eastern Beach, 043-722 8240, www.sugarshack.co.za. Schlichte Unterkunft in spektakulärer Lage direkt am Strand mit toller Aussicht. Transportmöglichkeit zum Bergresort Hogsback (S. 385). Dorm R110, DZ R280

The Tides, 49 Harewood Drive, Nahoon, 043-735 4454 oder 073-198 9356, thetidesbnb@mweb.co.za. Die Zimmer in dem einladenden B&B verfügen über schicke Badezimmer und TV. Geführt wird es von den freundlichen Paar Wayne und Sue, die sich in

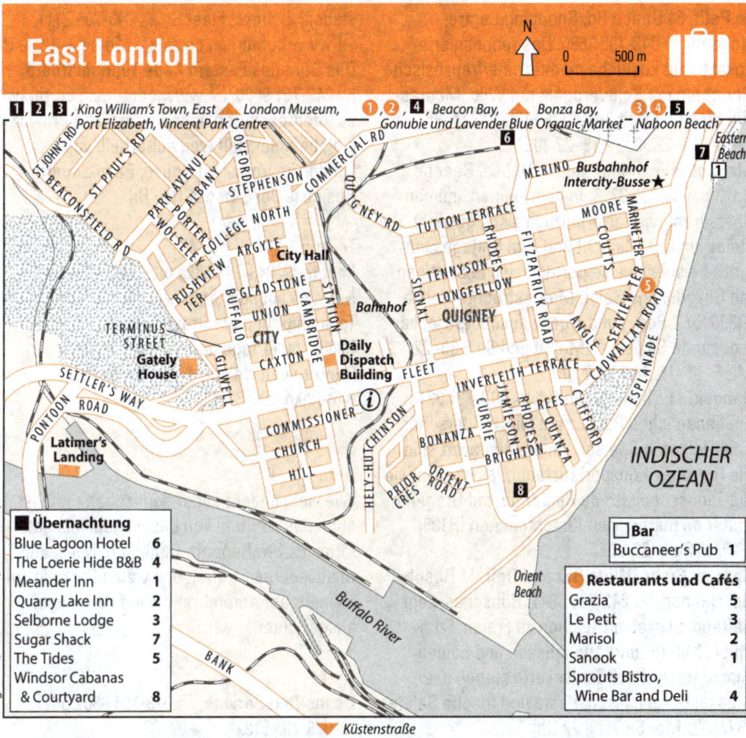

der Gegend bestens auskennen und auch gute Tipps für die Weiterreise Richtung Wild Coast geben. R825

Windsor Cabanas & Courtyard, George Walker Parade, ✆ 043-743 2225, 💻 www.katleisure.co.za. Block im spanischen Stil nahe Orient Beach mit herrlichem Ausblick. Das Cabanas bietet behagliche Selbstversorger-Apartments mit 1, 2 oder 3 Schlafzimmern, das angrenzende Courtyard schlichte Unterbringung mit Standardausstattung. Courtyard **R465**, Cabanas R1155

ESSEN UND UNTERHALTUNG

Buccaneer's Pub, Eastern Beach, neben Sugar Shack, ✆ 043-743 5171. Gut besuchte Bar bis in die frühen Morgenstunden, manchmal Livemusik. Tagsüber kann man die Surfer beobachten. Gutes Kneipenessen mit Fish 'n' Chips und leckerem Hähnchenschnitzel (R79). 🕒 tgl. 10–22 Uhr.

Grazia, Upper Esplanade, Beach Front Rd, ✆ 043-722 2009, 💻 www.graziafinefood.co.za. Helles, luftiges Restaurant mit wunderbarem Meerblick. Das Speisenangebot ist italienisch ausgerichtet (R140). Besonders köstlich sind die *Linguini alla marinara* und die Gemüse-Gnocchi. 🕒 tgl. 12–22.30 Uhr.

Lavender Blue Organic Market & Coffee Shop, Ocean Way Drive, Beacon Bay, W 043-732 1172. Samstags gibt es an den Marktständen leckere Sachen direkt vom Erzeuger, darunter Brot, Honig, selbstgebrautes Ingwer-Bier, Gemüse, Gebäck und Eingemachtes. Und unter der Woche kann man sich drinnen oder an Gartentischen im Freien aromatischen Kaffee und Salate schmecken lassen. 🕒 Di–Fr 8–15.30, Sa 7.30–13, So 8–13 Uhr.

Le Petit, 54 Beach Rd, Shopping Centre, Nahoon, ✆ 043-735 3685. Das renommierte Lokal bietet köstliche mediterrane/französische Gerichten mit Schwerpunkt auf Wild, Meeresfrüchten und Kalbfleisch (R142). 🕒 Mo–Fr 12–14, 18–22.30, Sa 18–22.30 Uhr.

Marisol, 3 Epson Rd, Action House, Beacon Bay, ✆ 043-735 3236. In dem kleinen, intimen Restaurant wird afro-portugiesisch gekocht. Die Tapas sind ein Gedicht und zum Mittagessen gibt's beispielsweise portugiesische Sardinen mit Olivenöl und Salat, Meeresfrüchte-Paella (R380 für 2 Pers.) und – ganz besonders lecker – gesunde Salate. 🕒 Mo, Di und Sa 6.30–22, Mi–Fr 11–15, 18.30–22 Uhr.

Sanook, 11 Chamberlain Rd, ✆ 043-721 3215. Ein behagliches Restaurant mit wunderschön angerichteten Speisen. Empfehlenswert sind die Holzofen-Knusperkrustenpizzas ebenso wie die Tagesspecials wie Rinderfilet mit Oreganobutter an marinierten Kirschtomaten (R135). 🕒 Mo–Sa 9–22 Uhr.

Sprouts Bistro, Wine Bar and Deli, 11 Beach Rd, Nahoon, ✆ 043-735 3841. Hübsches, sehr gefragtes Lokal mit Tischen im Freien, Frühstück, Mittag- und Abendessen und coolem Ambiente. Auf der Speisekarte stehen u. a. Steaks, Burger, Fisch, Pasta und frische Salate (R72). 🕒 Mo–Sa 7.30–22 Uhr.

SONSTIGES

Einkaufen

Geschäfte und andere nützliche Einrichtungen wie Banken und die Post finden sich in der **Devereux Avenue**, 5 km nördlich der Innenstadt (man verlässt das Zentrum auf der Oxford St und biegt dann rechts in die Devereux ein), mitten in den gepflegten Vororten Vincent und Stirling. Hier liegt das **Vincent Park Centre**, ein beliebtes Einkaufszentrum mit Kinos, Restaurants und dem **Umzi Wethu Curio Shop**, Nr. 62, ✆ 074-105 1935, dem besten Souvenirshop der Stadt, wo es authentisches Xhosa-Kunsthandwerk gibt, darunter wunderschöne Perlentaschen.

Informationen

Touristeninformation, am Flughafen, ✆ 043-736 3019, oder in der Stadt in der Feuerwehrstation, 2. Stock, Fleet St, ✆ 043-705 2111, 💻 www.bctourism.co.za. 🕒 Mo–Fr 8–16.30 Uhr. Das Büro des **Eastern Cape Tourism Board**, ✆ 043-701 9600, 💻 www.ectourism.co.za, wo es Infobroschüren über die restliche Provinz gibt, befindet sich weit außerhalb von East London im Ironwood House, Palm Square Business Park, Bonza Bay Rd.

Touren

Imonti, ✆ 043-741 3884 oder 083-487 8975, 💻 www.imontitours.co.za, veranstaltet Township- und Stadttouren (halber Tag ab R300) sowie Tagestouren nach Umtata und Qunu zu den Nelson-Mandela-Sehenswürdigkeiten (R700).

NAHVERKEHR

Auto

Wie viele andere südafrikanische Städte ist auch das Zentrum von East London als gitterförmiges Straßennetz aufgebaut. Mit seinen relativ leeren Straßen und vielen Parkplätzen ist es mehr auf Autofahrer als auf Fußgänger ausgerichtet.

Taxis

Deans Taxi Service, ✆ 073-194 6367 oder ✆ 079-293 5132.

TRANSPORT

Busse

Alle drei Intercity-Busse, **Translux**, ✆ 0861-589 282, 💻 www.translux.co.za, **Intercape**, ✆ 0861-287 287, 💻 www.intercape.co.za, und **Greyhound**, ✆ 083-915 9000, 💻 www.greyhound.co.za, unterhalten zahlreiche preiswerte Verbindungen zu allen größeren Städten des Landes. Sie halten am Intercity-**Busbahnhof** am Windmill Park in der Moore St. Der **Minilux Minibus**, (T043 741 3107), der tgl. zwischen GRAHAMSTOWN und dem Flughafen von PORT ELIZABETH verkehrt, fährt Di und Do weiter nach PORT ALFRED und Mo, Di, Do und Fr nach East London.

Eisenbahn

Der **Bahnhof**, ✆ 086-000 8888, liegt am östlichen Rand des kleinen Geschäftsbezirks von East

London. Vor dem Bahnhof warten Taxis mit Taxameter für den Transport zur Unterkunft.

Flüge

Der kleine **Flughafen** von East London, ✆ 043-706 0306, einige Kilometer westlich des Zentrums an der R72, verbindet die Stadt mit allen großen Städten Südafrikas. Der Airport-shuttle **Little Red Bus**, ✆ 082-663 3087, bedient sämtliche Flüge und hält am **Holiday Inn** in der Nähe der Strandpromenade (R100). **Imonti Tours**, ✆ 043-741 3884 oder 083-487 8975, übernimmt auch Transfers vom Flughafen in die Innenstadt (R120).

Amatola Mountains

Die meisten Besucher sehen zu, dass sie möglichst schnell durch das struppig trockene und verarmte Gebiet zwischen East London und den Amatola Mountains fahren, um endlich die kühlen Wälder und Ferienanlagen von **Hogsback** zu erreichen. Ein Abstecher lohnt sich jedoch, schon um die schöne Sammlung afrikanischer Kunst in der **Fort Hare University**, in der Nähe des Städtchens Alice, zu besuchen. Außerdem gibt es in **King William's Town** einige verblassende, aber noch intakte und sehenswerte koloniale Straßenzüge.

Hogsback

Das Städtchen Hogsback in den Amatola Mountains, 32 km nördlich von Alice und 145 km von East London entfernt, bietet angenehme Abwechslung nach dem dornigen und überweideten Land. Der Name „Hogsback" bezeichnet sowohl die Gegend als auch das Dorf und leitet sich von dem hohen felsigen Gebirgskamm dreier Berge ab, der dem Rücken eines Buschschweins ähnelt. Hogsback erinnert an eine Landschaft in England – eine Traumwelt im Nebel mit Pinienplantagen und „exotischen" Bäumen wie Eichen, Walnussbäumen und Azaleen sowie Schneefall im Winter. Die eigentliche Attraktion des Ortes ist der **Afrikanische Bergnebelwald** mit seinen Vogelrufen und Wasserfällen. Er ist Lebensraum der vom Aussterben bedrohten Kap-Papageien und vereinzelter Gruppen von **Weißkehlmeerkatzen**, die sich an den steilen Hängen oberhalb der Pinienplantagen tummeln. Auf dem kurvenreichen Weg in die Berge aus Richtung Alice eröffnen sich fantastische Blicke auf Yellowwood- und Stinkwoodbäume sowie Kapkastanien. In Hogsback kann es nass und kalt sein, auch im Sommer, also empfehlen sich warme Pullover, festes Schuhwerk und Regenkleidung.

Der Ort selbst liegt an einer 3 km langen Schotterstraße, von der auf beiden Seiten Wege zu den Hotels und Cottages abgehen. Wenn man überhaupt von einem Zentrum sprechen kann, so ist das wohl der kleine Platz mit dem Gemischtwarenladen, der Post und der Tankstelle drum herum. In Hogsback gibt es eine **indigene Handwerkskunst**, die einzigartig im Land ist. Besucher sollten sich darauf vorbereiten, von hartnäckigen Verkäufern umstellt zu werden, die die charakteristischen und recht hübschen Pferde und Schweinchen aus ungebranntem Lehm mit weißer Bemalung an den Mann bringen wollen.

Die Trails

Amatola Trail R150 pro Tag und Abschnitt, gesamter Trail R750 ▪ Buchung beim Department of Forestry, ✆ 043-642 2571, 💻 www.amatola.co.za

Auf dem Pferderücken rund um Hogsback

Lowestoffe, ✆ 045-843 1716, veranstaltet **Ausritte** (R300) für Anfänger und Fortgeschrittene auf einer Farm 25 km außerhalb von Hogsback, wo die Betreiber Appaloosa-Pferde züchten. Bei den Ausflügen geht es über das ausgedehnte Farmgelände, durch ein breites Tal und an Berghängen hoch. Wer durch den **Wald** direkt bei Hogsback galoppieren möchte, wendet sich an Shane vom **Terra-Khaya Backpackers** (S. 386). Der großartige Pferdekenner, der barfuß und ohne Sattel reitet, veranstaltet auf hervorragend ausgebildeten Pferden die besten Ausritte weit und breit (R250). Besonders empfehlenswert sind Ausritte zum Fuß des Hog 1 und die längeren Ausflüge mit Übernachtung.

OSTKAP

Hogsback ist in erster Linie ein **Wandergebiet** mit kurzen, relativ einfachen Routen, die durch Schweinchen-Symbole an den Bäumen gekennzeichnet sind. Wer echte Urwaldluft schnuppern möchte, begibt sich zum Arboretum und nimmt den Pfad hoch zum **Tor Doone**, wo sich ein guter Ausblick über die Ortschaft bietet. Trotz des steilen Anstiegs ist dies der am leichtesten zu besteigende Gipfel der Gegend. Alternativ kann man auch dem Weg zum Tor Doone folgen und dann rechts in den Rundwanderweg einbiegen, der innerhalb einer Stunde zurück zum Arboretum führt. Eine der schönsten Wasserfall-Wanderungen ist die einstündige, steil abwärts führende zu dem bezaubernden **Wasserfall** Madonna and Child. Wanderrouten sind in den preiswerten **Wanderführern** verzeichnet, die bei der Touristeninformation erhältlich sind.

Eine der besten in Eigenregie durchführbaren Backpacker-Bergwanderungen Südafrikas ist der 105 km lange **Amatola Trail**, vorbei an zahlreichen Wasserfällen, Flüssen und Badestellen, über Steppen, Hochebenen und die Hogs selber. Dabei handelt es sich allerdings um eine sehr anstrengende Sache, die man am besten nur zusammen mit einer Gruppe erfahrener Bergwanderer unternimmt.

ÜBERNACHTUNG

Arminel, an der Hauptstraße ausgeschildert, ✆ 045-962 1005, 🖳 www.katleisure.co.za. Das am besten gelegene Hotel am Ort besteht aus strohgedeckten Gebäuden und großzügigen Freiflächen. Alle Zimmer (manche mit eigener Holzterrasse) haben direkten Zugang zum gepflegten Hotelgarten. B&B R1150

Away With The Fairies, Hydrangea Lane, bei der Einfahrt nach Hogsback die erste Abzweigung rechts und dann den Schildern folgen, ✆ 045-962 1031, 🖳 www.awaywiththefairies.co.za. Eindeutig auf feierfreudige Backpacker eingestelltes großes Hostel mit kleinen Dorms für 5–8 Pers. sowie mehreren DZ und 2-Bett-Zimmern, manche mit Bad, 1 DZ mit Kamin. Zu den netten Besonderheiten des Hostels zählt eine Aussichtsplattform in einem Baum, wo die Gäste etwas trinken und chillen können. Die zentrale Lage macht es zum idealen Ausgangspunkt für Mountainbike-Touren und Wanderungen im Hogsback. Camping R70, Dorm R120, DZ R340

Back O' The Moon Holiday Cottage, Trewennan Lane, ✆ 045-962 1017, 🖳 www.backofthemoon.hogsback.co.za. Das Haus mit gastfreundlichen Besitzern und einem schönen, geräumigen Garten verfügt über 3 gemütliche Schlafzimmer, Wohnzimmer mit Kamin, DSTV, Veranda und voll ausgestattete Küche für Selbstversorger. R650

The Edge, an der Main Rd ausgeschildert, ✆ 045-962 1159, 🖳 www.theedge-hogsback.co.za. Die beste Selbstversorger-Unterkunft liegt wenige Kilometer vom Dorfkern entfernt an einer Sandpiste und besitzt 20 komfortable und geschmackvoll eingerichtete Cottages sowie 10 B&B-Zimmer. Von hier bietet sich ein großartiger Blick über Wald und Täler; außerdem gibt es Wandermöglichkeiten, eine spirituelle Irrgarten-Anlage, ein Restaurant und eine Bar. Für die Cottages ist eine Reservierung erforderlich. B&B R800, Cottages R600

Lowestoffe Country Lodge, abseits der Cathcart Rd, ✆ 045-843 1716 oder 083-654 5935, 🖳 www.lowestoffecountrylodge.co.za. 3 ziemlich moderne Cottages auf einer Farm, wo die Gäste ausreiten oder Forellen angeln können. Die Farm liegt 24 km außerhalb an der ungeteerten Straße nach Cathcart. Ihr Reiz besteht in der wildromantischen Berglandschaft. Hier gibt es Dämme und Teiche, in denen man schwimmen kann. R800

Terra-Khaya, abseits der Plaatjieskraal Rd, ✆ 082-897 7503, 🖳 www.terrakhaya.co.za. Diese wunderbare, effizient geleitete Backpacker-Unterkunft mit Biobauernhof liegt versteckt im Wald. Hier geht´s gesellig zu und es gibt einen hübschen gemeinschaftlichen Aufenthalts- und Küchenbereich, wo die Gäste leckere, auf einem Holzofen zubereitete Mahlzeiten bekommen. Terra-Khaya ist perfekt, um draußen am Lagerfeuer zu chillen, die grandiose Aussicht von der sonnigen Veranda zu genießen oder mit Shane (Kasten S. 385) Ausritte zu machen. Es gibt freie Verpflegung als Gegenleistung fürs Fällen eingeschleppter Baumarten, die das kostbare Grundwasser verbrauchen. Die Wegbeschreibung bitte telefonisch erfragen; das Hostel liegt ein paar

Steve Biko und die Black-Consciousness-Bewegung

Die brutalen Verhöre von Steve Biko und sein Tod in Polizeigewahrsam lösten internationale Empörung aus und ließen den Druck auf das Apartheid-Regime wachsen. Steven Bantu Biko wurde 1946 in King William's Town geboren. Durch seine Redegewandtheit, sein Charisma und die klaren Visionen nahm seine politische Karriere einen raschen Aufstieg. Gegen Ende der 1960er-Jahre, als er noch Medizinstudent an der Natal University war, wurde er zum Präsidenten der ausschließlich schwarzen **South African Students' Organization** (SASO) gewählt und veröffentlichte Artikel, die den weißen Liberalismus, den die SASO als Bevormundung und als konterrevolutionär betrachtete, scharf angriffen. In einer Zeit der Unterdrückung setzte sich Bikos Idee von **Black Consciousness** rasch durch. Er rief die Schwarzen dazu auf, ihr Schicksal in die eigenen Hände zu nehmen, sich zusammenzuschließen und sich von den „Ketten, die sie an ewige Knechtschaft fesseln" zu befreien. Ab 1973 bekämpfte der Staat Biko mit Verboten, Inhaftierungen und anderen Schikanen. 1974 verteidigte sich Biko auf brillante Art und Weise selbst vor Gericht, wodurch sein internationales Ansehen erheblich stieg.

In der Zeit, als es ihm verboten war, King William's Town zu verlassen, arbeitete und schrieb Biko weiter; oft gelang es ihm sogar, aus dem Arrest zu fliehen. Im Jahr 1977 wurde er festgenommen, nach Port Elizabeth gebracht, verhört und gefoltert. Einen Monat später starb er an einer Hirnblutung, nachdem er von der Sicherheitspolizei verprügelt worden war. Niemand wurde dafür zur Verantwortung gezogen. Steves Grab befindet sich im **Steve Biko Garden of Remembrance** in King William's Town. Der Garden ist Teil einer Gedenkstätte mit diversen anderen Biko-Erinnerungsstätten, darunter das Wohnhaus seiner Mutter in Ginsberg, Bikos Büro in King William's Town und die Steve Biko Bridge über den Buffalo River. Eine kostenlose Besichtigungstour der Gedenkstätten lässt sich im **Steve Biko Centre** mit Museum organisieren, 1 Zotshie St, King William's Town, ✆ 043-605 6700. ⌚ Mo–Fr 8.30–16.30, Sa 9–13 Uhr, Eintritt R25.

holprige Kilometer abseits der Main Rd und ist beschildert. Camping R70, Dorm R120, DZ R285

ESSEN

Arminel, Main Rd, ✆ 045-962 1005. Das zentral gelegene Hotel mit dem schönsten Gartenlokal ist toll, um auf der Terrasse mittags Sandwiches, Steaks oder Burger (R60) zu verzehren, zum Tee oder einfach auf einen Drink. Ansonsten gibt's auch noch einen gemütlichen Kamin und Sport-TV. ⌚ tgl. 11–16 Uhr.

Butterfly Bistro, Main Rd, neben der Touristeninformation, ✆ 045-962 1326. Das Bistro ist berühmt für seine Holzofenpizza (R80), Pasta und Salate. Wer ein Picknick plant, kann hier auch verschiedene Leckereien einkaufen und mitnehmen. Jeden Samstagmorgen findet hier unter der Eiche ein kleiner Erzeugermarkt statt. An den Ständen werden Brot, Eingemachtes, vegetarische Mahlzeiten sowie erstklassige, in der Region hergestellte ätherische Öle angeboten. ⌚ Di, Mi und So 9–17, Do–Sa 9–20 Uhr.

King's Lodge Hotel, Main Rd, ✆ 045-962 1024. Hat preiswerte Pub-Lunches, ist aber besonders bekannt für das günstige Sonntagmittagsbuffet sowie das Dienstag- und Freitagabend-Spezialbuffet (alle R80). Die Buffetts sind so begehrt, dass man dafür eine Reservierung braucht. ⌚ tgl. 8–20 Uhr.

Tea Thyme, im The Edge, an der Main Rd ausgeschildert. Die beste Adresse zum Essengehen, aber da das Lokal ein Stück abseits der Hauptstraße liegt, verbindet man den Besuch am besten mit einem Spaziergang am Rand der Abbruchkante. Die knusprige Ente (R125) ist echt lecker, außerdem gibt´s diverse vielversprechende vegetarische Speisen. ⌚ tgl. 8–20 Uhr.

INFORMATIONEN

Touristeninformation, Main Rd, ✆ 045-962 1245, 💻 www.hogsback.com. Hier kann man Unterkünfte buchen, zumeist für Selbstversorger. Vorher muss in einer größeren Ortschaft alles

Fort Hare University

Trotz jahrzehntelanger Vernachlässigung der sogenannten „Stammesuniversität" unter dem Apartheidregime hat Fort Hare, 2 km östlich von Alice an der R63, einen festen Platz in der Geschichte Südafrikas eingenommen. Es wurde 1916 von Missionaren als gemischtrassiges College gegründet und war somit die erste Institution des Landes, an der Schwarze einen höheren Abschluss machen konnten. Viele prominente afrikanische Führungspersönlichkeiten wie Simbabwes Präsident Robert Mugabe und Tansanias früherer Präsident Julius Nyerere haben hier studiert. Der berühmteste ehemalige Student war **Nelson Mandela** (Kasten S. 400).

Die **De Beers Art Gallery** von Fort Hare birgt einen wahren Schatz an zeitgenössischer **schwarzer Kunst** aus dem südlichen Afrika – eine der bedeutendsten Sammlungen weltweit, leider wenig bekannt. In der Galerie ist auch die **ethnografische Sammlung** von Fort Hare untergebracht, mit traditioneller Handwerkskunst und Artefakten. Viele der Stücke sind selten und äußerst wertvoll.

Unter der Woche finden **kostenlose Führungen** durch die Universität, die Kunstgalerie und die ANC-Archive statt, ✆ 040-602 22-39 oder -50, 🖳 www.ufh.ac.za. Sie müssen im Voraus vereinbart werden. ⌚ Mo–Do 8–16.30, Fr 8–15.30 Uhr.

OSTKAP

Notwendige eingekauft werden, denn das Sortiment im teuren kleinen Dorfladen ist sehr beschränkt. Außerdem sollte man Bargeld und einen vollen Tank mitbringen, denn auf den einzigen Geldautomaten und die Benzinversorgung ist kein Verlass. ⌚ Mo–Sa 10–16, So und feiertags 9–15 Uhr.

TRANSPORT

Ein billiger **Shuttle**, ✆ 043-722 8240, verkehrt auf Anfrage zwischen **Sugar Shack** in East London (S. 382) und Hogsback.

Die Unterkünfte **Away With The Fairies** und **Terra-Khaya** in Hogsback können Transport arrangieren.

Das Ostkap-Hochland

Das Ostkap-Hochland ist der südlichste Teil der höchsten und ausgedehntesten Gebirgskette Südafrikas, der Drakensberge, die sich nach Osten durch Lesotho und an der Westseite von KwaZulu-Natal bis nach Mpumalanga erstrecken. Das offensichtlichste Ziel in dieser Gebirgswelt mit **San-Felsmalereien**, **Sandstein-Höhlen** und zerklüfteten Schaffarmen ist **Rhodes**, das zu den am besten erhaltenen und schönsten viktorianischen Dörfern des Landes gehört. Da die Gegend nicht zum Nationalpark erklärt worden sind, organisieren Privatfarmen die Aktivitäten.

Rhodes und Umgebung

Rhodes ist fast zu schön, um wahr zu sein – ein abgeschiedenes und entzückendes Dorf in den Bergen. Hier leben nur noch wenige Menschen: Wie auch andere Dörfer der Region erlebte Rhodes eine starke Abwanderung, weil es die Einwohner in die Städte zog, wo sie ihren Lebensunterhalt besser verdienen konnten. Zurück ließen sie eine viktorianische Blechdacharchitektur, die einen Eindruck von früheren Zeiten erahnen lässt. Heute zieht der Ferienort Besucher an, die seine Abgeschiedenheit, seine Holzöfen und restaurierten Häuschen schätzen. Obwohl die Elektrizität das Dorf vor einigen Jahren erreicht hat, dienen als Beleuchtung oft noch Öllampen und Kerzen.

Obwohl es von Rhodes aus nicht wirklich irgendwohin geht (auf einigen Karten ist es gar nicht eingetragen), ist es ein Ort, der zum längeren Aufenthalt einlädt. Da die Nächte schon im Sommer recht kühl, im Winter sogar klirrend kalt werden und keine Zentralheizungen vorhanden sind, gehört warme Kleidung unbedingt ins Reisegepäck.

Das Dorf besteht im Grunde nur aus ein paar sich kreuzenden, von Pinien gesäumten Schotterstraßen. Mitten drin befinden sich das Rhodes Hotel (zurzeit geschlossen), ein Laden und eine Tankstelle, außerdem eine Post und ein Münztelefon. Banken sucht man vergeblich.

Die meisten Besucher zählte Rhodes früher im Winter, wenn die **Skifahrer** zu den künstlich beschneiten Tiffendell-Hängen pendelten. Aufgrund undurchschaubarer Rechtsstreitigkeiten wurde der Skibetrieb aber eingestellt. Das Dorf lässt sich auf einer einstündigen Fahrt im Geländewagen zu den höchsten Gipfeln der Ostkap-Drakensberge erreichen. Von Dezember bis Mai ist **Bade**- und **Wandersaison**.

Felsmalereien

Martin's Dell, ✆ 045-974 9201

Von Rhodes aus lassen sich die jahrtausendealten **Felsmalereien der San** erkunden, von denen die meisten auf den Privatfarmen der Umgebung zu finden sind und mit Erlaubnis der jeweiligen Besitzer besichtigt werden können. Die Bewohner von Rhodes weisen Besuchern den Weg zu nahe gelegenen Farmen, wo es Felsmalereien gibt.

16 km von Rhodes entfernt liegt die **Martin's Dell Farm**, die nicht nur wegen der gut erhaltenen Malereien einen Besuch lohnt, sondern auch wegen des zauberhaften, einsamen Tals, das auf dem Weg dorthin zu durchfahren ist. Nach Absprache mit Russie oder Lookie Schmidt, ✆ 045-974 9201, steht sie Besuchern offen. Der Abzweig mit dem Schild „Martin's Dell" liegt 8 km vor Rhodes an der Straße nach Barkly East. Von dort sind es noch 8 km zu der Stätte, wo es Parkplätze und Picknicktische gibt.

Die Felsmalerei diente in erster Linie religiösen Zwecken und meistens drückten sich darin Trance-Erlebnisse aus (Kasten S. 27). In den Visionen der Schamanen kamen oft kraftvolle Tiere wie die Elenantilope vor, die auf dem Felsen von Martin's Dell abgebildet ist.

ÜBERNACHTUNG

Gateshead Lodges, ✆ 045-974 9303, 💻 www.gateshead.co.za. Besteht aus einer Reihe wunderschöner Cottages und einem Bauernhaus aus Sandstein auf einem riesigen Besitz in einer abgeschiedenen, zerklüfteten Region in der Nähe von Rhodes und Barkly East. Die Zufahrt auf den Holperpisten ist allerdings schwierig, und einige der Cottages lassen sich nur mit geländegängigen Fahrzeugen erreichen. Die Gastgeber Basie und Carien Vosloo begleiten ihre Gäste auf Wunsch zum Forellenfischen oder auf Ausritten. R500

Rubicon Flats, Old School House, an der Main Rd ausgeschildert, ✆ 045-974 9268, 💻 www.rubiconflats.co.za. Die beste Wahl und die gemütlichste Unterkunft der Stadt. Hübsches ehemaliges Schulhaus mit Zimmern für Selbstversorger, jeweils mit Steinkohleofen, außerdem gibt es einfache Schlafsäle. Auf Wunsch gibt es für Gäste solide südafrikanische Bauernkost (3-Gängemenü R150). R600

Walkerbouts Inn, an der Hauptstraße ausgeschildert, ✆ 045-974 9290, 💻 www.walkerbouts.co.za. Entspannte Atmosphäre, 6 Gästezimmer mit Bad. Der sehr nette Besitzer Dave Walker kennt sich gut in der Gegend aus und kann fast alle Aktivitäten organisieren (s. Informationen). R1270

ESSEN

KoesterkosKombuis, Earls Farm, 1,8 km von Rhodes an der Barkly East Rd, dem Schild „Toekas" folgen, ✆ 079-516 6041. Hier gibt's Feinschmeckerküche aus frischen Produkten der Region, und das bei Kerzenlicht und majestätischem Bergblick. Man darf mit Leckerbissen in der Art von Ochsenschwanz oder Schweinebauch-Confit rechnen (3-Gängemenü R185) und kann auch auf der Farm hergestellten Käse und Eingemachtes kaufen. Tischreservierung erforderlich, Öffnungszeiten telefonisch erfragen.

Walkerbouts, im Walkerbouts Inn, Wegweiser an der Hauptstraße folgen, ✆ 045-974 9290. Im besten Esslokal von Rhodes wird alles frisch zubereitet. Es gibt Frühstück (R75), Pizza zum Mittagessen und abends ein 3-gängiges Festmenü (R145). Nur mit Reservierung, Öffnungszeiten telefonisch erfragen.

INFORMATIONEN

Highlands Information, 1 Vorster St, ✆ 045-974 9290, 💻 www.walkerbouts.co.za. Dave Walker vom Walkerbouts Inn (s. Übernachtung) leitet diese Einrichtung, über die sich alle möglichen Aktivitäten und Unterkünfte in der Gegend buchen lassen.

TRANSPORT

Rhodes ist nur mit einem **eigenen Fahrzeug** von Barkly East (130 km von dem an der N6 liegenden Aliwal North entfernt) aus erreichbar. Die 60 km lange Fahrt auf der Holperpiste von Barkly East nach Rhodes ist echt anstrengend, dauert gute 1 1/2 Std. und führt an gähnenden, unbefestigten Abgründen vorbei. Die Tankstelle in Rhodes hat eine kleine Zapfsäule, aber sicherheitshalber sollte in Barkly East vollgetankt werden.

OSTKAP

Naude's Nek

Die reizvollste Strecke aus Rhodes hinaus führt auf der R396 entlang Naude's Nek, der **höchsten Passstraße Südafrikas**, die Rhodes mit **Maclear** im Süden verbindet. Viele Besucher machen auch nur einen Halbtagesausflug zum Gipfel des Passes und zurück. Auf dem Pass kann man einen Anruf von Südafrikas höchstgelegenem Telefon (mit Kurbel) tätigen, es steht in einer Wellblechtelefonzelle mitten in einem Schafpferch. Vorsicht: Das Auto entgegen der Windrichtung parken, damit einem die Autotür beim Aussteigen nicht aus der Hand gerissen wird – der Wind weht hier zuweilen mit Orkanstärke. Da es keinen Handyempfang gibt und nur wenige Autos auf dieser Strecke unterwegs sind, müssen Reisende auf Notfälle eingerichtet sein, also Lebensmittel, Wasser und Schlafsäcke dabeihaben.

Es sind zwar nur 30 km von Rhodes bis Naude's Nek, doch die Fahrt dauert schon ein paar Stunden, da die vielen schönen Aussichten einen immer wieder zum Halten einladen. Man braucht einen Wagen mit hoher Bodenfreiheit (und im Winter einen mit Vierradantrieb), da die Straße schlecht und nach Schneefall sogar unpassierbar ist.

ÜBERNACHTUNG

Tenahead Lodge, 33 km von Rhodes an der R396, ✆ 0861-748 374, 💻 www.riverhotels.co.za/tenahead. Das luxuriöse Fünfsternehotel in grandioser Lage oben auf dem Pass erfreut sich sämtlicher Annehmlichkeiten, die man von einem Etablissement dieser Klasse erwarten darf. R1880

Woodcliff Country House, 16 km vor Maclear, ✆ 045-932 1550, 💻 www.woodcliffe.co.za. Eine Selbstversorger-Unterkunft auf einer Farm weit unterhalb vom Naude's Nek an den traumhaften Ausläufern der Drakensberge. Zur Auswahl stehen Zimmer im Farmhaus, ein 3-Bett-Cottage und ein Ferienapartment. Auf Anfrage ist Verpflegung möglich. Es werden Führungen zu Felsmalereien und auf Orchideenpfaden angeboten, außerdem kann man wandern und in idyllischen Flüssen Forellen angeln. R690

11 HIGHLIGHT

Die Wild Coast

Die Wild Coast macht ihrem Namen alle Ehre: Sie ist eine der unberührtesten Gegenden von Südafrika – ein riesiges Gebiet mit sanft geschwungenen Hügeln, üppig grünen Wäldern und endlosen Stränden am Indischen Ozean. Die unerschlossenen Sandstrände ziehen sich meilenweit dahin, werden hier und da von Flüssen unterbrochen, und die erschwinglichen Hotels sind für einen Familienurlaub am Meer bestens geeignet.

Doch der wilde Charakter bezieht sich nicht nur auf die Landschaft – dies ist das ehemalige „Homeland" **Transkei**, eine arme Region, die in den Jahren der Apartheid vollkommen entrechtet war und in der die Afrikaner lebten, die zu jung oder zu alt waren, um in der südafrikanischen Industrie zu arbeiten.

Im Gebiet der Wild Coast leben vorwiegend **Xhosa**, auf dem Land zumeist in traditionellen Rondavels, mit denen die Landschaft übersät ist. Die **N2** führt mitten durch die Region und die ehemalige Hauptstadt der Transkei, **Mthatha**, sowie einige marode, aber betriebsame kleinere Orte. Südlich der N2 erstreckt sich die **Küstenregion** von East London bis zur Mündung des **Mtamvuna River**. Hier liegen tolle Strände, verborgene Riffe, Flecken subtropischen Walds, bäuerliche Xhosa-Siedlungen und die zauberhaften Städtchen **Coffee Bay** und **Port St Johns** (beide beliebte Backpacker-Destinationen). In dieser Ecke befinden sich die einsamsten und unerschlossensten Strände von ganz Südafrika.

Im Gegensatz zur Western Cape Garden Route lässt sich die Wild Coast nicht leicht mit dem **Auto** befahren. Es gibt weder eine Küstenstraße noch direkte Verbindungen zwischen den Badeorten. Doch gerade in dieser Abgeschiedenheit liegt der Zauber dieser Region. Die einsamen Urlaubsorte sind über lange und kurvenreiche **Schotterstraßen** zu erreichen, die von der N2 abgehen. Am besten sucht man sich eine oder zwei nette Unterkünfte aus und macht sich ein paar entspannte Tage. Die meisten Ortschaften an diesem Küstenstreifen sind nur unter dem Namen des dort befindlichen Hotels bekannt. Auf zahlreichen Landkarten ist aber auch der Xhosa-Name der Flussmündung eingetragen, an der die jeweilige Hotelanlage liegt.

Cintsa

Cintsa ist eines der besten unten den zahlreichen Ferienresorts zwischen East London und dem Kei River. Hier erstrecken sich endlose Sandstrände vor der Kulisse bewaldeter Dünen, durchzogen von Lagunen und Flussläufen. Cintsa ist wunderschön und besteht eigentlich aus zwei Orten, die durch einen Fluss getrennt sind. **Cintsa East** ist ein schickes Feriendorf mit rund 200 Häusern und **Cintsa West** besitzt einen herrlichen Gezeitenpool.

Haga-Haga

Unmittelbar nordöstlich von Cintsa liegt Haga-Haga, 72 km von East London entfernt. Der Ort wird von dem kastenförmigen, aber perfekt gelegenen Haga-Haga Resort (S. 395) dominiert.

Reiten und Wandern an der Wild Coast

In Ermangelung einer Küstenstraße lassen sich bestimmte Abschnitte der Wild Coast nur zu Fuß oder auf dem Pferderücken erkunden.

Strandloper Coastal Hiking Trail, ✆ 043-841 1046, www.strandlopertrails.org.za. 4 Tage und 3 Nächte braucht man für den 58 km langen Wanderweg zwischen Kei Mouth und Gonubie (R400 p. P.). Abwechslungsreiches Gelände, kleine Küstendörfer und freundliche Pubs entlang der Strecke machen diese Route zu einer sehr beliebten Wanderstrecke, gut geeignet für Familien. Übernachtet wird unterwegs in gut ausgestatteten Selbstversorger-Hütten mit zwölf Stockbetten.

Wild Coast Holiday Reservations, ✆ 043-743 6181, www.wildcoastholidays.co.za. Bietet Pauschalpakete inkl. Träger und Transfers von East London, Hotelunterbringung und Vollpension auf drei Trails: Der 55 km lange Wild Coast Hotel Meander führt an der unberührten, wilden Küsten vom Kob Inn nach Morgan Bay (fünf Nächte, R6310). Der 56 km lange Wild Coast Amble beginnt nördlich von Kei River, endet in Cintsa und verläuft durch mittelschwer zu bewältigendes Terrain (vier Nächte, R6065). Und schließlich der Wild Coast Pondo Walk mit fünf Übernachtungen im „Basislager" Mboyti River Lodge nahe Lusikisiki; von dort aus werden zwei Küstenwanderungen und zwei Binnenlandwanderungen durchgeführt, bei denen pro Tag zwischen 13 und 26 km zurückgelegt werden (R745 pro Tag).

Wild Coast Horseback Adventures, ✆ 043-831 1087, www.wildcoasthorsebackadventures.com. Der renommierte Veranstalter mit Sitz auf der Sunray Farm in der Nähe von Kei Mouth hat gepflegte Reitpferde und bietet Ausritte für Reiter aller Fertigkeitsstufen auf Reitwegen, die an einigen der schönsten Strände Südafrikas verlaufen: an langgestreckten Sandbuchten und warmen Lagunen vorbei, über Flüsse, durch traditionelle Bauernsiedlungen und Urwald, über Weiden und grüne Hügel. Die Ausritte für Anfänger beginnen bei Kei Mouth (1 1/2 Std., R200), Fortgeschrittene/Erfahrene reiten nach Morgans Bay (2 Std., R350). Weitere Angebote umfassen einen Tagesritt über den Kei River nach Trennerys, wo ein Kneipenessen eingenommen wird, und zurück (R600) sowie fantastische mehrtägige Ausritte entlang der Küste mit Übernachtung in Hotels.

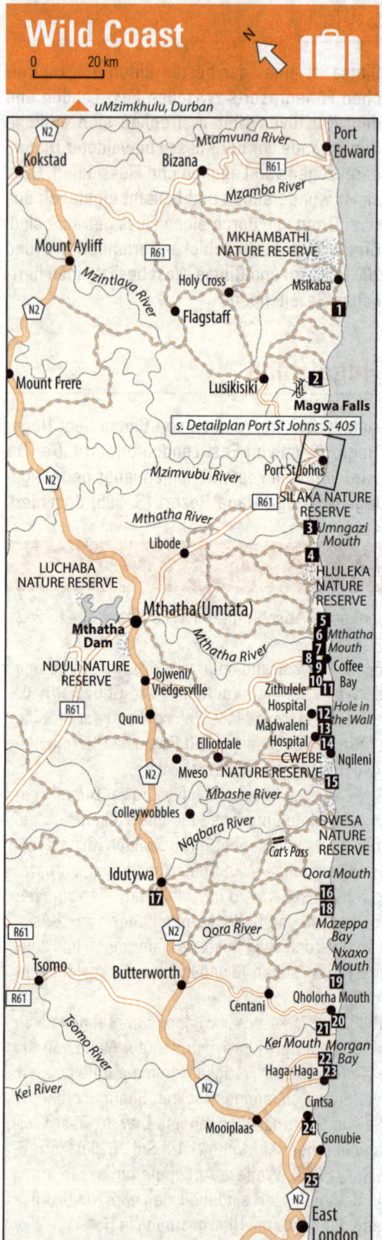

Zum Sandstrand gelangt man auf dem 2 km langen Pfad in Richtung Pullens Bay. Rund 4 km weit ist der Weg zum Bead Beach, wo Einheimische **Perlen** aus Carneol sowie Keramiksachen verkaufen.

Morgan Bay

Morgan Bay, 90 km von East London entfernt, liegt eindrucksvoll in einem **Mündungsgebiet**, in dem zwei Flüsse aufeinandertreffen. Eine Wanderung vom Morgan Bay Hotel (S. 395), einer der besten Urlaubsanlagen an der Wild Coast, führt über grasbewachsene Anhöhen zu den 50 m hohen Morbay Cliffs, einem Punkt, von dem aus man **Delphine** und, zur richtigen Jahreszeit, auch Wale beobachten kann. In der Bucht brechen sich gewaltige Wellen, doch im Mündungsgebiet ist es ruhig und sicher genug für Kleinkinder zum Herumplanschen.

Kei Mouth und Trennery's (Qolorha Mouth)

Fähre tgl. Sommer 6–18, Winter 7–17.30 Uhr

Von Morgan Bay ist es eine kurze und holprige Fahrt zum Dörfchen **Kei Mouth**, wo allerdings wenig zum Bleiben einlädt. Nur 6 km Vogelfluglinie weiter am Strand, aber auf dem Straßenweg erheblich weiter entfernt, liegt jedoch das bezaubernde **Trennery's**. Um es zu erreichen, muss der Kei River auf einer kleinen Fähre (auch das Auto kommt mit) überquert werden. Am jenseitigen Ufer angekommen, sind es noch 17 km

■ **Übernachtung**			
		Kob Inn	16
Anchorage	5	The Kraal	4
Bomvu Paradise	6	Mazeppa Bay	18
Buccaneer's	24	Mbolompo Homestay	13
Bulungula		Mbotyi River Lodge	2
Backpackers Lodge	14	Morgan Bay Hotel	22
Coffee Bay Hotel	8	Ocean View	7
Coffee Shack	9	Seagulls	21
Crawford's Lodge & Cab.	25	Trennery's	20
Drifters Lodge	1	Umngazi River	
Haga Haga	23	Bungalows	3
The Haven	15	Wavecrest	19
Hole in the Wall	11	White Clay Lodge	10
Idutywa	17	Wild Lubanzi Backpackers	12

Fahrt bis zum Trennery's Hotel (ausgeschildert, S. 396). Vom Hotel führt ein steiler Fußweg durch üppige Vegetation zum spektakulären Strand, wo Kanus und Ruderboote vermietet werden.

Trevor's Trail

Start tgl. 9 Uhr ▪ Buchung unter ✆ 047-498 0006 oder übers Hotel ▪ R85

Ein empfehlenswerter Ausflug von Trennery's ist der Trevor's Trail, eine rund dreistündige Wander- und Bootstour zu „The Gates", einem kurzen Korridor von Felswänden, die sich über dem Qholorha River erheben. Veranstalter ist der ortsansässige Trevor Wigley. Er bietet auch noch andere Ausflüge an, unter anderem einen Besuch bei einem **traditionellen Heiler**.

Wavecrest (Nxaxo Mouth)

Wavecrest, unmittelbar nördlich von Trennery's (von dort aber nicht auf dem Landweg zu erreichen), ist ein ruhiger Ort mit **Mangrovensümpfen**, die von Tieren nur so wimmeln – ideal zum Wandern, Angeln und Entspannen, aber auch gut für **Aktivitäten** wie Paddeln, Wasserski und Hochseefischen. Arrangiert werden sie von der einzigen Unterkunft des Ortes, dem Wavecrest (S. 396).

Mazeppa Bay

Mazeppa Bay ist einer von zwei Orten an der Wild Coast, die sich hervorragend zum **Angeln** und ganz allgemein zum **Chillen** eignen (der andere ist Kob Inn, s. u.). Mazeppa Bay liegt nordöstlich von Wavecrest und ist ein herrliches Plätzchen zwischen Dünen und Küstenwald. In der Bucht kann man gefahrlos baden und weiter draußen gibt es gute Surferwellen.

Kob Inn (Qora Mouth)

Unmittelbar nordöstlich von Mazeppa direkt am Meer am **Qora River Mouth** liegt Kob Inn. Die Ortschaft besteht im Grunde nur aus der Hotelanlage (S. 396). Eine kleine Fähre setzt über die Mündung und bringt die Besucher zu herrlichen **Küstenwanderwegen** durch Grasland und Wälder.

Das große Rinderschlachten

Die 1850er-Jahre markierten einen Tiefpunkt für das Volk der Xhosa: Ein Großteil ihres Landes war von den Briten erobert worden, die Dürre ließ ihre Ernte vertrocknen und eine Rinderkrankheit hatte ihre wertvollen Viehbestände erheblich reduziert. 1856 behauptete die junge Frau **Nongqawuse**, dass die Geister der Ahnen ihr am Gxara River gesagt hätten, dass die Xhosa all ihr Vieh und Getreide zerstören sollten. Sodann würden nicht nur neues Vieh und Getreide kommen, sondern auch neue Menschen, die die Weißen ins Meer jagen würden.

Nicht alle Xhosa glaubten dieser **Prophezeiung** – diejenigen, deren Herden besonders schlimm unter der Seuche gelitten hatten, waren am ehesten geneigt, sie für wahr zu halten. Doch als das Oberhaupt der Gcaleka, Sarili, seinen Untertanen befahl, ihr zu folgen, begann das große Schlachten. Die „neuen Menschen" erschienen allerdings nicht wie erwartet, also gab man die Schuld denen, die sich widersetzt hatten, und setzte einen neuen „Termin" an. Als sie im Februar 1857 abermals ausblieben, waren über 200 000 Rinder getötet worden, und für viele Xhosa gab es keine Überlebenschance mehr. Bis Juli desselben Jahres hatte die verheerende **Hungerkatastrophe** 30 000 der etwa 90 000 Xhosa das Leben gekostet.

Die Briten nutzten diese Hungersnot und zwangen die Xhosa zur Arbeit auf ihren Farmen. Der Kapgouverneur Sir George Grey schloss gar die Versorgungseinrichtungen der Missionsstationen, gab den Xhosa-Häuptlingen die Schuld und ließ viele von ihnen auf Robben Island inhaftieren.

OSTKAP

Bulungula (Nqileni)

Das weitläufige, idyllisch an der Mündung des Bulungula River gelegene Dorf Nqileni rings um die Bulungula Lodge (S. 396) bietet Gelegenheit,

Einblick ins ländliche Leben der Transkei zu gewinnen. Der Fluss schlängelt sich durch sanfte grüne, mit Rondavels gesprenkelte Hügel, Maisfelder und Viehweiden und mündet an einer stillen Stelle ins Meer. Dichter Wald überzieht hier die Küste, gesäumt von kilometerlangen schneeweißen Stränden.

Coffee Bay und Umgebung

Die dicht besiedelten, sanften Hügel von Coffee Bay, bei den Xhosa nach einem dichten Holz aus der Gegend *Tshontini* genannt, stellen die traditionelle Grenze zwischen den Clans der Bomvana und der Pondo dar. Coffee Bay lockt mit seiner gelassenen Atmosphäre immer mehr Besucher an – und konnte sich trotzdem ein idyllisches Flair bewahren.

Die **Landschaft** schafft einen Kontrast zum Grasland und zu den bewaldeten Sanddünen und Lagunen weiter südlich: Hier fallen spektakulär hohe Klippen auf Sandstrände herab, die von schwarzem Kiesel durchsetzt sind. Die **Wohnhütten** in der Gegend sind einzigartig. Viele sind strohgedeckt und oben mit einem Abschluss aus Reifen, Buntglas oder einer stachligen Aloe-Pflanze versehen. Das soll die als Unheilsbringer geltenden Eulen davon abhalten, auf den Dächern zu brüten. Das Highlight sind jedoch die **Küstenwanderungen** – die Wanderung zum Hole in the Wall ist sensationell, ebenso die zweitägige Küstenwanderung nach Bulungula mit Übernachtung im *Wild Lubanzi Backpackers* (S. 397). Guides (R150 pro Tag) und kostenlose Gepäckbeförderung vermitteln sowohl der *Coffee Shack* (S. 398) als auch die *Bulungula Lodge* (S. 396).

Dorfbesuche

Eine vortreffliche, kommunal betriebene Dorfführung kann bei der Veteranin der ANC Women's League, Betty Madlalisa, ✆ 083-339 0454, gebucht werden (R80, plus R100 pro Gruppe Eintrittsgebühr zum Kraal). Da werden Wohnhäuser besucht und das **Masizame Women's Project** vorgestellt, das in einem farbenfrohen Gebäude gegenüber vom Bayview Store, 5 km vor Coffee Bay an der Straße nach Mthatha, untergebracht ist. Das Projekt ist eine der sehr wenigen Verkaufsstellen in Südafrika, in denen traditionelles Xhosa-Handwerk angeboten wird, darunter perlenbesetzte Taschen und Gürtel, traditionelle Kleidung, Körbe, Matten und Decken. Auf Anfrage werden auch **Xhosa-Speisen** (R60) zubereitet, die mit einem traditionellen Bier heruntergespült werden.

Küstennaturreservate im Ostkap

Im Ostkap gibt es drei faszinierende, noch kaum erschlossene **Küstenreservate**: Dwesa, Hluleka und Mkhambathi. Die Unterkünfte sind alle auf Selbstversorger-Basis und es gibt weder Geschäfte noch andere Einrichtungen in den Reservaten. Alles Notwendige muss also mitgebracht und vor der Abfahrt von der N2 eingekauft werden. Die Reservate sind nur auf ziemlich strapaziösen Pisten zu erreichen und eignen sich nicht für einen Tagesausflug – lieber ein paar Tage dafür einplanen. Allerdings genießen die Küstenreservate nicht gerade den besten Ruf für effizientes Management. Buchungen erledigt das Eastern Cape Parks Board, ✆ 043-701 9600, 💻 www.ecparks.co.za.

Hole In The Wall

Die Siedlung Hole in the Wall („Loch in der Wand"), 9 km nordwestlich von Coffee Bay, liegt in der Nähe der riesigen, aus dem Meer ragenden **Klippe**, von der es seinen Namen hat. Durch die Klippe führt ein Tunnel, durch den bei rauer See die Wellen donnern. Hier lässt es sich gut angeln, sicher baden und schnorcheln und faszinierende Wanderungen unternehmen.

Mthatha River Mouth

Der Mthatha River fließt 6 km nördlich von Coffee Bay in eine ruhige Lagune (eine von vielen). Eine reizvolle Art, die sanft gewellten Hügel, Küstenwälder und das Meeresufer der Region zu erkunden, ist auf dem Rücken eines Pferdes.

ÜBERNACHTUNG

Die **Hotels** an der Wild Coast funktionieren noch wie zu Kolonialzeiten: Festmenüs, Nachmittags-

Rau und unerschlossen: die Wild Coast

tee und ein gut besuchtes Pub. Die meisten bieten Vollpension, denn mit Ausnahme von Cintsa, Port St Johns und Mthatha gibt es keine Restaurants, abgesehen von jenen in den Hotelanlagen. Viele Hotels bieten auch ganztags oder auch nur stundenweise Kinderbetreuung an. Entlang der Küste liegen einige **Backpacker-Lodges** und Campingplätze. **Wildes Camping** ist nicht ratsam.
Eine **Buchung** der Unterkunft wird dringend empfohlen, am besten bei Wild Coast Holiday Reservations, ✆ 043-743 6181, 💻 www.wildcoastholidays.co.za, in East London, das darüber hinaus **Aktivitäten** in der Region organisieren kann.

Cintsa

Buccaneer's Backpackers, Cintsa West, ✆ 043-734 3012, 💻 www.cintsa.com. Eins der beliebtesten Hostels Südafrikas. Seinen Ruf hat es seiner exzellenten Backpacker-Unterkunft in 10 Cottages verschiedener Größen zu verdanken, von denen sich fantastische Blicke auf das Meer und die Lagune eröffnen. Die Gäste können sich selbst versorgen oder das preiswerte Frühstück und Abendessen im Café und im Pub einnehmen. Die Betreiber veranstalten auch Ausflüge zu einer benachbarten afrikanischen Schule und Township. Dorm R145, DZ R330
Crawford's Lodge & Cabins, Cintsa East, ✆ 043-738 5000, 💻 www.crawfordsbeachlodge.com. Nur ein paar Minuten zu Fuß vom Strand entfernte Guesthouse-Unterbringung mit B&B. Ein Zimmer mit grandioser Aussicht kostet etwa R1800. R1400

Haga-Haga

Haga-Haga, ✆ 043-841 1670 oder 082-659 8881, 💻 www.hagahagahotel.co.za. Das einladende, etwas altmodische Hotel bietet Zimmer mit Vollpension, Bad und Balkon oder 14 Selbstversorger-Apartments mit 2 oder 4 Betten. Ins felsige Meeresufer vor dem Hotel ist ein Gezeitenpool eingelassen. Pluspunkt: Haga-Haga liegt nur 70 km von East London entfernt und ist schon nach 13 km Schotterstraße erreicht. Apartment R950, DZ R1420

Morgan Bay

Morgan Bay Hotel, ✆ 043-841 1062, 💻 www.morganbayhotel.co.za. Dieses freundliche, gut gemanagte Hotel mit Blick auf einen Traumstrand zählt zu den besten an der Wild Coast, vor allem für einen Familienurlaub. Die Verpflegung ist gut und die weiß möblierten Zimmer sind frisch und luftig. Auch Camping ist möglich. Frühstück und Abendessen sind im Preis enthalten. Von East London nach nur 76 km Teerstraße zu erreichen. Camping R210, DZ R1600

Trennery's (Qholorha Mouth)

Trennery's, 047-498 0095 oder 082-908 3134, www.trennerys.co.za. Das entzückende Familienhotel von 1928 ist vom Ambiente her in den 1950ern oder 1960ern stecken geblieben. Es liegt inmitten gepflegter Anlagen und blühender Bäume, die zwar den Blick aufs Meer verstellen, aber dafür den Wind abhalten. Wer mit Kindern reist, kann sie am Pool und im separaten Kinderspeisesaal von Nannys (in Uniform!) betreuen lassen. Die reetgedeckten Chalets sind hell, luftig und geräumig, und das Essen im englischen Stil ist reichlich und gut. Zum Strand, wo alle möglichen Aktivitäten geboten werden, sind es nur ein paar Schritte durch den Küstenwald. Camping R75, Vollpension R1360

Wavecrest (Nxaxo Mouth)

Wavecrest, 047-498 0022, www.wavecrest.co.za. Die Ansammlung hübscher strohgedeckter Bungalows und Familienzimmer ist die vielleicht am bezaubernsten gelegene Hotelanlage der gesamten Wild Coast. Sie liegt am Rand eines mangrovengesäumten Meeresarms. Gäste können ein Kanu nehmen und in der Meeresmündung Vögel beobachten, oder ans andere Ufer paddeln, um die den endlosen Sandstrand säumenden Waldgebiete zu erkunden. Das alles lässt sich von der Bar und der Terrasse aus überblicken, und hat man sich sattgesehen, kann man sich im bescheidenen Wellness-Zentrum eine Massage gönnen. Vollpension R1500

Mazeppa Bay

Mazeppa Bay, 047-498 0033, www.mazeppabay.co.za. In diesem charmanten Hotel gibt's Vollpension in komfortablen Cabanas oder Familienzimmern. 39 Stufen führen zum Strand hinunter. Die strohgedeckten Ferienbungalows stehen zwischen Palmen und tropischen Pflanzen. Zusätzlicher Reiz der Anlage: Sie liegt auf einer eigenen Insel (über eine Brücke zu erreichen) und bietet hervorragende Bedingungen zum Angeln und Surfen. R1540

Kob Inn (Qora Mouth)

Kob Inn, 047-499 00-11, -16, www.kobinn.co.za. Das begehrte Kob Inn bietet Zimmer mit Bad und Meerblick sowie eine Bar direkt auf der felsigen Anhöhe in der Nähe des breiten Mbashe River. Die strohgedeckten Bungalows sind komfortabel und geräumig, und das Hotelrestaurant wird für seine Meeresfrüchte gerühmt. Zur Hotelanlage gehören ein in die Felsen gehauener Gezeitenpool, ein Tennisplatz und ein Trampolin. Die Angestellten organisieren bei Bedarf ein Boot samt Angelausrüstung oder versorgen die Gäste mit allem Notwendigen zum Paddeln, Wasserskifahren und Boardsailing. Vollpension R1580

Bulungula (Nqileni)

Bulungula Backpacker Lodge, 047-577 8900 oder 083-391 5255, www.bulungula.com. Die Anlage an der Flussmündung ins Meer umfasst 10 leuchtend bunt gestrichenen Rondavels (mit 2 oder 4 Schlafplätzen) und einem Campingplatz mit Gemeinschaftsduschen. Das Ganze ist ein Jointventure zwischen der Gemeinde und dem weitgereisten Dave Martin. Wer Entspannung und darüber hinaus eine authentische Kulturerfahrung sucht, ist hier absolut richtig. Nur mit Reservierung. Camping R80, Rondavel R370

Mbolompo

Mbolompo Homestay, in der Nähe des Zithulele Mission Hospital, 083-275 9427, www.mbolompohomestay.weebly.com. Xhosa-Dorf-Unterkunft in einem Waldstück mit Sicht auf die Flussmündung des Mncwasa. Die Unterbringung erfolgt in einer strohgedeckten Lehmhütte mit sauberer Bettwäsche, Dusche und Biotoilette. Abendessen auf Anfrage (R35). Folgende Aktivitäten sind möglich: Tubing auf dem Fluss, Klippenspringen, Fischen, Vögel

Xhosa-Traditionen

Die Wild Coast ist weitgehend von auf dem Lande lebenden Xhosa bevölkert, die ihren Traditionen und Bräuchen anders als in den Städten noch heute treu sind. So glauben viele, das Meer sei von Wesen bewohnt, die nicht alle Besucher willkommen heißen. Das erklärt, dass sie relativ selten am Wasser anzutreffen sind und für Küstenbewohner typische Tätigkeiten wie Fischen oder Tauchen kaum ausführen.

Der **Initiationsritus** ist bei Jungen noch immer an der Tagesordnung, und leider kommt es jedes Jahr zu Todesfällen, die auf Infektionen im Zusammenhang mit der Beschneidung zurückzuführen sind. Die Haupt-Beschneidungszeit fällt in die Dezemberferien. Dann sieht man manchmal am Straßenrand mit weißer Farbe bemalte junge Männer, oder Männer mit ockerfarbenen Gesichtern und „englischen" Tweedmützen. Sie verlassen ihr Zuhause, um eine Zeit lang in den „Beschneidungshütten" zu leben, sie schmücken sich mit weißer Farbe und Kostümen und erlernen die Bräuche ihres Clans. Bei der Beschneidungszeremonie erwartet man von ihnen keinen Laut des Schmerzes, während die Vorhaut (ohne Betäubung) abgetrennt wird. Nach der Zeremonie waschen sie die Farbe ab, hüllen sich in neue Tücher, und all ihre Habe wird verbrannt. Es folgen ein Festmahl und der Beginn einer einjährigen Übergangsphase, während der sie ockerfarbenen Ton im Gesicht tragen. Danach werden sie als Männer betrachtet.

Wie andere afrikanische Völker glauben viele Xhosa, dass ihre **Vorfahren** ihr Leben aktiv beeinflussen. Für die Entschlüsselung der Botschaften wird die Hilfe von Spezialisten (**amagqira**) gebraucht. Xhosa glauben nur an den einen großen Gott **uThixo** bzw. uNhkulukhulu.

Die Xhosa sind traditionell patriarchalisch, der untergeordnete Status der Frauen wird durch **lobola** symbolisiert, die **Mitgift** aus Vieh und Geld, die ein zukünftiger Ehemann den Eltern der Braut zahlen muss. Ist diese keine Jungfrau mehr, zahlen die Männer weniger. Verheiratete Xhosa-Frauen haben ebenso wie die Männer das Recht, Tabak in **Pfeifen** zu rauchen, was sie auch manchmal tun, allerdings mit langem Pfeifenstiel, damit die Asche beim Stillen nicht auf die Babys fällt.

Bevor die Europäer kamen, trugen die Xhosa keine Kleidung. Was man heute als traditionellen **Xhosa-Stoff** ansieht, wird meist von Frauen getragen, oft in Form von Röcken mit schwarzen Querstreifen. Die Brüste unverheirateter Frauen waren traditionell unbedeckt, die der verheirateten wurden mit Perlen passender Farben geschmückt. Heute tragen die Frauen T-Shirts, doch in ländlichen Gebieten bedecken noch immer fast alle den Kopf mit einem Tuch und kleiden sich zurückhaltend. In den Städten dagegen tragen die jungen Xhosa-Frauen Jeans und Make-up. Xhosa, die vom Ostkap wegziehen mussten, bewahren sich bis heute eine enge Bindung zu ihrem Herkunftsort. So werden beispielsweise Xhosa, die in Kapstadt gestorben sind, immer noch am Ostkap bei ihren Familien und Ahnen begraben. Jeden Freitagabend verlassen Scharen von Minibussen Kapstadt, um Trauergäste und Verstorbene zu den samstags stattfindenden **Begräbnissen** ans Ostkap zu bringen, eine Reise von immerhin 12–17 Stunden. Beerdigungen sind die allerwichtigsten Rituale im Leben von Xhosa-Familien – und der einzige Anlass, bei dem richtig viel Geld ausgegeben wird.

beobachten und bei gemeinschaftlichen Tätigkeiten mithelfen. R180

Lubanzi Village

Wild Lubanzi Backpackers, W 078-530 8997 oder 071-485 6449, 💻 www.wildlubanzi.co.za. Bezaubernde, selbstgezimmerte Häuschen in atemberaubender Hügel- und Strandlage mit Solarenergie und geselliger Atmosphäre. Die Zutaten für die hausgemachten Mahlzeiten stammen aus dem eigenen Gemüsegarten (Abendessen R60). Internet-Zugang. Dorm R120, DZ R320

Coffee Bay

Bomvu Paradise, ✆ 047-575 2073 oder 082-467 4494, 💻 www.bomvubackpackers.com. Am bewaldeten Flussufer des Bomvu können die Gäste dieser gefragten Unterkunft abends am Lagerfeuer an *drumming sessions* teilnehmen. Außerdem im Angebot: Yoga, Massagen, Ausritte und Ausflüge ins nahe Dorf. Unterkunft in Dorms und DZ oder auf dem Campingplatz; die Ubuntu Kitchen bietet leckeres Essen (R60). Camping R60, Dorm R100, DZ R300

Coffee Shack, schön gelegen am Bomvu River, ✆ 047-575 2048 oder 083-656 4350, 💻 www.coffeeshack.co.za. Die begehrteste Backpacker-Lodge von Coffee Bay hat Schlafsaalbetten, DZ und Zeltplätze. Im Restaurant gibt's ein 2-gängiges Abendessen für nur R55. Der hauseigene Shuttlebus verkehrt zwischen Mthatha und Coffee Bay und fährt bei Bedarf auch zur Haltestelle des Baz Bus. Camping R75, Dorm R120, DZ R320

Ocean View, direkt an der Sandbucht, ✆ 047-575 20-05, -06, 💻 www.oceanview.co.za. Die nobelste Herberge im Ort ist freundlich und gut geführt, hat helle Zimmer, einen terrassierten Garten, einen Poolbereich sowie einen Spielplatz am Strand. Im Restaurant mit Bar wird englisch angehauchtes Essen serviert. Vollpension R1588

White Clay, ✆ 083-262 5239 oder 979 4499, ✉ whiteclay@vodamail.co.za. Eine Bucht westlich von Coffee Bay, thront das White Clay in spektakulärer Lage hoch oben auf einer Klippe und hat DZ mit Bad sowie einen Campingplatz. Die Bucht gehört den Gästen des Hauses ganz allein, denn hier wohnt sonst niemand. Zwischen Aug und Nov tauchen manchmal Wale auf; Delphine lassen sich das ganze Jahr hindurch beobachten. Im Restaurant mit Schanklizenz kommen Seafood-Spezialitäten auf den Tisch. Camping R110, DZ R450

Hole In The Wall

Hole In The Wall, ✆ 047-575 0009, 💻 www.holeinthewall.co.za. Das Hotel besteht aus einer Ansammlung weiß getünchter, strohgedeckter Rondavels an einer kleinen Sandbucht, umgeben von Rasen, mit Pool, Bar und Spielplatz. Es hat zwar nicht den besten Ruf, was Essen, Unterkunft und Organisation angeht, ist aber die einzige Unterkunft in dieser Ecke. Die Selbstversorger-Einheiten bieten 2–8 Pers. Platz. R640

Hole In The Wall Backpackers, ✆ 047-575 0009. Gehört zum Hotel und liegt auch auf dessen Gelände, und die Hostelgäste dürfen die Hotelanlagen nutzen. Die Atmosphäre ist nicht ganz so cool wie in den Hostels an der Coffee Bay, aber die Lage am Meer ist unschlagbar. Dorm R200, DZ R250

Lambazi Bay

Drifters Lodge, ✆ 011-888 1160, 💻 www.drifters.co.za. Die Logde liegt in einem Küsten-Milkwoodhain versteckt an einem grandiosen unberührten Küstenabschnitt, keine 100 m vom Strand entfernt. Die Zimmer mit Bad verteilen sich auf 6 strohgedeckte, nach Pondo-Tradition erbaute Hütten, und in der Mitte der Anlage befindet sich ein Restaurant mit Bar. Vollpension R1590

ESSEN

Alle Hotelanlagen verfügen über ein Restaurant, und die Verpflegung ist oft im Preis enthalten. Selbstversorger sollten sich vorher in einer Stadt unbedingt ausreichend mit Lebensmitteln eindecken. Notfalls bekommt man vielleicht auch an einem Verkaufsstand unterwegs noch etwas, aber verlassen sollte man sich darauf nicht.

SONSTIGES

Außer in Port St Johns gibt's in den Küstenorten weder **Banken** noch Geldautomaten, deshalb sollte man aus East London oder Mthatha ausreichend Geld mitbringen. **Benzin** ist in Coffee Bay und Port St Johns erhältlich.

TRANSPORT

Auto

Es ist wichtig, sich im Vorfeld beim Hotel nach dem besten Anfahrtsweg zu erkundigen, denn Straßenführung und -zustand können sich ändern. Auf jeden Fall muss alles Notwendige mitgebracht und der Wagen vor Verlassen der N2 aufgetankt werden. Zwar bekommen einige der Wild-Coast-Straßen im Rahmen eines Straßenbauprojekts eine Asphaltdecke verpasst, doch die meisten sind nach wie vor ungeteert. Sie lassen sich in der Regel mit einem normalen Pkw bewältigen, aber in den

Kofferraum gehören ein Werkzeugkasten und ein Reserverad; vorsichtig fahren versteht sich von selbst. Überall an der Wild Coast muss jederzeit mit Tieren auf der Fahrbahn gerechnet werden, auch auf der N2. Fahrten bei Regen und in der Nacht sind nicht ratsam. Über Nacht sollte man das Auto nur an bewachten Stellen parken.

Cintsa
Nach **Cintsa East** fährt man von East London 30 km auf der N2 und dann über eine 15 km lange Teerstraße (N2-Abfahrt East Coast Resorts Rd), nach 8 km biegt man an dem Schild nach Cefane Mouth links ab; nach weiteren 7 km ist das Dorf erreicht. **Cintsa West** liegt an der Strecke des Baz Bus, der am *Buccaneers* (S. 395) hält.

Haga-Haga
Haga Haga, an der N2 ausgeschildert, ist 72 km von East London entfernt. Davon führen 27 km über eine Piste.

Wavecrest (Nxaxo Mouth)
Die Anfahrt führt von der N2 bei Butterworth über 34 km Teerstraße nach Centani, dort nimmt man die ausgeschilderte Straße (links) Richtung Nxaxo, folgt dieser 8 km und biegt dann rechts auf die Schotterstraße nach Wavecrest, das 24 km entfernt liegt.

Mazeppa Bay
Nach Mazeppa Bay geht es von der N2 bei Butterworth 34 km Teerstraße nach Centani, dort folgt man dem Wegweiser zur weiteren 45 km entfernten Mazeppa Bay.

Kob Inn (Qora Mouth)
Um von der N2 nach Kob Inn zu kommen, nehmen Autofahrer die 34 km lange, ausgeschilderte Schotterpiste von Idutywa durch grüne Hügel und Xhosa-Dörfer Richtung Osten.

Bulungula (Nqileni)
Die Abfahrt nach Bulungula erreicht man nach 50 km auf der Straße, die von der N2 Richtung Coffee Bay abgeht – bei der Zimmerbuchung für die *Bulungula Lodge* (S. 396) gibt´s auch eine detaillierte Wegbeschreibung. Man sollte darauf achten, möglichst vor Einbruch der Dunkelheit anzukommen. Die Lodge bietet am Di, Do, Fr und So auch einen Shuttleservice (R90) von der Shell Ultra City in Mthatha (beim Reservieren entsprechende Absprache treffen). Gäste, die von Coffee Bay her kommen, werden von einem Mitarbeiter der Lodge an der Abzweigung Bulungula/Coffee Bay („Lutubeni" genannt) abgeholt, müssen also nicht bis Mthatha zurückfahren.

Lubanzi Village
Lubanzi Village liegt in der Gegend des Zithulele Mission Hospital, abseits der Straße nach Coffee Bay, 2 Autostunden von der N2 entfernt. Zwecks genauer Anfahrtbeschreibung wendet man sich an Lubanzi Backpackers. Es gibt auch einen Lubanzi-Shuttle (R15 p. P.) vom/zum Zithulele Hospital; Reservierung einen Tag im Voraus bei Lubanzi Backpackers.

Coffee Bay
Von der N2 ist Coffee Bay gut über eine geteerte Straße erreichbar, die 14 km südlich der Shell Ultra City in Mthatha abgeht.

Hole In The Wall
Eine 9 km lange Schotterstraße verbindet Coffee Bay mit Hole In The Wall – eine landschaftlich reizvolle Fahrt durch afrikanische Dörfer und an Felsklippen mit Meerblick vorbei.

Lambazi Bay
Erst folgt man der Teerstraße, die von der R61 abgeht (1 km südlich von Lusikisiki), dann geht es noch rund 40 km weiter auf Schotterpisten Richtung Port Grosvenor: immer den Schildern mit der Aufschrift „Drifters" nach bis Lambazi Bay.

Busse
Der **Baz Bus** hält in Cintsa West (am Buccaneer's, S. 395) und Mthatha. Wer sich anmeldet, wird in Port St Johns und Coffee Bay oder in Butterworth (Ausgangspunkt nach Mazeppa) von Hostelmitarbeitern abgeholt. **Greyhound** und andere Busse verkehren auf der N2 zwischen DURBAN und EAST LONDON und

halten in MTHATHA. **Minibustaxis** sind auf allen Strecken unterwegs, damit kommt man von Mthatha gut nach Coffee Bay oder Port St Johns, die beide auf asphaltierten, viel befahrenen Straßen erreichbar sind.

Flüge

Wer nach EAST LONDON fliegt und ein bestimmtes Ferienhotel ansteuert, kann den praktischen **Shuttleservice** in Anspruch nehmen, den Ken Black, ✆ 043-740 3060, von East London aus betreibt. Der Preis richtet sich nach der Anzahl der Fahrgäste.

Mthatha und Umgebung

Zu beiden Seiten der N2 und des Mthatha River, 235 km von East London entfernt, liegt **Mthatha** (das ehemalige Umtata), die vormalige Hauptstadt der Transkei und die größte Stadt der Wild Coast. Mit ihren vermüllten, chaotischen Straßen, gesäumt von monotonen 1970er-Jahre-Bauten (dazwischen das eine oder andere, leider heruntergekommene ältere architektonische Schmuckstück) ist sie alles andere als eine Schönheit. Doch hier können Reisende sich mit allem Nötigen versorgen und Geld ziehen, und zwar gleich am Stadtrand im Spar Centre oder an der Shell Ultra City. Ein Besuch des Zentrums lohnt sich nur wegen des **Nelson Mandela Museums**.

Nelson Mandela Museum

Owen St, Ecke Nelson Mandela Drive ▪ ⌚ tgl. 9–16 Uhr ▪ Eintritt frei ▪ ✆ 047-532 5110, 💻 www.mandelamuseum.org.za

Das Museum im alten, 1927 erbauten **Parlamentsgebäude** *(bungha)* wurde 2014 renoviert. Am interessantesten ist die Abteilung, die anhand von Fotos und anderem Anschauungsmaterial das Leben des großen Mannes nachzeichnet. In Zusammenarbeit mit seinem Schwestermuseum, dem Youth and Heritage

Nelson Mandela

Nelson Rolihlahla Mandela wurde am 18. Juli 1918 in der Nähe des Dorfes Qunu (S. 401) in dem noch winzigeren Dörfchen **Mveso** geboren. Sein Vater war ein Angehöriger des Königshauses der Xhosa und das Oberhaupt von Mveso, bis er sich mit dem weißen Friedensrichter wegen eines geringfügigen Streites überwarf. Nach seiner „Entlassung" zog die Familie in einen kleinen Kraal in Qunu, der, wie Mandela sich erinnerte, aus mehreren Hundert armen Haushalten bestand.

Mandela wird oft **Madiba** genannt – das ist der Name seines den Thembu untergeordneten Familienclans. Der Name Nelson wurde ihm von einem Lehrer gegeben, Rolihlahla bedeutet so viel wie „Unruhestifter". Mandela durfte zu Hause nie Fragen stellen, sondern sollte alles durch Beobachtung lernen. Später beobachtete er entsetzt, wenn er bei Weißen zu Gast war, wie deren Kinder ihre Eltern mit Fragen bombardierten und auch noch Antworten erwarteten. Kurz nach dem Tod seines Vaters wurde Mandela aus Qunu zum Königspalast in Mqhakeweni gerufen, wo er Auseinandersetzungen vor Gericht beobachtete. Mit 16 schrieb er sich im Clarkebury ein, einem College der Thembu-Elite, dann im Healdtown in Fort Beaufort und schließlich im berühmten **Fort Hare** in Alice (Kasten S. 388), wo mehrere Generationen führender Afrikaner ihre Ausbildung erhielten. Nachdem er mit der College-Leitung aneinander geraten war, ging er zurück nach Mqhakeweni. 1941 floh er vor einer arrangierten Heirat nach Johannesburg und fing an, sich politisch zu engagieren.

Erst im Jahr 1990 (mit 72 Jahren und nach fast drei Jahrzehnten Gefängnishaft) konnte er wieder nach Qunu zurückkehren und das Grab seiner Mutter besuchen, die zwischenzeitlich verstorben war. Wie er in seinen Memoiren schrieb, erschien ihm der Ort ärmlicher als früher, und ihm fiel auf, dass die Kinder jetzt Lieder über AK47er-Maschinengewehre und den bewaffneten Kampf sangen. Doch zu seiner Erleichterung stellte er auch fest, dass immer noch die gleiche Wärme wie früher und der alte Gemeinschaftsgeist herrschten, daher ließ er sich dort ein großes Haus bauen. Im Dezember 2013 wurde er in Qunu beerdigt.

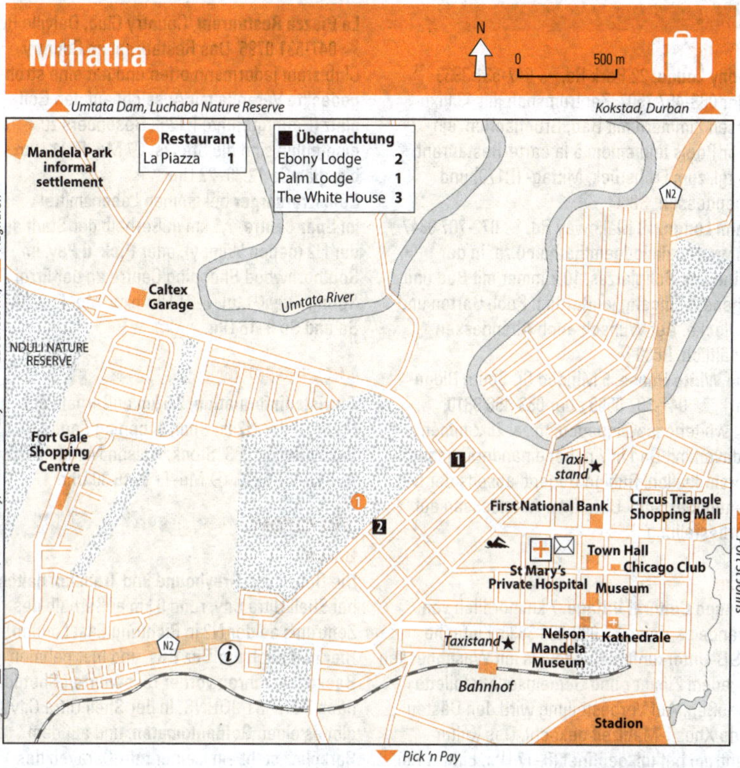

Centre in Qunu (s. u.) organisieren die Mitarbeiter des Nelson Mandela Museum geführte Touren nach **Qunu** und Mandelas Geburtsort Mveso (S. 400).

Qunu und Nelson Mandela Youth and Heritage Centre

500 m abseits der N2, 30 km westlich von Mthatha ▪ 9–16 Uhr ▪ Eintritt frei ▪ Führung nach Anmeldung ▪ 047-538 0217, www.mandelamuseum.org.za

Rund 30 km von Mthatha Richtung East London liegen die weit verstreuten Behausungen von **Qunu**, wo Nelson Mandela aufgewachsen ist. Auf der N2 ist man im Nu durch Qunu hindurchgefahren. Aber das große, recht schlichte Wohnhaus von Mandela (das fotografiert, aber nicht betreten werden darf) ist von der Straße aus gut zu sehen. Von der N2 weisen Schilder zum **Nelson Mandela Youth and Heritage Centre**. Dort können Besucher das Kunsthandwerkszentrum anschauen und sich einen Guide zuteilen lassen, der sie kostenlos in ihrem Mietwagen begleitet. Zum Besichtigungsprogramm gehören die Überreste von Mandelas Grundschule, der Felsen, den er mit seinen Freunden als Rutschbahn benutzte, und der Friedhof, auf dem seine Eltern, sein Sohn und seine Tochter begraben wurden. Vom Centre aus ist in einiger Entfernung Mandelas Grab zu sehen. Es liegt allerdings auf einem Privatgelände, das zurzeit nicht zugänglich ist. Hier soll eine Pilgerstätte entstehen. Den aktuellen Stand der Dinge erfragt man am besten im Centre, ehe man sich möglicherweise umsonst auf den Weg macht.

ÜBERNACHTUNG

Mthatha

Ebony Lodge, 22 Park Rd, ✆ 047-531 3933 oder 083-457 7507. Zentrumsnah mit 43 luxuriösen Zimmern mit Bad, Grünflächen, ein paar Pools und einem à la carte-Restaurant, ⌚ tgl. zum Frühstück, Mittag- (R170) und Abendessen. R850

Palm Lodge, 19 Blakeway Rd, ✆ 072-707 9847, 💻 www.palmlodgemthatha.co.za. In der Nähe des Golfplatzes. 10 Zimmer mit Bad und eigenem Eingang, außerdem Pool, Garten und Grillecke. Auf Wunsch auch Abendessen erhältlich. R880

The White House, 5 Mhlobo St, South Ridge Park, ✆ 047-537 0580 oder 083-458 9810, ✉ whitehouse@indepco.co.za. 25 Zimmer, 8 davon mit Bad in 2 nebeneinanderliegenden Vorstadtvillen. Ruhige Gegend abseits der N2, gegenüber Shell Ultra City. Abendessen auf Vorbestellung. R880

Qunu

Jonopo Cultural Village, 7 km nördlich von Mandelas Haus, ✆ 083-503 3896. Einfache B&B-Unterkunft in Rondavels mit Waschbecken in jedem Zimmer und Gemeinschaftstoilette draußen. Auf Vorbestellung wird den Gästen eine Xhosa-Mahlzeit gekocht. Das Kulturzentrum hat tgl. geöffnet (8–17 Uhr, Eintritt R5). Hier gibt es Kunsthandwerk zu kaufen und diverse Ausstellungsstücke zum Landleben zu sehen. Abendessen, B&B R460

Nelson Mandela Youth and Heritage Centre (S. 401). Das Konferenzzentrum hat auch Gästezimmer: 6 schlichte DZ oder Mehrbettzimmer mit Du und AC sowie 12 Dorms mit jeweils 2 Stockbetten für insgesamt 4 Pers. Sämtliche Unterkünfte sind für Selbstversorger gedacht und es gibt kein Restaurant in der Nähe. Bei rechtzeitiger Anmeldung ist jedoch Abendessen zu haben. Dorm R140, DZ R300

ESSEN UND UNTERHALTUNG

Die meisten Unterkünfte verfügen über ein Restaurant. Mthatha hat ein reges Nachtleben, es gibt Bars und **Shebeens**, doch ohne ortskundigen Begleiter sollte man dort nicht hingehen.

La Piazza Restaurant, Country Club, Delville Rd, ✆ 047-531 0795. Das Restaurant im Country Club steht jedermann offen und hat eine strohgedeckte Veranda mit Aussicht auf den Golfplatz (Hauptgerichte R120). Besonders zu empfehlen sind die Steaks. ⌚ Mo–Fr 11 Uhr bis spät, Sa 12.30–22 Uhr.

Selbstversorger bekommen Lebensmittel im **Spar Centre**, 2,5 km außerhalb der Stadt an der N2 (neben Wimpy), oder **Pick 'n Pay**, im Southernwood Shopping Centre an der Errol Spring Ave. ⌚ tgl. 7–21 Uhr bzw. Mo–Fr 8.30–19, Sa und So 9–16 Uhr.

INFORMATIONEN

Touristeninformation, 2,5 km außerhalb der Stadt an der N2 im Spar Shopping Centre, Savoy Building, 3. Stock, Nelson Mandela Drive, ✆ 047-531 5290. ⌚ Mo–Fr 8–16.30 Uhr.

TRANSPORT

Busse

Die Busse von **Greyhound** und **Translux** halten bei Shell Ultra City, rund 6 km außerhalb des Zentrums an der N2 in Richtung East London. Hier hält auch der **Baz Bus**, und hier nehmen Backpacker ihren vorher reservierten Shuttle nach PORT ST JOHNS. In der Shell Ultra City gibt es einen **Geldautomaten**, und auf dem Parkplatz steht ein kleiner **Info**-Caravan des Eastern Cape Tourism Board, wo man Karten und ein paar Auskünfte bekommt. Von hier aus fahren Minibusse in die Stadt.

Flüge

Vom kleinen **Mthatha Airport**, 10 km westlich der Stadt an der Straße nach Queenstown, ✆ 047-536 0115, starten 2x tgl. Flugzeuge von **SA Airlink**, ✆ 047-536 0023, nach JO'BURG und EAST LONDON. Zum Flughafen fahren keine öffentlichen Transportmittel, aber man kann hier bei Avis oder Budget ein Auto mieten.

Port St Johns

Die 90 km lange Fahrt auf der R61 von Mthatha nach Port St Johns gehört zu den schönsten und atemberaubendsten Strecken der Wild

Coast – allerdings sollte man lieber nicht in die Abgründe blicken, wo Fahrzeuge liegen, die es nicht geschafft haben, und die Fahrt so timen, dass man nur bei Tageslicht unterwegs ist. Sobald das winzige Dorf **Libode** hinter einem liegt, beginnt die spektakuläre Abfahrt vorbei an Felsenschluchten zur Küste, mit abenteuerlichen Blicken über die Wälder und das mit Rondavels gespickte Grasland. Die letzten Kilometer führen dann am Mzimvubu River entlang, bevor man den Stadtplatz und den Taxistand erreicht. Wer aus den kargen Hügeln von Mthatha kommt, kann kaum fassen, wie üppig grün und feuchtwarm es hier ist.

Zunächst wirkt die Stadt etwas verwirrend – sie teilt sich in drei verschiedene Gegenden, die kilometerweit voneinander entfernt sind. Am **First Beach**, vom Postamt die Hauptstraße entlang, mündet der Fluss ins Meer. Es gibt gute Angelmöglichkeiten, Baden ist aber unsicher. Ganz in der Nähe liegt das ziemlich heruntergekommene Stadtzentrum, wo es Geschäfte und Minibustaxis gibt. Am **Second Beach**, auf dem rechten Abzweig hinter dem Postamt etwa 5 km entlang der Teerstraße nach Westen, lässt es sich fabelhaft schwimmen, dort ist auch eine Lagune. Nicht weit von hier finden Besucher ein paar nette Unterkünfte. Weitere Übernachtungsmöglichkeiten, besonders für Angelfreunde, gibt es am Fluss in der Nähe der **Pondoland Bridge**.

Port St Johns ist vor allem bei **Rucksackreisenden** ein beliebtes Reiseziel, nicht nur wegen seiner sensationellen Lage an der Mündung des Mzimvubu River zwischen dem Mount Thesiger am Westufer und dem Mount Sullivan im Osten. Einige Besucher werden sicherlich auch von dem in der Gegend angebauten Cannabis angezogen, und die berühmte entspannte Atmosphäre des Ortes veranlasst so manchen, länger als geplant hier zu verweilen. Port St Johns kann mit guten Angelplätzen und Badestränden locken, einer größeren Auswahl an Unterkünften als anderswo an der Wild Coast und nicht zuletzt einer Teerstraße, die bis in die Stadt hineinführt.

Wer einen Aufenthalt an der Wild Coast einlegen möchte, ist mit Port St Johns besser bedient als mit Mthatha.

Gates of St John

Beide Berge der **Gates of St John** lohnen den steilen Aufstieg zum Gipfel, von wo sich Blicke über die saftig grüne Umgebung eröffnen. Mit dem Auto kommt man bis zu dem Flugzeuglandeplatz oben auf Mount Thesiger und kann nach Raubvögeln Ausschau halten, die sich die Aufwärtsströmungen zunutze machen.

ÜBERNACHTUNG

Cremorne Estate, etwa 5 km vom Zentrum am Mzimvubu River, an der Pondoland Bridge ausgeschildert, ✆ 047-564 1110 oder 076-430 2194, 💻 www.cremorne.co.za. Eine der wenigen edleren Unterkünfte der Stadt, elegante Holz-Cottages auf Stelzen für Selbstversorger, die Rasenflächen fallen zum Mzimvubu River hin ab, der Blick auf die Klippen des Mount Thesiger. Die Cottages für 3–4 Pers haben je 2 Schlafzimmer mit Bad. Billiger sind die kleinen B&B-DZ mit derselben Aussicht. Noch preiswerter sind die winzigen Hütten mit Doppelliegen. Sehr gutes Restaurant, Bar und Pool-Bereich. R1040

Jungle Monkey, Berea Rd, zweite Abfahrt rechts von der Hauptstraße hinter der Post, ✆ 047-564 1517, 💻 www.junglemonkey.co.za. Hostel in einem umgebauten Haus in Zentrumsnähe mit Camping, Dorms und DZ in Blockhütten im Wald. Verpflegung ist im Übernachtungspreis nicht enthalten, es gibt aber ein Restaurant und am Wochenende auch eine Bar und Livemusik. Die Besitzer arrangieren Führungen in die Dörfer und Übernachtungen bei einem traditionellen Heiler sowie den Transport zum Silaka Nature Reserve. Der Baz Bus hält in Mthatha, Abholung von dort ist möglich. Camping R80, Dorm R120, DZ R350

Mad Hatters Backpackers, Second Beach Rd, ✆ 047-564 8354, 💻 www.madhattersbackpackers.com. Die angesagte Backpacker-Lodge hat Cottages mit Bad, Dorms und einen Campingplatz. Die hippe Hausbar verfügt über eine Veranda mit Aussicht auf die Hügel von Pondoland und eine Bühne für Livemusik; alle zwei Wochen findet eine Mottoparty statt. Es gibt ein Restaurant, ein Billardzimmer, einen Garten und jede Menge Freizeitangebote. Camping R60, Dorm R120, Cottage R350

Mbotyi River Lodge, gleich nördlich von Port St Johns, an der R61 ausgeschildert, kurz vor Lusikisiki. Selbstfahrer fahren 7 km weit auf der betonierten Straße bis zum Ende, biegen dann am Wegweiser nach Mbotyi rechts ab und fahren noch 19 km auf der Piste weiter, ✆ 082-674 1064 oder 039-253 7200, 💻 www.mbotyi.co.za. Die Lodge liegt an der Mündung des Mbotyi River mitten in der Wildnis, umgeben von sanften grünen Hügeln, Feuchtgebieten, goldenen Stränden, Wäldern und schroffen Felsen. Unterbringung in Holzbungalows mit Balkonen, die auf eine stille Lagune hinausgehen. Zur Lodge gehört ein Pub. Umfangreiches Angebot an Aktivitäten, u. a. Reiten, Kanutrips, Mountainbikes, Angeln, Wandern und Safaris. In der Nähe gibt es auch einen Campingplatz des Mbotyi Campsite Trust, der in Zusammenarbeit mit der hiesigen Gemeinde betrieben wird. Reservierung bei der Mbotyi Lodge. Neben Stellplätzen (R95) gibt es 3 Pondohütten mit 6 Schlafplätzen (R655). Der rund um die Uhr bewachte Campingplatz hat Strom und fließendes Wasser. Vollpension R1350

Ntaba River Lodge, am Ufer des Mzimvubu River, an der R61 von Mthatha her ausgeschildert, direkt am Stadtrand von Port St Johns, ✆ 047-564 17-07, -17, 💻 www.intabariverlodge.co.za. Besteht aus einer Reihe Chalets und einem Restaurant, wo es *idombolo* (hausgemachtes Brot) gibt. Der freundliche Service ist makellos, und es sind jede Menge Aktivitäten im Angebot. Abendessen, B&B R1600

Outspan Inn, im Zentrum, hinter der Town Hall an der Straße zum First Beach, ✆ 047-564 1057, 💻 www.outspaninn.co.za. 2-stöckiges ockerfarbenes B&B in einem bezaubernden großen Garten mit Zimmern mit Bad, von den Betten z. T. Blick auf den First Beach. Restaurant und Pub (🕒 tgl.), Pool. R790

Port St Johns River Lodge, Mthatha Tar Rd, ✆ 047-564 0005, 💻 www.portstjohnsriverlodge.co.za. Selbstversorger-Cottages aus Holz am Flussufer (R770) oder B&B-Zimmer mit Bad in der Lodge. Auf dem Gelände gibt's auch einen Pool, eine Ladies' Bar und ein Restaurant. R990

Umngazi River Bungalows, an der Mündung des Umngazi River, westlich von Port St Johns, ✆ 047-564 1115, 💻 www.umngazi.co.za. Das *Umngazi* ist mit Abstand das beste Urlaubsresort der Wild Coast und ein Garant für einen traumhaften Familien-Strandurlaub, auch wenn man hier tiefer in die Tasche greifen muss als in den anderen Familienhotels weiter südlich. Es ist oft ausgebucht, gerade während der Schulferien, also rechtzeitig buchen. Ausgeschildert an der R61, ca. 10 km vor Port St Johns, von Mthatha kommend; vom Schild sind es noch 11 km auf einer mit Schlaglöchern übersäten Straße. Gäste können auch mit einem Privatflugzeug nach Port St Johns gebracht oder abgeholt werden. Vollpension R2200

Umzimvubu Retreat Guest House. Der Straße zum First Beach folgen; der Eingang ist am Ende der Teerstraße deutlich ausgewiesen, ✆ 047-564 1741, 💻 www.umzimvuburetreat.co.za. Schickes, aber trotzdem heimeliges Gästehaus in einem großen naturbelassenen Garten mit herrlicher Aussicht. Alle Zimmer verfügen über ein Bad; auch Unterbringung für Selbstverpfleger oder Familien möglich. Das Abendessen im Restaurant (R110) muss vorgebucht werden. R1000

ESSEN

Selbstverpfleger können sich oft an Straßenständen mit Obst der Region eindecken. Manchmal gibt es auch frischen Fisch und Meeresfrüchte zu kaufen. Der **Boxer Supermarket** im Zentrum führt eine Menge Lebensmittel.

Cremorne, Mzimvubu River, den Schildern an der Pondoland Bridge folgen, ✆ 047-564 1110. Im vornehmsten Lokal der Stadt gibt's ausgezeichneten Fisch, Steaks (R85) und Desserts, außerdem einen Pizzaofen (Pizza wird aber nur am Freitag- und Samstagabend serviert) und einen Pub. 🕒 tgl. 7–9.30, 12–14.30, 18–20.30 Uhr.

Delicious Monster, nahe Second Beach, ✆ 083-997 9856. Ein Gartenlokal mit Schanklizenz, in dem Frühstück, Mittag- und Abendessen zu haben ist: Seafood, Schawarma und leckere vegetarische Gerichte, alles mit frischen Kräutern aus dem eigenen Garten

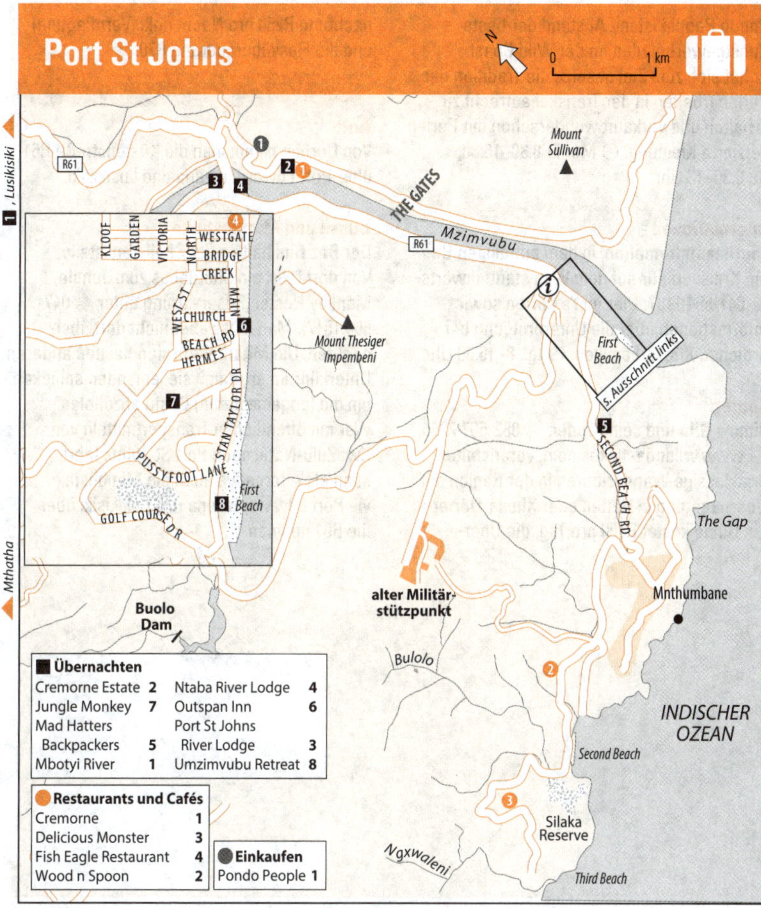

OSTKAP

zubereitet. Zum Tee (R78) wird selbstgemachtes Gebäck gereicht. ⏲ Mo–Sa tgl. 9–15, 18–21 Uhr.
Fish Eagle Restaurant, The Knoll, ✆ 047-564 1234. Traditionelle südafrikanische Gaumenfreuden, zum Verzehr entweder unter dem Strohdach des reizenden *lapa* oder draußen auf einer hölzernen Veranda über dem Umzimvubu River. Wer sich nicht recht entscheiden kann, ist mit einem großen T-Bonesteak (R80) bestimmt gut bedient. ⏲ Mo–Sa 8.30–21 Uhr.
Wood n Spoon, Second Beach, W 083-532 8869. Die Küche dieses fantastischen kleinen Lokals ist in einem Wohnwagen untergebracht. Gegessen wird draußen in rustikaler, aber stimmungsvoller Umgebung mit Blick auf den Strand und die dort herumspazierenden Kühe. Es gibt Frühstücksgerichte, traditionelle afrikanische Küche, Burger, Currys und Sandwiches (R79). ⏲ Do–Di 10.30–21 Uhr.

SONSTIGES

Einkaufen

Pondo People, am Ostufer des Mzimvubu River, jenseits der Pondoland Bridge, W 047-564 1274.

Pondo People ist mit Abstand der beste Kunstgewerbeladen an der Wild Coast. Er hat sich zum Ziel gesetzt, die Tradition der Perlenarbeiten in der Transkei aufrecht zu erhalten und verkauft wunderschön mit Perlen verzierte Kleidung. ⌚ Mo–Fr 8.30–16.30, Sa 8.30–13 Uhr.

Informationen

Touristeninformation, in dem auffälligen Bau am Kreisverkehr auf dem Weg stadteinwärts, ☏ 047-564 1187. Hier gibt's Karten sowie Informationen über die Unterbringung bei örtlichen Xhosa-Familien. ⌚ tgl. 8–16.30 Uhr.

Touren

Jimmy Gila und sein Bruder, ☏ 082-507 2256, 💻 www.wildcoasthikes.com, veranstalten erstklassige Wandertouren in der Region mit Übernachtung in Hütten oder Xhosa-Dörfern. Ein Guide kostet R190 pro Tag, die Übernachtung R250 pro Nacht (inkl. Verpflegung) und die Flussüberquerung R70.

TRANSPORT

Auto

Von Durban nimmt man die Küstenstraße R61 über Port Edward, Bizana und Lusikisiki.

Busse und Minibustaxis

Der **Baz Bus** hält an der Shell-Tankstelle. Von dort fährt ein Shuttlebus zum Jungle Monkey Hostel (Reservierung unter ☏ 047-564 1517). Man muss aber nicht dort übernachten: Die Mitarbeiter rufen bei den anderen Unterkünften an, damit sie jemanden schicken, um die (angemeldeten) Gäste abzuholen. Wer mit öffentlichen Transportmitteln von KwaZulu-Natal nach Port St Johns fährt, kann als Alternative auch ein Minibustaxi via Port Edward, Bizana und Lusikisiki über die R61 nehmen.

KwaZulu-Natal

Stefan Loose Traveltipps

12 **Durban** In den indischen Restaurants im Zentrum der Stadt kann man die pikante Küche der zweitgrößten ethnischen Gruppe KwaZulu-Natals kennenlernen. S. 410

13 **Ukhahlamba Drakensberge** Das Gebirge mit hohen Gipfeln und uralten Felsmalereien der San ist eine der Unesco-Welterbestätten von KwaZulu-Natal. S. 447

14 **Hluhluwe-Imfolozi Park** Das faszinierendste Wildschutzgebiet KwaZulu-Natals ist einer der besten Orte der Welt, um Nashörner zu beobachten. S. 461

Lake St Lucia Das Highlight des iSimangaliso Wetland Parks umfasst fünf Ökosysteme mit unzähligen Tieren. S. 465

Sodwana Bay Im besten Tauchrevier Südafrikas tummeln sich Haie, Meeresschildkröten und bunte Tropenfische. S. 475

Zulu-Kultur in Eshowe Gelegenheit, an einer Zulu-Zeremonie teilzunehmen und fantastische Flechtarbeiten im Vukani Zulu Cultural Museum zu sehen. S. 485

Battlefield-Touren Wortgewandte Tourguides vermitteln das Drama der Kriege zwischen Engländern, Buren und Zulu. S. 491

KwaZulu-Natal

KwaZulu-Natal ist die afrikanischste Provinz Südafrikas und hat alles zu bieten, was man gemeinhin mit Afrika verbindet: Strände, wilde Tiere, Berge und eine aufgeschlossene, multikulturelle Bevölkerung. Die Südafrikaner selbst wissen sehr gut, welche Attraktionen KwaZulu-Natal zu bieten hat. Nur die ausländischen Besucher scheinen noch nicht so recht gemerkt zu haben, was für ein unglaubliches Potenzial in dieser schönen Region steckt.

Die Stadt **Durban** ist das wirtschaftliche Zentrum der Provinz und wichtigster Hafen des Landes. Die Ursprünge der Metropole sind britisch, doch das einzigartige kulturelle Flair verdankt sie einer Mischbevölkerung aus Zulu, Indern und Weißen. Nördlich und südlich von Durban liegen die am besten erschlossenen Strände Südafrikas, die **Nordküste** (North Coast) und **Südküste** (South Coast): Von der Ostkap-Grenze im Süden bis zum Tugela River im Norden säumen an einem 250 km langen Küstenstreifen Hotels und Ferienwohnungen die beliebtesten Strände des Landes.

Diese Region bildet ein Mosaik aus Feuchtgebieten, Süßwasserseen, Wildnisgebieten und Zulu-Dörfern, es findet seine Nahtstelle zum Meer in einem praktisch durchgehenden Sandstrand, der sich von der St-Lucia-Mündung bis über die Grenze hinaus nach Mosambik hinzieht. Abgesehen vom touristisch einigermaßen erschlossenen **Lake St Lucia** zählt die **Elephant Coast** zu den isoliertesten Regionen des Landes, doch die Korallenriffe der **Sodwana Bay** bilden das beste Schnorchel- und Tauchrevier Südafrikas.

Die beeindruckende Unterwasserwelt KwaZulu-Natals findet ihr Pendant an Land in den **Wildschutzgebieten**, von denen einige allenfalls durch den Krüger-Nationalpark übertroffen werden. In mancher Hinsicht stellen sie ihren großen Bruder sogar in den Schatten: Zum Beobachten von Spitz- und Breitmaulnashörnern sind die Wildparks in KwaZulu-Natal die besten der Welt. Die Tierschutzgebiete konzentrieren sich im Norden der Provinz und bieten Unterkünfte, die zu den stilvollsten Südafrikas gehören. Das berühmteste und größte Reservat ist der **Hluhluwe-Imfolozi Park**. Hier ist eine beachtliche Vielfalt an wilden Tieren anzutreffen, darunter auch die Big Five, also die Großwildarten Löwe, Leopard, Elefant, Nashorn und Büffel.

Seit dem 19. Jh., als die Region erstmals von christlichen Missionaren ins Visier genommen wurde, haben die **Zulu** die Fantasie der westlichen Welt angeregt, sie zählen auch heute noch zu den wichtigsten touristischen Magneten der Provinz. Überall finden sich Erinnerungen an das Zulu-Königreich und seinen Gründer Shaka, darunter eine Rekonstruktion des aus Bienenkorbhütten bestehenden Zuludorfes **Ondini** und das eher touristisch ausgerichtete **Shakaland** in der Nähe von **Eshowe**.

Im Landesinneren liegen nördlich des Tugela River die **KwaZulu-Natal Battlefields**, das Kernland des Zulu-Königreiches im 19. Jh. und Schauplatz schauriger Schlachten zwischen Buren und Zulu, Engländern und Zulu sowie Buren und Engländern. Heute erwecken Fremdenführer die historischen Kampfschauplätze wieder zum Leben.

Von den Midlands aus erheben sich Richtung Westen die höchsten Gipfel Südafrikas. Sie erreichen ihren Höhepunkt in den **Ukhahlamba Drakensbergen**, einem gewaltigen Gebirgsmassiv. Die Bergwelt wird durch eine Reihe von KZN-Tierreservaten geschützt. Die Restcamps der Gegend eignen sich ideal als Ausgangspunkt für Wanderungen in die Berge oder eine anspruchsvolle Kletterpartie in die Hochgebirgswelt. So lässt sich erleben, wie kristallklare Flüsse in marmorartige Felsbecken stürzen oder wie das Volk der San seine uralten Zeichnungen auf Steinen und Felswänden verewigte.

Das **Klima** KwaZulu-Natals ist erheblichen Schwankungen unterworfen. Im Winter kann es in den Ukhahlamba Drakensbergen zu Schneestürmen kommen, während an der nur 200 km entfernten subtropischen Küste ganzjährig mildes und sonniges Badewetter herrscht. Die Region ist daher ein beliebtes Ferienziel, während der Hochsommer in den tiefer gelegenen Gebieten einschließlich Durban, im Küstengürtel und in den Wildreservaten eine unangenehm hohe Luftfeuchtigkeit mit sich bringen kann.

KwaZulu-Natal Wildlife

Die meisten der in diesem Kapitel erwähnten öffentlichen Wildparks und Naturschutzgebiete stehen unter der Verwaltung von **Ezemvelo KwaZulu-Natal Wildlife**, kurz: KZN Wildlife, PO Box 13053, Cascades 3202, ✆ 033-845 1000, 💻 www.kznwildlife.com. **Unterkünfte** in diesen Gebieten reserviert man am besten im Voraus über KZN; wer das persönlich erledigen möchte, geht z. B. ins KZN-Büro in Durban, ✆ 031-322 4164, S. 432.

Geschichte

Obwohl sie im 19. Jh. in Kämpfen gegen die Buren und Briten unterlagen, spielen die Zulu auch heute noch eine wichtige Rolle in der südafrikanischen Politik, besonders in KwaZulu-

Natal. Die Inkatha Freedom Party (IFP), 1975 vom ehemaligen ANC Youth League-Mitglied **Mangosuthu Buthelezi** gegründet, galt lange als Symbol für Zulu-Nationalismus und wird überwiegend von Zulu-Sprachigen gewählt. Anfangs waren die IFP und der ANC Verbündete im Antiapartheidkampf. Aber bald stellte sich heraus, dass der leidenschaftliche Nationalismus der IFP einen erheblichen Nachteil für den ANC darstellte. Es kam zu Übergriffen von ANC-Anhängern auf IFP-Mitglieder. Darauf folgte ein blutiger Konflikt zwischen den beiden Parteien in den 1980er- und 1990er-Jahren, der rund 20 000 Menschenleben forderte.

Inzwischen kommt es nur noch zu vereinzelten Zusammenstößen, aber auf politischer Ebene setzt sich die Rivalität fort. In KwaZulu-Natal hat allerdings der ANC die Oberhand gewonnen und zurzeit beherrscht er die Provinzverwaltung. **Jacob Zuma**, seit Mai 2009 Staatspräsident Südafrikas, stammt aus KwaZulu-Natal und hat sich für ein Ende der Gewalt zwischen ANC und IFP eingesetzt. Er hält oft Ansprachen auf Zulu und genießt trotz einer umstrittenen politischen Karriere großen Rückhalt in seinem Volk.

12 HIGHLIGHT

Durban

Bis in die 1970er-Jahre galt Durban – drittgrößte Stadt Südafrikas und größter Hafen des Kontinents – als Inbegriff eines exklusiven Meerbades für die weiße Bevölkerung Südafrikas. Die tropischen Farben und die zahlreichen Urlauberfamilien aus Johannesburg unterstrichen dieses Bild. Aber in den 80er-Jahren kam es zu tiefgreifenden Veränderungen: Nach dem Ende der Apartheid strömten Schwarzafrikaner aus den ländlichen Gebieten KwaZulu-Natals nach Durban und errichteten Shantytowns und Hütten aus Pappkarton. Damit kehrte hier die schwarzafrikanische Realität ein. Die zweitgrößte ethnische Gruppe der Stadt sind die **Inder**. Ihre Tempel, Basare und Moscheen bilden einen starken Kontrast zu den viktorianischen Gebäuden des von der Kolonialzeit geprägten Zentrums.

Zwar ziehen die **Strände** der Stadt alljährlich Tausende von Jo'burgern nach „Durbs", das Interessanteste an Durban ist jedoch seine quirlige Betriebsamkeit. Die Stadt scheint unermüdlich damit beschäftigt, die verschiedenen Kulturen miteinander in Einklang zu bringen. Durban bietet sich zudem als Sprungbrett für Abstecher in die Umgebung an und verfügt über eine sehr gute Verkehrsanbindung innerhalb Südafrikas. Seit der Eröffnung des King Shaka International Airport im Jahr 2010 wird es auch von mehr Städten im Ausland direkt angeflogen.

Man kann hier hervorragend mehrere Tage verbringen. Das von Menschen wimmelnde Gewirr der Basare, Gässchen und Moschee des **indischen Viertels** rund um die Dr Yusuf Dadoo Street lädt zu ausgedehnten Streifzügen ein. Und das malerische **Hafengebiet** sowie die schicken **nördlichen Vororte** wie **Berea** warten mit ausgezeichneten Restaurants und einem pulsierenden Nachtleben auf. Durbans **Stadtzentrum** entwickelte sich um die Niederlassung der ersten weißen Siedler herum. Das, was vom historischen Stadtkern noch übrig ist, konzentriert sich um den **Francis Farewell Square**.

Durbans ausgedehnte **Beachfront** am östlichen Rand des Stadtzentrums säumen vielstöckige Hotels und anspruchslose Familien-Freizeitparks. Sie ist berüchtigt für ihre hohe Kriminalitätsrate (leider immer noch im Anwachsen begriffen). Viel weiter außerhalb liegen Schlafstädte der schwarzen Pendler, darunter die Apartheid-Ghettos KwaMashu und Inanda im Nordwesten. **Cato Manor**, die der Stadt am nächsten gelegene Township, ist ein anschauliches Beispiel für die urbanen Widersprüche Südafrikas.

Geschichte

Vor weniger als 200 Jahren war Durban den Europäern noch als **Port Natal** bekannt und eine mangrovenüberwucherte Lagune, in der weiße Abenteurer profitable Geschäfte mit Elfenbein und Fellen witterten. 1824 überredete eine britische Abordnung unter Führung von **Francis Farewell** den Zulu-König **Shaka** zur Herausgabe

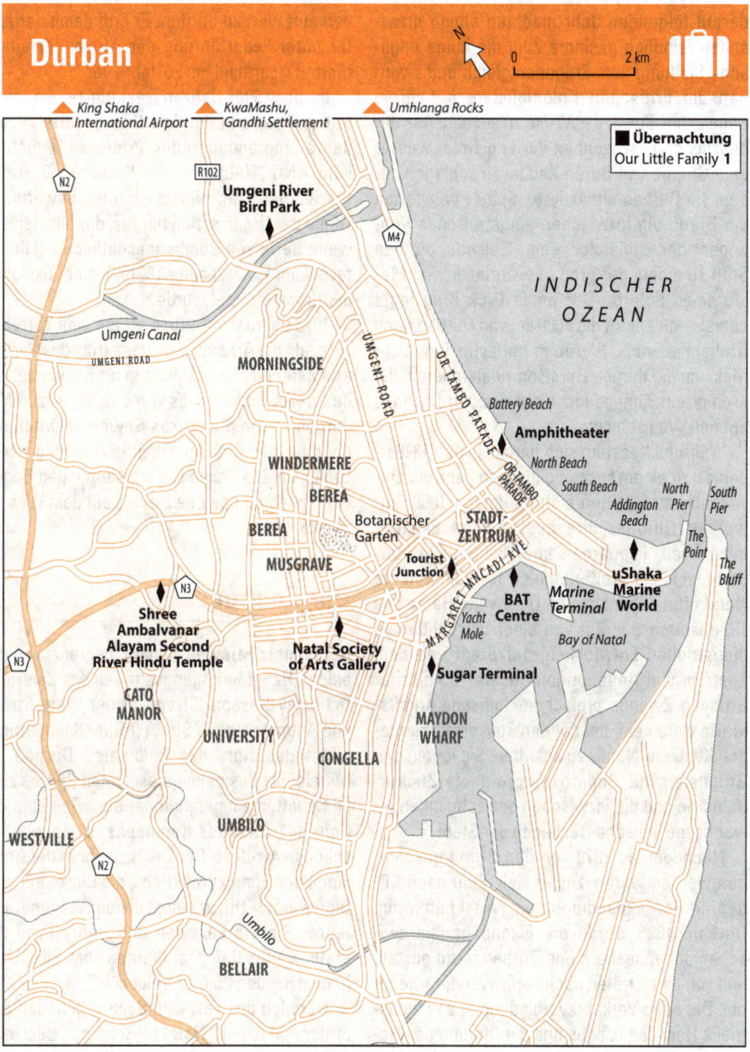

eines Stück Landes. Die Engländer nannten ihre neue Siedlung Durban, nach dem Gouverneur der Kapkolonie, Sir Benjamin D'Urban. Sie waren der Ansicht, dass sie dessen Unterstützung irgendwann einmal gut gebrauchen könnten.

1839 sah sich Großbritanniens zerbrechlicher kolonialer Außenposten einer ernsten Bedrohung ausgesetzt, als die **Buren** mit ihren Ochsenkarren über die Ukhahlamba Drakensberge gezockelt kamen, um in bedrohlicher Nähe ihre neue Republik Natalia auszurufen. Im darauf folgenden Jahr machten einige inzwischen feindlich gesinnte Zulu die junge englische Siedlung dem Erdboden gleich und zwangen die britischen Kolonialisten, auf ihrem Segelschiff *Comet* das Weite zu suchen. Aus der plötzlichen Abwesenheit der Engländer wusste eine Gruppe von Buren Kapital zu schlagen, indem sie Durban annektierte. Später belagerten die Buren ein inzwischen eingetroffenes Kontingent der Engländer – eine Episode, die den Stoff zu einem der großen viktorianischen Melodramen lieferte: Der junge **Dick King** legte damals heldenhaft die 1000 km von Durban nach Grahamstown zu Pferde in nur zehn Tagen zurück, um die dortige Garnison zu alarmieren, die prompt ein Kommando zur Befreiung Durbans auf den Weg schickte.

Während Kapstadt sich bereits in den 1840er-Jahren zu einem kosmopolitischen Zentrum entwickelt hatte, teilten sich die knapp 1000 Einwohner Durbans ihre bescheidene Existenz mit Löwen, Leoparden und Hyänen. Das änderte sich, als Großbritannien 1843 die **Kolonie Natal** offiziell annektierte. Die zweite Hälfte des 19. Jhs. war geprägt von einer beträchtlichen industriellen Entwicklung der Stadt und dem Zustrom von Angehörigen anderer ethnischer Gruppen. Zwangsverpflichtete **indische Arbeitskräfte** trafen ein, um auf den Zuckerrohrplantagen KwaZulu-Natals zu schuften. Sie legten den Grundstein für Südafrikas profitable **Zuckerindustrie** und die inzwischen beträchtlich angewachsene indische Gemeinde der Stadt.

Nachdem sie 1879 von den Briten geschlagen worden waren, zogen viele Zulu nach Süden, in den expandierenden Wirtschaftsraum Durban. 1895 wurde die Eisenbahnlinie zwischen Johannesburg und Durban fertig gestellt und von da an trafen noch mehr Wanderarbeiter ein. Die neue Verkehrsverbindung in das industrielle Herz des Landes und die Öffnung des Hafens von Durban für große Schiffe im Jahre 1904 sicherten der Stadt schließlich ihre Vormachtstellung als bedeutendster Hafen Südafrikas.

Angesichts der stetig wachsenden indischen und afrikanischen Bevölkerung erließ der unter englischer Kontrolle stehende Stadtrat von Durban 1922 ein **neues Gesetz**, nach dem Grundstücke in der Stadt fortan nur noch an Weiße verkauft werden durften. Er griff damit der später unter Federführung der Afrikander eingeführten Apartheid um 26 Jahre vor.

In den 50er-Jahren resultierte die strikte Durchsetzung der **Apartheidgesetze** in zehn Jahre lang andauernden **Protesten**, angeführt vom ANC. Nachdem die Partei 1960 verboten worden war, bildete sich ein bewaffneter Flügel der Organisation heraus, der eine landesweite **Serie von Bombenanschlägen** ankündigte, die am 15. Dezember 1961 mit einer Explosion in Durban eröffnet wurde.

1973 übernahm Durban erneut eine Vorreiterrolle, als die Arbeiter der Stadt, trotz des Verbots arbeitsrechtlicher Aktivitäten für Schwarze, wilde Streiks initiierten. Es war das Signal zur Wiedergeburt von Südafrikas **Gewerkschaften** und hauchte der Anti-Apartheid-Bewegung neues Leben ein. Die Ereignisse markierten den Beginn der letzten Etappe des Landes auf dem Weg zur Demokratie.

Das Zentrum

Der **Francis Farewell Square**, begrenzt von den beiden Hauptdurchgangsstraßen des Zentrums, Dr Pixley Kaseme Street (früher West Street) und Anton Lembede Street (früher Smith Street), bildet das Herz des kolonialen Durban. Im Mittelpunkt des palmengesäumten Platzes zieht im Schatten einiger schöner alter Gebäude das Gelb und Blau des **Kenotaphs**, eines wunderschönen Art-déco-Denkmals zu Ehren der Gefallenen des Ersten Weltkriegs, die Blicke auf sich. Dies war der Ort, wo einst die englischen Abenteurer Francis Farewell und Henry Fynn das erste weiße Camp aufbauten, um Elfenbeinhandel mit den Zulu zu treiben.

Nördlich des Farewell Square befinden sich in der 160 Monty Naicker Road die Überreste des 1894 erbauten Bahnhofs **Natal Great Railway Station**. Hundert Jahre später wurde er mit dem Einzug von Geschäften und des Tourist Junction Information Centre zu neuem Leben erweckt. Auf der gegenüberliegenden Straßenseite, an der Dr A B Xuma, Ecke Samora Machel Street, liegt das wichtigste Einkaufszentrum der Stadt, die Workshop Mall.

City Hall

City Hall Dr Pixley Kaseme St ▪ **Natural Science Museum** ⌚ Mo–Sa 8.30–16, So 11–16 Uhr ▪ Eintritt frei ▪ ☏ 031-311 1111 ▪ **Durban Art Gallery** ⌚ Mo–Sa 8.30–16, So 11–16 Uhr ▪ Eintritt frei ▪ ☏ 031-311 2264

Östlich des Mahnmals bildet die 1910 im neubarocken Stil erbaute City Hall das monumentale Herzstück des Stadtzentrums. Heute ist im Erdgeschoss des ehemaligen Rathauses das naturwissenschaftliche **Natural Science Museum** untergebracht. Es zeigt die üblichen ausgestopften Tiere und lohnt nur einen kurzen Blick.

Interessanter ist ein Besuch der **Durban Art Gallery** im oberen Stockwerk. In den Hauptsälen werden wechselnde Ausstellungen gezeigt; im zentralen Flur ist eine Dauerausstellung mit afrikanischer Malerei, Drucken und Schnitz- und Flechtarbeiten untergebracht.

Old Courthouse Museum

99 Samora Machel St ▪ ⌚ Mo–Sa 8.30–16 Uhr ▪ Eintritt frei ▪ ☏ 031-311 2226

Das Old Courthouse Museum östlich der City Hall war das erste zweistöckige Gebäude Durbans. Es wurde 1866 im Natal-Veranda-Stil errichtet, gekennzeichnet durch die breiten Dachtraufen zum Ableiten heftiger subtropischer Regengüsse. In etwas nüchtern gestalteter Umgebung befindet sich hier eine Rekonstruktion der aus Flechtwerk und Lehmbewurf gestalteten Hütte von Henry Francis Fynn – sie war das erste europäische „Bauwerk" Durbans.

KwaMuhle Museum

130 Braam Fischer Rd ▪ ⌚ Mo–Sa 8.30–16 Uhr ▪ Eintritt frei ▪ ☏ 031-311 2237

Den Nordteil der Innenstadt beherrscht die Grünanlage **Central Park**, in deren Mitte ein bezaubernder Mosaikbrunnen plätschert. Im Nordteil befindet sich das KwaMuhle Museum, auch als **„Apartheid-Museum"** bekannt. Es ist ein Muss für all diejenigen, die nur einen Funken Interesse daran haben, das moderne Südafrika zu verstehen. Zu den ständigen Ausstellungen gehört eine über das „Durban System". Sie erklärt, wie der Stadtrat die Verwaltung der schwarzafrikanischen Bevölkerung finanzieren konnte, ohne einen einzigen Rand des weißen Steuerzahlers dafür aufzuwenden: Man räumte den Weißen ein Monopol auf das Brauen von Sorghum-Bier ein und schenkte es in riesigen städtischen Bierhallen aus, die Schwarzen vorbehalten waren. Mit dem Erlös wurde sichergestellt, dass die Schwarzen ein „ordentliches" Leben führten.

Die Ausstellung beschäftigt sich auch mit dem verhassten Pass-System. Ebenfalls aufschlussreich sind die Fotos vom Alltag in den Arbeiterherbergen. Diese Unterkünfte waren nach Geschlechtern und Stammeszugehörigkeit getrennt. So schuf die weiße Regierung künstliche Trennungslinien und säte damit Zwietracht zwischen den verschiedenen Stämmen, noch immer einer der Gründe für die gegenwärtigen sozialen Spannungen in Südafrika.

Das indische Viertel

Westlich der Innenstadt, dort wo die **Dr Yusuf Dadoo Street** in Nord-Süd-Richtung die Stadt durchschneidet, nimmt das Tempo merklich zu. Das offizielle Stadtzentrum geht in ein dicht bevölkertes Labyrinth aus Läden und Wohnquartieren über. Hier beginnt das zentrale indische Viertel Durbans. Die Gebäude im Architekturstil der Union (nach 1910) sind hier gut erhalten und verleihen dem Viertel im Verbund mit Minaretten und Kirchtürmen eine abwechslungsreiche Silhouette.

Auf den Straßen herrscht ein buntes Durcheinander. Am Straßenrand vor den indischen Gemischtwarenläden und Gewürzhändlern bieten schwarzafrikanische Händler Kräuter, Obst und Schmuck an. Wem angesichts der Menschenmengen in diesem Viertel nicht ganz wohl ist – hier besteht immer das Risiko eines Überfalls auf offener Straße –, kann die Gegend im Rahmen eines der preiswerten **geführten Spaziergänge** besichtigen, die täglich von der Tourist Junction (Kasten S. 431) aus angeboten werden.

Juma Musjid und Madressa Arcade

Dr Yusuf Dadoo St, Ecke Dennis Hurley St

Hier erhebt sich die 1927 erbaute **Juma Musjid** mit ihren Minaretten und vergoldeten Kuppeln, die größte Moschee der südlichen Erdhalb-

Durban Stadtzentrum und Beachfront

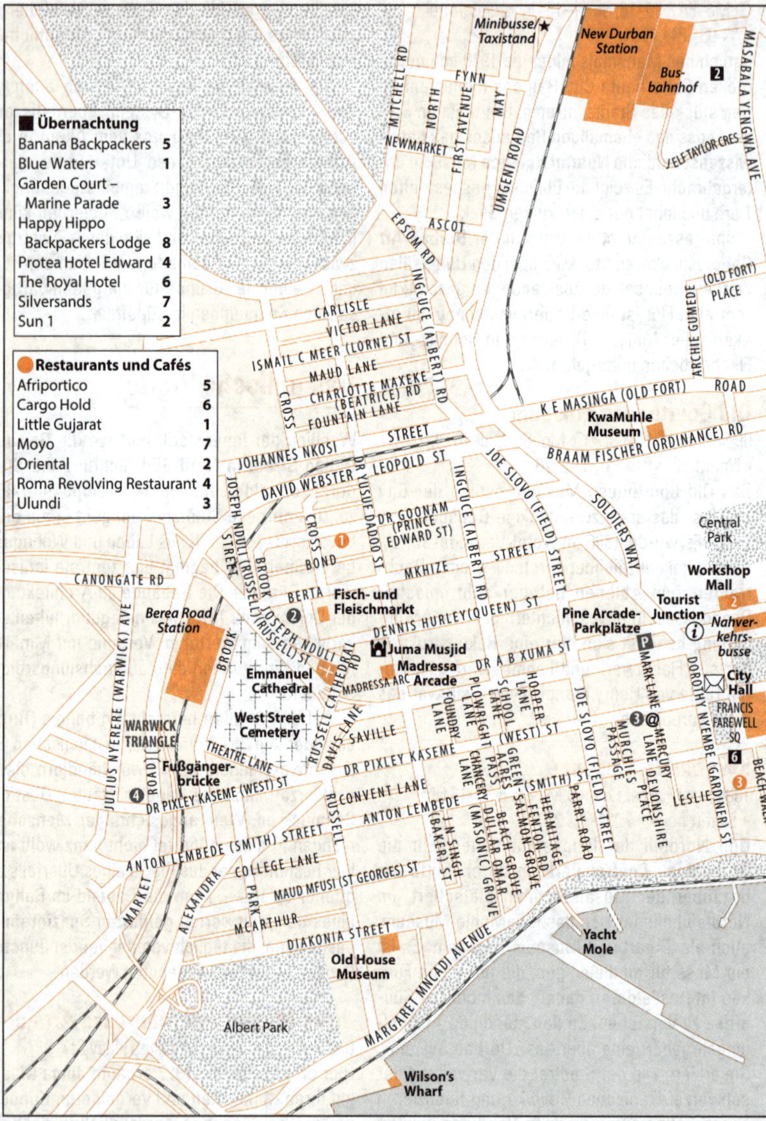

N
0
250 m
M4
1, 1, Battery Beach, Suncoast Casino
Einkaufen
Adams & Co 3
Amphitheatre Fleamarket 1
BAT Centre 5
City Market 4
Victoria Street Market 2
Bar und Club
The Origin 1
Mini Town
Amphitheater
Bay of Plenty Beach
North Beach
Rachel Finlayson Baths
Dairy Beach
South Beach
INDISCHER OZEAN
Kingsmead Cricket Ground
International Convention Centre
Exhibition Centre
Safari Surf Shop
Natural Science Museum und Durban Art Gallery
Old Courthouse Museum
BAT Centre
Addington Hospital
uShaka Marine World
Ocean Terminal
Bay of Natal
SOMTSEU ROAD
SOMTSEU RD
SYLVESTER NTULI (BRICKHILL) RD
OR TAMBO (SNELL) PARADE
LOWER MARINE PARADE
MOLYNEUX RD
PAVILION TERR
PLAYFAIR RD
STALWART SIMELANE STREET
K E MASINGA (OLD FORT) RD
GRESHAM PLACE
BAUMANN ROAD
OR TAMBO (MARINE) PARADE
BOSCOMBE PLACE
NORTH LANE
MORRISON
WEST LANE
HUNTER
EAST LANE
MILNE
SOUTHLANE
MONTY NAICKER (PINE) RD
JOHN MILME RD
SEA VIEW
PALMER
WALNUT ROAD
SAMORA MACHEL (ALIWAL) ST
FLORENCE NZAMA (PRINCE ALFRED) STREET
PINE TERR
DR A B XUMA ST
UNION
DR PIXLEY KASEME (WEST) ST
TYZACK
PECK RD
MAHATMA GHANDI RD
GILLESPIE
ANTON LEMBEDE (SMITH) ST
MAZEPPA
GULL
TIMBER
ROY RD
CREEK
CATO
CATO SQ
MILLS LANE
JONSSON LANE
MONA ROAD
SAMORA MACHEL (ALIWAL) STREET
ALBANY GROVE
ACUTT
MASOBIYA MDLULI (FISHER)
PICKERING
GILIGAN
ROCHESTER
RUTHERFORD
DR LANGALIBALELE DUBE (WINDER) ST
BAY TERRACE
OCEAN WALK
ERSKINE TERRACE
SHEARER RD
MASONIC RD
MAHATMA GHANDI ROAD
MARGARET MNCADI AVE
QUAYSIDE ROAD
HOSPITAL RD
SOUTH BEACH AVE
PRINCE
BELL ST
The Point 6, 7, Addington Beach

Durbans neue Straßennamen

Viele Hauptverkehrsstraßen von Durban wurden umbenannt, um das Gleichgewicht der Kulturen im neuen Südafrika zu reflektieren. Bekannte Straßen der Stadt wie die Point Road und die West Street tragen jetzt die Namen bekannter und weniger bekannter Personen, die auf die eine oder andere Weise zur Demokratisierung des Landes beigetragen haben. Dies war jedoch ein umstrittener Prozess. Einige Bewohner der Stadt sahen keinen Sinn darin, Straßen nach Ausländern wie Che Guevara und Samora Machel zu benennen, und verschiedentlich wurde vor Gericht um die Umbenennungen gestritten. Trotzdem wurden die meisten Vorschläge umgesetzt, wie neue Straßenschilder überall in der Stadt beweisen. Die meisten Stadtbewohner benutzen aber noch die alten Namen, und selbst Taxifahrer kennen die neuen oft nicht. Auf den Stadtplänen dieses Buches haben wir daher die neuen Namen eingetragen und dahinter die alten in Klammern. Eine Auflistung der betroffenen Straßen mit ihren neuen Namen ist in der Tourist Junction (S. 432) erhältlich.

kugel. Sie ist Mittelpunkt des Viertels, wenngleich die Muslime unter der vorwiegend hinduistischen indischen Bevölkerung Durbans lediglich eine Minderheit bilden. Die Moschee ist öffentlich zugänglich, man sollte aber nicht vergessen, vor der Tür die Schuhe auszuziehen. Die äußeren Säulengänge gehen in die **Madressa Arcade** über, wo indische Händler alles Mögliche feilbieten. Die Gasse mündet in die Cathedral Street, die von der 1902 im gotischen Stil erbauten **Emmanuel Cathedral** beherrscht wird.

Victoria Street Market

Von der Moschee nach Norden, auf der anderen Seite der Dennis Hurley St

Der in einem hellrosa Gebäude untergebrachte Victoria Street Market (S. 430) ist bei Touristen auf Schnäppchenjagd beliebt. Auf dem hektischen Fisch- und Fleischmarkt gegenüber spielen sich teilweise unterhaltsame Szenen ab. Beide lassen sich auf eigene Faust erkunden, aber aufschlussreicher ist wahrscheinlich die Teilnahme an einer organisierten Tour von Veranstaltern wie Markets of Warwick (Kasten S. 431).

Joseph Nduli Street und West Street Cemetery

Westlich vom Victoria Street Market konzentrieren sich in der **Joseph Nduli Street** (früher Russell Street) afrikanische Straßenhändler, deren *umuthi* (traditionelle Heilkräuter) reißenden Absatz finden.

Eingezwängt zwischen Joseph Nduli Street, den westlich davon verlaufenden Bahngleisen und der in die Stadt führenden N3 im Norden liegt der **West Street Cemetery**. Hier ruhen, nach Religionszugehörigkeit getrennt, zahlreiche Persönlichkeiten aus der Kolonialzeit, darunter auch George Cato, Durbans erster Bürgermeister. Die Grabsteine im muslimischen Abschnitt tragen die Aufschriften „Hagee" (eine Person, die in Mekka war) oder „Hafez" (eine Person, die den Koran auswendig kannte).

Warwick Triangle

Westlich der Dr Yusuf Dadoo Street schlägt das wirkliche urbane Herz Durbans. Schnellstraßen auf Betonpfeilern überziehen ein chaotisches Gewirr aus Straßen, Minibus-Halteplätzen, Verkaufsständen, Bruchbuden und Shebeens. Wer dieses zwischen **King Dinizulu Road**, **Brook Street** und **Cannongate Road** gelegene, als Warwick Triangle bezeichnete Viertel auf eigene Faust erkunden will, muss schon eine Portion Unerschrockenheit mitbringen. Aber wer selbstsicher auftritt und nichts bei sich hat, was leicht geklaut werden kann, dürfte eigentlich keine Probleme bekommen.

Der Weg ins Warwick-Dreieck führt über die Brook Street, weiter durch die chaotische, geräuschvolle Halle des Berea-Bahnhofs und auf der Fußgängerbrücke über die Market Road zu Durbans **größtem Markt** (S. 429) zwischen Julius Nyerere Avenue und Market Road.

© DUMONT BILDARCHIV / ARTHUR F. SELBACH

Schöne Ziel, nicht nur für Bootsbesitzer: Durbans Jachthafen

KWAZULU-NATAL

Das Hafengelände

Die Margaret Mncadi Avenue (früher Victoria Embankment), auch „Esplanade" genannt, verläuft am betriebsamen Hafen, Durbans ökonomischer Lebensader. Durban ist eine der wenigen Städte der Welt, deren Hafen nur eine Querstraße vom Zentrum entfernt liegt. Allerdings wird er von einem schäbigen Grünstreifen eingerahmt, der nicht gerade zum Bummeln einlädt. In der Gegend gibt es aber ein paar gute Restaurants und eine lebhafte Kulturszene im BAT Centre am östlichen Ende – alles prima Aussichtspunkte auf das schimmernde Wasser und die vorbeischaukelnden Jachten und Frachtschiffe.

Sugar Terminal

51 Maydon Wharf Rd ▪ Führungen Mo–Do 8.30, 10, 11.30 und 14 Uhr ▪ R17 ▪ Reservierung beim SA Sugar Association Tour Centre oder bei der Tourist Junction ▪ ✆ 031-365 8100

In der Westecke des Hafens, wo die Margaret Mncadi Avenue auf die Maydon Wharf Road trifft, steht ein fotogener Komplex funktionaler Industriearchitektur. Die bemerkenswertesten Bauten sind die drei Zuckersilos am Sugar Terminal an der 51 Maydon Wharf Road. Bei einer einstündigen Führung durch den Terminal, dessen Design patentiert wurde, erfährt man alles über die Geschichte des Zuckers und sieht eine halbe Million Tonnen davon.

Old House Museum

31 Diakonia St ▪ ⌚ Mo–Fr 9–16 Uhr ▪ Eintritt frei ▪ ✆ 031-311 2261

Die Margaret Mncadi Avenue und ihre Nebenstraßen waren die ersten Wohnviertel, die zu den Anfangszeiten der Stadt im 19. Jh. entstanden. Wer von der Maydon Wharf Road Richtung Osten zurück spaziert, findet ein Erinnerungsstück aus der Durbaner Kolonialzeit in Form des Old House Museum, einen Häuserblock nördlich der Margaret Mncadi Avenue. Es war früher einmal das Wohnhaus von Sir John Robinson, der 1893 zum ersten Premierminister von Natal gewählt wurde. Die beiden Zimmer des renovierten Siedlerhäuschens sind mit Mobiliar jener Zeit und zahlreichen tickenden Uhren vollgestopft.

Yacht Mole und BAT

BAT-Büro ⌚ Mo–Fr 8–16.30, Sa 9–14 Uhr ▪ ✆ 031-332 0451, 💻 www.batcentre.co.za

Am Hafen liegt die **Yacht Mole**, ein schmaler, in die Bucht hineinragender Wellenbrecher und

Liegeplatz für unglaublich viele Boote der Jacht-Clubs Point und Royal Natal. Hier befindet sich auch der Zugang zum Dreh- und Angelpunkt der Kunstszene, dem **BAT (Bartle Arts Trust) Centre**. Das Kunstförderungs- und Gemeindezentrum im industriellen Chic umfasst eine Konzerthalle, Galerien, Workshops für darstellende Künste und Unterrichtsräume. Das Restaurant Afriportico (S. 426) im Obergeschoss bietet eine schöne Aussicht auf die Hafenszenerie.

Ocean Terminal Building

Das Ocean Terminal Building aus romantischen Seefahrtszeiten ist eines der architektonischen Meisterwerke Durbans. Es darf zwar nicht betreten werden, bietet jedoch nachts, mit der Stadt im Rücken, einen spektakulären Anblick. Wegbeschreibung: Auf der Margaret Mncadi Avenue nach Osten Richtung Kreuzung mit der Stalwart Simelane Street, am *Port Entrance* Nr. 3 zum Hafen einbiegen und dann immer den Wegweisern nach.

Die Beachfront

Durbans Beachfront, eine recht quirlige Urlaubermeile unmittelbar östlich vom Stadtzentrum, ist der am dichtesten bebaute Strandabschnitt Südafrikas. Der 6 km lange Strandbereich vom Umgeni River im Norden bis zum Point im Süden hieß traditionellerweise **Golden Mile** („Goldene Meile"), aber die weit verbreitete Kriminalität brachte ihm den Spitznamen „Mugger's Mile" („Straßenräubermeile") ein.

Jedoch wurden anlässlich der Fußball-WM 2010 große Anstrengungen unternommen, die Beachfront sicherer zu machen: Die Polizeipräsenz hat sich seither deutlich erhöht und Überwachungskameras sind installiert worden. Besucher sollten tagsüber dennoch vorsichtig sein – beispielsweise keine Wertsachen am Strand liegen lassen – und die Beachfront abends und nachts ganz meiden.

uShaka Marine World

Direkt südlich vom Addington Beach ▪ 🕒 Mi–Fr 10–17, Sa und So 9–17 Uhr ▪ Eintritt entweder zur Sea World oder Wet 'n Wild R139 bzw. R185 für beide ▪ ✆ 031-328 8000, 💻 www.ushakamarineworld.co.za ▪ uShaka Village Walk und uShaka Beach 🕒 tgl. 9 Uhr bis spät

Die Attraktion des Addington Beach – und die einzige lohnende an der Beachfront – ist uShaka Marine World. Das Wasserabenteuer-Wunderland ist ein tropischer afrikanischer Themenpark mit Palmen, künstlichen Felsen und strohgedeckten *bomas*. Der schönste Bereich ist **uShaka Sea World**, angelegt in und um die ausgezeichnete Nachbildung eines gesunkenen Handelsschiffes aus den 1920ern. Der Haupteingang führt in den abgedunkelten Schiffsrumpf mit zersplittertem Holz, dem halb in Trümmern liegenden Maschinenraum und abschüssigen Bodenplanken. Die Wände dienen als Fenster auf den „Ozean" (in Wirklichkeit mehrere Aquarien), wo sich Wasserschildkröten, Haie, Tintenfische und anderes Meeresgetier tummeln.

Zum Komplex gehören ein Delphin- und ein Robbenbecken, wo dreimal täglich Delphin- und Robbenshows veranstaltet werden. Außerdem befindet sich hier **uShaka Wet 'n Wild**, eine Reihe von Pools und Wasserrutschen, darunter die Drop Zone, die höchste Wasserrutsche der südlichen Hemisphäre. Am **uShaka Village Walk** gibt es zahlreiche Restaurants, deshalb kann man hier abends angenehm (und sicher) herumschlendern.

South Beach

Nördlich von uShaka Marine World schließt South Beach an, der vielleicht belebteste Strand Südafrikas, an dem eine endlose Reihe von Souvenirständen beginnt. Am Wochenende und an Feiertagen wimmelt es auf der asphaltierten Promenade von Surfern, Skateboardern und Straßenhändlern. Im weiteren Verlauf der OR Tambo Parade warten Paddelteiche, Springbrunnen, Brücken, eine Seilbahn und Rummelplatzbuden auf Besucher.

Dairy Beach und Rachel Finlayson Baths

OR Tambo Parade ▪ **Rachel Finlayson Baths** ▪ 🕒 Okt–April Mo–Fr 5.30–18, Sa und So 6–18, Mai–Sep tgl. 6–17 Uhr ▪ Eintritt R8

Dairy Beach, der nächste Strandabschnitt vom South Beach her, ist nach der Molkerei benannt, die hier früher stand. Er gilt als einer der besten Surfstrände der Welt und beherbergt das Salzwasserbad **Rachel Finlayson Baths**, wo man wunderbar in bewachten Bereichen schwimmen und auf dem Rasen sonnenbaden kann.

North Beach und Bay of Plenty

Sowohl der **North Beach** als auch die benachbarte, an den Dairy Beach anschließende **Bay of Plenty** sind jedes Jahr im Juli Austragungsort internationaler Meisterschaften von Profi-Surfern. Zwischen OR Tambo Parade und der Fußgängerpromenade an der Bay of Plenty befindet sich das schön gestaltete **Amphitheater**, wo sonntags ein Flohmarkt stattfindet (S. 429).

Mini Town

141 OR Tambo Parade ▪ ⌚ tgl. Feb–Juni, Aug, Okt und Nov 9.30–16.30 Uhr; Dez, Jan, Juli und Sep 9.30–17 Uhr ▪ Eintritt R20 ▪ ✆ 031-337 7892

Nördlich vom North Beach, nahe der Kreuzung OR Tambo Parade und KE Masinga Road, steht Mini Town, eine maßstabsgetreue Nachbildung der Wahrzeichen Durbans. Auf Stegen geht es an Hotels, Stränden und dem Flughafen vorbei; vor allem Kindern wird das gefallen.

Battery Beach und Suncoast Casino

1 km nördlich der Innenstadt an der Marine Parade, hinter dem Battery Beach (wo man gut schwimmen kann), befindet sich das massive Suncoast Casino. Der im Pseudo-Jugendstil erbaute Unterhaltungskomplex umfasst Restaurants, Spieltische, acht Kinosäle und einen unberührten Privatstrand.

Berea

Auf einem in Nord-Süd-Richtung verlaufenden Höhenzug mit Blick über die Stadt liegt Berea, Durbans ältester und begehrtester Wohnbezirk, dessen Villen und Apartmentblocks schöne Blicke auf Hafen und Ozean genießen. Die Unterkünfte, Restaurants und Unterhaltungsangebote sind eine Alternative zu denen im Stadtzentrum und an der Beachfront. Mit dem Namen „Berea" wird sowohl die Vorstadt bezeichnet, die sich nördlich und westlich an das Zentrum von Durban anschließt, als auch ein separates Viertel innerhalb dieses Gebiets, zu dem Morningside und Musgrave gehören.

KwaZulu-Natal Society of Arts Gallery

166 Bulwer Rd ▪ ⌚ Di–Fr 9–17, Sa 9–16, So 10–15 Uhr ▪ Eintritt frei ▪ ✆ 031-277 1705, 💻 www.kznsagallery.co.za

Südlich der N3, die Berea von Osten nach Westen Richtung City durchzieht, und östlich der Peter Mokaba Road befindet sich die KwaZulu Natal Society of Arts Gallery (KZNSA), mit alle drei Wochen wechselnden Ausstellungen einheimischer Künstler und einem Café, das länger geöffnet hat als die Galerie. Der geräumige Komplex besteht aus miteinander verbundenen Räumen; eine Trennwand aus Holz grenzt Ausstellungs- und Außenbereich voneinander ab. Zur Galerie gehören ein interessanter Kunstgewerbeladen (S. 429) und ein entspanntes Café.

Botanic Gardens

John Zikhali Rd, Eingang in der St Thomas Rd ▪ ⌚ tgl. 7.30–17.15 Uhr ▪ Eintritt frei ▪ ✆ 031-322 4021, 💻 www.durbanbotanicgardens.org.za

Etwas nordwestlich des Zentrums und östlich von Musgrave liegt der Botanische Garten. Die 1849 angelegten Gärten sind berühmt für ihre Zykadeen (Palmfarne), darunter auch *Encephalartos woodii*, eine der seltensten Arten der Welt. Es gibt auch hübsche Picknickstellen, ein wunderbares *teahouse* und eine artenreiche Orchideensammlung.

Muckleneuk

220 Gladys Mazibuco Rd, Ecke Steven Dlamini Rd ▪ **Campbell Collections** ⌚ Mo, Di und Fr 9–15, Sa 9–12 Uhr ▪ Führungen nach Vereinbarung R20 ▪ ✆ 031-260 1720 ▪ **Killie Campbell Africana Library and Museum** ⌚ Mo–Fr 8.30–16.30, Sa 9–12 Uhr ▪ Eintritt frei ▪ **Mashu Museum of Ethnology** ⌚ Mo–Fr 8.30–16.30, Sa 9–12 Uhr ▪ Eintritt frei

Muckleneuk, die im kapholländischen Stil errichtete ehemalige Residenz des Zuckerbarons Sir Marshal Campbell, beherbergt eine der schönsten privaten Sammlungen zur Kulturgeschichte Afrikas in ganz Südafrika, darunter Stücke zur Kultur von KwaZulu-Natal. Die **Camp-**

Durban Berea

■ Übernachtung
- Audacia Manor 2
- The Benjamin 7
- The Elephant House 3
- Essenwood House 5
- Gibela Lodge 8
- Goble Palms 1
- Hippo Hide Lodge and Backpackers 9
- Nomad's Backpackers 10
- Rosetta House 4
- Tekweni Backpackers 6

□ Bars und Clubs
- Billy The Bum's 1
- Dropkick Murphy's 2
- Skyybar 3

● Restaurants und Cafés
- 9th Avenue Bistro 7
- Blue Zoo Garden Restaurant 3
- Butcher Boys 5
- Delfi Taverna 2
- Freedom Café 9
- Indian Connection 1
- La Bella 11
- The Lounge 6
- Marco's 8
- Market 10
- Palki 12
- Spiga d'Oro 4
- Unity Café 13

● Einkaufen
- Adams & Co 3
- African Art Centre 1
- Essenwood Craft Market 5
- Ike's Books and Collectables 2
- KZNSA Gallery Shop 4

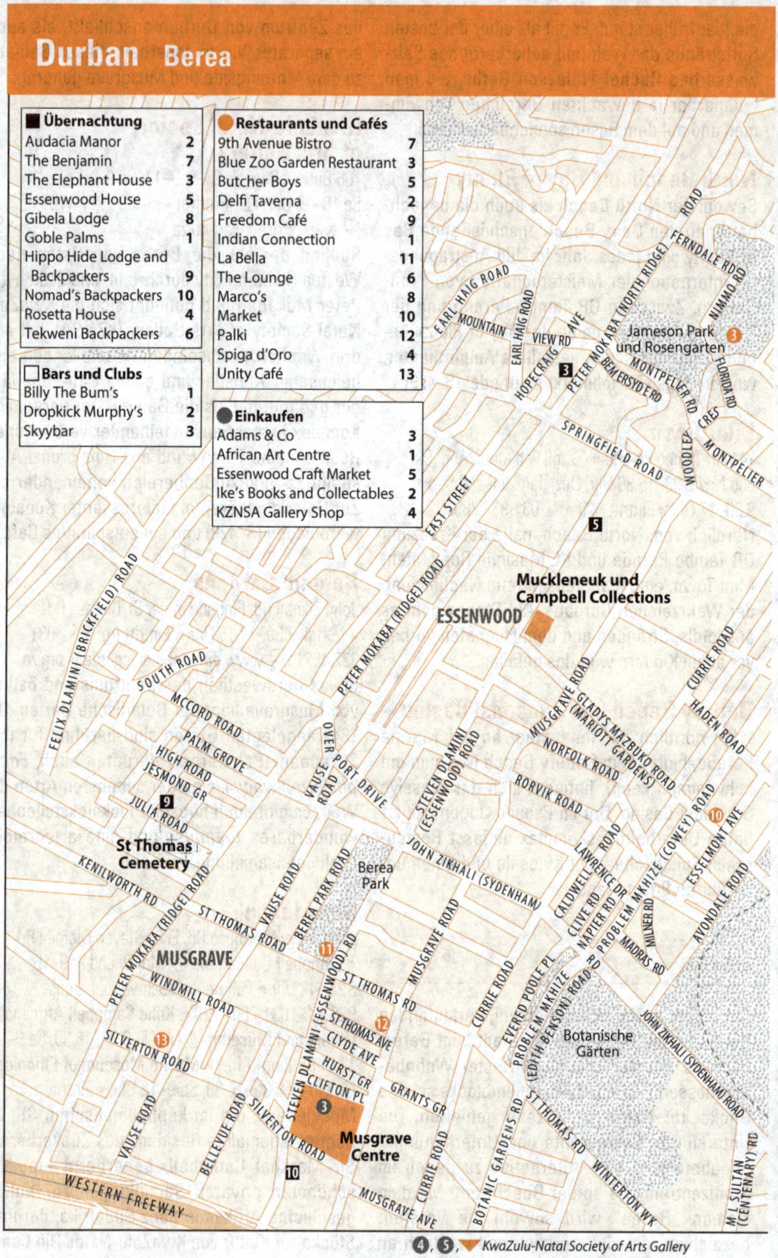

N
0
500 m
SMISO NKWANYANA (GOBLE) RD
RAPSON ROAD
SIR ARTHUR ROAD
VENICE ROAD
LILIAN NGOYI (WINDERMERE) ROAD
PERCY OSBORN ROAD
LIVINGSTON ROAD
Mitchell Park
MADEIRA RD
EASTBOURNE ROAD
MENTONE ROAD
INNES ROAD
MORNINGSIDE
Absa Stadium
ISIAH NTSHANGASE (WALTER GILBERT) ROAD
Moses Mabhida Stadium
STAMFORD HILL
LAMBERT ROAD
TENTH AVE NORTH
Sutton Park
UMGENI ROAD
FLORIDA ROAD
GORDON ROAD
Windermere Shopping Centre
CHURCHILL ROAD
HARVEY ROAD
MONTPELIER RD
CLARIBELL RD
NINTH AVE NORTH
MADELINE RD
SANDILE THUSI (ARGYLE) RD
SEVENTH AVE NORTH
BISHOP RD
SILVER AVENUE
STEEL ROAD
MASABALALA YENGWA (NMR) AVENUE
NORTHERN FREEWAY
WALLS AVE
TENTH AVE
NINTH AVE
SEVENTH AVE
SIXTH AVE
FIFTH AVE
AVONDALE ROAD
CLARENCE ROAD
MONTPELIER ROAD
FLORIDA RD
SANDILE THUSI (ARGYLE) ROAD
STANGER STREET
MITCHELL CRESCENT
1ST AVENUE
MATHEWS MEYIWA (STAMFORD HILL) ROAD
UMGENI ROAD
Battery Beach
GREYVILLE
Greyville Race Course und Royal Durban Golf Club
DALY ROAD
OSBORNE RD
Bahnhof/ Busbahnhof
Minibus-taxistand
D.L.I. AVENUE
MITCHELL ROAD
FYNN RD
MASABALALA YENGWA (NMR) AVENUE
NEWMARKET RD
UMGENI ROAD
ASCOT RD
DARTNELL CRESCENT
DERBY ST
ALBERT ST
CARLISLE ST
CROSS ST
DR YUSUF DADOO ST
K E MASINGA (OLD FORT) RD
Tourist Junction

bell-Collections umfassen Kunstwerke und kapholländische Möbel.

Die benachbarte **Killie Campbell Africana Library and Museum** ist bekannt für ihre umfangreiche Sammlung von Büchern, Manuskripten und Fotografien. Das ebenfalls hier befindliche **Mashu Museum of Ethnology** zeigt eine hervorragende Sammlung von Zulu-Gegenständen. Den Komplex umgibt ein wunderschöner, von Campbell selbst entworfener Garten.

Cato Manor

Nach kurzer Fahrt vom Stadtzentrum Richtung Westen gelangt man in den Vorort Cato Manor. Er bietet einen anschaulichen Querschnitt durch Durbans Geschichte im 20. Jh. Inmitten unbezähmbarer Vegetation mischen sich afrikanische Squatter Camps und Hindu-Tempel unter den zentralen Vorort der weißen Mittelschicht. Cato Manor nimmt eine große Fläche in einem Tal unterhalb Bereas ein und wurde nach **George Cato** benannt, der 1839 in Durban eintraf und erster Bürgermeister der Stadt wurde. In der ersten Hälfte des 20. Jhs. wohnte hier ein Großteil der indischen Gemeinde Durbans. Später gesellten sich Afrikaner hinzu. 1949 griff ein indischer Händler einen Zulu an. Daraus entwickelten sich die schlimmsten **Ausschreitungen**, die Durban je erlebte. Am Ende waren 142 Menschenleben zu beklagen.

Da Cato Manor inmitten der weißen Vorstädte lag, begann die Apartheid-Regierung in den 1960er-Jahren hier mit der Durchsetzung des Gesetzes über getrennte Wohngebiete („Group Areas Act"), indem sie die Afrikaner nach KwaMashu im Norden und die Inder nach Chatsworth im Süden umsiedelte. Zurück blieb heruntergekommenes Ödland mit einer Hand voll Hindu-Tempeln.

Erst Ende der 1980er-Jahre zogen wieder Schwarzafrikaner nach Durban und errichteten in der Umgebung der **Vusi Mzimela Road** (früher Bellair Road) im Tal von Cato Manor ihre dicht an dicht stehenden Wellblechhütten. Eine Fahrt auf dieser Straße ist echt faszinierend, aber nicht ungefährlich – man muss mit *carjacking* rechnen.

Shree Ambalvanar Alayam Second River Hindu Temple

890 Bellair Rd ▪ Gefahrlos im Rahmen einer Tour (Kasten S. 431) zu besichtigen ▪ Stadtzentrum auf der M13 verlassen, Abfahrt Felix Dlamini Rd (früher Brickfield Rd) nehmen, dann links auf die M10, spätere Vusi Mzimela Rd abbiegen; von der Stadt her kommend steht der Tempel rechter Hand, direkt vor dem Solomon Mahlangu Drive (früher Edwin Swales Freeway)

Der Shree Ambalvanar Alayam Second River Hindu Temple ist ein Nationaldenkmal. Das Bauwerk von 1947 ist eine Rekonstruktion des ersten afrikanischen Hindu-Tempels, der 1875 am Ufer des Umbilo River errichtet und in der Folge durch Hochwasser zerstört wurde. Die Fassade ist mit einem Pantheon aus Hindu-Gottheiten verziert, die mit Schnitzarbeiten versehenen Eingangstüren sind noch original und wurden vor der Flut gerettet. Jedes Jahr um Ostern findet in dem Tempel ein **Firewalking Festival** statt, bei dem barfüßige Gläubige über glühende Kohlen schreiten, ohne sich zu verbrennen. Besucher dürfen sich gern unter die Tausende von Gläubigen mischen, die dann hierher strömen, um der Göttin Draudpadi ihre Ehrerbietung zu erweisen.

Umgeni River Bird Park

490 Riverside Rd, Durban North ▪ 🕒 tgl. 9–17 Uhr; Vogelshows Di–So 11 und 14 Uhr ▪ Eintritt R40 ▪ 📞 031-579 4600, 💻 www.umgeniriverbirdpark.co.za

Dieses ruhige Plätzchen lohnt einen Besuch, denn hier finden fantastische Vogelflugshows statt, teils mit vom Aussterben bedrohten Vogelarten wie dem Klunkerkranich. Der Park besteht in erster Linie aus begehbaren Volieren und offenen Gehegen. Hier leben mehr als 200 Spezies einheimischer und exotischer Vögel, darunter Flamingos, Finken, Elstern und Aras.

KwaMashu, Shembe und Inanda

Obwohl mit einem eigenen Fahrzeug leicht erreichbar, werden einige für Durban typische Orte so gut wie nie in Reisebroschüren erwähnt.

Im Rahmen einer Autofahrt nach Norden auf der R102 (später M25) lassen sich jedoch interessante Ziele abseits des Massentourismus erleben, beispielsweise der Ort, wo Gandhi seine Idee vom passiven Widerstand ersann, und eine Teilnahme an den außergewöhnlichen religiösen Zeremonien der christlichen Zulu-Sekte Shembe.

Eine **Warnung**: Wer auf eigene Faust durch die in diesem Abschnitt behandelten Gegenden fährt, setzt sich einem gewissen Risiko aus. Es ist besser, sich jemandem anzuschließen, der mit den Gepflogenheiten vertraut ist, oder an einer Tour teilzunehmen (Kasten S. 431).

KwaMashu

Weiter auf der M25 nach Norden Richtung Inanda liegt links die afrikanische Township KwaMashu. Sie wurde Ende der 1950er-Jahre gegründet, um die zwangsumgesiedelten Bewohner von Cato Manor aufzunehmen. KwaMashu zeichnet sich durch sämtliche Merkmale fantasieloser Planung aus, die für derartige Siedlungsbauvorhaben unter der Prämisse möglichst großer Einsparungen typisch sind. Die sanften Hügel und die vegetationsreiche, farbenfrohe Umgebung verführen dazu, die erschreckende Ärmlichkeit der Siedlung einfach zu „übersehen".

Gandhi Settlement

🕒 Mo–Fr 8–16, Sa 9–14 Uhr ▪ Spende ▪ ✆ 031-519 2555

Ein deutlich ausgeschilderter Abzweig von der M25 nach rechts führt zum Gandhi Settlement (auch Phoenix Settlement genannt) am östlichen Rand des riesigen Squatter Camps Inanda. Es ist der Standort eines Selbsthilfeprogramms, das Gandhi kurz nach seiner Ankunft in Durban 1903 ins Leben rief. Von hier aus begann er, seine Philosophie des passiven Widerstands zu verbreiten.

Die Ironie des Schicksals wollte, dass ausgerechnet diese Siedlung 1985 gewaltsam zerstört wurde, als Landbesetzer aus dem benachbarten Camp hier einfielen. Mit Hilfe der indischen Regierung wurde die Siedlung rechtzeitig zur Hundertjahrfeier wieder aufgebaut. Eine Bronzestatue von Gandhi ziert jetzt den Eingang zu seinem Haus **Sarvodaya** („Ort der geistigen Erbauung"). Darin ist ein **Museum** untergebracht, das Ghandis Zeit in Südafrika und den indischen Widerstand gegen die Rassentrennung dokumentiert.

Shembe

In **Ekupakumeni** („Ort der Hochstimmung"), westlich des Gandhi Settlement an der M25, kennzeichnen zwei Sterne im Stein die Stellen in der Landschaft, an denen 1906 zwei Meteoriten des Kometen Halley auf die Erde prallten. Von hier kann man bis zur Polizeistation von Inanda ganz oben auf dem Berg weiterfahren und anschließend links ab in das Tal hinunter und über die den Umhlanga River überspannende Brücke. An der nächsten Kreuzung biegt man erneut links ab auf die unbefestigte Straße, die am Sportplatz vorbeiführt.

Danach biegt man wieder links ab, bis die Siedlung **Shembe Settlement** im Dorf **Ebuhleni** ins Blickfeld rückt. Sie wurde von der Holy Church of Nazareth als Zufluchtsort für Afrikaner gegründet, die durch das Landgesetz von 1913 enteignet worden waren. Gemäß der Gründungsgeschichte der Kirche wurde ihr Prophet Isaya Shembe 1910 auf den Gipfel eines Berges vor den Toren von Durban „gerufen", wo er vor Gott schwor, den Zulu das Evangelium zu verkünden.

Die Kirche rekrutierte ihre mittlerweile mehrere Zehntausend Personen umfassende Anhängerschaft aus der ländlichen Bevölkerung, deren Lebensgrundlage durch die Kolonisation zerstört worden war. Sie waren einerseits willig, den christlichen Glauben anzunehmen, wollten aber auf der anderen Seite ihre traditionellen Bräuche nicht aufgeben. Shembe schuf eine religiöse Synthese, nach deren Regeln Alkoholkonsum, Rauchen und kultische Handlungen verboten waren. Im Gegenzug förderte er die Arbeitsmoral, die sich auf verschiedene Formen des Kunsthandwerks konzentrierte.

Jedes Jahr versammeln sich im Juli die Anhänger der Holy Church of Nazareth zu einem Monat der Gottesverehrung in Ebuhleni. Wer beim Verlassen von Ebuhleni den Abzweig auf die unbefestigte Straße links liegen lässt, gelangt zum Stausee Inanda Dam. In der tiefen Schlucht zur Linken befinden sich die **Inanda**

Falls. Hier halten die Shembe Taufzeremonien ab, bei denen auch Besucher willkommen sind.

ÜBERNACHTUNG

Durbans Hochhaushotels konzentrieren sich entlang der **Beachfront** und in der **Innenstadt**, beide günstige Locations zum Übernachten. Abends und nachts sollte man sich aber unbedingt von einem Taxi bis direkt vor die Tür bringen lassen. Als zunehmend populärere Alternative bietet sich das Wohngebiet **Berea** westlich und nördlich des Zentrums an. Dort befinden sich die besten Backpacker-Hostels der Stadt sowie Guesthouses und B&Bs in liebevoll renovierten alten Wohnhäusern. Durban besitzt auch eine Reihe von **Township-Unterkünften**, in denen Zulu-Gastlichkeit geboten wird. Durban Africa in der Tourist Junction (S. 432) arrangiert Unterkunft und Transport in die Townships.

KWAZULU-NATAL

Zentrum

Banana Backpackers, 61 Monty Naicker Rd, 1. Stock, Ambassador House, ✆ 031-368 4062, 💻 www.bananabackpackers.co.za, Karte S. 414–415. Schlichte Schlafsäle und DZ in einem nicht mehr ganz taufrischen Gebäude, aber mit einem hübschen Innenhof mit Plastikpool. In unmittelbarer Nähe liegen Strand, Tourist Junction und Busbahnhof. Dorm R110, DZ R320

The Royal Hotel, 267 Anton Lembede St, ✆ 031-333 6000, 💻 www.theroyal.co.za, Karte S. 414–415. War früher das beste Hotel Durbans, zeigt inzwischen aber Abnutzungserscheinungen. Wer Lust auf livrierten Service hat, sollte hier mal vorbeischauen und fragen, ob es gerade ein Sonderangebot gibt. R1342

Sun 1, direkt gegenüber dem Busbahnhof in der Nähe der Kreuzung von Masabalala Yengwa Ave und Jeff Taylor Crescent, ✆ 031-301 1551, 💻 www.tsogosun.co.za, Karte S. 414–415. Das Kettenhotel ohne Schnickschnack liegt supergünstig für Besucher, die spätabends per Bahn oder Bus ankommen. In den Zimmern können bis zu 3 Pers. nächtigen. R460

Beachfront

Blue Waters, 175 OR Tambo Parade, ✆ 031-327 7000, 💻 www.bluewatershotel.co.za, Karte S. 414–415. Entzückendes Durbaner Urgestein aus den 50er-Jahren in einem Gebäude mit gekachelter Fassade. Es liegt gegenüber vom Battery Beach und erlaubt einen tollen Ausblick auf den Ozean. Von dem netten Café auf der Holzveranda aus lässt sich wunderbar das Strandtreiben beobachten. R1094

Garden Court – Marine Parade, 167 OR Tambo Parade, ✆ 031-337 2231, 💻 www.tsogosun hotels, Karte S. 414–415. Hotelhochhaus mit erfrischendem Durchzug. Zwar haben alle Zimmer Blick aufs Meer, doch die in den oberen Etagen sind die besten. Der Ausblick vom Pool im 30. Stock ist überwältigend. Ein Hintereingang gegenüber vom Victoria Park führt auf schnellem Weg ins Stadtzentrum. R1199

Happy Hippo Backpackers Lodge, 222 Mahatma Ghandi Rd, ✆ 031-368 7181, 💻 www.happy-hippo.info, Karte S. 414–415. Äußerst geräumiges Hostel einen Katzensprung von der uShaka Marine World und vom Strand entfernt, untergebracht in einer renovierten alten Fabrik mit Industrie-Flair. Tolle Dachbar für Publikum in Partylaune. Dorm R150, Zimmer R400

Protea Hotel Edward, OR Tambo Parade, Ecke Seaview Rd, ✆ 031-337 3681, 💻 www.protea hotels.com, Karte S. 414–415. Kristallkronleuchter, Kolonialstil-Ambiente, Balkone mit Meerblick, Ladies' Bar und Veranda machen diese Art-déco-Villa zur Grande Dame an der Beachfront. R1450

Silversands, 16 Erskine Terrace, South Beach, ✆ 031-332 1140, ✉ silversands@worldonline.co.za, Karte S. 414–415. Die sauberen, geräumigen gut ausgestatteten Selbstversorger-Apartments für 4–8 Pers. gehören zu den preiswertesten Unterkünften am Strand, besonders für Familien. R912

Berea

Audacia Manor, 11 Sir Arthur Rd, ✆ 031-303 9520, 💻 www.africanpridehotels.com, Karte S. 420–421. Luxuriöses Guesthouse in einer restaurierten Kolonialvilla. Toller Meerblick vom Restaurant und der Bar auf der Veranda; manche Zimmer mit Whirlpool und Dusche im Freien. R2250

The Benjamin, 141 Florida Rd, ✆ 031-303 4233, 💻 www.benjamin.co.za, Karte S. 420–421. Ein professionell gemanagtes Boutiquehotel in einem eleganten alten Haus, das in erster Linie Geschäftsleute anzieht. Dank seiner Lage ist es aber auch perfekt für Touristen. Das Benjamin verfügt über einen Pool, kostenloses WLAN und bewachte Parkplätze. Die Zimmer zum Hof hin sind etwas ruhiger als die anderen. Am Wochenende gibt es gelegentlich Preisermäßigungen. R1255

The Elephant House, 745 Peter Mokaba Rd, Berea, ✆ 031-208 9580 oder 082-4522 574, ✉ elephanthouse@mweb.co.za, Karte S. 420–421. Eines der besten B&Bs von Südafrika ist in Durbans ältestem Haus (1847 als Jagdhütte erbaut) in einer ruhigeren Ecke des Viertels untergebracht. Die superfreundlichen Hausherren freuen sich, wenn sie ihren Gästen die Gegend zeigen dürfen. Sehr gutes Preis-Leistungs-Verhältnis. R450 p. P.

Essenwood House, 630 Steven Dlamini Rd, ✆ 031-207 4547, 🖳 www.essenwoodhouse.co.za, Karte S. 420–421. Stattliches Haus mit üppigem Garten und 7 großen, komfortablen Zimmern (die oben gelegenen mit Meerblick). Schöner Pool und netter Gastgeber. R1150

Gibela Lodge, 119 Ninth Ave, Morningside, ✆ 031-303 6291, 🖳 www.gibelabackpackers.co.za, Karte S. 420–421. Ruhiges, makellos geführtes Hostel mit entspannter Atmosphäre, geschmackvoll eingerichteten Zimmern und nach Geschlechtern getrennten Schlafsälen; sogar ein kleiner Pool ist vorhanden. Der Betreiber kennt sich in Durban und der gesamten Provinz bestens aus. Striktes Rauchverbot, kein Einchecken nach 20 Uhr. Gutes Frühstück inkl. Dorm R240, DZ R630

Goble Palms, 120 Smiso Nkwanyana Rd, ✆ 031-312 2598, 🖳 www.goblepalms.co.za, Karte S. 420–421. Das Haus von 1900 bietet einen sonnigen Innenhof mit Seeblick, einen Pool und eine heimelige Kneipe im englischen Stil, sowie außerdem hübsche ruhige Zimmer. R895

Hippo Hide Lodge and Backpackers, 2 Jesmond Rd, ✆ 031-207 4366 oder 082-784 1816, 🖳 www.hippohide.co.za, Karte S. 420–421. Fantasievoll eingerichtete, gemütliche Lodge mit Guesthouse-Atmosphäre, sauber und ruhig, in einem wunderschönen Tropengarten mit heimischen Pflanzen und Fels-Pool. Günstige Lage an der Mynah-Buslinie ins Zentrum (10 Min.). Ein DZ mit Bad, außerdem Holzbungalows verfügbar. Dorm R140, DZ R380

Nomad's Backpackers, 70 Steven Dlamini Rd, ✆ 031-202 9709, 🖳 www.nomadsbp.com, Karte S. 420–421. Nur einen kurzen Fußweg vom Musgrave Centre entfernt. Lockeres Hostel mit Bar und Pool. Die Schlafsäle sind sauber und hübsch eingerichtet, aber die Lounge ist ein wenig dunkel, und manche Betten sind dreistöckig. Mahlzeiten erhältlich. Dorm R130, DZ R350

Rosetta House, 126 Rosetta Rd, ✆ 031-303 6180, 🖳 www.rosettahouse.co.za, Karte S. 420–421. Sehr gemütlich, denn es hat nur 4 (attraktive) Zimmer und einen ruhigen Garten. Die Gastgeber sorgen für makellosen Service und ein sensationelles Frühstück. R990

Tekweni Backpackers, 169 9th Ave, ✆ 031-303 1433, 🖳 www.tekweniecotours.co.za, Karte S. 420–421. Großes, auf 3 Gebäude verteiltes Hostel nahe der Florida Rd mit Gemeinschaftsbereichen, Pool und Bar. *Braais* und andere Events für ein junges Publikum. Auch längerer Aufenthalt möglich. Dorm R140, DZ R470

Westville

Our Little Family, 35 Menston Rd, 10 Autominuten von der Stadt, ✆ 083-777 1245, Karte S. 411. In dem Wohnhaus einer Familie, einem alten Bauernhaus voller historischer Landkarten und faszinierender Militaria aus den Burenkriegen, werden 7 behagliche Zimmer unterschiedlicher Größe vermietet. Die meisten sind für Selbstversorger gedacht. Auf dem Gelände gibt es mehrere *braai*-Stellen; die freundlichen Gastgeber bereiten auf Wunsch aber auch Mahlzeiten zu. R550

ESSEN

In Durban gibt es nationale und internationale Spezialitäten, herausragend ist jedoch die **indische Küche**. Schließlich ist hier eine der größten indischen Gemeinden außerhalb Asiens zu Hause. Die indischen Imbisse im Zentrum verkaufen *bunny chow* – Durbans bedeutendster Beitrag zur südafrikanischen Fastfoodszene – und die nicht unähnlichen, mit

KWAZULU-NATAL

Indisch schlemmen in Durban

In der Innenstadt gibt es jede Menge preiswerter indischer Schnellrestaurants; sie öffnen früh und schließen gegen 17 Uhr. **Little Gujarat**, 107 Dr Goonam St, ✆ 031-305 3148, Karte S. 414–415, ist bekannt für sein vegetarisches Angebot wie Kartoffel- oder Paneercurry (große Portion rund R20), *pakoras* und *bhajis*. ◷ Mo–Fr 8.30–16, Sa 8.30–13.30 Uhr.

Eine große Auswahl an Essen zum Mitnehmen bietet das Takeaway *Oriental* in der Workshop Mall, ✆ 031-304 5110, Karte S. 414–415, darunter tolle indische *shawarmas*, *bunny chows* (R40) und Currys. ◷ Mo–Do 8–21, Fr–So 8–22 Uhr.

Bei Appetit auf etwas wesentlich Edleres mitten in der Stadt empfiehlt sich das **Ulundi** im Royal Hotel, ✆ 031-333 6174, S. 414–415. Im geschmackvoll eingerichteten Speisesaal werden köstliche Currys und *bunny chows* (R40) aufgetischt. ◷ Mo 10–18, Di–Sa 10 Uhr bis spät.

KWAZULU-NATAL

Currys gefüllten *rotis* (indisches Brot). An Ständen auf den afrikanischen Märkten und in der Umgebung von Taxihalteplätzen wird *shisanyama* angeboten: über offenem Feuer gebratene Fleischstücke. Downtown Durban ist überwiegend in den Händen der allgegenwärtigen südafrikanischen Schnellrestaurantketten, doch ein paar gute Lokale haben überlebt und laden zum längeren Verweilen ein. Wenn's ein wenig ausgefallener sein soll: In Berea haben sich die besten und unterschiedlichsten Restaurants der Stadt niedergelassen.

Beachfront

Cargo Hold, uShaka Marine World, ✆ 031-328 8065, Karte S. 414–415. Nicht besonders aufregende internationale Gerichte, die Hälfte davon mit Seafood wie Garnelen und Afrikanischem Aal (R165) – das Besondere besteht darin, an Tischen mit Blick aufs Aquarium, sozusagen Auge in Auge mit den Riesenfischen, zu speisen. ◷ tgl. 12–15, 18 Uhr bis spät.

Moyo, uShaka Marine World, ✆ 031-332 0606, Karte S. 414–415. Im großen Speisesaal mit Meerblick gibt´s afrikanische Spezialitäten, von marokkanischen *tajines* und senegalesischem Huhn-*yassa* (R139) bis zu tansanischem Fischcurry und Karoo-Lamm. Am Ende des Piers gegenüber vom Restaurant sind leichte Gerichte und Getränke erhältlich – toll zum Sonnenuntergang. ◷ Mo–Fr 11–23, Sa und So 8–23 Uhr.

Hafengegend

Afriportico, TransAfrica Express BAT Arts Centre, Small Craft Market, Margaret Mncadi Ave, ✆ 031-332 0451, Karte S. 414–415. In dem gut besuchten Lokal bekommt man panafrikanische Kreationen wie *samp and beans* und Ochsenkutteln mit Brot nach Zulu-Art sowie Sandwiches für rund R30. Es hat eine tolle Terrasse mit Blick auf den Hafen, und sonntags wird regelmäßig Jazz geboten. Ein toller Ort, um Einheimische kennen zu lernen. ◷ tgl. 10 Uhr bis spät.

Roma Revolving Restaurant, John Ross House, Margaret Mncadi Ave, ✆ 031-337 6707, Karte S. 414–415. Den Blick aus dem sich hoch über Durban drehenden Roma sollte man sich keinesfalls entgehen lassen. Die internationale Speisekarte bietet u. a. schmackhafte Muschel-Vorspeisen (R47) und italienische Spezialitäten, die mal mehr, mal weniger gelungen ausfallen. Der Ausblick hat natürlich seinen Preis. Reservierung erforderlich. ◷ Mo–Do 18–22.30, Fr und Sa 12–14.30, 18–22.30 Uhr.

Berea

9th Avenue Bistro, Shop 2, Avonmore Centre, Ninth Ave, Morningside, ✆ 031-312 9134, Karte S. 420–421. Eines der renommiertesten Restaurants in Durban mit raffinierter, französisch inspirierter Küche, etwa Ente in Honig-Zimt-Soße (R148). ◷ Mo und Sa 18–21.30, Di–Fr 12–14.30, 18–21.30 Uhr.

Blue Zoo Garden Restaurant, 6 Nimmo Rd, Morningside, ✆ 031-303 2265, Karte S. 420–421. Abwechslungsreiche, fantasievolle Kreationen wie Lammkeule in Portweinsoße (R105), auch Steaks, Fisch und Salate mit Mango- oder Chili-Dressing. Herrliche Lage im Mitchell Park und ein hübsches Plätzchen für Kinder. ◷ tgl. 8–16.30 Uhr.

Butcher Boys, 170 Florida Rd, ✆ 031-312 8248, Karte S. 420–421. Das altbewährte, heiß begehrte Grillrestaurant in Berea ist für seine Steaks bekannt, hat aber auch jede Menge Fleisch in anderen Zubereitungsarten auf Lager, etwa Lammrücken (R175), gebackene Markknochen und Bratenstücke vom Wild (sofern auf dem Markt erhältlich). ⌚ Mo–Do 12–14.30, 18–22, Fr 12–15, 18–22.30, Sa 18–22.30, So 12–15, 18–21.30 Uhr.

Delfi Taverna, 386 Lilian Ngoyi Rd, Morningside, ✆ 031-312 7032, Karte S. 420–421. Gemütliches Restaurant mit hervorragender, authentischer griechischer Küche wie *Kleffiko* (Lammkeule) und *Moussaka* (R80). Die freundlichen Angestellten und zahlreichen Stammgäste – immer ein gutes Zeichen – verbreiten Wohlfühlatmosphäre. ⌚ Mi–Mo 11–15, 18 Uhr bis spät.

Freedom Café, 37-43 St Mary's Ave, Greyville, ✆ 031-309 4453, Karte S. 420–421. Das künstlerisch angehauchte Café mit greifbarem Hipster-Flair ist in mehreren kreativ umgebauten Containern und um sie herum untergebracht. Die Gäste schlürfen ihren Milchshake aus Marmeladengläsern und knabbern ofenfrische Backwaren. Was in der Küche gezaubert wird, darunter Kohlsalat und Hotdogs a la New York (R60), ist himmlisch und das Frühstücksangebot wärmstens zu empfehlen. ⌚ So–Do 7–16, Fr und Sa 7–21 Uhr.

Indian Connection, 485 Lilian Ngoyi Rd, ✆ 031-312 1440, Karte S. 420–421. Dieses Lokal in einer der vornehmen alten Villen von Berea bietet nordindische Spezialitäten wie Lamm-Vindaloo (R95) und *kormas*, aber auch andere leckere Currys. ⌚ tgl. 11–15, 17.30–22.30 Uhr.

La Bella, Steven Dlamini Rd, Ecke St Thomas Rd, ✆ 031-201 9176, Karte S. 420–421. Das Lokal in einem ehemaligen Umspannwerk mit Tischen im Freien ist toll zum Kaffeetrinken und hat ungewöhnlich belegte Steinofenpizza, z. B. mit Lammbratenstücken (R85). Am Freitagabend dient der hintere Bereich als Pub. ⌚ Mo–Sa 7–24, So 7.30–23 Uhr.

Marco's, 45 Lilian Ngoyi Rd, W 031-303 3078, Karte S. 420–421. Die Betreiber des farbenfrohen, authentischen kleinen italienischen Restaurants preisen stolz ihre hausgemachten Pastagerichte, Holzofenpizzas und köstlichen Gnocchi (ab R75) an, und das Lokal ist nicht umsonst ein Renner bei den Einheimischen. Im gleichen Gebäude befindet sich auch das Schwester-Restaurant *Mama Luciana's*, Eingang in der Florida Rd. ⌚ tgl. 12–23 Uhr.

Market, 40 Gladys Mazibuko Rd, W 031-309 8581, Karte S. 420–421. Mit seinem schattigen, abends romantisch von Kerzen beleuchteten Patio ist dieses trendige Bistro die perfekte Location für ein verschwenderisches Frühstück oder eine frisch zubereitete, ernährungsbewusste Mahlzeit wie Couscous-Salat mit gebackenem Gemüse oder einen Sesam-Linsen-Burger (R86). Am Fr und Sa gibt's Livemusik. ⌚ Mo 7.30–16, Di–Fr 7.30–21.30, Sa 8.30 Uhr bis spät, So 8–16 Uhr.

Palki, 225 Musgrave Rd, Musgrave, ✆ 031-201 0019, Karte S. 420–421. Südafrikanische Niederlassung einer im asiatischen Raum beheimateten Restaurantkette, serviert ebenso authentische wie köstliche Gerichte aus Südindien wie *pooris* und *dosas* (R39). Auch Vegetarier kommen nicht zu kurz. ⌚ tgl. 11–15, 18–22 Uhr.

Spiga d'Oro, 200 Florida Rd, Morningside, ✆ 031-303 9511, Karte S. 420–421. Aus gutem Grund beliebtes italienisches Restaurant mit den klassischen Pastagerichten (rund R70) und Pizzas und Tischen draußen an der Florida Rd. Freundlicher, effizienter Service. ⌚ So–Mi 7–22, Do–Sa 7–24 Uhr.

Unity Café, Silverton Rd, Ecke Vause Rd, ✆ 031-201 3470, Karte S. 420–421. In dem gefragten Gastro-Pub werden herzhafte, aber edle Speisen aufgetragen, etwa Pilz-Schimmelkäse-Suppe oder Kürbis-Gorgonzola-Risotto (R75). Außerdem gibt's Mikrobrauereibiere vom Fass. ⌚ Mo–Sa 12 Uhr bis spät.

UNTERHALTUNG UND KULTUR

Durbans reges Nachtleben spiegelt sich in der stattlichen Anzahl von Bars, Clubs und Veranstaltungsorten. Von Durban Africa gibt es eine monatlich erscheinende Event-Broschüre, erhältlich bei den Tourismusbüros.

Bars und Clubs

Billy The Bum's, 504 Lilian Ngoyi Rd, Morningside, ✆ 031-303 1988, Karte S. 420–421. Akrobatische Barkeeper jonglieren mit Flaschen und

Das schwul-lesbische Durban

Durban besitzt eine ansehnliche Gay-Szene, die sich aber nicht mit der in Kapstadt messen kann. Es gibt eine ganze Reihe schwuler/schwulenfreundlicher Nightspots; beliebt ist z. B. **The Lounge**, 226 Mathews Meyiwa Rd, Morningside, ✆ 031-303 9022, Karte S. 420–421.

mixen dabei Cocktails in dieser beliebten Singles-Kneipe. Es gibt auch Burger (R60), Wraps und dergl. ⏲ Mo–Sa 12 Uhr bis spät.

Dropkick Murphy's, 219 Florida Rd, ✆ 031-825 1858, Karte S. 420–421. In dem einladenden Pub drängen sich die Bierkenner, angezogen von der ansehnlichen Auswahl an Craft-Bieren, von denen viele in und um Durban gebraut werden (R45 pro Pint). Auch feste Nahrung wird angeboten, darunter eine Pastete aus Guiness und Rindfleisch (R95), aber die Hauptrolle spielt der Gerstensaft. ⏲ Mo–Do 12–24, Fr–So 12–2 Uhr.

The Origin, 9 Clark Rd, W 031-201 9959, Karte S. 414–415. Dieser Nachtclub in einem Industriegebiet nahe der Universität ist seit langem ein Hotspot der Durbaner Clubszene. Seine diversen Dancefloors und die DJs, die überwiegend House Music auflegen, ziehen Tanzvolk mit Durchhaltevermögen an. Nachts ist die Gegend nicht sicher, daher unbedingt ein Taxi nehmen. ⏲ Sa 20 Uhr bis spät, manchmal auch am Fr, Eintritt R60.

Skyybar, 25 Silver Ave, Morningside, ✆ 031-313 7424, Karte S. 420–421. Der trendige Club hat eine märchenhafte Terrasse mit Aussicht auf die Stadt. Meist wird House Music gespielt; das Publikum stammt überwiegend aus der schwarzen Mittelschicht. ⏲ Fr und Sa 20–4 Uhr, Eintritt R50.

Livemusik

Durban bietet ein reichhaltiges Angebot an Live-Konzerten aus dem Bereich **Independent Music**, meist an europäischen oder nordamerikanischen Trends orientiert. Interessanter, aber auch schwerer zugänglich sind die **Zulu-Musikrichtungen** wie *isicathamiya* und *maskanda*. Beim **Jazz** besteht das originellste Angebot in einer würzigen Mischung aus amerikanischem Stil und den Interpretationen der Zulu aus den Townships. Die beste Gelegenheit, um Klassik-Konzerte des **Natal Philharmonic Orchestra**, ✆ 031-369 9438, 💻 www.kznpo.co.za, zu hören, sind die Abendkonzerte im Botanischen Garten (S. 419). Termine sind der Website zu entnehmen.

BAT Centre, neben dem Hafen, 42 Maritime Place, ✆ 031-332 0451, 💻 www.batcentre.co.za. Die beste Anlaufstelle für Livekonzerte. Im Restaurant Afriportico (S. 426) im BAT Centre wird sonntagnachmittags „Sundowner"-Jazz gespielt.

Moyo, uShaka Marine World, ✆ 031-332 0606. In dem ausgezeichneten Restaurant (S. 426) tritt am Freitag- und Samstagabend eine afrikanische Musik- und Trommelgruppe auf.

The Rainbow, 23 Stanfield Lane in Pinetown, nordwestlich von Durban, ✆ 031-702 9161. In dem altbewährten Restaurant wird einmal im Monat sonntags um die Mittagszeit Livemusik geboten, von Afro-Fusion bis Jazz. Unter der Woche gehört die Bühne aufstrebenden Nachwuchsbands.

Theater und Kinos

Die besten und am günstigsten gelegenen Kinos sind die Multiplex-Lichtspielhäuser im Musgrave Centre, in der Workshop Mall im Zentrum und im Suncoast Casino an der Uferpromenade. Art-house-Filme werden nur in der Gateway Mall (S. 438) in Umhlanga Rocks gezeigt.

Elizabeth Sneddon Theatre, University of KwaZulu-Natal, Mazisi Kunene Rd, ✆ 031-260 2296. Moderne Bühne für Produktionen des studentischen Ensembles und von Gastgruppen.

Playhouse Drama Theatre, 231 Anton Lembede St, ✆ 031-369 9555, 💻 www.playhousecompany.com. Eins von zwei großen Theatern in Durban. Gebäude im-Tudor-Stil, in dem meistens Durchschnittsproduktionen aufgeführt werden, aber auch Vorstellungen der hier heimischen, progressiven Playhouse Dance Company zu sehen sind.

EINKAUFEN

Durban ist eine der größten Städte Südafrikas, daher kann man hier gut Waren des täglichen Bedarfs, südafrikanische Bücher und Platten einkaufen. Besonders bemerkenswert ist aber das Angebot an Kunsthandwerk und Souvenirs, darunter eine sagenhafte Auswahl an Zulu-Handwerk (s. Kasten). Die ergiebigsten Fundgruben für Kunstgewerbe sind die Innenstadtmärkte, die Wochenend-Flohmärkte und die über die Stadt verteilten Spezialgeschäfte. In Durban wimmelt es von Shopping Malls aller Größen; die zwei größten sind die zentral gelegene Workshop Mall (S. 412) und das noblere Musgrave Centre in Musgrave.

Bücher

Adams & Co, Shop 223, Musgrave Centre, Musgrave, ✆ 031-303 9214, Karte S. 420–421. Durbans älteste Buchhandlung hat eine tolle Auswahl an Büchern zur Geschichte der Stadt und über KwaZulu-Natal. Filiale in der Innenstadt, 341 Dr Pixley Kaseme St, Karte S. 414–415. ⌚ Mo–Sa 9–18, So 9–17 Uhr.

Ike's Books and Collectables, 48a Florida Rd, Morningside, Karte S. 420–421. Faszinierendes Buchantiquariat mit Titeln zur Geschichte KwaZulu-Natals. Zu den Besonderheiten zählen afrikanische Themen, der Burenkrieg, Forschungs- und Reisebücher sowie Bücher über südafrikanische Politik. ⌚ Mo–Fr 10–17, Sa 9–14 Uhr.

Kunsthandwerk und Souvenirs

African Art Centre, Tourist Junction, 160 Pine St, ✆ 031-312 3804, 🖳 www.afriart.org.za, Karte S. 420–421. Galerie und Shop warten mit schönen traditionellen und modernen Arbeiten der Zulu und Xhosa auf, darunter Perlenarbeiten, Puppen, Drahtskulpturen, Holzplastiken und Wandteppiche. ⌚ Mo–Fr 8.30–17, Sa 9–15 Uhr.

BAT Centre, abseits der Margaret Mncadi Ave, City Centre, ✆ 031-332 0451, Karte S. 414–415. Verschiedene Geschäfte verkaufen Zulu- und anderes Kunsthandwerk, darunter Kleidung und Schmuck. ⌚ Mo–Fr 8–16.30, Sa 9–14 Uhr.

KZNSA Gallery Shop, KZNSA Gallery, Bulwer Rd, Berea, ✆ 031-277 1705, Karte S. 420–421. Ein Sammelsurium handgefertigter Waren, z. B. Radierungen und Zinnbesteck. Zum Komplex gehört ein Café mit Freiterrasse. ⌚ Di–Fr 9–17, Sa 9–16, So 9–15 Uhr.

Märkte

Amphitheatre Fleamarket, OR Tambo Parade, Beachfront, Karte S. 414–415. Kunsthandwerk und Perlenarbeiten. Hier verkaufen nicht nur südafrikanische Händler – einige kommen sogar aus Simbabwe, Malawi oder Kenia. ⌚ So 8–17 Uhr.

City Market, zwischen Julius Nyerere Ave und Market Rd, Warwick Triangle, Karte S. 414–415. Das billigste Obst und Gemüse der Stadt; Betelnüsse sorgen für rote Lippen und ein 2-Minuten-High. ⌚ tgl. von Sonnenauf- bis -untergang.

Zulu-Kunsthandwerk und -souvenirs

Mit seiner Riesenauswahl an Kunstgalerien, Kunstgewerbeläden und Märkten zählt Durban zu den besten Orten des Landes, um Kunsthandwerk der Zulu einzukaufen. Traditionelle Stücke sind Gebrauchsgegenstände wie gewobene Biersiebe und Strohbesen sowie (teilweise wunderschöne) Korbwaren. Weitere traditionelle Sachen sind Perlenarbeiten, Töpferwaren und Zulu-Ausstattungsgegenstände, etwa *assegais* (Speere), Schutzschilde, Lederschurze und Trommeln.

Aufgrund der weiten Verbreitung von billigem Plastikgeschirr und emaillierten Gegenständen ist die Produktion traditioneller Keramik- und Webbehälter für den Hausgebrauch fast zum Erliegen gekommen. Doch die Urbanisierung hat auch zum Gebrauch neuer Materialien oder neuer Verwendungsarten alter Materialien geführt. So findet man heutzutage wunderschön verzierte schwarzweiße Sandalen aus recycelten Autoreifen, farbenfrohe Körbe, die aus Telefonkabeln geflochten wurden, und mit buntem Isolierband geschmückte *sjamboks* (Peitschen). Und nicht zuletzt sind industriell gefertigte Materialien manchmal auch eine durchaus gelungene Verbindung mit dem ländlichen Leben und ländliche Materialien mit industriell gefertigten eingegangen. Hübsche Metallkästchen aus plattgewalzten Ölkanistern, Hühnerfiguren aus Kunststoffen und holzgeschnitzte Flugzeuge und kleine Jeeps sind nur einige der Ergebnisse.

Essenwood Craft Market, Berea Park, Steven Dlamini Rd, Musgrave, ✆ 031-208 1264, 💻 www.essenwoodarket.com, Karte S. 420–421. Exklusive Stände in einem schönen Park in Berea. ⌚ Sa 9–14 Uhr.
Victoria Street Market, Dennis Hurley St, Ecke Joseph Nduli St, City Centre, Karte S. 414–415. Hier wird alles Mögliche verkauft, von Souvenirs und Schmuck bis zu Gewürzen. Touristisch, aber trotzdem witzig. ⌚ tgl. von Sonnenauf- bis -untergang.

AKTIVITÄTEN

Golf

In Durban kann man wunderbar Golf spielen. Das Besondere am **Royal Durban Golf Club** ist seine ungewöhnliche Lage, ✆ 031-309 1530, 💻 www.royaldurban.co.za, R270 für 18 Löcher, auf dem Gelände des Greyville Race Course, Avondal Rd, Greyville. Und den **Durban Country Club** in der Isiah Ntshangase Rd, ✆ 031-313 1777, 💻 www.dcclub.co.za, R425 für 18 Löcher, halten manche für den schönsten Golfplatz von ganz Südafrika.

Adrenalinschub garantiert

Das neueste architektonische Wahrzeichen Durbans, das **Moses Mabhida Stadium**, verdankt seine Entstehung zwar der Fußballweltmeisterschaft 2010, doch die Stadtverwaltung scheint entschlossen, es keinen Rost ansetzen zu lassen. Inzwischen werden in dem Stadion diverse Aktivitäten angeboten, darunter eine **Seilbahnfahrt** auf dem imposanten 106 m langen Stahlbogen, der die Mitte der Anlage überspannt und auf dem höchsten Punkt einen 360-Grad-Blick über die Stadt erlaubt (tgl. 9–17 Uhr, R55). In Schutzkleidung und sicher befestigt kann man den Bogen auch zu Fuß überqueren (Sa und So 10, 13 und 16 Uhr, R90). Adrenalinjunkies dürfen sich zudem auf die **Big Rush Big Swing** freuen, den angeblich höchsten Bungeejump der Welt, der einen 220 m langen Halbkreis durch die Arena beschreibt (tgl. 9–16 Uhr, R695, 💻 www.bigrush.co.za). Näheres siehe 💻 www.mmstadium.com.

Kitesurfen

Kitesurfen auf dem ruhigen Gewässer der La Mercy Lagoon erfreut sich wachsender Beliebtheit in Durban; Unterricht veranstaltet **Kitesports**, 1 Umdloti Centre, in der South Beach Rd, ✆ 031-568 2644, 💻 www.kitesports.co.za. Ein halbtägiger Einführungskurs kostet R900.

Schwimmen

King's Park Olympic Swimming Pool, Masabalala Yengwa Ave, zwischen Sandile Thusi Rd und Battery Beach Rd, Stamford Hill, ✆ 031-312 0404. Durbans größtes Schwimmbad lädt zu ein paar Bahnen im beheizten Wasser ein.
Rachel Finlayson Baths, OR Tambo Parade, ✆ 031-337 2721. Das Meerwasserbecken bietet sich für diejenigen an, die in der Nähe der Beachfront wohnen. Eintritt jeweils R8.

Surfen

Da Durban direkt am Meer liegt, ist Wassersport sehr populär, besonders das Surfen. Die Surfwettbewerbe unter Flutlicht erfreuen sich enormer Beliebtheit, ebenso der Mr Price Pro, nach dem Rip Curl Pro im australischen Bells Beach der älteste Wettbewerb der Welt für Profi-Surfer. Er wird jedes Jahr im Juli in Durban ausgetragen. Der beliebteste Surfstrand ist der North Beach.
Safari Surf Shop, 6 Milne St, ✆ 031-337 4230, 💻 www.safarisurf.com. In diesem Laden für Surfzubehör fertigt Südafrikas führender Surfbrettschleifer, Spider Murphy, maßgeschneiderte Weltklassebretter an, die billiger sind als alles, was man in Europa bekommt.
Ocean Ventures, uShaka Marine World, ✆ 086-100 1138, 💻 www.oceanventures.co.za. Bietet eintägigen Surfunterricht bei erfahrenen Lehrern (R100 pro Std. plus R100 Brettmiete).

Tauchen

In den subtropischen Gewässern KwaZulu-Natals ist Tauchen eine nahe liegende Aktivität, der man in Durban nur mit Einschränkungen nachgehen kann. Die besten Tauchreviere in Stadtnähe sind Vetches Pier an der Südspitze der Beachfront und Blood Reef an der Spitze der Landzunge The Bluff, ggü. von The Point.

Stadt- und Hafenrundfahrten

So ziemlich die sicherste und einfachste Art, die verschiedenen Ethnien Durbans näher kennenzulernen, ist die Teilnahme an einer **Tour**. Dreistündige Standardtouren sind für rund R400 p. P. zu haben, ganztägige ab R1000. Nachstehend sind einige Veranstalter aufgelistet.

Isle of Capri Cruises, ✆ 031-305 3099, 🖳 www.isleofcapri.co.za. Die Hafenrundfahrten beginnen jeweils zur vollen Stunde (10–16 Uhr) an der Wilson's Wharf (R150).
Markets of Warwick, ✆ 031-309 3880, 🖳 www.marketsofwarwick.co.za. Hat eine ganze Reihe faszinierender Stadtspaziergänge zu den zahlreichen Märkten in der Umgebung des Warwick Triangle im Angebot, darunter der Frühmorgenmarkt, der Perlenmarkt, der Rinderkopfmarkt (wo man diese Zulu-Delikatesse probieren kann) und viele andere.
Street Scene Tours, ✆ 031-321 5079, 🖳 www.streetscenetours.co.za. Tagestouren und Touren mit Übernachtung in einer Township sowie Durban-Besichtigungen mit Schwerpunkt auf *local experience*: Das kann alles Mögliche sein, von Fußballspielen mit Townshipkids über eine Shoppingtour durch hippe Secondhand-Klamottenläden bis zu eigenhändigem Bierbrauen.
Tekweni Eco Tours, ✆ 082-303 9112, 🖳 www.tekweniecotours.co.za. Stadttouren in Durban sowie Ausflüge zu Zulu-Dörfern im Valley of a Thousand Hills inkl. Zulu-Mahlzeit und Bier, traditionellem Tanz und Begegnung mit einem traditionellen Heiler.
Walkabout Tours, Buchung in der Tourist Junction. Wer die indischen Viertel von Durban erkunden möchte, ist bei einem der beiden täglich stattfindenden, von der Touristeninformation veranstalteten Stadtrundgänge (R100 p. P.) gut aufgehoben.

Underwater World, 251 Mahatma Gandhi Rd, ✆ 031-332 5820, 🖳 www.underwaterworld.co.za. Ein vollständiger, 6-tägiger international anerkannter NAUI- oder PADI-Kurs kostet R3250 einschließlich Basisausrüstung.

Vogelbeobachtung

Im Rahmen des Projekts „Durban Metropolitan Open Space System" (DMOSS) wurden alle Stadtparks durch schmale Grünstreifen miteinander verbunden, in denen viele Vögel nisten. Zu den lohnenswerten Revieren für Vogelliebhaber zählen die Gegend um Manor Gardens, der Botanische Garten, Berea, Burman Bush (im Norden der Stadt), Pigeon Valley (unterhalb der University of Natal), die Mündung des Umgeni River, Virginia Bush (an der Straße nach Umhlanga Rocks) und das Waldgebiet Hawaan Forest in Umhlanga, wo sich ab und zu die Singdrossel *Zoothera guttata guttata* und der Erzkuckuck sehen lassen.

SONSTIGES

Apotheken

Sparkport, Anton Lembede St, Ecke Dr Yusuf Dadoo St, ✆ 031-304 9767. ⌚ Mo–Sa 7.30–20.30, So 9–19 Uhr.

Autovermietung

Es gibt mehrere Mietwagenfirmen in Durban, z. B. **Avis**, ✆ 032-436 7800, **Budget**, ✆ 032-436 5500, **Europcar**, ✆ 032-436 9500, **Hertz**, ✆ 032-436 0300, und **Tempest**, ✆ 032-436 9800. Alle haben ihre Zentrale am Flughafen. Avis besitzt auch ein Büro in der Innenstadt, im *Royal Hotel*, ✆ 031-310 9700, und Budget hat eins in der 50 Florence Nzama St, ✆ 031-337 3731.

Diplomatische Vertretungen

Deutschland
Honorarkonsulat, 9 Kensington Drive, Westville, ✆ 031-266 3920, 📠 266 3925.
Österreich
Honorarkonsulat, 390 Ridge Rd, Berea, ✆ 031-242 5117, 📠 0865-121 089.
Schweiz
Konsulat, 216 Cozumel, 33 Northbeach Rd, Umdloti Beach, ✆/📠 031-568 2457.

Geld

Am internationalen Terminal des **Flughafens** gibt es eine Bank, ⌚ tgl. 7–20 Uhr, und einen Geldautomaten.
Das Geldwechselbüro der **First National Bank**, 306 Dr Pixley Kaseme St, City Centre, tauscht

KWAZULU-NATAL

kostenlos Visa-Reiseschecks. ⌚ Mo–Fr 9–15.30, Sa 8.30–12.30 Uhr. **American Express**, Richefond Circle, Umhlanga, ✆ 031-566 8650, ersetzt verlorene Schecks und wechselt Bargeld. ⌚ Mo–Fr 8.30–16.30, Sa 8.30–12 Uhr.

Informationen

Tourist Junction, Old Station Building, 160 Monty Naicker Rd, ✆ 031-366 7516, 💻 www.durbanexperience.co.za. Der zentral gelegene Komplex ist die beste Anlaufstelle für Informationssuchende und beherbergt das ausgezeichnete **Tourism KwaZulu-Natal** (für die ganze Provinz), 💻 www.kzn.org.za. ⌚ Mo–Fr 8–17, Sa 9–14 Uhr.

Durban Africa (Touristeninformation für die Stadt) liegt in der 90 Florida Rd, ✆ 031-322 4164, zusammen mit den Reservierungsbüros von **KZN Wildlife** und **South African National Parks**. ⌚ tgl. 8–17 Uhr.

Ein weiteres, gut ausgestattetes **Touristenbüro**, ✆ 031-337 8099, befindet sich in der uShaka Marine World an der Beachfront. ⌚ tgl. 9–21 Uhr.

Einen ausgezeichneten **Informationsschalter** gibt es im Ankunftsterminal des King Shaka International Airport, ✆ 031-322 6046. ⌚ tgl. 7–21 Uhr.

Internet

Copy Shop, West Tower, 320 Dr Pixley Kaseme Rd. ⌚ Mo–Fr 8–16 Uhr.

Medizinische Hilfe

Addington Hospital, Erskine Terrace, South Beach, ✆ 031-327 2000. Das größte staatliche Krankenhaus ist zentral gelegen und hat eine Notaufnahme mit 24-Std.-Bereitschaft.

Entabeni Private Hospital, 148 Mazisi Kunene Rd, Berea, ✆ 031-204 1300. Eine bessere Alternative mit Notaufnahme und Behandlungsmöglichkeiten für kleinere Beschwerden. Bei der Aufnahme muss eine Anzahlung geleistet werden, der Restbetrag wird vor Verlassen der Stadt fällig.

Travel Doctor, 45 Braam Fischer Rd, International Convention Centre, City Centre, ✆ 031-360 1122, 💻 www.durbantraveldoctor.co.za. Die Angestellten der Klinik informieren und beraten in Reise-Gesundheitsfragen (z. B. hinsichtlich Malaria oder Impfungen für die Weiterreise in andere afrikanische Länder).

Notruf

Krankenwagen, ✆ 10177.
Bereitschaftsdienst der Polizei, ✆ 10111.
AA (Automobile Association), ✆ 083-84322.

Post

Hauptpost, Dorothy Nyembe St, Ecke Dr Pixley Kaseme St, mit Aufbewahrungsstelle für postlagernde Sendungen und Infoschalter. ⌚ Mo–Fr 8–17, Sa 8–13 Uhr.

NAHVERKEHR

Auto

Durban lässt sich am einfachsten per Pkw erkunden: Die Hauptstraßen sind gut beschildert, und es braucht nichts weiter als einen guten Stadtplan und etwas Planung. Die zentralsten **Parkplätze** befinden sich an der Pine Arcade (am westlichen Ende der Monty Naicker Rd) und im Einkaufszentrum Workshop Mall.

Fahrrad

An der Uferpromenade kann man gut Rad fahren, aber auf allen größeren Straßen ist es gefährlich und nicht ratsam.

Stadtbusse

Das nützlichste öffentliche Transportmittel Durbans sind die billigen und regelmäßig verkehrenden Busse der Gesellschaft **Mynah**. Sie decken die zentralen Bezirke inkl. Innenstadt, Beachfront und Berea sowie die Florida Road ab. Wer in die Vorstädte möchte, nimmt die verlässlichen Stadtbusse von **Durban Aqualine**, muss sich aber auf altersschwache Busse und seltenere Verbindungen einstellen.

Informationen zu Abfahrtszeiten und Strecken unter ✆ 031-309 3250 oder im Busdepot in der Monty Naicker Road neben der Workshop Mall, gleichzeitig Abfahrtsort der meisten Regionalbusse. Busfahrpläne liegen auch im Tourismusbüro in der uShaka Marine World aus.

Nützlich sind z. B. Mynahs Musgrave-/Mitchell Park Circle-Busse, die auf der Florida Road (Mitchell Park Circle) oder der Musgrave Road

(Musgrave) verkehren. Für Fahrten innerhalb des Zentrums unterhält **Durban People Mover**, ✆ 031-309 2731, moderne Busse, die auf drei Strecken zwischen der Beachfront (vom Moses Mabhida Stadium bis zur uShaka Marine World) und dem Zentrum Richtung Westen bis zum Botanischen Garten verkehren. Eine Fahrt mit dem People Mover kostet R4, eine Zehnerkarte für den Mynah-Bus R24.

Minibustaxis

Minibustaxis verkehren in der gesamten Stadt, häufiger als normale Busse. Im Zentrum kann man Minibustaxis zur Florida Road an der Field Street zwischen Anton Lembele Street und Dr Pixley Kaseme Street bekommen.

Taxis

In Durbans Innenstadtgebiet gibt's mehrere zuverlässige Taxigesellschaften, z. B. **Eagle Taxis**, ✆ 031-337 8333, **Mozzies**, ✆ 086-066 9943, und **Zippy**, ✆ 031-202 7067.

TRANSPORT

Busse

Intercape, ✆ 031-307 1971, **Greyhound**, ✆ 031-334 9702, **Translux**, ✆ 031-361 7670, und andere Intercitybusse nutzen den zum Bahnhofskomplex New Durban Station gehörenden **Busbahnhof**.
Der **Margate Mini Coach**, ✆ 039-312 1406, von der South Coast kommend, hält ebenfalls hier sowie vor dem Abflugterminal für Inlandflüge am King Shaka International Airport. Der Mini-Shuttlebus **Umhlanga Explorer**, ✆ 031-561 2860, aus Umhlanga Rocks hält an verschiedenen Stellen in Durban, darunter am Flughafen und gegenüber der Tourist Junction (S. 432) in der Innenstadt.

Busse nach:
BALLITO (1x tgl., 3/4 Std.);
BLOEMFONTEIN (3x tgl., 7 Std.);
EAST LONDON (2x tgl., 9 Std.);
EMPANGENI (1x tgl., 2–3 Std.);
GRAHAMSTOWN (3x tgl., 12 Std.);
HARRISMITH (13x tgl., 4 1/2 Std.);
JEFFREY'S BAY (1x tgl., 15 3/4 Std.);
JOHANNESBURG (21x tgl., 10 Std.);
KAPSTADT (6x tgl., 22 Std.);
KNYSNA (3x tgl., 17 1/2 Std.);
KWADUKUZA (1x tgl., 1 Std.);
LADYSMITH (3x tgl., 3 1/2 Std.);
MARGATE (3x tgl., 2 Std.);
MAPUTO (3x wöchentl., 8 1/2 Std.);
MELMOTH (1x tgl., 4 Std.);
MOSSEL BAY (2x tgl., 19 3/4 Std.);
PIETERMARITZBURG (18x tgl., 2 1/4 Std.);
PLETTENBERG BAY (3x tgl., 15 1/2 Std.);
PORT ELIZABETH (3x tgl., 13 1/2 Std.);
PORT SHEPSTONE (6x tgl., 1 1/2 Std.);
PRETORIA (17x tgl., 11 1/2 Std.);
RICHARDS BAY (1x tgl., 2 1/2 Std.);
SEDGEFIELD (3x tgl., 18 Std.);
UMHLANGA ROCKS (1x tgl., 20 Min.);
UMTATA (1x tgl., 6 Std.);
VRYHEID (1x tgl., 6 Std.).

Der **Baz Bus**, ✆ 021-439 2323, 💻 www.bazbus.com, hält an den meisten Backpacker-Hostels von Durban. Näheres zu den Routen des Baz Bus auf S. 63.

Baz Bus nach:
AMPHITHEATRE (4x wöchentl., 5 Std.);
CINTSA (4x wöchentl., 10 Std.);
COFFEE BAY (4x wöchentl., 7 Std.);
EAST LONDON (4x wöchentl., 11 Std.);
JOHANNESBURG (4x wöchentl., 10 Std.);
KOKSTAD (4x wöchentl., 4 Std.);
MTHATHA (4x wöchentl., 7 Std.);
PIETERMARITZBURG (4x wöchentl., 2 Std.);
PORT ALFRED (4x wöchentl., 11 Std.);
PORT ELIZABETH (4x wöchentl., 15 Std.);
PORT SHEPSTONE (4x wöchentl., 3 Std.);
PRETORIA (4x wöchentl., 11 Std.);
UMTENTWENI (4x wöchentl., 3 Std.);
UMZUMBE (4x wöchentl., 2 Std.).
WARNER BEACH (4x wöchentl., 1 Std.).

Eisenbahn

Trans-Natal bietet Zugverbindung von Jo'burg, **Trans-Oranje** von Kapstadt über den Freistaat. Die Züge halten am trostlosen Hauptbahnhof **New Durban Station**, abseits der Masabalala Yengwa Avenue, nördlich der Haupteinkaufsgegend. Für die Fahrt ins Zentrum ist ein offizielles Taxi mit Taxameter zu empfehlen, die vor dem Busterminal, der das Erdgeschoss der Bahnhofsanlage in Beschlag nimmt, auf Fahrgäste warten. Eine Fahrt zur Beachfront oder zur Florida Road kostet rund R50–60.

Züge nach:
JOHANNESBURG (4x wöchentl., 12 1/2 Std.);
KAPSTADT (Mo, 38 Std.);
PIETERMARITZBURG (4x wöchentl., 2 1/4 Std.).

Flüge

Durbans **King Shaka International Airport**, ✆ 032-436 6585, liegt 35 km nördlich der Stadt im Dorf La Mercy. Folgende Fluggesellschaften haben Büros am Flughafen: **1time**, ✆ 086-136 4728, **Air Mauritius**, ✆ 032-436 0007, **Emirates**, ✆ 086-160 6606, **Kulula**, ✆ 086-158 5852, **Mango**, ✆ 086-116 2646, und **South African Airways**, ✆ 086-160 6606.
Ein Shuttleservice, ✆ 031-465 1660, bringt Fahrgäste zu ihren Unterkünften in Durban (tgl. 5–22 Uhr, alle 45 Min., R70).
Die Fahrt in die Stadt mit einem Taxi, das einen Gebührenzähler hat, dürfte nicht mehr als R450 kosten. Hier sind mehrere **Mietwagengesellschaften** angesiedelt (S. 431). Die **Absa Bank** in der Ankunftshalle hat tgl. 7–20 Uhr geöffnet und besitzt auch einen rund um die Uhr zugänglichen Geldautomaten.

Flüge nach:
BLOEMFONTEIN (4x tgl., 1 Std.);
DUBAI (2x tgl., 8 1/4 Std.)
EAST LONDON (3x tgl., 1 1/4 Std.);
GEORGE (2x tgl., 1 3/4 Std.);
JOHANNESBURG (rund 50x tgl., 1 1/4 Std.);
KAPSTADT (18x tgl., 2 1/4 Std.);
LANSERIA (5x tgl., 1 1/4 Std.);
LUSAKA (2x tgl., 2 3/4 Std.);
NELSPRUIT (2x tgl., 1 1/4 Std.);
PORT ELIZABETH (8x tgl., 1 1/4 Std.).

Die Südküste

Die Südküste umfasst den 160 km langen Küstenabschnitt von Durban bis Port Edward an der Grenze zum Ostkap. Es handelt sich um einen Streifen aneinander gereihter Urlaubsorte am Meer (fast auf ganzer Länge durch die parallel verlaufenden Straßen **N2** und **R102** verbunden). In den Wintermonaten ist es an der Südküste wärmer und sonniger als an irgendeinem anderen Küstenabschnitt zwischen Durban und Kapstadt. Vorsicht: Viele Strände fallen steil zur mächtigen Brandung ab. Deshalb sollte man sich nur dort ins Wasser wagen, wo Schilder darauf hinweisen, dass das Schwimmen sicher ist. Landeinwärts beherrschen Zuckerrohrfelder, Bananenplantagen und Pekannussbäume die hügelige und grüne Landschaft.

Die 133 km südlich von Durban gelegene Stadt **Margate** ist das Verkehrs- und Urlaubszentrum der Region mit weiteren Ferienorten in der Umgebung. Das Highlight der Gegend jedoch ist das nicht weit landeinwärts gelegene Naturschutzgebiet **Oribi Gorge Nature Reserve**, das mit Buschwanderungen, atemberaubenden Ausblicken und preisgünstigen Unterkünften aufwartet.

TRANSPORT

Auto

Autofahrer steuern die N2 an, die von Durban Richtung Süden bis Port Shepstone führt. Dort biegt man landeinwärts nach Kokstad ab. Noch schneller geht es auf der weniger befahrenen South Coast Toll Road von Port Shepstone nach Southbroom.

Busse

Ein Bus von **Margate Mini Coach**, 5 Jenkins Drive, Margate, ✆ 039-312 1406, fährt 3–4x tgl. vom KING SHAKA INTERNATIONAL AIRPORT (Domestic arrivals) via Busbahnhof in DURBAN (Greyhound-Busterminal), AMANZIMTOTI (nur nach Voranmeldung), SCOTTBURGH (nur nach Voranmeldung), HIBBERDENE, PORT SHEPSTONE (Shell-Tankstelle), MARGATE (Mareola Flats an der Marine Parade), SAM LAMEER (nur nach Voranmeldung) und WILD COAST SUN CASINO (nur nach Voranmeldung) an die South Coast.
Der zwischen PORT ELIZABETH und DURBAN verkehrende **Baz Bus** hält 4x wöchentl. in UMZUMBE, UMTENTWENI und PORT SHEPSTONE.

Aliwal Shoal

Die Badeorte, die sich auf 50 km Küstenlinie südlich von Durban aneinanderreihen, wie etwa **Amanzimtoti**, 27 km von Durban, gleichen eher Strandvororten als eigenständigen Städten. Für Tauchfans ist das farblose Städtchen **Umkomaas**, 20 km hinter Amanzimtoti, der perfekte Ausgangspunkt zum Aliwal Shoal. Dieses Riff in Küstennähe ist eine der traumhaftesten Tauchstellen Südafrikas. Erfahrene Taucher können hier Sand- und Tigerhaien begegnen. Außerdem gibt es drei wunderbare Stellen zum Wracktauchen. Die ideale Jahreszeit zum Tauchen mit der besten Sicht ist zwischen Juni und Oktober.

ÜBERNACHTUNG

Agulhas House, 30 Barrow St, Umkomaas, ✆ 039-973 1640, 💻 www.agulhashouse.com. Das zentral gelegene B&B hat schlichte Zimmer rings um einen hübschen Pool. Ausgestattet sind sie mit Bad, Kühlschrank und eigenem Eingang. Die Betreiber bieten auch Tauch-Pauschalpakete an. R980

AKTIVITÄTEN

Verschiedene Tauchzentren veranstalten Trips zum Aliwal Shoal (ca. R270, Ausrüstung R220) sowie viertägige Open-Water-Tauchkurse für etwa R3200 (inkl. Komplettausrüstung) mit PADI-Zertifikat. Anbieter sind z. B. das **Meridian Dive Centre**, ✆ 082-894 1625, 💻 www.meridiandive.com, und **Amatikulu Tours**, ✆ 039-973 2534, 💻 www.amatikulu.com.

Das Sardinenrennen

Im Juni oder Juli ist die South Coast Schauplatz der spektakulären jährlichen Migration von Millionen **Sardinen**, die in riesigen Schwärmen an der Küste entlang nach Norden ziehen. Sie verlassen ihre Nahrungsgründe im Meer vor dem Südkap und schwimmen die Küste hoch Richtung Mosambik – in ihrem Gefolge ungefähr 23 000 Delphine, 100 000 Kaptölpel und Tausende Haie und andere Raubfische. Das Spektakel zieht Fischer aus der ganzen Provinz an. Die Sardinenschwärme erscheinen als dunkle Strudel im Wasser, und wenn sie von Raubfischen eingekreist und ans Ufer getrieben werden, werfen sich Hunderte Leute ins Meer, um die Sardinen entweder mit der Hand oder in Netzen herauszufischen. Aktuelle Hinweise zu den Schwärmen und weitere Informationen zum Sardinen-Spotting gibt´s unter der Sardine Hotline ✆ 083-913 9495 oder auf 💻 www.shark.co.za.

Oribi Gorge Nature Reserve

🕒 tgl. Okt–März 5–19, April–Sep 6–18 Uhr
▪ Eintritt R10 ▪ ✆ 072-042 9390

Das sensationellste Reiseziel der South Coast ist das an der N2 ausgeschilderte Naturschutzgebiet **Oribi Gorge Nature Reserve**, 21 km landeinwärts von Port Shepstone. Durch das landschaftlich reizvolle Gebiet mit seinen Felsspalten, steil aufragenden Klippen und Wäldern fließen der Umzimkulu und Umzimkulwana. Vom Baden in diesen Flüssen ist jedoch dringend abzuraten, da sie Bilharziose-Parasiten enthalten.

An ihren Ufern gibt es aber zahlreiche markierte **Wanderwege** und idyllische Picknickplätze, vom halbstündigen Spaziergang bis zu ganztägigen Wanderungen, durch dichten Busch und zu Schwindel erregenden Aussichtspunkten. Ein schöner, einstündiger Spaziergang beginnt am Parkplatz Umzimkulu und führt nach Überquerung des Flusses über mehrere Stufen in die hügelige Waldlandschaft. Der Fluss rückt dann erst wieder ins Blickfeld, wenn der spektakuläre Wasserfall **Samango Falls** mit seinem perfekten, von Felsen gesäumten Sandstrand erreicht ist.

Natürlich sind in dem Naturschutzgebiet auch **wilde Tiere** beheimatet, darunter Schirrantilopen, Riedböcke, Blau- und Kronenducker – allerdings keine Oribis, denn die Bleichböckchen haben dem Ort inzwischen zugunsten der saftigeren Triebe auf den umliegenden Zuckerrohrplantagen den Rücken gekehrt. Schwieriger zu Gesicht zu bekommen sind die Leoparden und auch die Weißkehlmeerkatzen, weil sich die scheuen Affen unter dem hohen Baldachin des Waldes verbergen.

ÜBERNACHTUNG

KZN Wildlife Huts, ✆ 072-042 9390, zu buchen über KNZ Wildlife, ✆ 033-845 1000, 💻 www.kznwildlife.com. Campen kann man auch, aber diese Hütten mit 2 bis 8 Betten und Blick in den gähnenden Abgrund der Oribi-Schlucht sind die netteste Übernachtungsmöglichkeit im Naturschutzgebiet. Sie befinden sich im KZN Restcamp am oberen Ende der Umzimkulwana Gorge. Geschirr, Besteck und Bettzeug wird gestellt, es gibt auch einen Pool. Camping R70, Hütten R330

Oribi Gorge Hotel, ✆ 039-687 0253, 💻 www.oribigorge.co.za. Das Hotel im Kolonialstil, rund 16 km vom Restcamp entfernt an der Oribi Flats Rd, hat spektakuläre Ausblicke, u. a. auf den berühmten überhängenden Felsen, geräumige Zimmer, günstige Mahlzeiten und eine Terrasse. R1100

KWAZULU-NATAL

SONSTIGES

Aktivitäten

Das Reservat bietet verschiedene Abenteueraktivitäten, alle organisiert von **Wild 5**, ✆ 082-566 7424, 💻 www.oribigorge.co.za, einem Veranstalter mit Sitz im Oribi Gorge Hotel (s. o.). Zur Auswahl stehen Abseilen mit einem anschließenden, schweißtreibenden halbstündigen Fußmarsch aus der Schlucht (R350), ein Gorge Swing, bei dem man an einem Seil vom Rand der Lehrs Falls springt (R490) und eine Fahrt am Drahtseil, 160 m über dem Boden der Schlucht (R250). Auch Raftingtrips auf dem Umzimkulu River (R550) werden angeboten.

Informationen

KNZ Wildlife unterhält ein Büro am Haupteingang, ✆ 072-042 9390. ⏲ tgl. 8–12.30, 14–16 Uhr.

Hibiscus Coast

Wegen seiner üppig blühenden Gärten trägt der 44 km lange Küstenabschnitt zwischen Port Shepstone und Port Edward den Namen „Hibiskusküste". Der von begüterten Wohnsiedlungen, intensiver Strandbebauung und Caravan Parks geprägte Landstrich ist unter dem Namen „Golf Coast" bekannt, denn an diesem kurzen Küstenstreifen gibt es neun erstklassige Golfplätze.

Margate und Ramsgate

Rund 14 km südlich von Port Shepstone liegt der Ferienort **Margate**. Hier gibt es keine versteckten Buchten oder einsamen Strände mehr, dafür jede Menge Hochhaus-Apartments, Fastfood-Restaurants und Eisdielen. Margate ist der munterste Ort an der Südküste und hat das beste Nachtleben.

Richtung Süden schließt sich das ruhigere **Ramsgate** an. In der Gaze Gallery, ✆ 039-314 4011, aus Richtung Margate kommend direkt hinter der Lagune, sind Arbeiten einheimischer Künstler ausgestellt. ⏲ tgl. 8–17 Uhr, Eintritt frei.

Southbroom und Port Edward

7 km südlich von Margate liegt **Southbroom**, eine Aneinanderreihung luxuriöser Ferienhäuser rund um den **Southbroom Golf Course**, ✆ 039-316 6051, 💻 www.southbroomgolfclub.co.za, R300 für 18 Löcher. Riesige Dünen senken sich zum Meer ab. Der beste Ort zum Schwimmen ist **Marina Beach**, 3 km südlich vom Southbroom Beach.

Port Edward, 10 km weiter südlich an der Grenze zum Ostkap, hat schöne Sandstrände. Hauptattraktion ist jedoch seine Nähe zum Naturschutzgebiet Umtamvuna Nature Reserve (S. 437).

ÜBERNACHTUNG

Umtentweni

The Spot Backpackers, 23 Ambleside Rd, 4 km nördlich von Port Shepstone, ✆ 039-695 1318, 💻 www.spotbackpackers.com. Einfache, gemütliche Dorms und Cottages direkt am Strand. Liegt an der Baz-Bus-Strecke. Dorm R140, DZ R340

Ramsgate

Beachcomber Bay, 75 Marine Drive, ✆ 039-317 4473, 💻 www.beachcomberbay.co.za. Komfortables Guesthouse mit 6 Zimmern, Meerblick, Sauna, Whirlpool und Privatzugang zum Strand. R800

BillsBest, Marine Dr, Ecke Penshurst Rd, ✆ 039-314 4837, 💻 www.billsbest.co.za. Im

Angebot sind eine Reihe gepflegter Hütten und Unterkünfte für Selbstversorger für 2–6 Pers., alle in Strandnähe und gut bewacht. Außerdem gibt's B&Bs sowie die schöne Rock Inn Lodge, die an große Gruppen von bis zu 28 Pers. vermietet wird und idyllisch in einem Wald 300 m vom Strand von Ramsgate entfernt liegt. R420

Southbroom

Southbroom Traveller's Lodge, 11 Cliff Rd, ✆ 039-316 8448, www.southbroomtravellerslodge.co.za. Budgetunterkunft in ruhiger Gegend. Pool, Lounge und kostenlose Golfschläger- und Surfbretterbenutzung. Frühstück inkl. R400

Sunbirds, 643 Outlook Rd, ✆ 039-316 8202 oder 072-993 7902, www.sunbirds.co.za. Edles B&B. Makellose Zimmer mit Flachbildfernseher, DVD-Player und iPod-Dockstation. Tolles Frühstück nach den Wünschen der Gäste. Hübscher Meerwasserpool. R1200

Port Edward

Ku-boboyi River Lodge, Old Main Rd, Leisure Bay, ✆ 072-222 7760, www.kuboboyi.co.za. Schönes Backpacker-Hostel auf einem Hügel mit Meerblick (sogar vom Dorm aus!), entspannter Atmosphäre und Pool. Angesichts des Gebotenen sind die Preise sehr günstig. Auf Wunsch gibt´s auch Verpflegung. Dorm R130, DZ R300

ESSEN UND UNTERHALTUNG

Margate

Larry's, O'Connor, Ecke Panorama Parade, gegenüber der Touristeninformation, ✆ 039-317 2277. Das urige kleine Strandlokal darf als feste Institution von Margate betrachtet werden. Seit Jahrzehnten wird hier unverändert leckere Strandkost wie Burger (um R55) und Meeresfrüchteteller produziert. Larry´s Patio ist ein geniales Plätzchen, um das Strandtreiben zu beobachten. ⌚ tgl. 10 Uhr bis spät.

Ramsgate

Flavours, The Bistro Village, 1303 Marine Drive, ✆ 039-310 4437. Eines der renommiertesten Restaurants der Gegend mit guten Garnelengerichten, Steaks und marokkanischem Lamm (R120). ⌚ Di–Sa 12–14, 18–21, So 12–14 Uhr.

Pistols Saloon, Old Main Rd, ✆ 039-316 8463. Leicht surreale Bar (R22 für ein Pint Bier), mit Cowboymotto am Südrand von Ramsgate; freitagabends Livemusik (meist aus den 1960er-, 70er- und 80er-Jahren). ⌚ tgl. 10–24 Uhr.

Waffle House, Marine Drive, ✆ 039-314 9424. Die besten Waffeln in der Provinz mit ungewöhnlichen Belägen wie Zitronenmeringue, Hummus und Avocado (R74) und *chicken a la king*. Zum Lokal gehört eine bezaubernde Holzveranda zwischen Schilf über der Lagune. ⌚ tgl. 8–17 Uhr.

Southbroom

Trattoria La Terrazza, Outlook Rd, ✆ 039-316 6162. Solide italienische Küche, z. B. Linguine mit Muscheln (R89), wird in diesem hübsch an einer Lagune gelegenen Lokal serviert; zum Sonnenuntergang kehren hierher Tausende Schwalben in ihre Nester zurück. ⌚ Di–Do 18.30–22, Fr und Sa 12.30–14.30, 18.30–22, So 12.30–14.30 Uhr.

INFORMATIONEN

Touristeninformation, an der Beachfront in Margate, ✆ 039-312 2322, www.hibiscuscoast.kzn.org.za. Hat Bettenverzeichnisse und Informationen zur gesamten South Coast. ⌚ Mo–Fr 8–17, Sa 8–13, So 9–13 Uhr.

TRANSPORT

Busse und Minibustaxis

Der Margate Mini Coach verkehrt 3–4x tgl. zwischen DURBAN und MARGATE (1 1/2 Std., S. 434) und Minibustaxis verbinden Margate mit PORT SHEPSTONE, RAMSGATE, SOUTHBROOM und PORT EDWARD. Wer mit öffentlichen Verkehrsmitteln von Port Edward Richtung Ostkap weiterreisen möchte, ist auf eines der Minibustaxis angewiesen, die am Stadtrand an der R61 warten.

Umtamvuna Nature Reserve

Rund 8 km nördlich von Port Edward, an der R61 nach Izingolweni ausgeschildert ▪ ⌚ tgl. 7–17 Uhr ▪ Eintritt R15 ▪ ✆ 039-311 2383

Im **Umtamvuna Nature Reserve** befinden sich einige der besten Naturwanderwege der gesamten Provinz KwaZulu-Natal. Das Naturschutzgebiet erstreckt sich über 19 km flussaufwärts des tropischen Umtamvuna River mit seinen bewaldeten Klippen. Es ist für seine Frühlingsblumen bekannt, aus denen die Nektar- und Zuckervögel ihren Blütenhonig saugen. Hier leben 300 Vogelarten, darunter auch der seltene **Kapgeier**. Deren Nistplätze bekommt allerdings nur zu Gesicht, wer bereit ist, eine ganze Tageswanderung in Angriff zu nehmen. Im Schutzgebiet sind zahlreiche Wanderwege ausgewiesen.

ÜBERNACHTUNG

Umtamvuna River Lodge, Holiday Rd, im Reservat, ✆ 039-313 1261, 💻 www.boardalign.co.za. 8 Zimmer in friedlicher, bewaldeter Umgebung am Flussufer. Möglichkeiten zum Wakeboarden. Mit Restaurant. R1050

Vuna Valley Ventures, 9/10 Michelle Rd, 50 m vom Reservatseingang, ✆ 083-992 6999, 💻 www.vunavalleyventureskzn.co.za. Das familienfreundliche Budget-Gästehaus liegt günstig für Abstecher ins Reservat. Es hat einladende Zimmer mit 2–5 Betten sowie Selbstversorger-Chalets für 6–10 Pers. R400

Die Nordküste

Die Nordküste von KwaZulu-Natal, d. h. der 80 km lange Küstenabschnitt nördlich von Durban, der sich von Umhlanga Rocks bis zur Mündung des Tugela River ausdehnt, wird auch als „**Delphinküste**" bezeichnet. Dieser schmale Kontinentalschelf bietet in Verbindung mit den warmen, seichten Küstengewässern ideale Bedingungen für den Großen Tümmler, der sich hier das ganze Jahr über einfindet und für die Namensgebung verantwortlich ist. Auch die Aussichten, einen Wal zu erspähen, sind gut. Aber eine Garantie gibt es natürlich nicht.

Die im Vergleich zur Südküste reizvollere und weniger bebaute Nordküste lockt im Allgemeinen besser betuchte Urlauber an, besonders **Umhlanga Rocks**. Während sich die Dolphin Coast noch immer überwiegend in weißer Hand befindet, besteht ein Großteil der Bevölkerung der etwas abseits der Küste gelegenen, auf der alten R102 miteinander verbundenen Städte **Tongaat** und **KwaDukuza** aus Zulu und Indern. In Tongaat gibt es indische Tempel, in KwaDukuza das Shaka-Denkmal. Ebenfalls an der R102 liegt in **Groutville** das Grab eines der meistverehrten ANC-Führers: die Grabstätte von Albert Luthuli.

Umhlanga Rocks

Das rund 20 km von Downtown Durban entfernte Umhlanga Rocks ist eine immer enger mit dem Vorort Durban-Nord zusammenwachsende Stadt mit immerhin bereits 100 000 Einwohnern. Umhlanga Rocks ist in erster Linie ein Ferienort. Die Einkaufszone am Chartwell Drive wartet mit mehreren Einkaufszentren auf. Diese verblassen allerdings angesichts des gigantischen **Gateway Theater of Shopping** mit 400 Geschäften, Wellenschwimmbad, Indoor-Kletterfelsen und 18 Kinos. Von Durban aus ist die Gateway Mall über die N2 zu erreichen (Ausfahrt Umhlanga/Mt Edgecombe, der Beschilderung folgen).

KwaZulu-Natal Sharks Board

1a Herrwood Drive, an der N2 ausgeschildert ▪ **Hai-Sezierung** Di, Mi und Do 9 und 14 Uhr ▪ R45 ▪ ✆ 031-566 0400 ▪ **Bootsfahrten** tgl. um 6.30 Uhr ▪ Reservierung erforderlich ▪ R300 ▪ ✆ 082-403 9206, 💻 www.shark.co.za

Ein paar Kilometer nördlich des Zentrums von Umhlanga liegt das Haifisch-Institut **Natal Sharks Board**. Neben einer Audioshow zum Thema Haie auf mehreren Bildschirmen wird hier auch regelmäßig ein frisch gefangener Hai seziert. Dabei wird mit sämtlichen Vorurteilen über Haie aufgeräumt und über die Arbeit des Instituts bei der Instandhaltung der Haifischnetze informiert. Die zum Schutz von Schwimmern überall vor der Küste angebrachten Netze sind umstritten, weil auch gefährdete Meeresschildkröten und Delphine in ihnen verenden und das natürliche Gleichgewicht des Ökosystems in Küstennähe ins Wanken gerät. Das Institut beschäftigt sich derzeit mit den Möglichkeiten einer elektronischen Haifischbarriere.

Das Sharks Board veranstaltet auch **Bootsausflüge** von der Wilson's Wharf in Durban aus zum Beobachten von Delphinen und Walen. Unterwegs werden die Hainetze geprüft.

ÜBERNACHTUNG

Anchor's Rest, 14 Stanley Grace Crescent, ✆ 031-561 7380, 💻 www.anchorsrest.co.za. Zentral gelegenes, elegantes Guesthouse im Mittelmeerstil mit geräumigen, hübsch eingerichteten Ferienapartments (einige für Selbstversorger) und einer breiten Veranda mit Blick auf den Pool. R980

Beverly Hills Hotel, Lighthouse Rd, ✆ 031-561 2211, 💻 www.southernsun.com. Das altehrwürdigste und nobelste unter den Luxus-Strandhotels von Umhlanga in vorzüglicher Innenstadt-Strandlage. Alle Zimmer mit Meerblick, ebenso das Restaurant – genial für einen Sundowner. R4500

Honeypot, 11 Hilken Drive, nördlich der M4, ✆ 031-561 3795, 💻 www.honeypotguesthouse.com. Attraktives, rustikal gehaltenes B&B in einem Wohnviertel. Jedes der heimeligen Zimmer verfügt über einen eigenen Patio und einen Kamin. Außerdem steht ein Selbstversorger-Apartment mit 4 Schlafgelegenheiten zur Verfügung. Alle gehen auf einen kleinen Pool hinaus. R750

Jessica's B&B, 35 Portland Drive, ✆ 031-561 3369, 💻 www.jessicaskzn.co.za. 2 gemütliche Selbstversorger-Cottages in einem weitläufigen tropischen Garten, ideal für Familien. Außerdem ein paar DZ im Haupthaus. Gutes Preis-Leistungs-Verhältnis, und die freundlichen Besitzer sorgen dafür, dass sich ihre Gäste gleich wie zu Hause fühlen. R650

ESSEN

Bar-Ba-Coa, Chartwell Dr, Ecke Lighthouse Rd, ✆ 031-561 4106. Dieses argentinische Grillhaus ist ein Schlaraffenland für Fleischesser: Hühnchen, Fisch, Lamm und natürlich Rindfleisch, auf offener Flamme gegrillt oder in zahlreichen anderen Zubereitungsarten. Es gibt auch ein paar vereinzelte vegetarische Gerichte. Ein Sirloin-Steak ist für R115 zu haben. 🕒 Mo–Do 12–15, 18–22, Fr und Sa 12–15, 18–22.30, So 12–15, 18–21.30 Uhr.

Ile Maurice, 9 McCausland Crescent, ✆ 031-561 7609. In dem von einem der renommiertesten Küchenchefs Durbans geführten Restaurant mit französisch/mauritischer Küche trifft in Rotwein gekochtes Kaninchen auf Tintenfischcurry (R155). 🕒 Di–So 12–15, 18.30–21.30 Uhr.

Olive & Oil, 19 Chartwell Centre, im 1. Stock des Gebäudes neben der Touristeninformation, ✆ 031-561 2618. Die Spezialität sind Fisch und Seafood, aber auf der Speisekarte stehen auch die üblichen mediterranen Standardgerichte. 🕒 Mo–Do 12–15, 18–22, Fr 12–15, 18–23, Sa 12–15, 18–22.30, So 12–15, 18–21.30 Uhr.

INFORMATIONEN

Touristeninformation, 1A Chartwell Drive, ✆ 031-561 4257, 💻 www.umhlangatourism.co.za. 🕒 Mo–Fr 8.30–17, Sa 9–13 Uhr.

TRANSPORT

Der **Umhlanga Explorer Shuttle Service**, ✆ 031-561 1846, fährt bei Bedarf zum Musgrave Centre in Berea und ins Zentrum von Durban. Abfahrt in der Nähe der Touristeninformation.

Minibustaxis fahren von der Haltestelle in der Johannes Nkosi St zur Gateway Mall.

Tongaat

Nur wenige Kilometer von Umhlanga Rocks liegt **Tongaat** abseits der Fernstraße N2, die das Feriengebiet an der Küste von den Fabrikanlagen der Zuckerindustrie im Landesinneren trennt. Das Städtchen ist eng mit der indischen Gemeinde Südafrikas verbunden und besitzt eine Hand voll Tempel.

Der auffälligste ist der kleine, weiß getünchte und denkmalgeschützte **Shri Jugganath Puri Temple** in der Catherine Street, Ecke Plane Street. Er ist dem Hindugott Vishnu gewidmet und wurde zur Jahrhundertwende von dem Sanskrit-Schüler Pandit Shrikishan Maharaj gebaut. Anfahrt: über die R102 Richtung Durban, hinter der Polizeistation rechts in die Ganie Street, anschließend nach links in die Plane Street und wieder links in die Catherine Street.

Ballito

Nicht besonders afrikanisch kommt Ballito daher, ein 10 km nördlich von Umhlanga Rocks an der Küste gelegener Ferienort, der mit seiner Flut von Ferienwohnungen, Apartmentburgen und Einkaufszentren in Strandnähe Erinnerungen an die Mittelmeerküste weckt. Ballito ist ein nettes Plätzchen; der Strand eignet sich gut zum Baden und wird von Rettungsschwimmern überwacht.

ÜBERNACHTUNG UND ESSEN

Dolphin Holiday Resort, Compensation Beach Rd, Ecke Hillary Drive, ✆ 032-946 2187, 💻 www.dolphinholidayresort.co.za. Gute Budget-Option, bestehend aus einem schattigen Campingplatz und mehreren Ferienbungalows für Selbstversorger; Mindestaufenthalt 2 Nächte. Nur 5 Min. Fußweg zum Strand. Camping R230, Cottage R630

Zimbali Lodge, 1 km südlich von Ballito, ✆ 032-538 5000, 💻 www.fairmont.com/zimbali-lodge. Die exquisiteste Unterkunft der Umgebung liegt in einem subtropischen Küstenwald im Herzen einer weiten Landschaft aus Feuchtgebieten. Wer sich die Unterkunft nicht leisten kann, sollte wenigstens zum Essen einkehren, oder auf einen Drink bei Sonnenuntergang. Die Bar mit Blick auf den Indischen Ozean ist auf Pfählen errichtet und überblickt den Golfplatz. R1800

TRANSPORT

Ein **Greyhound-Bus** der Strecke Durban–Johannesburg kommt durch Ballito (1x tgl., 3/4 Std. bis DURBAN, 11 3/4 Std. bis JOHANNESBURG). Davon abgesehen fahren auch **Minibustaxis** von Durban die Küste hoch.

KwaDukuza

Rund 30 km von Ballito auf der R102 landeinwärts Richtung Norden ▪ KwaDukuza Interpretative Centre ⏲ Mo–Fr 8–16, Sa und So 9–16 Uhr ▪ Eintritt frei ▪ ✆ 032-552 7210

Die Stadt **KwaDukuza** wird auch heute noch häufig als „Stanger" bezeichnet, obwohl sie diesen Namen seit den Wahlen von 1994 offiziell nicht mehr trägt. Im Kosmos nationalistisch gesinnter Zulu kommt KwaDukuza eine besondere Bedeutung zu, denn dies war Standort des letzten Kraals von König Shaka. Hier wurde er 1828 heimtückisch von seinem Halbbruder Dingane ermordet, der sein Nachfolger auf dem Zulu-Thron wurde. Der Kriegerkönig wurde angeblich aufrecht in einer Kammer begraben. Shaka zu Ehren wurde in der King Shaka Street ein kleiner Park mit einem Denkmal errichtet, das aus einem großen Stein mit einer Rille besteht, in der Shaka der Überlieferung nach seine Speere schärfte.

Am Rand des Parks befindet sich das **KwaDukuza Interpretative Centre** mit einer Ausstellung zu König Shaka und einer 15-minütigen audiovisuellen Präsentation. Im Park wird jedes Jahr am 24. September der **King Shaka Day** gefeiert (Kasten S. 484) – der 24.9. ist gleichzeitig ein Nationalfeiertag, der Heritage Day.

Groutville

8 km südwestlich von KwaDukuza an der R102, direkt hinter einer Brücke über den Mvoti River

Bemerkenswert ist der kleine Ort Groutville vor allem als letzte Ruhestätte von **Albert Luthuli**, einem der größten politischen Führer Südafrikas. Er arbeitete zunächst als Lehrer, wurde dann Häuptling der Zulu in Groutville und 1952 Präsident des ANC. Für seine führende Rolle im gewaltlosen Kampf gegen die Apartheid erhielt Luthuli 1960 den Friedensnobelpreis, für den er in seinem Heimatland allerdings mit Hausarrest „belohnt" und in die Gegend von KwaDukuza verbannt wurde.

Luthuli starb 1967 unter mysteriösen Umständen in KwaDukuza. Sein Grab befindet sich neben einer weiß getünchten, im 19. Jh. errichteten Missionskirche aus Wellblech. Über sein Leben berichtet Luthuli in seiner Autobiografie *Let My People Go* (dt. *Mein Land, mein Leben*).

ÜBERNACHTUNG

Der beste Übernachtungsort in der Nähe von KwaDukuza und Groutville ist Blythedale. Hier befindet sich der KwaDukuza am nächsten gelegene Sandstrand, wo keine Hochhäuser gebaut werden dürfen.

Mini Villas, 52 Umvoti Drive, ✆ 032-551 1277, 💻 www.minivillas.co.za. Schmucklose, aber dennoch gut ausgestattete Selbstversorger-Bungalows für 4–6 Pers., manche mit Gartenzugang. In der Nähe führt ein Pfad zum Strand. R549

Palm Dune Beach Lodge, 9 Umvoti Drive, ✆ 032-552 1588, 💻 www.palmdune.co.za. Die noble Ferienanlage hat Chalets mit 1, 2 oder 3 Schlafzimmern. Den Gästen werden zahlreiche Aktivitäten geboten, von Jetskiing bis Beachvolleyball. R1874

Harold Johnson Nature Reserve

24 km nördlich von KwaDukuza an der N2 ausgeschildert: die Abfahrt Zinkwazi nehmen und in Darnall nach links abbiegen ▪ 🕒 tgl. April–Sep 6–18, Okt–März 5–19 Uhr ▪ Eintritt R10 ▪ Camping R150 pro 2 Pers. ▪ ✆ 032-486 1574

Das unter Verwaltung von KZN Wildlife stehende Harold Johnson Nature Reserve erstreckt sich beiderseits des Tugela River. Mit seinem intakten Küstenwald, den steilen Felshängen und Schluchten stellt es ein wunderbares Ziel für einen Tagesausflug oder einen längeren Abstecher mit Übernachtung auf dem Campingplatz des Reservats dar. Allerdings sind weder Läden noch andere Versorgungsmöglichkeiten vorhanden, daher muss alles Notwendige mitgebracht werden. Mehrere Wanderwege durchziehen das Schutzgebiet. Sie führen an diversen Stätten von historischer Bedeutung vorbei, die zumeist etwas mit dem Zulu-Krieg von 1879 zu tun haben. Eine davon ist der **Ultimatum Tree**, der Wildfeigenbaum, unter dem die Briten König Cetshwayo im Jahr 1878 ihr Ultimatum vorlegten, das unter anderem eine Auflösung des stehenden Zulu-Heeres verlangte.

Valley of a Thousand Hills

Das „Tal der Tausend Hügel" lädt zu einer malerischen Autofahrt entlang der Hügelkette ein, wo die Zulu noch in ihren traditionellen Behausungen leben. Die Fahrt lohnt allerdings nur, wenn man nicht vorhat, ins Landesinnere KwaZulu-Natals vorzudringen. Dort eröffnet sich nämlich hinter jeder Straßenbiege eine derartige Szenerie.

Am einfachsten erkundet man das Tal 45 km von Durban mit dem eigenen Fahrzeug (auf der N3 von Durban immer den Pinetown-Wegweisern nach). Alternativ bietet Tekweni Eco Tours (Kasten S. 431) täglich **Touren** von Durban aus an, bei denen die Hauptattraktionen angefahren werden.

Fahrt im Vintage-Train

Am letzten Sonntag im Monat, manchmal auch zusätzliche Fahrten, s. Website ▪ Abfahrt 8.30 und 12.30 Uhr von der Kloof Station, Stockers Arms, Old Main Rd ▪ R170 ▪ ✆ 082-353 6003, 💻 www.umgenisteamrailway.co.za

Wer sich in Durban aufhält, kann eine Fahrt in der **historischen Eisenbahn** mit Umgeni Steam Railways unternehmen. Das Unternehmen besitzt eine der größten Sammlungen historischer Lokomotiven und Waggons auf der Südhalbkugel. Der Zug zockelt 45 Minuten lang am Rand des Valley of a Thousand Hills entlang bis zur Inchanga Station mit Kunstgewerbemarkt.

Phezulu Safari Park

Old Main Rd ▪ 🕒 tgl. 8.30–16.30 Uhr ▪ Eintritt Reptilienpark R45 ▪ Zulu-Tanzvorführung tgl. um 10, 11.30, 14 und 15.30 Uhr, R100 ▪ ✆ 031-777 1000, 💻 www.phezulusafaripark.co.za

Unmittelbar südlich des Tals liegt der Phezulu Safari Park, wo man neben diversen Antilopen, Zebras und Giraffen auch tödlich giftigen Schlangen – allerdings sicher verwahrt in engen Glaskästen – und Krokodilen nah kommen kann, darunter ein 90 Jahre altes Nilkrokodil und ein 42 kg schwerer Tigerpython

Außerdem befindet sich hier ein nachgebautes Zulu-Dorf aus präkolonialen Zeiten, in dem vor der dramatischen Talkulisse Zulu-Tänze vorgeführt werden. Sie sind zwar für Touristen gedacht, entbehren aber trotzdem nicht einer gewissen Authentizität.

Pietermaritzburg und Umgebung

Pietermaritzburg (oft „Maritzburg" genannt), die Hauptstadt der Provinz KwaZulu-Natal, vermarktet sich gern als die am besten erhaltene **viktorianische Stadt** Südafrikas und ist stolz auf seine enge Verbindung zu Großbritannien. In Wirklichkeit ist vom kolonialen Erbe nicht mehr viel zu sehen. Vielmehr präsentiert sich Pietermaritzburg als typische südafrikanische Stadt: Die Zulu bilden die größte ethnische Gruppe, gefolgt von Einwohnern indischer Abstammung. Der Bevölkerungsteil britischer Herkunft bildet lediglich eine – allerdings sehr einflussreiche – Minderheit. Aufgrund dieser multikulturellen Mischung und einer beträchtlichen Zahl von Studenten ist Pietermaritzburg eine recht lebendige Stadt, die auch relativ sicher ist und sich gut zu Fuß erkunden lässt.

Pietermaritzburg liegt nur 80 km westlich von Durban und ist über die Schnellstraße N3 zu erreichen, sodass ein Tagesausflug von der Küstenstadt aus ohne weiteres machbar ist. Außerdem bildet Maritzburg eine günstige Zwischenstation auf dem Weg in die Ukhahlamba Drakensberge (S. 447) oder zu den Battlefields in der Umgebung von Ladysmith (S. 493).

Alan Paton

Der Schriftsteller, Lehrer und Politiker Alan Paton wurde 1903 in Pietermaritzburg geboren. Sein erster visionärer Roman *Beloved Country* (dt. *Denn sie sollen getröstet werden*) rückte das Schicksal der schwarzen Südafrikaner ins Interesse der Weltöffentlichkeit und verkaufte sich rund um den Globus millionenmal. Das Buch erschien 1948 – im gleichen Jahr, als die National Party an die Macht kam und den Grundstein für die Apartheid legte. Anschließend ging Paton in die Politik und wurde Gründungsmitglied der nichtrassistischen, gegen die Apartheid eingestellten Liberal Party. Er fungierte als Präsident der Partei von 1960 bis 1968, als sie sich aufgrund des von der repressiven Gesetzgebung erlassenen Verbots multirassischer politischer Organisationen auflösen musste.

Paton starb 1988 in Durban. Sein Lebenswerk umfasst eine ganze Reihe von Publikationen, darunter zwei Biografien und seine Autobiografie. 1989 wurde in einem Gebäude der University of KwaZulu-Natal in der Milner Road, Scottsville, wo auch das Archiv untergebracht ist, das **Alan Paton Centre** eingerichtet, ✆ 033-260 5926, 💻 www.paton.ukzn.ac.za. Dort sind eine Nachbildung von Patons Büro sowie persönliche Gegenstände und Dokumente zu sehen. 🕒 Mo–Fr 8.30–13 Uhr.

Geschichte

Bereits der Name Pietermaritzburg spiegelt den burischen Ursprung der Stadt wider. Nachdem die Voortrekker in der Schlacht am Blood River 3000 Zulu niedergemetzelt hatten, gründeten sie 1839 die neue Republik Natalia, deren Hauptstadt sie nach den Burenführern Piet Retief und Gerrit Maritz benannten. Die Unabhängigkeit der Republik war jedoch nur von kurzer Dauer: Bereits vier Jahre später wurde sie von Großbritannien annektiert.

Im letzten Jahrzehnt des 19. Jhs. bildete Maritzburg mit einer Einwohnerzahl von 10 000 (mehr als Durban zur damaligen Zeit) das bedeutendste Zentrum der Kolonie Natal. Zu Beginn des 20. Jhs. kamen zahlreiche Inder in die Gegend, die meisten als Vertragsarbeiter. Unter ihnen befand sich ein junger Rechtsanwalt namens Mohandas Gandhi. Rückblickend verfolgte Gandhi die Keimzelle seiner Philosophie des passiven Widerstands auf einen Zwischenfall im Jahre 1893 zurück, als er am Bahnhof von Pietermaritzburg wegen seiner Hautfarbe aus dem 1.-Klasse-Abteil eines Zuges geworfen wurde.

Tatham Art Gallery

Chief Albert Luthuli St, Ecke Langalibalele St ▪ 🕒 Di–So 10–17 Uhr ▪ Eintritt frei ▪ ✆ 033-392 2801, 💻 www.tatham.org.za

Gegenüber vom **Rathaus** (City Hall), einem spätviktorianischen Backsteinbau mit einem 15 m hohen Uhrturm, steht die Tatham Art Gallery. Der Backsteinbau ist das Highlight Pietermaritzburgs. Das ehemalige Gebäude des obersten Gerichtshofs der Kolonie Natal beherbergt eine

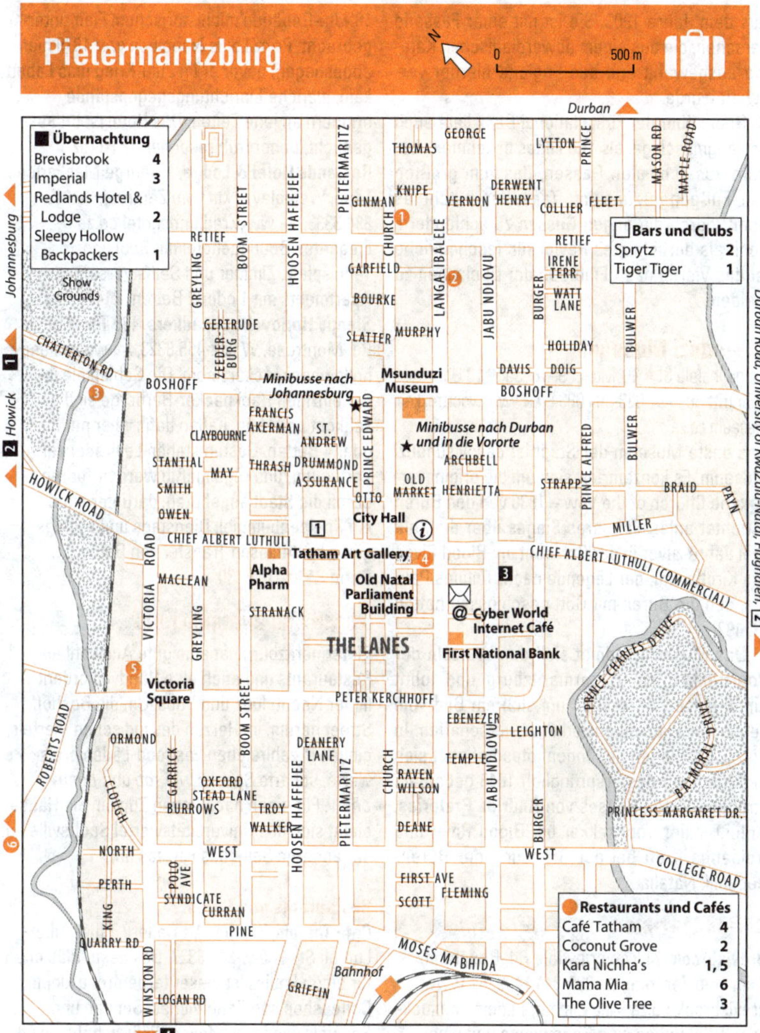

der landesweit besten Kunstsammlungen. Hier sind neben Werken von Marc Chagall, Georges Braque und Henri Matisse Arbeiten schwarzer südafrikanischer Künstler wie Zwelethu Mthethwa und Sam Nhlengethwa ausgestellt. Am Mittwochnachmittag findet in der Galerie oft ein kostenloses Klassikkonzert statt.

Old Natal Parliament Building, First National Bank und The Lanes

Südlich der Tatham Art Gallery stehen an der Langalibalele Street eine Reihe historischer Gebäude. Darunter das **Old Natal Parliament Building**, ein typisches Beispiel für die Architektur des British Empire, und die **First National Bank** aus dem Jahre 1903. Sie ist mit einer Fassade versehen, die aus einem edwardianischen Katalog ausgewählt und aus England hierher verschifft wurde.

Gegenüber der First National Bank liegt auch das engmaschige, als **The Lanes** bekannte Labyrinth aus schmalen Gassen, das zum größten Teil Fußgängerzone ist. Tagsüber macht es Spaß, durch die engen Gassen zu schlendern, doch als berüchtigtes Revier für Taschendiebe ist das Viertel nach Einbruch der Dunkelheit zu meiden.

Msunduzi Museum

Langalibalele St ▪ Mo–Fr 9–16, Sa 9–13 Uhr ▪ Eintritt R8 ▪ 033-394 6834, www.voortrekkermuseum.co.za

Das beste Museum der Stadt ist das Msunduzi Museum. Es konzentriert sich um die original erhaltene Church of the Vow – 1838 von den Buren errichtet anlässlich ihres Sieges über die Zulu drei Jahre zuvor in der Schlacht am Blood River. Die Kirche war, der Legende nach, Teil des Paktes, den die Buren mit Gott geschlossen hatten (S. 492).

Das Museum widmet sich den Wurzeln der Voortrekker von Pietermaritzburg und lohnt einen kurzen Abstecher, um sich ein Bild vom Leben der Planwagensiedler zu verschaffen. In den Grünanlagen des Innenhofes befindet sich der Nachbau des ursprünglich 1846 gebauten, strohgedeckten Hauses von **Andries Pretorius**, Anführer der Voortrekker bei Blood River und treibende Kraft bei der Gründung der Buren-Republik Natalia.

ÜBERNACHTUNG

Brevisbrook, 28 Waverleydale Rd, Boughton, 5 km vom Zentrum, 033-344 1402, www.brevisbrook.co.za. Alle Zimmer in dem schnuckligen B&B haben eine Badewanne und einen separaten Eingang. Außerdem gibt's eine herrlich schattige Grillecke und einen Pool. Wer möchte, kann sich selbst verpflegen. R850

Imperial, 224 Jabu Ndlovu St, Innenstadt, 033-342 6551, www.proteahotels.com/imperial. Verfügt über sämtliche modernen Annehmlichkeiten, die man von einem Haus dieser Kette erwartet und ist in einem reizenden 19.-Jh.-Gebäude mit historischem Flair untergebracht: Prinz Louis Napoleon war 1879 hier abgestiegen, bevor er im Zulu-Krieg ums Leben kam; manche Einrichtungsgegenstände erinnern an jene Zeiten. Das Hotel ist oft ausgebucht, daher früh reservieren. R1152

Redlands Hotel & Lodge, 1 George MacFarlane Lane, Wembley, 3 km vom Zentrum, 033-394 3333, www.redlandshotel.co.za. Elegantes Boutiquehotel mit Pool und Tennisplatz. Zimmer und Selbstversorger-Apartments mit 1 oder 2 Betten. R1420

Sleepy Hollow Backpackers, 489 Town Bush Rd, Montrose, W 082-455 8323, www.sleepyhollowbackpackers.com. Die Schlafsäle in der einzigen Backpacker-Herberge sind schlicht und klein, haben dafür aber nur 3 oder 4 Betten. Gästen stehen Leihräder zur Verfügung, und regelmäßig werden Touren durch die Stadt angeboten, darunter auch ein Kneipenbummel. Dienstags und freitags gibt´s kostenlosen Transfer von Durban. Dorm R140, DZ R330

ESSEN UND UNTERHALTUNG

Pietermaritzburg hat eine gute Auswahl an Restaurants und auch eine Handvoll ordentlicher Nachtclubs und Pubs. Um die Boshoff Street herum, im Herzen des indischen Viertels, gibt es in zahlreichen Fastfood-Läden preiswerte, scharfe Snacks wie *roti* und *bunny chow*. Für einen nächtlichen Zug um die Häuser bietet sich das Universitätsviertel Scottsville auf der anderen Seite des Flusses an.

Restaurants und Cafés

Café Tatham, Tatham Art Gallery, Chief Albert Luthuli St, 033-342 8327. Das beste Plätzchen für einen Imbiss ist dieser farbenfrohe kleine Coffeeshop, wo Sandwiches, Suppen und Specials wie Lamm-Tajine (R60) zu haben sind. Di–Sa 10–16.30 Uhr.

Coconut Grove, 426 Langalibalele St, 033-394 3337. Hat billige Currys (unter R50), eine große Auswahl an Burgern, außerdem Seafood und Braten. Mo–Do 9–19, Fr und Sa 9–21 Uhr.

Kara Nichha's, 470 Church St, 033-345 0228. Ausgezeichnete, sehr billige vegetarische indische Speisen zum Mitnehmen

(Currys für R7,50). Besonders empfehlenswert sind die gefüllten *rotis* und die indischen Süßigkeiten. Filiale in der 151 Victoria Rd. ⌚ Mo–Fr 7.15–17.15, Sa 7.15–15 Uhr.
Mama Mia, 101 Roberts Rd, Wembley, ✆ 033-342 2778. Ein ordentliches italienisches Restaurant mit den üblichen Klassikern sowie ein paar ungewöhnlichen Gerichten wie Pizza mit gebackenem Lammfleisch und Minz-Chutney (R88). ⌚ tgl. 10–22 Uhr.
The Olive Tree, McDonald's Garden Centre, Chatterton Rd, ✆ 033-394 7033. Angenehmes Café in ruhiger und schattiger Lage am Fluss mit gutem Frühstück, einfallsreich zusammengestellten Salaten und gesunden Mittagsangeboten, z. B. Sandwiches für rund R35. Zu erreichen ist das Lokal durchs Gartencenter. ⌚ Mo–Sa 8–16, So 8–15.30 Uhr.

Bars und Clubs

Sprytz, 40 Alan Paton Ave, Scottsville, ✆ 033-342 3206. Die schicke Cocktailbar wird vor allem von gut betuchten Schwarzen frequentiert. Das Cocktailangebot reicht von klassisch bis innovativ, und die Preise pro Drink bewegen sich um R35. ⌚ Di–Do 12–23, Fr und Sa 12–2, So 14–24 Uhr.
Tiger Tiger, Chief Albert Luthuli St, ✆ 033-345 5977. Zentral gelegener Club, wo House-Musik gespielt wird. Seit vielen Jahren ein Dauerbrenner, der ein Publikum aus Studenten und jungen Akademikern anzieht. Donnerstag ist Studentenabend. ⌚ Do–Sa 20 Uhr bis spät, Eintritt R100.

SONSTIGES

Apotheke

Alpha Pharm, Victoria Mall, 62 Chief Albert Luthuli St, ✆ 033-342 4218. ⌚ Mo–Fr 8–17, Sa 8.30–12.30 Uhr.

Informationen

Touristeninformation. Publicity House, Langalibalele St, Ecke Chief Albert Luthuli St, ✆ 033-345 1348, 💻 www.pmbtourism.co.za. Ausgezeichnete Auswahl an Büchern, außerdem Infos zu den Ukhahalamba Drakensbergen und anderen Attraktionen der Umgebung. ⌚ Mo–Fr 8–17, Sa 8–13 Uhr.

Internet

Cyber World Internet Café, 204 und 258 Langalibalele St. ⌚ Mo–Sa 7–18, So 10–17 Uhr.

Medizinische Hilfe

Pietermaritzburg Medi-Clinic, 90 Payn St, ✆ 033-845 3700.

Notruf

AA (Automobile Association), ✆ 083-84322.

NAHVERKEHR

Taxis mit Taxameter sollten vorbestellt werden. Eines der größten Unternehmen ist **Metro Taxis**, ✆ 033-397 1910; ansonsten kann man es auch bei **Govender´s Taxis**, ✆ 033-391 2902, versuchen.

TRANSPORT

Busse

Alle Intercitybusse halten beim McDonald's an der Burger St, Ecke Chief Albert Luthuli St. **SA Road-link**, ✆ 033-345 6890, hat ein Büro auf dem McDonald's-Parkplatz. Das Büro von **Intercape**, ✆ 086-128 7287, liegt direkt gegenüber, auf der anderen Seite der Burger Street. Fahrkarten für **Greyhound** verkauft African Link Travel direkt neben Intercape, ✆ 033-345 3175. **Translux**-Tickets gibt´s am Bahnhof (s. „Eisenbahn", ✆ 033-345 0165).

Busse nach:
BLOEMFONTEIN (1x tgl., 9 1/2 Std.);
DURBAN (17x tgl., 2 1/4 Std.);
JOHANNESBURG (18x tgl., 7 Std.);
KAPSTADT (2x tgl., 21 3/4 Std.);
LADYSMITH (3x tgl., 2 1/4 Std.);
PRETORIA (17x tgl., 7 1/2 Std.).

Der **Baz Bus** hält beim Sleepy Hollow Backpackers im Stadtzentrum.

Baz Busse nach:
AMPHITHEATRE (4x wöchentl., 3 Std.);
DURBAN (4x wöchentl., 2 Std.);
JOHANNESBURG (4x wöchentl., 8 Std.);
PRETORIA (4x wöchentl., 9 Std.).

Minibustaxis

Minibusse nach DURBAN und JOHANNESBURG fahren von Haltestellen in der Nähe des Msunduzi Museums im Zentrum ab.

Eisenbahn

Der **Bahnhof**, ✆ 033-897 2350, befindet sich an dem zwielichtigen Südwestende der Langalibalele Street, einer der Hauptdurchgangsstraßen der Stadt. Man sollte bereits im Voraus eine Abholung arrangieren. Das gilt vor allem bei Ankunft nach Einbruch der Dunkelheit. **Züge** fahren jeweils 4x wöchentl. nach DURBAN (um 4.58 Uhr, 2 1/4 Std.) und nach JOHANNESBURG (um 21.36 Uhr, 10 Std.).

Flüge

Der **Oribi Airport**, ✆ 033-386 9577, befindet sich etwa 6 km südlich des Stadtzentrums, das von hier aus nur per Taxi zu erreichen ist. Es gibt Flüge nach JOHANNESBURG (6x tgl., 1 1/2 Std.).

Die Midlands

Die meisten Reisenden erleben das grüne Weideland der Midlands als Bilderbuchlandschaft, die während der zweistündigen Fahrt von Durban oder Pietermaritzburg in die Ukhahlamba Drakensberge an ihrem Fenster vorbeirauscht. Es besteht auch nicht viel Anlass, länger zu verweilen – es sei denn, man fühlt sich von den urigen Landgasthäusern und Teestuben oder den Kunsthandwerksläden der Region angezogen. Mehrere davon liegen am Midlands Meander. Das ist eine Strecke, die sich auf Nebenstraßen im Umkreis der N3 zwischen Pietermaritzburg und dem Mooi River 60 km Richtung Nordwesten windet.

Wer von Pietermaritzburg aus über die N3 durch die Midlands fährt, befindet sich in etwa auf der Route von **Nelson Mandelas** letzter Reise als freier Mann, bevor er 1962 verhaftet wurde. 18 km nordwestlich von Pietermaritzburg liegt Howick, das als der Ort in die Geschichte einging, an dem Mandela festgenommen wurde. Die genaue Stelle befindet sich an der R103, 2 km nördlich einer Nebenstraße, die zur Kreuzung nach Tweedie führt. Selbst auf der Flucht vor der Polizei hatte Mandela seine politischen Aktivitäten fortgesetzt, wobei er sich verschiedener Tarnungen bediente. Am Tag seiner Verhaftung war er als Chauffeur eines weißen Freundes verkleidet. Der Wagen wurde auf der alten Landstraße nach Howick angehalten – die Polizei hatte vermutlich einen anonymen Hinweis erhalten. Ein 1996 von Mandela enthülltes Denkmal markiert die Stelle.

Höhenflüge

Die Midlands halten zwei **Abenteueraktivitäten** für all jene parat, die hoch hinaus wollen. Bulwer, südwestlich von Pietermaritzburg, ist eine der hochkarätigsten Paragliding-Destinationen Südafrikas, und Wild Sky Paragliding, ✆ 082-395 3298, 💻 www.wildsky.co.za, bietet zweitägige Einführungskurse für R2500 oder Tandemflüge für R950. Und nördlich von Howick, im Karkloof Nature Reserve, besteht die Gelegenheit, mit Karkloof Canopy Tours, ✆ 033-330 3415, 💻 www.karkloofcanopytour.co.za, eine **Canopytour** zu unternehmen (R495 inkl. Mittagessen). Dabei werden die Teilnehmer in einen Schutzanzug gesteckt und gleiten an Stahlseilen zwischen hoch über dem Waldboden errichteten Plattformen durch die Lüfte.

ÜBERNACHTUNG UND ESSEN

Eine Liste mit Optionen für Selbstversorger kann von KZN Wildlife oder der Midlands Meander Association, ✆ 033-330 8195, 💻 www.midlandsmeander.co.za, angefordert werden. Letztere erledigt auch Buchungen.

Granny Mouse Country House, Old Main Rd, Balgowan, 28 km nordwestlich von Howick an der R103, ✆ 033-234 4071, 💻 www.grannymouse.co.za. Stilvolle Zimmer in strohgedeckten Cottages. Restaurant, Spa und Sitzecken. R1445

Loxley House, in Nottingham Rd, südlich der Lonteni/Sani Pass Rd, 30 km nordwestlich von Howick an der R103, ✆ 033-266 6362, 💻 www.loxleyhouse.com. Hübsche Zimmer in kleinem B&B mit Restaurant. Bei Bedarf werden Gäste mit Heizdecken versorgt. R1190

Rawdon's, Old Main Rd, Nottingham Rd, ✆ 033-266 6044, 💻 www.rawdons.co.za. Die Unterkunft befindet sich auf einem bezaubernden, reetgedeckten Gutshof mit Forellenteich, gemütlichem Pub und hauseigener Brauerei. An kühlen Tagen prasselt ein Feuer im Kamin; im Sommer lässt es sich auf den Veranden gut aushalten. R1460

INFORMATIONEN

Eine kostenlose Karte, auf der die Sehenswürdigkeiten des Midlands Meander eingezeichnet sind, gibt es bei den meisten Tourismusbüros der Region.

13 HIGHLIGHT

Die Ukhahlamba Drakensberge

Das Bergmassiv erstreckt sich entlang der Grenze zu Lesotho und wird zum großen Teil in einem riesigen Nationalpark geschützt, der die Bezeichnung **Ukhahlamba-Drakensberg Park** trägt. Die „Drachenberge" (in der Zulu-Sprache „Barriere aus aufgestellten Speeren") bilden die höchste Bergkette im südlichen Afrika und erreichen ihre höchste Erhebung an der Grenze zu Lesotho.

Die Ukhahlamba Drakensberge bilden eine einzigartige Landschaft aus massiven Felstürmen und bizarren Steinsäulen, ausgedehntem Grasland, Wasserfällen, Flüssen, Wasserbecken und mit Farnteppichen bedeckten Wäldern. Die wilde und unbewohnte Landschaft ist ein Paradies zum **Wandern**. Hier findet sich die weltweit reichhaltigste Anzahl von San-Felsmalereien, und mit mehr als 600 registrierten, überall in den Bergen verstreut gelegenen Stätten wurden die Ukhahlamba Drakensberge dann auch zum Unesco-Weltkulturerbe ernannt. Drei leicht zugängliche befinden sich bei Giant's Castle, Injisuthi und Kamberg. Insgesamt umfassen diese Stätten über 22 000 einzelne Kunstwerke, die von den ursprünglichen Bewohnern der Region angefertigt wurden.

Von Schwarzafrikanern bewohnte Agrargebiete umschließen den Park – einstiges „Homeland", unausgeschildert und auf vielen Landkarten gar nicht eingetragen. Die Fahrt durch diese Landstriche ist trotzdem sehr interessant und erlaubt einen flüchtigen Einblick in das traditionelle Zulu-Leben mit Bienenkorbhütten und allem, was sonst noch dazugehört.

An Übernachtungsmöglichkeiten stehen in den Ukhahlamba Drakensbergen die Selbstversor-

Die höchste Bergkette des südlichen Afrika: die Drakensberge

UKHAHLAMBA DRAKENSBERGE

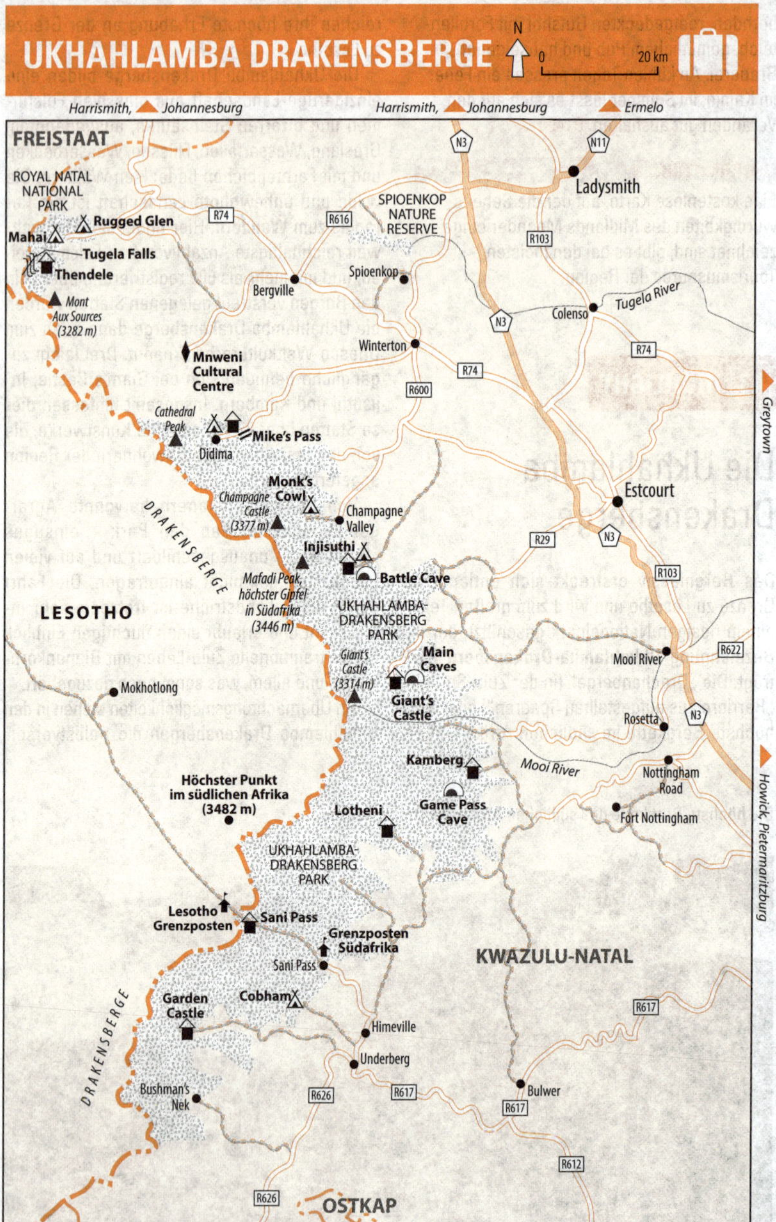

ger- und Campingunterkünfte von KNZ Wildlife zur Auswahl, außerhalb des Parks gibt es Hotels und Backpacker-Lodges – ohne eigenes Transportmittel sind Letztere die praktischere Option. Das Wetter ist im **Sommer** warm und feucht, mit gelegentlichen heftigen Gewittern und nebelverhangenen Tagen. Die **Winter** sind im Allgemeinen trocken, sonnig und kühl, mit nächtlichen Temperaturen unter dem Gefrierpunkt und gelegentlichem Schneefall in großer Höhe. Die besten Jahreszeiten zum Wandern sind Frühling und Herbst. Das Wetter kann zu jeder Jahreszeit urplötzlich umschlagen, daher ist es wichtig, genügend warme Kleidung und Proviant dabeizuhaben.

TRANSPORT

Auto

Die südlichen Drakensberge lassen sich entweder über die **R626** oder **R612/R617** erreichen. Beide führen in die unmittelbare Nähe des Sani-Passes. Die meisten Zufahrtstraßen in die zentralen und nördlichen Drakensberge zweigen in westlicher Richtung von der N3 zwischen Pietermaritzburg und der Gegend um Ladysmith ab. Sie führen zu verschiedenen, von KZN Wildlife verwalteten Camps. Da keine durchgängige Straße durch die Ukhahlamba Drakensberge verläuft, ist es nicht möglich, von einem Ende bis zum anderen zu fahren.

Busse

Die Zahl der öffentlichen Verkehrsmittel ist begrenzt. Viele Hotels in der Region bieten ihren Gästen den Transfer von den Busbahnhöfen in Estcourt, einem Versorgungszentrum 88 km nördlich von Pietermaritzburg an der N3, oder Ladysmith an. Der Shuttleservice von Underberg Express (S. 452) verkehrt täglich zwischen Durban und dem Sani Pass. Der **Baz Bus** hält auf der Strecke Durban–Johannesburg bei Amphitheatre Backpackers, S. 458 (für die Weiterfahrt Richtung nördliche Drakensberge).

Südliche Drakensberge

Die Landschaft im südlichen Abschnitt der Ukhahlamba Drakensberge präsentiert sich zwar nicht ganz so dramatisch und abwechslungsreich wie die weiter nördlich, besitzt jedoch ein unübertroffenes Highlight: den sensationellen Sani Pass. Dieser Pass, über den es nach Lesotho geht, besteht aus einer Reihe Haarnadelkurven, die sich zum Bergkamm hochwinden, dem höchsten, mit einem Fahrzeug erreichbaren Punkt Südafrikas. Die Fahrt zählt zu den allerschönsten, die man im Land unternehmen kann. An klaren Tagen eröffnen sich von oben unvergessliche Ausblicke. In der Gegend bestehen zahlreiche gute Wandermöglichkeiten, und mehrere ortsansässige Veranstalter organisieren gleich jenseits der Grenze Pony-Trekking in den Bergen.

Underberg und Himeville

Von Pietermaritzburg und der N3 aus führt die Hauptzufahrt zum Southern Berg über die R617 – die Abfahrt Bulwer/Underberg nehmen, die von der N3 nach Westen abzweigt. Das Haupttor zu den südlichen Drakensbergen ist **Underberg**, 150 km westlich von Pietermaritzburg an der R617. Hier gibt es einen guten Supermarkt, wo man Proviant einkaufen kann.

Rund 4 km nördlich von Underberg liegt **Himeville**, der letzte Ort vor dem Aufstieg zum Sani Pass. Er eignet sich gut als Übernachtungsstopp.

Der Sani Pass

Der Sani Pass stellt die einzige Möglichkeit in den KwaZulu-Natal Ukhahlamba Drakensbergen dar, tatsächlich mit einem Fahrzeug in die Berge hinaufzufahren – und zwar auf der einzigen Straße von KwaZulu-Natal nach Lesotho, die zur winzigen Gebirgsgrenzstation **Mokhotlong** führt. Die eigentliche Attraktion jedoch ist der Pass selbst.

Lotheni und Kamberg

Fernab ausgetretener Touristenpfade liegen an unbefestigten Straßen die beiden nur selten von ausländischen Besuchern beachteten **KZN Wildlife Camps** in Lotheni und Kamberg. Der Abstecher in diese weltabgeschiedene Wildnis wird mit guten Möglichkeiten zum Forellenangeln und Felszeichnungen der San belohnt.

In einem Tal in den unteren Ausläufern der Berge liegt, von Wasserfällen und Grasland umgeben, das wunderschöne, ruhige **Lotheni**. Die Anfahrt nach Lotheni führt entweder über Nottingham Road von Nordosten oder Himeville von Südosten. Durch das Schutzgebiet fließt der gleichnamige Fluss, ein Paradies für Forellenangler.

Neben den hervorragenden Bedingungen für Angler ist es vor allem die Felskunst, die den Weg ins 42 km westlich von Rosetta gelegene **Kamberg** lohnt. Die **Game Pass Cave** – eine von drei in den Ukhahlamba Drakensbergen öffentlich zugänglichen Höhlen, auch unter der Bezeichnung Shelter Cave bekannt – birgt Abbildungen stilisierter Figuren im Trance-Zustand und großer, mehrfarbiger Elenantilopen, die über die Wände tanzen. Die Felszeichnungen können nur in Begleitung eines Fremdenführers (im Vorfeld zu arrangieren) besichtigt werden. Die Wanderung dorthin dauert rund drei Stunden und folgt einem kurvenreichen, hügeligen Pfad durch Savanne. Man kann sich aber auch einer der geführten Touren anschließen, die täglich um 9 Uhr am Kamberg-Restcamp beginnen (R50), das übrigens auch ein eigenes, sehenswertes Rock-art-Centre besitzt.

In der Nähe des Wasserfalls sind weitere Malereien kostenlos zu besichtigen. Die von Kamberg ausgehenden **Wanderungen** stellen keine übermäßigen Anforderungen an die Fitness und sind landschaftlich sehr reizvoll. Es gibt auch einen 4 km langen Wanderweg mit Handgeländer für Rollstuhlfahrer und Sehbehinderte.

Lotheni (✆ 033-702 0540, R25) und Kamberg (✆ 033-267 7251, R30) haben tgl. geöffnet: April–Sep 6–18 Uhr und Okt–März 5–19 Uhr.

ÜBERNACHTUNG

Himeville

Himeville Arms, Arbuckle St, ✆ 033-702 1305, 💻 www.himevillehotel.co.za. Das gediegene Landgasthaus bietet sich als Stopover vor der letzten Etappe der Reise in die Berge hinein an. Die Mitarbeiter vermitteln Geländewagenfahrten, Reitausflüge, Angel- und Golftrips. Es ist auch Schlafsaalunterbringung für Backpacker vorhanden. Dorm R185, DZ R960

Yellowwood Cottage, 8 Mackenzie St, ✆ 033-702 1065, ✉ rays@piscali.co.za. Eins der einladendsten B&Bs der Gegend, mit freundlichen Gastgebern und spektakulärem Garten mit märchenhaftem Bergblick. Es verfügt über 4 Zimmer mit Bad und eine voll ausgestattete Küche. R580

Underberg

Cedar Garden, 1 Polo Way, ✆ 033-701 1153 oder 083-648 4111, 💻 www.cedargarden.co.za. Ein stattliches altes Gebäude mit eleganten, hellen Zimmern, von denen manche im Hauptgebäude untergebracht sind, andere in einem Selbstversorger-Cottage für 4 Pers. oder einem separaten Haus für Selbstverpfleger. Die besten Zimmer sind die mit Aussicht auf den Garten. Die behagliche Lobby ziert ein Kamin. R700

Sani Pass

Die meisten Unterkünfte befinden sich am Fuß der Berge.

Mkomazana Mountain Cottages, 25 km nordwestlich von Underberg an der Sani Pass Rd, ✆ 082-521 6343, 💻 www.mkomazana.co.za. Selbstverpflegung in 5 Cottages für 2–6 Pers. Die Lodge wurde an einer Stelle erbaut, an der sich früher ein Handelsposten befand. Ganz in der Nähe liegt der Ausgangspunkt des Giant's Cup Hiking Trail. Vom Anwesen selbst, zu dem auch ein Fluss mit Wasserfall und ein privater Forellenstausee gehören, führen kürzere und weniger anspruchsvolle Wanderwege in die Berge. R740

Sani Lodge, 19 km nordwestlich von Underberg an der Sani Pass Rd, ✆ 033-702 0330, 💻 www.sanilodge.co.za. Dieses beliebte Backpacker-Hostel bietet Unterkunft in Schlafsälen, DZ und Selbstversorger-Cottages, manche davon in malerischen, strohgedeckten Rondavels. Die Aussicht von der Veranda ist umwerfend, und im Café nebenan gibt's sensationelle, hausgemachte Leckerbissen. Die Lodge stellt eine prima Ausgangsbasis für Wanderungen zu Wasserfällen und Felsmalereien dar – auf Anfrage gibt es Lunchpakete zum Mitnehmen. Außerdem werden Touren auf den Sani Pass, begleitete Wanderungen und 4WD-Exkursionen angeboten. Dorm R125, DZ R370

Sani Mountain Lodge, oben auf dem Sani Pass, direkt hinter der Grenze zu Lesotho, ✆ 078-

Giant's Cup Hiking Trail

Der 60 km lange, fünf Tage beanspruchende Giant's Cup Hiking Trail führt zum Teil durch eine große Senke (daher der Name) und ist der einzige angelegte Wanderweg in den Ukhahlamba Drakensbergen. Er beginnt an der Sani Pass Road und führt durch die niedrigeren Ausläufer der südlichen Drakensberge mit erodierten Sandsteinformationen, Felsüberhängen mit San-Malereien, grasbewachsenen Ebenen und schönen Tälern mit Flussbecken zum Schwimmen. Keine der einzelnen Tagesetappen ist länger als 14 km, und vom Schwierigkeitsgrad her ist der Trail trotz einiger steiler Passagen nicht übermäßig anspruchsvoll. Die Benutzung des Trails kostet R80 p. P. und Nacht und schließt das einmalige Eintrittsgeld zum Reservat ein.

Die **Berghütten** an den fünf Übernachtungsplätzen verfügen über fließend Wasser, Toiletten, Tische, Bänke und Schlafkojen mit Matratzen. Unbedingt mitzubringen sind Campingkocher, Lebensmittel und ein Schlafsack. Die Wanderung lässt sich verkürzen, indem man den ersten Tag weglässt und erst an der Pholela Hut beginnt, einem ehemaligen, zur Unterkunft für Wanderer umfunktionierten Farmhaus. Wer diese Variante wählt, kann dort die erste Nacht verbringen und beendet die Route einen Tag früher an der Swiman Hut in der Nähe des Büros von KZN Wildlife in Garden Castle. Für Unermüdliche lässt sich die Wanderung auch verlängern, und zwar in Form einer zusätzlichen Übernachtung in der Bushman's Nek Hut, in deren Umgebung sich zahlreiche Höhlen und Stätten mit Felsmalereien befinden.

Der Wanderweg ist auf 30 Personen pro Tag beschränkt und während der Ferienzeit häufig ausgebucht. Die **Reservierung** muss über KZN Wildlife (💻 www.kznwildlife.com), erfolgen, wo neben einer Gebietskarte auch eine Routenbeschreibung erhältlich ist.

634 7496, 💻 www.sanimountain.co.za. Die einzige Unterkunft von Sani Top in Lesotho (S. 672) auf 2874 m ü. d. M. macht viel Aufhebens darum, angeblich die höchste Kneipe Afrikas zu besitzen. Die Lage am Felsrand ist sensationell und erlaubt atemberaubende Ausblicke nach KwaZulu-Natal. Es gibt deftige Verpflegung, und abends kann man auf dem Balkon sitzen und den Sonnenuntergang hinter den Berggipfeln betrachten. Die einladenden Zimmer befinden sich in attraktiven Rondavels mit offenen Kaminen; es steht auch ein Zeltplatz zur Verfügung. Camping R95, Dorm R215, DZ (Halbpension) R1840

Lotheni und Kamberg

Lotheni Camp. Das Camp liegt in einer abgeschiedenen Ecke des Parks nördlich des Sani-Passes, Reservierung über KZN Wildlife, ✆ 033-845 1000, 💻 www.kznwildlife.com. Es besteht aus einem kleinen Campingplatz plus 14 einladenden Selbstversorger-Chalets mit 2–6 Betten, Bad und komplett ausgestatteter Küche. Außerdem gibt es das Simes Cottage (R1850), ein aus Stein gebautes Bauernhaus mit majestätischem Ausblick. Es besitzt seinen eigenen See voller Forellen, und auf dem Gelände tummeln sich Schirr- und Elenantilopen. Im Cottage gibt es Schlafgelegenheiten für 10 Pers., man muss aber das ganze Haus mieten. Alles Notwendige wie Proviant, Bettwäsche usw. muss mitgebracht werden. Camping R140, Chalet R440

Kamberg Camp. In den Ausläufern der Drakensberge, zwischen Lotheni und Giant's Castle. Reservierung über KZN Wildlife, ✆ 033-845 1000, 💻 www.kznwildlife.com. Das Restcamp umfasst Chalets mit 2–6 Betten. Es gibt eine Gemeinschaftsküche, aber keinen Zeltplatz. In der Nähe gibt es Möglichkeiten zum Forellenangeln und in der Umgebung mehrere Wanderwege in wunderschöner Landschaft. R450

ESSEN

In **Lotheni** gibt es etwa 10 km vor dem Restcamp eine Gemischtwarenhandlung. In **Kamberg** dagegen befindet sich die nächste Versorgungsmöglichkeit in Rosetta, deshalb müssen Nahrungsmittel und Getränke mitgebracht werden.

KWAZULU-NATAL

SONSTIGES

Informationen

Southern Drakensberg Tourism, Ortsmitte von Underberg ✉ ✆ 033-701 1471, 💻 www.drakensberg.org. Dies ist die beste Informationsquelle zur Region. ⌚ Mo–Fr 7.45–16.15, Sa und So 9–13 Uhr.

Touren

Roof of Africa Tours, in Himeville, ✆ 083-212 7856, 💻 www.roofofafricatours.co.za, veranstaltet Touren über den Sani Pass und nach Lesotho hinein, unterwegs wird ein Basotho-Dorf besucht. Auf dem Veranstaltungsprogramm stehen auch Ausflüge zu hiesigen Käse- und Weinproduzenten, wo man bei der Verarbeitung zuschauen und das Endprodukt verkosten kann. Außerdem im Angebot: Wanderungen (3–7 Std.) zu historischen San-Felsmalerien in der Region.

TRANSPORT

Auto

Wer den **Sani Pass** hochfahren möchte, sollte ein Fahrzeug mit Allradantrieb wählen und darf den Reisepass nicht vergessen. Die Grenzübergänge auf südafrikanischer Seite sowie in Lesotho sind tgl. 8–16 Uhr geöffnet.

Busse

Trotz seiner Abgeschiedenheit ist der Sani Pass leicht zu erreichen. **Underberg Express**, ✆ 079-696 7108, betreibt einen Shuttleservice zwischen Durban/Flughafen, Durban/Zentrum, Pietermaritzburg, Howick, Bulwer, Himeville und dem Sani Pass (der Bus hält bei der Sani Lodge, s. „Übernachtung"). Die Fahrt vom King Shaka Airport in Durban zum Sani Pass kostet R650 p. P. und dauert etwa 3 1/2 Std.

Zentrale Drakensberge

Den mittleren Teil des Drakensberg-Massivs in KwaZulu-Natal bilden vier separate Regionen, die jeweils von der N3 ausgeschildert sind. **Giant's Castle** versammelt bedeutende Felsmalereien der San und umfasst ein herrliches Wildreservat, in dem sich unter anderem der beliebte Geier-Beobachtungsposten und wichtige Felszeichnungen der San befinden. Weitere Beispiele der San-Kunst gibt es im nördlich gelegenen **Injisuthi** zu entdecken, das insbesondere bei Wanderern als Ausgangspunkt für Exkursionen in die absolute Wildnis beliebt ist.

Wesentlich bequemer zugänglich, aber auch von weitaus mehr Touristen besucht, ist das **Champagne Valley**, das eine ganze Reihe von Hotels mit einem vielfältigen Sportangebot vorweisen kann. Das nördlich vom Champagne Valley gelegene Hotel am **Cathedral Peak** ist der beste Ausgangspunkt für anspruchsvolle Wanderungen.

Giant's Castle Game Reserve

⌚ tgl. April–Sep 6–22 Uhr, Okt–März 5–22 Uhr ▪ Eintritt R30 ▪ ✆ 036-353 3718

Das Tierschutzgebiet Giant's Castle Game Reserve wurde ursprünglich zum **Schutz der Elenantilope** eingerichtet, die vor der Ankunft der Kolonialisten noch in großer Zahl in den Drakensbergen beheimatet war. Das Wildreservat bietet auch anderen Antilopen der kühleren Hochlandregionen ein Zuhause, darunter Bleichböckchen, Rehantilope, Berg-Riedbock und Schirrantilope. Trotz seiner rund vier Dutzend Säugetier- und etwa 160 Vogelarten handelt es sich nicht um einen traditionellen Wildpark, denn hier beobachtet man die Tiere nicht vom Fahrzeug aus, sondern nur bei Wanderungen durch das Gelände. Innerhalb des Schutzgebietes gibt es keine Straßen, abgesehen von den Zufahrtsstraßen, die an den beiden von KZN Wildlife verwalteten Hauptübernachtungsplätzen **Giant's Castle** und **Injisuthi** enden. Drei der vier höchsten Gipfel Südafrikas bilden die majestätische Kulisse im Westen des Reservats: der Mafadi (3446 m), der Popple Peak (3325 m) und der namensgebende Giant's Castle (3314 m).

Das Vulture Hide

⌚ Mai–Sep ▪ R645 für bis zu 3 Pers. ▪ Möglichst schon ein Jahr im Voraus buchen bei KZN Wildlife ▪ ✆ 033-845 1000, 💻 www.kznwildlife.com

Zu den größten Attraktionen von Giant's Castle zählt das Vulture Hide, wo sich Vogelarten wie der seltene Bartgeier (oder Lämmergeier), Kapgeier, Schwarzadler, Schakalbussard und Lan-

Übernachtungsmöglichkeiten an der Strecke zu den Drakensbergen

Im Weiler **Winterton**, 90 km nördlich von Pietermaritzburg an der R74, dort wo sie von der N3 nach Westen abzweigt, befinden sich ein paar hübsche Unterkünfte, etwa die **Lilac Lodge**, 8 Springfield Rd, ✆ 036-488 1025, 💻 www.lilaclodge.co.za, R300 p. P. Die Springfield Road ist die Hauptverkehrsstraße in den Ort hinein. Die Lilac Lodge besteht aus kleinen Ferienhütten und einem kombinierten Coffee- und Kunstgewerbeshop.

Ebenso zu empfehlen ist die **Rolling M Ranch**, ✆ 036-488 1751, 💻 www.rollingmranch.co.za, R500, ein Bauernhof außerhalb vom Dorf am Ufer des Tugela River. Man fährt von Winterton aus 2 km auf der R600 nach Norden und biegt am Wegweiser nach Skietdrift rechts ab. Das Gästegelände befindet sich 15 km weiter an dieser Straße und besteht aus Cabins und Cottages für Selbstversorger sowie einem Bushcamp. Da die Farm an der Battlefields-Route liegt, führen von hier aus Wege zu den Gedenkstätten Spioenkop und Buller's Cross.

Four Rivers Rafting and Adventures, ✆ 036-468 1693, 💻 www.fourriversadventures.co.za, unternehmen von Winterton aus Wildwasserfahrten (Dez–April) auf dem Tugela River östlich der Drakensberge. Die eintägigen Trips in die Schlucht des Tugela hinein kosten R510 p. P. Auf Wunsch lassen sich auch mehrtägige Ausflüge arrangieren.

nerfalke versammeln. Im Winter bringen Wildhüter Tierkadaver hierher, und das lockt diese Vögel an. Der Bartgeier, ein riesiger, schwarzgoldener Vogel mit gigantischer Spannweite und rautenförmigem Schwanz, ist nur in den Ausläufern des Himalaya und in Südafrika lediglich in den Ukhahlamba Drakensbergen und im Maloti-Gebirge Lesothos anzutreffen. Er ist ein Aasfresser und das evolutionäre Bindeglied zwischen Adlern und Geiern.

Main Caves

🕒 tgl. 9–15 Uhr ▪ Begleitete Spaziergänge vom Giant's Castle Camp R30.

In Giant's Castle befindet sich eine der drei großen, öffentlich zugänglichen **Felskunststätten** der Ukhahlamba Drakensberge: Die mehr als 500 Malereien der Main Caves sind nach einem halbstündigen Spaziergang durch das Bushman's River Valley erreicht.

Injisuthi

🕒 April–Sep 6–18 Uhr, Okt–März 5–19 Uhr ▪ Eintritt R20 ▪ Führungen zu den San-Malereien (R235 für bis zu 3 Pers., 5 Std.) beginnen beim Injisuthi Camp um 8.30 Uhr, Buchung über KZN Wildlife (Kasten S. 409) ▪ ✆ 036-431 9000 ▪ Das Camp liegt am Ende einer 30 km langen Schotterpiste, die von der R615 abzweigt (ausgeschildert)

In der Nordhälfte des Giant's Castle Game Reserve, rund 50 km sowohl von Winterton als auch von Estcourt entfernt, liegt Injisuthi, der Traum eines jeden Wanderers. Von hier aus kann man direkt in die Berge aufbrechen (es stehen zehn verschiedene Tageswanderungen zwischen einer und zehn Stunden zur Auswahl), in Flüssen schwimmen oder Felskunst bewundern. Eine der besten Tageswanderungen führt den Van Heyningen's Pass hoch zu einem Aussichtspunkt – die freundlichen Mitarbeiter am Hauptcamp weisen gern den Weg.

Wer sich für Felskunst interessiert, sollte sich die Malereien in der **Battle Cave** nicht entgehen lassen. Die Höhle heißt so, weil eine Reihe von Abbildungen scheinbar Kampfszenen zwischen zwei San-Gruppen darstellen. Battle Cave enthält über 750 Darstellungen von Menschen und Tieren, viele davon sind allerdings verblasst. Die Felsen sind umzäunt und können zu Fuß nur in Begleitung eines Fremdenführers von KZN Wildlife besichtigt werden.

Champagne Castle

Der Champagne Castle ist der **zweithöchste Berg** Südafrikas und liefert die berühmteste Ansicht der Ukhahlamba Drakensberge. Der Name geht der Legende nach auf einen Zwischenfall im Jahre 1861 zurück, als ein gewisser Major Grantham den Gipfel offiziell als Erster bestieg;

Die Felsmalereien der San

Die San, auch als Buschmänner bezeichnet, waren die ersten Bewohner des südlichen Afrika und direkte Nachfahren der späten Steinzeitmenschen. Sie lebten dort lange Zeit als Jäger und Sammler – in Namibia entdeckte Malereien datieren stolze 25 000 Jahre zurück. In den letzten 2000 Jahren wurden den San durch die sich nach Süden ausbreitenden Bauern der Bantu-Sprachfamilie Veränderungen aufgezwungen, doch ernsthafte Spannungen ergaben sich erst, als weiße Siedler begannen, Gebiete für sich zu beanspruchen. Als sich die San am Vieh der Farmer vergriffen, jagten die Weißen sie, bis sie von der südafrikanischen Landkarte ausradiert waren.

Die **Künstler** der San waren gleichzeitig **Schamanen**, ihre Bilder waren vom Trance-Zustand inspiriert. Daher sind die in den Malereien festgehaltenen Jagd-, Tanz- und Tierszenen nicht als realistische Darstellungen des alltäglichen Lebens zu interpretieren. Eine exakte Datierung der Malereien in den Drakensbergen ist schwierig, die ältesten dürften jedoch mindestens **800 Jahre alt** sein.

Zu den besten Einführungen in das Thema gehört das schmale **Büchlein** *Rock Paintings of the Natal Ukhahlamba Drakensberg* von David Lewis-Williams, hrsg. von der University of KwaZulu-Natal Press und in fast jeder Buchhandlung der Region erhältlich.

KWAZULU-NATAL

begleitet wurde er dabei von seinem Offiziersburschen, der versehentlich die obligatorische Flasche Schampus fallen ließ und den Berg damit unfreiwillig taufte.

Champagne Valley

Monk's Cowl ⌚ tgl. 6–18 Uhr ▪ Eintritt R35 ▪ Wanderung mit Übernachtung R45 ▪ ✆ 036-468 1103

Champagne Valley liegt nur 32 km von Winterton entfernt und besitzt Geschäfte, Restaurants und Einrichtungen, die man in anderen Teilen der Ukhahlamba Drakensberge vergebens sucht. Die touristisch umfassend erschlossene, aber extrem schöne Gegend liegt außerhalb des von KZN Wildlife verwalteten Schutzgebietes und ist nicht zu empfehlen, wenn man direkt von der eigenen Türschwelle aus loswandern möchte. Dazu muss man zunächst nach Westen über die Landstraße R600 nach **Monk's Cowl**, von wo aus zahlreiche Wanderwege in die Berge führen.

Ardmore Ceramic Art Studio

20 km von Winterton abseits der R600 (ausgeschildert) ▪ ⌚ tgl. 8–16.30 Uhr ▪ ✆ 033-940 0034, 💻 www.ardmoreceramics.co.za

Das Ardmore Ceramic Art Studio ist eine der Hauptattraktionen des Tals. Die Keramikwerkstatt wurde in den 80er-Jahren von der Kunsthochschulabsolventin Fée Halsted-Berning ins Leben gerufen. Als Auszubildende brachte sie Bonnie Ntshalintshali mit, ein junges Zulu-Mädchen, das an Kinderlähmung erkrankt war. Bereits 1990 hatten sie für ihre eigenwilligen Töpferarbeiten zahlreiche Preise eingeheimst, und heute arbeiten in der Werkstatt rund 40 Künstler. Sie stellen wunderschöne Skulpturen und Geschirr mit kunterbunten, häufig fantastisch irrationalen Motiven her. Bonnie ist 1999 an Aids gestorben, ihr einzigartiger Stil lebt jedoch durch die anderen Künstler dieses Projekts weiter. Auf dem Gelände gibt es auch einen **Souvenirladen**, in dem nicht ganz so teure Arbeiten anderer einheimischer Künstler angeboten werden.

Cathedral Peak

Nördlich von Monk's Cowl und den Resorts des Champagne Valley befinden sich das Mlambonja River Valley und der Cathedral Peak, ein freistehender Berg, der aus der 5 km langen Basaltschlucht Cathedral Ridge herausragt. Nach einer Kathedrale sieht der Peak eigentlich nicht aus (sein Zulu-Name *Mponjwane* bedeutet „das Horn auf dem Kopf einer jungen Kuh").

Wanderwege

Direkt am Cathedral Peak Hotel (S. 456) beginnen mehrere Wanderpfade; Landkarten und Informationsmaterial sind im Hotel erhältlich. Eine der beliebtesten Tageswanderungen führt zur phänomenalen Rainbow Gorge. Die insgesamt (hin und zurück) 11 km lange Strecke (4–5 Std.) folgt dem Lauf des Ndumeni River, vorbei an Wasserstellen, Stromschnellen und Wasserfällen. Da manchmal der Weg stellenweise unter Wasser steht, sind wasserfeste Wanderschuhe angesagt. Die Hotelmitarbeiter vermitteln auch neunstündige Ausflüge mit Guide hoch zum Cathedral Peak, bei denen viel Zeit für den Aufenthalt oben vorgesehen ist, damit man die Aussicht gebührend würdigen kann. Der Weg ist sehr steil und der letzte Abschnitt hinter dem Orange Peel Gap ist nur etwas für erfahrene Bergsteiger – die meisten Wanderer sind allerdings vollauf zufrieden, wenn sie diese Stelle erreicht haben, und wollen nicht unbedingt noch höher hinaus.

Mike's Pass

Permit R30 plus R60 pro Fahrzeug

Beim 24 Stunden geöffneten Wächterhäuschen am Parkeingang wird die Genehmigung (Permit) verkauft, die für das Befahren der Straße zum Mike's Pass hoch erforderlich ist. Es handelt sich um eine 10 km lange, kurvenreiche Piste für Forstfahrzeuge, die an einem Parkplatz endet. Von dort bieten sich an wolkenlosen Tagen gigantische Ausblicke. Am höchsten Punkt wurde ein maßstabgetreues Modell der Bergkulisse aufgestellt, mit dessen Hilfe die einzelnen Gipfel identifiziert werden können. Bei Trockenheit lässt sich die Strecke mit einem normalen Pkw schaffen, aber wenn es geregnet hat, ist ein Allradfahrzeug erforderlich.

ÜBERNACHTUNG

Giant's Castle

Giant's Castle Camp, Buchung über KZN Wildlife, ✆ 033-845 1000, 💻 www.kznwildlife.com. Bequeme Zwei-, Vier- und Sechs-Bett-Chalets mit gemütlichen Kaminecken. Einige haben große Fenster und einen herrlichen Blick auf die Gipfel. Im netten Restaurant Izimbali gibt's Essen vom Buffet und im Laden bei der Rezeption Tiefkühlfleisch für *braais* und ein paar Konservendosen. Es ist aber empfehlenswert, alles andere schon vorher einzukaufen. Vom Camp aus lassen sich fantastische Wanderungen unternehmen und die 8 Pers. fassende **Bannerman's Hut** (R44 p. P.) ist zwar spartanisch, aber eine der am bezauberndsten gelegenen Wanderhütten der Ukhahlamba Drakensberge. R695

White Mountain Lodge. An der Straße zum Camp von Giant's Castle, 34 km von Estcourt und 32 km vom Schutzgebiet, ✆ 036-353 3437, 💻 www.whitemountain.co.za. Falls die Unterkunft von KZN Wildlife ausgebucht ist, stellt die Lodge die einzige Übernachtungsmöglichkeit im Einzugsbereich des Schutzgebietes dar. Die Lodge bietet sowohl Vollpension als auch Bungalows für Selbstversorger. Sie liegt, von Farmland umgeben, in den niedrigeren Ausläufern der Drakensberge und in der Nähe einiger Zulu-Dörfer. Das bedeutet, dass die Gegend zwar schön, aber weder spektakulär noch weltabgeschieden ist. Camping für 2 Pers. R220, DZ R660

Injisuthi

Injisuthi Camp, Buchung über KZN Wildlife, ✆ 033-845 1000, 💻 www.kznwildlife.com. Das Camp bietet Unterbringung in gut ausgestatteten Selbstversorger-Chalets und Safarizelten sowie auf Zeltplätzen. Die meisten Leute wollen aber in die Berge und in einer der dafür ausgewiesenen Höhlen kampieren. Dort gibt es keinerlei Einrichtungen. Wer das vorhat, muss sich an der Rezeption melden. Camping R80, Safarizelt R300

Champagne Valley

Ardmore Guest Farm, auf halbem Weg zwischen Winterton und Monk's Cowl, von der R600 ausgeschildert, ✆ 036-468 1314, 💻 www.ardmore.co.za. Gastliche Unterkunft auf einer Farm, Unterbringung in Rondavels mit Bad oder in Cottages, manche mit Kamin. Auf Wunsch Ausritte durch die Battlefields zum Wildschutzgebiet Spioenkop Game Reserve. Halbpension R465

Champagne Castle, an der R600, ✆ 036-468 1063, 💻 www.champagnecastle.co.za. Etwas antiquiert wirkendes Hotel, den Wanderwegen ab Monk's Cowl am nächsten gelegen. Komfortable Zimmer mit Bad sowie Selbstversorger-Chalets für bis zu 6 Pers., umgeben von Grünanlagen mit Pool. Inkl. Vollpension R1930

Graceland Cottage, von der R600 ausgeschildert, ✆ 036-468 1011, 💻 www.gracelandsa.com. 4-Bett-Cottage für Selbstversorger mit TV und Kamin, daneben ein größeres Cottage an einem Felshang mit 2 Schlafzimmern und sagenhafter Aussicht. R1600

Inkosana Lodge and Trekking, an der R600 auf halber Strecke zwischen Winterton und Monk's Cowl, ✆ 036-468 1202, 🖳 www.inkosana.co.za. Schlichte, afrikanisch eingerichtete Backpackerunterkunft, umgeben von einem herrlichen Garten. Frühstück und Abendessen erhältlich. Dorm R150, DZ R500

Cathedral Peak

Cathedral Peak Hotel, 44 km sowohl von Winterton als auch Bergville, ✆ 036-488 1888, 🖳 www.cathedralpeak.co.za. Dies ist das einzige Hotel in der Cathedral Peak-Region und die am nächsten bei den Bergen gelegene Unterkunft. Das hervorragende Hotel steht in einem von KZN Wildlife geschützten Gebiet. Die Aussicht ist märchenhaft und die Zimmer in strohgedeckten 2-stöckigen Gebäudeflügeln sind gemütlich eingerichtet. Halbpension R2480

Didima, ganz oben auf dem Mike's Pass, Reservierung über KZN Wildlife, ✆ 033-845 1000, 🖳 www.kznwildlife.com. Die Anlage besitzt Selbstversorger-Chalets mit 2–4 Betten, Satelliten-TV und Kamin sowie Zeltstellplätze. Es gibt ein Restaurant, eine Bar und einen Laden mit Grundnahrungsmitteln. Zum Hotelgelände gehört außerdem das Didima San Art Centre (R50, inkl. Eintritt zum Park), wo Ausstellungen zu San-Felskunst und ein Kurzfilm gezeigt werden. Im Preis für die Chalets ist das Frühstück enthalten. Camping R160, Chalets R900

SONSTIGES

Giant's Castle. Die einzige Tankstelle innerhalb des Reservats steht am Haupteingang zum Giant's Castle; die Parkrezeption und ein Laden befinden sich 7 km weiter, ✆ 036-353 3718. ⏲ tgl. 8–16.30 Uhr. Die Cathedral Peak-Rezeption liegt 1,5 km vom Parkeingang entfernt, ✆ 036-488 8000. ⏲ tgl. 7–19 Uhr.

Nördliche Drakensberge

Der spektakuläre nördliche Teil des Drakensberg-Massivs besteht zum Großteil aus dem **Royal Natal National Park**, in dessen näherer Umgebung mehrere Ferienanlagen liegen. Der Tugela River und seine mit Felsbrocken übersäte Schlucht sorgen für eine der atemberaubendsten Landschaften der Region, deren auffälligstes geografisches Merkmal das **„Amphitheatre"** ist, eine eindrucksvolle, 5 km lange sichelförmige Felswand, über die sich der Tugela in die Tiefe stürzt. Die nördlichen Drakensberge bieten Unterkünfte für jeglichen Geldbeutel und Geschmack und sind nicht zuletzt auch deshalb ein lohnendes Ziel. Den besten Eindruck von dieser unberührten Gebirgslandschaft bekommt man in **Thendele**, dem Hauptcamp von KZN Wildlife. Es verfügt über Chalets, hat aber keinen Campingplatz.

Royal Natal National Park

⏲ tgl. Okt–März 5–22 Uhr, April–Sep 6–22 Uhr ▪ Eintritt R30 ▪ ✆ 036-438 6310

Die berühmteste Ansicht im 46 km westlich von Bergville gelegenen Royal Natal National Park ist das Amphitheatre, eine halbmondförmige Felskante und Teil der den Nationalpark praktisch umschließenden Schichtstufe. Fast alle Besucher nehmen von Tendele aus den Trail zur **Tugela Gorge**. Auf diesem sechsstündigen Rundwanderweg kann man das Amphitheatre und die **Tugela Falls**, wo der Fluss über eine 947 m hohe Felskante in die Tiefe stürzt, aus nächster Nähe bewundern.

Der Nationalpark wurde 1916 eingerichtet, erhielt seinen königlichen Namenszusatz allerdings erst 1947, als ihm die britische Königsfamilie einen Besuch abstattete. Er liegt am nördlichen Ende der Ukhalamba Drakensberge zwischen Lesotho im Westen und der Provinz Freistaat im Norden. Die drei höchsten Gipfel sind der Sentinel (3165 m), Eastern Buttress (3048 m) und Mont Aux Sources (3282 m). An Letzterem entspringen fünf Flüsse, die für die Namensgebung des Berges durch französische Missionare im Jahre 1878 verantwortlich sind.

ÜBERNACHTUNG UND ESSEN

Im Park

KZN Wildlife verwaltet einige sehr preiswerte Campingplätze innerhalb des Parks und auch ein paar ausgezeichnete Chalets. Die Chalets lassen sich auf dem Weg über das gängige

Wandern und Angeln

Ob Spaziergang oder drei- bis viertägige Wanderung durchs Gebirge – das Wandern in den Ukhahlamba Drakensbergen zählt zu den Top-Wildniserlebnissen Südafrikas. Der Reiz einer Erkundung des Bergmassivs per Pedes liegt auch darin, dass man in dieser Landschaft von wahrhaft erhabener Schönheit nur selten andere Menschen, geschweige denn Dörfer oder Autos zu Gesicht bekommt. Je nach Höhenlage sind die Ukhahlamba Drakensberge in High Berg und Little Berg unterteilt. In den von Felssäulen und bizarren Steinformationen geprägten Hochlagen des **High Berg** bestehen die einzigen Übernachtungsmöglichkeiten aus Höhlen oder, in bestimmten Gegenden, auch Hütten. Hier ist man völlig auf sich gestellt und sollte die für diese Wildnis geltenden Verhaltensregeln beachten: Man muss eine Schöpfkelle und Toilettenpapier mitnehmen und darf das Wasser nicht verunreinigen, sich also nicht in den Bächen waschen, sondern nur das Wasser aus den Bächen holen, um sich abseits damit zu waschen. Sowohl die Bergsteigerhütten als auch die Höhlen zum Übernachten müssen im jeweiligen Büro von KZN Wildlife am Ausgangsort reserviert werden. Die geplante Wanderstrecke wird in ein Register eingetragen. Wer die Pässe bis zu den Gipfeln erklimmen möchte, muss körperlich absolut fit sein, Wandererfahrung mitbringen und sollte einen ortskundigen Begleiter oder Fremdenführer mitnehmen.

Das Gebiet des **Little Berg** ist mit seinen Gipfeln, Flüssen, Felszeichnungen, Tälern und Wäldern nicht weniger abgeschieden und ebenfalls wunderschön. Außerdem präsentiert sich dieser Teil der Drakensberge weniger gefährlich und ist auch bei durchschnittlicher Fitness noch recht einfach zu bewältigen. Wer weder einen Rucksack schleppen noch in Höhlen oder Hütten übernachten möchte, kann sich in einem der **KZN Wildlife Camps** einquartieren und zu Tageswanderungen aufbrechen, von denen eine schier endlose Auswahl besteht. Es gibt auch ein Camp, von dem aus eine zweitägige Wanderung mit Übernachtung in einer Höhle möglich ist. Zwei hervorragende Ausgangsbasen für Wanderungen sind die Camps **Injisuthi** im Giant's Castle Game Reserve (S. 452) und **Thendele** im Royal Natal National Park (S. 456). Die südlichen Drakensberge mit ihren ausgedehnten Graslandschaften bilden die Kulisse für den **Giant's Cup Hiking Trail** (S. 451), der eine atemberaubende Einführung in diese einzigartige Bergwelt bietet.

In den Büros von KZN Wildlife werden Wanderbroschüren für die Ukhahlamba Drakensberge sowie von KZN Wildlife selbst produzierte **Gebietskarten** im Maßstab 1:150 000 verkauft, allerdings ist zu beachten, dass einige der ausgewiesenen Pfade nicht mehr existieren. Wer allein unterwegs ist, oder das Gebiet lieber nicht auf eigene Faust bewandern möchte, kann sich an Drakensberg Adventures in der *Sani Lodge wenden,* ✆ 033-702 0330, 💻 www.sanilodge.co.za, wo diverse **geführte Wanderungen** in den Ukhahlamba Drakensbergen und nach Lesotho hinein veranstaltet werden.

Das **Angeln** in den Gebieten von Cobham und Giant's Castle kostet R50 pro Tag und erfordert zwingend einen Erlaubnisschein von KZN Wildlife. In Lotheni und Kamberg kostet die Angelerlaubnis R50 bzw. R90; es dürfen jeweils zehn Forellen geangelt werden. Die erforderliche Ausrüstung muss man selbst mitbringen.

Buchungssystem von KZN Wildlife (s. Kasten) reservieren, aber wer sich einen Stellplatz auf den Campingplätzen sichern möchte, ruft besser direkt beim jeweiligen Platz an.

Mahai Campsite, am Fluss entlang der Grenze zum Nationalpark, ✆ 036-438 6310. Die Einrichtungen sind auf bis zu 400 Camper angelegt. In den Schulferien und am Wochenende wimmelt es auf dem Platz von Menschen. Von hier aus kann man schnurstracks zu einigen der traumhaftesten Wanderungen der Drakensberge aufbrechen. Mindestberechnung für 3 Pers. R255

Rugged Glen Campsite, 4 km hinter dem Mahai ausgeschildert, ✆ 036-438 6310. Der Platz ist kleiner und ruhiger als der Mahai und oft nur in den Schulferien geöffnet. Die Ausblicke und Wanderungen hier sind nicht ganz so toll, aber

KWAZULU-NATAL

dafür gibt es Reitpferde (R120 pro Std.), und nach einem kurzen Spaziergang lässt sich das Orion Mont-Aux-Sources Hotel erreichen, wo man eine herzhafte Mahlzeit bekommt. Mindestberechnung für 2 Pers. R170

Thendele Hutted Camp, ✆ 036-438 6411. Das am Ende der Straße zum Royal Natal National Park gelegene Camp zählt zu den begehrtesten Unterkünften in ganz Südafrika. Es bietet herrliche Ausblicke auf das Amphitheatre, und ausgezeichnete Wanderwege beginnen direkt vor der Tür. Unterbringung in 29 komfortablen 2- oder 4-Bett-Bungalows, die preisgünstigsten mit Kochplatten, Kühlschrank und Küchenutensilien. Wer sich für die luxuriöseren Bungalows oder das Hauptgebäude entscheidet, kann sich auch bekochen lassen, solange er die Lebensmittel selbst mitbringt. Auf dem Gelände gibt es einen guten Gemischtwarenladen. R670

Außerhalb des Parks

Amphitheatre Backpackers, 21 km westlich von Bergville an der R74, ✆ 082-855 9767, www.amphibackpackers.co.za. Die Herberge liegt an der Baz Bus-Route und ist daher gut für Besucher ohne eigenes Transportmittel geeignet, die in den nördlichen Drakensbergen wandern möchten. Zur Verfügung stehen Dorms mit Bad sowie private Zimmer. Es gibt eine Bar und ein Restaurant. Wer möchte, kann sich einer geführten Wanderung anschließen. Es stehen aber auch noch Reit- oder Mountainbiketouren zur Wahl. Dorm R140, DZ R400

The Cavern, abseits der R74 auf dem Weg in den Nationalpark, ca. 20 km vor dem Zufahrtstor, ✆ 036-438 6270, www.cavern.co.za. Der Familienbetrieb ist das abgelegenste Hotel in der Region und verströmt ein altmodisches Flair. Die Zimmer bieten schon ausreichend Komfort, doch die Suiten verfügen sogar über einen Kamin. Weitere Pluspunkte: Pool, Reitpferde und Möglichkeiten zum Forellenangeln. Vollpension R1900

Hlalanathi Berg Resort, etwa 10 km außerhalb des Royal Natal National Parks, ✆ 036-438 6308, www.halanathi.za.net. Die auf Familien ausgerichtete Ferienanlage bietet Zeltplätze und strohgedeckte Chalets für Selbstversorger (2–6 Pers.). Pool und Trampolin. Im Restaurant gibt es günstige Burger und Sandwiches, aber auch richtige Mahlzeiten, auf Wunsch zum Mitnehmen. Camping R50, DZ R600

Mnweni Cultural Centre, im Mnweni Valley, 30 km westlich von Bergville an der Straße zum Woodstock Dam/nach Rookdale, ✆ 086-528 5841, www.mnweni.org. Diese Unterkunft in einem malerischen Tal gehört den Gemeinden AmaNgwane und AmaZzizi. Die Unterbringung erfolgt in schlichten, reetgedeckten Rondavels mit 4 Betten, Gemeinschaftsbad und -küche. Im Zentrum gibt´s Kunstgewerbestände, Reitpferde und einige Felsmalereien der San und die Gäste können Wandertouren in die Berge unternehmen (R35 pro Nacht). Übernachtungen in traditionellen Wohnhütten können organisiert werden und bei vorheriger Anmeldung auch Verpflegung. Camping R50, Chalets R170 p. P.

Orion Mont-Aux-Sources Hotel, rund 4 km außerhalb des Royal Natal National Parks, ✆ 086-148 8867, www.orion-group.co.za. Gepflegtes, aber unpersönliches Hotel mit Blick auf das Amphitheatre und Sportangeboten wie Tennis und Reiten. R1600

INFORMATIONEN

Drakensberg Tourism Association, ✆ 036-448 1557, www.drakensberg.org.za. Bietet Informationen zur Region sowie Unterstützung bei der Buchung von Gästebetten nur telefonisch oder per E-Mail (die Association unterhält kein Büro für Laufkundschaft).

TRANSPORT

Per Transfer

Einige Resorts organisieren nach vorheriger Absprache den Transport von Bergville oder von der N3 aus an, allerdings ist dieser Service in der Regel recht teuer.

Auto

Die Zufahrtsstraßen zum Park sind auf ganzer Länge asphaltiert. Von Süden über die N3 kommend, nimmt man die Abfahrt Winterton/ Berg Resorts und folgt der deutlich ausgeschilderten Strecke bis Bergville. Von dort aus sind es noch 46 km bis zum Park.

Elephant Coast und Zululand-Wildreservate

In Kontrast zu der stark zersiedelten 250 km langen Küstenlinie, die nördlich und südlich von Durban verläuft, verliert sich das Meeresufer nördlich der Dolphin Coast in einer der ursprünglichsten und atemberaubendsten Küstenregionen Südafrikas: der **Elephant Coast**. Wer die Garden Route bereist und sich dabei gefragt hat, wo sich denn nun eigentlich das typische Afrika versteckt, findet die Antwort genau hier, in den Nordausläufern der Elephant Coast – allgemein **Maputaland** genannt – mit seinem eng verwobenen Mosaik aus Wildnis und **traditionellen afrikanischen Stammesgebieten**.

In diesem von Swasiland und Mosambik umklammerten Gebiet gibt es mehr *nyangas* („Zauberheiler") als irgendwo sonst in Südafrika. Auf 550 Bewohner kommt hier ein Heiler, während die Statistik gerade einmal einen (in westlicher Schulmedizin) ausgebildeten Arzt auf 18 000 Einwohner ausweist. Der Zugang ist nicht einfach. St Lucia, Sodwana Bay und Kwa-Ngwanase lassen sich über geteerte Straßen von der N2 her erreichen, aber um die anderen idyllischen Stellen an diesem 200 km langen, praktisch ununterbrochenen Strandstreifen zu erreichen, ist ein Geländewagen notwendig.

Südlich davon und knapp drei Stunden mit dem Auto über die N2 von Durban Richtung Norden entfernt liegt die Großwildregion von **Hluhluwe-Imfolozi**, die es an Schönheit und Wildheit sogar mit dem Krüger-Nationalpark aufnehmen kann. Biegt man dagegen an der Kreuzung von Mtubatuba rechts ab nach Osten, erreicht man den südlichsten Punkt von Südafrikas schönster „tropischer" Küste. Bis hinauf nach Mosambik ist dieser Abschnitt im drittgrößten Naturschutzgebiet des Landes, dem **iSimangaliso Wetland Park**, geschützt; dazu gehören: Lake St Lucia, Cape Vidal, Charter's Creek, Mkhuze Game Reserve, Sodwana Bay, Lake Sibaya und Kosi Bay. Das 2750 km² große Gebiet umfasst Feuchtland- und Meeresreservate und ein Unesco-Welterbe und bietet in der **Sodwana Bay** hervorragende Bedingungen zum Tauchen und Angeln.

Je weiter man nach Norden vorstößt, desto abgeschiedener und bezaubernder präsentiert sich die Küstenlandschaft. In der Nähe von Mosambik, in **Kosi Bay**, befindet sich eines der besten Nobelresorts von Südafrika. Bitte beachten: Die gesamte nördliche Küstenregion von Kwa-Zulu-Natal ist **Malariagebiet**.

Mtubatuba und Hluhluwe Village

Die Fahrt auf der N2 von Durban und am großen Industriehafen **Richards Bay** vorbei nach Norden führt durch einige überwiegend afrikanische Dörfer – gute Ausgangspunkte für einen Abstecher in den Hluhluwe-Imfolozi Park.

Mtubatuba

Rund 50 km nördlich von Richards Bay liegt **Mtubatuba** (häufig zu „Mtuba" verkürzt), ein Zentrum der lokalen Zuckerrohrindustrie, die sich hier aus großen kommerziellen Farmen und kleinen afrikanischen Pflanzern zusammensetzt. Das Städtchen liegt an der Kreuzung von R618 und N2, nur 20 Minuten Autofahrt vom Südabschnitt des Hluhluwe-Imfolozi Parks oder St Lucia entfernt.

Mtuba ist die Heimat zahlreicher Kräuterkundiger sowie traditioneller Heiler und besitzt einen Zulu-Markt.

Hluhluwe

20 km nördlich von Mtubatuba liegt an der N2 der lang gezogene Ort Hluhluwe („schlaschluwie" ausgesprochen). Es ist zwar nicht direkt eine Augenweide, aber von hier aus kommt man gut in den Nordteil des Hluhluwe-Imfolozi Parks. Ein lohnender Zwischenstopp ist das fünf Autominuten nördlich von Hluhluwe angesiedelte **Ilala Weavers**, ✆ 087-802 1792, 💻 www.ilala.co.za, ein Komplex aus verschiedenen Gemeindeprojekten, wo traditionelles Kunsthandwerk zu attraktiven Preisen verkauft wird. 🕒 Mo–Fr 8–16.30, Sa und So 8.30–16 Uhr. Zur Anlage gehört auch ein Restaurant (S. 461).

ELEPHANT COAST UND WILDRESERVATE

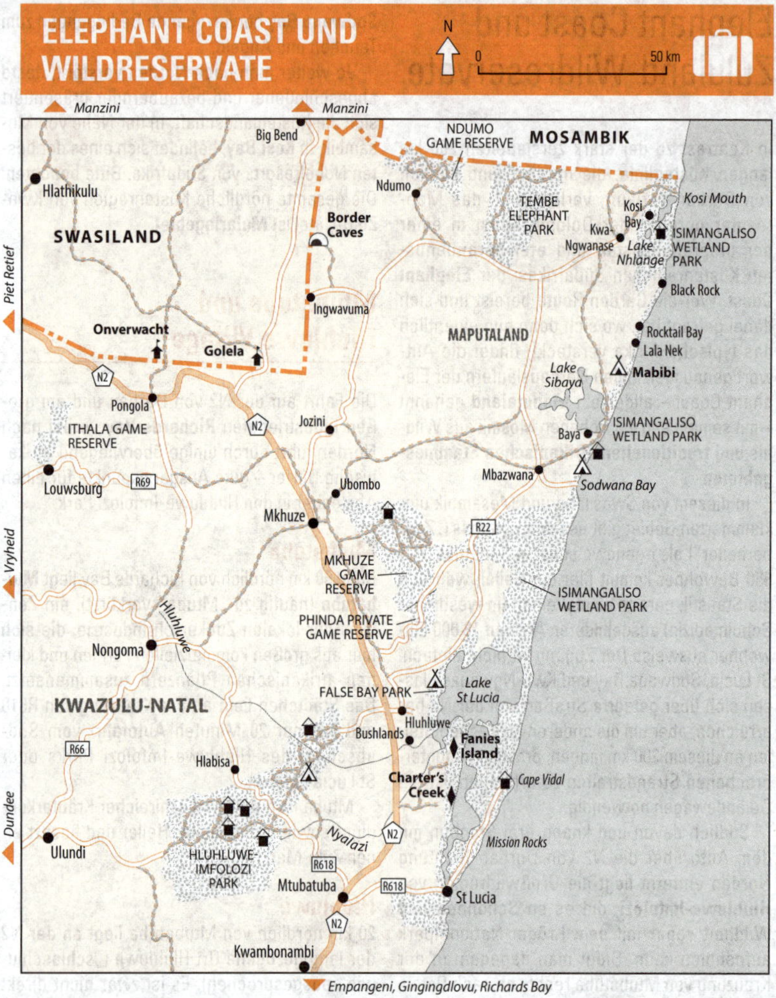

ÜBERNACHTUNG

Mtubatuba

Wendy's Country Lodge, 3 Riverview Drive, ✆ 035-550 0407 oder 083-628 1601, 💻 www.wendybnb.co.za. Das Hotelgebäude mit tropischem Garten und einem Hauch von Kolonialflair steht in einem Vorort von Mtubatuba und hat 8 luxuriöse Gästezimmer. Außerdem gibt es ein Cottage mit 5 Schlafgelegenheiten. Zur Anlage gehören ein Pool und ein Restaurant. R1040

Hluhluwe

Hluhluwe Guesthouse, in dem Wohnviertel hinter der Engen-Tankstelle, ✆ 035-562 0838, ✉ hluguest@iafrica.com. Das gemütliche B&B verfügt über Zimmer mit Bad, die auf einen Garten mit Pool und einer kleinen Bar hinausgehen. Auf Wunsch gibt es Verpflegung, es sind aber auch Einrichtungen für Selbstverpfleger vorhanden. Die Betreiber arrangieren Touren zum Hluhluwe-Imfolozi Park. R830

Isinkwe Backpackers Bushcamp, 20 km südlich von Hluhluwe, ✆ 083-338 3494, 💻 www.isinkwe.co.za. Gut gemanagtes, rustikales Hostel mit Zeltstellplätzen, Schlafsaalbetten und einer Reihe kleiner Chalets, teils mit Bad. Die Gäste können zu akzeptablen Preisen im Restaurant essen (oder sich selbst verpflegen) und an Ausflügen in den Hluhluwe-Imfolozi Park und St Lucia teilnehmen. Camping R110, Dorm R165, DZ R460

Zulu Homestay, ✆ 082-485 8498 oder 953 5601, 💻 www.mbonise.com. Die Privatunterkunft, vermittelt von Mbonise Cultural Concepts and Safaris, ist die interessanteste Übernachtungsmöglichkeit der Gegend. Die Gäste werden bei der Familie Mdaka untergebracht und zu einem Besuch der Nompondo Community und der dortigen Schule am Rand des Hluhluwe-Imfolozi Parks mitgenommen. Wer möchte, kann gegen Bezahlung in Begleitung eines Zulu-Guide (R120) Wanderungen unternehmen oder an einer Zulu-Tanzvorstellung teilnehmen. Halbpension R300 p. P.

ESSEN

The Fig Tree, im Ilala Weavers, 5 Autominuten vom Hluhluwe, ✆ 079-393 8773. In der Restaurantküche werden ordentliche Frühstücks- und Mittagsgerichte produziert, darunter Salate und Seafood wie Muscheln (R45 pro Schüssel), und auf einer schattigen Terrasse serviert. 🕒 Mo–Fr 8–16.30, Sa und So 8.30–16 Uhr.

INFORMATIONEN

Die freundlichen Mitarbeiter der **Hluhluwe Tourism Information** an der Engen-Tankstelle in der Main St, Hluhluwe, ✆ 035-562 0966, 💻 www.visitelephantcoast.co.za, bieten Informationen zu Lodges und Wildfarmen in der Umgebung. 🕒 tgl. 8–16.30 Uhr.

TRANSPORT

Busse

Greyhound-Busse halten in Richards Bay. Dort fahren ständig Minibusse nach Hluhluwe und Mtubatuba ab.

Busse nach:
DURBAN (1x tgl., 2 1/4 Std.);
JOHANNESBURG (1x tgl., 9 3/4 Std.);
PRETORIA (1x tgl., 11 3/4 Std.).

Flüge

Richard's Bay hat einen kleinen Flughafen mit Flügen nach JO'BURG (10x tgl., 1 1/2 Std.).

14 HIGHLIGHT

Hluhluwe-Imfolozi Park

🕒 tgl. März–Okt 6–18 Uhr, Nov–Feb 5–19 Uhr ▪ Eintritt R120 ▪ ✆ 035-562 0848

Hluhluwe-Imfolozi ist das überragende Wildreservat KwaZulu-Natals, und nicht wenige halten es sogar für besser als den Krüger-Nationalpark. Mit gerade einmal einem Zwanzigstel der Größe kann es Hluhluwe-Imfolozi von seinen Ausmaßen her natürlich nicht mit dem großen Bruder aufnehmen, und auch die Zahl der hier heimischen Wildtiere ist wesentlich geringer. Mit seinen 960 km² ist es aber relativ kompakt und präsentiert sich um einiges wilder. Das hat nicht zuletzt damit zu tun, dass mit Ausnahme des Hilltop, eines eleganten, hotelartigen Restcamps im nördlichen Parkabschnitt, keines der anderen Restcamps eingezäunt ist, sodass sich die **wilden Tiere** hier frei bewegen können. Die üppige Vegetation aus subtropischem Dschungel trägt ein Übriges zu der Urwaldstimmung bei. Außerdem bietet der Park die besten **Wanderwege** im ganzen Land. Früher war der Park in zwei getrennte Abschnitte unterteilt, worauf auch sein Doppelname (Aussprache etwa „Schlaschluwi-Umfalousi") zurückzuführen ist.

Die beiden Teilgebiete haben ihren eigenen Charakter aber bewahrt, wobei die Trennung durch eine Straße erkennbar ist. Der Name des südlichen Abschnitts **Imfolozi** entspringt dem Zulu-Wort *mfulawozi*, das sich auf die an den Flüssen wachsenden, faserigen Büsche bezieht. Die Topografie in diesem Teil des Parks wird durch breite, zwischen 60 und 650 m tiefe Täler geprägt, die von den Flüssen Black Imfolozi und

KWAZULU-NATAL

White Imfolozi in die Landschaft geschnitten wurden. In den trockeneren Abschnitten wird die üppige Flussvegetation von einer vielfältigen Landschaft aus Busch, Savanne, Dickicht und flachem Grasland abgelöst.

Das bemerkenswerteste geografische Merkmal des nördlichen Parkabschnitts **Hluhluwe** ist der gleichnamige Fluss. Der schmale, gewundene und von lang gestreckten Flussbecken gesäumte Hluhluwe River entspringt in den Bergen nördlich des Parks und mündet im Osten in den Lake St Lucia. Die höheren Lagen dieses Parkabschnitts sind von Grasland und dichtem Unterholz geprägt, während in den ausreichend mit Wasser versorgten Abschnitten auch Farne, Flechten und Orchideen wachsen.

Geschichte

Die Zukunft des ältesten offiziellen Nationalparks in Afrika (1895 gegründet) als Zufluchtsort für wilde Tiere hing in den letzten 200 Jahren gleich mehrfach am seidenen Faden. Im 19. Jh. war Imfolozi das private Jagdrevier des **Zulu**-Königs Shaka. Während Shakas Herrschaft von 1818–28 erlebte die Region die intensivste Jagdaktivität der Zulu-Geschichte. Aber das war gar nichts im Vergleich zu dem, was weiße Farmer anrichteten. Zwischen 1929 und 1950 wurde gleich zweimal ein Blutbad unter den wilden Tieren veranstaltet, um die Krankheit **Nagana** auszurotten. Dabei wurden 100 000 Exemplare 16 verschiedener Arten abgeschlachtet; nur die Nashörner blieben verschont. Erst 1952, als der Park der neu gegründeten Organisation **KZN Wildlife** überantwortet wurde, kam ein langwieriger Prozess der Regeneration des stark angeschlagenen Wildreservats in Gang. Das Gefühl von unberührter Wildnis, das Besucher des Hluhluwe-Imfolozi umfängt, ist das Ergebnis einer sehr verantwortungsbewussten Parkverwaltung. Ihr ist es denn auch gelungen, den Bestand des **Breitmaulnashorns** im Park von gerade einmal 20 Tieren zu Beginn des 20. Jhs. auf heute fast 2500 Exemplare ansteigen zu lassen. 1994 wurde das Breitmaulnashorn als erste Spezies von der Liste gefährdeter Arten der World Conservation Union gestrichen. Sein Überleben ist in erster Linie den Tierschützern des Hluhluwe-Imfolozi zu verdanken, die im Park den Grundstein für den Fortbestand dieser Art gelegt haben.

ÜBERNACHTUNG UND ESSEN

In beiden Abschnitten, Imfolozi und Hluhluwe, gibt es Unterkünfte. Imfolozi ist der weniger erschlossene Teil des Parks. Die Camps im Abschnitt Imfolozi sind nicht eingezäunt, bei Spaziergängen ist daher Vorsicht geboten, besonders nach Einbruch der Dunkelheit. Zu Hluhluwes Hilltop Camp gehören das einladende **Restaurant Mpunyane** und die **Barlounge Uzavolo**. In manchen der Lodges bereitet ein Koch die Mahlzeiten zu. Die Zutaten müssen die Gäste aber selber mitbringen. Im Hilltop Camp und im Mpila Camp befindet sich jeweils ein kleiner Laden mit einem sehr beschränkten Angebot – am besten deckt man sich vor der Ankunft im Park mit allem Nötigen ein. In den Ortschaften Hluhluwe und Mtubatuba gibt es gute **Supermärkte**. Im Abschnitt Imfolozi befindet sich das **Centenary Centre**, ⏱ tgl. 9–16.30 Uhr, mit einem kleinen Schnellrestaurant, einem Kunstgewerbeladen und Bomas, in denen Tiere aus anderen Parks untergebracht sind, die hier angesiedelt werden sollen. **Reservierungen** für Unterkünfte über KZN Wildlife, ✆ 033-845 1000, 💻 www.kznwildlife.com. Camping dagegen sollte besser vor Ort arrangiert werden.

Parkabschnitt Hluhluwe

Hilltop Camp. Das wahrscheinlich beste staatliche Safari-Camp Südafrikas liegt hoch oben am Rand eines Hangs mit Panoramablick über die Hügel und Täler des Parks. Zur Auswahl stehen verschiedene moderne Unterkünfte, darunter preiswerte 2-Bett-Rondavels mit gemeinschaftlich genutzten sanitären Einrichtungen und Küchen, außerdem Selbstversorger-Chalets mit 2–4 Schlafgelegenheiten, Bad und Küchenzeile sowie 2-Personen-Chalets ohne Küche. Hilltop ist von einem Elektrozaun umgeben, der die meisten Tiere fernhält. Aber in der Umgebung der Chalets grasen Nyala-Antilopen, Zebras und andere Pflanzenfresser. R545

Mthwazi Lodge, in der Nähe des Hilltop. Das wunderschön gelegene Wildhüterhaus hat 4 luxuriöse Zimmer mit Bad in einer abgeschie-

HLUHLUWE-IMFOLOZI PARK

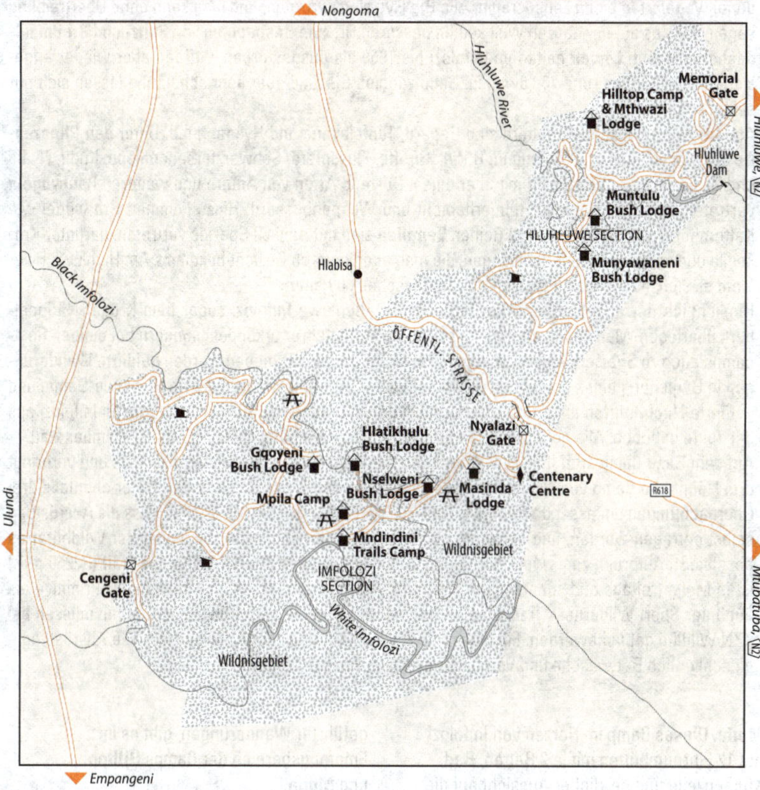

denen privaten Grünanlage unweit des Hilltop. Auf Wunsch bereitet ein Koch Mahlzeiten für die Gäste zu. Mindestberechnung für 6 Pers. R4320

Muntulu und **Munyawaneni**, je 4 Schlafzimmer mit separaten Terrassen in 2 noblen Busch-Lodges mit Blick auf den Hluhluwe River. Ein Koch sorgt vor Ort für das leibliche Wohl, ein Wildhüter begleitet die Gäste auf Wanderungen. Mindestberechnung für 6 Pers. R4320

Parkabschnitt Imfolozi

Gqoyeni und **Hlatikhulu Bush Lodges**. Jede der beiden Lodges hat vier 2-Bett-Bungalows, die auf Pfählen über dem Black Imfolozi River errichtet und durch Holzstege mit dem Aufenthaltsbereich verbunden sind und nur jeweils zusammen vermietet werden. Auf Wunsch führt der Wildhüter auf einem Spaziergang durch das Gelände, und ein Koch bereitet Mahlzeiten zu. Gqoyeni R5400, Hlatikhulu R4800

Masinda Lodge. Renovierte, luxuriöse Lodge in der Nähe des Nyalazi Gate. Die 3 Zimmer mit Bad sind mit Zulu-Kunstwerken verziert; für das leibliche Wohl sorgt ein Koch. Mindestberechnung für 8 Pers. R4000

Tierbeobachtung und andere Aktivitäten

Trotz seiner geringen Größe bietet der Hluhluwe-Imfolozi 84 Säugetierarten und fast 350 verschiedenen Vogelarten einen Lebensraum. Alle Big Five sind vertreten, und man kann ohne Übertreibung sagen, dass es auf der ganzen Welt keinen besseren Ort zum Beobachten von **Spitz- und Breitmaulnashörnern** gibt. **Löwen** galten im Imfolozi bis 1958 als ausgestorben, wurden aber wieder angesiedelt. Heute leben rund 70 Löwen im Schutzgebiet. Sie sind aber sehr scheu und lassen sich nur selten sehen.

Andere hier heimische **Raubtiere** sind Gepard, Tüpfelhyäne und Hyänenhund. Unter den **Pflanzenfressern** tummeln sich Streifengnu, Büffel, Giraffe, Flusspferd, Schwarzfersenantilope, Kudu, Nyala und Zebra im Park. **Vögel** sind mit über einem Dutzend Arten von **Adlern** und weiteren **Raubvögeln** vertreten, darunter Habicht, Hühnerhabicht und Wespenbussard. Hinzu kommen Großvögel wie Kaffernhornrabe, Geier, Eule und Reiher. **Reptilien** sind mit rund 60 Spezies vertreten, darunter Krokodile und verschiedene Giftschlangen, die man aber kaum zu Gesicht bekommt. Am Hluhluwe River lohnt es sich, nach dem harmlosen Waran Ausschau zu halten.

Hinsichtlich der angebotenen Aktivitäten ist der Hluhluwe-Imfolozi sogar dem Krüger-Nationalpark überlegen. Man kann den Park nicht nur als **Selbstfahrer** erkunden, sondern bei einigen Restcamps auch zu **Spaziergängen auf eigene Faust** aufbrechen. Daneben werden **geführte Wanderungen** in Begleitung eines bewaffneten Parkaufsehers, eine **Bootsfahrt** auf dem Hluhluwe-Damm und geführte **Nachtfahrten** angeboten. Der erste **Wildniswanderweg** Südafrikas wurde im Imfolozi aus der Taufe gehoben. Alle geführten Wanderungen finden von Mitte März bis Mitte Dezember statt.

Auf dem **Base Camp Trail** (R3700 p. P.) wandert man tagsüber in der Wilderness Area und verbringt drei Nächte im Camp von Mndindini Trails, nicht weit vom Mpila Camp entfernt. Der ebenfalls drei Übernachtungen umfassende **Primitive Trail** (R2290 p. P.) beginnt in Mpila. Hier muss die Ausrüstung selbst getragen werden, und genächtigt wird unterm Sternenhimmel, wo immer der Wildhüter es beschließt. Aufbruch zum zwei Übernachtungen umfassenden **Short Wilderness Trail** (R2250 p. P.) ist in Mpila freitags und sonntags um 13.30 Uhr. Auf Wunsch lassen sich sowohl der Primitive als auch der Short Wilderness Trail um eine Übernachtung verlängern. Die Wanderungen müssen bei KZN Wildlife gebucht werden. Ein bewaffneter Wildhüter begleitet die Wanderer. Die Ausrüstung – einschließlich Bettwäsche und Verpflegung – ist im Preis enthalten.

Mpila. Dieses Camp im Herzen von Imfolozi hat 12 Einraumhütten mit je 2 Betten, Bad, Küchenzeile und herrlicher Aussicht auf die Wildnis. Außerdem 2 Bungalows für 7 Pers. (Mindestberechnung für 5 Pers.), 6 Selbstversorger-Chalets für 5 Pers. (Mindestberechnung für 4 Pers.) sowie ein Safari-Camp mit 12 Zelten à 2 Betten und 2 Zelten à 4 Betten. R770

Nselweni Bush Lodge. Am Ufer des Black Imfolozi River, mit toller Sicht auf die Flusslandschaft. 8 Selbstversorger-Chalets mit je 2 Betten, komfortabler Gemeinschafts-Lounge und malerischer Veranda. R1130

INFORMATIONEN

Kartenmaterial und Informationen, darunter auch detaillierte Beschreibungen geführter Wanderungen, gibt es im Empfangsbereich der Camps **Hilltop** und **Mpila**.

TRANSPORT

Auto

Der Park hat drei Tore: Das **Nyalazi Gate**, die Zufahrt in den südlichen Parkabschnitt, erreicht man über die R618 Richtung Hlabisa und Nongoma, 21 km nördlich von Mtubatuba. Weiter nördlich führt von der N2 nahe der Abzweigung Richtung Hluhluwe eine nicht nummerierte, aber ausgeschilderte und asphaltierte Straße zum **Memorial Gate** an der Nordostspitze des Parks. Das **Cengeni Gate** im Westen ist über eine 30 km lange Teerstraße von Ulundi her zu erreichen.

Tagesausflüge und Touren

Außer mit einem eigenen Fahrzeug ist der Hluhluwe-Imfolozi Park nur im Rahmen eines der Tagesausflüge zu erreichen, die von allen Unterkünften im Umkreis einer Autostunde vom Park angeboten werden, oder mit einer Tour von Durban aus (Kasten S. 431).

Lake St Lucia

Das eindrucksvollste geografische Merkmal des **iSimangaliso Wetland Parks** ist der 360 km² große Lake St Lucia. Das größte Binnengewässer Südafrikas entstand vor etwa 25 000 Jahren, als die Ozeane allmählich zurückwichen. Der See wird von mit Wald und Gras bewachsenen **Dünen** flankiert, die an ihren höchsten Punkten stattliche 200 m aufragen und einen schmalen Schutzwall zwischen dem See und dem Indischen Ozean bilden. Der Park schützt aber nicht nur die Ökosysteme des Sees und der Dünen, sondern auch eine aus tropisch-warmen Gewässern, Korallenriffen und Sandstränden bestehende **Meereszone**. Außerdem den sich nördlich an den See anschließenden **Papyrus- und Schilfrohrsumpf** Mkuze Swamps sowie die trockene **Savanne** und **Dornensteppe** am Westufer. Jedes dieser Ökosysteme würde schon für sich allein genommen ein Naturschutzgebiet rechtfertigen, doch ihr Zusammentreffen am Lake St Lucia macht aus dieser Region eine Wildnislandschaft allererster Güte.

St Lucia

St Lucia im äußersten Süden des Parks an der St-Lucia-Mündung war früher nicht viel mehr als ein weltabgeschiedener Anglertreff. Hauptattraktion des Städtchens ist das **Delta**, das portugiesische Seefahrer 1576 entdeckten und auf den Namen Santa Lucia tauften. In der zweiten Hälfte des 18. Jhs. versuchten die vom Meer abgeschlossenen Buren mehrmals, an der Flussmündung einen Hafen anzulegen. Doch die Engländer kamen ihnen zuvor. 1884 schickten sie die *HMS Goshawk* aus, um das Gebiet zu annektieren. Die Mündung liegt hinter den Gebäuden entlang der Hauptstraße und ist bei der Durchfahrt leicht zu übersehen.

Das Städtchen St Lucia, 32 km östlich von Mtubatuba, platzt im Hochsommer während der Schulferien aus allen Nähten, denn dann fallen die Hobbyangler ein. Zu allen anderen Zeiten ist in St Lucia nicht viel los, aber es ist eine ausgezeichnete Ausgangsbasis für zahlreiche Freizeitaktivitäten (Kasten S. 464) und verfügt über eine gute Auswahl an Unterkünften, Tankstellen, einen Supermarkt, Waschsalons, Geldautomaten und Banken.

St Lucia Crocodile Centre

Neben dem Parktor rund 2 km nördlich der Stadt an der Straße nach Cape Vidal ▪ 🕒 Mo–Sa 9–18, So 10–17 Uhr ▪ Eintritt Mo–Fr R40, Sa und So R50 ▪ Krokodilfütterung Sa 15, So 11.30 Uhr ▪ ✆ 035-590 1386

Es handelt sich hier nicht um eine reißerische Show wilder Tiere, sondern um ein interessantes Nebenprodukt des von KZN Wildlife aufgelegten Programms zum Schutz der Krokodile. Bis Ende der 1960er-Jahre wurden die „wandelnden Handtaschen" noch wie Ungeziefer behandelt und erbarmungslos gejagt. Gerade noch rechtzeitig vor ihrem Aussterben erkannte man, dass den Krokodilen im ökologischen Kreislauf eine wichtige Rolle zukommt, und KZN Wildlife initiierte ein erfolgreiches **Aufzuchtprogramm**. Sobald sie in der Wildnis überlebensfähig sind, werden die Reptilien ausgesiedelt. Das Crocodile Centre hat sich zur Aufgabe gemacht, das Image von diesen zu Unrecht als bösartig verunglimpften Kreaturen zurechtzurücken. Die Besucher erfahren viel Wissenswertes über die vielen unterschiedlichen Krokodilarten, die die umzäunten Becken bevölkern (in Südafrika selbst ist aber nur das Nilkrokodil heimisch).

ÜBERNACHTUNG

Budget Backpackers, 81 McKenzie St, ✆ 082-627 6208, 💻 www.budgetbackpackers.co.za. Ein picobello sauberes, vorbildlich gemanagtes Hostel an der Hauptstraße mit prima ausgestatteter Küche und einer gemütlichen Lobby samt Satelliten-TV. Die Dorms haben 5–7 Betten, und in Cabins hinter dem Haus gibt es noch eine Handvoll DZ. Dorm R150, DZ R380

Elephant Lake Hotel, 3 Mullet St, ✆ 035-590 1001, 💻 www.elephantlakehotel.co.za.

KWAZULU-NATAL

KWAZULU-NATAL

St Lucias einziges Hotel bietet einen Pool, eine fantastische Terrasse für einen Drink am Abend und eine herrliche Aussicht auf die Flussmündung. Frühstück inkl. R1090

iGwalagwala Guesthouse, 91 Pelican St, ✆ 035-590 1069, 💻 www.igwala.co.za. Die geräumigen Zimmer mit Bad sind einfach ,aber stilvoll eingerichtet, und die gastfreundlichen Betreiber sorgen dafür, dass sich die Gäste wie zu Hause fühlen. Manche Zimmer besitzen einen direkten Zugang zum ruhigen, üppig grünen Garten und Pool. R860

Jo-a-Lize, McKenzie St, ✆ 035-590 1224, ✉ joalizelodge@futurenet.co.uk. Einer der billigeren Anbieter, vermietet alle möglichen Unterkünfte, von Apartments für Selbstversorger bis zu B&B-Einheiten mit Bad rund um einen Pool. Frühstück inkl. R600

Marlin Lodge, 62 Garrick Ave, ✆ 035-590 1929, 💻 www.marlinlodgestlucia.co.za. In dem freundlichen Gästehaus herrscht eine gesellige Atmosphäre. Die lichtdurchfluteten Zimmer gehen auf einen gemeinsamen Patio hinaus, wo sich die Gäste zum Grillen und auf ein Schwätzchen treffen. Einige DZ haben eine Verbindungstür und können in Familienzimmer verwandelt werden. R860

St Lucia Wetlands B&B, 20 Kingfisher St, ✆ 035-590 1098, 💻 www.stlucia wetlands.com. 6 große Zimmer mit eleganten Holzmöbeln. Hervorragender Service, freundliche Gastgeber, Pool, romantische Bar nur für Gäste und die Möglichkeit, das Auto waschen zu lassen, machen dieses Haus zu einer der besten Unterkünfte in St Lucia. R950

Sunset Lodge, 154 McKenzie St, ✆ 035-590 1197, 💻 www.sunsetstlucia.co.za. Hübsche Blockhütten für Selbstversorger mit 2, 4 oder 5 Betten und Balkon. Manchmal grasen Flusspferde auf der Wiese vor der Pool-Terrasse. Gutes Preis-Leistungs-Verhältnis und prima für Familien geeignet. R595

Campingplatz

Sugarloaf Campsite, an der Ski-Boat Club Rd, südlich der Stadt. Reservierung über KZN Wildlife, ✆ 033-845 1000, 💻 www.kznwildlife.com. Ein weitläufiger Campingplatz mit Pool in erstklassiger Lage direkt am Wasser. In der Nähe befinden sich zahlreiche gute Stellen zum Angeln und Vögel beobachten. 2 Pers. R180

ESSEN

Braza, Georgiou Centre, ✆ 035-590 1242. Leckerbissen aus der portugiesischen Küche wie *espetada* (Rindfleischspieß mit Paprikawürfeln) und *chourico* (würzige Würstchen aus Schweinefleisch), dazu viele Gerichte mit gegrilltem Fleisch, z. B. ein „Portuguese Steak“, gekrönt von einem Spiegelei (R89). ◷ tgl. 10–22 Uhr.

Fisherman's, 61 McKenzie St, ✆ 035-590 1257. Eine gute Adresse für frische Meeresfrüchte ist dieses schlichte, mit Fischereizubehör dekorierte Lokal. Der Besitzer ist Fischer und besorgt persönlich die guten Garnelen und die Zutaten für die leckeren *seafood baskets* (R85). Abends verwandelt sich das Restaurant in eine gut besuchte Kneipe. ◷ tgl. 8–23 Uhr.

Ocean Basket, Georgiou Centre, ✆ 035-590 1241. Auch wenn es sich um die Filiale einer Restaurantkette handelt – dank des einwandfreien Essens und der schnellen Bedienung ist es eins der besten Speiselokale von St Lucia. Spezialität des Hauses sind gewaltige Meeresfrüchteplatten und in der Pfanne servierter gegrillter Fisch (ab R80), außerdem gibt´s einen hübschen Balkon. ◷ tgl. 11–21.30 Uhr.

Reef and Dune, 51 McKenzie St, ✆ 035-590 1048. Ein entspanntes, familienfreundliches Lokal mit Picknicktischen und einer Veranda ringsherum. Auf dem Speisezettel stehen die üblichen Grill- und Seafoodgerichte, aber auch schmackhafte Pizza mit dünner Kruste für rund R60. ◷ tgl. 11.30–21 Uhr.

St Lucia Ski-Boat Club, am Ende der Ski-Boat Club Rd, ✆ 035-590 1376. Der Pub und Grillrestaurant besitzt einen einladenden Patio mit spektakulärer Aussicht aufs Wasser – ein wunderschönes Plätzchen für einen Sundowner. Zu essen bekommt man überwiegend Kneipenkost wie Burger und Fish 'n' Chips (R50). ◷ tgl. 12–20.30 Uhr.

Thyme Square, neben John Dory, McKenzie St, ✆ 035-590 1692. Das gepflegte kleine Café hat zwar ein bisschen was von Barbie's Traumhaus, ist aber ein unaufgeregtes Plätzchen für Tee und Kuchen mit Sahne (R18) oder ein leichtes, gesundes Mittagessen. ⌚ Mo–Sa 9–17, So 9–16 Uhr.

INFORMATIONEN

Die beste Informationsstelle ist **Advantage Tours**, ☏ 035-590 1259 und 590 1180, im Dolphin Centre an der McKenzie St, Ecke R618 am Ortseingang. ⌚ Mo–Fr 8–16.30, Sa und So 8–13 Uhr.
Im Dorf Khula, 7 km westlich von St Lucia an der Straße nach Mtuba, befindet sich eine **Touristeninformation**, ☏ 083-447 0730, die auf nachhaltigen Tourismus an der Elephant Coast spezialisiert ist. ⌚ tgl. 7–16.30 Uhr.
KZN Wildlife, ☏ 035-590 1343, hat ein Büro am südlichen Ende der Pelican Rd, die 2 Straßen östlich der McKenzie St und parallel dazu verläuft. ⌚ tgl. 8–16.30 Uhr.

TRANSPORT

Taxis nach MTUBATUBA fahren am Dorfeingang beim Dolphin Centre an der McKenzie St, Ecke R618, ab.

Cape Vidal

⌚ tgl. April–Okt 6–18 Uhr, Nov–März 5–19 Uhr ▪ Eintritt R35 plus R45 pro Fahrzeug ▪ ☏ 035-590 9012
Ein weiteres bei Anglern sehr beliebtes Ziel ist Cape Vidal, zu dem es keinen öffentlichen Verkehr gibt. Der einzig mögliche Anfahrtsweg ist eine 32 km lange Teerstraße (die Verlängerung der McKenzie Street) von St Lucia nach Norden. Die Fahrt führt über eine schmale Landbrücke zwischen dem See und dem Indischen Ozean durch Grasland und Feuchtgebiete, bevölkert von Kleinwild, Nashörnern, Vögeln und dem einen oder anderen Leoparden.

Auch wenn man kein passionierter Angler ist, hat die märchenhafte Wildnis von Cape Vidal genug für einen mehrtägigen Aufenthalt zu bieten. Das Meer ist nur wenige Minuten von der Unterkunft (Verwaltung durch KZN Wildlife) entfernt, ein vorgelagertes Riff schützt die Küste vor der hohen Brandung und erlaubt gefahrloses **Schwimmen**.

Wer Spaß am **Schnorcheln** hat, findet unter Wasser Korallen und jede Menge farbenprächtige Fische. In den kleinen Gezeitentümpeln lässt sich eine bunte Wasserwelt aus Seegräsern, Schnecken, Krebsen, Seegurken, Anemonen und Seeigeln bestaunen.

Whalewatching

Cape Vidal ist ein ausgezeichneter Ort, um nach vorbeiziehenden **Buckelwalen** Ausschau zu halten, die sich im Winter vor der Küste Mosambiks, nicht weit nördlich von hier, zur Paarung und zum Kalben einfinden. Im Oktober lassen sie sich mit dem warmen Agulhas-Strom mit ihren Kälbern nach Süden treiben.

Ein **Walbeobachtungsturm**, zu erreichen nach einem Spaziergang durch den Dünenwald südlich des Restcamps, bietet einen noch höher gelegenen Aussichtspunkt. Vor diesem Küstenabschnitt wurden bereits 18 m lange, Plankton fressende Walhaie – die größten und sanftmütigsten aller Haie – in Schulen von bis zu 70 Exemplaren gesichtet; Mantas und Delphine sind ebenfalls häufig anzutreffen.

ÜBERNACHTUNG UND ESSEN

Ein kleiner Laden hat Grundnahrungsmittel und am Strand gibt es eine Tankstelle.
Beach Log Cabins, ☏ 035-590 9012, 💻 www.kznwildlife.com. Mehrere Blockhütten mit 5 und 8 Betten, alle mit Bad, Bettzeug und Kochutensilien, Mindestberechnung für 3 bzw. 4 Pers., 3 Pers. R1020
Bhangazi-Komplex, ☏ 035-590 9012, 💻 www.kznwildlife.com. Cabins mit 6 (Mindestberechnung für 3 Pers.) bis 20 Betten in Schlafsälen, die an Gruppen vergeben werden. Im Dünenwald unweit des Strandes außerdem ein **Zeltplatz** mit 50 Stellplätzen und sanitären Einrichtungen. Während der Schulferien und an langen Wochenenden muss ein Stellplatz auf dem Campingplatz unbedingt **gebucht** werden. Mindestberechnung für 4 Pers., Camping für 4 Pers. R440, 3-Pers.-Cabin R540

Das Westufer des Lake St Lucia

⌚ tgl. Nov–März 5–19 Uhr, April–Okt 6–18 Uhr ▪ Eintritt R40 plus R45 pro Fahrzeug
Das Westufer des Sees ist nur mit dem eigenen Fahrzeug oder im Rahmen einer organisierten Tour zu erreichen und markiert den Küstenverlauf, wie er sich vor Urzeiten präsentierte, als der Meeresspiegel noch 2 m höher lag als

KWAZULU-NATAL

Aktivitäten in der Umgebung von St Lucia

St Lucia ist zwar klein, aber der größte Ort in der Umgebung des iSimangaliso Wetland Parks und der beste, um **Aktivitäten zu organisieren**. Wer St Lucia als Ausgangsbasis für einen Besuch des Hluhluwe-Imfolozi Park nimmt, kann sich an den in St Lucia ansässigen Veranstalter **Maputaland Tours**, 1 Kabeljou St, ✆ 035-590 1041 oder 082-940 7380, 💻 www.maputaland.com, wenden. Er führt informative halb- und ganztägige Tierbeobachtungstouren (ab R850) durch und organisiert auch andere Touren in und um St Lucia.

Angeltouren

Hochseefischen für Anfänger und Fortgeschrittene, einschließlich Angelzeug, begleitet von einem Skipper, einem Guide und einem erfahrenen Fischer. Die gefangenen Fische erhalten eine Markierung und werden wieder freigelassen oder aber mitgenommen, um in die Pfanne zu wandern. Der sechsstündige Ausflug wird von **Advantage Tours & Charters**, ✆ 035-590 1259, und vom Restaurant *Fisherman's* (S. 466) angeboten; beide verlangen R1000 p. P. Proviant muss mitgebracht werden.

Bootsfahrten auf dem See

Ein Bootsausflug auf dem See ist wärmstens zu empfehlen, denn dabei bestehen gute Chancen, Krokodile, Flusspferde, Pelikane, Seeadler, Eisvögel und Störche zu sehen. Die meisten Reiseveranstalter vor Ort bieten solche zweistündigen Fahrten an. Am billigsten sind mit R155 die von **KZN Wildlife**, ✆ 035-590 1340. Allerdings setzen **Shaka Barker Tours**, 43 Hornbill St, ✆ 035-590 1162, 💻 www.shakabarker.co.za, R210, und **Heritage Tours**, ✆ 035-590 1555, 💻 www.heritagetoursandsafaris.com, R195, kleinere Boote ein, wodurch sich das Erlebnis weniger anonym gestaltet.

Fahrradtouren

„Birders on Bikes" ist die preiswerteste und gleichzeitig eine der interessantesten Radtouren (R225 inkl. Radverleih). Während der zwei- bis dreistündigen, gemütlichen Fahrt geht es durch das südliche Mündungsgebiet, den Strand entlang und ins Schutzgebiet Cape Vidal. Zulu-Guides erklären die Flora und Fauna und erläutern die Verwendung von Pflanzen in der Kultur und Medizin der Zulu. Buchung über **Shaka Barker Tours** (s. o.).

heute. Der nährstoffreiche Boden schuf einst paradiesische Verhältnisse für eine sehr vielfältige Tierwelt. Die fünf Großwildarten sind zwar schon vor langer Zeit den Gewehrkugeln zum Opfer gefallen, aber es gibt noch immer sehr viele Vögel und über 100 Arten von **Schmetterlingen**. Zu den **Pflanzenfressern** zählen Nyala, Rotducker und das Moschusböckchen, die kleinste Antilope Afrikas.

Da es hier abgesehen von **Krokodilen** (Vorsicht in der Nähe des Seeufers!) keine gefährlichen Raubtiere gibt, kann man im Bushveld und in den Wäldern etwas abseits des Sees auch ohne Guide gefahrlos spazieren gehen. Zurzeit sind am **Charter's Creek** an der Südspitze des Sees nur Tagesgäste erlaubt, während **Fanies Island**, 20 km Luftlinie nördlich von Charter's Creek, für Besucher komplett gesperrt ist.

False Bay Park

20 km nördlich von Fanies Island ▪ 🕒 tgl. 6–18 Uhr ▪ Eintritt R25 ▪ ✆ 035-562 0425

Der False Bay Park schmiegt sich ans Westufer eines kleinen, rautenförmigen Wasserlaufs, der durch einen schmalen, steilwandigen Kanal mit dem Lake St Lucia verbunden ist. Dieser Kanal trägt den vielsagenden Namen „Hell's Gates" (aufgrund des seichten Wassers kann man in diesem Teil des Sees keine Boote zu Wasser lassen). Zwei Wanderwege, für die man

Kajaktouren
Die Erkundung der Ökosysteme des Sees mit dem Kajak ist ein unvergessliches Erlebnis. **St Lucia Kayak Safaris**, ✆ 035-590 1233, 💻 www.kayaksafaris.co.za, veranstaltet halb- und ganztägige Ausflüge für R295–525 inkl. Ausrüstung, Transfer zum Ausgangspunkt, Mittagessen und Getränke.

Ökotouren
Eine ganze Reihe ausgezeichneter **Exkursionen in das Feuchtgebiet** werden von dem Zoologen und Meeresbiologen Kian Barker (Geschäftsführer von Shaka Barker Tours, s. o.) geführt, darunter die ganztägige „St Lucia World Heritage Tour" (R625) und der spannende, ungewöhnliche „Night Drive" (R325) auf den Spuren von Nashörnern, Hyänen, Leoparden und der 16 Chamäleonarten der Region St Lucia (sage und schreibe 14 davon sind endemisch). Ebenfalls lohnend ist die zweitägige „Turtle Tour" (Nov–Feb, R2250) mit einer Übernachtung, bei der die Schildkröten beim Eierablegen in Kosi Bay (S. 478) beobachtet werden. Sehr empfehlenswert sind auch die Spaziergänge in Begleitung lokaler Guides, die den Teilnehmern erklären, welche Beziehungen traditionellerweise zwischen den Zulus und den freilebenden Tieren bestehen, mit denen sie ihren Lebensraum teilen (3 Std., R195).

Reiten
Bhangzi Horse Safaris, ✆ 035-792 7899, 💻 www.stlucia-adventureactivities.com, veranstaltet Ausritte durch Buschland, Wälder und zu Seen mit Gelegenheit zu Tierbeobachtungen, oder Strandritte (R350 pro Std.).

Walbeobachtung
Vor der Küste tummeln sich während der Saison (Juni–Nov) Buckelwale und Südkaper, die im Rahmen einer zweistündigen Bootsfahrt aus der Nähe beobachtet werden können. Reservierung über **Advantage Tours & Charters** (s. o., R950). Ausgangspunkt der Tour ist das Büro des Veranstalters in der McKenzie Street. Unten am Strand gibt es keine Anlegestelle, und schon allein das Boot zu Wasser zu lassen, ist ein Abenteuer für sich; bei stärkerem Seegang kann man patschnass werden.

KWAZULU-NATAL

keinen Guide braucht, sind deutlich ausgeschildert: der 8 km lange **Dugandlovu Trail** und der 10 km lange Rundweg **Mpophomeni Trail**. Sie führen durch eine abwechslungsreiche Landschaft und bieten die Gelegenheit, Vögel, verschiedene Antilopenarten und andere kleine Säugetiere zu sehen, darunter Schakale, Mangusten und Warzenschweine. Der kürzere, 6 km lange **Ingwe Trail** verläuft am Seeufer entlang.

ÜBERNACHTUNG

Falaza Game Park, ✆ 035-562 2319, 💻 www.falaza.co.za. Wer es gern ein wenig luxuriös hat, steuert die schicke Zeltunterkunft in einem kleinen Reservat an. Zu der Anlage gehören ein Wellness-Zentrum mit erschwinglichen Preisen und ein Pool, an dem es sich gern Nashörner bequem machen. Auf Nachfrage organisieren die Mitarbeiter diverse Aktivitäten, z. B. begleitete Buschspaziergänge und Boots- oder Pirschfahrten in den Hluhluwe-Imfolozi Park. R1800

Sand Forest Lodge, ✆ 082-417 6484 oder 083-627 7080, 💻 www.sandforest.co.za. Die Lodge besteht aus einer Reihe von Wohnwagen-/Zeltstellplätzen und Selbstversorger-Cottages in einem Schutzgebiet mit Antilopen, Zebras und Weißschwanzgnus. Verpflegung auf Wunsch. Camping R120, Cottage R600

TRANSPORT

Der False Bay Park ist per **Auto** via Hluhluwe (S. 459) zu erreichen: Man fährt durch das Dorf und Richtung Osten bis zu einer T-förmigen Kreuzung am Ende der Straße; von dort aus immer den Wegweisern folgen, bis nach 15 km das False Bay Gate erreicht ist.

Mkhuze Game Reserve

tgl. April–Okt 6–18 Uhr, Nov–März 5–19 Uhr ▪ Eintritt R35 plus R44 pro Fahrzeug ▪ 035-573 9004

Das über die Lebombo Mountains zu erreichende **Mkhuze Game Reserve**, 28 km östlich vom an der N2 gelegenen Dorf **Mkhuze**, beeindruckt durch seine wunderschöne Landschaft und Vogelwelt und beherbergt zudem auch Löwen, Nashörner und Elefanten. Das Reservat nimmt einen der Hauptabschnitte des iSimangaliso Wetland Park ein. Es ist mit der Küstenebene über einen schmalen Korridor verbunden, durch den der Mkhuze River fließt, bevor er in den Lake St Lucia mündet. Das Schutzgebiet liegt im letzten Ausläufer der Küstenebene, die sich von Kenia aus über den gesamten Ostrand des afrikanischen Kontinents nach Süden zieht. Seine landschaftliche Vielfalt reicht von den **Muzi Pans** – flachen, saisonal überfluteten Gebieten mit Wasserlilien, Schilfbetten und Sümpfen – bis zu Savanne. Im Park wachsen Akazien (Dornenbäume) und im Süden, jenseits des Mkuzi River, steht ein Feigenbaumwald, der vom Kreischen des Trompeterhornvogels widerhallt.

ÜBERNACHTUNG

Ghost Mountain Inn, im Dorf Mkhuze, an der N2 ausgeschildert, 035-573 1025, www.ghostmountaininn.co.za. Das attraktive Hotel empfiehlt sich auch für Nichtgäste auf einen Drink, eine Mahlzeit oder eine erfrischende Abkühlung im Pool. Die Hotelbetreiber veranstalten vierstündige Pirschfahrten zum Mkhuze Game Reserve (ab R415 p. P., mind. 4 Teilnehmer) sowie geführte Wanderungen auf den bei Mkhuze aufragenden Ghost Mountain (3–4 Std., R160 p. P., mind. 4 Pers.). R1700

Mantuma, 9 km hinter der Einfahrt im nördlichen Parkabschnitt; Reservierung über KZN Wildlife, 035-573 9004. Bietet mehrere unterschiedliche KZN Wildlife-Unterkünfte, am billigsten sind die 2-Bett-Bungalows mit gemeinschaftlich genutzten sanitären Einrichtungen und einer Küche. Daneben gibt es größere Chalets für 2, 4 und 6 Pers. Am schönsten übernachtet man in den traditionellen Safarizelten für 2 oder 4 Pers. mit Bad. R410

Nhlonhlela Bush Lodge. Mit Blick auf die Nhlonhlela Pan zwischen dem Mantuma und Emshopi Gate; Reservierung über KZN Wildlife, 035-573 9004. Vier 2-Bett-Zimmer unter Leitung von KZN Wildlife. Von den Zimmern geht es über Holzplanken zu einer Gemeinschaftsküche und einem Gästeaufenthaltsgelände. Im Preis sind die Dienste eines Kochs (Lebensmittel müssen mitgebracht werden) und eines Rangers inbegriffen. Mindestberechnung für 6 Pers. R2350

Phinda Private Game Reserve. Reservierung über & Beyond Africa, 011-809 4300, www.andbeyondafrica.com. In dem kleinen, privat geführten Reservat am Südende des Mkhuze bestehen gute Chancen, Löwen, Geparden und beide Nashornarten zu Gesicht zu bekommen. Zur Unterbringung stehen 5 mit allen Schikanen versehene Lodges in unterschiedlichen authentischen Baustilen bereit: von auf Pfählen errichteten afro-japanischen Holzhäusern bis zu idyllischen, in den Fels gemeißelten Chalets. Der Service ist von höchstem Standard, und die Pirschfahrten und -wanderungen erfolgen in Begleitung erstklassig informierter, erfahrener Guides. Sämtliche Mahlzeiten und Safaris inkl. R12 000

Campingplatz

Emshopi Campsite, am Emshopi Gate, Reservierung über KZN Wildlife, 033-845 1000, www.kznwildlife.com. Ein einfacher, ziemlich großer Campingplatz in günstiger Lage gleich am Parkeingang, mit warmen Duschen. Mindestberechnung für 3 Pers. R230

INFORMATIONEN

Zur Orientierung innerhalb des Parks hält das 9 km vom Eingangstor entfernt gelegene **Parkrezeptionsbüro** eine übersichtliche Karte bereit, auf der sämtliche Wege und Entfernungen verzeichnet und allgemeine Informationen zum Park aufgeführt sind. Am

MKHUZE GAME RESERVE

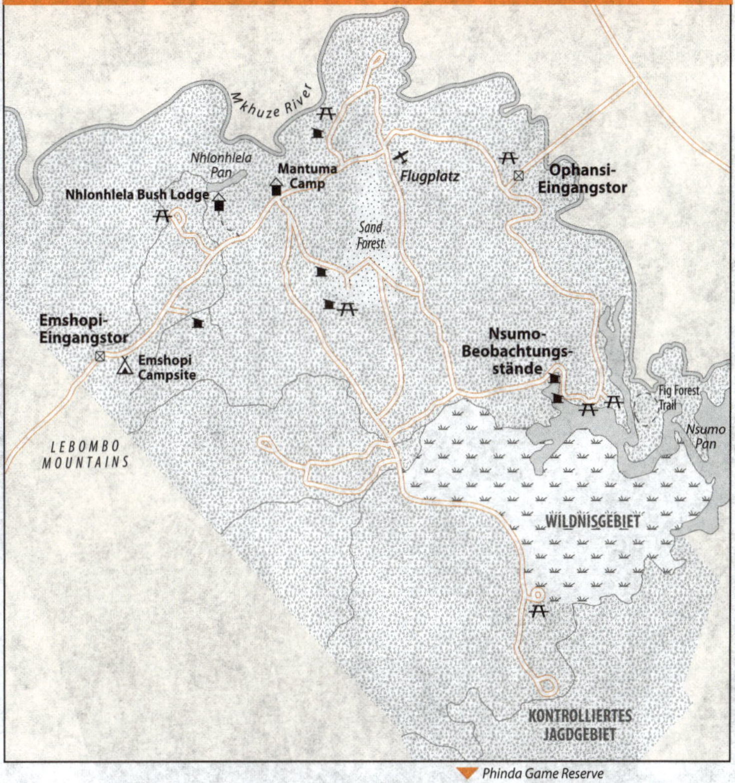

Zufahrtstor gibt es eine Tankstelle und einen Laden mit dem Notwendigsten. Man deckt sich aber besser schon vorher im Ort Mkhuze mit Proviant ein.

TRANSPORT

Auto

Autofahrer erreichen das Reservat am bequemsten vom Dorf Mkhuze an der N2, wo eine unbefestigte, aber problemlos befahrbare Straße zum Emshopi Gate abbiegt. Eine Alternativstrecke zweigt 35 km nördlich von Hluhluwe von der N2 ab, hat aber lange Schotterabschnitte und ist auch nicht wesentlich kürzer. Eine andere, schnelle Zufahrt von Sodwana Bay her führt über die Ophansi Bridge, die an der Ostseite des Reservats den Mkhuze River überspannt. Man fährt von Sodwana Bay auf der R22 nach Süden und biegt auf die D820 ab, zu der die Brücke gehört. Die Fahrzeit von Sodwana Bay zum Reservat beträgt ungefähr 40 Min.

Organisierte Touren

Mit öffentlichen Verkehrsmitteln ist das Mkhuze-Wildreservat nicht zu erreichen. Wer

Vögel und Nashörner sind die Stars im Mkhuze Game Reserve.

Tierbeobachtung und Aktivitäten

Das Tierschutzgebiet Mkhuze durchzieht ein insgesamt 84 km langes Straßennetz. Wer aber wilde Tiere zu Gesicht bekommen möchte, bleibt am besten an einer Stelle und verhält sich ruhig – die Tiere zeigen sich dann von ganz alleine. An künstlichen Wasserlöchern und am Rand von Senken wurden zu diesem Zweck mehrere getarnte **Beobachtungsstände** errichtet. Besonders in den trockeneren Monaten suchen zahlreiche Tiere die Wasserlöcher auf.

Mit 430 verzeichneten Arten ist Mkhuze eines der südafrikanischen Paradiese für **Hobby-Ornithologen**. Zu den Stars zählen die Bindenfischeule und Rudds Feinsänger, ein kleiner und extrem seltener, Insekten fressender Vogel. Selbst wer gar nichts von den gefiederten Freunden versteht, wird sich mit Sicherheit an der Gabelracke erfreuen, einem der farbenprächtigsten Vögel Afrikas.

Die beiden Verstecke an der Senke **Nsumo Pan** im südlichen Parkabschnitt überblicken eine schöne, natürliche Wasserstelle und eignen sich auch hervorragend zum Beobachten von Wasservögeln. Zwischen Juli und September halten sich bei günstigen Bedingungen bis zu 500 Vögel gleichzeitig am Wasser auf. Dann finden sich Schwärme von Pelikanen und Flamingos ein, daneben Eisvögel, Schreiseeadler und zahllose weitere Arten. Wer Birdwatchingtouren in Begleitung eines ortsansässigen Vogelexperten unternehmen möchte (Halbtagestour R300, Tagestour R550), wendet sich an einen der Guides, die auf der Website von **Zululand Birding Route**, 💻 www.zululandbirdingroute. co.za, gelistet sind.

Der Renner des Mkhuze (abgesehen von den Vögeln) sind die hier beheimateten **Spitz- und Breitmaulnashörner**. Ansonsten sind im Park Gepard und Leopard vertreten, die sich allerdings nur selten blicken lassen; Löwen gibt es keine. Eher zeigen sich Schakale. Häufig sehen wird man verschiedene **Antilopen** wie die Schwarzfersenantilope, die Elenantilope und den Kudu. **Primaten** wie Paviane und Grüne Meerkatzen sind weit verbreitet, sie rascheln in den Bäumen oder tollen auf dem Boden herum. Nachts ist bisweilen der unheimliche Ruf des Galago aus dem Blätterdach zu vernehmen.

KZN Wildlife organisiert eine Reihe von Aktivitäten, darunter auch die sehr zu empfehlenden **Nachtpirschfahrten** von Mantuma aus (R200). Tagsüber lässt sich Mkhuze im Rahmen eines zweistündigen **Spaziergangs** mit Schwerpunkt auf Vögeln oder Wildtieren (R110) in Begleitung eines Wildhüters erkunden. Gut zum Beobachten von Vögeln ist auch der 3 km lange **Mkhuze Fig Forest Trail** (R180), eine der Hauptattraktionen des Reservats. Der **Sykomoren-Feigenwald** ist einer der seltensten Wälder Südafrikas. Seine gigantischen Bäume verleihen ihm einen sanftgrünen Schimmer. Die hin und wieder vorbeihuschenden Paviane und anderen Affen sind ungefährlich, auch wenn sie Spaziergängern manchmal die Lebensmittel stibitzen. Mit Vorsicht sollte man dagegen den gelegentlich auftauchenden **Spitzmaulnashörnern** oder **Flusspferden** begegnen.

kein eigenes Fahrzeug hat, muss sich einer der tagsüber oder abends stattfindenden organisierten Touren vom Dorf Mkhuze (s. o.) aus anschließen.

Maputaland

Das nordöstliche Ende der Elephant Coast, auch **Maputaland** genannt, ist die abgelegenste Gegend Südafrikas. Sie wird fast ausschließlich von unbefestigten Pisten erschlossen, die sich in umständlichen Windungen ihren Weg an die Küste bahnen. Am schnellsten erreicht man diese Ecke vom Dorf Hluhluwe aus. Dort beginnt eine asphaltierte Straße, die R22. Sie führt rund 150 km nach Norden, an Sodwana Bay vorbei, und endet in der Nähe von Kosi Bay und der Grenze zu Mosambik.

11 km nördlich vom Dorf **Mkhuze** schlängelt sich eine weitere Straße zunächst nach Norden und anschließend 133 km Richtung Osten. Ungefähr 40 km südlich von Kosi Bay trifft sie auf die R22. Diese führt zum Grenzdorf **Ingwavuma**,

Per Fahrzeug durch Maputaland

Die größte Herausforderung bei einer Reise durch Maputaland stellt die Fortbewegung dar. Ein Großteil der Region lässt sich nur mit einem allradgetriebenen Fahrzeug befahren. Am besten ist es, in einer Karawane mit mindestens zwei Fahrzeugen zu reisen, denn Autowerkstätten gibt es hier nicht, und auch sonst sind Einrichtungen aller Art rar. Unbedingt mitführen: Ersatzreifen, Wagenheber, Radmutternschlüssel und Wasservorräte. Vorsicht vor Kindern oder Tieren, die plötzlich auf die Straße laufen. Man sollte sich nicht dazu hinreißen lassen, auf unbefestigten Pisten zu rasen, um Zeit zu sparen. Und auf allen Straßen in Maputaland ist mit Schlaglöchern zu rechnen.

wo ein farbenfrohes Zulu-Festival abgehalten wird. Außerdem kann man von hier aus wunderschöne Wanderungen unternehmen. Auch das **Ndumo Game Reserve** und der **Tembe Elephant Park**, die sich beide nach Norden bis an die mosambikanische Grenze erstrecken, sind von hier aus zugänglich.

Sodwana Bay National Park

Rund 80 km nordöstlich vom Dorf Hluhluwe ▪
🕒 24 Std. ▪ Eintritt R30

Sodwana Bay, eine kleine Einbuchtung an der Küste von Zululand, ist der einzige Einschnitt in einer ansonsten geradlinigen Küste, die sich über 170 km von St Lucia bis Kosi Bay erstreckt. Die günstige Kombination aus einer Bucht, in der man gut Boote zu Wasser lassen kann, und den südlichsten Korallenriffen der Welt hat dafür gesorgt, dass sich Sodwana zum begehrtesten **Tauchrevier** Südafrikas und zum beliebtesten Ferienort von KZN Wildlife entwickelt hat. Da der Kontinentalschelf hier sehr nahe der Küste verläuft – nahezu vertikal abfallende Stufen sind weniger als 1 km entfernt –, ist das Wasser sehr tief. Deshalb zieht es jede Menge **Hochsee-Sportfischer** in das Gebiet. Die Fische werden allerdings meistens nur markiert und danach wieder freigelassen.

In touristenfreien Zeiten ist Sodwana Bay ein Paradies mit angenehm temperiertem Wasser, herrlichen Sandstränden, reichlich Gelegenheit zum Tauchen und Schnorcheln und Unterkünften in Hülle und Fülle. An den Wochenenden und in den Schulferien allerdings fallen scharenweise Geländewagen aus Jo'burg hier ein. Zum Glück darf inzwischen nicht mehr unbeschränkt auf dem Strand geparkt werden.

Eine sanftmütigere Besucherschar gibt sich jedes Jahr von Mitte November bis Februar die Ehre. Dann kommen wie schon seit 60 000 Jahren **Lederschildkröten** und **Unechte Karettschildkröten** zur Eiablage an die Strände von Sodwana. Der Nationalpark schließt die eigentliche Bucht mit ein. Die verstreuten Geschäfte sowie die vornehme Lodge, die zusammen den Ort Sodwana bilden, befinden sich 4 km weiter westlich an der Straße Richtung Mbazwana.

Der Mgobolezeni Trail

Der Ausgangspunkt für den 5 km langen Rundwanderweg **Mgobolezeni Trail** befindet sich direkt gegenüber der Parkrezeption (S. 476). Der Trail windet sich durch unterschiedliche Biosphären, darunter auch bewaldetes Gebiet, bis zu einem See an der Küste, von dem der Wanderweg seinen Namen hat. Die Laufrichtung ist durch Pfeile und Schilder gekennzeichnet, man sollte aber trotzdem aufpassen, dass man nicht einen der zahlreichen, kreuz und quer verlaufenden Wildtierpfade erwischt und so vom Weg abkommt. Auf der rund drei Stunden dauernden Wanderung gibt es kein Trinkwasser, also genug Wasser mitnehmen.

Im See leben neben **Krokodilen** auch **Flusspferde**, die das Wasser normalerweise bei Einbruch der Dunkelheit zum Grasen verlassen. Wer einem Hippo an Land begegnet, sollte ihm mit äußerstem Respekt begegnen, denn das Flusspferd ist von allen afrikanischen Säugetieren für die meisten Todesfälle verantwortlich. Auf keinen Fall sollte man zwischen ein Flusspferd und seine Rückzugslinie geraten: in der Regel der direkte Weg zum Wasser. Wer versehentlich einem der Dickhäuter in die Quere kommt, sollte einen Baum suchen, um sich dahinter zu verstecken oder – noch besser – hinaufzuklettern.

Außer Flusspferden bekommt man im Verlauf der Wanderung mit etwas Glück auch

Tauchen und Schnorcheln in der Sodwana Bay

Neben passionierten Anglern kommen hauptsächlich Tauchbegeisterte nach Sodwana Bay. Normalerweise sind derartige **Korallenriffe** nur weiter nördlich zu finden, doch hier sorgt der warme Agulhas-Strom für günstige Bedingungen. Das glasklare Wasser bietet perfekte Bedingungen zum Beobachten der **Fische**. Insgesamt tummeln sich 1200 verschiedene Arten in den Gewässern vor der Küste des nördlichen KwaZulu-Natal – ein Artenreichtum, der ansonsten nur noch vom australischen Great Barrier Reef übertroffen wird.

Der Küste am nächsten liegt das daher am stärksten frequentierte **Two Mile Reef**, ein 2 km langes und 900 m breites Riff mit ausgezeichneten Bedingungen zum Tauchen. Weitere Riffe sind das **Five Mile Reef**, weiter nördlich gelegen und für seine winzigen Geweihkorallen bekannt. Dahinter befindet sich das **Seven Mile Reef** mit zahlreichen Seeanemonen. Hier halten sich gern Schildkröten und Rochen auf.

In Jesser Point, einer kleinen Landspitze am südlichen Ende der Bucht, findet man exzellente Bedingungen zum Schnorcheln. In unmittelbarer Nähe zur Küste liegt dort das **Quarter Mile Reef**, das eine beeindruckende Vielzahl von Fischen anlockt, darunter Muränen und Rochen. Am besten schnorcheln kann man bei Ebbe. Schnorchel und Taucherbrillen gibt es zu angemessenen Preisen im Tauchgeschäft der Sodwana Bay Lodge zu kaufen (oder für R30 pro Tag auszuleihen). Ein anderer Tauchershop veranstaltet Tauchkurse und Taucherausflüge und verleiht Ausrüstungen. Einen Veranstalter mit ähnlichem Angebot findet man im Coral Divers.

harmlosere Bewohner des Dünenwaldes und seiner Umgebung zu Gesicht, etwa Schirrantilopen, Rot- und Kronenducker, Riedböcke und Tonga-Hörnchen. An der Parkrezeption ist eine **Broschüre** erhältlich, die über interessante Punkte entlang der Strecke informiert.

ÜBERNACHTUNG

Die meisten Unterkünfte in Sodwana liegen am Strand der Bucht innerhalb des von KZN Wildlife verwalteten Schutzgebietes. Wer im Park in den privat geführten Unterkünften Coral Divers oder Mseni übernachtet, muss eine tgl. Camping-Gebühr von R70 an KZN Wildlife entrichten. Bei Mseni ist sie im Preis enthalten; die für Coral Divers muss im Büro von KZN Wildlife bezahlt werden.

Coral Divers, Sodwana Main Rd, ✆ 035-571 0290, 💻 www.coraldivers.co.za. Der größte Tauchausrüster betreibt eine schlichte, ziemlich altersschwache Taucherunterkunft mit verschiedenen 2-Bett-Safarizelten und 2-Bett-Bungalows mit und ohne Bad. Wichtig: mind. eine Person pro Zimmer muss die Tauchangebote in Anspruch nehmen. Unterbringung auf Wunsch mit Halbpension, ansonsten für Selbstversorger. Tagsüber gibt es kleine Speisen zum Mitnehmen. Der kostenlose Transport zum Strand und zurück wird auf die Tauch- und Essenszeiten abgestimmt. Selbstversorger R260

KZN Wildlife Accommodation, am Nordende des Reservats, ✆ 035-571 0051. 20 komplett ausgestattete Blockhütten mit 4 oder 6 Betten; bezahlt werden muss für mind. 3 bzw. 4 Pers. Zur Verfügung stehen auch unglaubliche 350 Stellplätze (Mindestberechnung für 4 Pers.). Diesen angeblich größten Campingplatz der südlichen Hemisphäre hat Sodwana Bay der zu Spitzenzeiten stattfindenden Bevölkerungsexplosion zu verdanken. Camping für 4 Pers. R440, Cabin für 3 Pers. R1230

Mseni Lodge, am Ufer südlich vom Dorf, ✆ 035-571 0284, 💻 www.mseni.co.za. Die einzige Unterkunft mit direktem Strandzugang. Komfortable Lodge, deren B&B-Holzbungalows mit Bad und Selbstversorger-Einheiten für 2–8 Pers. in dem dichten Küstenwald verstreut liegen. Restaurant, Bar, Satelliten-TV und Pool. R560

Natural Moments, neben der Sodwana Bay Lodge, Sodwana Main Rd, W 083-236 1756, 💻 www.divesodwana.com. Eine freundliche, recht entspannte Backpacker-Herberge mit verschiedenen rustikalen, aber gemütlichen Cabins, die meisten davon Dorms, manche mit Bad. Außerdem 2 Familienapartments und eine große Gemeinschaftsküche. Im Sommer haben vor der Anlage ein guter Pizzabäcker und auf der gegenüberliegenden Straßenseite ein Zeltplatz geöffnet. Camping R85, Dorm R150, DZ R400

Sodwana Bay Lodge, Sodwana Main Rd, im Ort, ✆ 035-571 6000, 💻 www.sodwanabaylodge.co.za. Einfache, aber gemütliche, strohgedeckte 2-Bett-B&B-Chalets mit Bad und 6- oder 8-Bett-Bungalows für Selbstversorger. Die Poolbar im Untergeschoss zieht mit Billardtischen und Sonnenterrasse sowohl Einheimische als auch Besucher an. Halbpension R1464

KWAZULU-NATAL

ESSEN

Am Strand stehen diverse Imbissbuden. Das beste Essen von allen hat **Jabu's** am Kunstgewerbemarkt: frisch zubereitete Sandwiches und warme *bunny chows*.

Drunken Tree Bar, Sodwana Main Rd, ✆ 079-931 4737. Dank abendlichem Lagerfeuer, Livemusik, dem Flaschen-Schachbrett und der Eckkneipenatmosphäre ist dieses Pub das Lieblingslokal von Einheimischen und Touristen gleichermaßen. Sie kommen auf ein Bier (R15), zum Essen (R78 für ein Steak mit Pommes) und der spätabendlichen Geselligkeit wegen. ◷ Mi–Mo 12 Uhr bis spät.

The Lighthouse, Sodwana Main Rd, ✆ 083-471 0868. Das einzige echte Restaurant von Sodwana hat einen reizenden, mit Lichterketten geschmückten Patio, wo Pasta, Seafood und leckere Pizzas mit Knusperboden (um R70) serviert werden. ◷ Winter Do–So 8–22, Sommer tgl. 8–22 Uhr.

TOUREN

Begleitete Quadbiketouren (R250 pro Std.) veranstaltet **Off Road Adventures** im Dorf, ✆ 079-835 4132, 💻 www.offroadfun.co.za, entweder in der Bucht oder als dreistündige Tour zum Lake Sibaya (R500). Im Dezember und Januar kommen Unechte Karettschildkröten und Lederschildkröten in die Bucht, um am Strand ihre Eier abzulegen. Wer sich dafür interessiert, kann sich einer der geführten **Schildkrötentouren** von Sodwana Bay aus anschließen. Da jedes Jahr nur eine begrenzte Anzahl von Lizenzen für derartige Touren vergeben wird und die Veranstalter von Jahr zu Jahr wechseln, müssen die genauen Bedingungen vor Ort erfragt werden.

SONSTIGES

Das Büro von **KZN Wildlife** (◷ Mo–Sa 8–16, So 7–15 Uhr), das Zufahrtstor zum Park, ein **Geldautomat** und ein kleiner Laden, wo Lebensmittel und andere Sachen, die man beim Zelten braucht, verkauft werden, sind oben am Hang hinter dem Ort zu finden. Benzin gibt es am Parkeingangstor.

TRANSPORT

Minibustaxis fahren von Mbazwana zur Sodwana Bay. Besucher ohne eigenes Fahrzeug müssen trampen, denn das Gebiet ist sehr weitläufig.

Lake Sibaya und Mabibi

Der Lake Sibaya, der größte Süßwassersee Südafrikas, bedeckt eine Fläche von 77 km². Ringsum liegen weiße Sandstrände, die in dichte Waldlandschaft übergehen. An einem windstillen Tag präsentiert sich der 10 km Luftlinie nördlich von Sodwana Bay gelegene See azurblau und spiegelglatt. Das Wasser ist so klar, dass die Wildhüter von KZN Wildlife, wenn sie die Flusspferde zählen wollen, einfach im Flugzeug über den See fliegen und die dunklen, deutlich zu erkennenden Tupfer zählen. An den Rändern in Ufernähe tauchen an der Wasseroberfläche die Köpfe scheuer Krokodile auf.

Die Umgebung des Lake Sibaya ist keine unbewohnte Wildnis; am Rand des Sees liegen traditionelle schwarzafrikanische Ländereien und Dörfer. Ein bequem zu bewältigender, 3 km langer **Rundwanderweg** beginnt an der Aussichtsplattform hinter dem inzwischen geschlossenen Baya Camp. In der Nähe gibt es zwei versteckte Unterstände, die zur **Vogelbeobachtung** einladen, angesichts fast 300 hier vorkommender Arten ein echtes Vergnügen. Dass Baden im See sollte man angesichts der Krokodile und Flusspferde meiden.

Mabibi

🕒 tgl. 6–18 Uhr ▪ Eintritt R25 plus R20 pro Fahrzeug ▪ ✆ 035-574 8998

Mabibi ist wahrscheinlich eines der friedlichsten Fleckchen zum Zeltaufschlagen in ganz Südafrika. Der Sanddünenwald schützt das Camp vor dem Wind, und ein Holzsteg führt in einem rund zehnminütigen Spaziergang die Dünen hinunter zum **Meer**. Außerhalb der Schulferien stehen die Chancen nicht schlecht, einen tropischen Bilderbuchstrand ganz für sich allein zu haben. Hier stören keine Außenbordmotoren oder Geländewagen wie weiter südlich. Innerhalb des Schutzgebietes Maputaland Coastal Forest Reserve, zu dem Mabibi gehört, sind sie nämlich verboten.

Das Meer bietet gute Bedingungen zum **Brandungsangeln**. Auch **schnorcheln** lässt es sich ebenso gut wie in Sodwana, denn unmittelbar vor der Küste wimmelt es in den Korallenbänken von tropischen Meeresbewohnern. Im Wald leben mehrere **Säugetierarten**, von denen die meisten allerdings nachtaktiv (Galagos, Großfleck-Ginsterkatzen und Stachelschweine) und die übrigen eher scheu sind (Moschusböckchen und Weißkehlmeerkatzen).

ÜBERNACHTUNG

Campingplatz, Reservierung über Isibindi Africa, ✆ 035-474 1473, 💻 www.isibindi.co.za. 3 abgelegene, idyllische 2-Personen-Chalets und 8 Zeltstellplätze, windgeschützt in subtropischem Busch auf einem Plateau oben auf den Dünen. Camping R96, Chalets R550

Thonga Beach Lodge, ✆ 035-474 1473, 💻 www.isibindi.co.za. Die luxuriöse, im Robinson Crusoe-Stil angelegte Lodge besteht aus strohgedeckten Ferienhütten inmitten von Stranddünen und Küstenwald. Sie verfügt über ein Wellnesszentrum und einen Taucherladen. Die Gäste können Ausflüge zu den Schildkröten sowie Paddeltouren unternehmen und sich ihre Sundowner am Lake Sibaya kredenzen lassen. Vollpension R6550

TRANSPORT

Das Camp ist mit dem **Auto** über die geteerte Kwa-Ngwanase (auch: Manguzi) Road zu erreichen, die etwa 11 km nördlich von Mkhuze von der N2 nach Kwa Ngwanase (Manguzi) abzweigt. An der Kreuzung bei Manzengwenya biegt man rechts ab und folgt der (dürftigen) Beschilderung nach Mabibi. Da dieses letzte, 45 km lange Teilstück über eine Schotterpiste führt, sind gute Fahrkünste sowie ein Geländewagen erforderlich, oder zumindest ein Fahrzeug mit hoher Bodenfreiheit. Alternativ dazu ist Mabibi über die Küstenstraße (auch Coastal Cashews Road genannt) von Mbazwana her zu erreichen; an der Manzengwenya Road biegt man rechts ab und folgt der Beschilderung.

Rocktail Bay

Das Nonplusultra aller **Strandurlaubsziele** Südafrikas ist das rund 20 km nördlich von Mabibi an der Küste gelegene Rocktail Bay. Dieser Küstenabschnitt ist denjenigen Gästen vorbehalten, die bereit sind, für das Privileg eines Aufenthalts in der edlen Rocktail Bay Lodge oder im Rocktail Beach Camp den entsprechenden Preis zu zahlen. Nur ganz wenige Küstenabschnitte Südafrikas sind so unberührt wie die Strände von Rocktail Bay.

Hier gibt es kein Großwild, dafür aber ausgezeichnete Bedingungen zum **Tauchen** vor der Küste – eines der Highlights ist das Tauchen mit Tigerhaien, wenn sie zwischen Ende September und Mai die Küste von KwaZulu-Natal entlang nach Norden ziehen – und ein Tauchzentrum mit einem qualifizierten PADI-Ausbilder, Boot und Skipper. Die **Vogelwelt** zeigt sich ebenfalls von einer prächtigen Seite, mit zahlreichen seltenen Arten, darunter Erzkuckuck, Grauastrild und Natal-Rotkehlchen. Einer der am schwierigsten zu entdeckenden Vögel ist der Palmgeier.

Die Rocktail Bay gilt als der beste Fleck an der nördlichen Elephant Coast, um **Unechte Karettschildkröten** und **Lederschildkröten** zu beobachten, die jedes Jahr zwischen Oktober und Februar bis von Kenia und Cape Agulhas zur Eiablage hierher kommen. Beim **Brandungsangeln** bestehen Aussichten auf einen reichen Fang in Gestalt von Königsfischen, Barrakudas, Brassen usw.

ÜBERNACHTUNG

Rocktail Beach Camp, Buchung über Wilderness Safaris, ✆ 011-807 1800, 💻 www.

wilderness-safaris.com. Das einladende Camp ist der perfekte Ort zum Abschalten. Es umfasst 17 rustikale aber dennoch komfortable Zimmer mit Bad, in Spaziernähe vom Strand. Jedes Zimmer ist mit natürlichen Materialien eingerichtet und genießt einen weiten Ausblick auf den Küstenwald. Es gibt nur begrenzt Solarstrom, mobile Netzwerke funktionieren nicht immer, und die letzten Kilometer sind so unwegsam, dass man sein Fahrzeug am Büro des Coastal Forest Reserve an der Schotterstraße von Mabibi kommend stehen lassen und mit dem Geländewagen zur Lodge gebracht werden muss (im Preis enthalten). Der Übernachtungspreis schließt auch Exkursionen ein. Halbpension R2608

KWAZULU-NATAL

Kosi Bay

Kosi Mouth tgl. 6–18 Uhr ▪ Eintritt R20 plus R15 pro Fahrzeug ▪ 035-592 0236

Das inmitten von Wasserwegen und Waldlandschaft gelegene Kosi Bay ist der nördlichste Ort an der Küste KwaZulu-Natals. Der Name ist etwas irreführend, denn es handelt sich nicht um eine Bucht, sondern um ein Gebiet aus vier Seen. Sie sind durch schmale Schilfkanäle miteinander verbunden, die bei Kosi Mouth ins Meer münden.

Einer der faszinierendsten Eindrücke von Kosi Bay sind die labyrinthartigen Schilfzäune in der Mündung und in anderen Teilen des Seengebiets. Diese **Fischkraale** sind die von den einheimischen Tonga nach einer jahrhundertealten Tradition errichteten, nachhaltigen Fischfallen. Da die Anzahl dieser Fallen strengen Kontrollen unterliegt, hat sich aus dieser Praxis eine effektive Fangmethode entwickelt, die von Generation zu Generation weitergegeben wird und so ausgelegt ist, dass nur ein kleiner Teil der die Barriere passierenden Fische tatsächlich gefangen wird.

Wer die Fischkraale – und den Strand – sehen möchte, muss die beschwerliche 20-Minuten-Fahrt nach Kosi Mouth auf sich nehmen, die nur mit einem Allradfahrzeug zu bewältigen ist. Für Kosi Mouth ist eine Besuchserlaubnis erforderlich, die es am Eingang gibt.

ÜBERNACHTUNG UND ESSEN

Zusätzlich zum KNZ-Wildlife-Restcamp gibt es verschiedene Camps unter einheimischer Leitung. Die Besitzer sind durchweg enthusiastische Gastgeber und kundige Fremdenführer. Eine Wegbeschreibung erhält man bei der Buchung, gegen Aufpreis kann der Transport auch per Geländewagen von und nach Kwa-Ngwanase (Manguzi) arrangiert werden.

Kosi Forest Lodge, innerhalb des Schutzgebietes, 035-474 1473, www.isibindiafrica.co.za. Die vielleicht märchenhafteste Unterkunft in KwaZulu-Natal. 8 reetgedeckte Suiten mit begrenzter Stromversorgung inmitten von Palmen, Küstenwald und schneeweißem Strand. Gäste ohne eigenes Geländefahrzeug werden an der Total-Tankstelle in Kwa Ngwanase abgeholt und über Sandpisten zur Lodge gebracht. Die Angebote reichen von Tierbeobachtungs- und Kanutouren über Schnorchelausflüge im Riff und Waldspaziergänge bis zur Beobachtung von Flusspferden, Krokodilen und Meeresschildkröten. Preis inkl. bestimmter Aktivitäten. Vollpension R3380

Das **KZN Wildlife Restcamp** liegt im Reservat am Westufer des größten Sees, des Nhlange, 035-592 0236. Es umfasst Cabins mit 2, 5 (Mindestberechnung für 4 Pers.) und 6 Betten und einen kleinen Zeltplatz in der Nähe (Mindestberechnung für 4 Pers.). Parkeintritt im Preis enthalten. Camping für 4 Pers. R400, Cabins R510

Thobeka Backpackers, 4 km nördlich von Kwa-Ngwanase, 072-446 1525, www.kosi.co.za. Ein freundliches, rustikales Hostel im Wald mit DZ im Buschcampstil und einem Cottage für Selbstversorger, die durch Plankenwege miteinander verbunden sind. Großes Angebot an Aktivitäten, darunter Schnorcheln, Ausflüge nach Mosambik sowie zu einem farbenfrohen Grenzmarkt und sogar Buschkochkurse. DZ R300, Cottage R800

Vic's Camp, W 082-857 3363, jenny.reservations@vodamail.co.za. Das Camp besteht teils aus Wohnmobil-/Zeltstellplätzen, teils aus schlichten Rondavels, einer Gemeinschaftsküche (Lebensmittel müssen mitgebracht werden) und einem Essbereich. Haupt-

Über Generationen beim Fischfang bewährt: die Fischkraale der Tsonga

anziehungspunkt ist die einzigartige Lage im Trockenwald bei Bhanga Nek. Camping R110, Rondavels R460

Tembe Elephant Park

✆ 082-651 2868, 💻 www.tembe.co.za

Ein Teil des abgeschiedenen, an der Grenze zu Mosambik gelegenen Tembe Elephant Parks gehört dem in der Gegend ansässigen Stamm der Tembe. Der Zutritt ist ausschließlich jenen Gästen vorbehalten, die in der ziemlich kostspieligen Herberge im Park absteigen. Das Reservat liegt an der früheren „Elfenbeinroute", auf der Zulu-Elfenbeinhändler ihre Geschäfte abwickelten. Hier leben immer noch mehr als 220 Elefanten, darunter einige der größten Exemplare Südafrikas. Im Park sind auch die übrigen Big Five sowie anderes Wild wie Impalas und Moschusböckchen zu Hause und zahlreiche Vogelarten bevölkern seine Wälder und Feuchtgebiete.

ÜBERNACHTUNG

Safarizelte, ✆ 082-651 2868, 💻 www.tembe.co.za. Die Unterbringung im Tembe erfolgt in luxuriösen, auf erhöhten Holzplattformen befestigten Zelten mit Bad. Im Preis inbegriffen sind alle Mahlzeiten und Pirschfahrten mit kundigen Guides aus der Gegend. Abends treten traditionelle Tembe-Tänzer auf, wenn die Gäste das wünschen. R1900

TRANSPORT

Mit dem **Auto** erreicht man die Abfahrt zum Tembe rund 15 km östlich von Ndumo. Zum Parkeingang kann man mit einem normalen Fahrzeug gelangen, im Park selbst ist aber ein Allradfahrzeug notwendig – Pkw können am Eingang abgestellt werden, wo man in die Jeeps des Parks umsteigt.

Ndumo Game Reserve

🕒 tgl. April–Sep 6–18 Uhr, Okt–März 5–19 Uhr ▪ Eintritt R40 plus R35 pro Fahrzeug ▪ ✆ 035-591 0058

Das Ndumo zählt zu den schönsten Tierschutzgebieten KwaZulu-Natals. Nördlich des Reservats erstreckt sich das flache Überschwemmungsgebiet an der mosambikanischen Grenze, südlich erhebt sich der Höhenzug der Lebombo

Mountains. Im Norden reicht der Park bis an den **Usutu River** heran, der in Swasiland entspringt und die Grenze zwischen Südafrika und Mosambik markiert. Die Abfahrt zu dem Schutzgebiet liegt 56 km nördlich von Jozini, die letzten 15 km geht es über eine recht holprige Schotterpiste.

Das Wildreservat zeichnet sich nicht durch eine besonders große Zahl von Tieren aus – zu den 62 vertretenen Arten zählen beispielsweise Nyalas, Flusspferde und beide Nashornarten –, und sie sind schwieriger zu erspähen als andernorts. Was dagegen die Vogelwelt angeht, spielt Ndumo in der ersten Liga der besten Plätze zum **Beobachten von Vögeln** in ganz Südafrika. Unglaubliche 430 Arten wurden gezählt, darunter Kap-Breitrachen, Bindenfischeule und Graubrust-Schlangenadler.

In Ndumo sind einige Abschnitte für **Selbstfahrer** freigegeben. Zu den Höhepunkten zählt eine Fahrt nach **Redcliffs**, wo es einen netten Picknickplatz mit einem hoch gelegenen Aussichtspunkt gibt, der einen Panoramablick über den Usutu River nach Swasiland und Mosambik eröffnet.

ÜBERNACHTUNG

KZN Wildlife-Restcamp, ✆ 035-591 0058. Liegt auf einem Hügel und bietet neben einigen Stellplätzen für Zelte auch 7 gepflegte 2-Bett-Bungalows, jeweils mit Kühlschrank sowie gemeinschaftlich genutzten sanitären Einrichtungen. Ein Laden in der Nähe des Zufahrtstors führt einige Basisartikel, doch sollte man sich vor der Anreise in Mkhuze mit allem Nötigen versorgen. Camping R110, Hütten R660

Ndumu River Lodge, gleich außerhalb des Parks, ✆ 035-592 8000, www.ndumu.com. Die einladende Unterkunft hat B&B-Zimmer mit Bad oder Chalets für Selbstverpfleger. Zur Anlage gehören auch ein Restaurant und eine Bar und im nahe gelegenen Fluss kann man angeln. Wegbeschreibung bei Reservierung. R1350

INFORMATIONEN UND TOUREN

KZN Wildlife unterhält ein **Education Centre** im Reservat, 2 km vom Restcamp-Büro, ✆ 072-804 6007. ⌚ tgl. 7–16 Uhr. Die Mitarbeiter organisieren Morgen- und Abendpirschfahrten im offenen Safarijeep zur wunderschönen Inyamiti-Senke, wo Flusspferde und Krokodile auf der faulen Haut liegen und alle möglichen Wasservögel Station machen. Auch begleitete Spaziergänge durch die Wildnis lassen sich hier arrangieren.

Ithala Game Reserve

⌚ tgl. März–Okt 6–18 Uhr, Nov–Feb 5–19 Uhr ▪ R40 plus R30 pro Fahrzeug ▪ ✆ 034-983 2540

Das kleine Ithala Game Reserve, westlich von Maputaland und nahe der Grenze zu Swaziland gelegen, ist kaum bekannt, obwohl es sich um eines der am wenigsten überlaufenen und landschaftlich reizvollsten Tierbeobachtungsgebiete des ganzen Landes handelt. Das Ithala ist überwiegend gebirgig und das Terrain extrem abwechslungsreich, mit zahlreichen Anhöhen und Felshängen im Schutz einer Senke.

Wie in den übrigen Tierreservaten von KwaZulu-Natal lassen sich auch im Ithala hervorragend Breitmaulnashörner beobachten, und es gibt jede Menge Savannentiere, darunter Zebras und Giraffen. Was Raubtiere angeht, kann man mit viel Glück Schabrackenhyänen, Geparden und Leoparden erspähen. Wer es allerdings auf die Big Five abgesehen hat, ist im Ithala falsch – Löwen gibt es hier keine. Immerhin lassen sich die anderen vier Großwildexemplare ab und zu mal blicken. Aber am besten vergisst man einfach die Tier-Checkliste und unternimmt eine gemächliche Fahrt durch die Berge ins Tal und an den Wasserläufen entlang. Eine der schönsten **Strecken** ist der Ngubhu Loop, einschließlich des Abstechers zur Ngubhu-Picknickstelle.

ÜBERNACHTUNG

Mbizo Bush Camp, ✆ 033-845 1000, www.kznwildlife.com. Ein unschlagbar authentisches Buscherlebnis bietet dieses traumhafte Bush Camp im Schatten von Dornenbäumen und Ilala-Palmen am Ufer des Mbizo River mit Platz für nur 8 Besucher. Überflüssiger Komfort ist hier Fehlanzeige: geduscht wird mit kaltem

Wasser zwischen einer Bastmattenumzäunung und gekocht auf dem Lagerfeuer; das einzige Zugeständnis an die Zivilisation ist das Spülklosett. Mindestberechnung für 6 Pers. R2460

Mhlangeni und Thalu Bush Camps, ☏ 033-845 1000, 🖳 www.kznwildlife.com. Eine ausgezeichnete Wahl, wenn man es gern etwas ursprünglich hat. Die beiden Camps erfreuen sich einer herrlich abgeschiedenen Lage und verfügen über 4 (Mindestberechnung für 3 Pers.) bzw. 10 (Mindestberechnung für 7 Pers.) Betten. In beiden gibt es einen Lagerwart, und ein Ranger als Begleitung für Buschwanderungen lässt sich organisieren. Thalu (3 Pers.) R1230, Mhlangeni (7 Pers.) R2870

Ntshondwe Camp, ☏ 033-845 1000, 🖳 www.kznwildlife.com. Dies ist eins der besten Game-Reserve-Restcamps in Südafrika. Es bietet gut ausgestattete Selbstversorger-Chalets mit 2, 4 und 6 Betten, voll ausgestatteter Küche, Lounge und Veranda sowie Apartments mit 2 Betten für Nichtselbstversorger. Jedes Chalet liegt inmitten von Busch, durchzogen von asphaltierten Wegen, die zum Rezeptionsgebäude führen. R800

Ntshondwe Lodge, ☏ 033-845 1000, 🖳 www.kznwildlife.com. Die Luxuslodge neben dem Restcamp, aber völlig abgeschirmt davon, hat 3 wunderschön eingerichtete Zimmer und einen kleinen Badepool mit Aussicht über das Reservat. Ein Koch bereitet aus den von den Gästen mitgebrachten Lebensmitteln das Essen zu. Mindestberechnung für 5 Pers. R2750

ESSEN

Wer sich selbst verpflegen möchte, muss Vorräte mitbringen – der Laden im Camp hat in erster Linie Bier und Tiefkühlfleisch, aber fast keine frischen Lebensmittel. In Louwsburg, an der Teerstraße im Südteil des Reservats ausgeschildert, befindet sich eine kleine Gemischtwarenhandlung mit einem minimal größeren Sortiment.

Ntshondwe Camp. Die Speisekarte des Camprestaurants ist erstaunlich umfangreich und reicht von Weinbergschnecken bis Steaks (fleischfreie Gerichte findet man allerdings nicht immer), und abends wird ein Buffet für R165 aufgebaut. Außerdem gibt´s eine gemütliche Bar mit Sonnendeck und Blick über das Wasserloch und die Täler. 🕒 tgl. 7.30–9.30, 18.30–21 Uhr.

SONSTIGES

Informationen

An der Rezeption des Camps sind Informationen und Karten erhältlich.

Touren

Ein paar in Eigenregie begehbare Spazierpfade an den bewaldeten Berghängen oberhalb von Ntshondwe Camp bieten nach einer morgendlichen Pirschfahrt Gelegenheit, sich die Beine zu vertreten. An der Camp-Rezeption kann man Tages- und Nachtsafaris (R190) in offenen Fahrzeugen buchen.

TRANSPORT

Zum Park oder auch nur bis in seine Nähe fahren keine öffentlichen Verkehrsmittel, daher sind Besucher auf ein eigenes Fahrzeug angewiesen. Das Eingangstor liegt unweit der R69.

Durch Zentral-Zululand Richtung Battlefields

Etwa 30 km westlich des Wildreservats Hluhluwe-Imfolozi liegt die reizlose, moderne Stadt **Ulundi**, die den geografischen Mittelpunkt des traditionellen Siedlungsgebietes der Zulu bildet. Auf dem Höhepunkt seiner Macht unter König Shaka in den 1820er- und 30er-Jahren erstreckte sich der Zulu-Staat in seinem Kern vom **Black Imfolozi River** im Norden bis nach Süden zum **Tugela River**, der rund 100 km nördlich von Durban in den Indischen Ozean mündet.

Die ehemaligen Kampfschauplätze konzentrieren sich in einem relativ kleinen Gebiet westlich von Zululand. Die **Battlefields** sind Zeugnisse der kriegerischen Auseinandersetzungen des 19. Jhs., in deren Verlauf zunächst Zulus gegen Buren, dann Zulus gegen Briten und schließlich Buren gegen Briten zu Felde zogen. Es ist nicht empfehlenswert, diese Stätten auf eigene Faust zu besuchen, denn dann beschränkt sich

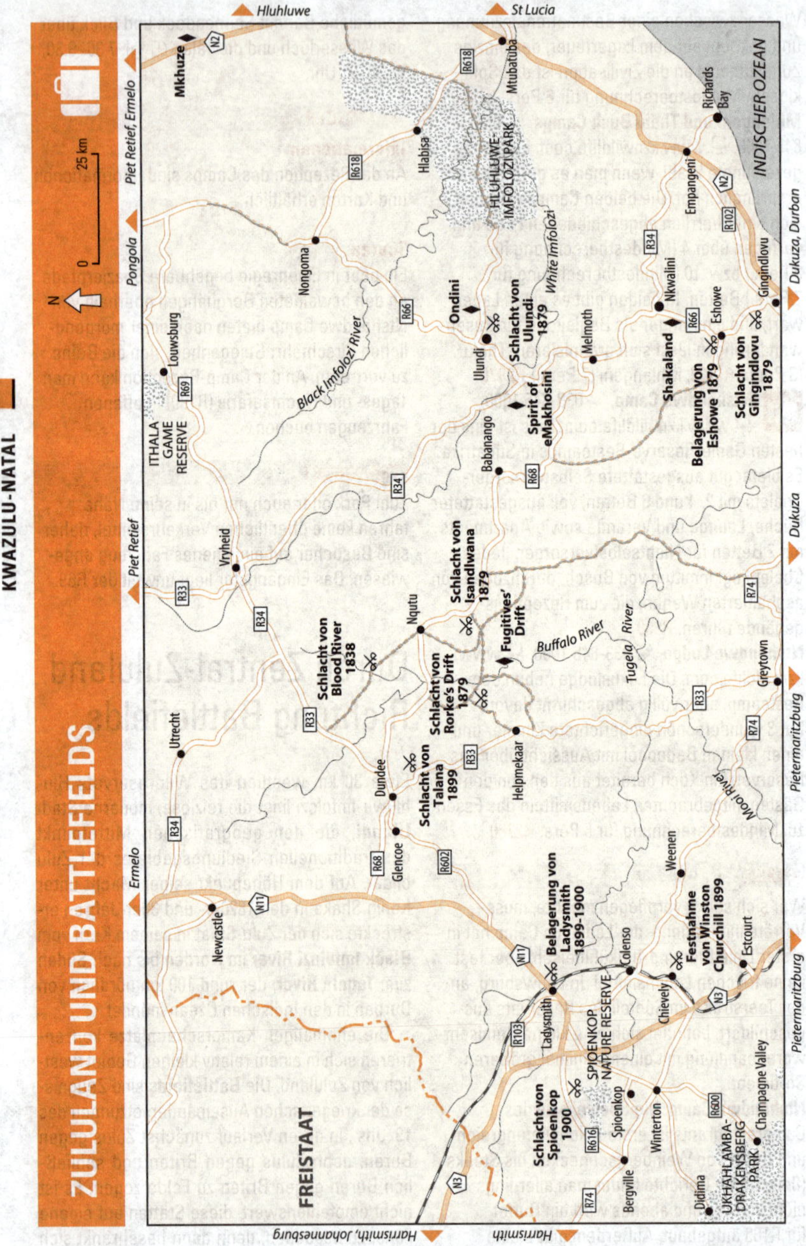
KWAZULU-NATAL
ZULULAND UND BATTLEFIELDS
FREISTAAT
INDISCHER OZEAN
ITHALA GAME RESERVE
HLUHLUWE-IMFOLOZI PARK
SPIOENKOP NATURE RESERVE
UKHAHLAMBA-DRAKENSBERG PARK
Hluhluwe
St Lucia
Piet Retief, Ermelo
Pongola
Piet Retief
Ermelo
Harrismith, Johannesburg
Harrismith
Pietermaritzburg
Dukuza
Dukuza, Durban
Mkhuze
Mtubatuba
Hlabisa
Richards Bay
Empangeni
Nongoma
Louwsburg
Vryheid
Utrecht
Newcastle
Glencoe
Dundee
Nqutu
Helpmekaar
Babanango
Ulundi
Ondini
Melmoth
Nkwalini
Eshowe
Gingindlovu
Shakaland
Spirit of eMakhosini
Greytown
Weenen
Colenso
Ladysmith
Chieveley
Estcourt
Winterton
Spioenkop
Bergville
Champagne Valley
Didima
Schlacht von Blood River 1838
Schlacht von Rorke's Drift 1879
Schlacht von Isandlwana 1879
Fugitives' Drift
Schlacht von Talana 1899
Schlacht von Ulundi 1879
Belagerung von Eshowe 1879
Schlacht von Gingindlovu 1879
Belagerung von Ladysmith 1899-1900
Festnahme von Winston Churchill 1899
Schlacht von Spioenkop 1900
Black Imfolozi River
White Imfolozi
Buffalo River
Tugela River
Mooi River
N2
N3
N11
R33
R34
R66
R68
R69
R74
R102
R103
R600
R602
R616
R618
N
0
25 km

das Erlebnis auf die Besichtigung freier Felder mit ein paar Gedenksteinen. Weitaus lohnender ist es, sich einer Führung anzuschließen, die die spektakuläre Geschichte der Region für ihre Besucher wieder lebendig werden lässt.

Zulu in Stammeskleidung sind nur noch in Zulu-Themenparks wie Shakaland nahe Eshowe (S. 488) anzutreffen. Die traditionelle Kleidung und der Lebensstil der Zulu gehören größtenteils dem 19. Jh. an. Vor rund 100 Jahren machten die Engländer damit kurzen Prozess, indem sie eine Kopfsteuer einführten, die in Bargeld bezahlt werden musste. Damit zerschlugen sie die Autarkie der Zulu und forcierten deren Verstädterung und Eingliederung in die moderne Industriegesellschaft, wo billige Arbeitskräfte gebraucht wurden.

In der Landesregion findet man wunderschön gearbeitetes Kunsthandwerk. Die erlesensten Stücke sind in wenig bekannten, aber exzellenten Museen wie dem **Vukani Zulu Cultural Museum** in Eshowe ausgestellt. Von den Museen abgesehen lohnt sich auch ein Besuch des rekonstruierten königlichen Kraals von Cetshwayo, dem letzten König des unabhängigen Zulu-Reiches. Er befindet sich in **Ondini** in der Nähe von Ulundi.

Geschichte

Die Wahrheit hinter der Geschichte der Zulu lässt sich nur schwer von dem Mythos trennen, der sowohl von ihnen selbst als auch von den weißen Siedlern genährt wurde. Die Darstellungen des Zulu-Königreichs in den 1820er-Jahren stützen sich im Wesentlichen auf die Tagebücher der beiden britischen Abenteurer **Henry Fynn** und **Nathaniel Isaacs**. Sie porträtierten König Shaka als launischen und blutrünstigen Tyrannen, der nur so zum Spaß seine Untertanen hinrichten ließ.

Heutzutage scheiden sich die Geister der Historiker an der Frage, welchen Einfluss das **Zulu-Reich** im 19. Jh. tatsächlich hatte. Unstrittig ist, dass Shaka in den 1820er-Jahren einen Staat zusammenschweißte, der zu den einflussreichsten politischen Kräften des Subkontinents zählte, und dass die internen Auseinandersetzungen über seine Herrschaft 1828 eskalierten, als Shaka von seinen Halbbrüdern **Dingane** und **Mhlangana** ermordet wurde.

In den 1830er-Jahren verschärften sich die Spannungen innerhalb der Zulus unter dem Druck der Weißen und erreichten ihren vorläufigen Höhepunkt, als ein relativ kleines Buren-Kommando Dinganes Streitmacht am **Blood River** eine empfindliche Niederlage beibrachte. Diese führte zu einer Teilung des Zulu-Staates, wobei sich eine Hälfte **König Mpande** anschloss.

Der totale Zusammenbruch drohte, als Mpandes Söhne Mbuyazi und Cetshwayo ihre jeweiligen Gefolgstruppen in eine offene Schlacht um die Nachfolge auf den Thron führten. **Cetshwayo** ging aus dem Gefecht als Sieger hervor und machte sich mit Erfolg an den Wiederaufbau des Staates – zu spät, denn Großbritannien hatte bereits beschlossen, dass die eigenen Interessen am besten gewahrt werden könnten, indem man ein vereintes Südafrika unter britischer Kontrolle schuf. Und dem durfte ein mächtiger Zulu-Staat auf keinen Fall im Wege stehen. Am Ufer des Tugela River stellte Sir Bartle Frere, der britische Gouverneur der Kapprovinz, König Cetshwayo ein unannehmbares **Ultimatum**: sofortiger Verzicht auf einen eigenen Zulu-Staat oder Einmarsch der Engländer.

Im Januar 1879 überquerten britische Truppen den Tugela – und mussten bei **Isandlwana** eine der demütigendsten Niederlagen einstecken, die einer britischen Streitmacht jemals von „Eingeborenen"-Truppen beigebracht worden war. Das Schicksal wendete sich allerdings gegen die Zulu, als am selben Abend kaum mehr als 100 englische Soldaten bei **Rorke's Drift** eine Streitmacht von 3000–4000 Zulu zurückschlugen. Ende Juli war es dann endgültig vorbei mit der Unabhängigkeit, als die Briten die zögerlichen Zulu (deren Widerstand im Grunde schon gebrochen war und die eigentlich nur noch Frieden wollten) bei Ulundi in eine Schlacht verwickelten. Die Engländer legten Cetshwayos Hauptstadt Ondini in Schutt und Asche – das Feuer wütete vier Tage lang –, nahmen den Zulu-König gefangen und sperrten ihn in der Burg von Kapstadt ein.

Feste der Zulu

© DUMONT BILDARCHIV / ARTHUR F. SELBACH

Im September und Oktober finden in KwaZulu-Natal drei wichtige **Zulu-Feste** statt, die bis vor kurzem nur von Einheimischen besucht werden konnten. Mittlerweile haben aber auch Besucher im Rahmen einer Tour von **Zululand Eco-Adventures** (S. 487) die Möglichkeit, daran teilzunehmen. Für Leute, die nicht im September oder Oktober in der Gegend sein können, arrangiert Zululand Eco-Adventures die Teilnahme an verschiedenen kleineren Zulu-Zeremonien, die einen authentischen, untouristischen Einblick in alle möglichen Aspekte des Zulu-Alltags vermitteln. Die Bandbreite reicht von Sangoma-Heilzeremonien (Mi und So) über Zulu-Hochzeiten (Sa und So) und Initiationsrituale (Sa und So) bis zum Besuch einer Zulu-Gospelkirche (tgl.).

Royal Reed Dance

In der zweiten Septemberwoche hält der Zulu-König in seiner Residenz in **Nongoma** viertägige Feierlichkeiten ab. Es handelt sich um ein rituelles Fest für die Zulu-Mädchen, das ihren Übergang zu erwachsenen Frauen markiert und ihnen gleichzeitig Gelegenheit bietet, ihr Talent im Singen und Tanzen unter Beweis zu stellen. Das Fest heißt auf Zulu **Umkhosi woMhlanga**, und so heißen auch die am Flussufer wachsenden Schilfrohre, die im Leben der Zulu eine wichtige Rolle spielen. Die jungen Frauen tragen diese Rohre – Symbol für die Kraft der Natur – zum König. Laut Zulu-Mythologie sollten nur Jungfrauen an der Zeremonie teilnehmen, denn wenn das Mädchen keine Jungfrau mehr ist, wird das Rohr abbrechen und sie vor aller Welt bloßstellen. Ein anderer Reed Dance findet in der letzten Septemberwoche in der zweiten Residenz des Königs in Ingwavuma (S. 473) statt.

King Shaka Day

Eine Zeremonie zu Ehren von König Shaka wird jedes Jahr am 24. September in **KwaDukuza** (S. 440) abgehalten, dem ursprünglichen Wohnsitz Shakas und der Ort, wo er 1828 von seinen Brüdern Dingane und Mhlangana ermordet wurde. Heutzutage nimmt alles, was in der Zulu-Gesellschaft Rang und Namen hat, an dieser Feierlichkeit teil. Es werden Reden gehalten und Kriegstänze aufgeführt, und die Männer präsentieren sich in vollem Zeremonialornat und mit traditionellen Waffen.

Shembe Festival

Das gegen Mitte/Ende Oktober in **Judea**, nahe Eshowe, begangene Shembe Festival bildet den Höhepunkt wochenlanger Rituale, Tänze und Gebete, die in ganz KwaZulu-Natal abgehalten werden. Rund 30 000 Mitglieder der Kirche von Shembe (S. 423) kehren alljährlich hierher zurück, um ihr religiöses Oberhaupt zu sehen und mit Tänzen und Trommelklängen ihrer Religion zu huldigen.

Eshowe

Die meisten Touristen lassen Eshowe links liegen und fahren direkt nach Ondini oder zu den Battlefields. Dabei verdient die Stadt durchaus einen längeren Aufenthalt: Sie bietet nämlich einen Einblick ins Leben im **traditionellen Siedlungsgebiet der Zulu**. Abgesehen von der reizvollen Lage inmitten des **Dlinza Forest** besitzt Eshowe eine der schönsten Sammlungen von Zulu-Kunsthandwerk. Außerdem gibt es hier einen Tourveranstalter, der hervorragende Exkursionen durchführt. Dabei kann man authentische Zulu-Kultur erfahren sowie andere Aspekte des Lebens in Zulu-Land kennen lernen, die normalerweise für Fremde unzugänglich sind.

Fort Nongqayi

Nongqayi Rd ▪ Eintritt R25 ▪ ✆ 035-474 2281,
💻 www.eshowemuseums.org.za

Das malerische Fort Nongqayi am Südwestende der Stadt wurde 1883 als Polizeipräsidium der barfüßigen Zululand Native Police Force erbaut und inzwischen in den größten historischen Komplex der Gegend verwandelt. Auf dem schattigen Gelände befinden sich mehrere sehenswerte Museen und Repliken historischer Bauten sowie ein gutes Restaurant. Die Festungsanlage ist ein hervorragendes Ziel für einen Nachmittagsausflug. Der Eintritt zu den nachstehend beschriebenen drei Museen ist in der Eintrittskarte für die Festung enthalten; die Besichtigung der Phoenix Gallery ist kostenlos.

Vukani Zulu Cultural Museum

🕒 Mo–Fr 8–16, Sa und So 11–15 Uhr

Das brillante Vukani Zulu Cultural Museum beherbergt über 3000 Objekte traditioneller Zulu-Kunst und Kunsthandwerksgegenstände und befindet sich auf dem Gelände der ehemaligen Festung Fort Nongqayi. Der Eintritt berechtigt zur Besichtigung des gesamten Fort Nongqayi-Komplexes. Am besten lässt sich das Vukani-Museum im Rahmen einer im Eintrittspreis enthaltenen Führung erleben. Gezeigt wird eine riesige Sammlung von **Körben**.

Die Korbflechtkunst ist einer der herausragenden Zweige der Zulu-Kultur. Die schönsten stammen von **Reuben Ndwandwe**, dem wahrscheinlich herausragendsten aller Zulu-Korbflechter. Zu den weiteren Exponaten des Museums zählen Schnitzereien, Kleidungsstücke, Perlenarbeiten, Wandteppiche und Töpferwaren, darunter auch Arbeiten von **Nesta Nala**, einer der führenden zeitgenössischen Repräsentantinnen dieser Kunst. Sowohl Ndwandwe als auch Nala sind vor rund zehn Jahren an Aids gestorben. Wer die im Museum ausgestellten Stücke gesehen hat, kann die Qualität jener Korbwaren und Kunsthandwerksgegenstände besser beurteilen, die auf der weiteren Reise durch das Zululand angeboten werden. Im Museum werden Körbe und Töpferwaren einheimischer Künstler verkauft, die viel besser sind, als das, was im Kunstgewerbeladen auf dem Gelände angeboten wird.

Und dann gibt es noch die ergreifende **Phoenix Gallery** (Eintritt frei). Sie zeigt Zeichnungen und Gemälde, die von den männlichen (ausschließlich schwarzen) Insassen des Eshowe-Gefängnisses angefertigt wurden. Es sind ausdrucksstarke, teilweise schockierende Zeugnisse, in denen sie ihrer Verzweiflung und Wut Ausdruck verleihen.

Zululand Historical Museum

🕒 Mo–Fr 7.30–16, Sa 9–16, So 10–16 Uhr

Die Sammlung ist teils exzentrisch, teils informativ, aber kein bisschen langweilig. Unter den Exponaten befinden sich Möbel von **John Dunn**, dem einzigen weißen Mann, der es jemals zum Zulu-Häuptling brachte. Er brachte es auch zu 49 Ehefrauen und wurde so zum Vorfahren der zahlreichen Mischlinge *(Coloureds)* Eshowes, von denen noch viele seinen Nachnamen tragen. Des Weiteren beherbergt das Museum typische Haushaltsgegenstände der Zulu und Ausstellungsstücke zur Zulu-Geschichte.

Zululand Missionary Museum

🕒 Mo–Fr 7.30–16, Sa 9–16, So 10–16 Uhr

In einer Nachbildung der Kapelle des Forts ist das Zululand Missionary Museum untergebracht. Ein Teil der Ausstellung befasst sich mit den norwegischen Missionaren, die im 19. Jh. in diese Ecke Südafrikas kamen. In der Nähe befindet sich auch eine Papiermühle, die immer noch in Betrieb ist, und wo aus Zuckerrohrfasern oder sogar Elefantendung hergestellte Kartons, Notizblöcke usw. zu sehen sind.

Dlinza Forest und Aerial Boardwalk

Abseits der Kangela St am Südwestrand von Eshowe (Zugang vom Museumskomplex des Fort Nongqayi) ▪ ⌚ tgl. Mai–Aug 7–17 Uhr, Sep–April 6–17 Uhr ▪ Eintritt R30 ▪ ✆ 035-474 4029

Das Waldgebiet Dlinza Forest ist nicht nur ein Muss für Vogelfreunde, sondern lädt auch zu einem gemütlichen Picknick ein oder zu einem Spaziergang in luftiger Höhe auf dem herrlichen **Dlinza Forest Aerial Boardwalk**. Der in 10 m Höhe angelegte, 125 m lange holzbeplankte Fußgängerweg verläuft unter dem Blätterdach des Waldes und bietet die Möglichkeit, den Wald aus einer Höhe zu betrachten, die normalerweise nur gefiederten Lebewesen vorbehalten ist.

Der auch für Rollstuhlfahrer zugängliche Boardwalk führt zu einem 20 m hohen, stählernen **Aussichtsturm**, der ein atemberaubendes Panorama über die Baumkronen hinweg auf den Indischen Ozean bietet. Das **Besucherzentrum** am Beginn des Spazierwegs informiert ausführlich über den Lebensraum Dlinza Forest. Neben den hier beheimateten Vogelarten, darunter Habicht, Kronenadler und Nataldrossel, wurden auch 80 verschiedene Schmetterlingsarten gezählt.

ÜBERNACHTUNG

Chase Guest House, 1,5 km auf dem John Ross Highway vom KFC an der Main St entfernt, ✆ 035-474 5491 oder 083-265 9629, 💻 www.thechase.co.za. Auf der bezaubernden, ruhigen Farm gibt es 2 große Gästezimmer mit Bad und Aussicht auf Zuckerrohrfelder. Außerdem stehen zwei schicke Wohneinheiten für 2 Pers. zur Verfügung, alle wahlweise als B&B oder für Selbstversorger. Pool, Tennisplatz, Internetzugang und reizende Gastgeber. R700

Chennells Guesthouse, 36 Pearson Ave, ✆ 035-479 4919, 💻 www.eshowe.com. Unterkunft in einem schönen, vor über 100 Jahren erbauten Wohnhaus im Kolonialstil mit einem großen Garten, Pool und sehr gemütlichen Zimmern, jedes mit eigenem Eingang. R1295

Forest View Lodge, 52 Addison Rd, ✆ 035-474 1282, ✉ woodprod@iafrica.com. Die in einer ruhigen Gegend gelegene Lodge besitzt charmante Zimmer aus Holz und Ziegelstein; manche haben einen Balkon mit Aussicht auf den Garten voller Blumen. Es stehen auch ein paar familienfreundliche Selbstverpfleger-Cottages mit bis zu 4 Betten zur Verfügung. R550

George Hotel, 36 Main St, ✆ 035-474 4919, 💻 www.eshowe.com. Das beliebte Hotel in einem Gebäude von 1906 mit jeder Menge historischem Flair ist so etwas wie ein Wahrzeichen der Stadt. Renovierte Zimmer mit Bad, viele mit Original-Holzfußböden. Im Hotel ist auch ein Reiseveranstalter angesiedelt. R795

Thornley's, 17 Mansel Terrace, ✆ 035-474 4179 oder 083-442 3884, ✉ thornleys@iafrica.com. 4 helle, luftige Zimmer in einem alten Familienwohnhaus, betrieben von einem dynamischen jungen Paar, das gern mit seinen Gästen im Garten grillt oder sich mit ihnen in der kleinen Hausbar zu einem angeregten Gespräch trifft. Thornley´s ist eine der geselligsten Bleiben am Ort; die Besitzer wollen sich vergrößern und eine Tür weiter eine Lowbudget-Unterkunft eröffnen. R700

ESSEN

Adams' Outpost, auf dem Museumsgelände von Fort Nongqayi, ✆ 035-474 1787. In einem umgebauten, ehemaligen Siedlerhaus werden gesunde Salate, selbst gebackenes Brot und gute Currys (R70) aufgetischt, und sonntags lockt ein begehrtes Mittagsbuffet (R130, reservieren). ⌚ Mo–Fr 8–16, So 9–15.30 Uhr.

George Hotel. Das Hotelrestaurant ist eins der besten Esslokale von Eshowe. Die sehr überschaubare, aber verführerische Speisekarte umfasst neben deutschen Spezialitäten wie Schnitzel (R70) auch die obligatorischen Steaks und Currys. ⌚ Mo–Fr 7–9, 18–21, Sa und So 8–9.30, 18–21 Uhr.

Pablo Esco Bar. Die Bar im George Hotel öffnet nur 2x die Woche ihre Pforten. Aber wer gerade an einem Mi oder Fr in der Stadt ist, kann dort ein Bier aus der hauseigenen Zululand Brewery (wo das berühmte Zulu Blond gebraut wird) probieren und von der Veranda mit Waldblick den Sonnenuntergang genießen. ⌚ Mi und Fr 16–21.30 Uhr.

Prawn Shak, 30 km östlich von Eshowe bei Amatikulu, W 084-737 6493. Am Wochenende pilgern die Bewohner von Eshowe zu diesem weitläufigen Strandschuppen, der mit seiner hochprozentigen Mischung aus Shrimps und Tequila wirbt. Die ist allerdings nur *ein* Bestandteil des 8-Gänge-Menüs – man darf auch mit gebackenem Camembert und „Zulu-Sushi" rechnen. Das Festmenü kostet R185 p. P., etwas anderes gibt es nicht. Bezahlung nur per Debit- oder Kreditkarte. ⌚ Sa und So 11.30–17 Uhr.

TOUREN

Zululand Eco-Adventures, im George Hotel, ☏ 035-474 2298, 💻 www.zululandeco-adventures.com, organisiert interkulturelle Begegnungen, bei denen die Besucher aufs Land fahren und verschiedene Zulu-Zeremonien (Kasten S. 484) erleben. Auch Märkte und Shebeens werden besucht, ohne dass die Tourteilnehmer das Gefühl beschleicht, in einem Themenpark gelandet zu sein. Der Anbieter engagiert sich sehr in der lokalen Gemeinde. Wer Eshowe besucht, sollte sich unbedingt morgens von Zululand Eco-Adventures zu einer Schule oder einem Waisenhaus bringen lassen. Dort verbringt man einen ganz normalen Tag mit den Kindern und wird nachmittags wieder abgeholt – eine lohnende Erfahrung sowohl für die Gäste als auch für die Kinder. Und eine, die für ganz wenig Geld zu haben ist; nur der Transport muss bezahlt werden.

TRANSPORT

Regelmäßig fahren **Minibustaxis** von Eshowe nach DURBAN und EMPANGENI.

Ulundi

Rund 90 km nördlich von Eshowe an der R66 liegt **Ulundi**, die ehemalige Hauptstadt des Bantustan KwaZulu, im Herzen des **eMakhosini Valley** („Tal der Könige"), dem von nationalistisch gesinnten Zulu eine quasi religiöse Bedeutung beigemessen wird, weil es als Geburtsort der Zulu-Nation gilt. Viele der bedeutendsten Persönlichkeiten des Zulu-Volkes lebten in diesem Tal und wurden dort begraben.

Ihnen zu Ehren wurde 2003 ein Denkmal namens **Spirit of eMakhosini** errichtet, das auf einem Hügel, 3 km entlang der R34 hinter der Kreuzung mit der R66 Richtung Ulundi, steht. Das kreisförmige Denkmal umgeben sieben große Aluminiumhörner, die stellvertretend für jene Könige stehen, die Shaka vorangingen, während in der Mitte ein mächtiger, 600 l fassender traditioneller Bierkessel thront.

Die Gedenkstätte **Battle of Ulundi Memorial** liegt nur wenig außerhalb der Stadt an der asphaltierten Landstraße, die zum Cengeni Gate des Wildreservats Hluhluwe-Imfolozi führt. Sie markiert den Ort, an dem die Zulu ihre endgültige Niederlage erlitten. In einem kleinen Steingebäude mit Silberkuppel stehen Tafeln, auf denen alle Regimenter beider Seiten aufgeführt sind, die beim letzten Aufbäumen der Zulu am 4. Juli 1879 an den Kämpfen beteiligt waren. Der rechteckige Park, der sich um die Gedenkstätte erstreckt, spiegelt die Aufstellung der britischen Infanterie wider.

Ondini Historical Reserve

Wenige Kilometer von Ulundi ▪ ⌚ Mo–Fr 8–16, Sa und So 9–17 Uhr ▪ Eintritt R30 ▪ ☏ 083-661 7942, 💻 www.zulu-museum.co.za

Die mit Abstand interessanteste Sehenswürdigkeit dieser Region ist das Ondini Historical Reserve. Es beherbergt neben einer Rekonstruktion der ehemaligen Residenz von **König Cetshwayo** auch zwei Museen, von denen eins dem königlichen Anwesen und das andere der Kultur der Zulu gewidmet ist. Nach der entscheidenden Schlacht von Ulundi machten die Engländer die königliche Residenz in Ondini dem Erdboden gleich und verhafteten Cetshwayo. Der als *isigodlo* bezeichnete **königliche Kraal** wurde mit traditionellen Zulu-Bienenkorbhütten teilweise rekonstruiert und kann besichtigt werden. Das der Kraal gewidmete Museum zeigt ein Modell der ursprünglichen Anlage. Unter den Exponaten des **Cultural Museum** befindet sich eine bedeutende Perlensammlung.

ÜBERNACHTUNG

uMuzi Bushcamp, ☏ 035-870 2500, 💻 www.tintasafaris.co.za. Das Camp bietet Unterkunft in Zulu-Behausungen, von Bienenkorbhütten bis zu Rondavels oder moderneren Ferienhütten aus Stein, die meisten mit Bad. Alle Hütten befinden sich innerhalb eines traditionellen

Zulu-Themenparks

Nördlich von Eshowe lässt die kurvenreiche R66 den Dlinza Forest und die sanfte Landschaft aus Zitrushainen und grünen Zuckerrohrfeldern hinter sich, um jenseits davon Ausblicke auf die ausgedehnten Täler zu eröffnen, die in der Schöpfungsmythologie der Zulu eine bedeutende Rolle spielen. Ehe man sich's versieht, befindet man sich in einer dornigen Landschaft aus Akazien, felsigen Hügelkuppen und Aloe-Pflanzen. Es ist das Land der **Themenparks** mit Anlagen, die als Zulu-Dörfer aufgemacht sind und Unterkunft bieten.

Das am bequemsten zu erreichende dieser „Zuludorf-Hotels" ist **Shakaland**, 14 km nördlich von Eshowe an der R68 auf der Norman Hurst Farm, Nkwalini, ✆ 035-460 0912, 💻 www.shakaland.com. Shakaland ist die Rekonstruktion eines Zulu-Kraals aus dem 19. Jh. und daher alles andere als repräsentativ für das Leben der Zulu in der Gegenwart. Trotzdem wird die Zulu-Kultur auf gerade noch akzeptable Art vermarktet, und in Shakaland können Besucher auf jeden Fall traditionelle **Zulu-Speisen** probieren. **Führungen** für Tagesausflügler (tgl. 11 und 12.30 Uhr, R420) umfassen eine Audioshow über die Herkunft der Zulu, einen geführten Spaziergang durch die Hütten, Erläuterungen zu den traditionellen sozialen Strukturen, einen feierlichen Bierumtrunk und ein Mittagsbuffet mit traditionellen Speisen.

Den Höhepunkt jedoch bildet eine **Tanzvorführung**, die wahrscheinlich zu den choreografisch besten des Landes zählt, und es lohnt, all die anderen Sachen über sich ergehen zu lassen, nur um sie mitzuerleben. Oder man zahlt R100 für die Tanzvorführung allein.

Wer in Shakaland übernachten möchte, kann eine der „traditionellen" Bienenkorbhütten (R2870) mit keineswegs traditionellem Luxus wie Elektrizität und eigenem Badezimmer beziehen.

Umuzi mit Lagerfeuer, an dem sich die Gäste nach Einbruch der Dunkelheit versammeln können. Es werden Touren ins eMakhosini Valley, zu Battlefields der Umgebung und in den Wildpark Hluhluwe-Imfolozi veranstaltet. Im Übernachtungspreis ist der Eintritt zum Ondini Cultural Museum enthalten. Halbpension R770

Die Battlefields

Die meisten ehemaligen Kriegsschauplätze KwaZulu-Natals liegen im Nordwesten der Provinz. Dort drangen 1838 zunächst die Buren aus den Bergen im Nordosten auf das Territorium der Zulu vor und brachten diesen in der Schlacht am **Blood River**, 13 km südöstlich der Kleinstadt Utrecht, eine schwere Niederlage bei. Rund vier Jahrzehnte später suchten die Engländer die kriegerische Auseinandersetzung und zogen nach Norden, um sich mehrere Schlachten mit den Zulu zu liefern. Die denkwürdigsten wurden südöstlich von Dundee bei **Isandlwana** und **Rorke's Drift** ausgefochten. Ende des 19. Jhs. provozierte Großbritannien erneut einen Krieg, diesmal allerdings gegen die **Buren** und deren unabhängige Republiken ZAR (Zuid-Afrikaansche Republiek) sowie den Oranje-Freistaat im Norden und Westen. Zu Beginn dieses zweiten Burenkriegs konnte die zahlenmäßig enorm starke, aber auch sehr schwerfällige britische Kriegsmaschinerie gegen die mobilen Buren nichts ausrichten.

Bei **Ladysmith** mussten die Engländer eine monatelange Belagerung über sich ergehen lassen, während im benachbarten **Spioenkop** ein britischer Sieg zum Greifen nah war, im letzten Moment aber durch einen Fehler der militärischen Führung verspielt wurde. Das Empire schlug zwar erfolgreich zurück, benötigte aber insgesamt drei Jahre, um die ZAR und den Oranje-Freistaat, die zu den kleinsten Staaten der Welt zählten, in die Knie zu zwingen. Um das zu erreichen, musste eine halbe Million Soldaten ins Feld geschickt werden – die teuerste militärische Operation seit den Napoleonischen Kriegen knapp ein Jahrhundert zuvor.

Wer nur einen der beiden Kampfschauplätze besichtigen möchte, sollte sich für Isandlwana entscheiden. Es empfiehlt sich aber, auch Rorke's Drift anzuschauen, um einen umfassenden Eindruck zu bekommen.

Isandlwana

Abseits der R68, etwas mehr als 130 km nordwestlich von Eshowe und 70 km südöstlich von Dundee ▪ tgl. 8–16 Uhr ▪ Eintritt R30 ▪ ✆ 034-271 8165

Am 22. Januar 1879 mussten die Engländer die demütigendste Niederlage ihrer Kolonialgeschichte einstecken, als mehr oder weniger ihre gesamte, aus 1200 Soldaten bestehende Streitmacht in Isandlwana von mit Speeren bewaffneten Zulu-Kriegern vernichtend geschlagen wurde. Das von einem unheimlich wirkenden Hügel beherrschte **Isandlwana Battlefield** ist bis heute beinahe unverändert, wenn man von ein paar kleinen Farmen und den Gräbern der Gefallenen absieht.

Das Versagen der britischen Streitkräfte schlug daheim in London hohe Wellen. Nach Ablauf des Ultimatums, das Großbritannien den Zulu gestellt hatte, wurden drei Kolonialtruppen zum Einmarsch nach Zululand entsandt. König Cetshwayo stellte jeder der Truppen eine eigene Streitmacht entgegen. Am 21. Januar 1879 schlugen Zulu-Krieger ihr Lager 6 km vom Isandlwana Hill entfernt auf, wo sich eine britische Militärabteilung niedergelassen hatte. Der britische Kommandeur, der nicht ahnte, dass ihnen die Zulu bereits im Nacken saßen, sandte ein großes Sonderkommando zur Unterstützung einer anderen Abteilung aus und ließ die Männer in Isandlwana allein und schutzlos zurück. In der Zwischenzeit musste ein Spähtrupp der Engländer von der Kuppe eines Hügels aus feststellen, dass im Tal etwa 25 000 mucksmäuschenstille Zulu-Krieger saßen.

Sie warteten auf einen Wechsel der Mondphase, also auf einen günstigeren Moment für den Angriff. Aber als sie sich entdeckt sahen, erhoben sie sich, stürmten in der klassischen Zulu-Formation „Hörner des Stiers" das britische Lager und überrannten die perplexen Engländer. In der britischen Presse wurden die Zulu damals wie Ungeheuer dargestellt, weil sie den Toten die Eingeweide herausnahmen. In Wirklichkeit hatte dieses Vorgehen bei den Zulu eine religiöse Bedeutung, denn sie glaubten, dadurch den Geist der Toten zu befreien. Daneben hatte der Brauch aber auch eine weniger spirituelle Komponente: Ein Zulu-Krieger musste „seinen Speer waschen" (also einen Feind töten), bevor er heiraten durfte.

Rorke's Drift

15 km westlich von Isandlwana an der D30 ▪ tgl. 8–16 Uhr ▪ Field Museum und Interpretation Centre Eintritt R30 ▪ Craft Centre Eintritt frei ▪ ✆ 034-642 1687

Noch am Abend der Schlacht von Isandlwana (S. 488) konnte die verlorene Ehre der Engländer aber einigermaßen wiederhergestellt werden. Eine Gruppe aus Veteranen schaffte es, das Feldlazarett bei Rorke's Drift erfolgreich gegen vier vorrückende Zulu-Regimenter zu verteidigen. Das Lazarett lag am anderen Ufer des Buffalo River, direkt gegenüber der Stelle, wo die Briten zuvor eine Niederlage hatten einstecken müssen.

Obwohl Cetshwayo einen Angriff auf Rorke's Drift ausdrücklich verboten hatte, fühlten sich 3000–4000 heißspornige junge Männer, Teil einer Reservetruppe, durch den Sieg bei Isandlwana dermaßen angeheizt, dass sie es nicht mehr abwarten konnten, endlich auch in die Schlacht zu ziehen und „ihre Speere zu waschen". Sie griffen an, doch innerhalb der folgenden zwölf Stunden am 22./23. Januar 1879 wehrten knapp über 100 britische Soldaten wiederholte Attacken von Zulu-Kriegern ab. So verdienten sie sich insgesamt elf Viktoriakreuze, die größte Zahl britischer Tapferkeitsauszeichnungen, die je für eine einzige Schlacht verliehen wurde.

Rorke's Drift ist von allen Battlefields das lohnendste, nicht zuletzt weil ein ausgezeichnetes **Museum** und Besucherzentrum über die historischen Hintergründe informiert. Wer schon einmal in der Gegend ist, sollte sich auch das Kunsthandwerkszentrum **Rorke's Drift ELC Craft Centre** anschauen, das für seine handbedruckten Stoffe und Wandteppiche bekannt ist.

ÜBERNACHTUNG

Die Unterkünfte in der Gegend von Isandlwana und Rorke's Drift liegen ziemlich weit auseinander und befinden sich zumeist in winzigen Dörfern. In vielen Gästehäusern wird Verpflegung angeboten, und die Besitzer betätigen sich oft auch als Fremdenführer.

Babanango

Babanango Lodge, 4 km westlich von Babanango (an der R68 ausgeschildert) auf einer Natural Heritage Site tief unten in einem schönen Tal, ✆ 082-709 7951, 💻 www.babanangovalley.co.za. Auf geführten Wanderungen kann die Umgebung aus Grasland, Felsen und einem Fluss erkundet werden. Der Besitzer und Tierverhaltensforscher Dr. John Turner kombiniert Touren in den Hluhluwe-Imfolozi Park mit ökologischen Unterweisungen, darunter Vogelbeobachtung und Baumkunde, und Besichtigungen von historischen Zulu-Stätten und der Anglo-Zulu Battlefields. Gemütliche Zimmer mit Bad in der Hauptlodge oder in einem nahe gelegenen Selbstversorger-Cottage (R350 p. P.). Lodge-Zimmer (Halbpension) R2900

Helpmekaar

Penny Farthing, ✆ 034-642 1925, 💻 www.pennyf.co.za. Historische, mit vielen antiken Gegenständen ausgestattete Pionierfarm nahe der winzigen Siedlung Helpmekaar in einer von Savanne und Hügeln beherrschten Gegend, die auf zahlreichen Wanderwegen erkundet werden kann. Gastgeber Foy Vermaak betätigt sich auch als Fremdenführer zu den Battlefields (Kasten S. 491). R1120

Nahe Rorke's Drift

Fugitives' Drift Lodge, 9 km nördlich von Rorke's Drift an der Schotterstraße R31, ✆ 034-642 1843, 💻 www.fugitives-drift-lodge.com. Die ultimative Unterkunft für Besucher der Battlefields. Die Luxuslodge steht auf einer riesigen Wildfarm mit Blick auf die Furt im Buffalo River. Unterbringung in separaten, im Kolonialstil eingerichteten Bungalows zwischen Rasenflächen und gepflegten Gartenanlagen sowie in einem Anbau mit 4 Schlafmöglichkeiten. Gegessen wird gemeinschaftlich in einem Speisesaal inmitten der weltgrößten Sammlung von Gegenständen aus den Zulu-Schlachten. Vollpension DZ R7000, Anbau R7200

Dundee

32 km westlich des Abzweigs nach Rorke's Drift liegt an der R68 die Stadt Dundee. Abgesehen von Geschäften, Supermärkten und Apotheken hat sie nicht besonders viel zu bieten, ist aber eine gute Ausgangsbasis für Exkursionen in die Umgebung. Doch wer sich vor Ort ein wenig umsehen möchte, kann bei Dundee Tourism eine Broschüre holen, die unter anderem eine Anleitung zu einem historischen Stadtrundgang enthält. Er führt zu Gebäuden, die aus jener Zeit stammen, als in der Umgebung die umfangreichen Kohlevorkommen entdeckt wurden, denen Dundee seine blitzartige Entstehung und seinen vorübergehenden Reichtum zu verdanken hatte.

Talana Museum und Kwakunje Cultural Village

2 km von Dundee an der R33 nach Vryheid
▪ **Museum** ⏲ Mo–Fr 8–16.30, Sa und So 9–16.30 Uhr ▪ Eintritt R25 ▪ ✆ 034-212 2654
▪ **Cultural Village** ⏲ Mo–Fr 8–16.30, Sa und So 9–16.30 Uhr ▪ Eintritt R8 ▪ ✆ 072-796 0844
▪ 💻 www.talana.co.za

Der ausgezeichnete Museumskomplex umfasst zehn historische, weiß getünchte Gebäude aus der Zeit der Battle of Talana Hill, der ersten Schlacht der Burenkriege, die 1899 ausgetragen wurde. Am interessantesten ist das **Talana House**, das in einer Ausstellung die bewaffneten Konflikte im Norden KwaZulu-Natals erläutert. Zu den Exponaten zählen Waffen und Uniformen, den größten Eindruck hinterlassen jedoch die alten Fotografien. Auf ihnen sind berührende Einzelschicksale festgehalten, etwa die von Buren, die in Kriegsgefangenenlagern in entlegenen Gebieten des Empire wie St. Helena oder in Asien interniert wurden. Auch meist weniger beachtete Aspekte der Burenkriege finden Eingang, etwa die Rolle der Schwarzafrikaner und der Inder.

Battlefield-Guides

Wer die Battlefields als echtes Erlebnis in Erinnerung behalten möchte, sollte sie in Begleitung eines qualifizierten Fremdenführers besichtigen. Die nachfolgend genannten Guides sind auf unterschiedliche Kampfschauplätze jeweils in der Nähe ihres Standortes spezialisiert. Die meisten lassen bezüglich der Preise mit sich reden, abhängig von der Gruppengröße. Manche Guides setzen voraus, dass die Teilnehmer ein eigenes Fahrzeug mitbringen.
Wer keinen Fremdenführer in Anspruch nehmen möchte, sollte in der *Fugitive's Drift Lodge* (S. 490) die ausgezeichnete, vom verstorbenen David Rattray verfasste CD-Reihe *The Day of the Dead Moon* kaufen, die sich mit den Schlachten bei Rorke's Drift und Isandlwana beschäftigt.

Empfehlenswerte Guides

Elisabeth Durham, ✆ 034-212 1014, 💻 www.cheznousbb.com. Informative halb- und ganztägige englischsprachige Touren nach Rorke's Drift, Isandlwana und entlang der Route des bei Nqutu gefallenen Prinzen Louis Napoleon, dem letzten Vertreter der Dynastie Bonaparte (R1300–1800 oder mehr, wenn kein eigenes Fahrzeug vorhanden ist).
Fugitives' Drift Lodge, ✆ 034-642 1843, 💻 www.fugitives-drift-lodge.com. In dieser Lodge (S. 490) nahe Rorke's Drift lebte der unvergessliche Battlefield-Guide David Rattray, der bei einem Raubüberfall ermordet wurde. Seine Nachfolge haben Rob Caskie, Joseph Ndima und George Irwin angetreten, die ebenfalls ausgezeichnete Geschichtenerzähler sind. Die halbtägigen Touren nach Isandlwana (Beginn 7.30 Uhr) und Rorke's Drift (im Winter Beginn 15 Uhr, im Sommer 15.15 Uhr) kosten R770–995 p. P. für beide Battlefields, je nach Saison.
Ron Gold, KwaZulu-Natal Tours, ✆ 033-263 1908 oder 083-556 4068, 💻 www.kwazulu-natal-tours.com. Ron ist Spezialist für die Schlachten von Spioenkop, Willow Grange und Colenso und die Stätte, wo Churchill gefangen genommen wurde. Er bietet Halbtags- und Ganztagstouren an (R1800–2500).
Evan Jones, ✆ 034-212 4040 oder 082-807 8598, 💻 www.battleguide.co.za. Ausgedehnte Ganztagestouren zu sämtlichen Battlefields (ab R1400) unter Führung eines Experten mit einem riesigen Wissensschatz.
Pat Rundgren, ✆ 034-212 4560 oder 082-690 7812, ✉ gunners@trustnet.co.za. Der Militärspezialist Pat lässt die Schlachten in der Umgebung von Dundee aus seiner ganz persönlichen Sicht Revue passieren. Die Touren kosten R400 p. P. inkl. Transport.
Foy Vermaak, ✆ 034-642 1925, 💻 www.pennyf.co.za. Mr. Vermaak ist in der Nähe der Battlefields Isandlwana und Rorke's Drift zu Hause, auf die er sich spezialisiert hat; außerdem im Angebot: Helpmekaar und Fugitive's Drift. Die Touren kosten ab R1000 pro Tag für bis zu 6 Pers., die ein eigenes Fahrzeug mitbringen.

Auf einem Foto sind indische Bahrenträger zu sehen, unter ihnen der junge Mohandas Gandhi, wie er mit seinen Landsleuten verwundete britische Soldaten von den Schlachtfeldern Spioenkop und Colenso fortschafft. Der Museumskurator kann Führungen durchs Museum und über die Battlefields der Umgebung organisieren.

Das **Kwakunje Cultural Village** (*kwakunje* bedeutet: „es war wie dieses") auf dem Museumsgelände ist ein rekonstruiertes Dorf, in dem Fremdenführer traditionelle Zulu-Bräuche vorführen, erklären und beschreiben, wie sie sich im Lauf der Zeit verändert haben.

Es besteht auch die Möglichkeit, vorher anzurufen und Zulu-Essen und eine Tanzvorführung zu bestellen.

ÜBERNACHTUNG UND ESSEN

Battlefields Backpackers International, 90 Victoria St, ✆ 034-212 4040, 💻 www.bbibackpackers.co.za. Kleines, familiengeführtes Hostel mit etwas enger, aber freundlicher Backpackerunterbringung in 2 DZ und 2 Zimmern mit Stockbetten. Bei Ankunft gibt's ein Getränk auf Kosten des Hauses. Eigentümer Evan Jones veranstaltet erstklassige Battlefield-Touren (Kasten S. 491). R340

Chez Nous, 39 Tatham St, ✆ 034-212 1014, 💻 www.cheznousbb.com. Chez Nous wird von der bezaubernden Battlefields-Fremdenführerin Elisabeth Durham (Kasten S. 491) geleitet, die auf Wunsch köstliche 3-Gänge-Dinner kocht. B&B oder Selbstverpflegung in geräumigen DZ und Cottages mit bis zu 6 Betten. R660

Lennox Cottage, 3 km östlich der Stadt an der R68, ✆ 034-218 2201, 💻 www.lennox.co.za. Gemütliches B&B auf einer Biofarm unter der Leitung des früheren südafrikanischen Rugby-Nationalspielers Dirk Froneman und seiner Frau Salome, die leckeres Abendessen zaubert. Reservierung unbedingt erforderlich. R1340

Royal Country Inn, 61 Victoria St, ✆ 034-212 2147, 💻 www.royalcountryinn.com. Im Restaurant des ältesten Hotels von Dundee (Baujahr 1886) werden in zurückhaltend-elegantem Ambiente ein paar einfache, aber gekonnt zubereitete Speisen aus der Alten Welt wie Ochsenschwanzsuppe (R90), Steaks und Apfelkuchen aufgetragen. 🕒 tgl. 6–20 Uhr.

INFORMATIONEN

Touristeninformation, Dundee Tourism, abseits der Victoria St in Civic Gardens, ✆ 034-212 2121, 💻 www.tourdundee.co.za. Die Angestellten vermitteln Tourguides und kennen die genauen Termine der von Zeit zu Zeit stattfindenden Bühnenaufführungen, in denen berühmte Schlachten (um den jeweiligen Jahrestag herum) nachgespielt werden. 🕒 Mo–Fr 9–17 Uhr.

TRANSPORT

Das einzige öffentliche Transportmittel nach Dundee sind **Minibustaxis**; wer mit einem von Osten her anreist, muss meistens in Vryheid umsteigen. Es bestehen auch Direktverbindungen nach LADYSMITH.

Ncome Blood River

Die Bezeichnung **Schlacht am Blood River** geht auf Berichte zurück, wonach sich der Ncome River von all dem vergossenem Blut rot färbte, als sich Andries Pretorius und seine 470 Voortrekker am 16. Dezember 1838 hinter ihren Planwagen verschanzten und eine 10 000 bis 15 000 Soldaten starke Zulu-Armee unter dem Kommando von König Dingane schlugen. Die Verluste der Zulu gingen laut damaligen offiziellen Verlautbarungen in die Tausende, während die Voortrekker nur Verletzte zu verzeichnen hatten. Obwohl einige Historiker vermuten, dass die Zahl der toten Zulu von den Siegern um einiges nach oben korrigiert wurde, betrachten nationalistisch gesinnte Afrikander das Ereignis als einen Markstein in ihrer Geschichte. Heute befinden sich auf dem Schauplatz der Schlacht ein imposantes Burenmonument sowie ein Museum, das eine relativ ausgewogene Perspektive des damaligen Geschehens vermittelt.

Blood River Battlefield

48 km nordöstlich von Dundee auf der Strecke nach Vryheid zweigt eine Straße von der R33 zur Gedenkstätte ab ▪ 🕒 tgl. 8–16.30 Uhr ▪ Eintritt R25 ▪ ✆ 034-632 1695

Die Gedenkstätte **Blood River Battlefield** übertrifft alle anderen „Heiligtümer" der Afrikander in Südafrika. Eine nachgebaute, aus 64 Bronze-Planwagen in Originalgröße bestehende **Wagenburg** steht heute an der Stelle, wo die Schlacht stattfand. Während der Apartheid war dieses Datum bei den Afrikandern als **Tag des Gelübdes** ein Feiertag zu Ehren eines Paktes, den sie angeblich mit Gott persönlich geschlossen hatten: Falls er ihnen den Sieg schenken würde, würden sie ihm diesen Tag widmen. Auch heute noch besuchen viele Afrikander am 16. Dezember die Gedenkstätte, allerdings heißt der offizielle Feiertag jetzt **Tag der Versöhnung**, und auch der Blood River trägt wieder seinen Zulu-Namen: Ncome.

Ncome Monument and Museum Complex

Am Ostufer des Ncome Blood River ▪ 🕒 tgl. 8–16.30 Uhr ▪ Eintritt frei ▪ ✆ 034-271 8121, 💻 www.ncomemuseum.org.za

Der Ncome Monument and Museum Complex, am Flussufer gegenüber vom Blood River Monument, zeigt eindrucksvoll, wie sich die Auseinandersetzungen aus Sicht der Zulu darstellten. In Anlehnung an die traditionelle Truppenaufstellung der Zulu wurde der Komplex in Form eines Horns angelegt. Ein Teil der Ausstellung befasst sich mit der Kriegskunst der Zulu. Außerdem gibt es einen Schilfgarten mit Erläuterungen dazu, welche Bedeutung das an Flussufern gedeihende Röhricht im Leben der Zulu besitzt. Es wird ein Video gezeigt, das einen nachvollziehbaren Eindruck vom Verlauf der Schlacht vermittelt. Daher ist Blood River eine der Stätten, bei denen sich die damaligen Vorgänge auch ohne die Erklärungen eines Guide einigermaßen erschließen. Wer sowohl das Burendenkmal als auch dieses Museum besucht, kann sich ein besseres Bild davon verschaffen, mit welch schwierigem Erbe die Geschichte Südafrikas belastet ist.

Ladysmith und Umgebung

Rund 60 km südlich von Dundee an der N11 liegt Ladysmith, das seinen bescheidenen Bekanntheitsgrad zwei Tatsachen verdankt: erstens einer der schlimmsten Belagerungen der britischen Militärgeschichte vor etwas über einem Jahrhundert, zweitens der einheimischen Band **Ladysmith Black Mambazo**, die dem amerikanischen Songwriter Paul Simon Mitte der 1980er-Jahre zu einem fulminanten Comeback verhalf.

Das kompakte Zentrum von Ladysmith lässt sich gut zu Fuß erkunden. An der Hauptdurchgangsstraße **Murchison Street** befinden sich Banken, die Post und Geschäfte.

Ladysmith Siege Museum

Queen St, Ecke Murchison St ▪ Mo–Fr 9–16, Sa 9–13 Uhr ▪ Eintritt R11 ▪ 036-637 2992

Vor einer Besichtigung der Kampfschauplätze aus dem Burenkrieg empfiehlt sich ein Besuch des informativen Ladysmith Siege Museums. Die Belagerung begann am 2. November 1899 und dauerte geschlagene 118 Tage. So lange mussten 12 000 britische Soldaten die Schande ertragen, von undisziplinierten Bauern festgehalten zu werden. Das spannende kleine Museum erzählt die Geschichte des Krieges anhand von Texten und Fotografien. Es ist eine Fundgrube für gute Bücher über den Krieg, sowohl aus Sichtweise der Engländer als auch der Buren.

ÜBERNACHTUNG

Budleigh House, 12 Berea Rd, 036-635 7700 oder 084-512 2756, slabb12@telkomsa.net. Elegantes Guesthouse mit geschmackvoll eingerichteten Zimmern mit Holzböden und afrikanischem Touch. Außerdem Pool und sonniger Patio im einladenden Garten. R750

Bullers Rest Lodge, 59/61 Cove Crescent, 036-637 6154, www.bullersrestlodge.co.za. Schicke, reetgedeckte Unterkunft mit gemütlicher Einrichtung im Landhausstil, geräumiger Veranda und einem kleinen Pool. Im hauseigenen Pub wimmelt es von Gegenständen, die auf den Battlefields aufgelesen wurden. Lunchpaket auf Vorbestellung, Mo–Fr auch Abendessen. R830

Hunters' Lodge, 6 Hunter St, 036-637 2359, www.hunterslodgekzn.co.za. Reizendes altes Wohnhaus in ruhigem Viertel mit 15 Zimmern, alle mit Bad. Drumherum ein gepflegter Garten. Mo–Do Abendessen auf Wunsch. R1000

Royal Hotel, 140 Murchison St, 036-637 2176, www.royalhotel.co.za. Das Hotel im Herzen der Stadt, in dem sich während der Belagerung die Oberen Zehntausend aufhielten und regelmäßig von den Buren unter Beschuss genommen wurden. Heute besteht die Klientel des Mittelklassehotels hauptsächlich aus Geschäftsreisenden. Da es auch während der Woche meist ausgebucht ist, empfiehlt sich zu jeder Jahreszeit eine Reservierung. Kann aufgrund von Verkehrslärm laut sein. R1195

ESSEN

Royal Hotel, 140 Murchison St, 036-637 2176. Das Restaurant im Royal frequentierten anno dazumal die privilegierteren der Besetzten, darunter Frank Rhodes (Bruder des berühmteren Cecil). Es ist nach wie vor das angesagteste Esslokal der Stadt, obwohl das Essen – zumeist Kneipenkost und Steaks (um R85) – sich nicht gerade durch Exklusivität auszeichnet. Mo–Sa 6.30–21, So 7–22 Uhr.

SONSTIGES

Informationen

Die **Touristeninformation** befindet sich im Siege Museum, ✆ 036-637 2992. ⌚ Mo–Fr 9–16, Sa 9–13 Uhr.

Touren

Liz Spiret, ✆ 036-637 7702 oder 072-262 9669, ✉ lizs@telkomsa.net. Touren zu den Battlefields kosten R950 für Gruppen bis max. 4 Pers. (eigenes Fahrzeug erforderlich).

TRANSPORT

Busse

Greyhound-Busse der Strecke JOHANNESBURG–DURBAN halten an der Caltex Service Station in der Murchison Street.

Eisenbahn

Der Bahnhof liegt 500 m östlich der Town Hall in der Lyell Street, ✆ 036-271 2020. Aber wegen der ungünstigen nächtlichen Ankunfts- und Abfahrtszeiten ist der Zug nur eine Option, wenn gar nichts anderes mehr geht.

KWAZULU-NATAL

Spioenkop

35 km westlich von Ladysmith ▪ **Spioenkop Battlefield** ⌚ tgl. 9–17 Uhr ▪ Eintritt R30 ▪ ✆ 036-637 2992 ▪ **Spioenkop Nature Reserve** ⌚ tgl. April–Sep 6–18, Okt–März 5–19 Uhr ▪ Eintritt R20 ▪ ✆ 036-488 1578

Das **Spioenkop Battlefield** liegt im Spioenkop Nature Reserve, die Zufahrt geht allerdings von der nach Bergville führenden Straße ab. Auf dem Schauplatz der blutigsten aller Schlachten des Burenkriegs ließen mehr englische Soldaten ihr Leben als in allen anderen. Danach musste sich die britische Militärführung eingestehen, dass ein Krieg nicht mehr allein mit präzise geplanten und ausgeführten Schlachten gewonnen werden konnte. Später verlegte man sich zunehmend auf moderne Guerilla-Taktiken.

Zunächst hatten rund 1700 britische Soldaten im Nebel den Hügel Spioenkop eingenommen, ohne einen einzigen Schuss abzufeuern. Aber dann konnten sie keine ausreichend tiefen Schützengräben ausheben, weil der Boden zu hart war. Als sich der Nebel auflöste, bemerkten sie, dass sie den Scheitelpunkt des Hügels falsch eingeschätzt hatten. Entscheidend für das folgende Desaster waren jedoch mangelhafte militärische Führung und reine Dummheit. Hätten die Engländer das Gelände nämlich anständig ausgekundschaftet, hätten sie merken müssen, dass ihnen nur ein ungeordneter Haufen von weniger als 500 Buren mit lediglich sieben Artilleriegeschützen gegenüberstand, und sie hätten ihre Reserve von 1600 Mann zur Verstärkung hinzuziehen können.

Obwohl sich die Buren auf tiefer gelegenem Terrain befanden, vermochten sie die bei brütender Hitze mit acht Soldaten pro Meter Schützengraben eingepferchten Engländer einen ganzen Hochsommertag lang in Schach zu halten. Etwa 600 britische Soldaten starben und wurden an Ort und Stelle in einem Massengrab begraben. Inzwischen hatten sich die Buren angesichts der feindlichen Verstärkungstruppe, die am Fuße des Hügels aufmarschierte, nach und nach zurückgezogen, sodass schließlich nur noch 350 Burensoldaten die Stellung hielten. Aber das wussten die Briten nicht, und am Abend zogen sie sich zurück und überließen den Hügel dem Feind.

Besucher können von einem Felshügel aus das desolate Schlachtfeld überschauen, wo kleine Schilder die Positionen der beiden Gegner markieren.

ÜBERNACHTUNG

KZN Wildlife Ipika Bush Camp. Am Hang des Spioenkop Mountain, ✆ 036-488 1578. Das schlichte Buschcamp hat nur 1 Safarizelt mit 4 Betten sowie Zeltstellplätze. Beim Safarizelt besteht eine Mindestberechnung für 3 Pers., beim Zeltplatz für 2 Pers. Camping (2 Pers.) R140, Safarizelt (3 Pers.) R630

Three Tree Hill Lodge, am Rand des Reservats, ✆ 036-448 1171, 💻 www.threetreehill.co.za. Die stilvoll-koloniale Lodge bietet Touren zu den Battlefields sowie andere Aktivitäten, darunter Safaris. Jedes Zimmer hat eine Veranda mit Talblick. Für Familien gibt's sowohl eine Suite mit 2 Schlafzimmern als auch 1 separates Cottage. Vollpension R4230

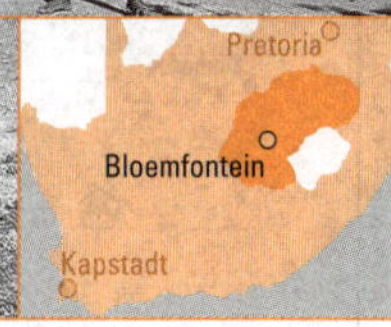

Freistaat

Stefan Loose Traveltipps

Maloti Route Diese reizvolle Fahrt entlang der Grenze zu Lesotho führt an gewaltigen Felsformationen, Kirschbaumplantagen und Farmerstädtchen vorbei, darunter die hübsche Künstlerstadt Clarens. S. 502

Basotho Cultural Village Die großartig verzierten Häuser der Basotho betrachten, die für den östlichen Freistaat und Lesotho typisch sind, und die Nacht in einem gemütlichen Rondavel verbringen. S. 502

Drakensberg Escarpment Über eine Kettenleiter auf den höchsten Punkt des Escarpment klettern und eines der spektakulärsten Bergpanoramen Südafrikas auf sich wirken lassen. S. 503

Golden Gate Highlands National Park Beim Besuch im Nationalpark die beeindruckende, von den majestätischen Maluti Mountains und deren roten Sandsteinfelsen dominierte Landschaft genießen. S. 504

Parys Sich die Überreste des gewaltigen, zwei Milliarden Jahre alten Meteoritenkraters anschauen oder im Ortszentrum nach Antiquitäten stöbern, *vetkoek* essen und den Vaal hinunterpaddeln. S. 509

Die Maloti Route ist eine der schönsten Straßen des Landes und erstreckt sich entlang der bergigen Ostflanke des Freistaats – der traditionellen Hochburg konservativen Burentums im Herzen Südafrikas. Bei einer Fahrt von Johannesburg zum Ost- oder Westkap lohnt der Umweg durch die **Eastern Highlands**, die in den Drakensbergen von Lesotho zu den höchsten Gipfeln des Subkontinents ansteigen. Ein Besuch der Hauptstadt **Bloemfontein** bietet sich nur an, wenn man hier sowieso durchkommt, jedoch wird der Aufenthalt dann durch exzellente Unterkünfte, Restaurants und Museen versüßt. Das am Fluss gelegene **Parys**, näher bei Johannesburg, ist ein netter ländlicher Ort, vor langer Zeit Schauplatz eines Meteoriteneinschlags. Größte Attraktion der Eastern Highlands ist der **Golden Gate National Park**, der wegen der faszinierenden Maloti Mountains mit ihren roten Sandsteinfelsen den Status eines Nationalparks erhalten hat.

Südöstlich des Golden Gate Parks erreicht man nach einer Fahrt durch das interessante **Basotho Cultural Village** den Parkplatz am **Sentinel** – Ausgangspunkt für Wanderungen auf die höchsten Plateaus der **Drakensberge**. Westlich des Golden Gate Parks liegt **Clarens**, der mit Abstand bezauberndste der zahlreichen Orte entlang der Grenze zu Lesotho.

Die übrige Provinz wird von flachem Grasland bestimmt, das sich kilometerweit in strahlenden Sonnenblumen- sowie malven- und pinkfarbenen Kosmeen-Feldern ausdehnt. Dazwischen leuchten Mais- und Weizenfelder unter einem endlosen blauen Himmel.

Geschichte

Was klangvoll „Freistaat" heißt, war einst eine Bastion der Erzkonservativen. Die einzigen wirklich freien Menschen im Freistaat waren über einen Zeitraum von fast 150 Jahren die **weißen Siedler**, denen Großbritannien 1854 die Unabhängigkeit für ein zwischen Oranje und Vaal gelegenes Territorium zugestand. Hier gründeten sie eine eigene Burenrepublik namens **Oranje-Freistaat**. Das „Oranje" im Namen stammt vom holländischen Königshaus von Oranien.

Das an die Verfassung der USA angelehnte Regierungssystem war ausgesprochen demokratisch – sofern man weiß und männlich war. Frauen hatten kein Wahlrecht und Afrikaner überhaupt keine Rechte, sie durften noch nicht einmal Land besitzen. 1912 wurde in der Township Batho in Bloemfontein der ANC gegründet und in Bloemfontein selbst zwei Jahre später die Nationalist Party. 1914 wurde der Oranje-Freistaat eine Bastion der Apartheid. Es war die einzige Provinz, innerhalb deren Grenzen sich Menschen asiatischer Herkunft nicht länger als 24 Stunden aufhalten durften.

1970 wurde schließlich die winzige und karge, zwischen Lesotho, KwaZulu-Natal und dem Freistaat gelegene Enklave **QwaQwa** als „Homeland" für die Süd-Sotho geschaffen – durch Zwangsumsiedlungen aus Gegenden, die nur noch Weißen vorbehalten sein sollten. Inzwischen sind die ehemaligen Bantustans wieder ganz normale südafrikanische Landstriche; und seit dem haushohen Sieg des ANC bei den Regionalwahlen 1994 ist das „Oranje" und damit die holländisch-calvinistische Konnotation aus dem Namen der Provinz verschwunden.

Bloemfontein

In Bloemfontein, das zur *municipality* (Gemeinde) Mangaung gehört, kreuzen sich viele südafrikanische Straßen. Deshalb legen viele Besucher auf ihrem Weg durch Südafrika hier einen Zwischenstopp ein. Bloem („Blume", wie die Stadt gern kurz genannt wird) gilt zwar im Land als Hochburg der Hinterwäldler, entpuppt sich aber als recht angenehm, und hier kann man prima ein, zwei Tage verbringen: zum Beispiel im sehenswerten, von Rasen und Blumenbeeten eingerahmten Oliewenhuis Art Museum und beim Bummeln auf der President Brand Street, die mit hübschen Sandsteinbauten mit mediterranen, britischen, Renaissance- und klassischen Einflüssen gesäumt ist. Bloem ist außerdem Sitz des Provinzparlaments und des südafrikanischen Appellationsgerichts.

Als beliebter Übernachtungsort verfügt die Stadt über gute Unterkünfte mit fairen Preisen, moderne Einkaufszentren und ein paar Ausgehmöglichkeiten.

Wie in anderen südafrikanischen Städten hat auch hier die weiße Einwohnerschaft dem Stadtzentrum den Rücken gekehrt. Zum Einkaufen und Ausgehen trifft man sich jetzt in den Vierteln nordwestlich der Innenstadt. Die **Loch Logan Waterfront Mall** beim Stadion und die vierstöckige **Mimosa Mall** in der Kellner Street im nahen Westdene haben alles, was das Herz begehrt, von Coffeeshops und Fastfoodlokalen über Banken bis zu Buchläden.

Wer im August hier ist, sollte beim **Castle Granaat Rock Festival** im Oliewenhuis Art Museum vorbeischauen, bei dem in sehr familienfreundlichem Ambiente südafrikanische Bands auftreten. Wer im Oktober in der Gegend ist, sollte sich das zehntägige **Manguang African Cultural Festival**, 💻 www.macufe.co.za, nicht entgehen lassen. Aus diesem Anlass füllt sich die Stadt mit Geschichtenerzählern, Dichtern, Künstlern, Malern und Tänzern und aus ganz Südafrika strömen Besucher hierher.

President Brand Street

Als Ausgangspunkt für einen Spaziergang durchs Zentrum entlang der **President Brand Street** empfiehlt sich die City Hall an deren nördlichem Ende, Ecke Charles Street. Das Gebäude wurde 1934 von Gordon Leith, einem ehemaligen Mitarbeiter von Sir Herbert Baker, im „new traditional style" erbaut. Oberhalb der Fenster sind große Tierschädel zu sehen.

Südlich der City Hall befindet sich der 1929 im klassizistischen Stil erbaute **Appeal Court of South Africa**. Ihm gegenüber steht ein imposan-

FREISTAAT

tes Sand- und Ziegelsteingebäude von 1890, der **Fourth Raadsaal**: Es ist das letzte Parlamentsgebäude der unabhängigen Republik des Oranje-Freistaats und inzwischen Sitz des Provinzparlaments.

Weiter südlich steht an der Kreuzung mit der Selborne Avenue das 1906 fertig gestellte Gebäude des Supreme Court. Schräg gegenüber steht die **Old Presidency**. Das Gebäude wurde 1861 auf dem Grund des ehemaligen Wohnhauses von Bürgermeister Henry Warden, dem Gründer von Bloemfontein, im schottischen „baronial style" errichtet. Es diente als Amtssitz des Oberhauptes der Republik.

National Museum

36 Aliwal St ▪ Mo–Fr 8–17, Sa 10–17, So 12–17 Uhr ▪ Eintritt R5 ▪ 051-447 9609, www.nasmus.co.za

Östlich der President Brand Street stößt man auf das National Museum mit einer guten Sammlung von Dinosaurierfossilien, dem 260 000 Jahre alten Florisbad-Menschenschädel und einem eindrucksvollen Nachbau einer Straße in Bloemfontein von der Wende zum 20. Jh. Interessant ist auch die Ausstellung über das Township Batho, die Geburtsstätte des ANC mit einem typischen Batho-Haus und Interviews mit Bewohnern.

Tolkien in Bloemfontein

Bloemfontein überrascht vor allem damit, dass hier John Ronald Reuel Tolkien, der Autor von *Der Herr der Ringe* und *Der kleine Hobbit*, geboren wurde. Seltsamerweise hält sich die Stadt mit der Vermarktung dieser Tatsache ziemlich zurück. Tolkiens Vater Arthur verließ seine Heimat Birmingham, um in den Kolonien zu arbeiten und stieg schließlich zum Manager der Banc of Africa in Bloemfontein auf. J.R.R. erblickte 1892 in einem Haus an der Ecke West Burger und Maitland Street, ein paar Blocks östlich der President Brand Street, das Licht der Welt. Als Arthur Tolkien drei Jahre nach J.R.R.s Geburt starb, kehrte seine Frau mit ihren beiden kleinen Söhnen nach England zurück. Das Haus wurde später abgerissen, um einem Möbelladen Platz zu machen.

First Raadsaal

95 St George's St ▪ Mo–Fr 10–13, Sa und So 14–17 Uhr ▪ Eintritt frei ▪ 051-447 9609, www.nasmus.co.za

Das älteste Gebäude Bloemfonteins, der First Raadsaal, ist ein kleines reetgedecktes Pionierhäuschen, das Warden (s. o.) als erste Schule der Stadt erbaute, das aber später als Versammlungsort des ersten Parlaments diente. Drinnen sowie in einem größeren benachbarten Gebäude befindet sich eine trockene Ausstellung zur Gründung des Freistaats.

King's Park

Der kleine King's Park zwischen dem Loch Logan und dem Zoo ist ein hübsches Plätzchen für ein Picknick oder einen Nachmittagsspaziergang, besonders wenn im Sommer hier die Rosen blühen. Bloemfontein wird manchmal auch „Stadt der Rosen" genannt, und im Park sind mehr als 4000 Rosenstöcke gepflanzt worden.

Bloemfontein Zoo

Okt–März tgl. 8–18 Uhr, April–Sep tgl. 8–17 Uhr ▪ Eintritt R45

Westlich des King's Park ist der Bloemfontein Zoo angesiedelt, wo die Big Five sowie Flusspferde, Tiger und Antilopen zu sehen sind. Bekannt ist der Zwoo für seine früheren Bemühungen, einen sogenannten Liger zu züchten, eine Kreuzung zwischen Löwe und Tiger; jedoch ist der letzte Liger in den 1990er-Jahren gestorben.

Waterfront und Stadion

Auf der dem Zoo gegenüberliegenden Seite des Loch Logan befindet sich die Loch Logan Waterfront Mall mit Geschäften, Cafés, Restaurants und Kino. Mit der Mall verbunden ist das Vodacom Stadium, in dem vor allem Rugby gespielt wird.

Freshford House Museum

31 Kellner St ▪ Mo–Fr 10–13, Sa und So 14–17 Uhr ▪ Eintritt R10 ▪ www.nasmus.co.za

Das Freshford House Museum liegt nördlich der Innenstadt gleich hinter dem Nelson Mandela Drive. Das gut erhaltene edwardianische Haus wurde vom Architekten John Edwin Harrisson entworfen, der hier auch wohnte. Es wurde originalgetreu im viktorianischen und edwardianischen Stil eingerichtet und ermöglicht so einen tollen Einblick in den Alltag jener Zeit.

National Women's Monument and War Museum

Monument Rd ▪ Mo–Fr 8–16.30, Sa 10–17, So 11–17 Uhr ▪ Eintritt R10 ▪ 051-447 3447, www.anglo-boer.co.za

Knapp 2 km südlich vom Zentrum ragt in einem Industrieviertel an der Monument Street eine Sandsteinnadel in den Himmel. Es ist das Wahrzeichen des National Women's Monument and War Museum. Das Mahnmal wurde zum Gedenken an die 26 370 Burenfrauen und -kinder errichtet, die im Zweiten Burenkrieg in britischen Konzentrationslagern ums Leben kamen.

Die im Museum geschilderten Leidensgeschichten stimmen, sind aber doch ziemlich dick aufgetragen. Die zwei Schautafeln über die Konzentrationslager für Afrikaner kamen erst nach dem Ende der Apartheid hinzu. So erfährt die Öffentlichkeit wenigstens ein bisschen über die mehr als 14 000 schwarzen Südafrikaner, die in den Lagern starben.

Oliewenhuis Art Museum

16 Harry Smith St, 2 km nördlich des Zentrums, abseits der Aliwal St ▪ Mo–Fr 8–17, Sa und So 9–16 Uhr ▪ Eintritt frei ▪ 051-447 9609, www.nasmus.co.za

Das interessanteste Museum Bloemfonteins ist das Oliewenhuis Art Museum. Die Sammlung umfasst unter anderem eine erstaunlich gute Auswahl südafrikanischer Bildhauer- und Malereikunst. Sie ist in der ehemaligen Residenz südafrikanischer Präsidenten untergebracht, einem bezaubernden Herrenhaus im kapholländischen Stil inmitten eines großen, hübschen Gartens, umgeben von Buschland. Wer sich aus Kunst nichts macht, kann in idyllischer Umgebung eine Tasse Tee im Gartencafé The Terrace trinken – aber auch hier gibt's Kunst zu sehen, darunter das originelle „Afrikanische Karussell".

ÜBERNACHTUNG

Am besten zum Übernachten eignen sich die recht zentralen Viertel Westdene und Waverley gleich nördlich des Zentrums. Auch wer nur auf der Durchreise ein Bett für eine Nacht braucht, sollte vorher anrufen statt einfach aufzutauchen.

Cherry Tree Cottage, 12A Peter Crescent, Waverley, 051-436 4334, 072-291 0336, cherrytree@imaginet.za. Idyllisches B&B mit AC in einem wunderschönen Garten am Rand eines Schutzgebiets, in dem auch Giraffen leben. Die 4 Schlafzimmer haben alle separate Eingänge. Inkl. warmem Frühstück R850

Hobbit Boutique Hotel, 19 President Steyn Ave, Westdene, 051-447 0663, www.hobbit.co.za. Die schönste Unterkunft der Stadt, luxuriös, mit Antiquitäten eingerichtet. Frühzeitig buchen. Für kleine Gruppen gibt es abends nach Anmeldung ausgezeichnete 3-Gänge-Menüs. R950

Kleine Eden Guest House, 2 Moffett St, Fichardt Park, 051-525 2633, www.kleine-eden.co.za. Gepflegtes Guesthouse, wahlweise B&B oder Selbstversorgung, auch Familienunterkünfte. Alle Zimmer haben einen eigenen Eingang und Garten. Frühstück kostet extra. R630

The Urban, 101 Parfitt St, Park West, 051-444 3142, www.urbanhotel.co.za. Schickes und überraschend erschwingliches Designer-Hotel, in Weiß, Schwarz und Rot gehalten. Die leider etwas unpersönlichen Zimmer sind klein, funktional und stilvoll. R840

ESSEN UND UNTERHALTUNG

Obgleich Bloemfontein nicht gerade als kulinarische Hochburg gilt und nur wenige regionale Spezialitäten aufweist, kann man in der Stadt gut und preiswert essen. An der

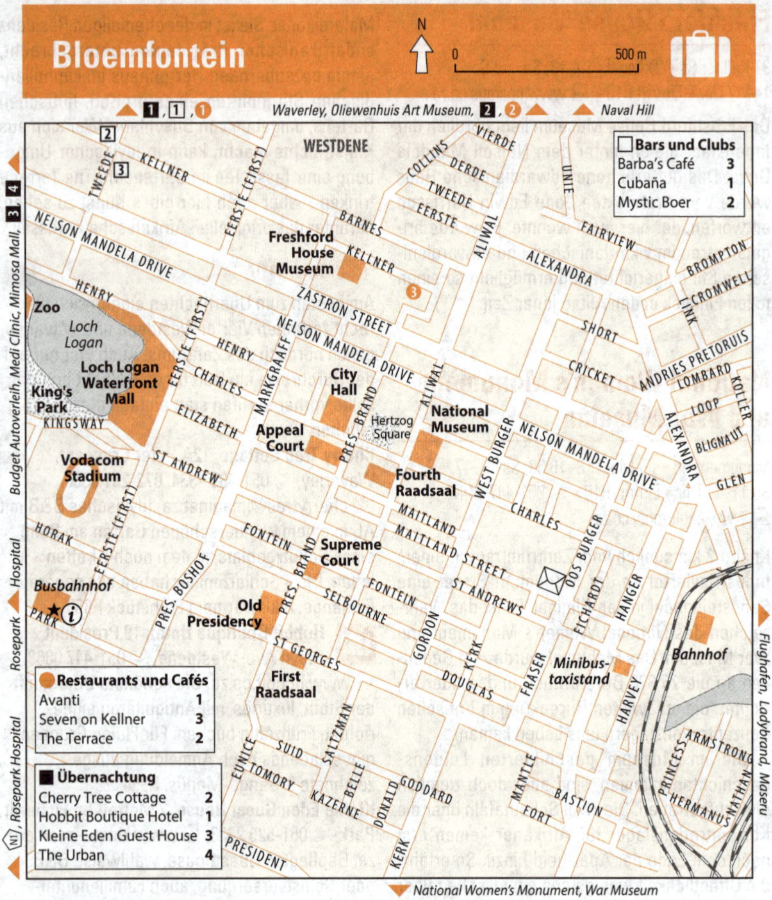

Second Avenue in Westdene, auf der man auch abends sicher entlangbummeln kann, gibt's eine Handvoll Restaurants.

Avanti, 53 Second Ave, Westdene, ✆ 051-447 4198. Bloemfonteins bester Italiener serviert überwiegend lecker zubereitete Klassiker, aber es gibt auch ein paar kreative Ausreißer wie Lammravioli (R90) und italienische Frühlingsrollen. Daneben kann man aus einer köstlichen Auswahl an Focaccia wählen. Reservierung empfohlen. ⌚ Mo–Do 11.30–22, Fr und Sa 11.30–22.30, So 11.30–15 Uhr.

Barba's Café, 16 Second Ave, Westdene, ✆ 051-430 2542. Barba's serviert ausgezeichnetes griechisches Essen wie *pita souvlakia* (R50), ist aber vor allem für seine bis in die frühen Morgenstunden andauernden Partys an Samstagen bekannt. ⌚ Mi–So 15–4 Uhr.

Cubaña, Second Ave, Ecke President Reitz St, Westdene, ✆ 051-447 1920. Das muntere Latino-Restaurant mit Bar serviert recht gutes Essen in großen Portionen, etwa *quesadillas* (R45). Später am Abend gibt's Cocktails (um R35), während DJs lateinamerikanische Musik auflegen. Mittwochs gibt's regelmäßig einen ziemlich lauten Studentenabend. ⌚ Mo–Mi 8–24, Do–Sa 8–2 Uhr.

Mystic Boer, 84 Kellner St, Westdene, ✆ 051-430 2206. Ein guter Laden für ein paar Tequilas, eine Pizza (ab R80) und unterschiedliche Musik; die ganze Woche über gibt's Sonderangebote, sonntags Livemusik. Die beste Kneipe der Stadt. ⌚ Mo–Sa 14–2, So 17–24 Uhr.

Seven on Kellner, 7 Kellner St, Westdene, ✆ 051-447 7928. Speisen (Hauptgerichte ab R90) auf gehobenem Niveau in einem schönen alten Haus, mit kurzer, aber fantasievoller Karte (Fleisch und Fisch vom Grill, Holzofenpizza). ⌚ Mo–Fr 12–14, 18.30 Uhr bis spät, Sa 18.30 Uhr bis spät.

The Terrace, 16 Harry Smith St, ✆ 051-448 6834. In dem eher formellen Garten des Oliewenhuis Art Museum am Rand eines Naturschutzgebiets bietet sich das schönste Ambiente für einen gemütlichen Nachmittagstee und ein Stück Kuchen (R25 pro Stück) in der Stadt. ⌚ Di–Fr 9–17, Sa und So 10–17 Uhr.

SONSTIGES

Apotheken

Dis-Chem, Loch Logan Waterfront Mall, First Ave, ✆ 051-411 6140. ⌚ Mo–Fr 9–18, Sa 8–17, So 9–14 Uhr.

Autovermietungen

Budget, Nelson Mandela St, ✆ 051-447 9947.
Am Flughafen sind vertreten:
Avis, ✆ 051-433 2331;
Europcar, ✆ 051-433 3511;
Hertz, ✆ 051-433 2627.

Informationen

Touristeninformation, im Touristenkomplex und Busbahnhof an der Park Rd, ✆ 051-405 8489. ⌚ Mo–Fr 7.45–16.15, Sa 8–12 Uhr.

Medizinische Hilfe

Universitas, ✆ 051-405 3911. Größtes Krankenhaus der Provinz mit einer kostenlosen 24-Std.-Notaufnahme. Allerdings muss man mitunter sehr lange warten, zudem schwankt die Qualität der Versorgung.

Weit besser sind die privaten Krankenhäuser: **Medi-Clinic**, Kellner St, ✆ 051-404 6666, und **Rosepark Hospital**, Fichmed Centre, Gustav Crescent, ✆ 051-505 5111.

Notfälle

✆ 082-911.

Post

Post, Oos Burger St, Ecke Maitland St. ⌚ Mo, Di, Do und Fr 8–16.30, Mi 8.30–16.30, Sa 8–12 Uhr.

NAHVERKEHR

Der zentrale Minibustaxi-Standplatz befindet sich in der Hanger Street, eine Straße westlich des Bahnhofs. Die Gegend rund um den Bahnhof und die Minibustaxi-Haltestelle gilt als die gefährlichste Ecke der Innenstadt, obwohl in Wirklichkeit nur selten etwas passiert. Aber Vorsicht ist immer gut, und nachts sollte man die Gegend meiden. Zum Glück warten normalerweise Taxis mit Gebührenzähler vor dem Bahnhof und Busbahnhof. Wenn nicht, kann man telefonisch eins bestellen **Bloem Taxis**, ✆ 051-433 3776, oder **GG Taxis**, ✆ 051-522 6969.

TRANSPORT

Busse

Der gemeinsame Busbahnhof von **Translux**, **Intercape**, **SA Roadlink** und **Greyhound** liegt im Touristenzentrum in der Park Rd, 500 m südlich der Loch Logan Mall.

Busse nach:
DURBAN (4x tgl., 9 Std.);
EAST LONDON (4x tgl., 8 1/2 Std.);
JOHANNESBURG (21x tgl., 6 Std.);
KAPSTADT (9x tgl., 12 Std.);
MOSSEL BAY (2x tgl., 9 1/2 Std.);
PIETERMARITZBURG (3x tgl., 8 Std.);
PORT ELIZABETH (6x tgl., 9 Std.);
PRETORIA (21x tgl., 7 Std.);
UPINGTON (1x tgl., 7 1/2 Std.).

Eisenbahn

Die **Bloemfontein Station** befindet sich in der Harvey Rd, am östlichen Ende der Maitland St, ✆ 051-408 4843.

Züge nach:
JOHANNESBURG (Mi, Fr u. So, 7 Std.);
PORT ELIZABETH (Mi, Fr u. So, 13 Std.).

Flüge

Der kleine **Flughafen**, ✆ 051-407 2240, liegt 10 km östlich der Stadt an der N8. Die SAA-Linienflüge zwischen Bloem und allen größeren südafrikanischen Städten sind sehr kostspielig; es gibt aber auch Billigflüge von Mango nach Johannesburg und Kapstadt.
Vom Flughafen verkehren keine Shuttlebusse in die Stadt, sodass man ein Taxi oder einen Mietwagen nehmen muss.

Flüge nach:
DURBAN (2x tgl., 1 Std.);
JOHANNESBURG (11x tgl., 1 Std.);
KAPSTADT (4–5x tgl., 2 Std.).

FREISTAAT

Die Maloti Route

Die Maloti Route verläuft als eine der landschaftlich reizvollsten Straßen des Landes auf einer Länge von 280 km von **Phuthaditjhaba** (Witsieshoek) im Norden bis nach Wepener im Süden. An der Strecke liegen gewaltige, rot und ockerfarben gestreifte Felsformationen, Kirschbaumplantagen und Bauernstädtchen.

Eingekeilt zwischen Lesotho und dem nördlichen KwaZulu-Natal liegt Phuthaditjhaba – das Tor zum **Sentinel**, von dem eine einfache Wanderung zum **Drakensberg Escarpment** führt. Ein Stückchen weiter westlich befindet sich die größte Attraktion der Region, der **Golden Gate Highlands National Park**, ein weites, offenes Bergland. Von Johannesburg ist der Park leicht in drei bis vier Stunden Fahrt zu erreichen. Wenn Johannesburg Ankunfts- oder Abflugsort ist und man nicht dort übernachten möchte, bietet sich ein Besuch mit Übernachtung in diesem Nationalpark als erste oder letzte Station der Reise an. Das nahe **Basotho Cultural Village** erlaubt interessante Einblicke in die Traditionen der Basotho.

Die nächstgelegene Ortschaft zum Golden Gate Park ist **Clarens**, ein Zentrum für Kunst und Kunsthandwerk und das hübscheste Dorf an der Highlands Route.

Basotho Cultural Village

Rund 20 km östlich vom Golden Gate National Park, an der Hauptstraße ausgeschildert ▪ ⌚ Mo–Fr 9–16.30, Sa und So 9–17 Uhr ▪ Eintritt R70 ▪ ✆ 058-721 0300, 💻 www.sanparks.org

Das Basotho Cultural Village gewährt faszinierende Einblicke in die traditionelle Lebensweise der **Basotho**, die seit Jahrhunderten in dieser Region des Landes und jenseits der Grenze in Lesotho leben.

Das zentrale Schaustück des nachgebauten Dorfs ist ein Ensemble prachtvoller **Basotho-Hütten**, deren Formen von runden Konstruktionen aus natürlichen Materialien, wie sie im 16. Jh. üblich waren, bis hin zu eckigen Hütten mit Wellblechdach, kunstvoller Innenbemalung und europäischen Decken und Utensilien reichen. Den Besuchern wird von traditionell gewandeten Schauspielern eine Führung geboten, auf der sie den Chief begrüßen, traditionelles Bier kosten, Musikern zuhören und einen traditionellen Heiler sehen können. Außerdem erfährt man

Wanderung zum Drakensberg Amphitheatre

Die einfachsten Wanderwege hinauf aufs hohe **Drakensberg Escarpment** und zu einigen der atemberaubendsten Berglandschaften Südafrikas befinden sich unmittelbar südöstlich des Golden Gate Park. In fünf Stunden geht es hin und zurück, unter anderem über zwei Metallleitern, auf den klotzigen **Sentinel Peak**, von dem sich fantastische Ausblicke auf das Drakensberg Amphitheatre und den Tugela-Wasserfall bieten, mit 948 m Höhe zweithöchster der Welt. Ausgangspunkt ist der Sentinel-Parkplatz in der Nähe der Witsieshoek Mountain Lodge südlich von Phuthaditjhaba; dieser ist allerdings nur mit einem eigenen Verkehrsmittel zu erreichen.

Wanderung auf das Drakensberg Escarpment

Die spektakulärsten Gebirgspanoramen Südafrikas eröffnen sich vom Drakensberg Escarpment aus, dem weiten Gelände ganz oben auf den mächtigsten Gipfeln, und von der Spitze des Amphitheatre, der majestätischen Bergkette, die den Royal Natal National Park beherrscht. Beide erfordern bei der Besteigung einen hohen Fitnessgrad, sofern man sie von KwaZulu-Natal (S. 457) aus in Angriff nimmt. Sie können aber auch vergleichsweise „einfach" vom Sentinel-Parkplatz im Freistaat erreicht werden. Nach einer kräftezehrenden, zehnstündigen Klettertour vom Mahai im Royal Natal National Park (S. 456) oder einer zweieinhalbstündigen Wanderung vom Sentinel-Parkplatz aus gelangt man zu einer 30 m langen Kettenleiter. Sie führt an einer fast senkrechten Felswand hoch; oben angekommen ist es nicht mehr weit bis zum höchsten Punkt des Escarpment (3278 m). Von der scheinbar mühelosen Eroberung darf man sich aber nicht täuschen lassen: Das letzte Wort hat immer der Berg. Die Leiter darf nur mit genügend Essen, Wasser, Kleidung und einem Zelt bestiegen werden, in dem man etwas Schutz bei einem der brutalen Stürme findet, die über den Berg hinwegfegen. Und auf jeden Fall muss man in aller Frühe aufbrechen, um wirklich den ganzen Tag für den Ausflug zu haben.

Wen das Bergfieber gepackt hat, der kann verschiedene herausfordernde Klettertouren unternehmen, darunter eine zweiwöchige Tour auf dem Escarpmentplateau zum **Sani Pass** in den südlichen Drakensbergen. Die atemberaubendsten Abschnitte des Bergs lassen sich auch während einer fünftägigen, 62 km langen Escarpment-Überquerung mit Übernachtung in Höhlen erleben. Die Route führt vom Sentinel-Parkplatz zum **Cathedral Peak** im Natal Drakensberg Park, rund 40 km weiter südwestlich. Auf jeder dieser Wanderungen braucht man unbedingt eine Landkarte und die hervorragende Broschüre *Best Walks of the Drakensberg* von David Bristow, erhältlich in den meisten Buchläden vor Ort.

etwas über die merkwürdige Spiral-Aloe, die es nur in den Drakensbergen gibt.

Die Aussicht über den umliegenden QwaQwa Nature Park ist atemberaubend, und man kann unendlich viele Spaziergänge und auch Ponyritte unternehmen. In einem Laden wird einheimisches **Kunsthandwerk** von guter Qualität verkauft. Ausschau halten sollte man nach Raffiamatten und -körben sowie den kegelförmigen Hüten, die es nur in dieser Gegend gibt.

Wohnen, Kochen, Schlafen: Das Basotho Cultural Village widmet sich der Alltagskultur der Basotho.

Im **Tea Garden** im Freien werden Tee und traditionelle Speisen serviert. Wer möchte, kann hier in traditionellen Basotho-Rundhütten mit Ausblick auf die Ebene übernachten (S. 505).

Golden Gate Highlands National Park

300 km nordöstlich von Bloemfontein an der R712 ▪ Eintritt R144 pro Tag für Wanderungen, Durchfahrt kostenlos ▪ ✆ 058-255 1000, 💻 www.sanparks.org

Der Golden Gate Highlands National Park erhielt seinen Status als Nationalpark nicht wegen seiner Tiere (darunter **Elenantilopen**, **Zebras**, **Bergriedböcke** und **Weißschwanzgnus**), sondern vielmehr wegen seiner außerordentlichen landschaftlichen Reize: offene Weiten, erodierte Sandsteinfelsen und darüber der nahtlos blaue Himmel. Die Felsen, Grasplateaus und eingeschnittenen Täler gehören noch zu den Drakensbergen (S. 447), die hier spektakuläre gelbe und rote Felsen und Klippen aufweisen.

An einer Orientierungstafel in der Nähe der Fußgängerbrücke am Glen Reenen Rest Camp beginnen verschiedene einstündige **Pfade** in die Sandsteinschluchten. Die Auswahl an Wanderungen mittlerer Länge beschränkt sich auf eine halbtägige, teils steile und körperlich anspruchsvolle Tour zum **Wodehouse Kop**, die mit einer herrlichen Aussicht belohnt wird. Am kräftezehrendsten ist die zweitägige Rundwanderung (nur für Gruppen) auf dem Rhebok Trail, der den höchsten wie auch den niedrigsten Punkt passiert; die einfachen Unterkünfte müssen über South African National Parks (S. 51) gebucht werden.

Im Sommer lädt das Becken eines Wasserfalls nahe dem Campingplatz Glen Reenen zu einem Bad ein. Weitere Angebote für die Besucher des Golden Gate sind zum Beispiel Ausritte, Fossiltouren, „Scenic drives“ sowie verschiedene Wanderungen – alles über die Glen-Reenen-Rezeption zu buchen. Wer den Park nur mit dem Auto durchfahren möchte, kann von der Hauptstraße auf zwei Schleifen abbiegen; diese führen vorbei an Feldern voller Zebras und Antilopen, einem mit Tierkadavern übersäten Fressplatz von Geiern und atemberaubenden Ausblicken auf die höchsten Gipfel der Drakensberge.

ÜBERNACHTUNG UND ESSEN

Basotho Cultural Village

Basotho Cultural Village Rest Camp, ✆ 012-428 9111, 🖳 www.sanparks.org. Die gemütlichen Rondavels für Selbstversorger in dem schön gelegenen Museumsdorf sollen eine Basotho-Siedlung des 18. Jhs. imitieren und bieten großartige Ausblicke über die Ebene. R700

Das Escarpment

Witsieshoek Mountain Lodge, am Ende der R57, ✆ 058-713 6361 oder 073-228 7391, 🖳 www.witsieshoek.co.za. Nach langen Jahren der Vernachlässigung wird die spektakulär auf 2283 m Höhe gelegene Lodge, die höchstgelegene des Landes, derzeit modernisiert. Von den funktionalen Zimmern in Chalets und Bungalows bieten sich teils wunderbare Bergblicke. Die fertig renovierten Häuser sind etwas teurer. Ebenfalls vorhanden sind ein Restaurant und ein Pub. R880

Golden Gate Highlands National Park

Das Golden Gate Hotel hat ein Restaurant und das Rest Camp einen einfachen Laden, aber ansonsten sind alle Unterkünfte hier für Selbstversorger gedacht – die nächstgelegenen Versorgungsmöglichkeiten befinden sich in Clarens, 20 km entfernt, wohin man auch ausweichen kann, falls alle Unterkünfte im Park voll sind.

Glen Reenen Rest Camp, ✆ 012-428 9111 oder 058-255 1000 am Tag der Ankunft, 🖳 www.sanparks.org. Mitten im Park, aber leider an einer Straße, auf der die ganze Nacht Lkws entlangdonnern. An Unterkünften sind Stellplätze, Rondavels und einfache Häuschen mit 4 Betten vorhanden. Neben einem Laden gibt's hier noch einen Pool, Picknickplätze und eine Tankstelle. Camping R180 für 2 Pers., Rondavel R740, Cottage R1100

Golden Gate Hotel, ✆ 012-428 9111 oder 058-255 1000 am Tag der Ankunft, 🖳 www.sanparks.org. Das Hotel ist die schickste Unterkunft im Park, mit gut ausgestatteten Selbstversorger-Chalets und gemütlichen B&B-Zimmern, zumeist mit fantastischem Ausblick. Frühstück und Abendessen sind auf Wunsch erhältlich. B&B R1035, Chalet R990

Highlands Mountain Retreat, ✆ 012-428 9111 oder 058-255 1000 am Tag der Ankunft, 🖳 www.sanparks.org. Abgeschieden und schön in den Ausläufern der Berge abseits der Oribi Loop Rd gelegen, mit luxuriösen Familien-Blockhütten für 2 bis 4 Pers. R1200

TRANSPORT

Manchmal verkehren auf der R712 zwischen Clarens und Phuthaditjhaba Minibustaxis, die Fahrgäste an der Zufahrtsstraße zum **Basotho Cultural Village** absetzen; von da sind es noch 2 km zu Fuß zum Dorf.

Der **Golden Gate Highlands National Park** liegt annähernd gleich weit von Bloemfontein und Johannesburg (320 km nördlich auf guten, geteerten Straßen) entfernt. Der Park ist rund um die Uhr zugänglich und hat keine Eingangstore.

Clarens

Etwa 20 km westlich des Golden Gate Highlands National Park liegt das von Bäumen umsäumte, einladende Dorf Clarens, der wohl schönste Ort an der Maloti Route. Hervorstechendstes Merkmal der 1912 gegründeten Siedlung sind die herausgeputzten Steinbauten, welche sich vor den **Rooibergen** („Rote Berge") und den südöstlich aufragenden **Malotis** abheben.

Am schönsten ist ein Abstecher in dieses Dorf im Frühling, wenn die Obstbäume blühen, oder im Herbst, wenn sich die Pappelblätter rotgolden färben. Aber zu jeder Jahreszeit ist die entspannte Atmosphäre von Clarens eine Rarität im Freistaat – ein *dorp*, das so richtig zum Herumbummeln einlädt. Oder zu einem Lagerbier in einem Straßencafé oder einfach bloß zum Ausspannen. Das ganze Jahr über, vor allem aber im goldenen Herbst, kommen Maler und Fotografen hierher.

Clarens ist ein Zentrum für **Kunst und Kunsthandwerk** und besitzt eine Reihe von Ateliers und Läden. Besuchern, die am Wochenende um die Mittagszeit in den Ort kommen, wird mitunter in einem der Straßencafés am zentralen **President Square** einheimische Livemusik geboten.

MALOTI ROUTE

Wer ein Mitbringsel oder Souvenir sucht, kann in den zahlreichen Galerien im Ortszentrum herumstöbern. Gleich westlich des Platzes bietet der ausgezeichnete Buchladen **Bibliophile**, 313 Church St, ✆ 058-256 1692, Fotobände, Belletristik sowie Karten und Bücher über Lesotho. ⏲ Mo–Sa 9–17, So 9–15 Uhr. Am reizendsten ist der **Di Mezza & De Jager Trading Store**, Sias Oosthuizen St, ✆ 058-256 1313, bei der Maluti Mountain Lodge als „The Blanket Shop" ausgeschildert. Dieser echt altmodische Krämerladen wird von Gertie und Minnie geführt, die auch gute wollene Basotho-Decken (R250–1300) in verschiedenen Stilen und Mustern vorrätig haben. ⏲ Mo–Sa 8.30–13, 14–17 Uhr.

ÜBERNACHTUNG

Clarens Inn, 93 Van Reenen St, ✆ 076-369 9283 oder 082-377 3621, 💻 www.clarensinn.com. Preiswerteste Option; funktionaler Dorm, Tipis, Camping, sehr einfache Flitterwochensuite und eine Reihe ebenso einfacher Selbstversorger-Einheiten für bis zu 8 Pers. (ab R200 p. P.). Camping R100, Dorm R150, Suite R500

Cottage Pie, 89 Malherbe St, ✆ 058-256 1214 oder 082-853 5947, 💻 www.cottagepiebb.co.za. Eines der besten B&Bs im Ort mit hübschem, üppigem Garten an einem Bach sowie Gartenhaus und 2 Zimmern im reetgedeckten Haupthaus. Hervorragendes Frühstück (R85 extra) auf der Terrasse. R530

Lake Clarens Guesthouse, 1 Lake Clarens Drive, ✆ 058-256 1446, 💻 www.lakeclarensgh.co.za. Hübsche Zimmer in einem charaktervollen alten Sandsteinhaus, das auf einen Teich mit Gänsen blickt. Das Frühstück wird auf einer angenehmen Terrasse voller Rosen serviert. Einige preiswertere Zimmer und ein Apartment für Selbstversorger (R350 p. P.) befinden sich in einem Anbau auf der Rückseite. R800

Red Mountain House, President Square, ✆ 058-256 1456, 💻 www.redmountainhouse.co.za. Das zentral gelegene B&B hat Zimmer im Obergeschoss mit Balkon und Ausblick auf den

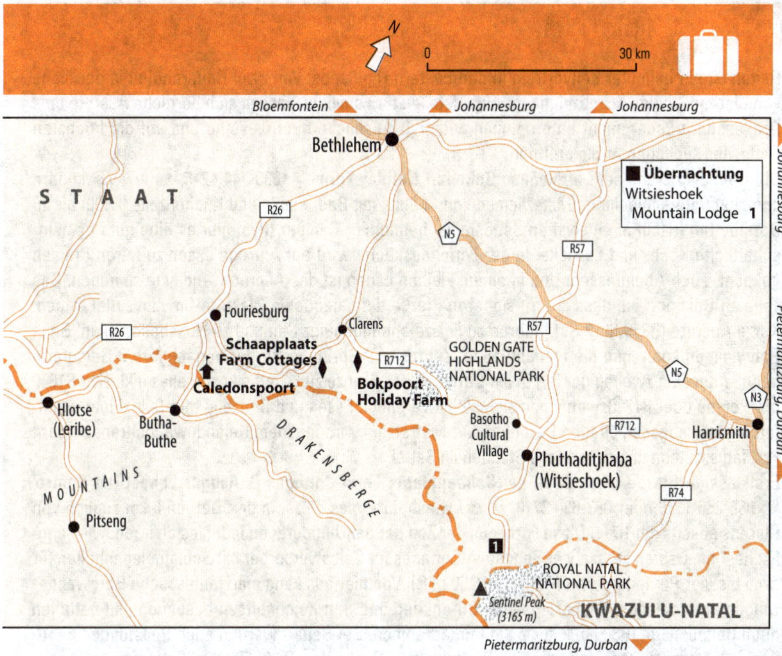

Platz und die Berge. Zu der luxuriösen Einrichtung der Zimmer gehören Kamine ebenso wie persische Teppiche und viktorianische Antiquitäten. R1160

ESSEN UND UNTERHALTUNG

An den Wochenenden, wenn die Städter in Clarens einfallen, sind die meisten Restaurants voll, und mit der Bedienung kann es etwas länger dauern – am besten reserviert man einen Tisch oder kommt, wenn man hungrig ist, frühzeitig.

278 on Main, 278 Main St, ✆ 082-556 5208, 💻 www.278onmain.co.za. Gute Auswahl an Frühstücksspeisen (um R50), Pfannkuchen, Pasta- und Fleischgerichten sowie Desserts in künstlerischem Ambiente, ganz am Ende einer Reihe von Restaurants im Dorf. 🕒 Di–Sa 7.30–21, So 7.30–13 Uhr.

Clarens Brewery, President Square, neben dem Red Mountain House, ✆ 058-256 1193. 7 köstliche Biersorten (Pint R25) und eine Auswahl an Ciders werden in diesem freundlichen Biergarten vor Ort gebraut. Dazu gibt es deftige deutsche Kost wie Bratwurst (R35). Der perfekte Ort für einen Drink in der Sonne. 🕒 Mo–Do 10–18, Fr und Sa 10–19, So 10–17 Uhr.

Clementines, Church St, ✆ 082-453 7060. Das beste Restaurant am Ort residiert in einem stimmungsvollen alten Busschuppen. Zu empfehlen sind die Steaks, die Ochsenschwanzsuppe oder auch die gegrillte Regenbogenforelle aus der Gegend. Dazu gibt's Bier aus der Clarens Brewery und viel Platz zum Toben für die Kinder im Garten. Reservierung anzuraten. 🕒 Di–Do 11–14.30, 17.30–20, Fr 11–14.30, 17.30–21, Sa und So 10.30–14.30, 17.30–21 Uhr.

The Highlander, President Square, ✆ 058-256 1912. Gemütliches Restaurant, im Winter prasselt drinnen ein Feuer, bei schönem Wetter gibt es Sitzplätze im Freien. Gute hausgemachte Pies und Pizzas, auch das Frühstück und der Käsekuchen (R45) sind gut. 🕒 tgl. 7.30–22 Uhr.

Farmstays und Reiterhöfe in der Umgebung von Clarens

Reiten ist ein beliebter Zeitvertreib in den Eastern Highlands. Von zwei Bauernhöfen in der Nähe von Clarens – beide ausgezeichnete Anlaufstellen für Familien – lassen sich herrliche Ausritte aufs Drakensberg Escarpment unternehmen, wo sich Ausblicke nach Lesotho und auf die höchsten Gipfel des südlichen Afrika eröffnen.

Die freundliche und sehr afrikaanse **Bokpoort Holiday Farm**, ✆ 083-744 4245, 💻 www.bokpoort.com, hat unterschiedliche Gästezimmer, von Chalets mit Bad, Kamin und Küchenzeile (R500) bis zu Dormbetten (R150) in einer alten Sandsteinscheune. Für Camper (R75) gibt es eine gute gemeinschaftliche Koch- und Essecke. In der Farmhausküche wird auf Anfrage Essen zu fairen Preisen gekocht, auch Abendessen. Und in einem kleinen Laden ist das Allernotwendigste zu haben. Das Tolle an Bokpoort ist, dass die trittsicheren Pferde tiefe, bequeme Western-Cowboysattel tragen. Kurze Ausritte (R350 für 2 Std.) führen zu Felszeichnungen der San und zu Flussbadestellen. Beim Schwimmen kann man die Elenantilopen, Zebras und Springböcke der benachbarten Gamefarm beobachten. Ein zweitägiger Ritt in die Berge an der Grenze zu Lesotho kostet alles inklusive R1600 pro Person oder R1200, wenn man sich selbst verpflegt. Essen und Bettzeug (die Teilnehmer schlafen in einer abgeschiedenen Berghütte auf Matratzen) wird in einem Geländewagen transportiert. Pro Tag sitzt man ungefähr sechs Stunden im Sattel.

Erstklassige Pferde gibt's auch bei **Schaapplaats Farm Cottages & Ashgar Equestrian Centre**, ✆ 058-256 1176 oder 083-630 3713, 💻 www.ashgarhorses.co.za, in den Bergen 6 km südlich von Clarens abseits der R711. Diese Farm aus der Zeit der Jahrhundertwende fühlt sich irgendwie „englischer" an. Gästen stehen vier Sandstein-Cottages für Selbstversorger mit Schlafgelegenheiten für zwei bis vier Personen zur Verfügung (R250 p. P.). Von hier aus kann man fantastische Bergwanderungen unternehmen, Gräber aus dem Burenkrieg und San-Zeichnungen besuchen und natürlich auch Reitausflüge (R300 p. P. für 2 Std.) unternehmen. Bei Bedarf werden auch Reitstunden gegeben, denn der Besitzer ist ausgebildeter Reitlehrer. Die wilden Tiere (Zebras, Gnus und Antilopen) auf dem Farmgelände machen die Ausritte ganz besonders faszinierend.

INFORMATIONEN

Es gibt keine **Touristeninformation**, aber bei **Clarens Destinations**, Swart St an der Fernstraße, ✆ 058-256 1189, 💻 www.goclarens.co.za, kann man Unterkünfte buchen und es gibt einen Infoservice. ⌚ Mo–Fr 9–17, Sa 9–13 Uhr. Bei **Mountain Odyssey**, Main St, ✆ 058-256 1480, kann man ebenfalls Unterkünfte reservieren und Touren in die Umgebung buchen. ⌚ Mo–Fr 9–17, Sa 9–14, So 9–12 Uhr.

Ficksburg

Ficksburg, 82 km südwestlich von Clarens, ist das südafrikanische Anbauzentrum von Kirschen und Spargel. Hübsch anzusehen sind die Sandsteinbauten des kleinen Städtchens, dessen angenehme Atmosphäre zu einem Zwischenstopp auf halber Strecke entlang der Maloti Route einlädt. Das **Cherry Festival** in der dritten Novemberwoche ist das Highlight im Festkalender Ficksburgs. Es wird mit einem Marathonlauf, Jahrmarktständen, einer „Kirschkönigin"-Wahl und einem Bierfest gefeiert, bei dem der Hopfensaft in Strömen fließt.

ÜBERNACHTUNG

Bella Rosa, 21 Bloem St, ✆ 051-933 2623. Höchst begehrt und günstig sind die beiden in einem Garten gelegenen viktorianischen Sandsteingebäude, die hübsch eingerichtete Zimmer mit Bad umfassen. Inkl. Frühstück R580

TRANSPORT

Minibustaxis fahren vom Grenzübergang Maputsoe am östlichen Stadtrand von Ficksburg nach BLOEMFONTEIN (3 1/2 Std.), JOHANNESBURG (10 Std.) und zu anderen Zielen.

Ladybrand

Ladybrand liegt an der Hauptroute nach Lesotho, rund 50 km südwestlich von Ficksburg. Es ist eine der wenigen kleinen Städte im Freistaat, die einen wirtschaftlichen Zuwachs verzeichnen. Den verdankt Ladybrand seiner Nähe zur 12 km entfernten Hauptstadt von Lesotho. Die meisten, die in Projekten in Lesotho beschäftigt sind, quartieren sich lieber in Ladybrand als in Maseru ein, weil es hier ruhig ist und der Ort eine familienfreundliche Dorfatmosphäre verströmt.

Die Region ist traumhaft zum Reiten, und Farmen wie Bokpoort oder Schaapplaats (Kasten S. 508) bieten herrliche Reittouren in die abgelegene Bergwelt an.

ÜBERNACHTUNG

Cranberry Cottage, 37 Beeton St, ✆ 051-923 1500 oder 082-921 1575, 💻 www.cranberry.co.za. Eine der besten und begehrtesten Unterkünfte im Ort: Hier gibt's 43 komfortable Zimmer (einige mit Küche) im Landhausstil. Den Gästen stehen ein Spa und ein Fitnessraum zur Verfügung. Die Besitzer halten jede Menge Informationsmaterial über Tagesausflüge und Felskunststätten bereit. R960

Living Life Station House, 1 Princess St, ✆ 082-854 8550, 💻 www.livinglifesa.co.za. Die Unterkunft wird von einer Wohlfahrtsorganisation betrieben, die Frauen Arbeit verschafft. Die 4 schicken, weiß getäfelten Zimmer nahe dem alten Bahnhof sind luftig und geräumig. Alle verfügen über eine Badewanne sowie eine eigene private Veranda und es gibt ein Spa. R570

ESSEN

Cranberry's Restaurant, 37 Beeton St, ✆ 051-923 1500. Das beliebte Restaurant des Cranberry Cottage serviert ausgezeichnete internationale Küche darunter Seafood, Pasta und gegrillte Gerichte wie Lammkoteletts (R110). Im Sommer können die Gäste draußen bei Kerzenlicht am Teich sitzen. 🕒 tgl. 7–21.30 Uhr.

Station Café, 1 Princess St, ✆ 051-924 2834 oder 082-854 8550. Der ehemalige Bahnhof des Orts ist jetzt ein hübsches von Charity Life betriebenes Restaurant mit wunderbarer südafrikanischer Bio-Kost wie Focaccia-Pizza (R60) und leckeren Salaten; die Zutaten stammen allesamt aus der Region oder aus dem eigenen Garten. 🕒 Di–Sa 8–16.30 Uhr.

TRANSPORT

Minibustaxis und **Busse** verkehren regelmäßig zwischen Ladybrand und dem 16 km entfernten Grenzübergang Maseru-Bridge sowie nach JOHANNESBURG und BLOEMFONTEIN.

Parys und der Vredefort-Krater

Der kleine Ort Parys an der N1 300 km nordöstlich von Bloemfontein und 100 km von Johannesburg eignet sich gut für einen Zwischenstopp auf der langen Fahrt durchs Land oder auch für einen interessanten Tagesausflug von Johannesburg. Der Ort ist mit seinen Galerien und Antiquitätengeschäften, seinem Angebot an Abenteuersportaktivitäten und dem gewundenen Fluss Vaal sicher recht nett, jedoch befindet sich die eigentliche Attraktion der Gegend bei **Vredeport**, dem Zentrum eines gewaltigen Meteoriteneinschlags vor rund zwei Milliarden Jahren. Was von dem 300 km breiten Krater noch übrig ist, gilt heute als die abstrakteste Welterbestätte Südafrikas und ist so richtig nur aus dem Weltall zu erkennen; wer sich jedoch einer Tour anschließt (Kasten S. 510), erhält eine gute Ahnung davon, was damals passierte, und kann sich die Überreste der Aufwölbung anschauen, die beim Aufprall des Meteoriten entstand.

Beim jährlich im November stattfindenden **Dome Adventure Festival**, 💻 www.domefest.co.za, kommen scharenweise Outdoor-Enthusiasten in den Ort, um sich Drachenbootrennen zu liefern und Livemusik zu lauschen.

ÜBERNACHTUNG

Art Lovers Guesthouse, 89 Breë St, ✆ 056-817 6515, 💻 www.artloversguesthouse.co.za. 6 geräumige und künstlerisch eingerichtete

FREISTAAT

Der Vredefort-Krater

Vor rund zwei Milliarden Jahren stürzte ein **Asteroid** von der Größe des Kapstadter Tafelbergs mit einer Geschwindigkeit von 30 000 km/h auf die Erde; beim Aufprall entstand ein 300 km breiter Krater. Der Einschlag bei **Vredeport**, 10 km südlich von Parys, zerstörte den Asteroiden und Teile der Erdkruste; kilometerweit wurde das Felsgestein eingeschmolzen, pulverisiert und zersplittert. Außerdem wurden Felsen unterhalb der Aufprallfläche für kurze Zeit nach unten gedrückt, ehe diese wieder emporschnellten und dabei Gesteinsschichten emporhoben, sodass eine Art Kuppel *(dome)* entstand. Obwohl die Erdkruste seit dem Aufprall rund 10 km an Dicke verloren hat, sind die verwitterten **konzentrischen Ringe** dieser Aufwölbung immer noch zu sehen und bilden heute die Berge um Parys. Der Kraterrand, ursprünglich bis zu 150 km entfernt, hat den Elementen nicht trotzen können; doch dank des vom Aufprall verursachten Absackens der goldtragenden Schichten um die Kuppel herum wurden die weltweit reichsten Goldvorkommen vor der Erosion geschützt – 1886 entdeckten Goldgräber diese Schichten in Johannesburg.

Das Aufwölbungsgebiet ist am besten auf einer geführten **Tour** zu erkunden, die Ausblicke auf die Überreste der Kuppel bietet und zu skurrilen Schmelzgesteinsformationen führt. Die Otters' Haunt Lodge (Kopjeskraal Rd, ✆ 056-818184 oder 084-245 2490, 💻 www.otters.co.za), 2 km von Parys organisiert Spaziergänge (Halbtagestour R335 p. P.) sowie geführte Touren mit dem Auto (eigenes Fahrzeug mitbringen, Tagestour R565 p. P.). Für beide Varianten wird der Preis für mindestens drei Teilnehmer zugrunde gelegt. Die Kopjeskraal Country Lodge, 6 km von Parys, ✆ 083-406 0841, 💻 www.kopjeskraal.co.za/tours.htm, bietet ebenfalls Spaziergänge (2 Std., R100) und eine zweieinhalbstündige Allradtour (R150 p. P. ab einer Gruppengröße von 3 Pers. oder R200 p. P. bei 2 Teilnehmern).

Suiten mit Antiquitäten, persischen Teppichen und Kronleuchtern. Dazu gibt es einen sehr persönlichen Service wie ein Glas Sherry zur Begrüßung. Keine Kinder unter 12 Jahren. R1100

Secret Place, 21A Venus Rd, ✆ 081-414 6822, 💻 www.secretplace.co.za. Elegantes, französisch inspiriertes Guesthouse, das sogar über einen eigenen Barockgarten verfügt. Wunderbar im Stil der Romantik eingerichtete Zimmer, jedes von ihnen unterschiedlich: Eins hat eine Freiluftdusche, während ein weiteres auf einen Kräutergarten blickt. R800

ESSEN

O's Restaurant, 1 De Villiers St, ✆ 056-811 3683. Traditionelle heimische, burische Küche wie *bobotie* (R80) neben raffinierteren Gerichten wie Pasta mit Weinbergschnecken und geräuchertem Hühnchen, serviert in einem schönen, friedlichen Garten am Flussufer. Reservierung empfohlen. 🕒 Mi–Sa 11–22, So 11–15 Uhr.

Vetkoek Paleis & Kerrie Huis, 62 Breë St, ✆ 056-817 6833. Der Name dieser örtlichen Institution bedeutet „Fettkuchen-Palast und Curry-Haus". Hier gibt es den burischen *vetkoek*, frittierte Teigtaschen mit unterschiedlicher Füllung, etwa mit Rindfleischcurry (R49). Auch Frühstück und Pfannkuchen. 🕒 Mo–Do 8.30–15, Fr 8.30–17, Sa 8–14, So 8.30–14 Uhr.

INFORMATIONEN

Touristeninformation, 30 Water St, ✆ 056-811 4000, 💻 www.parys.info. 🕒 Mo–Fr 8–17, Sa und So 9–13 Uhr.

Gauteng

Stefan Loose Traveltipps

15 **Downtown Johannesburg** Die panafrikanische Innenstadt in der reichsten Stadt des Kontinents erkunden. S. 513

Melville Sich in einer der wenigen Ecken der Stadt, wo es jede Menge Bars, Cafés und elegante Restaurants gibt, unter die hippen Jo'burger mischen. S. 527

Apartheid-Museum in Johannesburg Eine Führung gleicht einer spannenden Reise durch die Geschichte des südafrikanischen Freiheitskampfs. S. 531

Touren durch Soweto Die Dynamik der historisch bedeutendsten Township Südafrikas hautnah erleben. S. 532

Livemusik Jo'burg lockt Nachtschwärmer mit der besten Musikszene Südafrikas. S. 543

Sportveranstaltungen in Johannesburg Ob Chiefs gegen Pirates oder Springboks gegen All Blacks – immer ein Erlebnis erster Güte. S. 547

Cradle of Humankind Die Höhlen am Rand von Jo'burg bergen erstaunliche Fossilien unserer Vorfahren. S. 553

Voortrekker Monument und Freedom Park in Pretoria Zwei eindrucksvolle Monumente für das alte und das neue Südafrika. S. 563 und S. 562

GAUTENG

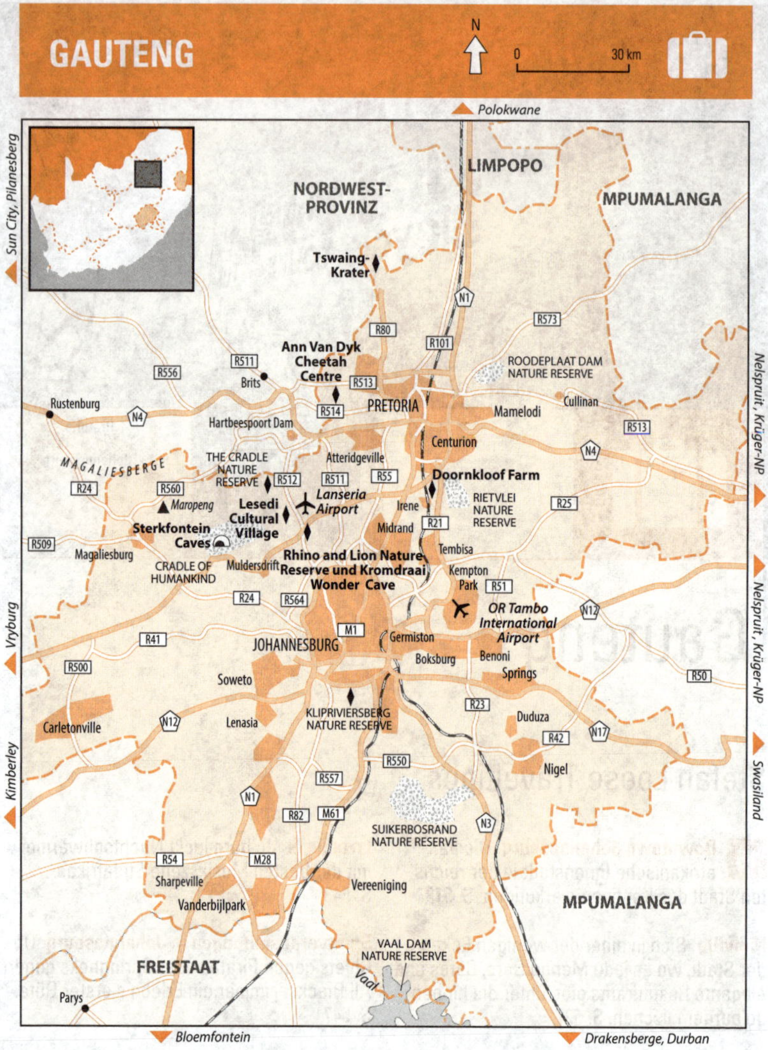

Gauteng ist Südafrikas kleinste Provinz und umfasst weniger als 2 % der Landesfläche, steuert jedoch ungefähr 40 % zum Bruttoinlandsprodukt bei. Über zwölf Millionen Menschen leben in der nahezu vollständig urbanisierten Region. Zwar gehören auch ein Teil der Magaliesberge im Osten sowie der goldreiche Witwatersrand im Süden und Westen zu dem Gebiet, aber die wichtigste Rolle kommt dem riesigen Ballungsraum zu, der Johannesburg, Pretoria und die um sie herum angesiedelten Industriestandorte und Townships umfasst.

Obwohl es hier keine spektakuläre Natur wie in der Kap-Provinz oder in Mpumalanga gibt, besitzt Gauteng einen gewissen landschaftlichen Reiz. Auf der dunkelroten Erde in den Vororten und am Rand der Städte stehen seltsam geformte Felsen. Diese *koppies* sind oft reich an wertvollen Mineralien. Im Sommer grünt und blüht es in den älteren Bezirken von Johannesburg und Pretoria: Beide gehören im internationalen Vergleich zu den Städten mit den meisten Bäumen. Und die Bewohner von Johannesburg bezeichnen ihre Stadt stolz als „größten von Menschenhand angelegten Wald der Welt" (hier stehen zehn Millionen Bäume!).

Die bestimmende Rolle in Gauteng spielt **Johannesburg**. Die Ursprünge dieser Weltstadt gehen auf den Goldbergbau zurück – Gauteng bedeutet auf Sotho „Stätte des Goldes". Johannesburg ist zur wohlhabendsten Metropole Afrikas herangewachsen; eine hektische Stadt, in der die Extreme von Reichtum und Armut in ihren stärksten Ausprägungen zuhause sind.

Sowohl bei Besuchern als auch unter Südafrikanern hat sie den Ruf eines Ortes, der besser zu meiden ist. Hat man jedoch erst einmal Geschmack an Johannesburg gefunden – dafür reichen ein paar Tage völlig aus –, wird man ihrer Energie und Lebendigkeit nicht mehr widerstehen können.

Ungefähr 50 km nördlich von Johannesburg liegt **Pretoria**, die würdevolle Verwaltungshauptstadt des Landes. Einst eine Hochburg der Afrikander, ist sie heute eine bunte Stadt mit zahllosen Staatsbediensteten, Diplomaten und Studenten aus Südafrika und der ganzen Welt. Pretoria, kleiner und relaxter als Johannesburg, ist ein attraktives Ziel mit sehenswerten Museen und historischen Gebäuden. Die Gautrain-Schnellzugverbindung zwischen Jo'burg und Pretoria bedeutete nach ihrer Einweihung 2010 eine echte Revolution im Transportbereich. Endlich bietet sich Einheimischen und Reisenden eine sichere und erschwingliche Alternative zu den ewigen, nervigen Verkehrsstaus auf der N1.

Vom Zentrum Johannesburgs erreicht man in weniger als einer Stunde jenen Teil der **Magaliesberge**, der bis nach Gauteng reicht und den Großstädtern als Oase der Erholung dient. Man kann zwar nicht gerade behaupten, hier gäbe es „unberührte" Natur, aber die Hügel bieten Gelegenheit für Spaziergänge und Wanderungen. Wie so vieles in Gauteng, liegt auch hier das eigentlich Bemerkenswerte unter der Erde: nämlich Höhlen und archäologische Fundstätten, die zusammen die als Welterbe geschützte **Cradle of Humankind** bilden. Den berühmtesten Teil umfassen die **Sterkfontein Caves**, wo einige der weltweit bedeutendsten Fossilien vormenschlicher Primaten entdeckt wurden.

15 HIGHLIGHT

Johannesburg

Als im Oktober 1886 plötzlich Gold gefunden wurde, war das heutige Johannesburg nichts weiter als ein Stück verschlafenes *veld*. Heute ist es die ökonomische Triebfeder Afrikas: die sich ständig weiter ausbreitende Heimat von sechs Millionen Menschen. Obgleich größte und reichste Stadt des Landes, ist Johannesburg nie Sitz der Regierung oder landespolitischer Macht gewesen. Während der Apartheid war Jo'burg die Stadt mit dem höchsten Grad an schwarzem Widerstand und schwarzer Stadtkultur. Nelson Mandela und Walter Sisulu gründeten 1952 hier die erste schwarze Anwaltskanzlei.

Im demokratischen Zeitalter ist Johannesburg zum Vorreiter der allmählichen Annäherung der Rassen geworden. Hier konzentriert sich die schnell wachsende schwarze Elite sowie Mittelschicht. Außerdem leben in der Stadt Angehörige zahlreicher Ethnien. Zulu und Sotho sprechende Schwarze sowie Afrikaans und Englisch sprechende Weiße bilden die Mehrheit. Bereichert wird sie von Zuwanderern aus ganz Afrika und umfangreichen indischen, farbigen, chinesischen, griechischen, jüdischen, portugiesischen und libanesischen Gemeinden. Jo'burg ist unkompliziert, laut und frech. Fremde werden schnell akzeptiert, und es herrscht eine gesellschaftliche Wärme, die viele Leute hier hält.

Die Unterschiede zwischen Arm und Reich sind jedoch immer noch frappierend: Während in begrünten **Vororten** hinter Mauern und Elektrozäunen Villen prunken, dehnen sich nur ein oder zwei Meilen entfernt davon Barackensiedlungen wie die von Hillbrow und Yeoville aus. Hier haben Hunderttausende Einwanderer, überwiegend aus Simbabwe, eine florierende Ghettowirtschaft auf die Beine gestellt, weil die meisten von ihnen auf dem offiziellen Arbeitsmarkt keine Chance haben.

Die Weitläufigkeit Jo'burgs kann einschüchternd wirken und mancher Reisende hält sich nur in den langweiligen, überdachten Einkaufszentren und Restaurants der nördlichen Vororte auf, bevor er schnellstmöglich weiterreist. Hat man sich aber entschieden, im eigenen Wagen, mit den Gautrainzügen und -bussen oder in Begleitung eines Tourguides die Stadt zu erkunden, kann man sich der Faszination ihrer Geschichte, Vielschichtigkeit und mitreißenden Dynamik kaum entziehen.

Der innerstädtische Geschäftsbezirk, dem in den 1990er-Jahren die meisten Geschäftsleute wegen der dort herrschenden Kriminalität und Verwahrlosung den Rücken gekehrt hatten, erholt sich langsam wieder. Die Verbrechensrate geht zurück, und deshalb stellen sich auch die Investoren wieder ein. Während sich die Innenstadt berappelt, dehnt sich der Stadtrand aus. Schon bald werden Johannesburg und das ursprünglich 50 km entfernte Pretoria durch einen bebauten Gürtel miteinander verbunden sein.

Dann sind da noch die **Townships**, die sich am leichtesten im Rahmen einer Tour, zum Teil aber auch auf eigene Faust erkunden lassen. Außerdem ist Johannesburg eine Hochburg des **Sports**. Populär sind Fußball, Rugby und Cricket. Das Endspiel der Fußballweltmeisterschaft 2010 wurde in Johannesburg im 100 000 Plätze starken FNB Stadium ausgetragen.

Geschichte

Die Ursprünge Johannesburgs reichen bis 1886 zurück. Damals entdeckte der australische Schürfer **George Harrison** die Hauptgoldader am Witwatersrand. Bald strömten aus allen Richtungen Goldsucher in diese ruhige Gegend Transvaals und errichteten eine Zeltstadt. Die Behörden in Pretoria konnten nicht umhin, in der Nähe Land zur Besiedlung auszuweisen. Man wählte hierfür ein wertloses Dreiecksgebiet, das als Randjeslaagte bekannt war. **Johan Rissik**, der Landvermesser, gab diesem Land den Namen Johannesburg. Unklar ist, ob dies in Anlehnung an seinen eigenen Namen, den des Regierungsbeauftragten für den Bergbau, Christiaan Johannes Joubert, oder den des Präsidenten der Südafrikanischen Republik (ZAR), Paul Johannes Kruger, geschah.

Bergbaumagnaten wie Cecil Rhodes und Barney Barnato verfügten über das nötige Kapital, um die größten Goldvorkommen der Welt abzubauen. Die von ihnen 1889 gegründete **Chamber of Mines** – eine sich selbst regulierende Dachorganisation der Minenbesitzer – formulierte Regeln zur Einstellungspolitik, zu den Löhnen und Arbeitsbedingungen, um Ordnung in das vorherrschende Chaos zu bringen. 1893 führte die Chamber zum Teil auf Druck weißer Arbeiter und mit Billigung der ZAR-Regierung eine **Rassenschranke** ein, nach der schwarze Arbeiter nur noch manuelle Tätigkeiten verrichten durften.

1895 zählte Johannesburg bereits mehr als 100 000 Einwohner. Viele davon waren keine Buren und interessierten sich nicht für die Unabhängigkeit der ZAR. Kruger und das burische Bürgertum betrachteten die *uitlanders* (Ausländer) jedoch als potenzielle Bedrohung ihrer politischen Vorherrschaft und verweigerten ihnen das Wahlrecht. Darüber hinaus wurden Gesetze erlassen, die die Zuwanderung von Schwarzen nach Johannesburg reglementierten und die Inder zwangen, aus der Stadt in weiter westlich gelegene Gebiete zu ziehen. Schon bald entstanden am Rand von Johannesburg ausgedehnte, von Schwarzen und Indern bevölkerte Barackensiedlungen.

Burenkrieg

Während des Zweiten Burenkriegs fiel Johannesburg 1900 an die Briten, die seit geraumer Zeit versucht hatten, das goldreiche Gebiet zu annektieren. Zur gleichen Zeit entstanden weitere Townships, darunter **Sophiatown** (1903) und **Alexandra** (1905). In den nördlichen Randbezirken der Stadt brach 1904 die Beulenpest aus. Dadurch fühlten sich die Behörden legitimiert, mehrere indische und afrikanische Siedlungen

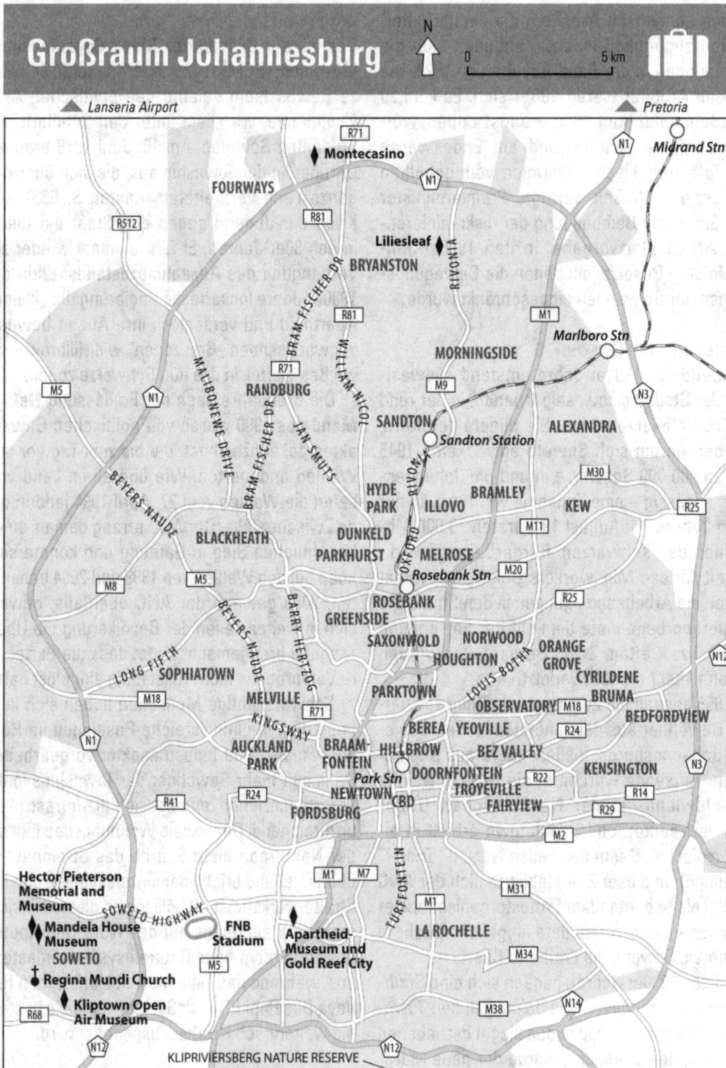

niederzubrennen, darunter **Newtown**, nur wenig westlich des Zentrums.

Unterdessen organisierten sich die weißen Minenarbeiter in Gewerkschaften. In der Folge kam es häufig zu Auseinandersetzungen um Lohn und Arbeitszeit. Aber auch ihre unterbezahlten schwarzen Kollegen machten mobil und wehrten sich gegen die Vorschrift, nach der nur Weiße als Facharbeiter in Betracht kamen. Als die Chamber of Mines aus finanziellen Interessen schwarzen Arbeitern die Facharbeiterposten zugänglich machte, entluden sich die Spannungen in der **Rand-Revolte** von 1922. Die weißen Arbeiter waren außer sich. Es kam zu Straßenschlachten, Regierungstruppen wurden zu Hilfe gerufen, und am Ende waren 200 Tote zu beklagen. Alarmiert vom geballten Protest der Weißen, verfügte Premierminister Jan Smuts die Beibehaltung der diskriminierenden Arbeitsplatzvergabe. In den 1920er-Jahren folgten Gesetze, mit denen die Bewegungsfreiheit der Schwarzen eingeschränkt wurde.

Entstehung von Soweto

Während der 1930er-Jahre entstand südwestlich der Stadt die Township **Orlando**, in der rund 80 000 Schwarze lebten. Sie bildete den Kern, um den herum sich **Soweto** entwickelte. 1945 waren 400 000 Schwarze in und um Johannesburg ansässig – eine Zunahme von 100 % in nur zehn Jahren. Im August 1946 traten 70 000 Mitglieder der schwarzen Bergarbeitergewerkschaft African Mineworkers Union aus Protest gegen die Arbeitsbedingungen in den Streik. Die Regierung begegnete dem mit der Entsendung von Polizeikräften. Zwölf Bergarbeiter wurden getötet, mehr als 1000 verletzt.

1955 begann die **Zwangsumsiedlung** schwarzer Bewohner aus den innerstädtischen Gebieten Johannesburgs, insbesondere aus Sophiatown. Tausende wurden in die neue Township Meadowlands in der Nachbarschaft Orlandos verfrachtet, und Sophiatown erhielt in einer zynischen Geste den neuen Namen „Triomf" (Triumph). In dieser Zeit etablierte sich der **ANC** (S. 93) als bedeutendste Protestorganisation der Schwarzen und verkündete im gleichen Jahr in Kliptown, Soweto, die **Freiheits-Charta**.

In den 1950er-Jahren begann sich eine Stadtkultur der Schwarzen von Jo'burg in den Townships zu entfalten, und in den illegal betriebenen Kneipen, den *shebeens*, wurde der neue Marabi-Jazz und sein Ableger, der *kwela*, gespielt. Es war auch die Ära des *Drum Magazine*, das als Sprachrohr des gefeierten intellektuellen Township-Zeitgeistes fungierte und talentierte Journalisten wie Can Temba und Casey „Kid" Motsisi in der Stadt und in der Welt bekannt machte.

Widerstand und Demokratie

Das mit der Bildung des **Black Consciousness Movement** (BCM) 1972 wiedererwachte schwarze Bewusstsein belebte den politischen Aktivismus neu, vor allem unter den Schülern und Studenten Sowetos. Am 16. Juni 1976 brachen Unruhen in der Township aus, die sich über das ganze Land verbreiteten (Kasten S. 533). Der Krieg der Jugend gegen den Staat eskalierte in den 80er-Jahren. Er führte immer wieder zur Verhängung des **Ausnahmezustands**. Ende der 1980er-Jahre lockerte die Regierung die „kleine" Apartheid und verschloss ihre Augen bewusst vor wachsenden „Grauzonen" wie Hillbrow – ein weißes Viertel, in das nun Schwarze zogen.

Die drei Jahre nach der Freilassung **Nelson Mandelas** 1990 waren von politischen Gewaltakten gekennzeichnet, die bis zum Tag vor den Wahlen andauerten. Wie überall im Land verliefen die Wahlen vom 27. April 1994 jedoch ohne Zwischenfälle. Der ANC errang damals einen beachtlichen Sieg in Gauteng und konnte sich auch bei den Wahlen von 1999 und 2004 behaupten. 2009 gewann der ANC ebenfalls, obwohl sich in weiten Teilen der Bevölkerung die Überzeugung breitgemacht hatte, dass die Partei ihre Versprechen nicht vollständig eingelöst hatte.

Schwarzhäutige Menschen haben sich kontinuierlich in einflussreiche Positionen im Handel-, Finanz- und Industriesektor vorgearbeitet. Da immer mehr Bewohner der Townships in die Vororte umziehen, erweist sich die Infrastruktur unzureichend. Der soziale Wohnungsbau hält mit der Nachfrage nicht Schritt, das Stromnetz ist überlastet und bricht ständig zusammen, und der Straßenverkehr ist oft höllisch. In dieser Hinsicht wirkt sich allerdings auf den Nord-Süd-Routen das noch recht neue Gautrainsystem entlastend aus, während das Liniennetz des effizienten Rea Vaya Bus Rapid Transit System ebenfalls beständig weiter nach Norden ausgedehnt wird.

Central Business District (CBD)

Der zentrale Geschäftsbezirk mit seinen schachbrettartig angelegten Straßen und Wolkenkratzern erstreckt sich nur wenig südlich des Höhenzugs Witwatersrand. Seit dem ersten

Gandhi in Johannesburg

Während seiner zehn Jahre in Jo'burg (1903–13) stand Mahatma Gandhis berühmt gewordene Philosophie auf dem Prüfstand. Als Anwalt verteidigte er vor den inzwischen abgerissenen Transvaal Law Courts am heutigen Gandhi Square überwiegend südafrikanische Inder, denen Verstöße gegen die diskriminierenden Gesetze vorgeworfen wurden. Im Rahmen dieser Tätigkeit wandte Gandhi zum ersten Mal seine Vorstellung von **Satyagraha** (Hingabe an die Wahrheit oder gewaltloser Kampf) an und setzte dies als Mittel des Widerstands gegen die Unterdrückung durch den Staat ein. Gandhi selbst war zweimal zusammen mit anderen passiven Widerständlern im Fort in Braamfontein, dem heutigen Constitution Hill, inhaftiert. Einmal holte man ihn aus seiner Zelle ins Büro von General Jan Smuts, um seine Freilassung auszuhandeln. Als er gehen durfte, musste er sich das Geld für die Bahnfahrkarte nach Hause von der Sekretärin des Generals borgen. Gandhis Ideen fanden in den gewaltlosen Idealen der Gründer des **African National Congress** 1912 ihren Niederschlag. 40 Jahre später und nur wenige Jahre nach Gandhis erfolgreichem, gewaltlosem Kampf gegen die britische Vorherrschaft in Indien folgten auch die 1952 vom ANC eingeleiteten Widerstandsaktionen gegen die Passgesetze zum Großteil der Philosophie Gandhis. Im MuseuMAfricA (S. 521) gibt es Exponate über Gandhis Zeit in Jo'burg und eine Statue auf dem Gandhi Square erinnert an ihn.

Goldgräbercamp, das in der Umgebung der heutigen Commissioner Street errichtet wurde, schlug hier fast ein Jahrhundert lang das wirtschaftliche Herz Johannesburgs. In den 80er- und 90er-Jahren hielt dann die Kriminalität Einzug, und Geschäfte, Kunden, Restaurants und Touristen kehrten dem Zentrum den Rücken.

Als die Johannesburger Börse 1999 aus Sicherheitsgründen nach Sandton zog, galt das Zentrum praktisch als tot. Dank der Wiederbelebung der Innenstadt in den letzten Jahren hat sich die Situation zum Positiven geändert und das Zentrum ist nun auch für die Einheimischen wieder attraktiv geworden. Bei einem Besuch des CBD kann man Gebäude und Institutionen mit einer faszinierenden Geschichte ausfindig machen und das quirlige Treiben einer afrikanischen Großstadt erleben.

Carlton Centre und Umgebung

Commissioner St ▪ Centre und Aussichtsetage
🕒 tgl. 9–19 Uhr ▪ Eintritt R10, Ticketschalter im Erdgeschoss ▪ Mit Eintrittskarte Parken kostenlos ▪ ✆ 011-308 2876

Als Ausgangspunkt für eine Erkundung des CBD bietet sich das **Carlton Centre** an. Im Erd- und Tiefgeschoss befinden sich ein beliebtes Einkaufszentrum und ein gut gelegener Parkplatz. Hauptattraktion aber ist die Aussichtsetage **Top of Africa** im 50. Stock des Carlton Tower, dem höchsten Gebäude Afrikas (222 m), die einen tollen Panoramablick bietet.

Main Street

In der auf sechs Häuserblocks teilweise verkehrsberuhigten Main Street westlich des Gandhi Square nahe Carlton Centre haben sich die Büros verschiedener Minenfirmen angesiedelt. Die Straße stellt eine gute Einführung in die Jo'burger Bergbaugeschichte dar, denn ihren Rand säumen „Industriedenkmäler" wie Eisenbahnwaggons und ein hölzerner Förderturm. Am Ende der Main Street ragen hinter einem von einer Statue gekrönten Brunnen zwei sehenswerte Bürogebäude von AngloGold Ashanti auf, die in den 1940ern im Art-déco-Stil erbaut wurden.

Nördlich vom Gerichtsgebäude an der Kreuzung von Fox und Gerard Sekoto Street steht das kürzlich renovierte **Chancellor House**, in dem Nelson Mandela und Oliver Tambo in den 1950er-Jahren ihre Rechtsanwaltskanzlei eröffneten. Im Erdgeschoss sieht man eine kleine Ausstellung über die Geschichte des Bauwerks. Die eindrucksvolle Statue vor dem Gebäude, deren Gestaltung von Bob Gosanis berühmtem Foto aus dem Magazin *Drum* inspiriert wurde, zeigt den jungen Mandela beim Boxen.

Gauteng Legislature und Umgebung

Rissik, Ecke Market St

Die eindrucksvolle Gauteng Legislature wurde 1915 als Rathaus erbaut. Vor dem Gebäude

Johannesburg Zentrum

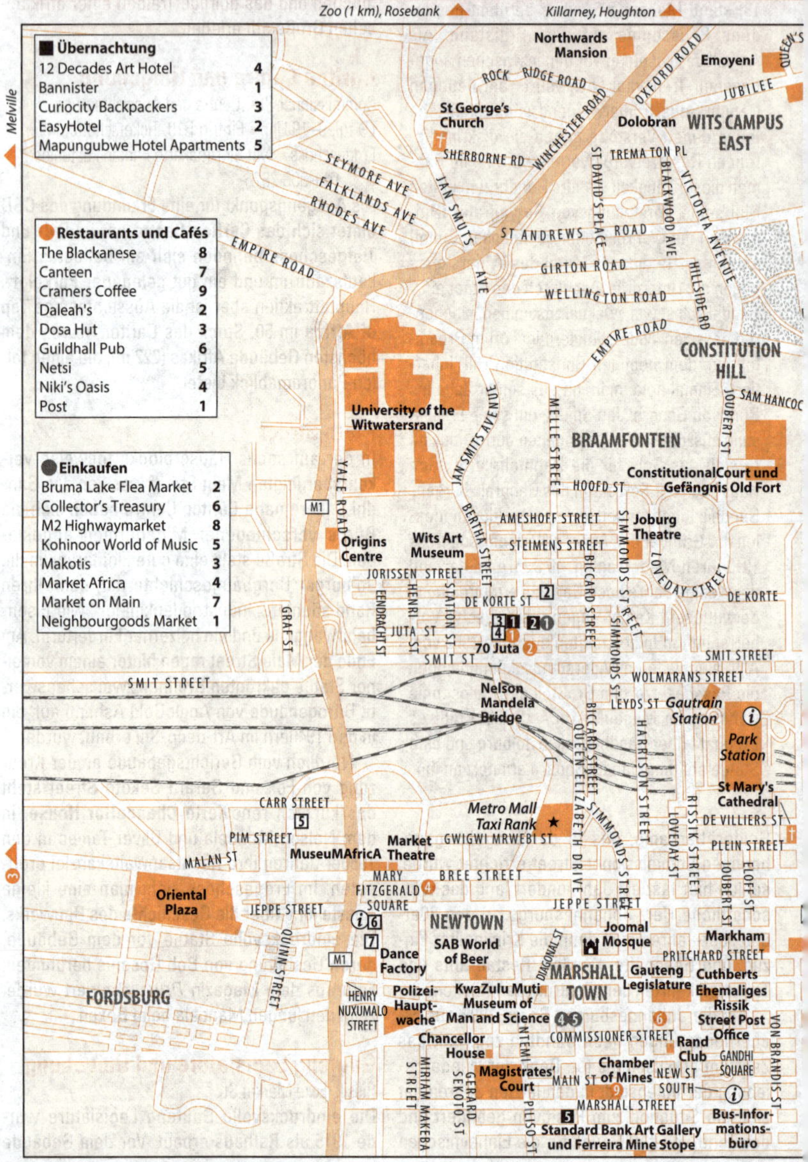

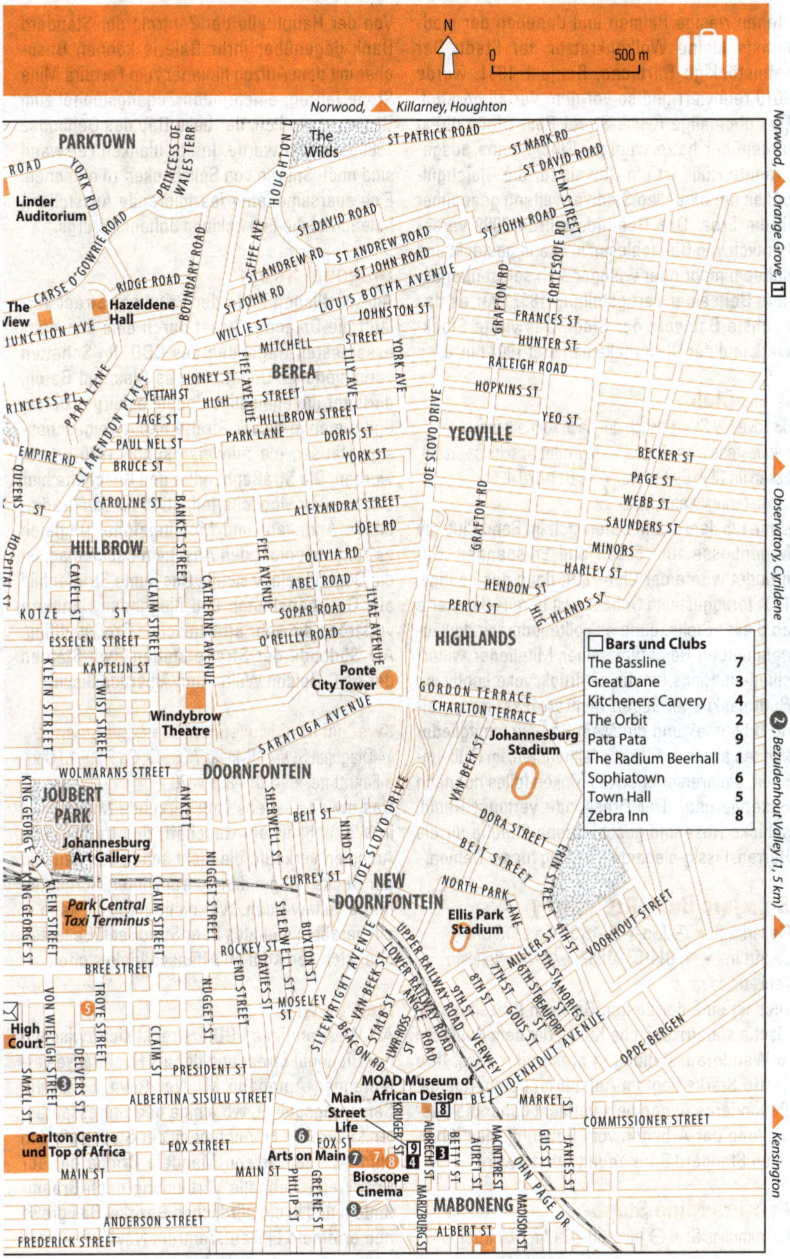
N
0
500 m
Norwood, Killarney, Houghton
Norwood, Orange Grove, 1
Observatory, Cyrildene
2 Bezuidenhout Valley (1, 5 km)
Kensington
PARKTOWN
Linder Auditorium
The View
Hazeldene Hall
The Wilds
BEREA
YEOVILLE
HILLBROW
HIGHLANDS
Ponte City Tower
Windybrow Theatre
Johannesburg Stadium
DOORNFONTEIN
JOUBERT PARK
Johannesburg Art Gallery
Park Central Taxi Terminus
NEW DOORNFONTEIN
Ellis Park Stadium
High Court
Carlton Centre und Top of Africa
MOAD Museum of African Design
Main Street Life
Arts on Main
Bioscope Cinema
MABONENG
ST PATRICK ROAD
ST MARK RD
ST DAVID ROAD
ELM STREET
ST JOHN ROAD
FORTESQUE RD
GRAFTON RD
HOUGHTON
PRINCESS OF WALES TERR
YORK RD
CARSE O'GOWRIE ROAD
RIDGE ROAD
BOUNDARY ROAD
FIFE AVE
ST ANDREW RD
ST ANDREW ROAD
ST JOHN RD
LOUIS BOTHA AVENUE
JOHNSTON ST
WILLIE ST
MITCHELL STREET
LILY AVE
YORK AVE
FRANCES ST
HUNTER ST
RALEIGH ROAD
HOPKINS ST
YEO ST
JUNCTION AVE
PARK LANE
CLARENDON PLACE
HONEY ST
YETTAH ST
HIGH STREET
HILLBROW STREET
JAGE ST
PAUL NEL ST
PARK LANE
DORIS ST
YORK ST
JOE SLOVO DRIVE
EMPIRE RD
BRUCE ST
QUEENS ST
CAROLINE ST
BANKET STREET
ALEXANDRA STREET
JOEL RD
BECKER ST
PAGE ST
WEBB ST
SAUNDERS ST
MINORS
HARLEY ST
HENDON ST
PERCY ST
HIGHLANDS ST
HOSPITAL ST
CAVELL ST
CLAIM STREET
CATHERINE AVENUE
FIFE AVENUE
OLIVIA RD
ABEL ROAD
SOPAR ROAD
O'REILLY ROAD
ILYAE AVENUE
KOTZE ST
ESSELEN STREET
KAPTEIJN ST
KLEIN STREET
TWIST STREET
GORDON TERRACE
CHARLTON TERRACE
SARATOGA AVENUE
VAN BEEK ST
WOLMARANS STREET
ANKENY
KING GEORGE ST
SHERWELL ST
BEIT ST
NIND ST
DORA STREET
BEIT STREET
ERIN STREET
NORTH PARK LANE
NUGGET STREET
CURREY ST
VOORHOUT STREET
MILLER ST
4TH ST
5TH ST
BUXTON ST
SIVEWRIGHT AVENUE
UPPER RAILWAY ROAD
LOWER RAILWAY ROAD
ROCKEY ST
END STREET
DAVIES ST
BREE STREET
TROYE STREET
MOSELEY ST
ANGLE ROAD
STALB ST
LWR ROSS ST
BEACON RD
9TH ST
8TH ST
7TH ST
6TH ST
GOUS ST
BEAUFORT ST
STANORIES ST
VERWEY ST
BEZUIDENHOUT AVENUE
OPDE BERGEN
VON WIELIGH STREET
DELVERS ST
SMALL ST
CLAIM ST
NUGGET ST
PRESIDENT ST
ALBERTINA SISULU STREET
MARKET ST
COMMISSIONER STREET
FOX STREET
FOX ST
MAIN ST
KRUGER ST
ALBRECHT ST
BETTY ST
AURET ST
MACINTYRE ST
GUS ST
JANIES ST
JOHN PAGE DR
PHILIP ST
GREENE ST
MARIZBURG ST
ALBERT ST
MADISON ST
ANDERSON STREET
FREDERICK STREET
Bars und Clubs
The Bassline 7
Great Dane 3
Kitcheners Carvery 4
The Orbit 2
Pata Pata 9
The Radium Beerhall 1
Sophiatown 6
Town Hall 5
Zebra Inn 8

stehen riesige Palmen und daneben der niedlichste kleine Wolkenkratzer der Stadt: Der zehnstöckige Barbican, Baujahr 1931, wurde 2010 renoviert und so vor dem Verfall gerettet. Das ehemalige Rissik Street Post Office direkt gegenüber hatte weniger Glück; seine ausgebrannte Hülle ist ein Beweis für die Gleichgültigkeit der aktuellen Stadtverwaltung gegenüber ihrem Erbe. Das Gebäude wurde 2009 versehentlich von Obdachlosen in Brand gesteckt und seitdem mehr oder weniger sich selbst überlassen. Bei seiner Fertigstellung 1897 war es das höchste Bauwerk der Stadt. Das vierte Stockwerk und der Uhrturm kamen erst 1902 hinzu.

Rand Club

33 Loveday St ▪ Besuch nur nach Anmeldung mindestens eine Woche vorher ▪ Im Anschluss an ein Essen im Club Eintritt frei ▪ ✆ 011-870 4268, ✉ catering@randclub.co.za

Über 125 Jahre lang trafen sich im Rand Club die Minenbosse zum Essen und Entspannen. Gegründet wurde der Club 1887, doch das heutige, 1904 fertiggestellte Gebäude ist bereits das vierte an dieser Stelle, denn es sollte jederzeit den zunehmenden Reichtum seiner Mitglieder widerspiegeln. Rings um die eindrucksvolle Lobby mit Buntglaskuppel liegen mehrere Esszimmer, eine Bibliothek und die Main Bar. Nichtmitglieder können an einer Führung teilnehmen, im Club lunchen, dinieren oder etwas trinken (alles nur nach Reservierung). Der Dresscode verlangt Hemd, schicke Hose und geschlossene Schuhe für die Herren, lässig-elegante Kleidung für die Damen.

Standard Bank Art Gallery

Frederick St ▪ ⌚ Mo–Fr 8–16.30, Sa 9–13 Uhr ▪ Eintritt frei ▪ ✆ 011-631 1889, 💻 www.standardbankarts.co.za

Dies ist eine der besten Galerien für zeitgenössische südafrikanische Kunst, die dem Publikum in Wanderausstellungen präsentiert wird. Ihre große Stärke liegt im Aufspüren neuer Talente. Besonderes Augenmerk verdient daher die Ausstellung der Arbeiten vom Gewinner des jährlichen Standard Bank Young Artist Award.

Ferreira Mine Stope

5 Simmonds St ▪ ⌚ tgl. 8.30–17 Uhr ▪ Eintritt frei

Von der Haupthalle der Zentrale der Standard Bank gegenüber ihrer Galerie können Besucher mit dem Aufzug hinunter zum Ferreira Mine Stope fahren, einem alten Zugangstunnel zum Bergwerksstollen, der beim Bau des Gebäudes 1986 entdeckt wurde. In der blanken Felswand sind noch Spuren von Spitzhacken zu erkennen. Eine sparsame, aber faszinierende Ausstellung beleuchtet die Entwicklung Johannesburgs.

Diagonal Street

Am westlichen Ende der Pritchard Street verläuft die Diagonal Street durch eine der interessantesten Gegenden des CBD. Im Schatten verschiedener Ungetüme aus Glas und Beton, darunter die ehemalige Johannesburger Börse, findet man in dieser Straße alte, zweigeschossige Häuser, die teilweise schon 1890 erbaut wurden. Die Straßenhändler und Geschäfte hier bieten alles Mögliche feil, etwa *umuthi* (traditionelle Arzneien) und Mobiltelefone. Obgleich es zunächst nicht den Anschein haben mag, ist die Gegend relativ sicher. Das bunte Straßenbild aus Geschäftsleuten und fliegenden Händlern verströmt ein sehr afrikanisches Großstadtflair. Am Südende der Straße stehen zwei Statuen der ANC-Helden Walter und Albertina Sisulu.

KwaZulu Muti Museum of Man and Science

14 Diagonal St ▪ ⌚ Mo–Fr 7.30–17, Sa 7.30–13 Uhr ▪ Eintritt frei ▪ ✆ 011-836 4470

Das etwas gespenstisch wirkende Museum ist in Wirklichkeit ein Geschäft, das traditionelle Arzneien verkauft, die nicht selten aus den von der Decke hängenden, getrockneten Tierhäuten hergestellt werden. Wer nicht aufpasst, kann in ein herabbaumelndes Paar Straußenfüße laufen oder sich den Kopf an Affenschädeln stoßen.

Newtown

Am Westrand des CBD erstreckt sich zwischen der Diagonal Street und der als Hochtrasse verlaufenden Autobahn M1 Newtown. Es ist ein Sanierungsgebiet, wo einige der interessantesten kulturellen Einrichtungen der Stadt zu finden sind. Mit der Nelson Mandela Bridge hat der Bezirk eine schnelle Verbindung nach Braamfontein und in die nördlichen Bezirke. Das große neu eröffnete Einkaufszentrum Newtown Junction soll ebenfalls dazu beitragen, der Gegend Leben einzuhauchen. Newtown ist ein sicheres Pflaster. Tagsüber kann man hier dem beschilderten Heritage Trail (s. 🖳 www.newtown.co.za/heritage) folgen und abends Musik- und Theatervorstellungen besuchen.

MuseuMAfricA

Mary Fitzgerald Square ▪ 🕒 Di–So 9–17 Uhr ▪ Eintritt frei ▪ ✆ 011-833 5624

Herzstück von Newton ist das ausgezeichnete MuseuMAfricA in der ehemaligen Markthalle. Die Dauerausstellungen sowie die wechselnden Exponate sind unbedingt einen Besuch wert. Den größten Zulauf hat der Ausstellungsbereich **Sounds of the City**. Die lebensnahe Präsentation umfasst unter anderem Nachbildungen von Hütten und *shebeens* in Sophiatown, und es werden die verschiedenen Musikstile vorgestellt, die in den 1950er-Jahren in der Township entstanden. In einem Nebenraum lohnt ein Rundgang durch die Ausstellung **Tried for Treason**, die den Hochverratsprozessen (1956–61) gewidmet ist. Damals wurden 156 Menschen, darunter auch Nelson Mandela und viele bekannte ANC-Aktivisten, der Konspiration gegen den Staat angeklagt.

Market Theatre und The Bassline

Theater: Mary Fitzgerald Square, Eingang am östlichen Ende des MuseuMAfricA

Das **Market Theatre** (S. 544) hat sich in den letzten 35 Jahren als oft wegweisende Theaterinstitution ausgezeichnet. In der Nähe liegen Geschäfte, und es gibt viele Möglichkeiten, Hunger und Durst zu stillen. Das Kulturangebot setzt sich südlich der Jeppe Street weiter fort mit Jo'burgs bester Konzertbühne, **The Bassline** (S. 544), und der Veranstaltungs- und Probenbühne **Dance Factory**, Schauplatz des alljährlichen Arts Alive Festival (Kasten S. 543).

South African Breweries (SAB) World of Beer

President, Ecke Gerard St ▪ 🕒 Di–Sa 11–15 Uhr ▪ Eintritt R75 ▪ ✆ 011-836 4900, 🖳 www.worldofbeer.co.za

In der South African Breweries (SAB) World of Beer kann man im Rahmen einer 90-minütigen Führung Einblick in 6000 Jahre Braugeschichte gewinnen und etwas über die allerorts ausgeschenkte Biersorte Castle Lager erfahren. Zu sehen sind rekonstruierte Kneipen aus der Goldgräberzeit und eine *shebeen* aus den 1960er-Jahren, außerdem ein Gewächshaus mit Gerste- und Hopfenpflanzungen. Die zwei Freibiere passen gut zu einem *pub lunch* auf dem Balkon des Tap Room.

Police Headquarters, Oriental Plaza und Mint Road

Main Reef Rd

In der **Hauptwache der Johannesburger Polizei** wurden Anti-Apartheids-Aktivisten festgehalten und gefoltert; einige fanden durch einen „Sprung" aus dem zehnten Stock den Tod. Weiter westlich, dort wo die Jeppe Street unter der Hochtrasse der M1 hindurchführt, kann man die Reste des alten indischen Viertels Fordsburg erkunden.

Am Ende der geschäftigen Straße liegt die **Oriental Plaza**, ein beliebter indischer Einkaufskomplex, wo es von Stoffen bis hin zu Gewürzen alles Mögliche zu kaufen gibt und das Feilschen Volkssport ist. Gleich hinter der Plaza bildet die **Mint Road** die Kulisse für einen faszinierenden asiatischen Markt mit Dutzenden Ständen und gutem Essen (🕒 Do–Sa ab 17 Uhr). Viel mehr ist von der einst blühenden indischen Gemeinde in Newtown nicht mehr übrig: 1904 wurde sie zum Großteil zwangsumgesiedelt, um Platz für Weiße zu schaffen.

Johannesburg Art Gallery

Joubert Park ▪ 🕒 Di–So 10–17 Uhr ▪ Eintritt frei ▪ ✆ 011-725 3130, 🖳 www.joburg.org.za

Das östlich der Park Station gelegene Viertel Joubert Park ist nach General Piet Joubert benannt, der bei den Wahlen der Südafrikanischen Republik 1883 Paul Kruger unterlag. Es ist eine Gegend, die den einzigen innerstädtischen Park beherbergt und als gefährlich gilt. Empfohlen sei hier nur die Johannesburg Art Gallery, ein größtenteils aus dem 19. Jh. stammendes Gebäude (über die King George Street zugänglich und mit einem sicheren Parkplatz ausgestattet), in dem eine der progressivsten Galerien des Landes untergebracht ist. Gezeigt werden unter anderem bis zur Decke ragende Holzskulpturen des fantasiegewaltigen Venda-Künstlers Jackson Hlungwani.

Urbanität so weit das Auge reicht: Johannesburg und Pretoria wachsen zu einem Ballungsraum zusammen.

In anderen Museumsbereichen wird eine Mischung afrikanischer Kunst und Artefakte präsentiert, deren Spannbreite von zeremoniellen Gegenständen bis zu rein dekorativen Objekten reicht. Außerdem gibt es eine Reihe europäischer Gemälde zu sehen; auch die Sonderausstellungen sind in der Regel hervorragend.

Maboneng-Viertel

Zwischen Main und Fox St an die Berea und Auret St grenzend 💻 www.mabonengprecinct.com ▪
Am besten erreichbar von der M2 via Joe Slovo Drive (M31); Ausfahrt Market St von der R24 nehmen und den Wegweisern rechts folgen

Rund um die Main Street östlich der Innenstadt sind mehrere Häuserblocks in einen Hort kultureller Aktivitäten verwandelt worden. Dies ist wahrscheinlich die beste Ecke der Stadt, um einen Eindruck vom Potenzial der Innenstadt zu bekommen und davon, wie sich Jo'burg zum Besseren hin verändert. Die Gegend wird von Sicherheitsleuten bewacht und darf als sicher gelten, auch nachts. Alles begann mit **Arts on Main**, früher ein Lagerhauskomplex, in dem sich Künstlerwerkstätten und Galerien, der Bekleidungsladen LoveJozi, eine Kunstbuchhandlung, ein Restaurant sowie eine Dachbar, in der man jeden Sonntag Salsa tanzen kann, befinden. Während des hervorragenden samstäglichen Market on Main, auf dem es Kleidung und Biolebensmittel gibt, wimmelt es hier vor Menschen. Nur 200 m weiter liegt **Main Street Life**. Das Fabrikgebäude aus den 1970ern wurde in einen Komplex umgemodelt, der eine Ausstellungsfläche, Apartments, das 12 Decades Art Hotel (S. 535), das Art-house-Kino Bioscope (S. 545), ein Café, die Bar Pata Pata (S. 542) und eine Dachbar mit sensationeller Aussicht auf den CBD umfasst. Zahlreiche benachbarte Gebäude sind ebenfalls renoviert worden und beherbergen nun ein gutes Dutzend Boutiquen und kleine Restaurants, die sonntags ein hippes Publikum anziehen. Zwei Blocks weiter nördlich steht das **Museum of African Design** (kurz MOAD) in der 281 Commissioner Street, ✆ 084-951 2060, 💻 www.moadjhb.com, das sehenswerte, wechselnde Ausstellungen zeigt und über eine große Halle für Veranstaltungen verfügt. 🕒 Di–So 10–17 Uhr, Eintritt R30.

GAUTENG

Zentrale Bezirke

Um den CBD gruppieren sich verschiedene Bezirke, die sich wegen der hohen Fluktuation und des raschen Wandels der Bevölkerungsstruktur im kontinuierlichen Umbruch befinden. Einige dieser Gegenden, insbesondere **Hillbrow**, **Berea** und **Yeoville**, waren einst die „Grauzonen" Johannesburgs, in denen die Apartheid in den 1980er-Jahren zuerst zu bröckeln begann. Die Polizei ließ die Schwarzen gewähren, die damals zahlreich aus den Townships in diese eigentlich von Weißen bewohnten Gebiete zogen.

Die Weißen haben diese Stadtteile – mit Ausnahme des schattigen Observatory östlich von Yeoville – inzwischen zumeist verlassen, stattdessen haben sich Zuwanderer aus ganz Afrika hier niedergelassen. Der hektische Straßenalltag von Yeoville, Berea und Hillbrow kann spannend sein, aber nach Einbruch der Dunkelheit sollten diese Gegenden gemieden werden, und Erkundungstouren am Tag unternimmt man am besten mit einem ortskundigen einheimischen Guide.

Braamfontein

Der Verkehrsknotenpunkt Park Station ist nicht der einzige Grund für einen Abstecher nach Braamfontein (💻 www.braamfontein.org.za), das sich vom Hauptbahnhof nach Norden bis zur Empire Road erstreckt. Johannesburgs begehrtestes Studentenviertel ist klein und klar abgegrenzt. Dank umfassender Sanierungsprojekte und deutlicher Verbesserungen im Sicherheitsbereich hat sich Braamfontein zu einem ansprechenden Viertel entwickelt. Mit seinen zahlreichen modernen Kunstwerken und Dutzenden in preiswerte Wohnungen umgebaute Büroflächen eignet es sich als Ausgangspunkt einer Entdeckungsreise durchs neue Johannesburg, das sein Flair einer florierenden Studentenszene und dem sonntäglichen Lebensmittelmarkt verdankt.

70 Juta und Umgebung

Juta, Ecke De Beer St ▪ 💻 www.playbraamfontein.co.za/70-juta-street

Der kleine Komplex mit einer Hand voll Boutiquen, Geschäften, Galerien und einem Café markierte den Beginn der Sanierung Braamfonteins. Im historischen Milner Park Hotel von 1906 auf der anderen Straßenseite sind jetzt modische Bars und Designerstudios untergebracht, während in der De Beer und Melle Street ein Dutzend Boutiquen, Cafés und Restaurants eröffnet haben. Die beste Zeit für einen Besuch ist Sonntag zwischen 9 und 15 Uhr, wenn sich der Parkplatz in der 73 Juta Street in einen quirligen **Nachbarschaftsmarkt** verwandelt.

Constitution Hill und Gefängnis Old Fort

Joubert St ▪ Mo–Fr 9–17, Sa und So 10–17 Uhr; 1–2-stündige Führungen durch das Gefängnis stdl., ▪ Eintritt R30–70 ▪ 011-381 3100, www.constitutionhill.org.za

Seit 2003 ist auf dem Constitution Hill der Constitutional Court ansässig, der **oberste Gerichtshof** von Südafrika. Wer sich für Jura oder Politikwissenschaft interessiert (und gut Englisch kann), sollte mal während einer Anhörung herkommen. Im Gerichtsgebäude sind mehr als 200 zumeist hervorragende ältere und neue südafrikanische Gemälde und Skulpturen ausgestellt. Sie allein lohnen schon einen Besuch.

Daneben befindet sich das Gefängnis **Old Fort**. Das Fort wurde während des Zweiten Burenkriegs von Paul Kruger zum Schutz gegen die Engländer und zur Überwachung der Goldmine im Dorf errichtet und später in ein Gefängnis umgewandelt. Hier wurden während der Apartheid schwarze Männer eingesperrt und gefoltert. Im Gebäude **Number Four** sind sowohl Mahatma Gandhi als auch Robert Sobukwe, der Anführer des Pan-Africanist Congress, festgehalten worden. Besucher können die Zelle besichtigen, in der Mandela nach seiner Verhaftung 1962 kurzzeitig eingesperrt war.

Im **Frauengefängnis** (Women's Jail), einem 1910 erbauten, eleganten edwardianischen Gebäude, waren schwarze und weiße Gefangene in getrennten Abteilungen untergebracht. Die Giftmöderin Daisy de Melker erwartete hier ihre Todesstrafe, aber auch politische Persönlichkeiten wie Winnie Madikizela-Mandela, Albertina Sisulu, Helen Joseph und Ruth First lernten die Gefängniszellen von innen kennen. Ab den 1950er-Jahren handelte es sich bei den meisten Gefangenen um Frauen, die gegen die Passgesetze verstoßen hatten. Das änderte sich erst, als die systematische Bewegungseinschränkung der schwarzen Bevölkerung 1986 aufgehoben wurde.

Origins Centre

Yale Rd ▪ tgl. 10–17 Uhr ▪ Eintritt R75 ▪ 011-717 1365, www.origins.org.za

Das Origins Centre auf dem Campus der **University of the Witwatersrand**, auch kurz „Wits" genannt, beleuchtet anhand von Filmen und Gegenständen die afrikanischen Ursprünge der Menschheit und konzentriert sich dann vor allem auf die Glaubensvorstellungen, Traditionen und Felskunst der San. Unter anderem kann man einen 75 000 Jahre alten ockerfarbenen Fels mit Gravuren bewundern, der als das älteste Kunstwerk weltweit gilt. Besonders Reisenden, die später die Felskunststätten in KwaZulu-Natal erkunden möchten, bietet das Museum einen guten Überblick.

Wits Art Museum

Jorissen St, Ecke Jan Smuts Ave ▪ Mi–So 10–16 Uhr ▪ Eintritt frei ▪ 011-717 1365, www.wits.ac.za/wam

Das neue Wits Art Museum zeigt in monatlich wechselnden Ausstellungen, die in mehr als 70 Jahren zusammengetragenen Kunstschätze der Universität. Besonders interessant ist die Sammlung von Kunst aus West- und Zentralafrika, aber auch andere Abteilungen wie moderne Fotografie sind faszinierend. Es gibt auch ein sehr gutes Café.

Hillbrow

Am Rand des Joubert Park verläuft die Smit Street. Sie bildet die Grenze zum berüchtigten Hillbrow, das bis auf den letzten Quadratzentimeter mit Apartmenthochhäusern bebaut ist. Neuankömmlinge in Jo'burg hat es immer zuerst nach Hillbrow gezogen. Direkt nach dem Zweiten Weltkrieg waren Engländer, Italiener und osteuropäische Juden die Haupteinwanderer, heute sind es Afrikaner aus allen Ecken des Kontinents, die in Scharen hierher ziehen.

Im Gegensatz zu den Hauptstraßen, die vor Leben sprühen, ist die Szenerie in den zahllosen Seitenstraßen ausgesprochen trostlos. Für Touristen gilt das Viertel in weiten Teilen als *off limits.* Sichere **Führungen** durch Hillbrow und das benachbarte Yeoville bietet die NGO Dlala Nje (R180, Start am Shop 1, Ponte City, Saratoga Avenue, ✆ 072-397 2269, 💻 www.dlalanje.org). Die Einnahmen fließen in das Dlala Nje's Community Centre und in soziale Projekte. Auf dem Rundgang werden der riesige Wohnkomplex Ponte City, sanierte Parkanlagen, Apartmentkomplexe und faszinierende besetzte Hochhäuser besucht. Die Touren am Abend führen dagegen in die kulinarische Szene und das Nachtleben von Yeoville ein.

Nördliche Bezirke

Sicherheit, Wohlstand sowie eine Fülle von Geschäften und Restaurants zeichnen den CBD und die nördlichen Bezirke aus. Darunter fällt praktisch das gesamte Gebiet, das mehr als 30 km von Parktown über die N1-Ringautobahn hinweg bis nach Midrand reicht, das sich seinerseits in Richtung der südlichen Peripherie von Pretoria erstreckt. Mit Ausnahme von Alexandra ist dies eine begüterte Region, in der die Mehrzahl der Anwesen festungsartig durch hohe Mauern, Eisentore und Elektrozäune von der Außenwelt abgeschnitten liegen. Abgesehen von dem oftmals schier unglaublichen Reichtum sind auch die Zentren von Melville, Rosebank und Parkhurst interessant. Da die meisten Bezirke in der Nähe großer Durchgangsstraßen liegen, lassen sie sich am besten mit dem Auto erkunden. Einige Gegenden kann man aber auch gut mit dem Gautrain, dem Gautrain Busnetz und den Rea Vaya-Bussen erreichen.

Parktown

Trotz der Nähe zu Hillbrow, nur einen Steinwurf südöstlich der Empire Road, hat diese älteste Nobelwohngegend Johannesburgs ihren exklusiven Status bis heute aufrechterhalten können.

Parktowns Randlord-Villen

Der vorrangige Reiz Parktowns liegt in seiner unverwechselbaren **Architektur**, die zum großen Teil auf den britischen Architekten Sir Herbert Baker (genannt „der Architekt von Südafrika") zurückgeht. Von Bakers Einfluss zeugen noch immer die opulenten Anwesen der „Randlords", der reichen Minenbesitzer, die sich an den Straßen aufreihen. Der Johannesburg Heritage Trust (S. 548) bietet oft samstagnachmittags **Führungen** zu bedeutenden Gebäuden in Parktown und anderen Vierteln an. Im Rahmen des ebenfalls vom Trust organisierten **Heritage Weekend** am zweiten Wochenende im September finden weitere Führungen statt. Mauern verhindern, dass Zaungäste viel von den Gebäuden zu sehen bekommen, doch an den meisten sind außen blaue Infotafeln angebracht. Als Ausgangspunkt für eine Entdeckungstour empfiehlt sich die Gegend nahe der **Ridge Road**, nördlich des Randjeslaagte Beacon, dem nördlichsten Punkt des alten Johannesburg. Hier steht das Sunnyside Park Hotel, ein massiver Komplex, der ab 1900 von Lord Alfred Milner als Gouverneursresidenz genutzt wurde. Die schönsten Häuser der Umgebung sind die 1902 erbaute **Hazeldene Hall** mit gusseisernen Geländern und **The View**, ein 1897 errichtetes Gebäude mit geschnitzten Holzveranden und einer eleganten Backsteinfassade.

Nördlich der Ridge Road folgt die York Road einer Linkskurve und wird zur Jubilee Road, an deren Nordseite weitere Bauten Aufmerksamkeit verdienen, besonders das 1905 erbaute **Emoyeni**, 15 Jubilee Road. Aus demselben Jahr stammt das **Dolobran**, Jubilee Road, Ecke Victoria Avenue, ein skurriles wie imposantes Gebäude mit Veranda, Ziegelschornsteinen, rotem Ziegeldach sowie bunten Glasfenstern.

Jenseits der verkehrsreichen M1 erreicht man die **Rock Ridge Road** mit dem 1904 von Sir Herbert Baker erbauten **Northwards Mansion**, Sitz des Parktown Trust. Zu Bakers eigenem Anwesen Haus Nr. 5 gibt es von der Straße leider keine Zugangsmöglichkeit. In der parallel verlaufenden Sherborne Road können jedoch Bakers **St George's Church** und das Pfarrhaus bewundert werden. Beide vereinen südenglische und italienische Elemente und wurden aus hiesigem Stein errichtet.

Johannesburg
Nördliche Bezirke

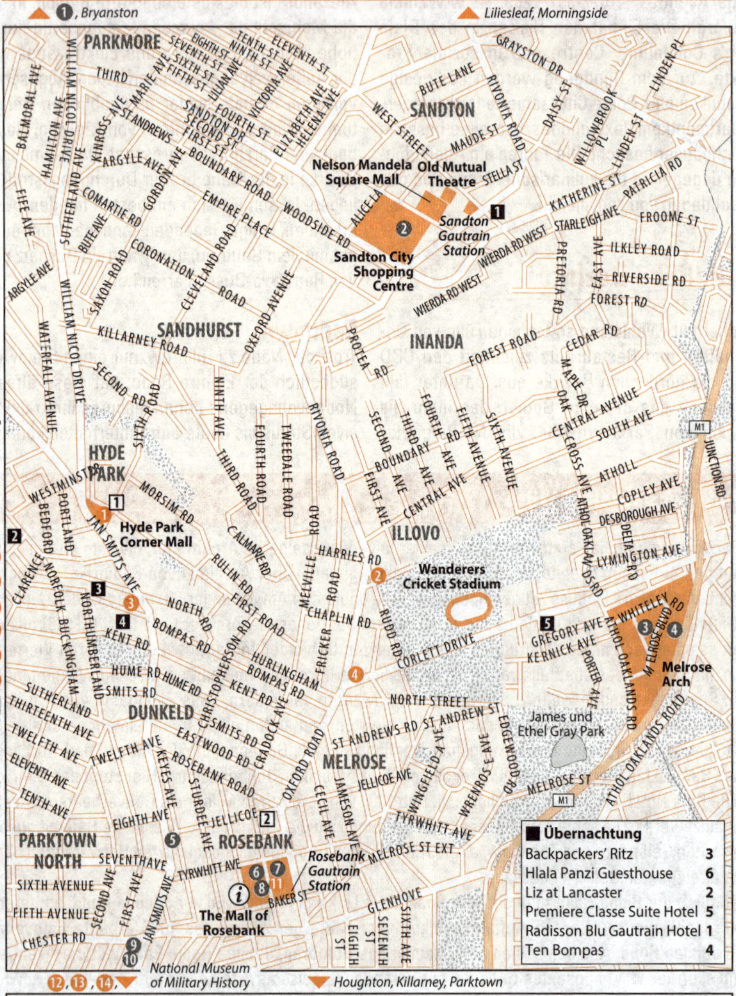

■ Übernachtung	
Backpackers' Ritz	3
Hlala Panzi Guesthouse	6
Liz at Lancaster	2
Premiere Classe Suite Hotel	5
Radisson Blu Gautrain Hotel	1
Ten Bompas	4

● Restaurants			
Assaggi	2	Odd Café	10
Craft	5	Red Chamber	1
Doppio Zero	6	Tashas	11
DW Eleven	3	Vovo Telo	7
Flames	12	Wolfpack	8
Moyo	13	Wolves	4
Nice on Fourth	9	Zoo Lake Bowling Club	14

□ Bars und Clubs	
Katzy's	2
Southern Sun Hyde Park Bar	1

● Einkaufen	
Bryanston Organic Market	1
Everard Read Gallery	4
Exclusive Books	2, 6
Goodman Art Gallery	9
Hyde Park Corner	2
Kim Sacks Art Gallery	10
Melrose Arch	3
Sandton City Shopping Centre	2
The Mall of Rosebank	5
Rosebank Art & Craft Market	7
Rosebank Sunday Market	8

Als erste ließen sich Sir Lionel Philips, der Präsident der Bergwerkskammer, und seine Frau Florence hier nieder. Sie suchten ein Domizil, von dem aus sie die Magaliesberge – und nicht die Minen – sehen konnten. So ließen sie 1892 auf dem Grund der damaligen Braamfontein Farm ein Haus errichten. Das übrige Gelände wurde mit Eukalyptusbäumen bepflanzt und bildete den Sachsenwald Forest, von dem ein Teil später an den Johannesburger Zoo überging. Das noch verbliebene Land wurde 1925 gerodet, um weitere Wohnhäuser entstehen zu lassen.

Johannesburg Zoo

2 km nördlich von Parktown, abseits der Jan Smuts Ave ▪ tgl. 8.30–17.30 Uhr ▪ Eintritt R65 ▪ 011-646 2000, www.jhbzoo.org.za

Der Johannesburg Zoo beherbergt ungefähr 2000 Tierarten, darunter Eisbären, Gorillas, Nashörner, weiße Löwen und Kleine Pandas. Der Zoo wird nach und nach aufgemöbelt und ist immer gut besucht, besonders an warmen Wochenenden. Ein wunderbares Plätzchen zum Mittagessen: das Café neben dem Schimpansengehege.

Zoo Lake

Gegenüber vom Zoo am Westrand der Jan Smuts Ave

Der Park am Zoo Lake ist ein beliebter und sicherer Ort für Spaziergänge oder ein Picknick. Er dient gelegentlich als Schauplatz verschiedener Veranstaltungen im Freien, darunter ein ganztägiges Musikspektakel im Rahmen des im September stattfinden Arts Alive Festivals (Kasten S. 543). Man kann ein Ruderboot mieten und über den See schippern, oder in dem Restaurant am Ufer, das Tische drinnen und draußen und ruhige, schattige Essecken hat, afrikanisch essen.

National Museum of Military History

Erlswold Way 22 ▪ tgl. 9–16.30 Uhr ▪ Eintritt R30 ▪ 010-001 3515, www.ditsong.org.za/militaryhistory.htm

In der Sammlung des Museums neben dem Zoo wird zwischen Panzern, Waffen und Uniformen auch dem bewaffneten Flügel des ANC, **Umkhonto we Sizwe (MK)**, Raum zugestanden. Die anderen Befreiungsarmeen glänzen jedoch durch Abwesenheit. Das Hauptaugenmerk der Ausstellung richtet sich auf den MK-Führer Joe Modise, den ersten schwarzen Verteidigungsminister nach dem Ende der Apartheid.

Melville

Zusammen mit Parkhurst zählt Melville zu den entspannteren nördlichen Vororten. Üblicherweise verbergen sich in Johannesburg Geschäfte und Restaurants in gleichförmigen Malls. Aber hier laden Straßen voller Cafés, Buchläden und Antiquitätenhändlern zum Bummeln ein. Es gibt sogar eine Vergnügungsmeile (die Seventh Street) mit Restaurants, Bars und Clubs.

Melville Koppies

Nördlich von Melville ▪ Melville Koppies Central-Führungen jeden So, Zeiten siehe Website ▪ Eintritt R50 ▪ 011-482 4797, www.mk.org.za

Der hübsche, 3 km lange Park oben auf einem Hügel unterteilt sich in drei Abschnitte und umfasst Hunderte einheimische Pflanzen- und Tierarten. Melville Koppies Central ist ein Naturschutzgebiet, das nur im Rahmen einer Führung besucht werden kann (Ausgangspunkt ist die Judith Road gegenüber vom Marks Park, 3 Std.). Es wird von Freiwilligen betreut, die jährlich tonnenweise nichtafrikanische Pflanzeneindringlinge beseitigen. Bei den Führungen besichtigt man die Überreste von Siedlungen aus der Stein- und Eisenzeit. Die beiderseits des Reservats befindlichen Abschnitte Melville Koppies East und West sind öffentliche Parks und jeden Tag von Sonnenauf- bis -untergang geöffnet. Hauptattraktion der Melville Koppies East, zu erreichen über die Zambesi Road (kurzer Fußweg von den Restaurants im Bamboo Centre), ist der Berggipfel mit sensationeller Aussicht auf Zentral-Jo'burg und die grünen Randbezirke. Im Bereich des Melville Koppies West liegen mehrere gute Wanderpfade. Hierher folgt man der Ayr Road (die von der Main Road in Melville abzweigt), die dann zur Korea und später Arundel Road wird, und dann geht's rechts in die Sackgasse Third Avenue.

Emmarentia Park und Damm

Beyers Naude Drive ▪ tgl. 8–17 Uhr ▪ Eintritt frei ▪ 011-782 7064

GAUTENG

In der Nordostecke des Emmarentia Park, eines über mehrere Kilometer nach Norden und Westen reichenden Parkareals, ist der bezaubernde **Johannesburg Botanic Garden** beheimatet. Der Garten am Emmarentia Dam, einem beliebten Gewässer für Paddel- und Ruderausflüge, bietet weite Freiflächen und Wege für Jogger, Radfahrer und Spaziergänger. Tagsüber, solange sich viele Besucher hier aufhalten, ist es sicher. Abgesehen von den Blumenbeeten gibt es auch ein paar Kräuter- und Rosengärten – eine wunderbare Kulisse für ein Picknick. Auf dem Hauptfeld werden Konzerte und Festivals abgehalten.

Sophiatown

Westlich von Melville liegt das architektonisch wenig ansprechende, aber für die Geschichte der Apartheid umso bedeutendere Gebiet von Sophiatown. Hier arbeitete in den 1950er-Jahren **Erzbischof Trevor Huddleston**, jener englische Geistliche, der die Anti-Apartheids-Bewegung begründete. Über viele Jahre war Sophiatown eine der wenigen Gegenden innerhalb der Stadt, in der Schwarze Grundstücke erwerben durften. Dadurch entwickelte sich das Viertel zu einem Zentrum von Kultur, Jazz, Literatur und radikalen politischen Ansichten.

In den 1950er-Jahren erklärte die Regierung das Gebiet zum Siedlungsgebiet für Weiße und rückte mit Bulldozern an. Rund 65 000 Einwohner wurden zwischen 1955 und 1960 ungeachtet ihres Rechtsanspruchs auf das Land nach Soweto zwangsumgesiedelt. Sophiatown erhielt nicht ohne Ironie den Namen „Triomf". Von dem Bezirk sind nur noch das alte Waisenhaus und die anglikanische Kirche **Christ the King** übrig.

Sophiatown Visitor Centre

Toby St, Ecke Edward Rd ▪ Mo–Do 10–14, Sa 9–13 Uhr ▪ Eintritt frei, mit Museumsführung R35, mit Rundgang durchs Viertel R120 ▪ 011-673 1271, www.sophiatown.net

Das ausgezeichnete Sophiatown Visitor Centre in einem Haus aus den 1930ern, das die Abrissbirne überlebt hat, zeigt Ausstellungsstücke über das Viertel, zu seiner Kultur, den „tsotsi"-Banden und der Zerstörung. Auf telefonische Anfrage organisieren die engagierten Mitarbeiter geführte Spaziergänge durch Sophiatown, alternativ kann man an einer jeden Samstag um 11 Uhr beginnenden Tour teilnehmen. Jeden letzten Freitag im Monat findet ein Jazzkonzert statt. Gleich nebenan wird ein neues Kulturzentrum gebaut, das 2015 fertig werden soll.

Rosebank, Melrose, Hyde Park, Parkhurst und Greenside

Das kleine **Rosebank**, ein paar Kilometer nördlich des Jo'burg Zoo (S. 527), besitzt jetzt eine Gautrain-Station und beherbergt eines der ansprechendsten Einkaufszentren der Stadt, den **African Craft Market** und einige **Kunstgalerien**. Richtung Norden schließen sich die schicken Vororte Melrose und Hyde Park mit weiteren Einkaufszentren an. Etwas westlich von Rosebank und dem hübschen alten Vorort Parktown North erreicht man **Parkhurst**, zusammen mit Melville eine der wenigen Gegenden im Norden mit nennenswertem Straßenleben, vor allem in der Umgebung der Fourth Avenue. Westlich von Parkhurst befindet sich **Greenside**, ebenfalls ein angesagtes Viertel, wo man gut essen kann.

Sandton

Ungefähr 20 km nördlich des Central Business District liegt Sandton. Hier spiegelt sich wie nirgendwo anders der geradezu erschütternde Reichtum der nördlichen Bezirke wider. Es gibt luxuriöse Einkaufszentren, und prachtvolle Villen säumen die Straßen. In den 1980er- und 90er-Jahren haben sich die aus dem Zentrum flüchtenden Banken und großen Firmen bevorzugt hier niedergelassen. Angesichts des zur Schau gestellten Wohlstands beschleicht manchen ein ungutes Gefühl. Aber wer einfach bloß Geld loswerden möchte, hat bestimmt Spaß beim Bummel durch die miteinander verbundenen Einkaufszentren **Sandton City** und **Nelson Mandela Square** samt der dazugehörigen pseudo-italienischen Piazza mit jeder Menge Restaurants und Cafés.

Liliesleaf

7 George Ave, Rivonia ▪ Mo–Fr 8.30–17, Sa und So 9–16 Uhr ▪ Eintritt R60, Führungen R110 ▪ 011-803 7882, www.liliesleaf.co.za

Einst ein abgelegenes Gehöft, ist Liliesleaf heute von den sich krakenartig ausbreitenden Vorstädten Jo'burgs verschluckt worden. Das denkmalgeschütze Anwesen gleich nördlich von Sandton war der Ort, wo die Widerstandsbewegung ihr sicher geglaubtes Hauptquartier hatte. Am 11. Juli 1963 wurde es dennoch von der Polizei gestürmt und viele wichtige Anführer des ANC und MK wurden verhaftet. Auch Mandela hatte sich hier eine Zeit lang, als Hausmeister getarnt, versteckt, saß aber zum Zeitpunkt der Razzia gerade eine fünfjährige Gefängnisstrafe ab. Dennoch stellte man ihn zusammen mit seinen Genossen erneut vor Gericht. Im sogenannten Rivonia-Prozess wurde er schließlich zusammen mit Walter Sisulu, Ahmed Kathrada, Govan Mbeki und anderen zu lebenslanger Haft auf Robben Island verurteilt. Das Verfahren brachte dem Kampf des ANC schließlich auch internationale Aufmerksamkeit.

Die alte Farm und die benachbarten neuen Gebäude bergen heute eine interaktive Ausstellung zum Haus, Mandelas Aufenthalt, über die Schlüsselfiguren des Widerstandes und den Prozess. Zu sehen ist auch ein Safaritruck, der vom ANC benutzt wurde, um unter den Sitzen von arglosen Touristen Waffen nach Südafrika zu schmuggeln. Vor Ort gibt es ein gutes Café mit Namen Cedric, dem alten Decknamen der Farm.

Alexandra

Alexandra Tours von Jeff Mulaudzi führt hervorragende 2–3-stündige Fahrradtouren durch ▪ R300–400 ▪ ✆ 071-279 3654, 💻 www.alexandratours.co.za ▪ **Imbizo Tours** in Soweto veranstaltet kombinierte Touren zu den interessantesten Ecken von Soweto und Alexandra ▪ R550–980 ▪ ✆ 011-838 2667, 💻 www.imbizotours.co.za

Der Kontrast zwischen dem bitterarmen Alexandra, das sich unmittelbar östlich der M1 erstreckt, und den umliegenden Vierteln könnte größer kaum sein. Diese Township war eine der wenigen Gegenden, in der Schwarze Grundbesitzer sein durften. Das war einer der Gründe dafür, dass „Alex" dem Schicksal der Zwangsräumung entging. Anders als das auf Stadtplänen dargestellte, einfache Raster besteht die Township aus einem verwirrenden Labyrinth von Straßen, in denen die Menschen auf engstem Raum zusammenleben und es selbst an der grundlegenden Infrastruktur wie Kanalisation oder Trinkwasserversorgung mangelt.

500 000 Menschen sind es heute, die sich weniger als 8 km² teilen, und durch Einwanderer aus Mosambik, Malawi und Simbabwe gerät die Infrastruktur der Township noch weiter unter Druck. Als „aufregend und riskant" beschrieb Nelson Mandela die Township, in der er in den 1940er-Jahren lebte, nachdem er vom Ostkap geflohen war, um hier eine Stelle als Anwaltsanwärter in einer Kanzlei zu suchen. Zu jener Zeit war Alexandra berüchtigt für Gangster und zunehmende politische Militanz. Die hiesigen **Busboykotte** gegen eine Anhebung des Fahrpreises waren die ersten politisch wirksamen Massenaktionen von Schwarzen. Schon immer war Alex eine Hochburg des ANC – und hat dafür bis zum Zusammenbruch der Apartheid einen hohen Preis bezahlt. In den 1980er-Jahren lieferten sich Inkatha-Wächter und ANC-Anhänger erbitterte Gefechte.

Während die belebten Straßen am Westufer des verdreckten Jukskei River relativ unverändert sind, entstanden auf der Ostseite **neue Häuser**, die teils von der Regierung finanziert, teils von Schwarzen errichtet wurden, die der Mittelschicht angehören, aber trotzdem weiter in der Township wohnen bleiben wollen.

Nicht weit davon hat man ein **Cricketfeld** angelegt. Wenn gerade ein Spiel im Gange ist, bietet sich ein surreales Bild: Die typischste aller Kolonialsportarten wird vor der Kulisse von dicht an dicht stehenden Township-Behausungen ausgetragen, am Horizont die Wolkenkratzer des verschwenderisch reichen Sandton. Die angebotenen Touren durch Alexandra sind nicht gefährlich, authentisch und sehr unterhaltsam. Sie bieten die Chance, nur ein paar Minuten von den Sandtoner Malls entfernt, echten Townshipalltag zu erleben.

Östliche und südliche Bezirke

Zu den ältesten Bezirken der Stadt gehört der östliche Stadtteil **Bezuidenhout Valley**, besser bekannt als Bez Valley. Lange waren hier die jüdischen und portugiesischen Gemeinden Johannesburgs beheimatet, aber auch dieser Bezirk wurde in den letzten Jahren einem dramatischen Wandel unterzogen. Die weiße Einwohnerschaft hat viele der alten Häuser verlassen, um Zuzüglern aus den Townships und schwarzen Einwanderern das Gebiet zu überlassen.

Gänzlich anders geprägt ist **Cyrildene**, nordöstlich von Bez Valley, das sich zur neuen Chinatown Johannesburgs entwickelt hat. Entlang der Derrick Avenue haben sich chinesische Supermärkte, Geschäfte und Restaurants angesiedelt, in denen authentische Speisen serviert werden. Die meisten Besucher zieht es zum enttäuschenden **Bruma Lake**, einem künstlichen Gewässer. Dafür ist der **Flohmarkt** (S. 546) hier umso interessanter.

In der Nähe liegt eine der am besten zu erreichenden Grünflächen der Stadt: **Gillooly's Farm** ist ein um einen Staudamm angesiedelter Park. Über dem Park thront ein spektakulärer *koppie*, den man in 20 Minuten besteigen kann.

Direkt südlich des Zentrums lag traditionell das Wohngebiet weißer Arbeiter. Seit 1990 der Group Areas Act, das Gesetz über getrennte Wohngebiete, aufgehoben wurde, lassen sich jedoch auch vermehrt Schwarze hier nieder. Viele davon sind – ungewöhnlich für das heutige Südafrika – wohlhabender als die ursprünglichen Bewohner.

Gold Reef City

Northern Parkway, Ecke Data Crescent, Ormonde (8 km südlich der Innenstadt über die M1) ▪ Mi–So 9.30–17 Uhr ▪ 2-stündige Minenführungen um 9, 10, 11, 14 und 15 Uhr ▪ Eintritt R165 ▪ 011-248 6800, www.goldreefcity.co.za

Disneyland grüßt Alt-Johannesburg in Gestalt der Gold Reef City. Der große, grelle und kitschige Vergnügungspark ist um den alten Schacht Nr. 14 der Crown Mines entstanden. Hauptsächlich ein Themenpark, lässt sich auch Interessantes entdecken, etwa die ehemalige **Goldmine** selbst, in die man 200 m tief hinunterfahren kann, um einen Eindruck der Arbeit unter Tage zu bekommen. Sehenswert sind auch die Stammestänze, die dreimal täglich in einer ausgezeichneten Show dargeboten werden.

Ein Bummel durch die Straßen führt an zahlreichen Nachbauten historischer Gebäude, Läden und Museen vorbei. Mit Ausnahme vom Ohlthaver House und Nourse House sind diese jedoch meist enttäuschend. Für Kurzweil sorgen ansonsten eine Achterbahn und eine Wildwasserbahn sowie weitere Fahrbetriebe (alle im Eintrittspreis enthalten). Verschiedene Restaurants bieten anständiges, aber teures Essen. Im Mittelpunkt steht jedoch das riesige Casino.

Apartheid-Museum

Northern Parkway, Ecke Gold Reef Rd, Ormonde, (8 km südlich der Innenstadt über die M1) ▪ tgl. 9–17 Uhr ▪ Eintritt R70 ▪ www.apartheidmuseum.org

Das hervorragende Museum mit seinen getrennten Eingängen für „Weiße" und „Nicht-Weiße" (die Rassenzugehörigkeit wird per Zufallsgenerator ermittelt) hat Weltklasse. Die Geschichte der Apartheid wird mit viel Sachverstand in eindringlicher Art und Weise dargestellt, gleichzeitig aufwühlend und aufschlussreich.

Das Museum zeigt auf, welche tiefen Wunden die Apartheid und die ihr vorangegangene Kolonialpolitik geschlagen haben. Nach dem Besuch versteht man besser, weshalb es auch im neuen Südafrika noch Armut und rassistisch motivierte Spannungen gibt. Gleichzeitig erinnern uns die bewegenden Bilder von der Einführung der Demokratie daran, dass der gewaltlose Übergang ein Wunder war.

Beklemmend und beeindruckend: ein Besuch im hervorragenden Apartheid-Museum

GAUTENG

Man sollte sich mindestens zwei Stunden Zeit für das Museum nehmen, wer sich die Ausstellungen genauer ansehen möchte, benötigt drei Stunden. Für die permanente Fotoausstellung von Peter Magubane über den Soweto-Aufstand 1976 sollten sich Besucher ebenfalls viel Zeit nehmen. Außerdem darf man keineswegs den kurzen, aber aufschlussreichen Dokumentarfilm über den Ausnahmezustand Mitte der 1980er-Jahre auslassen. Damals erschütterte eine Welle von Massendemonstrationen und Aufständen das Regime in seinen Grundfesten – wenn sie auch erbarmungslos niedergeschlagen wurden.

Das Museum hat darüber hinaus einen Buchladen und ein Café, in dem man zu Mittag essen kann.

Klipriviersberg Nature Reserve

15 km südlich der Innenstadt über den Ormonde Drive, Mondeor ▪ ⏲ Sonnenauf- bis -untergang ▪ Eintritt frei ▪ 💻 www.klipriviersberg.org.za

Nur wenige Jo'burger kennen dieses unerschlossene Naturschutzgebiet gleich hinter der N12 im Vorort Mondeor. Hinter dem Picknickplatz am Fluss gibt es Spazierwege im Tal, auf denen Zebras, Kuhantilopen und andere Tiere gesichtet werden können, aber auch anstrengendere Bergpfade, von denen sich überwältigende Ausblicke auf die City im Norden eröffnen.

Soweto

Südafrikas berühmteste Township Soweto, Abkürzung für **South West Townships**, ist ein Ort unglaublicher Gegensätze. So lebten hier beispielsweise gleich zwei Nobelpreisträger. Soweto hat aber auch die weltweit höchste Rate an Morden und Vergewaltigungen. Es ist einerseits die reichste Township in Südafrika (mit einer wachsenden Zahl von Millionären) und weist andererseits erdrückende Armut auf. Sie ist die politischste aller Townships, gleichzeitig leben hier viele Jugendliche, die alle Hoffnung in die Zukunft schon aufgegeben haben.

Das ausgedehnte, schätzungsweise von drei bis vier Millionen Menschen bewohnte Gebiet südwestlich des Stadtzentrums reicht, so weit das Auge blickt. Wie in jeder Stadt dieser Größe gibt es auch hier unterschiedliche Viertel, darunter Mittelklasse- und Oberschichtbezirke. Was aus der Ferne wie eine endlose, in Rauchwolken gehüllte Aneinanderreihung von Häusern und Baracken wirkt, besitzt teilweise sogar dörflichen Charakter.

Abgesehen vom Hector Pieterson Memorial and Museum sind die meisten **Touristenattraktionen** optisch nicht beeindruckend. Sie beziehen ihren Reiz aus ihrer historischen Bedeutung, denn die Geschichte von Soweto ist fesselnd. Der Ort geriet in den 1980er-Jahren durch Auseinandersetzungen und Todesfälle weltweit in die Schlagzeilen, heute gewinnen hier europäische Besucher einen authentischen Einblick in eine fremde Lebensweise.

Ein Besuch Sowetos im Rahmen einer der vielen angebotenen **Touren** (Kasten S. 534) ist *die* Touristenattraktion Johannesburgs schlechthin. Galten solche Ausflüge früher noch als gewagt und abgefahren, bewegt man sich inzwischen auf ausgetretenen Touristenpfaden. Wer sich auch abseits der von Mini- und Reisebussen angesteuerten konventionellen Attraktionen umsehen möchte, sollte einen Anbieter wählen, der beides (sowohl die bedeutenden als auch die weniger bekannten Sehenswürdigkeiten) in einer Tour vereint und nicht nur die üblichen Barackensiedlungen und *shebeens* ansteuert.

Die meisten Touranbieter preisen ihren Teilnehmern die Gelegenheit an, „die Menschen kennenzulernen". Aber nicht selten verlaufen die Gespräche gezwungen, und man fühlt sich verpflichtet, eine Spende zu geben oder Kunsthandwerk zu kaufen. Obgleich dies auf direktem Weg Geld in die Townships bringt, fühlen sich Besucher dadurch oft unter Druck gesetzt.

Im Gegensatz zu früher ist es heute gut möglich, die Hauptsehenswürdigkeiten in eigener Regie zu besichtigen. Die Bewohner Sowetos sind Besuchern jeder Hautfarbe gegenüber aufgeschlossen und laden sie mitunter zu einem Plausch ein. Es gibt überraschend wenig kriminelle Übergriffe auf Touristen, wenngleich man auch hier stets wachsam sein sollte. Spaziergänge durch weniger touristische Gegenden auf eigene Faust oder Ausflüge nach Einbruch der Dunkelheit sind nicht zu empfehlen. Eine

Der Aufstand von Soweto 1976

Auslöser des **Schüler- und Studentenaufstands**, der im Juni 1976 in Soweto losbrach, war eine Regierungsverordnung, nach der **Afrikaans** in den Schulen der Schwarzen neben Englisch zur gleichberechtigten Unterrichtssprache erhoben werden sollte. Während die Durchsetzung in einigen ländlichen Gebieten problemlos vonstatten ging, war in den Townships nicht daran zu denken, da weder die Schüler noch die Lehrer die Sprache beherrschten. Am 16. Juni begannen die Schulsprecher jeder Schule Sowetos den lange geplanten Protestmarsch durch die Township, um anschließend im Fußballstadion von Orlando zu einer Massenkundgebung zusammenzukommen. Erstaunlicherweise blieben den allgegenwärtigen *impimpis* (Spitzel) Einzelheiten des Vorhabens verborgen. Aber schon bald nachdem der Marsch begonnen hatte, griff die Polizei ein, erst unter Einsatz von Tränengas, danach auch von Schusswaffen. Unter den Demonstranten brach Panik aus, Steine flogen in Richtung der Polizisten, die Polizei schoss erneut. Während des Tumults entstand das berühmte Foto des ersten getöteten Schülers: Man sieht den blutenden Hector Pieterson, wie er vor dem entsetzten Blick seiner Schwester Antoinette, die heute übrigens im Hector Pieterson Memorial and Museum (S. 534) arbeitet, von einem Freund weggetragen wird.

Die Polizei zog sich nach Orlando East zurück, während die Schüler die Verletzten und Toten bargen, Barrikaden errichteten und so viele von der Stadt verwaltete Einrichtungen zerstörten, wie sie nur konnten, darunter auch Bierhallen. Der angerichtete materielle Schaden verschärfte die Auseinandersetzungen zwischen den Jugendlichen und vielen älteren Bewohnern, die einen Schulboykott angesichts der ohnehin schlechten Berufsaussichten der Schüler für verantwortungslos hielten. Die Schüler ihrerseits beschuldigten die Alten, sich apathisch der Unterdrückung zu fügen. In einer Gesellschaft, die traditionellerweise den Respekt vor dem Alter als unantastbar betrachtete, stellte diese Konfrontation einen unerhörten Affront dar.

In den Tagen nach dem 16. Juni wurden alle Schulen Sowetos für unbestimmte Zeit geschlossen, tausende Polizisten in die Township entsandt und die Polizeieinsätze mit unverminderter Härte fortgesetzt. Auf die daraufhin einsetzende weltweite Kritik antwortete die Regierung, indem sie die Gewalt kommunistischer Agitation zuschrieb. Als Beweis führte sie die zum Gruß geballte Faust der Studenten an – in Wirklichkeit eine Solidaritätsgeste für die von Steve Biko gegründete **Black Consciousness Movement** (Kasten S. 387). Inzwischen brachen auch in anderen Townships Unruhen aus, insbesondere in Kapstadt. Die Schulen Sowetos blieben bis 1978 geschlossen, bis dahin hatten viele Schüler jede Hoffnung auf eine anständige Ausbildung verloren. Einige verließen das Land, um sich den militanten Flügeln des ANC und PAC anzuschließen, andere blieben und bildeten „Straßenkomitees", um die Gemeinden zu politisieren. Wieder andere drifteten in die Arbeitslosigkeit ab. Heute, da der bewaffnete Kampf vorüber ist, sehen sich die einstigen Schüler von 1976 vielerlei Problemen gegenüber. Wie es ihre Eltern warnend vorhergesagt hatten, ist die mangelhafte Ausbildung heute ein Hindernis auf dem Arbeitsmarkt, selbst wenn der 16. Juni inzwischen als Feiertag begangen und die Rolle der Jugendlichen an diesem Tag bejubelt wird. Die Straßenkomitees gibt es nicht mehr, die Waffen nach wie vor.

Erkundung Sowetos mit dem eigenen Fahrzeug erfordert gutes Navigationstalent, da es kaum Orientierungspunkte in dem ausgedehnten Häusermeer gibt.

Die Rea Vaya-Busse fahren von der Innenstadt aus in der Nähe der Vilakazi Street vorbei – eine prima Alternative zu einem **Minibustaxi** nach Soweto. Die Fahrt mit dem Minibustaxi ist nicht unbedingt gefährlich, aber schwierig, da nicht immer eindeutig erkennbar ist, in welchen Teil der Township die Reise geht. Zwei überkreuzte Finger sind das Zeichen, das Minibusfahrern anzeigt, dass man zur „Kreuzung" möchte, also ins Zentrum von Soweto. Dort warten weitere Taxis, die Besucher zu den gewünschten Sehenswürdigkeiten fahren. Allerdings setzen sie ihre Fahrgäste manchmal an einer der Hauptstraßen ab, sodass mitunter noch ein Stück Fußweg zurückzulegen ist.

Orlando West und Dube

Die im Norden Sowetos gelegenen Viertel Orlando West und Dube zählen zu den wohlhabenderen Gegenden und besitzen neben einer Reihe von Sehenswürdigkeiten die dichteste Konzentration an Ess- und Trinklokalen. Auf der anderen Seite des Klipspruit Valley von Orlando West liegt Orlando East, der älteste, 1932 errichtete Teil Sowetos. Über den Soweto Highway (M70) lässt sich diese Gegend mit dem Auto gut erreichen.

Hector Pieterson Memorial and Museum

8287 Khumalo St, Orlando West ▪ Mo–Sa 10–17, So 10–16.30 Uhr ▪ Eintritt R30 ▪ 011-536 0611 ▪ Mit dem Rea Vaya BRT-Bus vom Jo'burger CBD, Ausstieg Haltestelle Boomtown, dann weiter zu Fuß oder mit dem Zubringerbus F4 bis Vilakazi St

Das 2002 eröffnete Hector Pieterson Memorial and Museum wurde nach dem ersten Schüler benannt, der während der Unruhen von 1976 (Kasten S. 533) ums Leben kam. Das den getöteten Mitschülern gewidmete Museum beschäftigt sich mit den Ereignissen, die zum **Aufstand von Soweto** führten. Die Brutalität bei der Niederschlagung der Revolte wird an Hand von Videos und Fotos dokumentiert, darunter auch Aufnahmen berühmter schwarzer Fotografen wie Peter Magubane und Sam Nzima.

Mandela House Museum

Vilakazi St ▪ tgl. 9–16.45 Uhr ▪ Eintritt R60 ▪ 011-936 7754, www.mandelahouse.com ▪ Rea Vaya BRT Bus T1 vom CBD in Jo'burg nach Boomtown und weiter mit Bus F4 zur Vilakazi St, oder man überquert die Brücke und läuft einige Minuten die Straße hoch

In der **Vilakazi Street** lebten einst Nelson Mandela und Desmond Tutu. Mandela bewohnte das Haus mit seiner Frau Winnie in den späten 1950er- und frühen 1960er-Jahren, bis er ins Gefängnis nach Robben Island musste und Winnie in den Freistaat verbannt wurde. Sie kehrte wieder zurück und bezog ein von hohen Mauern umgebenes und durch Kameras bewachtes Backsteingebäude in derselben Straße. Bei seiner Freilassung bestand Nelson Mandela darauf, sein ehemaliges Wohnhaus wieder zu nutzen. Aber wegen der beschränkten Räumlichkeiten und fehlenden Sicherheitseinrichtungen zog er aus Soweto weg.

Im alten Bungalow ist eine faszinierende Mischung aus nüchternen Erinnerungsstücken zu sehen, darunter einige Originalmöbel, Fotos aus dem Besitz von Winnie und Nelson sowie audiovisuelle Informationen über das Leben in Soweto zu der Zeit, als Mandela hier lebte.

Ein Abstecher nach Soweto

Die einfachste Art für einen Besuch Sowetos ist eine organisierte Tour. **CitySightseeing**, Jo'burg's Hop-on-Hop-off-Busgesellschaft (S. 548), bietet täglich ab Haltestelle Gold Reef City zweistündige Rundfahrten durch Soweto an. Persönlicher geht es bei **Imbizo Tours**, 011-838 2667, www.imbizotours.co.za, zu. Die engagierte Chefin Mandy Mankazana bietet dreistündige, Halbtages- und Abendtouren an. Einige enthalten das Apartheid Museum und die Alexandra Township. Besonders zu empfehlen sind ihre abendlichen, bis zu fünf Stunden dauernden *shebeen*-Touren.

Es gibt auch kleinere Unternehmen, die ausgefallene **alternative Touren** organisieren, darunter zum Thema Jazz, Rundgänge durch Orlando West und Diepkloof, Stippvisiten bei Künstlern, Kirchenbesichtigungen und Aufenthalte bei Einheimischen. Interessierte können sich beispielsweise an **Phaphama**, 011-982 2088, www.phaphama.org, oder **Past Experiences**, 011-678 3905, www.pastexperiences.co.za, wenden. Eine weitere gute Art, Soweto zu erkunden, ist eine Rad- oder Tuk-Tuk-Tour mit **Soweto Bicycle Tours**, 011-936 3444, www.sowetobicycletours.com.

Wer auf eigene Faust losziehen möchte, kann einen der sicheren Busse von Rea Vaya BRT nehmen. Nähere Informationen erteilt das **Soweto Tourism Information Centre** am Walter Sisulu Square in Kliptown, 011-342 4316, www.joburgtourism.com. Mo–Fr 8–17 Uhr.

Regina Mundi Church

Nahe der Kreuzung von Klipspruit Valley Rd (M10) und Potchefstroom Rd (M68) ▪ Eintritt R20 ▪ ✆ 011-986 2546, 💻 http://reginamundichurch.co.za ▪ Die am nächsten gelegene Bushaltestelle des Rea Vaya BRT-Busses ist Lakeview

Die Regina Mundi Church ist Sowetos größte katholische Kirche. Während der bitteren Jahre des Anti-Apartheidkampfs war sie zentraler Ort für Zusammenkünfte. Sie hebt sich mehr durch ihre historische Bedeutung als durch bauliche Besonderheit hervor, ist aber immerhin eines der wenigen größeren Gebäude in der Township. Der Küster führt Besucher herum. Besondere Beachtung verdienen die aus Waffen der südafrikanischen Polizei stammenden Einschusslöcher in der Decke und das Gemälde der (schwarzen) Madonna mit Kind in der Nähe des Altars.

Kliptown Open Air Museum

Walter Sisulu Square ▪ 🕒 Mo–Sa 10–17, So 10–16.30 Uhr ▪ Eintritt frei ▪ Der Rea Vaya BRT-Zubringerbus F5 fährt von Lakeview zur Klipspruitvalley Rd nahe Sisulu Square

Der **Walter Sisulu Square of Dedication** kennzeichnet die Stelle, wo 1955 vor Tausenden von Zuhörern die Freiheits-Charta des ANC verlesen wurde. An dem Platz haben sich inzwischen ein Holiday Inn, die Touristeninformation von Soweto und auf der Westseite das Kliptown Open Air Museum angesiedelt. Das Museum erhellt die Hintergründe der Freiheits-Charta anhand von Fotos, Dokumenten und Zeitungsausschnitten und lohnt nach dem Besuch des Hector Pieterson Museum und des Mandela House Museum durchaus eine Visite.

FNB Stadium

Nasrec, Soweto ▪ Führung nur nach Vereinbarung ▪ Eintritt R80 ▪ ✆ 011-247 5300, 💻 www.stadiummanagement.co.za

Das größte Stadion Afrikas liegt zwischen CBD und Soweto in Nasrec. Während der Fußballweltmeisterschaft 2010 erhielt das von südafrikanischen Architekten entworfene Bauwerk den Namen Soccer City. Es steht auf den Grundmauern eines älteren Fußballstadions, in dem Mandela die erste Rede nach seiner Entlassung aus dem Gefängis 1990 hielt. Das Fassungsvermögen des von außen in Erdtönen gehaltenen Stadions ist mit 94 000 orangefarbenen Sitzplätzen auf drei Rängen größer, als man vermuten würde. Anders als einige andere World-Cup-Locations in Südafrika ist diese kein Geldgrab, sondern als Veranstaltungsort von Konzerten und Wettkämpfen regelmäßig ausverkauft. Wer kein Spiel besuchen kann, sollte wenigstens an einer 60- bis 90-minütigen Stadionführung teilnehmen.

ÜBERNACHTUNG

Wer auf öffentliche Verkehrsmittel angewiesen ist, findet in den **nördlichen Bezirken** und im **Stadtzentrum** viele Unterkünfte. **Melville** und das benachbarte Viertel Auckland Park liegen relativ nahe beim CBD und bieten Cafés, Restaurants und Bars, die von vielen Unterkünften gut zu Fuß erreichbar sind. Im Herzen der nördlichen Bezirke liegt **Rosebank** mit einer guten Auswahl an Restaurants und Geschäften. **Sandton** verfügt über zahlreiche kostspielige Hotelketten. Auch in den **Townships** gibt es einige Guesthouses. Am interessantesten ist ein Aufenthalt bei Einheimischen, der von einem Touranbieter (S. 534) arrangiert werden kann.

CBD und zentrale Viertel

12 Decades Art Hotel, 286 Fox St, Maboneng, CBD, ✆ 010-007 0102, 💻 www.urbanhiphotels.com/12-decades, Karte S. 518–519. Jedes Zimmer dieses Hotels für Selbstversorger im Obergeschoss des Main St Life Building spiegelt eine spezielle Ära in der Geschichte Jo'burgs, etwa Bergbau oder Apartheid. R900

Bannister, 9 De Beer St, Braamfontein, ✆ 011-403 6888, 💻 http://bannisterhotel.co.za, Karte S. 518–519. Edles, neues und luxuriöses Budgethotel mit kleinen, aber freundlichen Zimmern mit Bad und einigen Dorm-Betten. Es steht im Herzen von „Braamies" nur einen Steinwurf vom Nachtleben und dem Samstagsmarkt entfernt. Dorm R150, DZ R495

Curiocity Backpackers, 302 Fox St, Maboneng, CBD, ✆ 011-592 0515, 💻 www.curiocitybackpackers.com, Karte S. 518–519. Einfaches, freundliches Hostel mit geräumigem Dorm und großen DZ über einer

GAUTENG

lebhaften, von Einheimischen bevölkerten Bar (schließt um 23 Uhr) im aufstrebenden Maboneng-Viertel. Angeboten werden jede Menge Aktivitäten von Stadtführungen über Fahrrad- und Kneipentouren bis hin zu Freiwilligenarbeiten. Es gibt einen kostenlosen Shuttleservice in die Stadt und einen winzigen Pool. Dorm R160, DZ R360

EasyHotel, 90 De Korte St, Braamfontein, 011-242 8600, www.easyhotel.com, Karte S. 518–519. Als Teil der großen Orange-Kette bietet das Hotel einfache und bezahlbare Zimmer in zentraler Lage an einem lebhaften kleinen Platz und viele gute Lokale in der Nachbarschaft. R565

Mapungubwe Hotel Apartments, 54 Marshall St, Marshalltown, CBD, 011-429 2600, www.mapungubwehotel.co.za, Karte S. 518–519. Das Hotel in einem ehemaligen Bankgebäude ist nach Jahrzehnten wieder die erste Luxusherberge im Stadtzentrum. Es hat stilvoll möblierte Zimmer und Apartments sowie eine Bar im Kellergewölbe. R1245

GAUTENG

Nördliche Bezirke

Backpackers' Ritz, 1A North Rd (ab Jan Smuts Ave), Dunkeld West, 011-325 7125, www.backpackers-ritz.com, Karte S. 526. Bekannte, große Unterkunft auf halbem Weg zwischen Rosebank und Sandton. Pool, Garten, Reiseschalter. Dorm R150, DZ R450

Hlala Panzi Guesthouse, 41 Fifth St, Parkhurst, 011-788 7988, www.hlalapanzi.co.za, Karte S. 526. Das charmante kleine Guesthouse bietet 5 liebenswert eingerichtete Zimmer mit Bad, von denen die meisten auf den Garten und einen Pool blicken. Gute Lage für die Boutiquen und Restaurants an der Fourth Ave von Parkhurst. R600

Liz at Lancaster, 79 Lancaster Ave, Craighall Park, 011-442 8083, www.lizatlancaster.co.za, Karte S. 526. Edles Guesthouse mit sehr gutem Ruf auf halbem Wege zwischen den Restaurants und Boutiquen der Fourth Ave und der noblen Hyde Park Corner Mall. Geschmückt mit lokaler Kunst, überblicken die großen Zimmer einen Garten mit Pool. R900

Premiere Classe Suite Hotel, 62 Corlett Drive, Melrose North, 011-788 1967, www.premiereclasse.co.za, Karte S. 526. Ruhiges Hotel mit komfortablen Suiten, alle mit voll ausgestatteten Küchen. In der Nähe des Melrose-Arch-Komplexes und des Cricketstadions Wanderers Stadium. Preisnachlass bei längerem Aufenthalt. R850

Radisson Blu Gautrain Hotel, Rivonia Rd, Ecke West St, Sandton, 011-286 1000, www.radissonblu.com, Karte S. 526. Dank dieses exzellenten und luxuriösen Kettenhotels gleich neben der Gautrain-Station Sandton braucht man für Luxus nicht mehr draußen am Flughafen abzusteigen. Gute Lage für Geschäftsleute und jeden, der zum Shoppen kommt. Kostenloser Shuttle zur nahen Nelson Mandela Square Mall. R2590

Ten Bompas, 10 Bompas Rd, Dunkeld West, 011-341 0282, www.tenbompas.co.za, Karte S. 526. Eines der elegantesten kleinen Hotels von Jo'burg; ruhige, individuell eingerichtete Suiten, alle mit Kamin und separatem Wohnbereich. Wäscheservice und Internet inkl. R3500

Melville

A Room with a View, 1 Tolip St, 011-482 5435, www.aroomwithaview.co.za, Karte S. 528. Elegante italienische Villa mit 2 Stockwerken, 12 Zimmern, Schwimmbad und gutem Service. Viel Licht durch große Fenster. R1070

Die Agterplaas, 66 Sixth Ave, 011-726 8452, www.agterplaas.co.za, Karte S. 528. Nur wenige Minuten von den Restaurants und Cafés entfernt gelegen, bietet dieses gepflegte und geschmackvolle Guesthouse Zimmer mit Balkonen, die auf die *koppies* von Melville blicken. Weitere Zimmer befinden sich in einem Haus auf der anderen Straßenseite. Es gibt eine wundervolle Lounge, in der das berühmte Frühstück von Küchenchef Badia serviert wird (auch für Nicht-Gäste, tgl. bis 10, an Wochenenden bis 11 Uhr). R840

Melville International Backpackers, 37 First Ave, 011-482 5797, www.melvillebackpackers.co.za, Karte S. 528. Kleines, relaxtes Hostel zwischen Main und Seventh St mit Holzböden und Pool. Dorm R150, DZ R450

Melville Manor, 80 Second Ave, 011-726 8765, www.melvillemanor.co.za, Karte S. 528. Von diesem gut geführten Guesthouse in einem eleganten, restaurierten viktorianischen Gebäude mit Pool, einladender Gemeinschaftsküche und -essbereich ist es nur eine Minute zu Fuß zum Restaurantstrip von Melville. R730

Pension iDube, 11 Walton Ave, Auckland Park, 011-482 9512, www.pensionidube.co.za, Karte S. 528. Sensationelles Budget-Gästehaus mit stilsicher eingerichteten DZ, Gemeinschaftsküche und Lounge, Pool und lockerer Atmosphäre. Wenige Blocks von den Cafés und dem Nachtleben Melvilles. R550

Östliche Bezirke

Airport En Route, 97 Boden Rd, Benoni Small Farms, Benoni, 011-963 3389, www.sa-venues.com/visit/airportenroute. Gepflegte Budget-Unterkunft, 15 Min. vom Flughafen (Abholung ab R80). Unterbringung in gemütlichen 3-Bett-Blockhütten (einige mit Bad) und 2 Zimmern mit bis zu 4 Schlafgelegenheiten (R550). Auch Zelten möglich. Camping R80, Cabin R300

The Aviator, Kempton Rd, Ecke Bosch Ave, Kempton Park, 011-921 8300, www.theaviator.co.za. Das nur 3 km vom Flughafen entfernte Hotel hat alles, was man für einen Stopover braucht: moderne Zimmer, Pool mit Liegestühlen, ein ordentliches Restaurant sowie Gratistransfers zum/vom Flughafen und der Rhodesfield Gautrain-Station. R710

City Lodge, OR Tambo-Flughafen, 011-552 7600, www.clhg.com. Gleich über dem Parkhaus vom Flughafen gelegen, ist dies das beste Hotel in Laufweite zu den Gates. Die Zimmer haben ordentliche Größe, sind ruhig und blicken auf die Gautrain-Station. R1540

French Guest House, 16 Meintjies St, Rhodesfield, Kempton Park, 011-394 5245, www.joburg-frenchguesthouse.com. Schlichtes Gästehaus mit französischem Besitzer, 8 km vom Flughafen, aber in ruhiger Lage. Pool, kostenloser Airportshuttle und französisches Essen. Einen Steinwurf von der Rhodesfield Gautrain-Station, von wo man billig mit dem Zug in die Innenstadt gelangt. R700

Purple Palms, 71 Geranium St, Birch Acres, Kempton Park, 011-391 8851, www.purple-palms.co.za. Einladende, gut organisierte und saubere Backpacker-Selbstversorger-Lodge nicht weit vom OR Tambo-Flughafen mit Pool, Garten, kostenlosem Internet und Büchertausch sowie „day stay"-Option für kurze Airport-Stopovers. Supermarkt in Gehnähe. Luxuriöser als normale Hostels. Dorm R130, DZ R180

Soweto

Lebo's Soweto Backpackers, 10823a Pooe St, Orlando West, 011-936 3444, www.sowetobackpackers.com. Eines der wenigen Hostels im Land, dessen Besitzer Schwarze sind. Dorms, EZ, DZ und Camping. Toller Ort, wenn sich die Gäste an der Strandbar und dem Lagerfeuer versammeln. Geführte Spaziergänge, Rad- und Tuk-Tuk-Touren sowie Möglichkeiten, in Soweto Freiwilligenarbeit zu leisten. Camping R105, Dorm R160, DZ R390

Lolo's Guest House, 1320 Diepkloof Extension, Diepkloof, 011-985 9183, lolosbb@mweb.co.za. Das moderne Gästehaus im historischen Diepkloof wird von der ehemaligen Lehrerin Mrs Lolo Mabitsela gemanagt. Kleiner Garten, bewachter Parkplatz und Konferenzraum. Auf Wunsch werden individuell zugeschnittene Touren organisiert, darunter Kneipentouren in Soweto. R700

ESSEN

Johannesburg bietet eine Vielzahl unterschiedlichster Verpflegungsmöglichkeiten, etwa durch authentische französische, italienische, chinesische, griechische und portugiesische Restaurants. Außerdem bieten immer mehr afrikanische Speiselokale nicht nur südafrikanische Township-Küche, sondern auch kongolesische, marokkanische, äthiopische und kapmalaiische Gerichte an.

Obgleich die Preise generell etwas höher liegen als im übrigen Land – abgesehen von Kapstadt und vom Weinland – ist eine normale Mahlzeit durchaus günstig zu bekommen. Die größte Restaurantdichte findet sich in den **nördlichen Vororten**: Hotspots sind die Fourth Avenue in Parkhurst (westlich von Parktown North), die

Seventh Street in Melville, die Kreuzung von Greenway und Gleneagles in Greenside sowie der Melrose Arch-Komplex in Melrose. Im Stadtzentrum haben sich Dutzende von Restaurants rund um die De Beer Street in Braamfontein und Fox Street im Maboneng-Viertel angesiedelt.
Alle **Einkaufszentren** Johannesburgs sind mit Fastfoodlokalen bestückt; in manchen findet man auch gehobene Restaurants.

CBD und zentrale Bezirke

The Blackanese, 20 Kruger St, Maboneng, ✆ 011-024 9455, 🖳 www.theblackanese.co.za, Karte S. 518–519. Aufregende afrikanisch-asiatische Küche, in der Sushi und Currys auf afrikanische Gewürze und Zutaten treffen. Jeden Di gibt es für R110 ein All you can eat-Buffet und sonntags lohnt das Garnelen-*braai* einen Besuch. ◷ Di–So 11–21 Uhr.

Canteen, 264 Fox St, Maboneng, ✆ 011-334 5947, ✉ canteen.245@iafrica.com, Karte S. 518–519. Das Restaurant im Hof des Arts on Main hat Tische unter Olivenbäumen und bietet eine bunte Mischung internationaler Gerichte, darunter leckere Burger (R80). Sonntags, wenn Markt ist, unbedingt reservieren. ◷ Di und Mi 9–16, Do–So 9–1 Uhr.

Cramers Coffee, Main St, Marshalltown, ✆ 011-833 2699, 🖳 www.cramerscoffee.com, Karte S. 518–519. Guter Ort für eine Pause, wenn man an der Main St unterwegs ist. Exzellenter Kaffee, Zimtbrötchen und andere Snacks, kostenloses WLAN. ◷ Mo–Fr 6–17.30, Sa 7–13.30 Uhr.

Daleah's, 6 De Beer St, Braamfontein, ✆ 011-403 0243, Karte S. 518–519. Angenehmes Café mit hohen Decken in einem hellen, grünen Gebäude. Das Angebot umfasst Frühstücks-Sets (R65), Hühnchen mit Prego-Sauce (R65), Spargelsalat (R55) und grandiose Kuchen. ◷ Di–Fr 8.30–17.30, Sa 9–17.30 Uhr.

Dosa Hut, 48 Central Rd, Fordsburg, ✆ 011-492 1456, Karte S. 518–519. Eins von mehreren authentischen Restaurants im lebhaften indischen Viertel einen Block südlich vom Wochenendmarkt. Auf den Tisch kommen südindische Gerichte wie *masala dosa*-Teller (R26), Lamm-*uttappam* (R40) und scharfes Fischcurry. ◷ tgl. 10–21.30 Uhr.

Guildhall Pub, Market St, Ecke Harrison St, ✆ 011-833 1770, Karte S. 518–519. Die tolle, traditionelle Kneipe wurde 1888 kurz nach den ersten Goldfunden gegründet und ist die älteste Jo'burgs. Heute gibt's hier schmackhafte portugiesische Kost (Steak R89) zum Bier. Wer sein Mittagessen auf dem Balkon im 1. Stock einnimmt, kann gleichzeitig die Aussicht auf das Straßentreiben im CBD genießen. ◷ Mo–Mi 11–20, Do–Fr 11–2, Sa 11–19 Uhr.

Netsi, 220 Jeppe St, Shop 123, CBD, ✆ 083-345 6789, Karte S. 518–519. Das umgebaute Medical Arts Building ist nun unter dem Namen „Litte Addis" die Heimat Dutzender äthiopischer Läden, Friseure und Restaurants. Von außen nicht sehr einladend, aber bei Netsi in der 2. Etage bekommt man für nur R30 köstliche vegetarische Platten für 2 Pers. Auch guter Kaffee. ◷ Mo–Fr 6–17, Sa und So 6.30–15 Uhr.

Niki's Oasis, 138 Bree St, Newtown, ✆ 011-492 1134, Karte S. 518–519. Südafrikanische Klassiker wie Ochsenschwanz, *potjiekos* und *pap* (die meisten ca. R80) und regelmäßig Live-Jazz. Das Lokal liegt gegenüber vom Market Theatre. ◷ Mo–Sa 11.30–24 Uhr.

Post, 70 Juta St, Braamfontein, ✆ 072-248 2078, Karte S. 518–519. Kleines Café, das Bio-Sandwiches (mit Schweinebauch R35), Käsekuchen im Glas (R25), Kaffee und hausgemachte Limonade auftischt. Es hat große Fenster und einen Stapel LPs, aus denen sich die Gäste ihre passende Hintergrundmusik aussuchen können. ◷ Mo–Fr 6.30–16, Sa 8.30–14 Uhr.

Rosebank, Melrose, Hyde Park und Sandton

Assaggi, 30 Rudd Rd, Post Office Centre, Illovo, ✆ 011-268 1370, 🖳 www.assaggi.co.za, Karte S. 526. Befindet sich zwar in einer unattraktiven Mall, ist aber einer der besten Italiener von Jo'burg. Die Speisekarte ändert sich monatlich entsprechend dem Angebot der Saison (Hauptgerichte rund R100). ◷ Mo 18.30–21, Di–Sa 12.30–14, 18.30–21 Uhr.

DW Eleven, 13 Jan Smuts Ave, Ecke Bompas Rd, Dunkeld West, ✆ 011-341 0663, 🖳 www.dw11-13.co.za, Karte S. 526. Gourmet-

Restaurant in einer alten Mall. Der glamouröse Speisesaal ist ein großartiger Ort, um experimentelle, klassische Küche wie würzige Springbock-Lende (R190) oder geräucherte Ente (R175) zu kosten und dazu einen Spitzenwein zu genießen. Im dazugehörigen Grazing Room nebenan kommen erstklassige Tapas auf den Tisch. ⌚ Di–Sa 12–14.30, 18.30–22, So 12–15.30 Uhr.

Flames, 67 Jan Smuts Ave, Westcliff, ☎ 011-481 6000, 🖳 www.westcliff.co.za, Karte S. 526. Das Terrassenrestaurant des Luxushotels Westcliff liegt an einem steilen Hang und überblickt den Zoo und das üppige Grün der nördlichen Bezirke. Idealer Ort für einen exklusiven *afternoon tea*, einen Cocktail zum Sonnenuntergang oder eine fantastische Mahlzeit beim Gebrüll der Löwen und dem Trompeten der Elefanten. ⌚ tgl. 10–23 Uhr.

Moyo, Melrose Arch, Melrose, ☎ 011-684 1477, 🖳 www.moyo.co.za, Karte S. 526. Stilvolles, aber ein wenig touristisches Lokal in der exklusiven Mall. Gute Auswahl an afrikanischen Gerichten auf 5 Stockwerken, von Strauß mit äthiopischen Gewürzen (R189) bis zu vegetarischen Gerichten wie Kap Curry mit schwarzen Linsen (R79), dazu Tanz- und Musikdarbietungen. Filiale am Zoo Lake. Reservieren. ⌚ tgl. 11–23 Uhr.

Red Chamber, Jan Smuts Ave, Ecke Sixth Rd, Hyde Park Corner Mall, Sandton, ☎ 011-325 6048, 🖳 www.redchamber.co.za, Karte S. 526. Chinesische Klassiker sowie originellere Kreationen wie Strauß mit Frühlingszwiebeln (R117) und gute Peking-Ente (R179) in vergleichsweise vornehmer Atmosphäre für eine Chinatown. ⌚ tgl. 12–22.30 Uhr.

Tashas, Oxford Rd, The Zone, Mall of Rosebank, ☎ 011-447 7972, 🖳 www.tashascafe.com, Karte S. 526. Der Ableger einer geschmackvoll gemachten Restaurantkette mit abwechslungsreicher Bistro-Speisekarte, von Frühstücksgerichten über Steaks bis Döner. Reservierung empfohlen. ⌚ Mo–Sa 7.30–19, So 7.30–16 Uhr.

Wolves, 3 Corlett Drive, Melrose, ☎ 011-447 2360, 🖳 www.wolves.co.za, Karte S. 526. Fantastisches kleines Café zwischen Rosebank und Sandton mit sündhaft leckeren Kuchen, gesunden Frühstücksangeboten und Sandwiches. Donnerstagabend ist Howl Night: südafrikanische Livemusik. ⌚ Mo–Mi 7.30–19, Do und Fr 7–23.30, Sa und So 9–15.30 Uhr.

Zoo Lake Bowling Club, Prince of Wales Drive, Zoo Lake Park, Parkwood, ☎ 011-646 1131, Karte S. 526. Das altertümliche hübsche alte Gebäude des lokalen Rasenbowling-Clubs ist so etwas wie ein Treffpunkt der Hipster geworden und die Terrasse mit Blick auf die Rasenflächen ist der perfekte Ort für ein preiswertes Bier. Dazu gibt es Kneipenkost wie Burger (R50) oder portugiesisches Filetsteak (R85). Bewachter Parkplatz. ⌚ tgl. 10–23 Uhr.

Greenside und Parkhurst

Craft, 33 Fourth Ave, Ecke 13th Ave, Parktown, ☎ 011-788 7111, Karte S. 526. Zwanglose Pizzeria und Grill- für Bierliebhaber. Die Tische stehen bis auf den Bürgersteig hinaus: ideal um Leute bei einem Craft-Bier zu beobachten. Aus dem Ofen kommen herrliche Pizzen (ab R90), Pasteten, Fleischgerichte und alles, was sich noch so im Holzofen zubereiten lässt. ⌚ tgl. 7–23 Uhr.

Doppio Zero, Barry Herzog, Ecke Gleneagles Rd, Greenside, ☎ 011-646 8740, Karte S. 526. Unprätentiöses und sehr beliebtes italienisches Restaurant mit hervorragender Küche. Der Renner ist das Frühstück (R35): Die Omelettes sind einsame Spitze. Pizzas und Pastagerichte zumeist R60–90. ⌚ Mo und So 7–21, Di–Sa 7–22.30 Uhr.

Nice on Fourth, 14th St, Ecke Fourth Ave, Parkhurst, ☎ 011-788 6286, 🖳 www.niceon4th.co.za, Karte S. 526. Eins der besten Frühstückslokale der Gegend, lohnt aber auch zu anderen Tageszeiten, wenn Sandwiches, Salate und Kuchen locken. ⌚ Di–So 7.30–16 Uhr.

Odd Café, 116 Greenway, Greenside, ☎ 011-486 3631, 🖳 www.oddcafe.co.za, Karte S. 526. Das kleine Lokal ist tatsächlich etwas skurril *(odd)* und bietet sensationelles „comfort food with a twist" wie Spanakopita-Spinatpastete zum Verzehr drinnen oder draußen (R40–70). Das Gebäude ist an den Graffitis zu erkennen. ⌚ Mo 7–17, Di–Sa 7–23, So 8–17 Uhr.

Vovo Telo, Cobbles Centre, Fourth Ave, Parkhurst, ☎ 011-447 5939, 🖳 www.vovotelo.com, Karte S. 526. Ruhiges und stilvolles Café, das leckere Backwaren aus eigener Herstellung und leichte Mahlzeiten wie Hühnerbrust in Zitronenjoghurt (R70) im Angebot hat. Fililalen im 44 Stanley-Komplex sowie an weiteren Standorten. ⌚ Mo–Sa 7–21, So 7–20.30 Uhr.

Wolfpack, 21 Fourth Ave, Parkhurst, ✆ 011-447 7705, Karte S. 526. Kleiner, stets bevölkerter und lauter Burgerladen inmitten der Szene von Parkhurst. Zu den Hacksteaks gibt's gute Beilagen und Salate. Reservierung vor allen an Wochenenden empfohlen. ⌚ Di–Sa 12–24, So 12–20 Uhr.

Melville

Ant Café, 11 Seventh St, ✆ 076-476 5671, Karte S. 528. Das aus Melville nicht wegzudenkende Café hat köstlich dünnkrustige Knusperpizza (Bacon-Avocado-Feta- oder Hühnerleber-Pizza R75), freundlichen Service und ein paar bequeme Stühle auf dem Gehweg. Nach all den Jahren im Geschäft kann immer noch ausschließlich bar bezahlt werden. ⌚ tgl. 8–23 Uhr.

Bean There, 44 Stanley Rd, Milpark, ✆ 087-310 3100, 💻 www.beanthere.co.za, Karte S. 528. Rösterei und Kaffeehaus in hellem alten Lagerhaus mit winziger Gartenterrasse. Den Kaffee und die frisch gerösteten Kaffeebohnen gibt's auch zum Mitnehmen. ⌚ Mo–Fr 7.30–16, Sa 9–15, So 9–12 Uhr.

Great Eastern Food Bar, 53 Rustenburg Rd, Bamboo Lifestyle Centre, ✆ 011-482 2910, Karte S. 528. Das ist ganz neu in Südafrika: innovative asiatische Küche, die der Küchenchef, ein Autodidakt, selbst kreiert. Interessante Auswahl an Ramen (Nudel)-Gerichten (R110), Teigtaschen der Saison, *bento*-Boxen (R100–120) und Reiskuchen (R35). An Wochenden koreanischer Grill. ⌚ Mo 18–23, Di–So 12–23 Uhr.

IT Corner, Seventh St, Ecke Second Ave, ✆ 011-482 6090, 💻 www.theitcorner.co.za, Karte S. 528. Boutique-Internetcafé mit kostenlosem WLAN, Laptop-Vermietung (R20/Std.) und exzellentem Essen sowie köstlichen Getränken; gefüllte Croissants zum Frühstück (R45), *kefta*-Beefburger (R39), Möhrenkuchen, Crêpes und marokkanischer Pfefferminztee. ⌚ Mo–Fr 7.30–19.30, Sa und So 8.30–19.30 Uhr.

La Luna, 9a Seventh St, ✆ 011-482 7451, 💻 www.laluna-melville.co.za, Karte S. 528. Der eleganteste Laden der Gegend bietet tolles Abendessen in kultiviertem Ambiente. Zu den Spezialitäten gehören Kürbisravioli (R85) und Lachsfilet (R170). ⌚ Di–Sa 11.30–22, Mo 17.30–22 Uhr.

Lighthouse, 10 Seventh St, ✆ 061-729 2216, Karte S. 528. Das einzige 2-stöckige Lokal in Melville bietet am Do und Fr Livemusik, gelegentliche Poetry Slams, schöne Ausblicke vom Balkon und eine Speisekarte mit reiner Biokost, deren Zutaten von regionalen Farmen stammen. Probieren sollte man das Halloumi-Spinat-Sandwich (R40), oder man bedient sich am Salatbüfett (R35). ⌚ tgl. 10.30–2.30 Uhr.

Lucky Bean, 16 Seventh St, ✆ 011-482 5572, 💻 www.luckybeantree.co.za, Karte S. 528. Trendiger Laden am Fuß der Straße mit gemütlichen Sofas und einfallsreicher Karte, etwa Straußenburger (R85) und Wildpilzrisotto (Hauptgerichte R90). ⌚ Di–Fr 11–22, Sa und So 10–23 Uhr.

Nuno's, 5 Seventh St, ✆ 011-482 6990, Karte S. 528. Das beliebte portugiesische Restaurant mit Tischen im Freien bietet Garnelen-Platten für 2 Pers. (R231), Rindfleischwürfel in scharfer Sauce (R89), *espetada*-Spieße, aber auch Pasta und Salate. Es herrscht eine relaxte Atmosphäre, die sich nach Einbruch der Dunkelheit auf die angeschlossene mosambikische Bar Xai Xai überträgt. ⌚ tgl. 8–24 Uhr.

Picobella, 66 Fourth Ave, ✆ 011-482 4309, Karte S. 528. In der umgebauten Villa mit hübscher Veranda wird die weit und breit beste Pizza, u. a. mit würzigen Hähnchenfleisch, Champignons und Avocado (R60), aufgetischt. ⌚ tgl. 8–22 Uhr.

Salvation Café, 44 Stanley Rd, Milpark, zwischen Braamfontein und Melville, ✆ 011-482 7795, 💻 www.salvationcafe.co.za, Karte S. 528. Reizendes Lokal im ehemaligen Industriekomplex 44 Stanley, in dem sich heute Boutiquen, Restaurants und Bars befinden. Es gibt köstlichen Chicken Caesar Salad (R82), sättigendes Frühstück nach Art des Hauses (R72) und man sollte noch genügend Platz für einen New York Cheese Cake (R39) lassen. ⌚ Di–So 8–16 Uhr.

Service Station, 53 Rustenburg Rd, Bamboo Lifestyle Centre, ✆ 011-726 1701, Karte S. 528. Schmuckes Café und Deli in einer ehemaligen Autowerkstatt. Gutes, gesundes Frühstück und Mittagessen (z. B. pikantes Zitronenhähnchen-Sandwich R65), ab 12.30 Uhr ein Buffet mit Quiche und Salaten, wo nach Gewicht (R120/kg) bezahlt wird, sowie hausgemachte Eiscreme. Anschließend kann man die Kalorien bei einem Spaziergang zum Melville Koppies-Aussichtspunkt abarbeiten. ◷ Mo–Fr 7.30–17, Sa 8–17, So 8.30–15.30 Uhr.

Soweto

Touren durch **Soweto** (Kasten S. 534) schließen ausnahmslos ein Essen in einem Restaurant, einer Bar oder einer *shebeen* ein. Sofern man sich nicht in einer größeren Touristengruppe bewegt, ist das eine gute Gelegenheit, Einheimische kennenzulernen. Wer Soweto auf eigene Faust oder in Begleitung eines Anwohners besucht, wird in allen nachstehend genannten Lokalen herzlich willkommen sein.

Chaf-Pozi, Chris Hani Drive, Ecke Nicholas St, Diepkloof, ✆ 011-463 8895, 💻 www.chafpozi.co.za. In der Nobel-*shebeen* am Fuß der berühmten Orlando-Kühltürme gibt's sowohl traditionelle *pap en vleis*-Gerichte (ab R30) als auch Rindersteak: Man wählt das gewünschte Fleischstück an der Theke aus und schaut zu, wie es gegrillt wird. ◷ tgl. 10–22 Uhr.

The Rock, 1987 Vundla Dr, Rockville. Beliebtes, schickes Lokal zum Essen, Trinken und Tanzen (abends meistens mit DJ oder Livejazz). Auf der Dachterrasse kann man toll entspannen, über Soweto blicken und einen Sundowner genießen. ◷ Mo–Fr 18–4, Sa und So 12–2 Uhr.

Sakhumzi, 6980 Vilakazi St, Orlando West, ✆ 011-536 1379, 💻 www.sakhumzi.co.za. Einst eine kleine *shebeen*, hat sich das Restaurant nun im gesamten Wohngebäude ausgebreitet. Guter Ort um das typische Essen aus Soweto, „Kasi" (Buffet R120), zu probieren. Außerdem ist es die beste Location der Gegend, um auf der Straßenterrasse etwas zu trinken. ◷ tgl. 11–23 Uhr.

Wandie's Place, 618 Makhalemele St, Dube, ✆ 011-982 2796, 💻 www.wandies.co.za. Wandie's, 2 km westlich der Vilakazi St, war früher Inbegriff der touristenfreundlichen *shebeens* in Soweto. Inzwischen ist es das nobelste Speiselokal der Gegend, aber auch bei Einheimischen nach wie vor sehr beliebt. Buffet mit afrikanischen Speisen der Region (R120). ◷ tgl. 10–23 Uhr.

UNTERHALTUNG, NACHTLEBEN UND KULTUR

Johannesburg bietet das beste Unterhaltungsangebot und Nachtleben Südafrikas und zieht Top Acts aus aller Welt an. Der Stadtführer *Johannesburg - In Your Pocket*, 💻 www.inyourpocket.com/southafrica/johannesburg, richtet sich an ausländische Besucher und listet auf seiner Website regelmäßig aktualisierte Events. Jeden Freitag findet man im *Mail & Guardian* die aktuellen Filmprogramme und Artikel zu den wichtigsten Veranstaltungen. Im *Daily Star* werden die wichtigsten Kino- und Theatervorstellungen abgedruckt. Ideale Informationsquellen sind auch die örtlichen Radiosender, Plakate und Veranstaltungskalender. Eintrittskarten für die meisten Veranstaltungen gibt es bei **Computicket**, ✆ 011-915 8000, 💻 www.computicket.com.

Clubs und Bars

Das Jo'burger Nachtleben wird von allen Kulturen und Hautfarben geprägt. An der Seventh Street in Melville gibt es eine bescheidene, aber fröhliche Szene. Das Nachtleben im Stadtzentrum spielt sich in erster Linie in Braamfontein und Maboneng ab und erwacht vor allem an Wochenenden zum Leben. In vielen Gegenden der Stadt, besonders in den **nördlichen Bezirken**, haben herkömmliche Kneipen und Bars kombinierten Café-Bar-Restaurants Platz gemacht, die meist in Einkaufszentren angesiedelt sind. Die irischen Pubs und Sportsbars sind oft gestopft voll und gemütlich, aber sicher nicht das Maß der Dinge. *Shebeens* in Soweto, die tagsüber aufgesucht werden können, sind unter „Essen" aufgeführt, abends ist der Besuch der Township nur in Begleitung eines Ortskundigen ratsam.

CBD und zentrale Bezirke

Great Dane, 5 De Beer St, ✆ 011-403 1136, Karte S. 518–519. Beliebte, leicht verranzte Bar

GAUTENG

mit einem bemerkenswerten Fußboden, der aus 5 Cent-Münzen im Wert von R8000 zusammengesetzt ist. Es gibt keinen Grund, einen Sitzplatz zu suchen: Ab 21 Uhr mischt ein DJ das Publikum auf. Für den kleinen Hunger gibt es „Gourmet Hot Dogs" und *boerewors*-Snacks (R35–45). ⌚ Do–Sa 12–2 Uhr.

Kitcheners Carvery, 5 De Beer St, Ecke Juta St, ☎ 011-043 0166, Karte S. 518–519. Der gut erhaltene Pub im 100 Jahre alten früheren Milner Hotel wird unter der Woche von Stammgästen aufgesucht. Zu späterer Stunde übernehmen Mi–Sa hippe junge Leute, denn dann gibt's DJs und Livemusik: wochentags Funk und Soul, am Wochenende House und Electro. ⌚ tgl. 10 Uhr bis spät.

Pata Pata, 286 Fox St, Maboneng, ☎ 073-036 9031, Karte S. 518–519. Der Name der großen Erdgeschossbar stammt von einem Song der berühmten südafrikanischen Sängerin Miriam Makeba. Mit gemütlichen Secondhandmöbeln eingerichtet, einer Speisekarte mit afrikanischen Gerichten und mit kleiner Bühne, auf der Fr und Sa Live-Jazz gespielt wird. ⌚ tgl. 7–2 Uhr.

Sophiatown, 1 Central Place, abseits Mary Fitzgerald Square, Newtown, ☎ 011-836 5999, 💻 www.sophiatownbarlounge.co.za, Karte S. 518–519. Diese Township-Retro-Bar ist vor allem bei den schicken, schwarzen Jo'burgern beliebt und an Wochenenden rammelvoll. Mittwochs steht Jazz, samstags Livemusik und an allen anderen Tagen Sport auf den großen Bildschirmen sowie Afrojazz und Afropop auf dem Programm. Eine weitere Filiale befindet sich an der Seventh St in Melville. ⌚ Mo–Mi 10.30–21, Do–Sa 10.30–2, So 11.30–20 Uhr.

Zebra Inn, 252 Albertina Sisulu Rd, Ecke Kruger St, Maboneng, ☎ 082-494 7763, Karte S. 518–519. Für dieses alkoholgetränkte Safarierlebnis muss man nicht raus zum Krüger-Nationalpark. In der Bar, die man nicht verpassen sollte, kann man Fotos von hundert Jagdtrophäen schießen, die die Wände schmücken. Gute Fluchtburg vor den Hipstern, die die Bars in der Umgebung bevölkern. An der Tür klingeln und dann nach oben gehen. ⌚ tgl. 12 Uhr bis spät.

Nördliche Vororte

Southern Sun Hyde Park Bar, First Rd, Hyde Park, ☎ 011-341 8080, Karte S. 526. Hotelbar der

Jazzsession in der Sophiatown Bar Lounge in Newton

© DUMONT BILDARCHIV / TOM SCHULZE

etwas anderen Art: die Designerbar oben auf der Hyde Park Mall bietet eine traumhafte Sicht auf den Sonnenuntergang und am Wochenende drängen sich hier abends trendbewusste Menschen. ⌚ tgl. 18–2 Uhr.

Melville

Catz Pyjamas, Main Rd, ✆ 011-726 8596, 💻 www.catzpyjamas.co.za, Karte S. 528. Große Bar im 1. Stock mit Essensangebot. Tagsüber nicht besonders; interessant wird's erst, wenn am frühen Morgen die Szenegänger aus den benachbarten Clubs hereinschneien. ⌚ tgl. 24 Std.

Fro Music Lounge, 2 Seventh St, ✆ 078-856 8782, Karte S. 528. Lebhafte kleine Bar mit regelmäßigen Auftritten lokaler Bands. ⌚ Di–So 12–24 Uhr.

Jo'anna Melt Bar, 7 Seventh St, ✆ 072-733 5966, Karte S. 528. Attraktive und geschäftige, zur Straße hin offene Bar mit viel Sichtmauerwerk und innovativ mit Eisenverstrebungen eingerichtet. Jo'anna hat sich auf geschmolzenen Käse mit verschiedenen Garnierungen wie Cheddar mit süßem Senf (R49) spezialisiert. Außerdem gibt es Craft-Bier. ⌚ Mo–Do 12–0.30, Fr und Sa 12–2 Uhr.

Six, Seventh St, Karte S. 528. Als eine der Bars mit den besten Vibes an der Jo'burger Vergnügungsmeile zieht Six ein aufgeschlossenes, politisch links gerichtetes Publikum und/oder schwullesbische Cocktailschlürfer an. Hier trifft man sich zum Trinken und Quatschen bis in die frühen Morgenstunden. Zu vorgerückter Stunde wird meistens in jeder verfügbaren Ecke getanzt. ⌚ tgl. 12–2 Uhr.

Stanley Beer Yard, 44 Stanley Rd, Milpark, ✆ 011-482 482 5791, 💻 www.stanleybar.co.za, Karte S. 528. Wunderbarer Treff für Bierliebhaber. Das Beer Yard wirkt wie eine Kreuzung aus Scheune und Garage und hat ein gutes Dutzend Craft-Biere im Ausschank. Passend zum Ambiente ertönt jeden Samstagnachmittag im Biergarten Live-Folk. ⌚ Mo–Sa 12–23, So 11–18 Uhr.

Livemusik

Jo'burg ist in der südafrikanischen Musikszene tonangebend. Freitags und samstags ist die Auswahl am größten. Zu den **etablierten Künstlern**, deren Auftritte man nicht verpassen sollte, gehören die Sängerin Simphiwe Dana, der Liedermacher Vusi Mahlasela, die Afrofusion-Band Freshlyground und die Trompeter Marcus Wyatt und Hugh Masakela. Für **Jazz** empfehlen sich Newtown sowie einige Veranstaltungsorte in den nördlichen Bezirken. Erlebenswerte **Indie**-Liveacts bieten z. B. Desmond and the Tutus, Kid of Doom, Us Kids Know, João Orrechia, Black Hotels und BLK JKS. Die populäre Township-Housemusik **Kwaito** kann man selten live hören, höchstens bei großen Konzerten. Besonders erlebenswert sind die Gruppen Hip-Hop Pantsula (HHP), Teargas, Skwatta Kamp oder Pitch Black Afro.

Festivals in Johannesburg

Arts Alive Festival, vor allem in Newton, aber auch in den Townships, 💻 www.artsalive.co.za. Das wichtigste Festival zur darstellenden Kunst findet im September statt und dauert drei Wochen. Livemusik steht im Vordergrund, aber auch Tanz, Cabaret und Theater kommen nicht zu kurz. „Jazz on the lake", beim Zoo Lake, wo namhafte südfrikanische Musiker vor einem großen Publikum aufspielen, ist ein Hauptevent des Festivals.

FNB Dance Umbrella, Wits Theatre, Braamfontein, 💻 www.danceforumsouthafrica.co.za. Afrikas größtes Festival zu Tanz und Choreografie findet während zehn Tagen im Februar/März statt, zieht internationale Gruppen an und bietet südafrikanischen Talenten eine wichtige Plattform.

Jo'burg City Fest, Veranstaltungen in gut einem Dutzend verschiedener Locations im Zentrum von Johannesburg, 💻 www.joburgcityfest.co.za. Ausstellungen, Konzerte, Tanz, Mode, Stadttouren und kulinarische Events während vier Tagen Anfang Oktober.

Joy of Jazz Festival, Newtown, 💻 www.joyofjazz.co.za. Das Wochenend-Festival findet Ende August/Anfang September statt und zieht neben internationalen Stars die besten heimischen Jazzmusiker wie etwa Pops Mohamed und Hugh Masekela an.

GAUTENG

Das **Johannesburg Philarmonic Orchestra** gibt regelmäßig Konzerte im Linder Auditorium auf dem Campus der Wits University (Eingang St Andrews Rd) in Parktown, ✆ 011-789 2733, 💻 www.jpo.co.za.

Ein interessanter **Online-Gig-Guide** findet sich unter 💻 www.jhblive.co.za. Tickets sind normalerweise über 💻 www.computicket.com erhältlich.

CBD

In einigen der Restaurants in Newtown wird zuweilen Livemusik geboten (S. 538).

The Bassline, 10 Henry Nxumalo St, Newtown Music Centre, ✆ 011-838 9142, 💻 www.bassline.co.za, Karte S. 518–519. Mit Abstand die führende Livemusik-Bühne der Stadt. Hier geben sich die südafrikanischen Superstars sämtlicher Genres die Klinke in die Hand, auch Künstler von Weltrang aus West- und Zentralafrika treten hier auf. Do ist Reggae-Night angesagt. Bewachter Parkplatz auf der Rückseite des Gebäudes, Zugang unter der Überführung. ⌚ nur zu Events.

The Orbit, 81 De Korte St, Braamfontein, ✆ 011-339 6645, 💻 www.theorbit.co.za, Karte S. 518–519. Riesiger Jazzclub mit schickem Restaurantbereich (Filetsteak R110, Pilzrisotto R75), Terrasse im Erdgeschoss und Konzertsaal in der oberen Etage. Zur Mittagszeit kann man live kostenlosen Jazz hören, abends kostet der Eintritt zwischen R40–150 (Programm s. Website). ⌚ Di–So 11.30–2 Uhr.

Town Hall, 66 Carr St, Newtown, ✆ 082-332 5772, Karte S. 518–519. Trendiger Club im Warehouse District westlich der Autobahnbrücke der M1. Regelmäßig DJs und Livemusik; manchmal nimmt das Partyvolk auch die benachbarte Bar The Woods in Beschlag. ⌚ Do–Sa 21–3 Uhr.

Nördliche und östliche Bezirke

Katzy's, 282 Louis Botha Ave, The Firs Mall, Rosebank, ✆ 011-880 3945, 💻 www.katzys.co.za, Karte S. 526. Stylische und gehobene Jazzbar in der an das Hyatt-Hotel grenzenden Mall. Jeden Abend Livemusik und gelegentlich Comedy-Abende. Wer sitzen möchte, sollte einen Tisch reservieren. Die Garderobe darf etwas schicker sein. ⌚ Mo–Sa 12–24 Uhr.

The Radium Beerhall, 282 Louis Botha Ave, Orange Grove, ✆ 011-728 3866, 💻 www.theradium.co.za. Ein bezaubernd schäbiger viktorianischer Pub mit Livemusik an mehreren Abenden in der Woche und portugiesischen Gerichten auf der Speisekarte. Am 1. Sonntag im Monat spielt die absolut hörenswerte 18-köpfige Band Phat Brass mitreißenden Jazz und Swing. ⌚ tgl. 10 Uhr bis spät.

Theater, Oper und Tanz

Barnyard Theatre, im Tiefgeschoss des Cresta Shopping Centre (10 Min. Autofahrt nördlich von Melville), Beyers Naude Drive, Cresta, ✆ 011-478 5300, 💻 www.barnyardtheatre.co.za. Das zentralste Haus einer beliebten Theaterkette dient als Bühne für Musicals, Theater und Cabaret.

The Dance Factory, 10 Henry Nxumalo St, Newtown, ✆ 011-833 1347. Interessanter, aber nicht kontinuierlich bespielter Veranstaltungsort für Tanzdarbietungen sowohl von ausgebildeten Tänzern als auch Townshipkids.

Joburg Theatre, Loveday St, Braamfontein, ✆ 011-877 6800, 💻 www.joburgtheatre.com. Das eindrucksvolle Haus mit 4 Bühnen befindet sich in einem nüchternen Betonblock. Ein herausragendes Theater mit gutem Mix an Mainstream- und gewagteren Theater-, Ballett- und Operninszenierungen. Die Tiefgarage mit Zufahrt von der Simmonds St hat bewachte Parkplätze.

Market Theatre, 56 Margaret Mcingana St, Ecke Bree St, Newtown, ✆ 011-832 1641, 💻 www.markettheatre.co.za. Der Veranstaltungsort schlechthin für exquisites Theater in Jo'burg und Gastkonzerte namhafter Musiker. Gefeiert wegen seines sozialkritischen Engagements und den gelegentlich aufgeführten epischen Werken.

Montecasino Theatre, Montecasino, William Nicol Dr, Ecke Witkoppen Rd, Fourways, ✆ 011-511 1988, 💻 www.montecasino.co.za. Auf 2 Bühnen gibt's Comedy, Musicals und Gastspiele. Im 1800 Sitzplätze umfassenden Teatro at Montecasino werden große Musicals gespielt.

Old Mutual Theatre on the Square, Nelson Mandela Square, Sandton, ✆ 011-883 8606, 💻 www.theatreonthesquare.co.za. Zeigt eher leichte Theaterkost und ein bisschen politisches Theater, außerdem gibt es Mainstream-Musik und andere Kulturveranstaltungen. Unter der Woche finden regelmäßig kostenlose Mittagskonzerte statt.

Kinos

Bioscope, 286 Fox St, CBD, 💻 www.thebioscope.co.za. Erstklassiges Art-house-Kino im Main St Life-Komplex, wo querbeet alles auf die Leinwand kommt: umweltkritische Dokumentarfilme, ausländische Filmfestivals, Gay-Flicks und asiatische Filmabende mit entsprechendem Essen. Nicht entgehen lassen sollte man sich eine Vorstellung der witzigen Kultdoku *Unhinged – Surviving Joburg*. Tickets kosten R30–60.

Ster-Kinekor, 💻 www.sterkinekor.com. Hat Kinosäle in der Rosebank, Sandton und anderen Malls. Im Kinekor-Ableger Cinema Nouveau mit einer Filiale in Rosebank werden Art-house-Filme gezeigt und öfter mal Südafrika-Filmfestivals organisiert, oft bei freiem Eintritt, sonst R30–60.

EINKAUFEN

Johannesburg ist der beste Ort in Südafrika, um Kunsthandwerk zu erstehen. Gute Flohmärkte und Galerien verkaufen eine unglaubliche Vielfalt an Produkten, teilweise in sehr guter Qualität. Zudem gibt es über 20 große, jedoch zumeist seelenlose, Einkaufszentren (🕒 meist tgl. 8–18 Uhr). Wir haben einige der Malls, die herausstechen und besuchenswert sind, gelistet. Wenn nicht anders aufgeführt, haben die Kunst-, Musik- und Buchgeschäfte sowie Galerien und Märkte zu den üblichen Zeiten geöffnet.

Bücher und Musik

Die in den meisten Einkaufszentren vertretenen Ladenketten **Musica** und **Look & Listen** sind auf CD-Importe (meist Soul und Rock) spezialisiert, führen aber auch einheimische Musik. Im CBD verkaufen zahllose kleine Läden CDs mit südafrikanischen Klängen.

Collector's Treasury, CTP House, 244 Commissioner St, CBD, ✆ 011-482 6516, Karte S. 518–519. Seit Jahrzehnten ein Paradies für Bücherwürmer. Rund 2 Mio. Secondhandbücher (auch viele zu Afrika) füllen die Regale und stapeln sich auf mehreren Stockwerken.

Exclusive Books, 💻 www.exclus1ves.co.za, Karte S. 526. Südafrikas größte und auch beste Buchhandelskette mit stets aktuellem Sortiment und Filialen in zahlreichen Einkaufszentren. Die besten davon: Hyde Park Mall, Jan Smuts Ave, ✆ 011-325 4298; Mandela Square, Sandton, ✆ 011-748 5416, und The Mall of Rosebank, ✆ 011-447 3028.

Kohinoor World of Music, 163 Albertina Sisulu Rd, CBD, ✆ 011-834 1361, Karte S. 518–519. Ausgezeichnete Vinyl-Auswahl, daneben ein stattliches Angebot an Kassetten und CDs. Der Schwerpunkt liegt auf Jazz, es gibt aber von Gospel bis *maskanda* und *mbaqanga* auch jede Menge Südafrikanisches.

Love Books, 53 Rustenburg Rd, Bamboo Lifestyle Centre, ✆ 011-726 7408, 💻 www.lovebooks.co.za, Karte S. 528. Reizvolles kleines Buchgeschäft mit afrikanischer Literatur, importierten Romanen, Büchern über Jo'burg und gemütlichen Sitzgelegenheiten. Gleich neben dem Café Service Station.

Einkaufszentren

Hyde Park Corner, Jan Smuts Ave, Ecke Hyde Park, 💻 www.hydeparkcorner.co.za, Karte S. 526. Schicke Mall mit Designer-Outlets. Auch die ausgezeichnete Buchhandelskette Exclusive Books ist mit einer großen Filiale vertreten, und die Restaurants sind viel besser als die in den anderen Malls.

The Mall of Rosebank, Baker St, Ecke Cradock Ave, Rosebank, 💻 www.themallofrosebank.co.za, Karte S. 526. Eines der freundlichsten Einkaufsparadiese der Stadt mit exklusiven Boutiquen, Kunsthandwerksläden und vielen Cafés und Restaurants in den Fußgängerzonen des angrenzenden The Zone Centres. Berühmt für seinen African Crafts Market, der jeden Sonntag auf dem obersten Parkdeck stattfindet. Direkt an der Gautrain-Station Rosebank.

Melrose Arch, Athol Oaklands Dr, Melrose North, 🖳 www.melrosearch.co.za, Karte S. 526. Ein geschmackvoll gestaltetes, gut bewachtes Shoppingcenter mit Fußgängerzonen, Plazas, Restaurants, Bars, Hotels, schmucker Mall und riesiger Tiefgarage.

Sandton City Shopping Centre, Sandton Dr, Ecke Rivonia Rd, Sandton, 🖳 www.sandtoncity.com, Karte S. 526. Riesiger, mit der Nelson Mandela Square Mall verbundener Trakt mit unglaublicher Fülle von Geschäften (darunter gute Buchhandlungen), Kinos und afrikanischen Kunstgalerien.

Kunsthandwerk, Märkte und Kunstgalerien

44 Stanley, Milpark, 🖳 www.44stanley.co.za, Karte S. 528. Eleganter Design- und Kunstkomplex zwischen Braamfontein und Melville mit Cafés, Restaurants, Galerien und Antiquitätengeschäften.

Art Africa, 62 Tyrone Ave, Parkview, westlich des Zoos, ✆ 011-486 2052, 🖂 artafrica@tiscali.co.za, Karte S. 528. Gute Auswahl an ausgefallenen und konventionelleren kunsthandwerklichen Arbeiten aus Südafrika und der Region, viele davon unter fantasievoller Verwendung recycelter Materialen.

Bamboo Lifestyle Centre, 53 Rustenburg Rd, 🖳 www.bamboo-online.co.za, Karte S. 528. Die kleine umgebaute Tankstelle ist nun die Heimat einiger hervorragender Restaurants, eines Buchladens und von Geschäften, die Mode rund um das Thema Johannesburg verkaufen. Jeden Samstagmorgen findet auf dem Dach ein kleiner Lebensmittelmarkt statt, der bis Mittags geöffnet hat.

Bruma Lake Flea Market, Bruma Lake, östlich des Zentrums, Karte S. 518–519. Großer, sehr gut besuchter Dauermarkt mit überwiegend afrikanischem Kunsthandwerk und Souvenirs – auf den Massengeschmack ausgerichtet und recht preiswert.

Bryanston Organic Market, Culross Rd, ab Main Rd, Bryanston, ✆ 011-706 3671, 🖳 www.bryanstonorganicmarket.co.za, Karte S. 526. Bio-Lebensmittel, ungewöhnliches Kunsthandwerk und handgearbeitete Kleidung. 🕒 Do und Sa 9–15 Uhr.

Everard Read Gallery, 6 Jellicoe Ave, Rosebank, ✆ 011-788 4805, 🖳 www.everard-read.co.za, Karte S. 526. Die renommierte Galerie stellt ausgezeichnete zeitgenössische Künstler aus. Vom Dach des zylinderförmigen Ausstellungsgebäudes Circa eröffnet sich ein sensationeller Ausblick.

Goodman Art Gallery, 163 Jan Smuts Ave, Rosebank, ✆ 011-788 1113, 🖳 www.goodman-gallery.com, Karte S. 526. Die führende Galerie für zeitgenössische Kunst zeigt Ausstellungen von international renommierten südafrikanischen Künstlern wie William Kentridge, David Goldblatt und Moshekwa Langa.

Kim Sacks Art Gallery, 153 Jan Smuts Ave, Rosebank, ✆ 011-447 5804, 🖳 www.kimsacksgallery.blogspot.com, Karte S. 526. Eine Schatztruhe voll mit erlesenem Kunstgewerbe und traditionellen Kunstwerken aus ganz Afrika. Die Preise sind teilweise gesalzen, aber die Qualität ist durchweg ausgezeichnet.

M2 Highway Market, CBD, Karte S. 518–519. Markt mit Improvisationscharakter unterhalb der großen Verkehrsstraße, ein paar Häuserblocks südlich der Anderson St. Die meisten Stände sind auf *umuthi*-Medizin spezialisiert, es wird jedoch auch jede Menge einheimisches Kunsthandwerk angeboten.

Makotis, 112 President St, CBD, ✆ 011-337 1435, 🖳 www.makotis.co.za, Karte S. 518–519. Traditionelle afrikanische Shweshwe-Stoffe werden hier nach laufendem Meter zu vernünftigen Preisen verkauft. Kleidung und bunte Basotho-Decken ergänzen das Angebot.

Market Africa, Newtown, Karte S. 518–519. Der Flohmarkt in Nachbarschaft des Market Theatre lädt zum Stöbern zwischen farbenprächtigen Decken aus Mali, Masken und Statuen aus dem Kongo und vielem anderen ein. 🕒 Sa 9–16 Uhr.

Market on Main, 264 Fox St, Maboneng, ✆ 011-334 5947, Karte S. 518–519. Lebensmittel, Designprodukte und Unterhaltung, all das findet man im Arts on Main-Komplex. Alle Geschäfte und Restaurants im Maboneng-Viertel sind auch am Sonntag von 9–15 Uhr geöffnet, dem schönsten Tag für einen Besuch.

Neighbourgoods Market, De Korte St, Braamfontein, 🖳 www.neighbourgoodsmarket.co.za, Karte S. 518–519. Quirliger Markt in einem alten

GAUTENG

Parkhaus, auf dem hauptsächlich Lebensmittel, aber auch Kunst und Designprodukte verkauft werden. Dies ist der Ort, wo die Jungen und Schönen ihren Balkan-Burger futtern. Mit Fortschreiten des Tages finden sich die meisten Besucher auf der Terrasse vor der Bar ein. ⏲ Sa 9–15 Uhr.

Rosebank Art & Craft Market, The Mall of Rosebank, 50 Bath Ave, Rosebank, Karte S. 526. Nicht zu verwechseln mit dem Sonntagsmarkt. Dieser unterhaltsame, permanente Markt bietet eine beeindruckende Auswahl an Heimarbeitsprodukten und Klamotten. ⏲ tgl. 9–18 Uhr.

Rosebank Sunday Market, Ecke Baker St und Cradock Ave, Rosebank, 💻 www.finderskeepersmarket.co.za, Karte S. 526. Exzellenter Markt auf dem weitläufigen obersten Parkdeck des Einkaufszentrums, mit handgearbeitetem afrikanischen Kunsthandwerk, Souvenirs, Mode, Schmuck, Haushaltsartikeln und vielem mehr. Außerdem Essen und Livemusik. ⏲ So 9–16 Uhr.

Snow Lion, 12b Seventh St, Melville, ✆ 011-482 2795, 💻 www.snowlion.co.za, Karte S. 528. Kreative T-Shirts mit südafrikanischen Motiven (Mandelas Gesicht oder südafrikanische Marken) für Kinder und Erwachsene plus einige New-Age-Produkte. ⏲ tgl. 10–21 Uhr.

AKTIVITÄTEN

Fitness

Virgin Active, ✆ 086-020 0911, 💻 www.virginactive.co.za, ist mit mehreren Studios in der Stadt vertreten. Einige Hotels bieten ihren Gästen Gutscheine für die einmalige Nutzung der Fitnesseinrichtungen von Virgin Active an, ansonsten kostet ein Besuch R140.

Schwimmen

Jo'burgs öffentliche Schwimmbäder glänzen nicht immer durch beste Instandhaltung. Ausnahme: das ausgezeichnete beheizte Freibad im Ellis Park mit einem 50-m-Becken, ✆ 011-402 5565. ⏲ Mo–Fr 7–19, Sa und So 8–17 Uhr.

TOUREN

Gerald Garner, ✆ 082-894 5216, 💻 www.joburgplaces.com, und **Chris Green**, ✆ 082-491 9370, 💻 www.cashanafrica.com, sind ausgezeichnete Stadtführer für maßgeschneiderte Touren durch das Stadtzentrum, in die Vororte und zu ferneren Zielen.

Mainstreetwalks, im Curiocity Backpackers Hostel, ✆ 072-880 9583, 💻 www.mainstreetwalks.co.za, hat zahlreiche interessante, 3-stündige Stadtspaziergänge im Programm (Di–Sa um 10 Uhr).

Past Experiences, ✆ 011-478 3647, 💻 www.pastexperiences.co.za, bietet maßgeschneiderte Besichtigungstouren durch Johannesburg und zu den archäologischen Stätten westlich der Stadt. Außerdem themenbezogene (Kunst, Graffiti, Street Art, Shopping) Gruppen-Sightseeingtouren durch die Innenstadt und Soweto. Bei Letzteren kommt man direkt mit Jo'burgern in Kontakt, denn oft werden öffentliche Transportmittel benutzt.

Sport in Johannesburg

Der mit Abstand beliebteste Sport in Jo'burg ist **Fußball**, und zwischen den beiden wichtigsten Teams Kaizer Chiefs und Orlando Pirates herrscht erbitterte Rivalität. Jahrzehntelang haben die Lokalderbys bis zu 70 000 Zuschauer angezogen. Man sollte versuchen, Karten für ein Heimspiel einer der beiden Mannschaften zu bekommen, besonders wenn gegen die Mamelodi Sundowns aus Pretoria gespielt wird. Die Eintrittspreise sind niedrig, die Spiele meistens spannend, und die Stimmung ist normalerweise gut. Sichere Parkplätze sind vorhanden.

Die Sportarena Ellis Park im Zentrum Jo'burgs ist ein südafrikanischer **Rugby**-Schrein. Neben ihrer Funktion als Austragungsort von Länderspielen dient sie dem Regionalteam der Gauteng Lions als Heimstadion. Für die Anfahrt empfiehlt sich die Nutzung des Park-and-Ride-Angebots, das bei großen Wettkämpfen eingerichtet wird und Zubringerbusse von und zu den Parkplätzen außerhalb des Zentrums einsetzt.

Austragungsort der wichtigsten **Cricketspiele**, darunter die fünftägigen internationalen Matches, ist das Wanderers Stadium, abseits vom Corlett Drive in Illovo. Internationale Spiele finden aber auch in Soweto oder Alexandra statt.

Johannesburg Heritage Trust, ✆ 011-482 3349, 💻 www.joburgheritage.co.za, führt an den meisten Samstagnachmittagen historische Spaziergänge und Bustouren im Stadtzentrum und den Vororten für ein eher älteres Publikum durch (ab R110).

CitySightseeing Jo'burg, ✆ 0861-733 287, 💻 www.citysightseeing.co.za. Die roten, oben offenen Cabrio-Busse sind ein beliebtes und sicheres Verkehrsmittel für die Stadterkundung. Abfahrten ab Gautrain Park Station zwischen 9 und 15.30 alle 40 Min. (an Wochenenden alle 30 Min.). Haltestellen sind u. a. CBD, Apartheid Museum, Gold Reef City, Newtown, Braamfontein und Constitution Hill, bevor es zur Park Station zurückgeht. Für die gesamte Runde benötigt der Bus 2 Std., aber man kann an allen 12 Stationen aus- und wieder einsteigen. An der Station Gold Reef City kann man in eine weitere, 2 Std. dauernde Tour zu den wichtigsten Sehenswürdigkeiten Sowetos umsteigen. Tickets kosten online R130 (R350 mit Soweto), beim Fahrer (nur mit Kreditkarte) R30–70 mehr.

GAUTENG

SONSTIGES

Autovermietungen

Es lohnt sich, auch in der Unterkunft nach einem Mietwagen-Sonderangebot zu fragen. An großen Verleihfirmen mit Standardkonditionen sind u. a. vertreten: **Avis**, ✆ 011-921 6262, **Budget**, ✆ 086-101 6622, **EuropCar**, ✆ 011-390 3909, und **Tempest**, ✆ 0861-836 737, alle mit Büros am Flughafen und in der Stadt. Billiger sind die Fahrzeuge dieser Verleihfirmen in der Regel, wenn man sie über die Website 💻 www.carhire.co.za mietet. Einen Vergleich lohnt auch **Apex Rent-a-Wreck**, 13 Siemert Rd, CBD, ✆ 011-402 5150, 💻 www.rentawreck.co.za, oder **Comet** (Kunden werden am Flughafen abgeholt), ✆ 011-974 9618, 💻 www.cometcar.co.za. Am Flughafen gibt es viele Polizeikontrollen (unbedingt alle Stoppschilder und Geschwindigkeitsbeschränkungen beachten).

Geld

In der Ankunftshalle des Flughafens gibt es Wechselstuben (🕒 24 Std.) und Geldautomaten, in allen großen Einkaufszentren zudem Exchange Offices und **Banken**. Es gibt zahllose Geldautomaten, aber man sollte nur jene innerhalb von Gebäuden benutzen, sich vor Dieben in Acht nehmen und grundsätzlich keine Hilfe von Fremden annehmen.

Informationen

Gauteng Tourism, Hauptbüro in Newtown, 1 Central Place, Henry Nxumalo St, ✆ 011-214 0700, 💻 www.gauteng.net. 🕒 Mo–Fr 8–17 Uhr.

Jo'burg City Tourism Office, Park Station, ✆ 011-333 1486. Nützlicher und besser als Gauteng Tourism. Hier bekommt man den hervorragenden Stadtführer *Johannesburg – In Your Pocket* (R30, 💻 www.inyourpocket.com/southafrica/johannesburg), die beste Quelle für Konzerte, Shows, Ausstellungen, Sportveranstaltungen und andere Events. Erhältlich ist er auch in Buchläden und Unterkünften überall in der Stadt. Alle Infos auch online. 🕒 Mo–Fr 9–17, Sa 9–14 Uhr.

Medizinische Hilfe

In einem medizinischen Notfall ruft man einen Krankenwagen der privaten Firma **Netcare 911** unter ✆ 082-911, 💻 www.netcare.co.za, an. Er bringt den Patienten in ein privates Netcare Hospital. Das ist zwar kostspielig, aber zuverlässiger als ein staatliches Krankenhaus.

Staatliche Krankenhäuser mit 24 Std. Notdienst: **Johannesburg General Hospital**, Parktown, ✆ 011-488 33-34, -35; **Helen Joseph Hospital**, Auckland Park, ✆ 011-489 1011.

Private Krankenhäuser

Milpark Hospital, Guild St, Parktown, ✆ 011-480 5600.

Morningside Medi-Clinic, in Morningside, nahe Sandton, ab Rivonia Rd, ✆ 011-282 5000.

Privatkrankenhäuser sind immer die bessere Wahl. Wer keine Krankenversicherung nachweisen kann, muss bei der Aufnahme eine Menge Geld hinlegen.

Post

In den meisten Vierteln gibt es ein zentrales Postamt, das sich oft in den Einkaufszentren

Sicherheit in Johannesburg

Angesichts der Kluft zwischen extremer Armut und enormem Reichtum – gepaart mit der Verbreitung illegaler Schusswaffen – überrascht es kaum, dass manche Gegenden Jo'burgs gefährlich sein können. Obwohl der Stadt ein Ruf anhaftet, um den sie nicht zu beneiden ist, sollte man ein realistisches Augenmaß für potenzielle Gefahren behalten, damit einem der Verfolgungswahn den Aufenthalt nicht verdirbt. Die meisten Verbrechen geschehen in den weit außerhalb gelegenen Townships, und von ganz wenigen Ausnahmen abgesehen, sind die Johannesburger sehr freundlich. Wie in allen Großstädten sind bestimmte Sicherheitsmaßnahmen angebracht (S. 59). Wer sie einhält, wird vermutlich nicht in Schwierigkeiten geraten. Die größte Gefahr für Fußgänger besteht darin, bestohlen zu werden. Deshalb ist bei Rundgängen im Central Business District (CBD), in Braamfontein und in Newtown Vorsicht geboten. In ganz Jo'burg sollte man Besichtigungstouren bei Tageslicht unternehmen, sich an die belebten Orte halten und immer auf der Hut sein. Joubert Park, Hillbrow und Berea sollte man nur mit einem örtlichen Führer besuchen. Yeoville und Observatory sind sicherer und können im Alleingang oder aber in Begleitung besucht werden. In Melville, Parktown oder Rosebank sind Überfälle höchst unwahrscheinlich.

Wer eine der riskanteren Gegenden **zu Fuß** erkunden möchte, sollte vorher den Stadtplan studieren (nicht mitten auf der Straße), Märsche mit Gepäck vermeiden und auf Gruppen junger Männer achten. Wer Wertsachen bei sich trägt, sollte etwas davon griffbereit halten, um mögliche Angreifer schnell zufriedenzustellen. Gegenwehr ist in keinem Fall anzuraten. In **öffentlichen Transportmitteln** sind Überfälle unwahrscheinlich. Wachsam sollte man dennoch sein, vor allem an Knotenpunkten wie Park Station sowie an Taxihaltestellen und besonders beim Aussteigen aus einem Minibustaxi. Das Warten auf einen Bus in den nördlichen Bezirken ist in der Regel ungefährlich.

Wer einen Wagen gemietet hat, sollte wissen, dass es, wenn auch sehr selten, zu „smash and grab"-Diebstählen oder *carjacking* kommt. Daher sämtliche Taschen und Wertsachen im Kofferraum einschließen, die Autotüren verschlossen halten und bei Fahrten nach Einbruch der Dunkelheit oder bei hohem Verkehrsaufkommen die Fenster hochgekurbelt lassen. Die größte Gefahr besteht beim Verlassen des Wagens und bei der Rückkehr sowie in Grundstückseinfahrten. Also wachsam sein, nicht trödeln, und das Auto immer auf einem bewachten Parkplatz abstellen. Zwar hält sich hartnäckig das Gerücht, dass nachts vor einer roten Ampel nicht gehalten werden muss. In Wirklichkeit ist das gefährlich und verboten. Beim Anhalten ist auf großzügigen Abstand zum Vordermann zu achten sowie auf Personen, die eventuell ums Auto herumschleichen.

Von der **Polizei**, die Wichtigeres zu tun hat, als auf Touristen aufzupassen, ist nicht viel zu erwarten. Im Zentrum sowie in Rosebank stehen an den Straßenecken **private Wachleute**, zu erkennen an gelben Armbinden.

befindet. Am OR Tambo-Flughafen gibt es ebenfalls eine Post für letzte Sendungen vor dem Abflug (ein Paket bis 30 kg auf dem Landweg nach Europa kostet um R270, benötigt aber bis zu 3 Monate). Die Hauptpost in der Jeppe Street im CBD nimmt postlagernde Sendungen an.

NAHVERKEHR

Jo'burgs öffentliches Transportwesen hat sich stark verbessert, und das Schienen- und Busnetz von Gautrain sowie die Schnellbusse von Rea Vaya (BRT) wurden von den Anwohnern sehr gut angenommen. Das Busnetz von Rea Vaya wird zusätzlich zu den Hauptrouten von und nach Soweto stetig bis in die nördlichen Vororte erweitert. Vorrangiges Transportmittel in Jo'burg ist aber immer noch der eigene Wagen, obwohl der CBD und einige Vororte, insbesondere Melville, sich bequem zu Fuß erkunden lassen.

Auto

Für die Erkundung Johannesburgs gibt es nach wie vor kein besseres Transportmittel als ein eigenes Fahrzeug. Obwohl die Ausschilderung mitunter dürftig ist und die einheimischen Autofahrer manchmal drängeln, kommt man problemlos herum, wenn man sich vorab mit den wichtigen Straßen und dem Stadtplan vertraut macht oder über GPS verfügt. Die Orientierung im Stadtzentrum ist trotz Einbahnstraßen, Fußgängerzonen und Verkehrsstaus zu den Stoßzeiten einfach, weil die Straßen im Schachbrettmuster angelegt sind.

Routen

Die **M1** verbindet das Zentrum mit den nördlichen Bezirken und durchquert dabei Newtown entlang einer Hochtrasse, führt dann weiter durch Braamfontein und Parktown nach Houghton und Sandton und wird in ihrem weiteren Verlauf schließlich zur N1 Richtung Pretoria. Südlich des Zentrums zählt die M1 zu den bevorzugten Strecken nach Soweto. Westlich der M1 und ebenfalls nützlich für eine Fahrt in den Norden ist die **Oxford Road**, die in Parktown beginnt und in Sandton zur Rivonia Road wird. Wiederum westlich verläuft die **Jan Smuts Road** via Rosebank und Dunkfeld nach Hyde Park.

Parken

Bewachte Parkplätze im Stadtzentrum: Unter dem Gandhi Square, im Carlton Centre-Parkhaus an der Main St (durch eine Unterführung mit dem Centre verbunden; kostenloses Parken, wenn man den Parkschein im Top of Africa-Büro abstempeln lässt) und in der New Junction Mall.

Stadtbusse

Metrobus

Die meisten Johannesburger Metrobus-Linien beginnen und enden am zentralen Busbahnhof am Gandhi Square, der über die Eloff Street zu erreichen ist. Fahrpläne gibt es im **Businformationsbüro** in der Gandhi Mall auf der Südseite des Gandhi Square, ✆ 011-833 5918, 💻 www.mbus.co.za. ⌚ Mo–Fr 6–18, Sa 8–14 Uhr.

Busse verkehren nur zwischen den Vororten und dem Zentrum, nicht aber zwischen verschiedenen Vororten, es sei denn, diese liegen an derselben Strecke in die Stadt. Die meisten Linien verkehren nicht länger als bis 18.30 Uhr, einige wenige bis 21.30 Uhr. Am Wochenende ist der Betrieb auf sehr wenige Linien eingeschränkt, die Wartezeit zwischen zwei Bussen beträgt dann mindestens eine Stunde. Der Fahrpreis (je nach Entfernung R9–25) wird direkt beim Fahrer entrichtet. Das Ticket muss bei einer Fahrscheinkontrolle vorgezeigt werden. **Nützliche Routen** sind z. B. die 67 nach Melville und die 05CD nach Rosebank und Sandton.

BRT

Die Busse des **Rea Vaya Bus Rapid Transit** (BRT), 💻 www.reavaya.org.za, stellen eine schnelle, sichere Transportmöglichkeit zwischen CBD und Melville nach Soweto dar, denn sie verkehren auf ganz bestimmten Straßen und Spuren. Die Busse halten nur an speziellen Haltestellen auf Podesten, die sauber, witterungsgeschützt und gut bewacht sind. Das Busnetz wird stetig Richtung Norden ausgebaut; zuletzt wurde die Linie von der Park Station nach Soweto via Milpark (für 44 Stanley) und Empire Road (nahe Melville) eingeweiht. Die erste Hauptlinie, die T1 vom Ellis Park im CBD zum Thokoza Park in Soweto, wird von mehreren Zubringerbussen (*feeder buses*, zu erkennen am Buchstaben „F" vor der Zahl) bedient und hat Anschluss an die Innenstadt-Rundstrecke C3. Diese für Touristen interessante Strecke verbindet die Johannesburg Art Gallery mit dem Old Fort am Constitution Hill, dem Origins Centre in Braamfontein, Park Station, Rissik Street, Newtown und dem Carlton Centre, wo man in die T1 nach Soweto umsteigen kann. Um die Busse zu nutzen, benötigt man eine wiederaufladbare Smartcard, die an den Haltestellen Park Station und Carlton Centre verkauft wird. Eine Fahrt kostet R12–25. Die Busse der Hauptlinien fahren werktags alle 10–20 Min. von ca. 6–19 Uhr, am Wochenende alle 20–30 Min. von 7–18 Uhr. Die Busse der Innenstadt-Rundstrecke fahren werktags alle 15–20 Min. von 6–20.30 Uhr, am Wochenende alle 15–30 Min. von 7–17.30 Uhr. Auf der Website von Rea Vaya gibt es nützliche Pläne, auf denen die größten Sehenswürdigkeiten mit den am nächsten gelegenen Bushaltestellen eingezeichnet sind.

Gautrain-Zubringerbusse: Die goldfarbenen Gautrain-*feeder buses*, 💻 www.gautrain.co.za, fahren alle Gautrain-Bahnhöfe außer der Flughafen Station an (Mo–Fr, R20, R6 in Kombination mit einer Bahnfahrt). Wer sie nutzen möchte, benötigt eine zuvor aufgeladene Gautrain Gold Card. Praktische Strecken sind z. B. die von der Park Station nach Parktown, von der Rosebank Station zur Hyde Park Corner Mall und Melrose Arch Mall sowie die von der Sandton Station zum Montecasino Complex in Fourways. Die einzige Linie, die auch an Wochenenden fährt (9–18.30 Uhr, alle 30 Min.), führt von der Rosebank Station via Jo'burg Zoo und National Museum of Military History zum Zoo Lake Park. Streckenpläne gibt es in den Bahnhöfen, an den Bushaltestellen und online; unter ✆ 010-223 1098 erfährt man, wann genau der nächste Bus kommt.

Minibustaxis

Die meisten Pendler benutzen Minibustaxis, die auch das größte Gebiet abdecken. Man findet sie an Standplätzen oder hält sie an der Straße mit dem richtigen Handzeichen an: Ein erhobener Zeigefinger signalisiert, dass man in die Stadt hineinfahren möchte. Nach unten gerichtet zeigt der Finger an, dass man in die äußeren Bezirke möchte. Und deutet man mit dem Finger auf sich selbst, bedeutet dies, dass der Park Central Taxi Terminus das Ziel sein soll, die Endstation der meisten Minibusse. Dieser hektische Busbahnhof kann einschüchternd wirken: Wer wachsam ist und seine Wertsachen nicht zur Schau stellt, sollte aber keine Probleme bekommen. Minibusse nach Melville fahren vom Bussteig 1, nach Sandton von Bussteig 2 und nach Orlando West in Soweto von Bussteig 9. Kurze Fahrten kosten ab R8.

Taxis

Zuverlässige Unternehmen sind z. B. **Maxi Taxis**, ✆ 011-648 1258, und **Rose Taxi**, ✆ 011-403 0000, die normalerweise feste Preise (ab R12/km, Grundgebühr R50) haben. Taxis warten auch oft vor größeren Hotels und wichtigeren Gautrain-Bahnhöfen.

Tuk-Tuk

Sheshatuks, ✆ 0861-743 742, 💻 www.sheshatuks.co.za, an der Gautrain Station in Sandton und Rosebank sowie **E-tuktuk**, ✆ 072-316 8099, 💻 www.e-tuktuk.co.za, in Melville fahren mit kleinen Tuk-Tuks (R25 je 3 km).

Nahverkehrszüge

Das Schnellbahnnetz **Gautrain**, ✆ 011-4288 7242, 💻 www.gautrain.co.za, verbindet die Johannesburger Park Station via Rosebank und Sandton mit Pretoria; in Sandton zweigt eine Linie zum Flughafen ab. Sicherheit wird ganz groß geschrieben: auf den Bahnhöfen und in jedem Zug ist Wachpersonal eingesetzt. Fahrgäste benötigen Gold Cards (R13), die auf den Bahnhöfen gekauft und aufgeladen werden. Die Karte berechtigt zu Bahn- und Zubringerbusfahrten sowie zum Parken. Züge verkehren tgl. 5.30–20 Uhr im Abstand von 15–30 Min. Eine Fahrt von der Park Station nach Rosebank kostet R25, nach Sandton R27.

Das andere Johannesburger Stadtbahnnetz, **Metrorail**, genießt hinsichtlich Sicherheit einen schlechten Ruf, umfasst nur wenige Strecken und sollte gemieden werden.

TRANSPORT

Auto

Auf der N1, N3, N12 und R21 in der Umgebung von Jo'burg und bis nach Pretoria hoch müssen alle Fahrzeuge **Mautgebühr** bezahlen (rund R0,50 pro km). Mietwagen sind mit einem Gerät ausgestatten, das die Maut abrechnet, alle anderen müssen sich im Voraus via 💻 www.nra.co.za anmelden.

Wer mit dem Auto nach Pretoria fährt, sollte die **Rushhour** (15.30–17 Uhr) meiden, in der sich die Fahrzeit auf 2 Std. verdoppeln kann. Dann gerät auch die schnelle, 45-minütige Fahrt zum OR Tambo-Flughafen möglicherweise zur 2-stündigen Stop-and-go-Partie.

Busse und Minibusse

Baz Bus, ✆ 0861-229 287, 💻 www.bazbus.com, fährt mit 22-Sitzern von Johannesburg via DRAKENSBERG, DURBAN und der GARDEN

ROUTE nach KAPSTADT (4–5x wöchentl.) und hält an Hostels entlang der Strecke.
Greyhound, **Intercape** und **Translux** nutzen den Busbahnhof an der Park Station im Zentrum der Stadt. Die einst berüchtigte Park Station ist erheblich sicherer geworden. Die Haupthalle ist groß und offen und beherbergt Informationsschalter aller Busunternehmen. Trotzdem sollte man nicht mit viel Gepäck in der Umgebung herumspazieren, sondern besser den Gautrain oder ein Taxi zur gewünschten Adresse nehmen oder bei der gebuchten Unterkunft eine Abholung vereinbaren. An der Park Station gibt es mehrere, günstig in der oberen Halle gelegene Mietwagenanbieter. Sie erscheinen im Internet unter dem Begriff „Mietwagen in Braamfontein".

Busse nach:
BEITBRIDGE (3x tgl., 7 Std.);
BLOEMFONTEIN (16x tgl., 5 Std.);
DURBAN (16x tgl., 8–11 Std.);
EAST LONDON (12x tgl., 12 3/4 Std.);
KAPSTADT (6x tgl., 19 1/2 Std.);
KIMBERLEY (5x tgl., 6 1/2 Std.);
KING WILLIAM'S TOWN (3x tgl., 12 1/4 Std.);
KNYSNA (1x tgl., 17 Std.);
KURUMAN (1x tgl., 7 Std.);
LADYSMITH (2x tgl., 5 3/4 Std.);
LOUIS TRICHARDT (1x tgl., 5 1/4 Std.);
MOSSEL BAY (2x tgl., 17 Std.);
NELSPRUIT (6x tgl., 5 Std.);
NEWCASTLE (1x tgl., 5 Std.);
OUDTSHOORN (2x tgl., 14 1/2 Std.);
PIETERMARITZBURG (16x tgl., 7 Std.);
PLETTENBERG BAY (1x tgl., 17 1/2 Std.);
PORT ELIZABETH (4x tgl., 13 1/4 Std.);
PRETORIA (mehr als 30x tgl., 1 Std.);
UMTATA (1x tgl., 11 1/2 Std.).

Eisenbahn

Gautrain- und **Intercity-Züge** halten in der zentral gelegenen Park Station (s. „Busse"). Vom Airport Shuttle (s. u.) kann man sich an der Gautrain-Station Sandton abholen bzw. absetzen lassen.

Züge nach:
DURBAN (Mo, Mi, Fr und So, 14 Std.);
EAST LONDON via BLOEMFONTEIN (Mi, Fr und So, 20 Std.);
KAPSTADT (Di, Mi, Fr und So, 26 Std.);
KIMBERLEY (1x tgl., 8 1/4 Std.);
KOMATIPOORT (Grenzübergang nach Mosambik, Mi, Fr, 13 Std.);
MESSINA (Grenzübergang Beitbridge nach Simbabwe, Fr, 16 Std.);
PORT ELIZABETH via BLOEMFONTEIN (Mi, Fr und So, 20 Std.);
PRETORIA (30x tgl., 3/4 Std.).

Flüge

Der **OR Tambo International Airport**, ✆ 086-727 7888, 🖳 www.airports.co.za, nach dem wichtigsten exilierten ANC-Führer benannt, liegt 20 km östlich der Innenstadt. Im Erdgeschoss der Ankunftshalle des internationalen Terminals gibt es einen Touristeninformationsschalter, ✆ 011-390 3614, ⏲ tgl. 5.30–22 Uhr, und 24-Std.-Geldwechselschalter. Im 1. Stock befinden sich eine Post, ein Internetcafé und Geldautomaten.

Transport vom/zum Flughafen

Die schnellste und einfachste Art, ins Stadtzentrum zu kommen – vor allem während der morgendlichen und abendlichen Stoßzeiten – bietet der **Gautrain** (tgl. 5.30–20.30 Uhr, S. 551). Er braucht 15 Min. bis zum Bahnhof Sandton (R135 plus R13 für die Gold Card, wo Umsteigemöglichkeit in Züge Richtung Süden zu den Rosebank und Park Stations und Richtung Norden nach Pretoria besteht. Zu den Hotels in Sandton fahren auch Gautrain-Zubringerbusse. Der **Airport Shuttle**, ✆ 0861-379 488, 🖳 www.airportshuttle.co.za, R300–580, ist rund um die Uhr im Einsatz und holt und setzt die Passagiere direkt vor der Tür ab. Einen Tag im Voraus buchen!
Alternativ bietet der **Magic Bus** Tür-zu-Tür-Transfers in die wichtigsten Vororte (ab R465–775). Ticketreservierung über das Internet oder Ticketverkauf im Büro im Erdgeschoss vom Parkhaus des Inlandflug-Terminals, ✆ 011-548 0822, 🖳 www.magicbus.co.za.
Die teureren Hotels haben für ihre Gäste oft einen kostenlosen Flughafenbusservice, und auch die meisten Backpacker-Hostels und

einige kleinere Guesthouses bieten **kostenlose Abholung** vom Flughafen an (bei der Reservierung mitbuchen), manche sogar auch den kostenlosen Transport zum Flughafen. Taxis mit Taxameter sind ein bequemes und sicheres Transportmittel vom Flughafen in die Stadt. Allerdings muss man sich vor der Abfahrt vergewissern, dass der Fahrer genau weiß, wohin er fahren soll, und auch der ungefähre Fahrpreis sollte klar sein. Die **offizielle ORTIA Taxi Association**, ✆ 0861-243 243, 💻 www.jiata.co.za/ortiata, hat einen Schalter neben dem des Tourismusbüros in der Ankunftshalle und nimmt Reservierungen entgegen. Eine Fahrt zu einer Adresse in der Innenstadt von Jo'burg, nach Rosebank oder Sandton dürfte ca. R400 kosten, und in einen entlegenen nördlichen oder westlichen Vorort nicht über R550.

Flüge nach:
BLOEMFONTEIN (5–12x tgl., 1 Std.);
DURBAN (50x tgl., 1 Std.);
EAST LONDON (9x tgl., 1 1/2 Std.);
HOEDSPRUIT (2x tgl., 1 Std.);
KAPSTADT (70x tgl., 2 Std.);
KIMBERLEY (3–7x tgl., 1 1/2 Std.);
NELSPRUIT (5–6x tgl., 1 3/4 Std.);
PORT ELIZABETH (15x tgl., 1 3/4 Std.).

Fluggesellschaften
Folgende Fluggesellschaften haben Ticketschalter am OR Tambo International Airport:

Air France/KLM, ✆ 011-390 8560;
British Airways, ✆ 011-441 8600;
Lufthansa, ✆ 0861-842 538;
SA Airlink, ✆ 011-451 7300;
South African Airways, ✆ 011-978 2888.

Lanseria Airport
Der kleinere Lanseria Airport, ✆ 011-367 0300, 💻 www.lanseria.co.za, liegt 30 km nordwestlich der Innenstadt und wird von zunehmend mehr Budget-Airlines angeflogen. Taxis warten hier kaum, und öffentliche Transportmittel gibt es nicht. Daher entweder einen Transfer bei der Unterkunft organisieren oder ein Taxi (S. 551) rufen.

Die Umgebung von Johannesburg

Wenn Johannesburger mal außerhalb der Stadt ausspannen wollen, zieht es sie häufig nach Nordwesten in die **Magaliesberge**, die sich von Pretoria im Osten bis nach Rustenburg im Westen erstrecken. Die Bergkette ist eine der ältesten der Welt und über die Jahrmillionen nach und nach erodiert. Imposant aufragende Gipfel darf man hier daher nicht erwarten. Ein Großteil des Gebiets besteht aus Farmland, das sich über hügeliges Gelände ausdehnt. Hier und da kann man beeindruckende *kloofs* (Schluchten) und wohltuend unverbaute Aussichten genießen.

Die Hügel bergen verschiedene Höhlen an ihrer südöstlichen, Johannesburg zugewandten Seite. Sie sind ungefähr 3,5 Mio. Jahre alt und zählen zu den weltweit bedeutendsten Zeugnissen in der Entwicklungsgeschichte des Menschen. Die Höhlen, darunter auch die bekannten Sterkfontein Caves, sind Teil des Welterbes **Cradle of Humankind** (Wiege der Menschheit) und waren eine der ersten von der Unesco ausgewählten Stätten dieser Art in Südafrika.

Cradle of Humankind

Das rund 47 000 ha große Gelände der Cradle of Humankind umfasst mehrere Dolomithöhlen, in denen während der letzten 60 Jahre rund zwei Fünftel aller hominiden Fossilienfunde weltweit gemacht wurden. Dank der leichten Zugänglichkeit und der Fülle der entdeckten Zeugnisse menschlicher Entwicklung hat die Cradle of Humankind die tansanische Olduvai-Schlucht als wichtigste paläontologische Stätte Afrikas und der Welt abgelöst.

Sterkfontein Caves

🕒 tgl. 9–17 Uhr, Führungen jede halbe Std. von 9–16 Uhr ▪ Eintritt R150, mit Maropeng Museum R215, Onlinetickets 10 % billiger ▪ ✆ 011-577 9000, 💻 www.maropeng.co.za

Bekannteste Attraktion der Cradle of Humankind sind die Sterkfontein Caves, die Vermu-

GAUTENG

Die „Wiege der Menschheit"

Im Dolomitgestein der Höhlen, die sich in dem inzwischen als Cradle of Humankind bezeichneten Gebiet erstrecken, lagern die fossilen Überreste von **Hominiden**, die vor ungefähr 3,3 Mio. Jahren in Südafrika lebten. Die in den Höhlen ebenfalls entdeckten versteinerten Pollen, Pflanzenteile und Tierknochen deuten darauf hin, dass die Gegend einst von einem tropischen Regenwald bedeckt war, in dem Riesenaffen, langbeinige Jagd-Hyänen und Säbelzahnkatzen beheimatet waren.

Wann genau die ersten Hominiden auftauchten, ist noch immer unklar, Wissenschaftler gehen jedoch davon aus, dass sich die menschliche Linie im Entwicklungsstammbaum vor etwa 5–6 Mio. Jahren vom Affen abspaltete. Die älteste identifizierte hominide Gruppe ist die der *Australopithecine*, eine zweibeinige menschenähnliche Art mit kleinem Gehirn. Der erste *Australopithecus* Südafrikas wurde 1924 entdeckt, als Prof. Raymond Dart in der heutigen Nordwest-Provinz auf das **Taung-Kind** stieß. 1936 fand man die ersten australopithecinen Fossilien in den Sterkfontein Caves, und 1947 konnte Dr. Robert Broom einen nahezu vollständig erhaltenen Schädel ausgraben, den er zunächst *Plesianthropus transvaalensis* („Fast-Mensch" aus Transvaal) nannte und der sich später als 2,6 Mio. Jahre alter *Australopithecus africanus* entpuppte. Dieser als weiblich identifizierte Fund erhielt den Spitznamen **„Mrs. Ples"** und galt viele Jahre weltweit als das „fehlende Glied" in der Evolutionsgeschichte des Menschen. Seither sind in den Sterkfontein Caves und anderen benachbarten Höhlen eine Reihe von Fossilien und Zeugnissen weiterer Arten und Spezies entdeckt worden, darunter der *Australopithecus robustus*, der vor 1–2 Mio. Jahren lebte, und der *Homo ergaster*, der vermutlich der unmittelbare Vorfahre des *Homo sapiens* war und bereits Steinwerkzeuge gebrauchte und Feuer machte.

Wer mehr über dieses Thema erfahren und die Höhlen und Ausgrabungsstätten besuchen möchte, die der Öffentlichkeit normalerweise versperrt sind, kann an einer der ausgezeichneten **Touren** von Palaeo-Tours, ✆ 082-804 2899, 💻 www.palaeotours.com, oder Past Experiences, ✆ 011-678 3905, 💻 www.pastexperiences.co.za, teilnehmen.

tungen zufolge vor etwa 3,5 Mio. Jahren von prähominiden Primaten bewohnt waren. Ins Blickfeld der Europäer gerieten die Höhlen erstmals 1896, als der Italiener Gulgimo Martinaglia auf der Suche nach abbaubarem Kalk auf sie stieß. Martinaglia war jedoch nur an den Fledermausexkrementen interessiert, die er kurzerhand abtrug und dadurch die dolomitische Höhlenformation zerstörte.

Zwischen 1936 und 1951 unternahm der Archäologe Dr. Robert Broom Ausgrabungen in den Höhlen. 1947 fand er den Schädel einer über 2,5 Mio. Jahre alten Hominidin, die „Mrs. Ples" getauft wurde. 1995 entdeckte der Archäologe Ronald Clarke dann „Little Foot", die Knochen eines 3 Mio. Jahre alten, aufrecht gehenden Hominiden mit einer abgespreizten großen Zehe, die in ihrer Funktionsweise unserem Daumen entspricht. Der letzte Fund aus dem Jahr 1998 brachte das mit 3,3 Mio. Jahren bis heute älteste gefundene, vollständig erhaltene Skelett eines *Australopithecus* zu Tage. Bevor man sich der Führung durch die Höhle anschließt, kann man noch ein kleines Museum besuchen.

Kromdraai Wonder Cave

🕒 Mo–Fr 8–17, Sa und So 8–18 Uhr ▪ Führungen jeweils zur vollen Std. ▪ Eintritt R90 oder R210 mit dem Rhino and Lion Nature Reserve ▪ ✆ 011-957 0006, 💻 www.gauteng.net/attractions/entry/wonder_cave ▪ Am besten zu erreichen durch das Rhino and Lion Nature Reserve – die Alternativstrecke ist eine längere, raue Schotterstraße

Die einzige weitere für Besucher geöffnete Höhle ist die Kromdraai Wonder Cave im Rhino and Lion Nature Reserve, nordöstlich von Sterkfontein. Auch sie diente gegen Ende des 19. Jhs. als Kalksteinbruch, barg aber im Unterschied zu Sterkfontein keinerlei paläontologische Funde. Das Hauptaugenmerk gilt hier den Stalaktiten, Stalagmiten und Sinterbecken in einer unterirdischen Kammer. Nach einer Fahrt mit dem Aufzug in die Tiefe führen markierte Pfade durch die effektvoll ausgeleuchtete Höhle.

Rhino and Lion Nature Reserve

tgl. 8–16 Uhr ▪ Eintritt R140, mit der Kromdraai Wonder Cave R210 ▪ 011-957 0349, www.rhinolion.co.za

Das 14 km² große Rhino and Lion Nature Reserve ist zwar eher ein Safaripark als ein Wildschutzgebiet, wie man es sonst in anderen Teilen Südafrikas findet, jedoch in Gauteng die beste Möglichkeit, große Säugetiere zu sehen. Den Hauptteil des Parks nimmt ein Gelände ein, wo sich Breitmaulnashörner, Gnus, Kuhantilopen und Zebras tummeln, während das Lion and Predator Camp verschiedene ausgedehnte Gehege umfasst, die Löwen, Geparden und Hyänenhunde beherbergen. Daneben gibt es noch einen Aussichtsposten für die Beobachtung von Kapgeiern sowie gegenüber vom Haupttor eine Reihe von Tümpeln mit Flusspferden, eine Zuchtstation und einen Tierhort, wo Besucher Löwenbabys streicheln dürfen. Man sollte sich jedoch darüber im Klaren sein, dass die meisten dieser Tiere auf speziellen Farmen landen, wo sie gejagt werden dürfen.

Es können auch Besuche zur nahe gelegenen **Old Kromdraai Gold Mine** arrangiert werden. Sie ist die zweitälteste Mine des Witwatersrand und bietet Gelegenheit, dem einstigen Stollen 150 m tief in den Berg zu folgen.

Maropeng Museum

Über die R400-Abfahrt von der R563, nordwestlich der Sterkfontein Caves ▪ tgl. 9–17 Uhr ▪ Eintritt R145, mit Sterkfontein Caves R215, online 10 % billiger ▪ 014-577 9000, www.maropeng.co.za

Das Maropeng (SeTswana für „Rückkehr zur Stätte unserer Vorfahren") befindet sich in einem sehenswerten Gebäude namens Tumulus, das zur Hälfte mit Grasschollen bedeckt ist, damit es wie ein Grabhügel aussieht. Das beeindruckende Museum befasst sich mit dem Ursprung und der Evolution der Menschheit.

Besucher können bei einer kurzen unterirdischen Bootsfahrt in die Zeitnebel eintauchen und sich anschließend mit kinderfreundlichen interaktiven Displays und anderen Informationen zur Entwicklungsgeschichte der Menschheit beschäftigen. Den krönenden Abschluss bildet ein Raum voller echter Fossilien, Leihgaben unterschiedlicher Institutionen aus ganz Südafrika.

ÜBERNACHTUNG UND ESSEN

Forum Homini, Kromdraai Rd, 011-668 7000, www.forumhomini.com. Das preisgekrönte Hotel auf dem von Antilopen und Hippos bewohnten Gelände einer privaten Gamefarm hat sensationelle, im „cave chic" gehaltene Zimmer mit Seeblick. Die Fahrt hierher lohnt sich schon des fantastischen Gourmetrestaurant Roots wegen, wo es feste Mittags- und Abendmenüs gibt. Vollpension inkl. R3500

Maropeng Hotel, abseits der R400, 014-577 9100, www.maropeng.co.za. Das noble Hotel neben dem Maropeng Museum ist nicht billig, aber jedes der in Erdtönen gehaltenen Zimmer hat einen Patio mit umwerfender Aussicht auf die Magaliesberge. R2182

TRANSPORT

Am leichtesten ist die Cradle of Humankind mit dem **Auto** zu erreichen: Anfahrt von Johannesburg Richtung Westen über die R47 (Hendrik Potgieter Rd) oder die M5 (Beyers Naudè Drive), dann über die N14 bis zur Kreuzung mit der R563. Nach einigen Kilometern Richtung Nordwesten auf der R563 erreicht man eine Abzweigung, die zu den Sterkfontein Caves führt.

Pretoria

Die beiden größten Städte Gautengs liegen zwar nur 50 km voneinander entfernt, könnten jedoch unterschiedlicher nicht sein. Pretoria – oder Tshwane, wie das Einzugsgebiet jetzt offiziell heißt – war mit seinen würdevollen Regierungsgebäuden, breiten, von Jacarandabäumen bestandenen Alleen und soliden burisch-bäuerlichen Wurzeln lange Zeit das Symbol unerschütterlicher Tradition. Seit Einführung der Demokratie ist Pretoria jedoch kosmopolitischer geworden. In den östlich des Zentrums gelegenen Stadtteilen Arcadia und Hatfield hat sich

Pretoria

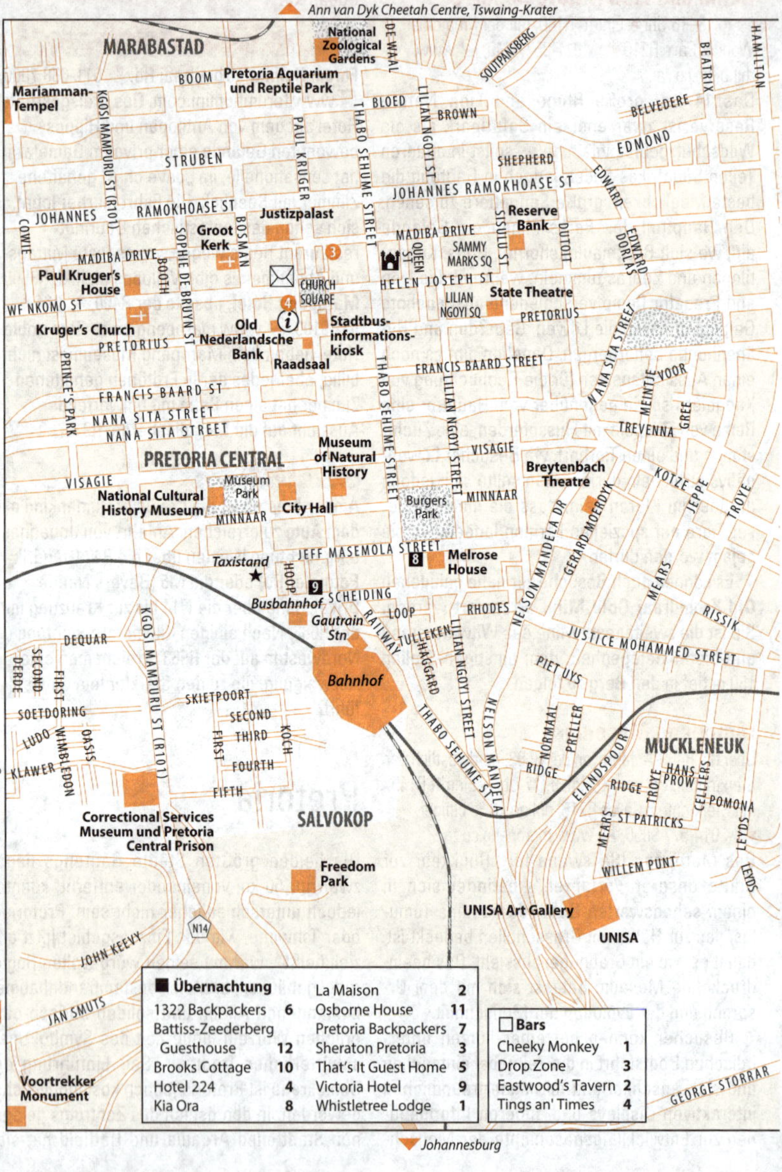

Ann van Dyk Cheetah Centre, Tswaing-Krater
MARABASTAD
National Zoological Gardens
Pretoria Aquarium und Reptile Park
Mariamman-Tempel
Justizpalast
Groot Kerk
Paul Kruger's House
Kruger's Church
Old Nederlandsche Bank
Stadtbus-informations-kiosk
Raadsaal
Reserve Bank
State Theatre
CHURCH SQUARE
SAMMY MARKS SQ
LILIAN NGOYI SQ
PRETORIA CENTRAL
Museum of Natural History
National Cultural History Museum
Museum Park
City Hall
Burgers Park
Breytenbach Theatre
Melrose House
Taxistand
Busbahnhof
Gautrain Stn
Bahnhof
MUCKLENEUK
Correctional Services Museum und Pretoria Central Prison
SALVOKOP
Freedom Park
UNISA Art Gallery
UNISA
Voortrekker Monument
Doornkloof Farm, Lesedi Cultural Village
Johannesburg
BOOM
STRUBEN
JOHANNES RAMOKHOASE ST
MADIBA DRIVE
HELEN JOSEPH ST
WF NKOMO ST
PRETORIUS
FRANCIS BAARD ST
NANA SITA STREET
VISAGIE
MINNAAR
JEFF MASEMOLA STREET
SCHEIDING
LOOP
RHODES
TULLEKEN
JUSTICE MOHAMMED STREET
KGOSI MAMPURU ST (R101)
PAUL KRUGER
THABO SEHUME STREET
LILIAN NGOYI STREET
BOSMAN
SOPHIE DE BRUYN ST
BOOTH
PRINCE'S PARK
COWIE
DE WAAL
BLOED
BROWN
SHEPHERD
SOUTPANSBERG
BELVEDERE
EDMOND
EDWARD
DORLAS
BEATRIX
HAMILTON
SISULU ST
DU TOIT
QUEEN ST
NELSON MANDELA DR
GERARD MOERDYK
WANA SITA STREET
MEINTJE
VOOR
TREVENNA
GREE
KOTZE
JEPPE
TROYE
MEARS
RISSIK
PIET UYS
HOOP
RAILWAY
HAGGARD
NORMAAL
PRELLER
RIDGE
ELANDSPOORT
HANS PROW
CELLIERS
POMONA
ST PATRICKS
LEYDS
WILLEM PUNT
DEQUAR
DERDE
SECOND
FIRST
SOETDORING
LUDO
WIMBLEDON
OASIS
KLAWER
SKIETPOORT
THIRD
FOURTH
FIFTH
KOCH
N14
JOHN KEEVY
JAN SMUTS
GEORGE STORRAR
Übernachtung
1322 Backpackers 6
Battiss-Zeederberg Guesthouse 12
Brooks Cottage 10
Hotel 224 4
Kia Ora 8
La Maison 2
Osborne House 11
Pretoria Backpackers 7
Sheraton Pretoria 3
That's It Guest Home 5
Victoria Hotel 9
Whistletree Lodge 1
Bars
Cheeky Monkey 1
Drop Zone 3
Eastwood's Tavern 2
Tings an' Times 4
GAUTENG

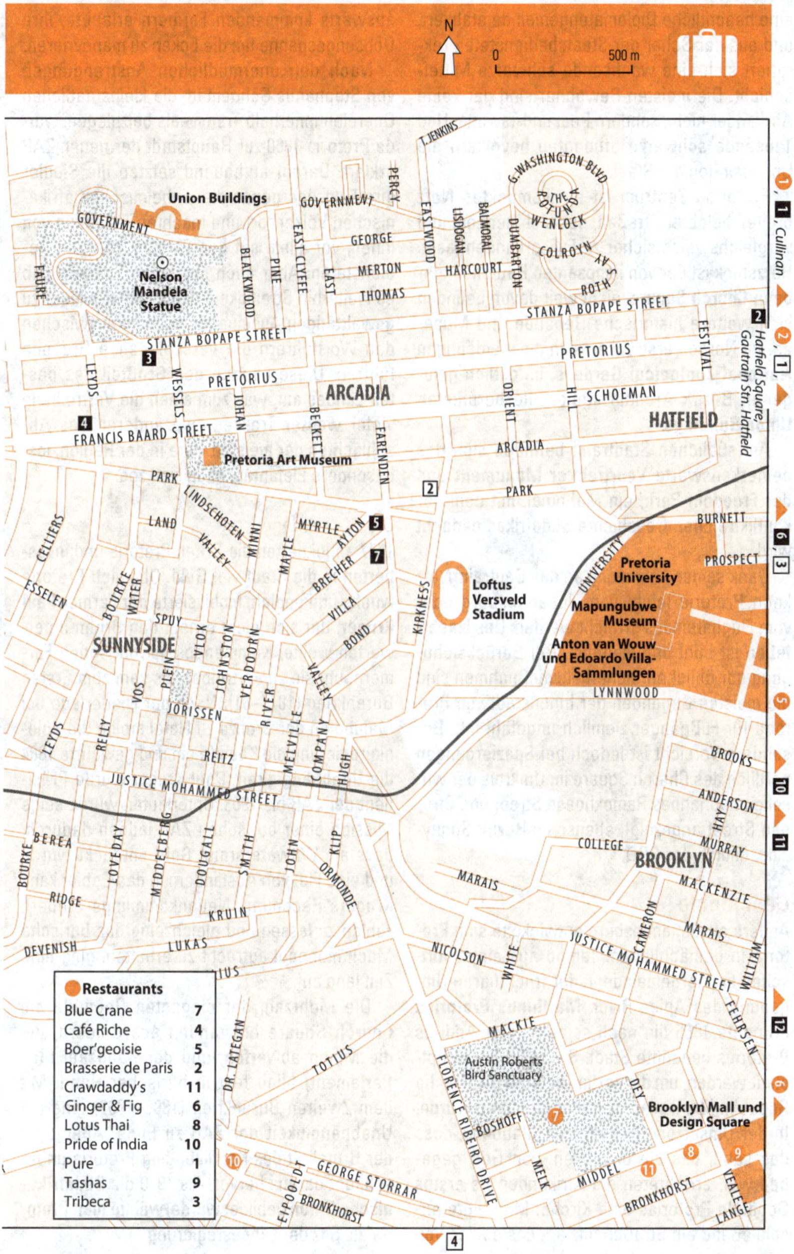
N
0
500 m
1, Cullinan
2, Hatfield Square, Gautrain Stn. Hatfield
Union Buildings
Nelson Mandela Statue
Pretoria Art Museum
ARCADIA
HATFIELD
SUNNYSIDE
BROOKLYN
Loftus Versveld Stadium
Pretoria University
Mapungubwe Museum
Anton van Wouw und Edoardo Villa-Sammlungen
Austin Roberts Bird Sanctuary
Brooklyn Mall und Design Square
GOVERNMENT
STANZA BOPAPE STREET
PRETORIUS
FRANCIS BAARD STREET
SCHOEMAN
ARCADIA
PARK
JUSTICE MOHAMMED STREET
LYNNWOOD
GEORGE STORRAR
BRONKHORST
FLORENCE RIBEIRO DRIVE
G. WASHINGTON BLVD
THE ROTUNDA
Restaurants
Blue Crane 7
Café Riche 4
Boer'geoisie 5
Brasserie de Paris 2
Crawdaddy's 11
Ginger & Fig 6
Lotus Thai 8
Pride of India 10
Pure 1
Tashas 9
Tribeca 3

eine beachtliche Diplomatengemeinde etabliert, und aus der Schar der Staatsbediensteten rekrutiert sich eine wachsende schwarze Mittelschicht. Die meisten Bewohner sind gar keine Afrikander mehr, sondern Pedi und Tswana. Und Tausende schwarze Studenten bevölkern die Universitäten der Stadt.

Pretorias Zentrum ist ein kompaktes Netz breiter, belebter Straßen, das sich bequem und vergleichsweise sicher zu Fuß erkunden lässt. Herzstück ist der von imposanten Bauten umgebene **Church Square**, nicht weit davon befinden sich weitere historische Gebäude und Museen. Im Norden erstrecken sich die weitläufigen **National Zoological Gardens**, im östlich gelegenen Bezirk Arcadia stehen die berühmten **Union Buildings**.

Am südlichen Stadtrand befinden sich das bemerkenswerte **Voortrekker Monument** und der **Freedom Park**, ein Mahnmal, mit dem der konfliktreichen Geschichte Südafrikas gedacht wird.

Dank seiner Anbindung an das Gautrain-Netz kann Pretoria leicht vom Johannesburg oder vom Flughafen aus erreicht werden. Das **Nachtleben** ist bunt und vielfältig. Bei Berücksichtigung der üblichen Sicherheitsmaßnahmen sind die meisten Gegenden der Innenstadt von Pretoria für Fußgänger ziemlich ungefährlich. Besondere Vorsicht ist jedoch bei Spaziergängen nördlich des Church Square im Umkreis der wuseligen Johannes Ramokhoase Street und Struben Street angezeigt, ebenso im Bezirk Sunnyside, östlich des CBD.

Geschichte

Anders als Johannesburg entwickelte sich Pretoria in gemächlichem Tempo aus einer burischen Farmergemeinde in der fruchtbaren Umgebung des Apies River. **Marthinus Pretorius** gründete 1855 die nach seinem Vater Andries Pretorius benannte Stadt. Sie sollte die Hauptstadt werden, um die herum die Südafrikanische Republik (ZAR) wachsen und gedeihen würde. In der Umsetzung ihres festen Glaubens, dass das Land, das sie besetzten, von Gott gegeben war, errichteten die Afrikander als erstes Gebäude Pretorias eine Kirche. Man legte anschließend ein Straßennetz an, das es den von auswärts kommenden Farmern erlaubte, ihre Ochsengespanne um die Ecken zu manövrieren.

Nach den unermüdlichen Anstrengungen von Stephanus Schoeman, die kleinstaatlichen Querelen innerhalb Transvaals beizulegen, wurde Pretoria 1860 zur Hauptstadt der neuen ZAR erklärt. Darauf aufbauend setzten die Siedler ihre Feldzüge gegen die einheimischen afrikanischen Völker fort und machten Tausende von ihnen, vor allem auf den Farmen, zu ihren Bediensteten. Aber auch unter den Siedlern gab es weiterhin Streitigkeiten, die immer wieder zu gewalttätigen Auseinandersetzungen zwischen den Wortführern der verschiedenen Gruppen führten. Diese kauften den Großteil des besten Landes auf, was zum einen die Vertreibung vieler weißer Trekker, zum anderen das Abschlachten der meisten Tiere in der Region, insbesondere Elefanten, nach sich zog.

Die Burenkriege

1877 annektierten die Briten Pretoria und investierten in die Stadt viel Geld. Obgleich Pretoria wuchs und gedieh, mobilisierte der Farmer **Paul Kruger**, der sich nicht erneut den Briten unterwerfen wollte, Kommandos mit burischen Farmern, um sie zu vertreiben. Es kam zum Ersten Burenkrieg (1877–81). Nach der Niederlage bei Majuba an der Grenze zu Natal stellte die Kolonialregierung die Kämpfe ein und gewährte 1884 die **Unabhängigkeit**. Paul Kruger wurde Präsident der ZAR bis 1903. Unterlaufen wurde seine Mission einer burischen ZAR jedoch dadurch, dass am Witwatersrand **Gold** entdeckt wurde und eine Flut von Ausländern in das Gebiet kam. Krugers Rechnung, Neuankömmlinge Steuern zahlen zu lassen und gleichzeitig das burische Machtmonopol aufrecht zu erhalten, ging eine Zeit lang auf.

Die Mehrzahl der eleganten Gebäude am Church Square entstanden aus Geldern, die die Minen abwarfen, und der Raadsaal (das Parlament) blieb fest in burischer Hand. Mit dem Zweiten Burenkrieg (1899–1902) ging die Unabhängigkeit der ZAR zu Ende. Aber trotz der Brutalität des Konflikts ging Pretoria unbeschadet daraus hervor. Als 1910 die **Südafrikanische Union** gebildet wurde, wählte man Pretoria als Sitz der Landesregierung.

Mit der Gründung der staatlichen Eisen- und Stahlwerke, der **Iron and Steel Industrial Corporation** (Iscor), legte die Regierung 1928 das Fundament für die hiesige Industrie. Es entstand rasch eine Reihe verwandter Wirtschaftszweige. Gemeinsam sicherten Staatsbetrieb und Industrie den ruhigen, abgeschiedenen Wohlstand der Weißen in Pretoria. Der immer weiter schwindende Grundbesitz unter Schwarzen ließ unterdessen die **Townships** der Stadt wachsen. Die ältesten sind Marabastad und Atteridgeville, die größte und ärmste ist Mamelodi. Nach der Errichtung des Apartheidsystems durch die National Party 1948 war Pretoria unter der schwarzen Bevölkerung verhasst. Der hiesige oberste Gerichtshof und das zentrale Gefängnis waren berüchtigte Einrichtungen und galten als Quelle der Gesetze und Verordnungen, die ihnen das Leben zum Albtraum werden ließen.

Demokratie

Mandelas Amtseinführung in den Union Buildings setzte 1994 ein symbolisches Zeichen der Versöhnung mit Pretoria. Während der 1990er-Jahre waren die Phasen der südafrikanischen Revolution hier ebenso deutlich sichtbar wie in den übrigen Landesteilen auch: die sukzessive Ablösung ewig Gestriger im Militär und Staatsdienst, neue Gesichter in fast allen Regierungseinrichtungen, die Rückkehr ausländischer Diplomaten und der Zustrom von Studenten.

2005 beschloss der Stadtrat, die Stadt von Pretoria in Tshwane umzutaufen. Tshwane war ein Häuptling der Tswana-Ndebele, die vor der Ankunft der Buren die Gegend beherrschten. Dutzende von Straßennamen im Stadtzentrum wurden in letzter Zeit nach Helden des Widerstandes umbenannt. Der zentrale Geschäftsbezirk heißt immer noch Pretoria, und irgendwie ist das ein fauler Kompromiss. Die meisten Medien und Bürger verwenden für die Stadt nach wie vor den Namen Pretoria.

Viele Afrikander sind sauer, weil sie das Gefühl haben, dass es sich um einen beschämenden und obendrein kostspieligen Versuch handelt, die historischen Wurzeln der Stadt aus dem Gedächtnis der Öffentlichkeit zu verdrängen.

Viele schwarze Pretorianer dagegen sehen nicht ein, weshalb eine überwiegend schwarze Stadt in Postapartheidzeiten immer noch einen Namen tragen soll, der heftige Assoziationen mit der Zeit der Rassentrennung weckt. Die Stadt wird also voraussichtlich noch einige Jahre lang zwei Namen mit sich herumschleppen.

Church Square

Das Herz Pretorias ist der Church Square, der von eindrucksvollen Gebäuden eingerahmt wird. Hier spannten die burischen Farmer ihre Ochsen von den Wagen ab und verwandelten den Platz in eine zeitweilige Lagerstatt, wenn sie alle drei Monate zum Nagmaal (Abendmahl) der Niederländisch Reformierten Kirche in die Stadt kamen.

Der Church Square war Schauplatz für nahezu jede bedeutende Zusammenkunft, Protestkundgebung oder Machtübernahme der Weißen. Hier wurde 1877 die Vierfarben-Flagge der ZAR, die *Vierkleur*, eingeholt, um zunächst vom Union Jack ersetzt und 1881 nach dem Abzug der Briten an dieser Stelle erneut gehisst zu werden. Zwischen 1900 und 1910 wehte noch einmal die britische Flagge. Auf diesem Platz fand viermal die Ausrufung Paul Krugers zum Regierungsoberhaupt statt, und nach seinem Tod versammelten sich 30 000 Trauernde dicht gedrängt zu einer Gedenkfeier. Die schwarze Bevölkerung Pretorias verbindet mit der Historie des Platzes ganz andere Erfahrungen und betrachtet die an zentraler Stelle errichtete Statue von Paul Kruger vielmehr als das verdammenswerte Relikt einer unglücklichen Vergangenheit.

Raadsaal und Old Nederlandsche Bank Building

Südwestecke des Church Square

Der alte, 1891 im Renaissancestil erbaute **Raadsaal** (das Parlament) verlangt dem Betrachter bis heute jenen von den Parlamentariern der ZAR erwünschten Respekt ab. Das Sicherheitspersonal gestattet vielleicht einen Blick ins Gebäudeinnere und in den Raum, wo Paul Kruger in den letzten Phasen des Burenkrieges den größten Teil seiner Zeit verbrachte.

Im **Old Nederlandsche Bank Building** neben dem Raadsaal ist heute die Touristeninformation (S. 567) untergebracht. Kaum zu glauben, dass

© DUMONT BILDARCHIV / ARTHUR F. SELBACH

Paul Kruger überblickt den Church Square im Herzen Pretorias.

ein Aufmarsch von 10 000 Menschen 1975 und fünf Jahre hartnäckiger Auseinandersetzungen nötig waren, um den beschlossenen Abriss dieses Gebäudes und des Raadsaals zu verhindern.

Palace of Justice

Nordwestecke des Church Square

Der Bau des grandiosen **Justizpalastes** wurde 1897 begonnen. Während des Zweiten Burenkriegs diente er den britischen Truppen als Krankenhaus, bevor er nach seiner Fertigstellung 1902 lange Jahre den Obersten Gerichtshof Transvaals beherbergte. Hier fand 1963/64 der Rivonia-Prozess statt, in dem Nelson Mandela und andere Führer des ANC zu lebenslanger Haft verurteilt wurden. Das neue Gericht ist allerdings in einem hässlichen Klotz in der Straße hinter dem Justizpalast untergebracht.

Queen Street Mosque

Am Ende eines kurzen, von der Queen Street abgehenden Durchgangs eröffnet sich der Blick auf eine leuchtend weiße **Moschee** – schräg zum Straßenverlauf platziert (damit sie nach Mekka weist). Pretorias Muslime, denen ein gutes Verhältnis zu Kruger nachgesagt wird, erwarben 1896 das Grundstück, auf dem Handwerker vom Kap 1927 den heutigen Bau errichteten.

Inzwischen steht die Moschee eingezwängt zwischen unansehnlichen Bürotürmen, was ihre Wirkung umso mehr erhöht.

Lilian Ngoyi Square

Der Platz wurde nach der Anti-Apartheidaktivistin benannt, die 1956 zu den Anführerinnen des Women's March gehörte, der hier seinen Ausgang nahm. Bis 2006 hieß der Platz **Strijdom Square**, weil hier die grässliche Büste von Johannes Strijdom stand, der von 1954–58 Premierminister und, überzeugt von der „Überlegenheit der Weißen", ein eiserner Verfechter der Apartheid war.

Genau 40 Jahre nach Fertigstellung der Plastik, am 31. Mai 2001, führte ein baulicher Fehler zu ihrem dramatischen Sturz.

Paul Kruger's House und Umgebung

60 WK Nkomeo St (ehemalige Church St) ▪ Mo–Fr 8.30–16.30, Sa und So 9–16.30 Uhr ▪ Eintritt R35 ▪ 012-000 0010, www.ditsong.org.za

Paul Kruger's Haus wurde 1884 von Charles Clark erbaut, den Kruger als einen seiner „zahmen Engländer" bezeichnete und der den Zement mit Milch anstatt mit Wasser anmischte. Das Museum im Innern ist eher unspektakulär, abgesehen von der einen oder anderen Besonderheit, etwa die umfangreiche Sammlung an Spucknäpfen. Augenfälligstes Merkmal des Hauses ist die *stoep* (Veranda), auf der der alte Präsident zu sitzen pflegte und jeden Weißen, der des Weges kam, zu einem Plausch einlud. Hinter dem Haus kann Krugers privater Eisenbahnwaggon aus dem Jahr 1898 in Augenschein genommen werden, mit dem er während des Zweiten Burenkriegs reiste.

Gegenüber steht die abweisend wirkende Reformierte Kirche, auch bekannt als **Kruger's Church**. Freundlicher ist die **Groot Kerk**, Madiba Drive, Ecke Bosman Street, deren reich verzierter Turm zu den schönsten des Landes zählt.

Melrose House

275 Jeff Masemole St (ehemalige Jacob Maré St) ▪ Di–So 10–17 Uhr ▪ Eintritt R20 ▪ 012-322 2805, www.melrosehouse.co.za

Gegenüber vom beschaulichen **Burgers Park** (benannt nach dem wenig erfolgreichen ZAR-Präsidenten Thomas Burger, der von 1873–77 regierte) steht auf der anderen Straßenseite das in überschwänglich viktorianischem Stil errichtete Melrose House. Es besitzt einen herrlichen Wintergarten sowie einen ausgezeichneten Laden für afrikanisches Kunsthandwerk und zeigt interessante Ausstellungen. Erbaut wurde es 1886 für den hiesigen Geschäftsmann George Heys, der ein einträgliches Postkutschenunternehmen betrieb.

Während des Zweiten Burenkriegs bewohnte Lord Kitchener das Haus. Unter seinem Dach wurde auch der Friedensvertrag von Vereeniging unterzeichnet, mit dem der Krieg schließlich ein Ende fand.

Museum of Natural History

432 Paul Kruger St ▪ tgl. 8–16 Uhr ▪ Eintritt R30 ▪ 012-322 7632, www.ditsong.org.za

Das elegante Museum of Natural History ist das älteste Museum Pretorias und zeigt ausgestopfte Tiere, Dinosauriermodelle und Gipsabgüsse von Fossilien. Die Originale können nur nach Vereinbarung besichtigt werden. Neben einer Bronzebüste von Robert Broom, der in die drei Millionen Jahre alten Augenhöhlen von „Mrs. Ples" blickt, gibt es Rekonstruktionen frühen hominiden Lebens zu sehen.

City Hall

Paul Kruger St

Das **Rathaus** bildet ein architektonisches Ensemble mit dem Museum of Natural History gegenüber und wurde 1935 in einem Mix aus griechischen und römischen Baustilen errichtet. Den Park vor dem Gebäude zieren Brunnen, Blumenrabatten und Statuen der Stadtväter Andries und Marthinus Pretorius. 2006 kam ein Denkmal für den Stadtgründungs-Großvater Chief Tshwane hinzu.

National Cultural History Museum

149 Visagie St ▪ tgl. 8–16 Uhr ▪ Eintritt R35 ▪ 012-324 6082, www.ditsong.org.za/culturalhistory.htm

Die Stücke der festen Sammlung des National Cultural History Museums sind erlesen, werden aber etwas zusammenhanglos präsentiert. Zu ihnen gehören Abbildungen der Felsenkunst der San und ein Saal mit Werken von J.H. Pierneef (1886–1957). Er zählt zu den berühmtesten Malern Südafrikas und ist für seine dramatischen Bushveld-Landschaften bekannt.

National Zoological Gardens

232 Boom St ▪ tgl. 8.30–17.30 Uhr ▪ Eintritt R55, Seilbahn R10 ▪ **Nachtführung** Mi, Fr und Sa 18.30 Uhr, R70 ▪ **Campingtour** Fr und Sa 17 Uhr, R150 ▪ 012-328 3265, www.nzg.ac.za

Pretorias weitläufiger, besuchenswerter Zoo beherbergt seltene Antilopenarten, ein Breitmaulnashorn sowie zahlreiche südamerikanische und afrikanische Spezies. Das **Pretoria Aquarium and Reptile Park** (im Preis enthalten) nebenan ist weniger faszinierend, trotz der zahlreichen, teilweise hochgiftigen Bewohner. Eine Seilbahn schwebt direkt über den Zoo und den Apies River und gibt herrliche Blicke auf die Stadt frei.

Um einige der nachtaktiven Zoobewohner wie Eulen und Löwen zu erleben, empfiehlt sich die Teilnahme an einer der **nächtlichen Führungen**. Oder man verbringt bei einer **Campingtour** gleich die ganze Nacht im Zoo.

Mariamman-Tempel

Seventh St, Marabastad ▪ tgl. 9–17 Uhr ▪ 012-358 1430

Westlich vom Zoo liegen die schmuddeligen Straßen von **Marabastad**. Dies war das erste Gebiet der Stadt für „Nicht-Weiße". Obgleich die Gegend faszinierend ist, kann sie einschüchternd wirken, sodass man sich bei einem Rundgang in Begleitung eines Guide vielleicht wohler fühlen wird. Sehenswert ist hier der 1930 erbaute, reich geschmückte hinduistische Mariamman-Tempel neben dem Markt.

Correctional Services Museum

Kgosi Mampuru St (ehemalige Potgieter St) ▪ Di–Fr 9–15 Uhr ▪ Eintritt frei ▪ 012-314 1766, www.dcs.gov.za

Das gruslige Correctional Services Museum im Pretoria Central Prison, zu erreichen über die R101 Richtung Johannesburg, lohnt unbedingt einen Besuch. Es sind die Räumlichkeiten des berüchtigten Gefängnisses, in dem viele politische Gefangene inhaftiert (und hingerichtet) wurden. Auf dem Weg hinein muss man an bedrückt aussehenden Menschen vorbeigehen, die jemanden im Gefängnis besuchen wollen.

Im Museum werden künstlerische Arbeiten von Häftlingen gezeigt, darunter die lebensgroße Statue eines Häftlings, der vor einem ausdruckslos blickenden Gefängniswärter auf dem Boden kriecht. Zu sehen gibt es außerdem Messer und Feilen, die versteckt in Bibeln, Schuhen, Kuchen usw. an ihre Empfänger gehen sollten. Am bedrückendsten sind die Gruppenfotos der bedrohlich wirkenden Wärter – eine merkwürdige Art, für den Gefängnisdienst zu werben. Charles Herman Bosmans *Cold Stone Jug*, eine faszinierende Sammlung von Kurzgeschichten aus seinem vierjährigen Gefängnisaufenthalt in den 1920er-Jahren, bietet einen Einblick aus erster Hand.

Freedom Park

Salvokop Hill ▪ Führungen tgl. 9, 12 und 15 Uhr ▪ Eintritt R45 ▪ 012-336 4000, www.freedompark.co.za

Der **Freedom Park** erstreckt sich über den Salvokop Hill und wird durch die Skulptur „Reeds" (Schilfrohre) aus schlanken, immer länger werdenden Stäben gekrönt, die abends effektvoll beleuchtet sind. Mit dem Bau des Parks wurde im Jahr 2000 begonnen, als Reaktion auf die Forderung der Truth and Reconciliation Commission (Kasten S. 103) nach neuen Symbolen für das neue Südafrika. Der noch nicht ganz fertiggestellte Park stellt tatsächlich ein gelungenes Denkmal dar, mit dem sich alle Teile der südafrikanischen Gesellschaft identifizieren können.

Der Park kann nur im Rahmen kostenloser Führungen besucht werden. Sie geleiten Besucher zur Wall of Names mit den Namen von 75 000 Opfern verschiedener südafrikanischer Konflikte, einer ewigen Flamme zum Andenken an die unbekannten Soldaten und zu Felsbrocken, die für wichtige Ereignisse in der Geschichte der neun Provinzen des Landes stehen.

Die Führungen schließen auch das neue **//hapo Museum**, benannt nach dem Khoi-Wort für Traum, mit ein. Es stellt lokale Schöpfungslegenden und die Geschichte des Landes aus afrikanischer Perspektive dar.

Voortrekker Monument

Eeufees Rd ▪ 🕒 tgl. Mai–Aug 8–17, Sep–April 8–18 Uhr ▪ Eintritt R55 ▪ ✆ 012-326 6770, 💻 www.vtm.org.za

Das **Voortrekker Monument and Museum** ist ein auffälliges Symbol der Afrikanderherrschaft im alten Südafrika. Der nüchterne Granitblock entstand 1940 eingedenk des Sieges der Buren über die Zulu-Armee am Blood River am 16. Dezember 1838. Umgeben wird der gewaltige Koloss von einem Relief, das Ochsenkarren zeigt, davor steht die große Statue einer Frau, die mit erhobener Faust imaginären Unterdrückern droht. Auf Reliefs werden im Innern Szenen des Großen Trecks dargestellt. Von der Turmspitze eröffnet sich ein Blick in die Halle unten sowie auf das Naturschutzgebiet ringsum. Dort gibt es verschiedene Wander- und Radwege zu Aussichtspunkten mit Blick auf Pretoria.

Die Union Buildings

Im Viertel Arcadia thronen majestätisch auf einem Hügel die **Union Buildings**, der Sitz der südafrikanischen Regierung. Die 1910 von Herbert Baker entworfenen Bauten mit ihren Kolonnaden und dem Amphitheater sollten die Einheit von Britischem und Burischem symbolisieren, verherrlichen jedoch letztlich mehr das imperiale Selbstbewusstsein der Briten.

Nelson Mandela besaß nach seiner Entlassung aus dem Gefängnis hier ein Büro und wurde im Rahmen einer feierlichen Zeremonie 1994 an diesem Ort in sein Amt eingeführt. Es war dies wohl das erste Mal, dass die imperialistischen Sinnbilder – nicht zuletzt durch die Lobpreisungen des afrikanischen Chors, der Mandela als letzten in einer langen Reihe von Helden, von Shaka bis Hintsa, vom Amphitheater aus besang –, eine völlig neue Bedeutung erfuhren.

Die Gebäude sind nicht für die Öffentlichkeit zugänglich, aber man kann über die Terrasse und durch die schönen Gärten unterhalb spazieren und die großartige Aussicht über die Stadt genießen. Gleich unterhalb der Hauptterrasse steht eine 9 m hohe Statue Nelson Mandelas, die am Tag nach seiner Beerdigung im Dezember 2013 enthüllt wurde. Die Bildhauer haben einen kleinen Hasen in seinem rechten Ohr platziert, eine Anspielung darauf, dass sie unter großer Zeitnot arbeiten mussten (*haas* ist Afrikaans und bedeutet sowohl Eile als auch Hase). Mandela hätte diesen kleinen Scherz sicher gut geheißen, aber die humorlosen neuen Wächter des ANC ließen ihn entfernen, da ja „Nelson Mandela nie einen Hasen im Ohr gehabt habe".

Pretoria Art Museum

Francis Baard, Ecke Wessels St ▪ 🕒 Di–So 10–17 Uhr ▪ Eintritt R20 ▪ ✆ 012-344 1807, 💻 www.pretoriaartmuseum.co.za

Südlich der Union Buildings, in einem futuristischen Pavillon mit Blick auf einen Park, befindet sich das Pretoria Art Museum. Es ist nicht besonders groß, besitzt jedoch eine ausgezeichnete Auswahl südafrikanischer Kunst und moderner Fotografie. Darunter „Widerstandskunst" von Künstlern wie William Kentridge und Arbeiten schwarzer Kunstschaffender wie Ephraim Ngatane und Gerard Sekoto.

Sunnyside und Pretoria University

Geschäftiges Treiben auf der Straße, charakteristische alte Gebäude und eine Vielzahl von Cafés kennzeichnen das südöstlich des Zentrums gelegene, kulturell gemischte **Sunnyside**, ein Viertel, das wie kein anderes typisch afrikanisches Flair besitzt – allerdings ist es nicht ratsam, alleine hier herumzustiefeln. Von zahllosen Bars gesäumt und noch mehr fliegenden Händlern bevölkert, verläuft die **Robert Sobukwe Street** als belebteste Straße durch Sunnyside.

Östlich von Sunnyside liegt das riesige **Loftus Versveld Stadium**, das Heimatstadion der beiden beliebtesten Mannschaften Pretorias: des Rugbyteams Bulls und der Fußballmannschaft Mamelodi Sundowns. Weiter östlich befindet sich noch die riesige **Pretoria University** mit zwei sehenswerten Museen.

Mapungubwe Museum

Lynnwood Rd, Old Arts Building auf dem Campus der Pretoria University ▪ Di–Fr 10–16 Uhr ▪ Eintritt frei ▪ 012-420 5450, www.up.ac.za

Das kleine Museum ist den bemerkenswerten archäologischen Funden in Mapungubwe gewidmet, einer Bergfeste in der Nähe des Limpopo, die einst die Hauptstadt eines großen Königreichs im südlichen Afrika war. Unter den Exponaten befinden sich ein aus Goldfolie gefertigtes Nashorn, Figurinen, Schmuck und bemaltes Kochgeschirr – alles Gegenstände, die mindestens 700 Jahre alt sind.

Anton van Wouw und Edoardo Villa-Sammlungen

Lynnwood Rd, Old Merensky Library, Pretoria University Campus ▪ Di–Fr 10–16 Uhr ▪ Eintritt frei ▪ 012-420 5450, www.up.ac.za

Vom bejubelten, niederländischstämmigen Bildhauer **Anton van Wouw** stammt die Mehrzahl der mürrischen Abbilder burischer Persönlichkeiten, die von den 1890er- bis in die 1930er-Jahre übers ganze Land verstreut aufgestellt wurden, darunter die Statue Krugers auf dem Church Square in Pretoria und das Voortrekker Monument.

Die Sammlung der Universität in einem eleganten Bibliotheksgebäude aus den 1930er-Jahren umfasst zwei bemerkenswerte Darstellungen: das eine zeigt einen Bergbauarbeiter, das andere einen vor Gericht angeklagten Mann. Außerdem gibt es Dutzende, in einem Zeitraum von 60 Jahren entstandene, eindrucksvolle Stahlskulpturen des italienischen Künstlers **Edoardo Villa** zu sehen. Villa war 1947 Kriegsgefangener in Südafrika gewesen.

UNISA Art Gallery

Preller St, Kgorong Building, UNISA University Campus ▪ Di–Fr 10–16 Uhr ▪ Eintritt frei ▪ 012-441 5681, www.unisa.ac.za/gallery

Auf dem Weg von der Innenstadt nach Süden passiert die Elandspoort Road die UNISA, Südafrikas größte Universität. Mehr als 200 000 Studenten sind hier eingeschrieben, die Mehrzahl allerdings im Rahmen eines Fernstudiums.

Die sehr gute Kunstgalerie der Universität im neuen Eingangsgebäude dient als Rahmen für einige der innovativsten Ausstellungen visueller und konzeptioneller Kunst in Pretoria. In ihrer Dauerausstellung werden junge südafrikanische Talente vorgestellt.

ÜBERNACHTUNG

Außer den vielen Kettenhotelablegern gibt es in Pretoria zahlreiche Guesthouses in Hatfield oder Brooklyn. Sie bieten gute Ausgehmöglichkeiten unweit vom Loftus Versveld Stadium und Gautrain-Bahnhof. Auf der zentralen Website von Pretorias Bed & Breakfast Association, www.bbapt.co.za, kann man Budgetunterkünfte buchen. Wie in Jo'burg empfiehlt es sich, die erste Übernachtung im Voraus zu buchen.

1322 Backpackers, 1322 Arcadia St, Hatfield, 012-362 3905, www.1322backpackers.com. Begehrtes Hostel in der Nähe der Botschaften und des Hatfielder Nachtlebens. Küche, Pool und Reisebüro. Nur einen kurzen Fußweg vom Gautrain-Bahnhof. Dorm R150, DZ R350

Battiss-Zeederberg Guesthouse, 3 Fook Island, 92 Twentieth St, Menlo Park, 012-460 7318. Sehr komfortables B&B im früheren Wohnhaus von Walter Battiss, einem der größten südafrikanischen Künstler des 20. Jhs. In leuchtenden Farben gestrichene Fußböden, ausgefallene Einrichtung, unverkennbar griechisch beeinflusst. R800

Brooks Cottage, 283 Brooks St, Brooklyn, 012-362 3150, www.brookscottage.co.za. Elegantes Nationalmonument im kapholländischen Stil mit hübschen Zimmern, Sat-TV und Frühstück, das auf der Veranda mit Blick auf den Pool serviert wird. R900

Hotel 224, Francis Baard St, Ecke Leyds St, 012-440 5281, www.hotel224.com. Ausgezeichnetes Budgethotel mit modernen EZ und DZ, Restaurant, Bar. Bewachter Parkplatz. R750

Kia Ora, 257 Jeff Masemola St, ✆ 012-322 4803. Freundliches Hostel in bester Lage am Burgers Park, ideal für die Stadterkundung. Saubere und behagliche Dorms und Zimmer sowie Bar nebenan. Dorm R150, DZ R330

La Maison, 235 Hilda St, Hatfield, ✆ 012-430 4341, 💻 www.lamaison.co.za. Sehr schönes Guesthouse in einem „Schloss", Baujahr 1922, mit Garten, 6 viktorianisch eingerichteten Zimmern und ausgezeichnetem portugiesischem Restaurant. R1000

Osborne House, 82 Anderson St, Brooklyn, ✆ 012-362 2334, 💻 www.osborneguesthouse.com. Elegantes Guesthouse in restauriertem edwardianischen Gebäude. Zauberhaft möbliert, große Fenster und Holzfußböden. Blickgeschützter Pool mit Deck, perfekt zum Frühstücken in der Sonne. R1100

Pretoria Backpackers, 425 Farenden St, Clydesdale, ✆ 012-343 9754, 💻 www.pretoriabackpackers.net. Relativ nobles Backpacker-Hostel nahe Loftus Versveld Stadium. DZ sowie etwas enge Schlafsäle in 2 schönen alten Gebäuden, z. T. mit Originaleinrichtung, Garten, *stoep* und Pool. Praktisch: das hauseigene Reisebüro. Dorm R150, DZ R400

Sheraton Pretoria, 643 Stanza Bopape St, Arcadia, ✆ 012-429 9999, 💻 www.sheraton.com/pretoria. Fünfsternehotel mit allen Annehmlichkeiten, größter Vorzug ist jedoch die unschlagbare Aussicht auf die Union Buildings. Wer sich kein Zimmer leisten möchte, kann den Ausblick von der Terrasse neben der Tiffens Bar & Lounge genießen. R1045

That's It Guest Home, 5 Brecher St, Clydesdale, ✆ 012-344 3404, 💻 www.thatsit.co.za. Gepflegtes, auf überflüssiges Beiwerk verzichtendes B&B nahe Loftus Versveld Stadium. 4 Zimmer, Garten und Pool. R900

Victoria Hotel, Scheiding St, Ecke Paul Kruger St, ✆ 012-323 6054, ✉ hvic@absamail.co.za. Das Innenleben dieses Gebäudes von 1894 gegenüber vom Bahnhof hat schon bessere Tage gesehen, aber im Hotel herrscht eine freundliche Atmosphäre, und Zimmer können auch für den Tag (statt eine Nacht) gemietet werden – praktisch für Leute, die auf einen Bus für die Weiterreise warten müssen. R650

Whistletree Lodge, 1267 Whistletree Drive, Queenswood, 7 km nordöstlich des Zentrums, ✆ 012-333 9915, 💻 www.whistletreelodge.com. Kleines Boutiquehotel; Antiquitäten, schicke Möbel und Kunst schaffen ein luxuriöses Ambiente. Unter anderem Pool, Sauna und Tennisplätze. Alle Zimmer mit Balkon, tadelloser Service. R800

ESSEN

Blue Crane, 156 Melk St, New Muckleneuk, ✆ 012-460 7615, 💻 www.bluecranerestaurant.co.za. Vergleichsweise anspruchsvolles Restaurant in toller Lage mit Blick auf den See und das Austin Roberts Bird Sanctuary. Große Auswahl an Speisen, unter anderem vom Lamm und Strauß (Hauptgerichte R90–120). ⌚ Mo 7.30–15, Di–Fr 7.30–23, Sa 9–23, So 9–16 Uhr.

Boer'geoisie, Greenlyn Village, Thirteenth St, Menlo Park, ✆ 012-460 0264, 💻 www.bistrotboergeoisie.co.za. Traditionelle *boerekos* (Bauernkost), aufgepeppt mit raffinierten Zutaten aus der Bistro-Küche. Spezialität des Hauses sind *potjies* (Eintöpfe); weitere Köstlichkeiten sind Lamm mit Karoo-Knödeln (R124). Hauptgerichte etwa R120. ⌚ Mo–Fr 12–15, 18–22, Sa 18–22, So 12–15 Uhr.

Brasserie de Paris, 381 Aries St, Waterkloof Ridge, ✆ 012-460 3583. Nachbildung eines klassischen Pariser Cafés mit französisch inspirierten Gerichten, darunter Vol-au-vents mit Jakobsmuscheln und Tatar. Hauptgerichte zumeist R100–170. ⌚ Mo–Fr 12–14.30, 19–21, Sa 19–21.30 Uhr.

Café Riche, 2 Church Square, CBD, ✆ 012-328 3173. Dieses klassische, 1905 eröffnete Café mit Blick auf den Platz ist ein Muss für einen schnellen Kaffee oder einfache Kneipenkost. Die Einrichtung ist noch im Originalzustand erhalten, die Atmosphäre ist europäisch und es gibt spezielle Events wie philosophische Diskussionen am Abend (jeden letzten Freitag im Monat). ⌚ tgl. 6–18 Uhr.

Crawdaddy's, Middel St, Ecke Dey St, Piazza Mall, Brooklyn, ✆ 012-460 0889, 💻 www.crawdaddys.co.za. In dem beliebten Restaurant im Cajun-Stil werden Fischeintöpfe und Gerichte mit Meeresfrüchten und Fleisch serviert (Haupt-

GAUTENG

gerichte R60–100). ⌚ So–Mi 11–22, Do–Sa 11–23.30 Uhr.

Ginger & Fig, Jan Shoba St, Ecke Lynnwood Rd, Brooklyn, ✆ 012-362 5926, 💻 www.gingerandfig.co.za. Leckere, moderne Kost in künsterischem Ambiente, die von ambitionierten jungen Köchen kreiert wird. Alles hier wird aus Bio-Produkten selbst gemacht und ist überaus geschmackvoll, etwa Veggie Burger mit Roter Beete (R65), Salat mit Birnen und Blauschimmelkäse (R60) oder Süßkartoffelchips. ⌚ Mo 7.30–17.30, Di–Fr 6–21, Sa 7–15 Uhr.

Lotus Thai, 281 Middel St, Brooklyn, ✆ 012-346 5406. Elegantes, authenisches Thai-Restaurant im Herzen von Brooklyn mit effizientem Service. Jede Menge Curry- und Pfannengerichte (R60–120) sowie Sushi. ⌚ tgl. 12–22 Uhr.

Pride of India, Groenkloof Plaza, George Storrar Drive, Groenkloof, ✆ 012-346 3684, 💻 www.prideofindiarestaurant.co.za. Bestens zubereitete nordindische und goanische Currys (überwiegend ca. R75) in schicken Räumlichkeiten. ⌚ Mo–Fr 11.30–24, Sa 16–24, So 11.30–16 Uhr.

Pure, 137 Thomson St, Ecke Gordon Rd, Hatfield, ✆ 012-342 1443, 💻 www.purecafe.co.za. Liebenswertes Café nahe der Straße nach Polokwane, das Frühstück und Mittagessen sowie Kaffee und Kuchen serviert. Unbedingt probieren: Chai-Mango Smoothies für R29, Frühlingswiesen-Salat für R58 oder die gefüllte Aubergine für R69. ⌚ Mo–Fr 7–16, Sa 8–15 Uhr.

Tashas, Design Square Mall, Bronkhorst, Ecke Veal St, Brooklyn, ✆ 012-460 2951, 💻 www.tashas.co.za. Extrem beliebte Bistro-Kette mit geschmackvoll schlichter Einrichtung und großer Speisenauswahl. Frühstück, frisch gepresste Säfte, Pasta und Kuchen; Hauptgerichte R60–100. Ohne Reservierung muss man Wartezeit einplanen. ⌚ Mo 6.30–21, Di–Sa 6.30–22, So 7.30–21 Uhr.

Tribeca, 220 Madiba Drive, CBD, ✆ 012-321 8876, 💻 www.tribeca.co.za. Exzellenter Kaffee, Frühstück, Kuchen und leichte Mahlzeiten gleich nordöstlich des Church Square. Die Filiale in der Design Square Mall in Brooklyn ist ein beliebter Schwulentreff. ⌚ Mo–Fr 7–17 Uhr.

GAUTENG

UNTERHALTUNG UND KULTUR

Zwar kann Pretoria nicht dieselbe Dynamik und Vielfalt in der Kunst- und Musikszene wie Johannesburg vorweisen, doch werden auch hier reichlich Unterhaltungsmöglichkeiten geboten. Am meisten los ist in Hatfield mit seiner Studentenszene um den Hatfield Square herum. Das trendigste Nachtleben findet man in der Burnett Street, wo sich eine Vielzahl an Kneipen, Cafés und Restaurants aufreiht. Südöstlich der Universität zieht der wohlhabende Vorort Brooklyn ein gehobeneres Publikum an.

Für das Theater- und Kinoprogramm empfiehlt sich der **Veranstaltungskalender** der *Pretoria News*. Den bildenden Künsten, dem Theater sowie großen Musikveranstaltungen widmet sich außerdem der überregionale *Mail & Guardian*. Karten für die meisten Kultur- und Sportveranstaltungen gibt's bei **Computicket**, 💻 www.computicket.com.

Bars und Clubs

Cheeky Monkey, Burnett St, Hatfield Square, 💻 www.cheekymonkeybar.co.za. Die beste aus dem Dutzend Bars am belebten Hatfield Square, oft rappelvoll mit Studenten bei Bier, Cocktails und Snacks aus dem hauseigenen Restaurant/Pizzeria. ⌚ tgl. 12 Uhr bis spät.

Drop Zone, Burnett St, Hatfield Square, ✆ 012-362 6528, 💻 www.clubdropzone.co.za. Bei Studenten beliebter Club mit tgl. wechselnden Getränkespecials, Live-Acts und lauter Musik, überwiegend Mainstream. Zutritt erst ab 21 Jahren. ⌚ tgl. 20 Uhr bis spät.

Eastwood's Tavern, 391 Eastwood Rd, Arcadia, ✆ 012-344 0243, 💻 www.eastwoods.co.za. Gut besuchter Pub/Restaurant für Bier-, Fleisch- und Sportfreunde, wo's oft ganz schön laut hergeht, in der Nähe vom Loftus Versveld Stadium. Wer möchte, kann sich ein selbst ausgesuchtes Steak (R70) grillen. ⌚ Mo–Sa 8–24, So 8–22 Uhr.

Tings an' Times, Garsfontein Rd, Ecke January Masilela Rd, Waterglen Centre, Waterkloof Glen, ✆ 012-993 0233, 💻 www.tings.co.za. Bunt gemischte und gay-freundliche Bar, in der vor allem Reggae läuft. Der beste Ort der Stadt zum Livemusikhören.

Sonntags gibt's kostenlose Unplugged-Sessions. Auch Pita gefüllt mit Falafel (R50), Rindfleisch mit Cumin (R68) und andere Snacks. ⌚ tgl. 12–1.30 Uhr.

Theater

Breytenbach Theatre, 137 Gerard Moerdyk St, Sunnyside, ☎ 012-440 4834. „Breytie" bringt schwungvolle studentische Produktionen auf die Bühne.

State Theatre, 320 Pretorius St, ☎ 012-392 4000, 💻 www.statetheatre.co.za. Pretorias Hauptbühne für Theater, Oper und Klassik. Unter der Leitung von Hugh Masekela und später Aubrey Sekhab wurde das Programm um Jazzveranstaltungen und *black theatre* bereichert.

EINKAUFEN

Bücher

Exclusive Books, Brooklyn Mall, Bronkhorst St, Brooklyn, ☎ 012-346 5864, 💻 www.exclus1ves.co.za.

Protea Book House, 1067 Burnett St, Hatfield, ☎ 012-362 5683, 💻 www.proteaboekhuis.com, hat ein riesiges Sortiment an neuen und gebrauchten Büchern.

Flohmärkte

Hatfield Flea Market, 1122 Burnett St. Pretorias bester Flohmarkt lockt jeden Sonntag mit Kunsthandwerk und Nippes.

SONSTIGES

Apotheken

Apotheken gibt es in fast allen Einkaufszentren. Rund um die Uhr geöffnete Apotheken haben das **Wilgers Hospital** (s. Medizinische Hilfe) und die **Muelmed Medi-Clinic**, 577 Pretorius St, ☎ 012-440 1457.

Diplomatische Vertretungen

Deutschland
180 Blackwood St, Arcadia, ☎ 012-427 8900, 💻 www.southafrica.diplo.de.

Österreich
454 A Fehrsen St (Eingang William St), Brooklyn, ☎ 012-452 9155, 💻 www.bmeia.gv.at/botschaft/pretoria.html

Schweiz
225 Veale St, Parc Nouveau, New Muckleneuk 0181, ☎ 012-452 0660, 💻 www.eda.admin.ch/pretoria.

Lesotho
391 Anderson St, Menlo Park, ☎ 012-460 7648, 💻 www.golesotho.co.za/embassies.html.

Mosambik
529 Edmond St, Arcadia, ☎ 012-401 0300, 💻 www.embamoc.co.za.

Namibia
197 Blackwood St, Arcadia, ☎ 012-481 9100, 💻 www.namibia.org.za.

Swasiland
715 Government Ave, Arcadia, ☎ 012-344 19-10, -17, -25, 💻 www.swazihighcom.co.za.

Simbabwe
798 Merton Ave, Arcadia, ☎ 012-342 5125, ✉ zimpret@lantic.net.

Geld

Die meisten **Banken** liegen am Church Square und entlang der Church St.

Informationen

Touristeninformation, im Gebäude der Old Nederlandsche Bank am Church Square, ☎ 012-358 1430. ⌚ Mo–Fr 7.30–16 Uhr.

Medizinische Hilfe

Mit 24-Std.-Notdienst:
Steve Biko Academic Hospital, Voortrekker Rd, ☎ 012-354 1590;
Wilgers Hospital, Denneboom Rd, ☎ 012-807 8100.

Notruf

Feuerwehr, ☎ 10177 oder 012-310 6200; **Krankenwagen**, ☎ 10177, oder von Netcare (privat), ☎ 082-911; **Polizei**, ☎ 10111.

Post

Church St. ⌚ Mo, Di, Do und Fr 8–16.30, Mi 8.30–16.30, Sa 8–12 Uhr.

GAUTENG

NAHVERKEHR

Stadtbusse

Der Gautrain-Bus beschreibt einen Zirkel von der Pretoria Station durch die Innenstadt. In die Vororte, zu den Malls und Botschaften in Arcadia, Brooklyn und Menlyn fahren Gautrain-Busse von der Hatfield Station. Mit dem Gautrain kommt man auch von der Pretoria Station nach Hatfield (R25).
Stadtbusse in andere Vororte fahren ab Madiba Drive zwischen Bosman und Thabo Sehume Street ab. Beim Busfahrer gibt's Tickets (R10) und Fahrpläne. Letztere sind auch im Infokiosk auf dem Church Square, ✆ 012-358 0839, erhältlich.

Minibustaxis

Minibustaxis aus Jo'burg und anderswo halten in der Jeff Masemola Street, Ecke Bosman Street, in der Nähe des Bahnhofs.

Taxis

Rixi Taxi, ✆ 086-100 7494, 💻 www.rixitaxi.co.za, empfiehlt sich neben **Dial-a-Dove Taxi**, ✆ 012-323 2040.

TRANSPORT

Busse

Der Busbahnhof liegt neben dem Hauptbahnhof.

Busse nach:
BLOEMFONTEIN (10x tgl., 7 Std.);
DURBAN (18x tgl., 9 Std.);
JO'BURG (mehr als 30x tgl., 1 Std.);
KAPSTADT (6x tgl., 20 Std.);
KIMBERLEY (4x tgl., 7 Std.);
NELSPRUIT (6x tgl., 6 Std.);

Eisenbahn

Die **Pretoria Station** liegt südlich des Zentrums. Hier kommen Gautrain-Züge aus JOHANNESBURG an. Der Gautrain fährt auch zum Bahnhof Hatfield; Abfahrt der Züge alle 12 bis 20 Min. von 5.30–20.30 Uhr. Ein Ticket ab Pretoria Station nach Sandton kostet R57, nach Rosebank R61 und zur Park Station R64.

Flüge

55 km südöstlich liegt der nächstgelegene Flughafen, der **OR Tambo International Airport** (S. 552). Der Gautrain (S. 551) verbindet den Flughafen tgl. von 5.30–20.30 Uhr mit Pretoria und Hatfield (Umsteigen in Sandton oder Marlboro); Tickets vom Flughafen zum Bahnhof Pretoria oder Hatfield kosten R155. Oder man nimmt den **Airport Shuttle**, ✆ 086-1748 8853, 💻 www.airportshuttle.co.za, der für rund R500 vom OR Tambo und Lanseria Airport nach Pretoria fährt. Ansonsten kann man auch versuchen, die Abholung über die Unterkunft zu arrangieren.

Die Umgebung von Pretoria

Faszinierendste Sehenswürdigkeit vor den Toren der Stadt ist die **Doornkloof Farm**, einst Wohnhaus des Premierministers Jan Smuts. Etwas weiter östlich liegt die Bergbaustadt **Cullinan**, deren Ursprung bis in die Zeit der ersten Diamantensucher zurückreicht. Der **Tswaing-Meteoritenkrater** nördlich von Pretoria ist ein faszinierendes Fleckchen Erde für eine kurze Wanderung. Im Westen ist das sehr touristische **Lesedi Cultural Village** Opfer seiner eigenen Popularität geworden. Wer sich für die Rettung der Tierwelt interessiert, besucht den **De Wildt Cheetah and Wildlife Trust**.

Doornkloof Farm

Jan Smuts Ave, abseits Nellmapius Ave, Irene, Wegweiser 20 km südlich von Pretoria an der R21 ▪ 🕒 Mo–Fr 8–16, Sa und So 8.30–16.30 Uhr ▪ Eintritt R15 ▪ ✆ 012-667 1176, 💻 www.smutshouse.co.za

Die Doornkloof Farm diente **Jan Smuts** lange Jahre als Wohnsitz, selbst zu Zeiten, als er südafrikanischer Premierminister war. Heute ist in dem schlichten Gebäude aus Holz und Eisen ein Museum untergebracht, das dem Besucher einen der geheimnisvollsten Politiker Südafrikas näher bringt.

Die enorme Privatbibliothek verweist auf Smuts intellektuelle Tiefe (und Breite), zahlreiche andere Gegenstände zeugen davon, dass er ein Mann von Welt war. Andere Exponate konzentrieren sich auf Smuts Rolle als erfolgreichster Befehlshaber burischer Truppen. Das Farmgelände gehört ebenfalls zum Museum. Auf dem reizvollen 2,5 km langen **Oubaas Trail** gelangt man vom Haus auf einen *koppie* – eine Route, die der Naturliebhaber Smuts jeden Tag absolvierte.

Cullinan's Premier Mine

50 km östlich von Pretoria ▪ **Führung oberirdisch** Mo–Fr 10.30 und 14, Sa und So 10.30 und 12.15 Uhr ▪ 2 Std. ▪ R115 ▪ **Führung unterirdisch** Mo und Fr 10.30, Di–Do 9.30, Sa 7.30 Uhr ▪ 8 Std. ▪ R500 ▪ Reservierung erforderlich ▪ ✆ 012-734 0081, 💻 www.diamondtourscullinan.co.za ▪ **Diamond Express-Zug** R200 ✆ 012-767 7913, 💻 www.friendsoftherail.com

In der bis heute betriebenen Premier Mine von De Beers in Cullinan wurde 1906 der mit 3106 Karat schwerste Diamant der Welt gefunden, der **„Stern von Afrika"**. Besucher können an einer unterirdischen **Minenführung** teilnehmen oder Schutzkleidung anlegen und den Betrieb aus der Nähe betrachten. Am besten besucht man die Mine im Rahmen eines Tagesausflugs mit der Diamond Express-Dampfeisenbahn, die ungefähr einmal im Monat von Friends of the Rail organisiert wird (Abfahrt am Bahnhof Hermanstad in Pretoria um 8 Uhr, Rückfahrt um 17.30 Uhr). Dazwischen bleibt genügend Zeit, um in Cullinan herumzuspazieren und zu Mittag zu essen.

Tswaing Crater

Onderstepoort Rd, Soshanguve, am Rand der M35 ▪ 🕒 tgl. 7.30–14 Uhr ▪ Eintritt R25 ▪ ✆ 076-945 5911, 💻 www.ditsong.org.za/tswaing.htm

Der **Tswaing-Krater** mit einer 1,4 km breiten und 200 m tiefen, vor rund 220 000 Jahren entstan-

GAUTENG

Haben nichts zu lachen: Springböcke im Ann Van Dyk Cheetah Centre

denen Senke, ist einer der jüngsten und besterhaltenen Meteoritenkrater der Welt. Tswaing bedeutet in der Sprache der Tswana „Ort des Salzes", und die reichen Salz- und Sodablagerungen am Rand des flachen Kratersees haben schon vor Urzeiten Menschen angelockt. Bis zu 150 000 Jahre alte Artefakte wurden hier entdeckt.

Nachdem man sich im Besucherzentrum an der Hauptstraße hat registrieren lassen, fährt man weiter bis zum Parkplatz. Dort geht ein schöner, 7 km langer Fußpfad ab, der übers *veld* zum Krater, hinab zum See und wieder zurück führt. Es besteht auch die Möglichkeit, näher am Rand zu parken und den Krater schon nach einem kurzen Spaziergang zu erreichen.

Lesedi Cultural Village

Südwestlich von Pretoria, am Rand der R512, nördlich vom Lanseria Airport ▪ Führungen tgl. 11.30 und 16.30 Uhr ▪ Führung R260, Führung plus eine Mahlzeit und Tanzvorführung R400 ▪ Übernachtung R800 ▪ ✆ 087-940 9993, 💻 www.lesedi.com

Im Lesedi Cultural Village sind fünf Dörfer zu einer sonderbaren Touristenattraktion zusammengefasst, die die Kultur der Zulu, Pedi, Xhosa, Ndebele und Basotho vorstellt. Die Besucher werden um recht authentische Kraals geführt, begleitet von Gesängen und Tänzen. Anschließend nimmt man in einem Restaurant an einem **traditionellen afrikanischen Festmahl** teil. Wer will, kann in einer der Dorfhütten oder einer Grashütte bei einer Lesedi-Familie **übernachten**.

Ann van Dyk Cheetah Centre

Westlich von Pretoria, am Rand der R513 Richtung Brits ▪ Gepardenlauf und -Tour Di, Do, Sa und So 8 Uhr ▪ R400 ▪ Führungen Mo, Mi, Fr 8.30, Di, Do, Sa und So 13.30 Uhr ▪ Eintritt R300 ▪ Reservierung erforderlich ▪ ✆ 012-504 9906, 💻 www.dewildt.co.za

Das Ann van Dyk Cheetah Centre hat sich als international renommiertes Tierschutzprojekt dem Schutz der Geparden verschrieben. In Zusammenarbeit mit Farmern werden Programme zum Umgang mit Raubtieren ausgearbeitet, Welpen in Gefangenschaft aufgezogen (bislang über 750) und als ausgewachsene Tiere in Wildreservaten angesiedelt. Im Zentrum werden auch andere gefährdete Tiere großgezogen und/oder betreut, darunter Afrikanische Wildhunde, Geier und Braune Hyänen.

Besucher können ganz nah an die älteren Geparden herangehen, die keine Scheu vor Menschen zeigen. Es wird eine Führung durch das Zentrum und an den Gehegen anderer Tiere vorbei angeboten. Ein Highlight ist die Möglichkeit, einen in rasendem Tempo dahinfliegenden Geparden zu fotografieren oder gar Pate eines Geparden zu werden.

© ROUGH GUIDES / SUPERSTOCK / CHRISTIAN HEEB

Nordwest-Provinz

Stefan Loose Traveltipps

Kgaswane Mountain Reserve Sanfte Hügel, schroffe *kloofs* und klare Flüsse in den Magaliesbergen bilden hoch oberhalb von Rustenburg ein herrliches Wandergebiet. S. 577

Sun City Las Vegas im Bushveld – Fantasieland mit Hotels, Spielautomaten, Bühnenshows, Elefantensafaris und üppig grünen Golfplätzen sowie einem vergnüglichen Aquapark. S. 578

Pilanesberg Game Reserve In der herrlichen vulkanischen Landschaft des von Johannesburg und Pretoria aus am bequemsten erreichbaren Big-Five-Parks kann man hervorragend Tiere beobachten. S. 580

Groot Marico Eines der malerischsten winzigen Farmerstädtchen Südafrikas, berühmt für seine Gastfreundschaft, Bedeutung in der Literatur sowie den hochprozentigen Obstschnaps Mampoer. S. 582

16 **Madikwe Game Reserve** Wenig besuchter Big-Five-Wildpark im äußersten Norden der Provinz mit einer der exklusivsten Wildlife-Lodges von ganz Südafrika. S. 584

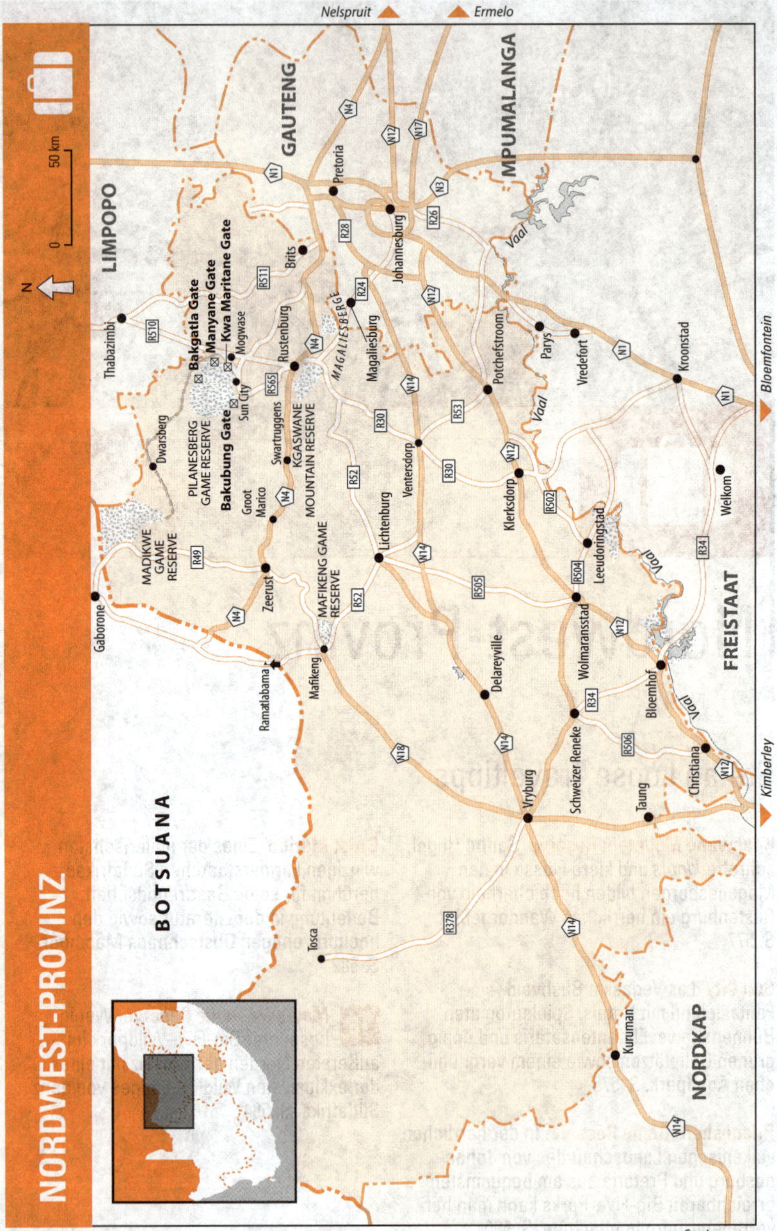

NORDWEST-PROVINZ
Nelspruit
Ermelo
LIMPOPO
GAUTENG
MPUMALANGA
FREISTAAT
NORDKAP
BOTSUANA
N
0
50 km
Pretoria
Johannesburg
Brits
Thabazimbi
Bakgatla Gate
Manyane Gate
Kwa Maritane Gate
Mogwase
Sun City
Bakubung Gate
PILANESBERG GAME RESERVE
Rustenburg
Swartruggens
KGASWANE MOUNTAIN RESERVE
MAGALIESBERGE
Magaliesburg
Dwarsberg
Groot Marico
MADIKWE GAME RESERVE
Zeerust
Gaborone
Lichtenburg
MAFIKENG GAME RESERVE
Mafikeng
Ramatlabama
Ventersdorp
Potchefstroom
Parys
Vredefort
Kroonstad
Bloemfontein
Vaal
Klerksdorp
Welkom
Leeudoringstad
Wolmaransstad
Delareyville
Bloemhof
Christiana
Kimberley
Schweizer Reneke
Vryburg
Taung
Tosca
Kuruman
Upington
N1
N4
N12
N14
N17
N18
N3
R24
R26
R28
R30
R34
R49
R52
R53
R378
R502
R504
R505
R506
R510
R511
R565

Südafrikas Nordwest-Provinz ist bei Touristen eigentlich nur für den Vergnügungspark **Sun City** und das **Pilanesberg Game Reserve** mit den Big Five bekannt. Wenige Besucher unternehmen Erkundungen jenseits dieser beiden Attraktionen. Dabei sorgen die traditionelle Gastfreundschaft in den zahlreichen kleinen *dorps* der Region und die beschauliche Idylle der endlosen Grassteppen und Maisfelder für eine willkommene Verschnaufpause nach der Hektik von Johannesburg und Pretoria.

Die Nordwest-Provinz erstreckt sich westlich von Gauteng bis zur Grenze nach Botsuana und dem Rand der Kalahari. Im Osten der Provinz ragen die **Magaliesberge** auf. Sie bilden die Grenze zu Gauteng und sind hundertmal älter als das Himalayagebirge. Heutzutage gibt es dort jede Menge Urlaubsorte für naturhungrige Johannesburger. Von Pretoria führt die N4 in die Berge und durch die wichtigste Stadt im nordöstlichen Teil: **Rustenburg**. Sie ist das Tor zum windgepeitschten **Kgaswane Mountain Reserve**, das zu Wanderungen in die Berge mit Aussicht über die flirrende Ebene einlädt.

Weiter westlich an der N4 liegt **Groot Marico**, ein freundliches *dorp* mit kräftigem, vor Ort gebrautem Bier und geselligen Bewohnern, mit denen sich selbiges genießen lässt. Weiter westlich erreicht man die Provinzhauptstadt **Mafikeng**, die Schauplatz einer berühmten Belagerung während des Zweiten Burenkriegs war. Richtung Botsuana ist das **Madikwe Game Reserve** angesiedelt. Es gehört zu den noch wenig besuchten, aber erstklassigen Big Five-Wildreservaten Südafrikas: ein riesiges Gebiet mit ein paar hervorragenden Game Lodges.

Im Sommer brennt die Sonne in der Nordwest-Provinz unerbittlich vom Himmel, nur unterbrochen von kurzen Regengüssen; besser kommt man im **Frühjahr** oder **Herbst**. Wer ein ursprüngliches Naturerlebnis sucht, findet in dieser Ecke Südafrikas, im stillen, zeitlosen *veld*, traumhafte Campingmöglichkeiten.

Informationen über die Provinz erteilt das North West Parks & Tourism Board, ✆ 0861-111 866, 💻 www.tourismnorthwest.co.za. Die Website bietet Informationen und Links zu allen Parks in der Region. Malaria kommt in der Nordwest-Provinz nicht vor.

Geschichte

Die ersten Bewohner der Nordwest-Provinz waren das Jäger- und Sammlervolk der **San**. Vor ungefähr 500 bis 1000 Jahren wurden sie von Rinderzucht betreibenden Völkern der Eisenzeit verdrängt, die aus Norden kamen und ihre ersten Siedlungen in flussnahen Niederungen errichteten. Diese Ansiedlungen entwickelten sich in steinumwallte, auf Hügeln gelegene Ortschaften. Die größte davon, Karechuenya (nahe Madikwe), besaß nach Schätzungen im Jahr 1820 mehr Bewohner als Kapstadt. Bis zum 19. Jh. etablierten sich die Stammesgruppen der Rolong, Taung, Tlhaping und Tlokwa als dominierende Kraft. Die Europäer bezeichneten sie alle als **Tswana**, aber es ist unklar, ob diese Völker sich als sehr verschieden von den weiter im Osten lebenden, „Sotho" genannten Völkern betrachteten.

Als im frühen 19. Jh. die weißen Siedler *(trekboers)* sich immer mehr Land aneigneten und die Einheimischen verdrängten, brachen erbitterte und durch die zunehmende Verfügbarkeit von Schusswaffen besonders blutige Kämpfe zwischen den Stammesgruppen aus. Den Sieg trugen diejenigen davon, die sich jeweils mit den Neuankömmlingen verbündeten: mit den **Griqua** aus dem Norden der Kapprovinz und mit den **Buren** aus dem Süden. Die verbleibenden Stämme hatten jedoch wenig Freude an ihrem Sieg, denn ihre „Verbündeten", die Griqua und Buren, zwangen auch sie bald zur Aufgabe ihres Lands oder zur Sklavenarbeit.

In der Folgezeit gründeten sich mehrere Kleinstaaten, die sich schließlich 1860 zur **Südafrikanischen Republik** (ZAR) mit Pretoria als Hauptstadt zusammenschlossen. Vom Ersten Burenkrieg (1877–81) blieb der Großteil der Provinz unberührt. Sehr viel schlimmere Konsequenzen hatte der **Zweite Burenkrieg** (1899–1902). Abgesehen von der berühmten **Belagerung von Mafikeng**, bei der britische und Tswana-Truppen 217 Tage ausharrten, gab es lange, zähe Scharmützel entlang des Vaal River. Nach dem Sieg der Briten wurde sowohl das Land der Buren als auch das der Tswana abgebrannt, und viele landeten in Lagern.

Mit Gründung der Südafrikanischen Union 1910 wurde die Provinz zum Westteil Transvaals und befand sich fest in burischer Hand. Die kleinen *dorps* standen schon bald synonym für kleinbäuerlichen Rassismus. Nicht umsonst etablierte sich hier in den 1980er-Jahren die faschistische AWB unter **Eugene Terreblanche**. Weil die meisten Tswana-Männer zu den Goldminen am Witwatersrand abgewandert waren und sich deshalb hier keine schwarze Arbeiterklasse entwickelte, spielte die Nordwest-Provinz im Anti-Apartheidskampf auch nur eine relativ untergeordnete Rolle.

Aus den ehemaligen „Einheimischen-Reservaten", den kargen Landstrichen, in die man die Tswana gezwungen hatte, wurde 1977 um Mmabatho im Westteil der Provinz das Bantustan **Bophuthatswana**, kurz „Bop", gebildet. Bop war alles andere als das lang ersehnte unabhängige *homeland* für Schwarze in dieser Gegend. Das Gewirr unterschiedlicher Enklaven stand unter der Herrschaft des korrupten **Lucas Mangope**, der sich an den Gewinnen aus den Casinos in Sun City und Mmabatho sowie an der Entdeckung von Platin bereicherte. Bophuthatswanas kurzlebige Existenz endete 1994, als die Armee des Landes einen Monat vor den Wahlen in Südafrika aufbegehrte. Mangope rief Hunderte bewaffneter AWB-Neofaschisten zu Hilfe, um den Aufstand niederzuschlagen, aber der AWB – und Mangope – wurden vernichtend geschlagen.

Der Bergbau dominiert bis heute die Wirtschaft der Provinz, aber in den letzten Jahren kam es immer wieder zu gewalttätigen Streiks der Minenarbeiter. Die Ausstände kulminierten 2012 im sogenannten Marikana-Massaker, als in der Zeche Lonmin in der Region Marikana bei Rustenburg 34 Menschen von der südafrikanischen Polizei erschossen und mindestens zehn weitere Personen getötet wurden. Das Massaker war der schlimmste Fall staatlicher Gewalt gegen Zivilisten seit dem Massaker von Sharpeville 1960.

Die Region Bojanala

Die an Gauteng grenzende Region Bojanala im nordöstlichen Bushveld der Nordwest-Provinz erfreut sich ausgesprochener Beliebtheit bei Wochenendausflüglern aus Johannesburg. Große Teile der Provinz sind weites Ödland, sodass die Magaliesberge eine der buchstäblich herausragenden Attraktionen darstellen. Ihren Namen erhielt die Bergkette nach dem Tswana-Häuptling Mogale aus dem Stamm der **Kwena**, die hier vom 17. Jh. bis zu ihrer Vertreibung durch den Ndebele-Häuptling Mzilikazi im Jahr 1825 lebten. Die Kwena sind heute aus dem Gebiet der Magaliesberge gänzlich verschwunden.

Beachtliche Teile der Magaliesberge sind umzäunt und von Feriensiedlungen in Beschlag genommen worden. Einige Oasen unberührter Natur gibt es aber noch. Zu ihnen gehört insbesondere das **Kgaswane Mountain Reserve** – von der größten Stadt der Region, Rustenburg, her erreichbar – weitgehend in seinem natürlichen Zustand erhalten und mit reichlich Wildtieren gesegnet.

Weiter nördlich erstreckt sich in einem urzeitlichen Vulkankrater das faszinierende **Pilanesberg Game Reserve**, das Hauptziel der in Gauteng ansässigen Safari-Veranstalter, wenn es um Begegnungen mit den Big Five geht. Wer mit Kindern unterwegs ist und/oder Lust auf einen Fun-in-the-sun-Wasserpark und ein bisschen „Disneyland" hat, steuert **Sun City** an.

Rustenburg

Ungefähr 120 km nordwestlich von Johannesburg liegt die trostlose Platinminenstadt Rustenburg, die älteste Siedlung im ehemaligen West-Transvaal. Mit ihrem Schachbrettmuster aus Ladenketten, Shopping Malls und Neonschildern lohnt die Stadt eigentlich keinen Besuch. Dessen ungeachtet legen viele Besucher hier einen Stopp ein, weil sie das herrliche, 7 km südlich der Stadt gelegene **Kgaswane Mountain Reserve** zum Ziel haben.

Das historische Zentrum von Rustenburg beschränkt sich auf einen Abschnitt der Burger Street zwischen Nelson Mandela Drive und Oliver Tambo Drive. Hier befinden sich zwei Kirchen: die alte **Anglikanische Kirche** aus dem Jahr 1871 und die 1850 erbaute **Niederländisch-Reformierte Kirche**. Letztere steht gegenüber vom würdevollen, 1935 erbauten **Rathaus** und

■ Übernachtung				● Restaurants			
Cashane Hotel	4	Palm Lodge	2	Brauhaus am Damm	2	Hartley's	4
Kedar Country Hotel	3	Rainhill Farm	5	Cape Town Fish Market	3	Kenny Gee's	5
		Travellers Inn	1			Mmamothofela	1

einer Statue von Paul Kruger. Das Kunstwerk aus der Hand des französischen Bildhauers Jean Georges Achard zeigt den Präsidenten in seinen letzten Tagen im Exil in Frankreich, wie er zusammengesunken in einem Lehnstuhl sitzt.

Wem der Sinn danach steht, kann sich nach der kurzen Stadtbesichtigung zur besten Einkaufsmöglichkeit der Region aufmachen, der schicken Waterfall Mall mit ihren 160 Geschäften, 5 km östlich der Stadt (immer dem Nelson Mandela Drive nach), 💻 www.waterfallmall.co.za. 🕒 Mo–Fr 9–18, Sa 9–17, So 9–13 Uhr.

ÜBERNACHTUNG

Wer das intensivste Landschaftserlebnis sucht, bezieht eine Bleibe außerhalb der Stadt. Campingplätze gibt es im Kgaswane Mountain Reserve. Auf motorisierte Besucher warten Dutzende teilweise ziemlich elegante B&Bs und Resorts rund um die Stadt – eine Auswahl findet sich unter 💻 www.rustenburgaccommodation.co.za. Die nachstehend genannten Unterkünfte verfügen über sichere Parkplätze.

Cashane Hotel, 66 Steen St, ✆ 014-592 8541, ✉ cashanehotel@telkomsa.net. Das gepflegte Hotel mit 6 Etagen bietet komfortable, gut ausgestattete Zimmer mit Blick auf die Stadt. 1968 erbaut, war dies Rustenburgs erstes mehrstöckiges Gebäude. Eine gute Bar serviert Kneipengerichte. R500

Kedar Country Hotel, 20 km nordwestlich der Stadt in Boshoek, 500 m abseits der R565 nach Sun City, ✆ 014-573 3218, 💻 www.recreationafrica.co.za/kedar. Liebevoll restauriertes Farmhaus, das einst Präsident Kruger gehörte, der hier in einem kleinen Museum geehrt wird. Die luxuriöse afrikaanse Einrichtung sowie zahlreiche Wildtiere und Vögel in der Umgebung schaffen eine erholsame Atmosphäre in ländlicher Idylle. Pool sowie 2 Suiten mit eigenem Minipool. DZ R1130, Suiten R8525

Palm Lodge, 99 Beyers Naude Drive, ✆ 014-597 2520, 💻 www.palmrtb.co.za. Großer, strohgedeckter Komplex, der schicker wirkt, als er tatsächlich ist. Mehrere Dutzend kleine, dunkle Zimmer sowie Selbstversorger-Units mit einem Schlafzimmer. Pool, 2 Bars und Restaurant. R500

Rainhill Farm, Watsonia Rd, 4 km südwestlich der Stadt, 014-592 8911, www.rainhill.co.za. 4 reizende, mit Antiquitäten bestückte Chalets aus den 40er-Jahren, ideal für Familien oder Honeymooner. Anfahrt mit dem Minibustaxi nach Rustenburg Kloof, Selbstfahrer folgen dem Bethlehem Drive, biegen dann rechts ab in die Brink Street und links in die Watsonia Road. R560

Travellers Inn, 99 Leyds St, 014-592 7658, www.travellersinn.co.za. Gute, moderne Zimmer, großer Backpacker-Dorm am Pool, reizende rustikale Bar und vorzügliches Essen und das alles in Laufweite zum Stadtzentrum und zum Busbahnhof. Schwule und lesbische Paare willkommen. Frühstück R90. Dorm R200, DZ R500

ESSEN UND UNTERHALTUNG

In Rustenburg dominieren die Fastfood-Lokale. Jede Menge davon gibt's am Nelson Mandela Drive und in der Fatima Bhayat Street. Ansprechendere Restaurants finden sich in einigen der Hotels sowie in der Waterfall Mall. Afrikanisches Essen bieten u. a. die **Straßenstände** am und um den Busbahnhof. Allerdings muss man in diesen Gegenden sowohl tagsüber als auch abends Umsicht walten lassen.

Brauhaus am Damm, R24, 18 km von Rustenburg, 087-802 5519, www.brauhaus.co.za. Nachfahren deutscher Einwanderer aus dem nahen Kroondal haben das Brauhaus neben dem Olifantsnek-See an der Hauptstraße nach Jo'burg gegründet. 6 Sorten Bier werden hier gebraut (1/2 l R32) und ausgeschenkt, aber man kann es auch in Flaschen abgefüllt mitnehmen. Dazu werden leckere Mahlzeiten wie Wurst- und Käseplatten (R80) oder Spätzle (R35) aufgetischt. Führungen (1 Std., R50 inkl. Bierverkostung und ein Glas) nach Voranmeldung. Di–Sa 11–23, So 10–16 Uhr.

Cape Town Fish Market, Waterfall Mall, 1 Augrabies Ave, 014-537 3663, www.ctfm.co.za. Die Filiale einer guten Restaurantkette ist eines der besten Lokale im Einkaufszentrum, mit guten frischen Fischgerichten, Sushi und Bento-Boxen. tgl. 11–23 Uhr.

Hartley's, Rainhill Farm (s. „Übernachtung"), 014-594 1992. Ruhiges Landgasthaus und Familienrestaurant. Die Kneipenabteilung heißt **The Milk Shed**, das **The Pack House** ist das steifere Nichtraucher-Restaurant. In beiden reicht das Essensangebot (R55–90) von Rippchen und Steaks bis zu Garnelen und anderem Seafood. Unbedingt probieren: die berühmte hausgemachte Orangenmarmelade. tgl. 12–22 Uhr.

Kenny Gee's, 67 Brink St, Ecke Kock St, 014-592 8079, kennygees@telkomsa.net. Beste zentrumsnahe Option für ein gutes Frühstück (ab R37), gegrilltes Hähnchen mit Feta und Avocado (R76) und Bananen-Zimt-Pfannkuchen (R29). Jeden Mittwoch und Freitag gibt es ein bescheidenes Unterhaltungsprogramm mit Livemusik. Mo–Fr 6.45–20, Sa 8–14 Uhr.

Mmamothofela, Boom St, Bafokeng Plaza, 014-592 9527. Bestes Lokal für afrikanisches Fast Food in der Stadt, aber es gibt auch englisches Frühstück für R30. Sehr gut für ein traditionelles afrikanisches Mittagessen mit Eintöpfen oder verschiedenen Fleischsorten zu *pap*, *samp*, Bohnen, Reis und Gemüse (alles ca. R45). Die Rindfleisch- und Hähnchen-Kebab-Platte für R600 reicht für eine ganze Familie. Mo–Sa 6.30–16 Uhr.

SONSTIGES

Autovermietung

Avis, 56a Von Wielligh St, 014-592 9902, www.avis.co.za.

Geld

Absa in der Waterfall Mall hat einen Geldwechselschalter.

Informationen

Touristeninformation, Kloof Rd, zwischen Nelson Mandela Drive und Fatima Bhayat St, 2 km vom Zentrum am östlichen Stadtrand, 014-597 0904, tidcrust@mweb.co.za. Exzellentes Büro mit freundlichem Personal und jeder Menge Karten und Prospekten für die

Sehenswürdigkeiten und zu den Unterkünften in der gesamten Provinz. ⌚ Mo–Fr 8–16.30, Sa 8–12 Uhr.

Internet

Excellent Copies & Internet Café, Nelson Mandela Drive, Ecke President Mbeki Drive.

Medizinische Hilfe

Im **Medicross Medical Centre**, President Mbeki Drive, Ecke Von Wielligh St, ✆ 014-523 5100, gibt es Ärzte und Zahnärzte.

Notfälle

Privater Krankenwagen (Netcare), ✆ 014-568 4338 oder 082-911, **Krankenwagen**, ✆ 014-556 2073, **Feuerwehr**, ✆ 014-590 3334, **Polizei**, ✆ 014-590 4111.

TRANSPORT

Busse und Minibustaxis

Keines der größeren Busunternehmen unterhält regelmäßige Verbindungen nach Rustenburg. Langstrecken-Minibustaxis sowie der tägliche Bus von Bojanala, ✆ 014-565 6550, 💻 www.bojanalabus.co.za, aus Mafikeng (3 Std., nicht über Groot Marico) kommen am Busbahnhof am westlichen Ende des Nelson Mandela Drive, Höhe Beneden St, an. Die Minibustaxis steuern regelmäßig Ziele in der gesamten Provinz an, darunter GROOT MARICO (1 1/2 Std., ein Taxi nach ZEERUST nehmen) und MAFIKENG (3 1/2 Std.), und fahren auch nach LESOTHO (tgl., 9 Std.).
Die Fahrtziele sind an den Haltebuchten deutlich angeschrieben, und Tickets gibt's in den Bussen; am besten erkundigt man man sich einen Tag vor Abfahrt nach den Verbindungen. Vorsicht: den Terminal nicht an der Nordseite verlassen.

Kgaswane Mountain Reserve

7 km südlich von Rustenburg ▪ ⌚ tgl. April–Aug 6–18, Sep–März 5.30–19.30 Uhr ▪ Eintritt R30, plus R10 pro Fahrzeug ▪ ✆ 014-533 2050, 💻 www.tourismnorthwest.co.za/kgaswane

Das Kgaswane Mountain Reserve ist nur mit einem eigenen Fahrzeug zu erreichen, und zwar folgt man vom Zentrum von Rustenburg der R24 Richtung Johannesburg und biegt an der Ampel gleich hinter der Waterfall Mall (bzw. kurz vor der Mall, wenn man aus Johannesburg kommt) rechts ab; dann folgt man der Straße bergan und biegt links auf die ausgeschilderte Straße zum Eingang des Reservats. Alternativ fährt man die Beyers Naude Street Richtung Südwesten, überquert den Highway und folgt dann der Helen Joseph Street. Von hier windet sich die Straße atemberaubend hinauf zum **Besucherzentrum** in einem breiten Tal nicht weit vom Gipfel. Das Besucherzentrum (im Winter oft geschlossen, am Tor zum Reservat fragen) hält nützliches Kartenmaterial sowie Informationen über Wanderungen bereit.

Kgaswane erstreckt sich in einem spektakulären, 40 km² großen Teilgebiet der Magaliesberge. In dieser von jahrtausendealten, erodierten Felsformationen durchsetzten Landschaft findet man neben trockenem *veld* auch Wasserläufe, die sich ihren Weg durch die Täler bahnen. Zur üppigen Pflanzenwelt zählen Magaliesberg-Aloen und die zarte Frithia, eine Sukkulente, die zwischen November und März blüht. In den zahlreichen Felsschluchten lassen sich auch **Raubvögel** entdecken. Ausschau halten sollte man nach dem seltenen Kaffernadler, dem Kampfadler, dem Kapgeier, Papageien und Paradiesschnäppern. Neben **Zebras** leben im Kgaswane auch 800 **Antilopen**, darunter die meisten in Südafrika vorkommenden Arten. **Raubtiere** sind weniger zahlreich und beschränken sich auf Wüstenluchse, Erdwölfe, Schabrackenschakale und scheue Leoparden.

Das Gebiet lässt sich zu Fuß oder mit dem (mitgebrachten) Fahrrad erkunden. Es gibt zwei kürzere Wege für Tageswanderungen. Der zwei- bis dreistündige, 5 km lange **Peglarae Trail** führt auf einem recht einfachen Pfad durch felsiges Gelände und belohnt mit den schönsten Attraktionen und Ausblicken des Schutzgebiets. Kürzer und flacher ist der 2 km lange **Vleiramble**, der zu einer Aussichtshütte auf dem *vlei* führt, die besonders bei Vogelfreunden beliebt ist. Wanderungen mit zwei Übernachtungen folgen dem **Rustenburg Hiking Trail** (19,5 km bzw. 23,5 km).

ÜBERNACHTUNG

Campingplatz, ✆ 014-533 2050, 🖳 www.tourismnorthwest.co.za/kgaswane. Das Besucherzentrum verfügt über einen geschützten Campingplatz, ein Cottage für 5 Pers. sowie *braai*-Einrichtungen, beide ganzjährig geöffnet; es gibt keine Geschäfte, Proviant muss man also selbst mitbringen. Im Winter wird es hier sehr kalt! Camping R80, Cottage R500

Sun City

Tagesbesucher: Eintritt R60 ▪ ✆ 011-780 7810, 🖳 www.suncity.co.za

Eine unwirklich wirkende Enklave von Hotelhochhäusern und klimpernden Spielautomaten im endlosen Bushveld – das ist Sun City. Es umfasst vier dicht gedrängte **Hotelkomplexe** mit Golfplätzen, einem Aquapark und anderen Unterhaltungseinrichtungen.

Als der Unternehmer Kerzner in den 1970er-Jahren mit dem Bau des Komplexes begann, war das Gebiet noch Teil des Bantustans Bophuthatswana und einer der wenigen Orte im Land, wo man um Geld spielen konnte. Tausende Besucher kamen von „jenseits der Grenze", um sich Kerzners Mischung aus Glücksspielen, barbusigen Damen und fabelhaften Hotels hinzugeben.

Aber weil das Glücksspiel in Südafrika mittlerweile kein Verbrechen mehr ist, hat Sun City umdisponiert und macht jetzt auf Familienausflugsziel. Das Konzept geht auf – wer mit Kindern unterwegs ist, sollte tatsächlich nach Sun City fahren. Das Resort ist auch ein guter Ausgangspunkt für einen Abstecher in das Pilanesberg Game Reserve.

Cabanas und Waterworld

🕒 tgl. 10–17 Uhr

Die beim Cabanas Hotel gelegene **Animal World** ist ganz toll für kleinere Kinder: Hier gibt es einen kleinen Zoo, Reitpferde, ein Vogelhaus (im Sommer mit Flugvorführungen von Raubvögeln und Eulen) und hungrige Krokodile, die um 16.30 Uhr von den Besuchern gefüttert werden dürfen. Dahinter erstreckt sich die **Waterworld**, ein großer künstlicher See mit zahlreichen Wassersportmöglichkeiten, von Parasailing bis Wasserskilaufen.

Entertainment Centre

🕒 tgl. 10–2 Uhr

Den Mittelpunkt von Sun City bildet das neben dem dreieckigen Turm vom Hotel Cascades gelegene **Entertainment Centre** mit seinen lärmenden Spielautomaten, einem Kino, exklusiven Geschäften und einer Konzerthalle, wo verschiedene musikalische und andere Veranstaltungen stattfinden.

Neben dem Entertainment Centre liegen ein Vogelhaus, Tennisplätze, ein Spa und der berühmte **Gary Player Country Club Golf Course** (rechtzeitig buchen – die Warteliste ist nicht selten mehrere Monate lang, Greenfee R790–890).

Lost City und Valley of the Waves

Valley of the Waves 🕒 Anfang Mai und Mitte Juni–Aug tgl. 10–17 Uhr, Mitte Mai–Mitte Juni geschl., Sep–April 9–18 Uhr ▪ Eintritt frei für Hotelgäste, sonst R120–150 ▪ **Palace Tour** 8x tgl. 11.30–16 Uhr ab Welcome Centre ▪ R60

Die **Lost City** ist das Herzstück des Ganzen und vom übrigen Komplex durch die schwankende „Bridge of Time" getrennt. In der Lost City ist das „Valley of the Waves" angesiedelt, ein gigantisches Wellenbad mit Strand, Palmen, drei Wasserrutschen und einer Anlage, die 2 m hohe, zum Surfen geeignete Brecher fabriziert. In den Tiefen des oberhalb des „Valley" künstlich angelegten Regenwalds gilt es Wasserfälle, plätschernde Bäche, verschlungene Pfade sowie die „Überreste" der „verlorenen Stadt" zu entdecken.

Über allem thront das gewaltige Hotel Palace of the Lost City. Wer nicht im Palace logiert, kann sich dort zumindest einen Drink genehmigen oder im Rahmen einer **Palace Tour** einen Einblick verschaffen.

ÜBERNACHTUNG

Die Hotels in Sun City liegen alle dicht beieinander in der Mitte des Tals. Deren Zimmer können alle über **Sun City Reservations**, ✆ 011-780 7810, 🖳 www.suninternational.co.za, reserviert werden, sind aber erheblich billiger, wenn man sie als Teil eines Pauschalpakets oder im Internet bucht. Die Hotels sind ausnahmslos riesige Bettenburgen – selbst das kleinste, das Cascades, hat insgesamt 243 Zimmer.

Cabanas, die billigste Unterkunft von Sun City, die zudem in der Nähe der meisten Angebote für Kinder liegt und sich daher besonders für Familien anbietet. Die Zimmer sind klein, etwas altmodisch, aber es herrscht eine entspannte Atmosphäre und es gibt erschwingliche Restaurants sowie ein gutes Schwimmbad. R2046

Cascades, neben dem Entertainment Centre. Schickes pyramidenförmiges Hochhaus mit „Tropen"-Deko, Mini-Regenwald und Voliere; nach dem Palace die komfortabelste Unterkunft, obwohl die Zimmer und der Service eher durchschnittlich sind. Von den Aufzügen an der Außenfassade bieten sich herrliche Ausblicke. Der hübsche Pool und die Bar stehen nur Hotelgästen offen. R2819

Palace of the Lost City. Ein ebenso opulenter wie fantasiereicher afrikanischer Dschungelpalast, der mit seinen Türmen, Kuppeln und Skulpturen an eine Kulisse aus *Indiana Jones* erinnert. Die Zimmer sind groß und schön eingerichtet, und obwohl der Aufenthalt ruinös teuer ist (und man woanders weit mehr fürs Geld bekommt), ist er unvergesslich. R4172

Sun City Hotel. Im ältesten Hotel des Resorts ist das Kasino untergebracht. Wer in erster Linie zum Spielen nach Sun City kommt, lässt sich also am besten hier nieder. Von den großen Zimmern mit Balkon bieten sich tolle Ausblicke, und es gibt 4 ordentliche Restaurants. R3103

ESSEN UND UNTERHALTUNG

Im Entertainment Centre finden sich jede Menge erschwinglicher Restaurants, Snackbars und Cafés, dazu ein Kasino und ein Kino. Zum Tanzen und auf einen Drink gehen die meisten Gäste in die Bar Traders und den Nachtclub (Eintritt frei) im Obergeschoss, wo sich auch ein alkoholfreier Nightclub für Teenager befindet.

Crystal Court, Palace of the Lost City. Das klassisch eingerichtete Crystal Court bietet ein üppiges Frühstücksbuffet und einen tollen Nachmittagstee. Ansonsten gibt's unter der Woche Essen vom Buffet, und am Wochenende wird à la carte gespeist.

Santorini, Hotel Cascades. Das Kettenrestaurant am hübschen Pool des Cascades ist bekannt für seine erschwingliche köstliche Mittelmeerküche (R90–200) mit Gerichten wie griechischem *kleftiko*, Pitta-Speisen und Pizza.

INFORMATIONEN UND TOUREN

Welcome Centre, ✆ 014-557 1544. Reichlich Kartenmaterial, Broschüren und Informationen über besondere Angebote. ◷ Mo–Do und So 8–19, Fr und Sa 8–22 Uhr.

Außerdem gibt es einen Infoschalter des **North West Parks & Tourism Board**, ✆ 014-552 2116. ◷ Mo–Fr 8–17, Sa 9–16 und So 9–14 Uhr.

Gametrackers, ✆ 014-552 5020, 🖳 www.gametrac.co.za. Unterhält einen Schalter im Welcome Centre. Hier kann man Autosafaris, Heißluftballonfahrten und andere Outdoor-Aktivitäten in dem kleinen Letsatsing Game Reserve, das sich 20 Min. Autofahrt vom Welcome Centre entfernt befindet, buchen. Zu den Aktivitäten gehören Quad-Fahrten (R475–745), Tontaubenschießen (R445–735), Bogenschießen (R270) sowie Trommel- und Tanzkurse (R195). Die Anfahrt wird ebenfalls von Gametrackers organisiert.

TRANSPORT

Auto

Von Pretoria oder Johannesburg nimmt man die R4 bis hinter die Abzweigung nach Brits und biegt nach rechts auf die R556 ab; von dort sind es noch etwa 70 km bis Sun City.

Beim Welcome Centre gibt es einen **Parkplatz**; wenn es voll ist, sollten Tagesbesucher jedoch den riesigen Parkplatz am Haupttor nutzen und dann mit der Magnetbahn zum Welcome Centre fahren.

Busse

Täglich fährt ein Shuttlebus von **Ingelosi Tours**, ✆ 012-546 3827, 🖳 www.ingelositours.co.za, vom OR Tambo International Airport sowie aus SANDTON und PRETORIA nach Sun City (R400 one-way).

Eine beliebte Alternative sind **Tagestouren** zahlreicher Veranstalter von Pretoria und Johannesburg. Die Preise richten sich nach dem gebotenen Tourprogramm bzw. nach der Zielgruppe, liegen aber bei mind. R400–500 (plus R200–350 in Kombination mit einer kurzen Pilanesberg-Safari).

Minibustaxis

Die Minibustaxis von RUSTENBURG nach MOGWASE halten am Eingang von Sun City.

Pilanesberg Game Reserve

⌚ tgl. März, April, Sep und Okt 6–18.30, Mai–Aug 6.30–18, Nov–Feb 5.30–19 Uhr ▪ Eintritt R65 p. P., Auto R20 ▪ ✆ 014-555 1600, 💻 www.tourismnorthwest.co.za/pilanesberg-game-reserve

In Nachbarschaft zu Sun City liegt das Pilanesberg Game Reserve, das eine immense Artenvielfalt beherbergt und die größte Touristenattraktion der Nordwest-Provinz darstellt. Das künstlich geschaffene Reservat wurde bis 1979 von einheimischen Bauern und Angehörigen des **Tswana**-Stammes unterhalten, die aber unsanft vertrieben wurden, als man im Rahmen der **Operation Genesis** über 6000 Tiere aus allen Teilen des Landes im Park ansiedelte. Der Park liegt nur zwei bis drei Autostunden von Pretoria und Jo'burg entfernt und empfiehlt sich besonders für Besucher, die sich in Gauteng aufhalten und nur wenig Zeit in Südafrika zur Verfügung haben. Wie in jedem anderen Wildreservat hat man mehr von dem Besuch, wenn man entweder im oder in der Nähe des Schutzgebiets übernachtet und – bevor die Tagesausflügler eintrudeln – die Morgendämmerung als beste Beobachtungszeit wahrnehmen kann.

Von den Besucherströmen und dem durchorganisierten Charakter des Parks sollte man sich keinesfalls abschrecken lassen, denn er bietet reichlich Gelegenheit zur Beobachtung von Tieren und gute Chancen, alle Vertreter der **Big Five** zu Gesicht zu bekommen, daneben auch Flusspferde, Braune Hyänen, Giraffen und Zebras. Die meisten Antilopenarten sind hier ebenso vertreten wie zahlreiche **Vögel** (bislang wurden 365 Arten gezählt). Nachts werden einige fantastische Kreaturen aktiv, darunter Zibetkatze, Stachelschwein und Wüstenluchs, allerdings bedarf es einer gehörigen Portion Glück, um sie zu erspähen.

Um dem 650 km² großen Gelände mit seinen ca. 200 km gut befahrbaren Asphalt- und Schotterstraßen gerecht zu werden, sollte man sich mindestens einen Tag Zeit nehmen. Ein herkömmliches Auto reicht für die Erkundung völlig aus; die offizielle Gebietskarte (erhältlich an den Toren und in den Läden der Camps) leistet dabei gute Dienste. Die zahlreichen Hügel sind das Ergebnis eines Vulkanausbruchs, der sich vor 1300 Millionen Jahren ereignete. Sie zählen zu den größten landschaftlichen Reizen des Parks, werden aber von vielen Besuchern übersehen, weil diese nur nach den Tieren Ausschau halten.

Der alkalische **Lake Mankwe** („Leopardensee") bildet das natürliche Zentrum des Parks für Mensch und Tier, wo sich das emsige Treiben von verschiedenen Unterständen aus verfolgen lässt. Die im Park verstreuten Picknick- und Beobachtungsplätze sind ideal für eine Fahrtunterbrechung. Weil nur ganz wenige Besucher die Hochsitze aufsuchen, sind das oft idyllische, angenehm kühle Orte, um die Umgebung in aller Ruhe zu genießen. Wer mit einem eigenen Fahrzeug unterwegs ist, sollte sich nicht scheuen, die Safarijeepfahrer nach Tipps für Tiersichtungen zu fragen; sie stehen untereinander alle in Funkkontakt und wissen bestens Bescheid.

Es gibt vier **Zufahrtstore** zum Schutzgebiet. Die meistfrequentierten sind Manyane am östlichen Rand bei Mogwase, wo sich auch die **Parkverwaltung** befindet, und Bakubung im Süden, unmittelbar westlich von Sun City und über die R565 zu erreichen. In den für Tierbeobachtungen empfohlenen Gegenden kann es tagsüber ganz schön voll werden. Nach Einbruch der Dunkelheit lässt der Verkehr nach. Dann sind nur noch Tourbusse auf nächtlichen Tierbeobachtungsfahrten erlaubt. Dabei erlebt man den Park von einer ganz besonders faszinierenden Seite (im Winter für die Nachtfahrten unbedingt warme Kleidung mitbringen!).

ÜBERNACHTUNG

Das Unterkunftsangebot reicht von exklusiven Lodges bis zu größeren Ferienanlagen in

© DUMONT BILDARCHIV / ARTHUR F. SELBACH

Auf diesen Anblick hat man im Pilanesberg Game Reserve gute Chancen.

den Randgebieten sowie billigeren, einfacheren Camps außerhalb des Parks. Die Unterkünfte von Bakgatla und Manyane bieten auch **Campingmöglichkeiten**. In den Preisen der besseren Unterkünfte sind in der Regel alle Mahlzeiten, Tierbeobachtungsfahrten sowie geführte Pirschgänge enthalten. Falls nicht, können die meisten Lodges diese Aktivitäten auch arrangieren. Einige fordern am Wochenende einen Mindestaufenthalt von 2 Nächten. Von Bakubung und Kwa Maritane verkehren alle 2 Stunden Shuttle-Busse von und nach Sun City.

Bakgatla Resort, nahe dem Bakgatla Gate am Fuß der Garamoga Hills, ✆ 014-555 1045, 🖳 www.goldenleopardresorts.co.za. Große Anlage mit guten Chalets und Safari-Zelten mit Bad und schattigen Veranden sowie großem Campingplatz. Außerdem recht gutes Restaurant und großer Pool. Camping R180, Safarizelt R1150, Chalet R1815

Bakubung Bush Lodge, am südlichen Parkrand, wenig westlich von Sun City, ✆ 014-552 6000, 🖳 www.legacyhotels.co.za. Große und moderne Lodge mit einem Flusspferd-Teich nahe dem Restaurant als Hauptattraktion; von dem Restaurant aus kann man den Flusspferden beim Baden zuschauen. Zur Auswahl stehen angenehme, aber etwas eintönige Zimmer und Chalets. R4180

Ivory Tree Lodge, in der Nähe des Bakgatla Gate, ✆ 014-556 8100, 🖳 www.ivorytreegamelodge.com. Luxuriöse Lodge mit stilvollen Zimmern (mit Bad, aber Dusche draußen), Spa und Konferenzzentrum. R5136

Kwa Maritane Bush Lodge, nahe Kwa Maritane Gate im Südosten des Parks, nahe dem Pilanesberg Airport, ✆ 014-552 5100, 🖳 www.legacyhotels.co.za. Die kürzlich modernisierte Lodge bietet ordentliche Zimmer, ein gutes Restaurant und einen Pool mit Blick hinüber zum Reservat. R4180

Manyane Resort, unmittelbar außerhalb des Manyane Gate, ✆ 014-555 1800, 🖳 www.goldenleopardresorts.co.za. Niedrige Preise und Komfort entschädigen für die fehlende Busch-Atmosphäre des Hauptcamps. Strohgedeckte Chalets mit AC, Safarizelte und Stellplätze für Zelte und Wohnmobile. Bar und Restaurant sowie Pool, Minigolfplatz und Wanderwege. Camping R180, Safarizelt R1095, Chalet R1585

Tshukudu Bush Lodge, 8 km vom Bakubung Gate im Reservat, ✆ 014-552 6255, 💻 www.legacyhotels.co.za. Beste und exklusivste Lodge des Parks in herrlicher Lage auf einem Hügel mit vorzüglichem Ausblick. Von der Veranda kann man Tiere am Wasserloch beobachten. Unterkunft in 6 malerischen, strohgedeckten Cottages der Luxusklasse mit Badewanne und Kamin. Pool, keine Kinder unter 12 Jahren. Vollpension und Tierbeobachtungstouren inkl. R8620

INFORMATIONEN UND TOUREN

An den beiden Eingängen Manyane und Bakubung gibt es Informationstafeln, auf denen die Stellen markiert sind, wo an dem Tag bestimmte Tiere gesichtet wurden sowie eine ausgezeichnete **Gebietskarte** und einen **Naturführer**, der die einzelnen Lebensräume erläutert. Im **Pilanesberg Centre** mitten im Park gibt es ein Café, einen Souvenirladen und ein Freiluftrestaurant an einer Wasserstelle, wo gewöhnlich jede Menge weniger scheue Tiere zu sehen sind.

Die Preise für planmäßige Tagesausflüge von Gauteng liegen bei R700–1000 p. P., private Touren werden ab R1600 pro Tag angeboten. Bei Touren mit Übernachtung hängt der Preis von der gewählten Unterkunft ab, es ist aber mit mindestens R3500 zu rechnen.

Mankwe Gametrackers, Sun City, ✆ 014-552 5020, 💻 www.mankwegametrackers.co.za. Der Veranstalter bietet spektakuläre Heißluftballonfahrten über das Tierreservat (R3995) sowie tagsüber und abends Tierbeobachtungsfahrten (ab R475), Pirschgänge (R550) und Outdoor-Aktivitäten wie Quad-Fahrten (ab R465), Tontaubenschießen (R410), Bogenschießen (R270), Paintball (ab R290) und Trommelkurse (R180); teils ist die Abholung von Resorts und Lodges um den Park herum möglich. Die Angebote von Gametrackers können auch in die Touren anderer Veranstalter integriert werden, insbesondere dann, wenn man eine private Tour gebucht hat.

Ulysses Tours & Safaris, ✆ 012-653 0018, 💻 www.ulysses.co.za. In Pretoria ansässiger renommierter, professioneller und exklusiver Anbieter von Tagesausflügen in den Pilanesberg ab R1050, samstags oder je nach Nachfrage. Zweitagestouren gibt es ab R4450. Alle Aktivitäten können bei Ankunft gebucht werden, es empfiehlt sich aber eine Vorausbuchung direkt beim Veranstalter oder über die Lodge, in der man absteigt.

TRANSPORT

Minibustaxis verkehren in häufigen Abständen auf der 54 km langen Strecke von Rustenburg zum Manyane Gate (Fahrtziel Mogwase).

Die Zentralregion

Bedingt durch ihren ausgesprochen kargen und trockenen Charakter wirkt die Zentralregion der Nordwest-Provinz besonders gottverlassen, und nur wenige Orte sind die Mühe eines Besuchs wert. **Mmabatho**, einst die Hauptstadt von Bophuthatswana und heute mit der Hauptstadt der Provinz, **Mafikeng**, verschmolzen, zwingt Menschen aus der gesamten Provinz nur zu ungeliebten bürokratischen Pilgerreisen in die Zwillingsstadt.

Der Reiz der Region liegt andernorts, nämlich in den vor Hitze flirrenden Ebenen, den üppig bewachsenen Flusstälern bei Marico und den selten besuchten Wildreservaten, darunter das **Madikwe Game Reserve** nahe der Grenze zu Botsuana. Und schließlich sind da noch die Bewohner selbst: einheimische Tswana und Afrikander, die zwar kaum Englisch sprechen, aber höchst gastfreundlich sind – zumindest ausländischen Besuchern gegenüber. Am eindrucksvollsten lässt sich dieser Charakterzug im Dorf **Groot Marico** erleben, das im ganzen Land für seinen Pfirsichschnaps Mampoer und seine durch und durch entspannte Atmosphäre bekannt ist.

Groot Marico

Etwas südlich der N4 und 90 km westlich von Rustenburg liegt das beschauliche, winzige *dorp* Groot Marico am Ufer des Marico River. Ruhm erlangte es durch die Kurzgeschichten von Her-

Mampoer

Der Überlieferung zufolge war es ein Pedi-Chief namens Mampuru, der den Buren beibrachte, wie man Pfirsichschnaps brennt. Seither hat der ihm zu Ehren **Mampoer** genannte, höllisch starke Sprit Einheimische und Besucher gleichermaßen inspiriert. Zu Großvaters Zeiten wurde der Alkoholgehalt gemessen, indem man eine Schweineschwarte in ein Probegefäß warf: Wenn sie in der Mitte schwamm, war der Mampoer tadellos. Heutzutage hält man bloß ein brennendes Streichholz drüber – je höher und sauberer die blaue Flamme, desto besser das Gebräu. Mampoer kann man aus jedem Obst herstellen, aber die traditionelle Sorte ist der **Pfirsich**: Bis 1878 waren die Pfirsichplantagen, die einen Großteil der Nordwest-Provinz ausmachten, ausschließlich für diesen Zweck bestimmt. Ein Schädlingsbefall hat den Großteil der Pfirsichbestände allerdings zerstört, sodass der Mampoer heute überwiegend aus **Zitrus- und Wildfrüchten** hergestellt wird. Ein weiterer Wandel erfolgte mit der von der ZAR-Regierung erhobenen **Alkoholsteuer** und der Einführung einer Alkohollizenz im Jahr 1894 – Tausende Mampoer-Brennereien wurden dem Erdboden gleichgemacht. Einige wenige aber entgingen der Zerstörungswut. Man erzählt sich, dass ein Bauer alle seine Abwasserkanäle freilegte und säuberte, aber keinen Versuch machte, seine 15 Fässer Mampoer zu verstecken. Die Inspektoren fanden die Fässer, schlugen Löcher hinein und schütteten den Inhalt in den Ausguss. Aber der schlaue Bauer hatte mittlerweile seine ganze Familie mit jedem im Haushalt verfügbaren Behältnis auf das Feld geschickt, wo das Kanalisationsrohr aufhörte, und rettete so den Inhalt von 14 seiner 15 Fässer.

Mampoer probieren und kaufen kann man auf der Maruthwane Farm (S. 584) oder man nimmt an einer von der Touristeninformation von Groot Marico organisierten Mampoer-Tour (halber Tag R200, inkl. Mittagessen) teil.

man Charles Bosman. Der Schriftsteller (einer der beliebtesten Südafrikas) verarbeitete in seinen Erzählungen Erlebnisse aus der Zeit, als er hier Dorfschullehrer war. Alljährlich Mitte Oktober zieht es Literaturfreunde von fern und nah zum „Bosman Weekend" in den Ort. Wer noch nie etwas von Bosman gehört hat, sollte zur Einstimmung seine amüsante Kurzgeschichte *Im Schatten des Withaak-Baums* aus dem Buch *Mafeking Road* lesen, in der der Autor eine Begegnung mit einem Leoparden schildert.

Obgleich die Region vor allem im Sommer unter der Hitze ächzt und stöhnt (die besten Monate für einen Besuch sind März bis Mai und September bis November), laden die Hügel um Marico zu schönen Wanderungen ein. Wenn es gar zu unerträglich wird, kann man sich für eine wohltuende Abkühlung an den Fluss begeben. Das Wasser von **Marico Oog** („Marico-Auge"), einer tiefen 20 km südlich gelegenen Quelle, ist besonders klar und erfrischend. An dem herrlichen, mit Seerosen bedeckten Gewässer lässt sich ein idyllisches Picknick veranstalten.

Mit über 400 gezählten Arten ist er ein Paradies für Vogelfreunde und nicht zuletzt ein beliebter Tauchspot; Näheres erfährt man bei der Touristeninformation.

Herman Charles Bosman Living Museum

Kerk St ▪ tgl. 8–18 Uhr ▪ Eintritt R10
▪ 014-503 0085, www.marico.co.za
▪ Rondavels und Camping ab R60

Die Touristeninformation bietet kurze Ausflüge zum bescheidenen Museum an. Das Ganze ist ein Gemeindeprojekt mit rekonstruierten Lehmbauten, wie sie für die Region vor hundert Jahren typisch waren. Auch die Schule, in der Bosman unterrichtete, ist nachgebaut worden. Wer möchte, kann in zwei reizvollen BaTswana-Rondavels übernachten oder auch zelten (Buchungen jeweils über die Touristeninformation).

ÜBERNACHTUNG

Angela's Guest House, Fakkel St, zwischen dem Ort und der N4, 014-503 0082, angela_s@telkomsa.net. Die freundliche Unterkunft bietet 4 komfortable Zimmer mit Bad und 1 Cottage für Selbstversorger in einem hübschen Garten. Massagen,

NORDWEST-PROVINZ

Schönheitsbehandlungen, Mahlzeiten auf Bestellung. R600

Djembe, 3 km südlich vom Dorf, ✆ 079-955 8119, ✉ jolenemuir@ymail.com. Die Backpacker-Option von Groot Marico bietet komfortable DZ und einen angenehmen Schlafsaal. Für Selbstversorger gibt es eine Gemeinschaftsküche, ansonsten kann man auch Mahlzeiten buchen. Abholung von der N4 und Fahrradvermietung sind ebenfalls möglich. Der Ort wird lebendig, sobald die Traveller an der Feuerstelle zusammenkommen und die Trommeln herausgeholt werden. Dorm R50, DZ R160

Maruntwane Farm, 12 km westlich von Groot Marico an der N4, ✆ 083-239 6662. Aktive Wildfarm mit Antilopen, Wildschweinen und Kudus im Unterholz sowie 1-stündigen Mampoer-Probiertouren (R30, R60 inkl. Mittagessen). 2 Chalets mit Blick auf den Rasen und 3 Zimmer im Farmgebäude bieten komfortable Übernachtungsmöglichkeiten. R300

River Still Guest Farm, 6 km südlich des Dorfs, ✆ 083-272 2958, 💻 www.riverstill.co.za. 4 reizvolle kleine Cottages für je 2–8 Selbstversorger am Fluss in einem abgeschiedenen und dicht bewaldeten Tal – ein ideales Gelände für Vogelbeobachtungen. Der Fluss lädt zum Baden oder zu Ausflügen im Kanu ein, und am Wochenende werden Trommelworkshops angeboten. R550

ESSEN

Essen kann man am besten in den Gästehäusern des Orts (Mahlzeiten für den Anreisetag schon im Voraus buchen).

Groot Marico Bushveld Hotel, Paul Kruger St, beherbergt die beste Bar von Groot Marico. Einheimische Weiße sollen hier beflügelt von Bier, Schnaps und guter Laune gelegentlich traditionellen „Twostep" tanzen.

Marico Moon Café and Witchazel's Tea Garden, Paul Kruger St, nahe der Touristeninformation, ✆ 014-503 0926 oder 072-617 7019. Wunderbares kleines Café mit Mittagstisch. Auf der Karte stehen traditionelle Gerichte wie Schafhirten-Pastete oder Obstsalat mit Jerepigo-Weincreme. Im Teegarten (und Gärtnerei) bekommt man ebenfalls leichte Mahlzeiten wie Salate, selbstgebackenes Brot mit Suppe und man kann sich Picknickkörbe zusammenstellen lassen. ⌚ Café Fr–So 9–15 (zum Abendessen auf Anfrage geöffnet), Tea Garden Di–So 9–15 Uhr.

INFORMATIONEN

Touristeninformation, Paul Kruger St, ✆ 014-503 0085 oder 083-272 2958, 💻 www.marico.co.za. Die freundlichste Touristeninformation Südafrikas befindet sich in einer während des 2. Weltkriegs von italienischen Kriegsgefangenen erbauten Anlage. Betrieben wird sie von einem kenntnisreichen Ehepaar, das reichliche Informationen über den Ort und zu allen möglichen Aktivitäten bereit hält. Hier kann man einen Besuch des nahen Bosman-Museums oder Halb- und Ganztagestouren zu verschiedenen Dorps buchen, die u. a. eine Mampoer-Brennerei (Kasten S. 583) einschließen. Man kann das Büro vorher anmailen und sich eine passende Unterkunft buchen lassen. Im angeschlossenen Arts and Crafts-Laden kann man Tswana- und anderes in der Region hergestelltes afrikanisches Kunsthandwerk sowie Bücher von Herman Charles Bosman erstehen. ⌚ tgl. Sonnenauf- bis -untergang.

TRANSPORT

Der 1x tgl. zwischen JOHANNESBURG/PRETORIA (3 bzw. 4 Std.) und GABORONE in Botsuana verkehrende **Intercape-Bus** hält an der Tankstelle am Abzweig der Straße von der N4 nach Groot Marico, von wo aus man 20 Min. zu Fuß bis zum Ortszentrum läuft. Die **Minibustaxis**, die auf der N4 von Pretoria bzw. Rustenburg nach ZEERUST oder Botsuana fahren, halten ebenfalls hier.

16 HIGHLIGHT

Madikwe Game Reserve

Tagesticket R55, R160 inkl. Safari und Mittagessen ▪ ✆ 018-350 9931, 💻 www.madikwe-game-reserve.co.za, www.tourismnorthwest.co.za/madikwe-game-reserve

Nahe der Grenze zu Botsuana erstreckt sich im nördlichsten Zipfel der Provinz eines der größten Wildreservate Südafrikas: das 765 km² große und malariafreie Madikwe Game Reserve. Das Schutzgebiet wurde 1991 auf ehemaligem Farmland eingerichtet. Dank der **Operation Phoenix**, in deren Rahmen mehr als 8000 Tiere neu angesiedelt wurden, tummeln sich hier heute nicht nur zahlreiche Vertreter der Big Five, sondern auch andere Arten wie Geparden, Hyänenhunde und Tüpfelhyänen sowie die meisten im südlichen Afrika vorkommenden Antilopenarten.

Auch Vogelliebhaber kommen angesichts der bislang 350 gezählten, verschiedenen Vogelarten auf ihre Kosten. Besonders lohnende Gegenden für Vogelbeobachtungen sind der Marico River an der Ostgrenze des Schutzgebiets und die in dem gesamten Reservat verstreuten *koppies*.

Madikwe ist ein wenig bekanntes Juwel unter den Wildreservaten in Südafrika, obwohl hier mehr als 20 Lodges um Gäste buhlen. Zugang zum Park erhalten nur die Lodge-Gäste und Tagesbesucher. Letztere müssen bei einer der Lodges ein Pauschalpaket einschließlich Game drives und Mittagessen kaufen. Besuche in Eigenregie sind nicht möglich.

ÜBERNACHTUNG

Bei allen Lodges sind Vollpension, Tierbeobachtungsfahrten (tagsüber und nachts) sowie geführte Buschwanderungen im Preis enthalten. Es gibt keine Budget-Unterkünfte oder Campingmöglichkeiten.

Jaci's Safari Lodge & Tree Lodges, ✆ 083-700 2071, 💻 www.madikwe.com. 2 außergewöhnliche Lodges mit je 8 Zimmern, deren unaufdringlicher Luxus kaum zu übertreffen ist. Die Lodge hat Blick auf eine Wasserstelle im Marico River, in der Nähe gibt es einen natürlichen Pool in felsiger Umgebung. Die Unterkünfte der Tree Lodges wurden mehrere Meter über dem Boden in die Bäume gebaut. Kinder sind willkommen. R5950

Madikwe Hills, ✆ 018-350 9200, Reservierung ✆ 011-781 5431, 💻 www.madikwehills.com. Um einen *koppie* herum in der Nähe des Flussufers erbaut und ebenfalls ein Traum. Moderne Zimmer mit Aussicht auf das *veld*, noch spektakulärer ist der Blick von der Terrasse in den Sonnenuntergang. Fitnessbereich, Wellness-Einrichtungen, Kinderbetreuung und hervorragendes Essen. R10 600

Mateya Safari Lodge, ✆ 014-778 9200, 💻 www.mateyasafari.com. Der ultimative Buschlodge-Komfort: Die 5 schicken Luxus-Suiten verfügen jeweils über einen eigenen Pool und sowohl Innen- als auch Außenduschen. Zum Angebot gehört ein Wellnessbereich, während sich die exquisiten kulinarischen Zaubereien am besten auf der Terrasse mit Blick auf das *veld* genießen lassen. Keine Gäste unter 16 Jahren. R14 000

Mosetlha Bush Camp & Eco Lodge, ✆ 011-444 9345, 💻 www.thebushcamp.com. Ist etwas günstiger als die anderen Unterkünfte im Park und bietet gleichzeitig die spannendste Umgebung. In zentraler Lage übernachten die Gäste in schlichten, teilweise offenen Blockhütten ohne Strom und mit Außenduschen, einen Begrenzungszaun gibt es nicht. Den geringen Luxus machen die Atmosphäre und die fachkundige Organisation allemal wett. R4190

TRANSPORT

Auto

Die Anfahrt nach Madikwe erfolgt normalerweise durch das Tau Gate, 12 km abseits der R49, ist aber auch von Osten über das Molatedi Gate möglich. In jedem Fall ist die Lodge vor der Ankunft zu informieren. Der Park ist 360 km von Johannesburg entfernt.

Flüge

Von JOHANNESBURG (2–3x tgl., 3/4 Std.) bestehen regelmäßige Flugverbindungen zu dem kleinen Flugplatz im Reservat (ca. R2500 plus R150 Landegebühr); Ticketbuchungen über die Lodges oder direkt bei **Madikwe Air**, ✆ 011-805 4888, 💻 www.madikwecharters.com, oder bei **Federal Air**, ✆ 011-395 9000, 💻 www.fedair.com (auch Charterflüge). Für den Transport vom bzw. zum Flugplatz sorgen die Lodges.

Mafikeng

Mafikeng, 25 km südlich des Grenzübergangs Ramatlabama nach Botsuana und 100 km von Groot Marico entfernt, ist auch unter dem Na-

Die Belagerung von Mafikeng

Drei Tage nach Beginn des Zweiten Burenkriegs (1899–1902) wurde Mafikeng von den Truppen der Generäle Snyman und Cronje belagert. Colonel **Robert Baden-Powell** (der Begründer der Pfadfinderbewegung) hatte die Aufgabe, die Stadt zu verteidigen – und das tat er 217 Tage lang, vom 16. Oktober 1899 bis zum 17. Mai 1900, als Hilfe aus Rhodesien und aus dem Süden kam. Am Ende kannte jedes Kind in Großbritannien den Namen Baden-Powell und er wurde zum Nationalhelden. Die frenetischen Szenen, mit denen in London die Befreiung von Mafikeng gefeiert wurden, bereicherten die englische Sprache sogar um ein Wort: **maffick**, was so viel bedeutet wie übertriebene Begeisterung.

Kriegsstrategisch gesehen war Mafikeng völlig unwichtig; Baden-Powells eigentliche Aufgabe bestand darin, die 6000 vor der Stadt lagernden Afrikander davon abzuhalten, an anderer Stelle zu kämpfen. Die Verteidigung lag überwiegend in den Händen von Angehörigen der **Barolong**, die auch die meisten Spähtrupps und Arbeitskräfte stellten. Aber Baden-Powell berichtete davon weder in seinen Depeschen nach London noch vermerkte er es in seinen Memoiren. Und das ungeachtet der Tatsache, dass während der Belagerung 400 Barolong ums Leben gekommen waren – doppelt so viele wie Briten. Einige britische Opfer aus der Belagerungszeit ruhen auf dem städtischen **Friedhof** in der Carrington Street; ihre Gräber kennzeichnen weiße Eisenkreuze. Bis in die 1980er-Jahre war dies ein *whites-only* Friedhof, und auch heute noch wird hier nur der während der Belagerung umgekommenen Europäer gedacht. Weil sie weitaus weniger Verpflegung als die Briten erhielten, mussten mehr als 1000 Barolong verhungern. Von den 29 000 Britischen Pfund, die in England für den Wiederaufbau von Mafikeng gesammelt worden waren, bekamen sie keinen Penny. Als ob das alles nicht schon ungerecht genug gewesen wäre, bedachte man keinen einzigen Barolong mit einer Auszeichnung, während die britischen Soldaten reichlich mit Medaillen behängt wurden. Und obendrein bekamen die Barolong nie auch nur einen Zipfel von dem Grundbesitz, den ihnen Baden-Powell versprochen hatte.

Ein wichtiges Zeugnis für die Rolle der schwarzen Bevölkerung während der Belagerung ist das Tagebuch, das **Sol Plaatje** seinerzeit führte. Plaatje war einer der ersten schwarzen Schriftsteller, die sich Anerkennung und einen Platz in der englischen Literatur eroberten. Später gehörte er zu den Gründungsmitgliedern des South African Native Congress, des Vorgängers des ANC.

men Mahikeng bekannt. Mafikeng ist das Einkaufszentrum und der Verkehrsknotenpunkt für die Bauernhöfe ringsum. Die Regierungsgebäude von Mmabatho, der ehemaligen Hauptstadt des *homeland* Bophuthatswana, heute ein Vorort der Stadt, gewähren einen einzigartigen Einblick in das Konstrukt der Apartheid und seine krassen Widersprüche. Seine Bekanntheit gründet sich in erster Linie auf Colonel Baden-Powell und die Belagerung durch die Buren 1899/1900 (s. Kasten).

Mafikeng Museum

Martin St ▪ ⌚ Mo–Fr 8–16.30 Uhr ▪ Spende ▪ ✆ 018-388 9000

Die größte Sehenswürdigkeit vor Ort ist das kürzlich renovierte **Mafikeng Museum**, das im beeindruckenden früheren Rathaus untergebracht ist. Das Gebäude wurde 1902 errichtet, zwei Jahre nach Ende der Belagerung von Mafikeng. Vor dem Eingang steht eine restaurierte Dampflokomotive, die von 1901–71 ihren Dienst als Kimberley-Bulawayo-Express verrichtete. Das Museum zeigt von den San verwendete Jagdwerkzeuge und Gifte. Zu den Exponaten über die Tswana zählt die Rekonstruktion einer traditionellen Hütte samt typischer Veranda in Originalgröße.

Ein eigener Raum ist der **Belagerung von Mafikeng** gewidmet. Er birgt zahlreiche Zeugnisse britischer imperialer Größe, darunter Waffen und eine sehenswerte Fotosammlung. Faszinierend ist auch die Ausstellung über Mafikeng und die Eisenbahn. Sie zeigt den

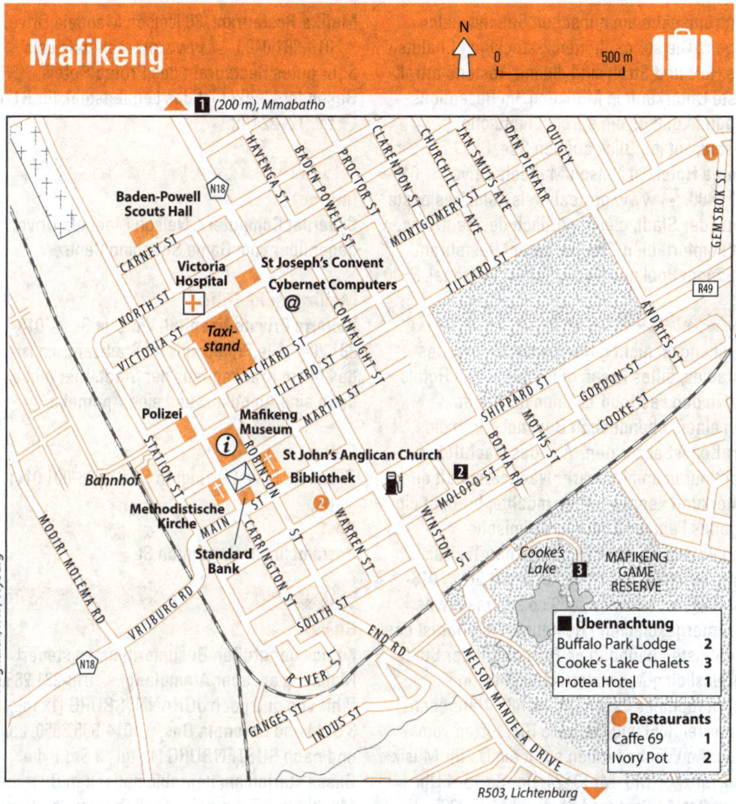

Zusammenhang zwischen dem von Kapstadt ausgehenden Eisenbahnbau und Rhodes' Auftrag zur Kolonisierung Afrikas auf.

Mafikeng Game Reserve

Am Ostrand der Stadt ▪ tgl. Mai–Aug 7.30–18, Sep–April 7.30–19 Uhr ▪ Eintritt R35, plus R5 pro Auto ▪ 018-397 1675, www.tourismnorthwest.co.za/mafikeng-game-reserve ▪ Es gibt zwei Eintrittstore: Eines liegt 10 km östlich von Mafikeng an der R49 Richtung Zeerust, das andere ist nur 2 km von der Innenstadt entfernt, südöstlich der R503.

Das 46 km² große **Mafikeng Game Reserve** lohnt mit seiner Bushveld-Landschaft voller Akazien eine kurze Erkundungsfahrt. Das Reservat ist in erster Linie ein Refugium für Pflanzenfresser, darunter Spitzmaulnashörner und Büffel. Am Cooke's Lake in der Westecke des Reservats in der Nähe der Stadt gibt es zahlreiche farbenfrohe Finken, Wasservögel und Mungos (und Schlangen, von denen sie sich ernähren).

ÜBERNACHTUNG

Buffalo Park Lodge, 59 Molopo St, Ecke Botha Rd, 018-381 2159, www.buffalolodge.co.za. Familienbetrieb mit kleinen, kühlen und gepflegten Zimmern mit TV, kleiner Pool. Guter Pub mit Restaurant (Mo–Sa 9.30–21.30, So 9.30–18 Uhr). R730

Cooke's Lake Chalets, Cooke's Lake, Zugang am Nelson Mandela Drive, 018-386 6380, www.goldenleopardresorts.co.za. In

Zentrumsnähe am hübschen See mit vielen Vögeln. Die sehr schönen 2-stöckigen Chalets aus Holz und Stroh sind die mit Abstand attraktivste Unterkunft in Mafikeng. Im Rezeptionsgebäude gibt es ein durchschnittliches Restaurant mit Blick auf den See. R800

Protea Hotel, 80 Nelson Mandela Drive, ✆ 018-381 0400, 🖳 www.proteahotels.com. Das beste Hotel der Stadt, gleich nördlich des Zentrums, mit komfortablen Zimmer, gutem Restaurant, schönem Pool und freundlichem Personal. R940

ESSEN UND UNTERHALTUNG

Mafikeng ist nicht gerade ein kulinarisches Paradies; gutes Essen gibt's nur in den Hotels und in den Fastfood-Lokalen der Stadt.

Von einem abendlichen Bummel durch die Straßen ist abzuraten. Wer das **Nachtleben** nicht nur in unmittelbarer Nachbarschaft der Unterkunft kennen lernen möchte, braucht ein eigenes Fahrzeug oder einheimische Begleitung. Es gibt nämlich keinen Taxiruf.

Caffe 69, Gemsbok St, Ecke Tillard St, ✆ 018-381 0700, 🖳 www.caffe69.co.za. Das etwas heruntergekommene Restaurant mit Bar ist das wichtigste unabhängige Restaurant der Stadt. Verlässlich gutes südafrikanisches und internationales Essen (Steak R85, Hähnchenschnitzel R65) und mehrere Biersorten vom Fass. An Wochenenden sorgt ein DJ für Musik und Tanz. ⌚ Mo–Mi 10–24, Do–Sa 10–4 Uhr.

Ivory Pot, 11 Shippard St, ✆ 082-577 8267. Billige und authentische afrikanische Fleischgerichte mit *ting* (saurer Sorghumbrei), *samp* (Maiskörner), *pap* oder Reis, serviert in einem freundlichen orangefarbenen Raum. Hauptgerichte ab R32, Bier ab R14 und hausgemachte Ingwer-Soda R7. ⌚ Mo–Fr 8–17, Sa 8–16 Uhr.

Mafika Restaurant, 80 Nelson Mandela Drive, ✆ 018-381 0400, 🖳 www.proteahotels.com. Sehr gutes Restaurant des Protea Hotels. Besonders lecker ist das Lendensteak für R120. ⌚ tgl. 12–22 Uhr.

SONSTIGES

Internet

Cybernet Computers, Nelson Mandela Drive, gegenüber vom Game Shopping Centre.

Medizinische Hilfe

Victoria Private Hospital, Victoria St, ✆ 018-381 2043. Die Privatklinik im Stadtzentrum ist das beste Krankenhaus der Stadt. Hier gibt es auch eine Ambulanz und eine Apotheke.

Polizei

Tillard St, Ecke Carrington St, ✆ 086-001 0111.

Post

Postamt in der Carrington St.

TRANSPORT

Busse

Keines der großen Busunternehmen steuert Mafikeng an, aber **Atamelang**, ✆ 018-381 2680, fährt von und nach JOHANNESBURG (1x tgl., 3 Std.) und **Bojanala Bus**, ✆ 014-565 6550, von und nach RUSTENBURG (1x tgl., 3 Std.); die Busse starten am unproblematischen Bus- und Minibustaxi-Terminal zwischen Victoria Street und Hatchard Street im Norden der Stadt.

Minibustaxis

Sie halten ebenfalls am Terminal (s. o.) und fahren die meisten Orte innerhalb der Provinz an, aber auch KIMBERLEY (2–3x tgl., 5 Std.).

Mpumalanga

Stefan Loose Traveltipps

Reiten Vom Sattel aus Wildpferde bei Nelspruit oder Großwild im Karongwe beobachten. S. 603

Entlang der R40 Die Fahrt entlang der Westgrenze des Krüger-Parks vermittelt einen Eindruck vom ländlichen Leben der Shangaan und Tsonga. S. 604

Aerial Cable Trail Eine Kabelgleitbahn führt in der Nähe von Hazyview 1,2 km weit über Baumkronen hinweg und verspricht ein luftiges Abenteuer. S. 605

Einen Elefanten striegeln Im Hazyview Elephant Sanctuary kommen sich Mensch und Dickhäuter näher. S. 605

Shangana Cultural Village Über offenem Feuer brutzeln und köcheln traditionelle afrikanische Speisen wie Krokodilfleisch und Mopane-Würmer oder Rinderschmorbraten. S. 606

17 **Wandersafaris im Krüger-Park** Schon die Tierbeobachtung einer motorisierten Tour ist aufregend, doch zu Fuß wilden Tieren zu begegnen ist ein echtes Abenteuer. S. 610

Leoparden in der Wildnis Die luxuriösen Camps des Sabi Sands Game Reserve bieten hervorragende Möglichkeiten, Leoparden zu beobachten. S. 623

MPUMALANGA

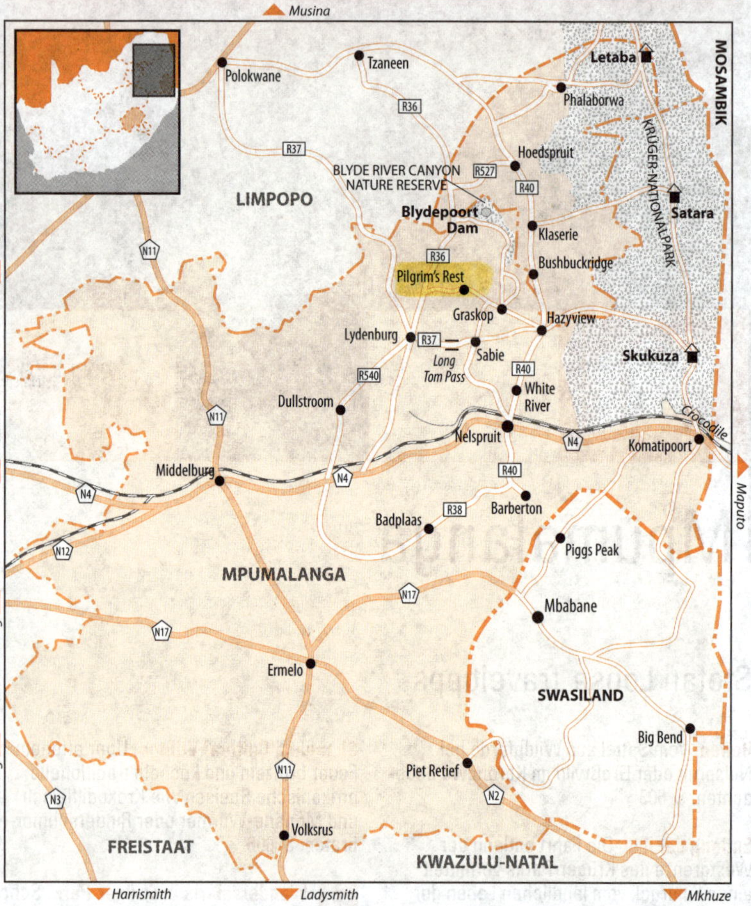

Mpumalanga oder das „Land der aufgehenden Sonne", wie seine siSwati und Zulu sprechenden Bewohner es nennen, liegt östlich von Gauteng und grenzt im Westen an Mosambik und Swasiland. Die Provinz wird meist mit dem **Krüger-Nationalpark** gleichgesetzt – *dem* Anziehungspunkt an der Ostgrenze Südafrikas und einem der sehenswertesten afrikanischen Wildparks überhaupt. Der Krüger-Park erstreckt sich über den größten Teil von Mpumalanga und entlang der Provinzgrenze zwischen Limpopo und Mosambik. Er bedeckt über 20 000 km² – das entspricht etwa der Fläche von Hessen. Er gehört zu den Wildparks, in denen sich Besucher mit eigenem Fahrzeug frei bewegen und in zahlreichen, gut geführten Restcamps übernachten können. An seiner Westgrenze liegen zusammengefasst unter dem Namen „Greater Krüger" mehrere **Privatreservate** und Großwildfarmen, die Zuflucht vor dem Gedränge des Krüger-Parks bieten – allerdings zu gepfefferten Preisen. Dafür gibt es exklusive Safaritouren mit gut ausgebildeten Rangern in offenen Fahrzeugen.

Aber Mpumalanga hat mehr zu bieten als Großwild: zum Beispiel die spektakuläre Berglandschaft des **Escarpment**, die man auf dem Weg zum Krüger passiert. Während der Fahrt eröffnen sich sensationelle Ausblicke. Die berühmtesten Aussichtspunkte – **God's Window**, **Bourke's Luck Potholes** und **Three Rondavels** – befinden sich am Rand des Escarpment; am schönsten ist der an den Potholes.

Der Weg vom Escarpment abwärts über einen der vier Bergpässe führt ins **Lowveld**, ein Anbaugebiet für Tropenfrüchte, das von Bushveld beherrscht wird. Der Blick auf das hoch aufragende Massiv des Escarpment ist von hier aus sehr eindrucksvoll. Die Ortschaft **Hoedspruit** liegt am Fuß des Escarpment, hat einen eigenen Flugplatz und ist dem **Blydepoort Dam** am nächsten. Der Ort ist ein Ausgangspunkt für Safaris in den zentralen und nördlichen Teil des Krüger-Parks sowie diverse private Tierreservate. Achtung: Vor allem im Sommer besteht im Lowveld und im Krüger-Park ein erhöhtes **Malariarisiko** (S. 714).

Die Gebiete zwischen den Bergen und dem Krüger-Park stehen unter großem Besiedlungsdruck: Tropische Obstplantagen wechseln sich ab mit stark bevölkerten Landstrichen, die während der Apartheid den Sprechern der Sotho, Shangaan und Tsonga zugeteilt wurden. Heute bestreiten hier Tausende arme Bauern eine extrem harte Existenz. Zwischen hier und dem Park selbst liegt das Greater Krüger: ein breiter Puffer privater Großwildfarmen und -reservate. Viele von ihnen haben die Zäune zum Krüger-Park entfernt, sodass sich die Tiere frei bewegen können. In diesem Gebiet findet sich ein großes Angebot an Safari-Lodges und Camps aller Kategorien von preisgünstig bis ultraluxuriös.

Das Escarpment

Von Johannesburg sind es vier Stunden Fahrt bis zu einem der bevorzugten Rückzugsorte der Städter in den Bergen. Das wogende Grasland und die Drakensberge von Mpumalanga werden allgemein als Escarpment bezeichnet. Die meisten Touristen halten sich nur wegen der Nähe zum Krüger-Nationalpark in dieser Region auf, dabei bietet sie einige der spektakulärsten Landschaften von Südafrika. Eine Tour zu den Highlights dieser Region über die sogenannte **Panorama Route** wird von zahlreichen Tourveranstaltern in Nelspruit (S. 599) als Tagesausflug angeboten und ist landschaftlich sehr reizvoll.

Hauptanziehungspunkt des Escarpment ist der **Blyde River Canyon**. Fotos der schwindelerregenden Blicke in eine der größten Schluchten der Welt zieren unzählige Touristenbroschüren Südafrikas. Allerdings steht er oft auch im Schatten der noch reizvolleren Großwild-Beobachtungen in den umgebenden Ebenen.

Dullstroom

Man muss schon ein leidenschaftlicher Fliegenfischer sein, um **Dullstroom**, 209 km östlich von Johannesburg, etwas abgewinnen zu können. Doch als Zwischenstopp auf dem Weg zum Krüger-Park kann der Ort ganz nützlich sein. Die „Alkoholstadt mit Fischerproblem" hat logischerweise auch eine lebhafte Kneipe.

Birds of Prey Rehabilitation Centre

1 km außerhalb von Dullstroom an der R540 ▪ 🕒 tgl. 9–16 Uhr ▪ Eintritt R50 ▪ Vorführungen tgl. 10.30 und 14.30 Uhr ▪ ✆ 076-557 7069, 💻 www.birdsofprey.co.za

Das **Birds of Prey Rehabilitation Centre** hat sich ganz der Unterbringung, dem Füttern und der Wiedereingliederung von Greifvögeln verschrieben und ist allein wegen der täglichen Flugvorführungen einen Besuch wert. Hier kann man herrliche Adler und andere Raubvögel aus der

Besuche im Krüger-Park

Der 414 km lange Krüger-Nationalpark an der Grenze zu Mosambik ist immer noch der größte Besuchermagnet für Wildtiersafaris. Der Park selbst wird von der staatlichen Organisation South African National Parks (SANParks; 🖳 www.sanparks.org) verwaltet. Entlang seiner Westflanke liegt das Greater Krüger, ein Tausende Quadratkilometer großes Gebiet, das sich aus privat verwalteten Farmen und Reservaten zusammensetzt. Die Tiere scheren sich natürlich nicht um die Grenzen zwischen staatlichem und privatem Schutzgebiet; für sie ist das ein riesiges, nahtloses Areal. Welche Angebote man im Krüger-Park – oder auch im Greater Krüger – nutzt, hängt vom eigenen Geldbeutel ab. In der obersten Kategorie sind Exklusivität und mehr unberührte Natur angesagt; mit engerem Budget sollte man eher überlegen, ob man selbst am Steuer sitzen oder an einer organisierten Tour teilnehmen will. Aber ganz unabhängig von Aktivität und Budget sollte man sich nicht zu sehr auf die **Big Five** versteifen – Tierbeobachtung ist zu einem gewissen Anteil immer Glückssache. Das macht auch das besondere Suchtpotenzial aus. Und nicht zuletzt ist es unbestritten allein schon ein aufregendes Erlebnis, im Krüger-Park zu sein.

Anreise zum Krüger-Park

Johannesburg hat mit regelmäßigen Flügen und Bussen sowie organisierten Touren das beste Transportangebot zum Krüger-Park. Auch für Selbstfahrer ist hier der beste und größte Ausgangspunkt. Wer von **Cape Town** aus anreist, muss rund 2000 km zurücklegen und tut das am besten im Flugzeug. Das ist jedoch nicht ganz billig: Nur eine Airline (SA Airlink; 🖳 www.flyairlink.com) bedient die Route (das allerdings täglich). Nelspruit, die moderne Hauptstadt von Mpumalanga, bietet die besten Verkehrsverbindungen der Region und ist ein guter Ausgangspunkt in den Park. Flüge landen 20 km außerhalb der Stadt am Flughafen Kruger Mpumalanga International. Flüge in den Park starten außerdem von Hoedspruit, Phalaborwa und Skukuza.

Angebote der unteren und mittleren Preisklasse

Der Krüger-Park ist ideal für **Selbstfahrer** und **Selbstversorger**. Wer mit kleinen Kindern unterwegs ist, aufs Geld achten muss oder die Zeit im Park selbst gestalten möchte, sieht sich die Tiere am bes-

Nähe sehen und ihre Leichtigkeit und Geschicklichkeit bewundern.

ÜBERNACHTUNG

Critchley Hackle Lodge, Teding van Berkhout St, ✆ 013-254 0149, 🖳 www.urbanhiphotels.com. Nobles Hotel im Landhausstil mit Cottages aus Stein und Backstein, jeweils mit Kamin, und einer Veranda zum Draußenessen. Zur Ausstattung gehören ein Restaurant, eine Bar mit Cognac, Whisky und Zigarren nach dem Abendessen und eine Terrasse, auf der Tee und Scones serviert werden. R2270

Dullstroom Inn, Teding van Berkhout St, ✆ 013-254 0071, 🖳 www.dullstroom.net. Viktorianisches Landgasthaus mit sehr günstigen, blumenverzierten Zimmern ohne Ausblick. Der dazugehörige Pub serviert auch herzhaftes Essen und ist am Wochenende rappelvoll; wer nachts seine Ruhe haben will, fragt besser nach einem Zimmer im Anbau. R785

ESSEN

Mrs Simpson's, 94 Teding van Berkhout St, ✆ 013-254 0088. Ein stets gut besuchtes, feineres Restaurant. Besonders gut ist die Dullstroom-Forelle mit Knoblauch und Mandeln (R115), gefolgt von einem *malva*-Nachtisch. Reservieren. 🕒 Mo und Do–Sa 11.30–15, 19–22, So 11.30–15 Uhr.

Pickles & Things, 86 Naledi Drive, ✆ 013-254 0115. Der beste Ort für einen Fair-Trade-Kaffee ist beliebt, gut besucht, mit üppigem Frühstück (R65), selbstgebackenem Brot und einem hübschen Garten. Im **Feinkostgeschäft** im vorderen Bereich werden geräucherte

ten in Eigenregie an. Die Camps verfügen alle über Restaurants und Läden, die Straßen sind teilweise geteert und teilweise unbefestigte Pisten. Dadurch kann man den Krüger-Park größtenteils auch in einem normalen Auto befahren – allerdings sitzt man dann zu tief, um viel zu sehen. Leider ist der Park so beliebt, dass die wichtigsten Beobachtungspunkte meist gut besucht sind. Es kommt auch immer wieder vor, dass Besucher die besten Plätze blockieren oder Tiere absichtlich zu erschrecken versuchen. Der Park selbst bietet diverse Safarifahrten an, die in den Camps starten. Diese bieten eine bessere Chance, die scheueren Tiere zu sehen. Besonders aufregend ist es jedoch, die Tiere selbst zu entdecken und in aller Ruhe zu beobachten. Man kann den Krüger-Park auch im Rahmen einer Wandersafari erkunden (Kasten S. 615).

Die **Unterkünfte** im Park sind teilweise überlaufen. Wer kein Bett mehr bekommt, kann auf die günstigen Übernachtungsoptionen im nahe gelegenen Hazyview oder den Orten in der Nähe eines Zugangstors ausweichen. Von dort aus kann man problemlos jeden Tag selbst in den Park fahren oder eine organisierte Safarifahrt buchen. Eine weitere Möglichkeit sind die Backpacker-Lodges in Nelspruit, Hazyview und Phalaborwa, die alle auch Ausflüge in den Park anbieten. Außerdem buchen Tourenanbieter in Johannesburg Drei- oder Viertagestrips (Kasten S. 614).

Luxusangebote

Für alle mit größerer Urlaubskasse ist ein Privatreservat im Greater Krüger die beste Wahl; im Übrigen gibt es hier auch einige, die etwas günstiger sind. Die drei größten Privatreservate sind **Sabi Sands** (im Süden, S. 623) sowie **Timbavati** und **Manyeleti**, die beide an den zentralen Abschnitt des Nationalparks angrenzen (S. 623). Die Privatreservate haben keine Teerstraßen und Selbstfahren ist nicht erlaubt. Dadurch wirken sie viel ursprünglicher und Beobachtungspunkte sind auch ganz bestimmt nicht von Autos überbevölkert. Gäste werden oft in sehr romantischen Zimmern oder Luxuszelten mit Blick auf die Savanne oder einen Fluss untergebracht, während es in bequemen, offenen Allradfahrzeugen auf Safari geht, mit vielen Infos und Fotogelegenheiten. Viele der Luxuscamps sind auch mit speziellen Safaris und Aktivitäten auf Kinder eingestellt.

Forellen und Süßigkeiten wie Nougat angeboten. ⏲ Mo und Mi–So 7–17, Di 7–15 Uhr.

INFORMATIONEN

Touristeninformation, Auldstone House, an der Hauptstraße, Naledi Drive, ✆ 013-254 0254, 🖳 www.dullstroom.biz. ⏲ Mo–Do 9–17, Fr 9–18, Sa 9–16.30, So 9–14 Uhr.

TRANSPORT

Auto

Dullstrom liegt 260 km vom Flughafen OR Tambo in Johannesburg entfernt.

Busse

City to City, ✆ 015-781 1037, fährt tgl. von JOHANNESBURG STATION zum Tonteldoos Restaurant (8 Uhr, 4 1/2 Std).

Lydenburg

Etwa 58 km nördlich von Dullstroom liegt **Lydenburg**, wo einer der wichtigsten archäologischen Funde Südafrikas gemacht wurde. Das Museum ist der Hauptgrund für einen Stopp.

Lydenburg Museum

Im Gustav Klingbiel Nature Reserve, 3 km vor der Stadt an der R37 nach Sabie ▪ ⏲ Mo–Fr 9–12 und 14–16.15, Sa und So 10–16 Uhr ▪ Eintritt frei ▪ ✆ 013-235 2213

Die archäologischen Funde aus Lydenburg sind hier als Nachbildung ausgestellt. Die **Lydenburg Heads**, sieben wunderschöne Keramikmasken (wahrscheinlich für Zeremonien hergestellt) gehen auf das 5. Jh. zurück und gehören zu den ersten figurativen Skulpturen des südlichen

Afrika. Neben Repliken dieser Köpfe (die Originale sind im South African Museum in Kapstadt zu sehen, S. 124) gibt es eine ausgezeichnete Ausstellung über die Besiedlung der Gegend seit ungefähr einer Million Jahre.

Sabie

Sabie (ausgesprochen „Sa-abie") an der R37, am Fuß des Long Tom Pass, ist das Zentrum der **Land- und Forstwirtschaft** von Mpumalanga. Die ausgedehnten Pinienplantagen auf den umliegenden Hügeln wirken im Vergleich zu der üppigen, dschungelartigen Vielfalt der wenigen verbliebenen heimischen Wälder eher monoton. Ein Aufenthalt lohnt sich höchstens wegen der Aktivitäten im Umland: Fast nirgendwo sonst lässt sich Südafrika so schön per Mountainbike erkunden, mit knackigen Anstiegen und technisch anspruchsvollen Trails. Nur 7 km vor der Stadt, die Old Lydenburg Road entlang, sind drei der eindrucksvolleren **Wasserfälle** der Umgebung zu bewundern: **Bridal Veil**, **Horseshoe** und, am Ende der Straße, die **Lone Creek Falls**. Letzterer ist der schönste. Er lässt sich über einen gepflasterten Rundweg erreichen, der einen Fluss überquert und zum Parkplatz zurückführt.

Mac Mac Falls

Wasserfall 13 km nördlich der Stadt Richtung Graskop, Eintritt R10 ▪ **Badebecken** 11 km nördlich, Eintritt R10

Die spektakulären, 65 m hohen **Mac Mac Falls** sind die meistbesuchte Attraktion in der Umgebung. Sie wurden nach den zahlreichen Menschen schottischer Abstammung benannt, die auf der Suche nach Gold ums Leben kamen und deren Namen auf Dutzenden von Grabsteinen zu lesen sind. Im verlockenden Naturpool am Fuß der Fälle ist das Baden nicht möglich, aber 2 km vor den Wasserfällen gibt es an den **Mac Mac Pools** ein Flussbecken mit Picknick- und *braai*-Bereich. Außerdem startet hier der 3 km lange **Secretary Bird Walking Trail**.

Aktivitäten in Sabie

Die Wälder, gewaltigen Schluchten und Berge laden zu abenteuerlichen Aktivitäten rund ums Escarpment ein. Einer von vielen Anbietern ist Sabie Xtreme Adventures in der Sabie River Backpackers Lodge. Das Angebot umfasst Caving bei Kerzenlicht in den Höhlen von Lone Creek, Abseilen von den Sabie Falls, Wildwasser-Tubing und Canyoning.

Ein empfehlenswerter Veranstalter für **Raftingtrips im Blyde River Canyon** ist **Induna Adventures**, Sabie Rd; ◷ Mo–So 8–17 Uhr; ✆ 01-7378 3081, 💻 www.indunaadventures.com.

Der Halbtagesausflug (R400) dauert drei Stunden und führt über Stromschnellen der Schwierigkeitsstufe 2 und 3. Der Anbieter hat auch Mountainbiketouren durch Wälder, Kiefern- und Eukalyptusplantagen sowie mit mehreren Überquerungen des Mac Mac und des Sabie im Programm (1 1/2 Std., R400).

ÜBERNACHTUNG

Hillwatering Country House, 50 Marula St, ✆ 013-764 1421, 💻 www.hillwatering.co.za. Renoviertes Haus aus den 1950er-Jahren mit 4 großen Zimmern, jeweils mit eigener Veranda und Blick auf die Bridal Veil Falls. Der Empfang ist herzlich, das Frühstück ausgezeichnet. R880

Merry Pebbles Holiday Resort, 2 km westlich des Zentrums an der Old Lydenburg Rd, ✆ 013-764 2266, 💻 www.merrypebbles.com. Hier gibt es Selbstversorgereinheiten, Chalets mit Bad und Camping, einen beheizten Pool und einen Spielplatz. Am schönsten sind die neueren Bereiche. Camping R190, Chalet R1000

Sabie River Backpackers Lodge, 185 Main Rd, ✆ 013-764 2118, 💻 www.sabiextreme.co.za. Camping, Dorms und DZ mit robusten Betten und warmen Decken in einem gut geführten, freundlichen Hostel. Es gibt sogar eine Unterkunft für 2 Personen in einem Baumhaus. Die Lodge ist Sitz von Xtreme Adventures, Veranstalter von zahlreichen Abenteueraktivitäten, die teilweise in den guten Wochenend-Pauschalangeboten enthalten sind. Camping R70, Dorm R120, DZ R260

ESSEN

The Wild Fig Tree, Main St, Ecke Louis Trichardt St, ✆ 013-764 2239. Südafrikanische Gerichte

MPUMALANGA

und Wild – darunter Strauß und Kudu (jeweils R90) sowie Krokodil – sind die Spezialitäten dieses angenehmen Restaurants (das beste der Stadt) mit breiter Schönwetterterrasse. ⏲ tgl. 8.30–20.30 Uhr.

Woodsman Restaurant, Main St, Ecke Mac Mac Rd, ✆ 013-764 2204. Restaurant mit Biergarten; griechisch- zypriotische Küche mit vegetarischen *meze* (R60) lokale Spezialitäten wie Strauß, Forelle. Auch guter Kaffee und Snacks auf der Terrasse und im Winter am gemütlichen Kamin. ⏲ tgl. 7.30–21 Uhr.

INFORMATIONEN

Die beste der beiden Informationsbüros liegt am Market Square, ✆ 013-767 1833, 🖳 www.sabie.co.za. ⏲ Mo–Fr 9–17, Sa und So 9–13 Uhr.

TRANSPORT

Sabie ist 60 km von Nelspruit entfernt; die Straße dorthin ist kurvig und voller Holztransporter. Die öffentlichen Verkehrsmittel nach Sabie beschränken sich auf **Minibustaxis** aus den Nachbarorten.

Pilgrim's Rest

35 km nördlich von Sabie verbirgt sich in einem Tal **Pilgrim's Rest**, ein fast zu perfekt restaurierter **Bergbauort** und eine unwiderstehliche Anlaufstelle für die vielen Reisebusse. Die Ansammlung von Wellblechbauten mit roten Dächern, die historische Bank und das Royal Hotel mit seinen viktorianischen Antiquitäten lassen den Ort fotogen erscheinen.

Und doch wird man das Gefühl nicht los, dass hinter dem verklärt dargestellten Goldrausch-Image wenig Substanz ist (vor allem, wenn das Dorf nach Abreise der Tagesbesucher gegen 17 Uhr in tiefen Schlaf sinkt). Wer eine echte Goldmine besuchen möchte, sollte besser Barberton (S. 603) ansteuern.

Pilgrim's Rest erstreckt sich entlang seiner Hauptstraße und ist in Uptown und Downtown unterteilt. In **Uptown** sind die meisten Läden, Restaurants und Touristen anzutreffen. **Downtown**, 1 km westlich, strahlt eine bodenständigere Atmosphäre aus. Neben der Souvenirjagd und dem Kaffeetrinken können sich Besucher noch eine Handvoll **Museen** ansehen. Der beste Ort, um die Geschichte von Pilgrim's Rest hautnah zu erleben, ist jedoch der alte Friedhof, dessen Gräber eine eigene Geschichte erzählen.

Geschichte

Pilgrim's Rest stammt aus den Tagen von Südafrikas erstem **Goldrausch**, der der Freilegung der großen Flöze von Gauteng vorausging. Im Jahre 1873 fand Alex „Wheelbarrow" Patterson Gold im Creek. Er schaffte es nicht, seine Entdeckung geheim zu halten, und am Jahresende war er einer von 1500 Goldgräbern, die wie wild auf den 4000 Claims arbeiteten.

Viele Goldsucher kamen unterernährt an und litten an Ruhr oder Malaria, nachdem sie die mörderischen Trecks durchs Lowveld überstanden hatten. Die Überlebenden fristeten ein trostloses Dasein in Zelten oder, wenn ihnen das Glück hold war, in robusteren Hütten aus Lehm und Flechtwerk. Hundert Jahre später kam der Bergbau praktisch zum Stillstand; seit den 1980er-Jahren steht Pilgrim's Rest unter Denkmalschutz.

Diggings Site Museum

Graskop Rd ▪ Nur mit Führung, tgl. um 10, 11, 12, 14 und 15 Uhr ▪ Eintritt R20, Tickets in der Touristeninformation (S. 596)

Einen authentischen Eindruck aus den Tagen der Goldsucher bekommt man im Freilichtmuseum Diggings Site Museum am östlichen Stadtrand. Hier wird Goldwaschen demonstriert, und die Besucher werden zu den düsteren Goldsucherhütten, den Resten der Mine und Maschinen geführt.

Alanglade House Museum

Main St ▪ Nur mit Führung, tgl. um 11 und 14 Uhr ▪ Eintritt R20, Tickets in der Touristeninformation (S. 596)

Wer sehen möchte, wie Minenbesitzer und -verwalter lebten, sollte das rekonstruierte Wohnhaus des ehemaligen geschäftsführenden Direktors der Mine, **Alanglade**, gleich westlich von Downtown, besichtigen. Es beherbergt eine sehenswerte Sammlung britischer Mode und Gebrauchskunst vom Anfang des 20. Jhs. und

MPUMALANGA

lässt einen Lebensstil erkennen, der weder mit Afrika noch mit Bergbau zu tun hatte.

ÜBERNACHTUNG

Royal Hotel, Main St, Uptown, ✆ 013-768 1100, 💻 www.royal_hotel.co.za. Hotel aus den Tagen des Goldrausches, mit viel Atmosphäre und viktorianischen Antiquitäten. Gäste werden vorwiegend in restaurierten Gebäuden an der Hauptstraße untergebracht. Ein Besuch des Pubs ist Pflicht! R900

ESSEN

Einige Restaurants und Tea Shops versorgen die Besucherschar. Alle liegen an der Hauptstraße und sind (bis auf das Hotel) nur tagsüber geöffnet. Das Essen ist Touristenstandard.
Peach Tree Creek Restaurant (Royal Hotel), Main St, Uptown, ✆ 013-768 1100. Im schönsten Lokal der Stadt können Gäste bei einem Steak mit Salat (R120) oder einem warmen Frühstück in historischer Atmosphäre schwelgen. Zu jeder Tageszeit ist auch der Church Bar Pub im Kolonialstil ein Muss! ⌚ tgl. 8–21 Uhr.
Stable Café, Main St, Uptown ✆ 013-768 1061. Ein Gläschen Wein schmeckt gut zu traditionell südafrikanischem Essen wie *bobotie* mit Reis (R55) oder frittierte Krapfen *(vetkoek)* mit verschiedenen Füllungen. ⌚ Di–Sa 10–16 Uhr.

INFORMATIONEN

Touristeninfo, Wegweiser an der Hauptstraße in Uptown, Nähe Royal Hotel, ✆ 013-768 1060, 💻 www.pilgrims-rest.co.za. Hier auch Tickets für örtliche Museen. ⌚ tgl. 9–12.45, 13.45–16 Uhr.

TRANSPORT

Pilgrim's Rest ist mit dem **Auto** leicht zu erreichen: von Sabie 41 km über die extrem kurvige R532, von Graskop 17 km über die R535. Linienbusse gibt es keine, dafür fahren sowohl in Sabie und Graskop **Minibustaxis**.

Graskop

Ungefähr 17 km östlich von Pilgrim's Rest verdankt **Graskop** seinen Platz auf den Touristenkarten Harrie's Pancake Shop, der unübertroffene Pfannkuchen verkauft und Reisebusse von allen Aussichtspunkten des Escarpment anlockt. Der Ort selbst hat nicht viel zu bieten, aber die gute Lage zum **Blyde River Canyon** macht einiges wieder wett.

Africa Silks Weavery and Showroom

Verkauf Louis Trichardt Ave ▪ ⌚ tgl. 8–17 Uhr ▪ **Farm** 23 km von Graskop entfernt, an der R533 ▪ ⌚ Mo–Sa 8–17, So 8–12 Uhr – Führungen tgl. 9.30, 10.30, 12, 14 und 15 Uhr ▪ ✆ 013-767 1665, 💻 www.africasilks.com

Der namhafte Dorfkollektivbetrieb verkauft diverse von Afrikanerinnen gefertigte Produkte aus Mopane-Seide. Besonders toll sind die Bettdecken mit Seidenfüllung, Kissenbezüge und Tücher. Besuche der Farm, auf der die Seide produziert wird, sind ebenfalls möglich.

Big Swing

✆ 013-737 8191 oder 082-412 7295 ▪ R320

Der Big Swing von Graskop ist der beste von allen großen Bungees im Escarpment – ein 68 m tiefer freier Fall in weniger als drei Sekunden an einem der längsten Bungeeseile der Welt. Nach dem Sprung „fliegt" man an einem 135 m langen *foefie*-Drahtseil über die Schlucht, 130 m über der Erde, mit Blick auf den Graskop-Wasserfall. Tandemsprünge sind auch im Angebot (R580). Sprungkandidaten mit Reservierung werden entweder abgeholt oder bekommen eine Wegbeschreibung.

ÜBERNACHTUNG

Graskop Hotel, High St, Ecke Louis Trichardt Ave, ✆ 013-767 1244, 💻 www.graskophotel.co.za. Eine der hübschesten Unterkünfte am Escarpment, mit persönlicher und entspannter Atmosphäre – von außen dröge, jedoch im Innern sehr elegant mit Retromöbeln, afrikanischen Körben, Stoffen und Skulpturen ausgestattet. Die luftigen Zimmer, einige davon im Gartenhaus, sind stilsicher eingerichtet. Auf dem Gelände ist außerdem eine zeitgenössische Kunstgalerie. R860
Sheris Lodge & Backpackers, 66 Oorwinning St, ✆ 072-623 5583, 💻 www.sherislodge.co.za. Saubere, freundliche Backpacker-Unterkunft in der Nähe des Zentrums. Im Angebot sind Dorms

und DZ im Rondavel für Selbstversorger. Außerdem gibt's eine Küche sowie einen Ess- und Unterhaltungsbereich mit Billardtisch. Dorm R150, DZ R540

ESSEN

Canimambo, Hoof St, Ecke Louis Trichardt St, ✆ 013-767 1868. Ausgezeichnete portugiesische und mosambikanische Küche mit informeller und fröhlicher Atmosphäre, im Winter auch mit Kamin. Für Vegetarier gibt's scharfen Bohneneintopf, die Fleischspezialität ist Rumpsteak mit Butter, Knoblauch und Whiskey. Das mosambikanische Peri-Peri-Hühnchen ist auch immer hervorragend. ⏱ tgl. 9–21 Uhr.

Harrie's Pancake House, Louis Trichardt St, ✆ 013-767 1273. Das legendäre und gut ausgeschilderte Restaurant serviert die besten süßen und pikanten Pfannkuchen der Stadt sowie Lokalspezialitäten wie Forellenpfannkuchen (R88). Es gibt eine schöne Terrasse sowie ein Esszimmer, wo im Winter Holzscheite im Kamin prasseln. ⏱ tgl. 8.30–17 Uhr.

INFORMATIONEN

Touristeninformation, Big 5 Country Tourism, Louis Trichardt St, ✆ 013-767 573, 💻 www.tours-tickets.co.za. Bucht Unterkünfte, Safaris im Krüger-Park, Abenteueraktivitäten und Transfers. Sie haben außerdem die beste Umgebungskarte und anständige Aktivitätsbroschüren. Online werden Tickets für fast alles Lohnenswerte rund um Park und Escarpment verkauft. ⏱ Mo–Sa 8–17, So 10–13 Uhr.

Blyde River Canyon

Es gibt wenige Orte in Südafrika, die so einfach zugänglich sind und gleichzeitig eine so atemberaubende Landschaft bieten wie der Blyde River Canyon. Das **Blyde River Canyon Nature Reserve** erstreckt sich über 60 km von Graskop im Süden bis zu einem riesigen Amphitheater im Norden, das zum Teil vom Blydepoort Dam überflutet ist.

Am Rand der Schlucht entlang

Aussichtspunkte R25

Der Canyon ist aus jeder Perspektive sehenswert, doch die schönsten Ausblicke hat man auf einer halbtägigen Fahrt am Rande des Canyons entlang. Etwa 3 km nördlich von Graskop beschreibt die R534 eine 15 km lange Schleife vorbei an einer Reihe großartiger **Aussichtspunkte**. Sie windet sich durch Kiefernwälder bis zum Abzweig zum **Pinnacle**, einer gigantischen mit Bäumen bestandenen Quarzitsäule, die sich aus einer mit Farnen bewachsenen Schlucht erhebt.

Nach weiteren 4 km erreicht die Straße an einem steilen Gefälle mit Blick aufs Lowveld **God's Window**, einen der touristischsten Aussichtspunkte mit Toiletten und Souvenirständen. Die Straße führt dann auf die R532 zurück, die von hier aus nach 28 km Fahrt in nördlicher Richtung **Bourke's Luck Potholes** am Zusammenfluss von Treur und Blyde erreicht. Die sonderbaren Felsformationen sind durch vom Wasser bewegtes Geröll entstanden. Dies ist sicher die beste Wahl für alle, die nur Zeit für einen Aussichtspunkt haben. Er liegt am Ende einer anspruchslosen, aber lohnenswerten dreiviertelstündigen Wanderung; Einrichtungen gibt es jedoch keine.

Ein schöner Ausblick bietet sich auch 14 km dahinter an den **Three Rondavels**. Der Name beschreibt allerdings nur eine Besonderheit dieses Panoramablicks: die drei Felsen, die in ihrer Form an mächtige Rondavels erinnern und an deren Fuß sich, viele hundert Meter tiefer, der gewundene Blyde River seinen Weg bahnt. Kein Foto kann diese ungeheure Landschaft einfangen, die dazu noch von Felsblöcken durchsetzt ist, die sich wie Pfeiler aus dem Tal erheben.

Von den Three Rondavels zum Blydepoort Dam

Die 90 km lange Fahrt vom Aussichtspunkt bei Three Rondavels zum Fuß des Canyon bietet spektakuläre Blicke auf die Felsen des Escarpment, die aus dem Lowveld emporragen, und kann gut in die Reiseroute vom oder zum Krüger-Park integriert werden. Anfangs führt die Strecke in vielen Kurven nach Westen bis zur R36 und dann nach Norden, wo die Talfahrt beginnt – über den **Abel Erasmus Pass** und durch den J. G. Strijdom-Tunnel, hinter dem sich die weiten Ebenen des Lowveld ausbreiten. Die Straße beschreibt einen großen Bogen um den Canyon herum.

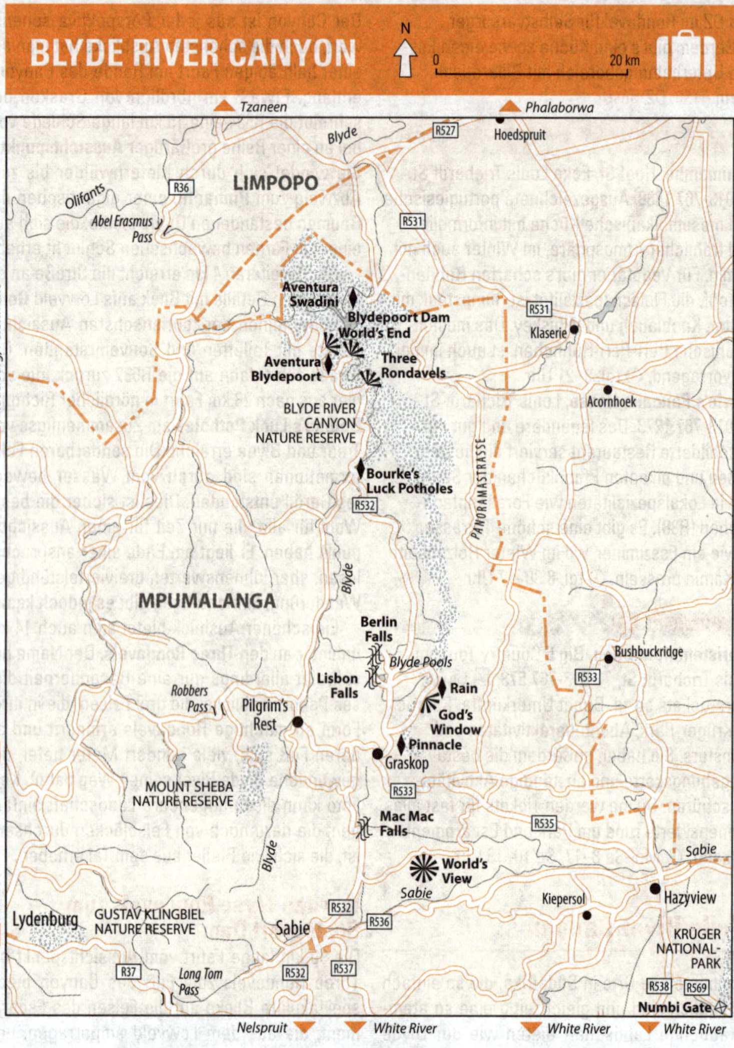

Blydepoort Dam und Bootsfahrten
26 km von Hoedspruit entfernt; auf der R531 der Beschilderung zum Forever Swadini Resort folgen – der Bootsanleger ist 5 km hinter dem Resort ▪ ⌚ Bootsfahrten tgl. 11 und 15 Uhr ▪ Eintritt R120 zzgl. R20 pro Auto ▪ Im Voraus buchen! ▪ ✆ 015-795 5961, ✉ bookings@blydecanyon.co.za

Im Herzen des Blyde River Canyon liegt der künstliche **Blydepoort Dam**, der vor allem für den atemberaubenden Blick hinauf vom Wasser in die Schlucht bekannt ist. Hier starten die empfohlenen 90-minütigen Bootsfahrten. Besser kann man den eindrucksvollen Canyon mit seinen spektakulären Bergschluchten und den Tree Rondavels sowie diversen beeindruckenden Wasserfällen wahrscheinlich nicht besichtigen. Ebenfalls zu sehen sind Gesteinsformationen, die aus den Kalkablagerungen der natürlichen Quellen entstanden sind. Hin und wieder zeigen sich auch Nilpferde und Krokodile.

Das Lowveld

Das südafrikanische Lowveld liegt zwischen den Drakensbergen von Mpumalanga und Mosambik. Es gehört zu einer riesigen subtropischen **Savanne**, die sich durch Simbabwe und Sambia bis nach Zentralafrika erstreckt. Assoziierte man die Gegend um 1900 noch mit Glücksrittern, Jägern und Goldsuchern, so ist sie heute vor allem für ihre Nähe zum Krüger-Park und die angrenzenden Wildschutzgebiete bekannt. Die Ortschaften dienen alle als Tore zum Park.

Nelspruit, die größte Stadt des Lowveld und Hauptstadt von Mpumalanga, ist auf dem Luftweg und mit dem Bus (auch aus Maputo in Mosambik) zu erreichen. Östlich von Nelspruit verläuft die N4 entlang der südlichen Grenze des Krüger-Parks und bietet bequeme Zufahrt zu den Toren Malelane und Crocodile Bridge. Letzteres liegt gerade einmal 12 km nördlich von **Komatipoort**, einer feuchtheißen Stadt an der Grenze zu **Mosambik**. 32 km südlich von Nelspruit liegt **Barberton**. Nach weiteren 41 km gelangt man nach **Swasiland**.

Von der Provinzhauptstadt führt die R40 in nördlicher Richtung durch **White River**, **Hazyview**, **Hoedspruit** und **Phalaborwa**, eine Reihe kleiner Orte, die als Basisstationen für Touren in den Krüger-Park geeignet sind. Alle Städte bieten zahlreiche Unterkünfte und haben ein Zufahrtstor zum Krüger-Park in der Nähe; in manchen werden Ausflüge angeboten. Da Hazyview am nächsten bei Nelspruit liegt und ein Zugangspunkt zum Park ist, liegt es in der Gunst der Touristen ganz vorn. Hoedspruit und Phalaborwa gehören bereits zur Provinz Limpopo, sind aber aus Gründen der Kontinuität in diesem Kapitel beschrieben.

Nelspruit

Das florierende Nelspruit liegt 358 km östlich von Johannesburg an der N4. Die Stadt entwickelte sich in den 1990er-Jahren als Basis für Händler, Farmer und Goldsucher, aber davon ist kaum noch etwas zu sehen: Die meisten alten Gebäude wurden abgerissen und durch Einkaufszentren und Autobahnen ersetzt. Die Stadt strahlt Vitalität und Wohlstand aus und ist nicht nur eine wichtige Handelsmetropole fürs Lowveld, sondern auch für Geschäftsleute aus Swasiland und Mosambik. Mbombela, der Name der Kommune, steht auf manchen Wegweisern anstelle von Nelspruit.

Nelspruit bietet die besten **Verkehrsverbindungen** der Provinz, darunter Flüge nach Johannesburg, Kapstadt, Durban und Maputo, ein ausgezeichnetes Krankenhaus und ein sehr großes Angebot an Einrichtungen und Geschäften.

Lowveld National Botanical Garden

Von der R40 Richtung White River ausgeschildert ▪ 🕒 tgl. 8–17 Uhr ▪ Eintritt R15

Nelspruits Hauptattraktion ist der Lowveld National Botanical Garden. Der Park am Ufer des Crocodile River rangiert gleich hinter den Kirstenbosch Gardens von Kapstadt (S. 134). Natürliche Wasserfälle und Wanderwege durch den Regenwald bieten eine Abkühlung von der glühenden Mittagshitze. Die Bäume sind nach Lebensräumen angeordnet und beschriftet. Eine Besonderheit sind die **Palmfarne** aus der ganzen Welt. Es gibt auch ein Wäldchen mit Baobabs aus Südafrika und anderen afrikanischen Ländern. Am Eingang wird eine hilfreiche Broschüre verkauft, in der eine Karte auf die Highlights des Gartens hinweist. Auf dem Gelände gibt es ein Café und ein Restaurant mit schönem Ausblick.

Chimpanzee Eden

10 km außerhalb von Nelspruit an der R40 nach Barberton ▪ 🕒 tgl. 10, 12 und 14 Uhr ▪ Eintritt R160 ▪ ☏ 079-777 1514, 💻 www.janegoodall.co.za

Das von Jane Goodall gesponserte Chimpanzee Eden widmet sich der Rettung und Wiedereingliederung von Schimpansen. Affen, die aus schrecklichen Bedingungen in Orten wie Angola oder Somalia gerettet wurden, lernen hier wie-

MPUMALANGA

Nelspruit

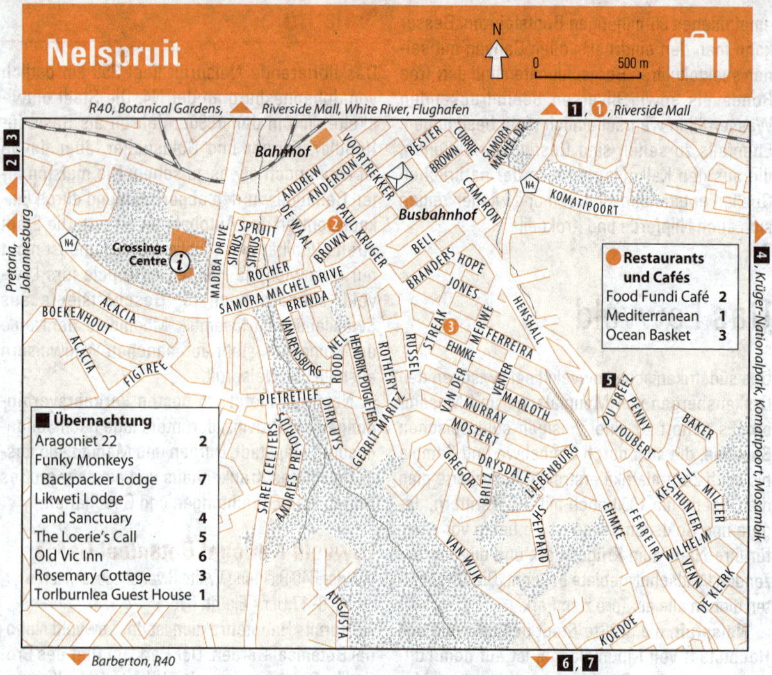

der ganz neu, auf Bäume zu klettern, in den Blättern nach Nahrung zu suchen, sich gegenseitig vorsichtig zu pflegen und Gruppenbeziehungen aufzubauen. Besucher können sie im Rahmen einer Führung beobachten, direkter Kontakt zu den Primaten ist jedoch nicht erlaubt.

ÜBERNACHTUNG

Nelspruits Übernachtungsmöglichkeiten sind in erster Linie auf Geschäftsreisende ausgerichtet, und keine liegt in der Nähe eines Restaurants. Die meisten Unterkünfte haben einen Pool, Esstische unter freiem Himmel und tropische Gärten. Ein paar Kilometer außerhalb sind noch ein paar tolle Bleiben auf Bauernhöfen sowie eine Lodge, die fast schon am Flughafen ist.

Aragoniet 22, Aragoniet St, ✆ 083-631 2136, 💻 www.aragonietlodge.co.za. Makellos saubere und preisgünstige Selbstversorgerunterkünfte in 4 Zimmern, gut gelegen mit Garten und Pool und preislich attraktiv. Wer will, kann eine Abholung von Bus oder Flug vereinbaren. R600

Funky Monkeys Backpacker Lodge, 102 Van Wijk St, ✆ 013-744 1310, 💻 www.funkymonkeys.co.za. Das beliebte Hostel hat Bar mit Alkoholausschank, Billardtisch, Pool, schattige Veranda und Breitband-Internet. Von hier aus werden 1- bis 3-tägige Touren in den Krüger-Park organisiert und Gäste auf Wunsch aus dem Zentrum oder vom Flughafen abgeholt. Dorm R140, DZ R390

Likweti Lodge and Sanctuary, an der R358 zwischen Nelspruit und White River, 5 km vom Flughafen KMI, ✆ 082-939 0629, 💻 www.likweti.co.za. 566 ha Felsen und Grasland sind die Heimat von Nashörnern, Büffeln, Zebras und Giraffen; der Luftraum darüber ist Flugverbotszone. Wer übernachten will, hat 2 Optionen: Die Lodge auf einem Bergrücken blickt in Richtung Sonnenaufgang und hat superbequeme Zimmer und hervorragendes Essen. Und dann gibt es noch ein 2-stöckiges

Chalet für insgesamt 4 Selbstversorger. Chalet R770, Lodge R2420

The Loerie's Call, 2 Du Preez St, ✆ 013-744 1251, 083-283 6190, 💻 www.loeriescall.co.za. Die moderne Unterkunft hat einen Pool, einen subtropischen Garten und exklusive Zimmer mit Veranden und Bad sowie eine hübsche Lounge mit Terrasse. Oft ausgebucht, daher weit im Voraus reservieren. Gutes Restaurant. R1200

Old Vic Inn, 12 Impala St, 3 km vor der Stadt, ✆ 013-744 0993, 082-340 1508, 💻 www.krugerandmore.co.za. 6 saubere, komfortable DZ, einige mit Bad, 3 Selbstversorger-Familienunterkünfte und ein Schlafsaal in einem ruhigen Backpacker-Hostel, mit Pool, Garten und Wanderungen im angrenzenden Naturreservat. Auf Wunsch arrangieren die Besitzer die Abholung vom Stadtzentrum oder Flughafen und organisieren Touren, etwa nach Mosambik oder in den Krüger-Park. Internet-Zugang. Der hauseigene Tourveranstalter ist der einzige seiner Art, der Backpackern ein Bett direkt im Krüger-Park besorgt. Die Touren werden meist vom Inhaber selbst geführt. Dorm R145, DZ R600

Rosemary Cottage, 16 km westlich von Nelspruit an der N4, ✆ 084-205 9522, 💻 www.alkmaarrosemarycottage.co.za. Charmantes Selbstversorger-Cottage mit 2 Schlafzimmern, Veranda sowie Gemüse- und Kräutergarten auf einer Orangen- und Macadamianussfarm 20 Autominuten von Nelspruit. B&B-Gäste bekommen selbst gebackenes Brot und Marmeladen. R700

Torlburnlea Guest House, Mataffin Macadamia Village, 5 km östlich der Stadt, ✆ 072-884 8872, 💻 www.torburnlea.co.za. Das schönste Guesthouse in Nelspruit ist ein wunderschön renoviertes Wohnhaus aus den 1920er-Jahren mit einer eleganten Veranda im Kolonialstil und Blick auf Litschi-, Macadamia- und Zuckerrohrplantagen. Die Zimmer sind geräumig und elegant mit luxuriöser Ausstattung und Bettzeug, die Inhaber Andrew und Kim Hall freundlich und gut informiert. Zum Frühstück gibt's frische Säfte und Tropenfrüchte von der Farm. R1700

ESSEN

Food Fundi Café, Absa Square, Paul Kruger St, ✆ 013-755 4969. Das Tageslokal im Zentrum hat Tische unterm Baum, ausgezeichneten Kaffee, belegte Brote, Wraps, Kuchen und Salat. Sehr lecker ist das Sandwich mit Rooibus-geräuchertem Hühnchen und Cashews (R58). Außerdem gibt's noch interessante Kombis wie Biltong und Cheddar-Käse mit Jalapenos.
🕒 Mo–Fr 7–16, Sa 8–13 Uhr.

Mediterranean, Ilanga Mall, N4, ✆ 013-757 0170, und Riverside Mall, White River Rd (R40), ✆ 013-757 0170. Das beliebte Fisch- und Sushi-Lokal serviert mosambikanische Garnelen auf griechische Art (R75) und ganze Fische – gebacken, gedünstet oder gegrillt (R99). Die Speisekarte ist lang und außerdem kann man sich noch den Fang des Tages zeigen lassen.
🕒 Mo–Do und So 11.30–21, Fr und Sa 11.30–22 Uhr.

Ocean Basket, 17 Ferreira St, ✆ 013-752 7193. Günstige Fischkette in zentraler, angenehmer Lage; an warmen Abenden auch draußen Tische. Wer keine Lust auf Seehecht mit Pommes (R45), Garnelen, Seezunge oder

Über die Grenze nach Mosambik

Maputo liegt nur 200 km von Nelspruit entfernt und ist leicht mit dem Auto auf der N4, wenn auch über zwei Zollstationen (R60), erreichbar. Der Cheetah Express, ✆ 013-755 1988, R260, bietet einen **Shuttleservice** zwischen den beiden Städten und verlässt Nelspruit um 16.30 Uhr (tgl., 3 Std.). Tickets hat das Tourismusbüro im Crossings Centre (S. 602), **Visa** (R750) müssen vorher beim mosambikanischen Konsulat, Ferriera St, gegenüber des Absa Square, ✆ 013-753 2089, gekauft werden. Die Prozedur nimmt einen ganzen Tag in Anspruch: morgens die Formulare beim Konsulat abgeben, nachmittags das Visum abholen. Visa sind auch an der Grenze selbst erhältlich, wobei das nicht immer verlässlich ist. Am besten, man besorgt sich das Visum schon vorher. Informationen dazu, wie man die mosambikanische Seite des Krüger-Parks östlich des Phalaborwa Gate am besten erkundet, gibt's beim guten Anbieter Great Limpopo Wilderness Camps & Trails, ✆ 021-701 7860, 💻 www.dolimpopo.com.

Afrikanischen Aal hat, kann auf Steak ausweichen. ⌚ Mo–Sa 11–21.30, So 11–21 Uhr.

SONSTIGES

Apotheke

Chemist Mopani, Crossings Centre, ☏ 013-755 5500, ⌚ Mo–Fr 8–18, Sa 8–15 Uhr, außerhalb der Öffnungszeiten ☏ 082-761 1603; Ilanga Centre, ☏ 013-742 2225, ⌚ Mo–Fr 9–18, Sa 9–16, So 9–13 Uhr.

Diplomatische Vertretung

Konsulat von Mosambik, Bell St, ☏ 013-752 7396.

Einkaufen

In Nelspruit gibt es drei große Malls: die Riverside Mall, Richtung White River nach Norden auf der R40, das zentraler gelegene Crossings Centre und die westliche Ilanga Mall, Richtung Johannesburg, abseits der N4.

Informationen

Lowveld Tourism, im Crossings Centre, N4 Ecke General Dan Pienaar St, ☏ 013-755 19-88, -89, 💻 www.krugerlowveld.com. Das größte Tourismusbüro der Stadt hat Karten und grundlegende Infos und bucht Unterkünfte (auch für Restcamps im Krüger-Park) sowie Tagesausflüge mit Tourveranstaltern. Lowveld Tourism hat auch einen Kiosk im gehobeneren Riverside Mall nördlich des Zentrums an der R40. ⌚ Mo–Fr 7–18, Sa 8–13.30 Uhr.

Internet

Internet-Cafés gibt es in den Einkaufszentren.

Medizinische Hilfe

Nelspruit Private Hospital, 10 Rothery St, ☏ 013-759 0500.

Notruf

Krankenwagen, ☏ 013-741 1620.

Post

Voortrekker St, ⌚ Mo–Fr 8.30–16, Sa 8.30–11 Uhr. In allen Einkaufszentren gibt es eine PostNet-Filiale – praktischer als das Postamt.

TRANSPORT

Busse

In JOHANNESBURG ist **City Bug**, ☏ 0861-33 44 33, 💻 www.citybug.co.za, das beste Busunternehmen. Bietet tgl. 6 Fahrten (8–18 Uhr, 4 Std.) ab Flughafen OR Tambo zur BP-Garage im Sonpark Centre in der Piet Retief St südlich des Zentrums von Nelspruit. Das liegt zu weit außerhalb, um zu Fuß in die Stadt zu gehen – am besten bestellt man schon vorher ein Taxi bei Edgars Taxi Service, ☏ 072-147 1677, oder lässt sich von den Betreibern der Unterkunft abholen.

Flüge

Flüge von **SA Airlink**, 💻 www.flyairlink.com, kommen an dem winzigen, strohgedeckten Kruger Mpumalanga International Airport, KMIA; ☏ 013-753 7500, 20 km nördlich der Stadt an der R40 nach White River an. Flüge nach Nelspruit gehören leider zu den teuersten überhaupt; u. U. ist es billiger, nach Johannesburg zu fliegen und mit dem Auto weiterzufahren. Alle großen Autovermietungen, darunter auch Avis, ☏ 013-741 1087, haben Schalter am Flughafen. Für alle, die kein Auto mieten wollen, ist der Privatshuttle die beste Option: Summit Tours and Safaris, ☏ 013-794 4300 oder 084-991 6783, 💻 www.summittoursandsafaris.com, holt Kunden auf Anfrage ab und bietet zuverlässige Transfers nach Nelspruit, aber auch in den Krüger-Park, die privaten Reservate, nach Hazyview und weiter von Nelspruit nach Mosambik. Eine weitere Möglichkeit ist Jackson Mahlati, ☏ 083-414 0801, ✉ jacksontransfers@gmail.com, der den günstigsten Shuttle in die Stadt bietet (R400).

Flüge nach:
CAPE TOWN (tgl., 3 Std.);
DURBAN (2x tgl., 1 Std.);
JOHANNESBURG (5x tgl., 1 Std.).

Der Südrand des Krüger-Parks

Von Nelspruit folgt die N4 in östlicher Richtung grob dem Lauf des **Crocodile River**, der die südliche Grenze des Krüger-Parks beschreibt. Auf

Reiten bei Nelspruit

Eine der schönsten Aktivitäten in der Gegend um Nelspruit ist Reiten. Vom Pferd aus stehen die Chancen gut, **Wildpferde** zu sehen oder in einem Wildschutzgebiet zwischen den Tieren zu reiten.

Kaapsehoop Horse Trails, Kaapsehoop, 35 km westlich von Nelspruit, abseits der N4, ✆ 082-774 5826, 💻 www.horsebacktrails.co.za. Das bergige Waldgebiet des Kaapsehoop bei Nelspruit ist die Heimat der Wildpferde. Kaapsehoop bietet einstündige Ausritte für Anfänger (R230) sowie zweistündige (R420) und ganztägige Ausritte (R780) für erfahrene Reiter. Im Reitzentrum gibt es auch eine schöne, günstige Selbstversorgerunterkunft (R500) mit freundlichem Personal und entspanntem Feeling.

Kwa Madwala Reserve, 80 km östlich von Nelspruit, abseits der N4, ✆ 082-779 2153, 💻 www.kwamadwala.net. Das riesige Wildtierschutzgebiet bietet Ausritte zwischen den Savannentieren an (keine Raubtiere oder Elefanten): einstündige Ausritte für Anfänger (R300) sowie zweistündige (R550) oder ganztägige Ausritte (R800) für erfahrenere Reiter.

den 58 km bis zum Bauerndorf Malelane verläuft die Straße entlang des bewaldeten Flussufers durch üppiges, subtropisches Farmland und vorbei an den grauen, surrealen Formationen von Granit-*koppies*. Rund 4 km hinter Malelane geht die Straße ab zum Krüger-Park-Eingang **Malelane Gate**, dem günstigsten Eingangstor für Gäste des Restcamps Berg-en-Dal (S. 616).

ÜBERNACHTUNG

Buhala Game Lodge, 12 km östlich des Malelane Gate, ✆ 013-792 4372 oder 4817, 💻 www.buhala.co.za. Tolles Gästehaus auf einer Mango-, Zuckerrohr- und Papayafarm, mit Pool und 10 eleganten Zimmern mit AC. Von einer Holzterrasse reicht der Blick über den langsam dahinfließenden Crocodile River bis zum Krüger-Park. Für R990 p. P. werden mit einem Ranger Tagesfahrten durch den Krüger-Park arrangiert, 3-stündige Wanderungen kosten R550. Beliebt bei Golfspielern, die zum Golfplatz Leopard Creek wollen. R2885

Kwa Madwala Game Reserve, an der N4 beschildert, zwischen Malelane und Crocodile Bridge Gate, ✆ 082-779 2153, 💻 www.kwamadwala.net. Game-Lodge-Feeling zu B&B-Preisen, in einem wunderschönen Teil des Bushvelds zwischen Granitfelsen, in dem vier der Big Five zuhause sind. Die Haupt-Lodge – Manyatta – hat Chalets, die direkt in die Granitfelsen gebaut sind, einen schönen Pool und einen guten Ausblick. So richtig „wild" ist die Lage in Nähe von Ackerland und Zuckerfabrik allerdings nicht. Im Preis sind Abendessen, Zimmer und Frühstück enthalten; Safaris und Reiten kosten extra. R3200

Barberton

Die 36 km südlich von Nelspruit gelegene Stadt **Barberton** entstand, nachdem 1883 **Gold** entdeckt worden war. Bald setzte ein Zustrom von Händlern, Hoteliers, Barkeepern, Prostituierten und sogar Pfarrern ein, die sich zu den Goldsuchern in der wachsenden Grenzstadt gesellten, die aus Zelten, Blech, Stroh und Schlamm gebaut war. Fast jedes zweite Gebäude diente als Kneipe. Während des **Riesenbooms** der 1880er-Jahre entglitt die Kontrolle über die Goldfunde den Händen der kleinen Goldsucher, und die Minen gerieten bis heute in den Besitz großer Unternehmen. In der Umgebung sind noch sieben Minen in Betrieb, die alle eigene Freizeitgelände für die Bergleute unterhalten – man trifft also in den öffentlichen Kneipen nicht so viele Schürfer wie in den alten, wilden Tagen.

Hier werden die besten **Untertagetouren** durch eine aktive Goldmine in Südafrika angeboten. Davon abgesehen hat Barberton nur noch wenig von seinem früheren Charme und wirkt inzwischen etwas abgehalftert, sodass es kaum einen Umweg lohnt.

Barberton Museum

36 Pilgrim St ▪ 🕒 Mo–Fr 9–16, Sa und So 9–13 Uhr ▪ Eintritt frei

Einen Einblick in die Bergbaugeschichte der Stadt vermittelt das **Barberton Museum**. In dem gelungenen modernen Bau ist eine gute Ausstellung über die Goldrauschzeit zu sehen. Das

Bergwerkstouren und -wanderungen in Barberton

Barberton hat eine hervorragende Tour in eine historische Goldmine im Angebot. **Galaxy Gold Mines** bietet täglich um 8, 11 und 14 Uhr Führungen in der historischen Pioneer Mine 15 km außerhalb der Stadt (Reservierung über Barberton Odyssey, ✆ 079-180 1488, 2 1/2 Std., R220). Im Preis inbegriffen sind Gummistiefel, Schutzhelm und Stirnlampe sowie eine Kurzeinweisung ins Goldwaschen. Die Gegend um Barberton gehört zum **Unesco-Weltnaturerbe**: Das Mahonjwa-Gebirge gilt mit einem Alter von 3,5 Mrd. Jahren als eines der besterhaltenen Urgesteine der Erde. Die hier gefundenen Fossilien gehören zu den ältesten Lebensformen des Planeten. **Odyssey**, ✆ 079-180 1488, bietet einen geführten, dreistündigen Geotrail im Auto (R700) entlang der wunderschönen, alten Bulembu Road, mit mehreren Stationen an geologisch interessanten Orten.

Museum hat außerdem Karten für den **historischen Stadtrundgang** (Heritage Walk). Grünweiße Wegweiser führen zu den historischen Bauten und Denkmälern, darunter das sehenswerte Belhaven House und Stopforth House.

ÜBERNACHTUNG

Aloe Ridge Guest Farm, 10 km nördlich von Barberton an der R38, ✆ 082-456 3442, 💻 www.aloeridgeguestfarm.com. Erschwingliche, ruhige Unterkünfte auf einer Biofarm. Sehr gute Gelegenheiten zur Vogelbeobachtung. Die 3 Zimmer im Haupthaus sind mit Holzmöbeln und Baumwollbetten ausgestattet, haben aber kein TV. R550

Mazwita Bush Camp, 17 km Richtung Nelspruit an der R40, ✆ 082-604 1190, 💻 www.mazwita.com. Kleine Wildfarm mit strohgedeckten Rondavels, Holzplankenwegen und hübschen Hügeln zum Wandern und Radfahren oder für Fahrten zur Wildbeobachtung ohne Bedrohung durch Raubtiere. R1100

Über die Grenze nach Swasiland

Der nächstgelegene Grenzübergang nach Swasiland ist in **Bulembu**, 🕒 tgl. 8–16 Uhr, aber die Straße ist schlecht und sollte im Sommer nur im Allrad in Angriff genommen werden. Im Winter (Trockenzeit) schafft man es jedoch auch im normalen Pkw. Die schnellste und beste Route führt über **Jeppe's Reef/Matsamo**, 🕒 7–20 Uhr. Hier hat man einen beeindruckenden Blick auf den **Maguga Dam** gleich südlich des Piggs Peak in Swasiland.

ESSEN

Co-Co Pan Restaurant und Pub, Crown St, ✆ 013-712 2653. Das zentralste Lokal der Stadt ist preiswert, freundlich, ohne Schnickschnack. Serviert einfache Hamburger (R40), Steaks und Omelettes, ist aber wohl vor allem zum Biertrinken (R18) zu empfehlen. 🕒 tgl. 8–21 Uhr.

Victorian Tea Garden, neben der Touristeninformation, Crown St, ✆ 013-712 4985. Gepflegter Teesalon in einem weißen Gartenhaus, das direkt aus einem Londoner Park zu stammen scheint. An Tischen im Freien gibt es günstige getoastete Sandwiches (R25) sowie Tee und Nachspeisen. 🕒 Mo–Fr 8–17, Sa 8–14 Uhr.

INFORMATIONEN UND TOUREN

Touristeninformation, Crown St, ✆ 013-712 2880, 💻 www.barberton.co.za. 🕒 Mo–Fr 7.30–16.30, Sa 8–13 Uhr.

Barberton Odyssey, ✆ 079-180 1488, bietet eine historische Führung um Barberton (R55) sowie Bergwerks- und geologische Touren an.

TRANSPORT

Öffentliche Verkehrsmittel sucht man vergebens, von Nelspruit fahren allerdings **Minibustaxis** nach Barberton (36 km).

Die Westgrenze des Krüger-Parks – die R40

Die **R40** verläuft von Nelspruit in nördlicher Richtung entlang der Westgrenze des Krüger-Parks durch reiche Ländereien um Hazyview, auf denen

MPUMALANGA

Tropenfrüchte angebaut werden. Zum größten Teil durchquert sie jedoch dicht besiedelte, bettelarme afrikanische Gemeinden; das größte Ballungsgebiet heißt Bushbuck Ridge. Es ist jedoch eine faszinierende Fahrt durch das geschäftige südafrikanische Leben, mit winzigen Ziegelhäuschen und Hütten direkt neben reicheren Behausungen. Diese Welt steht im krassen Gegensatz zum unberührten Schutzgebiet des Krüger-Parks, dessen Eintritt sich der Großteil der hiesigen Bevölkerung niemals wird leisten können.

Über die R40 gelangt man in die privaten Wildschutzgebiete **Sabi Sands**, **Manyeleti** und **Timbavati** sowie die Krüger-Zufahrtstore Numbi, Phabeni, Paul Krüger und Orpen. **Klaserie**, an der Grenze von Mpumalanga zur Provinz Limpopo, ist kaum mehr als eine leicht zu übersehende Tankstelle mit Laden, umgeben von einigen privaten Wildfarmen.

Weiter nördlich in Limpopo liegt Hoedspruit, ein Einkaufs- und Dienstleistungszentrum. Der Ort ist ein guter Ausgangspunkt zu mehreren großen Privatschutzgebieten sowie zum Orpen-Gate (69 km). Noch weiter nördlich liegt die Bergbaustadt **Phalaborwa**. Sie ist nur 2 km vom gleichnamigen Zufahrtstor entfernt, das ins Zentralgebiet des Krüger-Parks und zu den schönen Camps Letaba und Olifants führt.

Hazyview

Hazyview liegt 43 km nördlich von Nelspruit und ist ein Dienstleistungszentrum für den südlichen Krüger-Park; das Phabeni Gate ist nur 10 km von der Stadt entfernt. Es ist die letzte Versorgungsstation vor dem großen Paul Kruger Gate nach Skukuza, der „Hauptstadt" des Parks, und vor dem Eingang zum Sabi Sands Reserve. Es ist auch ein Zentrum für die umliegende Landwirtschaft, mit großen Einkaufszentren und belebten Straßenständen, wo die Bewohner des dicht bevölkerten afrikanischen Umlands Obst und andere Erzeugnisse einkaufen. Die Stadt ist eine ideale Basis für Leute, die an Abenteuer- und Outdoortouren teilnehmen, aber nicht im Park übernachten wollen. Eine Art Zentrum bildet die **Perry's Bridge**, ein kleiner Komplex aus Luxusgeschäften, Kunsthandwerksläden, Restaurants und Safari-Buchungsbüros an der Kreuzung von R536 und R40.

Autofahren auf der R40

Auf der **R40** ist große Vorsicht angebracht: Sie ist voller Schlaglöcher, die leicht zum Reifenschaden führen – ganz zu schweigen von freilaufenden Ziegen und Rindern sowie achtlosen Fußgängern und einer haarsträubenden Kombination aus rasenden Minibussen und behäbigen Schwerlastern, die zwischen Phalaborwa Mine und Mosambik pendeln. Angesichts dieses riskanten Gemischs sollte man die Straße nachts meiden und sich auf eine langsame Reise einstellen; sie hat pro Richtung nur eine Spur und ist sehr stark befahren.

Skyway Trails

Perry's Bridge Trading Post ▪ R480 ▪ ✆ 082-825 0209 oder 013-737 6747, 💻 www.skywaytrails.com

Der **Hochseilgarten** Skyway Trails ist ein dreistündiges Vergnügen, bei dem man sicher an einem dicken Kabel festgehakt, hoch über dem Tal und den Baumwipfeln von Plattform zu Plattform gleitet. Die Guides sind sehr nett und verstehen ihr Handwerk und begleiten Kinder zwischen sechs und zehn Jahren. Treffpunkt ist die **Gecko Lodge**, 3 km weiter an der R536 aus Richtung Hazyview. Dort bekommt man die Ausrüstung und eine kurze Einweisung. Anschließend geht's hoch auf den Berg, wo der Trail anfängt. Reservierung nötig.

Elephant Sanctuary

5 m von Hazyview an der R536 Richtung Sabie ▪ Elefant striegeln R545 ▪ Spaziergang mit Elefant R545 ▪ Elefant reiten R750 ▪ ✆ 079-624 9436, 💻 www.elephantsanctuary.co.za ▪ Aktivitäten müssen im Voraus auf der Website gebucht werden.

Im Elephant Sanctuary dürfen Besucher die zwei vor dem Abschuss geretteten Elefantenwaisen streicheln. Sehr zu empfehlen sind das „Brush Down"-Programm, bei dem man die Tiere striegelt und die Beschaffenheit ihrer Haut und Ohren fühlt, in Kombination mit dem „Trunk in Hand" – dabei geht man neben dem Elefanten her und hält leicht seinen Rüssel. Auch Reiten ist möglich.

ÜBERNACHTUNG

Die meisten Gästehäuser liegen auf Farmgelände an den Straßen zu den Nachbarorten

MPUMALANGA

Sabie (R536), Graskop (R535) und White River (R538) sowie in Richtung Paul Kruger Gate zum Krüger-Park (R40).

Bohms Zeederberg Country House, 17 km von Hazyview an der R536, ✆ 013-737 8101, 💻 www.bohms.co.za. Altmodische, aber gepflegte, Chalets in subtropischem Garten rund um einen Pool mit traumhafter Aussicht und Wanderpfaden zum Fluss hinab. Rollstuhlfreundlich. R1760

Gecko Backpackers, 3 km von Hazyview an der R536, ✆ 082-342 6598, 💻 www.backpackers-gecko.co.za. Direkt neben der Gecko Lodge, mit Pool, Campingplatz, Dorms, DZ, einer coolen Bar and hausgemachtem Essen. Transfers von und nach Nelspruit, verschieden lange Ausflüge in den Krüger-Park und zum Escarpment. Camping R80, Dorm R120, DZ R350

Gecko Lodge, 3 km von Hazyview an der R536, ✆ 013-590 1020 oder 082-556 6458, 💻 www.geckolodge.co.za. Hat vielleicht die hübscheste Location in Hazyview: durch das üppige grüne Gelände windet sich ein Fluss. Die Zimmer sind ordentlich und ihren Preis wert, und auf dem Gelände gibt es sowohl einen Pub als auch ein Restaurant. Die Lodge ist Ausgangspunkt des Skyway Trails. R990

Idle and Wild, 6 km vor Hazyview an der R536, ✆ 013-737 8173 oder 082-381 7408, 💻 www.idleandwild.co.za. Mangofarm in einem grünen Tal am Ufer des Sabie River. Hat 2 strohgedeckte Rondavels, ein Cottage für bis zu 4 Personen und 2 Honeymoon-Suiten (mit eigenem Spa) im prachtvollen Garten. Im Haupthaus daneben werden 2 Zimmer mit Bad vermietet. Alle mit Küchenzeile, außerdem Jacuzzi, Sauna und Pool. Quadbiking und Rafting auf dem Gelände. Rondavel R520, Cottage R1050, DZ R1010

Nkambeni Safari Camp, Numbi Gate, 25 km südlich von Hazyview, ✆ 013-590 1011 oder 021 910 1780, 💻 www.nkambeni.com. Sehr großes, beliebtes Safaricamp gleich innerhalb der Krüger-Parkgrenze mit schnörkelloser Wildtierbeobachtung zu fairen Preisen. Gäste werden in angenehmen Safarizelten mit Außen- und Innenduschen untergebracht; sie stehen allerdings eher zu dicht zusammen. Der strohgedeckte Essbereich im Freien blickt auf den Busch und den Pool. Hier wird ein riesiges Buffet aufgetischt. Die Anlage bietet Tages- und Sonnenuntergangssafaris an, eignet sich aber auch als Basis zum Selbstfahren. Inkl. Halbpension R1560

Numbi, Main Rd, ✆ 013-737 7301, 💻 www.hotelnumbi.co.za. Ein gemütliches altmodisches Hotel mitten in der Stadt. Es hat einen Campingplatz, Garten-Suiten und Hotelzimmer. Auf dem Gelände gibt's Schatten und im Hotelrestaurant hervorragende Steaks. Camping R110, DZ R1130

Rissington Inn, 2 km südlich der Stadt an der R40, ✆ 013-737 7700 oder 082-327 6842, 💻 www.rissington.co.za. Entspannte, lockere und gut geführte Unterkunft mit 14 Zimmern im Garten eines strohgedeckten, großen Farmhauses. Am besten sind die Garten-Suiten mit Außenduschen, in denen man sich fühlt wie in einer „Busch-Lodge". Neben dem Pool sind auch eine Bar und ein Restaurant vorhanden, sodass man nicht auswärts essen muss. Einziger Haken: Die Lage an der stark befahrenen R40. R950

ESSEN UND UNTERHALTUNG

Kuka, Perry's Bridge Centre, ✆ 013-737 6957. Edles Afro-chic-Restaurant und Cocktailbar mit farbenfrohem, modernem Dekor und Tischen drinnen und draußen. Außer Wild- und anderen Fleischgerichten – etwa Kudu (R145) – auch leckere Salate. ⏲ tgl. 7–22 Uhr.

Shangana Cultural Village, 4 km außerhalb an der R535 nach Graskop, ✆ 013-737 58-04, -05, 💻 www.shangana.co.za. Ausgezeichnetes afrikanisches Abendessen (ab R423, unbedingt reservieren!), das in gewaltigen Töpfen über offenem Feuer gekocht wird. Auf der Speisekarte stehen mitunter Krokodilfleisch in pikanter Erdnusssauce, Rindfleisch oder Süßkartoffeln mit Honigglasur. Auch Vegetarier kommen auf ihre Kosten. Die Gäste werden in Hütten äußerst zuvorkommend von den Damen des Hauses bedient. Das Essen bildet den krönenden Abschluss eines Dorfrundgangs sowie einer feurigen Tanzdarbietung, alles im Preis inbegriffen – allerdings erst ab 15 Pers. ⏲ tgl. ab 17 Uhr.

Summerfields River Café, 4,5 km außerhalb der Stadt an der Sabie Rd (R536), ✆ 013-737 6500, www.summerfields.co.za. Dieses Spa mit Restaurant auf einer Rosenplantage bietet Schönheit, Harmonie und Gesundheit. Frühstück und ein leichtes Mittagessen mit Gemüse und Salat aus eigenem Anbau werden draußen auf einer Holzterrasse am Sabie River serviert. Das Abendessen legt eher die Betonung auf Lammfilet oder Risotto aus Biogemüse (R100) und leckeren Vorspeisen aus geräuchertem Ziegenkäse, weißem Bohnenpüree und Zwiebelblüten (R75); diniert wird drinnen, in der „Kitchen". Mo und So 8–11, 12–15, Di–Sa 8–11, 12–15, 18.30–21 Uhr.

INFORMATIONEN

Big 5 Country Tourism, Perry's Bridge Centre, R40, 013-737 8191, www.tours-ticket.co.za; Filiale in Graskop (S. 597). Das beste Informationsbüro in Mpumalanga. Die Mitarbeiter reservieren Unterkünfte, Safaris in den Krüger-Park, Abenteueraktivitäten und Transfers. Es gibt die beste Landkarte der Region sowie eigene Broschüren mit Freizeittipps heraus. Informiert auch über das Escarpment. Hier gibt es Tickets für fast alles Lohnenswerte rund um Krüger-Park und Escarpment – vom Goldwaschen in Barberton über Ballonfahrten und Reiten bis zum Besuch eines Tier-Rehabilitationszentrums. Das Personal bietet außerdem Tiersafaris und Wanderungen im Privatreservat Sabi Sands sowie im Krüger-Park an. Mo–Sa 8–17, So 10–13 Uhr.

TRANSPORT

Die kürzeste und schnellste Strecke vom 422 km entfernten Johannesburg hierher führt auf der N4 über Nelspruit (53 km südlich).

Nach Hazyview fahren mit Ausnahme von **Minibustaxis** keine öffentlichen Verkehrsmittel.

Orpen Gate

Hinter Hazyview verläuft die R40 durch Bushbuck Ridge – wobei sich Antilopen schon lange nicht mehr hierher verirren. Eher begegnet man Rindern oder Ziegen. Die Bevölkerungsdichte liegt hier beim Sechsfachen des sonst in dieser Provinz üblichen Durchschnitts, ein Überbleibsel der Landaufteilung unter der Apartheid. 45 km weiter östlich ist das **Orpen Gate**, wo die Straße Richtung Satara und ins Zentrum des Krüger-Parks führt. Orpen ist außerdem Zugangspunkt für die Privatreservate Manyeleti und Timbavati.

ÜBERNACHTUNG

Timbavati Safari Lodge, Orpen Gate Rd, 20 km vom Orpen Gate entfernt, 015-793 0415 oder 082-362 2922, www.timbavatisafarilodge.com. Die schönste Unterkunft der Umgebung: Die strohgedeckten Hütten im Ndebele-Stil bieten Platz für Paare oder große Gruppen. Zur Anlage gehören ein Pool, eine Bar und eine hübsche Essecke im Freien. Dort wird unterm Sternenzelt das herzhafte Abendessen serviert. Das gepflegte Anwesen hat viele Bäume und tropische Pflanzen sowie einen Rasen, der von den hauseigenen Warzenschweinen kurz gehalten wird. Geführte Touren durch das Gelände bieten die Gelegenheit, Giraffen, Zebras, Gnus und Antilopen zu sehen. Außerdem lassen sich Abenteuertrips und interessante Besuche in den afrikanischen Dörfern auf der anderen Straßenseite arrangieren, um das echte Dorfleben zu erleben – und nicht eine Vorführung für Touristen. Die Lodge hat für seine eigenen Safaris Zugangsrechte nach Manyeleti, ein tierreiches Reservat mit sehr wenigen Autos, die die Aussicht stören – auf vielfache Weise besser als der Krüger-Park selbst. Die günstigen Preise machen diese Unterkunft zur beliebten Ausgangsbasis für Selbstfahrer. Halbpension inkl. R1500

Hoedspruit

Im hügeligen Lowveld 153 km nördlich von Nelspruit, vor der Kulisse der fernen dunstigen Berge des Escarpment, versteckt sich das kleine, aber geschäftige Hoedspruit. Um den Ort konzentrieren sich private **Wildreservate** und Lodges. Die Stadt bietet sich als Ausgangspunkt für **Aktivitäten** wie Reiten und Rafting auf dem Blyde River sowie für Besuche der Animal Rehabilitation Centres und gemächliche Ballonflüge über das Buschland an. Hoedspruit ist ein wichtiger Ort für Leute, die mit dem Flugzeug zum Krüger-Park und zu den umliegenden Privat-Wildreservaten (darunter Timbavati, Manyeleti und Balule) anreisen.

Moholoholo Wildlife Rehabilitation Centre
17 km von Hoedspruit entfernt an der R531 zwischen R40 und R527, etwa 3 km vor dem asphaltierten Abzweig zum Blydepoort Dam ▪ **Führungen** Mo–Sa 9.30 und 15 Uhr, während der Schulferien auch So 15 Uhr ▪ Reservierung erforderlich ▪ Eintritt R120 ▪ ✆ 015-795 5236, 💻 www.moholoholo.co.za
Mit dem Moholoholo Wildlife Rehabilitation Centre hat der Ex-Ranger Brian Jones seinen persönlichen Kampf zur Rettung und Auswilderung verletzter und verlassener Tiere aufgenommen. Besonders am Herzen liegen ihm die Raubvögel, aber auch Löwen und Leoparden. Die Führungen sind interessant, und die Teilnehmer bekommen eine Menge bedrohter Tiere aus nächster Nähe zu sehen. Das Zentrum gehört zu einem größeren Reservat. Es werden Nachtfahrten, frühmorgendliche Wanderungen und Übernachtungsmöglichkeiten (s. u.) angeboten.

Aktivitäten in und um Hoedspruit

Eine Fahrt im **Heißluftballon** ist klasse, um die umliegende Landschaft aus einer anderen Perspektive zu betrachten. Angeboten werden die Fahrten von **Sun Catchers**, ✆ 087-806 2079 oder 082-572 2223, 💻 www.suncatchers.co.za, R3249. Das Wetter muss allerdings perfekt sein; die Flüge starten daher meist in aller Herrgottsfrühe, wenn es am stabilsten ist. Je nach Wetterlage fliegen die Ballons an unterschiedlichen Stellen ab – der genaue Ort wird den Teilnehmern rechtzeitig mitgeteilt. Wecker stellen nicht vergessen!
In Hoedspruit selbst wird **Reiten** auf dem Hoedspruit Wildlife Estate angeboten. Hier können Anfänger wie Fortgeschrittene sehen, was das Reservat zu bieten hat: Zebras, Giraffen, Antilopen und vieles mehr. Buchung über **African Dream Horse Safaris**, ✆ 084-582 5442, 💻 vafricandreamhorsesafari.co.za, ab R270.
Erfahrenen Reitern bietet **Wait a Little Safaris**, ✆ 083-273 9788, 💻 www.waitalittle.co.za, die unvergessliche Erfahrung eines Ausrittes durchs Großwildrevier. Im 70 km nördlich von Hoedspruit gelegenen Karongwe Nature Reserve starten die **Big Five-Reitersafaris** mit einer Länge von sechs bis zehn Tagen, hoch disziplinierten Pferden sowie erstklassiger Unterbringung und Essen. Je nach Datum und gebuchtem Paket führen die Ausritte auch ins Makali Reserve. Die Preise beginnen bei R30 000 p. P.

Monsoon Gallery
An der R527 nahe der Kreuzung mit der R36 ▪ 🕒 tgl. 8.30–16.30 Uhr ▪ Eintritt frei ▪ ✆ 015-795 5114, 💻 www.bluecottages.co.za
Die Monsoon Gallery, 29 km nordwestlich von Hoedspruit, eignet sich prima für einen Zwischenstopp. In dem entzückenden afrikanischen Kunstgewerbeladen möchte man stundenlang in den authentischen Stücken stöbern, darunter Eisenfigurinen und Holzschnitzereien aus Simbabwe, wunderschöne Wandbehänge aus der Karosswerkers-Fabrik in der Nähe von Tzaneen, Venda-Töpfereien und -schmuck sowie Seidenartikel und afrikanische Musik-CDs und Bücher.

ÜBERNACHTUNG

Blue Cottages Country House, 27 km von Hoedspruit an der R527, ✆ 015-795 5750 oder 082-853 7741, 💻 www.bluecottages.co.za. Gemütliche Ferienwohnungen in einem Bauernhaus voller afrikanischer Kunstgegenstände und Textilien inmitten eines angenehm kühlen und farbenfrohen tropischen Gartens. Die Ferienhütten auf dem Gelände sind etwas einfacher gehalten, aber gleichfalls ganz schnuckelig. Auf Vorbestellung bekommt man ein Abendessen im eigenen Garten oder auf der Veranda serviert. R720
Moholoholo Forest Camp, 26 km von Hoedspruit an der R531, ✆ 013-795 5236, 💻 www.moholoholo.co.za. Das eher schlicht gehaltene Safaricamp an den Ausläufern des Drakensberg-Escarpment hat jede Menge Großwild, einschließlich Nashörnern, auf dem Gelände. Im Preis inbegriffen sind Vollpension, eine Nachtsafari, ein Morgenspaziergang und ein Besuch im nahe gelegenen Rehabilitationszentrum. R3210
Trackers, 25 km vor Hoedspruit an der R531, ✆ 015-795 5033 oder 082-494 4266, 💻 www.trackers.co.za. Hier gibt es mehrere Unterkünfte – Campingplätze und Chalets mit und ohne Frühstück – auf einem Farmgelände mit

Bushveld-Vegetation, auf dem sich mitunter Zebras und Antilopen erspähen lassen. Getränke müssen selbst mitgebracht werden. Ein Botaniker, der auf der Farm lebt, bietet Touren durch den Busch an. Camping R100, Chalet R500

TOUREN

Eastgate Safaris, ✆ 015-793 3678 oder 082-774 9544, 💻 www.eastgatesafaris.co.za, bietet diverse Touren in der Umgebung an, darunter eine ganztägige Wildtiersafari im Krüger-Park (R1290).

TRANSPORT

Shuttlebusse

Ashton's Tours and Safaris, ✆ 021-683 0234, 💻 www.ashtonstours.com, betreibt einen Shuttlebus von Johannesburg OR Tambo Airport nach HOEDSPRUIT (tgl. 6.30 Uhr, 6 Std., R720) und holt Fahrgäste innerhalb von 5 km im Umkreis von OR Tambo ab. Aussteigen kann man in der Stadt, am Flughafen oder an seiner Safari-Lodge.

Flüge

Flugzeuge aus JOHANNESBURG landen tgl. am **Eastgate Airport**, ✆ 015-793 3681, etwa 14 km südlich von Hoedspruit.

Von den **Autovermietungen** unterhält Avis, ✆ 015-793 2014, ein Büro am Flughafen. Transfers von hier zu den Game Lodges bietet Eastgate Safaris, ✆ 015-793 3678 oder 082-774 9544. Allerdings organisieren die meisten Lodges die Abholung ihrer Gäste selbst.

Phalaborwa

Phalaborwa (ausgesprochen: „Palla-bor-wa"), 74 km nördlich von Hoedspruit, ist das Tor zum zentralen und nördlichen Teil des Krüger-Parks.

Der Name Phalaborwa bedeutet „besser als der Süden" und ist ein augenzwinkernder Hinweis darauf, dass die Stadt ihre Existenz reichen Mineralvorkommen verdankt. In den 1960er-Jahren bekamen die Parkgrenzen in der Nähe von Phalaborwa plötzlich einen Knick, und wunderbarerweise wurden direkt außerhalb des Naturschutzgebietes umfangreiche Kupferlager entdeckt.

Die Geschichte des Bergbaus in Phalaborwa begann schon 200 n. Chr. Daran erinnert die unweit des Phalaborwa Gate gelegene **Masorini Heritage Site**, ein rekonstruiertes Dorf von Eisenschmelzern.

Aktivitäten rund um Phalaborwa

Leidenschaftliche **Golfspieler** sollten sich den beschilderten **Hans Merensky Country Club** in der Copper Road, ✆ 015-781 3931, 💻 www.hansmerensky.co.za, nicht entgehen lassen, wo oft genug Giraffen und Elefanten das Fairway überqueren.

Bevor es auf Safari im Krüger-Park geht, kann man sich bei einer **Sundowner-Bootsfahrt** mit Jumbo River Safaris schon mal einstimmen (R130, reservieren unter ✆ 015-781 6168). Das Boot legt um 15.30 Uhr zur Fahrt auf dem Olifants River ab; unterwegs sind fast immer wilde Tiere zu sehen, darunter auch Elefanten, garantiert aber Flusspferde und Krokodile.

Die sehr empfehlenswerten Aktivitäten im **Krüger-Park** selbst müssen im Voraus gebucht werden. Ausgangspunkt ist das **Phalaborwa Gate**, ✆ 013-735 3548. Zum Angebot gehören halb-, ganztägige und Nachtsafaris (ab R350) sowie Buschwanderungen (ab R450).

ÜBERNACHTUNG

Daan & Zena's, 15 Birkenhead St, ✆ 015-781 6049, 💻 www.daanzena.co.za. Helles, freundliches B&B (Selbstverpflegung möglich) mit klimatisierten Zimmern (Bad/TV) in 3 benachbarten Häusern, außerdem 3 Pools zur Auswahl. R400

Elephant Walk, 30 Anna Scheepers St, ✆ 015-781 5860 oder 082-495 0575, 💻 www.accommodation-phalaborwa.com. Kleines, freundliches Hostel und B&B in angenehmem Vorstadthaus mit Garten 2 km vom Kruger Gate mit Campingmöglichkeiten, preiswerten Touren in den Krüger-Park und Buchung von Aktivitäten in Phalaborwa und im Krüger-Park. Außer Dorms und DZ auch 4 Gartenzimmer mit Bad; Pool im Garten. Camping R100, Dorm R120, DZ R570

Kaia Tani Guest House, 29 Boekenhout St, ✆ 015-781 1358, 💻 www.kaitani.com. Das gehobene, komfortable Guesthouse in unmittelbarer Nähe zum Zugangstor in den Park wird von der energischen, extravaganten Italienerin Daniela geführt, die ihre Gäste auch vom Flughafen abholt. Es gibt einen Pool und einen tropischen Garten – und auf Wunsch auch Essen. R1500

ESSEN

The Hat & Creek, 2 Hendrik van Eck St, ✆ 015-781 2517. Das beste Restaurant der Stadt ist gleich am Tor zum Krüger-Park und hat neben Steak mit Pommes auch leichtere Kost wie Cappuccino und Red-Velvet-Kuchen (R55). Im Sommer kann man auf der Terrasse, im Winter am Kamin sitzen; kostenloses WLAN gibt's das ganze Jahr. ◷ Mo–Sa 9–22, So 9–20 Uhr.

Villa Luso, 6 Grosvenor Crescent, ✆ 015-781 5670. Mosambikanisches Essen, beispielsweise die besonders gute Meeresfrüchteplatte, die Seezunge und das zarte T-Bone-Steak (R100). Es ist entspannt und gemütlich, mit karierten Tischtüchern und schönen Tischen unter einem Strohdach. ◷ Mo–Sa 7 bis spät.

INFORMATIONEN

Sureturnkey Travel, 73a Sealene St, ✆ 015-781 1037, 💻 www.phalaborwa.co.za, bietet Buchungen für Krüger, Unterkünfte und Autovermietungen an. ◷ Mo–Fr 8.30–17, Sa 9–11 Uhr.

TRANSPORT

Busse

City to City, ✆ 0861-589 282, 💻 www.citytocity.co.za, fährt über LYDENBURG nach JOHANNESBURG (tgl. 7 Uhr, 8 1/2 Std.) und zurück. Besser und bequemer ist der Bus von **Translux**, ✆ 0861-589 282, 💻 www.translux.co.za, über POLOKWANE (tgl. 9.30 Uhr, 7 Std.).

Flüge

SA Airlink, ✆ 015-781 5823, 💻 www.flyairlink.com, fliegt tgl. von JOHANNESBURG nach Phalaborwa. Der Flughafen befindet sich nur 5 Min. vom Phalaborwa Gate des Krüger-Parks entfernt, unweit der President Steyn St und damit praktisch in der Stadt. Leider zählt dieser Flug zu den teuersten in Südafrika. Am Flughafen sind einige **Autovermietungen** vertreten, darunter Avis, ✆ 015-781 3169, und Budget, ✆ 015-781 5404. Man kann sich auch von seiner Unterkunft abholen lassen.

17 HIGHLIGHT

Krüger-Nationalpark

Der Krüger-Nationalpark ist ohne Frage die Top-Attraktion Südafrikas. Er hat genau das, was die meisten Afrika-Besucher sehen möchten: jede Menge Elefanten, Löwen und Tausende andere wilde Tiere, die durch die Savanne streifen. Der Krüger-Park besteht aus einem schmalen Landstrich an der Grenze zu Mosambik. Er erstreckt sich über beachtliche 414 km durch die Provinzen Limpopo und Mpumalanga, vom Pafuri Gate im Norden zum Malelane Gate im Süden. Die Gates sind durch eine Teerstraße verbunden. Von ihr gehen viele gut instand gehaltene Schotterwege ab, auf denen die Safarifahrzeuge verkehren.

Wer den Krüger-Park besuchen will (Kasten S. 592), muss sich zwischen Selbstfahren (mit Übernachtung im Park oder in einer nahe gelegenen Stadt), einer organisierten Safari oder dem Besuch eines exklusiven Reservats entscheiden. Die Wahl hängt größtenteils vom eigenen Budget ab. Aber egal, ob Rucksacktourist oder Luxusreisender mit Suite am Fluss – der Krüger-Park und seine Tiere sind für alle ein unvergessliches Erlebnis.

Geschichte

Es ist höchst fraglich, ob der Krüger-Park als „unberührte Wildnis" gelten kann, wie es so oft heißt, denn seit Tausenden von Jahren haben hier Menschen gelebt. Die **Jäger und Sammler der San** haben ihre Spuren in Form von Zeichnungen und Gravierungen an 150 bisher entdeckten Stellen hinterlassen, und überall im Park findet man Zeugnisse alter Farmkulturen.

Zwischen 1000 und 1300 n. Chr. bauten zentral organisierte Staaten Steinpaläste und trieben **Handel**, durch den chinesisches Porzellan, Juwelen und Stoffe in die Gegend kamen. Den größten Einfluss auf die Region hatte die Ankunft der weißen Glücksritter in der zweiten Hälfte des 19. Jhs. Die afrikanischen Bauern wurden Anfang des 20. Jhs. von ihrem angestammten Land vertrieben, damit der Nationalpark eingerichtet werden konnte. Jäger und Wilderer dezimierten inzwischen das Großwild gegen klingende Münze.

Paul Kruger, der ehemalige Präsident der South African Republic, wurde für seinen Weitblick gelobt, das Land eigens für den Tierschutz zur Verfügung zu stellen. Kruger gilt als herausragende Persönlichkeit in der Afrikander-Geschichte, und **James Stevenson-Hamilton**, der erste Direktor des Nationalparks, wusste Krugers Namen geschickt einzusetzen, um die Afrikander-Gegner des Parks milde zu stimmen. In Wirklichkeit wusste Stevenson-Hamilton genau, dass Kruger alles andere als ein Naturschützer, sondern nur ein eingefleischter Jäger war. Stevenson-Hamilton schrieb einmal in einem Brief: „Kruger hat sich sein ganzes Leben nicht für Tiere interessiert, außer in Form von *biltong*". Weniger Krugers, als viel mehr Stevenson-Hamiltons Hartnäckigkeit ist es zu verdanken, dass wenigstens jene Tiere gerettet wurden, die durch Jäger und Wilderer noch nicht ausgerottet waren.

Seit der Gründung des Great Limpopo Transfrontier Park im Jahr 2000 reicht der Krüger-Park bis nach Mosambik. Es gibt zwei Grenzübergänge: einen an der Nordgrenze des Parks bei Pafuri unweit vom Punda Maria Camp, einen weiteren in Giriyondo, zwischen den Camps Letaba und Mopani.

Allgemeine Informationen

Der Park ist im April und von August bis September täglich von 6–18 Uhr, von Mai bis Juli täglich von 6–17.30 Uhr, im Oktober und März täglich von 5.30–18 Uhr und vom November bis Februar täglich von 5.30–18.30 Uhr **geöffnet**. Der **Eintritt** beträgt R248 pro Tag.

Internet findet man in Berg-en-Dal und Skukuza, **Tankstellen** an allen größeren Restcamps (Benzin und Diesel, Zahlung nur in bar).

Flora und Fauna im Krüger-Park

Zu den fast 150 **Säugetierarten** des Parks zählen unter anderem Geparden, Leoparden, Löwen, Tüpfelhyänen, Hyänenhunde, Breit- und Spitzmaulnashörner, Streifengnus, Büffel, Steppenzebras, Schirrantilopen, Elenantilopen, Elefanten, Giraffen, Flusspferde, Impalas, Kudus, Bergriedböcke, Nyalas, Oribis, Riedböcke, Pferde-, Rappen- und Halbmondantilopen, Warzenschweine und Wasserböcke. Das Wildern von Nashörnern ist nach wie vor ein Problem; trotz zahlreicher Kampagnen und Aktionspläne werden hier täglich zwei Nashörner erlegt und nichts scheint ihre allmähliche Ausrottung aufhalten zu können.

Die 507 **Vogelarten** umfassen Raubvögel, Hornraben, Strauße und zahllose farbenprächtige Arten. Die **„Big Six" für Vogelfreunde** sind Sattelstorch, Riesentrappe, Kampfadler, Ohrengeier, Fischeule und Kaffern-Hornrabe. SanParks, 💻 www.sansparks.org/groups/birders, hat eine gute Website mit Überblick über die verschiedenen Bereiche und Arten sowie Details zu Beobachtungshütten.

Es gibt auch eine Vielzahl von **Reptilien**, **Amphibien** und **Insekten**. Oben in den Bäumen oder sogar im eigenen Rondavel regt sich immer etwas. Die nützlichen, insektenvertilgenden Geckos an den Wänden sollte man tunlichst am Leben lassen. Menschen, die sich vor Insekten oder Fröschen gruseln, sollten den Krüger-Park in der Regenzeit (Nov–März) meiden.

Weit verbreitet unter den mehr als 300 **Baumarten** sind der Baobab oder Affenbrotbaum, die Maulbeerfeige oder Sykomore, Knopfdorn, Natal-Mahagoni, Affenorange, Rosinenbusch, Tambuti, Korallenbaum, Fieberbaum, Schakalbeere oder Afrikanisches Ebenholz, Ahnenbaum, Marula, Mopane, Dumpalme und der Leberwurstbaum.

Anreise

Johannesburg bietet über Land wie in der Luft die besten Verkehrsverbindungen in den Park. Für alle, die hier landen oder abfliegen, bietet sich der Parkbesuch im Rahmen einer Tour an, die in der Stadt beginnt und endet (Kasten

KRÜGER-NATIONALPARK

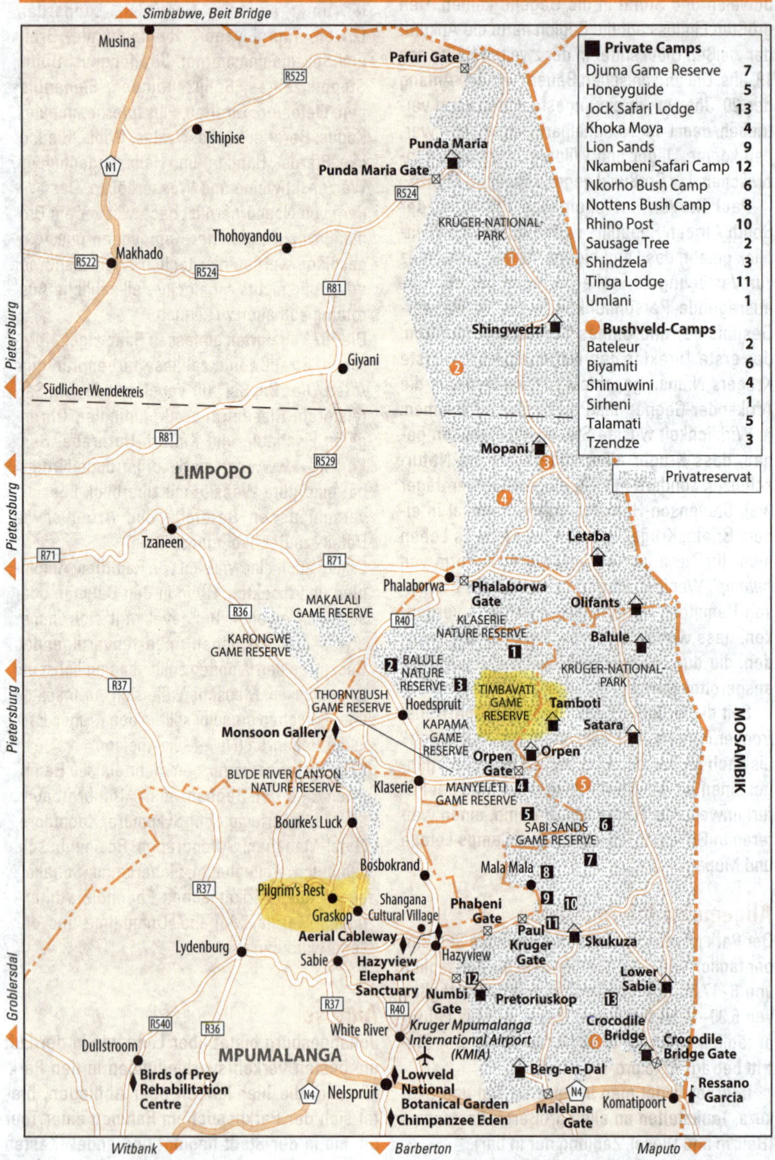

S. 614). Ansonsten kann man auch am Flughafen ein Auto mieten und ganz entspannt in fünf Stunden selbst hinfahren.

In Johannesburg gibt es regelmäßige **Busse** nach NELSPRUIT, HOEDSPRUIT und PHALABORWA. Von dort aus kann man in den Backpacker-Lodges eine Krüger-Tour buchen, etwa im Old Vic Inn und bei Funky Monkeys in Nelspruit oder Elephant Walk in Phalaborwa.

Vier **Flughäfen** bedienen Krüger: Skukuza, Nelspruit (S. 599, für den südlichen Teil), Hoedspruit (S. 607, für den zentralen und nördlichen Teil) und Phalaborwa (S. 609, für den nördlichen Teil). Jeder Flughafen hat Autovermietungen, man kann sich aber auch von seiner Safari-Lodge abholen lassen. Alle Flüge zu den Flughäfen in Parknähe werden von SA Airlink angeboten, sind aber leider teuer.

Autofahren im Krüger-Park

Autofahrer müssen die offiziellen Straßen benutzen und dürfen keinesfalls auf unbeschilderten Strecken oder in freiem Gelände herumfahren. Bei schweren Regenfällen werden manche Straßen unpassierbar; neueste Infos dazu stehen auf 💻 www.sanparks.org/parks/kruger. Unverzichtbar ist eine **Straßenkarte** des Krüger-Parks, auf der alle offiziellen Wege verzeichnet sind. Die teils asphaltierten, teils unbefestigten Straßen sind meistens mit Nummern und nicht mit Namen gekennzeichnet. Die **Geschwindigkeitsbegrenzung** beträgt auf Teerstraßen 50 km/h, auf Schotterstraßen 40 km/h und in Restcamps 20 km/h. In einigen Teilen des Parks gibt es Radarfallen. Wer sein Auto außerhalb der dafür vorgesehenen Stellen verlässt, handelt gesetzeswidrig und fahrlässig. Fahrten zwischen verschiedenen Teilen des Parks machen innerhalb der Parkgrenzen natürlich mehr Spaß, dauern aber wegen der Geschwindigkeitsbegrenzung recht lang. In der Regel macht man zwischen Camps einen Schnitt von etwa 25 km/h mit häufigen Unterbrechungen, um Tiere zu beobachten. Fahrräder und Motorräder sind verboten.

Routenplanung

Der öffentliche Bereich des Krüger-Parks lässt sich grob in **drei Regionen** einteilen, die sich in Charakter und Terrain deutlich unterscheiden. Ist die Zeit begrenzt, sollte man sich für nur eine oder höchstens zwei Regionen entscheiden. Hat man mindestens fünf Tage eingeplant, empfiehlt sich eine langsame Fahrt durch den Park, auf der man die Wechsel in der Landschaft genießen kann. Die Süd-, Zentral- und Nordregionen werden auch „Zirkus", „Zoo" und „Wildnis" genannt – Beinamen, die mehr als nur ein Körnchen Wahrheit beinhalten. Jedes Camp ist wie

Wanderungen und Safaris im Busch

Übernachtungsgäste wie Tagesbesucher können an den täglichen vom Nationalpark angebotenen **Safaritrips** (R450–500) am frühen Morgen, am Vormittag, bei Sonnenuntergang oder am Abend teilnehmen. Die Fahrten zählen zu den günstigsten Möglichkeiten, den Park zu erkunden, und der Blick aus den hohen Fahrzeugen ist klasse. Die Touren starten von allen Camps des Parks (an der jeweiligen Rezeption buchen oder am besten gleich bei der Unterkunftsreservierung mitbuchen), für Gäste von außerhalb des Parks an den Zufahrtstoren Crocodile Bridge, ✆ 013-735 6012, Malelane, ✆ 013-735 6152, Numbi, ✆ 013-735 5133, Paul Kruger Park, ✆ 013-735 5107, Phabeni, ✆ 013-735 5890, und Phalaborwa, ✆ 013-735 35-47, -48.

Gäste der diversen Park-Camps können jeden Morgen bei Sonnenaufgang an dreistündigen **Wanderungen** (R490) teilnehmen. Die Anzahl der Teilnehmer ist auf acht Personen pro Gruppe beschränkt, eine vorherige Reservierung ist ratsam. An manchen Eingangstoren wird **„Park and Braai"** angeboten, die Kombination aus einer kurzen Fahrt durch die Wildnis und einem Grillessen (R450) – der wohl einzigen Mahlzeit im Leben eines jeden Gastes, für die eine Verzichtserklärung (Haftungsausschluss) ausgefüllt werden muss. Außerdem stehen noch diverse, von Rangern begleitete **Wildniswanderungen** mit drei Übernachtungen (Kasten S. 615) in verschiedenen Park-Abschnitten zur Auswahl; sie bieten eine fantastische Gelegenheit, die Wildnis hautnah zu erleben, müssen aber bereits Monate im Voraus gebucht werden.

ein kleines Dorf in einer riesigen Arena; Skukuza im Süden ist das größte.

In der **Südregion** konzentriert sich das meiste Wild, weshalb sie auch die meisten Besucher anlockt. Dieser Teil des Parks ist am einfachsten zugänglich, wenn man aus Johannesburg anreist.

Die **Zentralregionen** bieten ebenfalls gute Möglichkeiten zur Tierbeobachtung und dazu zwei der reizvollsten Camps des Parks: Olifants und Letaba.

Der **Norden** ist trockener und flacher und hat weniger Tiere. Dafür bietet er ein wilderes Naturerlebnis, dessen Höhepunkt das wunderbar altmodische Camp Punda Maria und die liebliche Umgebung des Pafuri River sind. Hier verbringt man am besten seinen zweiten Krüger-Besuch – oder eine Rundfahrt, die den Süden umschließt.

Reisezeit

Der Krüger-Park ist das ganze Jahr über ein Erlebnis, wobei jede Jahreszeit ihre Vor- und Nachteile hat. Hitzeempfindliche Menschen meiden besser den **Hochsommer** (Dez–Feb), wenn die Temperaturen bei 35–40 °C liegen und kurze Gewitter an der Tagesordnung sind; viele Unterkünfte sind allerdings klimatisiert. In dieser Jahreszeit ist alles grün, das Gras ist hoch, Jungtiere kommen zur Welt, und überall schwirren Vögel und Insekten durch die Luft.

Wenig Regen fällt in den kühleren **Wintermonaten** (April–Aug), wenn die Vegetation verdorrt und das Wild leichter zu entdecken ist. Die Tagestemperaturen steigen dann bis auf 25 °C und die Tage sind ausnahmslos heiter und sonnig. Die Nächte und frühen Morgenstunden dagegen können sehr kalt werden, vor allem im Juni und Juli, wenn Winterjacke und Wollmütze zum Pflichtprogramm gehören. **September und Oktober** sind die besten Monate für Großwildsafaris.

ÜBERNACHTUNG

In den meisten der 14 großen angenehmen **Restcamps** des Krüger-Parks gehen die

MPUMALANGA

Touren in den Krüger-Park

Das Angebot an Touren in den Krüger-Park ist sehr umfangreich, die meisten beginnen in Johannesburg. Die angegebenen Preise verstehen sich pro Person, sofern nicht anders angegeben und schließen meist Eintrittsgebühren, Essen sowie Transfers von und nach Johannesburg ein. Backpacker-Hostels in Nelspruit, Hazyview und Phalaborwa bieten auch günstige Krüger-Touren an. In Nelspruit und Hazyview gibt es außerdem hervorragende Guides, die Fahrten in den Park oder nach Mpumalanga organisieren. Bei Touren von Johannesburg aus sind wegen der längeren Anreise von sechs bis sieben Stunden mindestens drei (besser vier) Übernachtungen zu empfehlen.

Nguni Africa, ✆ 082-221 4177, www.nguniafrica.co.za. Der sachkundige und sympathische Guide Andrew Hall hat sein Büro in Nelspruit und kann eine Tour durch die ganze Region und darüber hinaus organisieren. Ihn begeistert vor allem das Lowveld, in dem seine Vorfahren als Pioniere siedelten. Andrew fährt Besucher mit dem Land Rover in den Park, wo es selbst auf einem Tagestrip viel Wild zu sehen gibt (ab R6800 inkl. Mahlzeiten und Gebühren) und sie den Vorteil genießen, nicht in einer großen Gruppe unterwegs zu sein. Er bietet auch Transfers zum Flughafen oder zur Lodge an.

Outlook Small Group Explorations, ✆ 011-894 5406 oder 079-473 2443, www.outlook.co.za. Umfangreiches Tourprogramm mit Start in Johannesburg, wo der Veranstalter ein schönes Gästehaus in der Nähe des Flughafens betreibt (ideal für die Zeit vor und nach der Safari). Im Angebot sind Camping im Krüger-Park (R7650) oder eine Safarikombination mit Krüger und Sabi Sands (mit zwei Camping-Übernachtungen im Krüger und einer in der Sabi Sands Lodge, R12 500).

Viva Safaris, ✆ 071-842 5547, www.vivasafaris.com. Die relativ preiswerten Touren starten in Johannesburg und beinhalten einen Halt am Blyde River Canyon. Aus dem Angebot stechen die zwei Übernachtungen in der Tremisana Bush Lodge in Balule mit zahlreichen Tierbeobachtungen hervor, sowie ein bis zwei Übernachtungen in Marc's Camp, wo die Atmosphäre noch rustikaler und naturverbundener ist, auch wenn es weniger Tiere gibt (drei Übernachtungen R7595).

Wanderungen

In Begleitung eines erfahrenen Rangers führen verschiedene Wanderungen durch besonders schöne Abschnitte des Krüger-Parks mit unterschiedlichen Landschaften und abwechslungsreicher Tier- und Pflanzenwelt. Die Teilnehmer kommen dabei aber nicht unbedingt näher an die Tiere heran als im Auto; die Wanderungen konzentrieren sich vielmehr auf die Vegetation und die kleineren Tiere, wobei man natürlich auch auf Großwild treffen kann. Gruppen mit maximal acht Teilnehmern verbringen insgesamt drei Nächte in rustikalen Zwei-Bett-Hütten mit WC und Duschen aus Schilfrohrwänden. Für einfache Verpflegung ist gesorgt. Morgens ist man fünf Stunden unterwegs, anschließend kehrt man zum Mittagessen und Ausruhen zurück ins Camp. Abends geht es dann noch einmal eine oder zwei Stunden in die freie Natur. Danach klingt der Tag bei einer gemütlichen Runde am Lagerfeuer aus.

Die Nachfrage nach diesen geführten Wanderungen ist enorm. Die **Buchung** kann bis zu elf Monate im Voraus bei SANParks (S. 51) erfolgen, die Kosten belaufen sich auf R4000 p. P. einschließlich Unterkunft und Mahlzeiten.

Außerdem gibt's noch drei geführte **Rucksackwanderungen** mit drei Übernachtungen, bei denen Teilnehmer ihre eigene Ausrüstung tragen: den Olifants River Trail, der dem Olifants River folgt, den Lonely Bull Trail, der in Mopani startet und den Mphongolo Trail, der in Shingwedzi beginnt. Die Wanderungen bieten ein ultimatives afrikanisches Wildtiererlebnis – ohne Luxus, vollkommen autark und mit Übernachtung im Freien ohne die Annehmlichkeiten eines Hotels.

Teurer und leichter zu buchen sind die fabelhaften Wandersafaris durch ein wunderbar wildes Pachtreservat bei Skukuza mit zwei oder drei Übernachtungen. Angeboten werden sie von **Rhino Post Walking Safaris**, 💻 www.isibindiafrica.co.za (drei Übernachtungen R12 000), die ihre Basis in Plains Camp haben (S. 626). Übernachtungen sind wahlweise im „Baumhaus", wo Teilnehmer es sich auf einer erhöhten Plattform unter den Sternen gemütlich machen – Gänsehaut beim Nachtkonzert der Savanne inklusive. Das gleiche Kaliber bietet **Jock's Safaris** (S. 626) mit der Luxusvariante einer Wander- und Campingsafari tief im Krüger-Park. Die Explorer-Wanderung mit zwei Übernachtungen gibt's jedes Wochenende (R6000 p. P.)

Außerdem gibt's noch zahlreiche günstigere Wanderungen im Greater Krüger mit Zugang in Hoedspruit und organisierter Abfahrt von Johannesburg. **Transfrontiers**, ✆ 015-793 0719, 💻 www.transfrontiers.com, bietet Wandersafaris mit vier Übernachtungen im Safarizelt oder Chalet in einem Camp in Balule, wo die Big Five zuhause sind (R7500). Empfehlenswert ist auch **Africa on Foot**, ✆ 021-421 8433, 💻 www.africaonfoot.com, ein Tourenanbieter mit einer Kombi aus Wander- und Jeepsafaris im Klaserie-Gebiet, das an das Timbavati Reserve angrenzt (drei Übernachtungen ab R66 000 p. P.). Die Umgebung hat eine wilde Schönheit und das Safaricamp ist sehr hübsch. Morgens gibt es zwei- bis vierstündige Wanderungen, nachmittags und abends Jeepsafaris – eine Kombination, mit der man bessere Chancen hat, Tiere zu sehen.

Geräusche der afrikanischen Nacht im Lärm der Klimaanlagen und der abendlichen Geselligkeit mit *braai* und Bier unter. Fast alle Camps verfügen über Pools, Strom, Tankstellen, Geschäfte (in denen allerdings nicht gerade ein Überangebot an Obst oder Gemüse herrscht), Restaurants und Waschsalons. Sie sind schön, wenn auch nicht gerade wild: Man kann spazieren gehen, die Bäume sind beschriftet, und es gibt zahlreiche Vögel und kleinere Tiere zu entdecken.

Zur Auswahl stehen **strohgedeckte Rondavels**, jeweils mit Essecke im Freien. Von dort aus hat man aber gewöhnlich nur Blick auf die Nachbarhütte, nicht in die freie Natur. Die besten Hütten befinden sich am Rand der Camps oder haben Blick auf einen Fluss.

Fast alle Camps verfügen auch über einen **Zeltplatz** (mit Gemeinschaftsküche und Waschräumen), wo man am billigsten unterkommen kann. Die Stellplätze sind allerdings meist sehr nah beieinander ohne Garantie auf Schatten. Standplätze für **Caravans** und **Wohnmobile** gibt es überall dort, wo auch Zelten möglich ist. Sie sind oft mit Stromanschluss ausgestattet.

In den meisten Camps gibt es permanente **Safarizelte** und **Hütten** (meist 2–4 Pers.). Sie sind voll ausgestattet und verfügen über Gemeinschaftsküchen und -bäder.

Bungalows und **Cottages** für bis zu 6 Personen gibt es in verschiedenen Ausführungen, mit voll ausgestatteten Küchen und Badezimmern.

Rustikaler wird es in einem der wenigen **Bushveld-Camps** (R1200), fernab von den Banalitäten des Alltags und den Touristenhorden. Sie bieten den gleichen Standard wie die übrigen Restcamps, können jedoch nicht so viele Personen aufnehmen. Es gibt dort auch keine Geschäfte oder Restaurants, diese sind aber meistens irgendwo in Reichweite.

Die Restcamps und Bushveld-Camps des Krüger-Parks stehen unter Verwaltung von **SANParks**, ✆ 012-428 9111 oder 082-233 111, 💻 www.sanparks.org/tourism/reservations. Vorausbuchen ist ein absolutes Muss und zwar so früh wie möglich, vor allem während der Schulferien und an Wochenenden. Wer ohne Buchung auftaucht, kann nicht mit einem Zimmer rechnen, aber auch mit Reservierung kann man sich das Camp meist nicht aussuchen, denn die Nachfrage ist bei Weitem größer als das Angebot. **Buchungen** sind bis zu elf Monate im Voraus möglich.

Restcamps im südlichen Krüger-Park

Der „Zirkus" genannte Abschnitt ist der meistbesuchte Teil des Krüger-Parks. Hier befinden sich das Zentrum **Skukuza**, das größte Camp des Krüger-Parks, sowie **Lower Sabie**, eines der beliebtesten Camps. Der Zirkus bietet einige der besten Plätze zur Beobachtung der reichlich vertretenen Tierwelt und ist zudem von Johannesburg bequem über die N4 erreichbar. Zu Stoßzeiten platzt dieses Gebiet aus allen Nähten, denn überall versuchen Fahrzeuge, sich an gesichtete Tiere heranzudrängen.

Wie bei allen Restcamps im Krüger-Park muss über SANParks, ✆ 012-428 9111, 💻 www.sanparks.org/parks/kruger, im Voraus gebucht werden.

Berg-en-Dal

In der südwestlichen Ecke des Parks, 12 km nordwestlich des **Malelane Gate**, ✆ 013-735 6106, liegt das Camp reizvoll in einer flachen, grasbewachsenen Mulde zwischen *koppies* und überblickt den Matjulu Spruit und den gleichnamigen See. Die modernen, voll ausgestatteten Bungalows für 3 Personen und Familien-Cottages für 6 fügen sich in die Bushveld-Vegetation harmonisch ein und sind so weit voneinander entfernt, dass die Privatsphäre gewahrt ist. Zur Anlage gehören ein hübsch gelegener Pool, ein Lebensmittelladen, eine Tankstelle und ein Waschsalon. Die Gegend ist vor allem für seine Nashörner bekannt. Camping R250, Bungalow R1060, Cottage R1980

Crocodile Bridge

12 km nördlich von Komatipoort an der N4, ✆ 013-735 6012. Crocodile Bridge ist das unspektakulärste Restcamp des Krüger-Parks. Seine Lage im äußersten Süden mit Blick auf Zuckerrohrfarmen lässt keine Wildnis-Atmosphäre aufkommen. Kenner behaupten allerdings, dieses Camp werde enorm unterschätzt, denn neben einer sehr hohen Dichte an Wildtieren bestünden auch ausgezeichnete Chancen, die Big Five zu Gesicht zu bekommen. Es hat außerdem einen schönen, schattigen Campingplatz mit vielen großen Bäumen. Übernachten kann man im eigenen Zelt, in festen Zelten mit 2 Betten oder in Bungalows mit Bad und Kochgelegenheit für 2–3 Personen. Die Anlage umfasst lediglich einen Waschsalon, eine Tankstelle und einen Laden mit dem Nötigsten. Camping R250, Zelt R540, Bungalow R1160

Lower Sabie

35 km nördlich von Crocodile Bridge, ✆ 013-735 60-56, -57. Das Lower Sabie liegt in einer tierreichen Gegend mit Blick auf den Sabie River und ist eines der 3 besten Restcamps für Großwild. Es ist daher auch meist ausgebucht und überlaufen. Eine der größten Attraktionen ist die große, hölzerne Beobachtungsterrasse vor dem Restaurant (auch für Tagesbesucher offen), wo man bei

Wildbeobachtung und Picknickplätze im südlichen Krüger-Park

Wildbeobachtung

Berg-en-Dal Im Mittelpunkt der Camp-Aktivitäten steht der Rhino Trail, der entlang der Umzäunung der Anlage verläuft (mit Grillplatz) und unter Bäumen dem Ufer des Matjulu-Stausees folgt, wo Krokodile leben und Fischadler nisten. Zu den Großwildarten zählen Breitmaulnashorn, Leopard und Löwe sowie zahlreiche Kudus. Manche Safariexperten halten das Berg-en-Dal für das beste Camp für Morgenwanderungen. Die Chancen, einem Spitzmaulnashorn zu begegnen, stehen sehr gut, und die Landschaft ist atemberaubend schön.

Crocodile Bridge Elefanten, Nashörner und Büffel zeigen sich am ehesten an der asphaltierten H4 Richtung Norden und an der unbefestigten S25 Richtung Osten. Geparde bevorzugen die offenen Ebenen an der S28 Nhola Road. Besucher, die weiter Richtung Norden nach Lower Sabie wollen, sollten die Fahrt langsam angehen, denn die Knopfdorn- und Marula-Bäume locken Pflanzenfresser an wie Giraffen, Gnus, Zebras und Büffel sowie Strauße, Warzenschweine und Rappenantilopen. Auch nach Raubtieren wie Löwen, Geparden, Hyänen und Schakalen lohnt es sich, Ausschau zu halten.

Lake Panic Der nur 20 Autominuten (7 km) von Skukuza (S. 618) gelegene Lake Panic hat mit die beste Vogelbeobachtungsstelle im Park; hier zeigen sich Reiher, Eisvögel, Enten, Gänse, Triele und afrikanische Blatthühnchen.

Lower Sabie Folgende Straßen gehören zum Pflichtprogramm: H10 (Löwen und Geparden), S130 (weiße Nashörner) und H4-1 (Leoparden). Sunset Dam in der Nähe von Lower Sabie ist bei Sonnenuntergang sehr beliebt. Hier kommt man so nah ans Wasser, dass es sich auch zu jeder anderen Tageszeit lohnt.

Pretoriuskop Ein gutes Tagesausflugsziel ist der Transport Dam an der H1-1. Hier sieht man unter anderem Büffel und Elefanten.

Skukuza Die meisten Besucher fahren am Sabie River entlang über die H4 nach Lower Sabie, dessen Umgebung zu den besten Gegenden im ganzen Park gehört, um Wildtiere zu sehen. Der dichte Wald am Fluss wird von Akazienbüschen und Mischsavanne gesäumt – es ist eines der fruchtbarsten und abwechslungsreichsten Gebiete des Parks. Eine weitere sehr schöne Strecke führt Richtung Nordosten über die H1-2 zum Picknickplatz Tshokwane mit Zwischenstopp an den Wasserstellen Elephant, Jones, Leeupan und Siloweni. Die Gegend um Skukuza ist auch einer der besten Orte, um die vom Aussterben bedrohten Afrikanischen Wildhunde zu sehen. Vielversprechend sind die S114 zwischen Skukuza und Berg-en-Dal, die S1 zwischen Phabeni Gate und Skukuza und die H11 zwischen Paul Kruger Gate und Skukuza.

Picknickplätze

Einer der schönsten Picknickplätze im Park und ein gutes Tagesausflugsziel ist in **Afsaal** an der H3 zwischen Berg-en-Dal und Skukuza. Fast jeden Tag schläft hier eine afrikanische Zwergohreule in einem Tambotibaum. Dieser ist markiert, sodass man die getarnte Eule leichter findet. Einen Laden gibt's auch.

Mlondozi ist auch ein toller Picknickplatz. Nördlich von Lower Sabie an der S29 steht ein strohgedecktes *lapa* mit Blick auf einen Staudamm. Unter den Bäumen stehen auch Tische und Stühle. Der Picknickplatz **Tshokwane** 40 km nördlich von Lower Sabie an der H10 ist viel voller, dafür kann man hier auch Essen kaufen.

einem Snack oft Elefanten beim Durchqueren des Flusses sehen kann. Übernachten kann man im eigenen Zelt, in Safarizelten, Bungalows und Cottages, zum Teil mit Flussblick. Ein Restaurant der Mugg-&-Bean-Kette, ein Laden, eine Tankstelle und ein Waschsalon sind eben-

Top 5: Aktivitäten

Der Krüger-Park bietet eine Fülle an Aktivitäten, die jeden Besuch zum Abenteuer machen. Im Folgenden sind die allerbesten aufgeführt:

Nashornbeobachtung am Pretoriuskop Die 11 000 Tiere, die in der Umgebung des Camps leben, machen es zum unschlagbaren Ausgangspunkt zur Beobachtung von schwarzen und weißen Nashörnern. Siehe auch S. 618.

Rhino Post Walking Safaris Eine zwei- oder dreitägige Wandersafari, auf Wunsch mit Übernachtung im Baumhaus. Siehe auch S. 626.

Wildtierbeobachtung am Sunset Dam, Lower Sabie Zu jeder Tageszeit sieht man am Wasser Nilpferde und Krokodile. Siehe auch Kasten S. 617.

Vogelbeobachtung am Picknickplatz Pafuri Riesige Dornenbäume am Luvuvhu River zeichnen den besten Vogelbeobachtungsposten des Parks aus: Hier zeigt sich der nördliche Krüger in Bestform. Siehe auch Kasten S. 622.

Leopardenbeobachtung in Sabi Sands Zweifellos einer der besten Orte der Welt, um wilde Leoparden zu sehen – in praktischer Nähe zum gut angebundenen Nelspruit. Siehe auch S. 623.

falls vorhanden. Camping R250, Rondavel R510, Bungalow R1060, Cottage R1980

Pretoriuskop

9 km östlich des Numbi Gates, ✆ 013-735 51-28, -32. In der Gegend um Pretoriuskop gibt es viele Raubtiere, angesichts des dichten Busches eignet sie sich jedoch nicht so gut zur Beobachtung. Man kann schon froh sein, wenn man Kudus oder Giraffen aus dem Dickicht ragen sieht. Die Unterkünfte sind Cottages und Guesthouses mit Bad, Bungalows und billigere Hütten sowie Campingmöglichkeiten mit gemeinschaftlichen Waschräumen und Kochgelegenheiten. Im Camp gibt es ein Wimpy-Restaurant, eine Snackbar, einen Laden, einen Waschsalon und eine Tankstelle sowie ein halb natürliches Felsschwimmbecken, das mit seinem umliegenden Garten und Picknickbereich zu den schönsten im Krüger-Park zählt. Entlang der Umzäunung sieht man bei Nacht häufig Hyänen umherstreifen, die es auf die *braai*-Abfälle abgesehen haben. Ein nettes Detail ist die zahme Impala, die hier frei herumläuft. Camping R250, Hütte R510, Bungalow R985, Cottage R1980

Skukuza

12 km östlich des **Paul Kruger Gates**, ✆ 013-735 4152. Das größte Restcamp des Krüger-Parks kann über 1000 Gäste beherbergen und liegt mitten im besten Tierbeobachtungsrevier. Zwar gibt es hier eine Vielzahl von Tieren, doch sind auch die Besucher nicht weit, und bisweilen verscheuchen sie durch schnelles Fahren genau jene Tiere, nach denen alle Ausschau halten.

Übernachtet wird in Gästehäusern, Cottages und Bungalows mit Bad oder, etwas billiger, im Caravanpark, in ostafrikanisch eingerichteten Zelten mit Gemeinschaftsküchen und -waschgelegenheiten. Skukuza ist das Zentrum des Krüger-Parks. Es verfügt über einen eigenen Flughafen (angeflogen von SA Airlink sowie Privat- und Charter-Maschinen) und Autovermietung. Mit seiner ausgedehnten Ansammlung an Rondavels und Mitarbeiterunterkünften gleicht das Camp fast schon einer kleinen Stadt, und die vielen Autos können nerven. Es gibt 2 Pools, ein Café mit Internetzugang, Post, Bank, Tankstelle, Werkstatt, das Steakhaus Cattle Baron & Bistro und eine wirklich gute Bibliothek mit Naturbüchern und kleiner Ausstellung (Mo–Fr 8.30–16 und 19–21, Sa 8.30–12.45, 13.45–16 und 19–21, So 8.30–12.45 und 13.45–16 Uhr). Obendrein hat das Skukuza einen Golfplatz, dessen Besucher eine Haftungsfreistellung unterschreiben müssen, für den Fall, dass ihnen beim Golfen Tiere begegnen. Tagesgästen, die Skukuza ohne Übernachtung durchqueren, steht ein eigener Bereich mit Pool und Picknickplatz zur Verfügung. Camping R250, Zelt R510, Bungalow R1040, Cottage R2000

Restcamps im zentralen Krüger-Park

Extrem aufregend kann sich die Tierbeobachtung im „Zoo" gestalten, dem Dreieck zwischen **Orpen**, **Satara** und **Letaba**, denn es ist für gute Löwensichtung bekannt. Besonders spektakulär liegt **Olifants**, mit fantastischem Blick in eine von einem Fluss ausgewaschene Schlucht. **Satara** wiederum ist eines der beliebtesten Camps – seine Lage ist ideal für Abstecher in die Tierwelt. Schätzungen zufolge leben rund 60 Löwenrudel in diesem zentralen Gebiet. Es gibt natürlich trotzdem keine Garantie, dass man auch nur einen einzigen Löwen zu Gesicht bekommt. Wie bei allen Restcamps im Krüger-Park muss über SANParks, ✆ 012-428 9111, 💻 www.sanparks.org/parks/kruger, im Voraus gebucht werden.

Balule

Am Südufer des Olifants River, 41 km nördlich von Satara und 87 km vom Phalaborwa Gate entfernt, ✆ 013-735 6606. Balule ist ein sehr spartanisches Anhängsel von Olifants (11 km nördlich) und zählt zu den wenigen Restcamps, in denen 2 Personen für unter R500 übernachten können, ohne in Zelten logieren zu müssen. Das Camp besteht aus 2 Bereichen: einem mit 6 rustikalen Rondavels (3 Pers.) und einem mit 15 Camping- und Caravan-Plätzen. Jeder Bereich hat eigene gemeinschaftliche, fensterlose Wasch- und Kochgelegenheiten. Es gibt keine Klimaanlagen: Strom fließt nur durch den Zaun zum Schutz vor den Löwen, zur Beleuchtung dienen Paraffinlampen. Gäste müssen ihr eigenes Geschirr, Besteck usw. mitbringen und sich mindestens eine halbe Stunde vor Toresschluss im Satara oder Olifants melden. Camping R250, Rondavel R380

Letaba

52 km östlich des Phalaborwa Gates, ✆ 013-735 66-36. Letaba liegt herrlich inmitten von Mopane-Buschland an einer weiten Biegung des Letaba River. Das schon etwas ältere Camp ist ziemlich groß, aber leider erlauben nur sehr wenige Rondavels Ausblick in die Landschaft. Das Restaurant hingegen bietet eine klasse Aussicht, und es lässt sich locker ein ganzer Tag damit verbringen, den durchs Gelände streifenden Büffelherden, Elefanten und zahlreichen anderen Wildtieren zuzuschauen. Das Camp verfügt über unterschiedliche Unterkünfte und die üblichen Einkaufs- und Waschgelegenheiten, ein Restaurant der Mugg-&-Bean-Kette, einen Pool, eine Autowerkstatt und ein interessantes **Museum**, die Elephant Hall. Dieses zeigt eine Ausstellung über Elefanten, darunter die „Magnificent Seven", Bullen mit unglaublich langen Stoßzähnen, die einst in diesem Gebiet zu Hause waren. Sechs der sieben Zahnpaare sind ebenfalls zu sehen. Camping R250, Zelt R510, Rondavel R630, Bungalow R1040, Cottage R2000

Olifants

80 km östlich des Phalaborwa Gates, ✆ 013-735 66-06, -07. Die großartige Lage auf einem Felsen mit Blick auf den Olifants River macht es für viele zum schönsten Restcamp des Krüger-Parks. Stundenlang kann man auf den Bänken der überdachten Aussichtsterrasse sitzen und den Blick ins Tal genießen, während Gaukler und Schmarotzermilane am Himmel ihre Kreise ziehen und das Rauschen des Wassers im Tal einen fast hypnotisierenden Rhythmus erzeugt. Die Camp-Gäste übernachten in strohgedeckten Rondavels mit Bad; die Nummern 1–24 bieten erstklassige Ausblicke in das Tal. Um eines davon zu ergattern, lohnt sich eine Buchung weit im Voraus. Essen kann man im Mugg-&-Bean-Restaurant. Außerdem gibt es einen Laden und einen Waschsalon. Die Chance, in der Gegend Elefanten, Giraffen, Löwen, Hyänen und Geparden zu sichten, ist groß. Besucher sollten auch nach dem kleinen Klippspringer Ausschau halten, einer hübschen Antilope, die sich geschickt in felsigem Gelände bewegt und von Felsblock zu Felsblock springt. R965

Orpen und Maroela

Direkt am Orpen Gate, 45 km östlich von Klaserie. ✆ 013-735 6355. Orpen empfiehlt sich bei später Ankunft, wenn man die tiefer im Park gelegenen Camps nicht mehr vor Torschluss erreichen kann. Davon abgesehen bietet das Orpen gute Möglichkeiten zur Tierbeobachtung. Es befindet sich nämlich in der Nähe des tierreichen, westlich gelegenen Timbavati Private Game Reserve. Mit anderen Worten: Die Wildnis ist genau hier. Direkt vor dem Camp ist ein Wasserloch, an dem ständig Tiere kommen und gehen.

Wildbeobachtung und Picknickplätze im zentralen Krüger-Park

N'wanetsi River Road Eine der bekanntesten Fahrten durch den Park liegt an der S100, mit Zwischenstopp auf dem Picknickplatz N'wanetsi sowie wunderschöner Landschaft aus Bäumen am Flussufer und offener Akaziensavanne. Die Straße führt durch unterschiedliches Terrain, was nicht nur landschaftlich schön ist, sondern auch große Büffel-, Giraffen-, Zebra-, Gnu-, Kudu- und Wasserbockherden anzieht – mit Großkatzen im Gefolge. Die S100 ist eine der besten Straßen zum Löwen beobachten.
Satara Schön sind die Timbavati River Road (S39) und die Fahrt östlich von Satara auf der S100, die sich am N'wanetsi River zum Lebombo-Gebirge an der Grenze zu Mosambik entlang schlängelt.
Picknickplatz Tshokwane Etwa auf halber Strecke zwischen Satara und Skukuza liegt dieser Picknickplatz, in dessen Umgebung relativ viele Löwen gesichtet werden – ein Grund für die vielen Safarifahrzeuge hier.

Das Camp ist klein, beschaulich und von schönen Bäumen überschattet. Es hat eine Tankstelle, einen Laden und einen Pool mit Blick auf eine Wasserstelle. Geschlafen wird in Bungalows und Cottages mit Bad, gekocht in Gemeinschaftsküchen. Wer zelten möchte, begibt sich auf den angeschlossenen **Campingplatz Maroela**. Er liegt am Timbavati River, hat Strom und ist etwa 4 km vom Orpen entfernt (an der Rezeption des Orpen anmelden). Camping R250, Bungalow R1080, Cottage R2000

MPUMALANGA

Satara

46 km östlich des Orpen Gate, ✆ 013-735 63-06, -07. Satara rangiert nach Skukuza, 92 km südlich, an zweiter Stelle, was die Größe und die Tierbeobachtungsmöglichkeiten betrifft. Inmitten ebenen Graslands gelegen, bietet das Camp nicht gerade atemberaubende Aussichten. Es ist jedoch Skukuza insofern überlegen, als man nicht das Gefühl hat, in Reihenhäuschen zu übernachten. In der Saison ist hier ganz schön was los. Die Übernachtungsmöglichkeiten reichen von Camping über Bungalows und Cottages im Schatten großer Bäume auf Rasenflächen bis zu versteckt gelegenen Guesthouses. Zur Anlage gehören ein Laden, eine Tankstelle, ein Waschsalon, eine AA-Autowerkstatt, ein Pool, eine Pizzeria und ein Café. In Satara hat man meist gute Chancen, Grasfresser wie Büffel, Gnus, Zebras, Kudus, Impalas und Elefanten zu sehen. Die Nachtfahrten sind besonders empfehlenswert. Camping R220, Bungalow R1040, Cottage R2025

Tamboti

2 km hinter Orpen links ab, dann noch 1 km, ✆ 013-735 6355. Vom **Orpen Gate** ist es nicht weit in den Park hinein bis Tamboti, dem einzigen Zeltcamp des Krüger-Parks. Die Unterbringung erfolgt in Zelten, die ruhig am Ufer des häufig ausgetrockneten Timbavati River zwischen Apfelblattbäumen, Maulbeerfeigen und Schakalbeeren liegen. Gleich hinter dem Elektrozaun tauchen oft Elefanten auf, die im Flussbett nach Wasser graben. Aus diesem Grund ist das Camp unheimlich begehrt. Die begehbaren Zelte verfügen alle über eigene Terrassen mit Blick auf den Fluss, die besten sind Nr. 21 und 22 im Schatten hoher Bäume. In den Zelten gibt es Kühlschränke und elektrisches Licht, sämtliche Koch-, Wasch- und Sanitäranlagen sind in 2 zentralen Gemeinschaftseinrichtungen untergebracht. Kochgeschirr und Lebensmittel müssen mitgebracht werden. R535

Restcamps im nördlichen Krüger-Park

Auch im Norden, dem am wenigsten besuchten Teil des Krüger-Parks, lauert nicht hinter jedem Busch ein wildes Tier. Aber hier hat man viel ausgeprägter das Gefühl, die unverfälschte afrikanische Wildnis zu betreten. Erst recht, nachdem man nördlich vom Mopani-Camp den südlichen Wendekreis überquert und das Camp Punda Maria erreicht hat, das wie ein Busch-Außenposten aus vergangenen Zeiten erscheint. Wie bei allen Restcamps im Krüger-Park muss über SANParks, ✆ 012-428 9111, 💻 www.sanparks.org/parks/kruger, im Voraus gebucht werden.

Mopani
42 km nördlich von Letaba, ✆ 013-735 65-35, -36. Mopani an den Ufern des Pioneer Dam, einem der wenigen Gewässer in der Umgebung, der viele Tiere wie Elefanten, Büffel und Antilopen anzieht. Das Camp liegt in einem ausgedehnten Gebiet mit eintönigem Mopane-Busch, bietet Unterkünfte mit Bad aus grob gehauenem Stein und Stroh, Restaurant, Laden, Waschsalon, Tankstelle und von der Bar herrliche Ausblicke auf den See. Der Pool, einer der besten im ganzen Park, bietet Abkühlung nach einer langen Safari. Bungalow R1020, Cottage R1160

Punda Maria
71 km hinter Shingwedzi, ✆ 013-735 6873. Das nördlichste Camp des Krüger-Parks, Punda Maria, ist ein entspannter tropischer Außenposten nahe der Grenze zu Simbabwe. Es ist das ursprünglichste und am wenigsten besuchte Camp des gesamten Parks, unprätentiös und friedlich. Die Wilddichte ist zwar geringer als in den anderen Teilen des Parks, aber das bedeutet nicht, dass man hier gar keine Tiere sieht (die Big Five lassen sich immer mal wieder blicken). Sie werden einem nur nicht auf dem Silbertablett serviert, und es kostet mehr Anstrengung, sie in dem Wald und dem dichten Mopane-Buschland zu entdecken. Der besondere Reiz von Punda liegt in seiner Landschaft und der unglaublich vielfältigen Vegetation, zu der sage und schreibe 9 Lebensräume (Biome) gehören, die hier aufeinander treffen, was es auch zu einem Paradies für **Vogelfreunde** macht, vor allem am Pafuri River. Die Umgebung von Punda ist von zerklüfteten Sandsteinklippen geprägt, und die Hügelkuppen werden von riesigen, teilweise über 4000 Jahre alten Baobabs gekrönt. Die Unterbringung erfolgt auf dem Campingplatz, in Safarizelten mit Gemeinschaftskochgelegenheit und -bad oder in voll ausgestatteten Bungalows mit Bad. Zum Camp gehören ein sehr einfaches Restaurant, ein kleiner Laden, eine Tankstelle, ein Pool und eine Vogelbeobachtungsstelle. Camping R220, Bungalow R880, Zelt R975, Cottage R2000

Tipps für eine gelungene Safari

- **Die besten Tageszeiten** zur Tierbeobachtung sind die kühleren Phasen am frühen Morgen und am späten Nachmittag. Es empfiehlt sich, gleich früh bei der Öffnung der Tore des Camps loszufahren und dann noch einmal, wenn die Temperaturen nachmittags wieder sinken. Während der Mittagshitze kann man sich etwas Ruhe gönnen, genau wie die Tiere, die dann schattige Plätze aufsuchen und sich kaum sehen lassen.
- **Langsames Fahren** zahlt sich aus, ebenso häufige Stopps. Beim Halten Motor ausmachen, Fenster öffnen und die Sinne schärfen. Beste Strategie: Dort anhalten, wo bereits andere Autos stehen oder langsamer werden.
- Nicht zu viel Ehrgeiz entwickeln bei der Abfahrt vom Restcamp. Sorgfältig planen.
- **Ferngläser sind unverzichtbar** für das Absuchen des Horizonts.
- **Lebensmittel und Getränke mitnehmen**. Nicht vergessen: Toiletten benutzen und Aussteigen geht nur an Picknickplätzen. Hier gibt's auch immer kochendes Wasser und *braai*-Plätze mit Gas. Manche verkaufen auch Essen und Snacks.

Shingwedzi
63 km nördlich von Mopani, ✆ 013-735 68-06, -07. Das recht große Camp bietet einen Zeltplatz, quadratische Hütten aus Ziegelsteinen, ein paar ältere weiße, strohgedeckte Bungalows im Kolonialstil, ein Cottage und ein Gästehaus. Es liegt in einem ausgedehnten Gelände mit Schatten spendenden Mopane- und Apfelblattbäumen. Von der Terrasse blickt man weit über den meist ausgetrockneten Shingwedzi River. An den Dachvorsprüngen der Rezeption hängen die Nester der **Webervögel** mit ihren länglichen, schlauchförmigen Eingängen. Camping R220, Hütte R490, Bungalow R895, Cottage R1385

Bushveld-Camps

Wer in einem Bushveld-Camp übernachten möchte, sollte möglichst früh reservieren, denn die Nachfrage ist sehr groß. Diese Camps sind ausschließlich für gebuchte Gäste zugänglich. In den meisten gehören Wanderungen sowie Nachtsafaris und Tierbeobachtungsstellen zum Angebot. Wie bei allen Restcamps im Krüger-Park muss über SANParks, ✆ 012-428 9111, 💻 www.sanparks.org/parks/kruger, im Voraus gebucht werden.

Bateleur

Rund 40 km südwestlich des Restcamps Shingwedzi, ✆ 013-735 6843. Das Camp befindet sich abseits der touristischen Trampelpfade im äußersten Norden des Parks am Ufer des meist trockenen Mashokwe Spruit. Es hat eine Aussichtsplattform, die gute Blicke auf die Wasserstelle bietet, zu der die Tiere zum Trinken kommen. Die nahe gelegenen Seen Silver Fish und Rooibosrand locken ebenfalls Wild und eine Vielzahl Vögel an. Hier gibt es drei 6-Bett-Cottages und vier 4-Bett-Cottages, die mit einer kleinen Küche und Kühlschrank ausgestattet sind und mit Solarenergie versorgt werden. R1675

Biyamiti

Etwa 41 km nordöstlich des Malelane Gate und 26 km westlich des Crocodile Bridge Gate, ✆ 013-735 6171. Biyamiti liegt am Ufer des Mbiyamiti River. Die Nähe zu den Gates ist ein großer Vorteil dieses Camps im tiefen Süden. Ein zusätzliches Plus ist die Tatsache, dass das Gelände zahlreiche Tiere anzieht, auch Löwen, Elefanten und Nashörner. Im Camp gibt es zehn 2-Bett-Guestcottages und fünf 1-Bett-Cottages, alle mit voll ausgestatteten Küchen. R975

Shimuwini

Etwa 50 km vom Phalaborwa Gate entfernt an der Mooiplaas Rd, ✆ 013-735 6683. Das idyllische Camp, am oberen Abschnitt des vom Letaba River gespeisten Shimuwini Dam gelegen, befindet sich inmitten von Mopanebäumen und Buschweiden. Am Flussufer wachsen Maulbeerfeigen. Shimuwini ist weniger für sein hohes Wildaufkommen berühmt, als ein echter Dauerbrenner für Vogelfreunde. Hier können wunderbar in Flussnähe Vogelarten wie Schreiseeadler beobachtet werden. Für Gäste stehen 14 Cottages mit je 2 Schlafzimmern (9 davon sind besonders schön) und ein Cottage mit 3 Schlafzimmern bereit. R1425

Sirheni

Ungefähr 54 km südlich von Punda Maria, ✆ 013-735 6860. Sirheni liegt am Ufer des Sirheni Dam. Die herrliche Waldlandschaft am Fluss ist ein lohnendes Revier für die Vogelbeobachtung, aber auch viele andere Tiere bevölkern dieses Gebiet. Den großen Reiz macht die Bushveld-Einsamkeit dieser wenig frequentierten Gegend aus. Im Camp gibt es 5 Cottages mit 5 Schlafzimmern und 10 kleinere Cottages, alle mit Bad und Küche. Die meisten Besucher kommen wegen der beiden Vogelbeobachtungsposten her. R1420

Talamati

Etwa 31 km vom Orpen Gate, ✆ 013-735 6343. Das Camp liegt am Ufer des meist ausgetrock-

Wildbeobachtung und Picknickplätze im nördlichen Krüger-Park

An der S52 **Red Rocks Loop** südwestlich von Shingwedzi hat man gute Chancen, Elefanten zu sehen, am frühen Morgen auch Leoparden.

Picknickplatz Pafuri, 46 km nördlich von Punda. Diesen Platz sollte man auf keinen Fall verpassen, denn hier zeigt sich der eigentliche Reichtum des nördlichen Krüger-Parks. Er gilt als bester Ort des Parks zum Vögelbeobachten. Der Platz am Ufer des Luvuvhu River dehnt sich unter gewaltigen Akazien, Ahnen- und Schakalbeerbäumen aus und ist der ultimative Ort für ein Picknick am Mittag. Eine Infotafel erläutert die faszinierende Geschichte der Gegend. Es gibt *braai*-Vorrichtungen und heißes Wasser für Tee, der Aufseher verkauft eisgekühlte Erfrischungsgetränke in Dosen.

neten Nwaswitsontso River. Das Mischwaldgelände, auf dem das Camp errichtet wurde, ist der Lebensraum von Giraffen, Gnus, Kudus, Zebras und Raubtieren wie Löwen, Hyänen und Schakalen, aber auch Nashörnern und Rappenantilopen. Die beiden Unterstände innerhalb des Camps überblicken eine Wasserstelle und sind ausgezeichnete Plätze zur Tierbeobachtung. Am Fluss zwischen Ahnenbäumen und rötlichen Buschweiden stehen, hufeisenförmig angeordnet, 10 gut ausgestattete Cottages mit 2 Schlafzimmern und 4 kleinere mit 1 Schlafzimmer. R1550

Tsendze Rustic Camp
7 km südlich von Mopani, ✆ 013-735 65-35, -36. Einer der ruhigsten, wildesten Campingplätze im Park. Generatoren sind verboten und die Ausstattung beschränkt sich auf gemeinsame Sanitäranlagen. Jeder der 30 Zeltstellplätze (die besten sind Nr. 14, 15 und 16) ist von Bäumen und Gebüsch umgeben, sodass man sich wie in der Wildnis fühlt. Die nächste Einkaufsmöglichkeit befindet sich in Mopani. R230

Privatreservate – Greater Kruger

Der Westteil des Krüger-Parks besteht aus privaten Reservaten. Die Gebietsgrenzen zum Krüger sind offen, also nicht eingezäunt – die ganze Zone wird häufig als **Greater Kruger** bezeichnet. In jedem Reservat befinden sich mehrere Safari-Lodges, jede auf einem ausgedehnten Landstück. In manchen Reservaten gibt es drei verschiedene Lodges mit unterschiedlichen Preisen.

In den Privatreservaten bekommen die Gäste überaus luxuriöse und romantische Zimmer, köstliches Essen und klassische Safaris in Landrovern geboten, bei denen jede Menge Großwild, kleinere Tiere und Vögel zu sehen sind. Alle Lodges bieten Vollpension und von einem Ranger oder Fährtenleser begleitete Tierbeobachtungsfahrten in offenen Fahrzeugen in der Morgen- und Abenddämmerung an. Die Nachmittagsausflüge werden nach dem „Sundowner" im Busch oft zu Nachtfahrten ausgeweitet. In den Wintermonaten werden die Passagiere im Fahrzeug in Decken gewickelt und bekommen manchmal sogar Wärmflaschen mit. Das Dinner wird unter freiem Himmel bei Lampenlicht rund um ein offenes Feuer eingenommen. Auch Buschwanderungen gehören zum Angebot, in der Regel nach dem Frühstück. Die meisten Camps überblicken Wasserstellen, Flüsse oder Ebenen, sodass die Gäste nach Tieren Ausschau halten können, während sie sich im Camp aufhalten, am Pool faulenzen, den Spa-Bereich oder Fitnessraum nutzen oder auf riesigen Sofas Tierbücher durchblättern.

Das **Sabi Sands Game Reserve,** 💻 www.sabi.krugerpark.co.za, ist der beste Ort weltweit, um Leoparden und Löwen zu beobachten. Von allen Safarigebieten Südafrikas ist das **Sabi Sands South** das exklusivste – nicht nur wegen der reichen Tierwelt, sondern auch wegen seiner Nähe zu Nelspruit. Und mit dem Auto sind es vom dortigen Flughafen nur zwei bis drei Stunden zu den Lodges. **Sabi Sands North** ist billiger. Auch hier gibt es zahlreiche Tiere, aber es ist schwieriger zu erreichen. Man biegt bei Acornhoek von der R40 nach Osten ab und fährt dann zwei Stunden auf Schotterpisten durch traditionelle afrikanische Dörfer bis zu den Lodges. Das Gleiche gilt für das **Manyeleti** nördlich von Sabi Sands, das von der Orpen Gate-Straße her leicht zu erreichen ist. Der Zugang zum **Timbavati** über die Ausfahrt Hoedspruit/Eastgate an der R40 ist ebenfalls unkompliziert. Hier muss nicht so viel Zeit auf holprigen, ungeteerten Straßen zurückgelegt werden wie auf dem Weg zum Sabi Sands North.

Noch einfacher ist der Weg über die R40 zu den Privatreservaten Kapama, Thornybush, Balule und Karongwe, die direkt von Hoedspruit angefahren werden können. Nachteil: Sie sind damit automatisch auch näher an Straßen und Zivilisationslärm.

ÜBERNACHTUNG

Die **Preise** in den Privatreservaten sind sehr hoch – keine Frage. Die Gäste zahlen für die hautnahe Erfahrung der afrikanischen Wildnis und für die aufmerksame Begleitung der Ranger, die sich alle Mühe geben, ihnen den

Aufenthalt zum unvergesslichen Erlebnis zu machen. Die angegebenen Preise gelten pro Person und Nacht im DZ, Verpflegung und alle Safariaktivitäten inbegriffen. Im Winter geben die Preise nach, manche Reservate werben mit Winter-Specials. Hochsaison ist zwischen Dezember und April. Manchmal sind die Preise in US-Dollar statt SA Rand angegeben. Ohne Reservierung geht gar nichts, und erst bei der Buchung erhält man genaue Hinweise zur Anreise, denn Überraschungsbesuche sind nicht erlaubt.

Manyeleti

Honeyguide

4 km vom Orpen Gate entfernt, ✆ 011-341 0282, 💻 www.honeyguidecamp.com. Eines der preiswerteren Camps und das einzige, das an seinen beiden Standorten Übernachtung im Zelt bietet: Khoka Moya ist modern eingerichtet und akzeptiert Kinder; Mantobeni zeigt mehr traditionelles Safaricamp-Ambiente. Weil sie auf Rasenflächen verzichten, hat sich in den Camps ein echtes „Buschgefühl" erhalten. Und dafür, dass es keinen Flussblick oder Aussicht auf eine Wasserstelle gibt, entschädigen die zuvorkommenden Mitarbeiter und ausgezeichneten Ranger und Fährtenleser. Jedes Zelt ist riesig und hat ein Bad mit zwei Duschen und Waschbecken. Das Beste am **Honeyguide** ist das fantasievolle Programm für Kinder aller Altersklassen. Die Ranger kümmern sich um die Kids und machen Abdrücke von Tierspuren im Busch, bringen ihnen viel über das Tierreich bei, und abends sitzen sie mit ihnen auf Kissen um das Lagerfeuer herum. Der Preis umfasst Vollverpflegung und alle Getränke, einschließlich Wein. R7560

Timbavati

Shindzela

33 km innerhalb des Reservats, Zugang über das Timbavati Gate, ✆ 015-793 1578 oder 082-307 9493, 💻 www.shindzela.co.za. Shindzelas Vorteile sind begrenzte Größe, Wanderwege und Erschwinglichkeit. Die Zelt-Lodge bietet 12 Betten, keinen Zaun und auch keine Schnörkel. Frühmorgens werden 2–4-stündige Wanderungen oder wahlweise Wildsafaris angeboten. Auf Wunsch gibt es auch einen Transfer von Johannesburg. R3500

Umlani

Nahe dem Orpen Gate, Anfahrt über die Orpen Rd, ✆ 021-785 5547, 💻 www.umlani.com. 8 Hütten mit Schilfrohrwänden und Blick über den trockenen Nhlaralumi River sowie jeweils mit einer oben offenen Buschdusche, die von einem Holzboiler beheizt wird (es gibt keinen Strom). Umlani (der Name bedeutet „Ort der Erholung") ist nicht eingezäunt, da Wert auf unverfälschtes Buscherlebnis gelegt wird. Alle Fenster sind mit Gaze versehen, damit man den nächtlichen Geräuschen der Wildnis lauschen kann. Eines der Highlights ist das Duschen im Freien mit Blick auf den Sternenhimmel. Die Einrichtung ist schlicht, ebenso das Essen – aber es ist köstlich und nicht so mächtig, dass man sich hinterher nicht mehr rühren mag. Alles in allem verschafft das Umlani eine sehr viel befriedigendere Naturerfahrung als viele andere Orte und bietet ausgesprochen viel fürs Geld. Die Sonderangebote sind besonders günstig. R6000

Sabi Sands North

Djuma Game Reserve

✆ 013-735 5555 oder 083-574 1660, 💻 www.djuma.com. Mit ihrem hippen, modern-afrikanischen Ambiente (Township-Kunst) ist **Vuyatela** das beste Camp im Djuma Game Reserve. Zudem ist das Reserve gut für die Tierbeobachtung. Jede der Fünf-Sterne-Suiten verfügt über einen kleinen Pool und eine Minibar. Außerdem gibt es eine Bücherei, einen Fitnessraum und ein Wellnesszentrum mit Massagen und Schönheitspflege. Das Djuma ist eines der sozial engagierteren Reservate. Es unterstützt Vorschulen in traditionellen Dörfern und zwischen den Safaris werden auch Besuche angeboten. R10 500

Nkorho Bush Camp

✆ 013-735 5367, 💻 www.nkorho.com. Der kleine Familienbetrieb, auf spärlich bewachsenem Grasland gelegen, setzt auf Erschwinglichkeit. Das Camp für max. 16 Gäste bietet 6 einfache Chalets mit Dusche.

Tiere in den Privatreservaten

© ROUGH GUIDES / CORBIS / IMAGE SOURCE

Wem es vor allem um **Leoparden** geht, der ist im Sabi Sands am besten aufgehoben. Das gilt besonders für den Süden, wo die Leoparden sich inzwischen von Menschen und Fahrzeugen kaum noch aus der Ruhe bringen lassen. Timbavati ist viel ruhiger und wilder als Sabi Sands. Es ist für seine großen Büffelherden bekannt, außerdem leben dort viele Löwen und Elefanten. Leoparden und Geparden sind aber sehr selten. Der Name Timbavati steht für das Phänomen der **weißen Löwen**. Es ist nicht ausgeschlossen, dass man einige Löwen zu Gesicht bekommt, die dieses rezessive Gen in sich tragen, das sie etwas blasser aussehen lässt. Das letzte Mal, dass ein ausgewachsener weißer Löwe gesichtet wurde, war 1993. Seitdem ist zwar ein Dutzend Junge zur Welt gekommen, bei der hohen Sterblichkeitsrate ist jedoch nicht bekannt, ob die zwei, die 2010 noch gesund und munter waren, noch am Leben sind.

Manyeleti bietet eine Vielzahl von Tieren und eine spannende Landschaft aus Savanne und Felsen, besonders an der Grenze zum Krüger-Park. Während der Apartheid war Manyeleti der einzige Teil des Krüger-Parks, in den Schwarze Zutritt hatten, und bis heute ist er der am wenigsten erschlossene. Man findet zwar nur wenige Übernachtungsmöglichkeiten, doch dafür gibt es auch nicht so viele Ausflugsgruppen.

Gemeinsam genutzt werden ein Aufenthaltsbereich im Freien, eine Bar mit Billardtisch und eine afrikanische *boma* aus knorrigen Baumstämmen, wo das Abendessen um ein offenes Feuer herum serviert wird. Vom Pool schaut man direkt auf eine viel besuchte Tränke. R6130

Sabi Sands South

Lion Sands

☏ 013-735 5000, 💻 www.lionsands.com. Eine der besten Game Lodges in Sabi Sands bietet ausschließlich Suiten mit Badezimmer und Ausblick auf den Sabi River. Romantischer geht's kaum. Die 18 Suiten der River Lodge haben alle einen persönlichen Butler, und auch zum Wildbeobachten sitzen die Gäste in der ersten Reihe. Das Essen ist erstklassig, und die beiden Pools (im Winter beheizt) liegen direkt am Fluss, sodass Gäste mit Blick auf die Flusspferde planschen können. Gleich in der Nähe und innerhalb der Krüger-Parkgrenzen liegt die Tinga Lodge, deren wunderschöne Suiten Terrassen mit Tauchbecken und Flussblick bieten. River Lodge R14 600, Tinga Lodge R18 000

Nottens Bush Camp

013-735 5105, www.nottens.com. Dieser Familienbetrieb ist mehr als 4 Jahrzehnte alt und widersteht noch immer der Versuchung, das Geschäft auszudehnen. Gäste fühlen sich wie Besucher auf der Farm eines geselligen Freundes. Das Essen wird am Feuer oder auf einer Plattform serviert. Das Camp hat nur 18 Betten (Kinder über 8 Jahre willkommen) in großen Chalets mit Blechdach, Ausblick auf die Savanne und Öllampenbeleuchtung. In den Schlafzimmern ist mit Absicht keine Elektrizität, damit Gäste besser Kontakt mit dem Busch aufnehmen können. Der Pool neben dem Massageraum ist groß genug zum Bahnenschwimmen. Sehr günstig für Wildbeobachtung in der Fünfsternekategorie. R7750

Balule

Sausage Tree

Balule Nature Reserve, abseits der R40, 22 km nördlich von Hoedspruit, 083-349 6007, www.sausagetree.co.za. Das beste Safaricamp im Balule Reserve. In Balule herrscht kein Mangel an Großwild. Außerdem ist es im Norden durch den wunderschönen Oliphants River begrenzt, wenn man auch gleichzeitig die nahe gelegene R40 hört. Sausage Tree ist ein toller Deal: Die Safarifahrten sind hervorragend, die Zimmer komfortabel und bis ins Detail durchdacht und Mahlzeiten werden auf einer Terrasse mit weitem Blick über das Bushveld serviert. Es gibt auch ein kleines Camp mit sehr persönlicher Betreuung, wo man sich um das prasselnde Lagerfeuer fühlt wie in der Familie. R3600

Private Camps bei Skukuza

Jock Safari Lodge

38 km entfernt von Skukuza, 041-509 3000, www.jocksafarilodge.com. Fantastische Lage im Wildtier-Hotspot tief im südlichen Krüger-Park am Zusammenfluss zweier saisonaler Flüsse. Majestätische Uferbäume spenden den 12 Luxussuiten mit Strohdach Schatten. Am besten sind die nach Norden ausgerichteten, die eigene Terrassen mit Sonnenliege über dem Flussufer haben. Die Lodge verfügt über ein Spa und einen kleinen Fitnessraum sowie eine Bibliothek mit Internet. Jock bietet außerdem ein Wanderpaket mit Ranger, zwei Übernachtungen und Aufenthalt in einem rustikalen Camp an. Besonders lohnen sich die Sonderangebote, die teilweise um ein Drittel billiger sind. R12 000

Rhino Post Walking Safaris und Plains Camp

035-474 1473 oder 035-474 1490, www.isibindiafrica.co.za. Die beiden Safaricamps in diesem großartigen, wilden Pachtreservat bei Skukuza sind komplett unterschiedlich. Die Rhino Post Lodge hat 8 Suiten aus Stein, Holz und Strohdach über einem sandigen Fluss, während das Plains Camp 4 supergemütliche Safarizelte mit Blick auf einen stets tierreichen Savannenabschnitt bietet. Das Plains Camp ist in schlichtem Pionierstil eingerichtet, wunderbar ruhig und kann maximal 8 Gäste aufnehmen. Bei seinem Bau wurden keine Bäume gefällt oder Beton verwendet. Strom wird durch Sonnenenergie erzeugt. Die ultimative Wildniserfahrung erwartet Gäste, die mit einem exzellent informierten, bewaffneten Guide zum Übernachtungscamp im Baumhaus wandern. Die einfachen Betten mit Moskitonetz stehen auf hohen Holzplattformen und bieten die ganze Geräuschpalette der afrikanischen Nacht. R8450

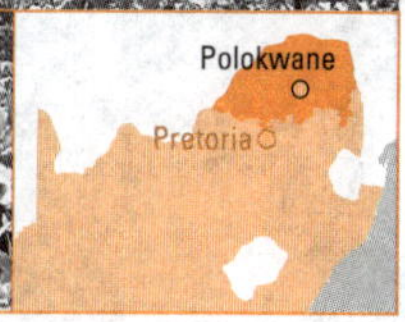

Limpopo

Stefan Loose Traveltipps

Entdeckungsreise im Letaba-Gebiet Die überirdische Schönheit üppiger Wälder, subtropischer Teeplantagen und gehobener Landgasthäuser erleben – und mittendrin die Ortschaft Haenertsburg, in der die Zeit stehen geblieben scheint. S. 634

Reiten am Waterberg Fast nirgendwo sonst in Südafrika kann man so schön in die Wildnis reiten und auf Reitsafari gehen, wo sich Zebras, Giraffen und das eine oder andere Nashorn ein Stelldichein geben. S. 638

Das Soutpansberg-Gebirge Das zauberhafte Naturschauspiel aus Sternenhimmel und beruhigendem Plätschern des Wasserfalls lässt Besucher sanft einschlafen. S. 642

Das Kunsthandwerk der Venda In den schlichten, entlegenen Dörfern der mystischen Venda-Region gibt es einzigartige Kunst, Keramik und Schnitzereien zu entdecken. S. 643

Archäologie in Mapungubwe Auf dem Hügel der Schakale die Überreste von Afrikas ältestem Königreich und anschließend die fantastischen San-Höhlengemälde bestaunen. S. 645

BOTSUANA
Limpopo
R572
Groblersbrug
Tom Burke
LIMPOPO
R572
Lapalala
R561
N11
R510
R518
Marken
Lephalale
(Ellisras)
Matlabas
LAPALALA
WILDERNESS AREA
R33
Melkrivier
R518
Bulge River
R510
WATERBERG
UNESCO
BIOSPHERE
RESERVE
Sukses
Mokopane
(Potgietersrus)
N1
WELGEVONDEN
PRIVATE GAME
RESERVE
Matlabas
Vaalwater
MARAKELE
NATIONAL PARK
WATERBERGE
R101
N11
Thabazimbi
Mookgophong
(Naboomspruit)
Modimolle
(Nylstroom)
R511
R516
R510
Bela-Bela
(Warmbaths)
NORDWEST-
PROVINZ
N1
GAUTENG
Pretoria

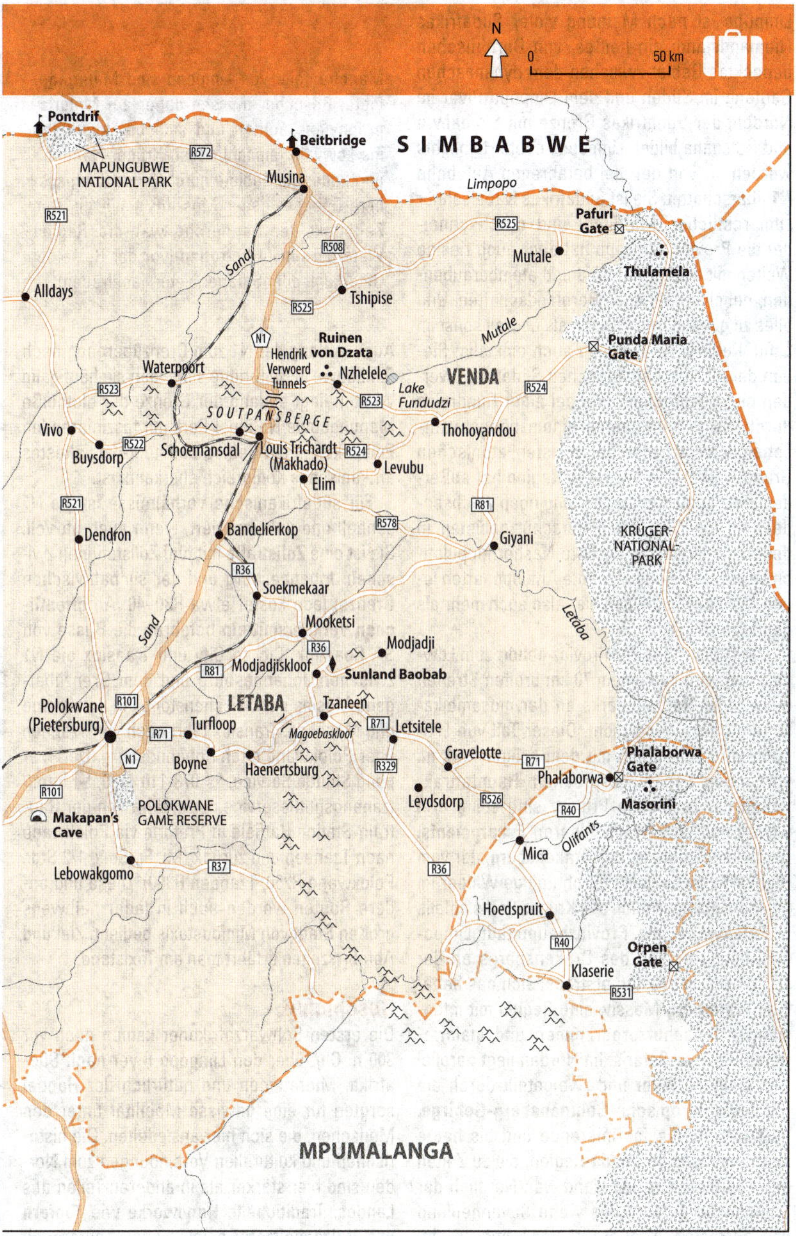
N
0
50 km
SIMBABWE
Limpopo
Pontdrif
MAPUNGUBWE NATIONAL PARK
R572
Beitbridge
Musina
R521
R508
R525
Pafuri Gate
Mutale
Thulamela
Sand
Alldays
Tshipise
R525
N1
Ruinen von Dzata
Hendrik Verwoerd Tunnels
Nzhelele
Mutale
Punda Maria Gate
Waterpoort
R523
Lake Fundudzi
VENDA
R524
R523
SOUTPANSBERGE
Vivo
Buysdorp
R522
Schoemansdal
Louis Trichardt (Makhado)
R524
Levubu
Thohoyandou
Elim
R521
R81
Dendron
Bandelierkop
R578
Giyani
KRÜGER-NATIONAL-PARK
R36
Soekmekaar
Letaba
Sand
Mooketsi
R36
Modjadji
R81
Modjadjiskloof
Sunland Baobab
R101
LETABA
Polokwane (Pietersburg)
Tzaneen
R71
Turfloop
R71
Letsitele
Magoebaskloof
N1
Boyne
Haenertsburg
R329
Gravelotte
R71
Phalaborwa Gate
Phalaborwa
R101
Leydsdorp
R526
Masorini
POLOKWANE GAME RESERVE
R40
Makapan's Cave
Olifants
Mica
R37
Lebowakgomo
R36
Hoedspruit
R40
Orpen Gate
Klaserie
R531
MPUMALANGA
LIMPOPO

Limpopo ist nach Meinung vieler Südafrikas Niemandsland: ein heißes, von Dornbüschen bedecktes Gebiet zwischen dem dynamischen Gauteng im Süden und dem Limpopo River im Norden, der Südafrikas Grenze mit Simbabwe und Botsuana bildet. Limpopos echte Highlights werden oft von der viel befahrenen Autobahn **N1** überschattet. Sie ist Südafrikas Nabelschnur zum restlichen Kontinent und durchschneidet die Provinz. Limpopo hat aber auch riesige Weiten mit endlos viel Wild und atemberaubenden, nebelverhangenen Berglandschaften. Und alles zu günstigeren Preisen als überall sonst im Land. Kulturell ist Limpopo auch einmalig: Sieben der elf Geschäftssprachen Südafrikas werden hier gesprochen, und bei einer Rundreise durch die Provinz laufen einem höchstwahrscheinlich Vertreter der meisten ethnischen Gruppen über den Weg. Die Region hat außerdem eine bemerkenswerte (und noch wachsende) Zahl von Wild- und Naturschutzgebieten, in denen die landesweit größte Nashornpopulation sowie zahlreiche elegante Antilopenarten leben. Wild bekommt man hier also auch mehr als genug zu sehen.

Der östliche Teil der Provinz gehört zum Lowveld und wird von einem 70 km breiten Streifen des Krüger-Nationalparks an der mosambikaschen Grenze beherrscht. Dieser Teil von Limpopo wird zusammen mit dem Krüger-Park im vorherigen Kapitel besprochen. Hauptattraktionen der restlichen Provinz sind seine drei wilden und unverwechselbaren **Escarpments**. Am bekanntesten ist der **Drakensberg**, der vom Highveld zum Lowveld durch üppige Wälder im Letaba-Gebiet westlich des Krüger-Parks abfällt.

Polokwane, die Provinzhauptstadt Limpopos, liegt westlich des Drakensbergs an der N1. Weiter im Westen erstreckt sich das behäbige **Waterberg**-Massiv, eine Region mit intensiven Artenschutzprogrammen und malariafreien Big-Five-Safaris. Im Norden liegt parallel zum Limpopo River und zweigeteilt durch die N1 das subtropische **Soutpansberg-Gebirge**. Im Osten ist die faszinierende und bis heute sehr unabhängige **Venda**-Region, die zu Zeiten der Apartheid ein Homeland war. Nördlich der Soutpansberge wird das weite Savannenland von surrealen Affenbrotbäumen beherrscht.

Malaria in Limpopo

Manche Teile von Limpopo sind Malariagebiete. Besucher müssen daher auf Malariaprophylaxe achten und sich bei Ausflügen ins Lowveld (einschließlich Krüger-Nationalpark) oder die Gebiete nördlich des Soutpansberg-Gebirges gegen Moskitos schützen. Zum Zeitpunkt der Recherche war die Region Waterberg nicht betroffen (vor der Reise bei Unterkunft oder Safarianbieter nachfragen).

Auch entlang der N1 zum Grenzübergang nach Simbabwe in Beitbridge sieht man sie häufig. Im Westen liegt entlang der Grenze der glutheiße Mapungubwe National Park mit faszinierenden Einblicken in ein Gebiet, das heute als ältestes afrikanisches Königreich anerkannt ist.

Für südafrikanische Verhältnisse ist die N1 schnell und unkompliziert, wenn auch oft voll. Sie ist eine **Zollstraße** mit fünf Zollstationen zwischen Johannesburg und der simbabwischen Grenze; jede kostet etwa R30–40. An **öffentlichen Verkehrsmitteln** befahren die Busse von SA Roadlink, City to City und Translux die N1 zwischen Johannesburg und dem Grenzübergang Musina mit Zwischenstopps in Polokwane und Makhado. Translux fährt auch von Tzaneen über Polokwane nach Johannesburg. Der Tzaneng Shuttle Service, ✆ 073-110 4180, 💻 http://tzanengshuttleservice.co.za, fährt von der Gautrain-Station Hatfield in Pretoria via Polokwane nach Tzaneen und zurück (Mi, Fr, So, 4 1/2 Std., Polokwane R250, Tzaneen R300). Diese und andere Routen werden auch in jeder halbwegs großen Stadt von Minibustaxis bedient. Ziel und Abfahrtszeiten erfährt man am Taxistand.

Geschichte

Die ersten Schwarzafrikaner kamen noch vor 300 n. Chr. über den Limpopo River nach Südafrika. Migrationen und natürlich der Handel sorgten für eine gewisse Mobilität unter den Menschen, die sich hier ansiedelten. Die historischen und kulturellen Verbindungen zum Norden sind hier stärker als in anderen Teilen des Landes. Traditionelle Handwerke wie **Töpfern** und **Holzschnitzerei** spielen auch heute noch eine wichtige Rolle. Auch die **Hexerei** wird an manchen Orten noch praktiziert.

Die Ankunft der **Voortrekker** Anfang des 19. Jhs. veränderte die Region tiefgreifend. Entlang ihrer Route, die in etwa dem Verlauf der N1 entspricht, gründeten sie Städte, die heute als Bela-Bela, Modimolle und Polokwane bekannt sind. Voortrekker, die sich so weit nach Norden wagten, waren entschlossene Menschen und ihre Konflikte mit den Einheimischen notorisch bitter. 1850 wurden in **Makapan's Cave** an der N1 bei Mokopane mehrere Tausend Ndebele als Vergeltungsmaßnahme eines Boer-Kommandos zu Tode gehungert, während Venda-Truppen weiter im Norden 1867 die Voortrekker zwangen, die Siedlung **Schoemansdal** in der Soutpansberg-Region aufzugeben.

Im 20. Jh. wurden während der Apartheid-Ära mehrere große Teile der Provinz als Homelands abgetrennt. Die Venda wurden dadurch nominell unabhängig, die Lebowa und Gazankulu autonom. Auch heute sind die Kontraste zwischen alten Homelands und weißen Landwirtschaftsgebieten in der ganzen Provinz zu sehen und Armut, HIV und Korruption sind weit verbreitet. Dennoch stimmte die Provinz 2014 mit überwältigender Mehrheit für den ANC.

Namensänderungen in Limpopo

Die einstige Nordprovinz Südafrika wurde 2002 umbenannt in Limpopo, die Hauptstadt Pietersburg in Polokwane. Andere Städte mit „kolonialem" Namen wurden ebenfalls offiziell umbenannt, was jedoch anschließend teilweise aus politischen und verfahrensrechtlichen Gründen gerichtlich angefochten wurde – die Umbenennung von Louis Trichardt in Makhado wurde beispielsweise 2007 rückgängig gemacht. Auf Straßenschildern und bei der Bevölkerung sind die Namensänderungen allerdings noch nicht zur Gänze angekommen. Nachfolgend sind einige Beispiele aufgeführt, die beim Reisen durch die Provinz ins Auge stechen:

Alter Name	Neuer Name
Ellisras	Lephalale
Messina	Musina
Naboomspruit	Mookgophong
Nylstroom	Modimolle
Potgietersrus	Mokopane
Warmbaths	Bela-Bela

Polokwane

Polokwane im Herzen der Provinz Limpopo gelegen und Hauptstadt derselben, ist die größte Stadt an der Great North Road zwischen Pretoria und der Grenze nach Simbabwe. Sie ist ein administratives und industrielles Zentrum, kann aber auch mit einem erstklassigen Museum aufwarten. Wer in Richtung Lowveld oder zum Krüger-Park unterwegs ist, muss bei Polokwane auf die R71 nach Phalaborwa abbiegen. Die fast identischen Einbahnstraßen in der Innenstadt sind alle in einem strengen Raster angelegt – Navigation ist damit (vor allem mit dem Auto) nahezu unmöglich.

Civic Square

Im Herzen des lebhaften und kompakten Geschäftsviertels von Polokwane befindet sich die Parkanlage Civic Square, eine von der Landros Mare Street und der Thabo Mbeki Street begrenzte Parkanlage. Die Straßen zu beiden Seiten sind voller Händler, die mit den Läden konkurrieren, und alles von Designerklamotten bis zur chinesischen Lackware im Angebot haben.

Bakone Malapa Museum

9 km südöstlich der Stadt an der R37 ▪ 🕒 Mo–Fr 8.30–16.30, Sa 9.30–15.30 Uhr ▪ Eintritt R10 ▪ 📞 015-290 2540

Wirklich sehenswert in Polokwane ist nur das Bakone Malapa Museum. Das Freilichtmuseum ist schlicht, aber glaubwürdig, denn es vermittelt mehr von der alten Lebensart des hier ansässigen Volkes der Bakone (einer Gruppe innerhalb der Nord-Sotho) als viele aufwendiger angelegte Versuche. Im traditionellen Stil ist ein Hüttendorf erbaut worden, in dem zehn Bewohner ständig leben und tagsüber Tätigkeiten wie Töpfer- oder Lederarbeiten nachgehen. Einer von ihnen führt Besucher durch das Dorf und er-

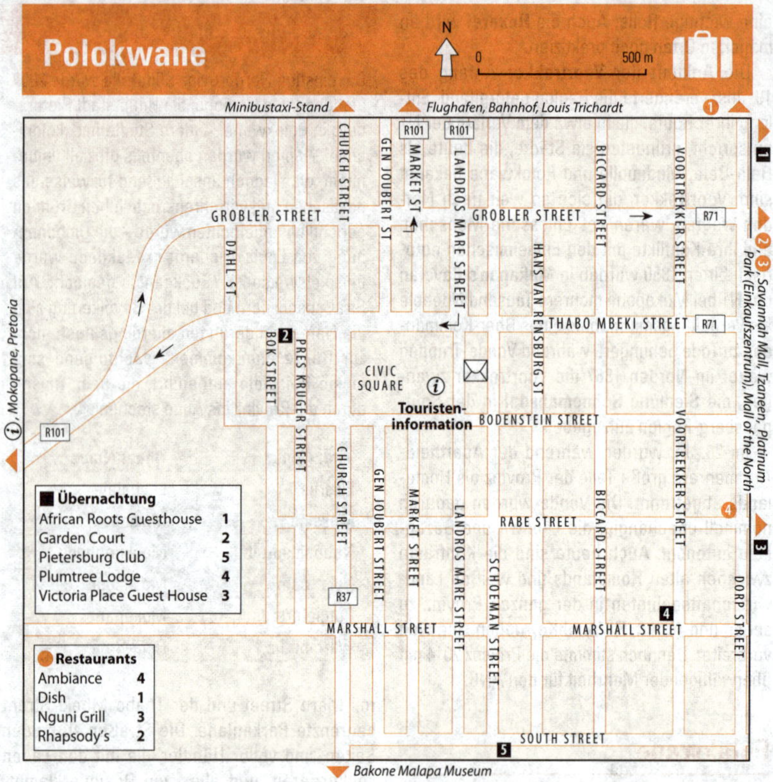

läutert die verschiedenen Aktivitäten, die Architektur sowie die Geschichte und Legenden des Dorfes.

Polokwane Game Reserve

Silicon Rd an der R37 nähe Stadion, 3 km südlich der Stadt ▪ ⌚ tgl. 7–16.30 Uhr ▪ Eintritt R19, Auto R29 ▪ ✆ 015-290 2331

Wer nicht zum Krüger-Nationalpark fährt, kann im 3200 ha großen städtischen Polokwane Game Reserve ebenfalls Breitmaulnashörner, Elen- und Rappenantilopen sowie rund 50 weitere verschiedene Wildtiere plus an die 200 Vogelarten sichten. Die gut gewarteten Wege führen durch fruchtbares Grasland und sind auch für normale Fahrzeuge geeignet. Außerdem gibt es Wanderwege mit Strecken zwischen 5–21 km Länge.

ÜBERNACHTUNG

African Roots Guesthouse, 58a Devenish St, Ecke Oost St, am Ostrand des Zentrums, ✆ 015-297 0113, 💻 www.africanroots.info. Die Zimmer in dem gastfreundlichen Haus sind makellos und sehr stilvoll mit Schmuckstücken und Kunstgegenständen eingerichtet. Das Frühstücksrestaurant serviert auf Anfrage auch Abendessen. WLAN. R780

Garden Court, Thabo Mbeki St, Ecke Bok St, ✆ 015-291 2030, 💻 www.tsogosunhotels.com. Großer, moderner Hotelkomplex nahe des Civic Square. Die Zimmer sind nicht besonders ausgefallen, aber anständig. Außerdem gibt es ein gutes Restaurant und einen Pool im Freien. Am Wochenende halber Preis. R1200

Pietersburg Club, 119 South St, ✆ 015-291 2900, 💻 www.pietersburgclub.co.za. 4 Häuserblocks vom Civic Square entfernt hat dieser Herrenclub den Sprung ins 21. Jh. gewagt und bietet nun gut ausgestattete Zimmer mit Bad, einige mit Veranden zum Garten hin, ideal für einen Absacker von der vielfältigen Cocktailbar. Zum Club gehört nicht nur ein hervorragendes Restaurant, sondern – bizarres Relikt einer vergangenen Epoche – eine Bar mit Damenverbot. Das Schild *Members only* (nur für Mitglieder) an der Tür gilt nur für die Einwohner von Polokwane. Kostenloses WLAN im ganzen Club. R800

Plumtree Lodge, 138 Marshall St, ✆ 015-295 6153, 💻 www.plumtree.co.za. Nicht weit vom Zentrum liegt eine der ältesten und bestgeführten Lodges der Stadt mit smarten Zimmern in Villen mit hohen Decken. Große Anlage mit Garten, Bar am Pool und unglaublich gutem Frühstück. Wahrscheinlich die freundlichste, gemütlichste Bleibe im Ort. Günstige Wochenendpreise (R715). R915

Victoria Place Guest House, 32 Burger St, ✆ 015-295 7599, 💻 www.victoriaplace.co.za. Das Guesthouse im viktorianischen Baustil liegt nur einen kurzen Spaziergang östlich des Zentrums und besteht aus 3 separaten Gebäuden, in denen 14 individuell gestaltete Zimmer mit Bad untergebracht sind, und einem Bereich für Selbstversorger auf der anderen Straßenseite. Berühmt für das reichhaltige Frühstück. R935

ESSEN

In Polokwane sind zahlreiche Restaurant- und Fastfood-Ketten vertreten. Viele von ihnen findet man in den beiden Einkaufszentren Savannah Mall und Mall of the North am westlichen Stadtrand.

Ambiance, 34 Rabe St, ✆ 015-291 4012, 💻 www.ambiancerestaurant.co.za. Stilvolles, modernes Restaurant mit leckeren und leichtem Essen, darunter Wraps (R65–85), Quiche (R49) sowie herzhafte Gerichte wie *biltong*- und Avocado-Steak (R111), plus schmackhafte Kuchen und Teegebäck. Gäste können auch im hübschen Garten unter Jacaranda-Bäumen sitzen. 🕒 Mo–Fr 8–22, Sa 9–14 Uhr.

Dish, 96 Burger St, Ecke Rissik St, ✆ 079-553 3790. Café, Restaurant und Bar vom Feinsten in einem alten Haus mit großem Garten. Auf der Speisekarte stehen Kuchen, Sandwiches (unbedingt probieren: *biltong*-Käse-Sandwich, R55) und warme Gerichte wie gefüllte Forelle (R105) und traditionell zubereiteter Ochsenschwanz (R115). 🕒 Mo 9–17, Di–Fr 9–24, Sa und So 9–15 Uhr.

Nguni Grill, De Wet Drive, ✆ 082-314 8788. Das waschechte Steakhaus an der Ecke der Morris St serviert seltsame Dinge wie Puffotterwürstchen (Würstchen mit gehackter Leber und Niere), Schildkröte vom Grill (in Wirklichkeit Lammleber) und viele andere ungewöhnliche, aber leckere Fleischgerichte. 🕒 Di–Sa 11–23, So 11–16 Uhr.

Rhapsody's, 1 Pamelo St, Platinum Park Einkaufszentrum, ✆ 015-297 1296, 💻 www.rhapsodys.co.za. Rhapsody's gehört zu einer landesweiten Restaurantkette. Spezialität ist eine langsam gegarte Lammkeule (R195), aber es gibt auch andere Grillgerichte (um R160). Das Frühstück ist auch toll: Etwa 10 Varianten wie pochierte Eier mit Spinat und Sauce hollandaise sowie das klassische englische Frühstück stehen auf der Karte. 🕒 Mo–Do 7–22.30, Fr 7–23, Sa 8–23, So 9–15 Uhr.

SONSTIGES

Autovermietung

Alle Vermieter befinden sich auch am Flughafen, darunter **Avis**, ✆ 015-288 0171, **Budget**, ✆ 015-288 0169, und **Europcar**, ✆ 015-288 0097.

Informationen

Municipal Tourist Information Service, am Civic Square, ✆ 015-290 2010. Informationen über Unterkünfte, Sehenswürdigkeiten und Transportmöglichkeiten in der Stadt. 🕒 Mo–Fr 7.30–17, Sa 9–13 Uhr.

Limpopo Tourism and Parks, am Stadtrand auf der Westseite der N1 aus Johannesburg kommend, ✆ 015-290 3600, 💻 www.golimpopo.

com. Ist für die ganze Provinz zuständig und hat Broschüren, Pläne und Landkarten. ⌚ Mo–Fr 8–16.30 Uhr.

Reisebüro

SA Tours and Bookings, in der Plumtree Lodge, ☏ 015-375 3870, ✉ satours@mweb.co.za.

TRANSPORT

Busse

Sämtliche Intercity-Busse nach Polokwane, z. B. aus Johannesburg (7x tgl., 4–6 Std.), fahren durch das Zentrum: **Translux** und **City-to-City** halten am Bahnhof, Greyhound-Busse halten in der Thabo Mbeki Street, ganz in der Nähe des Civic Square und bei der Mall oft he North und Savannah Mall. Der **Tzaneng Shuttle Service** (S. 630) hält an der Savannah Mall.

Eisenbahn

Der **Bahnhof** liegt am Nordrand der Innenstadt unweit der R521 (Verlängerung der Market St). Jeden Mittwoch und Freitag fährt ein Zug von Johannesburg nach Polokwane (Abfahrt 19 Uhr, Ankunft 3.50 Uhr) und weiter nach LOUIS TRICHARDT (Ankunft 8 Uhr) und MUSINA, nahe der Grenze zu Simbabwe (Ankunft 11.15 Uhr). Von Musina fährt der Zug jeden Sonntag und Donnerstag (Abfahrt 15.25 Uhr) via Louis Trichardt (Ankunft 18.15 Uhr), Polokwane (Ankunft 22.35 Uhr) nach JOHANNESBURG (Ankunft am Folgetag um 5.44 Uhr). Sitzplatztickets von Johannesburg nach Polokwane kosten R100, Liegewagentickets R180.

Flüge

Der **Gateway Airport** liegt 5 km nördlich der Stadt an der N1, Infos unter ☏ 015-288 1622, 💻 www.gaal.co.za. Der Flughafen wird sowohl aus Johannesburg (Mo–Do und Sa 1–2x tgl., Fr und So 2–3x tgl., 1Std.) von SA Airlink, ☏ 015-288 0166, 💻 www.flyairlink.com, als auch gelegentlich aus den Nachbarländern bedient.

Vor dem Flughafengebäude befindet sich ein **Taxistand** (City Taxi, ☏ 015-288 0142).

Letaba

Letaba, östlich von Polokwane, ist eine waldreiche, üppig grüne Gebirgsgegend, völlig anders als das heiße Lowveld und Buschland, an das es im Osten Richtung Krüger und im Westen Richtung Polokwane angrenzt. Hier beginnt der spektakuläre Anstieg des Drakensberg Escarpment, das sich in vielen Windungen durch Mpumalanga nach Süden erstreckt. Das Waldgebiet beginnt in der Umgebung des Bergdorfes **Haenertsburg** und dehnt sich über zwei schöne, parallel gelegene Täler bis zu Limpopos zweitgrößter Stadt, **Tzaneen**, aus. In den Tälern gibt es inmitten dichter Pinienwälder zahlreiche Seen, glitzernde Flüsse und in Nebel gehüllte Gipfel. Je weiter man sich Tzaneen nähert, desto mehr subtropische Feldfrüchte wie Tee, Macadamia-Nüsse und Avocados kommen hinzu.

Neben komfortablen und wunderschön gelegenen Gästehäusern, Teestuben und Farmstalls, die frische Produkte vom Land anbieten, finden Besucher hier reichlich Gelegenheit zum Wandern und Angeln und ein vielseitiges Angebot, das Letaba zu einer reizvollen, weniger bekannten Alternative zu den überlaufenen Bergregionen Mpumalangas macht. So langsam wird es aber auch hier touristischer.

Haenertsburg

Das heitere Haenertsburg liegt 60 km von Polokwane entfernt auf einem Berg versteckt hinter der R71, die sich in die dicht bewaldeten Magoebaskloof-Täler hinabschlängelt. Das einstige Goldgräberdorf bietet herrliche Blicke über das als „Land des Silbernebels" bekannte Gebiet. Zumindest, wenn es nicht unter dem leichten Nebel liegt, dem es den Namen verdankt. Wenige Zäune und Tore schützen hier den Privatbesitz, was der Stadt eine ungewöhnliche und einmalige Atmosphäre verleiht – wie eine Enklave, die sich ins falsche Zeitalter verirrt hat. Der Grund sind wohl die vielen exzentrischen Bewohner; man munkelt, dass sie teilweise übersinnliche Kräfte zum Schutz der Stadt verwenden. Haenertsburg besteht hauptsächlich

LIMPOPO

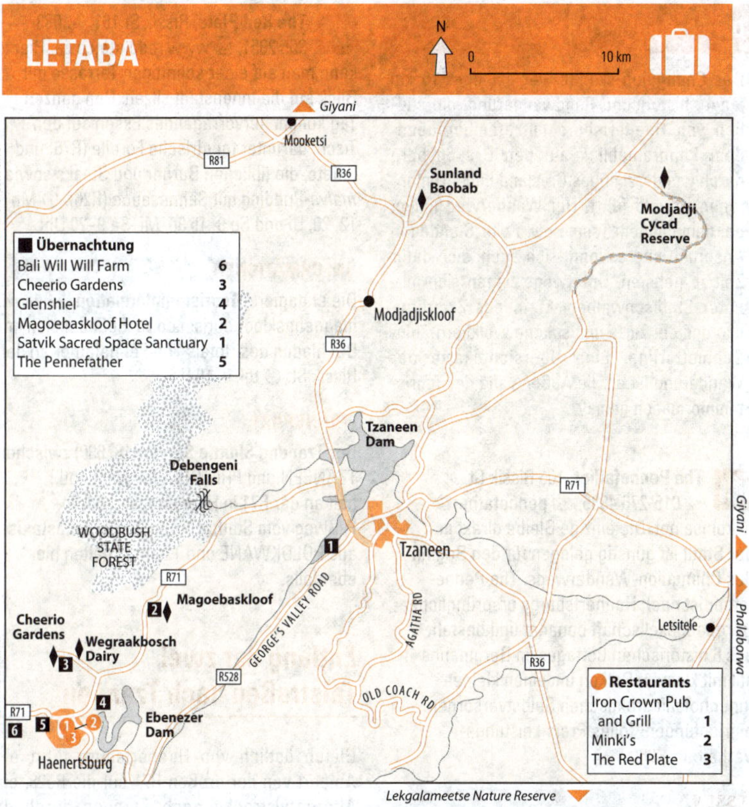

LIMPOPO

aus seiner **Hauptstraße** Rissik Street, die von hübschen, altmodischen Läden gesäumt ist, darunter ein Antiquariat, eine Kunstgalerie und diverse Läden mit Antiquitäten und Kuriositäten.

ÜBERNACHTUNG

In der Region Haenertsburg gibt es jede Menge Unterkünfte: Allein die beiden Straßen nach Tzaneen sind ein Dickicht aus B&B-Schildern. Nachfolgend sind diejenigen aufgeführt, die für Stadtbesuche am günstigsten liegen. Unterkünfte entlang der beiden Straßen sind auf S. 637 aufgelistet.

Bali Will Will Farm, D3 Rd D, ✆ 015-276 2212, ✉ glmccomb@absamail.co.za. Diese wunderschöne, ruhige Bleibe in den Hügeln etwa 1,5 km westlich von Haenertsburg ist eine aktive Farm mit B&B-Zimmern im Bauernhaus und 2 Ferienwohnungen für Selbstversorger in einem alten Wirtschaftsgebäude. Hinten ist auch ein schattiger Campingbereich mit Duschen, Küche und *braai*. Camping R140, DZ R620

Glenshiel, 2 km östlich von Haenertsburg, ✆ 015-276 4335, 💻 www.glenshiel.co.za. Eines der vornehmeren alten Landgasthäuser Südafrikas mit prasselndem Kaminfeuer, tiefen Sofas, Antiquitäten und gutem Essen. Das alte Farmhaus steht in einem dichten Pinienwald mit zahlreichen Wanderwegen. Der ideale Ort, um ein paar Tage zu entspannen. Kostenloses WLAN im ganzen Haus. R1720

Der Changuion-Wanderweg

Der Changuion-Wanderweg ist eine 10 km lange, historische Rundwanderung, die südlich von Haenertsburg mit atemberaubendem Panoramablick auf den Drakensberg durch wunderschönes Grasland und afromontanen Urwald führt. Der Wanderweg nimmt bei gemütlichem Tempo etwa vier Stunden in Anspruch und es lohnt sich auch, sich dafür Zeit zu nehmen. Unterwegs zeigen sich mitunter Stahlschwalben, Methuens Zwerggecko und der zarte und seltene Wolkberg-Zulu-Schmetterling. Eine Übersichtskarte der Wanderung ist an die Außenwand der Touristeninformation gemalt.

The Pennefather, 105 Rissik St, ✆ 015-276 4885, ✉ pennefather@telkomsa.net. Die einzige Bleibe direkt in der Stadt ist günstig gelegen für den Beginn des Changuion-Wanderwegs. The Pennefather ist nach Haenertsburgs ursprünglicher Bergbaugesellschaft benannt und besteht aus 6 historischen Cottages im Bergmannsstil mit kleinem Balkon um einen kleinen Innenhof mit praktischen Selbstversorgereinrichtungen. Tolles Preis-Leistungs-Verhältnis. R660

LIMPOPO

ESSEN

Iron Crown Pub and Grill, Rissik St, nahe der R71, ✆ 015-276 4755. Der gemütliche und lebhafte Pub ist mit alten Fotos örtlicher Holzfäller geschmückt und serviert überdurchschnittliche Gerichte wie Hühner-Curry (R65), Garnelen (R120) und einige Pub-Standards. 🕒 Mo 16–22, Di–Fr 10–2, Sa und So 9–2 Uhr.

Minki's, Rissik St, Ecke Rush St, ✆ 015-276 4781. Heller und moderner Coffeeshop an der Hauptkreuzung der Stadt. Exzellenter Kaffee und Backwaren aus eigener Herstellung wie Belgische Waffeln, auch leichte Mahlzeiten wie Brötchen mit Steak und Prego-Sauce (R65) oder im Ofen gebackene Forelle (R79). Verkauf von Kunsthandwerk. 🕒 Mo–Sa 9–16.30, So 9–15 Uhr.

The Red Plate, Rissik St 161, ✆ 083-305 2851, 💻 www.redplate.co.za. Hier kann man auf einer schattigen Terrasse mit Blick auf die Innenstadt sitzen. Den ganzen Tag kommt hervorragendes Essen auf den Tisch, darunter fangfrische Forelle (R75) und Salate, die üblichen Burger und Steaks sowie *malva*-Pudding mit Sahnesauce (R26). 🕒 Mo 12–20, Di und So 9–15.30, Mi–Sa 9–20 Uhr.

INFORMATIONEN

Die engagierte **Touristeninformation**, 💻 www.magoebasklooftourism.co.za, befindet sich im Buchladen des Hotels The Pennefather an der Rissik St. 🕒 tgl. 9–19 Uhr.

TRANSPORT

Der **Tzaneng Shuttle Service** (S. 630) zwischen TZANEEN und PRETORIA (3x wöchentl.) hält an der R71 in Haenertsburg, 5 Min. Fußweg vom Stadtzentrum. Die **Minibustaxis** aus POLOKWANE und Tzaneen halten hier ebenfalls.

Entlang der zwei Talstraßen nach Tzaneen

Gleich östlich von Haenertsburg führt eine Abfahrt von der großen R71 auf die R528, eine Alternativstrecke nach Tzaneen durch das **Georges Valley**. In punkto Entfernung und fantastischer Landschaft nehmen sich die beiden Strecken nicht viel. An der Georges Valley Road steht ein **Denkmal für John Buchan**, Autor des legendären Romans *Die neununddreißig Stufen*. Ein Stück weiter, am **Tzaneen Dam**, kann man ein stimmungsvolles Picknick oder ein erfrischendes Bad genießen.

Die **R71**, die Magoebaskloof Valley Road, führt durch das dramatische **Magoebaskloof Valley**, dessen Name auf Häuptling Makgoba zurückgeht, der 1895 von einheimischen Kriegern unter dem Buren-Anführer Abel Erasmus geköpft wurde. Das vornehme Magoebaskloof Hotel ist der Ausgangspunkt für zahlreiche einfache bis steile Wanderwege, einschließlich der schönen, 1,5 km langen Wasserfallwanderung und einem 5 km langen Pfad durch den Lesodi-Wald, einer Heimat von Affen und dem wunderschönen Federhelmturako.

Nach der Abzweigung zu den Debengeni Falls weitet sich das Tal und bietet ausgedehnten Zitrusfrucht-, Avocado-, Kiwi- und Bananenplantagen Platz. Daneben überziehen saftig grüne Teeplantagen die sanft ansteigende Hügellandschaft.

Cheerio Gardens

4 km außerhalb von Haenertsburg an der Georges Valley Rd ▪ Eintritt frei ▪ 🕒 Teestuben Mi–Sa 9–17, So 9–16 Uhr ▪ ✆ 083-355 0835, 💻 www.cheeriogardens.co.za

Die ruhigen Cheerio Gardens sind in der Zeit nach dem Burenkrieg entstanden, als die neue Regierung in dieser Region mit der Aufforstung begann. Der Garten gehörte zum Anwesen des Forstbeauftragten und ist heute ein friedlicher Ort für einen Spaziergang zwischen vielen hübschen Kirschbäumen. Die Teestuben stehen neben einem kleinen Teich und eignen sich gut für eine Pause mit leckeren hausgemachten Kuchen und Scones. Ende September, wenn die Pflanzen ihre ganze Farbenpracht zeigen, findet hier das **Cherry Blossom Festival** statt. Besucher können in einem der vielen Teiche nach Forellen angeln. Außerdem gibt es ein paar Cottages für Selbstversorger (s. u.).

Wegraakbosch Dairy

4 km außerhalb von Haenertsburg an der Georges Valley Rd ▪ 🕒 tgl. 7–17 Uhr ▪ Führung um 10 Uhr, Reservierung empfohlen ▪ R60 ▪ ✆ 071-687 5218

An der gleichen unbefestigten Straße wie die Cheerio Gardens liegt ein weiteres wunderbares Stückchen Landleben: die kleine Wegraakbosch Dairy. Aus der Milch ihres Braunviehs stellt die Molkerei Biokäse auf traditionelle Art in einem riesigen Kupferkessel über offenem Feuer her. Auf dem idyllisch gelegenen rustikalen Bauernhof laufen Gänse und Enten frei herum. Während der einstündigen Führung sieht man, wie der Käse – ohne elektrische oder mechanische Hilfsmittel – hergestellt wird. Anschließend kann man den frischen Käse auch probieren, wobei manche Sorten eindeutig besser schmecken als andere. Man kann den Käse auch kaufen (an Wochenenden am Verkaufsstand der Farm gegenüber der Tankstelle von Haenertsburg).

ÜBERNACHTUNG

Cheerio Gardens, 4 km außerhalb von Haenertsburg an der Georges Valley Rd, ✆ 083-355 0835, 💻 www.cheerio.co.za. 8 verschiedene Cottage-Typen für Selbstversorger verteilen sich über die Cheerio Gardens. Alle mit viel Privatsphäre und schönem Bergblick, manche sogar mit eigenem Garten. Jedes dieser gemütlichen Häuschen ist ein ehemaliges Wohnhaus der Familie Thompson und hat entsprechend viel Charakter und Atmosphäre. R425

Magoebaskloof Hotel, Magoebaskloof Valley Rd, ✆ 015-276 5400, 💻 www.magoebaskloof.co.za. Dieses großartige Hotel bietet auf der vorderen Veranda den spektakulärsten Ausblick der ganzen Region. Die 68 Zimmer sind groß und komfortabel und das Hotel bietet viele Extras (Pool, DSTV, Restaurant und 2 Bars). Man kann für R50 pro Tag Mountainbikes mieten, Wander- und Fahrradkarten erwerben und Picknickkörbe oder Zutaten für ein *braai* bestellen. R1600

Satvik Sacred Space Sanctuary, Georges Valley Rd, 4 km von Tzaneen, ✆ 071-612 4851 oder 084-556 2414, 💻 www.satvik.co.za. Diese attraktive, ungewöhnliche Backpacker-Lodge aus alten Arbeiterhütten liegt am Ende einer steilen, unbefestigten Straße und hat einfache Zimmer, teils eigenständig, teils mit Gemeinschaftsduschen. Auf dem riesigen Gelände sind auch eine malerische Bar am Wasser, ein *braai*-Bereich und Wanderwege, darunter einer durch den Urwald. Dorm R120, DZ R320

Modjadji Cycad Reserve

🕒 tgl. 7.30–18 Uhr ▪ Eintritt R10, Auto R20 ▪ geführte Touren R125 p. P. ▪ traditionelle Rondavels für Selbstversorger R920 ▪ ✆ 015-781 0690, 💻 www.africanivoryroute.co.za

Die Gegend um das Dorf **Modjadjiskloof**, 40 km nordöstlich von Tzaneen, an der R36, ist die Heimat der berühmten **Regenkönigin**. Sie ist die Erbmonarchin des Volkes der Modjadji und besitzt der Legende nach die Macht, Regen herbeizuholen – ein sehr nützliches Talent in diesen häufig ausgedörrten Regionen im Norden – und schützt den majestätischen Palmfarn.

Derzeit ist keine Königin „im Amt", aber ihr Kral befindet sich am nebligen Berghang. Auf dem Gipfel des Bergs befindet sich das **Modjadji Cycad Reserve**, wo eine spezielle Form eines urzeitlichen Palmfarns gedeiht – der einzigartige Modjadji-Palmfarn. Das 5 km² große Reservat schützt einige der weltweit ältesten und größten Arten, außerdem gibt es herrliche (häufig von Nebel getrübte) Ausblicke und mehrere steile, aber schöne Wanderwege. In der Nähe des Parkplatzes gibt es ein Picknickareal und ein Souvenirgeschäft. An der Zufahrtsstraße, am Fuß des Berges und im Reservat stehen einige traditionelle Rundhütten für Selbstversorger, die man mieten kann.

Sunland Baobab

4 km abseits der Straße nach Modjadji, nahe der R36 ▪ tgl. 7–17 Uhr ▪ Eintritt R20 ▪ 083-453 2228, www.bigbaobab.co.za

Umgeben von Avocado-Plantagen ist der massive 1000 Jahre alte Baobab-Baum der größte der Welt, mit einem Durchmesser von 33 m. Der Baum ist innen hohl und kann betreten werden. Früher beherbergte er eine kleine Bar mit genügend Sitzen für eine kleine Gruppe. Die Sunland Farm, wo der Baum steht, organisiert Aktivitäten wie Quad-Fahrten und Wanderungen und vermietet einfache Chalets (R600).

Waterberg

Aus den Steppen westlich der Great North Road erhebt sich ein Massiv, das bis vor Kurzem noch zu Südafrikas weniger bekannten gehörte: der **Waterberg**. Mittlerweile wurde er allerdings von den Johannesburgern „entdeckt" und ist seitdem ein sehr beliebtes Wochenendziel. Auch wenn es heute fast so trocken zu sein scheint wie das umgebende nördliche Bushveld, war das Hochplateau einst voller Seen und Sümpfe – daher auch der Name. Trotzdem bietet es eine Vielfalt an Flora und Topografie, die lange eine intensive landwirtschaftliche Nutzung ermöglichte. In den letzten Jahren wurden die meisten alten Rinderfarmen in Privatreservate für den enorm lukrativen Jagdmarkt umgewandelt – oder (weniger einträglich) zur Wildbeobachtung. Denn hier gibt es weiße Nashörner (oft die Hauptattraktion), Giraffen, große Antilopen sowie Leoparden. Heute gehört das ganze Gebiet – gute 14 500 km² Land in privatem wie öffentlichem Besitz – zu einem der größten Naturschutzprojekte des Landes, dem **Waterberg Savanna Biosphere Reserve**, www.waterbergbiosphere.org, seit 2001 Unesco-Biosphärenreservat. Gegründet wurde es von einer eng verzahnten Gemeinschaft aus Landbesitzern, die Naturschutz mit den Vorzügen des Tourismus vereinen wollten. Nach dem von ihnen eingeführten, umfassenden Verwaltungsplan für das Gebiet werden diverse beachtenswerte Tourismusinitiativen gefördert, etwa GPS-Schilder zur Unterstützung der Navigation in den Gebieten.

Als Reiseziel für die Wildbeobachtung ist der Waterberg eine gute Alternative zum Lowveld um den Krüger-Nationalpark. Ein großer Vorteil: Der Waterberg ist malariafrei. Als riesiges Stück echte Wildnis ist er auf jeden Fall sehr eindrucksvoll – und auch noch viel weniger kommerziell als der Krüger-Park. **Vaalwater**, die einzige nennenswerte Siedlung, liegt im Herzen des Biosphärenreservats. Westlich von Vaalwater und ebenfalls innerhalb des Reservats liegen zwei große Wildreservate, in denen die Big Five zu Hause sind: der **Marakele National Park** und das Privatreservat **Welgevonden**. Nördlich von Vaalwater liegt die hoch angesehene **Lapalala Wilderness Area**, in der die Idee für das Biosphärenreservat entstand.

Der Marakele National Park ist das einzige Reservat, in das Tagesbesucher zur Wildbeobachtung selbst hineinfahren dürfen. Die Lapalala Wilderness Area kann mit einem Guide der Waterberg Cottages (S. 641) besucht werden. Wer die anderen Reservate sehen will, muss fast immer eine Unterkunft im betreffenden Reservat buchen. Da fast alle Unterkünfte auf dem Waterberg in einem Reservat liegen, lässt sich das auch fast nicht vermeiden.

Vaalwater

Die kleine Bauernortschaft **Vaalwater** hat Besuchern wenig mehr als ein paar gute Bleiben und Restaurants zu bieten. Dafür ist sie ein Orientierungspunkt an der R33, die die N1 in Modimolle mit Lephalale verbindet. Vaalwater markiert die Kreuzung zwischen R33 und der Teerstraße nach Melkrivier und Marken.

Etwa 1 km westlich der Village Square, an der R33 hinter dem Spar-Supermarkt, liegt der **Zeederberg Homestead**. Er war die erste Siedlung des Orts und Heimat der legendären Zeederberg-Postkutschen, die einst quer durch Limpopo und Simbabwe Siedleraußenposten versorgten.

Heute bietet er gute Unterkünfte für Selbstversorger, ein Restaurant und ein gutes Geschäft für Kunsthandwerk (S. 641).

Lapalala Wilderness Area

55 km nördlich von Vaalwater; an der Abfahrt Melkrivier auf der R518 Marken Rd links in eine unbefestigte Straße abbiegen ▪ Geführte Tagessafari inkl. Mittagessen R600 ▪ 💻 www.lapalala.com

Die 244 km² große **Lapalala Wilderness Area** bietet Schutz für vom Aussterben bedrohte und seltene Arten und hat sich zu einem der wichtigsten Naturschutzprojekte des Landes gemausert. Sie war eines der ersten südafrikanischen Reservate, in denen das stark bedrohte schwarze Nashorn angesiedelt wurde. Heute ist sie genauso bekannt für ihre Wilderness School, die pro Jahr etwa 1000 Kindern aus ganz Afrika in einwöchigen Kursen die Prinzipien und Verfahren des Naturschutzes nahebringt.

Tagesausflüge nach Lapalala können über Waterberg Cottages (S. 641) gebucht werden.

Marakele National Park

100 km westlich von Vaalwater ▪ 🕒 tgl. 7–16 Uhr ▪ Eintritt R152 ▪ Sonnenaufgangs-/-untergangsfahrt R200 ▪ 📞 014-777 6928, 💻 www.sanparks.org/parks/marakele

In den Bergen nordöstlich der Bergbau- und Jagdstadt **Thabazimbi** liegt der 670 km² große **Marakele National Park**, den man über eine 12 km lange Teerstraße von Thabazimbi erreicht. In seinem Mittelpunkt steht der **Kransberg**, ein auffälliges Gebilde aus seltsamen Gipfeln, Hochebenen und Steilhängen. Zur Fauna gehören Leier-, Pferde-, Rappen- und Südafrikanische Kuhantilope sowie 800 Brutpaare des bedrohten Kapgeiers. Großwild wie Elefanten, Nashörner und Löwen sind ebenfalls angesiedelt worden, viele aus dem Krüger-Nationalpark.

LIMPOPO

Gemeinschaftsprojekte auf dem Waterberg

In der Region Waterberg gibt es zahlreiche Gemeinschaftsprojekte: Sie beschäftigen viele Landarbeiter, die ihren Job verloren, als der Tabakanbau nicht mehr lukrativ war, und unterstützen gleichzeitig die große Zahl an HIV/Aids-Kranken, die noch in der Lage sind, zu arbeiten. Die nützliche Broschüre **Waterberg Meander** (S. 641) gibt einen detaillierten Überblick über die Projekte, die einen Besuch wert sind (i. d. R. sind diese tourismusorientiert). Sie bieten die Gelegenheit, Kunsthandwerker bei der Arbeit zu sehen sowie an Führungen in traditionellen Homesteads oder Wanderungen durch Steinzeitsiedlungen teilzunehmen und San-Felsmalerei zu sehen.

Das beste Projekt bei Vaalwater ist der innovative **Beadle Crafts Workshop**, 📞 083-258 4850, 💻 www.beadle.co.za, wo man zusehen kann, wie Lehrlinge farbenfrohe und detailreiche Perlenstickereien auf Lederobjekte wie Gürtel (R800), Armbänder und Sandalen (R500–600) anfertigen. Neben der Werkstatt sind eine Teestube und ein Laden, der die Waren verkauft. Die Werkstatt liegt nordöstlich von Vaalwater in der Nähe von Horizon Horseback Adventure & Safaris (S. 640). 🕒 Mo–Fr 7.30–17, Sa und So 7.30–13 Uhr.

Anfahrt: Man fährt 24 km auf der R518 Richtung Melkriver und biegt dann nach rechts auf die Schotterpiste Richtung Sterkstroom ab, der man weitere 4 km folgt.

Der Park hat großes Zukunftspotenzial; **Tagesbesucher** sind jedoch auf einen kleinen Bereich beschränkt, zu dem auch der Kransberg mit seinem tollen Ausblick gehört. Für die Straßen zu den Unterkünften ist kein Allrad nötig, aber wer die Gegend abseits der Straßen sehen will, nimmt am besten bei Sonnenauf- oder -untergang an einer der organisierten dreistündigen Safaris teil, die am Haupttor beginnen.

Welgevonden Private Game Reserve

25 km westlich von Vaalwater an der Teerstraße Richtung Thabazimbi, am Rand von Marakele ▪ www.welgevonden.org

Das 380 km^2 große **Welgevonden Private Game Reserve** ist der Privatbesitz einer Eigentümergemeinschaft und wird als großes Naturschutzgebiet verwaltet. Ein strenger Verwaltungsplan reguliert die Anzahl der Lodges, die gebaut werden dürfen, sowie die zulässige Besucherzahl. Das Ergebnis ist ein fantastisches, leicht beobachtbares Naturschauspiel im ganzen Reservat. Mit dabei: die Big Five, viele Antilopenarten und unzählige, farbenfrohe Vögel. Alle acht kommerziellen Lodges in Welgevonden (die übrigen sind privat) haben unterschiedliche Extras wie Busch-Spas, romantische Kamine, Außenduschen und Granitschwimmbecken sowie eine gemütliche Einrichtung aus bequemen Sofas und weichen Betten. Qualifizierte, erfahrene Guides stehen immer zur Verfügung – entsprechend hoch sind die Preise (all-inclusive um R3000 pro Person und Tag).

ÜBERNACHTUNG

Marakele National Park

Bontle Camping Site, 2 km vom Haupttor, www.sanparks.org/parks/marakele. Der angenehm schattige Campingplatz mit voll ausgestatteter Küche und Sanitäranlage, dem obligatorischen *braai*-Bereich und optionalem Elektroanschluss wird von South African National Parks betrieben. R205

Tlopi Tented Camp, 17 km vom Haupteingang, www.sanparks.org/parks/marakele. Ein romantisches Zeltcamp für Selbstversorger am Ufer des Matlabas River. Die Zelte sind luxuriös ausgestattet, 2 stehen auf Stelzen über dem Wasser. R1065

Welgevonden Private Game Reserve

Shibula Lodge, 082-788 5100, www.shibulalodge.co.za. Gute, freundliche Unterkunft mitten im Reservat. Die Lodge blickt auf ein Wasserloch, das viele Vögel, Antilopen und einzelne Elefanten besuchen. Nebenan an der Klippe lebt außerdem ein großer, übermütiger und unterhaltsamer Pavian-Clan. Gäste müssen reservieren und werden am Haupttor abgeholt. Im Preis sind Wildsafaris (inkl. Imbiss und Getränke) und alle Mahlzeiten enthalten. R4400

Vaalwater und Umgebung

Ant's Nest and Ant's Hill, abseits der unbefestigten Straße von Vaalwater nach Dorset, 081-572 2624, www.waterberg.net. 2 superluxuriöse Lodges mit All-inclusive-Verwöhnprogramm in der Wildnis. Im Angebot sind Reiten, Safaris, Safariwanderungen und Mountainbiken. Der Tag endet bei Sonnenuntergang mit Drinks und wunderschönem Blick über die Landschaft des 50 km^2 großen Reservats. Die Inhaber sind passionierte Tierschützer und erfolgreiche Rappenantilopenzüchter, die ihr enormes Wissen und ihre Erfahrung gerne teilen. All-inclusive R6500

Horizon Horseback Adventures & Safaris, 5 km abseits der Vaalwater–Melkrivier Rd, 014-755 4003, www.ridinginafrica.com. Gut etabliertes, hochprofessionelles Unternehmen mit 80 Pferden und 130 km^2 Buschland, das von Giraffen, Zebras und Antilopen bevölkert wird. Schöne Unterkunft in Einzelchalets am See und ein magisches, von Laternen erleuchtetes Buschcamp mit Pool und tollen Aussichten. Pferdenarren genießen das Zusammentreiben von Rinderherden, Polo und Geländereiten. Geeignet für Reiter jeden Niveaus. Reduzierte Last-Minute-Preise. All-inclusive R5460

Lindani, Lindani Reserve, 083-631 5579, www.lindani.co.za. Das 31 km^2 große Reservat liegt auf halber Strecke zwischen Vaalwater and Marken und umfasst 8 attraktive, abgeschiedene Strohdach-Lodges für Selbstversorger mit Platz für 4–18 Gäste. Einmalig sind die vielen Wanderwege und Mountainbike-Trails, die das Reservat durchziehen. Gäste können sie unbeaufsichtigt nutzen – die ideale Gelegenheit, den Busch für sich zu entdecken. Die friedlichen Picknickstellen am Wasser und vielen Gelegenheiten, Giraffen und diversen Antilopen zu begegnen, runden das Bild ab. Kein Wunder, dass Lindani zu den beliebtesten Lodges am Waterberg gehört. Mindestaufenthalt 2 Nächte. R670

Waterberg Cottages, Triple B Ranch, ✆ 014-755 4425, 🖳 www.waterbergcottages.co.za. Angenehme Selbstversorger-Bleibe in 5 alten Farmgebäuden auf der aktiven Triple B Ranch. Die Ranch ist berühmt für ihr robustes Bonsmara-Vieh. Bei einer Führung kann man mehr über sie erfahren. Fernab aller Städte ist dies auch der ideale Ort zum Sternegucken – weswegen es hier auch eine tolle 2-stündige Sternwanderung gibt. R520

Zeederberg Cottages, gleich hinter den Geschäften und der Tankstelle von Vaalwater, ✆ 082-332 7088, 🖳 www.zeederbergs.co.za. Die beste Unterkunft in Vaalwater drapiert sich um einen großen, ruhigen Garten mit Pool. Zu den gemütlichen Cottages für Selbstversorger gehören eine Rundhütte im Zulu-Stil sowie Budget-Zimmer. Gäste haben Zugang zu Küche und Wohnzimmer im Haupthaus sowie zum kostenlosen WLAN an der Rezeption. Camping R90, Budget-Zimmer R280, DZ R600

ESSEN

Auf dem Waterberg kann man nur in Vaalwater selbst aus- oder essen gehen. Außerhalb der Stadt muss man sich selbst versorgen oder in einer All-inclusive-Lodge einmieten. In Vaalwater gibt's die einzigen Supermärkte und Banken der Region.

Bush Stop Café, im Zeederberg-Complex, ✆ 083-326 5098. Das fabelhafte und leicht verrückte Frühstücks- und Mittagsangebot im Bush Stop umfasst den wahrscheinlich besten French Toast der Stadt (mit Banane und Speck), Pfannkuchen und alle möglichen abgefahrenen Salatvariationen, etwa (in der Saison) den herrlichen Butternutkürbissalat (R52). Und alles wird selbst aus frischen Zutaten gemacht. Wer in Vaalwater ist, muss hier einfach gegessen haben. ◷ Mo–Fr 7.30–17, Sa 8–13.30 Uhr.

La Fleur, 361 Voortrekker St, nahe der Hauptkreuzung an der R33, ✆ 014-755 3975. Beliebter Laden mit hausgemachtem Eis, Pizza, Kaffee und Kuchen. Salate und Steaks sind auch nicht schlecht. Hier hängt auch das Lodge-Personal an seinen freien Tagen herum. ◷ Mo–Fr 7.30–18, Sa 7.30–13 Uhr.

Sport on Main, nahe der Hauptkreuzung an der R33, gegenüber La Fleur, ✆ 014-755 3567. Die überaus beliebte Kneipe ist der richtige Ort für Sportübertragungen, Pizza, Steaks oder einen Big Burger (R67). Gelegentlich bis in die Puppen geöffnet. ◷ Mo–Sa 7.30–21.30, So 9–15 Uhr.

SONSTIGES

Einkaufen

Black Mamba Crafts Gallery, im Zeederburg Complex, ✆ 014-755 3518, ✉ theblackmamba@absa.co.za. Exzellente Galerie, in der es wunderschönes Kunsthandwerk aus allen Gegenden Südafrikas, aber auch Bücher und Naturführer gibt. ◷ Mo–Fr 8.30–17, Sa 8.30–13.30, So 9.30–13 Uhr.

Informationen

Waterberg Biosphere Reserve Information Office, 2 Sanddrif Rd, gegenüber der FNB-Bank, ✆ 083-947 2333. Hier gibt es Infos zu Attraktionen und Aktivitäten in der Region und die nützliche Broschüre *Waterberg Meander*, die um verschiedene Sightseeing-Routen mit GPS-Referenzpunkten und Beschilderung im ganzen Waterberg-Gebiet aufgebaut ist (auch in den meisten Lodges erhältlich oder als Download unter 🖳 www.waterbergmeander.co.za). Sie ist eine hervorragende Hilfe, wenn man sich verfährt – was nicht selten passiert. ◷ Mo–Fr 9–17, Sa 9–13 Uhr.

Internet

Sign Centre Shop, Voortrekker St, neben dem Restaurant La Fleur. Internet für R1 pro Min. ◷ Mo–Fr 8–17, Sa 8–13 Uhr

TRANSPORT

Das einzige öffentliche Verkehrsmittel nach Vaalwater ist das **Minibustaxi**.

Der Norden

Der nördlichste Teil der Provinz Limpopo ist heiß und grün, eine touristisch nicht erschlossene ländliche Region, die sehr an Simbabwe erinnert. Die wichtigsten geografischen Details sind der **Limpopo River**, die Grenze zu Simbabwe (und weiter im Westen zu Botsuana) sowie das verlockend schöne **Soutspansberg-Gebirge**, das nördlich der größten, aber nicht besuchswürdigen Stadt Louis Trichardt (oft auch als Makhado ausgeschildert) von Osten nach Westen verläuft.

Der vielleicht markanteste Teil ist die **Venda**-Region, zu Zeiten der Apartheid „unabhängiges" Homeland. Sie ist zwar wirtschaftlich verarmt, aber noch immer reich an Tradition, Kunst und Legende. Östlich davon liegt der nördlichste Zipfel des **Krüger-Nationalparks** (S. 610). Die beiden Eingangstore zu diesem wenig besuchten, aber faszinierenden Parkabschnitt sind in **Punda Maria** und **Pafuri**.

Sowohl Limpopo River als auch Soutpansberg-Gebirge werden von der Autobahn N1 durchschnitten, die in **Beitbridge** die Grenze nach Simbabwe überschreitet. 70 km westlich liegt im **Mapungubwe National Park** das Unesco-Weltkulturerbe einer Eisenzeitstätte, die für Archäologiefans wahrscheinlich die größte Attraktion der Region ist.

LIMPOPO

Der Soutpansberg

Der **Soutpansberg**, vor allem von Süden aus betrachtet ein beeindruckendes Massiv, ist der Niederschlagsmenge entsprechend subtropisch. Die spektakulären Farmen an den Südhängen kultivieren Exoten wie Avocados und Macadamianüsse. Anderswo liegen auf felsigen *kloofs* und an grünen Hängen unverdorben schöne Bergunterkünfte mit bis zu 580 Baumarten, Affen, kleinen Antilopen, Warzenschweinen und ein paar Greifvögeln. Die einmalige Landschaft ist 2009 zusammen mit dem Waterberg-Savanna-Biosphärenreservat (S. 638) zum Unesco-Biosphärenreservat deklariert worden.

Die Autobahn N1 durchquert das Gebirge. Dazu führt sie zuerst durch das unspektakuläre Louis Trichardt im südlichen Schatten der Berge, klettert dann über einen niedrigen Pass und kommt nach zwei Tunnels auf der Nordseite wieder heraus. Anschließend verläuft sie Richtung Norden durch größtenteils leere Savanne mit Affenbrotbäumen nach **Musina** und zum **Limpopo River**.

ÜBERNACHTUNG

139 on Munnik Guest House, 139 Munnik St, Louis Trichardt, ✆ 083-407 0124, 💻 www.139onmunnik.co.za. Komfortable, gehobene Unterkunft in einer ruhigen Straße im Norden der Stadt mit gemütlichen Zimmern und Pool im schattigen Garten. Gegen Vorbestellung kann man ein hervorragendes Abendessen bekommen, im Coffee Shop gibt's Mittagessen. R880

Bergpan Eco Resort, an der Nordflanke der Berge, östlich von Waterpoort an der R523, ✆ 015-593 0127, ✉ bergpan@mweb.co.za. 12 schlichte Chalets für je 2 Pers. und Cottages für Selbstversorger in einem gut geführten Resort. Bietet auch Touren zu den Salzpfannen, nach denen die Berge benannt sind und wo man bei der Salzgewinnung zusehen kann. R400

Leshiba Wilderness, 36 km westlich von Louis Trichardt an der R522, in einem spektakulären Tal im oberen Gebirge, ✆ 011-726 6347, 💻 www.leshiba.co.za. Die einmalige Erfahrung ist die lange Auffahrt allemal wert (am besten im Allrad, oder man bucht für R190 einen Transfer). Aus den Ruinen alter Rundhütten hat der international gefeierte Künstler Noria Mabasa ein Venda-Dorf nachgebildet und mit Skulpturen bevölkert, die Gäste am Pool oder in den unkonventionellen Hütten bewundern können. Jede ist anders, keine hat gerade Linien. Vollpension inkl. R3200

Madi a Thava Mountain Resort, 10 km westlich von Louis Trichardt an der R522, ✆ 015-516 0220, 💻 www.madiathavha.com. Wunderschöne Fair-Trade-Lodge an den südlichen Hängen vom Soutpansberg. Die reizenden Villen und Gästezimmer sind mit Möbeln und Kunsthandwerk im lokalen Stil eingerichtet. Es gibt eine ruhige Lounge, einen Pool, geführte Wanderungen und Touren zum Beobachten von Vögeln. In der hauseigenen Galerie Dancing Fish wird Kunst und Kunsthandwerk der Venda verkauft. Camping R90, DZ R1180

Venda

Östlich und nördlich von Louis Trichardt liegt das faszinierende Territorium der **VhaVenda**, ein kulturell und linguistisch eigenständiger afrikanischer Volksstamm, bekannt für seine mystischen Legenden, seine politische Unabhängigkeit und sein Kunsthandwerk. Im Apartheid-System der 1950er-Jahre wurde **Venda** zum Homeland erklärt und wurde Ende der 1970er-Jahre eines von Südafrikas drei nominell unabhängigen Homelands. Im Gegensatz zu den meisten Homelands wurde Venda relativ wenig beeinträchtigt und behielt sowohl seine geografische als auch seine kulturelle Integrität. So wurde es in diesen dunklen Jahren größtenteils sich selbst überlassen.

Heute sind seine Grenzen innerhalb von Limpopo genauso fließend wie früher, aber die Region hat ihre starke, unabhängige Identität behalten.

Neben einigen Unterkünften in Thohoyandou gibt es so gut wie keine Touristeninfrastruktur. Trotzdem kann eine Reise durch Venda wunderbar spannend sein.

Die R523 westlich von Thohoyandou

Thohoyandou, ein Ort 70 km östlich von Louis Trichardt an der R524, ist chaotisch und uninteressant und lohnt keinen Aufenthalt. Wer zum Krüger-Park will, wird froh sein, dass die Straße nicht durchs Zentrum führt. Von Thohoyandou führt jedoch die R523 Richtung Westen an der nördlichen Flanke des Soutpansbergs entlang durch ein Tal. Hier liegt der attraktivste Kern der VhaVenda-Geschichte und ihrer Legenden. Hier befinden sich die üppigen Wälder, Wasserfälle und Berge, aus denen Venda seine mystische Atmosphäre schöpft.

Von Thohoyandou aus klettert die Straße nach Norden und Westen und verlässt die Stadt in Richtung der verführerisch grünen Berge. Unterwegs führt sie durch Kiefernwälder vorbei am Anfang der 1990er-Jahre erbauten **Vondo-Damm** und anschließend über den **Thate Vondo Pass**. Nach dem Gipfel markiert eine kleine Hütte den Eingang zu einem Netzwerk von Waldstraßen, die zu Vendas wichtigstem See, dem **Fundudzi**, und in seinen **Heiligen Wald** führen, einem dichten Urwald, in dem die Venda-Häuptlinge begraben liegen. Früher durfte man beide

LIMPOPO

Geschichte und Kultur der VhaVenda

Die heutigen **VhaVenda** stammen von verschiedenen Urstämmen ab, die im 11. und 12. Jh. aus der Region der Großen Seen im östlichen Zentralafrika einwanderten. Eine gemeinsame Identität entstand erst, als die Gruppe um Häuptling Dimbanyika in Dzata in der nördlichen Soutpansberg-Region ankam. Hier wurde später auch eine Festung gebaut. Von hier aus konsolidierte das Volk seine Macht in der Region und verteidigte sich gegen diverse afrikanische Gruppierungen (darunter die Voortrekker, die es 1867 aus der Siedlung Schoemansdal vertrieb). Die VhaVenda erlitten zwar 1898 einen Rückschlag, doch konnten die Buren diesen Sieg aufgrund des beginnenden Zweiten Burenkrieges nicht konsolidieren.

Die Kultur der VhaVenda ist faszinierend und voller Mystik und lebhafter Legenden. Ein beherrschendes Thema ist Wasser – immer wichtig in einem heißen Klima mit wechselnden Jahreszeiten, in Venda jedoch eine ungewöhnlich reichlich vorhandene Ressource. Seen, Flüsse, Wasserfälle und üppige Wälder sind heilige Orte voller Legenden über die *zwidutwane* (Wassergeister) und Schlangen, die am Grund von dunklen Tümpeln und Seen leben.

Viele **Zeremonien** und **Rituale** sind den VhaVenda noch heute sehr wichtig; die bekannteste ist der Phythontanz oder *domba*, ein Initiationsritus für junge Frauen. Nackt bis auf den Schmuck und ein kleines Lendentuch bilden die Teenager eine lange Kette. Mit kleinen Schritten bewegt sich die „Schlange" vorwärts und windet sich oft stundenlang zum Rhythmus einer Trommel um das ebenfalls heilige Feuer. Sehr oft wird der Tanz nicht aufgeführt. Das echte Ritual findet meist im Frühjahr statt; bei den Feiern zum Heritage Day (Ende August oder Anfang September) ist der Tanz teilweise auch zu sehen.

nur von Weitem betrachten; näher hinzugehen war ein äußerst sensibles Thema und erforderte die Erlaubnis des VhaVenda-Häuptlings. Heute ist der Zugang unbeschränkt, dafür ist es eher schwierig, eine Straßenkarte des Waldes zu bekommen, und für manche Straßen braucht man Allradantrieb. Einfacher geht's mit einer **Tour** des Khoroni Hotels oder mit Hilfe eines Guides.

Nach dem Thate Vondo Pass folgt die R523 dem **Nzhelele River** in ein Tal, das locker, aber meist durchgehend besiedelt ist.

ÜBERNACHTUNG

Bougainvilla Lodge, Mphephu Drive Unit C 36 & 37, Thohoyandou, ✆ 015-962 3411, 🖳 www.bougainvillalodge.com. Einfache, mit Bougainvillea überwucherte Lodge. Die Zimmer sind Motel-artig, teils mit AC, bei Reservierung auch mit Abendessen. R595

Kunsthandwerk der Tsonga und Venda

Die **Venda**- und **Tsonga**-Region haben einen guten Ruf für **Kunsthandwerk**. Am bekanntesten sind Keramiktöpfe mit markanten, eckigen Mustern in Silbergrau und Ocker. Wachsender Beliebtheit erfreuen sich auch abstrakte bis praktische Holzschnitzereien. Die besten sind manchmal einfallsreich und gewagt, oft aber einfach unfertig und überteuert. Zum Teil finden sich auch Wandteppiche, Stoffe, Körbe und Malerei.

Die weit verteilten Künstlerdörfer sind häufig schwer zu finden und liegen an abenteuerlich schlechten Straßen. Die Ribolla Tourism Association hinter dem Schweizer Missionskrankenhaus in Elim, ✆ 015-556 4262 oder 072-235 4543, ✉ ribollata@mweb.co.za, hat daher eine beschilderte **Kunstroute** in der Region eingerichtet, für die sie kostenlose Landkarten verteilt. Sie hat auch gut informierte Guides. 🕒 Mo–Fr 8.30–16.30 Uhr.

Alternativ kann man die Kunsthandwerksgeschäfte in der Shiluvari Lakeside Lodge (S. 644) und im Madi a Thava Resort (S. 642) besuchen oder sich im **Thohoyandou Arts and Crafts Centre** an der R524 am Rande von Thohoyandou umsehen.

Khoroni Hotel, Mphephu St, Thohoyandou, von Louis Trichardt kommend an der Tankstelle von der R524 links abbiegen und an der 3. Ampel rechts, ✆ 015-962 4600, 🖳 www.khoroni.co.za. Im Herzen der Innenstadt von Thohoyandou, umgeben von Bäumen, aber nicht weit von der Straße und dem schmuddeligen Einkaufszentrum entfernt. Das Hotel lebt von seiner Spielbank, hat aber auch Pool und anständige Zimmer. Es hat einen beeindruckenden Ruf als Unterstützer von Venda-Kunsthandwerk und bietet nützliche Karten und Touren an. R1300

INFORMATIONEN

Infos bekommt man am besten bei einer der etablierten Unterkünfte wie Shiluvari Lakeside Lodge und Khoroni Hotel. Beide haben Listen der Tour Guides in der Region.

Elim und Umgebung

Südöstlich von Louis Trichardt liegen an der R578 Regionen, die einst Teil des selbstverwalteten Tsonga-Homelands **Gazankulu** waren. Hier herrscht das typisch ländliche Treiben am Straßenrand, vor allem in Elim, wo auf dem Gelände des altbewährten Schweizer Missionskrankenhauses verschiedene Stände, Minibusse und Werbetafeln stehen.

Von der Kreuzung in Elim aus führt die R578 weiter nach **Giyani**, das eine Reihe von ländlichen Kunsthandwerkstätten hat (s. Kasten). Die Traditionen und Techniken sind denen in Venda sehr ähnlich. Viele Werkstätten und Kleinfabriken haben einfache, ländliche Wurzeln – sie zu besuchen ist ein lohnenswertes Abenteuer! Die Shiluvari Lakeside Lodge hat Führer für die Werkstätten der Region und verkauft auch viele ihrer Produkte selbst in ihrer exquisiten, gut sortierten Boutique.

ÜBERNACHTUNG

Shiluvari Lakeside Lodge, nicht weit von Elim; an der Krankenhauskreuzung links abbiegen nach Thohoyandou und der Beschilderung nach links in eine Schotterstraße folgen, ✆ 015-556 3406, 🖳 www.shiluvari.com. Das Gelände der ruhigen Lodge reicht bis zum Rand des Albasani-Stausees, mit Blick über das Wasser bis zum Soutpansberg. Es gibt große, mit afrikanischer Kunst eingerichtete Zimmer in den Garten-Cottages und in den Rondavels am Seeufer. Die Lodge hat enge Verbindungen zur Ortsgemeinde und half auch, die Kunstroute einzurichten, die diese Region für Besucher so beliebt gemacht hat (Kasten S. 644). Ein leckeres Drei-Gänge-Abendessen kann für R160 vorbestellt werden. R1050

Mapungubwe National Park

Etwa 60 km westlich von Musina an der R572 Richtung Pontdrift ▪ tgl. April–Okt 6.30–18, Sep–März 6–18.30 Uhr ▪ Eintritt R152 ▪ Sonnenuntergangs- und Nacht-Safaris R235 ▪ 015-534 7923, www.sanparks.org/parks/mapungubwe

Der **Mapungubwe National Park** gehört zum Unesco-Weltkulturerbe, hauptsächlich wegen der als „Hügel der Schakale" bekannten Eisenzeitstätte, die man für das erste Königreich Afrikas hält. Der Park liegt am Zusammenfluss der Flüsse Limpopo und Shashi im „Dreiländereck" von Südafrika, Simbabwe und Botsuana und ist definitiv einen Umweg wert für alle, die auch nur das geringste Interesse an Archäologie haben. Der Park besteht aus einer Ost- und einer Westhälfte, verbunden nur über die Hauptstraße. Dazwischen liegt ein großes Stück Privatbesitz. Der Haupteingang, der Hügel der Schakale und die meisten Unterkünfte liegen an der Ostseite bei Musina.

Das großartige Tierschauspiel hat hier eine ungewöhnliche Kulisse aus Sandsteinformationen, Mopanewäldern, Uferwäldern und einer Landschaft mit außerirdisch anmutenden Affenbrotbäumen. Zu sehen sind Elefanten, Giraffen, weiße Nashörner sowie verschiedene Antilopen, darunter Elenantilopen und Spießböcke. Besucher können den Park im eigenen Auto bei einer dreistündigen Tour mit Guide erkunden. Wer Glück hat, sieht Raubtiere wie Löwe, Leopard und Hyäne. Es gibt auch gut 400 Vogelarten, darunter Riesentrappe, Boubouwürger und die prachtvolle Ge Pel-Fischeule.

Das langfristige Ziel ist die Schaffung eines Dreiländerparks, zu dem auch das Mashatu Reserve in Botsuana und der Tuli Circle in Simbabwe gehören sollen.

Hügel der Schakale

Tour des Weltkulturerbes 7 und 10 Uhr vor dem Haupttor ▪ R200 plus Eintritt in den Park ▪ Reservierung am Haupttor oder unter 015-534 7923

Der **Hügel der Schakale** liegt eine Stunde Autofahrt vom Haupttor entfernt. 1932 wurde er von einem Bauern „entdeckt", der auf der Granitkuppel verschiedene Objekte fand, darunter ein winziges Nashorn und eine Schüssel – beides aus Gold. Der Hügel hatte jedoch für das örtliche Modimo-Volk schon lange vorher eine spirituelle und mythologische Bedeutung. Man geht davon aus, dass die Zivilisation um Mapungubwe 1000–1300 n. Chr. ihre Blüte erlebte. Davor hinterließen die Khoi- und San-Stämme bereits mit Felsmalereien ihre Spuren in der Region. Die eindrucksvollste dieser Stätten liegt außerhalb des Parks (aber noch innerhalb des Unesco-Weltkulturerbes) am Kaoxa Bush Camp (S. 646).

Am Haupteingang steht das fantastische und informative **Mapungubwe Interpretation Centre**, das mit seinen gewölbten Kuppeldächern bereits mehrere Architekturpreise eingeheimst hat. Allerdings werden hier aus Konservierungs- und Sicherheitsgründen nur wenige der originalen Goldfunde ausgestellt. Man kann unter anderem das Replikat eines goldenen Nashorns – das Original steht im Mapungubwe Museum in Pretoria (S. 564) – bewundern.

Der Hügel der Schakale kann nur im Rahmen einer zweistündigen **Weltkulturerbe-Tour** besucht werden. Ein fachkundiger Guide erläutert die archäologischen Funde der Ausgrabung vor dem Hügel. Dann geht's die Stufen hoch zum Hügel, wo der König und seine ausgedehnte Familie lebten und starben.

Kaoxa Bush Camp

Zwischen dem östlichen und westlichen Teil des Mapungubwe National Parks schmiegt sich das Kaoxa-Wildnisgebiet, ein Privatbesitz, auf dem das **Kaoxa Bush Camp** steht. Das wunderschön rustikale Camp liegt auf einem Hügel mit Blick auf den Zusammenfluss von Limpopo und

Mapungubwe und andere archäologische Fundstätten

Als einer der frühesten Schmelztiegel des südlichen Kontinents hat Limpopo zahlreiche wichtige **archäologische Ausgrabungsstätten**, die Stück für Stück ein Bild der Völker liefern, die Tausende von Jahren das Land bewohnten. Einige der interessantesten Stätten liegen dort, wo Eisen verhüttet wurde. Dies gilt als Übergang von einer Steinzeit- zur Eisenzeitkultur, der mit einer Verbesserung der Ackerbau- und Kriegswerkzeuge einherging und vor rund 1500 Jahren ein wichtiger Faktor bei der Migration afrikanischer Stämme nach Südafrika war. Die deutlichsten Hinweise bieten Schlacke und andere Abfallprodukte; das Eisen selbst überlebt selten die Erosion. Einige der aufschlussreichsten Ausgrabungen sind **Thulamela** im Krüger-Nationalpark, nicht weit vom Punda Maria Gate, das Kulturdorf **Bakone Malapa** außerhalb von Polokwane (S. 631), **Makapan's Cave** bei Mokopane (S. 631), **Masorini**, ebenfalls im Krüger-Park, nicht weit von Phalaborwa (S. 609) und – wichtigste Stätte der ganzen Provinz Limpopo – **Mapungubwe** (Hügel der Schakale) westlich von Musina.

Shashi und hinüber nach Simbabwe und Botsuana. Im Gelände, das zu den Flüssen hinunterführt, sind wilde Tiere aus Simbabwe und Botsuana häufige Gäste, und Schilder im Camp weisen darauf hin, dass Elefanten Vorfahrt haben. Anders als im Nationalpark können sich Gäste zu Fuß oder mit dem Auto unabhängig bewegen (nachdem sie die langatmige Haftungsfreistellung unterschrieben haben). Wer das tut, sollte sich aber vorher informieren, denn es laufen ja durchaus hungrige Tiere herum. Nur die fantastische Felsmalereistätte darf man nicht alleine besichtigen; Gäste werden vom Personal begleitet.

LIMPOPO

ÜBERNACHTUNG

Kaoxa Bush Camp, ✆ 072-536 6297, 💻 http://kaoxacamp.com. Die Unterkunft bietet 3 rustikale Stein-Cabins mit atemberaubendem Ausblick von großen Terrassen – eine gute Entschädigung dafür, dass es zwar Strom, aber keine AC gibt (es wird hier sehr heiß!). Es gibt auch 3 gemütlich eingerichtete Safarizelte mit ebenso toller Aussicht. Alles ist für Selbstversorger, mit gemeinsamer Küche und Essbereich. R700

SAN Parks Accommodation, 💻 www.sanparks.org. Innerhalb des Parks befinden sich diverse Unterkünfte, vom geräumigen Cottage (mit natürlichem Felspool) im wunderschönen Leokwe Camp über die luxuriöse Tshugulu Lodge, Zelten im Wald und einem voll ausgestatteten Campingplatz. Andere Versorgungseinrichtungen gibt es hier allerdings nicht, Zeltgäste müssen also vollkommen eigenständig sein. Camping R205, Leokwe Cottages R1010

TRANSPORT

Die einzigen öffentlichen Verkehrsmittel im Mapungubwe National Park sind **Minibustaxis** ohne festen Fahrplan von Musina. Sinnvoll ist diese Option aber nur, wenn man bei der Weltkulturerbe-Tour mitmachen möchte und dann weiterreist.

Lesotho

Stefan Loose Traveltipps

Pony-Trekking Der gemächliche Ritt von Dorf zu Dorf, durch atemberaubende Berglandschaften und vorbei an mächtigen Wasserfällen, ist ideal, um Lesotho kennenzulernen. S. 658

Thaba Bosiu Die Bergfestung, von der aus Lesothos bedeutendster König, Moshoeshoe I., sein Königreich gegen Angreifer schützte, bietet sagenhafte Ausblicke. S. 661

Maletsunyane Falls Der spektakuläre Wasserfall im Herzen des Hochlands stürzt 200 m tief in eine Schlucht und lässt sich zu Fuß oder per Pony erreichen. S. 663

Highlands Water Project Beim Besuch des zweithöchsten Staudamms Afrikas bei Katse und des Kraftwerks von 'Muela kann man alles über das ambitionierteste Wasserkraftprojekt Lesothos erfahren. S. 667

Roof of Africa Road Die kurvenreiche Straße von Butha-Buthe zum Sani Pass durchquert grandiose Gebirgslandschaft und Täler und führt an den besten Skigebieten Afrikas vorbei. S. 671

Sehlabathebe National Park Ein abgeschiedenes Bergreservat mit erstklassigen Wandermöglichkeiten. S. 679

LESOTHO

Das gänzlich von Südafrika umschlossene „Bergkönigreich" Lesotho (ausgesprochen „Li-su-tu") blickt stolz auf seine Unabhängigkeit und unterscheidet sich deutlich von seinem Nachbarn. Während sich die benachbarte Regenbogennation Südafrika in vielfacher Hinsicht europäisch präsentiert, hegt das weltabgeschiedene Lesotho würdevoll sein afrikanisches Erbe. Nur wenige Menschen in den entlegeneren Ecken dieses märchenhaft schönen, gebirgigen Landes sprechen Englisch oder Afrikaans. Doch die Sprachbarriere lässt sich leicht überwinden, denn die Bewohner des Landes – die **Basotho** – zählen zu den gastfreundlichsten Völkern im Süden Afrikas.

Ein sowohl physisch als auch psychisch wohltuender Unterschied zu den Nachbarländern ist, dass es hier fast keine Zäune gibt, wodurch Wanderungen ins Hochland ungehindert möglich sind.

Fast überall in Lesotho gestaltet sich das Reisen abenteuerlich: Man findet weder Autobahnen noch luxuriöse Intercity-Busse (und kaum Fahrpläne). Aber es existiert ein gutes Netz asphaltierter Straßen, auf denen klapprige Minibusse verkehren. Viele Basotho bevorzugen das **Pony** als Transportmittel, insbesondere im Hochland. Und überall im Land bieten Pony-Trekking-Lodges auch Besuchern diese Art der Fortbewegung an.

Lesotho ist das einzige Land der Welt, das ausnahmslos auf einer Höhe von über 1000 m liegt, weshalb es seinem Beinamen „The Kingdom in the Sky" (Königreich im Himmel) alle Ehre macht. Selbst das aus Sandstein bestehende **Lesotho-Tiefland**, das sich in einem Halbkreis um den Westrand des Landes erstreckt, würde anderswo als Hochland gelten. In diesem Gebiet sind sämtliche größeren Städte angesiedelt, darunter die geschäftige Hauptstadt **Maseru** mit ihrer typisch afrikanischen Mischung aus neuen Glasfassaden, hupenden Taxis und staubigen Straßen. Sehenswürdigkeiten im Tiefland sind unter anderem die Webereien von **Teya-Teyaneng**, die sensationellen Höhlen in der Nähe der **Mateka-Felszeichnungen** bei **Liphofung** und die von König Moshoeshoe I., dem Gründer Lesothos, erbaute Bergfestung **Thaba Bosiu**.

Auf rund 1400 m ü. d. M. geht der Sandstein in das Basaltgestein über, aus dem der überwiegende Teil des wunderschönen, gebirgigen **Lesotho-Hochlands** besteht. Nach einer Fahrt über die steilen, kurvigen Straßen, die in die Berge führen, kann man die meisterhafte Ingenieursleistung der **Staudämme Katse** und **Mohale** aus der Nähe betrachten, in den Maloti Mountains Ski laufen, nach Lust und Laune in jedem Fluss angeln und vor allem: wandern und dabei sowohl entlegene Dörfer aus schlichten, strohgedeckten Steinhütten als auch die friedvolle Einsamkeit der Berge kennenlernen. Drei Naturschutzgebiete sind die Anreise besonders wert und bieten sich als traumhafte Bergwandergebiete an: Der **Ts'ehlanyane National Park** und das **Bokong Nature Reserve**, beide in der Front Range der Maloti Mountains und leicht mit normalen Fahrzeugen erreichbar, sowie der extrem abgeschiedene **Sehlabathebe National Park** im Osten des Landes.

Der **Winter** in Lesotho dauert von Mai bis Juli. Während dieser Zeit schneit es im Hochland häufig und manchmal auch im Tiefland. Obgleich die Tage normalerweise klar und warm sind, wird es nachts bitterkalt. Im Hochland kann Eisglätte das Fahren gefährlich beeinträchtigen und selbst geteerte Straßen möglicherweise tagelang wegen Schneefalls unpassierbar machen. Eine herrliche Zeit ist der **Frühling** (Aug–Okt), wenn der Schnee schmilzt und überall junge Pflanzen sprießen. Von November bis Januar regiert der **Sommer**, der Lesotho die meisten, oft sintflutartigen Regenfälle beschert und unbefestigte Straßen in rutschige Schlammpisten verwandelt. Wenn es aber nicht regnet, ist es meistens sonnig und die Landschaft leuchtet in allen Schattierungen von saftigem Grün. Zu den lohnendsten Zeiten für einen Besuch zählt der **Herbst** (Feb–April). Er zeichnet sich im Allgemeinen durch weniger Niederschläge und gemäßigte Temperaturen aus. Zu jeder Jahreszeit können die Nächte in Lesotho jedoch sehr kalt werden, insbesondere im Hochland, wo zudem jederzeit mit raschen Wetterumschwüngen gerechnet werden muss.

Geschichte

Lesotho verdankt seine Existenz der Entschlossenheit eines einzigen Mannes: **Moshoeshoe I.** (1786–1870). Trotz weitreichender sozialer Umwälzungen und der Landgier vieler Nachbarn gelang es ihm, seinem Volk den notwendigen Lebensraum zu sichern. Bevor die Vorfahren Moshoeshoes ca. 900 n. Chr. in die Region kamen, lebten in Lesotho frei und unbehelligt die San. Heute sind die San verschwunden; sie wurden 1873 im letzten von zahlreichen britischen Vernichtungsfeldzügen ausgelöscht. Sie haben jedoch Spuren hinterlassen: in den Felsmalereien und in der Sesotho-Sprache (darunter einzigartige Schnalz- und Klicklaute), und in der äußeren Erscheinung mancher Basotho sind ihre leicht orientalisch anmutenden Gesichtszüge und hellere Haut erkennbar.

Die Basotho besiedelten zuerst die fruchtbaren Ebenen, die heute das Tiefland Lesothos und den südafrikanischen Freistaat bilden, ehe sie auch die Bergregionen kolonisierten. Über Jahrhunderte bewirtschafteten sie diese

Reiseinfos Lesotho

Bücher und Landkarten

Literatur zu Lesotho wird im Morija Museum (S. 673) und in einigen Lodges verkauft, manche führen überdies eine sehr gute **topografische Karte** von Lesotho im Maßstab 1:250 000 (M50), auf der fast alle Wege eingezeichnet sind. Sie ist auch in Maseru beim Department of Lands, Surveys and Physical Planning in der Lerotholi Road erhältlich, unweit der Kreuzung mit der Constitution Road, ✆ 2232 2376. Dies ist auch die einzige Bezugsstelle für die sehr detaillierten Karten im Maßstab 1:50 000, die für echte Wandertouren unerlässlich sind.

Geld

Lesothos Landeswährung ist der **Loti**, Plural **Maluti** (M), der sich aus 100 Lisenti zusammensetzt und dem Wert des südafrikanischen Rand entspricht (R1=M1). Überall in Lesotho wird der Rand als Zahlungsmittel angenommen. Maluti jedoch werden (abgesehen von ein paar größeren Grenzorten wie Ladybrand) außerhalb von Lesotho nirgendwo akzeptiert oder umgetauscht und sollten daher vor der Ausreise aufgebraucht oder umgetauscht werden.

Essen

Das **Grundnahrungsmittel** der Basotho ist *papa*, Maismehl, das zu Polenta gekocht und gerührt wird. Alternativ dazu gibt es *nyekoe*, mit Hirse und Weizen vermischte braune Bohnen. Beides ist relativ geschmacksneutral, aber sättigend und wird in der Regel mit irgendeiner Sorte *nama* (Fleisch) und *moroho* (Blattgemüse – meistens Spinat oder Kohl) gereicht. An Straßenständen werden *dipapata*, leckeres gedämpftes Brot, und in Öl gebackene, spritzkuchenartige *makoenya* angeboten.

Gesetzliche Feiertage

1. Januar Neujahr	**17. Juli** Geburtstag des Königs
11. März Moshoeshoe-Tag	**Himmelfahrt** (Donnerstag)
Karfreitag	**4. Oktober** Unabhängigkeitstag
Ostermontag	**25. Dezember** Weihnachten
1. Mai Tag der Arbeit	**26. Dezember** 2. Weihnachtsfeiertag
25. Mai Tag der Helden	

Telefon

Die **Landesvorwahl** von Lesotho ist ✆ 266, bei Gesprächen aus Südafrika muss ✆ 09266 gewählt werden. Ortsvorwahlen gibt es keine. R-Gespräche müssen bei der internationalen Vermittlung unter ✆ 109 angemeldet werden.

Ebenen in relativem Frieden. Zu Moshoeshoes Zeiten hatte jedoch zugewanderte Volksstämme Tausende Basotho von ihrem Land vertrieben.

Moshoeshoe wurde 1820 zum Häuptling ernannt und ließ sich auf einem Berggipfel in der Nähe von Butha-Buthe nieder, wo er vielen Flüchtlingen Schutz bot. Nach einem besonders schweren Angriff auf **Butha-Buthe** entschied Moshoeshoe 1824 jedoch, dass der Ort nicht mehr sicher sei und zog auf der Suche nach einem besser zu verteidigenden Berg mit seinen Anhängern nach Süden. Er fand ihn in Gestalt des **Thaba Bosiu**, der in der Folgezeit zwar wiederholt angegriffen, aber nie eingenommen wurde.

Ein- und Ausreiseformalitäten

Bürger der meisten westeuropäischen Länder, darunter Deutsche, Österreicher und Schweizer, benötigen kein **Visum**. Wer aus einem **Gelbfiebergebiet** einreist, muss einen internationalen Impfpass mit einer gültigen Gelbfieberimpfung vorweisen. Die Standard-Einreisegenehmigung gilt 14 oder 28 Tage; eine Verlängerung erteilt das Department of Immigration and Passport Services in der Assisi Road in Maseru, ✆ 2232 3771.

Mautgebühr

Bei der Einreise mit dem Auto wird eine Straßenbenutzungsgebühr von M30 fällig.

Reiseveranstalter

In manchen Ecken Lesothos steckt die touristische Infrastruktur noch in den Kinderschuhen. Vor allem ohne eigenes Fahrzeug kann sich das Organisieren von Aktivitäten wie Pony-Trekking und Besuchen in Naturparks langwierig gestalten.

Wer wenig Zeit hat, ist mit einer **organisierten Tour** wahrscheinlich am besten bedient. Die Malealea Lodge (S. 675) im Südwesten des Landes hat ein paar innovative Kombinationen aus Pony-Trekking und Touren mit dem Geländewagen im Angebot. Die wahrscheinlich beste Informationsquelle bezüglich 4WD-Trails ist das Trading Post Guest House in Roma (S. 662).

In Südafrika ist Thaba Tours in Underberg, ✆ 0027-33-701 2888, 💻 www.thabatours.co.za, spezialisiert auf Überlandfahrten in Lesotho mit Anreise via Sani Pass, Pony-Trekking, Radtouren und Wandern.

Sprache

Ein paar Grußformeln der Sprache Sesotho stehen im Anhang (S. 709).

Websites

💻 **www.gov.ls** Das Portal der Regierung von Lesotho mit Landesnachrichten und Links zu den verschiedenen Ministerien, darunter zum Tourismusministerium.

💻 **www.publiceye.co.ls** Unabhängige, lokale Website mit Nachrichten, Politik, Wirtschaft und Events.

💻 **www.seelesotho.com** Reichhaltige Informationsquelle bezüglich der Geschichte, Kultur, Flora und Fauna von Lesotho, außerdem Tipps zu Sehenswürdigkeiten und wie man hinkommt.

💻 **www.sesotho.web.za** Erste Anlaufstelle für Leute, die Sesotho lernen möchten. Enthält Anleitungen zur Aussprache von Grußformeln und einfachen Sätzen, Empfehlungen zu Publikationen auf Sesotho sowie ein Online-Wörterbuch.

💻 **www.visitlesotho.travel** Lesothos offizielle Tourismus-Website bietet Karten, eine Auflistung von Unterkünften und Restaurants sowie Reiseroutentipps und Kontaktdetails.

Die Europäer in Lesotho

Ab 1840 rückte das Königreich ins Visier landhungriger Europäer. 1858 entsandte die Regierung des **Oranje-Freistaats** Invasionstruppen, die Morija zerstörten und einen erfolglosen Angriff auf Thaba Bosiu unternahmen. Ungeachtet des Fehlschlags konnten sie viel Farmland in Besitz nehmen, dessen Aneignung 1860 durch einen Vertrag mit den Briten gebilligt wurde. 1865 nahm die Regierung des Oranje-Freistaats einen von Basotho begonnenen Viehdiebstahl zum Vorwand, um einen neuen Konflikt anzuzetteln. Im anschließenden **Seqiti-Krieg** wurden die Ernte der Basotho zerstört und Moshoeshoe

1866 zur Unterzeichnung eines demütigenden Vertrags gezwungen, durch den er einen Großteil seines verbleibenden fruchtbaren Landes abtrat. 1867 flammte der Krieg wieder auf und wurde erst durch das Eingreifen der Briten beendet, die die Reste des Königreichs 1868 als **Basotholand** unter ihr Protektorat stellten. Mit dem Vertrag von Aliwal North erhielt Moshoeshoe 1869 das Land östlich des Caledon wieder zurück, die übrigen Gebiete jedoch verblieben bis heute beim Freistaat.

1870 starb Moshoeshoe. Ein Jahr später übertrugen die Briten die Verwaltung Basotholands der Kap-Kolonie, die ihren neuen Untertanen Steuern auferlegte und Steuereintreibestellen einrichtete. Aus Letzteren erwuchs die bescheidene Anzahl Kleinstädte, die Lesotho heute besitzt. Als die Kap-Regierung 1879 beschloss, sämtliche Schusswaffen der Basotho zu konfiszieren, schlug die Unzufriedenheit in Rebellion um. Es kam zum **Gun War**, einer der wenigen bewaffneten Auseinandersetzungen der Kolonialzeit, aus denen die Einheimischen siegreich hervorgingen. Zur „Belohnung" wurden die ruhmreichen Basotho ab 1884 nun wieder direkt von Großbritannien aus regiert.

Unabhängigkeit

Ebenso wie Bechuanaland und Swasiland lehnte auch Basotholand 1910 die Eingliederung in die Südafrikanische Union ab. Stattdessen unterstützte **König Letsie II.** 1912 die Gründung des South African Native National Congress (des späteren ANC). In den folgenden Jahren verloren Monarchie und Häuptlinge an Einfluss. Ursache dafür waren zum Teil britische Reformen, die die einstigen Machtträger in das System kolonialer Staatsdiener zwangen, aber auch soziale Veränderungen in der Region, denen sie sich nicht anzupassen vermochten. Als **Moshoeshoe II.** 1960 gekrönt wurde, befand sich die Unabhängigkeitsbewegung unter Führung von Ntsa Mokheles panafrikanischer Basotho Congress Party (BCP) auf ihrem Höhepunkt. Ihr Konkurrent war die konservativere Basotho National Party (BNP). Nach einem knappen Wahlsieg 1965 führte die BNP das nun in Lesotho umbenannte Land am 4. Oktober 1966 in die **Unabhängigkeit**. Nach der verlorenen Wahl von 1970 jedoch annullierte Premierminister Leabua Jonathan das Wahlergebnis, verhängte den Ausnahmezustand und blieb bis zu seinem Sturz beim Militärputsch 1986 durch Generalmajor Metsing Lekhanya an der Macht. Lekhanya ordnete die **Verbannung des ANC** aus Lesotho an und unterzeichnete im gleichen Jahr einen Vertrag mit der südafrikanischen Apartheidregierung über das **Lesotho Highlands Water Project** (Kasten S. 667).

1990 zwang Lekhanya Moshoeshoe II. ins Exil und setzte Moshoeshoes Sohn als **Letsie III.** auf den Thron. 1991 wurde Lekhanya selbst von Generalmajor Phisona des Amtes enthoben. Phisona machte den Weg für eine 1993 **demokratisch gewählte Regierung** unter Mokheles BCP frei. 1995 dankte Letsie zugunsten seines Vaters ab. Doch ein Jahr später kam Moshoeshoe II. bei einem Autounfall ums Leben und Letsie bestieg erneut den Thron.

1997 trennte sich die BCP von Mokhele und rief den Lesotho Congress for Democracy (LCD) ins Leben. Dann musste Mokhele aus gesundheitlichen Gründen zurücktreten, kurz vor den **Wahlen von 1998**, die sein Nachfolger Pakalitha Mosisili haushoch gewann – viele sprachen von **Wahlbetrug**. Im Juli und August kam es vor dem Königspalast in Maseru zu Massendemonstrationen für Neuwahlen. Die Proteste gipfelten in einer **Rebellion** der Streitkräfte. Im September überquerten **südafrikanische Soldaten** als Friedenstruppe der Entwicklungsgemeinschaft des südlichen Afrika (SADC) die Grenze. Es kam zu heftigen Gefechten in der Umgebung von Militärstützpunkten und am strategisch wichtigen Katse-Staudamm. Gleichzeitig protestierten Tausende gegen die Intervention Südafrikas, und im ganzen Land wurden Geschäfte und Büros geplündert und in Brand gesteckt. Nach den Ausschreitungen von 1998 wurde das Wahlsystem in Lesotho reformiert und ist jetzt eine Mischung aus repräsentativem und Mehrheitswahlrecht: 80 Parlamentssitze werden durch Mehrheitswahl und 40 durch Verhältniswahl vergeben. Trotz einiger Unregelmäßigkeiten und Unruhen verliefen die nachfolgenden Wahlen immer ohne größere Zwischenfälle.

2012 fand in Lesotho ein historischer Machtwechsel statt. Zum ersten Mal in der Geschichte des Landes gelangte ein Oppositionspolitiker an die Spitze der Regierung. Tom Thabane, früherer Außenminister in der LCD-Regierung, war nach seinem Ausscheiden aus der LCD 2006 Mitbegründer der neuen All Basotho Convention (ABC), die aus den Wahlen im Mai 2012 als zweitstärkste Kraft hervorging. Am 8. Juni 2012 wurde er als Premierminister in einer Koalitionsregierung vereidigt. Am 30. August 2014 versuchte die Lesotho Defence Force (LDF) Thabane zu stürzen, nachdem dieser die Nationalversammlung aufgelöst hatte. Thabane floh nach Südafrika, konnte aber unter südafrikanischem Polizeischutz im September wieder zurückkehren. Nach zähen Verhandlungen wurde der für 2017 vorgesehene nächste Wahltermin schließlich auf 2015 vorgezogen.

Lesothos Zukunft

Die wirtschaftlichen Aussichten Lesothos sind durchaus vielversprechend. So stecken beispielsweise im **Bergbau** beachtliche Reichtümer: Seit ihrer Wiedereröffnung 2004 wurden in der Diamantenmine bei Letseng die drei größten Diamanten der Welt entdeckt, und die Mine besitzt das Potenzial, bis zu 20 % von Lesothos BIP zu decken. Die Regierung versucht weiterhin, finanzielle Unterstützung internationaler Geldgeber zu erhalten, um die Armut zu bekämpfen. Daneben sind die Erträge aus den Rechten am **Lesotho Highlands Water Project** noch für absehbare Zeit gesichert.

Dennoch steht das Land vor einer Reihe ungelöster Riesenprobleme. Es herrscht immer noch **Armut**, besonders in den ländlichen Gebieten, wo die meisten Menschen von Subsistenzlandwirtschaft leben. Auch die **Umweltzerstörung** ist nach wie vor ein brisantes Thema, wie die zahlreichen *dongas* deutlich machen. Und in ökonomischer Hinsicht hat Lesotho sich noch nicht von den massiven Einbrüchen im Textilexport in Folge der Konkurrenz aus China erholt und leidet unter einer sehr hohen **Arbeitslosigkeit**. Am besorgniserregendsten jedoch ist die Ausbreitung von **HIV/Aids** in Lesotho. 23 % der Bevölkerung ist HIV-positiv und 2013 wurden 25 000 Neuansteckungen gemeldet. Damit sind die Ansteckungszahlen nach denen von Swasiland die höchsten der Welt, und die durchschnittliche Lebenserwartung ist auf 35 Jahre gefallen. Korruption, Inkompetenz und politische Grabenkämpfe behindern jeglichen Fortschritt. Was die Zukunft für das Bergkönigreich bringt, hängt davon ab, ob es diesen Herausforderungen erfolgreich begegnen kann.

Grenzübergänge und Anreise

Auto

Von Südafrika gibt es 14 Grenzübergänge nach Lesotho. Am einfachsten zu erreichen sind die im westlichen Tiefland, darunter Caledonspoort (350 km von Johannesburg und bequem in vier bis fünf Stunden erreichbar), Ficksburg Bridge und Maseru Bridge. Am Wochenende herrscht an den Hauptübergängen wegen der grenzüberschreitenden Berufspendler viel Andrang. Dann ist es eventuell besser, einen Umweg in Kauf zu nehmen und auf einen kleineren auszuweichen. Öffnungszeiten der Grenzübergänge auf Karte S. 648. Wer ein Auto in Südafrika gemietet hat, muss sich vom Vermieter die vorgeschriebenen Papiere für den Grenzübertritt (meist R500 extra) aushändigen lassen und sollte sich vergewissern, dass die Versicherung auch für Fahrten auf Schotterpisten und im Winter in Lesotho gilt.

Busse

Einige wenige Busse fahren von südafrikanischen Städten bis zum wichtigsten Grenzübergang nach Lesotho: Maseru Bridge (2 km vom Stadtzentrum Maserus).

Minibustaxis

Tagsüber fahren zahlreiche Minibustaxis von Johannesburg, Bloemfontein und Durban und weniger häufig von einer Reihe kleinerer Städte im Freistaat und der Nordwest-Provinz zu verschiedenen Grenzübergängen im westlichen Tiefland Lesothos, insbesondere zur Maseru Bridge, Ficksburg Bridge (bei Maputsoe) und Caledonspoort in der Nähe von Butha-Buthe. Von allen diesen Übergängen bestehen jede Menge Transportmöglichkeiten für die Weiterfahrt innerhalb von Lesotho. Von Süden her besteht auch die Möglichkeit, mit einem Allradfahrzeug oder einem Mietwagen von Underberg in KwaZulu-Natal (S. 449) über den spektakulären Sani Pass nach Lesotho einzureisen.

Flüge

Man kann nur von Johannesburg aus nach Lesotho fliegen. South African Airlink fliegt den Moshoeshoe I International Airport an, 18 km südöstlich der Stadt (4x tgl., 1 Std.). Taxis und Shuttlebusse (M50) verbinden den Flughafen mit Maseru.

Unterwegs in Lesotho

Auto

Lesotho besitzt ein gutes Netz asphaltierter Straßen, doch abgelegenere Ziele sind meist nur auf Sandpisten (oft mit Felsbrocken übersät) erreichbar. Aufmerksamkeit ist auf allen Straßen geboten, denn selbst auf den besten Streckenabschnitten muss mit tiefen Schlaglöchern gerechnet werden. Die Hauptstraße von Maseru nach Norden ist bis Oxbow geteert, aber dahinter kommt ein Schlagloch nach dem anderen bis zur Grenze am Sani Pass. Die herrliche Straße von Leribe zum Katse-Staudamm ist asphaltiert, ebenso die Straße von Maseru bis Thaba-Tseka. Da sich die Schotterstraße zwischen Thaba-Tseka und Katse mit einem normalen Pkw meistern lässt, kann man auf dieser Strecke innerhalb von zwei oder drei Tagen eine Rundfahrt von Maseru über Thaba-Tseka und Katse bis Leribe unternehmen. Die Südroute von Maseru ist bis Mphaki geteert, mit einem Pkw aber bis nach Qacha's Nek zu schaffen. Die Benzinpreise sind ungefähr dieselben wie in Südafrika; Bleifrei gibt's in Maseru fast überall, andernorts kann es schwierig werden. Bei Annäherung an einen Straßenkontrollposten unbedingt am Stoppschild anhalten und warten, bis ein Polizist das Zeichen zum Weiterfahren gibt. Zugelassene Höchstgeschwindigkeit ist 80 km/h bzw. 50 km/h in Ortschaften.

Minibustaxis

Billige Minibustaxis stellen oft das hauptsächliche Transportmittel dar. Sie verkehren auf den wichtigeren Strecken mindestens bis zum frühen Nachmittag.

Busse

Busse sind langsamer, aber sicherer als Minibustaxis, und sehr billig. In Lesotho gibt es zwar eine Menge Busse, aber nur eine Gesellschaft – die Lesotho Freight and Bus Services Corporation – verkehrt nach Fahrplan. Die anderen Busse fahren los, wenn sie voll sind, genau wie die Minibustaxis.

Maseru und die Zentralregion

Maseru ist ein gut erreichbares Einfallstor nach Lesotho und das mit Abstand entwickeltste urbane Zentrum des Landes. Die Hauptstadt empfiehlt sich als Ausgangspunkt für die Erkundung von Lesotho. Außerdem ist es der beste Ort, um Proviant einzukaufen, Geldautomaten aufzusuchen und die Weiterreise zu organisieren. Abgesehen von ein paar eleganten Sandsteingebäuden aus der Kolonialzeit hat Maseru nicht viel Sehenswertes zu bieten. Doch wer ein paar Tage bleibt, kann zahlreiche Abstecher in die Umgebung unternehmen, etwa zum **Thaba Bosiu**, dem „Berg der Nacht", auf dem Moshoeshoe I., Begründer der Nation, fast 50 Jahre lang herrschte.

Das ein Stück weiter gelegene **Roma** ist das akademische Zentrum des Landes. Südlich von Roma führt eine Straße hoch ins **zentrale Hochland** – eine der eindrucksvollsten Strecken im Land. Am Ende der Straße liegt das Dorf **Semonkong** mit einer sagenhaften Lodge, einem atemberaubenden Wasserfall und einer großen Bandbreite von Outdooraktivitäten. Östlich von Roma schraubt sich die wunderbare geteerte A3 nach oben in die **Zentralregion**. Hier ist besonders der Abschnitt zwischen dem beeindruckenden Mohale-Staudamm und **Thaba-Tseka** überaus spektakulär.

Maseru

Maseru, Hauptstadt und einzige große Stadt des Landes, erstreckt sich östlich des Caledon River, der die Grenze zu Südafrika markiert. Maseru wurde 1869 von den Briten als Verwaltungszentrum des gerade frisch annektierten Basotholands gegründet. Allerdings verschwendete

Großbritannien genauso wenig Energie in die Entwicklung der Stadt wie in die des restlichen Landes; man ging zweifellos davon aus, dass sie durch die Eingliederung von Basotholand in Südafrika nichts weiter als eine unbedeutende südafrikanische Kleinstadt werden würde.

In den letzten Jahren hat die von Elendsvierteln umgebene Stadt ein rasches Wachstum erlebt, denn die in den ländlichen Gebieten Lesothos herrschende Armut treibt immer mehr Menschen auf der Suche nach einem besseren Leben in die Hauptstadt. Das hat Maseru eine hohe Arbeitslosenquote beschert. Das kompakte Zentrum voller Modeboutiquen und mit Handy bewaffneter Menschen erfüllt allerdings sämtliche Merkmale einer fortschrittlichen afrikanischen Großstadt.

Die älteren und auch einige neue Gebäude von Maseru bestehen aus kunstvoll behauenem **Sandstein**, dem die Stadt ihren Namen verdankt. Mehrere hässliche Betonblöcke verunstalten leider den Gesamteindruck. Das Tagesgeschehen spielt sich überwiegend auf dem **Kingsway** und Umgebung ab. Diese Verkehrsader durchzieht die ganze Stadt und präsentiert sich nach Osten Richtung Kathedrale hin zunehmend schäbiger und wuseliger. Im Vergleich zu den meisten Städten in Südafrika ist Maseru relativ sicher. Wer dieselben **Vorsichtsmaßnahmen** einhält, die auch in anderen afrikanischen Städten angebracht sind, kann sich hier tagsüber unbeschwert bewegen. Bei Nacht herumzuspazieren, ist allerdings keine gute Idee.

Sehenswertes

Berühmtestes Wahrzeichen der Stadt war einst das Trio neo-traditioneller Gebäude am Westende des Kingsway, bis der **Basotho Shield**, in dem die Touristeninformation untergebracht war, 2011 unglücklicherweise abbrannte. Übrig geblieben ist die **Basotho Hut** mit dem Restaurant Regal und das **Mokorotlo Building (Basotho Hat)** mit dem Kunsthandwerksladen Lesotho Cooperative Handicrafts (S. 659). Der Großteil der Stadt erstreckt sich östlich von hier entlang des Kingsway. Viel zu sehen gibt es dort nicht, abgesehen von einer Handvoll Kolonialgebäude: die **Alliance Française** in der ehemaligen Bibliothek an der Kreuzung Pioneer Road, die frühere **Anglikanische Kirche** gleich daneben und das **Resident Commissioner's House** (heute ein Regierungsgebäude) von 1891, links unter dem aufragenden Postamtsgebäude. Der Kingsway endet am Kreisverkehr an der **römisch-katholischen Kathedrale** und teilt sich dort in die Main North Road und Main South Road.

ÜBERNACHTUNG

Nirgendwo sonst in Lesotho hat man eine so große Auswahl an Unterkunftsmöglichkeiten vom Zeltplatz bis hin zur Luxussuite in einem noblen Hotel wie in Maseru. Wer kein eigenes Transportmittel hat, ist im Zentrum, also auf oder am Kingsway, am besten aufgehoben.

Black Swan Guesthouse, 28 Manong Rd, Hillsview, ✆ 2231 7700, 💻 www.blackswan.co.ls. Das in einem ruhigen Stadtviertel gelegene Hotel auf einem gepflegten Gelände mit Ententeich hat 16 saubere, hübsche Zimmer und ein kleines Schwimmbad. M850

City Lodger, 221 Moshoeshoe Rd, Maseru West, ✆ 2232 4215, 💻 www.citylodger.co.za. Das schicke Guesthouse nördlich des Zentrums bietet elegante Zimmer mit Bad. M680

Foothills Guesthouse, 121 Maluti Rd, Maseru West, ✆ 5870 6566, ✉ melvin@xsinet.co.za. Das Sandsteingebäude im Kolonialstil in ruhiger Lage bietet einfache, heimelige Unterbringung, darunter 6 makellose Zimmer und einige Selbstversorger-Chalets. M480

Lancer's Inn, Kingsway, Ecke Pioneer Rd, ✆ 2231 2114, 💻 www.lancersinn.co.ls. Das zentral gelegene, einladende Hotel besitzt mehr Flair als alle anderen Hotels von Maseru und ist in einem attraktiven Komplex rund um ein Sandsteingebäude zu Hause. Es verfügt über preiswerte, behagliche Rondavels und Chalets mit Bad, Pool und Restaurant mit Biergarten, alles in einer Grünanlage. M845

Lesotho Sun, Hilton Rd, ✆ 2224 3000, 💻 www.suninternational.com. Maserus größte und eleganteste Hotelanlage bietet gut ausgestattete, eher kleine Zimmer mit TV und schöner Aussicht. Zahlreiche Sporteinrichtungen, Spa, Casino, Kino und mehrere Restaurants. M1935

Maseru Backpackers, Airport Rd, ✆ 2232 5166, 💻 www.lesothodurhamlink.org. Die beste Zeltmöglichkeit in Maseru: Der Campingplatz

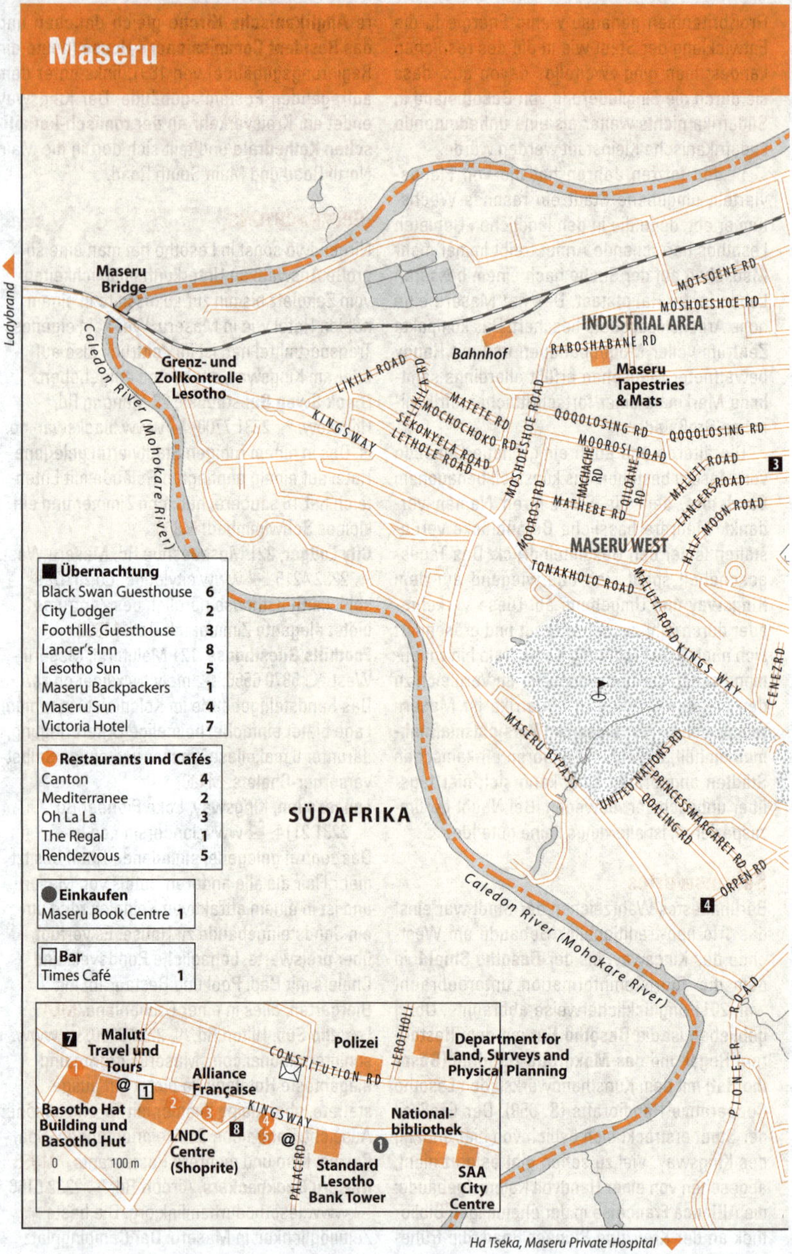
Maseru
Ladybrand
Maseru Bridge
Grenz- und Zollkontrolle Lesotho
Caledon River (Mohokare River)
Bahnhof
INDUSTRIAL AREA
MOTSOENE RD
MOSHOESHOE RD
RABOSHABANE RD
Maseru Tapestries & Mats
LIKILA ROAD
KINGSWAY
LIKILA RD
MATETE RD
MOCHOCHOKO RD
SEKONYELA ROAD
LETHOLE ROAD
MOSHOESHOE ROAD
QOQOLOSING RD
MOOROSI ROAD
MACHACHE RD
QILOANE RD
MALUTI ROAD
LANCERS ROAD
HALF MOON ROAD
MOOROSI RD
MATHEBE RD
MASERU WEST
TONAKHOLO ROAD
MALUTI ROAD KINGS WAY
CENEZRD
MASERU BYPASS
UNITED NATIONS RD
PRINCESSMARGARET RD
QOALING RD
ORPEN RD
SÜDAFRIKA
ROAD
PIONEER
Übernachtung
Black Swan Guesthouse 6
City Lodger 2
Foothills Guesthouse 3
Lancer's Inn 8
Lesotho Sun 5
Maseru Backpackers 1
Maseru Sun 4
Victoria Hotel 7
Restaurants und Cafés
Canton 4
Mediterranee 2
Oh La La 3
The Regal 1
Rendezvous 5
Einkaufen
Maseru Book Centre 1
Bar
Times Café 1
Maluti Travel und Tours
Polizei
LEROTHOLI
Department for Land, Surveys and Physical Planning
CONSTITUTION RD
Alliance Française
KINGSWAY
Basotho Hat Building und Basotho Hut
LNDC Centre (Shoprite)
National-bibliothek
Standard Lesotho Bank Tower
PALACERD
SAA City Centre
0 100 m
Ha Tseka, Maseru Private Hospital

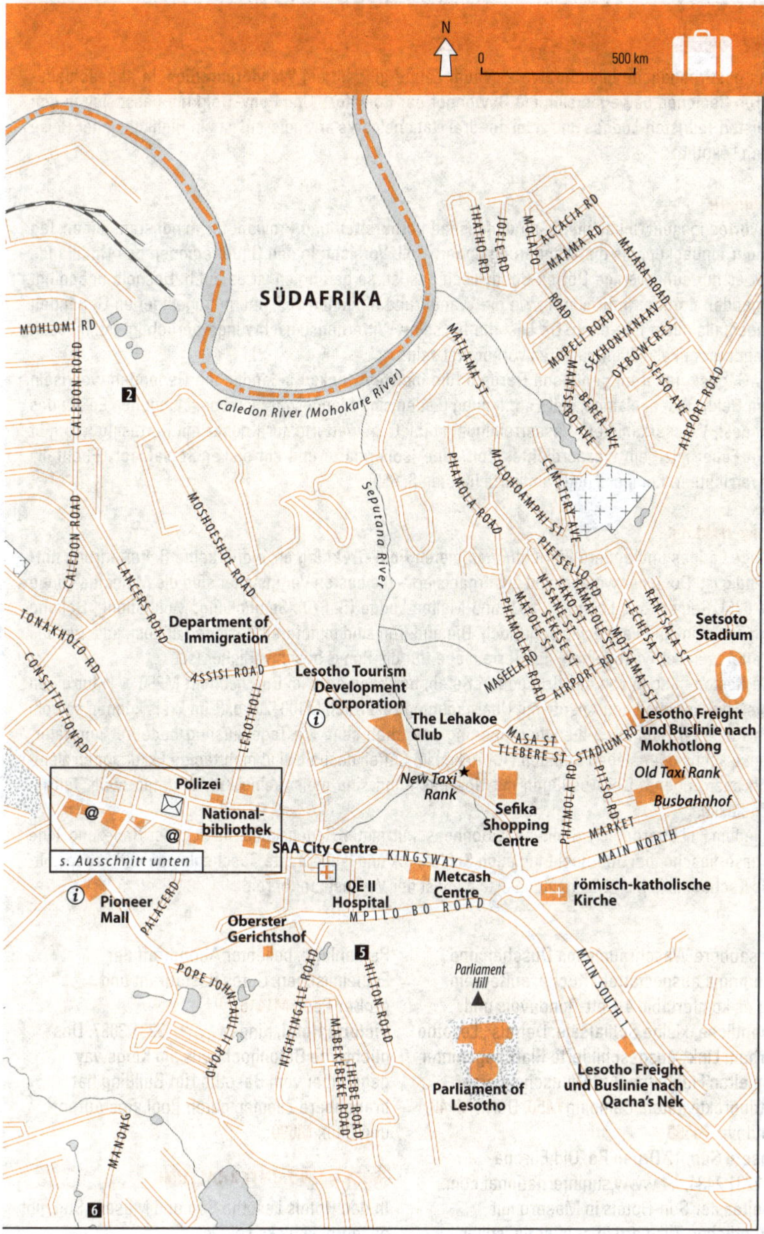
N
0
500 km
SÜDAFRIKA
Caledon River (Mohokare River)
Seputana River
MOHLOMI RD
CALEDON ROAD
TONAKHOLO RD
CONSTITUTION RD
LANCERS ROAD
MOSHOESHOE ROAD
ASSISI ROAD
LEROTHOLI
KINGSWAY
MPILO BO ROAD
PALACE RD
POPE JOHN PAUL II ROAD
NIGHTINGALE ROAD
MABEKEBEKE ROAD
THEBE ROAD
HILTON ROAD
MANONG
THATHO RD
JOELE RD
MOLAPO
ACCACIA RD
MAMA RD
MAJARA ROAD
ROAD
MOPELI ROAD
SEKHONYANA AV
OXBOW CRES
SEISO AVE
AIRPORT ROAD
MATLAMA ST
MANTSEBO AVE
BEREA AVE
CEMETERY AVE
PHAMOLA ROAD
MOLOHOAMPHI ST
PIETSELLO RD
FAKO ST
RAMAFOLE ST
NTSANE ST
SEKESE ST
MAFOLE ST
PHAMOLA RD
MASEELA RD
AIRPORT RD
MOTSAMAI ST
LECHESA ST
RANTSALA ST
MASA ST
TLEBERE ST
STADIUM RD
PHAMOLA RD
PITSO RD
MARKET
MAIN NORTH
MAIN SOUTH 1
Department of Immigration
Lesotho Tourism Development Corporation
The Lehakoe Club
New Taxi Rank
Sefika Shopping Centre
Setsoto Stadium
Lesotho Freight und Buslinie nach Mokhotlong
Old Taxi Rank
Busbahnhof
Polizei
National-bibliothek
SAA City Centre
s. Ausschnitt unten
Pioneer Mall
QE II Hospital
Metcash Centre
römisch-katholische Kirche
Oberster Gerichtshof
Parliament Hill
Parliament of Lesotho
Lesotho Freight und Buslinie nach Qacha's Nek
Lancer's Gap, Teya-Teyaneng, Leribe
Moshoeshoe International Airport, Morija, Thaba Bosiu, Roma
1
2
5
6

LESOTHO

Wandern und Pony-Trekking

Das gastfreundliche Lesotho, wo es kaum Zäune gibt, ist ein **Wanderparadies**. In abgeschiedeneren Regionen bewegen sich die Bewohner per Pony fort. Und **Pony-Trekking** (lässt sich in den meisten Touristen-Lodges und zwei der drei Nationalparks arrangieren) ist ein Highlight jeder Reise nach Lesotho.

Wandern

Bevor es losgeht, muss man sich **umfassend vorbereiten** und Proviant für mindestens einen Tag länger einpacken, als die Wanderung dauern soll. Vorsicht: In den Gipfelregionen des Hochlands gibt es nur sehr wenige Dörfer. So idyllisch das ist, so gefährlich ist es auch. Deshalb unbedingt jemanden darüber informieren, wo die Wanderung hingehen soll, und in abgelegenen Gegenden keinesfalls allein losziehen. Da Lesotho für seine Witterungsumschwünge berüchtigt ist, müssen Wanderer auf alle Eventualitäten vorbereitet sein.

Ins Gepäck gehören: genügend Bargeld (die meisten Banken in ländlichen Gegenden wechseln kein Geld), Taschenlampe, viel Verpflegung (Läden sind Mangelware in abgeschiedenen Ecken des Landes), Wasserkanister, Wasserreinigungstabletten, wetterfester Kocher mit Kartusche (es gibt kein Feuerholz), ein wasserdichtes Zelt, eine Isoliermatte und ein dicker Schlafsack. Ebenfalls unverzichtbar: Kompass und Landkarte (Kasten S. 650).

Pony-Trekking

Einige Lodges und andere Einrichtungen bieten **Pony-Trekking** an, wofür keine Reiterfahrung notwendig ist. Doch nur wenige sind gut organisiert – die besten Veranstalter sind die Malealea Lodge (S. 675), Semonkong Lodge (S. 663) und Maliba Lodge (S. 670). Semonkong, Mokhotlong, Bokong und Ts'ehlanyane liegen alle sehr hoch. Die anderen sind in tieferen Regionen angesiedelt, wo das Wetter weniger wechselhaft, das Terrain aber für die Ponys beschwerlicher ist.

Die **Kosten** hängen von der Gruppengröße ab, betragen aber im Durchschnitt M250 p. P. für einen zwei- bis vierstündigen Ausritt, mit Übernachtung zusätzlich M100–200 p. P. Im Preis können sowohl ein Packpferd als auch die Übernachtung enthalten sein. Ein Tagesausflug bedeutet normalerweise sechs oder sieben Stunden (10–15 km) im Sattel, deshalb sind mehrtägige Exkursionen ziemlich anstrengend. Bei Ausflügen mit Übernachtung sind meist keine Kinder unter zwölf Jahren zugelassen.

In jedem Fall erforderlich: Sonnenhut, Sonnenschutzmittel, Regenschutz, im Sommer Badezeug, eine Wasserflasche (bei Übernachtung auch Schlafsack und Isoliermatte, Taschenlampe und Lebensmittel; Kochutensilien und Campinggas stellt meist der Veranstalter bereit).

hat saubere Waschräume mit Duschen und eine prima ausgestattete Küche, außerdem gibt es komfortable 4-Bett-Rondavels und ordentliche, kleine Schlafsäle. Der als „Lesotho Durham Link" ausgeschilderte Platz liegt hinter dem alten Flughafen. Auf Wunsch diverse Outdooraktivitäten. Camping M50, Dorm M140, Rondavel M500

Maseru Sun, 12 Orpen Rd, Old Europa, ✆ 2231 2434, 💻 www.suninternational.com. Zweites der Sun-Hotels in Maseru mit ordentlichen Zimmern in gepflegter, stiller Parkanlage, beliebter Abendtreff der Einheimischen. Gutes Restaurant und großer Pool. M1415

Victoria Hotel, Kingsway, ✆ 2231 3687. Das nüchterne Betonhochhaus am Kingsway gegenüber vom Basotho Hat Building hat brauchbare Zimmer, guten Pool, Restaurant und Club. M690

ESSEN UND UNTERHALTUNG

In den Hotels Lesotho Sun und Maseru Sun gibt es teure, schicke Lokale.

Canton, Moposo House, Kingsway, ✆ 2231 2003. Das Interieur ist kitschig, aber das Restaurant auf zwei Etagen ist erstklassig. Zu den Spezialitäten gehören Eintopf nach Lesotho-Art (M25), gefüllte Teigtäschchen (M12), gebratenes Rindfleisch (M48) und Ente (M80). ◷ Mo–Do 9.30–21.30, Fr und Sa 9.30–23 Uhr.

Mediterranee, Pioneer Rd, LNDC Shopping Centre, ✆ 2832 9638. Berühmt ist diese Pizzeria und Coffeeshop gegenüber vom Lancer's Inn für ihre günstige Pizza, darunter *biltong*-Pizza (M50) und Hawaii-Pizza (M53), Pasta und Burger und die DJs, die sonntagabends Jazz auflegen. ◷ Mo–Do 7.30–22, Fr und Sa 7.30–24, So 8–22 Uhr.

Oh La La, Kingsway, Ecke Pioneer Rd. Das Rondavel mit Tischen in dem kleinen Park neben der Alliance Française beherbergt das beste Café der Stadt. Es hat knackfrische Sandwiches (M27), Croissants, Crêpes (Schinken und Mozzarella für M26), Kuchen, frische Obstsäfte und guten Kaffee. ◷ Mo–Fr 7.30–22, Sa 7.30–16 Uhr.

The Regal, Kingsway, ✆ 2231 3930. Bestes Restaurant außerhalb eines Hotels in ganz Lesotho. In dem stylischen Lokal mit Terrasse im Basotho Hut werden sehr gute indische Gerichte serviert: Lamm *korma* (M95), Butter-Hühnchen (M85), vegetarisches *paneer tikka* (M70) und Seafood ab M70. ◷ Mo–Sa 11.30–14.30, 18–21.30 Uhr.

Rendezvous, Lancer's Inn, Kingsway, ✆ 2231 2114. Das edelste Restaurant Maserus (König Letsie speist hier regelmäßig) bietet afrikanische und französische Gerichte bei Kerzenlicht. Es gibt scharfen *peri-peri* Chicken Burger (M45), Thai-Curry (M45) und köstliche heimische Bergforelle (M86). Mittags herrscht an den Tischen im Freien reger Andrang. ◷ tgl. 12–14, 17.30–21.30 Uhr.

Times Café, im 1. Stock des LNDC Centre, Kingsway, ✆ 2231 5303. In der trendigen Bar gibt es außer Kaffee und Kuchen auch europäische Gerichte wie Sandwiches (M25), Schnitzel (M60), Steak (M80) und Forelle (M140). Wer sich an dem Hupen der Taxis nicht stört, kann auf der Terrasse essen. ◷ tgl. 16–4 Uhr.

Kunsthandwerk

Das gefragteste Kunstgewerbe in Lesotho sind Wolltaschen, Teppiche und Basotho-Hüte. Im Basotho Hat Building im Zentrum befindet sich der hervorragende **Lesotho Cooperative Handicrafts Shop**, ✆ 2232 2523, ✉ lch@basothohat.co.ls. Weiteres Kunsthandwerk, vor allem Basotho-Hüte *(mokorotlo)*, wird in der Nähe auf den Bürgersteigen angeboten. Gute Kunsthandwerksläden im Umkreis der Stadt sind **Maseru Tapestries & Mats**, ✆ 2231 1733, ✉ maserutapestry@yahoo.com, Wegweiser an der Raboshabane Road, im Industriegebiet, wo es handgewebte Decken und Teppiche gibt, sowie das ähnliche **Seithati Weavers**, 8 km außerhalb an der Straße nach Mafeteng, ✆ 2231 3975, 💻 www.villageweavers.co.ls.

SONSTIGES

Apotheke

MHS Pharmacy, LNDC Centre, Kingsway, ✆ 2232 5189.

Autovermietungen

Avis, ✆ 2235 0328, 💻 www.avis.com, und **Europ Car**, ✆ 2235 0299, 💻 www.europcar.com, haben Schalter am Flughafen.

Geld

Die Hauptgeschäftsstellen und Geldautomaten der **Standard Lesotho Bank, Nedbank** und **First National Bank** befinden sich am Kingsway. Die beste Geldwechselstelle ist die Standard Bank im Erdgeschoss des Lesotho Bank Tower, Kingsway.

Diplomatische Vertretungen

Deutschland, Honorarkonsulat, 70c Maluti Rd, Maseru West, ✆ 2233 2292 oder 2233 2983, ✉ maseru@hk-diplo.de.

Südafrika, Kingsway, Ecke Old School Rd, ✆ 2231 5758, 💻 www.dfa.gov.za.

Einkaufen

Pick'n Pay, Pioneer Mall, Pioneer Rd. Großer, gut ausgestatteter Supermarkt. ◷ Mo–Sa 8–20, So 8–17 Uhr.

Medizinische Versorgung

Queen Elizabeth II Hospital, Kingsway, ✆ 2231 2501; **Maseru Private Hospital**, Thetsane Rd, ✆ 2231 3260.

Informationen

Lesotho Tourism Development Corporation L, Linare Rd, Ecke Parliament Rd, ✆ 2231 2238, 💻 www.visitlesotho.travel. ⏲ Mo–Fr 9–17 Uhr. Eine weitere Touristeninformation befindet sich in der Pioneer Mall, Pioneer Rd. ⏲ Mo–Fr 9–17, Sa 9–13 Uhr.

Internet

Newland Internet Cafe, am Kingsway gegenüber vom Postamt. ⏲ Mo–Fr 8.30–17.30, Sa 8.30–15.30, So 9–14 Uhr.
Leo Internet Cafe, am Kingsway 200 m weiter westlich. ⏲ Mo–Fr 8–17 Uhr.

Polizei

Constitution Rd, ✆ 5888 1024.

Post

Kingsway. ⏲ Mo–Fr 8–16.30, Sa 8–12 Uhr.

Reisebüros

Flugtickets und Intercape-Bustickets vermitteln **SAA City Centre Maseru Travel** neben dem Maseru Book Centre, Kingsway, ✆ 2231 4536, ✉ mampek.maserutravel@galileosa.co.za, und **Maluti Travel & Tours**, neben der First National Bank am Kingsway, ✆ 2232 7172, ✉ valentinem.maluti@galileo.co.za. Intercape-Bustickets werden im Shoprite-Supermarkt im LNDC Centre verkauft.

NAHVERKEHR

Die Innenstadt lässt sich tagsüber bequem zu Fuß erkunden. Abends sollte man stets ein Taxi nehmen. Ab kurz vor Morgengrauen bis gegen 20 Uhr verkehren aber zahlreiche **Minibustaxis** entlang dem Kingsway und zu den Vororten. Nachts ist man auf **private Taxis** angewiesen, z. B. von Luxury Telephone Taxis, ✆ 2232 6211, Moonlite Taxis, ✆ 2231 2695, und Perfect Taxis, ✆ 2232 5222.

TRANSPORT

Endhaltestelle der **aus Südafrika** kommenden Busse und Minibustaxis ist der Grenzübergang Maseru Bridge. Die Passagiere gehen über die Brücke und erledigen die Formalitäten. Dann geht's zu Fuß, per Minibustaxi oder „4 plus 1" (normales Taxi – 4 Fahrgäste plus 1 Fahrer) die 2 km in die Stadt (die Taxifahrt kostet jeweils M5).

Busse

Intercity-Busse aus allen Teilen Lesothos lassen ihre Fahrgäste an der Stadium Road nahe der Station von Lesotho Freight and Bus Services östlich der Innenstadt aussteigen. Von dort sind es 10 Min. Fußweg ins Stadtzentrum oder man fährt mit Minibussen oder Taxis (M5–6). Tagsüber lässt sich die Strecke samt Gepäck gefahrlos zu Fuß zurücklegen. Die meisten Busse fahren am chaotischen **Busbahnhof** zwischen Market Street und Pitso Ground ab, nordöstlich des Kreisverkehrs bei der Kathedrale. Frühmorgens fahren Fernbusse von **Lesotho Freight and Bus Services**, ✆ 2240 0583, nach MOKHOTLONG und QACHA'S NEK; erstere von der Stadium Road neben dem Maseru Mart, letztere von der Main Road South 500 m südlich der Kathedrale.

Busse nach:
BOKONG (1x tgl., 7 1/2 Std.);
LERIBE (8x tgl., 2 Std.);
MAFETENG (5x tgl., 1 1/2 Std.);
MOKHOTLONG (1x tgl., 7 Std.);
MORIJA (stdl., 3/4 Std.);
QACHA'S NEK (1x tgl., 9 1/2 Std.);
QUTHING (1x tgl., 3 1/2 Std.);
ROMA (4x tgl., 1 Std.);
SEMONKONG (1x tgl., 5 Std.);
TEYA-TEYANENG (8x tgl., 3/4 Std.).

Minibustaxis

Minibustaxis aus allen Teilen Lesothos setzen ihre Passagiere an einer der beiden chaotischen Haltestellen wenige hundert Meter von der Kathedrale entfernt ab. Die Minibustaxis von/nach Süden nutzen den New Taxi Rank (auch Sefika Taxi Rank genannt) neben dem Sefika Shopping Centre in der Moshoeshoe Road. Die Minibustaxis von/nach Osten und Norden nutzen den Old Taxi Rank, 200 m östlich vom Busbahnhof. Städtische Minibusse verbinden beide Haltestellen mit der Innenstadt.

Flüge

Der **Moshoeshoe I International Airport** liegt 18 km südöstlich der Stadt abseits der Main South Road (gleichzeitig A2 Richtung Mafeteng), ✆ 2235 0777. South African Airlink, ✆ 2235 0418, 💻 www.saairlink.co.za, fliegt von JOHANNESBURG nach Maseru (4x tgl., 1 Std.). Die Fluglinie betreibt einen Shuttlebus (M50) zwischen Flughafen und Maseru, der Passagiere auf Wunsch beim Hotel abholt/absetzt (die Fahrt zurück zum Flughafen telefonisch im Voraus buchen). Private Taxis (S. 660) und der private Airport Shuttle Service, ✆ 5885 5527, ✉ airportshuttle@ymail.com, verlangen um M100. Man kann auch auf eines der unregelmäßig verkehrenden Minibustaxis warten.

Thaba Bosiu

20 km östlich von Maseru ▪ ✆ 2835 7207
▪ Eintritt M40

Die bedeutendste historische Stätte Lesothos ist der Thaba Bosiu, ein steiler Tafelberg. Zu Zeiten von Moshoeshoe I. war dies die Hauptstadt des Königreichs. Für die Bewohner Lesothos hat der Ort, wo sich auch die Gräber der Könige befinden, große Bedeutung und ist schon deshalb einen Besuch wert.

Auf der Suche nach einer Wohnstatt, die zum einen weit weg von den kriegerischen Clans war, die damals die Ebenen im Norden und Westen terrorisierten, und zum anderen praktisch uneinnehmbar war, zog Moshoeshoe I. mit seinen Anhängern im Juli 1824 von Butha-Buthe nach Thaba Bosiu. Der Thaba Bosiu mit seinen fast senkrecht abfallenden Felsen ringsum, den fruchtbaren Weiden und sieben oder acht Quellen auf der Hochebene erfüllte sämtliche Bedingungen. Der Berg wurde oft angegriffen, aber nie eingenommen.

Besichtigung des Thaba Bosiu

In Begleitung eines offiziellen Guides vom Visitor Centre geht es auf den **Khubelu-Pass** (oder „Roten Pass"), auf dem zwei Fahnenstangen die Stelle kennzeichnen, wo der Afrikander-General Louw Wepener 1865 beim Versuch der Erstürmung des Bergs ums Leben kam. Außerdem befinden sich hier die Überreste von Moshoeshoes **Haus im europäischen Stil**, das ihm David F. Webber erbaute, ein Deserteur der 72nd Seaforth Highlanders. Von dort führt ein kurzer Spaziergang zu den Ruinen von Moshoeshoes Königspalast und zum Friedhof der Könige. Schlichte Steinhaufen kennzeichnen die Gräber von Moshoeshoe I. und den meisten seiner Nachfolger. Vom Ostrand des Plateaus eröffnet sich eine spektakuläre Aussicht auf den **Qiloane**.

ÜBERNACHTUNG

Mmelesi Lodge, ✆ 5886 1116, 💻 www.mmelesilodge.co.ls. Angenehme Lodge beim Berg, fußläufig zum Visitor Centre. Sie hat eine *braai*-Stelle und einladende Rondavels mit Bad. Das nette Restaurant Mokhoro serviert Gerichte zu vernünftigen Preisen, darunter Burger (ab M25) und Seezungen-Filet (M75). M640

INFORMATIONEN

Touristeninformation, am Fuß des Bergs, ✆ 2235 7207, ✉ m.mokuku@ltdc.org.ls. Wenn man das Büro am Vortag der Anreise kontaktiert, kann es Ponys für einen angenehmen 2-stündigen geführten Rundritt zu den wichtigsten Sehenswürdigkeiten am Berg organisieren (M200). Eine weitere 2-stündige Tour schließt die Besichtigung von Felsmalereien und Höhlenwohnungen mit ein. Außerhalb der Öffnungszeiten ist der Zutritt zum Berg offiziell verboten, aber es gibt weder Sperren noch Kontrollen.

TRANSPORT

Auto

Autofahrer nehmen in Maseru die Main South Road und biegen 4 km hinter der Kathedrale an der Engen-Tankstelle nach links ab. Auf dieser Straße geht es 10 km weit, dann an einer Straßengabelung nach links und noch 3 km weiter. Man kann auch auf der Main South Road weiter Richtung Roma fahren und den Hinweisschildern zum Thaba Bosiu folgen.

Minibustaxis

Tagsüber fahren zahlreiche Minibustaxis vom New Taxi Rank in Maseru hierher.

Roma und Umgebung

Von Maseru sind es rund 30 km auf einer guten Teerstraße bis nach Roma. Die Missionsstadt in idyllischer Lage zwischen Sandsteinhügeln ist Sitz der **National University of Lesotho**, die ihren Ausgang 1945 als Pius XII College der römisch-katholischen Kirche nahm. Zwischen 1964 und 1971 fungierte sie als Universität für alle drei der ehemaligen britischen Protektorate in Südafrika, heute Lesotho, Botsuana und Swasiland.

Fährt man die Straße noch etwa 1 km weiter hinauf, gelangt man zur **L**, die nach 1862 überwiegend von französischen Missionaren erbaut wurde. Sie ist zwar größer als ihr Gegenstück in Morija (S. 673), aber leider etwas heruntergekommen.

Die Straße nach Semonkong

Die Straße von Roma nach Semonkong gehört zu den reizvollsten des Landes. Bei **Moitsupeli**, 18,5 km hinter Roma fällt der Blick direkt auf die Zwillingsgipfel der **Thabana-li-Mele** („Brustberge"). Das nächste Dorf ist Ha Dinzulu. Dahinter steigt die Straße an, bis sie auf 2000 m den Nkesi's Pass erreicht, um dann wieder zum Dorf **Ramabanta** abzufallen.

LESOTHO

ÜBERNACHTUNG

Roma

Trading Post Guest House. 2 km vor Roma an der Hauptstraße abbiegen und dem Wegweiser folgen, ✆ 2234 0202, nach 17.30 Uhr ✆ 2234 0267, 🖳 www.tradingpost.co.za. Die beste Unterkunft in Roma wurde 1903 als Handelsposten von John Thomas Thorn erbaut und wird seither von seiner Familie bewohnt. Sie hat luxuriöse Rondavels, DZ mit Bad und 2-Bett-Backpackerzimmer mit Gemeinschaftsbad im Original-Sandsteinhaus, außerdem ein Selbstversorger-Cottage und Campingmöglichkeiten. Anständige Mahlzeiten nach Vereinbarung. Kleiner Pool. Die Familie vermittelt Aktivitäten wie Pony-Trekking und Wanderungen zu Dinosaurier-Fußabdrücken. Camping M85, Dorm M175, Cottage M500, DZ M520

Ramabanta

Ramabanta Trading Post Lodge, ✆ 2234 0202, nach 17.30 Uhr ✆ 2234 0267, 🖳 www.tradingpost.co.za. Die Schwesterunterkunft des Trading Post Guest House besitzt 7 einladende Zimmer mit Bad in umgebauten Ställen, 3 luxuriöse 4-Bett-Rondavels, 3-Bett-Schlafsäle und einen Campingplatz. Auf Wunsch Mahlzeiten, Wanderungen, Pony-Ausritte und 4WD-Abenteuerfahrten (das Fahrzeug muss mitgebracht werden) mit Übernachtung in Dörfern. Camping M85, Dorm M150, DZ M650

TRANSPORT

Mehrere **Busse** und Dutzende **Minibustaxis** verkehren tgl. zwischen Maseru und Roma – es ist eine der besten von öffentlichen Verkehrsmitteln bedienten Strecken Lesothos. Minibustaxis nach Roma fahren am New Taxi Rank in Maseru ab und brauchen 30–45 Min.
Nach:
MASERU (5x tgl., 1 Std.);
SEMONKONG (4x tgl., 4 Std.).

Semonkong und Umgebung

Nach Überquerung des Makhaleng River und des 3000 m hohen Thaba Putsoa von Maseru her kommend, ist Semonkong erreicht. Bis 1873 lebten nur die San in der Region. Doch nach einer Reihe von britischen **Vernichtungsfeldzügen** wurden die letzten San Lesothos bei einer Expedition unter Leitung von Colonel Bowker endgültig ausgelöscht. Die Ortschaft Semonkong begann sich in den 1880er-Jahren im Anschluss an den Gun War als Zufluchtsort für aus dem Tiefland vertriebene Basotho zu entwickeln. Neben ein paar Läden und einer Menge Bars bietet der Ort ein Postamt und eine Bank, die aber nur unzuverlässig geöffnet sind.

Ketane Falls

Von der Lodge in Semonkong (S. 663) ist es ein Tagesmarsch oder eintägiger Pony-Trek nach Westen in die wunderschönen Thaba-Putsoa-

Berge bis zu den malerischen, 120 m hohen Ketane Falls. Es gibt keine andere Möglichkeit, dorthin zu gelangen, und die Pony-Trek-Route gilt als eine der schönsten im Land. Der Wasserfall kann auch im Rahmen eines mehrtägigen Pony-Treks von der Malealea Lodge (S. 675) aus angesteuert werden.

Maletsunyane Falls

Die spektakulären Maletsunyane Falls erreicht man nach einem einstündigen Spaziergang von Semonkong am Flussufer entlang. Der höchste Wasserfall im Süden Afrikas stürzt aus fast 200 m Höhe in ein Becken. Der dabei entstehende Nebel gab ihm seinen Namen: „Rauchendes Wasser". Ein steiler Pfad führt zum Fuß des Wasserfalls, wo man baden und zelten kann. Ab Juni gefriert das Wasser im Pool normalerweise, aber der Wasserfall rauscht den ganzen Winter hindurch. Dabei überziehen sich die Felsen mit einem Eisschleier und über dem Auffangbecken bildet sich eine Eishöhle.

ÜBERNACHTUNG

Semonkong Lodge, 1 km südlich des Ortszentrums, am Maletsunyane River, ✆ 2700 6037, www.placeofsmoke.co.ls. Die Lodge gehört zu den besten in Lesotho. Sie hat DZ mit Bad, einige Zimmer auch mit Kamin, und einen Schlafsaal in gemütlichen, strohgedeckten Steinhäusern mit Strom und Warmwasser-Dusche. Es gibt außerdem einen Zeltstellplatz, eine Küche für Selbstversorger, eine tolle Bar mit Billardtisch, Balkon, Musik-CDs und schmackhaftes Essen (auch vegetarisches). Hauptanziehungspunkt ist jedoch das Riesenangebot an Outdooraktivitäten (s. Kasten). Camping M80, Dorm M145, DZ M660

TRANSPORT

Auto

Mit einem Pkw braucht man für die 130 km lange Strecke von Maseru nach Semonkong rund 3 Std. Diese und die neue Straße von Semonkong nach Qacha's Nek sind erst kürzlich asphaltiert worden und sehr gut befahrbar.

Aktivitäten nahe Semonkong

In Zusammenarbeit mit der Lokalgemeinde bietet die Semonkong Lodge eine riesige Auswahl an **Outdooraktivitäten**, von Spaziergängen durch die Stadt und am Fluss entlang zu Glattnacken-Ibissen über Abseiling bis zu mehrtägigen Pony-Treks mit Nachtlager in einfachen Hütten. Reitausflüge mit Übernachtung müssen gebucht werden. Semonkong darf sich der weltweit längsten kommerziell betriebenen **Abseilstrecke** rühmen: ein atemberaubender, 204 m langer Abstieg entlang der Maletsunyane Falls (1/2 Std., M825). Am Tag vorher wird an einem Hang geübt, und zum Abschluss gibt's Erinnerungsfotos.

Es gibt auch **Pony-Treks**, von Abstechern zu Sehenswürdigkeiten in der Nähe bis zu Expeditionen mit Übernachtung. In größeren Gruppen fallen die Kosten p. P. günstiger aus; das Maximum sind 15 Teilnehmer. Zu zweit zahlt man für einen Tagesausflug M275 p. P., Treks mit Übernachtung kosten inkl. Guide und Packpferd rund M900 p. P. für eine Nacht und M1400 für zwei Nächte. Ein Packpferd ist bei mehrtägigen **Wanderungen** nicht inbegriffen, aber angeraten. Ein Guide für Wanderungen ohne Übernachtung kostet M15 pro Std.

Busse

Lesotho Freight and Bus Services verkehrt von MASERU (tgl. gegen 9–10 Uhr, zurück gegen 6–7 Uhr, ca. 5 Std.) bis zum Ortszentrum von Semonkong, von wo es nur wenige Minuten Fußweg zur Lodge sind.

Ha Baroana

Rund 45 km östlich von Maseru, wenige Kilometer nördlich des Dorfes Nazareth ▪ ◷ tgl. 8–17 Uhr ▪ Eintritt M10

Die **Felsmalereien** von Ha Baroana gehörten einst zu den schönsten des Landes. Die gut erkennbaren Bilder von Tieren, Tänzern und Jägern sind noch immer sehenswert, aber leider von Führern, die die Malereien mit Wasser bespritzt haben, um sie für Touristen besser

LESOTHO

sichtbar zu machen, beschädigt worden. Am besten erreicht man die Felsmalereien über eine schwierig zu befahrende Piste, die an der Hauptstraße ausgeschildert ist. Nach 3,5 km erreicht man das Dorf Ha Khotso. Hier nimmt man den zweiten Abzweig nach rechts und folgt dem Weg 3 km lang bis Ha Baroana. Das schmucke Besucherzentrum stellt den obligatorischen Führer, der einen auf dem 15-minütigen Fußmarsch in die Schlucht begleitet.

Thaba-Tseka

Die spektakuläre Straße vom Mohale Dam (S. 664) nach Thaba-Tseka erreicht auf dem **Mokhoabong Pass** (2860 m) im Zentralgebirge ihren höchsten Punkt. Anschließend fällt sie nach Thaba-Tseka, einer in den 1980er-Jahren erbauten und eher uninteressanten Verwaltungsstadt ab, die über 2200 m hoch liegt. Die fantastische Strecke vom Mohale Dam ist vor kurzem asphaltiert worden, sodass man nun in zwei bis drei Tagen von Maseru via Katse und Thaba-Tseka nach Leribe oder umgekehrt fahren kann.

Der Mohale-Staudamm

Der 80 km östlich von Maseru gelegene und an der A3 ausgeschilderte Mohale Dam wurde 2004 als Phase 1b des Lesotho Highlands Water Project (Kasten S. 667) fertiggestellt. Es handelt sich um den höchsten Staudamm Afrikas, seine 145 m hohen Wände halten fast eine Milliarde Kubikmeter Wasser im Zaum. Er ist durch einen 32 km langen Tunnel mit dem Katse-Staudamm verbunden, von dort wird Wasser nach Südafrika geleitet. Das **Visitor Centre** (🕒 Mo–Fr 8–17, Sa und So 10–16 Uhr; ✆ 2293 6217, ✉ lerotm@lhda.org.ls) veranstaltet tgl. **Führungen** (M10) durch die Anlage: Mo–Fr um 9 und 14 Uhr, Sa und So entweder um 9 oder 12 Uhr. Auf dem See fahren Boote (M300–500 für 2 Pers.), die die Insel Thaba-Chitja und die Staumauer anlaufen. Ohne eigenes Transportmittel ist das Visitor Centre nur schwer zu erreichen, aber es ist gut ausgeschildert: Hinter dem Mohale Camp folgt man für 6 km der Beschilderung auf der A3.

ÜBERNACHTUNG

Buffalo's Hotel, Westseite von Thaba-Tseka, ✆ 2290 0415, ✉ senatentabe@leo.co.ls. Schmucke Anlage abseits der Hauptstraße mit 12 komfortablen Zimmern und ordentlichem Restaurant. M450

Mohale Lodge, nahe Mohale Dam, Likalaneng, ✆ 2293 6134, 💻 www.mohalelodge.co.za. Modernes Hotel mit einem Mix an guten Zimmern und einigen Cottages für Selbstversorger. Es gibt ein gutes Restaurant und der beeindruckende Mohale Dam ist in der Ferne zu sehen. M1100

Mohale oa Masite, 10 km östlich von Thaba-Tseka an der Hauptstraße, ✆ 2290 0980. Angenehmes Hotel mit Zimmern mit Bad, Rondavels, Restaurant und Bar. Beliebt bei Besuchern, die mit Allradfahrzeugen unterwegs sind. M450

TRANSPORT

Auto

Wer die atemberaubend schöne Strecke nach Mokhotlong und zum Sani Pass befahren möchte, braucht ein allradgetriebenes Fahrzeug. Die einigermaßen flache Schotterstraße nach Katse kann mit normalen Pkw bewältigt werden.

Busse

Lesotho Freight and Bus Services pendelt zwischen MASERU und Thaba-Tseka (3x tgl. jeweils am frühen Morgen).

Der Norden

Die nördlich von Maseru im Halbkreis verlaufende Straße zum **Sani Pass** durchquert Lesothos schönste Gegenden. Sie ist bis nach Mokhotlong geteert und trotz einiger Schadstellen außer im Winter gut mit einem normalen Pkw befahrbar. Der Abschnitt von Mokhotlong zum Sani Pass sowie die abenteuerliche Straße, die sich zu den Drakensbergen hinab- und nach Südafrika hineinwindet, sind Schotterpisten. Dafür ist ein 4WD dringend angeraten.

Teya-Teyaneng

Der Name Teya-Teyaneng (meist zu T.Y. abgekürzt) bedeutet „Ort des sich bewegenden Sands", was auf den sich gelegentlich verändernden Lauf des nahen Flusses zurückgeht. Der Ort ist die **Kunsthandwerkshauptstadt** von Lesotho und berühmt für Webarbeiten (s. Kasten), von Pullovern bis zu aufwendig gearbeiteten Wandbehängen.

Ha Kome Cave Village

Rund 2 km vom Dorf Mateka ▪ ⏱ tgl. 8–17 Uhr ▪ Eintritt M43 ▪ ✆ 5775 7437

Dieses Ausflugsziel wird immer beliebter und ist auf jeden Fall einen Abstecher von der nördlichen Hauptstraße wert. Das Dorf besteht aus sieben hübschen, bewohnten Lehmhütten, die sich unter einem Felsüberhang ducken. Sie ähneln eher Iglus oder westafrikanischen Lehmhütten als der sonst in Südafrika anzutreffenden Architektur.

Im modernen, von der Hauptstraße aus sichtbaren **Visitor Centre** bekommen Besucher einen (obligatorischen) Guide zugeteilt, der sie auf dem zehnminütigen Spaziergang zu den Behausungen begleitet. Die Hausherrinnen zeigen Gästen gern ihr Heim und posieren für Fotos.

Leribe (Hlotse)

Der rund 15 km östlich von Maputsoe gegenüber von Ficksburg in Südafrika gelegene, chaotische Grenzort ist vor allem wegen seiner Verkehrsverbindungen von Interesse. Der offizielle Name des Städtchens Leribe ist Hlotse, aber es ist besser unter dem Namen des umliegenden Distrikts bekannt.

Ein Ausflug, der mit etwas Anstrengung verbunden ist, führt zu tollen **Dinosaurier-Fußabdrücken** gut 7 km südlich der Stadt: Man biegt am weißen Schild der Tsikoane-Schule von der Hauptstraße ab und fragt sich zur **Tsikoane Mission** durch, die um die Wende zum 20. Jh. erbaut wurde. Dort kann man sich gegen ein Trinkgeld von einem Einheimischen den Steilhang hoch zum Felsüberhang oberhalb der Kirche begleiten lassen. Das Ziel ist ein großer Felsbrocken, der mit Dutzenden von deutlich erkennbaren dreizehigen Lesothosaurus-Fußabdrücken unterschiedlicher Größe übersät ist.

Leribe Craft Centre

⏱ Mo–Fr 8–16.30, Sa 9.30–13 Uhr; außerhalb der Öffnungszeiten die Anwohner fragen, dann schließt jemand auf ▪ ✆ 2240 0323

Im Leribe Craft Centre, direkt an der großen Kreuzung an der Hauptstraße, werden wunderbare Schals aus Mohair (M150–450), von Men-

LESOTHO

Die Webereien von Teya-Teyaneng

In Teya-Teyaneng gibt es vier Verkaufsstellen für Webwaren, ⏱ alle Mo–Fr 8–17, Sa 9–17, So 10–17 Uhr. Am zentralsten liegt **Setsoto Design**, ✆ 5808 6312, 💻 www.setsotodesign.com, 300 m vom Blue Mountain Inn (s. u.), wo Besucher bei der Teppichherstellung zusehen können. Im angegliederten Laden wird eine ansehnliche Auswahl von Webwaren, Kunsthandwerk und stimmungsvollen Lesotho-Ansichtskarten verkauft. Eine Tasche kostet ungefähr M120, ein großer Teppich um M1500. Kreditkartenzahlung und Onlinebestellungen sind möglich. 3 km südlich der Stadt, von Maseru kommend links, weisen Schilder den Weg zum kleinen Ausstellungsraum von **Hatooa Mose Mosali**, ✆ 2250 0772, was übersetzt so viel bedeutet wie „Frauen müssen ihren Mann stehen und hart arbeiten". Es sind nur wenige Stücke vorrätig, aber man kann aus einem Katalog erlesene Wandbehänge bestellen, deren Anfertigung eine oder zwei Wochen dauert. Ein Stückchen weiter, rechts an der Hauptstraße ausgeschildert, liegt die Anglican St Agnes Mission. Dort befindet sich **Helang Basali Handicrafts**, ✆ 2250 1546, mit einem Ausstellungsraum und einigen Webwaren. Das größte Sortiment (ab M130) hat **Elelloang Basali Weavers**, ✆ 5851 0992, 💻 www.africancrafts.com/artist/elelloang, 5 km nördlich des Orts an der Straße nach Leribe (das letzte Gebäude der Stadt und aus recycelten Dosen errichtet).

schen mit Behinderung gefertigte Decken sowie Landkarten und Bücher über Lesotho verkauft.

ÜBERNACHTUNG UND ESSEN

Teya-Teyaneng

Blue Mountain Inn, Police Station Rd, einige hundert Meter hinter der Post, ✆ 2250 0362, 💻 www.bmilesotho.com. Geräumiges, effizient gemanagtes Hotel mit Dutzenden kleiner altmodischer, aber gut ausgestatteter Chalets und einem neueren Block mit eleganteren Zimmern und besserem Preis-Leistungs-Verhältnis. Außerdem Restaurant mit leckeren Gerichten (M40–80), Pizzeria, 3 Bars, Pool und weitläufige Rasenfläche mit schattigen Tischen. M700

Ka Pitseng Guest House, von Maseru kommend unterhalb der Hauptstraße ausgeschildert, ✆ 2250 1638, 💻 www.molengoane-kapitseng.co.ls. Bescheidener als das Blue Mountain Inn, mit sauberen Zimmern und einem passablen Restaurant, in dem mittwochs ein Basotho-Mittagsbuffet (R50) aufgetischt wird. M680

Leribe

Bird Haven, Jlisimeng II, 3 Straßen östlich der Hauptkreuzung, ✆ 5954 3030, 💻 www.birdhavenleribe.com. Gute und zentrale Option mit 5 reizvollen Rondavels mit Küchenzeile und eigenem Bad in einer Vorortgartenanlage und 2 Zimmern im Hauptgebäude. M600

Mountain View Hotel, von der großen Kreuzung die Straße hoch, ✆ 2240 0559, 💻 www.skymountainhotels.com. Hat Zimmer im Hauptgebäude sowie in Chalets und Rondavels im Garten. Im Restaurant gibt es schmackhafte Fleisch- und Fischgerichte sowie Snacks. Zum Hotel gehört außerdem eine gut besuchte Bar. M750

Naleli Guest House, 2 km vom Ortszentrum auf der alten Straße nach Norden Richtung Butha-Buthe, ✆ 2240 0409, 💻 www.naleliguesthouse.co.ls. Bietet die besten Gästezimmer und das beste Essen im Ort. Die hübsch möblierten Zimmer haben Blick auf einen Garten und eine Terrasse, im Restaurant gibt's Seehecht mit Pommes (M60), Steak (M70) und donnerstags authentische Basotho-Gerichte. M685

TRANSPORT

Teya-Teyaneng

Auto

Die reizvolle Main North Road (A1) führt durch eine mit Sandsteinhügeln übersäte Landschaft.

Busse und Minibustaxis

Die Bus- und Taxihaltestelle liegt 100 m östlich der Hauptstraße an der Straße nach Mapoteng. Zahlreiche Transportmittel verkehren auf der Strecke Teya-Teyaneng–Maseru (40 Min.) und weiter nördlich nach Leribe (3/4 Std.) und Butha-Buthe (1 Std.), und man muss selten lange auf ein Fahrzeug warten.

Ha Kome Cave Village

Auto

Die Höhlen sind auf der Straße von Teya-Teyaneng nach Mateka ausgeschildert. Hinter dem Fußballplatz von Mateka biegt man nach rechts auf die Schotterpiste ein und gelangt auf die Straße, die bergab zum Visitor Centre führt. Für eine landschaftlich schönere Variante biegt man von Maseru kommend nach 4 km rechts auf die B31 ab und folgt der Beschilderung nach Sefikeng und Kome Cave Village. Diese Straße windet sich in steilen Haarnadelkurven hoch zum Lancer's Gap, ein außergewöhnlicher Bergrücken mit großem mittigen Einschnitt, durch den die Straße führt. Der Name rührt von einem Lanzenreiter-Regiment her, das an dieser Stelle während des Gun War in einen Hinterhalt geriet und besiegt wurde. Von Thaba Bosiu (30 km weiter) gibt es ebenfalls eine ordentliche, direkte Schotterpiste; allerdings kann der steile, 30 m lange Abschnitt der Straße zwischen Sefikeng and Mateka für normale Fahrzeuge bei schlechtem Wetter problematisch werden. In diesem Falle sollte man nur von Teya-Teyaneng aus anfahren.

Öffentliche Verkehrsmittel

Das Höhlendorf lässt sich am leichtesten via Teya-Teyaneng erreichen. Dort nimmt man eines der häufig verkehrenden Minibustaxis nach Mateka 19 km nordöstlich, von wo ein bequemer, halbstündiger Spaziergang den Hang hinab zum Visitor Centre und nach Kome führt.

Leribe

Auto

Die Schnellstraße von Maseru streift den Süden von Leribe. Zwischen den beiden Tankstellen befindet sich die große Kreuzung; die von Maseru kommend links abzweigende Straße führt hinauf ins Ortszentrum.

Busse und Minibustaxis

Die Taxihaltestelle erreicht man über die Abzweigung beim Mountain View Hotel. Es herrscht kein Mangel an Transportmöglichkeiten, aber wer nach Süden schnell vorankommen möchte, nimmt besser einen Minibus nach Maputsoe (10 Min.) und steigt dort um.

Die Straße zum Katse-Staudamm

Östlich von Leribe türmt sich die Front Range der Maloti Mountains auf. Die Region liegt im Mittelpunkt der Phase 1a des **Lesotho Highlands Water Project** (s. Kasten), dessen Kernstück der Staudamm und Stausee bei **Katse** bilden. Die als Zufahrtstraße von Leribe zum Damm gebaute 100 km lange A8 ist allein schon die Anreise wert. Sie steigt steil vom Tiefland hoch, überquert den 3090 m hohen **Mefika Lisiu Pass** und erreicht schließlich das Bokong Nature Reserve, wo sie runter zum Katse-Staudamm führt.

Bokong Nature Reserve

Am Rand der A8 ▪ tgl. 8–16.30 Uhr ▪ 2246 0723, www.lhda.org.ls ▪ Eintritt M30 ▪ Guides M30 pro Tag ▪ Reitpferde M150 pro halber Tag, M210 pro Tag

Das atemberaubend schöne Bokong Nature Reserve, ein Paradies für Hochgebirgswanderer, wurde als Teil des Highlands Water Project (s. Kasten) eingerichtet. Ihr Highlight ist der sensationelle **Lepaqoa Fall**, der im Winter zu einer Eissäule erstarrt.

Der **Eingang** zum Reservat befindet sich neben dem **Visitor Centre**, 3 km hinter dem Pass an der Hauptstraße. Vom Besucherzent-

Das Lesotho Highlands Water Project

Lesotho hat Wasser im Überfluss, aber wenig Geld, Gauteng dagegen genügend Geld und wenig Wasser. Das sind die Tatsachen hinter dem Bau des Lesotho Highlands Water Project – bis dato das umfangreichste Technikprojekt Afrikas. Im Wesentlichen sollen hierbei die größten Richtung Süden fließenden Flüsse Lesothos aufgestaut werden. Das Wasser wird dann durch Tunnel (die längsten der Welt) über ein Wasserkraftwerk bei 'Muela zum Ash River nördlich von Clarens in Südafrika geleitet und fließt von dort in den Vaal und nach Gauteng. Dafür fließen monatlich rund 24 Millionen Rand von Südafrika nach Lesotho.

Der Vertrag, mit dem das Projekt grünes Licht bekam, wurde 1986 unterzeichnet, jedoch ohne nennenswerte Einbeziehung der Anwohner oder Berücksichtigung der ökologischen Auswirkungen. Für Dorfbewohner, die von der Überflutung betroffen waren, wurden verschiedene Entschädigungsregelungen getroffen. Wie nicht weiter verwunderlich, besagen aber einige Stimmen, dass diese Versprechen nicht eingelöst wurden.

Die erste Phase des Projekts wurde 2004 abgeschlossen und umfasste den Bau des 185 m hohen Katse-Staudamms, ein unterirdisches Wasserkraftwerk bei 'Muela, Tunnel zum Ash River und die gesamte Straßeninfrastruktur. Im Zuge dieser Phase wurden auch in Liphofung Cave, Katse und den Naturreservaten Einrichtungen für Besucher geschaffen. Dahinter stand die Annahme, die lokalen Gemeinden würden von touristischen Anziehungspunkten profitieren. Parallel wurde auch der Mohale-Staudamm am Senqunyane River errichtet und per Tunnel mit dem Katse-Stausee verbunden. 2014 begann die zweite Phase des Projekts mit dem Polihali-Damm im Distrikt Mokhotlong. Von hier wird Wasser durch einen weiteren Tunnel in den Katse-Stausee geleitet werden. Die Fertigstellung dieses Staudamms ist für 2020 vorgesehen.

rum am Rand einer 100 m hohen Felsklippe über dem Lepaqoa-Tal kann man einen 45-minütigen Spaziergang auf einem schlecht gekennzeichneten Fußweg zum Kopf des Lepaqoa Fall unternehmen, einen Guide anheuern und Pferde mieten. Infos zu zwei- oder dreitägigen Ponytreks oder Wanderungen über das Plateau 32 km nach Norden zum Ts'ehlanyane National Park bekommt man telefonisch beim Visitor Centre.

Der Katse-Staudamm

Visitor Centre Mo–Fr 8–12, 13–16, Sa und So 8–12 Uhr ▪ **Staumauer-Führungen** Mo–Fr 9 und 14, Sa und So 9 und 11 Uhr ▪ Eintritt M10 ▪ **Botanischer Garten** ⌚ Mo–Fr 7–17, Sa und So 9–14 Uhr ▪ Eintritt M5 ▪ ✆ 2291 0377, 💻 www.lhda.org.ls

Der Ort **Katse**, eine ehemalige Bauarbeitersiedlung über dem See, ist eine triste Ansammlung schachtelförmiger Häuser. Aber der mächtige Damm darunter (Kasten S. 667), der fast zwei Milliarden Kubikmeter Wasser staut, beeindruckt selbst Leute, die sich normalerweise nicht für diese Art Technik interessieren. Über die Details informiert das **Visitor Centre** mit dem leuchtend blauen Dach, kurz vor dem Ort und dem Damm. In einstündigen Führungen werden das Tunnelnetz und die Dammstraße besichtigt. Bei den Anfangsgrabungen war festgestellt worden, dass der Felsboden seismisch instabil ist. Daher wurde ein beweglicher Kern in das Fundament des Damms eingebaut. Dennoch verursachte das schnelle Auffüllen des Sees eine Reihe kleinerer **Erdstöße**. Laut Auskunft der Ingenieure war dies zu erwarten, aber das wussten die Einwohner von Ha Mapaleng nicht, wo sich ein 30 cm breiter, 1,5 km langer Spalt mitten durchs Dorf auftat. Die Seherin des Dorfs erklärte, dass eine **unter der Erde wohnende Schlange** durch die Errichtung des Damms aufgeschreckt worden war und das ganze Dorf verschlingen werde. Niemand wartete die Erfüllung der Prophezeiung ab, und man siedelte das Dorf 1 km weiter neu an.

Im Dorf befindet sich der sehenswerte **Botanische Garten**, von dem aus man auf den Stausee blickt. An den Hängen gibt es afroalpine Ökosysteme, die zahlreiche bunte Vögel anziehen. Die Anlage ist so etwas wie ein Schutzgebiet für Tausende stark gefährdeter Spiralaloen *(aloe polyphylla)*, die von den Baustellen und vor Dieben gerettet werden konnten. Ein Programm zur Ansiedlung der Spiralaloen und von Bergbambus wurde ebenfalls ins Leben gerufen.

ÜBERNACHTUNG

Pitseng

Aloes Guest House, von der A8 den Wegweisern folgen, ✆ 2700 5626, ✉ aloesguesthouse@gmail.com. Das einzige Highlight im verschlafenen Pitseng an der A8 ist dieses stilvolle Guesthouse mit Bungalows rings um einen kleinen Pool. Es besitzt einen Zeltplatz, Dormbetten und Einrichtungen für Selbstversorger; Verpflegung auf Anfrage. Quadbikes, Pony-Trekking und Wanderungen in Begleitung von Guides können organisiert werden. Camping M80, Dorm M200, DZ M600

Bokong Nature Reserve

Unterkunft im Reservat, Näheres beim Booking Office des LHDA Nature Reserves in Butha-Buthe, ✆ 2246 0723 oder 2291 3206, ✉ nature @lhda.org.ls. Überall im Reservat darf gezeltet werden. In der Nähe des Wasserfalls stehen 2 Rondavels (jedes mit 4 Einzelbetten) mit Gemeinschaftsküche und -bad. Gas und Bettzeug ist vorhanden, Lebensmittel müssen mitgebracht werden. 5 geräumige Chalets gibt es beim Visitor Centre, wo in einem schlichten Restaurant nach Voranmeldung Mahlzeiten (M25) zu haben sind. Verpflegung, Unterkunft und Ponys so früh wie möglich buchen. Camping M50, Rondavels und Chalets M400

Katse

Orion Katse Lodge, Katse Village, ✆ 2291 0202, 💻 www.katselodge.co.za. Die eintönigen Zimmer der Lodge bieten Ausblick auf den See mit seinem beeindruckenden Vogelleben. Auf dem Areal gibt es auch noch eine Auswahl an preiswerteren Dorm-Betten und Apartments. Das Restaurant ist okay und serviert eine ordentliche Auswahl an Gerichten. Bootsfahrten (M600–1000), Radtouren, Pony-Trekking und Wanderungen können organisiert

LESOTHO

werden. Dorm M200, Apartment M660, DZ Lodge M1100

TRANSPORT

Bokong Nature Reserve

Das Reservat ist von LERIBE mit **Minibustaxis** zu erreichen, die ungefähr alle 2 Std. nach Katse fahren; den Fahrer bitten, beim Visitor Centre 100 m abseits der Hauptstraße anzuhalten. Wenn die von Katse nach Leribe zurückkehrenden **Minibusse** voll sind, kann man versuchen, mit einem Minibus ins 15 km östlich gelegene Ha Lejone zu fahren und dort ein Transportmittel für die Weiterfahrt nehmen.

Katse

Die Ankunfts- und Abfahrtstelle der Busse und Minibustaxis befindet sich am Ortseingang von Katse. Tgl. gegen 6 Uhr fährt ein **Bus** nach MASERU (6 Std.), und ungefähr alle 2 Std. geht ein **Minibustaxi** nach LERIBE (3 Std.). Zahlreiche Busse und Minibusse verbinden Katse mit THABA-TSEKA (2–3 Std.) auf einer guten Schotterstraße Richtung Süden.

Butha-Buthe

Butha-Buthe (wörtl. „Rast") ist ein typischer Grenzort – laut und schmuddelig – und besitzt wenig, was zum Bleiben einlädt, ist allerdings eine prima Ausgangsbasis für den Besuch nahe gelegener Sehenswürdigkeiten.

Der östlich vom Ort aufragende **Butha-Buthe Mountain** war die erste Festung von Moshoeshoe I., bevor er 1824 nach Thaba Bosiu auswich. Der Aufstieg ist steil, aber nicht sonderlich schwierig, und oben eröffnet sich eine umwerfende Aussicht. Wer den Weg abkürzen möchte, nimmt ein Minibustaxi bis Ha Mopeli.

ÜBERNACHTUNG

Crocodile Inn Hotel, Hospital Rd, ✆ 2246 0223, ✉ crocodileinn@yahoo.com. Die einzige zentral gelegene Unterkunft hat einfache Zimmer mit Bad und bessere in Rondavels. Zum Haus gehören 2 Bars, in denen bis in die frühen Morgenstunden kräftig gefeiert wird, und ein preiswertes Restaurant. M600

Likileng Lodge, 1 km außerhalb auf der linken Seite der Straße Richtung Oxbow, ✆ 2246 0686, ✉ likilenglodge@tsebo.co.ls. Die Lodge auf dem LHDA-Gelände ist wahrscheinlich die beste Unterkunft im Ort. Sie verfügt über tadellose, saubere Zimmer mit Bad, eine Bar und ein Restaurant, wo es leckeres Essen gibt. M530

TRANSPORT

Von der großen Kreuzung im Ort fahren zahlreiche **Busse** und **Minibustaxis** nach MASERU (2 Std.) und KATSE (3 Std.) sowie 2–3x tgl. nach MOKHOTLONG (7 Std.).

Ts'ehlanyane National Park

🕒 tgl. 8–17 Uhr ▪ Eintritt M30, plus M10 pro Fahrzeug und M10 bei Übernachtung ▪ Mietpferde nach Anmeldung M180 für 3 Std., M210 pro halber Tag, M410 pro Tag ▪ ✆ 2246 0723 oder 2291 3206, ✉ nature@lhda.org.ls

Eine asphaltierte Straße zweigt 9 km südöstlich von Butha-Buthe ab und führt 32 km weit nach Südosten durch ein malerisches Tal in die Westausläufer der Front Range. Der Ts'ehlanyane National Park erstreckt sich über 56 km² extrem hügeliges Wandergelände am Zusammenfluss des Ts'ehlanyane und Holomo. Er schützt mehrere ökologisch wichtige Gebiete, besonders den endemischen **Leucosidea sericea-Wald**, in Lesotho *Ouhout* oder *Che-che* genannt – eines der wenigen Waldgebiete Lesothos. Zu den hier lebenden **Säugetieren** zählen vor allem Ducker, Paviane und verschiedene Wildkatzenarten, während der eingezäunte Berg gegenüber der Maliba Lodge die Heimat einer Herde riesiger Elenantilopen ist. Außerdem ist der Park der Lebensraum des vom Aussterben bedrohten Schmetterlings *Metisella syrinx*, von Bartgeiern (auch Lämmergeier genannt) und Erdspechten. Die **beste Reisezeit** ist im Frühling, wenn an den Flussufern die kleinen gelben Blumen blühen, denen der Park seinen Namen verdankt. Das Highlight sowohl für Wanderer als auch Pony-Trekker bildet der spektakuläre 35 km lange Trail, der den Park mit dem Bokong Nature Reserve im Süden (S. 667) verbindet. Am Weg liegen Flüsse, in denen man baden kann.

Kulturelle Modeaccessoires: Decke und Hut

In einer Region Afrikas, in der die **traditionelle Kleidung** fast gänzlich verschwunden ist, sticht Lesotho als Ausnahme hervor. Der **mokorotlo** (der traditionelle Hut der Basotho) ist nicht mehr so weit verbreitet, aber in Lesotho ist der unverkennbare Kegel mit dem Bommel noch häufiger zu sehen. Die Form des aus Stroh geflochtenen *mokorotlo* ist dem Qiloane Mountain nahe Thaba Bosiu nachempfunden. Der Hut hat sich zum typischen Basotho-Souvenir entwickelt und wird in jedem Kunsthandwerksladen verkauft, meist für M50 oder weniger.

Häufiger als der *mokorotlo* ist die Basotho-**Decke**. Sie wird aus hochwertiger Wolle gewebt und im ganzen Land zu jeder Jahreszeit getragen. Europäische Händler brachten sie in den 1860er-Jahren aus England nach Lesotho, heutzutage werden die Decken in Südafrika hergestellt.

Die Webmuster auf den Decken stammten ursprünglich aus englischen Entwürfen, aber im Lauf der Zeit schrieben die Basotho ihnen Bedeutungen nach eigener Vorstellung zu; Maiskolben zum Beispiel galten als Symbol für Fruchtbarkeit. Die in Lesotho allgegenwärtigen Fraser's Stores begannen als Verkaufsstellen für Decken und haben sie auch heute noch im Sortiment. Auch der Di Mezza & De Jager Trading Store, auf der anderen Seite der Grenze in Clarens (S. 505), ist ein ausgezeichneter Laden. Eine Decke erster Güte (aus reiner Wolle) kostet M400–600, für hiesige Verhältnisse ein Vermögen.

Obwohl sie immer Importware gewesen sind, bleiben die Decken im Wesentlichen ein Charakteristikum der Basotho und ein Symbol für ihr Nationalbewusstsein.

ÜBERNACHTUNG

Maliba Mountain Lodge, ✆ 0027-31-702 8791 (Südafrika), 💻 www.maliba-lodge.com. Die luxuriöse private Lodge im Nationalpark ist Lesothos beste Herberge. Unterbringung in 6 wunderschönen „Mountain Lodge" Suiten mit Fußbodenheizung, Kamin und privatem Balkon. Daneben gibt es am Fluss zahlreiche schicke Hütten für bis zu 8 Pers. und kleinere Hütten. Pony-Trekking (M280 p. P. bis 3 Std., M350 bis 5 Std., M410 ganzer Tag), Besuche in Dörfern (M80), es gibt Karten für Wanderungen und Allradtouren. Im Wellness-Zentrum kann man sich mit Massagen und anderen Behandlungen verwöhnen lassen. Mahlzeiten in den Hütten- und Suiten inkl. Chalet am Fluss M1650, Hütte M2100, Suite M3360

Nationalpark-Unterkunft, ✆ 2246 0723 oder 2291 3206. In der Nähe der Parkrezeption liegt ein Guesthouse mit 6 Schlafgelegenheiten und 3-Bett-Dorms. Dorm M150, Guesthouse M450

TRANSPORT

Von BUTHA-BUTHE fahren regelmäßig **Minibustaxis** zum Eingang des Nationalparks.

LESOTHO

'Muela

Kraftwerk Führungen tgl. 9 und 14 Uhr ▪ Eintritt M30 ▪ **Visitor Centre** ✆ 2224 8000

22 km nordöstlich von Butha-Buthe führt beim Dorf Khukhune rechts eine Straße bergauf nach 'Muela, einem wichtigen Teil des Lesotho Highlands Water Project (Kasten S. 667). Hier wird mit dem Wasser, das durch einen Tunnel aus dem Katse-Stausee nach Südafrika heranströmt, ein unterirdisches Wasserkraftwerk betrieben. Es versorgt ganz Lesotho mit Strom. Die eigentlichen Sehenswürdigkeiten liegen im Inneren des Berges. Bei den **Führungen** (vom Visitor Centre veranstaltet) kommt man an drei großen Turbinen vorbei, die dafür sorgen, dass in Lesotho die Lichter nicht ausgehen.

Liphofung Cave Cultural Historical Site

3 km abseits der Hauptstraße Richtung Norden, 7 km hinter der Abfahrt nach 'Muela ▪ 🕒 tgl. 8–17 Uhr ▪ Eintritt M30 ▪ Pony-Trekking M100 für einen halben Tag

Die Liphofung Cave Cultural Historical Site ist ein Felsüberhang, verziert mit sensationellen **Felszeichnungen der San**, denen die Stätte ihren Namen verdankt: „Ort der Elenantilope". Für die Basotho besitzt die Höhle eine besondere Bedeutung, denn sie diente dem jungen Moshoeshoe I. als Versteck. Pony-Trekking mit Guide arrangiert das Visitor Centre.

ÜBERNACHTUNG

Liphofung Visitor Centre, ✆ 2246 0723. Zwei einladende Selbstversorger-Rondavels auf dem Gelände des Visitor Centre mit jeweils 4 Betten. Camping M40, Rondavel M250

Mamohase Rural Stay B&B, an der Hauptstraße südlich von Liphofung dem Wegweiser folgen, dann 2 km auf einer holprigen Sandpiste, ✆ 5805 8438 oder 5804 5597, 💻 www.mamohaseruralstay.com. Die heimelige Unterkunft bietet Mahlzeiten im Esszimmer der Familie und ein paar Betten in Rondavels mit Eimerdusche und Außentoilette. M500

Oxbow

Die ins Hochland führende A1 zählt zu den beeindruckendsten Straßen Lesothos. Sie passiert spektakuläre Sandsteinformationen und windet sich dann in waghalsigen Kurven zum Basaltgestein hoch. Rund 20 km von Liphofung entfernt, hinter dem **Moteng Pass** (2820 m), liegt Oxbow: eine Kette unscheinbarer Gebäude in einem schmalen Tal. Im Winter ist hier alles voller Südafrikaner, die mal Schnee sehen wollen. Der Renner zwischen Juni und August an der Straße 16 km oberhalb von Oxbow ist **Skilaufen**. Dort unterhält AfriSki (s. u., Skipass M400 pro Tag, Ausrüstung M340 pro Tag) eine 2 km lange Skipiste samt Skilift und Schneekanonen. 🕒 Juni–Aug tgl. 9–16 Uhr.

ÜBERNACHTUNG

AfriSki, Mahlasela Basin, ✆ 5954 4734, 💻 www.afriski.net. 10 km an der Straße oberhalb von Oxbow liegt auf 3220 m Höhe das Wintersportresort mit Blick auf den Skihang. Es gibt 250 Betten in Backpacker-Schlafsälen oder sehr gut ausgestatteten Zimmern mit Bad. Buchung über das zentrale Reservierungsbüro. Dorm M150, DZ M1200

New Oxbow Lodge, Oxbow, ✆ 0027-51-933 2247 (Südafrika), 💻 www.oxbow.co.za. Hat ihre Glanzzeiten hinter sich, besitzt aber immer noch gemütliche, warme Zimmer, eine Bar und ein Restaurant mit erschwinglichen Mahlzeiten. Die Umgebung ist wunderbares Wandergelände. M1050

Roof of Africa Road

Die landschaftlich reizvolle Strecke von Oxbow nach Mokhotlong, häufig als „Dach von Afrika"-Route bezeichnet, erreicht ihren höchsten Punkt am **Tlaeeng Pass** (3251 m) und passiert unterwegs die **Letseng-Diamantenmine**. Die Straße ist auf ganzer Länge asphaltiert, aber die extremen Temperaturunterschiede und die schweren Minenlastwagen haben ihre Spuren und zahlreiche Schlaglöcher hinterlassen.

Mokhotlong

Das Städtchen Mokhotlong („Ort des Glattnackenibis") am gleichnamigen, wasserarmen Fluss galt früher als „der einsamste Ort Afrikas" und ist im Winter immer noch tage- oder wochenlang vom Rest der Welt abgeschnitten.

Zunächst war Mokhotlong 1905 Polizeiposten und entwickelte sich dann zum Handelszentrum für die Hochlandbewohner der Region, blieb jedoch weiterhin vom restlichen Land isoliert. Erst im Jahr 1947 wurde eine Funkverbindung eingerichtet, 1948 kam ein Flugplatz hinzu und in den 1950er-Jahren eine rudimentäre Straßenanbindung. Aber noch lange Zeit erreichten die meisten Waren Mokhotlong nur auf Ponys von Natal her über den Sani Pass.

Bis heute wähnt man sich ein bisschen so wie am Ende der Welt, doch Mokhotlong ist die einzige Ansiedlung nennenswerter Größe in Ost-Lesotho und ein guter Ort, um sich mit dem nötigsten Proviant einzudecken, wenn die Reise über den Grenzposten Sani Top fortgesetzt werden soll.

ÜBERNACHTUNG

Farmers' Training Centre, 2 km nördlich, ausgeschildert als „FTC", ✆ 2292 0235. Schlichte, billige Schlafsaalbetten in sauberen Zimmern, aber mit gruseligen Gemeinschaftsbädern. Das Beste ist die Lage am Stadtrand. Keine Verpflegungsmöglichkeiten. M70

Molumong Guest House, 20 km südwestlich an der Straße nach Thaba-Tseka, ✆ 0027-83-254 3323 (Südafrika), 💻 www.molumong.wordpress.com. Die abgeschiedenste Lodge Lesothos ist eine rustikale, charaktervolle, in den 1920ern erbaute Unterkunft mit fantastischer Aussicht. Im Haupthaus befinden sich sehr gemütliche DZ für Selbstversorger und eine Lounge zum Chillen. Außerdem gibt es einen Schlafsaal und Zeltplatz. In Mokhotlong gibt es nur ein begrenztes Lebensmittelangebot, daher ausreichend Verpflegung mitbringen. Die Lodge bietet preiswertes Pony-Trekking und ist eine gute Ausgangsbasis für Wanderungen. Erreichbar ist sie mit einem der stdl. verkehrenden Minibusse von Mokhotlong nach Ha Janteau. Camping M80, DZ M340

Senqu Hotel, auf der A1 kommend am Stadtrand, ✆ 2292 0330. Hat einige schöne Zimmer (nach einem mit Balkon und guter Aussicht fragen), aber auch ältere, die zwar sauber, aber mitgenommen sind. Das Hotelrestaurant mit Bar ist das beste Lokal im Ort. M500

St James Lodge, 4 km außerhalb an der Straße von Mokhotlong nach Thaba-Tseka, ✆ 071 627 6801, 💻 www.stjameslodge.co.za. Die Selbstversorger-Unterkunft auf dem Gelände der St James Mission besitzt einladende Zimmer mit Bad, günstigere Rondavels mit separatem Bad und einen Platz zum Zelten. Veranstaltet auf Anfrage Pony-Trekking, Dorfbesuche mit Kulturprogramm und eine Kirchenbesichtigung. Camping M70, Rondavel M300, DZ M400

GELD

Im Ort gibt es einen Geldautomaten der **Standard Lesotho Bank**.

TRANSPORT

Zur Hauptkreuzung von Mokhotlong gelangt man am besten mit dem in MASERU abfahrenden Bus von **Lesotho Freight and Bus Services** (tgl. um 7 Uhr hin und um 8 Uhr zurück, ca. 9 Std.). Es fahren **Minibustaxis** von BUTHA-BUTHE (mehrmals tgl., 6 Std.) und nach SANI TOP (bis zu 3x tgl., 1 1/2 Std.). Der frühmorgendliche **Bus** von Mokhotlong nach Sani Top fährt i. d. R. über den Pass nach Underberg und nachmittags zurück. Außerdem betreibt die Sani Mountain Lodge (S. 450) einen Shuttleservice zwischen der Lodge und dem südafrikanischen Grenzposten am Fuß der Passstraße.

Sani und Umgebung

Von der Hauptstraße nach Mokhotlong zweigt 5 km vor der Ortschaft die kurvenreiche Schotterpiste nach Sani ab. Sie führt durch zauberhafte Landschaft fast 60 km am Sehonkong River entlang, überquert den **Kotisephola Pass** (3240 m) und fällt dann in **Sani Top**, ein paar Kilometer von der Grenze zu Südafrika entfernt, auf 2895 m ab.

Von Sani Top aus lassen sich einzigartige Wanderungen unternehmen, etwa der steile, 12 km lange Aufstieg zum **Thabana Ntlenyana**, mit 3482 m die höchste Erhebung im Süden Afrikas und bei frühem Aufbruch hin und zurück an einem Tag zu bewältigen. Ebenfalls anstrengend, aber traumhaft schön, ist die 40 km lange, etwa 4 Tage dauernde **Top-of-the-Berg**-Wanderroute zum Sehlabathebe National Park.

Die Fahrt von Sani über den mit Haarnadelkurven gespickten **Sani Pass** hinab nach Südafrika (S. 449) ist nur mit einem 4WD erlaubt. Im Winter machen Schnee oder Eis den Pass oft unpassierbar. **Übernachtungsmöglichkeit** gibt's kurz hinter der Grenze in der Sani Mountain Lodge (S. 450).

TRANSPORT

Busse und Minibustaxis

Sani lässt sich nur bei gutem Wetter erreichen, keinesfalls nach Schneefall. Von der Sani Mountain Lodge verkehren **Busse** nach MOKHOTLONG (ca. 5x tgl., 1 1/2 Std.). Auf der südafrikanischen Seite fahren Allradfahrzeuge von Underberg hoch zur Sani Mountain Lodge (hoch tgl. 11.30 und 15.30 Uhr, runter tgl. 10.30 und 14.30 Uhr, R250).

Über die Grenze

Die Grenze, zwischen Sani Mountain Lodge und Sani Pass gelegen, ist tgl. 8–16 Uhr geöffnet. Auf der Lesotho-Seite bleibt sie bis 17 Uhr offen.

Der Süden

Die Süden Lesothos kann zwar nicht die gewaltigen Dimensionen der Gebirge von Nord- und Zentral-Lesotho aufzuweisen, dafür aber märchenhafte Landstriche, die sich relativ leicht erkunden lassen, besonders auf dem Pferderücken von den ausgezeichneten Lodges in **Malealea** und **Semonkong** aus. Die im 19. Jh. erbaute Missionsstadt **Morija** ist wahrscheinlich die historisch bedeutsamste Niederlassung des Landes. In ihrer Nähe finden sich Dinosaurier-Fußabdrücke, ebenso bei **Mohale's Hoek** und (am leichtesten erreichbar) weiter südlich bei **Quthing**. Die Weiterfahrt nach Nordosten, am Ort **Qacha's Nek** vorbei, führt zum abgeschiedenen **Sehlabathebe National Park** – ein echtes Abenteuerziel.

Morija

In dem hübschen Städtchen am Fuß des Makhoarane Plateau, 44 km von Maseru, ist das landesweit wichtigste Museum angesiedelt. Zudem besitzt es das ältese Gebäude, die älteste Kirche und die älteste Druckerpresse Lesothos. Morija wurde 1833 mit Zustimmung von Moshoeshoe I. als erste christliche Mission des Landes gegründet und drei Missionaren der Pariser Evangelischen Missionsgemeinschaft überantwortet. Die idyllische Umgebung, attraktive Unterkunftsmöglichkeiten und seine leichte Zugänglichkeit machen den Ort zur idealen Basis für die Erkundung des Westens von Lesotho.

Lesotho Evangelical Church

Ortszentrum

Die aus rotem Ziegelstein erbaute Kirche mit ihrem eindrucksvollen, von Teakholzbalken gestützten Dach ist meist sonntags geöffnet. Mit dem Bau dieses dritten Gotteshauses am selben Standort wurde 1847 mit Hilfe durchreisender Pedi begonnen, die auf der Suche nach Arbeit unterwegs zur Kapkolonie waren. Der Kirchturm kam erst 1905 hinzu. Ein interessantes Detail sind die Pfeiler im Kirchenschiff: Sie wurden aus alten Schiffsmasten gefertigt und per Ochsenkarren von Port Elizabeth hierher transportiert.

Maeder House Gallery

Neben der Kirche ▪ 🕒 Di–So 10–16 ▪ ☎ 5946 7681

Ein Großteil von Morija wurde 1858 von Afrikandersoldaten in Schutt und Asche gelegt. Das praktisch einzige unversehrt gebliebene Gebäude war das Maeder House von 1843, heute das älteste Gebäude des Landes. Heute wird es als Galerie genutzt, die bemerkenswerte moderne Malereien, Mosaike, herrliche Keramiken von Patrick Rorke und Kunsthandwerk weiterer lokaler Künstler verkauft. Es gibt ein **Kunstzentrum** für die Kinder des Ortes und Künstler, die zu Besuch hier weilen. Spenden von Kunstbüchern oder -materialien sind sehr willkommen. In einem angeschlossenen Gebäude befindet sich die historische **Druckerei**. Seit den 1860er-Jahren werden dort Basotho-Literatur sowie die älteste Zeitung des Landes hergestellt: Die *Leselinyana la Lesotho* („Kleines Licht von Lesotho") erscheint fast ununterbrochen seit 1863.

Morija Museum and Archives

Gleich bergauf oberhalb der Kirche ▪ 🕒 Di–Sa 11–16, So 13–16 Uhr ▪ Eintritt M30 ▪ ☎ 2236 0308, 💻 www.morija.co.ls

Ein Abstecher nach Morija lohnt schon dieses Museums wegen. Die in einem Saal und angrenzenden Korridor ausgestellten Stücke sind eine gelungene Kombination aus geologischen und fossilen Fundstücken, Meteoritensplittern, ethnografischem sowie mit Moshoeshoe (S. 649) und seinen Zeitgenossen verbundenem historischem Material. Hier werden auch Bücher verkauft, darunter der empfehlenswerte *Guide to Morija* (M20), und Führungen durch den Ort inkl. Kirche und der Maeder House Gallery organisiert. Das **Museumsarchiv** besitzt die beste Sammlung an Büchern über Lesotho im ganzen Land.

Aktivitäten in Morija

Pony-Treks von einer Stunde (M100) bis hin zu Tagestouren (ab M385) lassen sich über Morija Guest Houses (s. Übernachtung) oder das Museum arrangieren. Morija ist Ausgangspunkt mehrerer **Wanderpfade** – am spannendsten ist der zu den sensationellen Krallenabdrücken von Flugsauriern an einem Felsen auf halbem Weg zum Makhoarane Plateau, 45 Min. hinter dem Guesthouse. Für die Wanderungen kann man einen Guide anheuern; die Bezahlung ist Verhandlungssache.

Kurator Stephen Gill ist eine Koryphäe, was die Geschichte und Kultur des Landes angeht.

In der letzten September- und ersten Oktoberwoche findet unter der Schirmherrschaft des Museums das **Morija Arts and Cultural Festival**, 💻 www.morija.co.ls, statt, das bedeutendste Kunst- und Kulturevent des Landes. Das Programm umfasst traditionelle Musik, Jazz, Tanz, Pferderennen und Kunstgewerbeausstellungen sowie Theater, Kino, Sport und Veranstaltungen für Kinder.

LESOTHO

ÜBERNACHTUNG

Lindy's B&B, auf dem Hügel über dem Museum, immer den weißen Steinen nach, 📞 6285 5309, 💻 www.lindysbnb.co.ls. 2 hübsch möblierte Cottages für bis zu 4 Pers. Ein Gebäude ist historisch, das andere neu. Mittag- und Abendessen kann vorbestellt werden. M600

Morija Guest Houses, 📞 2236 0306, 💻 www.morijaguesthouses.com. Die Lodge, einer der attraktivsten des Landen, liegt zauberhaft oberhalb vom Ort: vom Museum immer den weißen Steinen nach. Das Haus mit Reetdach hat mehrere hübsche, aber dünnwandige Zimmer, plus eine voll ausgestattete Küche, Lounge und Veranda mit fantastischer Aussicht. Unterhalb vom Guesthouse stehen mehrere einladende Basotho-Cottages für Selbstversorger. Mountainbikes können für M65 pro Std. gemietet werden. Nach Voranmeldung ist auch Verpflegung möglich. Wer mit öffentlichen Verkehrsmitteln anreist, zahlt M160 für das beste verfügbare Bett in einem beliebigen Zimmer. M620

ESSEN

Morija Museum Tea Shop. Im Teashop des Museums in einem traditionellen Rondavel im Garten hinter dem Hauptgebäude sind kalte Getränke und einfache Basotho-Speisen zu haben. Am besten genießt man sie auf der Terrasse mit Talblick. 🕒 Mo–Sa 9–16.30, So 14–16.30 Uhr.

Snackbar, gegenüber der Post. Getränke und hervorragende, billige Basotho-Gerichte für supergünstige M20 gibt's in der zum Lebensmittelladen gehörenden Snackbar, ein paar Minuten Fußweg unterhalb vom Museum. 🕒 tgl. 8–19 Uhr.

INFORMATIONEN

Touristeninformation. Das Morija Museum dient auch als Touristeninformation.

TRANSPORT

Morija ist leicht mit den **Bussen** und **Minibustaxis** zu erreichen, die den ganzen Tag über von Maseru hierher fahren (3/4–1 Std.). Es gibt keinen festen Bus- oder Taxihalteplatz; die öffentlichen Verkehrsmittel, die Morija als Endstation haben, halten vor dem Postamt in der Nähe des Museums. Wer mit einem der Busse reist, die nach Mafeteng und Mohale's Hoek weiterfahren, wird 1 km westlich vom Ortszentrum an der Hauptstraße abgesetzt bzw. aufgegabelt.

Malealea

An der betriebsamen Minibustaxi-Haltestelle von **Motsekuoa**, 10 km südlich von Morija, zweigt die Straße zum Dorf Malealea ab – dank der ungeheuer gefragten Malealea Lodge & Pony Trek Centre (s. u.) einer der berühmtesten Orte von ganz Lesotho. Die heute auf einem geräumigen, bewaldeten Gelände stehende Lodge in sensationeller Lage an den Ausläufern der Thaba-Putsoa-Berge war ursprünglich ein kleiner Handelsposten, errichtet 1905 von dem britischen Abenteurer Mervyn Bosworth-Smith.

Von diesem stammt die Inschrift der Messingtafel oben auf dem majestätischen Gate of Paradise Pass, 6 km vor der Lodge: „Wayfarer, pause und look upon a gateway of Paradise“ (Reisender, halte inne und schau auf ein Tor zum Paradies).

ÜBERNACHTUNG

Malealea Lodge & Pony Trek Centre, ✆ 0027-82-552 4215 (Südafrika), 🖳 www.malealea.com. Schlichte, aber gemütliche Unterbringung in Hütten, Chalets und Rondavels zwischen Bäumen auf einem hübschen Gelände. Die Lodge ist immer gut besucht: Neben dem Speisesaal (wo zu festen Zeiten vorgegebene Mahlzeiten serviert werden) gibt es eine kleine Bar, und an den meisten Abenden versammeln sich die Gäste im Freien um ein Lagerfeuer. Die lokale Gemeinde profitiert sehr von der Lodge, denn sie schafft Arbeitsplätze und führt vom Malealea Development Trust finanzierte Projekte durch, und Lodge-Gäste können bei Dorfbesuchen mit überwältigender Gastfreundschaft rechnen. Mahlzeiten können hinzugebucht werden (Frühstück M80, Mittagessen M100, Abendessen M135). Camping M100, Hütten M350, Zimmer im Farmhaus M580, Rondavels M700

Aktivitäten in Malealea

Die Malealea Lodge bietet **begleitete Pony-Treks** an, von kurzen, einstündigen Ausflügen bis zu so vielen Tagen, wie Sitzfleisch und Finanzen es zulassen. Übernachtet wird in einfachen Hütten mit Gaskocher, Küchenutensilien und Matratzen auf dem Boden. Die Trips können auch kurzfristig organisiert werden. Die **Kosten** hängen vom Tourziel und der Gruppengröße ab (durchschnittlich M475 für einen Tag mit Übernachtung plus M100 für die Übernachtung in einem Dorf oder M10 pro Wanderstunde). Reiter dürfen nicht mehr als 90 kg wiegen (plus zusätzlich maximal 12,5 kg Gepäck) und müssen eine Krankenversicherung nachweisen. Eine gute und preiswertere Alternative zum Pony-Trekking (kann ganz schön anstrengend sein, wenn man kein geübter Reiter ist) ist es, zu Fuß zu gehen und ein Pony als Lasttier zu benutzen.

Mögliche Kurzausflüge sind **Spaziergänge zu Dörfern** und eine Visite bei einem traditionellen Heiler *(sangoma)*. Längere Tagestrips, entweder zu Fuß oder im Sattel, haben die Botsoela Falls (ein herrlicher vierstündiger Ausflug ab M240, der auch für Reitanfänger geeignet ist), den Pitseng Canyon und seinen Felspool, Felszeichnungen der San und den Gates of Paradise Pass am Matelile Ridge zum Ziel.

TRANSPORT

Vom New Taxi Rank in MASERU fährt ein **Minibustaxi** direkt bis zum Schlagbaum der Malealea Lodge (tgl. gegen 11 Uhr, 85 km, 2 Std.). Alternativ kann man ein **Taxi** von Maseru nach Mafeteng (1x stdl.) nehmen und in Motsekuoa (1 Std.) umsteigen, wo Taxis nach Malealea (5x tgl., 1 Std.) abfahren.

Mafeteng und Umgebung

Das geschäftige, 18 km vom **Grenzübergang** Van Rooyenshek entfernte Mafeteng ist der erste Ort auf lesothischer Seite, den man erreicht, wenn man von Wepener im Freistaat anreist. Der Name bedeutet „Ort der Leute von Lefeta“ und geht auf Emile Rolland zurück, Sohn eines französischen Missionars und erster Magistrat des Distrikts. Die Einheimischen, die ihn bis auf den Umstand, dass er nicht an den Initiationsriten teilgenommen hatte (an ihnen „vorbeigegangen“ war), praktisch als Basotho betrachteten, verpassten ihm den Beinamen Lefeta („der Vorbeigehende“). Bei den Unruhen von 1998 wurde Mafeteng stark in Mitleidenschaft gezogen, doch im Ortskern ist davon nichts mehr zu spüren.

Das einzige sehenswerte Gebäude ist das **District Administrator's Office** in der Hauptstraße: seine Vorderfront zieren geschnitzte Tierköpfe.

Thabana Morena Plateau

Diese imposante Hochebene rund 20 km östlich von Mafeteng ist ein tolles Ausflugsziel,

Dongas und Bodenerosion in Lesotho

Beim Besuch von Lesotho fällt sofort auf, dass es im ganzen Land so gut wie keine **Bäume** gibt. Das Land – einst die Kornkammer der Region – steht vor ökologischen Problemen katastrophaler Ausmaße, und Tonnen unwiederbringlichen Mutterbodens, durch jahrzehntelange Überbeanspruchung gelockert, werden Jahr für Jahr von den Flüssen weggespült.

Die Probleme begannen mit der Vereinnahmung der fruchtbarsten Gebiete durch den Oranje-Freistaat in den 1860er-Jahren. Die Basotho sahen sich danach gezwungen, Lebensmittel auf hügeligerem, bis dahin nur als Winterweiden genutztem Terrain anzubauen. Diese Entwicklung dauert bis heute an, und in Gegenden wie Semonkong und Mokhotlong wird sogar noch in Höhen von über 2000 m Ackerbau betrieben. Aber Berge sind kein Ersatz für fruchtbare Ebenen, und Lesotho ist seit den 1920er-Jahren auf Lebensmittelimporte angewiesen.

Die ökologischen Folgen des unvermindert fortgeführten Ackerbaus in den Bergen Lesothos sind verheerend. Die Fruchtbarkeit des Bodens hat stark nachgelassen, weit schlimmer jedoch ist, dass gewaltige Erdmengen bei den sommerlichen Regenfällen weggeschwemmt werden. An vielen Orten wurde schon so viel Mutterboden abgetragen, dass sich breite Rinnen, sogenannte **dongas**, gebildet haben. Obwohl *dongas* oft mit Grün überzogen sind und fruchtbar aussehen, liegt die übrig gebliebene Erde meist so dicht am Oberflächengestein, dass an ertragreiche Kultivierung nicht zu denken ist.

Seit einiger Zeit werden Anstrengungen unternommen, diesen Prozess aufzuhalten, am deutlichsten sichtbar an den Terrassenfeldern an den Berghängen. Wer eines der besten Beispiele dafür sehen möchte, wie erfolgreich *dongas* in fruchtbares Land verwandelt werden können, lässt sich den Weg zur *donga* der Familie Musi im Dorf neben der Malealea Lodge (S. 675) zeigen (die Lodge vermittelt auch Guides). Fanuel Musi begann vor rund 20 Jahren damit, die *donga* aufzufüllen; sein Enkel und dessen Frau setzen nun diese Arbeit fort. Spenden sind willkommen.

aber nur mit einem eigenen (gemieteten) Fahrzeug zu erreichen. Sie thront über dem gleichnamigen Dorf, und wer den steilen, einstündigen Marsch auf sich nimmt, wird mit herrlichen Ausblicken auf die Freistaat-Ebenen im Westen und die Thaba-Putsoa-Berge im Osten belohnt.

ÜBERNACHTUNG UND ESSEN

Golden Hotel, rechts an der Hauptstraße von Maseru kommend, kurz vor Mafeteng, ✆ 2270 0566. Das unauffällige Hotel hat akzeptable Zimmer mit Bad und ein kleines Lokal, wo Pizza und Fleischgerichte serviert werden. M390

Mafeteng Hotel & Restaurant, im Süden des Ortes, ein Stück die kleine Straße beim Funkturm entlang, ✆ 2270 0236. Sieht wie ein alter Flughafenkontrollturm, besitzt aber hübsche, geräumige Zimmer mit Bad und Satelliten-TV, außerdem Cottages in einem Garten und einen guten Pool. Wer hier schlafen möchte, sollte vorher fragen, ob abends Disco stattfindet. Das Restaurant ist wahrscheinlich das beste Lokal von Mafeteng und bietet Fleischgerichte zu vertretbaren Preisen. M400

TRANSPORT

Wie es sich für einen Grenzort gehört, hat Mafeteng einen belebten Busbahnhof an der Hauptkreuzung im Zentrum des Ortes, wo sich leicht ein Verkehrsmittel für die Weiterfahrt Richtung Norden nach MORIJA (1/2 Std.) und MASERU (1 Std.) und Richtung Südosten nach MOHALE'S HOEK (3/4 Std.), QUTHING (1 1/2 Std.) und darüber hinaus (tgl. 5 **Busse** und zahlreiche **Minibustaxis** in beide Richtungen) finden lässt.

Mohale's Hoek

Mohale's Hoek, nur ein Stückchen vom wenig benutzten Grenzübergang Makhaleng Bridge entfernt, ist kein besonders reizvoller Ort. Es besitzt aber ein ordentliches Hotel, und in den

Hügeln ringsum gibt es ein paar Sehenswürdigkeiten, darunter gut erhaltene **Dinosaurier-Fußabdrücke**. Mohale war Moshoeshoes jüngerer Bruder. Der König hatte ihm die Aufsicht über die Region übertragen, Teil seines Versprechens, Häuptling Moorosi die Herrschaft über den Distrikt zu entreißen. Es leben aber immer noch recht viele Angehörige von Moorosis Baphuthi-Clan hier; ihre Sprache ist dem Xhosa näher als dem Basotho. Viel betrachten oder unternehmen lässt sich in Mohale's Hoek nicht, abgesehen von der wunderschönen Fahrt, Wanderung oder dem Ponyritt in die einsamen Mokhele-Berge (s. u.).

Mokhele Mountain Range

Die herrliche Mokhele Mountain Range, 10 km östlich von Mohale's Hoek, stellt ein perfektes Ziel für eine Fahrt, Wanderung oder einen Pony-Trek dar (zwecks Trek im Mount Maluti Hotel fragen). Die Anfahrt führt ein paar Kilometer auf der Hauptstraße nach Süden ins Dorf Mesitsaneng, dann am Wegweiser der Grundschule links ab und 11 km auf einer holprigen Sandpiste nach Osten bis zur historischen französischen **Maphutseng Mission**, unter deren Dach sich einst Einheimische vor den angreifenden Buren versteckten. An der Stelle, wo die Straße einen scharfen Knick nach links macht, biegt man auf einen schmaleren Pfad ab. Dort kommt ein Plateau in Sicht, nur ein kurzes Stück Fußweg entfernt, mit einigen **Dinosaurier-Fußabdrücken** und den Überresten einer Inschrift anlässlich ihrer „Entdeckung" 1959.

ÜBERNACHTUNG UND ESSEN

Mount Maluti Hotel, ✆ 2278 5224, 💻 www.hmmlesotho.com. Komfortable Zimmer mit TV, außerdem Bar, Tennisplatz und Pool. Das Hotelrestaurant hat die beste Küche von Süd-Lesotho, darunter köstliche Pizza (M45–95) frisch aus dem Ofen. M680

TRANSPORT

Busse halten am belebten Busbahnhof im Ortszentrum von Mohale's Hoek, **Minibustaxis** sammeln sich auf der Hauptstraße nahe der Engen-Tankstelle. Unter all den Taxis und Bussen (6x tgl. in beide Richtungen) müsste im Laufe des Tages jeder ein Transportmittel nach Norden in Richtung MASERU (2 Std.) oder Süden nach QUTHING (3/4 Std.) finden.

Quthing und Umgebung

Quthing, das auch **Moyeni** („Ort des Windes") genannt wird, ist auf merkwürdige Art in einen unteren und oberen Abschnitt aufgeteilt. Der 1884 von den Briten nach dem Gun War gegründete Ort macht einen ziemlich armseligen Eindruck. Aber seine Lage am Hang einer Schlucht, durch die ein Fluss fließt, ist spektakulär, und die Aussicht auf die Berge ringsum präsentiert sich beim Aufstieg in den oberen Ortsteil von Schritt zu Schritt immer atemberaubender.

Dinosaurier-Fußabdrücke

🕒 tgl. 8–16 Uhr ▪ Eintritt M10

Die am leichtesten erreichbaren Dinosaurier-Fußabdrücke in Lesotho befinden sich ganz in der Nähe des unteren Abschnitts von Quthing. An der Straße nach Mount Moorosi, ungefähr 400 m von der Kreuzung, wo es ins Ortszentrum von Quthing abgeht, steht eine Art Schuppen und daneben das strohgedeckte **Visitor Centre** links von der Straße. Im Schutz der Hütte liegen verschiedene, deutlich erkennbare Fußabdrücke, außerdem gibt's ein wenig Kunsthandwerk zu kaufen.

Masitise Cave House

Ein paar Kilometer westlich von Quthing (beim Schild „Masitise Primary" von der Hauptstraße aus Mafeting kommend rechts abbiegen und der unebenen Straße an der Kirche vorbei folgen) ▪ 🕒 Mo–Fr 8.30–17, Sa und So 8.30–14 Uhr ▪ Eintritt M10 ▪ ✆ 5875 8187, 💻 www.masitisecavehouse.blogspot.com

Das ungewöhnliche, unbedingt sehenswerte Haus wurde 1866 vom Schweizer Missionar D.F. Ellenberger in einen Felsüberhang hineingebaut. Ellenbergers 1912 erschienene *History of the Basuto: Ancient & Modern* war die erste Studie dieser Art. Sein Wohnhaus ist heute ein **Museum**. Es zeigt das faszinierende Heim der Ellenbergers und enthält spannende Ausstellungsstücke zur Geschichte der Region Quthing sowie eine Erklärung für die Dinosaurier-

Fußabdrücke im Dach eines der Zimmer. Aaron Ntsonyana, der Kurator, führt Besucher herum. Pastor Ramonotsi, ✆ 2700 5760, kann Privatzimmer vermitteln.

ÜBERNACHTUNG

Fuleng Guest House, nahe der ersten Haarnadelkurve in den oberen Ortsteil, ✆ 2275 0260. Hat superpreiswerte Zimmer in schlichten Rondavels (nicht alle sind gleich gut ausgestattet) oder luxuriösere, stilvollere Zimmer mit TV. Rondavels M360, DZ M450

Mountain Side Hotel, rund 100 m auf der Sandpiste hinter dem Fuleng, ✆ 2275 0257. In dem gemütlichen Hotel gibt es überwiegend akzeptable Zimmer, eine nette private Bar, eine freundliche öffentliche Kneipe und ein ordentliches Restaurant mit leckerem Tagesmenü. M750

TRANSPORT

Busse (5x tgl.) und zahlreiche **Minibustaxis** fahren von der Bushaltstelle an der Hauptkreuzung nordwärts Richtung MASERU (2 1/2 Std.). Sehr viel seltener fahren öffentliche Verkehrsmittel nach Nordosten Richtung QACHA'S NEK (darunter um 10 Uhr ein Bus von **Lesotho Freight and Bus Services** von Maseru jeden 2. Wochentag, 5 Std.). Es gibt auch Minibustaxis zum nahe gelegenen Grenzübergang Tele Bridge (🕒 tgl. 6–22 Uhr), wo Transportmittel für die Weiterreise nach Sterkspruit im Ostkap bereitstehen.

LESOTHO

Mount Moorosi und Umgebung

Etwas mehr als 40 km östlich von Quthing liegt der Ort Mount Moorosi. Er ist nach einem Häuptling benannt, der sich in den 1850er-Jahren in der Region niederließ. Er war ein Verbündeter der San und hatte mehrere San-Ehefrauen. In den 1870er-Jahren zog er sich die Feindschaft der Briten zu. 1879 griffen britische Truppen seine Festung an, in der er acht Monate aushielt. Doch dann überwanden die Soldaten mit Strickleitern die steilen Felshänge und nahmen den Häuptling gefangen. Sie enthaupteten ihn und stellten seinen abgeschnittenen Kopf öffentlich zur Schau. **Thaba Moorosi**, wo die größte Schlacht stattgefunden hat, liegt rund 1 km weiter rechts von der Hauptstraße. Die Stelle kennzeichnen einige Steinplatten, in die die mit der Gefangennahme des Häuptlings beauftragten britischen Soldaten ihre Namen eingeritzt haben. Der Aufstieg zum Thaba Moorosi ist ziemlich unfallträchtig. Wer dorthin möchte, sollte deshalb unbedingt jemanden in Mount Moorosi in Kenntnis setzen.

Kurz nachdem sie einen Bogen um den Thaba Moorosi geschlagen hat, lässt die Hauptstraße den Senqu River hinter sich und führt zügig ins Hochland. Dabei passiert sie die grandiose **Quthing Gorge** und erreicht nach etwa 10 km ihre höchste Stelle am **Lebelonyane Pass** (2456 m), wo sich sensationelle Ausblicke eröffnen. Die Bergstraße nach Sehlabathebe ist eine weitaus weniger befahrene Reiseroute ins Hochland als die nördlichere Straße nach Mokhotlong. Wegen ihrer alpinen Schönheit gilt sie bei manchen als die reizvollste Fahrstrecke des ganzen Landes.

Qacha's Nek

Bei **Sekake**, 34 km östlich von Mphaki, stößt die kürzlich asphaltierte Straße wieder auf das Südufer des Senqu. Es ist eine wunderschöne, kurvenreiche Fahrt, aber vor Qacha's Nek trüben leider auch hier erodierte Flächen und *dongas* (S. 676) das Bild. Der nach Häuptling Moorosis Sohn Ncatya benannte Ort Qacha's Nek wurde 1888 durch die Briten gegründet. Sie wollten dadurch in dieser für Banditenüberfälle berüchtigten Gegend den Schwierigkeiten zuvorkommen, die ihnen Häuptling Moorosi bereitet hatte. Viele der „Banditen" waren aber in Wirklichkeit verzweifelte, ihrer Wohnstätten und Existenz beraubte San. Die Briten kannten jedoch kein Mitleid und jagten sie in den 1860er- und 1870er-Jahren bis zur Ausrottung.

In den 1850er-Jahren hatte Moorosis Volk der Baphuthi begonnen, sich hier niederzulassen und bald war alles Wild erlegt und das Land in Viehweiden und Ackerland verwandelt. Das lokale Klima mit seinen ungewöhnlich starken Regenfällen fördert das Wachstum von

Nadelbäumen, darunter mächtige Drehkiefern. Aus diesem Grund herrscht in Qacha's Nek eine völlig andere Atmosphäre als im übrigen, nahezu baumlosen Lesotho.

Im Ort gibt es abgesehen von der eleganten **St Joseph's Church** am östlichen Ortsrand keine Sehenswürdigkeiten, doch die umliegende Berglandschaft ist ein sagenhaftes **Wanderrevier**.

ÜBERNACHTUNG UND ESSEN

Anna's B&B, hinter dem Central Hotel in der Nähe des Farmers' Training Centre, ✆ 2295 0374, ✉ annasb&b@leo.co.ls. Das einladende B&B verfügt über ein Restaurant und unterschiedliche Zimmer: ältere mit Gemeinschaftsbad und neuere mit eigenem Bad. M380

Letloepe Lodge, vom Grenzposten kommend am Kreisverkehr rechts abbiegen, ✆ 2295 0383, 💻 www.malealeatours.com. Die beste Unterkunft von Qacha's Nek, in attraktiver, gut ausgeschilderter Lage am Fuß des Letloepe-Felsens am Ortsrand, nur ein paar Min. Fahrzeit von der Grenze. Die Lodge bietet ordentliche Rondavels mit Bad und TV, manche auch mit Küchenzeile. Im Lodge-Restaurant werden feste Menüs serviert. Auch billigere Unterbringung für Backpacker in 2- oder 3-Bettzimmern mit Gemeinschaftsbad (M125). M420

Nthatuoa Hotel, auf der Hauptstraße von Quthing kommend das erste Gebäude links am Ortseingang von Qacha's Nek, ✆ 2295 0260. Ein Zimmer ist luxuriöser als das andere, alle haben ein Bad. Wer möchte, kann auch sein mitgebrachtes Zelt aufstellen (M50). In allen Übernachtungspreisen ist ein großzügiges Frühstück inbegriffen. Im Pub und Restaurant werden auch Mittag- und Abendessen serviert. M350

TRANSPORT

Da Qacha's Nek ein wichtiger Grenzort ist, stehen normalerweise viele öffentliche Transportmittel bereit, die von der Tankstelle im Ortszentrum nach Südwesten in Richtung Quthing abfahren.

Ein **Bus** verkehrt zwischen Qacha's Nek und MASERU (Abfahrt jeweils um 6.30 Uhr, bis zu 10 Std.). Die **Minibustaxis** mit ihren Kuhglocken am Kühler hört man schon von Weitem. Auf der anderen Seite der Grenze startet ungefähr stdl. irgendein Verkehrsmittel nach MATATIELE im Ostkap, von dort verkehren reichlich Busse und Minibustaxis nach Kokstad und weiter.

Sehlabathebe National Park

Eintritt frei

Das älteste Naturschutzgebiet des Landes, seit 2013 als Teil des Maloti-Drakensberg Park als Unesco-Welterbe gelistet, ist abgelegen und fast unzugänglich, dafür aber entsprechend menschenleer und atemberaubend schön. Der Park liegt an der Grenze zu Südafrika in den Südausläufern der Drakensberge auf einer durchschnittlichen Höhe von 2400 m. Berühmt ist er für seine reichhaltige Vogelwelt, hervorragendes Forellenangeln, Wasserfälle, Felszeichnungen und unendlich viel offenes Gelände – ein perfektes Wanderrevier. Im Park leben auch wilde Tiere wie Paviane, Riedböcke, Elenantilopen und scheue Bleichböckchen, Mangusten, Otter, Wildkatzen und Schakale. Bei gutem Wetter lässt es sich hier ohne Weiteres auch länger aushalten. Aber zu jeder Jahreszeit und sogar an einem wolkenlosen Tag können wie aus dem Nichts Nebel und Regen auftauchen, also entsprechend vorbereitet sein.

ÜBERNACHTUNG

Mit einem Permit von der Lodge darf überall im Park gezeltet werden. Für welche Art der Unterbringung man sich auch entscheidet: unbedingt genügend Proviant und einen Reservekanister voll Benzin mitbringen. Die einzige Unterkunft innerhalb des Parks, Jonathan's Lodge, wurde geschlossen und wird durch die **Sehlabathebe Lodge**, ✆ 5802 8729, ✉ kretha2010@yahoo.com, mit 72 Dormbetten ersetzt. Der Eröffnungstermin stand zur Zeit der Recherche noch nicht fest.

Sehlabathebe Ranger Station, Sehlabathebe Village, ✆ 2295 0551 oder 5807 1433, ✉ semakhetha@gmail.com. Der elegante Gästebungalow der Rangerstation nahe dem Eingangstor zum Nationalpark verfügt über einfache Schlafsäle mit insgesamt rund 30 Betten und ordentlichen Gemeinschafts-

LESOTHO

einrichtungen. Ein Restaurant serviert Frühstück (M40), Mittag- und Abendessen (jeweils M70). M70

INFORMATIONEN

Die **Sehlabathebe Ranger Station** hat Infos zum Park und den Wandermöglichkeiten. Wer nicht bloß herumspazieren, sondern ernsthaft wandern möchte, besorgt sich vorher beim Department of Lands, Surveys and Physical Planning in Maseru (Kasten S. 654) eine detaillierte Karte der Region.

TRANSPORT

Auto und Busse

Wer von der Lesotho-Seite zum Sehlabathebe National Park gelangen möchte, braucht entweder ein **allradgetriebenes Fahrzeug** oder muss den **Bus** von **Lesotho Freight and Bus Services** nehmen, der von QACHA'S NEK zur direkt am Parkrand gelegenen Ortschaft Sehlabathebe fährt (tgl. um 12 Uhr, Rückfahrt 5.30 Uhr, 4–5 Std.).

Zu Fuß

Die einzige andere Möglichkeit, von der Lesotho-Seite her in den Park zu gelangen, ist im Rahmen der 40 km langen Wanderung entlang der **Top-of-the-Berg**-Strecke von Sani Top. Von Südafrika ist es ein ganzer Wandertag bis zum Park. Die Route führt durch den Südabschnitt des zu Südafrika gehörenden Ukhahlamba Drakensberg Park über einen sensationellen Wanderweg, der bei Bushman's Nek beginnt, 38 km von Underberg in KwaZulu-Natal.

© DUMONT BILDARCHIV / TOM SCHULZE

Swasiland

Stefan Loose Traveltipps

Königliche Feste Die eindrucksvollen Zeremonien beim Ncwala und Umhlanga sind farbenprächtiger Ausdruck der eigenständigen Swasi-Nation. S. 696

Malandela's Homestead Die kleine Siedlung sprüht vor Kreativität und Unternehmergeist. Hier befinden sich die coole Veranstaltungsbühne House on Fire und Gone Rural, eins der besten Kunsthandwerksgeschäfte in Swasiland. S. 697

Kulturtour nach KaPhunga Das tolle Projekt erlaubt es Besuchern, ein paar Tage in einem Dorf zu leben und so Einblicke in den Alltag im ländlichen Swasiland zu bekommen. S. 700

Mkhaya Game Reserve Geländegänge mit Nashörnern und halb offene Unterkünfte mitten im Busch garantieren ein unvergessliches Naturerlebnis. S. 700

Wildwasserrafting auf dem Great Usutu Eine actionreiche Paddeltour im Schlauchboot auf dem längsten Fluss von Swasiland. S. 701

Malolotja Das wilde, hügelige und atemberaubend schöne Naturreservat ist Lebensraum Hunderter Vogelarten und lädt zum Wandern oder Reiten ein. S. 705

SWASILAND

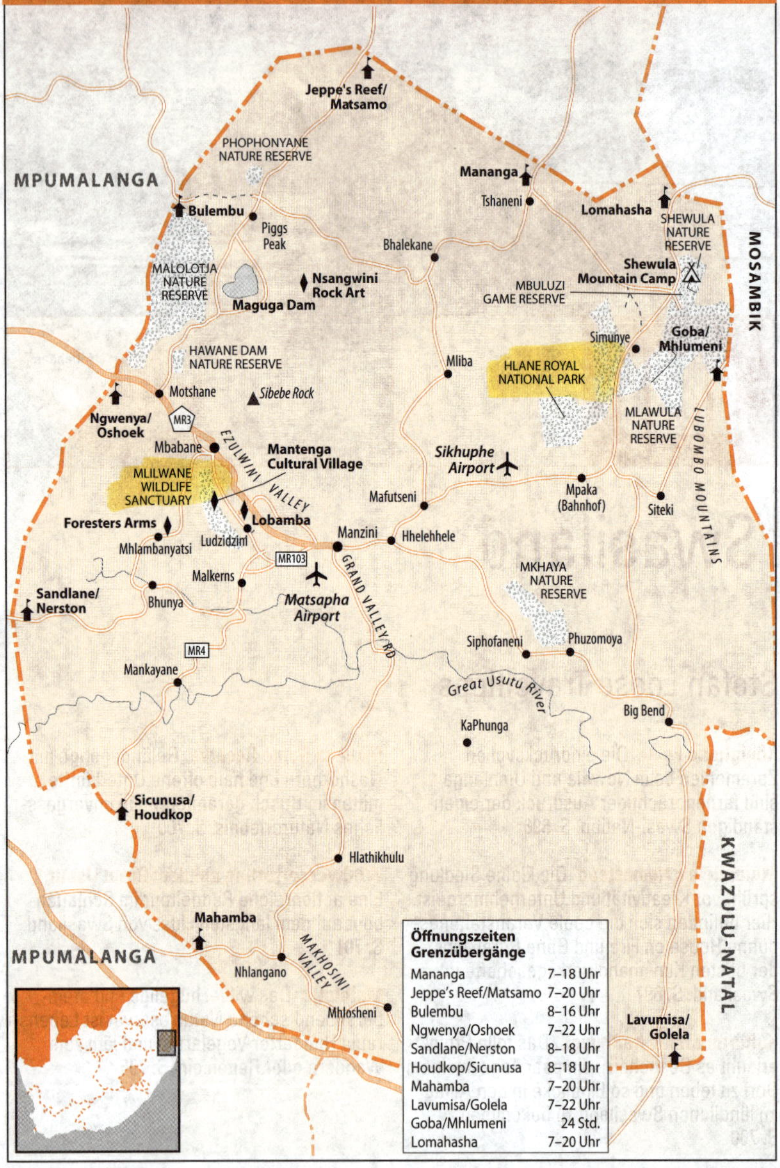

Öffnungszeiten Grenzübergänge

Mananga	7–18 Uhr
Jeppe's Reef/Matsamo	7–20 Uhr
Bulembu	8–16 Uhr
Ngwenya/Oshoek	7–22 Uhr
Sandlane/Nerston	8–18 Uhr
Houdkop/Sicunusa	8–18 Uhr
Mahamba	7–20 Uhr
Lavumisa/Golela	7–22 Uhr
Goba/Mhlumeni	24 Std.
Lomahasha	7–20 Uhr

Der winzige Binnenstaat Swasiland wird auf drei Seiten von Südafrika und im Osten, entlang der Lubombo Mountains, von Mosambik umschlossen. Swasiland war von 1903 bis zu seiner Unabhängigkeit 1968 ein britisches Protektorat. Vorherrschend war jedoch immer der südafrikanische Einfluss. Heute präsentiert sich Swasiland als faszinierende Mischung aus kolonialem Erbe und afrikanischem Selbstbewusstsein. Manche Besucher haben den Eindruck, dass es hier freundlicher, entspannter und vielleicht sogar ein wenig sicherer zugeht als im größeren Nachbarland. Obwohl Swasiland weitaus erschlossener ist als beispielsweise Lesotho, lohnen die atemberaubende Landschaft gepaart mit dem ernsthaft betriebenen Tierschutz unbedingt einen Abstecher. Mit einem Auto und etwas Zeit kann man einige der weniger bekannten Reservate erkunden, in abgeschiedenen, unberührten Siedlungen übernachten und bei guter Planung auch etwas von der lebendigen Kultur Swasilands miterleben.

Swasiland zieht nicht zuletzt auch **Rucksackreisende** an, denn preiswerte Minibus-Kombi-Taxis fahren bis in jede Ecke des Landes und diverse gute Backpacker-Lodges bieten Unterkunft. Die Möglichkeiten für Abenteuersport sind zahlreich: von Mountainbiking und Reitpferden bis zu Wildwasserrafting und Canopygliding über Baumwipfeln. Swasiland hat sechs **Nationalparks** in unterschiedlichen landschaftlichen Regionen, alle mit preiswerten Unterkünften. Die Parks sind zwar nicht ganz so straff durchorganisiert wie die südafrikanischen, aber vielleicht macht sie ja gerade das umso reizvoller.

Die kleine, unaufgeregte Landeshauptstadt **Mbabane** ist eine prima Ausgangsbasis für Abstecher ins hübsche, zentral gelegene **eZulwini Valley**, wo sich der Königspalast und das **Mlilwane Wildlife Sanctuary** befinden. Mit eigenem Fahrzeug oder (ein wenig anstrengender) öffentlichen Transportmitteln lassen sich auch das Highveld im Nordwesten und das märchenhafte **Malolotja Nature Reserve** mit seinen ausgezeichneten Wanderwegen, tiefen Tälern und schroffen Felsen erreichen.

Im **Sommer** ist es heiß, besonders im östlichen Lowveld. Im **Winter** scheint tagsüber meist die Sonne, aber nachts kann es im westlichen Highveld in der Umgebung des Malolotja Nature Reserve empfindlich kalt werden. Die sommerlichen Regenfälle beschränken sich normalerweise auf kurze Wolkenbrüche, dann verwandeln sich die ungeteerten Nebenstraßen in Schlammpisten. Das östliche Lowveld von Swasiland, einschließlich Hlane Royal National Park, ist im Sommer (Nov–Mai) **Malariagebiet**. Näheres zur notwendigen Prophylaxe auf S. 714.

Wer wird König?

Alle **Swasi-Monarchen** stammen aus der Familie **Dlamini**. Sie heiraten im Lauf ihrer Regentschaft mehrere Frauen aus verschiedenen Clans, um die Einheit der Nation zu festigen. Theoretisch ehelicht der König nach und nach die Töchter zunehmend wichtiger Familien, was bedeutet, dass der Sohn der letzten Ehefrau eigentlich die besten Chancen auf den Thron hat. In der Praxis mischen aber auch andere Frauen mit älteren Söhnen bei der Thronfolgerfrage mit, die jedes Mal einsetzt, wenn ein König das Zeitliche segnet. Nach dem Ableben des Monarchen wählt der königliche Rat, *liqoqo* genannt, die neue **Königinmutter** aus. Sie regiert, bis ihr Sohn alt genug ist, um das Amt zu übernehmen. Normalerweise muss sie mit harten Bandagen kämpfen, um ihre Stellung gegen machthungrige männliche Verwandte zu verteidigen. Größter Vorteil dieser ungewöhnlichen Praxis ist, dass die Zeit, bis der neue König alt genug zum Regieren ist, dazu genutzt wird, sich genügend Unterstützung für den neuen König zu sichern, damit dieser dann erfolgreich regieren kann.

Geschichte

Die dokumentierte Geschichte von Swasiland reicht bis zum Clan der **Dlamini** und ihres Königs **Ngwane** zurück, der gegen 1750 vom heutigen Mosambik auf der Flucht vor dem Volk der Ndwandwe aus Zululand über die Lubombo Mountains ins südöstliche Swasiland kam. Der Clan ließ sich in Mhlosheni und später in Zombodze im Südwesten nieder. Dort errichtete Ngwane seinen Herrschaftssitz, allerdings ständig bedroht von einem Angriff der Ndwandwe.

Reiseinfos Swasiland

Geld

Landeswährung ist der **Lilangeni** – Plural **Emalangeni**, abgekürzt (E) –, der an den südafrikanischen Rand gebunden ist (1 Rand = 1 Lilangeni). Der Rand gilt in Swasiland als legales Zahlungsmittel, daher ist kein Umtausch notwendig. Emalangeni dagegen gelten nur in Swasiland.

Telefon und Telefonnummern

Die **Landesvorwahl** von Swasiland ist ✆ 268, gefolgt von der Nummer des jeweiligen Teilnehmers (es gibt keine regionalen Vorwahlnummern). Von Swasiland ins Ausland wählt man ✆ 00, dann die Landes- und Regionalvorwahl sowie die Anschlussnummer, für **R-Gespräche** die ✆ 94.
Swasiland besitzt nur ein **Mobilfunknetz** namens MTN, das normalerweise überall gut funktioniert.

Gesetzliche Feiertage

1. Januar	**22. Juli** Geburtstag von König Sobhuza II.
Karfreitag	**August/September** Umhlanga-Tanztag
Ostermontag	**6. September** Unabhängigkeitstag
19. April Geburtstag von König Mswati III.	**Dezember/Januar** Ncwala-Tag
25. April Tag der Nationalflagge	**25. Dezember** Weihnachten
1. Mai Tag der Arbeit(er)	**26. Dezember** 2. Weihnachtsfeiertag
Christi Himmelfahrt	

Ein- und Ausreiseformalitäten

Bürger sämtlicher EU-Staaten benötigen bei einem Aufenthalt bis zu 60 Tagen kein **Visum**. Diplomatisch vertreten sind Deutschland, Österreich und die Schweiz durch ihre jeweiligen Botschaften in Pretoria, S. 567.

Reiseveranstalter

Größter Reiseveranstalter ist **Swazi Trails** neben dem Mantenga Craft Centre (S. 693), ✆ 2416 2180, 🖳 www.swazitrails.co.sz. Er veranstaltet Touren ins königliche Dorf Lobamba sowie in Wildparks und bietet Wildwasserrafting, Quadbiking, Höhlenausflüge und andere Aktivitäten an. Daneben gibt es eine Handvoll kleinerer Anbieter, darunter **Taman Tours**, ✆ 4163 370, 🖳 www.tamantours.com, mit Ausflügen in verschiedene Ecken des Landes, und **All Out Africa**, ✆ 2416 2260, 🖳 www.allout africa.com, mit diversen Abenteuertouren, darunter Tubing auf dem Ngwempisi River. Letzterer kann auch bei der Suche nach einer Möglichkeit zur Freiwilligenarbeit helfen. Informationen zu weiteren Tour Guides hat die Touristeninformation in Mbabane (S. 687).

Websites

🖳 www.**biggameparks.org** Informiert über die drei meistbesuchten Reservate des Landes: die Parks Hlane, Mlilwane und Mkhaya, gibt Tipps zu Aktivitäten und hat eine Seite für Unterkunftsbuchungen.
🖳 www.**swazi.travel** Wird von Swazi Trails betrieben und bietet neben einer gut funktionierenden Unterkunftsreservierung reichlich Infos zu Shopping, Restaurants sowie Touren und Aktivitäten in ganz Swasiland.
🖳 www.**welcometoswaziland.com** Die offizielle Tourismus-Website Swasilands bietet viele nützliche Infos, darunter eine Hotelliste.

Sein Enkel **Sobhuza I.** musste vor den Ndwandwe nach Norden flüchten, die jedoch ihrerseits 1819 vom Zulu-König Shaka geschlagen wurden. Daraufhin gründete Sobhuza eine neue Hauptstadt in respektvoller Entfernung von Shaka im eZulwini Valley und schloss Frieden mit den Ndwandwe, indem er die Tochter ihres Königs ehelichte.

Sobhuza nahm immer mehr Clans unter seine Fittiche und seine Macht wuchs. Angesichts der gemeinsamen Furcht vor den Zulu knüpfte er in den 1830er-Jahren ein Bündnis mit den frisch im Süden Afrikas angekommenen Afrikandern. Diese Politik setzte auch sein Sohn und Nachfolger **Mswati II.** (nach dem das Volk der Swasi benannt ist) fort. Mswati dehnte sein Königreich nach Norden bis zum Sabi River aus und schickte Überfallkommandos bis zum Limpopo River und nach Osten bis zum Indischen Ozean.

Nachdem in den 1880er-Jahren im benachbarten Transvaal sowie bei Piggs Peak und Forbes Reef in Swasiland Gold entdeckt worden war, strömten immer mehr Europäer in die Region. Mswatis Sohn **Mbandzeni** verpachtete große Stücke seines Territoriums an die Neuankömmlinge. Das ermutigte die Briten dazu, seine Ansprüche auf die meisten verbliebenen Gebiete zu ignorieren. Als Swasiland 1894 ein Protektorat Südafrikas wurde, war kaum noch Swasi-Grundbesitz vorhanden. Nach dem Sieg der Briten im Zweiten Burenkrieg übernahm Großbritannien die Kontrolle der Region und gab sie erst 1968 den vormaligen Besitzern zurück.

Nach dem Zweiten Weltkrieg investierten die Briten Geld in ihr Protektorat. Sie legten im Nordosten riesige **Zuckerrohrplantagen** an und richteten in Ngwenya im Highveld eine **Eisenerzmine** ein (heute ist Zucker das wichtigste Exporterzeugnis des Landes). In der Zwischenzeit begann **Sobhuza II.**, der 1921 König der Swasi geworden war, sein Königreich wieder Stück für Stück zurückzukaufen, und als 1968 die Unabhängigkeit kam, war er rechtmäßiger Besitzer von ungefähr der Hälfte der ursprünglichen Landesfläche. Die Swasi-Dynastie bewältigte den Übergang in die Unabhängigkeit geschickt, und bei den ersten Wahlen gewann ihre Imbokodvo-Partei sämtliche Parlamentssitze. Als 1973 eine radikal pan-afrikanische Partei drei Sitze errang, sah sich Sobhuza veranlasst, ein **Verbot politischer Parteien** auszusprechen und den Ausnahmezustand zu erklären, der theoretisch immer noch in Kraft ist.

Nach Sobhuzas Tod 1982 kam es zu einem Machtgerangel: Die Königinmutter Dzeliwe übernahm die Regentschaft, wurde aber von Prinz Bhekimpi abgesetzt, der bis 1985 herrschte und die Opposition so weit wie möglich ausschaltete. Derzeit regierender König ist **Mswati III.**, Sohn einer der 70 Ehefrauen von Sobhuza. Er wurde 1986 von einer Schule in England zurückgeholt, um zu Hause sein Amt anzutreten. 1987 wurden Parlamentswahlen abgehalten. Eine neue Opposition begann sich zu formieren, insbesondere das **People's United Democratic Movement** (PUDEMO), das breite Unterstützung innerhalb der Arbeiterklasse genießt. Doch die meisten Swasi sind stolz auf ihr Königshaus, daher scheitern Forderungen nach Veränderung daran, dass dies als Illoyalität dem König gegenüber ausgelegt werden könnte, oder an der Furcht, Südafrika würde vielleicht die Gelegenheit ergreifen und sich Swasiland einverleiben.

Die Bewahrung der Tradition und das Hochhalten einer patriotischen Gesinnung bildeten die strategischen Stützpfeiler der Swasi-Monarchie und garantierten ihre Macht. Obwohl manche Stimmen besagen, dass Mswati III. für Reformen zu haben sei, hat die Obrigkeit sich alle Mühe gegeben, durch sporadische Polizei-Droheinsätze den politischen Widerstand im Keim zu ersticken. Oppositionsführer durften sich in den Medien nicht zu Wort melden, und die Wahlen von 1993, 1998, 2003, 2008 und 2013 waren eine Farce. Angeregt durch den „Arabischen Frühling" kam es 2011 zu Demonstrationen für eine **Mehrparteiendemokratie** und gegen staatliche Misswirtschaft. Die Verhaftung der Organisatoren bereitete den Protestmärschen ein vorschnelles Ende. Derzeit ist Swasiland das einzige Land im südlichen Afrika ohne Mehrparteiendemokratie. Es scheint nur noch eine Frage der Zeit, bis das Land von den Nachbarstaaten zum Umdenken gezwungen wird.

Grenzübergänge und Anreise

Das Überqueren der Grenze ist für gewöhnlich eine schnelle Sache: Man zeigt einfach den Pass vor und zahlt E50 Mautgebühr pro Fahr-

Ein wenig siSwati

Grundlegendes	
Ja	*Yebo* (auch formloser Gruß)
Nein	*Cha*
Danke	*Ngiyabonga*
Es ist hübsch/lecker	*Kumnandzi*
Heute	*Lamuhla*
Morgen	*Kusasa*
Gestern	*Itolo*
Grußformeln	
Hallo (zu einer Pers.)	*Sawubona*
Hallo (zu mehreren Pers.)	*Sanibona*
Wie geht es dir/Ihnen?	*Kunjani?*
Es geht mir gut	*Ngikhona*
Auf Wiedersehen (Abschied nehmende Pers.)	*Sala kahle*
Auf Wiedersehen (zurückbleibende Pers.)	*Hamba kahle*
Unterwegs	
Wo ist … ?	*Iphi I … ?*
Wo können wir übernachten?	*Singahlala kuphi?*
Wohin gehen Sie/gehst du?	*U ya phi?*
Wie viel?	*Malini?*

zeug. Von Südafrika her gibt es elf Übergänge und von Mosambik zwei. Hier die nützlichsten:

Ngwenya/Oshoek (🕒 7–22 Uhr) ist der meistgenutzte, denn er liegt Johannesburg am nächsten und führt am schnellsten nach Mbabane. An Feiertagen und am Wochenende herrscht oft Hochbetrieb.

Sandlane/Nerston (🕒 8–18 Uhr) ist eine gute Alternative 35 km weiter im Süden und rund 70 km von Johannesburg.

Sicunusa/Houdkop (🕒 8–18 Uhr) am Rand der N2 von Piet Retief im Südwesten her; führt auf die landschaftlich reizvolle, schnelle MR4.

Bulembu (🕒 8–16 Uhr) via Piggs Peak im Norden, ist vielleicht der landschaftlich spektakulärste, aber die schlechte Straße lässt sich in einem gewöhnlichen Pkw nur mit viel Mühe bewältigen.

Jeppe's Reef/Matsamo (🕒 7–20 Uhr) im Norden, liegt günstig bei Anfahrt vom Krüger-Park und Nelspruit.

Lavumisa/Golela (🕒 7–22 Uhr) im Südosten, nahe der Küste von KwaZulu-Natal, ist der zweitwichtigste Grenzübergang.

Mahamba (🕒 7–20 Uhr) im Süden, fertigt viel Verkehr von der N2/Piet Retief und jenseits davon ab.

Goba/Mhlumeni (🕒 24 Std.), ein belebter Übergang nach Mosambik und die Hauptstrecke für den Verkehr aus der südlichen Hälfte Südafrikas, deshalb muss mit vielen Lkw gerechnet werden.

Lomahasha (🕒 7–20 Uhr), der zweite Grenzübergang nach Mosambik; die Strecke führt durch den Hlane Royal National Park und die atemberaubenden Lubombo Mountains.

Busse

Bei Redaktionsschluss war das einzige fahrplanmäßig zwischen Südafrika und Swasiland verkehrende Busunternehmen TransMagnifique, 📞 2404 9977, 💻 www.goswaziland.co.sz, mit Verbindungen zwischen Mbabane und **Johannesburg** (2x tgl., 4 Std., E500) via Witbank, Johannesburg Airport und Sandton. Von derselben Gesellschaft fährt jeden Samstag ein Bus nach **Nelspruit** (E350) und zum **Krüger-Nationalpark** (E450). Buchung online.

Swaziland Cultural Tours, 📞 7604 4102 oder 7642 6780, ✉ info@swaziculturaltours.com, setzt auf Anfrage Busse nach **Nelspruit** (E1200), **Maputo** (E1200) und **St Lucia** (E950) ein. Im Fahrpreis sind ein Mittagessen sowie Besuche von Märkten und Naturschutzgebieten entlang der Strecke enthalten. Eine preiswertere Alternative sind die Kombi-Minibusse (S. 687), die auf den Hauptstrecken von Johannesburg und Nelspruit nach Swasiland verkehren; es geht los, wenn sie voll sind.

Flüge

Swasilands internationaler Flughafen **Matsapha** (oft „Manzini" genannt) liegt zwischen Mbabane und Manzini. Airlink Swaziland, 📞 2518 6155, 💻 www.flyswaziland.com, Partner von SAA und darüber in Südafrika kontaktierbar, fliegt von/nach **Johannesburg** (4x tgl., 1 Std.). Beim Abflug von Matsapha wird eine Airport Tax von E100 erhoben. Rund 50 km von Mbabane entfernt an der Straße nach Hlane ist ein neuer internationaler Flughafen namens Sikhuphe gebaut worden. Allerdings ist er noch nicht in Betrieb.

Unterwegs in Swasiland

Auto

Mit dem eigenen Fahrzeug lässt sich Swasiland am besten bereisen. Die Entfernungen sind kurz, alle großen Sehenswürdigkeiten befinden sich in der Nähe geteerter Straßen, und selbst die wichtigeren Schotterstraßen sind in ordentlichem Zustand. In der Trockenzeit sind die meisten Sandpisten mit einem normalen Pkw zu bewältigen. Die Sicherheit auf den Straßen allerdings lässt zu wünschen übrig – dass zwei der letzten vier Minister für Transportwesen bei Verkehrsunfällen ums Leben kamen, exemplifiziert die Misere. Auch wird die generelle Geschwindigkeitsbegrenzung von 80 km/h außerhalb geschlossener Ortschaften von aller Welt ignoriert und eine Übertretung selten geahndet. Mietwagenanbieter in Swasiland auf S. 690.

Kombi-Minibusse

Ein Netz aus Kombi-Minibus-Strecken durchzieht Swasiland und reicht fast bis in jede Ecke des Landes. Die Kombis fahren an den Busbahnhöfen größerer Ortschaften ab, sobald alle Sitzplätze besetzt sind. Sie verkehren auf den Hauptstraßen zwischen den Städten und halten unterwegs an ausgewiesenen Haltestellen. Kombireisen ist billig – eine Fahrkarte von Mbabane zur Lidwala Backpacker Lodge im eZulwini Valley kostet E7. Am Busbahnhof der jeweiligen Stadt erfährt man, welche die beste Strecke zum gewünschten Reiseziel ist. Die Haltestellen befinden sich je nach Zielort an verschiedenen Ecken des Busbahnhofs. Die Busse sind zwar meistens bis unters Dach vollgestopft, aber eine prima Gelegenheit, um Leute kennenzulernen.

Mbabane

Die Verwaltungshauptstadt von Swasiland liegt zwischen den verstreuten Granitfelsen und Tälern der Dlangeni-Hügel. Mbabane („M-bahban" ausgesprochen) ist überschaubar, entspannt, bescheiden und hat nur rund 61 000 Einwohner. Die Stadt liegt ungefähr an dem Punkt, wo das gebirgige südafrikanische Highveld kurz zum Middleveld abfällt, bevor es weiter östlich ins trockene Lowveld übergeht.

Das Unterhaltungsangebot von Mbabane ist begrenzt. Aber die meisten Besucher fühlen sich hier wohler als im hektischen Manzini, vor allem wenn es darum geht, Proviant einzukaufen oder die Weiterreise zu organisieren. Die Stadt ist eine gute Ausgangsbasis für eine Erkundung von Swasiland, besonders für Besucher ohne eigenes Fahrzeug: Zum Mlilwane Wildlife Sanctuary (S. 695) weiter südlich ist es nicht weit, und das königliche Dorf Lobamba (S. 694) lässt sich gut im Rahmen eines Tagesausflugs erreichen – sehr praktisch während der Umhlanga- oder Ncwala-Feierlichkeiten, wenn alle Unterkünfte im näheren Umkreis des Dorfs belegt sind.

Mbabanes hügeliges **Zentrum** besteht aus einer unauffälligen Mischung aus Bürogebäuden, Märkten, Einkaufszentren und Buden und kann mühelos zu Fuß besichtigt werden. Und das ist auch gut so, denn die Straßenführung und das komplizierte Einbahnstraßensystem können Autofahrer ohne genaue Ortskenntnisse zur Verzweiflung bringen.

Was einer Hauptstraße am nächsten kommt, ist die **Gwamile Street**. Sie führt nach Süden in den zentralen Geschäftsbezirk und wird in Teilen von hübsch anzusehenden Verwaltungsgebäuden im Kolonialstil gesäumt, die aber nur zu behördlichen Zwecken betreten werden dürfen. Am Ende der Gwamile Street, am Ufer des Mbabane River, liegt der malerische **Swazi Market**, wo täglich Stände mit frischem Obst und Gemüse beladen werden. Das eigentliche Herz der Stadt jedoch schlägt in den Einkaufszentren, die den Hang unterhalb der Gwamile Street überziehen. Die meisten wichtigen Geschäfte, Banken und Dienstleister von Mbabane befinden sich entweder im **Corporate Place** oder der eleganteren **Mall** und der **New Mall**.

Abends leert sich das Zentrum von Mbabane, und wer allein durch die Straßen schlendert, läuft Gefahr, **überfallen** zu werden. Nach Einbruch der Dunkelheit ist es unbedingt ratsam, ein Taxi zu nehmen.

Mbabane

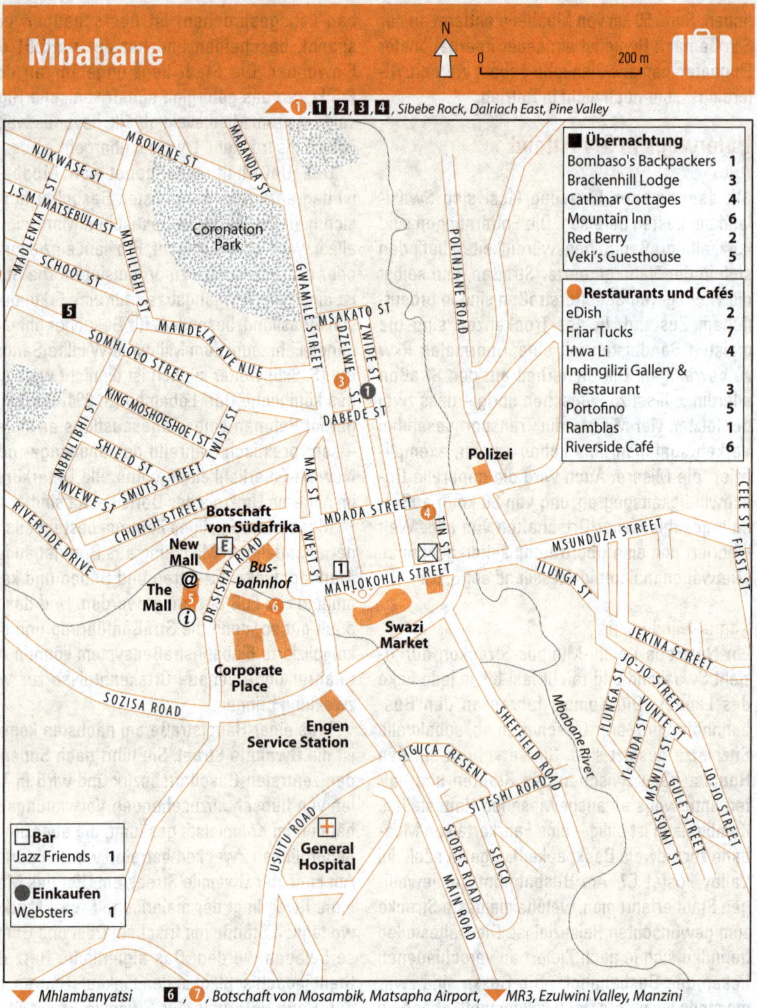

SWASILAND

ÜBERNACHTUNG

Das Übernachtungsangebot ist recht begrenzt und im Zentrum gibt es keine überlegenswerte Unterkunft. Die übrigen sind eine kurze Minibus- oder Taxifahrt entfernt. Mit eigenem Fahrzeug sind die Unterkünfte im eZulwini Valley (S. 691) eine nahe, brauchbare Alternative.

Bombaso's Backpackers, Lukhalo Rd, 3 km nördlich vom Stadtzentrum, abseits der Pine Valley Rd, ☏ 2404 5465, 🖳 www.bombasos.co.za. Hippes Hostel für junge Rucksackreisende mit 4- und 8-Bett-Dorms und 3 hübschen DZ mit Gemeinschaftsbad. Im großen Garten mit Pool und toller Aussicht auf den Sibebe Rock können Gäste auch ihr Zelt aufschlagen. Es gibt eine

Küche für Selbstversorger, eine Chillout-Lounge, mehrere Game Rooms und eine Bar. Camping E80, Dorm E145, DZ E290

Brackenhill Lodge, Mountain Drive, am Rand der Fonteyn Rd, ✆ 2404 2887, 💻 www.brackenhillswazi.com. Luxuriöses B&B an einem stillen Hang, 4,5 km nördlich vom Zentrum. Die gemütlichen Zimmer sind oft ausgebucht (früh reservieren). Pool, Fitnessstudio, nette Spazierwege und ein Dampfbad. Nach Voranmeldung wird auch Abendessen serviert. E870

Cathmar Cottages, 3 km nördlich von Mbabane an der Pine Valley Rd, ✆ 2404 3387 oder 2404 1165, ✉ shieldguest@yahoo.com. Entspannte Anlage mit unterschiedlichen, voll ausgestatteten Zimmern und Cottages für Selbstversorger in wunderschöner Lage mit Blick auf den Sibebe Rock. Bietet u. a. TV und Kühlschrank in den Cottages, Pool und Frühstück für E75. E360

Mountain Inn, 4 km südöstlich von Mbabane abseits der MR3, ✆ 2404 2781, 💻 www.mountaininn.sz. Großes, effizient von einer Familie gemanagtes Hotel in Hanglage mit toller Aussicht auf das eZulwini Valley, 52 geräumigen Zimmern und guten Einrichtungen, darunter ein Pool und das Restaurant Friar Tuck. E1160

Red Berry, Mseni Drive, 3 km nördlich von Mbabane, abseits der Pine Valley Rd, ✆ 2404 5217, 💻 www.redberrybb.co.sz. Das noble, moderne Gästehaus mit toller Aussicht aufs Pine Valley hat 6 makellose, voll ausgestattete Zimmer, eine reizende Terrasse, auf der das Frühstück eingenommen wird und Einrichtungen für Selbstversorger. E780

Veki's Guesthouse, 233 Somhlolo Rd, ✆ 2404 8485 oder 7603 6396, ✉ veni@mweb.co.sz. 3 einfache aber komfortable Zimmer in einem Wohngebiet nicht weit vom Stadtzentrum in einem Haus mit gemeinsamer Lounge und Küche. Frühstück kostet E40. Mahlzeiten sind bei Vorbestellung möglich. E400

ESSEN UND UNTERHALTUNG

Unter der Woche macht das Nachtleben von Mbabane nicht allzu viel her, und auch am Wochenende brennt nicht gerade die Luft. Die meisten Einheimischen fahren ins eZulwini Valley, wenn sie Abendunterhaltung suchen, vor allem zu **Malandela's Homestead** (S. 697), wo im House on Fire oft einheimische und internationale Bands auftreten. Frauen ohne männliche Begleitung müssen in Bars und Clubs mit etwas Anmache rechnen, in der Regel aber nicht aggressiv oder beharrlich.

Wandern am Sibebe Rock

Rund 10 km nördlich von Mbabane ragt an der Straße durch das Pine Valley die berühmteste geologische Erscheinung Swasilands auf: eine mächtige Granitkuppe mit Namen **Sibebe Rock**. In den umgebenden Mubuluzi Mountains gibt es Quellen, in denen man baden kann, und ein Netz von Wegen, die zu atemberaubenden Aussichtspunkten führen. Die wuchtigen Granitfelsen, die das Tal des Mubuluzi River um 300 m überragen, sind sehr steil und an manchen Stellen gefahrenträchtig. Es müssen jedoch schon vor Jahrtausenden Menschen hier gelebt haben, denn zwischen den verstreuten Blöcken oben auf dem Gipfel finden sich Bushman-Zeichnungen. Zwar bietet die harte, zerklüftete Granitoberfläche mehr Halt als andere Gesteinsarten, aber ungefährlich ist das Ganze nicht, deshalb sollte man den Aufstieg nur in Begleitung eines erfahrenen Führers unternehmen. Die Einheimische Anna McGinn, die am Fuß des Felsens lebt, kann Touren und Führer organisieren (✆ 7820 7700, ✉ annamcgin@gmail.com, halber Tag E160 p. P., ganzer Tag E240 p. P., für Gruppen mit mehr als zwei Teilnehmern billiger).

Für Adrenalin-Junkies veranstaltet Swazi Trails (S. 694) „die steilste Wanderung der Welt" entlang der Stirnseite der Felskuppe. Im Angebot sind außerdem **Caving Trips** in dieser Bergregion, bei denen die Teilnehmer sich durch viele schmale Felsspalten zwängen und mithilfe von Stirnlampen und dem Zuspruch des Guide navigieren – ein unvergessliches Erlebnis für Abenteuerlustige, die keine Angst vor engen Räumen, blauen Flecken und ein paar Kratzern haben.

Restaurants

eDish, Somhlolo Rd, ✆ 2404 5504, 💻 www.facebook.com/edishcafe. Unerwartet flippiges Café mit gemütlichen

Sofas und einer Holzterrasse, auf der man köstliche Sandwiches – unbedingt einen mit Ochsenschwanz oder Rukola (E50) probieren – zu sich nehmen kann. Dank frischer Backwaren und gutem Kaffee auch nett zum Frühstücken. Kostenloses WLAN. 🕒 Mo–Sa 8–17 Uhr.

Friar Tucks, Mountain Inn, 4 km südöstlich vom Zentrum, ☎ 2404 2781. Unter der Woche gibt es ein ansehnliches Mittagsbuffet (E155), ansonsten internationale Gerichte wie etwa leckeres Stubenküken (E70) und Ziegenfleisch-Kasserole nach Swasiland-Art (E97). Plätze im gemütlichen Kellergewölbe oder draußen am Hotelpool. Auch die Weinauswahl kann sich sehen lassen. 🕒 tgl. 12.30–14, 19–21.30 Uhr.

Hwa Li, Dhlanubeka House, Mdada St, ☎ 2404 5986. Das chinesische Restaurant serviert preiswertes *chow mein* (E48), Frühlingsrollen, gebratene Gerichte usw. 🕒 Mo–Sa 12–15, 18–22 Uhr.

Indingilizi Gallery & Restaurant, 112 Dzeliwe St, ☎ 2404 6213. In dem einladenden Lokal im Garten hinter der Galerie gibt's leichte und bodenständige Sachen wie Omeletts und Burger mit köstlichen Füllungen, z. B. mit Knoblauch und Blauschimmelkäse (E59). 🕒 Mo–Fr 8–17, Sa 8.30–13 Uhr.

Portofino, The Mall, ☎ 7684 6136. Das Lokal am Hauptgang im Erdgeschoss des Einkaufszentrums ist die Adresse für italienisches Eis (Kugel E12), Kuchen, guten Kaffee und einwandfreies Frühstück und Mittagessen, alles zu fairen Preisen. 🕒 Mo–Fr 7.45–17.30, Sa 7.45–17, So 8.15–14.30 Uhr.

Ramblas, Mantsholo St, ☎ 2404 4147. Geschmackvoll eingerichtetes und sehr beliebtes Restaurant auf einem luftigen Hügel in der Nähe vom Golfplatz. Gutes Frühstück, leckere Pizzen und Gegrilltes wie Rumpsteak und Schweinerippchen (R105). Es gibt einen Dschungelspielplatz für Kinder. 🕒 Mo–Fr 8 Uhr bis spät, Sa 8.30 Uhr bis spät.

Riverside Café, Corporate Place, ☎ 2404 9547. Das Café im 1. Stock mit Aussicht auf den Fluss und den betriebsamen Busbahnhof serviert superpreiswertes Frühstück, kleine Gerichte und Salate, aber auch Deftiges wie „Hühnerleber für Chili-Süchtige" (E40) und feuriges Peri-Peri-Stubenküken. 🕒 Mo–Fr 8–17, Sa 8–15 Uhr.

Bar

Jazz Friends, Gwamile St, ☎ 2404 8684. Genau was der Name verspricht: eine verqualmte Kneipe voller Jazzkenner. Fast jeden Abend Musik (live oder aus der Konserve) und kühles Bier vom Fass (Pint E13). 🕒 Mo–Fr 11 Uhr bis spät, Sa 13 Uhr bis spät, So 14 Uhr bis spät.

SONSTIGES

Apotheken

Green Cross, The Mall, ☎ 2404 8450. 🕒 Mo–Fr 9–18, Sa 9–14, So 10–14 Uhr.

Autovermietungen

Avis, ☎ 2518 6222, und **Europcar**, ☎ 2518 4393, haben Schalter im Flughafen. Eine weitere Filiale von Europcar befindet sich bei der Engen-Tankstelle an der Kreuzung von Gwamile Street und Main Road, ☎ 2404 0459. Billiger ist **Affordable Car Hire**, Corporate Place, ☎ 404 9136.

Botschaften

Mosambik, Princess Drive, ☎ 2404 3700; **Südafrika**, New Mall, ☎ 2404 4651.

Bücher

Websters, 120 Dzeliwe St, ☎ 2404 2560. 🕒 Mo–Fr 7.45–17, Sa 7.45–13 Uhr.

Geld

Die meisten **Banken** befinden sich im Corporate Place, darunter Filialen von First National, Nedbank und Standard. 🕒 normalerweise Mo–Fr 8.30–15.30, Sa 8.30–11 Uhr.

Informationen

Touristeninformation, The Mall, ☎ 2404 2531. Das Sortiment an Karten und Broschüren ist ordentlich. Daneben gibt es eine Liste bewährter Tourguides und Hilfe bei der Hotelsuche (kostenlos). 🕒 Mo–Fr 8–17, Sa 9–17 Uhr.

Internet

Real Image, The Mall, ☎ 2409 1060. 🕒 Mo–Fr 8–18, Sa 9–15 Uhr.

Medizinische Hilfe

Mbabane Clinic Service (privat), St Michael St, ☎ 2404 2423;

Government Hospital (öffentlich), Usutu Rd, ✆ 2404 6954.

Notruf

Feuerwehr ✆ 933;
Polizei ✆ 999.

Post

Hauptpost, Mahlokohla St. Kleinere Filiale in der Swazi Plaza. ⌚ Mo–Fr 8–16, Sa 8–11 Uhr.

NAHVERKEHR

Die **Kombi-Minibusse** fahren vom Busbahnhof nahe dem Corporate Place ab. Die meisten **Taxis** stehen an der Busstation im Zentrum.

TRANSPORT

Busse und Minibusse

Kombi-Busse und Minibusse aus Südafrika halten am **Hauptbusbahnhof** auf der Dr. Sishay Road neben dem Corporate Place. Von hier verkehren Minibus-Kombis nach MANZINI und PIGGS PEAK, außerdem Regionalbusse in die weitere Umgebung von Mbabane. Die Kombis von Mbabane nach Manzini fahren von der Westseite des Busbahnhofs ab.

Flüge

Matsapha Airport, 25 km südöstlich von Mbabane und nur wenig westlich von Manzini, ✆ 2518 4390, ist der einzige internationale Flughafen Swasilands. Vom Flugplatz fahren keine öffentlichen Verkehrsmittel nach Mbabane. Wer nicht im Voraus eine Abholung durch die Unterkunft arrangiert hat, muss ein Taxi (etwa E150) nehmen oder ein Auto mieten.

eZulwini Valley

Nachdem sie vom Grenzübergang Ngwenya kommend Mbabane durchquert hat, windet sich die gut ausgebaute, vierspurige **MR3** in weiten Kurven den steilen **Malagwane Hill** hinab. Hier, zwischen schleichenden Lastwagen und waghalsig rasenden Minibustaxis, ist erhöhte Vorsicht geboten. Danach führt die Straße Richtung Südosten am eZulwini Valley entlang, und wer nicht auf direktem Weg nach Manzini oder noch weiter muss, sollte kurz hinter dem Fuß des Hügels nach rechts auf die ältere und weniger verkehrsreiche **MR103** abbiegen. Sie ist auch als eZulwini Valley Road bekannt und verbindet die meisten Hauptsehenswürdigkeiten des **eZulwini Valley** („Ort des Himmels") miteinander. In den 1960er-Jahren schossen im Tal Spielkasinos, Striplokale, Hotels und Caravanparks aus dem Boden, überwiegend für südafrikanische Touristen. Als Mitte der 90er-Jahre das Glücksspiel in Südafrika legalisiert wurde, rutschte die Anzahl der Vergnügungssuchenden in den Keller. Die Tourismusindustrie musste jenseits des Lärms der Spielautomaten und Karaoke-Anlagen Ausschau nach den kulturellen und naturgegebenen Ressourcen des Tals halten. So entstanden Orte wie das **Mantenga Cultural Village**, während die königlichen Residenzen **Lobamba** und **Ludzidzini** sowie das **Mlilwane Wildlife Sanctuary** als Touristenattraktionen „entdeckt" wurden. Vor allem Letzteres zählt zu den beliebtesten Besucherzielen Swasilands und bietet neben Unterkünften ein reichhaltiges Aktivitätenprogramm, darunter Wandern und Tiersafaris per Mountainbike.

Mantenga Valley

Die ersten rund 5 km der **eZulwini Valley Road** säumt eine Kette glatter, anonym wirkender und schamlos überteuerter Kasinohotels. Wer nach Süden auf den Mantenga Drive (dem Wegweiser zur Mantenga Lodge folgen) abbiegt, gelangt ins wesentlich interessantere **Mantenga Valley**, das sich am Ufer des Lusushwana (oder Little Usutu) River entlangzieht. Sein Blickfang sind die Zwillingsgipfel des **Lugogo Mountain**, auch „Sheba's Breasts" genannt, die in H. Rider Haggards Abenteuerroman *König Salomos Schatzkammer* vorkommen. Ein Stück weiter erhebt sich am westlichen Horizont der Execution Rock, der eindrucksvoll an jene Tage erinnert, als Mörder und Diebe bestraft wurden, indem man sie zwang, von dem Felsen in den sicheren Tod zu springen. Gleich hinter der Abfahrt ins Mantenga Valley liegt das **Gables Shopping Centre**, wo es Geldautomaten, Banken und einen großen Supermarkt gibt.

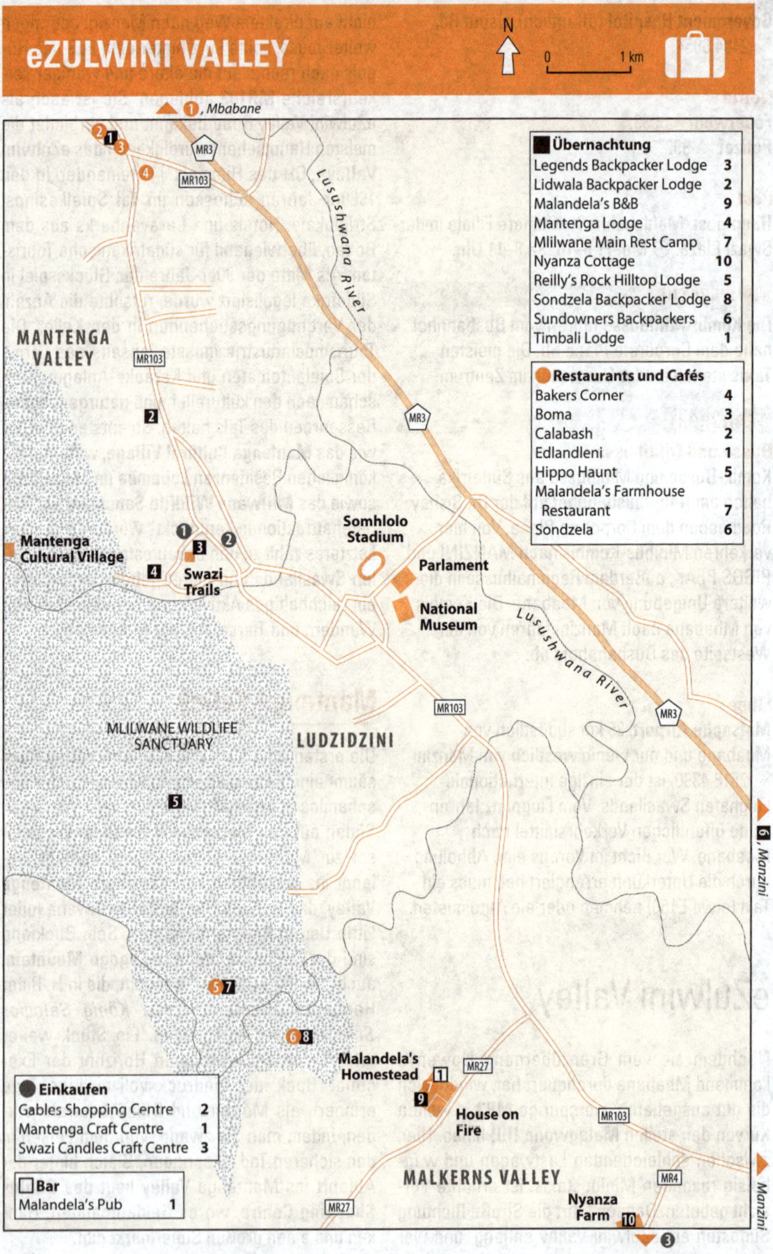

eZULWINI VALLEY
N
0 1 km
1, Mbabane
MR3
MR103
Lusushwana River
MANTENGA VALLEY
Mantenga Cultural Village
Somhlolo Stadium
Swazi Trails
Parlament
National Museum
MLILWANE WILDLIFE SANCTUARY
LUDZIDZINI
6, Manzini
Malandela's Homestead
House on Fire
MR27
MR4
MALKERNS VALLEY
Nyanza Farm
Manzini
3
Übernachtung
Legends Backpacker Lodge 3
Lidwala Backpacker Lodge 2
Malandela's B&B 9
Mantenga Lodge 4
Mlilwane Main Rest Camp 7
Nyanza Cottage 10
Reilly's Rock Hilltop Lodge 5
Sondzela Backpacker Lodge 8
Sundowners Backpackers 6
Timbali Lodge 1
Restaurants und Cafés
Bakers Corner 4
Boma 3
Calabash 2
Edlandleni 1
Hippo Haunt 5
Malandela's Farmhouse Restaurant 7
Sondzela 6
Einkaufen
Gables Shopping Centre 2
Mantenga Craft Centre 1
Swazi Candles Craft Centre 3
Bar
Malandela's Pub 1

Mantenga Craft Centre

Mantenga Drive, weniger als 1 km von der nördlichen Abfahrt von der eZulwini Valley Rd ▪ 🕒 tgl. 8–17 Uhr
Das Mantenga Craft Centre ist eine hübsche, wie ein Dorf errichtete Ansammlung von Kunstgewerbeläden. Hier gibt es exklusivere und individuellere Stücke als in vielen anderen Teilen des Landes, darunter Kunsthandwerk von African Fantasy, Silberschmiedearbeiten sowie ausgefallene Schnitzereien und Skulpturen, alles zu angemessenen Preisen.

ÜBERNACHTUNG

Legends Backpacker Lodge, gegenüber vom Mantenga Craft Centre, ✆ 2416 1870, 💻 www.legends.co.sz. Ein wenig abgewohnt, aber freundlich. Dorms mit 12 Betten, 10 DZ, Hof zum Zelten, Internetzugang und Gemeinschaftsküche. Eignet sich prima für Besucher mit knapper Reisekasse, die es nicht weit zu den Attraktionen des Tals haben wollen. Camping E60, Dorm E150, DZ E400

Lidwala Backpacker Lodge, Ezulwini Rd, direkt vor der Abfahrt zum Mantanga Valley, ✆ 7690 5865, 💻 www.lidwala.co.sz. Hervorragende Backpacker-Herberge am Hang über dem umweltbewussten Touranbieter All Out Africa (Kasten S. 698) mit gut ausgestatteten 4- und 6-Bett-Dorms, ein paar DZ mit Bad und einem Grasflecken zum Campen. Dazu eine bestens ausgestattete Küche, eine umfangreiche Bibliothek und Computer mit Internetanschluss. Camping E114, Dorm E155, DZ E406

Mantenga Lodge, vom Mantenga Craft Centre rund 200 m auf einer Schotterpiste (den Wegweisern folgen), ✆ 2416 1049, 💻 www.mantengalodge.com. Die mittelpreisige, von einer Familie geleitete Lodge in märchenhafter Lage zwischen Sheba's Breasts besitzt 36 Zimmer mit Bad, manche davon in gemütlichen Hütten an der Talseite. Außerdem gibt es einen Pool, eine Terrasse mit Bar und ein erstklassiges Restaurant mit fantastischer Aussicht auf den Execution Rock. E710

Timbali Lodge, eZulwini Valley Rd, 1 km hinter der Abfahrt von der MR3, ✆ 2416 1156, 💻 www.timbalilodge.co.sz. Der ehemalige Caravanpark wurde in eine stilvolle Ferienanlage mit kühlen Doppelchalets, Selbstversorger-Cottages mit 5 Betten und einem großzügigen, schattigen Campingplatz (leider nur mit kalten Duschen) verwandelt. Camping E80, DZ E670, Cottage E850

Das perfekte Dinner im Foresters Arms

Kurz vor dem kleinen Ort Mhlambanyatsi, an der Landstraße zum Grenzübergang Sandlane, 27 km von Mbabane entfernt, lohnt das Hotel und Restaurant **Foresters Arms**, ✆ 2467 4377, 💻 www.forestersarms.co.za, den Umweg. Das Hotel steht auf einer malerischen Lichtung im Wald, den man zu Fuß, auf einem Pferd oder mit dem Mountainbike erkunden kann – Pferde und Räder stellt das Hotel. Die Gästezimmer (E830) mit Kamin und überwältigendem Bergblick sind rundum gemütlich, vor allem aber lockt das erstklassige Essen. Es wird überwiegend aus selbst angebauten oder regionalen Produkten zubereitet. Das Ergebnis sind Köstlichkeiten wie die herzhafte Hühnersuppe mit Mais oder himmlisches Lammconfit mit Bohnencassoulet. Sonntags kommen Gäste aus allen Ecken des Landes, um sich am grandiosen Mittagsbuffet (E160) gütlich zu tun – wer nicht hungrig wieder abziehen möchte, bestellt telefonisch einen Tisch.

ESSEN

Bakers Corner, Corner Plaza, ✆ 2416 2930. Das Café hat gesunde und bekömmliche Gerichte im Angebot: Quinoa-Salat (E55), Lachs mit Gnocchi und „Frühstück im Glas", ein köstlicher Smoothie, verfeinert mit Früchten, Jogurt, Kokosnuss und Honig. Die frischen Backwaren sind ebenfalls gut und es gibt viele leckere vegetarische Speisen. 🕒 Mo–Fr 7–18, Sa 7–16.30, So 8–15.30 Uhr.

Boma, Timbali Lodge (s. o.). Das Boma unter einem riesigen Strohdach ist auf Pizza (ab E70) aus dem eigenen Ofen spezialisiert. Daneben findet man die übliche Auswahl an Fleisch- und Fischgerichten. 🕒 tgl. 11–22.30 Uhr.

Calabash, neben der Timbali Lodge, ✆ 2416 1187. Eines der Spitzenrestaurants in Swasiland mit einer beachtlichen Auswahl an frischen Meeresfrüchten. Die Spezialität des

Hauses aber sind deutsche, schweizerische und französische Gerichte wie Tatar und Wiener Schnitzel für E125. ⌚ tgl. 12.30–14.30, 18–22.30 Uhr.

Edlandleni, nahe Mvubu Falls, 2 km westlich vom Abzweig nach Mantenga auf der MR3 ausgeschildert, ✆ 7618 4103. Liebenswertes Café neben einem plätschernden Bach, das von einer Swasi-Frau betrieben wird, die sich entschlossen hat, die einheimische Küche wiederzubeleben. Die traditionellen Gerichte aus Swasiland sind köstlich und umfassen Spezialitäten wie *umbidvo wetintsanga* (Kürbisschößlinge und Erdnüsse mit Maisbrei), Warzenschwein (E95), Melonen-Pastete und traditionellen *yaswara*-Tee. ⌚ tgl. 11–15, 18–22 Uhr.

INFORMATIONEN

Gegenüber vom Craft Centre hinter der Legends Backpacker Lodge liegt das Hauptbüro von **Swazi Trails**, führendes Reiseunternehmen und beste Touristeninformation des Landes, ✆ 2416 2180, nach Büroschluss ✆ 7602 0261, 💻 www.swazitrails.co.sz. Die Mitarbeiter helfen bei der Zimmersuche und Reiseplanung und organisieren zahlreiche Kultur- und Abenteuerausflüge, darunter einen halbtägigen Kunst- und Kulturtrip, Wildwasserrafting (Kasten S. 701) und Caving. ⌚ tgl. 8–17 Uhr.

SWASILAND

Mantenga Cultural Village

⌚ tgl. 8–17 Uhr ▪ Eintritt E100 ▪ ✆ 2416 1151, 💻 www.sntc.org.sz

Der Mantenga Drive endet am eindrucksvollen Eingang zum winzigen **Mantenga Nature Reserve**, das eigentlich nur des Kulturdorfs wegen einen Besuch wert ist. Das bewohnte Freiluftmuseum ist die Nachbildung eines Swasikraals aus dem 19. Jh. Es umfasst 16 Bienenkorbhütten, die alle im traditionellen Stil erbaut sind: mit Lederstreifen zusammengehaltene Holzgerüste mit Reetdach und einem gestampften Boden aus Kuhdung und Termitenhügelerde. Dazwischen laufen Rinder und Ziegen frei umher und oft werden Vorführungen traditioneller Alltagsarbeiten und der Herstellung von Kunsthandwerk geboten. Zweimal am Tag (11.15 und 15.15 Uhr) findet in einer kleinen Arena unter freiem Himmel eine bezaubernde halbstündige Darbietung mit traditioneller Musik und Tanz statt. Das Stück erzählt von Swasi-Soldaten im Burenkrieg und ihrer Begegnung mit der Liebe und Zauberkraft bei ihrer Rückkehr.

Das Dorf ist zwar die Hauptattraktion des Naturschutzgebiets, etwas Zeit sollte aber noch für den kurzen Pfad zu den malerischen, 95 m hohen **Mantenga Falls** mit ihren einladenden Picknick- und **Badestellen** bleiben. Der Wasserfall ist ausgeschildert und nur eine Viertelstunde Fußweg vom Café entfernt.

Lobamba

Das kleine königliche Dorf Lobamba liegt rund 20 km südlich von Mbabane im Herzen des eZulwini Valley. Es wurde 1830 für King Sobhuza I. erbaut und diente Sobhuza II. als höfischer Kraal (Residenz). Hier befinden sich die **Parlamentsgebäude**, wahrscheinlich die einzigen auf der Welt, in deren Umgebung ungestört Kühe weiden.

National Museum

Neben den Parlamentsgebäuden ▪ ⌚ Mo–Fr 8–16.30, Sa und So 10–16 Uhr ▪ Eintritt E80 ▪ ✆ 2416 1516

Eine asphaltierte Straße führt nördlich der MR103 zum National Museum. Es vermittelt einen informativen Abriss der Landesgeschichte und präsentiert Kulturgegenstände und viele alte Aufnahmen aus Zeiten, als Manzini und Mbabane noch bescheidene Siedlungen waren. Das interessanteste Stück im naturkundlichen Flügel ist die Replik eines aus dem 16. Jh. stammenden Kopfes von Krishna, der in der Nähe gefunden wurde und wohl Teil einer Statuette war. Der Fund gilt als Beweis dafür, dass um jene Zeit ein reger Handelsaustausch mit Asien geherrscht haben muss. Vor dem Museum steht der Nachbau einer traditionellen Swasi-Wohnhütte in Originalgröße. Diese nicht gerade winzigen Hütten sind übrigens transportierbar.

Somhlolo Stadium

Vor dem Parlament und dem Museum

Im Somhlolo Stadium finden größere Veranstaltungen und Fußballspiele statt, die meist hohen

Unterhaltungswert haben. Für ein paar Emalangeni können Besucher am Sonntagnachmittag inmitten einer gut gelaunten, lautstarken Menge einem genialen Spiel mit hin und wieder hervorragenden Leistungen beiwohnen. Näheres in der Lokalzeitung *Times of Swaziland* oder einfach vor Ort fragen.

Ludzidzini

Das Dorf Ludzidzini, gegenüber von Lobamba auf der anderen Seite der MR103, ist der Kraal des derzeitig herrschenden Königs Mswati III. und der Königinmutter. Ludzidzini darf weder besucht noch fotografiert werden, außer zu Ncwala (um Neujahr herum) und Umhlanga (Ende Aug/Anfang Sep), aber auch dann nur mit einer Sondergenehmigung (Kasten S. 696).

Mlilwane Wildlife Sanctuary

⏱ tgl. 24 Std. ▪ Eintritt E40 ▪ 💻 www.biggameparks.org

Highlight des eZulwini Valley ist für viele Besucher das Mlilwane Wildlife Sanctuary mit seiner entspannten Atmosphäre und den faszinierenden Ebenen voller wilder Tiere. Der Name Mlilwane rührt von dem „kleinen Feuer“ her, das manchmal zu sehen ist, wenn ein Blitz in die Granitfelsen einschlägt. Mlilwane bietet nicht nur ausgezeichnete Möglichkeiten für Aktivitäten und Tierbeobachtung, sondern ist auch eine gute Alternative zur Unterbringung in Mbabane oder entlang des eZulwini-Streifens. Weil das Tierschutzgebiet so begehrt ist, sollte eine Unterkunft möglichst früh gebucht werden.

Das Reservat nimmt eine Sonderstellung in der Tierschutzgeschichte Swasilands ein. Hier verwirklichte Ted Reilly (Kasten S. 698) zum ersten Mal seinen Traum von einem Schutzgebiet für den rapide schrumpfenden **Wildbestand** Swasilands. Im Mlilwane leben in erster Linie Pflanzenfresser, darunter Zebras, jede Menge Antilopen und das Wahrzeichen des Reservats: das Warzenschwein. Es gibt aber auch noch ein paar Krokodile und Flusspferde, vor denen Besucher auf der Hut sein müssen, die zu Fuß, mit dem Fahrrad oder auf einem Pferd auf Beobachtungstour gehen.

Das nicht zu verfehlende Parkbüro im Main Rest Camp verkauft **Karten**, auf denen Rad- und Wanderwege eingezeichnet sind. Eine Karte des gesamten Schutzgebiets kostet E25.

Wandern und Aktivitäten

Das Parkbüro im Main Rest Camp bietet **begleitete Spaziergänge** und **Game Drives** an. Es gibt auch begleitete Mountainbiketouren und Ausritte, beides ziemlich entspannte Arten, die Attraktionen des Parks kennenzulernen. Sattelfesteren Reitern stehen verschiedene längere Reitwege mit Übernachtung in Höhlen und rustikalen Camps in entlegeneren Ecken des Reservats zur Auswahl. Näheres bei der Reservierungsstelle von Big Game Parks (s. u.).

Mehr als 40 km an Straßen ermöglicht es, Tiere in freier Wildbahn vom Auto aus zu beobachten. Außerdem führen gute Fahrradstrecken durch das Reservat. Mountainbikes kann man für E130 pro Stunde im Main Rest Camp mieten. Der beste Weg für eine Wanderung in **Eigenregie** ist der Macobane Hill Trail, eine gemächliche, vierstündige Wanderung durch die Berge. Abenteuerlustigere können auf den Nyonyane steigen, den „Todesfelsen“, der sich unübersehbar im Norden des Reservats erhebt. Für alle Wege muss man sich bei einem Ranger abmelden. Die Parkschützer notieren sich, welche Besucher allein unterwegs sind, und machen sich auf die Suche, falls jemand nach Einbruch der Dunkelheit nicht zurück ist.

ÜBERNACHTUNG

Im Reservat gibt es zahlreiche unterschiedliche Unterkünfte, die bei **Swaziland Big Game Parks Central Reservations**, ✆ 2528 3944, 💻 www.biggameparks.org, reserviert werden sollten. Sondzela (s. u.) kann aber auch direkt gebucht werden.

Main Rest Camp, rund 3,5 km vom Eingangstor, ✆ 2528 3992. Hat eine große Bandbreite an Unterbringungsmöglichkeiten, schlicht, aber sauber und ordentlich für Selbstversorger oder mit Frühstück. Dazu zählen ein Campingplatz, traditionelle Rondavels und 2- und 4-Pers.-Hütten; es gibt auch einen Pool. Camping E90, Hütte E690

Ncwala und Umhlanga

Ncwala ist die heiligste Zeremonie Swasilands. Sie wird zu Ehren der Monarchie, der Einheit der Nation und der ersten Feldfrüchte des neuen Jahres abgehalten und findet im November bei Neumond statt. Dann macht sich eine Gruppe handverlesener Männer auf die Reise zur Heimat der Ahnen des Swasi-Volkes am Ufer des Indischen Ozeans, um Schaum von den Wellen in Behältnisse zu schöpfen. Noch während sie dort sind, beginnen die Ncwala-Feierlichkeiten in Lobamba mit Gesängen und Ritualen, die bis zum Nachmittag des Vollmondtags im Dezember/Anfang Januar andauern. Dieser Tag ist der eigentliche Beginn der sechstägigen Ncwala-Feiern. Junge Swasi-Männer sammeln Zweige der *lusekwane*-Bäume, aus denen sie eine Laube für den König errichten. Krieger versammeln sich, und während der König zusammen mit ihnen tanzt, singen sie Lieder, die ausschließlich zu dieser Zeit angestimmt werden dürfen. Am sechsten Tag werden Gegenstände, die etwas mit dem vergangenen Jahr zu tun haben, auf einem riesigen Scheiterhaufen verbrannt und Gebete für die Ahnen gesprochen. Die Feierlichkeiten enden mit hingebungsvollem Gesang, Tanz und einem Festmahl. Besucher sind während der meisten Zeit des Ncwala zugelassen, doch zu bestimmten Zeiten darf nicht fotografiert werden. Außerdem ist eine Genehmigung *(permission)* erforderlich, die es kostenlos beim Ministry of Information, PO Box 642, Mbabane, ✆ 2404 5000, 💻 www.gov.sz, gibt. Wer seine Kamera unversehrt behalten möchte, muss sich unbedingt die Fotoerlaubnis besorgen und auch immer zuerst fragen, ob fotografiert werden darf oder nicht.

Umhlanga ist ein **Fruchtbarkeits**- oder **Schilfgrastanz**. Sein Name stammt von den langen Schilfgräsern, die junge Frauen zur Residenz der Königinmutter bringen, damit ihr Kraal ausgebessert werden kann. Das Ganze findet für gewöhnlich Ende August oder Anfang September statt. Am spektakulärsten geht es am sechsten und siebten Tag zu. Dann präsentieren sich vor den Zuschauern bis zu 25 000 junge Frauen in aufwendigen, farblich kodierten Gewändern. Sie singen und tanzen für den König und die Königinmutter in Lobamba und bieten dem Herrscher die Möglichkeit, eine **weitere Gemahlin** zu wählen. Der letzte König, Sobhuza II., suchte sich jedes Mal eine neue Gefährtin unter den jungen Schönheiten aus und brachte es im Laufe seines Lebens auf 70 Ehefrauen. Sein Nachfolger Mswati III., jetzt Mitte 40, erweist sich als etwas zurückhaltender und hat bislang nur 13 Ehefrauen.

Reilly's Rock Hilltop Lodge, auf einem Hügel, rund 30 Min. mit dem Auto vom Main Rest Camp entfernt. Das bezaubernde koloniale Wohnhaus voller Antiquitäten und Holzmöbel steht auf einem Hügel, inmitten von Wald und vielen zwitschernden Vögeln. Mit nur 6 Zimmern ist es nobler als ein Guesthouse, aber rustikaler als eine Großwild-Lodge. Die Gäste können die überwältigende Aussicht auf die Mdzimba Mountains genießen und im Garten spazieren. Inkl. Halbpension E1780

Sondzela Backpacker Lodge, 15 Min. zu Fuß vom Main Rest Camp, ✆ 2528 3992. Die freundliche Herberge ist bei Backpackern eine feste Größe und bietet Dorms, DZ und gemütliche Adobe-Rondavels mit 2 Betten und Talblick, alle mit Gemeinschaftsbad. Man kann auch campen (nur Zelte), und es gibt einen üppig grünen Garten, eine Bar sowie einen großen Pool. Camping E80, Dorm E105, DZ E300

ESSEN

Im Main Rest Camp gibt es nur das Allernotwendigste zu kaufen, Selbstversorger sollten sich daher vorher im Gables Shopping Centre (S. 691) mit dem Nötigen eindecken.

Hippo Haunt, Main Rest Camp. Das einzige Restaurant im Mlilwane serviert recht gute Steaks, Currys und frittierten Fisch (E55) sowie am Abend ein Buffet (E145), wenn genügend Gäste da sind. Es gibt auch eine gut sortierte Bar. Vom Restaurant schaut man auf einen künstlich angelegten Teich, wo Flusspferde, Krokodile und jede Menge Vögel leben – ein herrliches Plätzchen, um ein paar Stunden zu entspannen. ⏲ tgl. 6.30–22 Uhr.

Sondzela Backpacker Lodge, 15 Min. zu Fuß vom Main Rest Camp, ✆ 2528 3992. Hier gibt's billiges Frühstück (E40) und Abendessen am Lagerfeuer (E60). Abgesehen von einem vegetarischen steht immer nur ein Gericht auf dem Speisezettel, z. B. im Eisentopf über offenem Feuer gegarter Impala. Das Abendessen muss vorbestellt werden. ⌚ Abendessen tgl. 18 Uhr.

TRANSPORT

Auto

Von der eZulwini Valley Road folgt man rund 1 km hinter der Abzweigung nach Ludzidzini den Schildern nach Mlilwane und fährt 3,5 km auf einer Schotterstraße bis zum Eingang, wo die Eintrittsgebühr zu entrichten ist – wer nach 18 Uhr ankommt, zahlt am nächsten Morgen im Main Rest Camp. Die Quittungen für Eintrittsgebühr und Übernachtung müssen beim Verlassen des Reservats vorgelegt werden, sonst wird man noch einmal zur Kasse gebeten.

Shuttlebusse

Zwischen Sondzela und Malandela's Homestead (s. u.) verkehrt tgl. ein Shuttlebus, der um 8 Uhr in Sondzela und um 8.30 Uhr in Malandela's abfährt.

Malandela's Homestead

1 km südöstlich der Mahlanya-Kreuzung, abseits der MR103 ▪ **Homestead** ⌚ tgl. 11–15 und 18 Uhr bis spät ▪ ✆ 2528 3115, 💻 www.malandelas.com
▪ **Gone Rural** ⌚ Mo–Sa 8–17, So 9–17 Uhr ▪ ✆ 2550 4936, 💻 www.goneruralswazi.com
▪ **House on Fire** Tickets um E50–80, Gigs ab 20 Uhr ▪ ✆ 2528 2110, 💻 www.house-on-fire.com
▪ **Bush Fire Music Festival** Tagesticket E150–250, gesamtes Festival E600 ▪ ✆ 2528 2040, 💻 www.bush-fire.com

Malandela's Homestead liegt im malerischen Malkerns Valley zwischen Ananasplantagen und Zuckerrohrfeldern. Was früher eine Ansammlung rustikaler Bauernhäuser war, hat sich zu einem quirligen Zentrum für Kunst und Kunsthandwerk entwickelt. Einheimische und auswärtige Besucher strömen zu den erstklassigen Gigs, Performances und Ausstellungen herbei, während Pub und Restaurant fast immer bis auf den letzten Platz besetzt sind. Ein Highlight des Homestead ist Gone Rural, eins der erfolgreichsten und kreativsten **lokalen Handwerksprojekte** in Swasiland. Die in hübschen Mustern gestalteten, farbenfrohen Matten und Körbe, die hier zum Verkauf stehen, werden von zahlreichen Dorffrauen im ganzen Land hergestellt. Das **House on Fire** neben Gone Rural dient nicht nur als rockige Bühne für Konzerte, sondern auch als Kunstgalerie und amphitheaterähnliche Veranstaltungsbühne. Außerdem kann man dort zeitgenössisches afrikanisches Kunstgewerbe erstehen und fantasievolles Design bewundern. Das „Haus in Flammen" ist zurzeit die angesagteste Konzertbühne in ganz Swasiland. So gut wie jedes Wochenende finden Livegigs statt, meistens mit aufstrebenden hiesigen Talenten; hin und wieder gibt sich auch ein großer internationaler Star die Ehre. Während der letzten drei Tage im Mai brennt im House on Fire die Luft, denn dann findet hier das sehr erfolgreiche **Bush Fire Music Festival** statt, das in der Vergangenheit mit Namen wie Hugh Masekela, Johnny Clegg und Ladysmith Black Mambazo glänzen konnte. Die Besucher zelten dann auf Feldern in der Nähe des Homestead. Tickets kann man auf der Website kaufen.

ÜBERNACHTUNG

Malandela's B&B, ✆ 2528 3448, 💻 www.malandelas.com. Geniale DZ im Afro-Schick aus natürlichen und recycelten Materialien. Auf der Terrasse mit Blick auf Zuckerrohrfelder, Pool und einen beschaulichen Garten gibt's das Frühstück. Wenn im House on Fire (s. o.) ein Konzert stattfindet, ist das B&B normalerweise ausgebucht. E630

ESSEN UND UNTERHALTUNG

Malandela's Farmhouse Restaurant, ✆ 2528 3115. In dem Restaurant unter einem großen Strohdach wird europäisch gekocht. Neben preiswerten Schmorgerichten gibt es Wild, frischen Fisch und eine ausgezeichnete Auswahl an Salaten, z. B. mit Papaya, Schinkenspeck und Feta (E55). Von den Tischen im Freien eröffnet sich ein wunderbarer Blick auf die Zuckerrohrfelder der Umgebung und die

Ted Reilly und der Naturschutz in Swasiland

Swasiland verdankt die Entstehung und Bewahrung von drei seiner faszinierendsten Tierreservate – Mlilwane, Mkhaya und Hlane – einzig und allein **Ted Reilly**, geboren 1938 in Mlilwane als Sohn eines britischen Burenkriegsveteranen, der in Afrika blieb. Schon in jungen Jahren stellte Reilly fest, dass die frei lebenden Tiere Swasilands und ihr Lebensraum durch Wilderei und Landwirtschaft ernsthaft bedroht waren. 1959 versuchte Reilly die Kolonialregierung dafür zu gewinnen, Land für Naturschutzparks bereitzustellen. Das scheiterte jedoch am Widerstand der Farmer, die das Gelände für die kommerzielle Viehzucht beanspruchten. Er ließ sich davon nicht entmutigen, sondern verwandelte seinen Landsitz Mlilwane dennoch in einen Park und begann, freundschaftliche Beziehungen zu **König Sobhuza II.** aufzubauen. Nach der Unabhängigkeit des Landes gewann Sobhuza an Einfluss, und Reillys gute Beziehungen zum Königshof verliehen seinen Naturschutzbemühungen mehr Gewicht. Trotz ungesicherter Finanzlage öffnete das **Mlilwane Wildlife Sanctuary** 1961 seine Tore, und seither wird der Tierbestand ständig aufgestockt. Sobhuza hatte Reilly um Hilfe im Kampf gegen die Wilderei in Hlane gebeten. Reillys Konfrontationskurs führte zu Feuergefechten mit den Wilderern, was ihm den Beifall einiger, aber die Feindschaft vieler einbrachte.

Auch Reillys Abhängigkeit vom Königshaus ist nicht unumstritten, und kritische Stimmen behaupten, Reilly setze die Interessen der Tourismusindustrie über die der Tiere. Angesichts der Vorwürfe verweist Reilly schlicht auf die drei von seiner Gesellschaft verwalteten Safariparks. Und das Argument zieht, denn ohne Reilly gäbe es sie nicht. Ted Reilly lebt immer noch in Mlilwane und ist auch weiterhin im Swasi-Naturschutz aktiv.

Berge in der Ferne. ⌚ tgl. 9.30–11, 12–15, 18–21.30 Uhr.

Malandela's Pub, im heimeligen Pub neben dem Restaurant gibt's Guinness vom Fass (Pint E33). Hier treffen sich Einheimische gern, um Rugby und Fußball im TV zu gucken. ⌚ tgl. 9–22 Uhr.

INFORMATIONEN

All Out Africa, neben Gone Rural, ✆ 2528 3423, 💻 www.alloutafrica.com, organisiert Touren, hat eine gute Auswahl an Informationsbroschüren, ein paar Computer mit Internetzugang und WLAN. ⌚ Mo–Sa 8–17, So 9–17 Uhr.

An der MR4

Auf der idyllischen **Nyanza Farm**, ✆ 7608 5779 oder 7621 4181, 💻 www.nyanza.co.sz, an der MR4, ein paar Kilometer von der Kreuzung mit der MR103 entfernt, werden halbstündige bis ganztägige Ausritte querfeldein und in die Berge angeboten (E190 pro Stunde). Der reizende, bewirtschaftete Bauernhof mit freundlichen Hunden, Katzen, Gänsen, Truthähnen, Pfauen, Pferden und Kühen bietet auch Unterkünfte (s. u.).

Ein Stückchen weiter an der MR4 befindet sich das **Swazi Candles Craft Centre**, ✆ 2528 3219, 💻 www.swazicandles.com, ⌚ tgl. 8–17 Uhr, ein Laden, wo unglaublich viele unterschiedliche Wachskerzen hergestellt und verkauft werden. Zum Centre gehören außerdem diverse andere Geschäfte mit handgefertigten Produkten der Region, darunter das farbenfrohe Baobab Batiks, ✆ 2528 3242, 💻 www.baobab-batik.com, die Mohair-Weber von Rosecraft, ✆ 2528 2039, und Kwazi Swazi, ✆ 2528 3110, mit Büchern, Kunstgegenständen und gutem Musikangebot.

ÜBERNACHTUNG

Nyanza Cottage, Nyanza Farm, ✆ 7608 5779 oder 7621 4181, 💻 www.nyanza.co.sz. Einfache und dennoch schöne Selbstversorger-Unterbringung in 2 geräumigen, rustikalen Cottages für 5 Pers. am Ende eines Feldwegs. Außerdem ein DZ und Etagenbetten, die für Gruppen geeignet sind. Großartiger Ort für Tierliebhaber und für Kinder, die einen Familienbauernhof kennenlernen wollen. DZ E420, Cottage E650

Sundowners Backpackers, an der MR103-Kreuzung Richtung Malkerns Valley, 9 km westlich von Manzini hinter der Sundowners Lodge, ✆ 7687 8941, 💻 www.swazisundowners.com. Entspannte Herberge mit gepflegten Dorms, 4 ordentlichen DZ und ein paar Grasflecken zum Campen (Zelte können für E10 gemietet werden). Es gibt billiges Frühstück und Abendessen sowie einen Pool mit einladender Bar, an der sich die Gäste zum Plausch treffen. Auf Wunsch organisieren die Mitarbeiter Ausflüge und Aktivitäten wie Quadbiking. Camping E70, Dorm E120, DZ E250

Manzini

Manzini ist die größte Stadt und das Handelszentrum von Swasiland. Fast alle bedeutenden Herstellungs- und Geschäftsbetriebe des Landes haben sich dort oder in der Umgebung niedergelassen. Daher stehen die wenigen sehenswerten Gebäude im Schatten von Bürotürmen und Einkaufszentren. Angesichts der steigenden Kriminalität und der viel angespannteren Atmosphäre als in Mbabane wäre Manzini keinen Stopp wert, gäbe es nicht den hervorragenden **Markt** (Mo–Sa) an der Kreuzung der Mhlakuvane Street und Mancishane Street. Der beste Zeitpunkt für einen Besuch ist der Donnerstagmorgen, denn dann bauen auch noch Händler aus den Nachbarländern ihre Stände auf. Ein großer Teil ist Obst und Gemüse, Haushaltswaren und traditioneller Medizin vorbehalten, aber im Obergeschoss des Marktgebäudes und auch auf den Treppenstufen werden **Kunsthandwerk** und **Textilien** feilgeboten. Das Angebot an Kunstgewerbe hier ist umfangreicher, variabler und sehr viel preiswerter als das aller anderen Märkte in Swasiland. Und so schöne Stoffe – aus Simbabwe, dem Kongo und Mosambik – finden sich kaum anderswo im Land.

ÜBERNACHTUNG

The George Hotel, Nordende der Ngwane St, ✆ 2505 2260, 💻 www.tgh.sz. Komfortables Businessclass-Hotel mit luxuriösen, großzügig geschnittenen DZ mit Bad und kuschelig-tiefem Florteppich. Es gibt einen Pool, 3 Restaurants, Bar, Schönheitssalon und ein Spa. E940

Matsapha Inn, 6 km außerhalb der Stadt an der MR103, kurz hinter der Abfahrt zum Flughafen, ✆ 2518 7482 oder 518 6888. Die gute, ruhige, motelähnliche Unterkunft in der Vorstadt und in günstiger Lage zum Flughafen hat hübsche DZ mit Bad und ein Bar-Restaurant. Inkl. Frühstück E567

ESSEN

Egg Yolk, The George Hotel, Nordende der Ngwane St. Hat nicht nur den besten Kaffee der Stadt, sondern ist auch ein prima Restaurant. Die Gerichte stammen aus dem nobleren Hotelrestaurant, sind aber nur halb so teuer wie dort. Sehr lecker ist das Ungcwembe Special: Grillfleisch mit *pap* und Salat in einer Holzschüssel für mehrere Personen (E150 für 2 Pers.). 🕒 tgl. 8–22 Uhr.

Tandoori Express, im Busbahnhof, ✆ 2505 8936. Auch wenn es nicht so aussieht, bietet dieser unscheinbare Imbiss mit das beste Essen von Manzini. Auf Plastikschemeln sitzend, kann man hier in leckeren *kormas*, *biryanis*, Currys und Tandoori-Hühnchen (E50) schwelgen. 🕒 tgl. 7.30–19.30 Uhr.

TRANSPORT

Busse

Busse aus allen Landesteilen und Südafrika erreichen Manzini am betriebsamen Hauptbusbahnhof und Taxistand am Ende der Louw Street, gleich nördlich der Ngwane Street, und starten auch von dort.

Flüge

Der **Matsapha Airport**, ✆ 2518 4390, liegt 8 km westlich des Zentrums. Ein Taxi in die Innenstadt von Manzini kostet E50.

Der Süden

Auf dem Weg vom nördlichen KwaZulu-Natal in den Krüger-Nationalpark oder nach Mpumalanga bietet es sich an, die Route über einen der südlichen Grenzübergänge und durch Swasiland zu wählen. Die Landschaft, insbesondere zwischen **Mahamba** und Manzini durch das

Dorferlebnis KaPhunga

Das ehrgeizige touristische Gemeindehilfsprojekt im Dorf **KaPhunga**, in den Bergen etwa 55 km südöstlich von Manzini, ist eine hervorragende Möglichkeit, abseits der ausgetretenen Pfade das echte Landleben von Swasiland kennenzulernen. KaPhunga, der am zweithöchsten gelegene Ort des Landes, erstreckt sich über einen Berggipfel mit atemberaubender Aussicht aufs Tal: Zuckerrohrfelder so weit das Auge reicht und ganz hinten am Horizont die Lubombo Mountains. Hier hat der Swasi Myxo einen Mini-Kraal mit authentischen Hütten erbaut, abseits vom Dorf, sodass den Gästen, aber auch den Dorfbewohnern, eine gewisse Privatsphäre erhalten bleibt. Besucher sind dazu eingeladen, mindestens eine Nacht zu bleiben und wie es bei den Swasi üblich ist, auf einer Matratze auf dem Hüttenboden zu schlafen. Die Ausstattung ist recht bescheiden, aber die wunderschöne, unverfälschte Umgebung macht das allemal wett. Tagsüber können die Gäste bei Dorfaktivitäten mitmachen, etwa bei Bauprojekten, bei der Feldarbeit, beim Bierbrauen oder in der Dorfschule als Aushilfslehrer. Ein zweitägiger Ausflug mit einer Übernachtung in KaPhunga inkl. Vollpension, Transport von Manzini und Spende ans Dorf kostet E1386 p. P. Wer möchte, kann auch länger bleiben. Ein Tagestrip inkl. Transport und Verpflegung ist für E1210 p. P. zu haben. Reservierung bei Myxo unter ✆ 2505 8363 oder 7604 4102, 🖳 www.swaziculturaltours.com.

Grand Valley, ist überwältigend. Außerdem führt die Straße in der Nähe fast aller historischen Königsstätten vorbei. Im Süden liegt auch das **Mkhaya Nature Reserve**, das exklusivste Reservat Swasilands und Schutzgebiet für die vom Aussterben bedrohten Spitzmaulnashörner.

Mkhaya Game Reserve

35 km östlich von Manzini ▪ Abholung um 10 und 16 Uhr ▪ ✆ 2528 3944, 🖳 www.biggameparks.org

Das Reservat liegt an einer Straße, die von einem Dorf mit dem schönen Namen **Phuzumoya** („trink den Wind“) abgeht. Das Schutzgebiet für die seltenen **Spitzmaulnashörner** inmitten klassischer Lowveld-Steppe voller Akazien und Dornenbäume beherbergt auch **Breitmaulnashörner, Elefanten** und zahlreiche Antilopenarten, darunter Nyala, Rappen- und Elenantilopen. Außerdem macht sich das Mkhaya als Zuchtstation für vom Aussterben bedrohte Arten wie **Pferde-** und **Leierantilopen** verdient. In dem der Straße am nächsten gelegenen Abschnitt des Reservats weidet in stiller Eintracht mit den Antilopen **Nguni-Vieh**.

Ein Besuch im Mkhaya, egal ob als Tagesausflug oder mit Übernachtung, muss bei Swazi Big Game Parks Central Reservations, ✆ 2528 3944, 🖳 www.biggameparks.org, angemeldet werden. Tagesbesucher zahlen E650 inkl. Mittagessen. Im Mkhaya sind Privatfahrzeuge nicht erlaubt. Die Reservatbesucher müssen angeben, wann sie am Tor abgeholt werden möchten (10 oder 16 Uhr). Von dort geht's im Konvoi zur Rangerbasis, gleichzeitig Ausgangspunkt der ersten Game Drives. Wer mit **öffentlichen Verkehrsmitteln** reist: die Kombi-Busse von Manzini nach Big Bend halten am Eingangstor – den Fahrer bitten, am Phuzamoya Shop abgesetzt zu werden.

Auf den **Tierbeobachtungstouren** hat man gute Chancen, Großwild zu begegnen. Ein üppiges Mittagessen im Main Camp ist im Preis enthalten. Wer über Nacht bleibt, kann ohne zusätzliche Kosten an einem Game Drive am Morgen und am Nachmittag teilnehmen. Anders als in den Tierreservaten in Südafrika halten Mkhayas erfahrene Swasi-Ranger zwischendurch auch mal an, um die Passagiere aus dem Wagen steigen und ziemlich nah an Breitmaulnashörner herangehen zu lassen. Übernachtungsgäste können auf Wunsch auch an einem Buschspaziergang am frühen Morgen teilnehmen.

ÜBERNACHTUNG

Stone Camp, ✆ 2528 3944, 🖳 www.biggameparks.org, das einzige Camp im Reservat in stimmungsvoller Buschlage am trockenen Flussbett des Ngwenyane entschädigt dafür, dass Mkhaya nur plattes Land und keine

Wildwasserrafting

Zu den genialsten Aktivitäten im südlichen Swasiland gehört eine **Raftingtour** auf dem wunderschönen Great Usutu River im Osten des Landes unweit vom Mkhaya Nature Reserve. Er ist einer der besten Wildwasserflüsse im Süden Afrikas und einer der wenigen, auf denen man Trips in Schlauchbooten, sogenannten „crocs", unternehmen kann. Im Sommer ist die Strecke 15 km lang (im Winter ein wenig kürzer); sie führt über Stromschnellen der Schwierigkeitsgrade II bis IV. Die Landschaft ringsherum ist überwältigend, doch sobald die Stromschnellen erreicht sind, hat man dafür kaum noch ein Auge. Dann muss man nämlich paddeln wie verrückt, um nicht ins Wasser zu fallen. Die Trips (E950 p. P. für einen halben oder E1200 für einen ganzen Tag, jeweils mit Lunchbox) beinhalten die Abholung von verschiedenen Stellen im eZulwini Valley und auf dem Weg zum Fluss. Weitere Infos und Buchung bei Swazi Trails, ☏ 2416 2180, 💻 www.swazitrails.co.sz.

Anhöhen zu bieten hat. Die luxuriösen, seitlich offenen, strohgedeckten Steinbungalows mit Bad geben einem das Gefühl, mitten im Busch zu nächtigen. Die tollen 3-Gänge-Menüs werden auf dem Hauptgelände des Camps um ein großes Lagerfeuer unter einem mächtigen Leberwurstbaum (seine Früchte sehen wirklich aus wie Würste) serviert, manchmal begleitet von einer traditionellen Tanzdarbietung. E3050

Der Nordosten

Zuckerrohrfelder so weit das Auge reicht beherrschen den Nordosten Swasilands. Deren schimmernder Glanz stammt von der beständigen Wasserberieselung, die verheerende Auswirkungen auf den Grundwasserspiegel hat und dafür verantwortlich ist, dass viele Anwohner keinen direkten Zugang zu dem lebensspenden Nass haben (deshalb musste der Maguga Dam gebaut werden, S. 704) – aber Zucker ist eine wichtige Devisenquelle. Drei ausgedehnte Buschlandgebiete – **Hlane**, **Mlawula** und **Mbuluzi** – wurden als Tier- und Naturschutzgebiete bewahrt und bilden die touristischen Hauptanziehungspunkte, zusammen mit dem kleineren **Shewula Nature Reserve**. Alle sind Teil der **Lubombo Conservancy**, eines Zusammenschlusses geschützter Landstriche in den **Lubombo Mountains**. Diese Bergkette verläuft entlang der Ostgrenze Swasilands und bietet fantastische Ausblicke sowohl auf Swasiland als auch den äußersten Westen von Mosambik.

Der direkteste Weg in die Reservate führt von Mbabane und Manzini über die ausgeschilderte Asphaltstraße Richtung Siteki. Dieser folgt man 100 km bzw. 65 km, bis rund 10 km vor Siteki die Straße zu den nachstehend beschriebenen Schutzgebieten nach Norden abzweigt.

Mbuluzi Game Reserve

🕒 tgl. 6–18 Uhr ▪ Eintritt E35 ▪ ☏ 2383 8861,
💻 www.mbuluzigamereserve.co.sz

Das private, wenig bekannte Mbuluzi liegt rund 1 km abseits der Straße Manzini–Lomahasha und erstreckt sich beiderseits der Straße zum Mlawula Nature Reserve in typischer Lowveld-Buschlandschaft. Dazu gehören zwei ganzjährig Wasser führende Flüsse, Auwald und einige Felsklippen, das Bild dominieren aber Akazien. Der Tierbestand wurde unlängst um Flusspferde und Giraffen erweitert, die man vom Fahrzeug aus oder bei einer Fahrradtour beobachten kann. Da es im Mbuluzi keine Raubtiere gibt, können Besucher auch auf vielen deutlich markierten **Pfaden** durchs Reservat spazieren.

ÜBERNACHTUNG

Im südlichen Parkabschnitt gibt es in großem Abstand voneinander 6 luxuriöse Selbstversorger-**Lodges** privater Besitzer, 💻 www.mbuluzigamereserve.co.sz. Die komfortablen Unterkünfte mit Pool, Sat-TV und AC stehen allerdings nur zur Verfügung, wenn die Besitzer sie nicht gerade selber nutzen. 3 Lodges haben Platz für bis zu 8 Pers., eine hat 6, eine 5 Betten und ein sogenanntes Studio Cottage hat 2 Gästebetten. Reservierung erforderlich. E800

SWASILAND

Der sehr gut ausgestattete **Campingplatz** im nördlichen Parkabschnitt nahe dem Mbuluzi River, www.mbuluzigamereserve.co.sz, bietet unter anderem ein Duschhäuschen (mit Warmwasser) und die unverzichtbare *braai*-Stelle. Reservierung erforderlich. E100

TRANSPORT

Minibus-Kombis von MANZINI und SIMUNYE halten auf dem Weg zum Grenzübergang Lomahasha an der Maphiveni-Kreuzung. Von dort sind es noch 15 Min. Fußweg bis zum Eingang.

Mlawula Nature Reserve

tgl. 6–18 Uhr ▪ Eintritt E30 ▪ 2383 8885, www.sntc.org.sz

Das größte zusammenhängende Schutzgebiet in den Lubombo Mountains ist das 165 km² große Mlawula Nature Reserve südlich des Mbuluzi River. Es gibt ein Netz an **Wanderwegen**, auf denen Erkundungsmärsche auf eigene Faust möglich sind, etwa in die Berge und aufs Lubombo-Plateau, wo einzigartige Eisenbäume und Zykadeen (Farnpalmen) wachsen. Andere Wege winden sich am Fluss entlang zu Höhlen, einem Wasserfall und einem Wasserloch von Hyänen. Die Wanderungen dauern zwischen zwei und acht Stunden. Da das Gelände dicht mit Busch überwachsen ist, lassen sich Tiere nicht leicht erspähen. Wer möchte, kann auch geführte Wanderung mit Guide unternehmen.

Der Mlawula und der breitere Mbuluzi River fließen durch malerische Täler im Reservat. In den Flussbetten wurden über eine Million Jahre alte Steinzeitwerkzeuge gefunden. In Wassernähe halten sich **Antilopen**, **Zebras** und **Gnus** auf, aber auch **Krokodile**, daher sollte auf einen Sprung ins Wasser verzichtet werden.

ÜBERNACHTUNG

Magadzavane Chalets, 2383 8885, www.sntc.org.sz. 20 moderne Rondavels mit Reetdach und Bad nahe dem Eingang an der mosambikanischen Grenze, alle mit geräumiger Veranda mit fantastischem Talblick sowie Herd, Kühlschrank und TV. Auch Pool und Restaurant. Reservierung erforderlich. E800

Shewula Mountain Camp

Das Shewula Mountain Camp, 7605 1160, www.shewulacamp.org, Reservierung erforderlich, E440, in traumhafter Lage an einem Ende des Lubombo-Plateaus ist zwar sehr abgeschieden und die Anfahrt dauert lange, aber der Aufwand lohnt sich. Von der Straße zwischen Manzini und Lomahasha zweigt 10 km nördlich der Mubuluzi-Kreuzung eine holprige Sandpiste Richtung Osten in die Berge ab. Nach 16 km ist das Ziel erreicht. Hier unterhält die Gemeinde Shewula ein gepflegtes Camp mit atemberaubender Aussicht nach Westen übers nordöstliche Saziland und bei klarem Wetter sogar bis auf die Wolkenkratzer von Maputo im Osten. Ein Aufenthalt im Camp erlaubt zudem interessante Einblicke ins Landleben von Swasiland. Zum Übernachten stehen sieben Rondavels (Platz für bis zu 5 Pers.) mit Stock- oder Doppelbetten bereit. Manche haben Gemeinschaftsbad. Es gibt keinen Strom und gekocht wird in einem großen Koch-Essbereich auf Gasherden. Mögliche **Aktivitäten** sind eine geführte Wanderung durchs Shewula Nature Reserve zum Mubuluzi River (E50 p. P.) oder ein zweistündiger Besuch im nahe gelegenen Dorf, wo sich eine Schule für Aids-Waisen und ein Kunstgewerbezentrum befinden (E40 p. P.). Wer nicht selbst kochen möchte, kann im Voraus Verpflegung bestellen.

Siphiso Campsite, 2383 8885, www.sntc.org.sz. Der schattige Campingplatz am Siphiso River hat einen Waschraum mit Toiletten und Duschen, *braai*-Stellen, einen Abschnitt nur für Wohnwagen und 2 überdachte Plätze bei schlechtem Wetter. Reservieren! E70

INFORMATIONEN

Am Parktor sind diverse Broschüren erhältlich, aber keine Lebensmittel oder Hygieneartikel – vorher alles Notwendige im Supermarkt im nahen Simunye einkaufen.

TRANSPORT

Auto

Autofahrer biegen von der Manzini–Lomahasha Road an der Maphiveni-Kreuzung nach

Osten ab und fahren ein paar Kilometer am Mbuluzi Reserve entlang bis zu dem Wegweiser auf der rechten Seite zum Mlawula Reserve. Ein zweites Eingangstor befindet sich im Osten des Reservats an der Hauptstraße nach Siteki vom nahen Grenzübergang Mhlumeni/Goba.

Minibus-Kombis

Minibus-Kombis aus MANZINI und SIMUNYE halten auf dem Weg zum Grenzposten Lomahasha an der Maphiveni-Kreuzung. Von dort sind es noch 4 km Fußweg bis zum Eingangstor.

Hlane Royal National Park

🕒 tgl. 6–18 Uhr ▪ Eintritt E40 ▪ 💻 www.biggame parks.org

Der Park 67 km nordöstlich von Manzini ist der größte Swasilands. Die Hauptattraktion des ehemaligen privaten königlichen Jagdgeländes ist Großwild, darunter **Elefanten**, **Nashörner**, **Löwen** und **Leoparden**. In Nordteil des Hlane leben zahlreiche Elefanten und Nashörner, die sich auch vom eigenen Fahrzeug aus leicht beobachten lassen. Weitere Tiere in diesem Parkabschnitt sind Giraffen, Zebras und Ellipsenwasserböcke.

In umzäunten Gebieten im **Südteil** streifen Löwen und Leoparden sowie noch mehr Elefanten und Nashörner umher. Dank der Umzäunung bekommen die Safariteilnehmer früher oder später unweigerlich einen Löwen zu Gesicht. Doch die Tiere sind an Fahrzeuge gewöhnt und nehmen sie gelangweilt hin. Der Hlane beherbergt übrigens die größte Population nistender Geier in ganz Afrika.

ÜBERNACHTUNG

Bhubesi Camp, 14 km Schotterpiste vom Main Camp entfernt, 📞 2528 3944, 💻 www.biggame parks.org. Besteht aus Selbstversorger-Cottages für 4 Pers. mit Aussicht auf ein trockenes Flussbett und fühlt sich erheblich „wilder" an als das Hauptcamp, obwohl die Hütten Strom haben. E720

Ndlovu, Main Camp, nahe dem Parktor, 📞 2528 3944, 💻 www.biggameparks.org. Große strohgedeckte Selbstversorger-Cottages für bis zu 8 Pers. und Rondavels mit Bad und 2 Betten. Kein Strom, aber Paraffinlampen und Gaskocher werden gestellt. Die schlichte, aber völlig ausreichende Anlage ist ein entspanntes Plätzchen, um sich ganz in Ruhe auf das Tierschauspiel ringsherum zu konzentrieren. E730

Ndlovu Camping Area, Main Camp, 📞 2528 3944, 💻 www.biggameparks.org. Der offene Campingplatz mit viel weichem Gras und Bäumen hat Gemeinschaftsküche, Waschraum (mit Warmwasser) und Grillplatz, wo Brennholz bereitliegt. E90

ESSEN

Ndlovu, Main Camp. Großes, strohgedecktes Restaurant mit Lounge und breiter Veranda mit Aussicht auf ein nahes Wasserloch, das Nashörner, Elefanten und Giraffen anzieht. Es gibt eine ordentliche Speisekarte mit den üblichen Variationen von Hühnchen- und Burger-Gerichten zu überraschend zivilen Preisen und abends ein Buffet (E145). Sofern nicht gerade von einer größeren Gruppe belegt, ist das breite Aussichtsdeck recht nett. Mit Sitzgelegenheiten unter Bäumen. 🕒 tgl. 7–20 Uhr.

TOUREN

Geführte Touren zu Fuß (E170 für 2 1/2 Std.) zum Beobachten von Vögeln lassen sich tagsüber an der Rezeption des Main Camp organisieren. Man kann sich auch einer Tour in einem der Land Rover des Parks anschließen (E280 für 2 1/2 Std.). Es werden auch Fahrten zum Sonnenauf- und -untergang angeboten (5.30 bzw. 16.30 Uhr, E310 für 2 1/2 Std.), ein magisches Erlebnis, bei dem man auch die meisten Tiere sieht; Reservierung an der Rezeption des Main Camp.

TRANSPORT

Hlanes Zufahrtstor liegt rund 7 km südlich von Simunye abseits der Straße von Manzini nach Lomahasha.
Die **Minibus-Kombis**, die zwischen MANZINI und SIMUNYE verkehren, halten 300 m vom Parktor entfernt.

SWASILAND

Der Nordwesten

Das Highveld im Nordwesten ist ohne Frage die schönste Region von Swasiland. Die Hügellandschaft ist mit ihren zahllosen glitzernden Flüssen und ein paar funkelnden Wasserfällen wie geschaffen fürs Wandern und bietet dazu noch einige wunderschöne Unterkünfte.

Die meisten Besucher des Nordwestens sind auf der Durchreise vom oder in den Krüger-Nationalpark (S. 610), doch das **Phophonyane Nature Reserve** liegt nur 64 km nördlich von Mbabane und ist unbedingt einen Besuch wert. Der landschaftlich reizvollste (und gebirgigste) Zugang nach Swasiland führt über die Straße nach Bulembu von Barberton in Mpumalanga.

Phophonyane Nature Reserve

40 km südlich vom Grenzübergang Matsamo ▪ tgl. 8–16.30 Uhr ▪ Eintritt E30 ▪ ✆ 2431 1429, www.phophonyane.co.sz

Das freundliche, private Naturreservat liegt anstrengende 5 km von der MR1 entfernt. Es lässt sich am besten mit dem eigenen Fahrzeug erreichen, öffentliche Verkehrsmittel halten nur am Rand der Hauptstraße und von dort geht es nur noch zu Fuß weiter. Sorgfältig angelegte **Pfade** durchziehen das 5 km² große Gelände und stellen sicher, dass die Besucher viel zu sehen bekommen, nicht zuletzt den Wasserfall Phophonyane im nordwestlichen Abschnitt. Die Vegetation ist subtropisch und lockt Hunderte bunt schillernder **Vogelarten** an, zu denen sich – gut versteckt – Mungos, Galagos (oder Buschbabys), Otter und zahlreiche Schlangen gesellen. Die **Lodge** im Reservat gehört zu den luxuriösesten in Swasiland (s. u.), doch auch wer nicht hier übernachtet, sollte zumindest auf einen kleinen Spaziergang und ein Essen im strohgedeckten Restaurant herkommen.

ÜBERNACHTUNG

Phophonyane Falls Ecolodge, im Reservat, ✆ 2431 3429, www.phophonyane.co.sz. 5 Safarizelte für 2 Pers. am Phophonyane River mit Bad in separaten, ein paar Schritte entfernten Hütten, Familien-Cottages für bis zu 5 Pers. mit Küche und Garten und 2 romantischen Bienenkorbhütten. Es gibt 2 Pools, einen mit Salzwasser neben dem Restaurant und einen noch schöneren, der in die Felsen neben dem rauschenden Fluss eingelassen ist und inmitten üppiger Vegetation herrliche Ausblicke auf die Berge bietet. E1310

Nsangwini Rock Art

Komati Valley ▪ Eintritt E25 ▪ Von der Straße Mbabane–Matsamo die Muguga Dam Loop Rd nach Osten nehmen, dann den Wegweisern auf eine Piste nach Osten folgen; der Fußweg beginnt nach 7 km

Eine halbe Stunde Fußweg auf einem Bergpfad im Komati Valley führt zu einer ausgedehnten Stelle mit Felsmalereien. Die atemberaubenden Zeichnungen sind rund 4000 Jahre alt und liegen spektakulär unter einem Felsvorsprung über dem Komati River Valley mit faszinierendem Blick auf die Berge. Je länger man auf die Felsen schaut, desto mehr erkennt man, darunter menschliche Figuren bei einem tranceartigen Tanz mit Speeren in den Händen sowie die als heilig geltende Gottesanbeterin. Die Stätte kann nur mit Guides aus der Nsangwini-Gemeinde besucht werden; sie sind sehr kundig und warten an einem Unterstand am Beginn des Wanderpfads. Alternativ kann man eine geführte Wanderung über die Maguga Lodge (S. 705) buchen.

Maguga Dam

Maguga Dam Loop Rd, von der Mbabane–Matsamo Rd nach Osten abbiegen ▪ Besucherzentrum tgl. 8–17 Uhr ▪ Eintritt frei ▪ ✆ 2437 1056

Eingebettet in eine Lowveld-Senke und ringsum von den oft nebelverhangenen Bergen umgeben liegt der Maguga Dam. Er wurde in erster Linie errichtet, um die Wasserversorgung der riesigen Zuckerrohrfelder flussabwärts zu gewährleisten. Der Bau der Wasserkraftanlage war 2002 fertiggestellt, 2006 wurde sie geflutet. Gute Sicht auf die gesamte Ausdehnung der Anlage hat man vom Café, und im **Besucher-**

SWASILAND

zentrum auf einem Vorsprung über dem Damm ist in einem kurzen Film alles Wissenswerte über seine Entstehung zu erfahren.

Viele Besucher kommen zum Maguga Damm, um Barsche zu angeln, aber es gibt auch gute Wandermöglichkeiten. Die Landschaft in der Umgebung ist spektakulär, und es gibt Pfade, die zum „the Gap" am Nkomati River, einer Stelle, an der der Fluss durch natürliche Höhlungen und fantastische Felsformationen fließt, führen. Einen Guide kann man über die Maguga Lodge (s. u.) arrangieren.

ÜBERNACHTUNG

Maguga Lodge, neben dem Damm, Maguga Dam Loop Rd, ✆ 2437 3975, 💻 www.maguga lodge.com. 33 gemütliche Rondavels mit Bad und ein voll ausgestatteter Campingplatz in hübscher Lage. Die Lodge veranstaltet relaxte Bootsfahrten auf dem Stausee (E120 p. P.), bei denen man die reiche Vogelwelt kennenlernen kann, Besuche von lokalen Gehöften und Angelexpeditionen. Es gibt auch ein Restaurant mit Blick auf den Stausee von einer großen, überdachten Terrasse. Camping E105, Rondavel E880

Malolotja Nature Reserve

🕒 tgl. 6–18 Uhr ▪ Eintritt E30 ▪ ✆ 2444 3241, 💻 www.sntc.org.sz

Der am wenigsten für den Tourismus erschlossene Naturschutzpark Swasilands wartet mit atemberaubender Landschaft und einigen der schönsten Wandermöglichkeiten im südlichen Afrika auf. Seine Anziehungskraft besteht weniger im Großwild-Sightseeing als vielmehr in der hügeligen, wilden Natur und der Ruhe. Die grasbewachsenen Berge der Gegend zählen zu den ältesten der Erde (3,6 Mrd. Jahre) und sind von unzähligen Flüssen und Wasserfällen durchsetzt, darunter die 95 m hohen **Malolotja Falls**.

Fast 300 **Vogelarten** haben in Malolotja ein Zuhause, darunter eine beachtliche Kolonie der seltenen Ibisse beim Wasserfall. **Großwild** ist schwieriger zu erspähen, häufig aber sieht man Gnus, Blessböcke und Zebras und in den breiten Lücken zwischen den Bergen und dem Tal halten sich Leoparden auf. Die wenigen Straßen durch den Malolotja führen an einigen herrlichen Aussichts- und Picknickstellen vorbei, wer jedoch den Park in seiner ganzen zerklüfteten Erhabenheit erleben und die Wasserfälle bestaunen möchte, muss die Wanderschuhe anziehen. Zahlreiche **Wanderwege** durchziehen das Reservat. Ihr Schwierigkeitsgrad reicht von einfachen halbtägigen Exkursionen bis zu siebentägigen Marathonmärschen mit Übernachtung in einfachen Camps (s. u.). Die **Forbes Reef Gold Mine**, ein paar Kilometer südlich des Haupteingangs zum Reservat an der geteerten Hauptstraße, kann auf eigene Faust erkundet werden, an den rutschigen Hängen ist jedoch Vorsicht geboten. Broschüren und **Gebietskarten** bekommt man im Rezeptionsgebäude des Reservats, 500 m von der Hauptzufahrt.

Im **Sommer** muss hier mit heißen Tagen gerechnet werden (wichtig für Wanderer). Im **Winter** dagegen fallen die Temperaturen drastisch und nachts gibt's oft Minusgrade.

ÜBERNACHTUNG UND ESSEN

Main Restcamp, ✆ 2444 3241, 💻 www.sntc.org.sz. 15 Zeltstellplätze mit *braai*-Stellen und Gemeinschaftswaschraum mit Warmwasser, außerdem 13 gemütliche Holzhütten, jede mit Platz für bis zu 5 Pers. und eigener Feuerstelle. Beides nur einen kurzen Spaziergang von der Rezeption entfernt. Wer nicht selbst kochen möchte, kann im Restaurant des Restcamps essen. Reservierung erforderlich. Camping E70, Hütte E250 p. P.

Campingplätze, ✆ 2444 3241, 💻 www.sntc.sz. Wer längere Wanderungen plant, kann in einer der übers Reservat verstreut liegenden 21 Übernachtungscamps in bezaubernder Umgebung unterkommen. Keines verfügt über irgendwelche Einrichtungen (*braai*-Stellen vorhanden), aber es gibt natürliche Wasserstellen. Alles Notwendige muß selbst mitgebracht werden. Die Camps 11 und 12 befinden sich in der Nähe der Malolotja Falls. Reservierung erforderlich. E50

Beim Rezeptionsgebäude befindet sich ein freundliches **Restaurant** (✆ 7660 6755, 🕒 tgl. 8–16 Uhr) und ein **Minimarkt** mit dem Allernotwendigsten, besser deckt man sich aber vor Anfahrt in Piggs Peak oder Mbabane ein.

Ab in die Bäume

Eine besondere Art, das Reservat kennenzulernen, bietet **Canopy Tours**, ✆ 7660 6755, 🖳 www.malolotjacanopytour.com, E495 für zweieinhalb Stunden inkl. kleinem Mittagessen. Dabei gleiten die Teilnehmer in Schutzkleidung und gut gesichert an Stahlseilen zwischen erhöhten Plattformen durch den Wald. Wer so durch die Luft saust, wird natürlich kaum etwas von den Tieren sehen, dafür aber beim Abheben von der ersten Plattform einen Adrenalinschub erleben. Ausgangspunkt ist das Rezeptionsgebäude des Reservats; eine Buchung ist unerlässlich.

TRANSPORT

Die **Minibus-Kombis**, die zwischen MBABANE und PIGGS PEAK verkehren, halten an der Hauptzufahrt, die von der Mbabane–Matsamo Road gut ausgeschildert ist.

Hawane Dam Nature Reserve

12 km südlich vom Haupttor des Malolotha Nature Reserve an der Strecke nach Mbabane auf der östlichen Seite der Straße ⌚ tgl. 6–18 Uhr ▪ Eintritt E30 ▪ ✆ 7660 6755

Das Hawane Dam Nature Reserve gehört technisch gesehen zum Malolotja Nature Reserve, mit dem es aber nicht direkt verbunden ist. Das kleine Gebiet rings um das nördliche Ende des Hawane Dam wurde eingerichtet, um einen Teil der Feuchtgebiete des Black Mbuluzi River zu schützen. Highlight ist hier die vielfältige **Vogelwelt**, die auf einem ausgezeichneten Pfad durch das Reservat erkundet werden kann.

ÜBERNACHTUNG

Hawane Resort, an der Mbabane Rd ausgeschildert, nach 1 km Feldweg, der gegenüber der Hauptstraße zum Damm abzweigt, ✆ 2442 1744, 🖳 www.hawane.co.sz. Hippe Unterbringung in witzigen dreieckigen Adobehütten oder strohgedeckten Rondavels für 2 Pers. und bequemen Backpacker-DZ in einer umgebauten Scheune. Eine tolle Adresse für Leute, die gern auf dem Pferderücken die herrliche Umgebung erkunden möchten, denn hier gibt es große Ställe, in denen bestens trainierte Pferde warten (E135 pro Std.). Dorm E120, Chalet E966

ESSEN

Taste of Africa, Hawane Resort, ✆ 2444 1755. Ein erstklassiges Restaurant in einem großen strohgedeckten, runden Gebäude. Das ausgezeichnete Essen lässt sich am besten als afrikanische Fusionsküche bezeichnen. Probieren sollte man die mosambikanische Suppe von der Nordküste mit reichlich Meeresfrüchten (E60), die Kokosnuss-Crêpes (E60) und die köstliche Honig-Cashewnuss-Eiscreme (E43). ⌚ tgl. 6–21 Uhr.

Glasfabrik Ngwenya

An der MR3 westlich von Motshane ▪ ⌚ Mo–Fr 6.50–16.30, Sa und So 8–16 Uhr ▪ ✆ 2442 4053, 🖳 www.ngwenyaglass.co.sz

An der MR3 zwischen dem Grenzübergang Ngwenya/Oshoek und Mbabane liegt die winzige Siedlung **Motshane**. Rund 1 km westlich von Motshane weisen Schilder den Weg zu der Fabrik, wo einer der Exportschlager Swasilands hergestellt wird, das **Ngwenya-Glas**. Die Produkte, deren Bandbreite von edlen Weingläsern bis zu unzähligen verschiedenen Tierfigürchen reicht, werden von kunstfertigen Arbeitern aus recyceltem Glas hergestellt. Ein Stopp hier lohnt schon allein, um den Glasbläsern von der Zuschauergalerie aus bei ihrer Arbeit an den Brennöfen zuzuschauen. Im dazugehörigen Souvenirladen und **Café** wimmelt es allerdings meistens von Reisebusgruppen.

Anhang

Sprache

In Südafrika gibt es elf offizielle Amtssprachen, alle per Gesetz gleichberechtigt. In der Praxis ist **Englisch** die *lingua franca*, sie herrscht in der Politik, der Wirtschaft und den Medien vor. Südafrikabesucher, die sich in den größeren Städten und den Nationalparks aufhalten, können sich problemlos auf Englisch verständigen. Daneben aber ist **Afrikaans** weit verbreitet, und selbst wenn man kaum in die Verlegenheit kommen wird, Afrikaans sprechen zu müssen, begegnet man dieser Sprache mit Sicherheit auf offiziellen Formularen und zahlreichen Schildern, vor allem im Straßenverkehr (Kasten S. 211). Bei den neun weiteren offiziellen sowie den vielen inoffiziellen indigenen Sprachen wird kein Urlaubsreisender auch nur den Versuch unternehmen, sie alle zu erlernen, und selbst das Erlernen einer dieser Sprachen stellt schon eine echte Herausforderung dar.

Aber es ist immer nützlich, ein paar kurze Sätze auf Lager zu haben, vor allem Grußformeln – eine Geste, die in jedem Fall erfreut, auch wenn man keine tiefschürfende Konversation in der fremden Sprache führen kann. Die neun offiziellen afrikanischen Sprachen lassen sich in vier Gruppen aufteilen: **Nguni**, bestehend aus Zulu, Xhosa, siSwati und Ndebele; **Sotho**, bestehend aus Northern Sotho, Southern Sotho (oder Sesotho) und Tswana; **Venda** sowie **Tsonga**. Die meisten Südafrikaner gehören einer der ersten beiden Sprachgruppen an. Ebenso wie alle anderen indigenen südafrikanischen Sprachen unterscheidet sich ihre Grammatik wesentlich von der mitteleuropäischer Sprachen, denn die Sätze werden vom Substantiv dominiert, dem sich die anderen Wörter wie Verben und Adjektive in Person, Geschlecht und Zahl anpassen müssen. Dies geschieht dadurch, dass die Wortstämme je nach Aussage mit Vor- oder Nachsilben versehen werden.

Grußformeln

Deutsch	Englisch	Afrikaans	Northern Sotho
Ja	*Yes*	*Ja*	*Ee*
Nein	*No*	*Nee*	*Aowa*
Bitte	*Please*	*Asseblief*	*Hle. . ./. . .hle*
Danke	*Thank you*	*Dankie*	*Ke a leboga*
Entschuldigung	*Excuse me*	*Verskoon my*	*Tshwarelo*
Guten Morgen	*Good morning*	*Goiemore*	*Thobela/dumela*
Guten Nachmittag	*Good afternoon*	*Goeiemiddag*	*Thobela/dumela*
Guten Abend	*Good evening*	*Goeinaand*	*Thobela/dumela*
Bis später	*See you later*	*Sien jou later*	*Re tla bonana*
Auf Wiedersehen	*Goodbye*	*Totsiens*	*Sala gabotse/ sepele gabotse*
Bis bald	*Until we meet again*	*Totsiens*	*Go fihla re kopana gape*
Erfreut, deine/Ihre Bekanntschaft gemacht zu haben	*Nice to meet you*	*Aangename kennis*	*Ke leboga go le tseba*
Wie geht es Ihnen/dir?	*How are you*	*Hoe gaan dit?*	*Le kae?*
Es geht mir/uns gut, danke	*I'm fine, thanks*	*Goed dankie*	*Re gona*

Englisch

Südafrikanisches Englisch ist eine Sprache mit vielen Varianten. Die Muttersprache von 40 % der Weißen ist Englisch, und viele von ihnen glauben, ein reines britisches „Hochenglisch" zu sprechen. Allerdings unterscheidet sich das südafrikanische Englisch vom britischen nicht nur in der Aussprache, sondern vor allem durch seinen reichhaltigen Wortschatz, der ganz eigene Wortschöpfungen umfasst, manche davon aus dem Afrikaans und den indigenen Sprachen entlehnt.

Afrikaans

Im Gegensatz zu dem, was meist angenommen wird, ist Afrikaans nicht nur die Muttersprache der weißhäutigen Buren, sondern auch die der meisten südafrikanischen „Coloureds". Sie ist keineswegs im Aussterben begriffen, sondern eine sehr lebendige Sprache, in der sich die Mehrzahl der Südafrikaner müheloser als in jeder anderen verständigen kann, denn sie lässt jederzeit Neuschöpfungen zu. Am weitesten verbreitet ist sie in den Provinzen West- und Nordkap, und so gut wie alle Medien im Freistaat bedienen sich vorrangig des Afrikaans.

Afrikaans ist eine vom Holländischen, der Sprache der ersten europäischen Siedler, abgeleitete Sprache (kein Dialekt!), die am Südzipfel Afrikas durch Begriffe aus dem Französischen, Deutschen und Englischen, also den Sprachen der ersten europäischen Seeleute, die am Kap vor Anker gingen, bereichert wurde und zudem mit Wörtern und Wortschöpfungen aus der Sprache der Urbevölkerung sowie den verschiedenen afrikanischen und asiatischen Sprachen der eingeschleppten Sklaven durchsetzt ist. Manche Historiker behaupten (und sie könnten Recht haben), dass die ersten in arabischer Schrift geschriebenen Texte auf Afrikaans Anfang des 19. Jhs. von Kap-Muslimen verfasst wurden.

Sesotho	Tswana	Xhosa	Zulu
E!	*Ee*	*Ewe*	*Yebo*
Tjhe	*Nnyaa*	*Hayi*	*Cha*
(Ka kopo) hle	*Tsweetswee*	*Nceda*	*Uxolo*
Ke a leboha	*Ke a leboga*	*Enkosi*	*Ngiyabonga*
Ntshwaerele	*Intshwarele*	*Uxolo*	*Uxolo*
Dumela (ng)	*Dumela*	*Molo/bhota*	*Sawubona*
Dumela (ng)	*Dumela*	*Molo/bhoto*	*Sawubona*
Fonaneng	*Dumela*	*Molo/bhota*	*Sawubona*
Re tla bonana	*Ke tla go bona*	*Sobe sibonane*	*Sizobanana*
Sala(ng) hantle	*Sala sentle*	*Nisale kakuhle*	*Sala kahle*
Ho fihlela re bonana	*Go fitlhelela re bonana*	*De sibonane kwakhona*	*Size sibonane*
Ke thabela ho o tseba	*O tsogile jang?*	*Kunjani*	*Ninjani?*
O/le sa phela?	*O tsogile jang?*	*Kunjani?*	*Ninjani?*
Ke phela hantle	*Ke tsogile sentle*	*Ndiphilile, enkosi*	*Ngisaphila*

Ungeachtet ihres vielvölkischen Erbes beanspruchten die Afrikander vom späten 19. Jh. an diese Sprache als tragendes Element beim Aufbau ihrer Rassentheorie für sich. Der Versuch der Apartheidregierung, Afrikaans zur Lehrsprache in schwarzen Schulen zu machen, führte 1976 zum Aufstand von Soweto (S. 533) – ein Ausdruck dafür, dass Afrikaans in den Augen vieler schwarzer Südafrikaner ein Instrument des verhassten weißen Regimes war.

Nguni

Ebenso wie das Southern Sotho enthalten die Sprachen der Nguni-Gruppe ein paar den San-Sprachen entnommene Klicklaute, die europäische Zungen erst nach einiger Übung hervorbringen.

Zulu (oder isiZulu) ist die meistgesprochene afrikanische Sprache Südafrikas und wird von rund zwölf Millionen Menschen verstanden. Sie ist die Muttersprache der Bewohner des südöstlichen Landesteiles, darunter ganz KwaZulu-Natal, der östliche Freistaat, Süd-Mpumalanga und Gauteng.

Manche Sprachforscher sind der Ansicht, dass Zulu Englisch als südafrikanische *lingua franca* ablösen könnte. Zulu darf nicht mit **Fanakalo** verwechselt werden, ein Pidgin-Zulu, das zwar manchmal noch in den Minen gesprochen, von den meisten Zulu-Sprachigen jedoch abgelehnt wird – was vielen weißen Südafrikanern völlig unbekannt ist. Das in Swasiland gespro-

Hinweisschilder auf Afrikaans

Bed en Ontbyt	Übernachtung mit Frühstück	*Perron*	Bahnsteig; Bahnhof
Dankie	danke	*Plaas*	Farm
Derde	der/die/das Dritte	*Poskantoor*	Postamt
Doeane	Zoll	*Regs*	rechts
Drankwinkel	Spirituosenladen	*Ry*	fahren
Eerste	der/die/das Erste	*Sentrum*	Zentrum
Geen ingang	Einfahrt verboten	*Singel*	Ringwall; Stadtring
Gevaar	Vorsicht!	*Slaghuis*	Fleischerei
Grens	Grenze	*Stad*	Stadt
Hoof	Haupt-	*Stadig*	langsam
Hoog	hoch	*Stad sentrum*	Stadtzentrum
Ingang	Eingang; Zufahrt	*Stasie*	Bahnhof
Inligting	Information	*Straat*	Straße
Kantoor	Büro	*Strand*	Strand
Kerk	Kirche	*Swembad*	Schwimmbad
Kort	Kurz	*Toegang*	Eingang
Links	(nach) links	*Tweede*	der/die/das Zweite
Lughawe	Flughafen	*Verbode*	verboten
Mans / Vrouens	Herren / Damen	*Verkeer*	Straßenverkehr
Mark	Markt	*Versigtig*	Achtung!
Ompad	Umleitung	*Vierde*	der/die/das Vierte
Pad	Straße	*Vrouens*	Damen (WC)
Padwerke voor	Vorsicht Straßenarbeiten!	*Vrugte*	Obst
Pastorie	Kirchengemeinde	*Vyfde*	der/die/das Fünfte

chene **siSwati** unterscheidet sich kaum vom Zulu, hat jedoch aus historischen Gründen eine eigene Identität entwickelt.

Dasselbe gilt für **Ndebele**, dessen Wortschatz sich ungefähr zu 95 % mit dem des Zulu deckt. Es spaltete sich (ungefähr um die gleiche Zeit wie siSwati) vom Zulu ab, als eine Gruppe Zulu-Sprachiger vor den Expansionsfeldzügen des Zulu-Herrschers Shaka nach Norden flüchtete. Ndebele wird heute in manchen Ecken Gautengs und der Nordwest-Provinzen sowie überall im Süden von Simbabwe gesprochen.

Xhosa (übrigens auch ein Wort, das mit einem Klicklaut beginnt) ist die Muttersprache Nelson Mandelas sowie die von sieben Millionen anderer Südafrikaner, vor allem im Ostkap. Xhosa wird aber auch im Westkap, insbesondere in Kapstadt, gesprochen.

Sotho

Northern-Sotho, Southern-Sotho (oder Sesotho) und Tswana gehören derselben Sotho-Sprachgruppe an. Ebenso wie die Nguni-Sprachen verdanken sie ihre Unterteilung eher geschichtlichen, politischen und geografischen als rein linguistischen Ursachen. Die Sprecher einiger Dialekte des Northern Sotho verstehen manche Dialekte des Tswana besser als manche anderen Northern Sotho-Dialekte.

Die zahlreichen unterschiedlichen Dialekte des **Northern Sotho** werden von rund 2,5 Mio. Menschen innerhalb eines weiten Bogens in der Nordwestregion Südafrikas gesprochen, der die Gebiete rings um den Krüger-Nationalpark umfasst, hoch zur Grenze mit Botsuana reicht und von dort aus nach Süden bis Pretoria geht. **Southern Sotho**, eine der ersten afrikanischen Sprachen, die schriftlich aufgezeichnet wurden, spricht man im Freistaat, in einigen Teilen von Gauteng, ebenso in Lesotho und dort angrenzenden Gegenden des Ostkaps.

Tswana, ebenfalls durch zahlreiche Dialekte charakterisiert, ist die in geografischer Hinsicht verbreitetste südafrikanische Sprache. Die Dialekte der vorherrschenden Sprache Botsuanas werden in Südafrika im Nordkap, im Freistaat und in den Nordwest-Provinzen gesprochen.

Glossar

A

Afrikaner schwarzer Südafrikaner

Afrikander Bure; europäischstämmiger, weißer Südafrikaner

Apartheid ab 1940 gebräuchlicher offizieller Terminus der National Party für „Rassentrennung“

B

Baai Bucht

Bakkie Jeep oder Kleinbus

Bantustan während der Apartheid gebräuchlicher Terminus für Territorien, in die Afrikaner, nach Sprachgruppen geordnet, abgeschoben wurden

Biltong sonnengetrocknete Fleischstreifen

Boerekos ländliche Kost; zeichnet sich vor allem durch viel Fleisch, Zucker und in Butter gedünstetem Gemüse aus

Boerewors gut gewürzte Bratwurst, unverzichtbarer Bestandteil eines *braai*

Bokkoms getrockneter Fisch

Boland Südteil des Westkaps

Braai Grill

Bredie Eintopf aus Fleisch und Gemüse

Bundu Urwald oder ungezähmtes Gelände

Bushveld überwiegend aus Dornenbusch bestehendes Gelände

C

Cape Dutch typisch südafrikanischer Architekturstil des 19. Jhs.

Ciskei Ostkap-Region westlich des Kei River; wurde 1973 zum „selbstverwalteten Territorium“ für Angehörige der Xhosa-Sprachgruppe ernannt, ist inzwischen wieder Teil Südafrikas

Coloured Farbiger, Mischling

D

Dagga Marihuana

Dassie Klippschliefer

Dominee Pfarrer

Donga ausgetrockneter Wassergraben

Dorp Dorf

Drift Furt, Flussübergang (Afrikaans)

E

Egoli Zulu-Bezeichnung für Johannesburg

F

Fanakalo nicht mehr gebräuchliches Kauderwelsch aus Englisch, Zulu und Afrikaans, diente zur Verständigung zwischen weißen Vorarbeitern und afrikanischen Arbeitern

Frikkadel Boulette aus Fleisch und Zwiebeln

Fundi Experte

Fynbos Bezeichnung für die einzigartige Fauna des südlichen Westkaps

G

Group Areas Act 1950 verabschiedetes, jetzt abgeschafftes Gesetz, das die Einrichtung getrennter Lebensräume für jede „Rassengruppe" vorsah

H

Hanepoort süße Weintraube

Highveld höher gelegene Gebiete von Gauteng und Mpumalanga

Homeland siehe *bantustan*

Hottentotten seines diskriminierenden Beiklangs wegen inzwischen abgeschaffter Begriff für die indigenen Khoisan-Hirten, denen die ersten europäischen Siedler am Kap begegneten

I

Impi Zulu-Streitmacht

Indaba Zulu-Bezeichnung für eine Diskussionsrunde; inzwischen im südafrikanischen Englisch üblicher Begriff für jede Art von Versammlung

Inkatha radikal-nationalistische politische Zulu-Partei, wurde 1928 als Kulturorganisation gegründet

K

Kaffer sehr beleidigendes Schimpfwort für Afrikaner

Karoo unwirtliches Hochplateau, das einen Großteil des südafrikanischen Binnenlandes einnimmt

Khoi-Khoi (selbst gewählte) Bezeichnung für das älteste südafrikanische Hirtenvolk

Kloof Schlucht

Knobkerrie („K" stimmlos) Holzknüppel

Koeksister sehr süßes Zopfbrot

Koppie Hügel

Kraal mehrere, von einer Mauer umschlossene Hütten

Kramat Schrein für einen muslimischen Heiligen

Krans Felsklippe

L

Lapa Innenhof zwischen mehreren Ndebele-Häusern; auch Bezeichnung für ein Grillgelände in Safaricamps

Lebowa ehemaliges Homeland *(bantustan)* von Angehörigen der nördlichen Sotho-Sprachgruppe

Lekker gut, hübsch, schmackhaft

Location nicht mehr gebräuchliche Bezeichnung für ein abgegrenztes Gelände am Rand einer Stadt oder Farm „nur für Schwarze"

Lowveld niedrig gelegene, subtropische Region, umfasst das Gebiet von Mpumalanga und die Nord-Provinz (neuerdings: Limpopo)

M

Melktert Vanillepudding mit Karamellsoße

Mielie Mais

MK Umkhonto we Sizwe („Speer der Nation") Der militante Flügel des ANC, inzwischen in die Armee eingegliedert

N

Naartjie Tangarine/Mandarine

Nek Gebirgspass

Nguni bantusprachige Volksgruppe im südöstlichen Südafrika, umfasst Zulu, Xhosa und Swasi

Nkosi Sikelel 'i Afrika „Gott schütze Afrika", Erkennungsmelodie des ANC, jetzt die Nationalhymne Südafrikas

Nyanga traditioneller Heilkundiger

O/P/Q

Pawpaw Papaya

Pastorie Pfarrhaus

Platteland ländliche Gebiete

Poort schmaler Gebirgspass an einem Flussufer
Protea Nationalblume Südafrikas
Qwaqwa ehemaliges Homeland für Angehörige der Southern Sotho-Sprachgruppe

R

Raadsaal Parlamentsgebäude
Rest Camp Unterkunft in Nationalparks
Robot Verkehrsampel
Rondavel Rundhütte nach traditioneller afrikanischer Bauweise

S

SABC South African Broadcasting Authority
Shebeen Wohnzimmer-Kneipe ohne Schanklizenz
Shell Ultra City helle, saubere Tankstellen an Überlandstraßen, mit Restaurant, Minisupermarkt, verfügt manchmal auch über ein Hotel
Sjambok Bullenpeitsche
Skelm Dieb
Snoek großer Fisch, Bestandteil vieler traditioneller Kap-Gerichte
Spaza shops kleine, provisorische Lebensmittelstände oder -geschäfte
Sosatie würziger Hackfleischspieß
Stoep Veranda

T

Township unfruchtbare Landstriche, in die während der Apartheid schwarze Südafrikaner verbannt wurden
Transkei ehemaliges Homeland für Angehörige der Xhosa-Sprachgruppe
Trekboer Umherziehender burischer Bauer im 18. und 19. Jh.
Tsotsie Verbrecher

U

Umuthi Traditionelle Kräutermedizin

V

Vetkoek Pfannkuchen
Vlej Sumpf
VOC Vereenigde Oostindische Compagnie (Niederländisch-Ostindische Handelskompanie)

Reisemedizin zum Nachschlagen

Aids und Geschlechtskrankheiten

HIV/Aids und Geschlechtskrankheiten sind im südlichen Afrika sowohl unter Männern als auch Frauen weit verbreitet, und die Wahrscheinlichkeit, sich durch sexuellen Kontakt mit dem Virus anzustecken, ist sehr hoch.

Es sollte also auf jeden Fall *safer sex* praktiziert werden. Wer in abgeschiedene Landesteile reist und auf Nummer Sicher gehen möchte, kann eine steril verpackte Nadel und ein Transfusionsset mitnehmen.

Bilharziose

Bilharziose (Schistosomiasis) stellt ein ernsthaftes Risiko in allen Gebieten Afrikas südlich der Sahara dar. Diese Wurmplage kommt in den meisten **Süßwasserseen und Flüssen** vor, Gebirgsregionen ausgenommen. Sie wird durch winzige, wurmähnliche Parasiten übertragen, die in Süßwasserschnecken leben, ihren Wirt jedoch irgendwann verlassen und in die Haut eines Menschen eindringen, um sich in dessen Blut zu vermehren. Anschließend arbeiten sie sich zu den Darm- oder Blasenwänden vor, um dort Eier abzulegen.

Am besten lässt sich eine Infektion verhindern, indem man darauf verzichtet, in Stauseen und Flüssen zu baden. Wer mit dem Kajak gefahren ist oder aus irgendeinem anderen Grund die Berührung mit solchen Gewässern nicht vermeiden konnte, sollte sich nach der Reise beim Arzt einem Bilharziose-Test unterziehen.

Allgemeines Unwohlsein ist bisweilen das erste feststellbare **Symptom** einer Infektion. Hat sich die Krankheit etabliert, kommen als weitere Anzeichen Unterleibsschmerzen sowie Blut im Urin und Stuhl hinzu. Einen Impfstoff gibt es nicht, aber zum Glück lässt sich Bilharziose leicht und schnell kurieren.

ANHANG

Bisse und Stiche

Schlangen- und Spinnenbisse oder Skorpionstiche kommen in Südafrika vergleichsweise selten vor. Die meisten **Schlangen** verschwinden, sobald sich jemand nähert. Am gefährlichsten sind die Puff- und Bergottern. Sie sonnen sich oft auf Pfaden und machen sich nicht aus dem Staub, wenn ein Wanderer kommt.

Wer gebissen wird, sollte sich das Aussehen der Schlange merken und so schnell wie möglich einen Arzt aufsuchen. Wichtig ist: Keine Panik, denn selbst an giftigen Schlangenbissen stirbt man nicht augenblicklich. Aus den verzweifelten Versuchen, Extremitäten abzubinden, resultiert in der Regel mehr Schaden als Nutzen.

Wer im Busch unterwegs war, vor allem in hohem Gras, sollte Körper und Kleidung sorgfältig nach **Zecken** untersuchen, da sie Zeckenfieber übertragen können. Die Symptome setzen eine Woche nach dem Zeckenbiss ein – geschwollene Lymphdrüsen, Glieder- und Rückenschmerzen sowie Fieber. Die Krankheit heilt allerdings innerhalb von drei, vier Tagen von selbst aus. Die Zecken, die man bei sich am Körper findet, entfernt man am besten, indem man mit einer Pinzette die Haut um den Zeckenkopf eindrückt, diesen packt und den ganzen Körper vorsichtig herauszieht (es tut nicht weh).

Skorpione und **Spinnen** gibt es massenhaft, aber man sieht sie wahrscheinlich nur, wenn man Holzstücke aufhebt oder Steine umdreht. Wer Holz für ein Lagerfeuer sammelt, sollte es nicht gleich anfassen, sondern zuerst mit dem Schuh oder irgendeinem Gegenstand dagegen klopfen. Im Gegensatz zur landläufigen Meinung sind Skorpion- und Spinnenbisse zwar schmerzhaft, aber so gut wie nie tödlich. Eine gute Vorsichtsmaßnahme beim Campen ist es, morgens vor dem Anziehen Kleidung und Schuhe auszuschütteln.

Tollwut ist in ganz Südafrika verbreitet. Also Vorsicht vor Tieren. Nach einem Biss sofort ärztliche Hilfe in Anspruch nehmen. Mit einer Injektionskur lässt sich Tollwut wirksam behandeln.

Als Sofortmaßnahme sollte die Wunde mit viel Wasser und Seife (oder einem anderen Detergens) mindestens 15 Minuten lang ausgewaschen und, wenn möglich, anschließend desinfiziert werden.

Magen-/Darmerkrankungen

Magen- und Durchfallerkrankungen aufgrund von unsauberen Lebensmitteln kommen in Südafrika höchst selten vor. Rohkostsalate und Eis – die gefährlichsten Lebensmittel in vielen anderen Dritte-Welt-Ländern – können ohne Probleme verzehrt werden. Natürlich sollte man Lebensmittel nicht zu lange aufbewahren und Ost und Gemüse gründlich waschen.

Wer sich trotzdem einen Magenvirus eingefangen hat, braucht vor allem viel Flüssigkeit und Ruhe. Sowohl das Fleisch als auch die Kerne von Papayas sind ein bewährtes Naturheilmittel gegen Durchfall. Ansonsten gibt es aber auch in jeder Apotheke oder Drogerie Arzneimittel namhafter Hersteller, etwa Lomotil.

Auf keinen Fall sollte man beim ersten Krankheitsanzeichen auf Antibiotika zurückgreifen, sondern sie für den Notfall aufbewahren. Eine Magen-Darmverstimmung reguliert sich normalerweise nach ein paar Tagen fettfreier Diät. Wenn nicht (oder falls außergewöhnliche Symptome hinzukommen), sollte so schnell wie möglich ein Arzt aufgesucht werden.

Malaria

Der größte Teil Südafrikas ist frei von Malaria. Ein Malariarisiko besteht im nördlichen und nordöstlichen Mpumalanga, insbesondere im Krüger-Nationalpark, sowie im nördlichen KwaZulu-Natal, in den Grenzgebieten der Nordwest-Provinz und der Provinz Limpopo. Das **größte Risiko** besteht während der heißen, regenreichen Monate **von November bis April**. Geringer ist es in den kühleren, trockenen Monaten von Mai bis Oktober, und manche Reisenden entscheiden sich dafür, während dieser Zeit auf eine Malariaprophylaxe zu verzichten.

Malaria wird durch einen Parasiten verursacht, der sich im Speichel der weiblichen Anopheles-Mücke befindet. Die Krankheit hat eine Inkubationszeit von einigen Tagen bis zu mehreren Wochen, man kann also noch lange nach einem Stich krank werden. Die ersten **Symptome** sind leicht mit Grippesymptomen zu verwechseln. Es beginnt relativ harmlos mit Fieber-, Gliederschmerz- und Schüttelfrostschüben, zumeist am frühen Abend. Wenn sich die Erreger dann im Blut verbreiten, kann sich die Krankheit schnell verschlimmern. Malaria ist nicht ansteckend, kann aber tödlich sein, wenn sie nicht zügig behandelt wird: Wer in einem Malariagebiet innerhalb einer Woche oder nach Verlassen des Gebiets innerhalb von drei Monaten grippeähnliche Symptome aufweist, sollte umgehend ärztliche Hilfe in Anspruch nehmen.

Ärzte geben Auskunft über die empfohlene **Malariaprophylaxe**. Wichtig ist, sowohl vor als auch nach der Reise die vorgeschriebene Dosis einzunehmen. Reisende sollten auf jeden Fall rechtzeitig **vor der Abreise** den Hausarzt oder einen Reisemediziner konsultieren, da mit der Einnahme der Tabletten in jedem Fall ein oder zwei Wochen vor der Einreise begonnen werden muss. Keines der im Handel erhältlichen Medikamente gewährt jedoch 100-prozentigen Schutz, sodass die folgenden Vorsichtsmaßnahmen unbedingt eingehalten werden sollten.

Die Anopheles-Mücke sticht zwischen Beginn der Dämmerung und Sonnenaufgang, sodass man sich zu dieser Zeit am besten nicht im Freien aufhält oder sich zumindest gut schützt. Ist der Schlafraum nicht mückensicher, sollte man unter einem **Moskitonetz** schlafen und dieses unter der Matratze feststecken. Räucherspiralen *(coils)*, die überall erhältlich sind, verringern das Risiko zusätzlich, verpesten aber die Luft. Die elektrischen Moskitovernichter, die man jeden Abend mit einem Pad füttert, riechen weniger unangenehm, doch ist für das Gerät eine Steckdose erforderlich. Sogenannte Mosquitobuzzer sind nutzlos.

Wenn die Stechmücken besonders arg plagen – was nicht oft der Fall ist –, sollte man ungeschützte Hautstellen mit **Insektenschutzmittel** *(insect repellent)* einreiben; am besten funktionieren Mittel, die Diethyltoluamid (DEET) enthalten. In Südafrika produzierte Insektenschutzmittel wie Peaceful Sleep sind vielerorts erhältlich.

Sonnenbrand

Die Sonne ist wahrscheinlich das größte Gesundheitsrisiko, dem Reisende in Südafrika ausgesetzt sind, vor allem hellhäutige. Die Kurzzeitfolgen übermäßiger Sonnenbestrahlung sind Sonnenbrand, Übelkeit und Kopfschmerzen. Besucher sollten unbedingt auf angemessenen Sonnenschutz achten und nicht zu lange in der Sonne bleiben – das gilt vor allem während der ersten Tage im Land.

Besonders wichtig ist umfassender Sonnenschutz für Kinder. Sie sollten am Strand auch möglichst UV-Strahlen undurchlässige Kleidung tragen. Selbst an wolkigen Tagen darf man sich nicht in Sicherheit wiegen, denn dann kann die UV-Strahlung immer noch hoch sein.

Tuberkulose

Tuberkulose ist ein ernstes Problem in Südafrika, aber für die meisten Reisenden ist das Infektionsrisiko eher gering. Stärker gefährdet sind Personen, die im Gesundheitswesen arbeiten, Langzeitreisende und Menschen mit einem angegriffenen Immunsystem wie etwa HIV-Infizierte. Für Kinder empfiehlt sich eine BCG-Impfung, und viele sind ja schon als Kleinkinder geimpft worden. Erwachsene werden seltener routinemäßig gegen TBC geimpft, da durch eine Impfung, falls man sich später einmal infiziert, latente Symptome verdeckt werden können. Wer annimmt, gefährdet zu sein, sollte sich hinsichtlich einer Impfung beraten lassen.

Bücher

Für ein Land mit vergleichsweise geringer Leserschaft und Buchkaufkraft bringt Südafrika eine bemerkenswerte Menge an Literatur hervor, insbesondere zu Themen, die den gebildeten Schichten Schuldgefühle verursachen: Politik und Geschichte. Die mit dem Loose-Koffer markierten Titel sind besonders lesenswert.

Geschichte, Gesellschaft und Anthropologie

Living Apart, Ian Berry. Sehr ausdrucksstarke und bewegende Fotos von den 1950er- bis in die 1990er-Jahre, die ein überwältigendes Bild der politischen Zustände Südafrikas zeichnen, und zwar aus der Sicht des Individuums.

Anatomy of South Africa: Who Holds the Power? Richard Calland. Eine minutiöse Analyse der politischen Landschaft und Machtverhältnisse in Südafrika während der ersten Dekade des 21. Jhs., verfasst von einem der renommiertesten politischen Publizisten des Landes. 2013 schrieb Calland eine Fortsetzung: *The Zuma Years*.

Der Sieg des Nelson Mandela: Wie aus Feinden Freunde wurden, John Carlin. Ein ergreifender Bericht darüber, wie Nelson Mandela es schaffte, aus dem Endspiel im Rugby-World-Cup von 1995 das Versöhnungsfest einer gespaltenen Nation zu machen, die kurz vor dem Bürgerkrieg stand. Wurde von Clint Eastwood unter dem Titel *Invictus – Unbezwungen* verfilmt, in den Hauptrollen Matt Damon und Morgan Freeman.

Group Portrait South Africa: Nine Family Histories, Paul Faber. Enthüllt auf faszinierende Weise anhand der Geschichte von neun südafrikanischen Familien unterschiedlicher Rasse, Herkunft und Perspektive die Vielschichtigkeit der Vergangenheit und Gegenwart Südafrikas. Mit Fotos und Illustrationen.

After the Party: Corruption, the ANC and South Africa's Uncertain Future, Andrew Feinstein. Feinstein, ehemaliges ANC-Parlamentsmitglied, schildert aus seiner Sicht, wie die südafrikanische Regierung die politische Orientierung verloren hat.

After Mandela: The Struggle for Freedom in Post-Apartheid South Africa, Douglas Foster. Der ehemalige Herausgeber von *Mother Jones* verbindet politische Analysen und die im Lauf von sechs Jahren in Straßeninterviews gewonnenen Einsichten zu einem der interessantesten und eindringlichsten Berichte über ein zwischen Neuanfang und Niedergang balancierendes Land, der in den letzten zehn Jahren publiziert wurde.

A New History of South Africa, Hermann Giliomee und Bernard Mbenga. Eine verständliche, wahrheitsgetreue und unterhaltsame bebilderte Zusammenfassung der Geschichte Südafrikas.

In a Different Time: The Inside Story of the Delmas Four, Peter Harris. Das brillant erzählte Geschichtsdrama von vier jungen Südafrikanern, die im Auftrag der ANC-Exilregierung eine Mission antraten, die sie schließlich in die Todeszelle brachte. Als ihr gesetzlicher Verteidiger erhielt Harris besonders tiefe Einblicke in ihre Persönlichkeiten und Motivationen. Erschien auch unter dem Titel *A Just Defiance: The Bombmakers, the Insurgents and a Legendary Treason Trial.*

Country of My Skull, Antjie Krog. Ein zutiefst persönlicher und erschütternder Bericht über die Anhörungen vor der Wahrheits-

Südafrika-Literatur in deutscher Sprache

Viele der hier aufgelisteten Bücher sind nur auf Englisch erhältlich. Sofern vorhanden, haben wir die ins Deutsche übersetzten Titel angegeben.
Wer sich darüber hinaus näher mit der Kultur, Gesellschaft und Geschichte Südafrikas auseinandersetzen möchte, der wird auf www.goethe.de/ins/za/prj/sua/lan/saf/deindex.htm, der Seite des Goethe-Instituts, fündig. Das deutsche Kulturinstitut stellt unter dem Stichwort „Südafrika" eine Reihe ausgewählter Publikationen aus Belletristik, Jugendliteratur, Journalistik und Biografien vor.

und Versöhnungskommission. Der Afrikander Krog, ein ehemaliger SABC-Radiojournalist und Poet, enthüllt schonungslos die Schrecken der Apartheid in ihrer ganzen Komplexität.

Discovering Southern African Rock Art und Images of Power: Understanding Bushman Rock Art, J.D. Lewis-Williams. Diese kurz und präzise gehaltenen Bücher wurden von einem Experten des Genres geschrieben und enthalten zahlreiche Zeichnungen und Fotos.

Pushed to the Limit, Hein Marais. Der Autor beleuchtet die Fragen, warum die privilegierten Klassen nach wie vor ihre Privilegien behalten und eine Handvoll Großkonzerne die Wirtschaft Südafrikas beherrschen und wie das alles mit Jacob Zumas Aufstieg zur Macht zusammenhängt.

Frontiers: The Epic of South Africa's Creation and the Tragedy of the Xhosa People, Noel Mostert. Enthält die solide recherchierte und meisterhaft geschriebene Geschichte der Xhosa des Ostkaps und ihres tragischen Schicksals in den Grenzkriegen gegen die Briten.

The Boer War, Thomas Pakenham. Dieser Klassiker zur Geschichte des Burenkriegs liest sich spannend wie ein Roman.

Robben Island, Charlene Smith. Die umfangreiche, gut lesbare Übersicht über die Geschichte von Robben Island, von prähistorischen Zeiten bis in die Gegenwart, behandelt auch ihre berüchtigtste Zeit als Gefängnis für Apartheidgegner.

First Drafts: South African History in the Making, Allister Sparks. Ein ausgezeichneter Querschnitt prägnanter Texte zur südafrikanischen Politik und Geschichte während der ersten Dekade des 21. Jhs. Sparks, einer der renommiertesten Journalisten des Landes, hat die Dinge genauso stehenlassen, wie er sie zum damaligen Zeitpunkt sah, ohne nachträgliche Korrekturen anzubringen.

No Future Without Forgiveness, Desmond Tutu. Die Wahrheits- und Versöhnungskommission aus der Sicht ihres Vorsitzenden. Es gibt bessere Berichte über die Anhörungen, doch das Buch vermittelt ein anschauliches Bild von der Persönlichkeitsstruktur eines der ungewöhnlichsten Helden Südafrikas.

Dinosaurs, Diamonds & Democracy: A Short, Short History of South Africa, Francis Wilson. Auf geniale Weise packt der Autor zwei Milliarden Jahre auf 128 Seiten – der perfekte Leitfaden für Leute, die mit ihren Südafrika-Geschichtskenntnissen Eindruck schinden wollen.

Cape Town: The Making of a City, Nigel Worden, Elizabeth van Heyningen und Vivian Bickford-Smith. Die ultimative und spannend zu lesende illustrierte Beschreibung der gesellschaftlichen und politischen Entwicklung der ersten südafrikanischen Großstadt in den Jahren 1620 bis 1899. Ein weiterer Band behandelt das 20. Jh.

Autobiografien und Biografien

Der Junge: Eine afrikanische Kindheit und **Die jungen Jahre**, J.M. Coetzee. In den beiden fesselnden und schwer verdaulichen Bänden seiner fiktionalisierten Autobiografie berichtet der Autor von seiner Kindheit in einer südafrikanischen Provinzstadt und wie er sich später durchs Leben schlug, sowohl in Südafrika als auch in England. Coetzee wurde 2003 mit dem Literaturnobelpreis ausgezeichnet. Weitere Titel stehen unter „Belletristik".

Portraits of Power: Profiles of a Changing South Africa, Mark Gevisser. Obwohl mittlerweile weit über zehn Jahre alt, bietet diese Sammlung von 40 Mini-Biographien quer durch alle Bevölkerungsschichten Südafrikas immer noch aufschlussreiche Einblicke in die Lebensumstände einer Reihe südafrikanischer Persönlichkeiten, die die Geschicke des Landes bestimmen/bestimmten.

An die Kinder meiner Kinder, Sindiwe Magoma. Die Autorin verfasste diese fesselnde Autobiographie ursprünglich nur, um ihre Angehörigen nicht vergessen zu lassen, wo die Wurzeln der Familie liegen. Sie beschreibt ihren Lebensweg, der sie vom ländlichen Alltag in der Transkei in die harte Realität der Townships von Kapstadt führte, und erzählt, wie leidvolle Erfahrungen sie von einer politisch naiven in eine politisch bewusste Frau verwandelten.

Der lange Weg zur Freiheit, Nelson Mandela. Die hervorragende Autobiographie des verstorbenen ehemaligen Präsidenten Südafrikas ist ein Bestseller. Mandelas Großmut und sein unfehlbares Gespür, den schwierigen Balanceakt zwischen Grundsatztreue und Taktik hinzubekommen, sprechen praktisch aus jeder Zeile. In der Autobiografie lässt er sehr plastisch seine Kindheit wiederauferstehen und beschreibt ergreifend seine langen Jahre im Gefängnis.

How Can Man Die Better? The Life of Robert Sobukwe, Benjamin Pogrund. Erzählt die Geschichte eines der größten Helden der Anti-Apartheidsbewegung. Die weiße Regierung fürchtete Sobukwe, den verstorbenen Führer des Pan Africanist Congress und Zeitgenossen Nelson Mandelas, so sehr, dass sie ein Sondergesetz erließ – The Sobukwe Clause –, um ihn auch nach Ablauf seiner Haftstrafe in Einzelhaft auf Robben Island halten zu können.

Nelson Mandela. Die Biographie, Anthony Sampson. Diese Biographie wurde absichtlich genau nach Mandelas Aufgabe des Präsidentenamtes im Jahr 1999 veröffentlicht. Sampsons einwandfrei recherchiertes Werk stellt eine gute Zusatzlektüre zu *Der lange Weg zur Freiheit* dar, denn es bietet eine breitere Perspektive und schärfere Analysen als die Autobiographie.

Shirley, Goodness and Mercy: A Childhood Memoir, Chris van Wyk. In seinen Memoiren erzählt der im Oktober 2014 verstorbene Schriftsteller van Wyk humorvoll und anrührend zugleich vom Aufwachsen in einer „farbigen" Arbeiterfamilie in Johannesburg während der Apartheid.

Kunst

Women and Art in South Africa, Marion Arnold. Diese umfangreiche Studie ist die erste ihrer Art, die sich mit südafrikanischen Künstlerinnen von Beginn des 20. Jhs. bis heute beschäftigt.

In Township Tonight: South Africa's Black City Music and Theatre, David Coplan. Der 2008 überarbeitete Klassiker erklärt die südafrikanische Musikwelt, von ihren indigenen Wurzeln bis zu Sklavenorchestern und beschreibt ihre positiven Auswirkungen auf die rauen Verhältnisse in den Townships.

Madam and Eve, Stephen Francis und Rico Schacherl. Mehrere Comicbände schildern den Kleinkrieg, den eine afrikanische Hausgehilfin und ihre weiße Madam in den nördlichen Vororten von Johannesburg Tag für Tag miteinander austragen. Diese Cartoons verraten mehr über die Post-Apartheid-Gesellschaft als unzählige akademische Schriften.

Beyond the Blues: Township Jazz of the Sixties and Seventies, Steve Gordon. Porträtiert in Wort und Bild die Jazzgrößen Südafrikas wie Kippie Moeketsi, Basil Coetzee und Abdullah Ibrahim (Dollar Brand).

South African Photography: 1950–2010, Ralf-Peter Seippel. Diese 60 Jahre in der Geschichte Südafrikas haben reichlich Fotomaterial geliefert. Der Fotoband stellt die Arbeiten einiger der renommiertesten einheimischen Fotografen vor, unterteilt in drei Perioden: Apartheid, Kampf und Freiheit.

South African Art Now, Sue Williamson. Ein Querschnitt durch die südafrikanische Kunstszene, von der „Widerstandskunst" der 1960er-Jahre bis heute. Sue Williamson – selbst eine gefeierte Künstlerin und eine der maßgeblichsten Kunstkritikerinnen des Landes – beschreibt Kunstbewegungen und -genres und porträtiert führende Künstler wie Marlene Dumas und William Kentridge.

Zapiro (Jonathan Shapiro). Eine Reihe Cartoon-Sammlungen aus der Feder von Südafrikas führendem, exzellenten Politcomic-Autoren. In einem Land, wo Satire ein seltenes Gut ist, legt Zapiro als einer der wenigen garantiert immer wieder den Finger in die Wunde (www.zapiro.com).

Reiseberichte

Karoo Moons: A Photographic Journey, Richard Dobson. Wer einen Anstoß sucht, um die Wüste im Inneren Südafrikas zu erforschen, müsste beim Anblick dieser bezaubernden Bilder eigentlich sofort den Koffer packen.

Dark Continent, My Black Arse, Sihle Khumalo. Der aufschlussreiche und superwitzige Erfahrungsbericht eines schwarzen Südafrikaners, der seinen gutbezahlten Job an den Nagel hängt, um sich einen Traum zu erfüllen: Er will einmal im Leben mit öffentlichen Verkehrsmitteln vom Kap bis nach Kairo reisen.

A Millimetre of Dust: Visiting Ancestral Sites, Julia Martin. Ein eloquenter Bericht über eine Reise, die an der Kap-Halbinsel beginnt und die Verfasserin, ihren Mann und ihre zwei Kinder zu den wichtigsten archäologischen Stätten des Nordkaps führt.

South from the Limpopo: Travels Through South Africa, Dervla Murphy. Eine spannende und wagemutige Reise per Fahrrad durchs neue Südafrika. Die Autorin erforscht das Land furchtlos in all seiner Komplexität und Widersprüchlichkeit.

Spezialführer

Two Oceans, G.M. Branch. Das Standardwerk zur Meeresfauna und -flora Südafrikas.

Best Hikes in Southern Africa und **Best Walks of the Drakensberg**, David Bristow. Das South-Africa-Buch ist ein flott geschriebener, zuverlässiger und zeitsparender Führer, denn er wählt aus einer verwirrenden Vielfalt von Routen die besten aus. Das Drakensberg-Taschenbuch ist ein wärmstens zu empfehlender Begleiter für alle, die den Gebirgszug erkunden möchten. Es umfasst detaillierte Streckenbeschreibungen und Wissenswertes zur Naturgeschichte.

Robert's Bird Guide, Hugh Chittenden (Hrsg.). Das ultimative (und in jeder Hinsicht schwerwiegende) Referenzwerk zur gesamten Avifauna des Subkontinents. Wenn ein Vogel nicht im Robert's steht, gibt es ihn auch nicht.

Safari Companion: A Guide to Watching African Mammals, Richard D. Estes. Ein zum Verständnis der afrikanischen Tierwelt unverzichtbares Handbuch mit interessanten, gut lesbaren Informationen zum Verhalten und den sozialen Strukturen der wichtigsten Arten. Unbedingt zu empfehlen für Besucher, die mehr wollen als nur Checklisten abhaken.

Best Walks in the Cape Peninsula, Mike Lundy. Handlich-praktischer, solide recherchierter Führer, der einige der zahlreichen Wanderwegen der Halbinsel beschreibt.

A Fynbos Year, L. McMahon und M. Fraser. Exquisit illustriertes und fachmännisch geschriebenes Buch über die einzigartige Flora Südafrikas.

Hiking Trails of Southern Africa, Willie und Sandra Olivier. Beschreibt interessante Wanderungen in allen Gegenden Südafrikas, von Spaziergängen bis zu mehrtägigen Expeditionen und enthält praktische Informationen sowie Hinweise, wo die erforderlichen Permits erhältlich sind.

Best Walks of the Garden Route, Colin Paterson-Jones. Ein praktischer Leitfaden zum Erkunden der südafrikanischen Küsten und Wälder abseits des erschlossenen Gürtels entlang der Garden Route.

Surfing in South Africa: Swells, Spots and Surf African Culture, Steve Pike. Der Klassiker enthält alles, was man übers Wellenreiten an der 3000 km langen Küste des Landes wissen muss, verfasst von einem erfahrenen Journalisten, Surf-Liebhaber und Begründer der renommierten Surfwebsite www.wavescape.co.za.

Sasol Birds of Southern Africa, Ian Sinclair, Phil Hockey und Warwick Tarboton. Umfassende, feldtaugliche Zusammenstellung mit zahlreichen Fotos und praktischen Registern, die eine schnelle Identifikation ermöglichen.

Ein Taschenführer für Vögel im südlichen Afrika, Ulrich Oberprieler und Burger Cillié. Handliches und benutzerfreundliches Bestimmungsbuch mit Farbfotos und Kurzbeschreibungen zu über 400 der verbreitetsten Vogelarten

Field Guide to the Mammals of Southern Africa, Chris und Tilde Stuart. Eines der besten Bücher zu diesem Thema. Es vermittelt ausgezeichnete Hintergrundinformationen, und die detailgetreuen Illustrationen erleichtern die Bestimmung der Arten.

John Platter South African Wines, Philip van Zyl (Hrsg.). Ein Bestseller in Südafrika. In dem jährlich überarbeiteten Weinführer wird praktisch jeder Tropfen behandelt, der im Land produziert wird.

Belletristik

The Innocents, Tatamkhulu Afrika. Der Roman spielt in den Jahren des Widerstands gegen die Apartheid und untersucht die moralischen und ethischen Wertmaßstäbe jener Zeit aus muslimischer Perspektive.

Krokodile weinen nicht (The Smell of Apples), Mark Behr. Ein elfjähriger weißer Junge, Sohn eines Generalmajors der Apartheid-Armee, ist der Ich-Erzähler dieses äußerst eindrucksvollen, in den 1970er-Jahren handelnden Debutroman. Er beschreibt den allmählichen Verfall der Sitten in jener Zeit aus der Sicht eines Jungen, der inzwischen selbst Soldat geworden ist. Außerdem auf Deutsch erschienen: *Wasserkönige*.

Zoo City, Lauren Beukes. Dieser sehr ungewöhnliche Roman wurde 2011 mit dem Arthur-C.-Clarke-Science-Fiction-Preis ausgezeichnet. Ort der Handlung ist ein fiktives Johannesburg, wo mit dem Gesetz in Konflikt geratene Menschen dazu verurteilt werden, in Zukunft als „Getierte" durchs Leben zu gehen, also ein Tier zugeteilt bekommen, das sie auf Schritt und Tritt begleitet. Dem Buch ist ein Soundtrackalbum mit südafrikanischen Electronica-Tracks beigelegt, das die Atmosphäre des Buchs verstärken soll. Die Filmrechte für Beukes jüngsten Roman *The Shining Girls* hat sich Leonardo DiCaprios *Appian Way* gesichert.

Unto Dust, Herman Charles Bosman. Eine erstklassige Kurzgeschichtensammlung vom südafrikanischen Meister des Genres. Die Geschichten spielen in den 1930er-Jahren in der winzigen Afrikander-Bauerngemeinde Groot Marico und werden alle vom gleichen Kommentator erzählt, der mit feiner Ironie die heimlichen

Ohne Krimi ...

Vor 1994 war südafrikanische Kriminalliteratur ein seltenes Pflänzchen, doch seit Post-Apartheidzeiten wächst und gedeiht sie und hat eine Reihe international anerkannter Autoren hervorgebracht, darunter Margie Orford, Roger Smith und Deon Meyer. So massiv und unübersehbar ist das Auftauchen des in heimischen Gefilden spielenden südafrikanischen Kriminalromans, dass er zum Gegenstand zahlreicher akademischer Studien geworden ist, die sich mit den Inhalten und der Frage beschäftigen, warum sich dieses Phänomen ausgerechnet jetzt präsentiert. Die These, es könnte etwas mit der extrem hohen Kriminalitätsrate Südafrikas zu tun haben, ist nicht haltbar, denn Skandinavien und Japan – Länder mit niedriger Kriminalität – verzeichnen in jüngster Zeit ebenfalls einen Krimiboom.

Eine mögliche Erklärung für die Post-Apartheid-Explosion des Genres ist, dass sich früher, als die Polizei als staatliches Repressionsinstrument galt, eine Geschichte mit einem Polizisten als Protagonisten und Sympathieträger wohl kaum verkauft hätte. Denkbar wäre auch, dass die literarische Form des Thrillers die Gelegenheit bietet, die südafrikanische Gesellschaft einer kritischen Beleuchtung zu unterziehen: eine Nische, die vormals vom politischen „Widerstandsroman" ausgefüllt wurde. Denn wie ein Literaturkritiker feststellt, ist die zentrale Frage in der südafrikanischen Kriminalliteratur meistens „warum ist es passiert?" („whydunit?") und nicht – wie in Krimis normalerweise üblich – „wer ist es gewesen?" („whodunit?").

Andere Spekulationen gehen dahin, dass die Form des Kriminalromans Aufklärung und Katharsis zulässt, und dies – zumindest symbolisch – einen Ausgleich zum Versagen der Wahrheits- und Versöhnungskommission (Kasten S. 103) schafft und wenigstens theoretisch eine Möglichkeit schafft, die Unzulänglichkeiten der überlasteten südafrikanischen Justiz auszubügeln.

Aus welchem Grund auch immer – der durchschlagende Erfolg des Genres zeigt, dass das Verbrechen halt doch eine lohnende Sache ist, jedenfalls für Krimi-Leser und -Schreiber.

Zehn mordsmäßig gute südafrikanische KrimischreiberInnen

Joanne Hichens, *Divine Justice*. Kapstadt, schwarzer Humor und extreme Charaktere – darunter ein fanatischer Prediger mit einer Vorliebe für Amputierte – bilden den Rahmen, in dem Privatdetektivin Rae Valentine nach gestohlenen Juwelen sucht, während sich die Leichen stapeln.

Angela Makholwa, *Red Ink*. Die zur Journalistin mutierte Ermittlerin Lucy Khambule soll die Biographie eines Serienkillers aus der Jo´burger Schickeria verfassen, wo ein Mord nach dem anderen geschieht und nichts so ist, wie es aussieht.

Leidenschaften und Marotten seiner Mitmenschen bloßlegt. Auf Deutsch erschienen: *Mafeking Road und andere Erzählungen.*

Die Nilpferdpeitsche (A Chain of Voices), André Brink. Die aufwühlende Geschichte spielt im 18. Jh. und beschreibt die Auswirkungen der Sklaverei auf eine Farmersfamilie am Kap. Außerdem auf Deutsch erschienen: *Weiße Zeit der Dürre.*

Omnibus of a Century of South African Short Stories, Michael Chapman. Die bislang umfassendste Zusammenstellung südafrikanischer Erzählungen beginnt mit mündlich überlieferten Geschichten der San und reicht bis zu Literatur des 21. Jhs., darunter Werke von Olive Schreiner, Alan Paton, Es'kia Mphahlele und Ivan Vladislavic.

Eiserne Zeit (Age of Iron) und Schande (Disgrace), J.M. Coetzee. *Eiserne Zeit* spielt während der politischen Wirren der 1980er-Jahre und dreht sich um eine krebskranke, dem Tod geweihte weiße Professorin. In ihrem Garten lässt sich ein Obdachloser nieder, und zwischen den beiden entsteht eine ungewöhnliche, faszinierende Beziehung. Noch ergreifender ist *Schande*, die erschreckende Geschichte eines in Ungnade gefallenen Ostkap-Universitätsprofessors am Ostkap. Kein Schriftsteller versteht es besser als Coetzee, die stets vorhandenen Unterströmungen von Gewalt

James McClure, *The Song Dog.* Ein Band aus der Reihe um den weißen Ermittler Tromp Kramer und seinen schwarzen Assistenten Mickey Zondi, geschrieben von einem der seltenen Krimiautoren aus der Apartheidzeit. Er gilt inzwischen als Vater des Genres in Südafrika.

Deon Meyer, *Dreizehn Stunden (Thirteen Hours).* Dieser Band vom derzeit erfolgreichsten Krimiautoren Südafrikas verspricht wie immer eine atemberaubende Lektüre, aber für manche Leser geht es vielleicht *zu* heftig zur Sache – ein Erzählstrang folgt Detective Benny Griessel auf seiner Suche nach einer amerikanischen Rucksacktouristin, die nach der Ermordung ihrer Reisegefährtin auf der Flucht vor Kapstädter Gangstern ist. Ebenfalls auf Deutsch erschienen: *Tod vor Morgengrauen, Der traurige Polizist, Das Herz des Jägers, Der Atem des Jägers, Weißer Schatten, Rote Spur, Sieben Tage.*

Mike Nicol, *Payback (Payback).* Einer von mehreren nervenzerfetzenden Thrillern des etablierten Romanciers Nicol (er wurde schon mit Elmore Leonard und Cormac McCarthy verglichen). In *Payback* werden zwei ehemalige Waffenschmuggler, die sich eigentlich eine bürgerliche Existenz aufbauen wollten, erpresst und zur Rückkehr in die finstere Unterwelt Kapstadts gezwungen.

Sifiso Nzobi, *Young Blood.* Aus der Sicht eines jungen, seine Identität suchenden Mannes aus der Township Umlazi in KwaZulu-Natal geschrieben. Er schildert, was die Anziehungskraft und den Lohn des Verbrechens ausmacht – Autos, Geld, Frauen – und wie er versucht, sich aus den Fängen der organisierten Kriminalität zu befreien.

Margie Orford, *Water Music.* Der beklemmende Roman der international gefeierten Autorin aus der Krimireihe um die Profilerin Clare Hart spielt im malerischen Hout Bay und führt in die Abgründe des Kindesmissbrauchs. Auf Deutsch erschienen: *Todestanz, Blutrose, Blutsbräute* und *Galgenberg.*

Michele Rowe, *Kap der Lügen (What Hidden Lies).* In der fachmännisch konstruierten Kriminalgeschichte entlockt Detective Persy Jonas nach der Entdeckung einer Wasserleiche den Bewohnern mehrerer unter einer Decke steckenden Kap-Halbinsel-Gemeinden finstere Geheimnisse.

Roger Smith, *Mixed Blood.* Der erbarmungslose *thriller noir* spielt in den Cape Flats und ist mit brutaler Eloquenz verfasst. Die literarische Reise durch die hässliche Landschaft eines von Gewalt beherrschten Verbrecherbanden-Landes erfordert einen starken Magen. *Mixed Blood* und ein weiterer Roman von Smith, *Wake Up Dead*, sollen eventuell in Hollywood verfilmt werden.

Diale Tlholwe, *Counting the Coffins.* In Südafrikas erstem Kriminalroman im Stil des magischen Realismus begleiten wir Detective Thabang Maje durch die erbarmungslosen Straßen von Jo'burg, einem Sumpf aus Korruption und Gesetzlosigkeit.

und Unsicherheit in Südafrika eindringlicher aufzuzeigen.

Bitter Fruit und **The Z Town Trilogy**, Achmat Dangor. Dangor ist einer der besten Romanautoren Kapstadts. *Bitter Fruit* handelt vom Sohn zweier Anti-Apartheid-Aktivisten und von einem Akt der Gewalt, dessen Auswirkungen sich durch zwei Generationen zieht und während der Anhörungen der Wahrheits- und Versöhnungskommission ans Tageslicht kommt. Das Buch beschreibt eine zerrüttete Familie, eine dysfunktionale Gesellschaft und die menschliche Unfähigkeit, sich mit den tiefsten Wunden der Vergangenheit auseinanderzusetzen. Die *The Z Town Trilogy* spielt in einer stark an Kapstadt erinnernden Stadt während einem der zahlreichen Ausnahmezustände in der Apartheidzeit, die sich zerstörerisch auf die Psyche der handelnden Personen auswirken. Auf Deutsch erschienen: *Kafkas Fluch*.

Whiplash, Tracey Farren. Der von der Kritik gefeierte Erstlingsroman, ein literarisches Wechselbad aus Grausamkeit und Komik, ist aus der Sicht einer Kapstädter Prostituierten geschrieben, die sich auf ihrem persönlichen „Weg in die Freiheit" mit ihrer Vergangenheit und Gegenwart auseinandersetzt.

In fremden Räumen (In a Strange Room), Damon Galgut. Manche Kritiker behaupten, Galgut sei dazu berufen, in J.M. Coetzees literarische Fußstapfen zu treten. Er hat schon mehrere literarische Auszeichnungen abgeräumt, und *In a Strange Room* wurde für den Man Booker Prize 2010 vorgeschlagen. Der Roman spielt (ungewöhnlich für Galgut) außerhalb Südafrikas und beschreibt abwechselnd in der ersten und dritten Person die um die ganze Welt führenden Reisen und Beziehungen eines Protagonisten, der – genau wie der Autor – Damon heißt. Witzig, super geschrieben und ausgesprochen lesenswert.

Julys Leute (July's People), Nadine Gordimer. Das umstrittene Werk der Literaturnobelpreisträgerin wurde anfänglich von der Apartheidregierung als subversiv verboten und später von der Schulbehörde des ANC-regierten Gauteng zeitweilig aus den Schulen verbannt, da es als „zutiefst rassistisch, überheblich und bevormundend" eingestuft wurde. Das in den 1980ern veröffentliche Buch (zu einer Zeit, als eine Revolution in Südafrika zunehmend wahrscheinlich erschien), erzählt die Geschichte einer weißen Familie, deren Gärtner July sie während politischer Unruhen rettet und in seinem Dorf in Sicherheit bringt. Ebenfalls auf Deutsch erschienen: *Entzauberung, Burgers Tochter, Gutes Klima, nette Nachbarn*; *Niemand, der mit mir geht*; *Anlass zu lieben* und *Der Besitzer*.

Deadlands, Lily Herne. Südafrikas schlagfertige Antwort auf *Twilight* erzählt die Abenteuer und die Romanze der 17-jährigen Lele, die sich durch die Ruinen der dystopischen, von Zombies heimgesuchten Vorstädte eines post-apokalyptischen Kapstadt kämpft.

The Trap und **A Dance in the Sun**, Dan Jacobson. Die rasant geschriebenen Novellas, verfasst in den 1950er-Jahren und in einem Band veröffentlicht, beschreiben meisterhaft die wachsenden Spannungen und die vielfältigen Nuancen der Weiß-gegen-Schwarz-Atmosphäre jener Ära.

Dance with a Poor Man's Daughter, Pamela Jooste. In ihrem erfolgreichen Romandebut beschreibt die Autorin einfühlsam die zerbrechliche Welt eines jungen farbigen Mädchens während der ersten Apartheid-Jahre. Auf Deutsch erschienen: *Wie Wind im Steppengras*.

Seven Steps to Heaven, Fred Khumalo. Der Roman des Journalisten Khumalo ist vordergründig die Coming-of-Age-Story zweier Freunde und ihrer Erfahrungen mit Sex, Shebeens, Gewalt und Rache. Gleichzeitig zeichnet er auch ein hautnahes Bild vom Alltag in einer Township.

A Walk in the Night and Other Stories, Alex La Guma. Die ausgezeichnete Kurzgeschichtensammlung des begabten Schriftstellers und Politaktivisten spielt im District Six, jenem multikulturellen Viertel Kapstadts, das die Apartheidregierung dem Erdboden gleichmachen ließ.

The Devil's Chimney, Anne Landsman. Schauplatz des gekonnt und spannend im Stil des magischen Realismus geschriebenen Romans ist das Karoo-Städtchen Oudtshoorn zur Zeit des Straußenfedernbooms.

Arten des Sterbens (Ways of Dying), **Die Madonna von Excelsior (His Madonna of Excelsior)** und **Das Herz der Röte (The Heart of Red-**

ness), Zakes Mda. Arten ... ist die meisterhaft erzählte Geschichte eines professionellen Klagemannes und gewährt faszinierende Einblicke in die Kultur des schwarzen Südafrika; *Madonna* ... dreht sich um eine Familie aus dem Freistaat, die in einen Skandal verstrickt ist, bei dem 19 Personen aus der Kleinstadt Excelsior wegen Verstoßes gegen die Rassengesetze angeklagt wurden (nach einer wahren Begebenheit); und *Das Herz* ... verwebt einen alten, historisch überlieferten Konflikt am Ostkap, bei dem einige Xhosa das Vieh der vordrängenden Buren töteten, mit einer zeitgenössischen Streitfrage, die heute ebenfalls die Gemüter erhitzt und die Dorfbewohner in zwei Lager spaltet. Auf Deutsch erschienen: *Der Walrufer*.

Dog Eat Dog, Niq Mhlongo. Mhlongo, einer der respektlosen Vertreter der Post-Apartheid-Literatur, wurde schon als „Stimme der *kwaito* (Hip-Hop)–Generation" bezeichnet. Die Hauptperson seines Romans ist ein Student, der seine Zeit damit zubringt, Vorlesungen zu schwänzen, Frauen aufzureißen und sich durchs Leben zu mogeln.

Welcome to Our Hillbrow, Phaswane Mpe. Ein junger Schwarzer vom Land landet im Rotlichtbezirk von Hillbrow, wo Fremdenfeindlichkeit, Gewalt und Aids (der Autor ist daran nach Erscheinen des Buchs gestorben) herrschen.

Down Second Avenue, Es'kia Mphahlele. Schauplatz dieses klassischen, autobiographischen Romans ist die verarmte Township Alexandra der 1940er-Jahre, in der Mphahlele als Mitglied einer großen, Tag für Tag ums Überleben kämpfenden Familie aufwuchs.

Cry, The Beloved Country (Denn sie sollen getröstet werden), Alan Paton. In diesem Klassiker, erschienen 1948, prangert einer der berühmtesten Liberalen Südafrikas die haarsträubende Ungerechtigkeit im Land an. Mit eindringlichen Worten beschreibt er das Schicksal eines schwarzen Geistlichen, der vom ländlichen Natal nach Johannesburg reist, um seinen verschollenen Sohn den Klauen der Metropole zu entreißen.

Black South African Women – An Anthology of Plays, Kathy Perkins. Eine bahnbrechende Sammlung von zehn Theaterstücken, verfasst sowohl von bekannten als auch unbekannten Bühnenautoren wie Gcina Mhlope, Sindiwe Nagona, Muthal Naidoo und Lueen Conning.

Mhudi (Mhudi, ein historischer Roman), Sol Plaatje. Der erste auf Englisch geschriebene Roman eines schwarzen Südafrikaners spielt in den 1830er-Jahren, zu einer Zeit, als der Große Treck der Afrikander gerade erst begonnen hatte. Er erzählt die heroische Geschichte einer jungen Frau vom Land, die ihren zukünftigen Ehemann vor einem Überfall der Ndebele rettete, die damals die Region Marico beherrschten.

Crossing Over, Linda Rode und Jakes Gerwel. Ein Sammelband mit 26 Erzählungen neuer, aufstrebender südafrikanischer Schriftsteller zum Thema Adoleszenz und frühes Erwachsenenleben in einer Periode des politischen Übergangs.

Geschichte einer afrikanischen Farm (Story of an African Farm), Olive Schreiner. Dies ist der allererste südafrikanische Roman, er entstand 1883. Obwohl zwangsläufig den Ideologien jener Zeit verhaftet, vertritt die Autorin in ihrer Geschichte zweier Kusinen, die auf einer abgeschiedenen Karoo-Farm leben, für die damalige Zeit schockierend fortschrittliche, emanzipatorische und agnostische Ansichten.

The Restless Supermarket, The Exploded View und **Johannesburg. Insel aus Zufall (Portrait with Keys: Joburg and What-What)**, Ivan Vladislavic. *The Restless Supermarket* ist eine düstere und komplexe urbane Satire aus der Feder eines der vielversprechendsten zeitgenössischen südafrikanischen Schriftstellers über das berühmt-berüchtigte Johannesburger Viertel Hillbrow und spielt in den letzten Jahren der Apartheid. *The Exploded View* ist eine Sammlung vier ineinander verwobener Geschichten, das ausgezeichnete Folgewerk eines Autoren, der wie kein anderer die Widersprüchlichkeit und Faszination Jo'burgs in Worte fassen kann. *Portrait* ist weniger ein Roman als vielmehr ein aus durchnummerierten Texten bestehender Tatsachenbericht über diese Großstadt, die Vladislavic immer wieder aufs Neue inspiriert.

Index

ANHANG

ANHANG

ANHANG

ANHANG

L

M

ANHANG

OUTBACK AFRICA
ERLEBNIS REISEN
WIR ZEIGEN IHNEN AFRIKA.
ALLE ACHTUNG!
DIE WISSEN, WO WAS LOS IST.
Wir lieben Afrika und sind regelmäßig vor Ort. Unsere Erfahrungen und Geheimtipps geben wir gerne an Sie weiter. Erleben Sie unvergessliche Momente an den schönsten Plätzen im Süden und Osten Afrikas. Ob Camping-Abenteuer, Rundreise in Lodges oder exklusive Flugsafari – lassen Sie sich beraten.
Telefon: 037437 53880 ODER www.Outback-Africa.de

ANHANG

ANHANG

ANHANG

T

ANHANG

ANHANG

Bildnachweis

Umschlag

Titelfoto Corbis/Robert Harding World Imagery/Kimberly Walker; Gepard, Provinz Westkap
Umschlagklappe vorn huber-images.de/Gräfenhain; Camps Bay, Kapstadt
Umschlagklappe hinten laif/Andreas Hub; Zulu-Dorf in den Drakensbergen, Provinz KwaZulu-Natal

Farbteil

S. 2 Dumont Bildarchiv/Arthur F. Selbach
S. 3 Dumont Bildarchiv/Arthur F. Selbach (oben)
Rough Guides (Mitte)
Dumont Bildarchiv/Arthur F. Selbach (unten)
S. 4 Corbis/Bob Krist
S. 5 laif/Clemens Emmler (oben)
Stock photo/carole castelli (unten)
S. 6 laif/Clemens Emmler (oben)
Rough Guides (unten)
S. 7 Dumont Bildarchiv/Arthur F. Selbach (oben)
mauritius images/Oxford Scientific (unten)
S. 8/9 mauritius images/Dirk Bleyer
S. 10 mauritius images/Uppercut Independent (oben)
Stock photo/Paul Gregg (unten)
S. 11 Dumont Bildarchiv/Tom Schulze (oben)
Dumont Bildarchiv/Tom Schulze (unten)
S. 12/13 getty images/Lanz von Horsten
S. 14 Dumont Bildarchiv/Arthur F. Selbach (oben)
laif/Lammers/Hollandse Hoogte (unten)
S. 15 laif/Thomas Linkel
S. 16 Dumont Bildarchiv/Arthur F. Selbach

Schwarz-Weiß

Dumont Bildarchiv / Arthur F. Selbach S. 34, 73, 111, 128, 187, 324, 368, 374, 417, 484, 495, 560, 581
Dumont Bildarchiv / Tom Schulze S. 30, 34, 205, 240, 294, 299, 338, 341, 351, 356, 378, 395, 407, 447, 472, 479, 503, 504, 511, 523, 531, 542, 569, 589, 681, 707
Rough Guides S. 102, 197
Rough Guides / Alamy / AfriPics S. 627
Rough Guides / Alamy / Frans Lemmens S. 26
Rough Guides / AWL Images/ Ian Trower S. 32
Rough Guides / Corbis / Image Source S. 625
Rough Guides / Corbis / Marco Calore S. 35
Rough Guides / Dreamstime.com / Michael Jung S. 25
Rough Guides / Getty Images / Peter Pinnock S. 32
Rough Guides / Getty Images / Flickr RF / Vittorio Ricci S. 31
Rough Guides / Mark Fransman S. 176
Rough Guides / SuperStock / Christian Heeb S. 571
Rough Guides / SuperStock S. 647
Rough Guides / SuperStock / Rob Cousins S. 28

Impressum

Südafrika
Lesotho und Swasiland
Stefan Loose Travel Handbücher
5., vollständig überarbeitete Auflage **2016**

Übersetzt von „The Rough Guide to South Africa, Lesotho & Swaziland", 8th Edition,
publiziert von Rough Guides Ltd, 80 Strand, London, WC2R 0RL, 2015
Originaltitel: The Rough Guide to South Africa, Lesotho & Swaziland

Die in diesem Buch enthaltenen Angaben wurden von den Autoren nach bestem Wissen erstellt und vom Lektorat im Verlag mit großer Sorgfalt auf ihre Richtigkeit überprüft. Trotzdem sind, wie der Verlag nach dem Produkthaftungsrecht betonen muss, inhaltliche und sachliche Fehler nicht vollständig auszuschließen.
Deshalb erfolgen alle Angaben ohne Garantie des Verlags oder der Autoren. Der Verlag und die Autoren übernehmen keinerlei Verantwortung und Haftung für inhaltliche und sachliche Fehler. Alle Landkarten und Stadtpläne in diesem Buch sind von den Autoren erstellt worden und werden ständig überarbeitet.

Gesamtredaktion und -herstellung
Bintang Buchservice GmbH
Zossener Str. 55/2, 10961 Berlin
www.bintang-berlin.de
Übersetzung: Oliver Fülling, Silvia Mayer, Kathrin Schnellbächer
An früheren Auflagen haben mitgewirkt:
Günter Feigel, Meike Grow, Meike Höpfner, Gunter Mühl, Thomas Rach, Inga-Brita Thiele
Redaktion: Dirk Krüger, Jan Düker
Karten: Anja Krapat
Reiseatlas: DuMont Reisekartografie, Fürstenfeldbruck
Grafisches Konzept: Groschwitz, Hamburg
Layout und Herstellung: Gritta Deutschmann
Farbseitengestaltung: Anja Linda Dicke, Jan Düker

Printed in Poland

SÜDAFRIKA Karten und Pläne

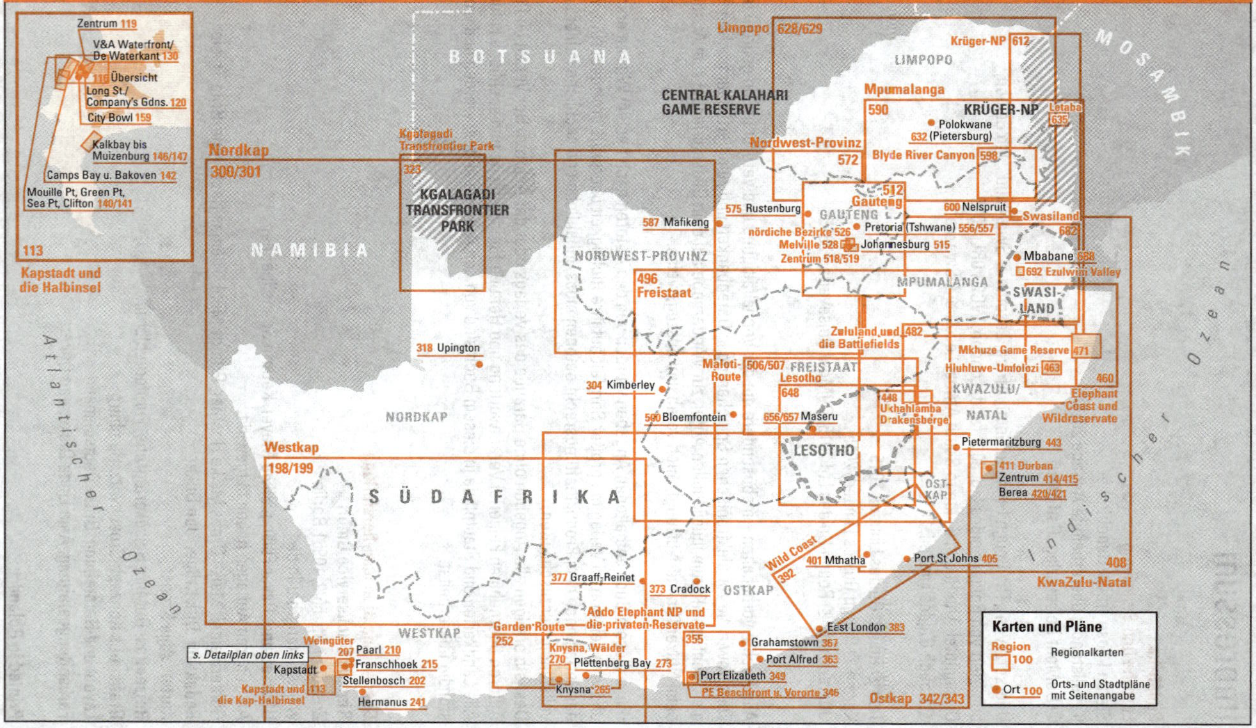

Kartenverzeichnis

Kartenlegende

Flughafen	Sehenswürdigkeit	Höhle	Strand
Busbahnhof/Haltestelle	Garten	Heiße Quelle	Mauer
Post	Berghütte/Lodge	Wasserfall	Fähre
Internet	Schlachtfeld	Leuchtturm	Seilbahn
Krankenhaus	Ruinen	Weingut	Straßenbahn
Touristeninformation	Schutzhütte	Pool	unbefestigte Straße
Botschaft/Konsulat	Burg	Rastplatz	Fußgängerzone
Parkplatz	Golfplatz	Gebäude	Stufen
Campingplatz	Denkmal	Markt	Bahnlinie
Tankstelle	Tor/Eingang	Kirche	Fußweg
Grenzposten	Aussichtspunkt	Stadion	Straße
Moschee	Gebirge	Park	Schnellstraße
Synagoge	Gipfel	Christlicher Friedhof	

ANHANG

Legende

- Autobahn mit Straßennummer
- Fernstraße mit Nummer
- Hauptstraße
- Nebenstraße
- Straße, ungeteert
- Straße in Bau; Straße in Planung
- Straße für Kfz gesperrt
- Tunnel
- Eisenbahn
- Fähre, Schiffsverbindung
- Staatsgrenze
- Provinzgrenze
- Nationalpark-, Naturparkgrenze
- Sperrgebiet
- Hafen, Ankerplatz

- Internationaler Flughafen
- Regionaler Flughafen, Flugplatz
- Sehenswürdigkeit
- Archäologische Stätte
- Denkmal
- Leuchtturm
- Badestrand
- Wellenreiten
- Wasserfall
- Höhle
- Berggipfel
- Pass
- Aussichtspunkt
- Naturpark, Wildschutzgebiet
- Brunnen

S. 748
Yzerfontein
R315
R307
974 m
Riebeek-Wes
Riebeek-Kasteel
Darling Station
Januarieskraal
Darling
R27
Kanonkop
House Bay
Mamreweg
Dassen Island
Ichabo Point
R315
Malmesbu
The Grotto Bay
Jacobs Bay
Mamre
Abbotsdale
Dassenberg
Leerbaai
R302
Bokpunt
R307
Perdeberg
Atlantis
Kalbaskraal
Bok Bay
R304
759 m
Matroosbaai
Wintervogel
Diep
Atlantischer Ozean
Atlantic Ocean
Philadelphia
R27
N7
Klipheuwel
R304
Melkbosstrand
Steelwater
M58
Kreeftebaai
R302
Mellish
R312
Bloubergstrand
R304
Robben Island
Durbanville
Fisantkraal
Milnerton
M13
Kraaifontein
Good-wood
KAPSTADT (CAPE TOWN)
M5
Bellville
Sea Point
Parow
Kuilsrivier
Clifton Bay
M6
Spier Wine Estate
Camps Bay
M9
Bishop Lavis
Koeël Bay
Table Mountain National Park
Table Mtn. 1087 m
Lynedoch
Llandudno Bay
M7
Eersterivier
Faure
Llandudno
M63
M4
Nyanga
N2
Croydon
Sandy Bay
Constantia
Duikerpunt
M3
Firgrove
Hout Bay
M6
Strandfontein
Macassar
Hout Bay
R310
Noordhoek
M64
Muizenberg
Strand
Chapman's Bay
St. James
False Bay
Kalk Bay
Melk Bay
Kommetjie
Fish Hoek
Slangkop Point
Glencairn
Gordon's
M65
Witsand Bay
Steenbras Mouth
Scarborough
Simon's Town
Schuster Bay
M4
Boulders Beach
Die Mond
M65
Table Mountain National Park
Smitswinkel Bay
Kogel B
Olifantsbospum
Mast Bay
Rooiels Bay
Buffels Bay
Cape of Good Hope Nature Reserve
Pringle
Cape Point
Groot Bay
Cape of Good Hope (Kap der Guten Hoffnung)
Hangkl

S. 749
S. 744
Ceres Nature Reserve
Skoonvlei
Ceres
Swaarmoed Pass 1036 m
Sanddriftskloof Dam
Matroosberg 2251 m
Verkeerdevlei
Touws River
Draai
Zuurplaats 1382 m
Hugo
Nouga
Kleinstraat
Hex River Pass 960 m
Voëlvlei
Artois
Waveren
Wolseley
Michell's Pass
La Plaisante
Hermon
Bailey's Peak 1519 m
Romansrivier
Buffelshoekpiek 2062 m
De Doorns
Tunnel
Matroosberg
Karee
Avondrust
Osplaas
Orchard
Hexrivier
Sandhills
Soetendal
Breerivier
Hexrivier-berge
Kwadousberg
Nouga Hills
Rooihoogte Pass 1234 m
Bain's Kloof Pass 701 m
Malan
Goedehoop
Karoo National Botanic Garden
Keeromsberg 2075 m
Keerom Dam
Patatsfontein 1387 m
Waboomsberg 1428 m
Waboomsberge
Botha
Goudiniweg
Chavonnes
De Wet
Worcester
Wilgerboomsrivier
Burgers Pass 762 m
Bovlei
Wellington
Du Toitskloof 1046 m
Goudini
Voorsorg
Over-Hex
Nuy
Mowers
Koo
Dassieshoek 1700 m
Kiesie
Rawsonville
Greater Brandflei Dam
Langvlei
Nederburg
Huguenot Tunnel
Dutoitspiek 1997 m
Kogmanskloof Pass 240 m
Montagu
Robertson
Moordkuil
Breë
Vink
Goree
Ashton
Cillie
Simondium
Wemmershoekberge
Kwaggaskloof Dam
Moordkuil Dam
Le Chasseur
Klaas Voogdsrivier
Sandvliet
Groot-Drakenstein
Wemmershoek Dam
Wemmershoek
Vrolijkheid Nature Reserve
Langeberg
Pniel
Groendal
Languedoc
Franschhoek
Franschhoek Pass
Stettyn
Hammanshof
Wakkerstroom
Kylemore
Stellenbosch
Rooihoogte
Sewelfontein
Bonnievale Station
Groot
Bonnievale
Merwes
Aasvoëlberg 1644 m
Jonaskop 1646 m
McGregor
Hottentots-Holland Nature Reserve
Villiersdorp
Olifantsberg 1603 m
Riviersonderendberge
Somerset West
Theewaterskloof Dam
Genadendal
Greyton
Skilpadkop 1510 m
Pilaarkop 1655 m
Stormsvlei
Vyeboom
Bereaville
Sir Lowry's Pass
Viljoens Pass
Eerstehoop
Riviersonderend
Dwarskloof
Lindeshof
Grabouw
Elgin
Floorshoogte
Groenrug
Vander Stel Pass
Riviersonderend
Houhoek
Mission
Swartberg 1089 m
Vredendal
Botrivier
Krige
Caledon
Drayton
Skilpadskloof
Langkuil
Rietpoel
Protem
Houhoek Pass
Jongensklip
Soutkuil
Klipdale
Kykoedie
Kogelberg Biosphere Reserve
Bot
Babilonstoring 1169 m
Albertyn
Betty's Bay
Kleinmond
Shaws Pass
Goudini
Oukraal
Sunny Seas Estate
Fisherhaven
Fernkloof Nature Reserve
Akkedisberg-pas
Sandown Bay
Onrus
Hermanus
Tafelberg 845 m
Fairfield
Hawston
Mosselrivier
Salmonsdam Nature Reserve
Mudge Point
Vermont
Kleinriviersvlei
Stanford
Napier
Kars
Paplesvlei
Walker Bay
Die Plaat
Bredasdorpberge
Noormanskop 624 m
Walker Bay Nat. Res.
Grootbos Nat. Res.
Sandy's Glen
Bredasdorp
Die Kelders
Strands Kloof
Stanford Cove
Elim
Gansbaai
Franskraal Strand
Baardskeerdersbos
Mourkraal
Romans Bay
Kleinbaai
Danger Point
Frikkie se Baai
Vogelflei
Sandy Point
Pearly Beach
Viljoenshof
Soetendals Vlei
Kassiesbaai
Dyer Island
Buffelsjagberg 313 m
Soutpan
Agulhas National Park
De Mond
Ratelsrivier
Die Dam
Asfontein
Molshoop
Jessie se Baai
Sand Bay
Hotagterklip
Struis Bay
Quoin Point
Rasperpunt
Oubaai
L'Agulhas
Cape Agulhas

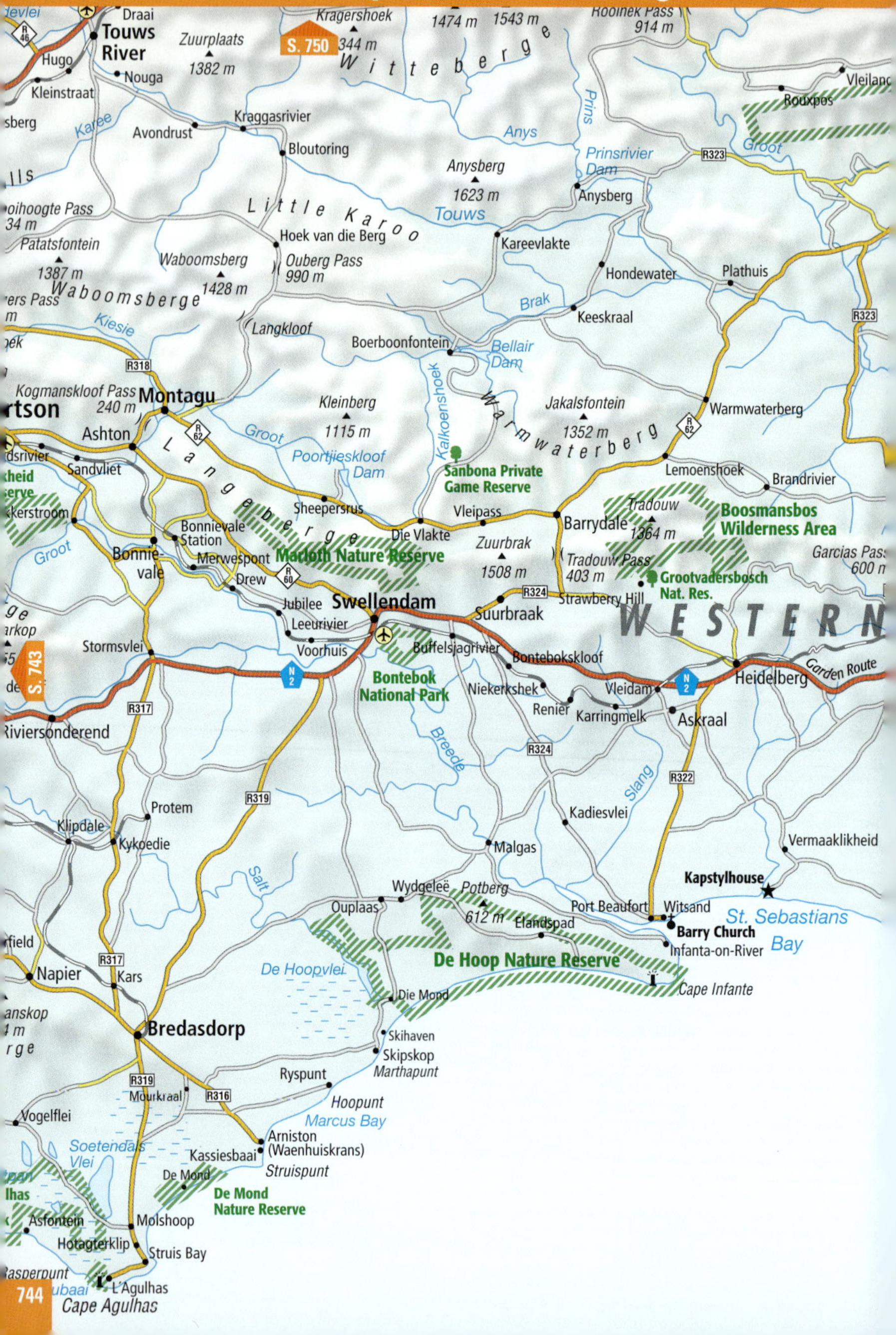
Touws River
Draai
Hugo
Kleinstraat
Nouga
Zuurplaats
1382 m
Kragershoek
344 m
S. 750
Witteberge
1474 m
1543 m
Rooinek Pass
914 m
Vleiland
Rouxpos
Groot
R323
Prins
Anys
Prinsrivier Dam
Anysberg
Anysberg
1623 m
Touws
Karee
Avondrust
Kraggasrivier
Bloutoring
Little Karoo
Hoek van die Berg
Ouberg Pass
990 m
Kareevlakte
Hondewater
Plathuis
Patatsfontein
1387 m
Waboomsberg
1428 m
Waboomsberge
Kiesie
Brak
Keeskraal
R323
Langkloof
Boerboonfontein
Bellair Dam
R318
Kogmanskloof Pass
240 m
Montagu
Kleinberg
1115 m
Kalkoenshoek
Warmwaterberg
Jakalsfontein
1352 m
Warmwaterberg
R62
Ashton
Sandvliet
Langeberge
Groot
Poortjieskloof Dam
Sanbona Private Game Reserve
Lemoenshoek
Brandrivier
Sheepersrus
Vleipass
Barrydale
Tradouw
1364 m
Boosmansbos Wilderness Area
Bonnievale Station
Bonnievale
Groot
Merwespont
Marloth Nature Reserve
Die Vlakte
Zuurbrak
1508 m
Tradouw Pass
403 m
Grootvadersbosch Nat. Res.
Garcias Pass
600 m
Drew
R60
R324
Strawberry Hill
Jubilee
Swellendam
Suurbraak
WESTERN
Leeurivier
Voorhuis
Buffelsjagrivier
Bontebokskloof
Heidelberg
Garden Route
Stormsvlei
S. 743
N2
Bontebok National Park
Niekerkshek
Vleidam
N2
R317
Riviersonderend
Renier
Karringmelk
Askraal
Breede
R324
R322
Slang
Protem
R319
Kadiesvlei
Klipdale
Kykoedie
Malgas
Vermaaklikheid
Salt
Kapstylhouse
Wydgeleë
Potberg
612 m
Ouplaas
Port Beaufort
Witsand
St. Sebastians Bay
Elandspad
Barry Church
Infanta-on-River
Napier
R317
Kars
De Hoopvlei
De Hoop Nature Reserve
Cape Infante
Die Mond
Bredasdorp
Skihaven
Skipskop
Marthapunt
Ryspunt
R319
Mourkraal
R316
Hoopunt
Marcus Bay
Vogelflei
Soetendals Vlei
Arniston (Waenhuiskrans)
Kassiesbaai
Struispunt
De Mond
De Mond Nature Reserve
Asfontein
Molshoop
Hotagterklip
Struis Bay
L'Agulhas
Cape Agulhas

Swartberg Nature Reserve
Swartberg Pass
1436 m
S. 751
Cango Caves
Klaarstroom
R407
Seweweekspoort
Gamkaskloof
Die Hel
Droe-waterval
Matjiesrivier
Seweweekspoort Pass
1019 m
Matjiesvlei
Grootkraal
Meiringspoort
716 m
Kruisrivier
Schoemanspoort Pass
610 m
Amalienstein
R62
Huisrivier Pass
655 m
Groenfontein
Schoemanshoek
De Rust
Zoar
R328
Matroosberg
2251 m
Calitzdorp
Vanwykskraal
Stolsvlakte
Oudtshoorn
Dysselsdorp
Oosgam
Little Karoo
Rooiberg Nature Res.
Rooiberg Pass
838 m
Hoopvol
Friesland
Kamanassie Dam
Volmoed
N12
Klip
Brak
Koutjie
Gamka Mtn. Nature Res.
Van Wyksdorp
Gourtis
Blossoms
Zebra
Groot
R328
1214 m
Holgate
Robinson Pass
859 m
Nature Reserve
N9
Witfontein Nat. Res.
Outeniqua
Herold
1301 m
Outeniquaberge
Outeniqua Pass
800 m
Montagu Pass
745 m
Eight Bells
Langberg
R327
Cloete´s Pass
Ruitersbos
George
Blanco
Saasveld
Langeberge
Sinkasbrug
Gwaing
Wildern
Victoria Bay
Terqniet
N2
CAPE
Herbertsdale
Brandwag
R102
Groot Brakrivier
Glentana
Herold's Bay
Pacaltsdorp
Garden Rou
Du Plessis Pass
Riversdale
R327
Klein Brakrivier
Botlierskop Private Game Reserve
S. 746
Hartenbos
Gourtis
Garden Route
Cape St. Blaize
Mossel Bay
Dana Bay
Albertinia
Vlees Bay
Droëvlakte
R325
Johnson´s Post
Vlees Bay
Cape Vacca (Kanonpunt)
PROVINCE
R305
Gouritsmond
Still Bay East
Still Bay West
Ystervarkpunt
Groot-Jongensfontein
Indischer Ozean
Indian Ocean

S. 752
S. 753
S. 751
S. 745
Amos
Salt
Rietbron
Beervlei Dam
R306
Groot
Volstruisleegt
Seekoegat
Witteberge
Kommandokraal
N 12
Kareedouwberg Pass
1080 m
R407
Perdepoort
N 9
R329
Willowm
R332
Swartberge
Klaarstroom
go Caves
Meiringspoort
716 m
Swartberg Nature Reserve
Buyspoort
Ghwarriepoort
Baviaanskloof Wilderness Area
(Skilpadbeen)
(Welbe
(Misgund)
Schoemanshoek
De Rust
R341
Olifants
Stompdrift Dam
R339
Vanwykskraal
Dysselsdorp
Kammanassieberge
Mannetjiesberg
1955 m
Zaaimansdal
Hoopsberg
1706 m
Kamanassie Dam
Kammanassie Nat. Res.
Potjiesberg Pass
1006 m
Uniondale
Uniondale Poort
880 m
Buffelsdrif
Kammanassie
Brak
Koutjie
Avontuur
R 62
Daskop
Molenrivier
Speelmans Kraal
Siesta
1320 m
Haarlem
Ongelegen
Zebra
Noll
Misgund
Holgate
1214 m
Die Vlug
Witfontein Nat. Res.
Kleinplaat
Millwood Nat. Res.
Prince Alfred's Pass
853 m
Formosa Nature Reserve
Herold
1301 m
Touws
Bergplaas
Jubilee Creek Nat. Res.
Knysna
Kruisvallei
Garden Rou
Outeniqua Pass
800 m
Montagu Pass
745 m
Barrington
Homtini Pass
Keurbooms Nature Reserve
Tenikwa Wildlif Awareness Cent
Blanco
George
Karatara
Rheenendal
Diepwalle
Ysternek Nat. Res.
R340
The Crags
Saasveld
Hoekwil
Rondevlei
Phantom Pass
R102
Gwaing
Swartvlei
Serpentine
Garden Route
R339
Wittedrift
Keurboomsrivier
N 2
Wilderness
Victoria Bay
Bleshoender
Gerickespunt
Sedgefield
Keytersnek
Knysna Lagoon
Brackenhill Falls
Hornlee
Knysna Elephant Park
Plettenberg Bay
Glentana
Herold's Bay
Pacaltsdorp
Garden Route National Park (Wilderness Section)
Goukamma Nat. Res.
Buffelsbaai
Walker Point
Brenton-on-Sea
The Heads
Noetzie
Robberg Nature Reserve
Cape Seal
Monkeyland Pri
Elephant Sa
Birds
Keurboomstra
Garden Route National Park (Knysna Section)
Private Game Reserve
Blaize
Indischer Ozean

1 cm = 10 km
1 : 1.000.000
0
10
20
30
40 km
Bul
S. 753
Aberdeen Road
Oatlands
R338
Kaapse Poortjie
R337
Soutpansnek Pass 797 m
Jansenville
EASTERN CAPE
R75
Klipplaat
R337
R337
Grootrivierberge
Miller
1450 m
R400
Mount Stewart
Greyston
R338
Baroe
R337
R75
R329
Groot
Wolwefontein
Steytlerville
Kleinpoort
R329
Cockscomb
PROVINCE
S. 754
Baviaanskloofberge
wekloof
Grootwinterhoekberge
R332
aviaanskloof
Studtis
Cockscomb
Sandvlakte
Groot
1759 m
Baviaanskloof
Coleskeplaas
ougaberge
Wilderness
R332
Cambria
Melkhoutboom
Smitskraal
Demistkraal
Area
Kouga Dam
Kouga
Andrieskraal
Patensie
R331
outerwater
R332
Joubertina
Kouga
Hankey
Hol
Duplex
Tsitsikammaberge
R62
Peak Formosa 1675 m
Kammiebos
ukrans
Gamtoos
Coldstream
National Park
R330
R102
Garden Route
Kareedouw
Assegaaibos
Stormsrivier
Kruisfontein
N2
R402
Otter Trail
Clarkson
Churchill Dam
R62
N2
Suspension Bridge
Kruis
Woodlands
R102
R402
Humansdorp
R102
Jeffrey Bay
arden Route National Park (Tsitsikamma Section)
Aston Ba
Oubosstrand
Impofu Dam
Paradise Beach
Oyster Bay
Slangrivier
R330
Cape St. Francis
ian Ocean

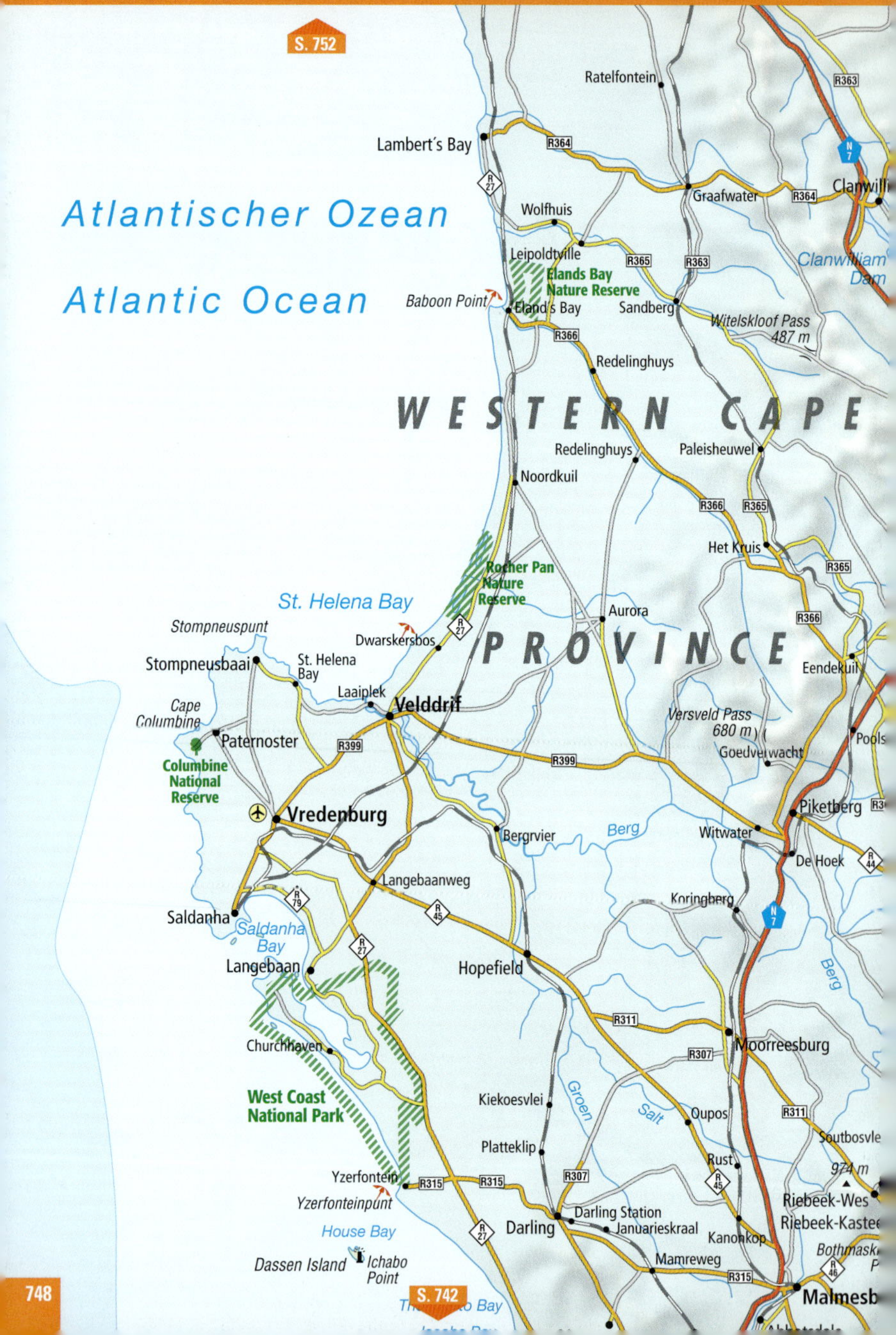
S. 752
Atlantischer Ozean
Atlantic Ocean
WESTERN CAPE
PROVINCE
Ratelfontein
Lambert's Bay
R364
R363
N7
R27
Graafwater
Clanwilliam Dam
Wolfhuis
Leipoldtville
R365
Elands Bay Nature Reserve
Baboon Point
Eland's Bay
Sandberg
Witelskloof Pass 487 m
R366
Redelinghuys
Paleisheuwel
Noordkuil
Het Kruis
Rocher Pan Nature Reserve
St. Helena Bay
Aurora
Stompneuspunt
Dwarskersbos
Eendekuil
Stompneusbaai
St. Helena Bay
Laaiplek
Velddrif
Cape Columbine
Versveld Pass 680 m
Paternoster
R399
Goedverwacht
Columbine National Reserve
Vredenburg
Piketberg
Bergrvier
Berg
Witwater
De Hoek
R44
Langebaanweg
Koringberg
R79
R45
Saldanha
Saldanha Bay
Langebaan
Hopefield
R311
Moorreesburg
Churchhaven
R307
West Coast National Park
Kiekoesvlei
Groen
Salt
Oupos
Soutbosvlei
Platteklip
Rust
974 m
Yzerfontein
R315
Yzerfonteinpunt
Darling Station
Januarieskraal
Darling
Kanonkop
House Bay
Dassen Island
Ichabo Point
Mamreweg
R46
Malmesbury
S. 742

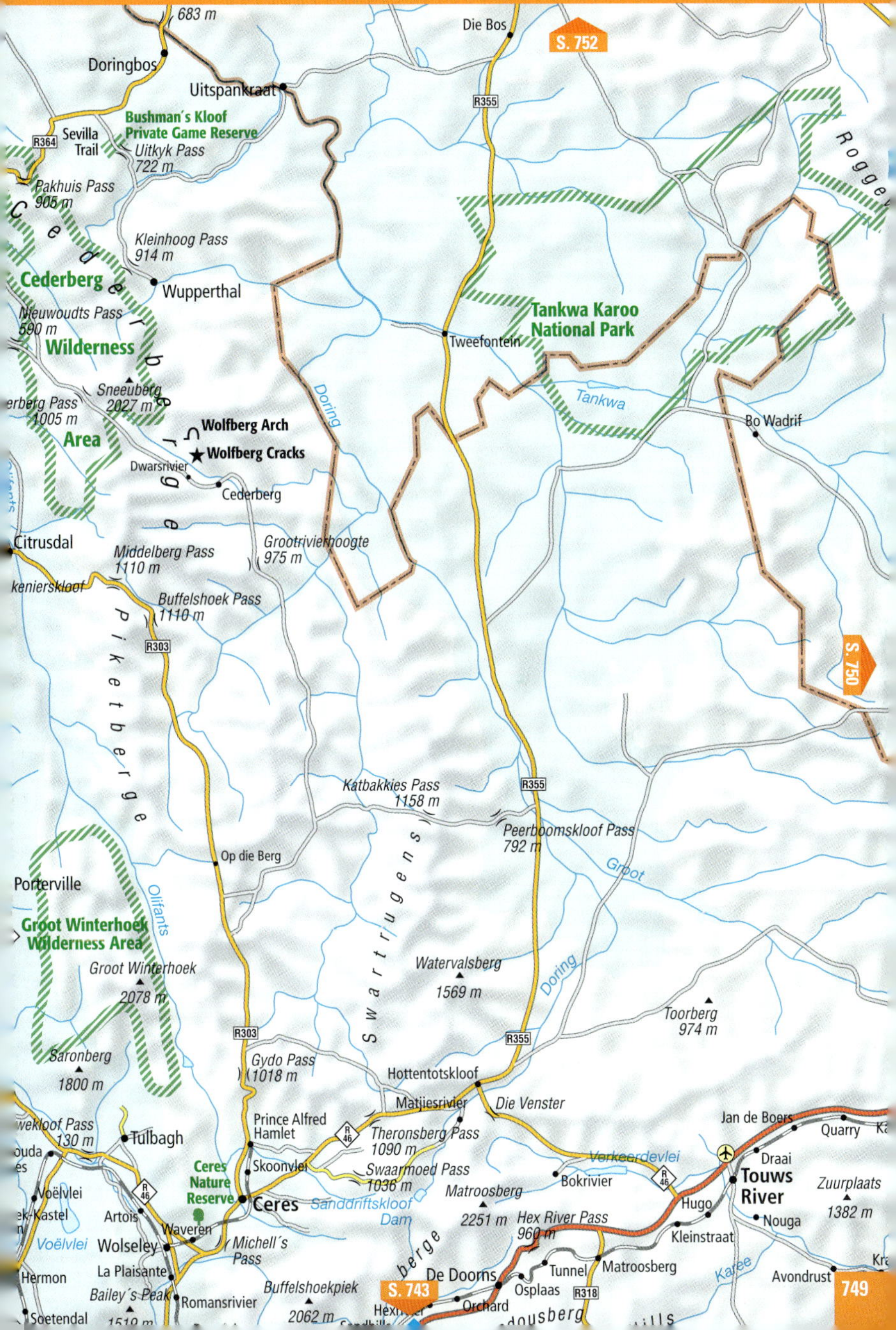

683 m
Die Bos
S. 752
Doringbos
Uitspankraat
R355
Bushman´s Kloof
Private Game Reserve
R364
Sevilla
Trail
Uitkyk Pass
722 m
Pakhuis Pass
905 m
Rogge
Kleinhoog Pass
914 m
Cederberg
Wupperthal
Cederberg
Nieuwoudts Pass
590 m
Wilderness
Tankwa Karoo
National Park
Tweefontein
Doring
Tankwa
Sneeuberg
2027 m
erberg Pass
1005 m
Area
Wolfberg Arch
Wolfberg Cracks
Bo Wadrif
Dwarsrivier
Cederberg
Citrusdal
Middelberg Pass
1110 m
Grootrivierhoogte
975 m
kenierskloof
Buffelshoek Pass
1110 m
Piketberge
R303
S. 750
Katbakkies Pass
1158 m
R355
Peerboomskloof Pass
792 m
Op die Berg
Porterville
Olifants
Groot
Groot Winterhoek
Wilderness Area
Swartrugens
Groot Winterhoek
2078 m
Watervalsberg
1569 m
Doring
Toorberg
974 m
R303
R355
Saronberg
1800 m
Gydo Pass
1018 m
Hottentotskloof
Matjiesrivier
Die Venster
Prince Alfred
Hamlet
Jan de Boers
Quarry
weekloof Pass
130 m
Tulbagh
R46
Theronsberg Pass
1090 m
Verkeerdevlei
Draai
Touws
River
Zuurplaats
1382 m
Ceres
Nature
Reserve
Skoonvlei
Swaarmoed Pass
1036 m
Bokrivier
R46
Voëlvlei
Artois
R46
Ceres
Sanddriftskloof
Dam
Matroosberg
2251 m
Hugo
Nouga
Waveren
Hex River Pass
960 m
Kleinstraat
Voëlvlei
Wolseley
Michell´s
Pass
berge
Hermon
La Plaisante
Tunnel
Matroosberg
Karee
Avondrust
Bailey´s Peak
Buffelshoekpiek
De Doorns
Osplaas
R318
Romansrivier
S. 743
Orchard
Soetendal
2062 m

S. 752
Snyderspoort
Renoster
Basterberge
Roggeveldberge
R354
NORTHERN CAPE PROVINCE
Sutherland
R356
SALT
Sternwarte
Bo Wadrif
Rooikloof
Verlatekloof Pass 1584 m
Komsberg Pass 1721 m
Komsberge
S. 749
Koringplaas
Roggeveld
Hillandale
Buffels
Wilgerhout
Toorberg 974 m
Laingsburg
Vleifontein
Baviaan
Perdefontein
Viskuil
Geelbek
N1
Whitehill
Bantams
Tweeside
Memorial
Matjiesfontein
Floriskraal Dam
Jan de Boers
Quarry
Kanstabel
Pieter Meintjies
Paradehoek
Ezelsfontein
R323
Draai
Kragershoek
1474 m
1543 m
Rooinek Pass 914 m
R46
Touws River
Zuurplaats 1382 m
1344 m
Witteberge
Hugo
Nouga
Kleinstraat
Vleilar
Rouxpos
Prins
Kraggasrivier
Karee
Avondrust
Anys
Groot
Bloutoring
S. 744
Prinsrivier Dam
Anysberg

S. 753
Rosedene
R353
Oukloof Pass
1400 m
Teekloof Pass
1385 m
Molteno
Pass
1524 m
R381
1913 m
Rondefontein
Nuweveldberge
Rosesberg
Pass
S. 753
Karoo National Park
Beaufort
West
N 1
Droërivier
N 12
Gamka
Leeuw
Letjiesbos
Leeugamka
Dam
R353
Dwyka
Merweville
Luttig
WESTERN CAPE
PROVINCE
N 1
Leeu Gamka
Kruidfontein
Zwarts
Prince Albert Road
Dwyka
Doring
R407
Seekoegat
N 1
S. 746
N 12
Dwyka
Gamka
Prince Albert
Oukloof Dam
Kareedouwberg Pass
1080 m
R407
Boshuiskloof
1000 m
Gamkapoort
Dam
Groot Swartberge
Swartberg Nature Reserve
Swartberg Pass
1436 m
Klaarstroom
Seweweekspoort
Gamkaskloof
Die
Hel
Droe-
waterval
Cango Caves
R407
Matjiesrivier
Meiringspoort
716 m
Seweweekspoort Pass
1019 m
Matjiesvlei
Grootkraal
Kruisrivier
Na
Amalienstein
R 62
Huisrivier Pass
655 m
Schoemanspoort Pass
610 m
Groenfontein
S. 745
Schoemanshoek
De Rust
Zoar
Matroosberg
Calitzdorp
R328

S. 756
Oranjemund
Alexanderbaai
Alexanderbaai
Wreck Point
Cliff Point
Port Nolloth
John Owenbaai
Wedge Point
Kleinsee
Melkbospunt
Skulpfonteinpunt
Hondeklipbaai
Wallekraal
Strandfonteinpunt
Groenriviersmond
1378 m
Noordoewer
Vioolsdrif
Anenous Pass
950 m
Steinkopf
Nababeep
Okiep
Springbok
Mesklip
Goegap
Nature Reserve
Namaqua
National Park
Kamieskroon
Kamiesberge
Komagasberge
Namakwaland
Witwater
Garies
1024 m
Bokkeveldberge
Bitterfontein
Nuwerus
Soutrivier
Lutzville
Vredendal
Strandfontein
Doring Bay
Lambert's Bay
Graafwater
Clanwilliam
Leipoldtville
Sandberg
Wupperthal
Eland's Bay
St. Helenabaai
Stompneuspunt
Paternoster
Velddrif
Eendekuil
Sauer
Vredenburg
Piketberg
Porterville
Saldanha
Saldanhabaai
Hopefield
Moorreesburg
Langebaan
West Coast
National Park
Yzerfontein
Darling
Riebeek-Kasteel
Gouda
Tulbagh
Ceres
Malmesbury
Wellington
Wolseley
Paarl
Bloubergstrand
Milnerton
KAPSTADT (CAPE TOWN)
Parow
Belleville
Camps Bay
Llandudno
Hout Bay
Table Mountain National Park
Simon's Town
Kap der Guten Hoffnung
Cape of Good Hope
Cape of Good Hope Nature Res.
Strand
Gordon's Bay
Valsbaai
Pringle Bay
Hawston
Gansbaai
Stellenbosch
Somersetwes
Franschhoek
Grabouw
Hermanus
Caledon
Stormsvlei
Napier
Bredasdorp
Elim
Quoinpunt
L'Agulhas
Struitsbaai
Cape Agulhas
Waenhuisk
Skipsk
Protem
Riviersonderend
Swellendam
Marloth Nat'l. Res.
Ashton
Robertson
Montagu
Nuy
Worcester
Moordkuil
Burgers Pass
De Doorns
Hex River Pass
Matroosberg
Wittebe
Die Venster
Swartruggens
WESTERN CAPE PROVINCE
Piekenaarskloof
Tankwa Karoo National Park
Tweefontein
Roggeveldberge
Tankwa
Sutherland
Verlaten
Matjiesfontein
Middelpos
Botterkloof
Bloukranspas
Calvinia
Hantamsberg
1673 m
Nieuwoudtville
Vanrhynsdorp
Klawer
Loeriesfontein
Kliprand
Platbakkies
Gamoep
Granaatboskolk
Rock Paintings
Swartkolkvloer
Tontelbos
Visrivier
Brandvlei
Sakrivier
Bossiekom
Soutrivier
Namies
Pofadder
Aggeneys
Pella
Goodhouse
Onseepkans
Warmbad
Velloor
Haib
Ham
Oranjerivier
Augrabies Falls
Augrabies Falls National Park
Bladgrond
Alheit
Atlantischer Ozean
200 m
2000 m
4000 m
N 7
N 14
N 2
C 10
R 382
R 355
R 358
R 357
R 363
R 27
R 364
R 354
R 364
R 366
R 356
R 63
R 399

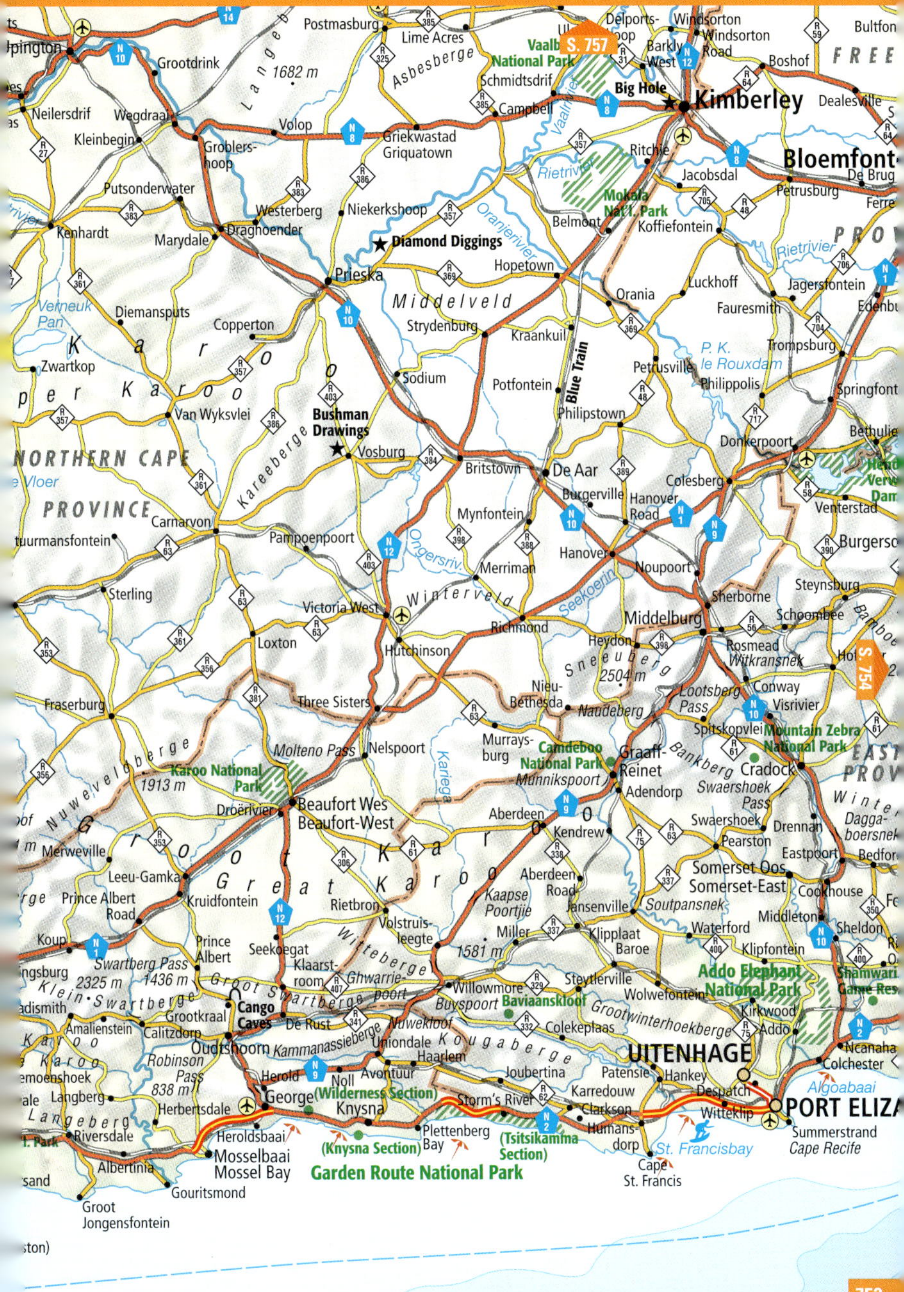

Upington
Postmasburg
Lime Acres
Asbesberge
Delportshoop
Windsorton
Windsorton Road
Bultfontein
Vaalbos National Park
S. 757
Barkly West
Boshof
FREE
Grootdrink
Langeberg
1682 m
Schmidtsdrif
Big Hole
Kimberley
Dealesville
Neilersdrif
Wegdraai
Campbell
Vaalrivier
Kleinbegin
Volop
Griekwastad
Griquatown
Ritchie
Bloemfontein
Groblershoop
Rietrivier
Jacobsdal
De Brug
Putsonderwater
Mokala Nat'l. Park
Petrusburg
Westerberg
Niekerkshoop
Oranjerivier
Belmont
Koffiefontein
Kenhardt
Marydale
Draghoender
Diamond Diggings
Rietrivier
PROV
Hopetown
Prieska
Luckhoff
Jagersfontein
Verneuk Pan
Middelveld
Orania
Diemansputs
Fauresmith
Edenburg
Copperton
Strydenburg
Kraankuil
Karoo
Zwartkop
P. K. le Rouxdam
Trompsburg
Sodium
Potfontein
Blue Train
Petrusville
Philippolis
Springfontein
Upper Karoo
Van Wyksvlei
Philipstown
Bushman Drawings
Bethulie
Donkerpoort
Vosburg
NORTHERN CAPE
Britstown
De Aar
Vloer
Kareeberge
Colesberg
PROVINCE
Burgerville
Hanover Road
Venterstad
Mynfontein
Carnarvon
Pampoenpoort
Buurmansfontein
Hanover
Burgersdorp
Ongersriv.
Merriman
Noupoort
Steynsburg
Sterling
Winterveld
Seekoeirivier
Sherborne
Victoria West
Schoombee
Middelburg
Richmond
Loxton
Hutchinson
Heydon
Rosmead
Sneeuberg
Witkransnek
2504 m
Conway
S. 754
Lootsberg Pass
Nieu-Bethesda
Visrivier
Three Sisters
Naudeberg
Spitskopvlei
Mountain Zebra National Park
Fraserburg
Murraysburg
Camdeboo National Park
Graaff-Reinet
Bankberg
Molteno Pass
Nelspoort
Kariega
Cradock
EAST
Munnikspoort
Karoo National Park
Swaershoek Pass
PROV
Nuweveldberge
1913 m
Adendorp
Winterberge
Droërivier
Beaufort Wes
Beaufort-West
Aberdeen
Swaershoek
Drennan
Daggaboersnek
Kendrew
Pearston
Merweville
Eastpoort
Bedford
Somerset Oos
Somerset-East
Leeu-Gamka
Aberdeen Road
Groot Karoo
Cookhouse
Prince Albert Road
Kruidfontein
Kaapse Poortjie
Jansenville
Soutpansnek
Rietbron
Middleton
Volstruisleegte
Miller
Klipplaat
Waterford
Sheldon
Koup
1581 m
Witteberge
Baroe
Prince Albert
Seekoegat
Klipfontein
Swartberg Pass
Klaarstroom
Addo Elephant National Park
2325 m
1436 m
Steytlerville
Shamwari Game Res.
Ghwarriepoort
Willowmore
Ladismith
Klein-Swartberge
Groot Swartberge
Wolwefontein
Buyspoort
Baviaanskloof
Grootwinterhoekberge
Kirkwood
Cango Caves
Grootkraal
Amalienstein
Calitzdorp
De Rust
Nuwekloof
Colekeplaas
Addo
Karoo
Oudtshoorn
Kammanassieberge
Uniondale
Kougaberge
Nanaga
UITENHAGE
Haarlem
Colchester
Robinson Pass
Herold
Noll
Avontuur
Joubertina
Patensie
Hankey
Algoabaai
838 m
Despatch
Langberg
Wilderness Section
Storm's River
Karredouw
George
Knysna
Clarkson
Witteklip
PORT ELIZABETH
Herbertsdale
Langeberg
Humansdorp
Summerstrand
Riversdale
Heroldsbaai
Plettenberg Bay
Tsitsikamma Section
St. Francisbay
Cape Recife
Knysna Section
Mosselbaai
Mossel Bay
Cape St. Francis
Albertinia
Garden Route National Park
Gouritsmond
Groot Jongensfontein

Ulco
Delports-hoop
Windsorton
Windsorton Road
S. 758
Bultfontein
Theunissen
Allemanskraaldam
W. Pretorius Wildtuin
Senekal
Paul Roux
Dihlabeng
Vaalbos National Park
Barkly West
Boshof
FREE STATE
Winburg
Rosendal
Golden Gate Highlands Nat'l. P.
Clarens
Schmidtsdrif
Big Hole
Kimberley
Dealesville
Brandfort
Marquard
Fouriesburg
Witteberge
Campbell
Soutpan
Ficksburg
Libono
Vaalrivier
Glen
Excelsior
Clocolan
Butha-Buthe
Moteng Pass
Ritchie
Bloemfontein
Hlotse
Rietrivier
Jacobsdal
De Brug
Tweespruit
Ladybrand
Teyateyaneng
Lejone
Mokala Nat'l. Park
Petrusburg
Ferreira
Sannaspos
Thaba Nchu
Maseru
Maluti Mts
Oranjerivier
Belmont
Koffiefontein
PROVINCE
Hobhouse
Roma
Cheche Pass
Rietrivier
Reddersburg
Dewetsdorp
Morija
Marakabei
Hopetown
Jagersfontein
Jammersdrif
Wepener
LESOTHO
Orania
Luckhoff
Fauresmith
Edenburg
Welbedacht Dam
Mafeteng
Rock Paintings
Central Range
Kraankuil
Trompsburg
Vanstadensrus
Quaban
P.K. le Rouxdam
Petrusville
Mohales Hoek
Thaba Putsoa
Sinqua
Potfontein
Blue Train
Philippolis
Springfontein
Smithfield
Mphaki
Philipstown
Zastron
Sebapaia
Donkerpoort
Bethulie
Rouxville
Palmietfontein
Moyeni
Matatiele
Britstown
De Aar
Hendrik Verwoerd Dam Nat'l. Res.
Aliwal-Noord
Aliwal North
Sterkspruit
Herschel
Kinira
Colesberg
Naudesnek Pass
Elands Height
Mount Fletcher
Burgerville
Hanover Road
Venterstad
Lady Grey
Moshesh's Ford
Lahlangubo
New England
Clanville
Hanover
Burgersdorp
Barkly East
2871 m
Maclear
Merriman
Noupoort
Steynsburg
Jamestown
Rossouw
Barkly Pass
Seekoei
Sherborne
Stormberg
Penhoek Pass
Dordrecht
Elliot
Ugie
Tsolo
Richmond
Middelburg
Schoombee
Molteno
Bamboesberg
2127 m
Indwe
Cala
Quiba
Heydon
Rosmead
Witkransnek
Hofmeyr
Sterkstroom
Lady Frere
Askeaton
Ntibane
S. 753
Sneeuberg
2504 m
2207 m
Nieu-Bethesda
Lootsberg Pass
Conway
Bailey
Engcobo
Coghlan
Nardeberg
Visrivier
Queenstown
Ezibeleni
Cofimvaba
Bashee Bridge
Viedgesville
Murraysburg
Spitskopvlei
Mountain Zebra National Park
Tarkastad
Nobokwe
Tsomo
Camdeboo National Park
Graaff-Reinet
EAST CAPE PROVINCE
St Marks
Munnikspoort
Bankberg
Cradock
Sada
Whittlesea
Ngqamakwe
Idutywa
Alderley
Adendorp
Swaershoek Pass
Spring Valley
Cathcart
Winterberge
Butterworth
Aberdeen
Swaershoek
Kendrew
Drennan
Dagga-boersnek
Balfour
Seymour
Stutterheim
Willowvale
Pearston
Hogsback
Komga
Centani
Mazeppa Bay
Eastpoort
Bedford
Aberdeen Road
Somerset Oos
Somerset-East
Adelaide
Alice
Dimbaza
Bisho
Mooiplaas
Kei Mouth
Kaapse Poortjie
Jansenville
Soutpansnek
Cookhouse
Fort Beaufort
Macleantown
Mdantsane
Middleton
King-William's Town
Beacon Bay
Miller
Klipplaat
Waterford
Sheldon
Zwelitsha
Oos-Londen
East London
Baroe
Klipfontein
Riebeek-Oos
Peddie
Steytlerville
Addo Elephant National Park
Shamwari Game Res.
Bell
Kidd's Beach
Wolwefontein
Grahamstad
Grahamstown
Hamburg
Baviaanskloof
Kirkwood
Grootwinterhoekberge
Colekeplaas
Addo
Port Alfred
Ncanaha
Alexandria
UITENHAGE
Colchester
Boesmansriviermond
Joubertina
Patensie
Hankey
Algoabaai
Cape Padrone
Karredouw
Despatch
Clarkson
PORT ELIZABETH
200 m
Witteklip
Humansdorp
Summerstrand
(Tsitsikamma Section)
St. Francisbay
Cape Recife
2000 m
Cape St. Francis
4000 m

Harrismith
Glencoe
Monument
Hlabisa
St. Lucia Game Reserve
Lake St. Lucia
S. 759
Van Reenen
Elandslaagte
Vant's Drift
Silutshana
Mahlabatini
Umfolozi Game Res.
Somkele
St. Lucia
St. Lucia Park
Mtubatuba
Olivershoek Pass
Ladysmith
Pomeroy
NATAL
Buffelsriv.
Melmoth
Simunye
Bergville
Winterton
Colenso
Tugela Fery
Dlolwana
Empangeni
Weenen
Entumeni
Nkwalini
Richards Bay
Frere
Eshowe
Felixton
Peak
Estcourt
Greytown
Kranskop
lamba-Drakensberg Park
Rietvlei
Fort Mtobeni
Gingindlovu
Mooirivier
Dolphin Coast
Giants Castle
Midlands
Darnall
Thabana Ntlenyana
Howick Falls
Fawnleas
Stanger
3482 m
Lower Loteni
Howick
Pietermaritzburg
200 m
Valley of 1000 Hills
Tongaat
Verulam
Himeville
Edendale
Moumalanga
Kwa-Mashu
Underberg
Bulwer
Richmond
Pinetown
DURBAN
Donnybrook
Umbumbulu
Isipingo
2000 m
Kingsburg
Amanzimtoti
Swartberg
Ixopo
Umkomaas
Umzimkulu
Highflats
Umkomaas
Franklin
Umzinto
Park Rynie
Sezela
Kokstad
2268 m
Harding
Oribi Gorge Nat. Res.
Hibberdene
Brooks Nek
Sea Park
Magusheni
Port Shepstone
Mount Ayliff
Bizana
Ramsgate
Indischer Ozean
Flagstaff
Port Edward
Mkambati Nat. Res.
Umtentu
Lusikisiki
Port Grosvenor
Port St. Johns
Coast
Coffee Bay
the Wall
Res.
Coast
N 3
N 11
N 2
R 74
R 33
R 34
R 68
R 618
R 102
R 614
R 617
R 56
R 612
R 61

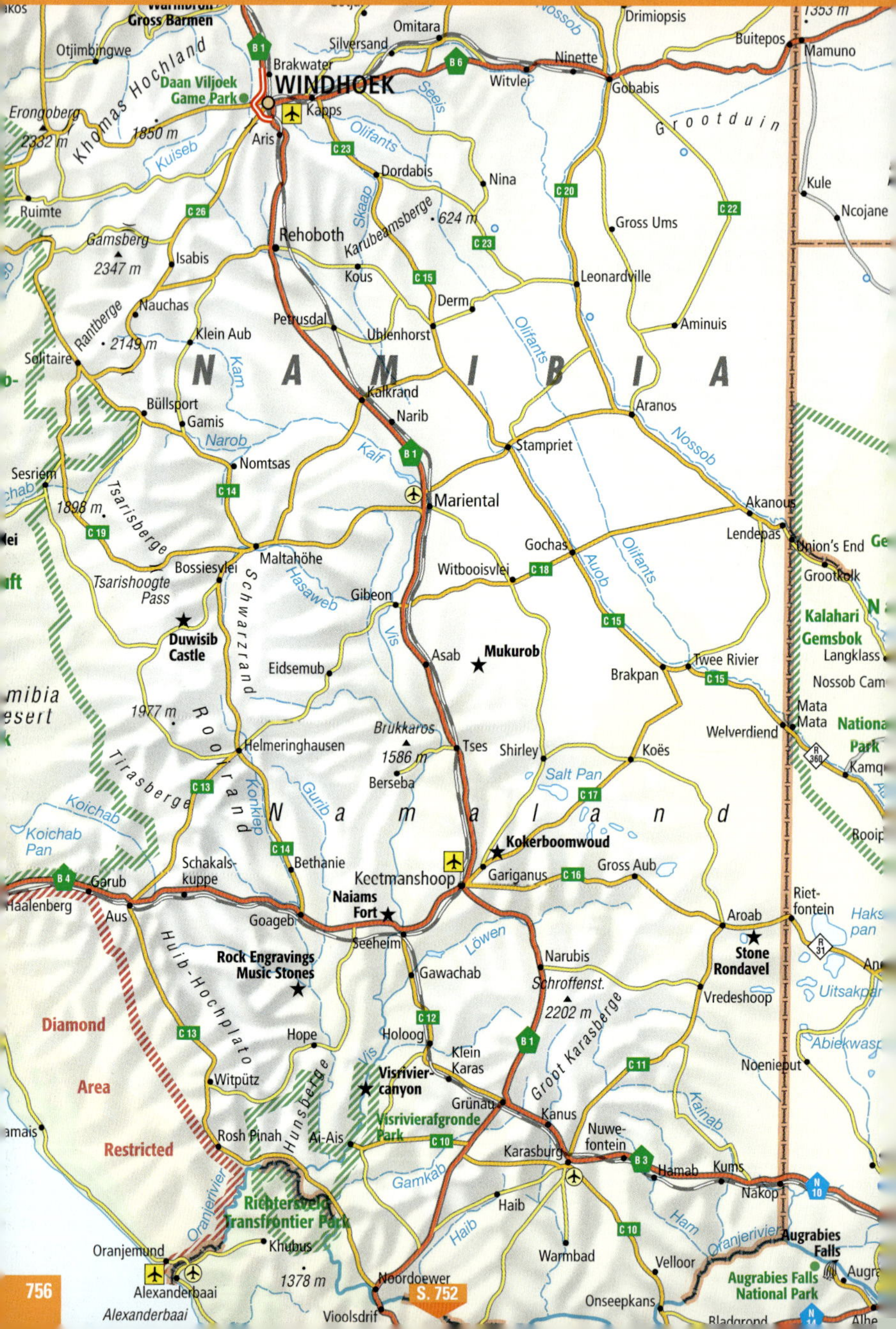
Gross Barmen
Otjimbingwe
Khomas Hochland
Daan Viljoek Game Park
Erongoberg
2332 m
1850 m
Kuiseb
Ruimte
B 1
Brakwater
WINDHOEK
Kapps
Aris
Omitara
Silversand
B 6
Witvlei
Ninette
Gobabis
Drimiopsis
Buitepos
Mamuno
1353 m
Nossob
Seeis
Olifants
C 23
Dordabis
Nina
Grootduin
C 20
C 22
Kule
Ncojane
Gross Ums
C 26
Gamsberg
2347 m
Isabis
Rehoboth
Skaap
Karubeamsberge
624 m
C 23
Kous
C 15
Leonardville
Derm
Aminuis
Nauchas
Rantberge
2149 m
Klein Aub
Petrusdal
Uhlenhorst
Olifants
Solitaire
NAMIBIA
Kam
Kalkrand
Aranos
Büllsport
Gamis
Narib
Nossob
Narob
Stampriet
Kalf
B 1
Nomtsas
Sesriem
1898 m
Tsarisberge
C 14
Mariental
Akanous
C 19
Lendepas
Union's End
Grootkolk
Maltahöhe
Gochas
Bossiesvlei
Hasaweb
Witbooisvlei
C 18
Auob
Olifants
Tsarishoogte Pass
Schwarzrand
Gibeon
Kalahari Gemsbok
Duwisib Castle
Vis
C 15
Langklass
Nossob Cam
Eidsemub
Asab
Mukurob
Brakpan
Twee Rivier
C 15
1977 m
Roodrand
Brukkaros
1586 m
Mata Mata
Welverdiend
National Park
Helmeringhausen
Tses
Shirley
Koës
R 360
Kamq
Tirasberge
C 13
Berseba
Salt Pan
C 17
Koichab
Konkiep
Gurib
Koichab Pan
Namaland
C 14
Kokerboomwoud
Rooip
B 4
Garub
Schakalskuppe
Bethanie
Keetmanshoop
Gariganus
C 16
Gross Aub
Haalenberg
Aus
Naiams Fort
Riet-fontein
Hakspan
Goageb
Aroab
Seeheim
Löwen
Stone Rondavel
R 31
Huib-Hochplato
Rock Engravings Music Stones
Narubis
Gawachab
Schroffenst.
2202 m
Vredeshoop
Uitsakpan
Diamond
C 13
Hope
C 12
Hoploog
B 1
Groot Karasberge
Abiekwasp
Area
Witpütz
Klein Karas
C 11
Noenieput
Visrivier-canyon
Hunsberge
Vis
Grünau
Kainab
Restricted
Rosh Pinah
Ai-Ais
Visrivierafgronde Park
C 10
Kanus
Nuwe-fontein
Karasburg
B 3
Hamab
Kums
Gamkab
Nakop
N 10
Oranjerivier
Richtersveld Transfrontier Park
Haib
Ham
Haib
C 10
Oranjemund
Khubus
Warmbad
Oranjerivier
Augrabies Falls
Velloor
1378 m
Alexanderbaai
Noordoewer
Augrabies Falls National Park
Alexanderbaai
Vioolsdrif
Onseepkans

S. 752

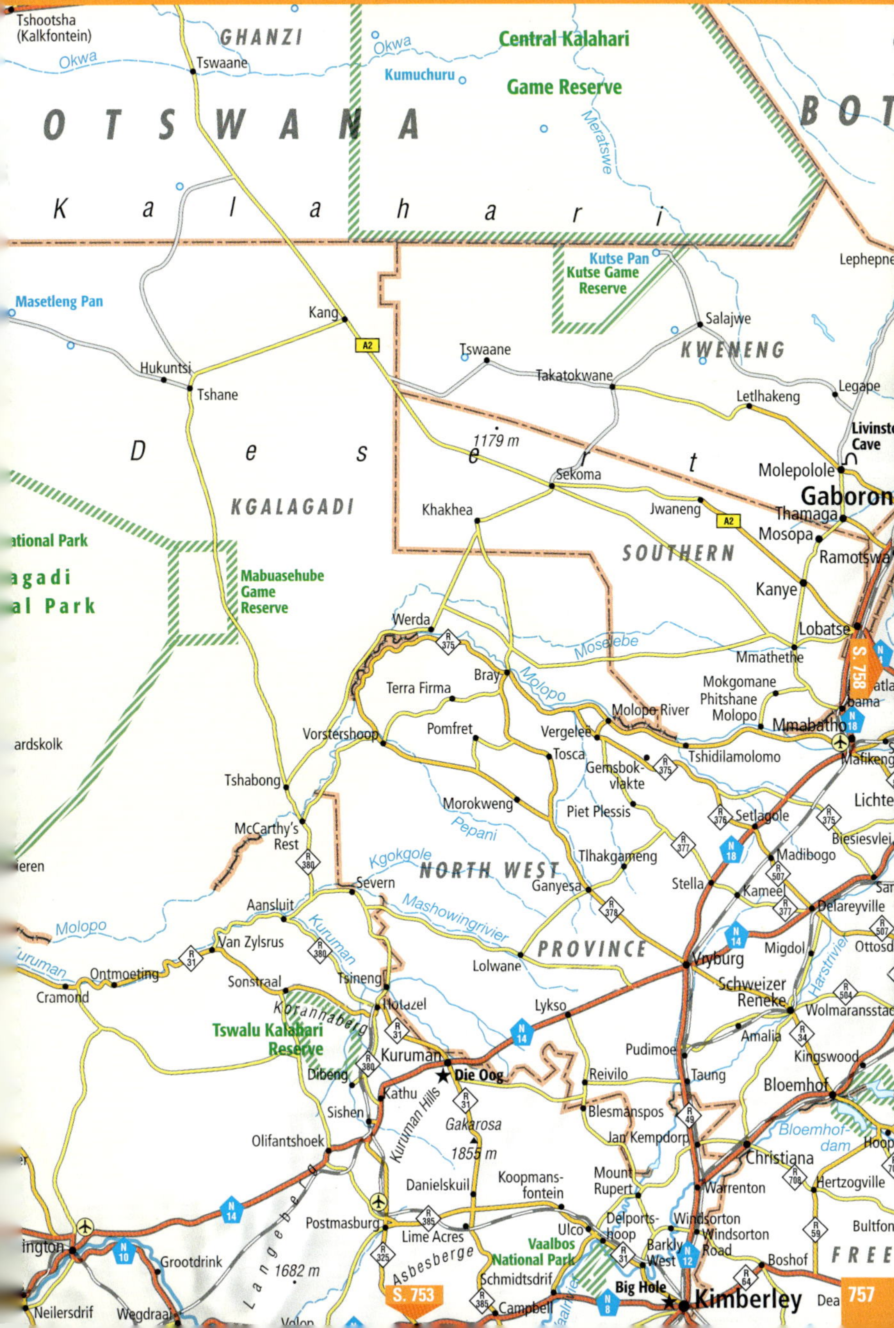
Tshootsha
(Kalkfontein)
GHANZI
Okwa
Tswaane
Okwa
Kumuchuru
Central Kalahari
Game Reserve
Meratswe
OTSWANA
BOT
K a l a h a r i
Kutse Pan
Kutse Game
Reserve
Lephepne
Masetleng Pan
Kang
A2
Salajwe
Tswaane
KWENENG
Hukuntsi
Tshane
Takatokwane
Letlhakeng
Legape
Livinsto
Cave
1179 m
D e s e r t
Molepolole
Sekoma
Gaboron
KGALAGADI
Khakhea
Jwaneng
Thamaga
A2
Mosopa
ational Park
SOUTHERN
Ramotswa
agadi
al Park
Mabuasehube
Game
Reserve
Kanye
Werda
R 375
Lobatse
Moselebe
Mmathethe
S. 758
Bray
Molopo
Terra Firma
Mokgomane
Phitshane
Molopo
Molopo River
Pomfret
Vorstershoop
Vergeleë
Mmabatho
N 18
Tosca
ardskolk
Gemsbok-
vlakte
R 375
Tshidilamolomo
Mafikeng
Tshabong
Morokweng
Piet Plessis
Lichte
Pepani
R 376
Setlagole
R 375
McCarthy's
Rest
Biesiesvlei
R 377
R 380
Kgokgole
Tlhakgameng
Madibogo
ieren
N 18
NORTH WEST
Stella
R 507
Severn
Ganyesa
Kameel
Mashowingrivier
R 377
Delareyville
Aansluit
R 378
Molopo
Kuruman
N 14
Migdol
R 507
Ottosda
Van Zylsrus
R 380
PROVINCE
R 31
Harstrivier
Kuruman
Ontmoeting
Lolwane
Vryburg
Cramond
Sonstraal
Tsineng
Schweizer
Reneke
R 504
Korannaberg
Hotazel
Lykso
Wolmaranssta
Tswalu Kalahari
Reserve
R 31
N 14
Amalia
R 34
Pudimoe
Kuruman
R 380
Dibeng
Die Oog
Kingswood
Reivilo
Taung
Bloemhof
Kathu
R 31
Sishen
Kuruman Hills
Blesmanspos
R 49
Gakarosa
Bloemhof-
dam
Olifantshoek
Jan Kempdorp
Hoop
1855 m
Christiana
Mount
Rupert
Koopmans-
fontein
R 708
Danielskuil
Warrenton
Hertzogville
N 14
Langeberg
Delports-
hoop
Windsorton
Postmasburg
R 385
Ulco
Windsorton
Road
R 59
Bultfon
Lime Acres
Vaalbos
National Park
Barkly
West
N 12
R 325
R 31
ington
N 10
Grootdrink
1682 m
Asbesberge
Boshof
FREE
R 64
Schmidtsdrif
S. 753
Big Hole
Vaal
N 8
Kimberley
Dea
R 385
Campbell
Neilersdrif
Wegdraai

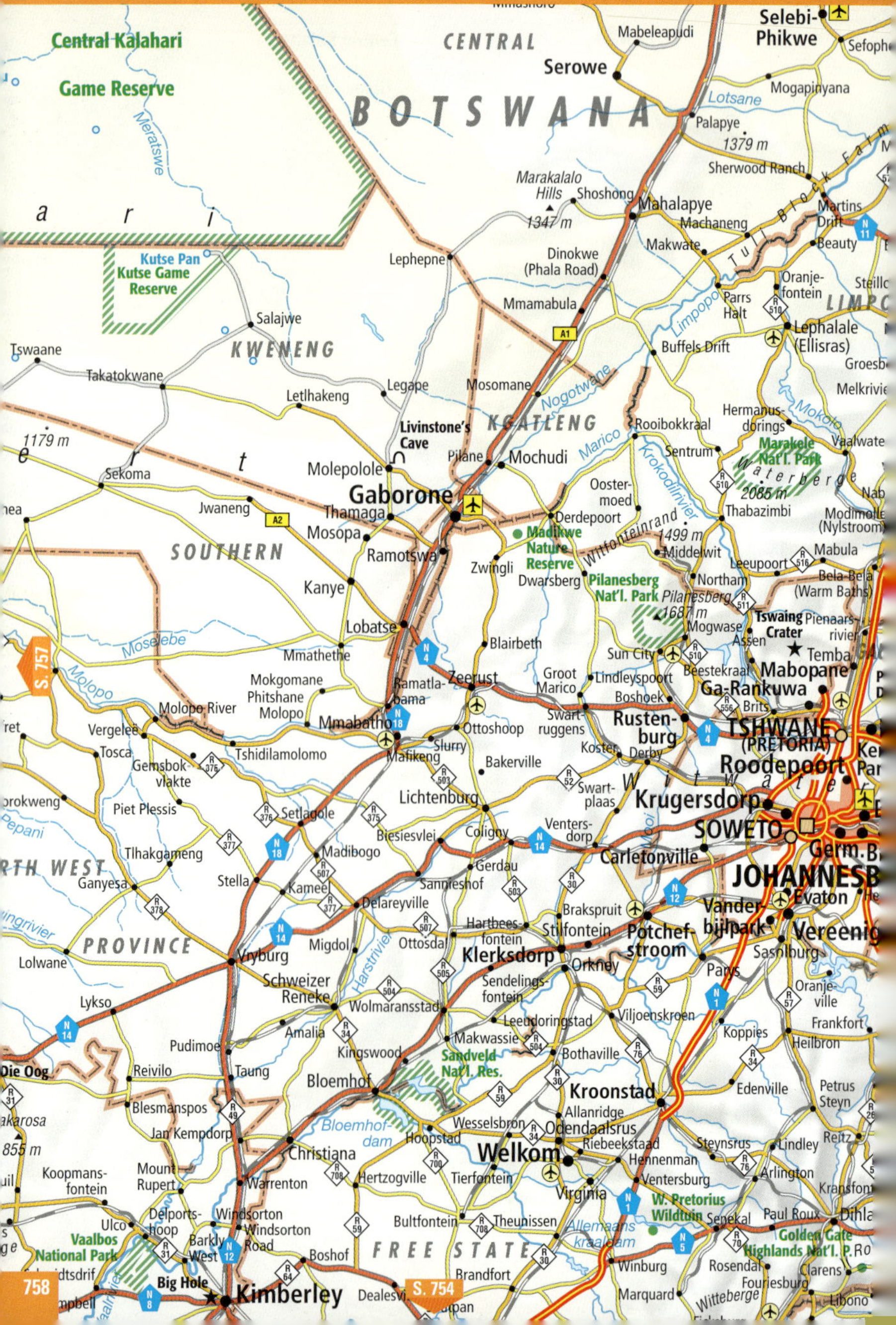
Central Kalahari
Game Reserve
Kutse Pan
Kutse Game Reserve
CENTRAL
BOTSWANA
Serowe
Mabeleapudi
Selebi-Phikwe
Sefophe
Lotsane
Mogapinyana
Palapye
1379 m
Sherwood Ranch
Tuli Block Farms
Martins Drift
Beauty
Marakalalo Hills
Shoshong
1347 m
Mahalapye
Machaneng
Makwate
Dinokwe (Phala Road)
Lephepne
Mmamabula
Parrs Halt
Oranje-fontein
Lephalale (Ellisras)
LIMPO
Salajwe
KWENENG
Tswaane
Takatokwane
Letlhakeng
Legape
Mosomane
Nogotwane
Limpopo
Buffels Drift
Groesb
Melkrivie
Hermanus-dorings
Mokolo
Marakele Nat'l. Park
Vaalwater
Waterberge
2085 m
Nab
Modimolle (Nylstroom)
Thabazimbi
Livingstone's Cave
KGATLENG
Rooibokkraal
Sentrum
Marico
Krokodilrivier
1179 m
Sekoma
Molepolole
Pilane
Mochudi
Gaborone
Thamaga
Mosopa
Jwaneng
A2
A1
SOUTHERN
Ramotswa
Kanye
Zwingli
Madikwe Nature Reserve
Derdepoort
Ooster-moed
Witfonteinrand
1499 m
Middelwit
Dwarsberg
Pilanesberg Nat'l. Park
Pilanesberg
1687 m
Northam
Leeupoort
Mabula
Bela-Bela (Warm Baths)
Lobatse
Moselebe
Molopo
Mmathethe
Blairbeth
Mogwase
Assen
Tswaing Crater
Pienaars-rivier
Temba
Sun City
Beestekraal
Mabopane
Ga-Rankuwa
Brits
Mokgomane
Phitshane Molopo
Molopo River
Ramatla-bama
Zeerust
Groot Marico
Lindleyspoort
Boshoek
Rustenburg
Swart-ruggens
Mmabatho
Mafikeng
Ottoshoop
Slurry
Koster
Derby
TSHWANE (PRETORIA)
Roodepoort
Vergeleë
Tosca
Gemsbok-vlakte
Tshidilamolomo
Bakerville
Lichtenburg
Swart-plaas
Krugersdorp
SOWETO
JOHANNESB
Germ.
Setlagole
Biesiesvlei
Coligny
Venters-dorp
Carletonville
Piet Plessis
Madibogo
Gerdau
Sannieshof
Tlhakgameng
Stella
Kameel
Delareyville
Braakspruit
Evaton
Vanderbijlpark
Vereenig
NORTH WEST
Ganyesa
Hartbees-fontein
Stilfontein
Potchef-stroom
PROVINCE
Vryburg
Migdol
Ottosdal
Klerksdorp
Orkney
Sasolburg
Parys
Lolwane
Schweizer Reneke
Harts rivier
Sendelings-fontein
Wolmaransstad
Viljoenskroon
Oranje-ville
Frankfort
Lykso
Amalia
Leeudoringstad
Makwassie
Koppies
Heilbron
Pudimoe
Kingswood
Sandveld Nat'l. Res.
Bothaville
Die Oog
Reivilo
Taung
Bloemhof
Kroonstad
Edenville
Petrus Steyn
Blesmanspos
Allanridge
Odendaalsrus
Bloemhof-dam
Wesselsbron
Hoopstad
Welkom
Riebeekstaad
Hennenman
Steynsrus
Lindley
Reitz
Jan Kempdorp
Christiana
Koopmans-fontein
Mount Rupert
Warrenton
Hertzogville
Tierfontein
Virginia
Ventersburg
Arlington
Delports-hoop
Windsorton
Windsorton Road
Bultfontein
Theunissen
W. Pretorius Wildtuin
Allemaans kraaldam
Senekal
Paul Roux
Ulco
Barkly West
Vaalbos National Park
Boshof
FREE STATE
Winburg
Rosendal
Golden Gate Highlands Nat'l. P.
Clarens
Big Hole
Kimberley
Brandfort
Dealesville
Marquard
Fouriesburg
Witteberge
Libono
S. 757
S. 754